NOBILIAIRE

DU DIOCÈSE ET DE LA GÉNÉRALITÉ

DE LIMOGES

NOBILIAIRE

DU DIOCÈSE ET DE LA GÉNÉRALITÉ

DE LIMOGES

PAR L'ABBÉ JOSEPH NADAUD

CURÉ DE TEYJAC

PUBLIÉ

SOUS LES AUSPICES DE LA SOCIÉTÉ ARCHÉOLOGIQUE
ET HISTORIQUE DU LIMOUSIN

PAR

L'ABBÉ A. LECLER

Ne turbata volent rapidis ludibria ventis.
VIRGILE.

TOME I

DEUXIÈME ÉDITION

LIMOGES

Ve H. DUCOURTIEUX, LIBRAIRE-ÉDITEUR

7, RUE DES ARÈNES, 7

1882

NOBILIAIRE

DE LA GÉNÉRALITÉ DE LIMOGES

PAR L'ABBÉ JOSEPH NADAUD

INTRODUCTION

Ne sint ludibria venti.

Dans sa séance du 12 juin 1856, la Société Archéologique et Historique du Limousin décida d'insérer dans son *Bulletin,* comme document historique, le *Nobiliaire de la généralité de Limoges,* par l'abbé Nadaud, dont MM. les directeurs du grand-séminaire de cette ville possèdent les précieux manuscrits. M. l'abbé Roy de Pierrefitte fut chargé de ce travail. Il en était arrivé à la page 72ᵉ du second volume lorsque la mort vint l'interrompre.

Ce fut dans sa séance du 28 avril 1865 que la Société Archéologique me chargea de continuer cette publication.

Le Nobiliaire de Nadaud est une immense compilation que l'auteur intitule, comme la plupart de ses autres manuscrits : *Mémoires pour servir à l'histoire du diocèse de Limoges.*

« Nadaud ramassait tout, bon et mauvais, intéressant ou non, parce que, selon lui, tout pouvait trouver place dans l'histoire, ou du moins servir à l'éclairer. Au reste, on croit pouvoir assurer qu'aucune vue d'intérêt ou de molle complaisance ne l'a guidé dans ce travail, dont la lecture seule, peut rassurer sur la pureté de ses intentions. Tout ce qu'on doit y entrevoir, c'est que, se regardant comme une manœuvre occupée à recueillir des matériaux pour un grand édifice, il les prenait partout où il les trouvait, et tâchait d'en faire un triage en les classant du mieux qu'il lui était possible, espérant que, dans la suite, quelque habile architecte en tirerait le parti convenable, et nous donnerait enfin le corps d'histoire qui nous manque (1). »

---

(1) Note de l'abbé Legros, sur la couverture du Iᵉʳ volume manuscrit.

Je ne cherche pas à atteindre le but indiqué ici par l'abbé Legros. Cette publication, avec son titre un peu prétentieux de *Nobiliaire du diocèse et de la généralité de Limoges*, n'est autre chose qu'une suite de documents, souvent très incomplets, qu'on s'est contenté de ranger par ordre alphabétique. Cela ne suffit pas pour faire un Nobiliaire : Il aurait fallu que ces matériaux fussent travaillés, complétés et souvent mis d'accord avec eux-mêmes. Mais ce n'est pas lorsqu'une publication est arrivée à son second volume qu'on peut y opérer des changements capables de la transformer. J'ai été forcé de continuer ce qu'avait commencé mon prédécesseur.

Le texte de Nadaud est conciencieusement respecté, et reproduit intégralement. Voici les règles qui ont été suivies, dès le principe, dans la transcription de son manuscrit : 1° l'ordre le meilleur, l'ordre alphabétique choisi par l'auteur lui-même, n'est pas exactement suivi, et certaines généalogies qui appartiennent aux premières lettres se trouvent vers la fin du premier volume ou dans le second : je rétablirai l'ordre alphabétique ; 2° les renvois que l'auteur a dû faire pour beaucoup de notes parce qu'il trouvait sur diverses familles des renseignements qui dépassaient ses prévisions, et qu'alors l'espace manquait, je les rapporterai sous le même titre ; 3° je rétablirai l'ordre chronologique pour chaque famille : cet ordre n'existe pas toujours, parce qu'il a fallu bien des années à Nadaud, ce noble émule des Bénédictins, pour remplir, jour par jour, deux énormes registres ; 4° on imprimera entre crochets le supplément et les surcharges que l'abbé Legros inscrivit dans ce Nobiliaire ; 5° l'indication des sources mise en marge par les auteurs sera le plus souvent rejetée à la fin de chaque article.

Nadaud, n'ayant pas l'intention d'éditer son Nobiliaire, ne s'est point préoccupé de la rédaction. Il a même, autant que possible, reproduit les expressions des auteurs qu'il cite, même alors qu'il analyse des faits historiques. L'exactitude est plus rigoureuse, mais du moins fallait-il marquer les citations un peu considérables. Comme nous n'avons pas sous la main tous les livres notés en marge, nous devons renoncer à l'emploi des guillemets qui restitueraient à chaque auteur ce qui lui appartient.

Il était urgent de livrer à l'impression ces manuscrits renfermant des renseignements fort précieux aussi bien pour l'histoire générale de France que pour celle de nos provinces. D'abord parce que l'écriture à l'encre rouge qui y entre pour près d'un tiers n'est presque plus lisible, et ne le sera plus du tout dans quelques années ; l'humidité ayant une grande action sur cette encre mal composée. Ensuite parce qu'on peut toujours craindre que des mains par trop peu délicates, renouvellent les irréparables lacérations qui ont déjà eu lieu. En effet, le premier volume a perdu deux cent vingt pages, et le second deux cent douze.

C'est surtout pour combler ces tristes lacunes, et pour continuer jusqu'à nos jours l'œuvre de Nadaud qu'un supplément a été ajouté à la fin de chaque lettre.

Il est superflu de faire observer que, en admettant dans ce Nobiliaire toutes les familles dont Nadaud s'est occupé, nous ne prétendons pas décerner des certificats de noblesse. L'auteur n'y songeait pas lui-même, puisqu'il donne la généalogie d'un grand nombre de bourgeois, reconnus tels par leurs descendants. D'ailleurs, non plus que nous, il n'avait point qualité pour valider des titres. Tout le monde sait, au surplus, combien il est difficile de contester ou d'établir beaucoup de titres de noblesse, parce que la plupart des familles ont jugé inutile de les conserver dès qu'ils ont eu dans le pays la notoriété publique; et que, d'autre part, les faits subséquents sont incontestables (1).

Quoique originairement les nobles eussent seuls le droit d'avoir des *armoiries*, au témoignage des Bénédictins, dès la fin du xiv° siècle, la propriété des sceaux n'était plus une marque de noblesse. Puis, comme, au xvi° siècle, les guerres civiles ruinèrent beaucoup de nobles, plus de la moitié des fiefs devinrent propriété des bourgeois que leur vanité portait à les rechercher. Ils obtinrent aisément d'un notaire intéressé à ces complaisances le titre illégal d'*écuyer, sieur de*... Ces mêmes pièces se produisaient plus tard comme des titres. De là la confusion. Du reste, dans ce même siècle, les bourgeois se disaient nobles sans scrupule dès qu'il n'étaient plus dans le lieu natal

Les ordonnances royales de 1600, 1634, 1656 et 1661 n'arrêtèrent pas ces empiètements. La vanité du bon La Fontaine lui-même s'y laissa prendre, et il fut condamné à 2,000 livres d'amende pour avoir usurpé le titre d'écuyer dans un acte notarié.

Enfin voici comment d'Hozier résume, dans la préface de l'*Armorial de France*, ce que, au dernier siècle, on faisait à cet égard :

« On ne sauroit croire jusqu'à quel point les abus se sont multipliés de nos jours. Les roturiers s'arrogent les armes sans aucun droit. Pour peu de conformité qu'ils trouvent entre leurs noms et ceux de quelque famille noble, ils prennent le même symbole de noblesse. Souvent ils chargent leurs écussons des

---

(1) Voir, pour la vérification de ces faits, la préface de l'*Armorial général de France*, par d'Hozier ; — les *Eléments de paléographie*, par M. Natalis de Wailly, t. II, p. 199 et suivantes ; — *la Vie et les Ouvrages de La Fontaine*, par M. Walknaër ; — l'*Histoire des Français des divers états*, par M. A.-A. Monteil, t. III, p. 189 et 193. Ce dernier ouvrage a été couronné deux fois par l'Institut.

couronnes, des ornements et d'autres marques d'honneur réservés aux personnes du premier rang. Il y a plus : l'usurpation des qualités suit celle des armoiries. La noblesse elle-même se soustrait assez communément aux anciennes règles. Quelque constant qu'il soit que tout noble n'est qu'*écuyer* jusqu'à ce qu'il a plu au roi de l'honorer d'une qualité suréminente, on paraît aujourd'hui dédaigner ce titre pour recourir à des qualifications aussi vaines qu'illégitimes. C'est être modéré que de se contenter du titre de chevalier quoique l'on doive savoir que personne n'est chevalier par sa naissance, et qu'on ne peut tenir cet honneur que de la grâce particulière du souverain. »

Après cela, nous sommes heureux de savoir qu'il y a chez nous autant qu'ailleurs peut-être de cette ancienne noblesse qui vient des premiers chevaliers, et dont l'histoire générale glorifie les noms : les d'Aubusson, les Bonneval, les Noailles, les Rochechouart, les Turenne, etc., l'attestent. Dans la noblesse du second rang, d'ordinaire aussi les titres qui les qualifient sont le prix de grandes actions et de services éminents. Il est même vrai de dire que, si quelques-uns avaient usurpé des titres, il n'en sont pas moins dignes de nos respects aujourd'hui. L'usurpation suppose déjà une certaine valeur; puis les générations suivantes ont aimé l'axiôme : *Noblesse oblige*. Elles l'ont traduit le plus souvent par la dignité de leur vie et par leur munificence envers les pauvres et envers les institutions utiles à la société. Elles ont encore héroïquement versé leur sang pour la patrie.

Ne jalousons pas, ne dénigrons pas : aussi bien, hélas ! les existences nobiliaires subissent le sort de tout ce qui est humain : elles s'éteignent comme les existences financières. Le Nobiliaire du Limousin en donne évidemment la triste preuve ; et, puisque, dans tous les temps et sous tous les régimes, il faudra, pour stimuler le dévouement et pour le récompenser, des titres honorifiques qui resteront dignes du respect des peuples malgré les passions politiques, suivons l'instinct louable qui nous porte vers ce qui est grand et beau, et sans rabaisser personne, si c'est possible, devenons meilleurs que ceux qui nous dépassent.

Le Nobiliaire de l'abbé Nadaud sera suivi de la liste des nobles qui votèrent, dans notre province, pour les derniers États généraux. C'est, je crois, un commentaire fort important pour ce Nobiliaire.

Enfin il nous a paru convenable de placer ici les biographies de Nadaud et de Legros. On trouvera aussi celle du premier à l'article qui est consacré à sa famille. Les voici à peu près telles qu'elles ont été rédigées par M. Roy de Pierrefitte.

NOTICES BIOGRAPHIQUES SUR NADAUD ET LEGROS.

NADAUD (Joseph), né à Limoges le 13 mars 1712, mort le 5 octobre 1775.

Dans une note mise en tête de ses *Mémoires,* il nous apprend lui-même que sa famille vivait *sans fortune et sans ambition.* Cette famille est pourtant une des plus anciennes de Limoges; elle était aussi une des plus recommandables par ses mœurs antiques et par sa piété. Un des aïeux de Joseph Nadaud était homme de loi en 1296; un autre, vicaire du chapitre de Saint-Etienne en 1391, avait acquis l'estime des chanoines à tel point que ceux-ci intentèrent un procès à l'évêque, qui l'avait fait mettre en prison; un troisième fut consul en 1489; enfin un de ses frères, Léonard, mort en 1764, devenu religieux chez les Dominicains de Limoges, s'y distingua par son érudition. Ce Léonard Nadaud a laissé le catalogue des titres de l'évêché de sa ville natale, deux beaux volumes in-folio manuscrits, que conservent les archives de la Haute-Vienne.

Stimulé par les *turlupinades* et les *bouffonneries* que les gens d'esprit affectaient d'ordinaire au sujet du Limousin, Joseph Nadaud résolut, dès avant sa vingtième année, de recueillir tout ce qui pourrait contribuer à la gloire de cette province. Bientôt devenu prêtre, en 1736, il consacra avec passion à cette étude les loisirs que lui laissait un vicariat peu laborieux, puis plus tard l'administration facile de deux modestes paroisses de campagne, Saint-Léger-la-Montagne et Teyjac. Aussi dépouilla-t-il laborieusement les archives de toutes les paroisses du diocèse et de toutes les communes de la généralité de Limoges, c'est-à-dire toutes celles qu'il rencontra sur le vaste territoire qui forme aujourd'hui le département de la Haute-Vienne, celui de la Creuse, celui de la Corrèze et une partie des départements voisins. Il alla aussi prendre connaissance des manuscrits limousins qu'avait acquis la Bibliothèque royale. Comme on l'a dit avec vérité : « Un parchemin en lambeaux, une charte bien usée, une inscription illisible, un antique monument, avaient pour lui plus de charmes que les plus brillantes nouveautés. La découverte d'un chartrier poudreux mais riche, était pour Nadaud un trésor précieux. Chacun se faisait aussi un plaisir de lui procurer cet avantage, parce que le caractère, le style, les formules de tous les siècles lui étaient familiers. Il réprouvait le faux avec connaissance de cause. »

Il est le premier antiquaire du Limousin.

Du reste, afin de favoriser ce zèle infatigable à recueillir des notes de tous côtés, l'évêque de Limoges, Mgr de Coëtlosquet, qui qualifiait l'abbé Nadaud de *très bon sujet, bon curé, prêtre de mœurs fort simples, excellent caractère, fort régulier*, Mgr de Coëtlosquet se faisait accompagner par lui dans ses visites pastorales.

Par ses dissertations savantes, Joseph Nadaud a beaucoup aidé l'auteur du *Dictionnaire des Gaulois et de la France*. D'Expilly charge les consuls de Limoges de lui en témoigner la plus vive reconnaissance ainsi qu'à ses collaborateurs, MM. de Voyon et Mabaret. Il a également travaillé au IVe et au Ve volumes de la *Bibliothèque historique de la France*, et, dans la préface du Ve volume, Barbeau de la Brugère le remercie d'une manière spéciale.

Joseph Nadaud était correspondant de l'Académie de Bordeaux; mais, comme le fait observer l'abbé Legros, qui n'a été presque que son laborieux copiste, pour avoir trop lu ou écrit, l'abbé Nadaud n'a fait imprimer que trois tables chronologiques, qui ne sont pas irréprochables.

Ces opuscules sont :

1° *Evêques de Limoges*, tableau synoptique d'une feuille, imprimé à Limoges, chez Chapoulaud, en 1770; tableau réédité et complété par M. l'abbé Arbellot en 1860;

2° *Chronologie des papes et des cardinaux limousins*, imprimée dans le Calendrier de 1774;

3° *Chronologie des seigneurs et des souverains du Limousin*, imprimée dans le Calendrier 1775.

Usé par ses longues veilles, l'abbé Nadaud quitta sa paroisse de Teyjac quelques mois avant sa mort, et il se retira dans sa ville natale. Pendant qu'il était curé de Saint-Léger-la-Montagne (canton de Laurière), Nadaud y bénit, en 1752, la cloche qui existe encore aujourd'hui. Le premier acte écrit de sa main sur les registres de la paroisse de Teyjac (canton de Nontron) est du 27 décembre 1753. [C'est l'acte de sépulture de son prédécesseur « Monsieur maître Isaac Arlignié, âgé d'environ quatre-vingt-six ans..., visiteur de Monseigneur l'Evêque de Limoges dans l'archiprêtré de Nontron..... ». Après vingt-deux ans de ministère dans cette dernière paroisse, il fut remplacé par M. Lacroix, et ne vécut que peu de temps à Limoges. Les registres de Saint-Michel-des-Lions contiennent son acte d'inhumation : « Le six octobre
» mil sept cent soixante-quinze a été inhumé, dans cette église,
» Mr Joseph Nadaud, curé de Teijac, âgé d'environ soixante-
» cinq ans, décédé hier, faubourg Montmailler. Ont assisté à son

» inhumation M^rs ses parents soussignés. — Germain *l'aîné.* — » Germain *cadet.* — Senemaud, vicaire. »

Voici la liste de ses manuscrits :

1° *Pouillé ou Mémoires pour l'histoire du diocèse de Limoges.* — Deux volumes grand in-folio. — Le premier volume donne un état des bénéfices et des notes historiques très savantes sur chaque paroisse du diocèse. Dans le second volume se trouvent des articles sur la géographie ecclésiastique et civile du Limousin, sur la nature du terrain, sur le caractère et les mœurs des habitants, sur le commerce de la province, etc.; articles que Vitrac et Guineau classent à part, à tort peut-être, et qu'il a dû communiquer à l'abbé d'Expilly. — Enfin on y trouve d'autres articles sur la *Composition de la langue limousine* et *sur les changements qu'elle a subis*, puis un *Glossaire de la basse latinité.* Nadaud faisait vraisemblablement allusion à ces derniers travaux quand il écrivait à de Fontette, au sujet de la Grammaire provençale de Pierre Bercoli, grammaire qui se trouvait alors manuscrite à la Bibliothèque Royale, n° 7354 :

« C'est un ouvrage superficiel : je travaille à un plus étendu et plus intéressant pour les mots du moyen âge insérés dans les minutes de notaires et autres actes. Ils pourront servir à un nouveau supplément du Glossaire latin de Du Cange, où je ne les ai point trouvés, ou bien où ils sont expliqués d'une manière inexacte. » (*Bibliothèque historique de France*, t. IV, p. 257.)

2° *Nobiliaire.* — Deux volumes grand in-folio, reliés, comprenant en tout 2,734 pages. C'est un livre d'or pour les anciennes familles de la Haute-Vienne, de la Creuse, de la Corrèze et d'une partie des départements voisins. — *La Bibliothèque historique de la France*, éditée par Fevret de Fontette (1760) nous apprend que Nadaud possédait une copie du Nobiliaire de Simon des Coutures dont M. Roger des Essards avait l'original. Cette note, due vraisemblablement à Nadaud lui-même, dit encore que celui-ci avait relevé dans des Coutures quelques fautes légères, et que, en ce qui concerne la noblesse du diocèse de Limoges, il avait fait des additions considérables. — Quoique le Nobiliaire de Simon des Coutures comprenne les généalogies des gentilshommes des élections de Limoges, d'Angoulême, de Saint-Jean-d'Angély, de Brive, de Tulle, de Bourganeuf, de Saintes, de Cognac, etc., il fait à peine un douzième du Nobiliaire de Nadaud, qui le reproduit, en effet, comme l'affirme la *Bibliothèque historique* du père Lelong.

3° *Mémoires pour servir à l'histoire du diocèse de Limoges.* — Six volumes in-folio, reliés en parchemin. — Ce sont des notes placées par ordre chronologique. Le quatrième volume, qui renfermait la biographie des homme illustres du Limousin, et le cinquième manquent à la collection de MM les Sulpiciens. Le dernier volume, qui porte le numéro VI, est intitulé : *Table alphabétique des mémoires, etc.*

4° *Mémoires pour l'histoire de l'abbaye de Grandmont.* — Un volume in-folio relié en parchemin.

5° *Recherches*. — Un volume in-folio de 352 pages, relié en parchemin. — Ce sont des notes historiques.

6° *Histoire du Limousin.* — Un volume in-folio de plus de 300 pages. — C'est un recueil de mémoires et de notes.

7° *Observations sur les bréviaires du diocèse de Limoges.* — 32 pages, grand in-folio. — Les pages 23, 24, 25 et 26 sont enlevées, et le manuscrit s'arrête après le 31 août.

8° M. Auguste Du Boys, secrétaire-archiviste de la Société Archéologique du Limousin, a eu la bonne fortune de se procurer, par un parent de l'abbé Vitrac, six cahiers in-folio de notes recueillies par l'abbé Nadaud sur les hommes illustres du Limousin. Ces cahiers, écrits par Nadaud, et formant ensemble 480 pages, ont peut-être été le brouillon du quatrième volume des *Mémoires pour servir à l'histoire du diocèse de Limoges*, volume qui a disparu, comme nous l'avons fait remarquer. Ces cahiers ont trait aux mêmes matières, et la plupart des articles sont rayés.

LEGROS (Martial), né à Limoges, le 26 avril 1744, mort le 26 juillet 1811, fit avec succès ses études dans sa ville natale. On l'a dit avec raison : peu d'hommes connurent mieux que lui le prix du temps. Dans son enfance, il consacrait ses récréations au travail des mains, afin de se donner une bibliothèque, qu'il ne trouvait pas chez ses parents, honnêtes mais pauvres. Désireux d'encourager des dispositions si studieuses, l'abbé de Saint-Martial, M. de Montesquiou, lui procura, même avant qu'il fût prêtre, dans sa collégiale, un bénéfice dont il s'est contenté vingt-sept ans. Il se l'attacha aussi, dès le 2 juin 1782, en qualité d'aumônier-chapelain. Le chapitre de Saint-Martial apprécia si bien ce jeune ecclésiastique qu'on le chargea de rédiger le *Propre des offices de Saint-Martial* et le *Processionnal* particulier à cette église pour faire suite au bréviaire que faisait imprimer Mgr d'Argentré. Il devint encore titulaire de la vicairie des Gaultier dans l'église de Saint-Martial, à la mort de Gérald-Alexandre Ardillier, le 9 décembre 1789.

Il fut ordonné prêtre, le 28 mai 1768, dans la chapelle de l'évêché de Poitiers, par Mgr Beaupoil de Saint-Aulaire.

Dès lors l'abbé Legros ne songea plus qu'à servir l'église par son dévoûment, et son pays par ses recherches historiques. Ce fut en vain que son savant ami, l'abbé Vitrac, s'efforça de le faire entrer dans l'instruction publique. Pour se délasser des fatigues du saint ministère, il consacrait, chaque jour, de longues veilles à l'étude de l'histoire locale, qu'il parvint ainsi à connaître parfaitement. Personne ne resta pourtant, même sur ce point, plus modeste que l'abbé Legros : il n'a signé aucun des articles dont, à partir de 1775 jusqu'à la révolution, il enrichit régulièrement le *Calendrier ecclésiastique et civil du Limousin* et la *Feuille hebdomadaire*, journal de Limoges.

Cette vie inoffensive d'un homme exclusivement occupé de prières et d'étude n'empêcha pas l'abbé Legros d'être déporté pour *refus de serment* à la constitution civile du clergé.

Il fut d'abord obligé de se cacher ; il vécut quelque temps dans des bâtiments ruinés par l'incendie de 1790, près du couvent des Ursulines. En avril 1793, il était enfermé à la Règle. Il souffrait dans cette prison, depuis un an, lorsque malade, le 4 février 1794, il obtint l'autorisation d'aller prendre, dans sa maison, où l'on avait mis les scellés, quelques objets de première nécessité.

Après le retour des prêtres, survivant à la déportation, lorsque la loi du 30 mai 1795 eut accordé quelque liberté, l'abbé Legros nous apprend lui-même que « le 1er août, l'église de Saint-Pierre fut réouverte au public et desservie par des prêtres catholiques ». Puis il ajoute ailleurs : « Le 11 août 1795, j'entrais dans l'église de Saint-Pierre-du-Queyroix, en qualité de desservant provisoire, sous l'autorité de Mgr d'Argentré, évêque de Limoges, avec MM. Pradeau et Guibert, mes collègues, en l'absence de M. le curé de Saint-Pierre. Nous fûmes obligés d'interrompre, vers le milieu de septembre suivant. — Vers le mois d'octobre 1795, des circonstances difficiles m'ayant obligé de suspendre mes fonctions, je ne pus les reprendre qu'en février 1797. »

Il ne jouit pas longtemps d'un peu de liberté, comme le constatent les registres de l'administration municipale : « Le 23 vendémiaire an VI (14 octobre 1797), la municipalité ordonne, en vertu d'une lettre des administrateurs du département, l'arrestation de huit prêtres insermentés qui ont obtenu leur liberté en vertu d'arrêtés, soit du comité de sûreté générale, soit des représentants : Pierre Guibert, Martial Legros, La Biche-Reignefort, Simon Nicolas, Pierre Melière, Pierre Roche, Barthélemy Dussoub, Joseph-Paul Ardent. Les deux premiers seulement furent saisis et conduits, par la gendarmerie, devant les officiers municipaux. Legros, introduit, rappelle que lors de la dernière déportation, on l'a maintenu à Limoges, bien qu'il eût moins de soixante ans, à cause de ses infirmités, et il produit deux certificats d'officiers de santé. L'administration l'autorise à se retirer chez lui, et à y rester en état d'arrestation sous la surveillance de l'administration. »

Il continua ainsi à exercer le saint ministère, tantôt avec un peu de liberté, tantôt en se cachant. Il était encore à Saint-Pierre en 1802, lorsque Mgr Dubourg, qui venait de prendre possession de l'évêché de Limoges, le nomma chanoine de la cathédrale et son secrétaire intime. Cette honorable position modifia peu les habitudes simples et laborieuses de l'abbé Legros, qui s'occupa jusqu'à sa mort de l'histoire du Limousin. Ses nombreux manuscrits révèlent un jugement droit, de la méthode, des recherches très considérables et un travail opiniâtre ; car la plupart sont des copies coordonnées des manuscrits de l'abbé Nadaud.

Pendant les premières années de ce siècle, l'abbé Legros, tout en continuant avec ardeur ses études sur le Limousin, prit part à tous les événements religieux du diocèse. Nous le trouvons déposant dans les enquêtes pour la reconnaissance des reliques de saint Martial en 1803 ; pour les reliques de saint Martin, conservées à Limoges. En 1808, il fait l'éloge de Mgr d'Argentré, ancien évêque de Limoges, décédé à Munster, etc., etc.

En 1778, l'abbé Legros avait fait imprimer, sans nom d'auteur, un tableau synoptique intitulé : *Indicateur du diocèse de Limoges, ou Pouillé de ses cures*.

L'année même de sa mort, sur les instances de ses amis, il fit imprimer, encore sans nom d'auteur, une brochure in-18 qui a pour titre : *Recherches historiques sur l'église paroissiale de Saint-Michel-des-Lions de la ville de Limoges*. — Limoges, chez J.-B. Bargeas, 1811.

Les archives de la Société d'Agriculture, des Sciences et des Arts de la Haute-Vienne, dont il était membre, conservent de lui, sans nom d'auteur, deux mémoires intitulés, l'un, *Recherches sur l'antiquité et le gisement des mines du Limousin* ; l'autre, *Dissertation sur l'origine, les progrès et la décadence de la langue limousine*.

L'*Annuaire historique* pour l'année 1837 ne donne que d'une manière incomplète la liste des manuscrits de l'abbé Legros ; en voici une plus complète :

1° *Abrégé des Annales du Limousin, ou Suite chronologique des faits qui intéressent cette province*. — 1776, in-4° relié en basane, 623 pages.

2° *Continuation de l'Abrégé des Annales du Limousin*. — In-4° semblable au précédent, 1778, 443 pages. — Cette compilation commence à l'année où finit le P. Bonaventure de St-Amable (1683). Legros s'arrête au 13 novembre 1790, *pour ne rien dire qui puisse blesser aucun des partis qui divisent le royaume*

3° *Pouillé du diocèse.* — Deux volumes in-f°, reliés en parchemin.

4° *Table chronologique des cures du diocèse.* — In-f°, relié en basane. — Ce sont quelques notes de peu de valeur sur les cures du diocèse.

5° *Table chronologique ecclésiastique.* — In-f°, relié en parchemin. — Ce sont des notes assez considérables sur les dignitaires des ordres monastiques et sur les curés du diocèse. On y trouve une liste des administrateurs de l'hôpital général de Limoges depuis 1660 jusqu'en 1789.

6° *Table chronologique civile.* — In-folio, relié en parchemin. — Ce sont des notes sur les diverses administrations de la ville.

7° *Mémoires pour les abbayes du Limousin.* — In-folio, relié en parchemin. — Ce volume, de 627 pages, est précieux par ses nombreux documents.

8° *Mémoires historiques pour les chapitres du Limousin.* — In-folio, relié en parchemin.

9° *Mélanges.* — Trois volumes in-folio. — C'est un recueil de pièces relatives à l'histoire du Limousin.

10° *Dictionnaire des grands hommes du Limousin.* — S'il est vrai que Legros n'ait pas connu les biographies écrites par Nadaud, biographies que Vitrac et ses héritiers auraient possédées, même avant la mort de l'auteur et jusqu'à ces dernières années, ce volume serait exclusivement de Legros, et il est une œuvre d'une grande érudition.

11° *Dissertation sur saint Martial.* — In-4° de 197 pages, relié en parchemin. — Ce travail est suivi d'une dissertation sur l'origine des lions en pierre qui sont à Limoges (9 pages in-4°), et d'un mémoire sur le palais de Jocondiac (14 pages in-4°).

12° *Mémoires pour servir à l'histoire des évêques de Limoges.* — In-4°, relié en parchemin (667 pages).

13° *Essai historique sur Limoges et ses environs.* — In-4° de 454 pages, relié en basane.

14° *Recueil d'inscriptions et d'antiquités de Limoges.* — In-4° de 451 pages, relié en basane.

15° *Mémoire historique et chronologique sur Mgr François de Lafayette, évêque de Limoges.* — Un cahier in-4° de 71 pages.

16° *Mémoire sur Mgr de Langeac, évêque de Limoges.* — Cahier in-4° de 11 pages.

17° *Vies des saints du Limousin.* — Six volume in-4° de 5 à 600 pages chacun, reliés en parchemin.

18° *Mémoire pour servir à l'histoire des guerres de religion en Limousin.* — In-4° de 22 pages. — Ce cahier est devenu la propriété de M. Rouard de Cars, de Limoges; mais la bibliothèque du grand séminaire en possède une copie.

19° *Histoire de l'abbaye de Grandmont.* — Ce volume est vraisemblablement une copie coordonnée de celui de Nadaud qui porte le même titre.

20° *Le Limousin ecclésiastique.* — Petit in-folio, sans couverture, contenant un abrégé de l'histoire ecclésiastique du diocèse.

21° *Inventaire des titres de la vicairie des Gaultier.* — Cahier in-4° de 103 pages.

22° *Table chronologique et météorologique du diocèse de Limoges* — Cahier in-folio, se terminant à l'année 1811.

23° Un volume, in-4° sur les *Prieurés du diocèse de Limoges*, ouvrage auquel l'auteur envoie parfois, et dont il ne reste que quelques feuillets épars dans la bibliothèque du grand séminaire.

24° *Catalogue des prêtres du diocèse de Limoges.* — Un volume in-8° de 703 pages, conservé aux archives de l'Evêché. Il contient une note biographique sur les prêtres vivant en 1802, époque à laquelle le diocèse de Tulle se trouvait de nouveau réuni à celui de Limoges. Ces notices ne sont complètes que jusqu'à la lettre H.

25° *Plan de la ville de Limoges, de la Cité et d'une partie de leurs environs, avec les noms des rues, routes, chemins, églises, etc.* — A Limoges, par Martial Legros, prêtre, 1774. Échelle de 300 pieds. — Grand in-plano (autographe) de 1^{m}07 de hauteur sur 1^{m}16 de largeur ; appartient à M. Nivet-Fontaubert (1).

26° *Le Propre des offices du chapitre de saint Martial de Limoges* et le *Processionnal* de cette église ont été rédigés par l'abbé Legros en 1783.

27° *Mémoires en formes d'histoire de Limoges.* Un vol. in-4° qui est passé, après la mort de M. Pierre Laforest, entre les mains de M. Tandeau de Marsac. C'est une copie des *Annales manuscrites* collationnée sur l'exemplaire du Bénédictin D. Col. (2).

---

(1) Voy. *Les anciens plans de Limoges*, par Paul Ducourtieux.
(2) Voy. *Annales manuscrites de Limoges*, dites Manuscrit de 1638, publiées sous les auspices de la Société archéologique et historique du Limousin, par Émile Ruben, Félix Achard et Paul Ducourtieux. — Limoges, V° H. Ducourtieux, 1873, in-8°.

NOBILIAIRE

DE LA GÉNÉRALITÉ DE LIMOGES

A.

ABBADIE (d'), sieur de Château-Renaud, paroisse de..., élection d'Angoulême (1). — *D'argent à un lion rampant de gueules accosté de deux hermines, au chef d'azur, chargé de trois grives d'argent gorgetées de sable.*

I. — Jean d'Abbadie obtint un bref de Sa Sainteté pour la dispense de son mariage le 10 février 1513, rendit un hommage en 1528, fit son testament le 24 février 1540. Il épousa Marguerite d'Abbadie, dont Bernard, qui suit.

II. — Bernard d'Abbadie épousa 1°, par contrat sans filiation du 22 avril 1554, Jeanne Campfagel, dont Gaston, qui suit; 2° N..., dont Pierre, qui transigea avec Gaston, son frère, le 3 avril 1599.

III. — Gaston d'Abbadie épousa, par contrat sans filiation du 28 juillet 1578, Jeanne de Valeyènes.

IV. — Jean Fortin de Lamotte d'Abbadie de Susinion épousa, le 1er février 1637, Marie Chenais, dont Jean-Louis de Lamotte d'Abbadie, baptisé le 20 novembre 1545.

[ABBURBURY (Richard). — Ce nom se trouve dans les registres de Roherii, notaire à Limoges, p. 96, n° 82, *apud*, Dom Col.]

ABON, ou ABBON, ou AUBON. — [I. — Pierre Abbon, chevalier, vivait en 1232, avait épousé dame Sibille. Ils vivaient en 1233.

II. — Gui Abon paraît avoir été fils des précédents.

---

(1) Saint-Groux, dans le canton de Mansle, arrondissement de Ruffec (Charente).

III. — Abon fut père de 1° N....., qui suit; 2° Abon, chevalier, qui vivait en 1230 et 1256.

IV. — Abon fut père de 1° Gaucelin de Charezac; 2° de Foudon de Souterrane, écuyer; tous deux ils sont dits neveux de N.... Abon, chevalier, qui vivait en 1230 et 1256.

Source : V. mes Mémoires manuscrits : *Abbayes du Limousin*, p. *526, *527, *528.]

ABZAC de La Douze (d') était seigneur de Vouzan (1) et de Pressac (2) en 1698.

ACRA (3), Ahélide d'Acra épousa Jean de Peyrigenis, damoiseau du diocèse de Limoges, 1391.

[ADEMERIUS (Pierre), se trouve dans les registres de Roherii, notaire à Limoges, p. 64, n° 57, *apud*, Dom Col.]

AFFORLA (Gaucelim d'), chevalier, 1285. — V. Baluze, T. IV, *Miscellan.*, p. 299.

AGES (des). — Noble Guillaume *de Las Agas*, fils de feu autre Guillaume, de la paroisse de Sérendon, épousa Jeanne de Beynette, fille de Hugue, bachelier en l'un et l'autre droit de la ville de Meymac, par contrat du 6 décembre 1435, signé Alpaïs.

II. — [M° Jean des Ages, licencié, S' de Maumont, afferma pour huit ans le fleuve de Briance, sans doute pour la pêche, à deux particuliers, le 8 septembre 1458, et reçut une reconnaissance, au nom de sa femme, pour une rente à St-Victurnien, le 25 octobre suivant, et d'autres pour des rentes à Beynat et à Aixe. Il fit une transaction, le 28 octobre de la même année, avec le curé de St-Priest-sous-Aixe.]

III. — François des Ages, écuyer, et Marguerite Boutou, sa femme, seigneurs de Magneville, Montonneaux et des deux Maumont, firent une donation à noble Etienne de Villoutreix, S' de La Riville, de la ville d'Angoulême, par contrat du 28 avril 1596 (reçu Bonnet), puis à Jacques de Villoutreys, marchand de ladite ville, le 29 mai suivant (reçu encore par Bonnet) (4).

Sources : registre de Fagia, chez Ardant, notaire à Limoges, fol. 71, 75, 76, 79, 80, 84.

AGE (de L'). — *D'or à la croix de gueules brisée d'un lambel.* — Cette maison, très ancienne en Berri, et devenue illustre par ses emplois à la cour, a fourni dix degrés.

---

(1) Vouzan, canton de La Vallette, arrondissement d'Angoulême (Charente).
(2) Pressac, commune de St-Quentin, canton de Chabanais, arrondissement de Confolens (Charente).
(3) Etait à la page 2029, qui est déchirée.
(4) L'auteur renvoie à la page 1190 de son manuscrit. Cette page a été déchirée. Nous ferons remarquer, une fois pour toutes, qu'en pareil cas nous ne saurions dire si le renvoi indique un complément pour l'article, ou s'il a simplement pour but de justifier une alliance en renvoyant à la généalogie de la famille alliée.

[L'Age est un fief mouvant de la principauté de Chabanais.]

Meillot de L'Age, écuyer, vivait le 10 mai 1338. Alors, étant à Paris, il donna quittance au receveur du roi en Poitou de dix livres tournois, sur ses gages, pour ses services sous M. Blainville, capitaine souverain en Poitou. Par le sceau qui est attaché à sa quittance en parchemin, tirée de la chambre des comptes de Paris, il paraît qu'il portait *une croix brisée d'un lambel de cinq pièces*, ce qui prouve, suivant l'usage de ce temps, qu'il était cadet, ou que son père était encore vivant.

I. — Guillaume de L'Age, chambrier et chanoine de Lesterpt en Limousin, 1350.

Guillaume *de Agia*, damoiseau du bourg de Lavinhac, 1366, épousa N......, dont Guillaume, 1366. — Jean de L'Age fut présent à la montre faite par messire Renoul de Bonay, en 1369.

II. — Guillaume, Sgr de L'Age (lui ou un autre), lieutenant du capitaine de la tour de Vincennes, suivant un compte de l'artillerie de 1370, épousa N..., dont Adam, qui suit.

III. — Adam, Sgr de L'Age près Le Dorat, et de Chazelat en Berri, épousa Jeanne du Gué, dont 1° Renier, qui suit ; 2° Jacques ; 3° Jacquette, qui épousa, par contrat du 25 juillet 1433, Jean de Vergnault ; 4° Jeanne.

IV. — Renier de L'Age, Sgr de Chatelet et Chamoussay, avait pour armes *d'or à la croix de gueules ;* il était chevalier, et testa le 10 octobre 1491, devant un notaire d'Argenton. Il épousa Guillaumette de Crevant, fille de Hugues, chevalier, Sgr de Bauché, et de Michelle de Château-Chilon ; elle eut en mariage 700 écus d'or. De ce mariage est né 1° Jean, qui suit ; 2° Catherine de L'Age, femme de Gilbert Esmoingt.

V. — Jean 1er de L'Age, noble, paroisse de Belabre (1), épousa 1°, par contrat du 10 août 1451, N... Bony ; 2° Claude de Graçay, dont Jeanne, mariée, le 25 juillet 1488, avec Claude Daniel, Sgr du Murault et du Musseau, fils de Guillaume Daniel, premier mari de Gabrielle de Laval, troisième femme de son père. Il épousa 3°, le 25 juillet 1488, Gabrielle de Laval, fille aînée de Thibaud de Laval, Sgr de St-Aubin et des Coudrayes, et d'Anne de Maimbier, dame de Bois-Dauphin et d'Aulnay, et veuve de Guillaume Daniel, Sr du Murault ; elle testa le 15 janvier 1516.

VI. — Jean II de L'Age, chevalier, Sgr de L'Age et du Tendu en Berri, épousa, le 10 octobre 1507, Anne Berruyer, fille d'Antoine, Sgr de St-Germain, et de Françoise d'Oultrelavoye, dont René, qui suit.

VII. — René de L'Age, chevalier, Sr de L'Age et de Chamousseau, échangea, le 4 novembre 1540, ses terres de Chazelat et du Tendu pour celles de Puylaurens, paroisse de St-Georges-les-Landes (2), différent de Puy-Laurent en Languedoc, près de Castres. Il épousa, le 20 juin 1529, Gilberte Savary-Lancosme, fille d'Honoré, Sgr de Lancosme et d'Herbelay, et de Catherine Savary, sa parente. Il eut de cette femme 1° Honoré, qui suit ; 2° René ; 3° Jean ; 4° Gui (c'est peut-être ce dernier qui était homme d'armes sous le chevalier d'Angoulême le 10 août 1572) ; 5° Marie, mariée à Jean de Chabannes.

---

(1) Belabre, chef-lieu de canton, arrondissement du Blanc (Indre).

(2) Saint-Georges-les-Landes, canton de Saint-Sulpice-les-Feuilles, arrondissement de Bellac (Haute-Vienne).

VIII. — Honoré de L'Age, écuyer, Sr de Puylaurens, chambellan du duc d'Anjou, gentilhomme de sa chambre, repose dans l'église de St-Georges-les-Landes avec cette inscription : *Ci-dessous reposent les corps de messire Honoré de L'Age, chevalier, Sgr de Puylaurens, chambellan de monseigneur le duc d'Alençon, frère du roy, qui mourut le 15 janvier 1590.*

Il fit comparoir à la réformation de la coutume du Poitou le 16 octobre 1559.

Il épousa, le 31 mars 1561, Anne d'Aubusson, fille puînée de Jean d'Aubusson, Sgr de La Feuillade, inhumée avec son mari, comme l'indique la suite de l'épitaphe déjà citée, *et dame d'Aubusson, de la maison de La Feuillade, son épouse, qui décéda le 10 de novembre en l'an 1607.* Honoré de L'Age reconnut, par acte du 19 décembre 1569, avoir reçu de François d'Aubusson, son beau-frère, 500 livres pour le restant de 4,000 livres, somme promise pour la dot de sa femme, par Jacqueline de Dienne, sa mère, à condition qu'elle renoncerait à tous les droits qu'elle pourrait prétendre en la succession de son père, et en celle de son aïeul paternel, et de Jeanne de Vouhet, son aïeule. De ce mariage sont nés 1° René, qui suit ; 2° François, 3° Guillaume ; 4° Jacqueline ; 5° Gilberte ; 6° Françoise.

IX. — René de L'Age, deuxième du nom, chevalier, Sgr du Puylaurens, conseiller du roi, gentilhomme ordinaire de sa chambre, sous-gouverneur de Gaston-Jean-Baptiste de France, duc d'Orléans, ensuite premier écuyer de madame la duchesse d'Orléans, repose aux Augustins du faubourg Saint-Germain, à Paris.

Il épousa, le 16 novembre 1602, Jeanne Pot, fille puînée de Guillaume Pot, chevalier, grand-maître des cérémonies de France, premier écuyer tranchant, porte cornette blanche du roi. Cette dame repose dans la même église que son mari, avec cette suite d'inscription : *Comme aussi de dame Jeanne Pot, de la maison de Rhodes, femme de messire René de L'Age, chevalier, Sgr de Puylorant, sous-gouverneur de monseigneur le duc d'Anjou, frère unique du roy, laquelle dame alla à Dieu le 27e jour de juillet en l'an mille six cents (sic) seize. Priez Dieu pour le repos de leurs âmes.* De ce mariage est né 1° Antoine, qui suit ; 2° Anne, supérieure des religieuses de Sainte-Marie, à Bourges ; 3° Madeleine, religieuse à l'Annonciade de Bourges ; 4° Louise, religieuse à Sainte-Claire de Limoges.

X. — Antoine de L'Age, Sgr de Puylaurens, ne sortait pas d'une famille noble de Languedoc, quoi qu'en dise le Moreri de 1759 au mot *Puylaurens* ; il fut chevalier, Sgr de Puylaurens, de La Pérusse, de La Ville-au-Brun (1) et de Noyers.

Antoine de L'Age se vit élevé en peu de temps à une grande faveur. Il fut nourri enfant d'honneur, jusqu'à l'âge de vingt ans, de Gaston-Jean-Baptiste de France, duc d'Orléans, qui le fit gentilhomme de sa chambre, maître de sa garde-robe, puis son premier chambellan, surintendant, *grand-maître enquêteur* et général réformateur des eaux et forêts de son apanage et du domaine de la duchesse d'Orléans.

Dès 1625, il conspira, avec plusieurs autres seigneurs de la cour, contre

---

(1) La Ville-au-Brun, commune d'Arnac-la-Poste, canton de Saint-Sulpice-les-Feuilles, arrondissement de Bellac (Haute-Vienne).

la personne du cardinal de Richelieu. Dès 1626, il était devenu conseiller et principal confident de ce prince, et distribuait chez lui les biens et les honneurs. En 1627, Sa Majesté lui donna ordre de détourner adroitement Monsieur de se marier ; mais la reine-mère, qui craignait que le roi n'eût jamais d'enfants, y pensa au plus tôt, ce qui toutefois ne fut pas exécuté alors.

En 1628, le duc de Nevers fit offrir, par sa sœur, la duchesse de Longueville, le gouvernement du duché de Nevers à Puylaurens s'il portait Monsieur à se marier à sa fille ; mais la reine-mère s'opposa à ce mariage.

Quand Monsieur se fut retiré à Nancy, il écrivit au roi, en 1629, les sujets qu'il avait d'être mécontent de la cour, et que, si on voulait l'y revoir, on donnât diverses choses à Puylaurens.

Monsieur se raccommoda avec le cardinal de Richelieu, en 1630, à la suggestion de Puylaurens : celui-ci crut devoir prendre occasion de faire ses affaires en offrant ses services à la cour. On lui fit un présent de cinquante mille écus, et on lui promit le titre de duc en cas qu'il épousât une duchesse, et qu'il achetât une terre qui eût titre de duché. De son côté il promit de se conduire auprès du duc d'Orléans de telle façon que le roi verrait l'effet des promesses que son frère lui avait faites de dépendre entièrement de Sa Majesté, et de n'oublier rien pour porter la reine à se réconcilier avec le cardinal de Richelieu.

Puylaurens parut, pendant quelques semaines, parfaitement satisfait de la cour ; mais s'étant imaginé qu'on lui accorderait davantage s'il le demandait, et si Monsieur, qui ne faisait que ce qu'il lui disait, témoignait encore quelque mécontentement, il l'obligea de rentrer dans le parti de la reine-mère en 1631, et fit de nouvelles demandes. Il était alors en marché avec le maréchal de Montmorency pour acheter de lui la terre de Danville, qui avait titre de duché. Comme cette affaire était près de se conclure, les ministres retardèrent autant qu'ils purent la conclusion de la vente. Puylaurens, l'ayant su, crut qu'on voulait se moquer de lui, et forma le dessein d'emmener de la cour le duc d'Orléans, croyant obtenir ainsi plus facilement ce qu'il demandait.

Ce prince se retira en effet à Orléans au mois de mars 1631, et Puylaurens leva des troupes en Poitou et en Limousin, où il avait ses habitudes particulières pour être de ces pays-là, et les mena à Monsieur. Ce prince se retira à Briançon dans la Franche-Comté, et le roi, ayant appris qu'il faisait amas de noblesse ; que La Feuillade et quelques autres parents du Sr de Puylaurens avaient levé en Limousin des troupes aussi hardiment que s'ils avaient eu commission du roi, fit déclarer, à Dijon, le 30 mars 1631, criminels de lèze-majesté Puylaurens et tous les autres qui étaient avec lui. Le 22 juillet suivant, le roi ordonna aux officiers et aux domestiques du duc d'Orléans, son frère, de se retirer près de sa personne dans quinze jours pour lui continuer leur service, et à ceux qui étaient sortis du royaume d'y rentrer sous peine d'être déclarés perturbateurs du repos public, etc.

Puylaurens faisait espérer au prince de Phalsbourg que Monsieur épouserait sa belle-sœur la princesse Marguerite de Lorraine, et, sous ce prétexte, il avait bien des privautés avec sa femme, sans que celui-ci osât se plaindre, quoique piqué jusqu'au vif. Plusieurs crurent que, après la mort de ce prince flamand, Puylaurens épouserait sa veuve ; mais le temps fit naître d'autres pensées à l'un et à l'autre. Monsieur ne trouva d'autres ressources au dessein qu'il avait qu'avec les Espagnols. Il dépêcha Puylaurens à Bruxelles afin d'y négocier un nouveau projet de guerre pour la campagne suivante, et ménager cependant la retraite de Monsieur en cette cour. En cas qu'il se vît pressé de quitter la Lorraine ; Monsieur s'approcha du Luxembourg, et alla attendre le retour de Puylaurens à Vaudrenange, pour être plus tôt informé du succès de son voyage, et, sur la fin de l'automne, il s'en retourna à Nancy. Ce fut là qu'on vit éclater la brouillerie du président Le Coigneux avec Puylaurens. Le premier n'était point d'avis que l'on passât outre au mariage sans le consentement du roi. Puylaurens, au contraire, dit que l'honneur de son maître en souffrirait trop s'il retournait en France sans tirer aucune raison de tant d'injures reçues du cardinal de Richelieu ; mais son principal motif était de devenir beau-frère de son maître, et peut-être quelque jour de son roi ; et, comme il tenait la première place dans sa confiance, il n'eut pas de peine à le rendre *capable de ses raisons*, ni à renverser celles de Coigneux et de ses partisans. Le 28 novembre de cette année 1631, la reine-mère dit que Puylaurens était un coquin dont elle n'avait jamais attendu que ce qu'il avait fait.

En 1632, Puylaurens eut quelque bruit avec le duc de Bellegarde ; mais Monsieur les raccommoda tous deux. Il suivit son maître à Bruxelles, où il tenait table ouverte de quinze couverts, et voyait les beaux esprits du temps. Voiture, relégué en Espagne pour le sujet de Monsieur, écrivant à Puylaurens en 1633, le remercie de ses soins et de son amitié : « Je vous ai, lui dit-il, toujours considéré vous-même séparé de tout ce qui n'en est pas ; je vois des choses en vous plus grandes et plus éclatantes que votre fortune, et des qualités avec lesquelles vous ne sauriez jamais être un homme ordinaire. Vous jugerez que je dis ceci avec beaucoup de cognoissance si vous vous souvenez de l'entretien que j'eus l'honneur d'avoir avec vous dans cette prairie de Chirac, où, m'ayant ouvert votre cœur, j'y vis tant de résolution, de force et de générosité que vous achevâtes de gagner le mien. Je connus alors que vous aviez de si saines opinions de tout ce qui a accoutumé de tromper les hommes que les choses qu'ils considéroient le le plus en vous étoient celles que vous estimiez le moins, et que personne ne juge d'un tiers avec moins de passion que vous jugiez de vous-même. Je vous avoue que, en ce temps-là, vous voyant tous les jours marcher sur des précipices avec une contenance gaie et assurée, et ne jugeant pas que la constance pût aller jusque-là, je trouvois quelque sujet de croire que vous ne les aperceviez pas tous. Mais vous m'apprîtes qu'il n'y avoit rien en votre personne ni à l'entour que vous ne connussiez avec une clarté merveilleuse, et que voyant à deux pas de vous la prison et la mort, et tant d'autres accidents qui vous menaçoient, et, d'autre côté, les honneurs, la gloire et les plus hautes récompenses, vous regardiez tout cela sans agitation, et voyiez des raisons de ne pas trop envier les unes, et de ne point craindre les autres. Je suis étonné qu'un homme nourri toute sa vie entre les bras de la fortune sût tous les secrets de la philosophie, et que vous eussiez appris la sagesse en un lieu où tous les autres la perdent. »

Quand il s'agissait de faire plaisir à Voiture, Puylaurens s'y prêtait avec tout le soin et l'affection qui se pouvaient désirer : celui-ci le payait de compliments : « Je ne puis m'empêcher, lui dit-il, de souhaiter cette tranquillité d'esprit que j'ai admirée lorsque, sur le penchant d'une des plus importantes affaires du monde, je vous ai vu avec le même visage que toujours, et moins empêché que pas un en une chose où vous aviez plus de soin et d'intérêt que tous les autres. »

Lui faisant présenter une requête par Neuf-Germain, Voiture lui dit :

> « Vous-même avez fait douze vers
> Qui seront dans tout l'univers
> Plus estimés que cent harangues. »

Lorsque Monsieur était à Bruxelles, le duc de Lorraine offrit sa médiation pour le raccommoder avec le roi, et on lui donna parole que, si ce prince voulait revenir en France, on accorderait une amnistie générale pour tous ceux qui avaient pris son parti, et qu'on les rétablirait dans leurs biens et dans leurs dignités ; excepté seulement qu'on ne leur rendrait pas les gouvernements qu'ils avaient auparavant. Mais eux, qui, bien loin de venir se livrer au cardinal de Richelieu, voulaient gagner en retournant, firent en sorte que Monsieur rejeta entièrement ces offres, et retourna en Lorraine avec quelques troupes qu'il joignit à celles du duc de Lorraine.

Le 23 août de cette même année 1632, le roi donna une déclaration qui déclarait rebelles, criminels de lèze-majesté et perturbateurs du repos public ceux qui étaient avec Monsieur ou qui l'assisteraient, et voulait qu'il fût procédé contre eux suivant les rigueurs des ordonnances. Le roi partit aussitôt de Paris pour se remettre en campagne, et aller inspirer de plus près l'ardeur et le zèle aux troupes destinées contre Monsieur. Son Altesse Royale se vit obligée de quitter la Bourgogne, et de se retirer dans le Languedoc, sous l'appui que lui donna et à ses troupes le duc de Montmorency, gouverneur de la province. Monsieur y entra en arme, et s'empara d'abord de quelques villes ; mais ces bons succès ne durèrent pas par la mésintelligence des chefs. Puylaurens, qui avait pour lors la meilleure part à la confiance et aux bonnes grâces de Son Altesse Royale, ne pouvait souffrir qu'un autre que lui eût le commandement de l'armée, ce qui causa une si grande jalousie entre lui et le duc de Montmorency qu'ils ne se pouvaient parler ni même se voir. Toutes ces jalousies favorisèrent extrêmement le parti du roi et les desseins des maréchaux de La Force et de Schomberg. Ce dernier defit le duc de Montmorency à la bataille de Castelnaudary, le 31 août 1632, où fut tué le comte de La Feuillade, qui tenait le parti de Monsieur, et se distingua dans ce combat. Puylaurens fut blessé, et le duc de Montmorency, fait prisonnier. Des auteurs accusent de trahison Puylaurens, et prétendent que le duc de Montmorency reconnut lui-même alors qu'il était trahi. Dans son second interrogatoire, il déclara que Puylaurens le suivit *comme il croit*. Puylaurens se sauva : ainsi le duc peut s'être trompé par rapport à celui-ci.

Monsieur se vit engagé dans une affaire dont il ne pouvait sortir avec honneur : Bullion, surintendant des finances, l'alla voir de la part du roi, et parla d'un traité. Monsieur ne pouvait se résoudre d'abandonner le duc de Montmorency, parce qu'il prévoyait que la perte d'un seigneur si qualifié achèverait de ruiner son parti. Il voulait donc l'élargissement et la grâce du duc; de sorte qu'il n'y avait presque pas lieu d'espérer d'accommodement à moins de biaiser sur cet article, et d'entretenir Monsieur entre l'espérance et la crainte de ce qui pouvait en arriver. Quelques-uns dirent alors que M. de Bullion, qui était assez éclairé pour reconnaître de lui-même la nécessité de ce déguisement, y fut encore secrètement incité par le Sr de Puylaurens, confident de Son Altesse, lequel souhaitait la paix, et ne croyait pas qu'elle dût être retardée par la considération du duc de Montmorency, que d'ailleurs il n'aimait pas, et dont l'autorité lui faisait ombre.

Quoi qu'il en soit, Monsieur se vit obligé, dans peu de jours, à faire un accommodement, malgré le sentiment de la plus part de ses domestiques. Ce traité portait que Monsieur ne prendrait aucun intérêt en ceux qui s'étaient liés à lui, et ne prétendrait pas avoir sujet de se plaindre quand le roi leur ferait subir les peines qu'il méritaient, desquels néanmoins on exceptait ses domestiques, qui étaient alors auprès de sa personne ; que le roi ne pouvant ignorer que les mauvais conseils que Monsieur avait pris lui avaient été suggérés par Puylaurens, ce dernier avertirait sincèrement le roi de tout ce qui s'était traité par le passé avec les étrangers contre le bien de l'État et les personnes principales qui étaient au service de Sa Majesté, et déclarerait qu'il voulait être tenu coupable, comme il l'était avant que d'avoir reçu la grâce du roi, s'il contrevenait au contenu de ce qui avait été promis; que, pour plus grand témoignage que Monsieur avait dessein d'observer religieusement ce qu'il promettait, il aurait soin d'enjoindre, non-seulement à Puylaurens, qui était le mieux auprès de lui, mais généralement à tous ceux qui avaient l'honneur de s'approcher de sa personne, de donner exactement avis au roi de tout ce qui se passerait à l'avenir contre le service de sa Majesté, et contre le repos du royaume.

Monsieur signa cet accommodement à Béziers, le 29 septembre, et le roi le ratifia par lettres patentes données à Montpellier, le 1er d'octobre. Puylaurens envoya au roi un acte écrit de sa main, où il promettait tout ce qu'on demandait de lui ; il subit l'interrogatoire. On lui demanda s'il avait connaissance que Monsieur eût épousé la princesse Marguerite de Lorraine, et il répondit que non, parce que, dès le temps que la cour était proche de Nancy, on tenait ce mariage pour consommé, ou du moins pour tout à fait résolu. Il appuya fortement cette alliance de Monsieur, son maître, et ce fut, dit-on, la seule action de probité qu'il fît en sa vie. On assure, mais sans fondement, qu'il conseilla au duc d'Orléans de poignarder le cardinal de Richelieu de sa propre main, et voici comment on conte la chose :

Ce prince étant allé voir le cardinal dans ce dessein, comme il s'approchait de Son Éminence, il saigna du nez, c'est-à-dire il perdit courage : au lieu de lui faire du mal, il demanda pardon à celui qu'il voulait perdre. Cette conduite était assez du génie de Monsieur. On sut que Puylaurens avait donné ce conseil, et le cardinal résolut de s'en venger. Pour mieux dissimuler son ressentiment, il combla ce gentilhomme de caresses et de bienfaits.

Après cet accommodement, Monsieur et ses domestiques prirent, le 4 d'octobre, le chemin de Tours, où le roi jugea à propos qu'il se retirât.

Cependant on procéda extraordinairement, à Toulouse, contre M. de Montmorency, et Monsieur, en étant averti, dépêcha La Vaupot, proche parent de Puylaurens, pour demander sa grâce. Dans le temps que La

Vaupot se rendit à Toulouse, M. de Montmorency, qui avait su que Monsieur était marié, crut qu'il était de son devoir d'en avertir Sa Majesté, et il se servit pour cela de Launay, lieutenant des gardes du corps. Celui-ci, étant parent de Puylaurens, fit reproche à La Vaupot du mystère qu'il lui en avait fait, et lui en montra les conséquences, dont La Vaupot fut si étonné qu'il prit sur-le-champ congé du roi, et s'en alla à Blois, où il fut cause que Monsieur se retira promptement en Flandre, ainsi qu'on va le voir; car il voulait absolument qu'on rétablit le duc de Montmorency dans la jouissance de sa liberté, de ses honneurs et de ses biens; mais il n'en tira pas de parole positive, soit que Puylaurens et les autres, sans l'avis desquels Monsieur ne faisait rien, ne fussent pas fâchés de perdre ce duc, ou qu'ils ne s'aperçussent pas de l'artifice de Bullion, qui, dans la négociation, avait écarté cette difficulté. Il est certain qu'ils commirent en cette occasion une faute énorme, et qui décréditait entièrement leur parti. Aussi parut-il depuis par la conduite timide et malhabile de Monsieur que ceux qui gouvernaient son esprit n'étaient pas capable de tromper personne que leur maître. Ils purent bien le porter à témoigner du mécontentement contre la cour; mais ils ne surent jamais rétablir solidement ses affaires, ni se mettre eux-mêmes en état de tirer quelque fruit du pouvoir qu'ils avaient sur son esprit.

Monsieur ayant appris la punition du duc de Montmorency, comme il s'était persuadé qu'on lui ferait grâce, il se crut déshonoré, et pensa que personne ne voudrait plus s'exposer pour lui à la colère du ministre s'il ne témoignait quelque ressentiment d'un affront si signalé. Le bruit courait encore qu'on lui ôterait une partie de ses domestiques, et qu'on déclarerait que quelques-uns d'entre eux n'avaient pas été compris dans l'accommodement afin de les punir comme exclus. Ainsi il prit la mort du duc de Montmorency comme une rupture de ce traité, qu'il disait n'avoir signé que dans la supposition qu'on donnerait la vie à cet infortuné seigneur. Il partit donc secrètement de Tours le 6 décembre 1632, et se retira à Bruxelles. Il voulut engager la reine-mère, qui s'était retirée à Gand, à venir demeurer avec lui; mais le père Chanteloube, prêtre de l'Oratoire, qui la gouvernait, lui avait inspiré de la froideur pour son fils. La raison en était que ce père ne pouvait souffrir que Puylaurens, qui pouvait tout sur l'esprit de Monsieur, s'égalât à lui. Puylaurens, de son côté, n'était pas d'humeur à se soumettre à personne, et n'avait pas voulu plier pour des gens infiniment plus considérables que le père Chanteloube. Cela fit qu'ils vinrent à se brouiller, et qu'ils causèrent entre la mère et le fils de la froideur qui donna lieu au cardinal de Richelieu de ruiner tous leurs desseins avec plus de facilité que s'il avaient été bien unis.

En 1633, le roi obligea le parlement de Dijon à faire le procès de Puylaurens, qui fut condamné à mort comme rebelle. On le fit exécuter en effigie, et l'on confisqua ses biens. Puylaurens fit faire des propositions d'accommodement pour obtenir le retour de Monsieur. Il fit demander au cardinal, par l'abbé d'Elbène, la moindre de ses parentes, et promit de faire tout ce qu'il pourrait pour porter Monsieur à rentrer dans l'obéissance; mais le mariage de ce prince avec la princesse Marguerite de Lorraine éclata alors, et rendit cette négociation inutile. De son côté, la reine-mère envoya vers le roi pour voir s'il n'y aurait pas moyen d'obtenir son retour, parce qu'elle était lasse, disait-elle de la manière peu respectueuse avec laquelle Monsieur et Puylaurens la traitaient.

Le gentilhomme qu'elle envoya dit au roi, à son audience, le 6 novembre, que la reine l'avait chargé de se plaindre à Sa Majesté que Monsieur lui faisait tous les jours des affronts ; qu'elle savait à la vérité que ce n'était pas de son propre mouvement, mais par le conseil de Puylaurens; qu'elle aimerait mieux mourir que de tomber sous la tyrannie de ce dernier. Le roi répondit qu'il était bien fâché que le duc d'Orléans en usât mal envers la reine-mère, mais qu'elle ne serait jamais tombée dans cet inconvénient si elle avait voulu croire ses salutaires conseils et ceux de ses fidèles serviteurs. Elle était toujours véritablement irritée contre Puylaurens, et l'on crut en pouvoir tirer un avantage qui était d'obliger cet homme à rentrer dans son devoir, et à faire pour son maître des demandes plus modestes; mais son entêtement et la haine du P. Chanteloube, au lieu de raccommoder la mère et le fils, les irritaient *chacun de son côté*. Incapables de voir par eux-mêmes quels étaient leurs véritables intérêts, ils étaient le jouet de leurs favoris, qui les engageaient dans toutes leurs passions. La reine-mère, qui avait consenti au mariage de la princesse Marguerite de Lorraine, l'engagea à conseiller à son époux d'éloigner de lui Puylaurens qu'elle n'aimait pas d'ailleurs, parce qu'il avait parlé de faire dissoudre son mariage. Mais le duc d'Orléans ne voulut pas en entendre parler, quoiqu'on lui représentât que le cardinal avait déjà à demi gagné cet homme. En effet, le ministre disait communément : « *Avec le temps, j'aurai de L'Age* », faisant allusion au nom de famille de Puylaurens, qui était de L'Age. Il lui avait promis une de ses parentes pour le rassurer contre tout ce qu'il pourrait craindre, à condition qu'il portât Monsieur à se remettre absolument à la bonté du roi, dont on promettait de lui faire sentir des effets éclatants. On souhaitait principalement qu'il se soumît au bon plaisir de Sa Majesté à l'égard de son mariage, ou en remettant son épouse entre ses mains conformément à ce que ses frères, le duc et le cardinal de Lorraine avaient promis, ou en la laissant en France si elle ne voulait pas le suivre en Flandre. On voulait aussi que Puylaurens le détachât entièrement des intérêts de la reine-mère et de ceux des Espagnols.

Puylaurens avait gagné le duc d'Orléans sur une grande partie de ce qu'on demandait de lui ; mais, ce prince n'ayant pu le cacher à son épouse ni à sa mère, la reine lui fit honte d'un traité où Puylaurens ne pensait qu'à gagner la faveur du cardinal aux dépens de son maître. Celui-ci, s'étant aperçu que le duc avait changé d'avis, attribua ce changement au P. Chanteloube et à la reine-mère, à laquelle il parlait avec trop d'insolence, mais de qui aussi il fut censuré comme il le méritait.

Cependant on s'apercevait que Monsieur s'ennuyait en Flandre, et le cardinal, qui était averti de tout, fit tenir, le 1er décembre, un conseil à la présence du roi pour voir ce que l'on pourrait faire dans cette conjoncture, et si le roi devait se réconcilier avec la reine-mère et avec le duc d'Orléans. Le ministre y discourut au long pour persuader le roi de ne donner aucune satisfaction ni à l'un ni à l'autre. Il dit entre autres choses que la mauvaise intelligence dans laquelle la reine-mère vivait avec Monsieur et avec ses domestiques était la plus puissante raison qui portât Puylaurens à persuader son maître d'éviter les lieux où il pût ressentir des effets de la haine mortelle de cette princesse ; et qu'ainsi, si elle venait en France, Puylaurens aurait moins de penchant à y ramener le duc d'Orléans.

A l'égard de Monsieur, le cardinal remarqua que, s'il revenait aux conditions que Puylaurens avait demandées l'été passé, savoir le gouvernement d'Auvergne et de Mâcon pour le séjour de Monsieur et de sa maison, il était à craindre que ce prince ne donnât entrée aux Espagnols, qui ne demandaient pas mieux.

Il proposa néanmoins ensuite si l'on ne pourrait point, en bonne conscience et avec honneur et avantage pour l'État, promettre à Puylaurens Mâcon pour y demeurer avec Monsieur, afin de l'attirer en France, et ensuite le mettre en prison, au lieu de lui tenir parole. Pour la conscience, le cardinal ne croyait pas que l'on pût douter que cela ne fût permis à cause des desseins que Puylaurens avait faits contre l'État ; mais l'honneur du roi recevait, selon lui, un tort irréparable si l'on manquait de parole en cette occasion. Il ajoutait que, bien loin d'en tirer aucun avantage qui pût contrebalancer le tort que ce manquement de parole ferait à la réputation du roi, il en arriverait un très grand mal, puisque, si l'on mettait Puylaurens en prison, il faudrait aussi arrêter Monsieur, ce qui n'était pas possible ; que, ce prince venant de nouveau à sortir du royaume, il n'y pourrait plus revenir après avoir été trompé, quelque promesse qu'on lui fît : qu'alors il se réunirait plus que jamais avec la reine-mère, de qui Puylaurens le tenait le plus éloigné qu'il pouvait, et qu'elle le rendrait d'une humeur irréconciliable ; que si l'on disait que, en mettant Puylaurens en prison, il faudrait prier Monsieur de demeurer en un lieu qu'on lui marquerait, et d'où l'on donnerait ordre qu'il ne pût sortir, outre que cela était beaucoup plus facile à dire qu'à faire, on n'en tirerait point d'utilité pour le présent, et l'on se mettrait en danger de tout perdre pour l'avenir. Le cardinal conclut à laisser le duc d'Orléans où il était s'il ne voulait pas revenir aux conditions que le roi lui avait fait offrir depuis peu, qui étaient de lui donner une somme considérable pour payer ses dettes, de le rétablir dans tous ses apanages et dans tous ses biens, et de faire de grandes gratifications à Puylaurens.

Ces conditions ayant été proposées à la reine-mère et à Monsieur, ils les rejetèrent également, le duc s'imaginant qu'on lui accorderait beaucoup plus s'il refusait ces premières offres ; mais l'événement fit voir qu'il se trompait, et qu'il aurait beaucoup mieux fait de s'accommoder au temps que de se roidir contre un parti infiniment plus fort que le sien.

Les visites que Puylaurens avait rendues à la princesse de Chimay depuis le retour de Monsieur à Bruxelles, l'an 1634, avec la beauté de la personne l'avaient rendu tellement amoureux de Mlle de Chimay, sa fille, qu'il avait oublié ses amours de Lorraine, et quitté la marque de chevalerie que la princesse de Phalsbourg lui avait donnée en partant de Nancy. C'était un nœud bleu traversé par le milieu d'une petite épée, avec cette inscription : *Fidélité au bleuf mourant*, qu'il avait accoutumé de porter du côté du cœur. Depuis il prit un gland vert qui était la couleur de la demoiselle de Chimay. La princesse de Phalsbourg, ayant su ce changement, ne put souffrir d'être ainsi méprisée, et conçut une haine mortelle contre Puylaurens. La passion qu'elle eut d'en venir tirer raison elle-même sur le lieu lui fit trouver moyen de se sauver des mains du gouverneur de Nancy.

Elle prit occasion du carrosse dans lequel le colonel Brono allait et venait tous les jours dans la ville avec ses hardes sans être visité ni fouillé aux portes. Elle s'enveloppa dans une robe de chambre, ou, selon d'autres, se cacha dans le caisson du carrosse, et trouva ainsi la facilité de faire réussir son entreprise. Le cardinal de Lorraine fut extrêmement surpris du tour que cette princesse venait de lui jouer : il craignait qu'elle n'allât joindre Monsieur pour conclure son mariage avec Puylaurens, dont on avait parlé depuis quelques années : mais son dessein était bien différent. Elle se rendit à Bruxelles, au mois de mars, et y trouva les affaires fort disposées pour réduire Puylaurens à lui faire réparation de l'injure qu'elle prétendait avoir reçue de lui. Elle fomenta les jalousies et les soupçons de la reine-mère sur les Espagnols et les Lorrains ; elle affirma aussi que Puylaurens entretenait toujours commerce avec le cardinal pour soustraire au premier jour Monsieur de leurs mains, et de lui faire abandonner sa mère et sa femme, et payer d'ingratitude ceux auxquels il était d'ailleurs obligé pour tant de bons traitements reçus dans sa mauvaise fortune. En effet, le cardinal faisait faire de grandes promesses à Monsieur et à son confident pour les attirer en France de peur que Monsieur ne se raccommodât avec la reine-mère. On espérait les revoir bientôt, parce qu'on leur accordait presque tout ce qu'ils demandaient, excepté une place de sûreté.

En ce temps-là Puylaurens était extrêmement mal avec le duc d'Elbeuf, domestique de Monsieur. Celui-ci se plaignait de ce que, dans le traité qui se faisait secrètement avec le cardinal, Puylaurens n'avait rien demandé en sa faveur, sinon qu'il ne fût pas exclu de l'amnistie. Ils se raccommodèrent ensemble au mois de juin suivant.

Alors on vit que la faveur n'est pas exempte d'envie. Elle avait acquis à Puylaurens celle de plusieurs qui supportaient avec impatience de lui voir occuper à leur préjudice une place qu'ils se persuadaient de mériter autant ou beaucoup mieux que lui.

Ils avaient essayé, en diverses rencontres, par des intelligences et des cabales, d'attirer l'affection que Monsieur avait pour lui, et de distraire Puylaurens du service de Son Altesse. Le P. Chanteloube, créature du cardinal, avait, comme j'ai dit, fait tout au monde pour tenir Puylaurens dans sa dépendance absolue ; mais tous leurs soins avaient produit un effet contraire, et augmenté l'estime que son maître faisait de sa fidélité. Ils se persuadèrent qu'une arquebuse tirée bien à propos ne devait plus différer.

Celui qui avait entrepris d'exécuter une action si honteuse en prit occasion le 3ᵉ jour de mai 1634, lorsque Puylaurens revenait de la ville, dans le moment qu'il montait le grand escalier du palais de Bruxelles, accompagné de huit ou dix gentilshommes pour aller souper à son appartement, entre huit et neuf heures du soir. Cet homme mercenaire, du bas degré où il s'était mis à couvert, tira, à environ vingt pas de distance, un coup de carabine courte et de gros calibre, dont il le blessa à la joue droite. Le Sʳ de La Vaupot, qui lui parlait, et Roussillon d'Oradour, qui le suivait de près furent aussi blessés du même coup : le premier, à la mâchoire et à la joue fort légèrement, et l'autre, beau-frère de M. de La Vaupot, jeune gentilhomme aimé et estimé d'un chacun, fut blessé à la tête beaucoup plus dangereusement, en sorte qu'il fallut le trépaner le même jour. Pour Puylaurens, il n'eut que la peau un peu effleurée ; les autres balles furent arrêtées par la touffe de ses cheveux, sans lui faire d'autre mal. Ce qui le préserva en cette rencontre fut apparemment la trop grande crainte que l'assassin eut de le manquer.

On trouva la carabine au lieu même où l'assassin avait fait le coup, couverte d'un crêpe et d'un manteau fait exprès pour n'être pas reconnu. Il se sauva avec son camarade par une porte de derrière qui se trouva ouverte à une pareille heure, quoique on l'ouvrît très rarement, ce qui fut cause qu'on ne le poursuivit pas. Son Altesse était dans son cabinet lorsqu'il entendit le coup et beaucoup de bruit. Puylaurens entra presque aussitôt, et raconta la manière dont la chose était arrivée. Monsieur, s'en étant bien informé, envoya quérir le marquis d'Aytone pour aviser avec lui de l'ordre que l'on pourrait donner afin que cette méchanceté fût découverte et ne demeurât pas impunie. Celui-ci protesta à Son Altesse qu'il userait de telle diligence que l'auteur et ses complices seraient connus et châtiés exemplairement. Il alla tout de suite à la chambre de Puylaurens pour lui faire le même discours, et lui témoigna ressentir beaucoup de joie de ce que Dieu l'avait préservé de la malice de ses ennemis.

Pour la satisfaction publique, il fallait donner quelque marque apparente que le crime qui avait été commis était recherché. Les portes de la ville demeurèrent fermées jusqu'à onze heures du matin pendant que l'on faisait les perquisitions. Les Espagnols firent exposer, durant trois jours, à la porte de l'hôtel-de-ville le manteau qui avait été laissé par celui qui avait tiré le coup. Ce temps étant passé sans qu'il fût reconnu, on retira le manteau ; on mit en prison deux frères nommés Berger, qu'on soupçonnait ; mais ils furent déchargés par sentence du juge. Malgré tout le bruit que fit Monsieur, ce fut à quoi aboutit cette exacte perquisition, qui avait été si solennellement promise.

Chacun en discourut à sa fantaisie. On remarqua que la reine-mère avait envoyé vers Monsieur dans cette occasion, et n'avait point fait visiter Puylaurens qu'elle haïssait mortellement. On la soupçonna même d'être auteur de ce coup. D'autres n'ont pas attribué la manière de cet attentat à Jansénius, évêque d'Ypres; mais ils ont dit savoir certainement que ce prélat avait ôté le scrupule à ceux qui lui avaient demandé si on pouvait en conscience se défaire de ce cavalier. Quelques-uns en chargèrent les ennemis particuliers de Puylaurens. Lui-même dit hautement qu'il avait de l'obligation à la princesse de Phalsbourg de ce qu'elle ne l'avait pas voulu faire saluer d'une balle seule, et qu'elle eût fait mettre dans la carabine vingt ou vingt-cinq balles de pistolet et sept postes, la plupart d'étain et non pas de plomb. On en ramassa autant sur les marches du grand escalier, et elles firent juger que cette action n'était pas d'un homme seul, mais que d'autres lui avaient aidé à charger la carabine. Heureusement ce trop grand nombre de balles eut un effet contraire aux prévisions des assassins, et sauva la vie à celui qu'on voulait perdre. Aubery dit qu'on avait chargé la carabine de vingt-sept balles de pistolet et de sept postes sans augmenter en proportion la quantité de poudre, ni en mettre suffisamment pour chasser avec violence une si grande quantité de balles.

Outre les malveillances que l'envie, compagne inséparable de la faveur, avait attirées à Puylaurens, il s'était fait encore de nouveaux ennemis pour avoir fait réussir l'accommodement de Monsieur avec le roi. Il y avait eu la meilleure part, puisqu'il avait été le seul ou du moins le principal entremetteur de la part de Son Altesse Royale. C'est pourquoi M. d'Elbène lui porta, avec le traité et les dépêches de la cour pour Monsieur, des lettres particulières que le cardinal-duc, le P. Joseph et M. Bouthiller lui écrivaient en des termes fort obligeants. Aussitôt après ce malheureux coup, on dépêcha un courrier à Son Eminence pour lui en donner avis, comme d'un accident capable de rompre entièrement l'affaire, ou au moins d'en retarder pour quelque temps l'exécution. L'opinion la plus commune chargeait le duc d'Elbeuf de cet attentat, non-seulement parce qu'il fut vérifié que l'assassin avait une casaque verte, qui était sa livrée, mais principalement sur ce qu'on le savait être tout à fait mal avec Puylaurens, et dans la cabale contraire, joint qu'il n'avait pas sujet d'être content, n'étant point rétabli en son gouvernement, et n'ayant par le traité autre avantage sinon de n'être point exclu de l'amnistie.

Plusieurs ne mirent en doute que ce coup tiré de Bruxelles n'eût été concerté et résolu à Paris sur le fondement de mettre Monsieur dans une telle défiance des Espagnols qu'il serait réduit à revenir en France. On ne put croire non plus que l'entreprise fût faite à l'insu des Espagnols. Mme de Fargis avait déjà dit à Puylaurens les plaintes qu'ils faisaient du peu de sûreté qu'il y avait en ses paroles. Elle lui fit appréhender un second arquebusier qui serait plus adroit que le précédent, et que les Espagnols ne se mettraient pas plus en peine de l'avertir que la première fois. Il considéra donc que, sans leur protection, il lui était impossible de résister à tant de puissances qui avaient conspiré sa perte ; il entendit aux expédients qui lui furent donnés par M. de Fargis, qui étaient de faire une liaison plus étroite que jamais avec les Espagnols, d'en faire passer un écrit authentique par Son Altesse, et de n'entendre jamais à aucun traité avec le roi de France que ce ne fût de leur participation. Ce traité fut fait, le 12 mai, à Bruxelles, pour lier Puylaurens, que les Espagnols savaient être fort dégoûté du séjour de Flandre. Ils le lui firent signer, et voulurent que lui seul y assistât de la part de Son Altesse Royale ; mais, avec le temps, ce traité devint la cause de la ruine de Puylaurens.

Celui-ci fut pour lors en assurance, et commença à sortir du palais, ce qu'il n'avait osé faire auparavant ; mais il était toujours fort accompagné, rendant ses soins ordinaires à la princesse de Chimay la fille. L'amour qu'il avait pour elle ne déplaisait pas aux Espagnols. Le marquis d'Aytone lui promit, de la part du roi, un honnête établissement dans le pays s'il voulait entendre à ce mariage. Puylaurens témoigna se sentir obligé de cette bonne volonté, et, après lui avoir avoué sa passion, il lui dit qu'il souhaiterait pouvoir exécuter, dès l'heure même, ce qu'il lui faisait l'honneur de lui proposer, puisqu'il l'assurait de l'agrément de Sa Majesté Catholique, mais qu'il fallait que la fortune de son maître fût plus certaine et arrêtée avant que de parler d'établir la sienne particulière.

Les Espagnols avaient promis une armée à Monsieur ; mais ils manquèrent à tenir leur parole, ce qui inquiéta fort Puylaurens. Il se vit encore menacé de la venue du duc de Lorraine à la cour de Bruxelles, où il trouvait peu de sûreté ; d'ailleurs il prévoyait beaucoup de périls en France. Toutes ces craintes lui firent chercher à parer le coup qui lui pendait sur la tête, espérant qu'il trouverait quelque moyen d'esquiver avec le temps le mal qui était le plus éloigné. D'Elbène connut ses embarras, et le gagna par l'intérêt. Il lui proposa de rentrer en lui-même pour assurer sa vie et relever sa fortune, en faisant avec la France un accommodement qui serait avantageux à son maître et à lui-même. Puylaurens, touché de cette proposition, mena d'Elbène à Son Altesse, et tous deux conjointement portèrent Monsieur à ne l'avoir pas désagréable. Il ne se trouva que deux difficultés dans la négociation ; savoir : la sûreté de la personne de Son Altesse et la validité de son mariage, fait à la vérité sans le consentement du roi, mais dans lequel la conscience et la réputation de Monsieur étaient intéressées. On arrêta ces deux articles, et il ne resta plus qu'à pourvoir à la sûreté des serviteurs de Monsieur. Comme Puylaurens avait sa principale confiance, et que la plupart des choses qui s'étaient faites dans le cours de plusieurs années l'avaient été par ses conseils, Sa Majesté promit de faire publier dans le parlement de Paris une déclaration par laquelle, à l'égard de la personne de Monsieur, toutes choses seraient pardonnées et à tous ceux qui avaient suivi Son Altesse ; et, afin que la confiance se pût établir plus sincèrement entre le cardinal de Richelieu et le Sr de Puylaurens, et levât tous les soupçons qu'il pouvait avoir de la puissance de l'autre, il fut convenu qu'ils s'allieraient ensemble, et que le cardinal donnerait sa cousine, fille du baron du Pont-du-Château, pour femme à Puylaurens, huit jours après qu'il serait arrivé en France.

Ce mariage et la faveur où il était auprès de Monsieur lui faisaient espérer que le cardinal partagerait son autorité avec lui, et l'associerait au gouvernement de l'État. La suite fit voir qu'il connaissait aussi peu le ministre qu'il était incapable de bien servir son maître. Jugeant avec plus de franchise que de prudence de l'intention d'autrui par la sienne, il se crut entièrement assuré, et ne connut pas le piége dans lequel il fut pris quelque temps après. Ce traité, fait à Escoüan, le 1er obtobre 1634, portait que le roi accordait à Monsieur l'entretien de sa compagnie de gendarmes, composée de cent maîtres, que Sa Majesté devait faire mettre sous le nom de Puylaurens. Celui-ci eut encore pour sa part des sommes immenses, le gouvernement du Bourbonnais et le duché d'Aiguillon.

On eut à Bruxelles de grands soupçons de cet accommodement de Monsieur avec le roi. La princesse de Phalsbourg et le duc d'Elbeuf dépêchèrent au marquis d'Aytone, qui était à Namur, pour lui faire part de cette nouvelle, et lui demander raison de la perfidie de Puylaurens, auquel il avait naguère donné protection. Ses ennemis, ne doutant plus du traité, conspirèrent ouvertement sa ruine, et résolurent de l'attaquer en quelque lieu qu'il se rencontrât, quand ce devrait être dans le bal de Bruxelles, et de faire main-basse sur tout ce qui serait dans son carrosse plutôt que de le manquer. Le jour était pris au 9e d'octobre ; mais, dès la veille de ce jour, la partie fut rompue.

Monsieur sortit de grand matin, feignant d'aller à la chasse du renard. Puylaurens, qui ne pouvait le suivre, n'ayant pas accoutumé de le faire, feignit d'aller voir le président Rose, qu'il savait bien n'être pas à son logis. Il monta en carrosse, et se rendit à la même porte par laquelle Son Altesse était sortie et prit, dans le faubourg, des chevaux pour le rejoindre. Ils arrivèrent à La Capelle, qui est à vingt-cinq lieues de Bruxelles, et qui était la première place de France de ce côté-là.

Bautru, envoyé de la part du cardinal de Richelieu à Monsieur pour se réjouir de son retour, s'entretint en particulier avec Puylaurens sur le fait du mariage de Son Altesse. Il lui demanda où en était demeurée cette affaire. Puylaurens lui répondit que la décision en était remise à Paris, et qu'il ne croyait pas que l'on désirât de son maître rien qui fût contre sa conscience. Beautru lui répliqua qu'il voudrait, comme son ami, qu'il fût encore en Flandre, puisque Monsieur et lui n'avaient point résolu de consentir à la nullité du mariage. C'était bien le sentiment de Son Altesse, qu'il ne fallait point penser retourner en France que l'on ne fût déchargé de ce fardeau, et qu'on n'eût vidé la question. Puylaurens s'aperçut bien de ce qu'on voulait dire, et fut persuadé, par ce discours, qu'il aurait beaucoup de traverses à souffrir : il le dissimula pourtant, et feignit de n'y pas prendre garde. Ce fut aussi le meilleur parti qu'il put prendre de l'attribuer à la façon ordinaire de parler de Bautru, parce qu'il s'était mis dans un état duquel il ne se pouvait plus retirer. Il en rendit compte à Son Altesse, à qui il resta peu de satisfaction de ce qu'il en avait appris, et qui, inquiet de cet événement, arriva à Saint-Germain le 21 d'octobre.

Le roi reçut fort bien Monsieur, et cette réconciliation excita les plus vives acclamations de toute la cour. Le roi fit aussi un très favorable accueil à Puylaurens, qui avait sans contredit contribué le plus à cette réunion et au retour de Monsieur en France. Aussi en fut-il très bien récompensé comme on va voir. Les premiers compliments étant finis, on voulut porter Monsieur à souffrir que son mariage fût déclaré nul. Le cardinal lui envoya divers théologiens pour lever les scrupules de conscience qu'il avait là-dessus. Puylaurens se joignit à eux les premiers jours ; mais, comme Monsieur ne pouvait goûter l'évangile du cardinal, on crut que son favori ne le soutenait pas tout de bon auprès de ce prince, quoiqu'il dît qu'il trouvait les raisons que l'on alléguait bonnes, mais que, Monsieur n'étant pas encore assez éclairé là-dessus, il ne le pouvait forcer.

Néanmoins le cardinal témoignait être toujours dans la résolution de lui donner sa cousine, mais il ne voulait pas que le mariage se consommât encore ; ce qui fit soupçonner que Puylaurens n'était pas si bien dans l'esprit de ce ministre qu'il croyait. Il commençait à se défier de quelque tromperie lorsque le cardinal envoya à Monsieur, qui était alors à Blois, l'abbé d'Elbène pour lui dire qu'il souhaitait que Puylaurens vînt à Paris pour y épouser la fille puînée du baron de Pont-Château. Cette nouvelle réjouit extrêmement Puylaurens, qui pensait déjà à se retirer en Angleterre. Il retourna donc à la cour avec son maître au mois de novembre, et il l'accompagna à Blois le 11. Le 26, on passa le contrat de mariage, et on fit les fiançailles dans le Louvre, en présence de la reine, de toute la cour et du cardinal de Richelieu entre Puylaurens et Marguerite demoiselle de Vieux-Pont, fille puînée de Charles du Cambout, baron de Pont-Château, d'une maison ancienne et illustre de Bretagne, marquis de Coaslin, chevalier des ordres du roi, gouverneur de Brest, lieutenant-général en Basse-Bretagne, et de Philippe de Bourges. Charles du Cambout était fils de Françoise du Plessis, tante du cardinal de Richelieu. Le 28 du même mois, le curé de St-Sulpice fit le mariage dans le petit Luxembourg, sur le midi ; puis, sur les quatre heures, ils furent conduits à l'arsenal avec une magnificence extraordinaire.

En faveur de ce mariage, Puylaurens fut fait duc et pair, et la terre d'Aiguillon, qu'il avait acquise de la princesse Marie, pour la somme de 600,000 liv., fut érigée en duché-pairie sous le nom de Puylaurens, par lettres patentes du mois de décembre 1634, enregistrées au parlement de Paris, le 7 du même mois. Le 16, il fut reçu au parlement en qualité de duc et pair. Dans la harangue qu'on lui fit, et qui fut imprimée, on dit qu'il était descendu trois fois de la maison royale; qu'il avait plus servi le roi et la France que s'il avait gagné six batailles; qu'il avait un esprit admirable et un jugement le plus solide qu'on ait jamais vu à son âge. Enfin il eut des gratifications très considérables du roi, et se trouva en possession de plus de 600,000 liv. Il fut complimenté de toute la cour sur son mariage et sur sa dignité.

Mais il fut tellement aveuglé de sa faveur et de tous ces hommages qu'on lui faisait avec tant de précipitation et quasi avant qu'il les eût demandés, qu'il ne considéra pas que c'était à dessein d'obtenir les choses qu'on désirait de lui; et, sans s'en expliquer davantage, se voyant duc et pair, il s'imagina qu'il n'y avait plus rien à craindre pour lui, et qu'il n'avait que faire de ménager, comme auparavant, la faveur du cardinal. Ainsi, ce ministre lui ayant fait dire que, s'il pouvait porter Monsieur à consentir de voir déclarer son mariage nul, on lui donnerait le commandement d'une armée, et qu'on le ferait maréchal de France, le duc de Puylaurens se moqua de cette proposition, et crut pouvoir en railler le cardinal impunément. Coudrai-Montpensier, qui avait le plus de crédit auprès du duc d'Orléans après Puylaurens, n'était pas non plus assez soumis aux volontés du ministre. Celui-ci croyait que c'était lui qui inspirait à Puylaurens des pensées trop ambitieuses; de sorte qu'il prit le dessein de le faire éloigner.

Pour cela il dit à Puylaurens que, s'étant étroitement allié avec lui, il voulait encore s'unir davantage, mais qu'il ne le pouvait faire pendant que Coudrai-Montpensier était auprès de lui, et dans le nombre de ses meilleurs amis. Soit que Puylaurens se défiât de quelque dessein du cardinal, ou qu'il ne voulût pas avoir d'égards pour lui, au lieu d'éloigner cet homme, il lui fit donner un appartement tout proche du sien, ce qui commença à irriter le cardinal, qui ne pouvait souffrir cette résistance dans celui à qui il avait fait l'honneur de donner une de ses parentes.

Monsieur tenait toujours ferme pour ne pas consentir à la dissolution de son mariage, et le cardinal croyait que cette fermeté extraordinaire ne pouvait venir que des conseils de Puylaurens; il prétendait même que cela marquait qu'il voulait du mal à la personne du roi. Mais le cardinal n'insistait si fort à faire casser le mariage de Monsieur que dans l'espérance, dont il se flattait depuis longtemps, de lui faire épouser la duchesse d'Aiguillon, sa nièce. On accusait Puylaurens d'entretenir commerce avec un certain Vieux-Pont, domestique de Monsieur, qui avait mal parlé de la personne de Sa Majesté. On disait encore qu'il avait correspondance avec la maison de Lorraine, afin qu'elle soutînt le duc d'Orléans si le roi venait à mourir; qu'il entretenait ses anciens monopoles avec les Espagnols : pure supposition, qui est encore à prouver.

L'une des principales raisons qui avançait le malheur de ce gentilhomme, qui s'était élevé avec autant de bonheur pour le moins que de mérite, quoique, à dire la vérité, il n'en fût pas tout à fait dépourvu, son plus grand crime, dis-je, c'étaient les mémoires un peu piquants qu'il avait écrits de sa main pour soutenir, à Rome, le mariage de Monsieur, « seule action de probité qu'il ait faite en sa vie », dit Mathieu de Morgues, son ennemi, qui l'appelle une franche dupe. De plus, on trouva une lettre que Son Altesse avait écrite à Sa Sainteté avant de revenir en France, et par laquelle il suppliait le pape de n'ajouter aucune foi à tout ce qu'il ferait contre son mariage quand il serait de retour en France, parce qu'on aurait usé de force envers lui, et contre l'intention qu'il aurait toute sa vie de le maintenir bien et valablement contracté.

Le cardinal, offensé de ce que Puylaurens ne lui avait pas découvert ce secret, l'ayant appris d'un autre, lui en fit des reproches, qui l'obligèrent à prendre son excuse sur ce que le cardinal ne le lui avait pas demandé. Son Eminence, émue de cette réponse, repartit en jurant qu'il le pouvait soulager de cette peine s'il lui eût plu, et le quitta avec un visage qui témoignait beaucoup d'aigreur contre lui. Ainsi la conduite de Puylaurens donnait toujours de nouveaux ombrages au ministre, qui ne pardonnait jamais à ceux qui traversaient ses desseins, et qui crut plus utile de perdre Puylaurens que de le conserver. Le cardinal fit sentir au roi, naturellement poussé aux actions de sévérité, tout ce qu'il voulut lui inspirer, et Sa Majesté accorda avec plaisir son consentement pour qu'on se saisît de Puylaurens. Afin que cela se pût faire avec plus de facilité, on chercha les moyens de l'attirer de Blois à Paris. Pour cela, on fit le projet d'un ballet pour le carnaval, où Monsieur et Puylaurens devaient danser aussi bien que le roi.

Ils vinrent à Paris à cette occasion, et le cardinal prit dessein de donner les ordres nécessaires pour exécuter la délibération dans laquelle il contrevenait également à sa parole si solennellement donnée, et à l'alliance qu'il avait contractée avec Puylaurens, qui est la dernière sûreté que les hommes puissent prendre ensemble, et que, pour cela même, on viole si rarement. Peu de temps après, on marqua le 13 ou 14 de février 1635 pour l'arrêter, et l'on fit, ce jour-là, doubler la garde du Louvre. Tout y était prêt pour faire l'essai du ballet, il n'y manquait plus que Puylaurens, qui fit attendre les autres plus d'une demi-heure, ce qui faisait déjà soupçonner au roi et au ministre qu'il n'eût été averti. Enfin il arriva, et, après qu'il se fut entretenu quelque temps avec le roi, le duc d'Orléans, le cardinal et d'autres seigneurs de la cour, le roi prit Monsieur et le mena à son cabinet. C'était là le signal dont il était convenu avec le marquis de Gordes, capitaine des gardes du corps, pour le temps auquel il faudrait arrêter Puylaurens.

Le capitaine exécuta à l'instant les ordres du roi, et le confident de Monsieur fut arrêté sans bruit ainsi que Charnise, son parent, et du Plessis, gentilhomme, son domestique. Le roi, en étant averti, dit à Monsieur ce qui venait de se passer en l'embrassant, et en lui témoignant qu'il était parfaitement satisfait de lui. Il ajouta que Puylaurens était un ingrat, et que Monsieur ne pouvait pas espérer d'en être bien servi après l'ingratitude dont il avait payé les bienfaits qu'il avait reçus de la couronne. Le duc d'Orléans témoigna du chagrin, et dit néanmoins, dans la crainte d'être arrêté lui-même, qu'il abandonnerait Puylaurens s'il s'était rendu indigne de la grâce de Sa Majesté.

Puylaurens témoigna beaucoup de fermeté dans une rencontre si imprévue et de cette conséquence : laissant le soin de ce qui le regardait, il s'enquit de l'état auquel était Monsieur, son maître. Après que Gordes lui eut répondu qu'il était en pleine liberté, il reprit la parole pour lui dire que M. le cardinal ne lui avait pas donné le loisir de faire ce qu'il désirait pour lui, et que, en différant davantage de porter les choses à cette extrémité, le temps lui eût fourni les moyens et les occasions de le contenter. Puylaurens coucha au Louvre, et le lendemain il fût conduit dans un carrosse au bois de Vincennes.

Ce même jour 14 février, le roi fit publier là-dessus une lettre-circulaire, qui fut envoyée aux parlements et aux gouverneurs des provinces. Elle disait : « J'ai bien voulu vous donner avis du déplaisir que j'ai eu d'être obligé de faire arrêter Puylaurens. J'avois espéré que, lassé de sa mauvaise conduite, ma nouvelle grâce du tout extraordinaire l'empêcheroit de retomber en pareilles fautes à celles par lesquelles, violant au passé son devoir et sa foi, il a si ingratement méconnu tant de bienfaits qu'il a reçus de moi en divers temps. J'avois même consenti qu'il prît alliance avec mon cousin le cardinal-duc de Richelieu, qui n'étoit pas une petite marque de la confiance que je voulois avoir en lui : chacun connaissant assez la singulière affection que je porte à mon dit cousin et les grands sujets que j'en ai. Mais les manifestes contraventions que le dit Puylaurens a faites aux conditions spécialement exprimées dans la grâce, par moi accordée, le deuxième d'octobre dernier passé, m'ayant fait connoître que rien n'étoit capable de le détourner de la continuation de ses mauvais desseins, qui ont déjà causé tant de malheurs en ce royaume, que j'ai grand sujet d'en appréhender la suite, pour ne manquer pas à ce que je dois à mon État, à la personne de mon frère le duc d'Orléans et à la mienne, j'ai été contraint de m'assurer du dit Puylaurens, comme étant le seul moyen de prévenir les maux qu'il préparoit de nouveau à l'insu et contre l'intention de mon dit frère. Ce qui me console en cette occasion, c'est que je suis aussi assuré des bonnes intentions de mon dit frère comme les mauvaises de Puylaurens me sont connues. Je n'eusse pas pris la résolution portée par la présente dépêche si je n'y eusse été forcé par des sujets très pressants. Pour en faire connoître l'importance, je me contenterai de dire qu'il a eu diverses intelligences avec des personnes manifestement coupables de mauvais desseins contre la nôtre, non-seulement exclues de ma grâce par la nature de leur crime, mais en outre parce qu'elles en sont nommément exceptées par mes déclarations. Je laisse présentement à part beaucoup d'autres preuves évidentes que j'ai de la mauvaise foi du dit Puylaurens, qui seront connues avec le temps. J'ai encore voulu vous donner avis de la résolution que j'ai prise de faire arrêter Le Fargis et Le Coudrai-Montpensier, qui ont trempé dans les conseils du dit Puylaurens. »

Les termes de cette lettre sont assez obscurs, parce que le prisonnier n'était encore convaincu de rien ; mais tout le monde crut que le ministre, ne pouvant plus se fier à Puylaurens, l'avait fait arrêter ; qu'il irait peut-être plus loin, et lui ferait perdre la tête. Aubery ne justifie pas trop le cardinal là-dessus. Ses termes sont trop équivoques : « Soit, dit-il, qu'on fît une querelle à Puylaurens sur ce qu'on crut qu'il seroit de mauvais exemple de le laisser jouir longtemps des avantages que la désobéissance lui avoit procurés ; ou plutôt qu'il fût lui-même cause de sa disgrâce, ayant été tenté de prétendre à de nouvelles faveurs par les mêmes moyens par lesquels il y étoit déjà parvenu ; il est très certain que sa fortune ne fut pas de durée. Le panégyriste de Richelieu ne détruit point les bruits qui coururent alors : peut-être ne voyoit-il rien de solide à y opposer. »

Le cardinal-duc de Richelieu envoya le cardinal de La Vallette et Bouthiller à Monsieur, qui était à l'hôtel de Guise, pour lui témoigner qu'il avait eu du chagrin de ce que Puylaurens avait obligé le roi, par de nouvelles fautes, à le faire arrêter. On remarqua que le ministre n'y fut pas lui-même, dans la crainte peut-être qu'il ne prît fantaisie à Monsieur de se venger. Son Altesse répondit aux envoyés que, s'il croyait Puylaurens coupable de quoi que ce soit, non-seulement il ne voudrait pas intercéder pour lui, mais qu'il serait le premier à demander justice ; qu'il ne croyait pas qu'il eût commis de nouvelles fautes, et que, s'il avait eu quelque commerce avec Vieux-Pont, c'était concernant quelque galanterie de Flandre, et non d'affaires d'État ; que, si l'on attribuait aux conseils de Puylaurens la manière dont lui, Gaston de France, défendait son mariage, on se trompait, et que ni Puylaurens ni aucun autre homme du monde ne seraient capables de le faire consentir à une chose qu'il croyait être contre sa conscience.

Le Sr de Seten, lieutenant de la compagnie des gardes écossaises, fut envoyé en garnison avec des archers des gardes au logis de Puylaurens. Ils y arrêtèrent le Sr de Bezars, son secrétaire, qui était en ville lors de la prise et détention de son maître, et qui, aux premières nouvelles qu'il en eut, était revenu au logis pour en savoir la vérité, et y était demeuré pour mettre ordre partout. On arrêta aussi Guérinet, valet de chambre du Sr de Puylaurens. Cependant les Srs Fouquet et Braudon, conseillers d'État, commis pour faire inventaire de tous les papiers et hardes qui se trouveraient dans la maison de Puylaurens, s'y transportèrent. Les papiers étant inventoriés, parafés au bas par Bezars, et empaquetés dans une cassette, furent emportés par M. Fouquet. Le 19 juin suivant, on mit en liberté le secrétaire et le valet de chambre.

Ballouët, enseigne des gardes du corps, homme rude et à tout faire, eut la charge de garder Puylaurens avec huit gardes du corps choisis dans diverses compagnies. Son humeur convenait fort bien à l'emploi qu'il avait reçu ; car il s'en acquitta avec toute la rigueur que le cardinal désirait. Le duc de Puylaurens demeura dans le château du bois de Vincennes jusqu'au samedi 30e jour du mois de juin 1636, auquel il mourut, la nuit du dit samedi au dimanche, d'une fièvre dont il avait été saisi et travaillé trois semaines auparavant. Il avait été confessé et communié par le curé de la paroisse, qui l'assista à la mort avec deux pères Minimes de Vincennes. Son corps fut porté, la nuit du lundi au mardi suivant, sur les onze heures, dans l'église des Augustins du faubourg Saint-Germain, où il fut inhumé par les religieux au côté gauche du grand-autel, près le sépulcre de son père, avec pareille cérémonie qu'ils eussent fait en plein jour.

Le S^r Le Breton, roi d'armes de France, lui fit cette épitaphe :

> Par cette aventure récente
> On voit l'inconstance du sort :
> Jeune et duc, en faveur puissante,
> Six mois après, le voilà mort.

> Passant, employant ton étude
> Sur le passé, sur le présent,
> Sur l'heur et malheur du gisant,
> Reconnois la vicissitude ;
> Et, rentrant dans l'humilité,
> Va surmontant la vanité.

On dit que le sensible déplaisir de sa captivité autant que l'air renfermé de la prison causa sa maladie ; que, depuis plus de deux mois, les fenêtres de sa chambre n'avaient pas été ouvertes ; et que l'air et le jour lui étaient interdits de même que s'il eût été dans un cachot et le plus criminel de tous les hommes. On publia qu'il était mort de pourpre ; mais le poison fait les mêmes effets, et aucun des siens n'eut la liberté de le voir ni durant la maladie ni après sa mort. On ajouta qu'il avait été empoisonné par un prêtre ; mais il n'est même pas sûr qu'il ait été empoisonné, quoiqu'il soit mort *fort brusquement,* comme s'exprime M. l'abbé de Choisy.

Son Altesse, ayant appris, à Blois, la nouvelle de cette mort, sentit en elle-même augmenter le ressentiment de l'affront qu'elle avait reçu de la détention de son principal confident, arrivée presque en sa présence, sans autre droit que celui de l'autorité absolue du roi, dont le cardinal de Richelieu se servit de la manière qu'il estimait la plus avantageuse à ses intérêts et la plus propre à ses passions.

Peu de gens regrettèrent la mort de Puylaurens : sa fierté et son orgueil étaient insupportables à tout le monde. La seule qualité considérable qu'il eut c'était de s'être si bien rendu maître de l'esprit de Monsieur, qu'il faisait tout ce qu'il voulait de ce prince. Le cardinal Infant se servit depuis, en 1641, de la sévérité du cardinal de Richelieu envers Puylaurens pour faire appréhender au duc de Bouillon, les mauvaises suites de son accommodement fait avec le roi, le 6 et le 7 août.

Le duché s'éteignit par la mort de Puylaurens, et sa veuve, qui n'eut point d'enfants de lui, se remaria, en 1639, à Henri de Lorraine, comte d'Harcourt, second fils de Charles de Lorraine, premier du nom, duc d'Elbeuf, et de Marguerite Chabot. Elle mourut d'apoplexie, le 9 décembre 1674, fut inhumée dans l'église des Capucins de la rue Saint-Honoré, âgée de cinquante-deux ans. — Il est faux que M. Arnaud d'Andilly ait eu la moindre part à la détention du duc de Puylaurens, comme on le voit par les mémoires mêmes de M. d'Andilly, et par la lettre justificative de M. d'Andilly, par le P. Bougerel de l'Oratoire, lettre insérée dans la *Bibliothèque raisonnée*. Mathieu de Morgues, Sr de Saint-Germain (*Remontrances au cardinal de Richelieu,* p. 183), dit que Puylaurens était un Seigneur des plus sages, des plus généreux et des plus accomplis qui fussent en France, et même qu'il était le plus digne de posséder les affections d'un grand prince.

Sources : *Dictionnaire généalogique,* édit. de 1757, T. I, p. 47 ; — Malingre, *Antiquités de Paris,* p. 383 ; — Aubery, *Histoire du cardinal de Richelieu,* liv. II, ch. III ; liv. IV, ch. XVI, XXVI, XXVII, XXIX, XXX, XXXIII, XLIX, L, LI ; — Le P. Simplicien, T. IV, p. 384, 386, 387, 388, 803, T. V, p. 762 ; — Boucheul. *Cout. poit.;* — *Mercure français,* T. XVII, p. 135, 148, 149, 372 ; T. XX, p. 315, 316, 876, 880, 882, 883, 885, 886 ; —

Journal du cardinal de Richelieu, T. I, p. 29, 150 ; — VOITURE, lettres XXXIII, XXXIV, T. I, p. 169 ; T. II, p. 238, 243 ; — *Mémoires de Brienne*, T. I, p. 332, 335, 336 ; — VAISSETTE, *Histoire du Languedoc*, T. V., p. 590, 658 ; — *Mémoires du duc d'Orléans*, p. 230 ; — *Mémoires de l'Académie des Belles-Lettres*, T. XX, p. 743, — *Lettre de M. l'abbé de Saint-Germain* dans celle de M. l'abbé*** à Eudoxe, par le P. DU CERCEAU, p. 52 ; — DUCHESNE, *Histoire du Baïanisme;* — LE MAIRE, *Paris ancien et nouveau;* — CHOISY, *Mémoires*, T. I, p. 50 ; — BALUZE, *Histoire de la maison d'Auvergne*, T. II, p. 809 ; — MORERI, édit. de 1759.

AGUESSEAU. — V. DAGUESSEAU.

AIDIE (d'). — *Porte de gueules à quatre lapins courants ou accroupis, d'argent, l'un sur l'autre.*

[Bertrand d'Aidie (1), capitaine de cent hommes d'armes, en 1461, fut père 1º de Odet, Sr de Lescar, comte de Cominges, gouverneur-amiral et grand-sénéchal de Guyenne, dont la fille aînée, Jeanne d'Aidie, comtesse de Cominges, fut mariée à Jean de Foix, vicomte de Lautrec ; 2º de Odet, dit le Jeune, auquel Anne, fille de sire Gui, de Pons, vicomte de Turenne en partie et de Cailus, porta en mariage, l'an 1475, la vicomté de Ribérac (2). De ce mariage est sortie la branche des Aidie de Ribérac.

I. — François d'Aidie, père de Charles, qui suit. — Etiennette d'Aidie épousa, le 12 décembre 1510, Jacques Joumard, Sgr de Saint-Pierre-du-Mont.

II. — Charles d'Aidie, qui fut père de

III. — Armand d'Aidie, créé comte de Ribérac en 1595, et décédé, en 1628, au siége de La Rochelle, laissait, entre autres enfants, de Marguerite de Foix de Curson, 1º François, qui suit ; 2º Gui, qui suit.

IV. — François d'Aidie, comte de Ribérac, père de

V. — Joseph-Henri-Odet d'Aidie, dit le marquis de Ribérac, mort après 1717, sans alliance.

VI. — Gui d'Aidie, Sgr de Bernardières, eut de Marguerite Audier, dame de Montcheuil (3).

VII. — Arnaud d'Aidie, qui eut de sa deuxième femme, Jeanne de Clermont Vertillac.

VIII. — Anne-Blaise d'Aidie, comte de Benauge, baron de Rions (4), mort le 27 juin 1710. Il épousa Thérèse-Diane de Bautru de Nogent, mère de

IX. — Charles-Antoine-Arnaud Odet d'Aidie, comte de Ribérac, marié, le 10 janvier 1714, à Judith-Elisabeth, fille de Jean-Jacques Révérend de Bougi, dit le marquis de Calonges, et d'Elisabeth de Bar.]

VI *bis*.—Guy d'Aidie, second fils de Charles, comte de Ribérac, et de Jeanne

---

(1) Une commune du nom d'Aydie existe dans le département des Basses-Pyrénées, arrondissement de Pau.
(2) Ribérac, chef-lieu d'arrondissement (Dordogne).
(3) Montcheuil, commune de Saint-Martial-de-Valette, canton et arrondissement de Nontron (Dordogne).
(4) Rions, canton de Cadillac, arrondissement de Bordeaux (Gironde).

de Bourdeille, mourut le 20 février 1650, baron de Bernardières, paroisse de Champeaux (1), diocèse de Périgueux, épousa Marguerite Audier, dame de Montcheuil, paroisse de Saint-Martial-de-Valette, dont 1° Armand, qui suit ; 2° Blaise, qui se maria à...... ; 3° Charles, baptisé le 8 janvier 1623, tonsuré en 1631. — François d'Aidie, chevalier, Sgr de Saint-Martin, clerc tonsuré, demeurant au château de Bernardières, obtint en commande le prieuré de La Chapelle-Saint-Robert, dont il prit possession par procureur, le 18 juin 1652.

VII. — Armand d'Aidie, tonsuré en 1630, chevalier, Sgr de Bernardières, Saint-Martial, Montcheuil, Vaugoubert, paroisse de Quinsac (2), La Barde, épousa 1° Charlotte de Belcier, fille unique de Louis, baron de Cozes en Saintonge, et de Marie Nesmond-la-Tranchade, mariée, par contrat du 1er juillet 1640, dont Marie, née le 15 juillet 1642, et mariée, par contrat du 1er octobre 1654, à Jean-François de Lambertie, morte à Paris, le 9 février 1712. Armand épousa, en secondes noces, Jeanne de Clermont-Vertillac, fille de Jacques-Louis, Sgr de Vertillac et de....., de Quélus, dont 1° Marguerite, née le 19 juillet 1652, baptisée le 27 octobre 1658, mariée, le 8 août 1669, avec François-Louis de Ranconnet, écuyer, Sgr d'Escoire en Périgord; 2° Antoinette, baptisée à Saint-Martial-de-Valette, le 30 juin 1657 ; 3° Anne-Blaise, qui suit.

VIII. — Anne-Blaise, comte d'Aidie, chevalier, marquis de Bernardières et Montcheuil, Saint-Martial-de-Valette, La Barde, Vaugoubert, Quinsac, baron de Cuzat, dit le comte d'Aidie, mourut le 27 juin 1710. Il avait épousé Louise-Thérèse-Charlotte-Diane de Bautru-Nogent, fille de Louis-Armand et de Diane-Charlotte de Caumont-Lauzun, par contrat du 5 novembre 1684, dont naquirent 1° Odet d'Aidie, comte de Ribérac, mort, en novembre 1754, sans postérité ; 2° Marie-Jacqueline-Éléonore d'Aidie de Ribérac, mariée, par contrat du 25 avril 1724, à Charles Chapt de Rastignac, marquis de Laxion (3), comte de Lambertie (4) et de Pensol, fils de Charles et d'Anne Renier ; elle mourut en 1741 ; 3° Susanne, née au château de Bernardières, à qui on suppléa les cérémonies du baptême à Saint-Martial-de-Valette, le 24 août 1688, religieuse à Saint-Pardoux-la-Rivière.

VII bis.—Blaise d'Aidie, fils de Gui et de Marguerite Audier, tonsuré en 1630, depuis chevalier, Sr de Vaugoubert, Champagnac, Saint-Laurent, mourut le 31 octobre 1669, et fut inhumé dans la chapelle de Sainte-Anne de l'église des Cordeliers, à Nontron. Il épousa, dans l'église de Nontron, le 27 février 1650, Antoinette de La Brousse, dite de La Motte, fille de Jean, écuyer, Sr de Chapoulies, et de feue Marie de Pressac, par contrat du 4 du même mois. De ce mariage sont nés 1° Elie, baptisé à Nontron, le 19 février 1651, marié, en 1682, avec N..... Saunier, dont est née....., mariée à N..... de Javerlhac ; 2° Marie, née le 31 mars 1658 ; 3° Jeanne, née le 22 février 1663 ; 4° Antoinette-Renée, mariée, en 1679, à Jean de Roffi-

---

(1) Champeaux, canton de Mareuil, arrondissement de Nontron (Dordogne).
(2) Quinsac, canton de Champagnac, arrondissement de Nontron (Dordogne).
(3) Laxion, commune de Corgnac, canton de Thiviers, arrondissement de Nontron (Dordogne).
(4) Lambertie, château sur la limite de Mialet, canton de Saint-Pardoux-la-Rivière (Dordogne), et de Dournazac, canton de Saint-Mathieu (Haute-Vienne).

gnac, chevalier, Sr de Belleville (1); 5° autre Antoinette, née le 2 octobre 1669.

Sources : *Tabl. historiques*, IVᵉ partie, p. 287, 288; — Simplicien, T. VII, p. 862; — d'Hozier, *Armorial général*, reg. I, p. 454.

AIGRON. — Porte : *de sinople à trois pigeons d'argent, les ailes déployées, et posés 2 et 1.*

Aigron, Sr de Lafont, demeurant à Angoulême.

I. — Abraham Aigron est promu à la charge de conseiller de l'échevinage de la maison de ville d'Angoulême, par la mort de Pierre des Forges, le 19 octobre 1626. — Jean Tugeau est pourvu de la même place par le décès du dit Aigron, le 5 février 1642. Il épousa Guillemine Bardin.

II. — Abraham Aigron, écuyer, Sr de Combissan, vice-sénéchal de Saintonge, capitaine de cent cavaliers, entretenus pour le service du roi, épousa, le 8 août 1623, Anne Borre, dont 1° Pierre, baptisé le 26 mai 1637; 2° Anne, baptisée le 15 novembre 1642.

III. — Pierre Aigron, écuyer, Sr de La Font et de Combissan, épousa, le 7 janvier 1663, Marie de Girard, dont 1° Marie, baptisée le 22 novembre 1663; 2° autre fille, baptisée le 16 janvier 1665; 3° autre fille, baptisée le 26 octobre 1666; 4° Anne, née aussi le 26 octobre 1666; 5° Marie-Anne, née le 26 avril 1669.

Sources : Registres de Saint-Martial d'Angoulême.

AIGLE (de L'), Sr de La Laurencie, paroisse de Saint-Circ, élection de Saintes. — Porte : *de gueules à une aigle éployée, d'argent.*

I. — Guillaume de l'Aigle, Claire du Gua. (Contrat de mariage très difficile à lire du...)

II. — Jean de l'Aigle, Anne Vidaud. (Testament de Guillaume par lequel il institue ses héritiers Janot, Jean, Georges, Robert et Isabeau, ses enfants, 13 juin 1538.)

III. — Jean de l'Aigle, Anne de Poquaire. (Mariage du 20 juin 1599.)

IV. — Gabriel de l'Aigle, Suzanne de Nourrigier. (Mariage du 7 octobre 1642.)

V. — Joseph de l'Aigle.

AIGUA. — V. Saint-Martial.

AIGUEPERSE. — V. Alesme, baron d'Aigueperse.

AITS, Sr de Gautrel, paroisse de Fontenay, élection de St-Jean-d'Angely. — Porte : *de gueules à une bande d'or, au lambel de même.*

I. — Bertrand d'Aits épousa Gabrielle d'Auriac.

II. — Jacques d'Aits épousa, le 10 mai 1536, Françoise de Pressat.

III. — Jean d'Aits épousa, le 20 octobre 1570, Marie Mousnier.

---

(1) Belleville, commune de Feuillade, canton de Montbron, arrondissement d'Angoulême (Charente).

IV. — René d'Aits épousa, le 12 février 1613, Marguerite Garnie.
V. — Gabriel d'Aits épousa, le 7 novembre 1632, René Le Tourneur.

[(AJAIN (1). — Seigneurie dans la Marche.
Le S^{gr} d'Ajain est qualifié écuyer dans un acte du 26 mars 1508, où il n'est pas nommé autrement.
Claude D'Oyron, écuyer, S^{gr} d'Ajain, vendit sa terre et seigneurie d'Ajain, par contrat du 6 mai 1664, reçu Meillot, notaire, à Alexandre de Seiglière, S^{gr} de Cressac (2), moyennant 42,500 livres, dont 500 payées comptant au vendeur. Les 42,000 livres qui restaient devaient être payées aux créanciers du dit S^r D'Oyron.

Source : Inventaire des titres des Célestins des Ternes, p. 410, 428, 4297.]

AJASSON. — Hugues Ajasso, exécuteur testamentaire de noble Gaufridus *de Oratorio,* chevalier, 1346. — V. Oradour.
Bernard d'Ajasson, écuyer, Sr de Vot, comparut à Guéret, le 27 avril 1521, à la réformation de la coutume de la Marche.
Hector Ajasson, écuyer, Sr de Grand-Saigne, paroisse de Bonnat près Guéret, épousa, par contrat du 18 novembre 1692, signé Gayet, notaire au Dorat, Catherine Barton de Montbas, veuve d'Amable de Serix, écuyer, Sr de Faye, de la ville de Guéret,
Demoiselle Marie Ajasson mourut à Saint-Junien, âgée de quatre-vingts ans, le 12 décembre 1666.
Noble Louis Ajasson, écuyer, Sr de Grand-Saigne, épousa Marie de La Celle, dont 1° Silvain, baptisé le 26 avril 1701 ; 2° Jacques, né le 6 juin 1703.
Silvain Ajasson, écuyer, Sr de Grand-Saigne, épousa, le 22 février 1718, Barbe de Mornay, dont 1° Gabrielle, baptisé le 25 mars 1719 ; 2° Louis, baptisé le 3 février 1721 ; 3° Jacques, baptisé le 5 janvier 1722 ; 4° Marie, ondoyée le 28 décembre 1725.
[R..... Ajasson, Bernardin, etc., maintenant (3) desservant de Soubrebost.]

[ALLASSAC. — Une partie de la seigneurie d'Allassac (4), dont le chef-lieu et les principales dépendances sont à l'évêque de Limoges, appartenait, vers la fin du xviiie siècle, au seigneur de Roffignac.]

ALBANI ou AUBANI.
I. — Albani, de Champagnac-sur-Gorre (5) où est encore le fief d'Aulbanie, épousa...., dont 1° André, qui suit ; 2° Gérald, prieur de Saint-Jean-de-Magnon, ordre de Cluny, diocèse de Poitiers ; 3° Jocose Aubane, demoiselle, mariée, en première noces, à.....; en secondes noces, à Gérald *de Casalibus*

---

(1) Ajain, canton et arrondissement de Guéret (Creuse). — Voir l'article D'Oyron au T. II.
(2) Cressac, canton d'Ahun, arrondissement de Guéret (Creuse).
(3) Dans les premières années de ce siècle. — Le Cabinet de d'Hozier, imprimé à Melun en 1842, désigne un Ajasson du Limousin comme élève de l'école militaire en 1783.
(4) Allassac, arrondissement de Brive, canton de Donzenac (Corrèze).
(5) Champagnac, canton d'Oradour-sur-Vayres, arrondissement de Rochechouart (Haute-Vienne).

ou des Chadauds, damoiseau de Montbrun, fils de feu Pierre *de Casalibus*, damoiseau, par contrat du 20 février 1364.

II. — André Albani, damoiseau du bourg du dit Champagnac, épousa Jeanne Roux de Cramaud, par contrat du 15 décembre 1368, auquel étaient présents Pierre de Cramaud, chevalier, et Simon, son frère, depuis cardinal. De ce mariage sont nées : 1° Marguerite, femme (1404) *de Boscofreno* (Bosfran), damoiseau de la ville de Chalus-Chabrol ; 2° Catherine, femme (1404) de Élie Chantareau, damoiseau du bourg de Lagayrac.

ALBUSSAC (1). — Pierre d'Albussangis et le vicomte de Ventadour, bienfaiteurs du monastère de La Valette, diocèse de Tulle, 1294.

[Guillaume d'Albussac, chantre de Rouen, est témoin dans un acte du 11 septembre 1342.]

Sources : *Gallia christiana nov.*, T. II, col. 682 ; — Baluze, *Histoire de la maison d'Auvergne*, T. II, p. 604.

ALÈGRE, Sr de Busset (2) de Puisagut. — Portait : *de gueules à la tour carrée d'argent, accompagnée de six fleurs de lis d'or.* — Extrait de l'armorial de Lamy.)

ALESME.

Noble Antoine d'Alesme, conseiller du roi et général à la cour des monnaies de Paris, épousa Anne Braillon, dont Moïse, qui, tonsuré à Paris, sa patrie, 1552, épousa depuis une veuve, et fut ordonné prêtre avec dispense en 1599.

Jean Alesme, conseiller au parlement de Bordeaux, fut nommé, en février 1561, vieux style, par le roi, le premier des deux commissaires pour connaître des cruelles et inhumaines entreprises, force, violences, meurtres, homicides, crimes commis dans la Guyenne sous ombre de religion. Il se transporta sur-le-champ en Agenais.

[Guillaume d'Alesme, conseiller-doyen et garde des sceaux du parlement de Guyenne, marié avec Catherine Des Cars de Merville, fut père de Marie d'Alesme, alliée avec Charles d'Alogny, S^{gr} de La Roffie.]

Henri d'Alesme, écuyer, Sr de Plantadis, paroisse de Saint-Martin-Terressus (3), habitant de la ville de Saint-Léonard, épousa Léonarde de Baulx, qui mourut le 25 septembre 1645.

Jacques-Urbain Dalesme Sr de Voultret, épousa (1766) Anne Chapelle de Jumilhac.

Jean-Marie d'Alesme, écuyer, Sr du Pic, paroisse de Saint-Michel-des-Lions de Limoges, épousa 1°.....; 2°, en 1766, Anne-Françoise de Pichard, paroisse de Châtelus (4).

Pierre Dalesme, chevalier, Sr de Rigoulène (5), lieutenant-général d'épée

---

(1) Arrondissement de Tulle, canton d'Argentat (Corrèze).
(2) Busset, arrondissement de La Palisse, canton de Cusset (Allier).
(3) Saint-Martin-Terressus, canton de St-Léonard, arrondissement de Limoges (Hte-Vienne).
4) Châtelus-le-Marcheix, canton de Bénévent, arrondissement de Bourganeuf (Creuse).
(5) Près St-Léonard (Haute-Vienne). — Plusieurs Dalesme de Rigoulène ont été trésoriers de France au bureau de la généralité de Limoges.

au sénéchal de Limoges, paroisse de St-Pierre-du-Queyroix de Limoges, épousa Catherine Juge, dont il eut Jean, qui suit :

Jean Dalesme, écuyer, épousa, à Uzerche, le 16 septembre 1744, Suzanne Pradel.

Jean Dalesme, écuyer, Sr de Salvanez (1), paroisse de Saint-Michel-des-Lions, à Limoges, épousa, en 1760, Marie-Marguerite Garat, de la paroisse de Nedde.

ALAYRAC. — Hugues d'Alayrac (2), chevalier, fit hommage pour son fief à Jean, Sgr de Bourbon, 1265 et 1280.

Bernard d'Alayrac, chevalier, épousa....., dont Marguerite, 1310.

Paul-Jean, chevalier d'Alayrac, écuyer. Il commande actuellement l'artillerie dans l'Ile de la Guadeloupe. Chevalier de Saint-Louis en 17....., il se distingua particulièrement au siége de Mahon, où il fut blessé. Le roi lui accorda une pension peu de temps après ce siége. [Il vivait encore en 1779.

Paul-David, frère du précédent, était capitaine en premier dans le régiment de Grenoble, du corps royal d'artillerie, et mourut le 18 janvier 1777. Il s'était trouvé au siége de Coni, à la bataille de *la Madona del ulmo* en 1744, et avait fait les campagnes de 1745, 1746, 1747 et 1748 en Italie, où il s'était distingué. Il était aussi au siége de Mahon en 1756. La croix de Saint-Louis lui fut accordée pour s'être signalé et avoir servi utilement au siége de Cassel. Il avait fait toutes les campagnes d'Allemagne.]

Sources : *Gallia christiana nov.*, T. II, col 630 ; *Fastes militaires*, T. I, p. 81 et 82.

ALBERT. — V. Aubert.

ALMOYN ou ALMOY. — Élie Almoyn, damoiseau du diocèse de Limoges, 1381. Jean Almoy vivait en.....

Sources : Registre de Borsandi, notaire à Limoges, p. 91, n° 147, *apud* D. Col.

ALOGNY (d'). — Porte : *de gueules à trois fleurs de lis d'argent, 2 et 1.*

François d'Alogny (3), Sr de Bonneval, paroisse d'Escurat, élection de Saintes, fut maintenu par M. Pellot, intendant, 1663. Il épousa Charlotte

---

(1) Paroisse de St-Priest-Taurion, canton d'Ambazac (Haute-Vienne). — Il faut évidemment suppléer au texte, et dire *habitant* la paroisse de St-Michel. Nous ferons remarquer que, dans beaucoup d'autres cas semblables, Nadaud néglige d'écrire les mots *habitant la*, quoiqu'ils soient indispensables, puisque les localités désignées ne se trouvent pas dans la paroisse dont le nom suit.

(2) Paroisse du canton et de l'arrondissement d'Aubusson (Creuse).

(3) Allogny est une paroisse du canton de Saint-Martin-d'Auxigny, arrondissement de Bourges (Cher). — Il y a, dans la Hte-Vienne, deux Bonneval : l'un, où se trouve le château de ce nom, paroisse de Coussac-Bonneval ; l'autre, paroisse de Saint-Hilaire-Bonneval, près de Pierrebuffière. — Le texte de Nadaud place ce Bonneval dans la paroisse d'Escurat, où nous ne connaissons point de localité de ce nom. Il nous semble encore qu'on devrait dire *habitant la* paroisse d'Escurat. Cette dernière paroisse est du canton de Saintes (Charente-Inférieure).

de La Porte, dont 1° Jean de Chet de May et de Noaillac en Angoumois; 2° François.

Thomas d'Alogny, chevalier, marquis, baron de Saint-Pardoux-la-Rivière et de Château-Gaillard, Sr du Puy-Saint-Estiers et Villars. Epousa 1° Marie-Henriette Le Berthon, dont Renée-Marguerite, mariée, le 4 mai 1760, avec René-Antoine de Raity de Villeneuve, marquis de Vitré, Sr de Feix-sur-Ardain, Boisdouce et Bussi, capitaine de cavalerie, chevalier de Saint-Louis, de la ville de Poitiers, fils de feu Antoine, marquis de Trans, et de Marie-Thérèse de Castellane; épousa 2° Marie Thérèse d'Abzac, dont Thomas-Marie, né à Saint-Martial d'Angoulême, le 16 décembre 1757.

Sources : Registres de Saint-Martial d'Angoulême.

AMADON, Sr de La Combette, [fief situé sur la] paroisse de St-Chamant, diocèse [et élection] de Tulle en Bas-Limousin. — Porte : *d'azur à une fasce d'or, accompagnée de trois coquilles de Saint-Jacques de même en chef et d'une épée en pointe mise en fasce.*

I. — Alexandre Amadon [Sr de La Combette] eut des lettres d'anoblissement au mois de mars 1612 dûment vérifiées. Il épousa Françoise de Chauval.

II. — Jean Amadon épousa, le 15 décembre 1630, Marguerite de Barrat [ou Barret].

III. — Jean Amadon épousa le 5 février 1660......

François-Louis Amadon, écuyer, Sr de Rieupeyroux, paroisse de Nouars, épousa Jeanne de Rivates, dont Pierre Ignace, né le 1er juillet 1683.

AMALVINI (Gui). — Se trouve dans les registres de Roherii, notaire à Limoges, p. 60, n° 42, *apud* Dom Col.

AMARZIT. — *De gueules à deux épées d'or, les pointes en bas, accompagnées en chef d'une coquille d'argent, et en pointe d'un croissant de même.*

I. — Jean d'Amarzit, écuyer, épousa, par contrat du 27 février 1571, Jeanne d'Escudier, dont Jean, deuxième du nom, qui suit.

II. — Jean de Damarzit, deuxième du nom, Sgr de St-Michel, testa le 12 juillet 1534; épousa Françoise de La Suderie, dont Pierre, qui suit.

III. — Pierre de Damarzit, Sr de St-Michel-Marilhac (1) et Vauzours, testa le 5 janvier 1658 ; épousa Françoise de Sahuguet, fille de Denis, conseiller en l'élection de Brive, et de Jeanne de Malcap, dont 1° Jacques-Gilbert, qui suit.

IV. — Jacques-Gilbert de Sahuguet-Damarzit, Sr de Marillac et du Viaillart, premier président au présidial de Brive, fit son testament le 30 août 1691. Jacques de Sahuguet, son oncle maternel, par son testament du 30 juillet 1658, l'avait fait héritier de tous ses biens, sous la condition que lui et ses descendants porteraient, à perpétuité, le nom et les armes de Sahuguet. Il épousa, le 29 avril 1662, Anne de La Rochefaucon, dont trois garçons qui ont eu postérité : 1° Hugues-Joseph, qui suit; 2° Jacques-Joseph, marié en 1700; 3° Pierre-Joseph, marié en 1725.

V. — Hugues-Joseph de Sahuguet d'Amarzit, Sr de Viallars et St-Michel,

---

(1) Canton de La Rochefoucauld, arrondissement d'Angoulême (Charente).

premier président, testa le 3 mars 1739; épousa 1°, par contrat du 4 février 1706, Marie de Certain, dont Marie, née le 2 novembre 1712, mariée à Guillaume de Sahuguet d'Amarzit, Sr de Puymaret, son cousin germain ; 2°, le.... 1720, Catherine Dubois, nièce du cardinal Dubois, premier ministre du royaume, dont Guillaumette, née le 13 avril 1722.

V bis. — Jacques-Joseph de Sahuguet d'Amarzit, S^r d'Espagnac, vice-sénéchal du Bas-Limousin, puis prévôt général et inspecteur des maréchaussées, testa le 18 avril 1733, et épousa, par contrat du 9 juin 1700, Marie Coudère, dont 1° Guillaume, qui suit ; 2° Léonard, dit l'abbé d'Espagnac, né le 29 mai 1709, conseiller au parlement, abbé du Palais ; 3° Jean-Joseph, qui se maria en 1748 ; 4° Jeanne, née le 29 mai 1703, mariée à Guillaume Du Faure, Sr de Sauverie-Melhac, mort le 14 janvier 1731 ; 5° Louise, née le 14 juillet 1714, mariée, par contrat du 30 décembre 1747, à Pierre de Verlhac, né le 14 juillet 1703, conseiller, procureur du roi à la sénéchaussée de Brive, et le neuvième, de père en fils, qui occupa cette charge, laquelle fut donnée au premier pour services rendus à la couronne par trois frères, dont les deux autres étaient, l'un lieutenant-criminel, et l'autre conseiller-enquêteur ; 6° Ursule, née le 6 septembre 1718, mariée, par contrat du 7 janvier 1737, à Jean de Galibert, Sr de Teinchariot, prévôt général du Limousin, né le 2 mai 1715 ; 7° Catherine, née le 22 octobre 1722 ; 8° Guillaume, mort, à l'âge de douze ans, le 27 août 1713, enterré à Cosnac.

V ter. — Pierre-Joseph de Sahuguet d'Amarzit, S^r de La Roche, troisième fils de Jacques-Gilbert, naquit le 14 juillet 1683. Il a été premier capitaine de la brigade de Vichy au régiment royal des carabiniers. Il épousa, par contrat du 3 février 1725, Françoise-Eléonore de Griffolet, née le 25 juillet 1695, dont 1° François, S^r de La Roche, né le 8 juillet 1732, mousquetaire de la seconde compagnie ; 2° Marie, née le 13 octobre 1729.

VI. — Guillaume de Sahuguet d'Amarzit, chevalier Sr de Puimaret, Joren, Rhodes, né le 24 juillet 1704, député de la noblesse de la vicomté de Turenne, 1737, épousa, par contrat du 23 juin 1727, Marie de Sahuguet d'Amarzit, sa cousine germaine.

VI bis. — Jean-Joseph de Sahuguet d'Amarzit, dit le baron d'Espagnac, brigadier des armées du roi et son lieutenant-général au gouvernement d'Issoudun, acheta, des commissaires de Sa Majesté, le 2 mai 1748, à titre de propriété incommutable, l'ancienne baronnie de Cazillac, réputée la seconde du Quercy, dans la sénéchaussée de Martel, élection de Figeac et district du présidial de Brive, pour en jouir, lui, ses hoirs et ses ayant-cause, au même titre que les anciens barons de Cazillac, et sous l'hommage réservé au roi. Il a été substitué à ses frères aînés dans la baronnie d'Ussac par le testament, du 1er juin 1748, de sa cousine germaine Catherine de Sauverie de La Porte, veuve sans enfant de Jean du Saillant, vicomte de La Jarte, et fille unique de Susanne de Sahuguet d'Amarzit et de Bertrand de Sauverie, S^r de La Porte, vice-sénéchal du Bas-Limousin. Il épousa, le 18 décembre 1748, Susanne-Elisabeth-Josèphe, baronne de Reyer ou Beyer, née le 10 décembre 1731. De ce mariage sont nés : 1° Frédéric-Guillaume, 3 mars 1750 ; 2° Léonard-Marie, 28 mars 1751 ; 3° Marc-René-Marie, 28 septembre 1752.

SOURCES : Généalogie donnée deux fois par M. de L. C. D. B. dans son

Dictionnaire généalogique, imprimé en 1759, T. II, p. 62, et T. III, p. 226 ; — *Registres de Cosnac*.

AMBLARD [Pierre, damoiseau, fit une donation à Grandmont en 1247. — V. *Abbayes du Limousin*, manusc., p. 495].

AMBRUGEAC. — Noble Jean d'Ambrugeac, S^{gr} de La Vialatte, paroisse de Saint-Victour (1), épousa Jeanne del Chambo d'Antraroche (2), dont Marguerite, mariée à noble Antoine Bonpar (*alias* del Rieu), paroisse de Saint-Julien, près la ville de Billom en Auvergne, auquel elle porta 500 réaux d'or, chacun du poids de trois deniers, par contrat du 18 décembre 1444, signé de Pradinac, notaire à Meymac.

[Ambrugeac, fief du Bas-Limousin, élection de Tulle, paroisse du nom. Il appartenait, vers la fin du dernier siècle, à un seigneur du nom de Du Boucheron, qui porte : *d'or à trois lions de gueules, 2 et 1*.

François du Boucheron, S^r d'Ambrugeac, avait épousé Gasparde de Rochefort, dont 1° Léonet, qui suit ; 2° Claude, laquelle testa en faveur de sa mère et de son frère le 19 mars 1526.

Léonet, fils de François, testa, le 17 mars 1550, en faveur de son fils, qui suit, et qu'il avait eu de son mariage fait le 27 janvier 1536 avec Lucque de Moucler.

François du Boucheron, qui testa, le dernier avril 1600, en faveur de son fils.

Jean du Boucheron, marié 1° avec...., dont Gilbert, qui suit ; marié 2°, en mars 1640, avec Charlotte de La Roche-Aymon.

Gilbert du Boucheron épousa, en mars 1640, Gabrielle Le Loup, dont Charles du Boucheron, en faveur duquel son père testa le 26 octobre 1662.]

AMELIN ou AMELINS. — [Helie Amelin ou Amelii, se trouve dans les registres de Roherii, notaire à Limoges, p. 46, n° 43 *apud*, Dom. Col.]

Gérald-Amelius, damoiseau, enterré à Solignac (3).

Charles d'Amelin, écuyer, S^r de La Vigne, paroisse d'Arnac en Basse-Marche (4), 1604, épousa Jeanne Dupin.

Noble Gaston d'Amelin, Sr de Rochefort, du lieu de La Guerenne, paroisse de Saint-Éloi, près Ségur, épousa Marie de Guytard, dont 1° Jean, qui suit, né le 26 décembre 1669 ; 2° Jean-Annet, né le 21 février 1671.

Marie Auconsul, demoiselle du Chambon, mourut, à quatre-vingt-trois ans, le 29 septembre 1702 ; enterrée à Lubersac.

Jean Amelin, écuyer, Sr du Chambon, du village de Lortollarie, paroisse de Montgibaud (5), épousa, à Lubersac, le 6 septembre 1705, Anne Brandy de Nilhac, fille de feu Hérald Brandy, Sr de Landrenie, et de Jeanne de Foucaud.

Source : Registres de Saint-Julien-le-Vendouneix.

---

(1) Canton de Bort, arrondissement d'Ussel (Corrèze).
(2) D'Anteroches, née en 1757, était à St-Cyr en 1767, d'après d'Hozier.
(3) Aujourd'hui paroisse du canton de Limoges. — Ancienne abbaye bénédictine fondée par saint Éloi.
(4) Arnac-la-Poste, canton de Saint-Sulpice-les-Feuilles, arrondissement de Bellac (Haute-Vienne).
(5) Canton de Lubersac, arrondissement de Brive (Corrèze).

ANCELIN, S⁰ de La Morinière, paroisse de Saint-Symphorien-de-Broue (1), élection de Saintes et de Piédemont, paroisse de Saint-Just, ayant maison de ville à Saint-Jean-d'Angely. — Porte : *de gueules à un lion rampant d'or, contourné, armé et lampassé de même.*

I. — Jean Ancelin, échevin de Saint-Jean, et Anne Moysau.

(Deux actes faits en la maison de ville de Saint-Jean, le premier, du 24 novembre 1586, par lequel Jean est reçu échevin sur la démission de Jacques de Guitard, et l'autre, du 12 avril 1590, par lequel Jean Boulchaud est reçu à la place du dit Jean, vacante par son décès.)

II. — Jean Ancelin et Luce Pallier. — (Mariage du 19 mai 1602.)

III. — Joël Ancelin, Sʳ de La Morinière et Judith de Montgaillard. — (Mariage du 16 mai 1625.)

Ancelin, frère de Joël, Sʳ de Piedemont, et Anne de Motgaillard. — (Partage noble entre les dits Joël et Jean de la succession de Jean, leur père, du 3 avril 1632.)

ANCHÉ (2).

ANDALAY (d') (3). — Doynois, Sʳ d'Andalay, à Saint-Léonard (4).

Noble Jean Doynois, Sʳ d'Andelay, épousa....., dont Jean, qui suit.

Noble Jean Doynois, Sʳ d'Andelay, 1534, 1538.

[Noble Jean Dandelay, écuyer, est témoin dans un acte du 2 novembre 1538.] Il épousa 1° Galienne de Guyonie, dont Bertrand, qui suit. Il épousa 2°, par contrat du 15 août 1532, Jeanne Tesserot, dont Guillaume et Nicolas, 1573.

Bertrand Dandelay, écuyer, Sʳ du dit lieu, paroisse de Saint-Léonard-de-Noblac, de Vouzelas, paroisse du Vigen, et de Bragas ou Brejat, paroisse de Saint-Jean-Ligoure, homme d'armes de M. le connétable, 1553 et 1561, eut une commission de M. de Montluc, gouverneur en Guyenne, de lever une compagnie de soldats pour le service du roi; fut ordonné capitaine à Limoges contre les calvinistes; mourut en 1569. Il épousa, par contrat du 6 juillet 1556, signé Mandavy, Marguerite Brouchard, fille plus jeune de feu noble François et de feue Louise de Saint-Chamans. Elle fit son testament,

---

(1) Canton de Saint-Agnan-les-Marais, arrondissement de Marennes. — Saint-Just, canton de Marennes (Charente-Inférieure).

(2) Nadaud avait des notes sur cette famille à la page 897, qui est déchirée.

(3) Nous inscrivons dans notre Nobiliaire cette famille sous le nom d'*Andalay*, et non sous celui de *Doynois*, parce que c'est sous la première dénomination qu'elle s'est distinguée. Nous ferons de même dans tous les cas semblables. — On a dû remarquer déjà que le même nom s'écrit souvent d'une manière différente : c'est que nous sommes simplement chargé de fixer par l'impression le manuscrit de Nadaud ; et d'ailleurs nous estimons beaucoup cette scrupuleuse exactitude, qui, transcrivant divers titres, conserve à chaque note le caractère qu'elle avait dans l'original, et qui inscrit avec soin deux dates recueillies dans deux pièces différentes sans s'inquiéter que la seconde rende la première inutile, comme on l'a vu dans l'article ABON.

(4) Saint-Léonard chef-lieu de canton, arrondissement de Limoges (Haute-Vienne). — Le Vigen et Saint-Jean-Ligoure, dont il est parlé plus bas, sont du même département. Le premier du canton de Limoges, et le second du canton de Pierrebuffière.

signé Texier, le 27 janvier 1577. De ce mariage naquirent 1° Léonard qui suit; 2° Jean.

Léonard d'Andalay, écuyer, S^r du dit lieu, Vouzelat et Brajat, était huguenot, servit dans la compagnie du S^r La Coste-Mézières, et mourut en 1607 ou 1608. Il épousa, par contrat du 2 mai 1589, signé Boneysset, Jeanne de Nespoux, fille d'André, chevalier de l'ordre du roi, et son gouverneur en la ville de Maubert-Fontaine, S^r du dit Puymaud, et d'Isabeau de Carbonnières. Elle porta 1,500 écus d'or revenant à 4,500 livres, une chaîne d'or de la valeur de 50 écus, trois robes de soie : une de velours plain, l'autre de taffetas velouté, la troisième de taffetas gros grain, garnies de manchons avec des *vaquaines* de soie, plus autres deux robes, l'une de camelot de soie, et l'autre de ratine. La mère et la fille ne savaient pas signer. De ce mariage ne vinrent que deux filles : 1° Isabeau, mariée, par contrat du 4 juillet 1609, signé Bonyn, à Jean de La Vergne le jeune, chevalier, fils de feu noble Germain; 2° Gabrielle, mariée, par contrat du 7 février 1610, signé Noalhier, à noble Simon de Rubis.

ANDRÉ [ou ANDRIEU] (1). — André épousa....., dont 1° noble Antoine Andréc ou André, S^r de La Gane, paroisse de Saint-Exupéry (2); 2° Pierre, abbé de Bonnaigue, mort en 1560.

Noble maître Pierre André, de la ville de La Souterraine (3), épousa....., dont 1° Charles, prêtre, 1598; 2° Madeleine, femme (1598) de noble André Simonnet, Sr de Montlebeau, paroisse de Vareilles (4).

[Jean Andrieu, écuyer, fut fait capitaine par le vicomte de Turenne, comte de Beaufort, en ses châteaux, etc., de Chambon, Saint-Superi Margaride, La Bastide et Rosiers.

Source : Justel, *Histoire de Turenne*, preuves, p. 97.]

ANGELY, S^r de La Salle, paroisse de Lonne (5) élection d'Angoulême. — Porte: *d'argent écartelé, cantonné de quatre croix de gueules.*
I. — Job Angely et Françoise Jourdain.
II. — Alexandre Angely et Françoise Prevose.
III. — Jean Angely et Jeanne de La Tour.
IV. — François Angely et Anne de La Maisonneuve.
V. — Pierre Angely et Lucrèce Raoul.

1° Arrentement fait par le dit Job, du 5 mai 1496. — 2° Testament de la dite Jourdain, veuve du dit Job, dans lequel elle fait mention d'Alexandre, son fils, marié avec la dite Prevose, du 27 juin 1543; mariage du 15 janvier 1535. — 3° Transaction entre la dite Prevose, comme tutrice du dit Jean, son fils, et Hugues Fallais, mari de Jeanne Angely, pour la succession du dit Job et de François, son fils, frère du dit Alexandre, du 12 janvier 1547. —

---

(1) Immédiatement après ce nom, Nadaud envoie à la page 2440, ce qui semble indiquer un supplément pour cette généalogie; mais on a déchiré le registre depuis la page 2422 jusqu'à la page 2457 exclusivement.
(2) Saint-Exupery, canton d'Ussel (Corrèze).
(3) La Souterraine, chef-lieu de canton, arrondissement de Guéret (Creuse).
(4) Vareilles, du canton de La Souterraine.
(5) Lonne, canton de Mansle, arrondissement de Ruffec (Charente).

Mariage du 12 avril 1557. — 4° Mariage du 20 juin 1597. — 5° Mariage du 13 décembre 1620.

ANGLARD (d'). — [Anglard est un fief du Bas-Limousin, situé dans l'élection de Tulle et dans la paroisse de Sainte-Marie (1). Il était possédé, sur la fin du dernier siècle, par un seigneur du nom de La Croix, dont les armes étaient *d'azur à la croix d'argent, chargée en cœur d'un croissant de gueules.*]

D'Anglard porte *d'argent à un lion passant de gueules, armé et lampassé de même, soutenu de six fasces de gueules et d'argent.*

Hugues d'Anglard, chevalier, épousa....., dont 1° Gui; 2° Dauphine, mariée à Bertrand de La Jugie, damoiseau, par contrat du 15 septembre 1401, signé Chadorgne, notaire d'Ussel.

Jacques d'Anglars, Sgr de Saint-Victour, épousa Anne de Constant de Bourzolles, fille de....., comte de Carlus, dont Françoise, dame de Saint-Victour et héritière, mariée, en 1575, à Jacques de Saint-Nectaire.

Joseph d'Anglars, neveu de Henri d'Escoubleau, comte de Chatelus et baron de La Roche-d'Agout, fut assassiné, à l'âge de vingt-cinq ans, sous la halle de Chatelus-Mallevaleix (2), le 7 janvier 1703. Il épousa Françoise de Malezzet, qui mourut à Chatelus-Mallevaleix le 7 juillet 1699.

Eustorge d'Anglars, damoiseau, de Sainte-Marie-la-Panouse, épousa Dauphine d'Ussel, à laquelle ses père et mère firent quelque donation le 16 juillet 1414, par acte signé Maneti.

I. — Guillaume Danglard fit son testament le 30 novembre 1505, épousa....., dont Bertrand, qui suit.

II. — Bertrand Danglard fit son testament le 20 avril 1535, épousa, par contrat du 10 décembre 1522, Marguerite de La Cassagne, dont Denis, qui suit.

III. — Denis d'Anglard épousa, par contrat sans filiation du 15 septembre 1560, Jeanne de Plats, dont Denis, qui suit.

IV. — Denis Danglard épousa, par contrat du 21 janvier 1597, Jeanne de Gimel, dont Raymond, qui suit.

V. — Raymond Danglard épousa, par contrat du 1er juillet 1631, Françoise de Giscard, dont Jean-François, chanoine à Saint-Yrieix.

François d'Anglard, chevalier, Sr de La Chapelle-Bonnagret (3) et du Clos, épousa, par contrat du 1er août 1694, passé à Saint-Sulpice-de-Marcuil en en Périgord, Henriette de Camain.

Noble Jean d'Anglars épousa Françoise du Maslaurent, dont Françoise, mariée, le 4 janvier 1638, avec Jean-Gabriel de Lartiges, écuyer, Sr de Lavandès.

SOURCES : SIMPLICIEN, T. IV, p. 894; — D'HOZIER, *Armorial général*, 1er registre, p. 503. — (Nadaud indique, en tête de cet article, la page 353, qui est déchirée, puis la généalogie d'Agnac de la maison de Turenne.)

ANGLARD. — V. LA CROIX D'ANGLARS.

---

(1) Sainte-Marie-la-Panouse, canton de Neuvic, arrondissement d'Ussel (Corrèze).
(2) Chatelus-Mallevaleix, chef-lieux de canton, arrondissement de Boussac (Creuse).
(3) La Chapelle-Gonaguet, canton de Saint-Astier, arrondissement de Périgueux (Dordogne).

ANGOULÊME (d'), Sr de Curat (1), paroisse du dit lieu, élection de Saintes. Porte *de gueules à cinq losanges en fasces.*
I. — Pierre d'Angoulesme.
II. — Jean d'Angoulesme épousa Romaine de Saint-Gelays.
III. — Guy d'Angoulesme épousa Marguerite de Saint-Marsaud.
IV. — Lancelot d'Angoulême épousa Marie de Sussac.
V. — François d'Angoulesme épousa Isabeau d'Aligier.
VI. — Charles d'Angoulesme épousa Charlotte de La Monnerie.

ANJAC. — François d'Anjac (2), paroisse du dit lieu, diocèse de....., épousa Isabeau des Challes ou des Ailles, dont Balthazar, qui suit.

Balthazar d'Anjac, écuyer, Sr de Corbenit, épousa 1° Renée du Bois, dame de Migronneau, paroisse de Saint-Sulpice en Angoumois, veuve de Claude de Montis, écuyer, S^r d'Orlac, fille de feu Guillos, écuyer, S^r de La Berlandière, et de Jeanne Micheau, par contrat du 25 décembre 1584, signé Bourdeau. Epousa 2°, suivant les solennités des églises prétendues réformées de France, Marie de La Tour, dame de Mornay, en partie paroisse de Saint-Martin-de-la-Couldre, près la ville de Saint-Jean-d'Angely, fille de feu Pierre et de Catherine du Sy, dame de Bonnemie et Villemartin en partie, par contrat du 11 avril 1597, signé Sureau. Cette dame se remaria à François Guillot du Dousset. De ce mariage elle eut :

François d'Anjac, écuyer, du diocèse de Saintes, qui épousa Isabeau des Alles, dont Renée, mariée, en 1567, à Etienne Hastelet, écuyer, Sr de Jomelières.

ANTICHAMP. — V. Beaumont.

ARAQUI. — Flotard d'Araquis, chevalier, issu des seigneurs de Saint-Céré, vicomtes de Cahors, épousa....., dont Galienne, femme, en 1305, de Raymond-Bernard. — V. l'article Turenne.

Noble Jacques d'Araqui, Sr de Seignerolles, du bourg de Cornil (3), fut maintenu par M. Pellot, intendant, 1663, mourut, à soixante-quinze ans, le 9 septembre 1680, et fut inhumé dans l'église de Cornil. Il épousa Anne Merchadour, morte, à soixante-huit ans, le 19 avril 1686, et inhumée dans la dite église de Cornil. D'eux sont nés 1° Pierre, qui suit ; 2° Guinotte, baptisée le 21 octobre 1655.

Noble Pierre d'Araqui, écuyer, baptisé le 8 septembre 1644, mourut le 31 mars 1696, à Cornil. Il avait épousé Jeanne d'Amberc, dont 1° Jacques, né le 22 septembre 1668 ; 2° Jean, né le 11 octobre 1677, et quatre autres enfants, morts en bas-âge.

Source : Moreri, édition de 1759, article Turenne.

ARCHAMBAUD. — Noble Jean Archambaudi, damoiseau, vivait le 2 avril 1436 ; il est témoin dans un acte du 22 mars 1436, signé G. Doudinoti, *pres-*

---
(1) Curat, canton de Chalais, arrondissement de Barbezieux (Charente).
(2) Dans l'arrondissement de Cognac (Charente), on trouve Angeac-Champagne, canton de Segonzac, et Angeac-Charente, canton de Châteauneuf-sur-Charente.
(3) Cornil, canton de Tulle Corrèze).

biter requisitus, et dans un autre, du 4 avril 1437, signé de même. Il résidait à Saint-Germain-de-Masseré le 5 juillet 1437.

Noble Jean Archambaud, S^{gr} de Saint-Germain-les-Vergnes (1), épousa....., dont Marguerite et Catherine, mariées à Jean et à Antoine de Nugo, fils de Pierre, de la paroisse de Saint-Sylvain, diocèse de Tulle, par contrat du 12 mai 1437, signé Alpay, notaire à Maymac.

ARCHE. — Jean d'Arche fut procureur général à la cour des aides de Bordeaux, le 2 mars 1643, épousa....., dont François, qui suit.

François d'Arche fut procureur général à la cour des aides de Bordeaux, le 3 septembre 1691, épousa....., dont François, qui suit.

François d'Arche, fut procureur général à la cour des aides de Bordeaux, le 3 juillet 1725.

Source : *Dictionnaire généalogique*, édit. de 1757.

[L'Arche, châtellenie dans la petite ville du nom en Bas-Limousin, près de Brive, est fort ancienne. Autrefois elle dépendait de la vicomté de Turenne ; maintenant elle fait partie du duché-pairie de Noailles. Elle est située sur la Vézère, et son château est bâti sur une roche. Il est fort par sa situation. Ce château, avec toutes ses appartenances, fut adjugé, en 1251, à Elie Rudel et Hœlis de Turenne, sa femme, et ce, par sentence arbitrale rendue entre eux et Raymond VI, vicomte de Turenne.

Elie Rudel, S^{gr} de l'Arche, *ut supra*, avait épousé Hœlis de Turenne.

I. — Renaud de Pons, marié avec Marguerite de Bragerac, dite aussi de Turenne en quelques titres, laquelle testa, l'an 1289, et dont il eut 1° Elie Rudel, S^{gr} de Pons, Bragerac, Mont-Leydier et Gensac ; 2° Geoffroy, qui suit ; 3° Marguerite de Pons ; 4° Jeanne, mariée à Gilbert de Thémines ; 5° Aude ; 6° Aeliz ; 7° Ysabeau ; 8° Géraude, femme d'Arnaud de Gironde.

II. — Geoffroy de Pons, fils puîné de Renaud, eut, par le testament de sa mère, les châteaux et châtellenies de Castelmoron, Montneur, Ribérac, Espeluchat, Montfort, Aillac, Chaslus, d'Arche (2), Croixe, Martel, Cunhac et de Monts. Il fut substitué à Elie Rudel, son aîné, en cas qu'il mourût sans enfants mâles ; et au dit Geoffroy elle substitua Raymond, qu'elle appelle son neveu, fils de la vicomtesse de Turenne, sa fille, qui était Agathe de Pons, mariée à Raymond VI, vicomte de Turenne.

Source : Justel, *Histoire de Turenne*, preuves, p. 42, 43, 73.]

[ARCHIAC. — Aimar, S^r d'Archiac, épousa Marguerite, fille d'Aimeri VIII, vicomte de Rochechouard, mort en 1245.]

ARCQUIGNY ou ARMAGNY.

Famille originaire de la Marche, où elle était fort distinguée sous les règnes des princes de la maison de Valois ; on l'y appelle Serquigny. (*Mercure* de janvier 1708.)

[François d'Arcquigny ou d'Amargny, écuyer, paroisse de la Ville de

---

(1) Saint-Germain-les-Vergnes, canton de Tulle (Corrèze).

(2) Ce nom, écrit sans la lettre L, nous a déterminé à placer les notes de Legros après celles de Nadaud.

Magnac, épousa Madeleine du Brac, dont 1° Loyse, baptisée le 22 février 1597; 2° Marie, baptisée le 11 août 1605.]

Charles d'Armagny, écuyer, Sr de Galenchère, demeurant à Rousier, paroisse de Perroux, vicomté de Rochemaux, testa, à soixante-huit ans, le 20 janvier 1641. L'acte fut signé Bellaud, chez M. de Trion. Il mourut le 24 juillet 1642. Il épousa 1° Jeanne Dupin, dont 1° Melchior d'Armagny, écuyer, S^r de La Chapelle-Saint-Vincent, qui épousa Hilaire de Lesmeric, morte en 1648; 2° Antoinette. Il épousa 2° Antoinette de Moussy, fille de Georges, écuyer, Sr de Peiroux, dont Julien, Jeanne et Marie.

ARDANT. — Porte *d'azur, au chevron d'or accompagné d'un soleil d'argent en pointe, au chef d'or, chargé de trois étoiles de gueules.*

[Adémar, moine de Saint-Cybard, a parlé peu avantageusement des Ardant de Limoges. — Voyez Nadaud, *Mémoires manuscrits limousins*, T. I, p. 267, et T. III, p. 46. — Je regarde également, dit Nadaud, comme une vraie imposture l'histoire du chanoine Ardant paraissant tout en feu, débitée en l'année 1589, par le P. Bonaventure, dans son *Histoire de Saint-Martial*, T. III, p. 802 (V. mon *Abrégé manuscrit des Annales du Limousin*, à l'an 1589), et voici mes raisons :

1° Le silence des écrivains contemporains : un anonyme, qui commence en 1560, et finit en 1604; Villesourde, curé de Pierrebuffière, qui commence en 1584, et finit en 1632 (NADAUD, *ibidem*, T. III, p. 312). Tous deux, qui ont donné quantité de minuties arrivées à Limoges, auraient-ils oublié une histoire si extraordinaire? M. de Thou n'en aurait-il pas parlé aussi?

2° Quand le P. Bonaventure dit que la maison du chanoine Ardant était, en 1589, au-dessus de celle des Jésuites, faisait-il attention que ces religieux ne furent établis à Limoges qu'en 1598? L'écrivain qu'il a copié ne débitait donc cette fable qu'après cette dernière époque.

3° J'ai dépouillé, continue Nadaud, en entier les registres des insinuations ecclésiastiques depuis 1554, temps de leur établissement jusqu'à nos jours. Depuis cette première époque jusque même après 1589, je n'ai pu trouver un seul Ardant chanoine de la cathédrale, ni de prébende vacante par mort ou résignation d'un du nom d'Ardant.

NOTA. — Il y a des lacunes dans ces registres.

Honorable homme maître Jean Ardant (*Ardentis*), licencié ès-droits, procureur du roi notre sire (1) en la sénéchaussée de Limoges, est nommé dans l'acte de fulmination de la bulle de sécularisation du chapitre de Saint-Martial, faite le 14 octobre 1537. — Voyez NADAUD, *Mémoires manuscrits*, T. III, p. 77 et 78.

En 1538, il était marié avec Marguerite Boulhon, dont sans doute vint Pierre Ardent, procureur du roi, qui fit, le 22 juin 1588, son testament, reçu par Albin. (Voyez mon *Recueil manuscrit d'inscriptions et d'antiquités de Limoges*, p. 19.) Sa femme, Jeannette Forest, fit, le 15 septembre 1587, le sien, reçut par Lamy. Ils laissèrent Antoine Ardent, juge de St-Jean-

---

(1) L'acte de nomination à cette magistrature était entre les mains de M. Maurice Ardant, archiviste de la Haute-Vienne.

Ligoure, qui épousa Anne Suduiraud, par contrat des 8 novembre 1578 et 5 janvier 1579, reçu par Doudinot. Ses biens furent décrétés *(sic)*.

I. — François ou Pierre Ardent, riche négociant de Limoges, fils de...., acheta, en...., une charge de secrétaire du roi; épousa..... Barbou, dont 1° Pierre, qui suit; 2°..., curé de St-Maurice-de-la-Cité, et ensuite chanoine grand-chantre de la cathédrale; 3°...., curé de St-Maurice, puis chanoine de la cathédrale; 4° Jean dit M. de Bréjou, qui vit en février 1693 ; 5°....., mariée avec..... Muret, négociant, puis secrétaire du roi, place Montmailler; 6°...., mariée avec Joseph Pétiniaud dit Saint-Père, négociant, puis secrétaire du roi, rue des Taules, et quelques autres enfants.

Pierre Ardant, écuyer, acheta la terre de Meillars (1) et plusieurs autres en 17..; fut fait chevalier de l'ordre du roi en 177..., et mourut le 6 ou le 7 mai 1780. Il avait épousé Anne Romanet, fille de...., dont il eut 1° Louis, tonsuré en 1763, mort en 17...; 2° Pierre, mort en 17...; 3° Siméon, chevalier, marquis de Meillars par la cession que son père lui fit de ce marquisat lors de son mariage, qui eut lieu le 8 octobre 1775, avec Anne-Agathe de Royère, dame de Meillars, La Grénerie (2), etc., dont il n'est resté qu'une fille, dite mademoiselle de Meillars, qui naquit en 1776, et qui épousa.... Barbou, libraire à Paris. Ce Siméon était lieutenant au régiment de Périgord, et il mourut en juin 1778; 4°.... dit M. de La Grénerie, qui vit en 1793, et ne s'est pas marié; 5° un autre garçon, mort en.....; 6°...., mariée avec..... Maillard de La Couture, trésorier de France, dont est né un garçon ; 7°...., mariée avec.... Pétiniaud de Beaupeyrat, écuyer, maire de la ville, etc., dont plusieurs enfants ; 8°....., mariée avec..... Lamorelie des Biars, de St-Yrieix, morte en 17.....; enfin quelque autre fille.]

ARDONNEAU. — Robert d'Ardonneau, écuyer, Sr de La Valade, demeurant à Lanternâ, paroisse de St-Hilaire-Lastours (3), était mort le 25 avril 1636 ; il fit héritier François d'Ardonneau, écuyer, Sr de La Breulhe.

ARFEUILLE. — François-Charles d'Arfeuille, chevalier, Sr du dit lieu (4) et du Chalard, paroisse de Beaumont-de-Felletin, épousa Marguerite-Madeleine de La Roche-Aymon, dont 1° Louis, né le 6 juillet 1696, tonsuré en 1714, diacre en 1721 ; 2° Jean, tonsuré en 1717.

Charles-François d'Arfeuille, écuyer, Sr du Chalard et de Néoux, paroisse

---

(1) Meillars, canton d'Uzerche, arrondissement de Tulle (Corrèze).
(2) Paroisse de Salons, canton d'Uzerche arrondissement de Tulle (Corrèze).
(3) Saint-Hilaire-Lastours, canton de Nexon, arrondissement de Saint-Yrieix (Haute-Vienne).
(4) Arfeuille est un château situé dans la paroisse de Felletin (Creuse) ; Le Chalard est un village de la paroisse de Poussanges près Felletin, et Néoux une paroisse du canton d'Aubusson. Ici encore il faut donc, comme presque toujours, lire *habitant la paroisse* de Beaumont.
Les armoiries de la famille d'Arfeuille sont *d'azur à une fleur de lis d'or accompagnée de trois étoiles de même, 2 en chef et 1 en pointe*. L'écusson que nous avons sous les yeux et timbré d'une couronne de marquis, et il a pour support deux lions grimpants.
Cette famille revendique la parenté des cardinaux d'Arfeuille, dont le premier jouissait d'un grand crédit à la cour d'Avignon sous Clément VI. Deux gentilshommes de ce nom auraient aussi été chevalier de Rhodes, et deux autres, chevaliers de Malte. Dans ses mémoires manuscrits, Nadaud dit qu'en 1770 un Mourin d'Arfeuille, écuyer, était gouverneur de la ville de Felletin. — Voyez pour plus de détails : JOUILLETON, *Histoire de la Marche*, T. II. p. 47 et suiv.

de Beaumont-de-Felletin, épousa Anne Boutiniergue du Teil, dont Pierre-Marie, tonsuré en 1761.

Louis Mourin, écuyer, S^r d'Arfeuille, paroisse de Beaumont-de-Felletin, épousa Anne de Boutiniergue du Teil, dont Annet-Jean, tonsuré en 1764.

Ive Mourin, comte d'Arfeuille, paroisse de Beaumont-de-Felletin, épousa, en 1772, Anne-Charlotte Marcelle du Buisson d'Uzon (1), paroisse d'Yzeux, de la ville de Moulins.

Louis d'Arfeuille, Sr de Clavière, paroisse de Saint-Christophe, près Lesterpt (2), se prétendait noble en 1729.

René d'Arfeuille, écuyer, de St-Christophe, près Confolens, épousa, en 1765, Susanne Daudenay, paroisse de St-Georges de l'Ile d'Oléron, diocèse de Saintes.

ARGENCE. — V. DARGENCE.

[ARGENTAT, ville du Bas-Limousin au diocèse de Tulle, chef-lieu d'un fief considérable qui est dans la mouvance de la vicomté de Turenne.

En 1263, Raymond VI, vicomte de Turenne, confirma un marché établi en cette ville par ses lettres de la même année.

(JUSTEL, *Histoire de Turenne*, p. 47.)]

ARIVAT. — Hugues d'Arivat, chevalier, 1285. — Voyez BALUZE, *Miscellanées*, p. 298.

[ARMAGI ou ARMATI (Othon), se trouve dans les registres de Borsandi, notaire à Limoges, p. 61, n° 92. — De Roherii, notaire, *ibidem*, p. 62, n° 56 — et de Roherii, notaire, *ibidem*, p. 42, n° 38, *apud*, DOM COL.]

ARNALDUS. — Guillaume Arnaldus, auquel Adémar, vicomte de Limoges, donna, vers l'an 1050, la ceinture de la chevalerie dans le château de Ségur (3). (Gaufredus Vosiensis, *apud* BALUZE, *Hist. Tutel.*, p. 62) (4).

ARNAUD. — *D'azur à un croissant d'argent en pointe et une étoile d'or en chef.*

Adam Arnaud, procureur au siége présidial d'Angoulême, pair de la maison commune en 1622.

Arnauld, S^r de La Chalonne, paroisse de L'Houmeau, à Angoulême.

---

(1) Cette dame, retenue prisonnière dans son château par les terroristes, montra constamment un courage viril, et parfois ses lettres ou ses réparties désarmèrent ses persécuteurs. De ce mariage sont nés deux fils : l'aîné, dit le comte d'Arfeuille, fort instruit et homme d'esprit, se maria aussi dans le Berri, et eut trois enfants : 1° Stanislas, qui habite la terre de Lonzat, près Vichy (Allier) ; et auquel appartient le château d'Arfeuille ; 2° Olivier, qui habite le château de Lafond (Allier), il a épousé Césarine Aubertot, née au château d'Ubigny (Allier) ; 3° Constance, mariée au marquis de Beaucaire, qui habite La Pomeraie, près Moulins (Allier). Leur fille unique vient de se marier.

Marcelin, frère du comte d'Arfeuille, père de MM. Stanilas et Olivier, est né en 1777, et habite La Goutelle, paroisse de St-Georges-Nigremont, canton de Croq (Creuse).

(2) Saint-Christophe, canton et arrondissement de Confolens (Charente).

(3) Ségur, canton de Lubersac, arrondissement de Brive (Corrèze).

(4) Nadaud renvoie, pour Arnaldus, à la page 2202, qui est déchirée.

I. — Philippe Arnaud, avocat du roi à Angoulême, y étant maire, fut reçu conseiller à l'échevinage de la maison de ville au décès de Jacques L'Aisné, S^r de La Valade, le 7 septembre 1639 ; fit déclaration au greffe de l'élection de vouloir vivre noblement le 10 septembre 1639 ; fut reçu échevin par la mort de Guillaume Aubert le 15 septembre 1642, et épousa Jacquette Darimaure. Léonard Mesneau est pourvu par le décès du dit Arnaud le 28 mars 1659.

II. — Alain Arnaud épousa, le 4 juin 1656, Jeanne de Pontigny.

ARNAUD, René, Sr de Luchat (1), paroisse du dit lieu, élection de Saintes, fut trouvé gentilhomme en 1598.

ARNOUL, 1º Sr de Vignoles et de Nueil, paroisse de Darces, élection de Saintes ; 2º S^r de La Salle, paroisse de Rouffignac, même élection (2), portent : *d'argent à 7 losanges de gueules, 3 et 3 en pal, 1 en pointe.*

I. — Guy Arnoul épousa Marguerite de Sousmoulin.

II. — Nicolas Arnoul, conseiller au parlement de Bordeaux, S^{gr} de Chantillac, Saint-Simon, Vignoles et Vaumandois en Saintonge, épousa Philippe Quisarme ou Quissarmes d'Anzay, dont 1º Bertrand, qui suit ; 2º André, qui se maria ; 3º Marie, mariée, en 1547, à Antoine de Sainte-Maure, S^{gr} de Mosnac.

III. — Bertrand Arnoul, conseiller au dit parlement, épousa Jeanne de Mendosse

IV. — Pierre Arnoul, conseiller au dit parlement, épousa Maureille de Pierrebuffière, dont : 1º Christophe, qui suit ; 2º Giles, qui se maria.

V. — Christophe Arnoul épousa Susanne de L'Auxerrois.

V bis. — Giles Arnoul épousa, 1º Françoise Alain ; 2º Esther du Gravier.

VI. — Léon Arnoul épousa Marguerite de Rabaines, dont Léon.

VI bis. — Léon Arnoul.

Branche de La Salle.

III bis. — Noble et puissant André Arnoul de Saint-Simon, S^r du dit lieu en Saintonge, de Brive en Archiac, et de Vermandois, épousa Lucrèce Eschallard, dont 1º Jonathan, qui suit ; 2º Elisabeth, mariée, le 15 avril 1596, avec Pierre de Melet, écuyer, Sr de Maisonneuve, fils de Bernard, S^{gr} de Laubesque et de Jacobie d'Abzac.

IV. — Jonathan Arnoul épousa Anne des Cazeaux, dont Antoine.

SOURCES : SIMPLICIEN, T. V., p. 16 ; — D'HOZIER, *Armorial général,* 1re part., p. 377.

(1) Luchat, canton de Saujon, arrondissement de Saintes (Charente-Inférieure).
(2) Dans des Coutures la généalogie de chaque branche est séparée. Nadaud les a réunies pour les compléter l'une par l'autre, et il ajoute quelques notes. Dans des Coutures les *losanges* des armoiries d'Arnoul de Vignoles sont placées 3, 3 et 1. — Dans les deux nobiliaires la généalogie des Arnoul est accompagnée du signe par lequel dès Coutures indiquait qu'en 1598 on trouva les preuves de noblesse suffisantes.

ARNOCLU. — François Arnoclu, Sr de Villeneuve en Limosin (Basse-Marche), archer de la compagnie de trente lances du duc de Mortemar en 1574 (1).

ASNIÈRES (2). — Isaac d'Asnières, écuyer, Sr de Chabrignac (3), épousa Marie de Chalar, dont 1° Jeanne, née le 22 novembre 1612; 2° Samuel, né le 29 mai 1614; 3° Anne, née le 18 juin 1615, tous trois baptisés au prêche de Rochechouard.

Benjamin d'Asnières, écuyer, S^r de La Rivière, fut reçu ancien du consistoire de Rochechouard le 30 décembre 1645. Il épousa Jeanne Dauphin, dont 1° Jacob, né le 13 juin 1633, baptisé au prêche de Rochechouard; 2° Anne, baptisée au dit prêche le 16 mai 1634.

Jacob d'Asnières, écuyer, Sr de Villeneuve, du village de Chez-Levraud, paroisse de Roussines (4), épousa Renée de Chièvres, qui, à l'âge de cinquante ans, fit abjuration de l'hérésie de Calvin, dans l'église de Roussines, le 25 novembre 1685.

Jacob d'Asnières, Sr de Villefranche, mourut le 13 décembre 1660, et fut enterré à Maumoussou, près Rochechouard, dans le cimetière des calvinistes.

Esdras d'Asnières, fils d'Olivier et de Jeanne Boulesteix, Sr de Villefranche, épousa Susanne Bounard, dont 1° Jacob, qui suit, né le 18 février 1625, baptisé au prêche de Rochechouard; 2° Anne, née le 10 décembre 1627, baptisée au même prêche.

Jacob d'Asnières, fils d'Esdras, écuyer, Sr de Villefranche ou Villeneuve, mourut à quatre-vingt-dix ans, le 21 août 1718, et fut inhumé à Biennac. Il épousa Elisabeth de La Tour, dont 1° Olivier, né le 16 septembre 1657; 2° Marie-Olympe, mariée dans l'église de Biennac, le 29 janvier 1704, à Martial Roux, écuyer, paroisse de Vidais, veuve de..... de La Garde, écuyer. Elle mourut, à quatre-vingts ans, le 18 avril 1733. Elle était née le 16 avril 1656, et avait été baptisée au prêche de Rochechouard; 3° Gabriel, né le 16 septembre 1658, et baptisé au même prêche; 4° Renée-Angélique, née le 14 décembre 1659, et baptisée au même prêche; 5° Françoise-Elisabeth, née en 1661, et baptisée au même prêche.

Léon d'Asnières, écuyer, S^r de La Chapelle-Bienat, épousa, le 29 septembre 1605, Gabrielle de Lezay, fille de François, chevalier, S^{gr} des Marais, et d'Antoinette de Nailhac, dont, entre autres enfants, Robert qui suit.

Robert d'Asnières, chevalier, S^r de La Chapelle, paroisse de Biennac,

---

(1). C'est à tort que Nadaud qualifie, en 1574, le seigneur de Mortemart du titre de *duc*, la terre de Mortemart n'ayant été érigée en duché qu'en décembre 1650.

(2) Evidemment cette généalogie n'est pas complète; mais le registre est déchiré depuis la page 1002, au bas de laquelle on lit une ligne sur la famille Arivat, jusqu'à la page 1005, que je transcris.

On trouve près du Limousin diverses localités du nom d'Asnières; 1° dans la Charente, arrondissement d'Angoulême, canton de Hiersac, 2° dans la Charente-Inférieure, canton de Saint-Jean-d'Angely; 3° dans le Cher, commune de Bourges; 4° dans la Vienne, arrondissement de Montmorillon, canton de l'Isle-Jourdain. — Biennac est près Rochechouart (Haute-Vienne).

(3) Chabrignac, canton de Juillac, arrondissement de Brive (Corrèze).

(4) Roussines, canton de Montembœuf, arrondissement de Confolens (Charente).

Graine et La Motte, vivait en 1653. Il épousa Marie Barbesières le 19 avril 1637, dont : 1° Marguerite, née le 5 mars 1638; 2° Robert, né le 1er juin 1639; 3° Jean-Baptiste, né le 23 juin 1661.

Robert d'Asnières, écuyer, Sr de Saint-Palais, Graine et La Motte-d'Oradour, épousa de nouveau, en conséquence de l'ordonnance de l'official, dans l'église de Biennac, le 20 avril 1668, Anne Valentin, de la paroisse de Javerdac. Elle mourut, à cinquante ans, le 2 avril 1687, et fut inhumée dans la chapelle du cimetière de Biennac. De ce mariage sont nés : 1° Robert-François, mort âgé de cinq semaines, à Saint-Junien, en 1667; 2° Jean, le 11 novembre 1670; 3° Henriette dite de Saint-Palais, qui se fit religieuse à Boubon en 1702.

Robert d'Asnières, écuyer, Sr de la Maisonneix et du Moulin-Paute, paroisse de Vidais, épousa Marie de Croizant-Paute, dame de Saint-Palais, qui mourut à Vidais, âgée de cinquante ans, le 12 décembre 1723. Elle était veuve. Ce mariage a donné plusieurs enfants : 1° Henriette, née le 24 février 1696, mariée à Charles Guillot du Doucet, son parent du 2e au 3e degré de consanguinité. Ils obtinrent dispense, et se marièrent dans la chapelle du château du Moulin-Paulte le 16 septembre 1722; 2° Louise, née le 22 décembre 1697; 3° Gabrielle, née le 14 février 1699; 4° Robert, né le 4 août 1701.

Jean d'Asnières, écuyer, Sr de Saint-Palais, épousa, le 29 avril 1705, Louise de Croizant-Paute.

Jean-François d'Asnières, écuyer, Sr de Villechenon et Leycanie, paroisse de Maisonneix (1) épousa Marie-Thérèse Chasaud, dont 1° Anne, baptisée à Rochechouart, le 27 octobre 1697; 2° Robert, né à La Vedartière, paroisse de Lezignac-Durand, baptisé le 26 octobre 1698; 3° Henriette née le 5 octobre 1699; 4° Jacquette-Thérèse, baptisée le 20 août 1700; 5° Jean, né le 29 décembre 1701; 6° autre Jean, né le 12 novembre 1702; 7° François, né le 12 mars 1704; 8° Marie-Anne, qui prit l'habit à Boubon en 1729.

Jean-François d'Asnières, écuyer, Sr de Villechenon, du village de Mascureaux, paroisse de Biannac, épousa Suzanne Barbe, qui mourut subitement le 18 décembre 1689. Ils eurent deux enfants : 1° Robert, baptisé le 20 février 1687; 2° Marie-Olympe, née le 21 février 1687.

Robert d'Asnières, écuyer, épousa Anne Preveyraud, dont Robert, né à Rochechouart le 19 février 1715.

Olympe d'Asnières épousa Marie-Elisabeth Birot, qui, étant âgée de soixante ans, et, à l'article de la mort, fit abjuration du calvinisme. Elle mourut le 20 novembre 1735, et fut inhumée dans la chapelle du cimetière de Biannac. Sa sœur, qui portait les mêmes noms de baptême, mourut le 20 janvier 1737. De ce mariage naquit Pierre-Louis, qui suit.

Pierre-Louis d'Asnières, écuyer, Sr de Villefranche, fit abjuration de la religion prétendue réformée, dans l'église de Rochechouart, à l'âge de trente ans, le 19 février 1735. Il épousa Marie-Louise Prevereaux, fille d'Abraham, écuyer, Sr de Nitrat, capitaine d'infanterie, et de Marie Bonard (le dit Abraham mourut à soixante-dix ans, le 10 septembre 1747, et fut

(1) Maisonnais, canton de Saint-Mathieu, arrondissement de Rochechouart (Haute-Vienne).

inhumé dans l'église de Biennac). Sont provenus de ce mariage : 1° Marie-Elisabeth, baptisée le 26 avril 1735 ; 2° Robert-Marie, baptisé le 17 mai 1736, marié ; 3° Henriette, née le 27 juin 1737 ; 4° Jacques, né le 10 décembre 1738 ; 5° Thérèse, née le 19 janvier 1741 ; 6° Elisabeth, née le 11 mars 1742 ; 7° François-Julien, né le 28 août 1743 ; 8° Henriette-Françoise, baptisée le 10 septembre 1744 ; 9° Charles-François, né le 30 septembre 1745 ; 10° Abraham-Jacques, qui suit, né le 22 décembre 1746 ; 11° Marie-Madeleine, née le 5 janvier 1748, mariée, en 1771, à Pierre Ribière de La Besse, paroisse de Saint-Basile ; 12° Marie, née le 24 avril 1750, mariée, en 1768, avec Julien-Philippe Buron, de Saint-Pierre-de-Saumur, diocèse d'Angers ; 13° Marie-Elisabeth, baptisée le 20 avril 1751 ; 14° François-Julien, mort en bas-âge.

Robert-Marie d'Asnières, paroisse de Biennac, épousa 1°....., 2° en 1760, Françoise-Henriette d'Asnières.

Frolen d'Asnières de Villechenon, paroisse de Rochechouart, épousa Anne Prevereau, dont Françoise, née le 19 mars 1717.

Isaac d'Asnières, écuyer, Sr de Chabrignac, épousa Marie de Chaslar, dont 1° Jeanne, née le 22 novembre 1612 ; 2° Samuel, né le 29 mai 1614 ; 3° Anne, née le 18 juin 1615, tous trois baptisés au prêche de Rochechouart.

Jacques-Abraham d'Asnières, écuyer, Sr de Villefranche, paroisse de Biena, épousa, en 1770, Marcelle de Sousmagne, paroisse de Maisonnais.

Source : Simplicien, T. III, p. 90. — (Nadaud renvoie aussi à la page 608, qui est déchirée.) — Voyez encore Delage.

ASSI. — René d'Assi, écuyer, Sr de Lage-Champroüet et Le Plais-Jolliet, paroisse de Fresselines (1), épousa Gabrielle Bertrand, qui fut inhumée dans l'église de Fresselines, le 27 septembre 1656, et dont il eut Sylvain, Sr de Champroüet.

Sylvain d'Assi, écuyer, Sr de Lage-Champroüet, fut inhumé dans l'église de Fresselines, le 15 octobre 1652. Il épousa Marie-Claude Le Roy, dont 1° Gabrielle, baptisée le 17 décembre 1640 ; 2° Marie, inhumée, à vingt ans, dans l'église de Fresselines, le 8 novembre 1672.

Gabriel d'Assy, écuyer, Sr de Lage-Chamroi, paroisse de Fresselines, épousa Gabrielle d'Aygurande, dont Avoye et Gabriel, jumeaux, nés le 1er septembre 1664 ; 3° Gabrielle, née le 2 octobre 1665 ; 4° Marguerite, née le 17 février 1667 ; 5° Léonarde, née le 21 mars 1671 ; 6° Marguerite, née le 18 juillet 1672 ; 7° autre Gabriel, né le 13 septembre 1673 ; 8° Françoise, baptisée le 11 mai 1675 ; 9° François, né le 4 décembre 1676 ; 10° autre Gabrielle, née le 30 mars 1678 ; 11° Claudine, née le 13 mai 1680 ; 12° autre Gabrielle, née le 1er février 1682 ; 13° autre François, né le 25 juillet 1683 ; plus deux filles mortes en bas-âge.

ASSIS (des). — Pierre des Assis, écuyer, S^r de La Chassagne, mourut à quarante-cinq ans, le 9 avril 1671, et fut inhumé dans l'église de Toy (2).

---

(1) Fresselines, canton de Dun-le-Palleteau, arrondissement de Guéret (Creuse).
(2) Toy-Viam, canton de Bugeat, arrondissement d'Ussel (Corrèze).

Il épousa Paule de Maumont, dont il eut 1° Marie, née le 3 août 1658 ; 2° et 3° Claude et Marguerite, nées le 22 février 1660 ; 4° Françoise, née le 11 novembre 1661 ; 5° Charles, né le 30 janvier 1663 ; 6° Anne, née le 7 avril 1664 ; 7° Léonarde, née le 29 mai 1671.

Source : Registre de Tarnac. — Voyez de Boisse et de Veyny.

AUBEROCHE. — Jean d'Auberoche, écuyer de la ville de Châteauponsac (1), épousa Catherine Chaud, dont François, baptisé le 12 février 1645.

AUBERT, Sr de Bardon, paroisse d'Angeac, élection de Saint-Jean-d'Angely. — *Losangé de gueules et d'azur, à la bande d'or brochant sur le tout.*

I. — Antoine Aubert épousa, le 15 janvier 1479, Denise Dauthon.

II. — Louis Aubert épousa, le 30 décembre 1505, Marie Macée.

III. — Charles Aubert, écuyer, Sr de Bardon en Saintonge, vivant l'an 1577, le premier auquel remonte M. d'Hozier (*Armorial général*, 1re partie, p. 33), épousa Catherine Vigier. Louis Aubert, beau-père de la dite Catherine, donna quittance de sa dot, le 25 janvier 1541.

IV. — Louis Aubert épousa, le 4 décembre 1577, Charlotte de Saint-Marsaud.

V. — Jean Aubert épousa, le 30 décembre 1609, Marie Festineau.

VI. — Louis Aubert, Sr de Bardon, épousa, le 19 novembre 1630, Henriette Gombaud, dont 1° Léonard, qui suit ; 2° Gabriel, qui suit :

VII. — Léonard Aubert épousa, le 13 novembre 1650, Catherine Groussaud.

VII *bis*. — Gabriel Aubert épousa, le 20 octobre 1650, Eléonore de La Montaigne.

AUBERY. — Antoine d'Aubery, écuyer, paroisse de Villars (2), épousa, en 1768, Marie-Angélique de Terrion.

[AUBETERRE (3).

AUBOIN. — Girbert Auboin, chevalier, était tuteur de noble homme Rémon, vicomte de Turenne, en 1285. (Justel, *Histoire de la maison de Turenne*, preuves, p. 69, 70.)]

AUBOUX. — *D'argent à un chevron de gueules, accompagné en chef de deux hiboux de sable affrontés, et en pointe d'un arbre de sinople planté sur une terrasse de même ; un chef d'azur chargé de trois étoiles d'or.* (D'Hozier, *Armorial général*, 1re partie, p. 35.)

Jean Auboust, écuyer, vivant avant l'an 1488.

Noble Gilbert Auboux, paroisse de Saint-Maurice, près Croq (4), épousa Pétronille de Chambon, dont Louis, tonsuré en 1647.

---

(1) Châteauponsac, chef-lieu de canton, arrondissement de Bellac (Haute-Vienne).
(2) Il y a une localité de ce nom, canton de Dun (Creuse) ; il y en a trois dans la Charente, et une dans la Charente-Inférieure, etc.
(3) Aubeterre, chef-lieu de canton, arrondissement de Barbezieux (Charente).
(4) Crocq, chef-lieu de canton, dans l'arrondissement d'Aubusson (Creuse).

Louis Auboux, S⁰ d'Esteveny, S⁰ de La Maison-Rouge, paroisse de....., fut maintenu par M. d'Herbigny, intendant.

Jean-Claude d'Auboust, Sgr des Vergnes de Saint-Maurice et de Bagueville (1) demeurant dans la paroisse du dit lieu de Saint-Maurice, près Crocq, diocèse de Limoges, province de la Marche, fut maintenu dans la qualité d'écuyer par ordonnance de l'intendant de Moulins du 9 novembre 1700. Il fut marié, le 18 avril 1692, avec Françoise du Pouyet, dont il eut Claude-René Auboust des Vergnes, né le 22 avril 1697, reçu page du roi dans sa grande écurie le 30 janvier 1712 (2).

AUBUSSON. — [Les vicomtes d'Aubusson tirent leur nom de la ville d'Aubusson dans la Marche, dont ils étaient anciennement vicomtes. Cette maison, de laquelle sont sortis un grand-maître de Rhodes et cardinal, un archevêque d'Embrun et évêque de Metz, un évêque de Limoges, deux de Tulle, un de Conserans, un abbé de Saint-Martial de Limoges, deux maréchaux ducs et pairs de France, un commandeur et un chevalier du Saint-Esprit, est l'une de celles dont on prouve le mieux l'ancienneté, puisque par des titres elle paraît déjà illustre dès la fin du ix⁰ siècle, où Ranulphe, frère aîné de Turpin ou Turpion, évêque de Limoges en 898, fut établi vicomte de cette partie du Limousin qu'on appelle la Marche par le roi Eudes, en 888 (3). (*Tabl. hist.*, 4ᵉ part., p. 300 301.)

La Feuillade (4) est une seigneurie de l'ancien domaine des vicomtes d'Aubusson, qui fut donnée en partage, dans le xiiiᵉ siècle, avec celles de La Borne et de Monteil-au-Vicomte, à Ranulfe, deuxième fils de Reynaud VI. (*Ibid.*, p. 301.)]

D'Aubusson porte : *d'or à la croix de gueules ancrée ou nillée.*

Tout ce qui rend une maison très illustre se trouve avec avantage dans celle d'Aubusson. L'antiquité et l'origine en est inconnue et incertaine comme celle des plus grandes maisons du monde. Ce qu'il y a d'assuré, c'est que, au temps de Charlemagne, les Aubusson étaient déjà célèbres dans la France; car, les rois de la deuxième race ayant établi des comtes pour gouverner chaque province, et ces comtes choisissant toujours les plus grands seigneurs de leurs provinces pour leurs lieutenants, Geoffroi,

---

(1) Peut-être Basville, près Crocq.
(2) Le Cabinet de d'Hozier parle d'un autre Auboux des Vergnes, né en 1733, également page du roi en 1749.
(3) Le père Anselme (*Hist. généalogique*, t. V) dit, d'après Baluze, que dans le Limousin, ces vicomtes furent Faucher de Ségur pour le Haut-Limousin; Adhémar des Echelles pour le Bas-Limousin, et Ranulfe d'Aubusson pour la partie de cette province que l'on nomme la Marche. Quoique ces emplois de vicomte ne fussent que personnels, leurs descendants s'en firent depuis un titre d'honneur.
(4) La Feuillade dans la paroisse de Faux-la-Montagne, canton de Gentioux, arrondissement d'Aubusson (Creuse). — Il y a vingt ans à peine que la famille d'Aubusson a vendu cette terre. L'antique manoir est depuis longtemps en ruines. — La Borne est près d'Aubusson. — Le Monteil-au-Vicomte est une paroisse du canton de Royère, arrondissement de Bourganeuf (Creuse), où l'on voit encore le donjon du château. — La Chassagne, dont on parle un peu plus bas, est une terre située dans la paroisse de Saint-Quentin, près Felletin, arrondissement d'Aubusson (Creuse).

premier comte de la Marche (1), prit un lieutenant dans la maison d'Aubusson, environ l'an 860. Ce lieutenant, dont nous ne savons point le nom, fut appelé vicomte d'Aubusson à cause que ces lieutenants des comtes, pour se distinguer les uns des autres, et se faire connaître chacun en particulier, ajoutaient au titre de leur dignité celui de la terre principale qu'ils possédaient. Ainsi les seigneurs d'Aunay, de Limoges, de Rochechouart, de Comborn, de Turenne, de Polignac, qui étaient vicomtes de Poitou, de Quercy, de Périgord et d'Auvergne, comme les vicomtes d'Aubusson étaient vicomtes de la Marche, se faisaient appeler, du nom de leurs terres, les vicomtes d'Aunay, de Limoges, de Rochechouart, de Comborn, de Turenne et de Polignac.

Il n'est point vrai, comme vient de le dire le P. Bouhours, que la maison d'Aubusson doive les commencements de son illustration au comte de la Marche : c'est à Eudes, roi de France, qui, voulant faire gouverner le Limousin par des vicomtes, établit un vicomte d'Aubusson dans cette partie de la province qu'on appelait la Marche. Ce fut donc le roi qui l'établit, et non le comte de la Marche : aussi les descendants ne sont jamais qualifiés vicomtes de la Marche. Dans un acte de l'an 958, Rainald, vicomte d'Aubusson, est nommé avant Boson marquis ou comte de la Marche. Ainsi c'était avec juste titre que que Gérard-Hector, évêque de Cahors, écrivant, vers l'an 1170, à l'empereur Frédéric, le prie de faire restituer ce qu'on a pris à son cousin, vicomte d'Aubusson, *marquis* de ce pays. Dans la suite, les comtes de la Marche étant devenus puissants par leurs alliances, les vicomtes d'Aubusson n'eurent plus le même rang : ils furent soumis à ceux dont ils avaient antérieurement partagé l'autorité et l'éclat.

Turpin, qui fut élu évêque de Limoges l'an 898, et qu'Adémar, dans sa *Chronique,* ne loue pas moins pour la splendeur de sa naissance que pour la sainteté de sa vie, était fils de ce premier vicomte d'Aubusson et frère de Renaud Ier, qui fut vicomte après son père sous Sulpice II, comte de la Marche, fils de Geofroy.

La dignité de vicomte demeura plus de quatre cents ans dans la maison d'Aubusson, et passa toujours de père en fils, jusqu'à ce que Raymond Ier, n'ayant point d'enfants, vendit sa vicomté à Hugues, comte de la Marche, au désavantage de Ranulfe d'Aubusson, son frère, qui épousa Dauphine de La Tour, et continua la postérité.

La piété et la libéralité qui en ces temps-là distinguaient fort les grands seigneurs des gens d'une condition commune étaient dans cette maison comme des vertus héréditaires; car, sans parler du saint évêque Turpin, si magnifique en tout ce qui regardait le culte des autels, selon le témoignage d'Adémar, et si zélé pour la gloire de Dieu qu'il rétablit plusieurs monastères ruinés, et rebâtit entièrement celui de Saint-Augustin de Limoges, où il fit refleurir la discipline monastique sous la règle de saint Benoît, les vicomtes d'Aubusson furent des seigneurs très religieux, et firent presque tous, à plusieurs églises, des donations considérables. Les abbayes de Saint-Martin de Tulle, de Saint-Pierre d'Uzerche, de Saint-

---

(1) Dans l'*Art de vérifier les dates*, les bénédictins font Geofroi *premier comte*, non de la Marche mais *de Charroux*, en... C'est Boson Ier qui fut premier comte de la Marche vers le milieu du Xe siècle.

Barthélemy de Bénévent, sont encore des monuments authentiques de leur piété libérale. Je ne dis rien du monastère de Fontevraud, auquel Ramnulphe III donna le village de Blessac (1) lorsque sa fille en était prieure, ni du monastère même de Blessac, que Renaud VI fonda environ l'an 1100, et où, sur la fin de ses jours, il se rendit religieux. (Voyez mes *Mémoires*, T. I, p. 93.)

Ces seigneurs et leurs descendants se signalèrent en diverses occasions où il s'agissait des intérêts de la France. Témoin Guy d'Aubusson, Sgr de La Borne, qui fit tant de belles actions dans la guerre des Anglais, sous le règne de Charles V, et qui, après avoir reçu plusieurs blessures en défendant son château de Monteil-au-Vicomte, fut fait prisonnier, avec sa femme et ses enfants, par les ennemis de l'État. Témoins encore Jean d'Aubusson, Sgr de La Borne; Antoine d'Aubusson, Sgr de La Villeneuve, et Antoine d'Aubusson, Sgr du Monteil, qui firent paraître leur fidélité et leur zèle au service de Charles VII, dont ils étaient chambellans au temps où la maison du roi n'avait guère d'autres officiers que des seigneurs de qualité.

Enfin ce qui relève infiniment la maison d'Aubusson, et ce qui la distingue peut-être de toutes les autres, c'est que, étant si ancienne, elle ne s'est jamais mésalliée, et que, dans le même pays, elle a toujours conservé les mêmes terres; de sorte que François d'Aubusson, duc et pair, maréchal de France et colonel des gardes-françaises, possédait encore, en 1676, la terre de La Feuillade, qui a été possédée de tous temps par les vicomtes d'Aubusson, ses ancêtres.

Ce qui reste des grosses tours de la démolition d'un vieux château d'Aubusson marque assez la puissance des seigneurs du lieu, dit Moreri.

A Voué, diocèse de Bourges, à deux lieues de Saint-Benoît-du-Sault, on trouve des tombeaux des seigneurs d'Aubusson avec des inscriptions. Il y a encore une terre d'Aubusson dans le diocèse de Saint-Flour.

I. — N..... d'Aubusson n'est connu que par ses enfants, qui furent : 1° Ranulfe, qui suit; 2° Turpion, évêque de Limoges, mort en 944; 3° Aimon, abbé de Saint-Martial, mort en 942; 4° Martin, abbé de Saint-Cyprien de Poitiers.

II. — Ranulfe, premier du nom, mentionné dans une charte de l'abbaye de Beaulieu (2) [établi vicomte d'Aubusson ou de la Marche par le roi Eudes en 887], épousa Godolinde, dont il eut : 1° Robert; 2° Rainald, qui suit; 3° Boson, abbé laïque de Moutier-Rouzeille (3) et d'Evaux (4) en 945 [Mansion, abbé de Mansac en Auvergne].

---

(1) Blessac, canton et arrondissement d'Aubusson (Creuse). La Ville-Neuve, dont il est parlé quelques lignes plus bas, est un château situé dans la paroisse de Vallière, canton de Felletin, arrondissement d'Aubusson (Creuse) : depuis quelques années, il appartient, avec ses dépendances, à M. du Miral, député au Corps législatif pour le département du Puy-de-Dôme, et il sert de ferme-modèle.

(2) Beaulieu, chef-lieu de canton, arrondissement de Brive (Corrèze).

(3) Moutier-Rozeille, canton de Felletin, arrondissement d'Aubusson (Creuse).

(4) Evaux, chef-lieu de canton, arrondissement d'Aubusson (Creuse).

Robert [qualifié vicomte d'Aubusson sur la fin du xe siècle (1)] donna, en qualité de vicomte d'Aubusson, deux *mas* au monastère de Tulle pour la sépulture d'un de ses fils, mort enfant vers l'an 930, ou mieux 930, puisque son frère Rainaud était déjà qualifié de vicomte. On présume qu'il mourut peu après (2) sans enfants mâles. Il fut vraisemblablement père d'Officine, petite-nièce de l'évêque Turpion.

III. — Rainald, premier du nom, vicomte d'Aubusson, fit du bien aux monastères de Tulle et de Beaulieu en 936. Il signa une charte l'an 958. Il épousa Alsinde, ainsi nommée dans deux chartes de Rainald, son mari; vers 943, il eut de cette femme Ramnulphe, qui suit.

IV. — Ramnulphe, vicomte d'Aubusson, deuxième du nom, surnommé *Cabridellus*, celui peut-être qui, avant 997 et la tenue du concile de Limoges, fut tué et inhumé dans le monastère d'Uzerche. [On dit à Jourdain, évêque de Limoges, que l'abbé d'Uzerche avait enseveli dans son monastère le vicomte d'Aubusson, *Albuciensem*, excommunié, et qui avait été tué en faisant la petite guerre. Jourdain en porta ses plaintes au concile de Limoges en 1031. L'abbé s'excusa en disant que les soldats du vicomte avaient porté son corps au monastère d'Uzerche, mais qu'il ne l'avait ni reçu ni enseveli ; qu'il n'avait point fait d'office pour lui, et qu'au contraire il avait fait reporter le corps au delà de l'eau, où les soldats eux-mêmes l'avaient enterré, sans qu'aucun des clercs y assistât.] Ce Ramnulphe épousa Ainarde, fille de Bernard, vicomte de Turenne, dont il eut : 1° Rainald II, vicomte, qui suit; 2° Ramnulphe, qui continua la postérité; 3° Farelde, femme d'Adémar de La Roche.

V. — Rainald, deuxième du nom, vicomte d'Aubusson, fils de Ramnulphe dit *Cabridellus*, fit, avec sa femme Adélaïde, fille de Humbaud de Uriaco en Berri, vivante en 1092, une donation au monastère de Saint-Denis-de-La-Chapelle en Berri, 997. Il restitua Moutier-Rauzeille à Saint-Irier. On le dit vivant en 1048 et mort sans enfants; d'autres disent qu'il eut : 1° Ramnulphe, qui n'eut point d'enfants d'Alix de Magnac, sa femme, en 1085, vivante encore encore en 1110 ; 2° Willaume, qui continua la descendance.

V bis. — Ramnulphe [ou Arnulphe], troisième du nom, vicomte d'Aubusson, après la mort de son frère Rainald, se trouva à la dédicace d'Uzerche en 1048. [Il donna, en 1049, à sa fille, la terre de Blessac pour le monastère dont elle était supérieure.]

Il épousa....., dont il eut 1° Rainald, qui suit; 2° Agnès, mariée à Gulpherius de Las Tours, auquel elle porta la moitié du château de Gimel ; [3° la supérieure de Blessac, dont on vient de parler].

VI. — Rainald, troisième du nom, qui rétablit le monastère de Moutier-Rauzeille, en 1070, épousa....., dont Agnès, mariée à Bernard de La Roche-Aymon, dite sœur de Gui.

Eborus, vicomte d'Aubusson, revenant de Jérusalem, tomba malade au Mont-Cassin. Gérald-Hector, évêque de Cahors, son parent, alla le voir. — Voyez la lettre qu'il écrivit de sa prison vers 1153, *Spicilegium*, T. II, p. 403.

(1 et 2) On remarque de la contradiction entre les notes de Nadaud et celles de Legros ; nous ne nous chargeons pas de l'expliquer.

Gérald, évêque de Cahors, dans une lettre à l'empereur Frédéric, le prie de faire mettre en liberté son cousin, vicomte d'Aubusson, *de Albucione*, marquis de ce pays, et tous les autres, avec restitution entière de ce qu'on leur a enlevé.

VII. — Guillaume, premier du nom, vicomte d'Aubusson, succéda à son frère Ranulphe IV. Il épousa Agnès, dont il eut Reynaud IV, qui suit ; devenue veuve, elle se fit religieuse à Fontevrault. Elle devint première prieure de Tusson en 1112.

VIII. — Rainaud, quatrième du nom, vicomte d'Aubusson, fit quelques donations au monastère de Bonlieu (1), 1121, et à celui de Bénévent (2). Il prit l'habit de Fontevrault à Blessac, qu'il avait fondé en 1120. Il épousa Hélis, qu'on croit fille d'Archambaud, troisième du nom, vicomte de Comborn, et il en eut : 1° Raynaud V, qui suit ; 2° Guillaume ; 3° Gui ; 4° Ranulphe ; 5° Ahel, femme de Pierre Ebrard ; 6° Rohilde, femme de Guillaume de Saint-Marc.

IX. — (3) Renaud, cinquième du nom, vicomte d'Aubusson, surnommé le *Lépreux*, partit pour Jérusalem, et fut fait prisonnier au retour. Il fit divers dons au monastère de Bonlieu en 1184 et en 1200. En 1201, il donna encore à cette abbaye des villages et autres choses. Il était marié à Matebrune de Ventadour, fille d'Eble, dont il eut : 1° Gui, premier du nom, qui suit ; 2° Ranulfe, 1192 ; 3° Guillaume, peut-être abbé de Clermont, où l'on fait son anniversaire le 7 décembre ; 4° Agnès, femme de Bernard de La Roche-Aymon en 1179. — Jean, moine de Notre-Dame-du-Palais en 1199, pouvait être fils de ce Raynaud.

— Les anciens vicomtes d'Aubusson Rainaldus et Gui, son fils, insignes bienfaiteurs de l'abbaye de Bonlieu vers 1121 et 1174.

X. — Wido ou Gui, premier du nom, vicomte d'Aubusson, *Albucio*, vivait en 1174, 1191 et 1194. Il fit le voyage de la Terre-Sainte. Il épousa Assalide de Comborn, fille d'Archambaud, cinquième du nom, vicomte de Comborn et de Jordaine de Périgord. Elle avait à sa cour Pons de Capdeuil, natif de Valai, jongleur. D'eux sont nés : 1° Renaud, qui suit, sixième du nom ; 2° apparemment Rodulphe, doyen de Chartres, mort en 1276. Serait-ce le chanoine d'Evreux que quelques-uns de ses confrères élurent pour leur évêque en 1256, et qui, n'étant agréable ni au roi ni au pape, se démit, trois ans après, en faveur de son compétiteur, et fonda, à Paris, en 1264, le collége d'Aubusson ?

[Gui fit de grands biens à l'abbaye de Bonlieu en 1194. C'est de lui, selon quelques-uns, que sont sorties les branches des comtes de La Feuillade,

---

(1) Bonlieu, commune de Peyrat-la-Nonière, canton de Chénerailles, arrondissement d'Aubusson (Creuse).

(2) Bénévent, chef-lieu de canton, arrondissement de Bourganeuf (Creuse).

(3) Le père Anselme ne parle des armoiries de la famille d'Aubusson qu'en nommant Raynaud V ; comme tout le monde sait que les armoiries proprement dites ne sont pas antérieures aux croisades, nous laissons celles de cette famille, comme celles des autres, en tête de la généalogie.

des barons de La Borne, des marquis de Cassâin-Grimond, des seigneurs de Bausson ou Bansson en Auvergne et de Reillat en Périgord.] (1).

— Le nouveau dictionnaire de Moreri ne commence la généalogie des d'Aubusson, qu'à Gui 1er. —

— B. vicomte d'Aubusson en 1218. —

XI. — Renaud ou Reymond, sixième du nom, vicomte d'Aubusson en 1201, se croisa contre les Albigeois en 1225. Etant sur le point de partir pour la croisade, il visita l'abbaye de Bonlieu, en faveur de laquelle il confirma tous les dons que lui et les siens avaient faits. Par acte du 4 des calendes de mai 1221, il prie son fils Guido de protéger, après sa mort, les religieux de ce monastère.

Il fit hommage de sa vicomté, par ordre du roi, au comte de La Marche, en 1226. (Voyez mes *Mémoires*, T. I, p. 93.) Il mourut avant l'an 1249. Il avait épousé Ahel, dite aussi Marguerite, dont on ignore le surnom, et dont il eut : 1° Gui, deuxième du nom, qui suit; 2° Guillaume, mort en 1260 et enterré à Blessac; 3° Ranulphe, qui a fait la branche des seigneurs de La Borne, et qui eut en partage la seigneurie de La Feuillade avec celles de La Borne et du Monteil-au-Vicomte; il fut le neuvième aïeul de Georges d'Aubusson, dont il sera parlé plus bas; 4° Agnès, mariée, avant l'an 1244, à Aymon, Sgr de La Roche-Aymon, morte après l'an 1263 ; 5° Assalide, religieuse à Blessac en 1259; 6° Raoul d'Aubusson, élu évêque d'Evreux en 1259 ; 7° Elie d'Aubusson, de l'ordre des frères Prêcheurs en 1276. Ces religieux portaient le surnom du lieu de leur naissance.

Geraud d'Aubusson, élu abbé de Sarlat en 1254 et 1256, pouvait être aussi fils de Renaud VI, qui mourut lui-même avant 1249.

Renaud VI et sa femme prenaient un insigne plaisir à la poésie provençale : ils gardèrent longtemps chez eux un de ces poètes, nommé Gui d'Uzez, son frère Pierre et leur cousin Elie, qu'ils récompensèrent largement. Gui le troubadour mourut en 1230.

XII. — Gui, deuxième du nom, qualifié vicomte d'Aubusson, vivait en 1260; il était chevalier en 1225; il épousa Ahci ou Ahaci, dont il eut 1° Raynaud, septième du nom, qu'on dit avoir vendu la vicomté d'Aubusson ; 2° Alengarde d'Aubusson, dame de Massignat, mariée : 1°, l'an 1262, à Erric de Beaujeu, Sgr d'Hermant, qualifié par quelques auteurs de maréchal de France, mais sans preuve, et mort en 1270; mariée 2° à Guillaume, Sgr de La Roche d'Agout (2), avec lequel elle vivait l'an 1290. Gui et Ahci

---

(1) Jusqu'au numéro XI de cette généalogie, Nadaud et Legros ont entassé notes sur notes avec une confusion incroyable. Sans rien ajouter au manuscrit, nous avons recours à l'*Histoire généalogique des grands officiers de la couronne*, par le P. ANSELME, pour établir les numéros d'ordre, qui ne nous paraissent pas encore complètement exacts, puisqu'ils renferment un collatéral, et qu'on a négligé, dans les autres cas, les vicomtes qui ne se succèdent pas de père en fils.

(2) « Du consentement duquel, et se qualifiant dame de Felletin, elle donna au prieuré de Blessac la moitié de la leyde du blé que l'on vendoit dans sa ville de Felletin. L'acte est du 27 mars 1273. Elle y parle de Raynaud, son aïeul », dit le P. ANSELME (*Histoire des grands officiers de la couronne*, T. V. : Généalogie des d'Aubusson). — Cette Alengarde, connue dans la Marche sous le nom d'*Orengarde*, et faussement estimée femme d'Audebert III, comte de la Marche, avait un château à Felletin. La tradition locale rapporte que cette pieuse dame remplaça l'odieux impôt qu'on prélevait sur chaque femme de la ville, après ses couches, par une offrande d'huile, qui, servant à l'entretien de la lampe de l'autel, ne fut plus qu'une action de grâces envers Dieu à l'occasion des nouveau-nés.

eurent pour troisième enfant Guillelme d'Aubusson, dite de La Borne, femme de Pierre Vigier, damoiseau, S^gr de Saint-Severin au diocèse de Périgueux ; elle vivait en 1275.

Les tombeaux des barons de La Borne étaient dans une chapelle de l'église de Blessac, qu'on a démolie pour faire le chœur des religieuses.

Branche des seigneurs de La Borne, qui est la première baronnie de la Marche.

XII. — Ranulfe d'Aubusson, fils puîné de Renaud, vicomte d'Aubusson, fut S^gr de La Borne, du Monteil-au-Vicomte, La Feuillade, Pontarion (1), Les Poux. Il était chevalier en 1278. Par son testament, il donna à l'université de Paris, vers 1260, une place : l'université la céda aux moines de Saint-Germain-des-Prés.

Il épousa Séguine de Pierrebuffière, dont 1° Raynaud d'Aubusson, S^gr de La Borne, qui suit ; 2° Guillaume, qui continua la descendance ; 3° Pierre (1281), père de Marguerite, veuve, en 1348, de Géraud de Saint-Amand ; 4° Ranulfe, Frère-Mineur en 1281 ; 5° Gérald, qualifié frère de Guillaume, et qui fut mis *in pace* (2), à Montpellier, à cause de l'erreur des Albigeois, en 1263.

XIII. — Raynaud d'Aubusson, S^gr de La Borne, que l'on dit avoir vendu la vicomté d'Aubusson à Hugues, comte de la Marche, épousa, en 1275, Dauphine de La Tour, fille de Bernard, septième du nom, S^gr de La Tour d'Auvergne et de sa femme Goland. Bertrand de La Tour, chanoine de Clermont, oncle de Dauphine, lui donna, dans son testament de 1280, son château de Rota. Ramnulfe, père de Raynaud, donna quittance de 10,000 sols tournois de la dot de Dauphine, le vendredi après la Purification de la sainte Vierge, en 1275 (vieux style) : le sceau de Ramnulfe est au bas de l'acte.

Dauphine épousa, en secondes noces, l'an 1285, Aymeric de La Roche, damoiseau, qu'on dit S^gr du Monteil et de La Rochefoucaud. Elle fit son testament en 1299, le lundi avant l'Ascension, et voulut être enterrée dans l'abbaye de Grosbosc, diocèse d'Angoulême. Elle nomme ses enfants en cet ordre sans expliquer s'ils sont du premier ou du second mariage : Gui, Géofroi, Agnès, Aymeri, Marguerite, et sans faire mention de son premier mari. Elle donna 2 sols de rente à l'église de *Cevena* (peut-être Savenes) ; 12 deniers à celles de Saint-André et de Saint-Martial-du-Monteil ; 6 deniers à celle de Sainte-Marie de Sobreloys (mieux Soubrebosc) (3) ; 6 deniers à celle de Sainte-Anne, diocèse de Limoges (4).

Du premier mariage elle eut : 1° Guillaume d'Aubusson, S^gr de La Borne ; 2° Géraud d'Aubusson.

XIII *bis*. — Guillaume d'Aubusson, chevalier, S^gr de La Borne, vendit à

---

(1) Chef-lieu de canton dans l'arrondissement de Bourganeuf (Creuse).
(2) C'est-à-dire dans la prison ecclésiastique.
(3) Soubrebost, canton et arrondissement de Bourganeuf (Creuse).
(4) Sainte-Anne, canton d'Eymoutiers, arrondissement de Limoges (Haute-Vienne).

Pierre de La Chapelle, évêque de Carcassonne, quantité de rentes dans la ville de Peyrat (1) et les environs, le dimanche *Reminiscere*, 1293, 1294.

Il épousa Guillelme de La Borne, qui, étant veuve, voulut, par son testament du 15 des calendes d'août 1330, être inhumée chez les frères Mineurs de Limoges. D'eux sont nés : 1° Renaud, qui suit ; 2° Gérard vivant en 1342, et mort sans postérité ; 3° Robert, 1342 ; 4° Guillaume, que l'on prétend avoir fait la branche des seigneurs de Banson.

Aubert Aycelin, évêque de Clermont, fit un accord avec Eustache de Mont-Boissier, l'an 1310, pour les limites de Croupières et autres lieux de l'église de Clermont, avec les châteaux d'Aubusson, *de Montilis*, etc.

XIV. — Renaud d'Aubusson, Sgr de La Borne, du Monteil-au-Vicomte et La Feuillade, était mort en 1358. Au chapitre provincial des frères Prêcheurs, tenu à Limoges en 1327, on ordonna une messe pour M. *Bornis*, sa femme et leurs enfants, pour sa mère et ceux de leur famille. Ce Renaud avait épousé Marguerite....., dont il eut 1° Gui, qui suit ; 2° Anne, mariée à Pierre, Sgr de Maumont, dont Pierre, deuxième du nom, Sgr de Maumont, en 1373.

XV. — Gui d'Aubusson, Sgr de La Borne, servait en 1356. Les Anglais l'ayant pris dans son château du Monteil-au-Vicomte, l'emmenèrent avec sa femme et ses enfants, après avoir fait de grands dégâts dans cette terre. Forcé de payer une rançon de 3,000 florins pour obtenir sa délivrance, et ne pouvant la donner, il mourut prisonnier de guerre des Anglais avant l'an 1367.

Il épousa, l'an 1332, Marguerite de Ventadour, fille de Geraud, Sgr de Donzenac : elle vivait encore en 1396. D'eux sont nés : 1° Louis, mort sans postérité, de Guérine de Diene, qu'il avait épousée le 24 mars 1354 ; 2° Gui, deuxième du nom, Sgr de La Borne, mort sans enfants après l'an 1373 ; 3° Jean, qui suit ; 4° Guillemette, mariée à Pierre Vigier, Sgr de Saint-Sévérin, dont un neveu la fit noyer ; 5° Jeanne, alliée le 24 mars 1354, à Joubert, Sgr de Diene ; 6° Alix, mariée à Dauphin, Sgr de Maleval.

[Il paraît que la vicomté d'Aubusson appartenait aux dauphins d'Auvergne vers 1366. — Durand d'Aubusson vivait en.....]

XVI. — Noble et puissant Jean d'Aubusson, chevalier, Sgr de La Borne, du Monteil-au-Vicomte et de La Feuillade après son frère Gui, mourut l'an 1420. Lui-même il fut surnommé Gui.

Il épousa Guyonnette de Monteruc, fille d'Etienne, chevalier du diocèse de Limoges, neveu, par sa mère, du pape Innocent VI, et de Madeleine de Meauleco, du diocèse de Nevers. Le contrat fut passé dans le château épiscopal de Mensignan, le 4 octobre 1378. Jean d'Aubusson donna quittance finale, signée Pastoris, au château de Belleville, de Feuillade (2), diocèse d'Angoulême, de la somme de 3,500 livres d'or qu'on lui avait promise en mariage, par acte du 3 juin 1382, passé dans la maison du cardinal de Pampelune, à Avignon.

De Jean d'Aubusson et de Guyonnette de Monteruc sont nés : 1° Jean,

---

(1) Vraisemblablement Peyrat-le-Château, paroisse dans le canton d'Eymoutiers, arrondissement de Limoges. — Le dimanche Reminiscere, ainsi nommé du premier mot de la messe de ce jour, est le deuxième dimanche de carême.

(2) Feuillade, canton de Montbron, arrondissement d'Angoulême (Charente).

deuxième du nom, qui suit ; 2° Raynaud, qui a fait la branche des seigneurs du Monteil-au-Vicomte ; 3° Guillaume, chevalier, duquel descendent les seigneurs et ducs de La Feuillade, lui-même étant S^{gr} de Vilhac et de La Folhade en 1445 ; 4° Gui, damoiseau, aussi S^{gr} de Vilhac et de La Folhade en 1445, et tige des seigneurs de Villac ; 5° Louis, chevalier de Saint-Jean-de-Jérusalem, précepteur de Charreyras et de Gentioux, 1445, 1468 (1) ; 6° Jacques, prieur de Blessac pour les hommes, 1468 ; 7° Giles, religieux célerier en l'abbaye de Tulle, 1428, 1445 ; 8° Antoine, prieur de Breffons en 1474 (c'est à tort qu'on l'a dit évêque de Bethléem en 1468, car l'évêque de Bethléem, diocèse de Nevers d'alors, s'appelait Antoine Buisson, et était Carme) ; 9° Jeanne, mariée avant 1416, à Bertrand, S^{gr} de Saint-Avit, chevalier, morte en 1452, et dont il eut des enfants ; 10° Catherine, alliée à Nicolas, S^{gr} de de Maumont, veuve avec des enfants en 1455 ; 11° Marguerite, femme....., S^{gr} de Touzelles, veuve en 1441 ; 12° Marie, prieure de Blessac en 1435 ; 13° Philippe, marié, le 25 novembre 1451, à Jean de Gontaut, baron de St-Geniez et de Badefol, chambellan du roi Charles VII.

XVII. — Jean d'Aubusson, deuxième du nom, chevalier, S^{gr} de La Borne et du Doignon, fut reçu, le 23 octobre 1439, chevalier du Camail, ordre institué par les ducs d'Orléans. Il vivait le 8 mai 1445 ; il mourut avant le mois de février de 1446, et fut enterré à Blessac. Il avait épousé, par contrat du 27 octobre 1394, Marguerite Chauveronne, dame du Doignon, paroisse du Châtenet (2), fille de noble Audoin Chauveron, prévôt de Paris, et de Guillemine Vigier ; elle vivait en 1407, et eut : 1° Jean, troisième du nom, qui suit ; 2° Audoin, abbé de Sainte-Marie du Palais, 1445-1463, prieur de Bobiac d'Aubusson ; 3° Antoine, tige des seigneurs de La Villeneuve ; 4° Guyot, vivant en 1471 ; 5° Guillaume, religieux Bénédictin [S^{gr} de La Feuillade, frère de Guyot, vivait le 20 juin 1468] : un de ce nom, chevalier en 1443, fut commandeur de Belle-Chassagne, 1481, 1490 ; 6° Olivier, religieux de l'ordre de Saint-Antoine de Viennois ; 7° Souveraine, mariée, le 24 janvier 1425, à Guillaume Daniel, S^{gr} du Murault, près la ville de Saint-Léonard et du Mazet ; 8° Louise, alliée à Louis de Pierrebuffière, chevalier, S^{gr} de Châteauneuf, Peyrat-le-Château, par contrat du 6 février 1445, vivait en 1470 ; 9° Dauphine, religieuse en l'abbaye de La Règle, 1445 ; 10° Marguerite, femme d'Antoine de La Feuillée.

XVIII. — Jean d'Aubusson, troisième du nom, S^{gr} de La Borne, du Doignon et d'Aleirac, chambellan du roi, vivait en 1463, était mort en 1471.

Il épousa, par contrat du 22 juin 1432, Agnès, dame de Champaignolle, fille d'Olivier, S^{gr} de Saint-George, et de Catherine de Rochechouart, qui vivait en 1478.

Il eut de cette femme : 1° Jacques, qui suit ; 2° Pierre, prieur de Boubiac en 1487 ; 3° Gui dit Guinot, prieur de Blessac et de La Villedieu, 1509 ; 4° Marguerite, alliée, le 6 juillet 1464, à André Foucault, S^{gr} de Saint-Germain-Beaupré ; 5° Dauphine, mariée avec François de Chamborent, écuyer d'écurie du roi, qui vivait en 1478 ; 6° Isabelle, mariée : 1° à Guil-

---

(1) Dans l'église de Gentioux, arrondissement d'Aubusson (Creuse), et dans celle de Vallière, on remarque aux clefs de voûte et dans les murs de construction la croix ancrée des d'Aubusson.

(2) Le Châtenet, canton de Saint-Léonard, arrondissement de Limoges (Haute-Vienne).

laume de Rochefort, S^gr de Châteauverd ; 2° à Amauri de Fontenai, baron de Fontenai en Berry. Elle vivait en 1500.

XIX. — Jacques d'Aubusson, S^gr de La Borne et du Doignon, d'Aleirac, de La Farge, Chavaignac, sénéchal de la Marche, conseiller et chambellan du duc de Bourbonnais en 1475, mourut avant le 9 mars 1505.

Il avait épousé : 1° Jeanne de Vivonne, dont il eut Jean, qui fut accordé, avant le 13 février 1499, à Jeanne, dame de Vouhet, âgée de sept à huit ans. Il mourut peu après son père.

Il avait épousé : 2° Damiane du Puy, fille de Pierre, S^gr de Vazan, et de Madeleine de Gaucourt, avant le 13 février 1499. Elle se remaria avec Jacques de La Volpilière, après avoir eu de Jacques d'Aubusson : 1° Charles, qui suit ; 2° Jean, doyen de La Chapelle-Taillefer en 1525, et prieur de Blessac en 1540 ; 3° Marguerite, alliée, le 9 avril 1522, à Déodat de Saint-Julien, S^gr de Saint-Marc et des Ecurettes, veuve en 1571 ; 4° Jeanne, mariée à Foucault ou Bos de Pierrebuffière en 1490, S^gr de La Faye ; 5° Catherine, mariée à Gui Brachet, S^gr de Pérusse, dont elle était veuve en 1553.

Pierre-François et Claude d'Aubusson furent déclarés bâtards de Jean, fils de Jacques d'Aubusson et Damiane du Puy.

XX. — Charles d'Aubusson, S^gr de La Borne et du Doignon, comparut le 27 avril 1521, à Guéret, à la réformation de la coutume de la Marche. Il fonda une messe haute dans l'église paroissiale de La Borne, le 9 octobre 1528. Ayant fait plusieurs violences à quelques monastères de son voisinage et sur ses propres vassaux, il fut emmené prisonnier au Petit-Châtelet de Paris, et condamné, par arrêt du grand conseil du roi, à avoir la tête tranchée pour ses excès et divers crimes ; ce qui fut exécuté, le même jour, au pilori, à Paris, le 23 février 1533. Il fut ensuite mis à quartiers.

Il avait épousé, le 9 mars 1525, Jeanne de Montal, fille d'Aimeri S^gr de Montal, et de Jeanne de Balzac. Une généalogie manuscrite, dressée en 1657 par Pierre Robert, président et lieutenant-général de la Basse-Marche au siège du Dorat, porte que les galanteries de cette dame, pour lesquelles son mari l'avait maltraitée, furent cause de sa mort, elle-même ayant fait rechercher la conduite de son mari, et que ses poursuites le conduisirent à l'échafaud. De ce mariage est née Jeanne d'Aubusson, dame de La Borne ou du Doignon, qui était sous la tutelle de sa mère lorsque le roi François Ier ordonna qu'elle serait mise entre les mains de Raoul de Coucy, S^gr de Vervins, qui l'épouserait quand elle serait nubile, et, à cet effet, le roi lui fit don de la confiscation des biens de son père, le 11 août 1535 ; mais cette alliance ne se fit pas, et, étant devenue majeure, elle épousa, le 9 septembre 1539, René Brachet, S^gr de Montagut-le-Blanc, dont elle n'eut point d'enfants. Elle fut maltraitée par son mari, qui la retenait prisonnière ; mais, à la requête de la mère et des autres parents de cette dame, il fut condamné, à peine de 10,000 livres d'amende, et d'être déclaré, lui et ses officiers, rebelles et désobéissants au roi, de la remettre entre les mains de Joseph de Beaune, lieutenant et juge magistrat au siège présidial de Limoges, par sentence du 23 mai 1555. Elle testa le 10 mars 1569, son mari vivant, et elle mourut peu après.

Enfants naturels de Charles, S^gr de La Borne et de Françoise d'Aubusson, de la branche de Villac : 1° Charles; 2° Jeanne, mariée à René Brachet; 3° François; 4° Claudine ; 5° Françoise.

[La branche des barons de La Borne finit en Charles d'Aubusson en 1580, et ses biens furent possédés par les seigneurs de Saint-Marc, de Saint-Georges, et par les religieuses de Blessac.]

Branche des seigneurs de Poux (1) *et de Banson, diocèse de Clermont.*

— *Au 1 et au 4, d'Aubusson; aux 2 et 3 de gueules au bois de cerf d'or, les andouillers ou cornichons de même*, qui est Banson. —

XIV. — Guillaume d'Aubusson, que l'on dit, mais sans preuve, dernier des enfants de Guillaume d'Aubusson, Sgr de La Borne, et de sa femme Guillemette, fut Sgr de Poux et de Banjeux en la Marche, et servit le roi Jean en ses guerres de Guienne, 1350.

Il épousa....., dont 1° Guillaume, qui suit; 2° Roger d'Aubusson, qui servit sous Robert de Sancerre, Sgr de Ménetou, en 1370 et 1371.

XV. — Guillaume d'Aubusson, Sgr de Poux et de Banjeux, servait en Guyenne avec son frère en 1370 et 1371, il épousa, avant l'an 1350, Simone de La Vallière, dont : 1° Aymar, qui suit; 2° Antoinette d'Aubusson, mariée à Guillard Ogier, chevalier.

XVI. — (Le P. Anselme, édité par le P. Simplicien, ne commence qu'ici la généalogie des d'Aubusson de Poux, et avec des numéros distincts, parce qu'ils ne les voit pas clairement se rattacher à la souche.)

I. — Aymar d'Aubusson, Sgr de Poux et de Banjeux, mourut avant l'an 1423. Il avait épousé, vers 1380, Comptour de Montvert, qui vivait en 1440, et dont il eut 1° Guillaume, qui suit; 2° Roger, vivant en 1423; 3° Louis, Sgr de Poux, qui se maria à Marguerite Rochette, veuve en 1667 ; 4° Marguerite d'Aubusson, alliée à Antoine de La Feuillée, 1419; 5° Catherine, mariée, le 17 février 1428, à Louis de Saligier, Sgr du Chier (2); 6° Souveraine, 1423.

II. — Guillaume d'Aubusson dit *Carados*, Sgr de Poux, fut institué héritier d'Evard, Sgr de Banson, à condition d'en porter le nom et les armes, et mourut vers l'an 1465.

Il épousa, en 1437, Gabrielle du Pui de Vatan, fille de Louis, Sgr de Barmont (3) et de Jeanne Vaulce, vivante en 1485, dont 1° Antoine, Sgr de Banson, écuyer d'écurie des rois Louis XI et Charles VIII, mort sans postérité, 1520; 2° Louis, qui suit; 3° Catherine, mariée à Antoine de Vinai, Sgr d'Anches, diocèse de Chartres; elle vivait en 1482; 4° Marguerite

---

(1) Poux, castel modeste, dans la Haute-Marche, sur le territoire de l'ancienne paroisse de Saint-Amand, aujourd'hui réunie à celle de Saint-Maixent, près Aubusson (Creuse). En 1623, il était habité par François d'Aubusson et par Jeanne de Froment, sa femme. Il est encore debout.

(2) Probablement paroisse de Saint-Avit-de-Tardes, canton d'Aubusson (Creuse). — On y voit encore les ruines d'un château.

(3) Château situé dans la paroisse de Mautes, canton de Bellegarde, arrondissement d'Aubusson (Creuse).

d'Aubusson, alliée à Jacques de Rochedragon, Sgr de Marsillac (1); elle vivait en 1507.

III. — Louis d'Aubusson, Sgr baron de Banson et de Poux, comparut, le 27 avril 1521, à Guéret, à la réformation de la coutume de la Marche. Il avait été échanson du roi Louis XI. Il épousa, le 22 février 1505, Dauphine d'Estaing, fille de Guillaume dit Guillot d'Estaing, Sgr de Luzarde et de Valentine, baron de Landorre, et d'Anne d'Esparroux. Il en eut Jacques, qui suit. Dauphine se remaria à Jean, Sr de Peuchant en Auvergne, et testa en 1521; elle vivait encore en 1529.

IV. — Jacques d'Aubusson, Sgr de Banson, fut envoyé par le roi Henri II en ambassade vers les princes d'Allemagne, et fut assassiné en sa maison par ses domestiques en 1554.

Il épousa, en 1526, Antoinette de Langheac, fille d'Alire, Sgr de Dalet, et de Catherine de Chaseron, dont 1° Louis, mort sans alliance; 2° Pierre, mort de même; 3° Gilbert, qui suit; 4° Jeanne d'Aubusson, mariée, le 28 janvier 1547, à Louis de Bosredon, Sgr de Salles et d'Hermant en partie.

V. — Gilbert d'Aubusson, Sgr de Banson, guidon de la compagnie du vicomte de Turenne en 1569; vivant en 1582, 1586 et 1597, épousa, en 1561, Jeanne de Rivoire, fille de Philippe, Sr du Palais, et d'Antoinette de La Fayette, dont : 1° Pierre, mort jeune; 2° Etienne, mort de même; 3° François, Sgr de Poux, mort en 1545, ayant eu de Jeanne de Froment Ambroise d'Aubusson, mort sans alliance avant son père; 4° Louis, qui suit; 5° Gabrielle, mariée, le 30 décembre 1606, à Jean de La Roche, Sgr de La Motte—Morgon, morte sans postérité; 6° Catherine, alliée, le 13 février 1643, à Florimon du Truchet, Sgr de Chamberliac en Vivarais.

VI. — Louis d'Aubusson, Sgr de Banson, épousa en 1625 Marie de Baude, veuve en 1645. Il en eut : 1° François, qui suit; 2° autre François, Sgr de Chalon, vivant en 1669, sans avoir eu d'enfants de Jeanne de Froment, sa femme, veuve de Louis d'Hautefort, Sr de Chassain. Elle et François d'Aubusson, son deuxième mari, vendirent, le 18 avril 1626, aux religieuses de Blessac, la baronnie de La Borne, acquise, le 28 mai 1602, de Gabriel Foucaud, Sgr de Saint-Germain, par Louis de Froment, écuyer, Sr de Saillant, et Madeleine de Muraut, sa femme, père et mère de Jeanne de Froment, qui se remaria en troisièmes noces à Jacques Doyron, Sgr de Cherignac (mieux Charnhac), et enfin en quatrièmes noces à Germain Saunier, Sgr de Champagnac. Robert Doyron, baron de La Borne et de Cherignac, fils de de Jacques, vivant, et de feue Jeanne Froment, fit cession, le 4 février 1682, au maréchal duc de La Feuillade, du droit qu'il avait de rentrer dans la possession de la baronnie de La Borne, vendue par ses père et mère; Louis d'Aubusson et Marie de Baude eurent : 3° Jean, Sgr de Servières, mort sans postérité; 4° Gilbert, Sgr de Chalusset, prieur de l'eyrols en 1669; 5° Pierre, mort sans postérité; 6° Anne, mariée à François de Chalus, Sgr de Prondines; 7° Gabrielle; 8° Françoise.

VII. — François d'Aubusson, Sgr de Banson, de La Malerie, de Cébazac et de Servières, produisit ses preuves de noblesse pour lui et ses frères Gilbert, François et Jean, en 1669, devant M. d'Aguesseau, intendant

---

(1) Paroisse du Compas, canton d'Auzances, arrondissement d'Aubusson (Creuse).

en Limosin; il épousa, le 23 mai 1646, Gabrielle d'Aureille de Colombine, dont 1° François, qui suit; 2° Jean-Marie, Sgr de Servières, enseigne dans le régiment du roi, et qui fit le voyage de Candie en 1669 : il vivait en 1690; 3° Hyacinthe, qui étudiait à Riom en 1669; 4° Joachim; 5° Pierre; 6° Antoine; 7° Marie-Catherine, peut-être simplement Marie d'Aubusson de Banson, née à Saint-Georges d'Agelles, diocèse de Clermont, le 16 mai 1659, et morte abbesse nommée à La Règle de Limoges le 9 juin 1705; 8° Gabrielle-Marguerite.

VIII. — François d'Aubusson, Sgr de Banson.

Branche des seigneurs du Monteil-au-Vicomte.

XVII. — Renaud d'Aubusson, second fils de Jean, premier du nom, et de Guyonne de Monteruc, eut en partage les seigneuries du Monteil-au-Vicomte, de Pelletanges et de Pontarion (1). Il mourut avant l'an 1433. Il avait épousé, le 14 septembre 1412, Marguerite de Comborn, fille de Guichard et de Louise d'Anduse; elle était veuve en 1433. Il en eut : 1° Antoine, qui suit; 2° Hugues (2), évêque de Tulle en 1451, mort en septembre 1454; 3° Louis (3), élu évêque de Tulle après son frère [confirmé en 1465. — V. mon *Abrégé man. des Annales du Limousin*, p. 423]; il mourut en septembre 1471; 4° Guichard, conseiller au parlement du roi, et successivement évêque de Conserans, Cahors et Carcassonne, mort en 1497; 5° Pierre, grand-maître de Rhodes et cardinal, mort en 1503. Au siége de Rhodes, il se chargea de garder la plus hasardeuse brèche, secondé de ses deux neveux et de quatre autres soldats. Tous combattirent vaillamment : quoiqu'on eût tué, à diverses charges, les soldats qui venaient au secours les uns à la place des autres, et quoiqu'il eût été blessé en cinq droits, son harnais de guerre étant faussé et rompu, néanmoins les Turcs ne purent rien gagner sur lui, et furent contraints de lever le siége. Frère Antoine Fradin, cordelier, et quelques autres religieux du même ordre se jetèrent dans Rhodes pendant le siége, encouragèrent les soldats et les chevaliers, portèrent la hotte sur les remparts, se présentèrent souvent à la brèche, et la défendirent : pour reconnaître ces bons offices, le grand-

(1) Pontarion, chef-lieu de canton, arrondissement de Bourganeuf (Creuse).

(2) D'abord prieur claustral de l'abbaye de Tulle, il fit sont entrée solennelle, comme évêque de cette ville, le 25 juillet 1451. Baluze raconte que Charles VII l'envoya bientôt après, avec Jacques de Comborn, évêque de Clermont, intimer, à Lyon, au cardinal d'Estouteville, légat de Nicolas V, « défense de faire aucunes fonctions de son ministère de légat avant que d'avoir obtenu l'agrément de Sa Majesté ». Il fut inhumé dans sa cathédrale.

(3) Religieux bénédictin et prieur de Montagne, qui dépendait de l'abbaye de Saint-Michel-en-l'Herm, fut élu évêque de Tulle à la majorité des voix, et confirmé par sentence de l'official de Bourges le 22 mai 1455. Guichard de Comborn, abbé d'Uzerche, qui avait eu un tiers des suffrages, fit opposition, et en appela au Saint-Siège; mais le roi reçut le serment du nouvel évêque, qui fit son entrée solennelle le 29 juin, et se fit sacrer après que le pape Calixte III eut confirmé son élection, le 27 décembre de la même année; ce qui n'empêcha point le turbulent Guichard d'intenter un procès, que le généreux évêque arrêta en accordant au compétiteur une pension viagère de 300 livres. Baluze assure que le pape Nicolas V avait nommé à l'évêché d'Alet, le 4 décembre 1454, Louis d'Aubusson, qui y renonça, préférant être élu à Tulle.

maître d'Aubusson leur fit bâtir un couvent dans la ville; 6° Souveraine [ou Subérane], mariée, l'an 1446, à Gui de Blanchefort [homme très noble, issu de la maison de Comborn]; 7° Marguerite, seconde femme de Mathelin Brachet, S^{gr} de Montagut, bailli de Troyes et sénéchal du Limousin; 8° Catherine, abbesse de La Règle à Limoges [en 1461], morte en 1473.

XVIII. — Antoine d'Aubusson, chevalier, S^{gr} du Monteil-au-Vicomte, Pontarion et Peletanges [homme très illustre, dit Baluze], était ambassadeur du roi de France à la cour de Rome en 1456. Cette même année, il fit bâtir, à Tours, dans l'église des Frères-Mineurs, auxquels il était fort dévoué, une belle chapelle en l'honneur de saint Bernardin. Il fut bailli d'Anjou, de Touraine (1451), puis du pays de Caux en Normandie de 1454 à 1474. Il servit le roi Charles VII contre les Anglais et les Bourguignons. On trouve dans un extrait de la chambre des comptes que Louis XI l'honora d'une pension de 2,400 livres en septembre 1466; il eut aussi en pur don, pour lui et pour sa femme, Marguerite de Villequier, la terre de Saint-Blancay en Touraine et les ponts de la ville de Tours, le 20 novembre 1458; il fut maintenu dans sa possession contre le comte du Perche par arrêt du 6 septembre 1481. En 1480, il mena à ses dépens plus de 3,000 hommes pour secourir son frère, grand-maître de Rhodes, qui le fit général de ses troupes, honneur dont il se rendit digne par sa valeur. Peu après son retour, il mourut, dans son château du Monteil, le 8 décembre.

Il épousa : 1° Marguerite de Villequier, dame d'honneur de la reine, fille de Robert, S^{gr} de Villequier et de Marie de Gamaches. Il en eut : 1° Marie, dame du Monteil, mariée à Gui d'Arpajon, S^{gr} de Caumont, vicomte de Lautrec, chambellan du roi, fils de Jean et de Blanche de Chauvigni : par son testament du 2 décembre 1514, elle porta le Monteil-au-Vicomte dans la maison d'Arpajon; 2° Louise, alliée, vers l'an 1473, à Jacques de Rochechouart, S^{gr} du Bourdet et de Charroux, fils de Geoffroi et d'Isabelle Brachet; elle était morte en 1495; 3° Catherine, mariée à Antoine, S^{gr} de Saint-Georges, vivait en 1503; 4° Marguerite, abbesse de La Règle, morte en 1481; 5° Françoise, mariée à Guillaume d'Esteing, S^{gr} de Savresac, de Saint-Chely et de Vitrac, fils de Bec ou Begon d'Esteing, gouverneur de la ville et du château de Pèzenas, et de Marguerite de Lestrange; il mourut sans postérité; 6° Louise, prieure de Nouic, sa sœur, l'avait reçue religieuse au couvent de La Règle en 1480.

Il épousa : 2° Louise de Peyre, fille d'Astorg, S^{gr} de Peyre, et de Louise de Saignes, dont : 1° Antoine, S^{gr} du Monteil, mort sans alliance après l'an 1500; 2° Jeanne, mariée à Foucaud, S^{gr} de Pierrebuffière : elle est dite dame de Pontarion et de La Faye, et mariée à Pierre Luz, comte d'Uzez, par contrat que reçut Téxier.

François, baron de Montboissier, Sagnes, Aubusson, Le Monteil, en 1553.

Branche des seigneurs, comtes et ducs de La Feuillade.

On dit que MM. de La Feuillade ne sauraient prouver qu'ils sont venus des anciens vicomtes d'Aubusson, ni même que le grand-maître cardinal d'Aubusson fût de leur famille : « Je laisse, disait M. Amelot de La

Houssaie en 1722, l'examen de ce fait aux généalogistes, moi qui ne le suis point, et qui aime trop la vérité pour avoir envie de l'être (1). »

XVII. — Guillaume d'Aubusson, troisième fils de Jean, premier du nom, Sgr de La Borne, et de Guyonne de Monteruc, eut en partage la seigneurie de La Feuillade et de Faux. Il vivait en 1473.

Il avait épousé, en 1420, Marguerite Hélie, fille de Gulfier, Sgr de Villac en Périgord, et de Jeanne de Roffignac, dont 1° Louis, qui suit ; 2° Jacques, abbé de Château-Landon, mort en 1519 ; 3° Gilles, religieux et receveur d'hôtes en l'abbaye d'Aurillac, l'an 1473 ; 4° Guichard, vivant l'an 1473, prieur de Breflons, ordre de St-Benoît ; 5° Jean, religieux d'Ahun (2) en 1482; 6° Louise, mariée, le 25 janvier 1463, à Guillaume de La Roche-Aymon, Sgr de Saint-Maixent (3).

XVIII. — Louis d'Aubusson, Sgr de La Foulhade, né en 1440, fut gouverneur de Guise, en 1483, pour Jean d'Armagnac, duc de Nemours, comte de Guise.

Il épousa, le 28 décembre 1473, Catherine de Rochechouart, fille de Geoffroi, Sgr du Bourdet, et d'Isabeau Brachet ; elle était veuve en 1506. Il en eut : 1° Jean qui suit ; 2° Jean, surnommé de Menou, abbé de La Colombe (4) en 1528, et prieur de La Chapelle-Dieu en 1531 ; 3° Jeanne, mariée, le 6 novembre 1498, à Hugues de Malleret, Sgr de La Roche-Guillebaut ; 4° Anne, alliée le 4 mars 1500, à Jean d'Ussel, Sgr de La Garde. Geoffroi d'Aubusson, curé de Saint-Yrieix, pouvait être bâtard.

XIX. — Jean d'Aubusson, chevalier, Sgr de La Feuillade, La Ville-Dieu, Gentioux, et par sa femme de Vouhet et Le Sollier, dans la paroisse de la ville de Magnac (5), fut fait prisonnier dans la journée des Éperons en 1513. Il est appelé Pierre et seigneur propriétaire de la seigneurie de La Feuillade dans la publication de la réformation de la coutume de la Marche, pour laquelle il comparut à Guéret le 27 avril 1521. Cette même année, il acquit la terre de Pelletanges. Il mourut en 1551, après avoir testé le 5 juillet.

Il épousa, en 1506, Jeanne, dame du Vouhet, du ressort de Montmorillon en Poitou. Elle était fille unique de Jean, Sgr du Vouhet, et de Jeanne de La Ville ; elle vivait en 1554. D'eux sont nés : 1° Gui, mort sans postérité, de Renée Gracay, fille de Jacques, Sgr de Champeroux, et de Madeleine Baraton : Renée se remaria, en 1537, avec Jean de La Roche-Aymon ; 2° Jean, qui suit ; 3° Madeleine, femme, en 1530, de Claude de Trémouille, Sgr de Fontmorand ; 4° Jeanne, mariée, le 20 mai 1544, à François, Sgr de Dienne, veuve en 1567 ; 5° Anne, alliée, le 12 juillet 1545, à Pierre Estourneau, Sgr de

---

(1) Cette branche de la famille d'Aubusson a porté sans conteste les armoiries des ancêtres : *d'or à la croix ancrée de gueules*, et le maréchal de France François de la Feuillade doutait si peu d'être un descendant direct qu'il a, comme on sait, donné prétexte à cette plaisanterie de Louis XIV : « Je serais heureux que La Feuillade m'estimât aussi bon gentilhomme que lui. »

(2) Cette abbaye, située près de la petite ville d'Ahun, dans l'arrondissement de Guéret, et devenue paroisse elle-même sous le nom de Moutier-d'Ahun, était de l'ordre de Saint-Benoît. Jean d'Aubusson en fut élu abbé en 1510.

(3) Saint-Maixant, canton et arrondissement d'Aubusson (Creuse). Le château est resté debout avec ses tours crénelées au milieu d'un large fossé qui l'entoure.

(4) La Colombe, monastère de l'ordre de Citeaux au diocèse de Limoges ; aujourd'hui commune de Tilly, canton de Belabre, arrondissement du Blanc (Indre).

(5) Le Sollier ou Le Soulier, paroisse de Magnac-Laval, arrondissement de Bellac (Haute-Vienne).

Tersannes. Georges de La Feuillade, S^{gr} de La Ganière en 1537, pouvait être un bâtard.

XX. — Jean d'Aubusson, S^{gr} de La Feuillade, chevalier, plaidait contre Jean Bermondet, chantre et chanoine de l'église cathédrale de Limoges, on ne dit pas à quel sujet. Par arrêt du parlement de Paris (20 février 1548), les parties furent renvoyées en une des chambres des enquêtes.

Il épousa, le 11 août 1538, Jacqueline de Dienne, fille de Jean, S^{gr} de Dienne, et d'Hélène de Chabannes, morte après le 30 mars 1567. D'eux naquirent : 1° François, qui suit; 2° Jeanne, alliée, en 1555, à René, S^{gr} de Beaufort et de Chaume; 3° Gabrielle, mariée, l'an 1555, à Jean de Saint-Julien, S^{gr} de Saint-Marc : ils vivaient tous deux en 1564; 4° Anne, qui épousa, le 31 mars 1561, Honoré de L'Age, S^{gr} de Puylaurens.

XXI. — François d'Aubusson, S^{gr} de La Feuillade, Mouhet, Soulier et Pelletanges, chevalier de l'ordre du roi, chambellan du duc d'Anjou en 1580. Il fut envoyé à Bourges par le duc de Mayenne, au mois d'août 1591, pour féliciter le duc de Guise sur son évasion du château de Tours, où il était prisonnier. Il mourut le 21 mai 1611.

Le 30 juillet 1554, il avait épousé Louise Pot, fille de Jean, S^{gr} de Cheimeaux et de Rhodes, maître des cérémonies de France, et de Georgette de Balsac. Elle vivait encore en 1613. D'eux naquirent : 1° Georges, qui suit; 2° Guillaume, qui fit la branche de Chassingrimont; 3° François, prévôt de Saint-Benoît-du-Sault, puis religieux recollet, en 1619, sous le nom de père Raphaël; 4° Robert, abbé du Palais et prévôt de Saint-Benoît-du-Sault après son frère; 5° Hardouin, chevalier de Malte, commandeur de Sainte-Anne en 1621; 6° Anne, mariée : 1° à François Faulcon, S^{gr} de St-Pardoux; 2° à Vigant de Scorailles; 7° Madeleine, alliée à Gabriel, S^{gr} de Soudeille; 8° Honorée, mariée : 1°, le dernier février 1588, à François de Lezay, S^{gr} de Beauregard, veuf d'Anne d'Allery, dont ne vint qu'une fille, alliée au Sr de Villepreaux; 2°, le 9 novembre 1593, à Louis Doyron, d'Ajain dans la Haute-Marche, veuf de Claude de Colemberg; 9° Jacqueline, mariée, le 29 juin 1590, à Bonaventure de Razès, S^{gr} de Monimes; 10° Jeanne, mariée : 1°, le 17 octobre 1605, à Gui Brachet, S^{gr} de Peyrusse, chevalier de l'ordre du roi; 2°, par contrat du 6 juin 1614, à Gabriel de Pierre-Buffière-Châteauneuf, S^{gr} de Villeneuve.

XXII. — Georges d'Aubusson, comte de La Feuillade, chevalier de l'ordre du roi, conseiller en ses conseils d'Etat et privé, capitaine de cinquante hommes d'armes de ses ordonnances, maréchal de camp, nommé à l'ordre du Saint-Esprit, sénéchal de la Haute et Basse-Marche, lieutenant des chevau-légers de la garde de la reine Marie de Médicis, etc., en faveur duquel la baronnie de La Feuillade fut érigée en comté par lettres du mois de novembre 1615, demeurait au bourg de Voicet en la Marche. Il mourut, en 1628, à Grenoble.

Il épousa : 1°, le 21 mai 1595, Jacqueline de Lignières, morte en février 1610, fille d'Antoine, S^{gr} de Lignières en Combraille, et de Françoise de Courtenay, dame de La Grange-Bleneau. D'eux naquirent : 1° François, deuxième du nom, qui suit; 2° Louis, prévôt de La Souterraine en 1613, qui résigna le prieuré de La Villedieu (1), en 1649, à Georges d'Aubusson,

---

(1) La Villedieu, annexe de Faux-la-Montagne, canton de Gentioux, arrondissement d'Aubusson (Creuse).

depuis évêque de Metz ; 3° Jacqueline, alliée, le 21 décembre 1613, à Louis Ajasson, Sgr de Vot et de Villebussière ; 4° Marie, carmélite à Ypres en Flandre ; 5° Louise, mariée à Louis Chauveron, Sgr de La Motte-sur-Indre en Touraine, sénéchal de la Marche, par contrat du 20 juin 1621.

Il épousa : 2°, le 7 novembre 1615, Olympe Grain de Saint-Marsaut, vicomtesse de Rochemaux, veuve de Jean, comte des Cars, et fille de Jean, Sgr de Parcouf, et de Françoise de Saint-Maure. Elle mourut, à Paris, en 1633, après avoir testé le 10 décembre. D'eux naquirent : 1° Jean-Marie Grain de Saint-Marsaut d'Aubusson, substitué aux biens de Saint-Marsaut à condition du nom et des armes, appelé le vicomte de Rochemaux, mort jeune en 1635 ; 2° Jacqueline d'Aubusson, née le 21 mars 1621, baptisée à Vouhet en Poitou. Elle prit l'habit de Sainte-Claire à Limoges le 7 octobre 1635, fit profession le 19 mars 1637. Quoique son frère, le vicomte de Rochemaux, fût mort trois mois auparavant, et qu'elle recueillît toute sa succession, elle ne changea point de dessein. Elle voulut être déclarée fondatrice de ce couvent des urbanistes, *que ses armes fussent gravées es lieux éminents de l'église*, légua aux religieux 49,000 livres, dont 23,000 furent effectivement payées, donna encore 2,000 livres aux cordeliers de Limoges, qui avaient alors la juridiction spirituelle sur ce couvent, et, pour tout le reste, elle fit héritier Achille de Salaignac, comte de Rochefort, près Aixe, son frère utérin.

Julie de Salaignac, femme de Philippe, marquis de Meillars, sœur utérine de Jacqueline d'Aubusson, fut reçue aux requêtes du palais, en 1639, à vérifier la suggestion et captation de ce testament, et, ayant justifié qu'il avait été porté tout dressé et dicté par le couvent des religieuses, il fut cassé par sentence du 22 juin 1640, nonobstant les sollicitations rapportées par les religieuses au profit de leur couvent et du comte de Rochefort. Celui-ci fit appel de cette sentence au parlement en 1641. Il obtint un bref pour faire déclarer nuls les vœux de Jacqueline d'Aubusson comme faits par crainte, violence, défaut d'âge lors de la profession, et le custode des cordeliers, malgré l'opposition de l'official, déclara les vœux nuls.

Jacqueline se maria : 1°, dans l'église de Saint-Pierre de Limoges, par devant un prêtre qui n'avait aucune juridiction, le 28 septembre 1644, avec Philibert de La Roche-Aymon, marquis de Saint-Maixent de la paroisse de Vic. Lui et son frère le baron de La Farge furent condamnés à mort comme ravisseurs de Jacqueline d'Aubusson. Cependant le parlement de Toulouse, auquel la cause fut renvoyée, déclara le mariage validement contracté, et le chapitre provincial des cordeliers tenu à Penès en Agénois commit, en 1647, pour aller faire excuse à l'évêque de Limoges de la sentence rendue par le custode.

Jacqueline d'Aubusson épousa : 2°, le 20 août 1650, François de Beaupoil de Saint-Aulaire, marquis de Lanmari. Elle mourut à Lanmari en Périgord, âgée de quatre-vingt-trois ans, en janvier 1704.

De Georges d'Aubusson et d'Olympe de Saint-Marsaut naquit 3° Marie d'Aubusson.

Jean de La Feuillade, gendarme du roi, anobli en 1652, pouvait être bâtard de Georges.

XXIII. — François d'Aubusson, deuxième du nom, comte de La Feuillade, chevalier, gentilhomme ordinaire de la chambre du roi, fut élevé enfant d'honneur du roi Louis XIII; il fut premier chambellan de Monsieur, duc d'Orléans, en 1631, puis maréchal de camp des armées du roi. Il fut tué à la première décharge de la bataille de Castelnaudary, le 1ᵉʳ octobre 1632, en suivant le parti de Montmorency. Le chevalier de La Feuillade fut tué avec le comte dans ce même combat.

Le 15 septembre suivant, le parlement de Toulouse déclara, à la réquisition du procureur général, tous les biens de La Feuillade acquis et confisqués au roi. Le maréchal fut exécuté en effigie pour le fait du duc de Montmorency, et, le 8 janvier 1633, René de Voyer d'Argenson, intendant de la Marche et du Limousin, eut commission de faire démolir et raser le château d'Aubusson.

François d'Aubusson épousa, le 24 septembre 1611, Isabeau Brachet, fille unique de Gui, Sᵍʳ de Pérusse et de Montagut, et de Diane de Maillé de La Tour-Landri. Elle se remaria, en 1637, à René Gaspard de La Croix, marquis de Castries en Languedoc, et elle mourut en novembre 1638, n'ayant pas eu d'enfant de ce second mariage. De François d'Aubusson et d'Isabeau Brachet naquirent : 1° Léon, comte de La Feuillade, lieutenant-général des armées du roi, et lieutenant au gouvernement d'Auvergne du temps de la minorité de Louis XIV. En 1643 on n'avait qu'à lui demander pour obtenir ce que l'on souhaitait, et c'est à cette occasion que M. de La Feuillade, frère du maréchal, disait qu'il n'y avait plus que quatre petits mots dans la langue française : *La reine est si bonne!* Il fut tué à la bataille de Lens, en 1647, sans alliance, le 3 octobre. Le marquis de La Feuillade, colonel d'infanterie, fut tué à la bataille de Marfée, le 6 juillet 1641 ; 2° Georges d'Aubusson de La Feuillade, archevêque d'Embrun, puis évêque de Metz, créé commandeur de l'ordre du Saint-Esprit le 31 décembre 1661, et qui mourut le 12 mai 1697 (1); 3° Gabriel, marquis de Montégut, premier chambellan de Monsieur, duc d'Orléans, mort célibataire à l'attaque du fort de Wal, pendant le siége de Saint-Omer, l'an 1638 ; 4° Paul, chevalier de Malte. On l'appelait encore M. de Verdille. Après la défaite de dix vaisseaux turcs à quelque distance de l'île de Rhodes, le 2 août 1644, il eut ordre de conduire un gallion de 1,200 tonneaux de port qu'on avait pris sur les Turcs, et qui ne pouvait suivre les galères. Candie s'étant trouvée sur leur route, ils y descendirent ou pour y prendre quelques rafraîchissements, ou pour s'y défaire de quelque chose. L'empereur Ibrahim, après en avoir fait de grandes plaintes à la république de Venise, comme si elle eût eu sa part du butin, ne chercha plus que l'occasion de se venger, ce qui occasiona le siége de Candie. Ce chevalier fut tué au siége

---

(1) Il avait d'abord pris l'habit de jésuite, dit le père Anselme. En 1639, il se qualifiait abbé de La Souterraine. Il devint docteur de Sorbonne puis abbé de Solignac près Limoges. Député deux fois à l'assemblée du clergé, en 1645 il en fut élu promoteur ; en 1650 il en fut d'abord second président, puis, vers la fin de la même année, premier président à cause de la maladie de l'archevêque de Reims. Il eut l'honneur de porter quatre fois la parole au roi au nom du clergé de France, ce qu'il lui fit avec dignité. Il prononça aussi l'oraison funèbre de l'archevêque de Reims. En 1648, sur le refus de l'évêque de Gap, qu'il devait remplacer dans ce siége, il devint archevêque d'Embrun. Cette même année, il se qualifiait abbé de Saint-Jean-de-Laon et de Saint-Loup de Troyes, prévôt de La Fonteraie et prieur de la Ville-Dieu. Il fut ambassadeur à Venise, puis ambassadeur extraordinaire en Espagne. Nommé enfin évêque de Metz en 1668, il mourut dans cette ville à l'âge de quatre-vingt-cinq ans.

de Mardick le 24 août 1646. On dit qu'il avait demandé à un astrologue judiciaire ce qu'il deviendrait, et que celui-ci avait répondu qu'il serait tué dans sa première campagne, ce qui arriva; 5° François, qui suit; 6° Elisabeth, abbesse de La Règle à Limoges, morte le 12 mars 1704 (1); 7°, 8°, 9°, 10° Marie, Thérèse, Claudine-Elisabeth et Anne, religieuses Une d'elles fut religieuse chez les Grandes-Claires, à Limoges; une autre fut abbesse de Real-Lieu en 1682. Claudine-Elisabeth fut nommée, en 1676, à l'abbaye de Long-Champs, diocèse de Paris, par le roi, qui voulait priver les religieuses urbanistes du droit d'élire, mais qui ne suivit pas son dessein.

XXIV. — François d'Aubusson, vicomte du dit lieu, duc de La Feuillade, par le don que lui fit de cette terre son frère aîné l'archevêque d'Embrun [duc de Roannais en Forès par acquisition (2)], marquis de Boisy, lieutenant-général des camps et armées du roi, pair et maréchal de France, colonel des gardes françaises, chevalier des ordres du roi, gouverneur de la province de Dauphiné, naquit à Courpalay, diocèse de Sens, le 21 août 1631. Dès 1650, à la bataille de Réthel, où il se trouvait comme capitaine de cavalerie, et où il reçut trois grandes blessures, il donna des preuves de courage.

[Il acquit du roi, par échange, la vicomté d'Aubusson, qui avait été vendue anciennement (on ne fixe pas l'époque) aux vicomtes de Limoges, et pour laquelle il céda au roi la seigneurie de Saint-Cyr, près Versailles (3)].

Devenu maréchal de camp, et faisant travailler sur la contrescarpe du fort Saint-Philippe à Gravelines, il fut blessé d'un coup de mousquet au talon le 11 juin 1644; il se signala au siége de Mardick en 1646; il se conduisit au siége de Lens (1647) avec sa valeur ordinaire. Etant maître de camp de cavalerie, il servit au siége de Mouzon, où il fut blessé à la tête le 28 septembre 1653.

La même année, il fit amitié avec le comte de Bussi-Rabutin; il servait alors à Hesdin comme maître de camp d'un régiment d'infanterie qui fut envoyé à Sainte-Menehould. Son régiment poussa vivement les ennemis au siége d'Arras, où il força des premiers les retranchements (1654).

Il servait au siége de Landrecies, en 1655, lorsque, le 4 ou le 14 juillet, voulant passer, pendant l'obscurité de la nuit, de Saint-Quentin à l'armée, il trouva un parti des ennemis par lequel il fut blessé à la tête. Les chirurgiens qui lui mirent alors le premier appareil pour le trépaner lui dirent que le coup était dangereux, et qu'on voyait sa cervelle. « Ah!

---

(1) C'est sous son administration que fut reconstruit le monastère qui sert aujourd'hui au grand séminaire de Limoges, et près duquel les deux ailes qu'on a dû ajouter sont mesquines. On voit sur cet édifice les armes des d'Aubusson, avec la crosse posée en pal derrière l'écu, et au bas d'une des piles du cloître on lit :

D. ABBATISSA ELISAB.
D'AUBUSSON DE LA
FEUILLADE.

(2) Le père Anselme nous apprend que le roi approuva cette vente, et de nouveau érigea cette terre en duché-pairie par ses lettres datées d'avril 1667. Alors parlant de La Feuillade, le même auteur la qualifie simplement de comté.

(3) Ce fut en 1686 que François d'Aubusson échangea la terre de Saint-Cyr contre la châtellenie royale de Felletin et autres terres de la Marche. Ces terres avaient été vendues au duc de Bourbon, comte de la Marche, en 1365.

parbleu, dit-il, messieurs, prenez-en un peu, et l'envoyez dans un linge au cardinal Mazarin, qui me dit cent fois le jour que je n'en ai point. »

Le 13 du même mois, son régiment, qui était de garde, n'eut pas plus tôt favorisé l'attaque des mineurs que les assiégés de Landrecies demandèrent à capituler. Au siége de Valenciennes, un cavalier qui ne le connaissait pas lui tira, le 8 juillet 1656, un coup de mousqueton sans le blesser.

François d'Aubusson fut disgracié pour avoir dit quelque chose mal à propos du mariage du roi célébré en juin 1660. Il était superbement vêtu et monté, le 26 août suivant, à l'entrée du roi et de la reine à Paris.

En 1662, au mois d'octobre, il alla rejoindre sur la frontière les troupes commandées pour l'Italie. Comme maréchal de camp, il conduisit, en 1664, du secours que le roi de France envoya à l'empereur contre les Turcs. On lui doit la gloire de la fameuse victoire de Raab en Hongrie. Sa valeur et conduite lui méritèrent les louanges du roi lorsqu'il vint lui faire le récit de cette glorieuse action. Il fit en effet l'office de brave soldat et de grand capitaine, et son exemple fit tant d'impression sur les Français qu'avec un petit nombre ils arrêtèrent la fureur de leurs ennemis. Passant comme un foudre au milieu des escadrons de ces infidèles, il acheva par un sanglant carnage leur défaite : il demeura des leurs plus de cinq mille morts sur la place ; il prit cinq pièces de canon, tous les étendards et toutes les timbales, qu'il emmena en France.

Il écrivit une lettre où est la relation de cette bataille, et qui était conservée dans la bibliothèque de M. le chancelier d'Aguesseau.

Un écrivain dit pourtant que La Feuillade, à force de parler haut, se donna en entier cette victoire, et que le comte de Coligni méritait au moins d'en avoir pour sa part la moitié. A la suite de cette action, le roi nomma François d'Aubusson lieutenant-général de ses armées, et lui accorda, en août 1666, de nouvelles lettres qui érigeaient sa terre de Roannes en duché, lettres qui furent enregistrées au parlement le 30 du même mois.

Le roi, ayant considéré qu'il était nécessaire, pour les éditions du recueil de ses ordonnances, de commettre quelque personne d'autorité et de considération à la fidélité et à l'intelligence de laquelle Sa Majesté pût prendre une entière confiance, chargea le comte de La Feuillade d'en prendre soin, et celui-ci y fit travailler, comme le dit le privilége, pour l'impression de l'ordonnance de 1667.

La guerre s'étant renouvelée, cette même année, contre l'Espagne, il se trouva aux siéges de Berghes, de Founes et de Courtray.

Après la paix d'Aix-la-Chapelle, une véritable grandeur d'âme fit paraître son zèle pour la religion. Dès que le roi lui eut permis d'aller secourir Candie, assiégée par les Turcs, ce jeune seigneur, d'une bravoure qui allait jusqu'à la témérité, se fit chef de l'expédition avec le comte de Saint-Paul, jeune seigneur de la maison de Longueville. La Feuillade se rendit à Toulon avec deux cents gentilshommes, la plupart cadets, qui étaient l'élite de la noblesse française, quatre cents soldats qu'il entretenait à ses propres frais, et quelques autres dont on peut voir le détail dans Nani ; ce qui faisait en tout huit cents hommes. Ce secours, dont il était chef, arriva à Candie le 29 mai ou le 3 novembre 1668. Les Turcs en voulaient bien plus à ces nouveaux venus qu'à tout le reste. Ils jetaient dans leur quartier une quantité prodigieuse de bombes, de grenades, de pots empoisonnés et d'autres feux d'artifice. Avec cela le duc de La Feuillade ne laissait pas de s'exposer comme le moindre soldat, et de chercher les occasions périlleuses avec plus de courage que de prudence. C'était bien plus par l'exemple que par ses discours qu'il animait ses gens. Les volontaires français n'avaient point passé à Candie pour se renfermer dans une ville. Voulant seulement donner des marques de leur valeur, et se retirer ensuite, ils demandèrent tous de faire une sortie générale. Les officiers généraux y consentirent, excepté quelques-uns que M. de La Feuillade ramena dans son opinion par l'espoir de la gloire. Il y en eut de si impatients qu'ils sortirent avant d'avoir reçu l'ordre. Le chevalier de Tresmes en fut un : il donna seul dans les travaux des assiégeants, et retourna dans la place avec son épée ensanglantée. M. de La Feuillade, quoique irrité d'une telle imprudence, se contenta néanmoins de lui en faire une courte réprimande, et de lui dire qu'il aimait autant voir un boucher. Cela ne fit point impression sur les autres : rien ne put modérer l'ardeur de ces esprits bouillants : les généraux furent contraints de leur lâcher la bride. Ils sortirent en effet le lendemain 16 décembre. Le grand visir, en ayant été averti, avait fait dresser une batterie qui donnait du côté où ils étaient postés. Il y fit jeter quantité de bombes et de grenades, ce qui obligea M. de La Feuillade à donner le signal de l'attaque plus tôt qu'il n'aurait fait. Les chrétiens et les infidèles furent mêlés et confondus en un moment, et l'on vit la terre couverte de morts de l'un et l'autre parti. M. de La Feuillade, s'apercevant que le peu de Français qui restaient serait enfin accablé par la multitude des ennemis, que soutenaient de nouvelles troupes, fit battre la retraite; mais les brigades étaient tellement animées au combat qu'on ne pouvait plus les en faire revenir. Les aides-de-camp qui portaient les ordres n'étaient même pas écoutés. La Feuillade fut obligé de courir de tous côtés pour ordonner aux Français de faire volte-face, et il s'emporta contre le P. Paul, capucin, qui, par un zèle indiscret, un crucifix à la main, les avait engagés trop avant dans la mêlée. Pourtant ils rentrèrent en très bon ordre dans la ville. D'Aubusson se signala dans cette guerre avec beaucoup d'éclat, et fit tout ce qu'on pouvait espérer des plus grands capitaines de son siècle; mais il ne lui resta que deux cent trente des hommes qu'il avait amenés, et il les ramena en France. Le courage de la noblesse française retarda un temps considérable la perte de cette importante place. On lit avec plaisir dans l'histoire de François Morosini, doge de Venise, par Antoine Arrighius, en 1749, ce qu'il raconte de la valeur de ces six cents Français commandés par le duc de La Feuillade au siège de Candie.

Le roi le pourvut, en janvier 1672, de la charge de colonel de ses gardes-françaises. Il se signala, la même année, dans la guerre contre la Hollande et contre l'Espagne; il se trouva aux siéges d'Orsoi, de Rhimberg et de Doesbourg.

En 1674, il suivit le roi à la conquête de la Franche-Comté. Le 6 mars, il ouvrit la tranchée de Besançon avec deux bataillons des gardes-françaises qu'il commandait ; il attaqua le fort de Saint-Etienne par un chemin presque impraticable, et l'emporta l'épée à la main. Il se signala et donna des preuves de sa valeur au siège de Dôle en mai et juin : ce fut lui qui monta presque toutes les tranchées. Le 22 juin, il prit Salins après huit jours de tranchée ouverte, et, dans les campagnes suivantes, il fit des actions d'une valeur extraordinaire, si bien qu'il acheva d'assurer la conquête de cette province.

Le roi l'envoya, en 1675, avec seize escadrons, dix bataillons et quatre pièces de canon, ruiner tout le pays aux environs de Louvain, de Malines et de Bruxelles; il se saisit de Saint-Tron, petite ville du pays de Liége, où le prince d'Orange avait mis garnison. Ces éminents services furent récompensés par la dignité de maréchal de France, que Louis XIV lui conféra par lettres du 30 juillet suivant, et il est le premier auquel ce prince ait accordé de porter le bâton toute l'année. Un écrivain prétend qu'il fut moins redevable de cette dignité au mérite d'une naissance illustre, d'une bravoure tout extraordinaire et de beaucoup d'esprit, qu'à ses flatteries pour le roi qui allèrent jusqu'à l'extravagance.

La Feuillade eut commission au mois de mars 1676 pour commander l'armée de Flandre en qualité de lieutenant-général en l'absence du duc d'Orléans. Il partit de Versailles avec le roi le 16 avril, et se trouva au siége de Condé. Comme colonel du régiment des gardes, il devait faire combattre l'infanterie dans la bataille que Sa Majesté voulait donner au prince d'Orange. Celui-ci s'était retranché dans son camp, et le roi mit en délibération dans le conseil de guerre s'il devait l'aller forcer dans ses retranchements. Le maréchal de Lorges en détourna Sa Majesté; le maréchal de La Feuillade, plus complaisant et plus vif, fut d'avis de combattre; mais son avis fut refusé avec une extrême prudence par le maréchal de Schomberg.

Le père Bouhours lui dédia, la même année, son histoire de Pierre d'Aubusson, grand-maître de Rhodes, où il lui dit :

« Vous ressemblez par tant d'endroits au grand homme dont j'ecris l'histoire que je ne puis me dispenser de vous présenter mon ouvrage. Outre le nom et le sang que vous avez de luy, les principales actions de vostre vie ont tant de rapport avec les siennes que, en les regardant de près les unes et les autres, et les comparant ensemble, j'y trouve le mesme caractère, et presque les mesmes circonstances.

» On ne peut lire ce que fit mon heros dans la Hongrie pour défendre les interests de l'empire et de l'Eglise contre les forces ottomannes, sans se souvenir de ce que vous y avez fait pour la mesme cause; et je vous avoüe que je n'ay pû considérer Pierre d'Aubusson en la fleur de son âge, tout couvert du sang des barbares, sans vous voir au mesme temps sur les bords du Raab tailler en pieces l'armée infidelle, et remporter une victoire memorable, aussi avantageuse pour l'Allemagne que glorieuse pour la France.

» Le siege de Rhodes, qui fait le plus bel endroit de l'histoire du grand-maistre, a rappelé en ma memoire le siege de Candie où vous allastes chercher la guerre, lors que toute l'Europe joüissoit d'une paix profonde. C'est là que, à la teste de la noblesse françoise, qui se soumit à vostre commandement par une déference volontaire, vous fistes ces deux fameuses sorties qui cousterent si cher aux Turcs, qui rétablirent les affaires des Veniliens, et retarderent de huit mois la perte du rempart de la chrétienté.

» Mais ce n'est pas seulement en ce qui regarde l'ennemi commun des chrétiens que vos avantures ressemblent à celles du grand d'Aubusson. Vous avez signalé l'un et l'autre vostre valeur contre les ennemis de la

France dès vos premiéres années; avec cette difference neanmoins que vous avez trouvé de plus belles occasions que luy de servir vostre prince et vostre patrie.

» Car, pour passer sous silence tant de perils tant de blessûres, tant d'actions particulieres de vos premieres campagnes; pour ne rien dire des sieges de Bergh, de Courtray, de Dixmude, où vous eustes tant de part; sans remarquer ni les rapides conquestes de la Hollande, ni les prises de Dole et de Salins, où vous vous êtes si fort distingué : que ne fistes-vous point à Besançon? La seule action du fort Saint-Estienne attaqué en plein jour par un chemin inaccessible, et emporté en peu d'heures malgré tout le feu des ennemis, n'égale-t-elle pas les plus merveilleux évenements des temps heroïques?

» Je ne m'étonne pas aprés cela que ce sage prince, qui se connoist mieux que personne en veritable merite, vous ait honoré du baston de maréchal de France. Comme vous avez toûjours cherché à luy plaire, et et que vous avez esté assez heureux pour attirer sa bienveillance, de mesme que mon heros gagna celle de Charles VII et de Louis XI, il a voulu faire voir à tout le monde que vostre zele luy estoit agréable, et que la dignité dont il a comblé toutes les graces qu'il vous a faites estoit tout ensemble un effet de sa bonté et de sa justice.

» Mais les vertus guerrieres ne sont pas les seules qualitez qui vous rendent semblable à l'illustre Pierre d'Aubusson. Cette conduite délicate et honneste que vous avez sceû accorder avec une fierté généreuse; cet esprit si éclairé et si agréable, qui vous sert si bien dans les rencontres; cet air noble qui paroist jusques dans vos moindres actions, sont d'autres traits que je pourrois ajouster à la peinture que j'ay commencée. Mais cela me porteroit trop loin, et seroit peut-estre assez inutile : pour peu qu'on y fasse de reflexion, on n'aura pas de peine à vous reconnoistre dans le grand-maistre de Rhodes. »

En 1677, le jour du Vendredi-Saint, devant commander l'assaut de la citadelle de Cambrai, il alla reconnaître la brêche dès la pointe du jour; et, comme il ne la trouva pas assez grande, on dressa une nouvelle batterie, qui en peu d'heures l'élargit de quarante pieds, et les assiégés battirent la chamade (1). Il avait servi au siége de Valenciennes, le 12 mars, avec toute la satisfaction que Sa Majesté pouvait désirer.

Au mois de mars 1678, il reçut les ordres du roi pour faire sortir les troupes françaises de Messine, et pour évacuer les places tenues par Sa Majesté en Sicile. Il se conduisit dans cette expédition avec beaucoup d'adresse, d'habileté, de résolution et d'activité. Le roi le nomma vice-roi de Sicile à la place du maréchal de Vivonne, qu'on savait demander depuis longtemps à revenir, et il ne confia qu'à lui seul le secret de l'abandonnement qu'il voulait faire de Messine.

Le maréchal de La Feuillade, pour seconder les intentions du roi, prit si bien toutes les apparences d'un homme qui allait s'établir en Sicile pour longtemps qu'il trompa les plus pénétrants. On crut même assez communément que son départ était une espèce de disgrâce, et qu'on n'envoyait

---

(1) Chamade : signe que les assiégés donnent avec la trompette, le tambour ou un drapeau blanc pour parlementer.

point si loin en temps de guerre un colonel du régiment des gardes sans quelque sorte de mécontentement. Il s'embarqua à Toulon le 2 février, et arriva le 20 à Messine, où, s'étant fait reconnaître vice-roi, il commença par rétablir la discipline parmi les troupes, qui n'en avaient aucune. Chaque jour il visitait les postes, et réglait lui-même les affaires, sans s'en rapporter à un secrétaire, comme faisait son prédécesseur. Enfin il prit connaissance du dedans et du dehors de la ville avec la même application que s'il avait dû exercer plusieurs années sa charge de vice-roi. Ensuite il fit courir le bruit qu'il voulait faire une conquête considérable en Sicile avant que les ennemis eussent le loisir de se mettre en campagne. Il fit avec beaucoup de dépense tous les préparatifs de cette prétendue expédition : il acheta quantité de chevaux et de mulets pour traîner l'artillerie, et pour porter ses bagages dans le lieu où il ferait une descente ; il publia qu'il avait besoin pour son dessein de tout ce qu'il y avait de Français dans le pays. Sur ce prétexte, il les fit tous embarquer et le canon du roi, sans qu'aucun Messinois soupçonnât quel était son véritable dessein. Il n'y eut pas même de gouverneur espagnol qui ne tremblât pour sa place. Mais ce qui l'embarrassait davantage, c'était le soin de retirer ses malades, qui étaient en grand nombre à Messine, la bonne chère et les plaisirs en ayant réduit plusieurs à l'extrémité. Cependant il demanda aux médecins devant les jurats s'ils ne croyaient pas que le changement d'air leur ferait du bien : les uns et les autres dirent qu'ils le croyaient, et là-dessus il les fit porter à bord des vaisseaux. Néanmoins comme il y en avait plus de cinquante si fatigués qu'il n'était pas possible de les embarquer sans laisser soupçonner qu'il s'agissait d'un plus long voyage que celui dont on parloit, il fallut les laisser, en prenant toutes les précautions qu'on peut prendre pour leur sûreté. Enfin, après avoir mis sur les vaisseaux et sur les galères tout ce qui appartenait à la France, dès qu'il fut hors de la portée du canon, il envoya dire aux jurats de Messine, le 15 mars au soir, qu'il avait oublié de leur faire part d'une chose fort importante. Ils le vinrent trouver, et alors il leur déclara que le roi, ayant désormais besoin de toutes ses forces dans son royaume pour les opposer au grand nombre d'ennemis qui l'attaquaient de toutes parts, et qui même, selon toute apparence, allaient bientôt être augmentés par la ligue de l'Angleterre avec la Hollande, il avait reçu ordre de reconduire en France les troupes, les vaisseaux et les galères.

On ne peut exprimer la consternation où jeta les jurats de Messine ce compliment si peu attendu ; celle de toute la ville ne fut pas moindre. Chaque habitant envisageait ce qu'il avait à appréhender du ressentiment des Espagnols, et s'abandonnait à une espèce de désespoir. Le duc de La Feuillade, plus touché par leurs larmes que par leurs prières, permit à ceux qui avaient été fidèles de s'embarquer avec lui, et leur donna deux jours pour cela. Les jurats, les gentilshommes et les plus considérables bourgeois de la ville embarquèrent leurs femmes, leurs enfants et ce qu'ils avaient d'argent et de meubles précieux. Quatorze cent cinquante familles, qui ne faisaient pas la dixième partie de ceux qui se présentaient, furent reçues sur la flotte, et se rendirent la nuit même, sans bruit, dans les vaisseaux et dans les galères.

Toute la flotte partit de Messine, le 16, à la pointe du jour. Elle prit la route d'Augusta, où le maréchal de La Feuillade fit embarquer avec les mêmes précautions les troupes, le canon et les munitions qui étaient dans la place, et, en même temps, il se dirigea vers la France. Après avoir essuyé une rude tempête, il arriva à Toulon le 9 avril, avec la gloire d'avoir, en si peu de temps, rendu à son maître et à son pays un des plus importants services qu'on leur pût rendre. Il eut même le bonheur de ne perdre dans sa route aucun des six-vingts bâtiments qu'il reconduisait en France, quoiqu'il eût été obligé de faire canal dans la saison la plus périlleuse pour la navigation des galères, et qu'il eût eu un ordre secret du roi de les couler à fond si le temps était mauvais pour les ramener. Il arriva à Paris le 18 avril. La relation de cette retraite des troupes françaises qui étaient en Sicile fut imprimée la même année 1678.

Le 3 mai 1680, La Feuillade se mit à la tête du 5ᵉ bataillon du régiment des gardes, qui était en bataille dans la plaine de Nanterre. Par lettres du 9 mai 1681, le roi lui donna le gouvernement du Dauphiné ; il vendit celui de l'arsenal de Grenoble.

Pour marquer l'estime singulière qu'il avait des vertus héroïques du roi, et pour faire connaître à la postérité par un monument superbe et d'une éternelle durée les grandes obligations qu'il avait à Sa Majesté, qui, en tant de rencontres, avait distingué son mérite singulier, il fit, en 1686, dresser une statue de bronze élevée sur un haut piédestal, représentant le roi Louis XIV *à pied*. Il a par derrière la Renommée, qui lui pose une couronne de laurier sur la tête, et à ses pieds quatre esclaves, qui marquent les différents peuples dont Sa Majesté a triomphé. Cette statue fut posée, à Paris, dans un lieu qu'on a appelé depuis la place des Victoires, et elle fut découverte et exposée le 20 ou le 28 mars avec toute la magnificence possible, en présence du roi, de Monseigneur, de Monsieur, de Madame, d'une grande partie de la cour et de la ville, qui s'y rendit en corps. Le roi et Mᵐᵉ la dauphine, après avoir visité son hôtel de La Feuillade, lui témoignèrent la satisfaction que leur avaient donnée tant de belles choses qu'il avait faites pour la gloire du roi. Le soir, on tira un feu d'artifice devant l'Hôtel-de-Ville, et l'on fit des feux de joie dans toutes les rues.

On vit alors, à Paris, dit M. l'abbé de Choisy, à la face de Dieu et des hommes, une cérémonie fort extraordinaire. Le duc de La Feuillade fit la consécration de la statue du roi qu'il avait fait élever dans la place des Victoires. C'est le plus beau sujet qu'on ait encore vu. La Feuillade fit trois tours à cheval autour de la statue à la tête du régiment des gardes dont il était colonel, et fit toutes les prosternations que les païens faisaient autrefois devant les statues de leurs empereurs. Le prévôt des marchands et les échevins étaient présents. On dit que La Feuillade avait dessein d'acheter une cave dans l'église des Petits-Pères, et qu'il prétendait la pousser par dessous terre jusqu'au milieu de la place des Victoires, afin de se faire enterrer précisément sous la statue du roi. Il avait aussi eu la vision de fonder des lampes perpétuelles, qui auraient éclaré la statue nuit et jour : on lui retrancha le jour. Le maréchal de La Feuillade avait fait mettre quatre lanternes aux quatre coins de la statue ; ce qui occasionna ces vers :

> Comme, de Paris, dans la place nouvelle
>   Que des Victoires on appelle,
> Quelques-uns regardaient cet œuvre sans égal,
>   Ce monument magnifique et royal
>   Que La Feuillade, avec un soin extrême,
>   A fait dresser à Louis quatorzième,
>   Que l'on y voit d'un superbe appareil
>   Briller en véritable et lumineux soleil,
>   Selon le sens de la devise;
>   Et, cette statue étant mise
>   En un quarré de quatre piédestaux,
>   Au bout desquels sont autant de fallots
>   Ou lanternes, dont la lumière
>   Éclaire la nuit tout entière :
> Un Gascon curieux, qui se rencontra là,
> Dit, après avoir bien considéré cela :
> « Cadédis ! d'Aubusson, je crois que tu me vernes
> De mettre le soleil entre quatre lanternes » !
> Ce qui, se répandit aussitôt à l'entour,
>   Et dans la ville et dans Versailles,
>   Fit rire tout Paris avec toute la cour;
>   Et La Feuillade encore aujourd'hui l'on en raille.

François-Séraphin Regnier des Marais a composé la *Description du monument érigé à la mémoire du roi par M. de La Feuillade, avec les inscriptions de tout l'ouvrage,* Paris, 1686, in 4°. — Les inscriptions sont de M. des Marais, excepté celle *Viro immortali*. Afin que cette statue fût conservée à perpétuité en son entier, par contrat du 20 juin 1687, confirmé par lettres patentes du roi du mois de juillet suivant, portant dérogation aux ordonnances et coutumes y contraires, par lettres registrées au parlement de Paris le 4 du même mois, au Chatelet, le 12 suivant, et au greffe de l'Hôtel-de-Ville le 7 août de la même année, il fit une donation à Louis d'Aubusson, son fils, depuis duc de La Feuillade et maréchal de France, du comté de La Feuillade, de la vicomté d'Aubusson, de la baronnie de La Borne, première baronnie de la Marche, de la châtellenie de Felletin et de la baronnie de Pérusse en Poitou en la mouvance du roi, toutes les terres de l'ancien domaine de la maison d'Aubusson, avec les châtellenies d'Ahun, de Chenerailles, de Jarnage et de Drouilles, situées aussi dans la Marche, et échangées avec le roi contre la terre et seigneurie de Saint-Cyr, près Versailles, par contrat du 14 juin 1686, le tout alors de la valeur de 22,000 livres de rente. Cette donation fut chargée de la condition d'une substitution graduelle et perpétuelle, de mâle en mâle ; et, si cette ligne vient à manquer, le donateur appelle Jean d'Aubusson, marquis de Miremont en Périgord, et son fils Jacques ou ses autres enfants mâles et leurs descendants par le même ordre, en cas de défaillance de la ligne masculine de Jean d'Aubusson, marquis de Miremont, qui était alors l'aîné de la branche de Gui d'Aubusson. A leur défaut la ligne masculine de Guillaume d'Aubusson, S[gr] de Poux et de Banieux en la Marche, à commencer par François d'Aubusson, comte de Banson en Auvergne, et tous ses descendants mâles, le dit comte étant l'aîné de cette ligne, séparée de celle du donateur avant 1350 ; les dits Gui et Guillaume d'Aubusson étant descendus de Renaud, vicomte d'Aubusson, duquel les comtes de La Feuillade sont descendus par les aînés en ligne directe et masculine. Seront exclus de la substitution : 1° les mâles engagés dans les ordres sacrés, les religieux profès ou chevaliers de Malte, et ceux qui dans la suite prendraient ces engagements ; 2° ceux qui épouseront une femme dont le père n'aurait pas assez de noblesse pour faire ses enfants chevaliers de Malte et les enfants qui en naîtront ; 3° les filles de tous les substitués.

Le donateur, voulant que la statue qu'il a érigée au roi dans la place des Victoires, à Paris, soit conservée à perpétuité dans son entier, et que les lumières pour éclairer la place soient entretenues, ceux qui jouiront des terres et seigneuries ci-dessus seront obligés : 1° de faire redorer à leurs frais, tous les vingt-cinq ans, la statue et les ornements si le prévôt des marchands et les échevins de la ville de Paris le jugeaient à propos, comme aussi de faire à leurs frais toutes réparations grosses et menues ; 2° d'entretenir les lumières suffisantes, la nuit, dans les quatres fanaux ; 3° de cinq en cinq ans, le 5 septembre ou le lendemain, ces ouvrages seront visités par le prévôt des marchands et les échevins ; 4° à la fin de chaque visite, le donataire offrira deux médailles d'argent au prévôt des marchands, une à chacun des échevins, au procureur, au greffier et au receveur de la ville ; ces médailles représenteront le portrait du roi, et au revers le groupe de la statue érigée. Le donataire, ou, en son absence, le prévôt des marchands présentera, le lendemain de la visite, au roi ou à ses successeurs une médaille d'or frappée sur le même coin. Enfin, si toutes les lignes masculines de la maison d'Aubusson venaient à manquer, les terres et seigneuries appartiendront pour toujours et en toute propriété à la ville de Paris, en ce qu'elle entretiendra les ouvrages mentionnés, et qu'elle ne pourra vendre, échanger ni hypothéquer ces terres et seigneuries, dont les fonds et revenus demeureront perpétuellement affectés à la conservation et à l'entretien des ouvrages et des lumières.

Louis d'Aubusson, pair et maréchal de France, fils unique de l'auteur de la donation et substitution, étant mort sans aucune postérité, la substitution s'est trouvée ouverte au profit de Jacques d'Aubusson, marquis de Miremont, Jean d'Aubusson son père, appelé à cette substitution, étant alors décédé.

Le maréchal de La Feuillade fut honoré du collier de l'ordre du Saint-Esprit le 31 décembre 1688, et, à cause de cette nouvelle dignité, il imposa une taille sur ses hommes serfs des châtellenies d'Aubusson, Felletin, Ahun, Chenerailles, Jarnage et Drouilles. Un ancien magistrat eut la principale direction de cette imposition, et les taxes en furent très modérées. On se concilia là-dessus doucement de part et d'autre, et le recouvrement fut fait sans procès.

François d'Aubusson survécut au siége de Mons (1691), et mourut subitement à Paris la nuit du 18 au 19 septembre de la même année. Le roi, soupant à Marly, dit que l'année de la prise de Mons lui fut heureuse : qu'il fut débarrassé de trois hommes qu'il ne pouvait plus souffrir. La Feuillade en était un. Cependant il fut recommandable par son attachement à la personne du roi, par sa valeur et par son intrépidité. Les grandes actions qu'il fit en diverses occasions sont universellement connues. Il fut enterré à Saint-Eustache, sa paroisse.

On lui attribue divers traits plus singuliers les uns que les autres. « Il était fort bon ami de ma mère, dit l'abbé de Choisy, et, en lui parlant, il l'appelait toujours « ma bonne amie ». Un jour, à Saint-Germain, ma mère étant logée à l'hôtel de Richelieu, La Feuillade entra dans sa chambre. J'étais au chevet du lit de ma mère, qui me faisait écrire. Il fit sortir la femme de chambre, ferma la porte, et commença à se promener à grands pas comme un furieux ; il jeta son chapeau à terre, et disait tout haut : « Non, je n'y puis plus tenir : je suis percé de coups ; j'ai eu trois frères » tués à son service ; il sait que je n'ai pas un sous, et que c'est Prud'homme » qui me fait subsister, et il ne me donne rien ! — Adieu ma bonne amie, » disait-il en s'adressant à ma mère, je m'en vais chez moi, et j'y trouverai » encore des choux ». Ma mère lui dit : « Vous êtes fou : ne connaissez-» vous pas le roi ? C'est le plus habile homme de son royaume : il ne veut » pas que les courtisans se rebutent : il les fait quelquefois attendre long-» temps ; mais heureux ceux dont il exerce la patience ! il les accable de » bienfaits. Attendez encore un peu, et il vous donnera assurément, puisque » vos services méritent qu'il vous donne. Mais, au nom de Dieu, redoublez » d'assiduité ; paraissez gai ; demandez tout ce qui vaquera : si une fois il » rompt la gourmette de politique, s'il vous donne une pension de mille » écus vous êtes grand-seigneur avant qu'il soit deux ans ». « Il crut ma » mère, fit sa cour à l'ordinaire et s'en trouva bien. »

M. de La Feuillade disait de si bonnes choses quelquefois qu'il semblait qu'elles fussent méditées. La dispute qu'il y eut entre lui et M. de Santeuil est originale : ils la racontaient tous deux, l'un comme s'il eut gagné une bataille, l'autre comme s'il eût composé un poëme épique. (V. le *Ménagiana*, édit. de 1729, T. I, p. 269.)

M. Faure, évêque d'Amiens, a fait trois oraisons funèbres, entre lesquelles est celle de la reine-mère, sa bienfaitrice, pour laquelle il devait faire tous ses efforts mais où il ne réussit pas mieux qu'aux deux autres qu'il avait prononcées à la cour, et dont on n'avait point été content. On dit au roi qu'il voulait en faire une quatrième. M. de La Feuillade dit : « Sire, c'est qu'il demande le tout du tout. »

On rapporte encore qu'il occasionna un bon mot à Mme de La Suze, connue par ses poésies, et contre laquelle Mme de Chatillon plaidait au parlement de Paris. Ces deux dames se rencontrèrent tête à tête dans la salle du palais ; M. de La Feuillade, qui donnait la main à Mme de Chatillon, dit d'un ton de Gascon à Mme de La Suze, qui était accompagnée de Benserade et de quelques autres poètes : « Madame, vous avez la rime de votre côté, et nous avons la raison du nôtre. » Piquée de cette raillerie, Mme de La Suze repartit fièrement, en faisant la mine : « Ce n'est donc pas, Monsieur, sans rime ni raison que nous plaidons. »

La nouvelle édition des œuvres de Boileau raconte encore une petite mortification qu'il reçut : le vieux duc de La Feuillade ayant récité à M. Despréaux un sonnet de Charleval, où le satirique ne trouvait rien que de fort commun, le maréchal lui dit d'un air moqueur qu'il était bien délicat de ne pas approuver un sonnet que le roi avait trouvé bon, et que Mme la Dauphine louait aussi : « Je ne doute point, répliqua le poète, que le roi ne soit très expert à prendre des villes et à gagner des batailles ; je doute aussi peu que Mme la Dauphine ne soit une princesse pleine d'esprit et de lumières ; mais avec votre permission, Monsieur le maréchal, je crois me connaître en vers aussi bien qu'eux. » Là-dessus, le maréchal accourut chez le roi, et dit d'un air vif et impétueux : « Sire, n'admirez-vous pas l'insolence de Despréaux, qui dit se connaître en vers un peu mieux que Votre Majesté? — Oh ! pour cela, répondit le roi, je suis fâché d'être obligé de vous dire, Monsieur le maréchal, que Despréaux a raison. »

Il fut plus heureux dans une autre occasion. M. de Louvois, ministre et prélat, lui demanda quel successeur on donnait à l'archevêque de Paris, M. du Harlay, qui était malade. « Si le père Lachaise en est cru, répondit La Feuillade, ce sera M. de La Berchère, archevêque d'Albi ; si le roi ne consulte que lui-même, M. de Cosnac, archevêque d'Aix ; si Dieu préside à cette nomination, ce sera M. Bossuet, évêque de Meaux ; si le diable s'en mêle, ce sera vous, Monsieur. »

On dit que, quand il voulait affirmer quelque chose au roi, son serment était : « Sire, je veux être damné comme un évêque du Languedoc si ce que j'ai l'honneur de dire à Votre Majesté n'est pas véritable. » On ajoute qu'il savait jurer à merveille.

On a imprimé l'*Histoire du maréchal duc de La Feuillade, nouvelle galante et historique,* 1713, in-12, ou plutôt 1703. C'est un des romans posthumes de Gatien des Courtils.

M. de La Feuillade épousa, le 3 ou le 9 avril 1667, Charlotte Gouffier, fille de Henri, marquis de Boissy et d'Anne-Marie Hennequin. Charlotte était sœur d'Artus, duc de Roannes en Forès, qui lui céda ce duché en faveur de cette alliance. En 1666 (peut-être mieux 1667), M. de La Feuillade obtint de nouvelles lettres du roi pour conserver le duché, lesquelles furent enregistrées au parlement de Paris le 30 août de la même année. Charlotte Gouffier, qu'on appelait Mlle de Roannes, fut touchée de Dieu dès l'âge de dix-sept ans, et voulait se faire religieuse à Port-Royal de Paris. On l'admit même au noviciat, où elle se distingua par son exactitude et son humilité ; mais, au bout de six semaines, elle reçut l'ordre de sortir, et elle n'obéit qu'avec bien de la douleur, et après avoir répandu bien des larmes. Depuis sa sortie, elle mena pendant plus de neuf ans une vie fort retirée et très solitaire, malgré les puissantes sollicitations de ses proches pour l'engager à retourner d'abord à la cour, puis à se marier. Elle résista toujours à ces deux propositions, parce qu'elle avait un autre engagement ; savoir : un vœu de chasteté et une promesse d'entrer en religion qu'elle avait faite avant sa sortie de Port-Royal. Elle s'était même coupé les cheveux afin d'être moins en état et de retourner et de paraître dans le monde.

Les habitudes qu'elle entretenait toujours avec les religieuses de Port-Royal la rendirent suspecte, et lui attirèrent, après l'an 1664, une lettre de cachet, qui lui ordonnait de quitter Paris, et de se retirer en Poitou. Elle n'exécuta pourtant pas cet ordre, parce que le duc de Roannes, son frère, représenta au roi sa grande délicatesse, qui ne lui permettait pas de faire ce voyage.

Elle renouvela son vœu de chasteté, et y ajouta celui de se faire carmélite ; mais diverses personnes tâchaient de la détourner. Dans une occasion, sa faiblesse ne lui permit pas de refuser une petite complaisance pour une personne qui lui avait été proposée ; mais elle en eut tant de scrupule dans la suite qu'elle fit vendre tous ses diamants qu'elle avait toujours gardés sans s'en servir, et elle en distribua l'argent aux pauvres pour réparer par là la faute qu'elle croyait avoir faite ; mais ne devait-elle pas les vendre ?

Son curé se trouva obligé de l'interroger sur la manière dont elle avait fait son vœu, et elle lui témoigna tant de résolution qu'elle ne croyait pas qu'il y eût aucune autorité dans l'Église qui pût l'en dispenser. Elle représenta si bien à une demoiselle qui était sortie du cloître sur un arrêt qui lui permettait de se marier sans avoir égard à un vœu qu'elle avait fait; elle lui représenta si fortement que ces sortes de dispenses ne pouvaient la dégager de son vœu, que cette demoiselle ne pensa plus depuis à se marier (1). Certaines compagnies que fréquenta Mlle de Roannes la firent enfin se relâcher comme insensiblement de sa piété ordinaire. Elle commença à mener une vie molle, et à hésiter sur son vœu, puis elle consulta sur l'objet de sa peine. Des casuistes lui répondirent qu'elle ne pouvait, en conscience, s'engager dans le mariage, et qu'elle était même obligée de réciter l'office. Cette réponse n'était pas selon sa disposition ; elle consulta d'autres docteurs, qui lui répondirent comme elle souhaitait. Bientôt après elle obtint dispense, et se maria à M. de La Feuillade. Peu de temps après, elle éprouva les amertumes et les chagrins dont est accompagnée la vie du monde, qui paraît la plus heureuse. Étant allée à une de ses terres en Poitou, elle y tomba malade à l'extrémité, et, croyant sa mort prochaine, elle fit, en 1671, son testament, par lequel elle légua à Port-Royal 3,000 livres pour y recevoir une religieuse converse, qui remplirait la place qu'elle avait voulu tenir elle-même. Elle guérit de cette maladie, et retourna à Paris ; mais elle eut le reste de sa vie une santé débile, il lui survint toujours quelque indisposition ou quelque maladie lorsqu'elle voulait aller à la cour prendre des divertissements ou traiter de ses affaires. Dans les commencements, cette croix lui paraissait dure et pénible; mais depuis elle en reconnut l'utilité, s'y soumit humblement, et souffrit avec patience. On admira surtout sa vertu dans sa dernière maladie, qui fut très longue et fort extraordinaire : on lui ouvrit plusieurs fois un abcès au sein avec des incisions horribles sans qu'elle témoignât la moindre impatience pendant les opérations les plus douloureuses. Elle conserva toujours une amitié très particulière pour Port-Royal : souvent elle disait qu'elle aimerait mieux y être paralytique toute sa vie que de se voir dans l'état où elle était. Cette affection lui avait fait souhaiter que son cœur fût, après sa mort, porté dans cette maison; mais, la proposition qu'elle en fit n'ayant pas été goûtée, elle répondit humblement que, après avoir retiré son cœur, qu'elle avait donné à Jésus-Christ, pour le donner ensuite à la créature, il était juste qu'elle n'eût plus ni son cœur ni son corps en sa disposition. Elle confirma le legs qu'elle avait fait en 1671, et mourut le 14 février 1683, à Paris, à l'âge de cinquante ans.

De ce mariage sont issus : 1° Louis–Joseph–Georges, comte de La Feuillade, mort le 9 août 1680 ; 2° Louis qui suit ; 3° François mort jeune ; 4° Marie-Thérèse, née le 24 août 1671, morte le 28 janvier 1692.

XVI. — Louis, vicomte d'Aubusson, duc de Roannes [Rouannois, dit duc de La Feuillade], marquis de Boisy et de Cervières (2), baron de La Borne,

---

(1) Charlotte Gouffier avait pris à Port-Royal des idées fort exagérées, et les docteurs qui les entretinrent en elle n'étaient rien moins qu'opposés à la doctrine catholique; car, ainsi qu'on le prouve, en vertu des pouvoirs que Jésus-Christ lui a délégués, l'église a le droit de dispenser des vœux.

(2) Cervières, canton de Noirétable, arrondissement de Montbrison (Loire).

naquit le 30 mai 1673, et reçut le supplément des cérémonies du baptême le 18 novembre 1674.

Il servit en qualité de maître-de-camp d'un régiment de cavalerie en 1686 ; il fut fait gouverneur du Dauphiné, au lieu et place du feu maréchal, son père, le 11 octobre 1691. Son régiment ayant été réformé en 1697, le roi lui en donna un autre au mois de mai 1701. Le roi le créa brigadier de cavalerie le 29 janvier 1702; et, comme alors il demanda d'aller servir dans l'armée d'Italie, il fut déclaré maréchal de camp le 18 février suivant, peu de jours après son départ pour l'Italie. Il fut fait chevalier de l'ordre militaire de Saint-Louis en 1703, et nommé, le 29 novembre de la même année, pour commander les troupes en Savoie et en Dauphiné.

Il fut nommé lieutenant-général des armées du roi le 25 janvier 1704. La même année, il commanda un corps d'armée en Savoie et en Piémont, où il prit la ville et le château de Suze le 12 juin, et où il s'empara ensuite du val d'Aost, fermant par là le passage de la Suisse au duc de Savoie. L'attention de M. Chamillard semblait s'être épuisée pour le duc de La Feuillade, son gendre. Celui-ci avait tout en abondance, tandis que l'armée du duc d'Orléans, qui devait s'opposer à la jonction des troupes impériales avec celles de Savoie, était dans une disette générale.

Louis d'Aubusson fut établi, le 13 février 1705, lieutenant-général commandant pour le roi dans le comté de Nice. Il prit la place de Villefranche, les forts de Montalban et de Saint-Rospice et la ville de Nice. Il défit, la même année, un corps de cavalerie allemande et piémontaise à à Sette, à deux lieues de Turin, ce qui obligea le duc de Savoie d'abandonner Chivas, et de se retirer à Turin. En 1706, il fut chargé de faire le siège de Turin, qu'il entreprit au mois de mai après de grands préparatifs. Le succès n'en fut pas heureux. Les lignes de circonvallation ayant été attaquées et forcées le 7 septembre, il fut obligé de lever le siége, qu'il n'avait guère pressé, quoiqu'il s'y employât de tout son pouvoir. Le duc d'Orléans s'était réuni à lui le 28 août, mais il fut contraint de s'enfermer dans ses retranchements. La blessure du duc d'Orléeans mit tout en déroute (1).

Au mois de décembre 1715, il fut nommé ambassadeur extraordinaire à Rome ; mais il n'accepta pas cet emploi. [Il assista, le 22 novembre 1715, au contrat de mariage passé à Paris, devant Dupuis, notaire, entre Jean-François de Chassepot, depuis Sgr de Framicourt-le-Petit, relevant du comté de Ponthieu, et Marie-Josèphe Pingré, fille de Henri Pingré, chevalier, Sgr de Vraignes, maréchal-de-camp, et de Marie Auxcousteaux. Il y est dit cousin des futurs époux par sa femme.]

---

(1) Quoique éloigné de la Marche, Louis d'Aubusson était heureux d'y faire aimer son souvenir, comme le prouve entre autres le fait que voici : par acte reçu Brissé, notaire, le 5 février 1710, M. Delaporte des Farges, sénéchal de la Feuillade, concéda, au nom du duc de La Feuillade, Louis d'Aubusson, lieutenant-général des armées du roi, à MM. Jean Choupineau et Bombrut, prêtres, directeurs du collège de Felletin, et à leurs successeurs le terrain qui faisait partie des fossés de la ville, et qui était entre la porte d.te du Château et celle de l'Horloge, c'est-à-dire derrière le jardin du collège. Ce terrain contenait à peu près 55 toises de long et 4 toises 1/2 hors des murs en large. Or il le concéda moyennant « une messe solennelle à diacre et sous-diacre, à laquelle assisteraient chaque année, le lendemain de la Saint-Louis, tous les écoliers dudit collège pour la prospérité et santé de mondit seigneur le duc et de madame la duchesse de La Feuillade ».

Il obtint, le 2 septembre 1716, l'enregistrement au parlement de Paris des lettres d'érection en pairie du duché de Roannes, obtenues par son père au mois d'avril 1667, prêta serment et prit séance au parlement en qualité de pair de France le 26 ou le 29 novembre suivant. Il se démit du gouvernement du Dauphiné en faveur du duc de Chartres, depuis duc d'Orléans, le 27 août 1719. Il fut déclaré maréchal de France le 2 février 1724, et prêta serment pour cette dignité le 10 du même mois.

Il mourut au château de Marly, la nuit du 28 au 29 janvier 1725, en trois ou quatre jours de maladie, d'une fistule gangrenée au fondement. Son corps fut apporté à Paris, et inhumé, le 30, dans l'église des Théatins.

Par sa mort sans enfants, le titre de duché-pairie de La Feuillade, qui avait été transmis sur l'ancien duché de Roannes, demeura éteint et supprimé. [Ses biens passèrent, en vertu de la substitution faite par son père, à Jacques d'Aubusson, baron de Miremont.]

Il épousa 1°, le 8 mai 1692, Charlotte-Thérèse Phelippeaux, fille de Balthasar, marquis de Châteauneuf, secrétaire d'Etat, et Marie-Marguerite de Fourcy, morte sans postérité, à vingt-deux ans, le 5 septembre 1697, à Paris, après une longue maladie.

Il épousa 2°, le 24 novembre 1701, Marie-Thérèse Chamillard, fille de Michel, ci-devant ministre et secrétaire d'Etat, contrôleur général des finances, et d'Élisabeth-Thérèse de Rebours, morte sans enfants, à trente-trois ans, le 3 septembre 1716.

Branche des seigneurs de Villac, marquis de Miremont.

XVII. — Guyot d'Aubusson, quatrième fils de Jean d'Aubusson, Sr de La Borne, premier du nom, et de Guyonne de Monteruc, fut Sgr de Villac en Périgord et de La Folhade en 1443; il vivait en 1470.

Il épousa, en 1420, Arsène-Louise Hélie, fille puînée de Gulfier Hélie, Sgr de Villac, et de Jeanne de Roffignac, vivante en 1481. D'eux naquirent : 1° Gilles, qui suit; 2° Bernard, prieur d'Outroire et curé de Tarnac, qui est en Limousin, fit son testament en 1508 ; 3° Gulfier, qui vivait en 1481.

XVIII. — Gilles d'Aubusson, Sgr de Villac, fit son testament le 10 août 1515.

Il épousa : 1°, du vivant de son père, le 5 mars 1466, Jeanne Paynel, dont il n'eut point d'enfants; 2° Françoise de Beaupoil, dame de Castel-Nouvel, qui testa le 11 mars 1522. De cette seconde femme sont nés : 1° Jean, qui suit; 2° François, qui a fait la branche de Beauregard; 3° Frotard, marié à Jeanne de Millac, qui se remaria, le 22 novembre 1534, avec Pierre d'Aulede, Sgr du dit lieu ; 4° Marguerite, mariée, le 29 août 1495, à Jean Ricard, Sgr de Gourdon, de Genouillac et de Vaillac (1), fils

---

(1) Gourdon chef-lieu d'arrondissement (Lot). — Il y a Genouillac dans le canton de Saint-Claude, arrondissement de Confolens (Charente), et Genouillac paroisse dans le canton de Châtelus (Creuse). — Vaillac est dans le canton de La Bastide, arrondissement de Gourdon (Lot). Voir l'article Genouillac au tome II.

d'autre Jean et de Jeanne de Rassials, dame de Viallac, dont Louis, abbé de Saint-Martial, évêque de Tulle. Elle testa en 1541.

XIX. — Jean d'Aubusson, S^{gr} de Villac, Castel-Nouvel, etc., acquit, en 1497, la terre de Saint-Léger, d'Alain d'Albret, comte de Périgord, et en rendit hommage au vicomte de Limoges le 21 septembre 1541. Il fit, le 5 mars 1545, son testament, qu'il ratifia le 17 avril 1546.

Il épousa 1°, en 1494, Isabelle Ebrard, fille de Raynaud, S^{gr} de Saint-Sulpice, et d'Anne d'Estaing, dont il eut : 1° Françoise, mariée, avant l'an 1545, à Annet Joubert, S^{gr} de Coignac ; 2° Souveraine, alliée à François, S^{gr} de La Faye ; 3° Françoise, prieure de Blessac ; 4° Claude, prieure de La Garde-Goudan ; 5° Gabrielle, mariée à Jean de La Fillolie, S^{gr} de Burée en Périgord.

Il épousa 2°, le 16 février 1522, Marquise, dame de Pélisses, dont 1° Annet, qui suit, baron de Miremont ; 2° Catherine, mariée à....., S^{gr} d'Alcenant ; 3° Françoise, vivante et non marié en 1545.

XX. — Annet d'Aubusson, S^{gr} de Villac et Pérignac, chevalier de l'ordre du roi, baron de Miremont, S^{gr} de Saint-Léger, fit son testament le 14 février 1580.

Il épousa 1°, l'an 1545, Catherine Brun, fille de Jean, S^{gr} de La Valade, dont il eu Jean, qui suit.

Il épousa 2°, Léone de Montardy, veuve en 1583, et vivante en 1602. De cette seconde femme il eut : 1° Jean qui continua la postérité, rapportée après celle de son frère aîné ; 2° Catherine, mariée, en 1602, à François de Saint-Viance.

XXI. — Jean d'Aubusson, S^{gr} de Villac en partie et de La Vallade, épousa, le 1er mars 1575, Marguerite de La Tour, fille de Giles, S^{gr} de Limeuil [qui était deuxième fils d'Antoine de La Tour, vicomte de Turenne], et de Marguerite de La Cropte [dame de Lanquais]. Ils n'eurent qu'une fille, Jeanne, dame de Villac [et de La Valade], mariée, le 11 décembre 1592, à Michel de Beynac, chevalier de l'ordre du roi, S^{gr} de La Valade, paroisse de Romain en Périgord (1), elle testa le 2 décembre 1630.

XXI bis. — Jean d'Aubusson, fils d'Annet d'Aubusson, S^{gr} de Villac et de Léone de Montardy, sa seconde femme, fut S^{gr} de Villac en partie, de Pérignac et Saint-Léger ; il fit son testament le 23 août 1637. Il avait épousé, le 5 août 1602, Anne de Losse, fille de Jean, S^{gr} de Losse, gouverneur de la ville et citadelle de Verdun, et d'Isabeau-Jeanne de Roquefeuille, dont 1° Jacques, qui suit : 2°....; 3° D....., religieuse à Bruce ; 4° François, prêtre, prieur de Villac ; 5° Charlotte, mariée à..... de Faye, S^{gr} du Puy ; 6° Jean-Georges, qui a fait la branche des seigneurs de Savignac ; 7° Jean, S^{gr} de Beauregard, qui se maria et dont la postérité est rapportée plus loin ; 8° une autre d'Aubusson, religieuse à Bruce.

XXII. — Jacques d'Aubusson, S^{gr} de Villac, Miremont et Fumel, produisit ses titres de noblesse en 1667 devant le subdélégué de Périgueux.

Il épousa, le 2 février 1631, Diane de Royère, fille de Philibert, Sr de Lons, dont il eut : 1° Jean, qui suit ; 2° Philibert, baron de Fumel, capitaine au régiment des gardes ; 3° François, abbé de Châtres en Périgord,

---

(1) Romain, canton de Saint-Pardoux-la-Rivière, arrondissement de Nontron (Dordogne).

mort le 15 août 1669; 4° Jeanne, mariée 1° à..... de Calvimont, Sgr de Chatans; 2° à François de Salagnac, Sgr de Poncie, fils de Barthélemy et de Marguerite Hamelin de Rochemorin.

XXIII. — Jean d'Aubusson, chevalier, marquis de Miremont, près Périgueux, baron de Villac, épousa, le 27 janvier 1654, Louise d'Aubusson de Castel-Nouvel, dont il eut : 1° Jacques, qui suit; 2° Jeanne, mariée, le 15 juillet 1690, à François de Beaumont, Sgr du Repaire en Sarladais, enseigne des chevau-légers de Monsieur, duc d'Orléans, mort sans enfants en juillet 1692; 3° Béatrix, qui épousa Jean Malet, Sgr de La Jaurie en Périgord. Elle est morte sans enfants.

XXIV. — Jacques d'Aubusson, marquis [ou baron] de Miremont, devint chef du nom et armes de sa maison, et comte de La Feuillade, vicomte d'Aubusson, baron de La Borne et de Pérusse, Sgr de Felletin, Ahun, Chénerailles, Jarnages et Drouille, par la mort du dernier maréchal de La Feuillade, arrivée le 29 janvier 1725, la substitution faite par le premier maréchal duc de La Feuillade le 29 juin 1687 s'étant trouvée ouverte à son profit par la mort de son père, qui y avait été appelé. [Il était parent au huitième degré du dernier maréchal de La Feuillade.] Il mourut dans ses terres en 1727.

Il avait été marié, par contrat du 19 janvier 1697, à Françoise de Chapt, fille d'André-Jacques de Chapt de Rastignac, Sgr de Firbeix (1), de Coupiac et de La Gloudie en Périgord, et d'Anne du Barry : elle mourut en août 1750. De cette alliance sont venus : 1° Godefroi ; 2° Louis-Jean ; 3° Nicolas, tous trois morts en bas-âge; 4° Hubert-François, qui suit; 5° Catherine, mariée, le 1er février 1720, à Jean de Serval de La Vergne, Sgr de Berzé en Sarladais; 6° Anne, mariée, le 4 février 1720, à Pierre de La Tour, Sgr du Roc en Sarladais; 7° Louise, morte jeune; 8° autre Anne, mariée, en 1724, à..... des Champs, Sgr de Pressac ; 9° Elisabeth, religieuse bénédictine au monastère de Bugnes.

XXV. — Hubert-François, vicomte d'Aubusson, comte de La Feuillade, baron de La Borne et de Pérusse, Sgr de Felletin, Ahun, Chénerailles, Jarnages et Drouille, Sgr du duché de Roannes, marquis de Boissy et de Cervières en Forez, né le 22 août 1707, fut reçu page du roi en sa grande écurie le 8 mai 1723, chevalier des ordres de Notre-Dame-du-Mont-Carmel et de Saint-Lazare de Jérusalem le 6 décembre 1724. Il fut institué légataire universel par le dernier maréchal de La Feuillade, mort le 29 janvier 1725, en vertu du testament qui le fit héritier du duché de Roannes, du marquisat de Boissy, de quatre châtellenies et de deux autres terres non substituées à son père, le tout de la valeur de 352,000 livres de revenu en 1687. Il succéda, en 1727, par la mort de son père, aux biens substitués de la Marche.

Le 3 juin 1725, il avait été fait mestre de camp du régiment de Royal-Piémont cavalerie; la même année 1725, il fut accordé, le 11 avril, à Marie-Victoire de Prie, née le 28 novembre 1717, et par conséquent âgée de sept ans. Elle était fille de Louis, marquis de Prie, chevalier des ordres du roi, lieutenant-général pour Sa Majesté au gouvernement de Languedoc, gou-

---

(1) Firbeix, canton de Saint-Pardoux-la-Rivière, arrondissement de Nontron (Dordogne).

verneur de Bourbon-Lancy, et d'Agnès Berthelot de Pleneuf, dame du palais de la reine. Ce futur mariage fut rompu, et il épousa, le 28 avril 1727, Catherine-Scholastique Bazin de Bezons, née, le 10 février 1706, de Jacques, maréchal de France, chevalier des ordres du roi, grand'croix de l'ordre de Saint-Louis et gouverneur de Cambrai, et de Marie-Marguerite Le Ménestrel de Hauguel. Il en eut : 1° Jean-François-Marie, né le 30 janvier 1728, et mort peu après; 2° Louis-Gabriel, né le 3 août 1729 ; 3° Louise-Anne-Gabrielle, née le 31 janvier 1731 ; 4° Françoise-Catherine-Scholastique, née en 1733, mariée, le 13 juin 1752, à François-Henri d'Harcourt [Beuvron, appelé le] comte de Lillebonne, fils [aîné] d'Anne-Pierre, duc d'Harcourt, marquis de Beuvron, et de Thérèse-Eulalie de Beaupoil de Sainte-Aulaire [il fut brigadier de dragons et mestre de camp du régiment d'Harcourt]; 5° Louis-Claude-Armand-Rose, comte d'Aubusson, né posthume, et mort peu de temps après (1).

Branche des seigneurs de Savignac.

XXII. — Jean-Georges d'Aubusson, deuxième fils de Jean III, Sgr de Villac, et d'Anne de Losse, fut Sgr de Savignac, et maintenu en sa noblesse l'an 1668.

Il épousa, le 22 novembre 1635, Catherine de Saint-Chamans, fille d'Edme, Sgr du Peschier, et de Marguerite de Badefol. Il en eut : 1° Jean-Jacques, qui suit ; 2° Jacques, abbé de Menat au diocèse de Clermont en 1684 ; 3° François, mort sans alliance.

XXIII. — Jean-Jacques d'Aubusson, Sgr de Savignac, capitaine dans le régiment du roi en 1665.

Il épousa, en 1670, Marie de Montboissier, fille de Jacques, marquis de Canillac, et de Catherine Matel, dont : 1° Georges, qui suit ; 2° Charles, abbé de Menat ; 3° Charlotte prieure de Coiroux ; 4° Marianne, mariée, en 1686, à Philibert de Saint-Julien-le-Château, Sgr de Beauregard en Auvergne, issu des anciens seigneurs de Chambon, capitale du pays de Combrailles, dont est issu le marquis de Saint-Julien ; 5° Marie-Claire, mariée à..... Grain de Saint-Marsaut, Sgr de Gademoulin ; 6° Louise, mariée à..... Bosredon, baron du Puy-Saint-Guimier en Auvergne.

XXIV. — Georges d'Aubusson, Sgr de Perault, épousa..... Montboissier, fille de Charles-Timoléon, marquis de Canillac. Elle a fait casser son mariage pour cause d'impuissance, s'est depuis mésalliée, et a eu des enfants.

Branche des seigneurs de La Villeneuve.

XVIII. — Antoine d'Aubusson, chevalier, Sgr de La Villeneuve, troisième fils de Jean II, Sgr de La Borne, et de Marguerite Chauveron, épousa, par

---

(1) D'Hozier ne s'accorde avec Nadaud ni pour les noms ni pour le nombre des enfants issus de ce mariage; il dit, 1re partie, p. 36 : « Il a laissé pour enfants Hubert-Jérôme d'Aubusson, comte de La Feuillade, âgé de six ans; Louis-Charles-Armand-Rose d'Aubusson, né posthume, et Françoise Scholastique d'Aubusson, âgée de deux ans. »

contrat du 20 août 1464, signé Tarnelli, Jeanne de Salaignac, fille de Jean, S^{gr} de Maignac. Le père Anselme, édité par le père Simplicien, T. V, p. 336, et T. VIII, p. 372, l'a mal nommée *Marguerite d'Aubusson*. De ce mariage naquit Louis, qui suit. Antoine, bâtard d'Antoine, vivait en 1480.

XIX. — Louis d'Aubusson, chevalier, S^{gr} de La Villeneuve, vivait en 1506.

Il épousa 1°, le 10 mars 1486, Catherine de Gaucourt, fille de Charles Ier, vicomte d'Assi, S^{gr} de Châteaubrun, Naillac, etc., et d'Agnès de Vaux, dont il eut : 1° Louise ; 2° Guichard ; 3° Jean ; 4° Pierre, qui suit ; 5° Marguerite, alliée, en 1500, à Jean Chevrier, S^{gr} de Paudi, panetier de Jeanne de France, duchesse de Berri, gentilhomme de la fauconnerie du roi ; 6° Antoine, prieur de l'ancienne abbaye de Roseilles en 1530 (1) ; 7° Denys. Il épousa : 2°, après l'année 1505, Anne de Villequier, veuve de Joachim Brachet, S^{gr} de Montagut.

XX. — Pierre d'Aubusson, épousa, le 8 janvier 1514, Rose de Saint-George, fille de Guichard de Saint-George, chevalier, S^{gr} de Vérac, et d'Anne de Mortemer. Leurs enfants furent : 1° Pierre, qui suit ; 2° Gabrielle. Une quittance nous montre que Gabrielle, fille de Pierre d'Aubusson, écuyer, S^{gr} du Bouchet, et de Rose de Saint-George, avait épousé, en 1556, par contrat reçu Despaignac et Leslis, Jacques d'Oyron, écuyer, S^{gr} d'Ajain ; 3° Marguerite, mariée à Gilbert de Boisse, écuyer, S^{gr} de Pergirault et du Clou.

XXI. — Pierre d'Aubusson, chevalier, S^{gr} de La Villeneuve [en Limousin (2)], mort en 1550, avait épousé Anne de La Gorce [ou La Gorze], sœur de Geoffroy, S^{gr} de Gourdon : elle se remaria, en 1552, à Antoine du Pouget, S^{gr} de Nadaillac en Quercy. De ce mariage naquirent : 1° Rose, mariée, par contrat du 9 mai 1568, à François-Jacques du Pouget, S^{gr} de Nadaillac [chevalier de l'ordre du roi et capitaine de cinquante hommes d'armes, auquel elle porta en dot la terre de Villeneuve. (V. Villeneuve.)]. Mlle (3) de Négrebosse, de Nadaillac en Marche et en Quercy, sœur de M. de Villeneuve, près Felletin et Aubusson, malade d'une suite de couches, fut engagée par son médecin à s'en aller boire les eaux de Vic-le-Comte en Auvergne ; elle mourut presque subitement à Riom : le médecin Blanc en parle au long dans son ouvrage intitulé : *Eaux médicinales de la France*, p. 104. — Pierre d'Aubusson eut : 2° Jeanne, mineure en 1562 [peut-être celle qui épousa, avant 1577, Jean du Pouget] ; 3° Gilberte, aussi mineure en 1562 ; 4° Françoise, mariée à Jean Martin, S^{gr} de La Goutte-Bernard ; elle vivait en 1598.

---

(1) Le 6 mai 1523, il était, dit le père Anselme, chanoine de Moutier-Rozeille, aujourd'hui paroisse dans le canton d'Aubusson, et son cousin, Jean d'Aubusson, était doyen de La Chapelle-Taillefer, près Guéret.

(2) Nous avons dit déjà que cette terre est dans la paroisse de Vallières, canton de Felletin (Creuse). — Cette terre conserve encore son château féodal, et l'église de Vallières porte les armoiries de la famille d'Aubusson, non-seulement sur ses clefs de voûte, mais encore sur un tombeau placé dans une chapelle attenante. La Villeneuve, aujourd'hui paroisse dans le canton d'Eymoutiers, ne garde au contraire aucun souvenir de cette famille. La note de l'abbé Legros est donc erronée. Du reste, huit lignes plus bas, Nadaud semble le prouver lui-même. — Legros dit : « V. Villeneuve ». Sans doute ses notes ont été déchirées : on ne trouve ce nom dans aucun des deux volumes du Nobiliaire.

(3) On sait que les femmes des chevaliers étaient seules qualifiées de l'appellation de *madame*. Les femmes des autres nobles, de quelque rang qu'ils fussent, n'étaient que *demoiselles*.

Branche des seigneurs de Chassingrimont.

XXII. — Guillaume d'Aubusson, troisième fils de François, Sgr de La Feuillade, et de Louise Pot, fut Sgr du Solier et de Chazelles en Berri par sa femme.

Il épousa 1° Louise de La Trémouille, dame de Chassingrimont et de Monimes, fille de François, Sgr de Fontmorand et de Marguerite Pot, dont il eut : 1° François d'Aubusson, Sgr de Chassingrimont, tué au siége de Valence en 1635, sans laisser de postérité de Marguerite Pot, fille de François, Sgr de Rhodes, et de Marguerite d'Aubrai, qu'il avait épousé le 15 novembre 1625 : elle se remaria à Guillaume de Razès ; 2° Bonaventure, prieur de La Villedieu (1), tué en duel ; 3° Charles, qui suit ; 4° Guillaume, chevalier de Malte ; 5° Robert, chevalier de Malte ; 6° François, mort en Allemagne ; 7° Anne, religieuse à l'Annonciade de Bourges ; 8° Jacqueline, qui se fit religieuse à Sainte-Claire de Limoges en 1626.

Il épousa 2° Jeanne de Bridier, dont il n'eut point d'enfants.

XXIII. — Charles d'Aubusson, chevalier de Malte, puis Sgr de Chassingrimont après son frère, mourut le 16 juillet 1664.

Il épousa, le 11 juin 1641, Anne Deaulx, fille de Pierre, Sgr de Chambon, dont 1° Robert Fidel, tué en Portugal en juillet 1667 ; 2° Louis, dit le chevalier d'Aubusson, Sgr de Chassingrimont après son frère, tué au passage du Rhin le 12 juin 1672 ; 3° Jean-Charles, chevalier de Malte, tué en duel en 1675 ; 4° Gaston-Georges, mort ecclésiastique en décembre 1669 ; 5° Thérèse-Gabrielle, mariée à François de Souillac, de Reillac, marquis de Montmége, morte à Paris, âgée de cinquante ans, le 11 février 1704 ; 6° Catherine-Hyacinthe, mariée : 1° à Henri-Guillaume de Razès, Sgr de Monimes (2) ; 2° à François de Verthamon, Sgr de Ville et de La Ville-aux-Clers, conseiller au parlement de Paris ; elle s'était mariée en septembre 1693 ; elle mourut le 18 janvier 1713.

Branche des seigneurs de Beauregard et de Castel-Nouvel.

XIX. — François d'Aubusson, chevalier, second fils de Giles, Sgr de Villac, et de Françoise Beaupoil de La Force, fut Sgr de Beauregard en Périgord et de Castel-Nouvel en Limousin (3), fit son testament le 1er avril 1542. Il avait rendu hommage au vicomte de Limoges le 28 septembre 1541.

Il épousa, le 15 juillet 1515, Jeanne d'Abzac de La Douze, fille de Hugues et de Marguerite d'Aix ; elle testa le 30 décembre 1535. D'eux sont nés : 1° Jean, qui suit ; 2° Gabriel, vivant en 1566 ; 3° Isabelle, mariée, le 27 janvier 1532, à Charles de Gaing, Sgr de Linars, sénéchal de Périgord.

(1) La Villedieu, canton de Gentioux, arrondissement d'Aubusson (Creuse).
(2) Monisme, château dans la commune de Bessines, arrondissement de Bellac (Haute-Vienne). — Razès, est aussi canton de Bessines.
(3) Castel-Nouvel, paroisse de Varets, canton de Brive (Corrèze).

XX. — Jean d'Aubusson, fils de François, Sgr de Beauregard, Castel-Nouvel et La Rue, vendit des héritages le 10 mars 1544, et fit son testament le 29 juillet 1564.

Il épousa Antoinette de Lomagne, fille de Georges, vicomte de Terride, et de Claude de Cardaillac. Antoinette testa le 4 février 1558. Ils eurent : 1° Foucaud, qui suit ; 2° Jean chevalier de Malte, qui testa le 12 mai 1572 ; 3° Marguerite, alliée : 1°, le 15 décembre 1562, à François de Sainte-Fortunade, Sgr de Chaderac ; 2° à François, Sgr de Lentillac en Quercy ; 4° Blanche, mariée, le 20 mars 1571, à François de Royère, Sgr de Lous ; 5° Isabeau, vivante en 1590.

XXI. — Foucaud d'Aubusson, chevalier de l'ordre du roi, capitaine de cinquante hommes d'armes, Sgr de La Rue, La Bazinnie-Sigouhac et Montlaud en Périgord, Castel-Nouvel et Charce, et coseigneur de la ville d'Allassac en Limousin et de Saint-Quentin en Angoumois, acquit la terre du Montant en Périgord (1), testa le 10 mai 1600.

Il épousa 1°, le 28 mai 1561, Françoise de Pompadour, dont : 1° Antoine, Sgr de Beauregard, mort après l'an 1572 ; 2° François, qui suit ; 3° Hugues, vivant en 1600 ; 4° et 5° Jean et Georges, morts jeunes ; 6° Isabeau, dame de Labattut ; 7° Susanne, vivante en 1600 ; 8° Anne, mariée, le 24 août 1593, à Mercure de Corn, Sgr de Caissac.

Il épousa 2°, par contrat, sans filiation, le 14 janvier 1588, Anne d'Abzac, veuve de Jean de Calvimont, Sgr de Lern, fille de Gabriel d'Abzac, Sr de La Douze en Périgord, chevalier de l'ordre du roi, et d'Antoinette Bernard, dame de Vieille-Ville et de Peyramont. Elle testa le 19 novembre 1632. De ce second mariage naquirent : 1° François, tonsuré en 1594, et mort sans alliance après l'an 1618 ; 2° autre François dit le jeune, et vivant en 1618 ; 3° Hector, qui suit, et que le père Anselme donne pour tige des seigneurs de Castel-Nouvel proprement dits, dont les noms viennent après le sien.

XXII. — François d'Aubusson, fils de Foucaud et de Françoise de Pompadour, Sgr de Beauregard et Castel-Nouvel, fut accordé, le 14 janvier 1588, avec Marguerite de Calvimont, fille de Jean, Sr de Lern, et d'Anne d'Abzac de La Douze, qui devenait femme de Foucaud d'Aubusson, son père ; mais ce traité n'eut pas lieu. Il était mort avant le 18 mars 1618, car on fit alors l'inventaire de ses biens.

Il avait épousé, par contrat du 28 septembre 1606, Marie de Hautefort, fille de François et de Louise des Cars. D'eux naquirent : 1° Charles, Sgr de Beauregard, mort sans enfants de Jeanne Loudat, laquelle se remaria à Jean d'Aubusson, Sr de Montanard, le 29 juin 1644 ; 2° François, mort sans alliance depuis 1618 ; 3° Françoise, mariée, en 1644, à Godefroy de La Roche-Aymon, baron de La Farge, marquis de Vic. Elle fut inhumée dans l'église de Vic le 22 septembre 1645.

XXII bis. — Hector d'Aubusson, Sgr de Castel-Nouvel, puis de Beauregard, Saint-Quentin, Saint-Paul et Montant. Sa mère, Anne de La Douze, seconde femme de Foucaud d'Aubusson, lui fit, le 21 février 1632, une

---

(1) Il acheta cette terre d'Hélène de Clermont, dame de Mucidan, dit le père Anselme, et il en rendit hommage au roi de Navarre le 2 janvier 1580.

donation qu'elle confirma dans son testament, daté du 15 novembre suivant. Il fut nommé maréchal-de-camp par brevet du 19 novembre 1651, et testa le 4 janvier 1666.

Il avait épousé, le 16 avril 1633, Madeleine de Raymond, fille de Gabriel, Sgr de Vignoles, de Saint-Paul, de Salegourde et de Marsac, et de Marguerite de Macanan : elle était veuve le 18 février 1667. D'eux sont nés : 1º Godefroy, qui suit; 2º Louise, mariée, le 27 janvier 1654, à Jean d'Aubusson, Sgr de Miremont; 3º Marguerite, ursuline à Brive en 1666; 4º Béatrix, mariée, le 18 février 1667, à Pierre de Griffoules, Sr de Lentillac; 5º Catherine, religieuse à Argentat, diocèse de Tulle.

XXIII. — Godefroy d'Aubusson, Sgr de Castel-Nouvel, dit le marquis de Saint-Paul, eut acte de la représentation de ses titres devant le subdélégué de Périgueux le 4 février 1667.

Il épousa, par acte du 27 janvier 1661, Anne de Chauveron, fille d'Annet de Chauveron, Sgr de Jussac, de Jaiere et de Saint-Maime, et de Jeanne de Lascoux. D'eux naquirent : 1º André-Joseph, qui suit; 2º Annet, chevalier de Malte et page du grand-maître en 1693; 3º Jacques, diacre, abbé de l'Isle-Chauvet en 1726, prévôt de La Souterraine (1), prévôt de Saint-Viance et de Champsac, député de la province de Bourges à l'assemblée du clergé en 1710, et mort le 9 août 1764 (2); 4º Madeleine, carmélite à Bordeaux en 1687; 5º Jeanne, religieuse à Notre-Dame à Bordeaux; 6º Ursule, reçue à Saint-Cyr en novembre 1694; 7º Jeanne-Agnès, née le 15 janvier 1687, reçue à Saint-Cyr en décembre 1696.

XXIV. — André-Joseph d'Aubusson, Sgr de Castel-Nouvel, marquis de Saint-Paul, connu sous le nom de *marquis d'Aubusson*, fut reçu page du roi en sa grande écurie le 1er janvier 1693. Il fut blessé à la bataille donnée près de Munderkingen, à cinq lieues d'Ulm, en Allemagne, le 30 juillet 1703; il fut fait capitaine de cavalerie dans le régiment de La Feuillade, dont il fut mestre de camp au mois de février 1704. Le roi le créa brigadier le 30 janvier 1709, et maréchal de ses camps et armées le 1er février 1719. Après avoir reçu la substitution de la maison de La Feuillade comme comte de La Feuillade et chef de la maison d'Aubusson, il eut, le 11 août 1738, l'honneur d'offrir au roi une médaille d'or où étaient gravés le buste de Louis XIV, et, au revers, le groupe de la statue érigée sur la place des Victoires. C'est un hommage que les aînés de cette maison ont l'honneur

---

(1) La Souterraine, chef lieu de canton, arrondissement de Guéret (Creuse). — Saint-Viance, canton de Donzenac, arrondissement de Brive Corrèze). — Champsac, canton d'Oradour-sur-Vayres, arrondissement de Rochechouart (Haute-Vienne).

(2) Voici l'épitaphe qu'on peut voir chez les Cordeliers de Brive au-dessous de ses armes :

JACET IN CHORO HUJUS ECCLESIÆ JACOBUS
D'AUBUSSON, DIACONUS LICENTIATUS, ABBAS
DE L'ISLE-CHAUVET, ULTIMUS PRÆPOSITUS
DE SUBTERRANEA, PRIOR DE ST-VIANCE
JAUSAC.
FUIT NOBILITATE MAGNUS, VIRTUTE
PRÆCLARUS, INSIGNI CHARITATE MAXIMUS.
OBIIT DIE NONA, AUGUSTI, ANNO 1763,
ÆTATIS SUÆ OCTOGINTA.

REQUIESCAT IN PACE.

de rendre tous les cinq ans à Sa Majesté. André-Joseph d'Aubusson mourut, le 1er août 1741, au château de Jaure en Périgord; il avait soixante-dix ans.

A l'âge de trente ans, le 4 juin 1708, il avait épousé Jeanne-Baptiste-Elisabeth-Charlotte de Vernou de Bonneuil, âgée alors de seize ans, fille unique de feu Jean-Baptiste Gaston de Vernou, marquis de Melzeard, Sgr de Mizay, Ponthieu, Marconnay, etc., et d'Elisabeth de Sainte-Maure de Jonsac. D'eux naquirent : 1° Louis-Charles, appelé le marquis d'Aubusson, capitaine dans le régiment Royal-Piémont cavalerie; 2°....., chevalier d'Aubusson, mousquetaire en la seconde compagnie; 3° Marie-Elisabeth, née en août 1718, mariée, le 1er juillet 1737, à Louis-François-Charles de Crussol, marquis de Montauzier [dont elle eut quatre enfants]; 4°....., mariée à..... d'Hautefort de Vaudre.

XXV. — Pierre-Arnaud, vicomte d'Aubusson, de La Feuillade, fils d'André-Joseph, comte d'Aubusson, Sgr de Castel-Nouvel, et de Jeanne-Baptiste-Elisabeth-Charlotte de Vernou de Melzeard, devint capitaine au régiment de cavalerie de Bezons.

Il épousa, le 4 mai 1754, Jeanne-Marie d'Hautefort, fille de Jean-Louis, comte de Vaudre, etc., et d'Anne-Marie de La Baume-Forsac. Elle mourut à Périgueux, âgée de vingt-sept ans, le 21 juillet 1760.

Autre branche des seigneurs de Beauregard.

XXII. — Jean d'Aubusson, fils d'autre Jean, Sgr de Villac, et d'Anne de Losse, fut Sgr de Beauregard et de Mortemart ou Mortamart. Il avait cinquante-cinq ans lorsqu'il produisit ses titres de noblesse pour lui et ses trois fils, le 21 avril 1667, à Périgueux.

Il épousa, le 29 juin 1643, Jeanne de Loudat ou Loupdat, veuve de Charles d'Aubusson, Sgr de Beauregard. D'eux naquirent : 1° Jacques, Sgr de Beauregard, capitaine des grenadiers aux gardes, tué, le 3 août 1692, au combat de Steinkerque en Flandre, sans laisser de postérité de Marguerite du Chêne, fille de François du Chêne, lieutenant-général et juge-mage de Périgueux; 2° Jean-Georges, chanoine de Périgueux et abbé de Chatres, auquel l'archevêque d'Embrun résigna la prévôté de La Souterraine : il mourut, peu après, l'an 1713; 3° François, Sgr de Fouleys, mort mousquetaire du roi; 4° Marie-Jeanne, morte fille; 5° Charlotte, mariée, le 16 mai 1683, à François de Souillac d'Azerac, Sgr de Verneuil, d'une ancienne et noble maison qu'on fait remonter aux vicomtes de Turenne; il était fils de Bardy, comte du Bourg, et d'Elisabeth de Ferrières de Sauvebeuf; 6° Catherine, alliée à François du Chêne, vicomte de Montréal, lieutenant-général de Périgueux; 7° Henriette, mariée à..... de Taillefer (Sr de Mauriac) de Barrière.

Branche des seigneurs d'Auriac et de La Bacconnaille (1) près Saint-Léonard en Limousin.

Desse d'Aubusson ou Gayet, écuyer, S*gr* d'Auriac, après trois conférences qu'il eut avec le ministre Daniel de Barthe, abjura la religion catholique romaine, dans le consistoire de Rochechouart, le 14 juin 1643.

Il épousa Gabrielle Trompondon, dont : 1° Pierre ; 2° André, S*gr* de Saint-Priest, qui fit son testament le 31 janvier 1652 ; 3° Desse, qui suit.

Desse d'Aubusson, chevalier, baron d'Auriac et de La Bacconnaille, fit son testament le 5 octobre 1669.

Il avait épousé, le 30 juin 1643, Claude du Lau, veuve de Gabriel de Lambertie. Par son testament du 27 mai 1652, reçu Dalesme et de Mavandis, elle ne se recommande qu'à notre Sauveur. D'eux naquirent : 1° Julie, mariée à Jean Roux, chevalier, vicomte de Campaignac, qui demeurait au château de La Bacconnaille, paroisse d'Auriac, en 1683 ; 2° Catherine, *alias* Anne, femme, en 1682, de François Bourdicaud, S*r* de Peyrigeas ; 3° Anne, morte en bas-âge ; 4° un garçon qui mourut peu après sa naissance, et la mère peu après son accouchement (2).

Géral d'Aubusson, abbé de Sarlat en 1255.

Raoul d'Aubusson, chanoine d'Évreux, en fut élu évêque ; mais il céda son droit en 1259. Peut-être est-ce le même qui fut élu doyen de Chartres, et qui quitta cette dignité en 1272.

Raymond d'Aubusson, prévôt du chapitre d'Aimoutiers en 1285.

[Les registres de Borsandi, notaire à Limoges, *apud* Dom. Col, p. 92, n° 148, parlent d'un Pierre d'Aubusson.]

Charlotte d'Aubusson épousa Robert, troisième du nom, S*gr* de Gucidan, qui finit glorieusement ses jours en défendant la ville de Marseille, lorsque Alphonse, roi d'Aragon, voulut s'en rendre maître.

Liene d'Aubusson épousa noble Pierre du Mazet vers 1470.

Jean d'Aubusson *(de Albussone)*, grand-vicaire d'Astorge-Aimery, archevêque de Vienne, et ci-devant évêque de Saint-Paul-Trois-Châteaux, fondé de procuration, prit possession de l'archevêché le 3 mars 1480 (vieux style), et fit un acte de juridiction le 19 décembre 1481. Le prélat mourut en juillet 1482.

[Isabeau d'Aubusson, fille de Jean, écuyer, S*gr* de La Maison-Neuve, et de Jeanne de La Chapelle, épousa, par contrat du 20 janvier 1499, reçu par Jean du Treuil, notaire à La Roche-Guillebaut, Jean Le Borgne, troisième du nom, écuyer, S*gr* de Vernet et de Robert.]

---

(1) Excepté pour la branche des seigneurs de Banson, dont nous avons noté la différence, toutes les branches de la famille d'Aubusson portent, dans le père Anselme : *d'or à la croix de gueules ancrée ;* mais, comme cet auteur ne parle pas de la branche d'Auriac, nous désirions savoir par les monuments si ces seigneurs ont ajouté quelque pièce dans l'écu traditionnel. Ni l'église d'Auriac, ni le château de La Bacconnaille ne portent trace d'écusson. Le château, après avoir passé dans la famille des Bourdicaud, a été vendu, en 1788, par un Bourdicaud de Saint-Priest-Palus à la famille du Autier.

(2) Les notes suivantes inscrivent des noms isolés qui appartiennent évidemment à diverses branches de la famille d'Aubusson.

DU LIMOUSIN.

Noble Bertrand d'Aubusson, prêtre et curé de Tarnac en 1499 (1).
Nicolas d'Aubusson grand-prieur de France en 1518.
[Pierre de Monttoisier, S^{gr} d'Aubusson et de Faverie, épousa Jeanne de Châtillon, fille de Gaucher, sixième du nom, S^{gr} de Châtillon, de Troissy, de Marigne, etc.]
N..... d'Aubusson, S^{gr} de Montierfré, épousa, vers 1540, Désirée Le Groing, fille de Jean, écuyer, S^{gr} de Saint-Sauvier, et de..... de Passat.
Edme d'Aubusson, chevalier, S^{gr} de Buré, épousa, le 2 juin 1614, Marguerite d'Alès, fille de Hubert, homme d'armes de la compagnie du comte du Bouchage, et de Renée de Bolac.
N..... d'Aubusson épousa..... de La Pivardière, dont il eut Louis de La Pivardière, S^{gr} du Bouchet et de Narbonne en Berry, marié, en 1687, à Marguerite de Chauvelin, veuve de Sr de Menou de Billy, connu dans les *Causes célèbres*, T. III.

SOURCES : *Gallia christiana nov.*, T. I, col. 130; T. II, col. 92, 587, 628, 634, 672 et 1510; T. III, col. 1098; T. VI. col. 579; T. VII, col. 949, 1066; T. XII, col. 693. — MORÉRI, édition de 1759. — Le père ANSELME, édition du père SIMPLICIEN, *Histoire généalogique des grands officiers de la couronne*, T. II, p. 674; T. III, p. 89, 352, 354, 358, 820; T. IV, p. 139, 422, 655, 656; T. V, p. 121, 318, 319, 322, 324, 326, 329, 335, 337, 342, 343, 358, 360, 362, 364, 894; T. VI, p. 86, 208, 215; T. VII, p. 335, 320, 683; T. VIII, p. 149, 164, 373, 594; T. IX, p. 328, 335; — *Dictionnaire généalogique*, etc. — LABBE, *Blason royal*. — *Dictionnaire généalogique*, édition de 1757. — DE COMBLES, *Traité des devises héraldiques*, édition de 1784, p. 42 et suiv., et *Tabl. de la noblesse*, édition de 1786, Ire partie, p. 178. — D'HOZIER, *Armorial général*, Ire partie, p. 82. — CHEVREAU, *Histoire du monde*, T. II, liv V, ch. III. — DANIEL, *Histoire de France*. — RIENCOURT, *Histoire de la monarchie française*. — NAIL, *Histoire universelle*. — MÉZERAI. — LE LONG, *Bibliothèque historique de France*, n°s 9445, 9701 et 13755. — *Mémoires de Trevoux*, édition de 1750, p. 1255, et mars; T. XVII, 25 août; édition de 1741, mars, — PÉTAU, p. 93, 96. — *Rationale temporum*, édition de 1703, T. II, p. 64. — NICERON, *Mémoires pour servir à l'histoire de la république des lettres*, T. V, p. 561; T. II, p. 177. — BOUCHET, *Histoire généalogique de la maison de Courtenay*, p. 253. — PITAVAL, *Bibliothèque des gens de cour*, T. I, p. 407. — PIGANIOL, *Description historique et géographique de la France*, T. V, p. 440. — [JUSTEL, *Histoire de Turenne*, p. 197.] — LOBINEAU, *Histoire de la ville de Paris*, T. V, p. 175. — VANEL, *Histoire d'Angleterre*, T. III, p. 13. — RIGAULT, *Histoire des Turcs*, T. IV. — *Mémoires pour l'histoire de l'Europe. — Vie du marquis de Saint-André. — Journal de l'expédition de M. de La Feuillade pour le secours de Candie*, Lyon, 1669, in-12. — *Histoire de Guillaume III, roi d'Angleterre*, liv. II. — QUIEN DE LA NEUFVILLE, *Histoire*, T. IV, liv. XVI, ch. VIII. — BALUZE, *Historia Tutelensis*, col. 359, 360, 361, p. 66, 361, 369, p. 44, 65, 66, 68; col. 580. — *Histoire de la maison d'Auvergne*, T. I, p. 415; T. II, p. 350, 504, 518, 521. — ESTIENNOT, *Fragment hist. aquit. Fouscheri*, T. II, p. 586. —

---

(1) Ne serait-ce pas lui qu'on nomme Bérard dans la généalogie des seigneurs de Villac, n° XVII?

Labbe, *Conciles*, T. IX, col 900 et 902. — Fulgose, liv. III, ch. II. — Spicileg., T. II, p. 404. — Bernardin Wading, *Annal. fr. min.* an 1456, n° 261. — Foderé, *Histoire des couvents de la province de Saint-Bonaventure*, p. 321. — Vaissette, *Histoire du Languedoc*, T. V, p. 590, 591 et 658. — *Journal du cardinal de Richelieu*, T. I, p. 213. — Monthros, *Mémoires*, T. I et II. — *Tablettes historiques* [IVe partie, p. 13], V^e partie, p. 464 et 345, VIe partie, p. 55. — *Mémoires de Brienne*, T. II, p. 51, note — *Mercure*, 1615, p. 393. — *Mercure galant*. — Gui Patin, lettre 186. — Bussy-Rabutin, *Mémoires*, T. II, et III. — Larrey, *Histoire de Louis XIV*, T. V. — *Histoire de Tekeli*, 1693, p. 4. — Bonaventure de Saint-Amable, T. III. — Duboys, *Histoire ecclésiastique de Paris*, T. II, p. 331. — *Mémoires historiques de l'Europe*, T. III. — Percin, *Mon. conv. Tolos.*, ffr. pp. p. ro. — Rocola, *Introduction à l'histoire sacrée*, ch. XIII, art. 7 et 9. — Choisy, *Mémoires*, T. II, p. 50, 59, 60, 61, 62. — *Vie du marquis de Saint-André*. — *Mémoires historiques de Mme de***. — Couturier de Fournoue, *Coutumes de la Marche*, p. 85. — *Ménagiana*, 1729, T. I, p. 269, T. II, p. 123. — *Elite des bons mots*, édition de 1707, T. I, p. 100. — Vigneul, *Nouv. Mélang.*, T. III, p. 164. — *Vie et bons mots de Santeuil*. — *Nécrologe de Port-Royal-des-Champs*, p. 76. — *Vie de Philippe d'Orléans*, par M. le M. de M., édition de 1736, T. I, p. 37 et 38. — *Mémoires du comte de Bonneval*, T. I, p. 63. — [Dom Col, registres de Borsandi, p. 92, n° 148.] — Charvet, *Histoire de l'église de Vienne*, p. 517. — Bouhours, *Vie du grand-maître d'Aubusson*, p. 17. — Benoit, *Histoire des Albigeois*, T. II, p. 320. — Duverdier de Vauprivas, *Bibliothèque des auteurs français*, p. 534. — *Histoire du Théâtre-François*, T. I, p. 22. — Registres du Parlement de Paris. — Archives des frères prêcheurs de Limoges. — Archives des cordeliers de Limoges. — Registres de la paroisse de Vic, et beaucoup d'autres manuscrits (1).

AUBUSSON. — François d'Aubusson, Sr du Verger et du Masneuf, de la ville de Bourganeuf, épousa Jeanne de Chastenet, dont il eut Marie, mariée, en 1611, à Jean Mauple. — Jeanne de Chastenet, devenue veuve, se remaria à autre Jean Mauple, trésorier de France au bureau de Limoges, S^r de La Borie près Limoges, paroisse de St-Michel-des-Lions [et de Pennevayre] (2).

Martial d'Aubusson, chevalier, Sr du Vergier, trésorier de France à Limoges, fils de..... et de Jeanne de Verthamon, épousa : 1° Jehanne de Douhet, fille de Jacques, écuyer, S^{gr} du Puy-Moulinier, lieutenant criminel au siège présidial de Limoges, et de Charlotte de Martin, par contrat du 2 février 1645, reçu par Lortcornet; 2° Anne de Chavaille.

AUDEBERT. — Jean Audebert, écuyer, S^{gr} du Monteil, de la ville de Bellac, épousa....., dont il eut Jean, qui suit :

Jean Audebert épousa, par contrat du 12 janvier 1587, reçu par Perière,

---

(1) Pour la généalogie de la famille d'Aubusson, Nadaud a copié textuellement quelques alinéas dans le père Anselme, édition du père Simplicien. Il a revu son travail à l'aide de ces deux savants; en quelques endroits, il les a corrigés par les notes empruntées aux manuscrits du Limousin.

(2) Pennevayre. — Ce château se trouve commune de Verneuil, canton d'Aixe (Hte-Vienne).

Barbe, fille de feu François, S⁀gr de Cornussac et de Sarguery, et de Marguerite du Vignaud.

Pierre Audebert, écuyer, S⁀gr de Francour (1), repose dans l'église de Bellac (2), où est un tableau qui représente..... et cette inscription avec ses armes :

Epitaphe de Pierre Audebert, écuyer, S⁀r du Francour, vice-sénéchal de la Basse-Marche et capitaine de cinquante arquebusiers à cheval pour le service du roi.

> Passant, arreste toy ; regarde en cette bierre :
> Cy repose le corps de Francourt genereux,
> Francourt de quy le nom se prête en mille lieux
> Sous l'esclat lumineux de sa valeur guerriere.
> La Marche le connut ou la charge severe
> Il exerça longtemps d'un prévot courageux,
> Et le prince, adverti de ses gestes fameux,
> Le voulut prez de soy, le jugeant nécessaire.
> Au camp de Montauban il se fit admirer
> Le premier au combat tardif a retirer,
> N'aymant pour tout butin qu'une gloire immortelle.
> Il mourut à Monheur, au martial effroy,
> Combattant pour sa foy, pour son Dieu, pour son roy.
> Heureux celui qui meurt pour si juste querelle !

> Ad cumdem illustrissimum virum regie in obcequio
> Christi, fide honoris amore *plombinerem* Francourt
> Timore inimica rapit hinc triplex, meritum meritis
> Qua parta *dabun* specta eum *corlo*
> Parta corona triplex de cujus anima
> Requiescat in pace. Amen.
> Mort en 1619.

Jean-Baptiste Audebert de Font-Maubert [mieux Fommobert, trésorier de France en la généralité de Limoges], épousa, en 1767, Marie-Elisabeth Blactet de La Soupardière, de la ville de Niort, diocèse de Poitiers [dont il eut : 1º....., mort ; 2º Henriette, mariée, en 1787, avec Jean de Maussac, chevalier de Saint-Louis, major au régiment de Monsieur, frère du roi (dragons), dont elle eut un fils nommé Louis-Stanislas-Xavier ; 3º Flore, mariée avec Noailhé des Bailes, trésorier de France à Limoges, dont elle eut des enfants ; 4º..... dite M⁀lle de Fommobert, mariée, en 1793, avec..... Faulconnier de Bellac, dont elle eut des enfants].

AUDEBERT, S⁀r de La Vigerie, paroisse de Saint-Georges-de-Cubiliac, élection de Saintes. — Porte : *d'azur à une croix en sautoir d'or.*

I. — Gervais Audebert et Jeanne Pépin ;

II. — Jean Audebert et Marie Rateau ;

(Mariage de Guyon de Lamy avec Marie Audebert, dans lequel Jeanne

---

(1) Francour, commune de Saint-Junien-les-Combes, canton et arrondissement de Bellac (Haute-Vienne).

(2) Bellac, chef-lieu d'arrondissement (Haute-Vienne). — Le tableau où se voyaient les armoiries d'Audebert a disparu. Les lignes grossières que Nadaud a tracées à la plume, et sans indiquer les couleurs, figurent un animal informe passant ; puis, *en chef, un chevron accosté de deux étoiles, et, en pointe, un croissant.*

Pepin, veuve du dit Gervais, et Jean, son fils, mère et frère de la dite Marie, constituants du 22 janvier 1553; mariage du 7 mars 1537).

III. — Pierre Audebert et Jeanne de Nossay. (Mariage du 20 décembre 1594.)

IV. — Jean Audebert et Catherine de La Porte. (Mariage du 6 décembre 1627.)

V. — Daniel Audebert et Marie Marsais. (Mariage du 13 août 1614.)

VI. — François Audebert et Marguerite Dubreuil. (Mariage du 7 avril 1637.)

VII. — Abel Audebert et Sarra de Verteul. (Mariage du 11 novembre 1665.)

AUDENARD, Sr de La Saveuze et de Ferrussat, paroisse de Fressinet (1). — D'Audenars, maître d'hôtel de la reine de Navarre, fut envoyé exprès par le roi Charles IX vers les Rochelais révoltés en août 1572. Il y arriva le 7 septembre, et remplit si bien le devoir de sa charge qu'il espérait voir sa négociation aussi avantageuse au roi qu'honorable et avantageuse à lui-même. (Le Frère, *Histoire des troubles*, liv. XXII.)

I. — Bertrand Audenars, écuyer du lieu de Fressinet, fut député par la noblesse de Guyenne pour porter des remontrances au roi en 1615. Il eut, en 1621, des provisions de gouverneur de Casteljaloux.

Il épousa Isabeau Laurens, fille de feu Géraud de Laurens, conseiller du roi à Agen, par contrat du 21 novembre 1585, reçu Guérin, et dans lequel ils se font donation réciproque.

II. — Bertrand Audenard eut divers certificats de service.

Il épousa 1°, le 15 avril 1611, Jeanne de Senault, dont il eut Pierre, Sr de Saveuze, qui céda les biens de la succession de sa mère en 1651.

Il épousa 2°, le 13 février 1625, Françoise de Montlezun, dont il eut : 1°.....; 2° Géofroi, Sr de Ferrussat; 3° François. Ces trois frères obtinrent, le 4 juin 1669, un arrêt du conseil par lequel ils furent déclarés nobles, et dispensés de produire des pièces plus anciennes que le dit contrat de 1585. Lettres patentes expédiées en conséquence du dit arrêt au mois de mai 1669.

Pierre d'Audenard, écuyer, Sr de Saveuze et de Ferrussat, paroisse de Fraixinet, épousa Adrienne Rault, dont Marie, demoiselle de La Bellandie, mariée, en mai 1677, avec Mathieu d'Argenteau, Sr de La Voxière et de Leycuras, fils de feu Jean, contrôleur des tailles en la généralité de Limoges, et de feue Catherine Roulhac, de la paroisse de Saint-Maurice de Limoges.

AUDIER, Sr de Fontgrenon [terre située dans le diocèse et l'élection d'Angoulême, paroisse de Cercleix, qui était possédée, sur la fin du dernier siècle, par un seigneur nommé Audier. Audier était encore Sgr de Montcheuil, etc.].

— *D'azur à trois lions passants d'or lampassés de gueules, l'un sur l'autre, et deux sauvages pour supports.*

Cette illustre famille de Limoges venait d'Angleterre. Elle a eu un abbé

---

(1) Paroisse aujourd'hui réunie à celle de Saint-Priest-Ligoure, canton de Nexon, arrondissement de Saint-Yrieix (Haute-Vienne). — La Ballandie s'y trouve aussi; Leycuras est auprès, dans celle de Janailhac.

de Saint-Martial et un sénéchal de la Marche. Paule Audier, femme de Mathieu Benoît, fit faire, en 1421, à Saint-Pierre-du-Queyroix de Limoges, la représentation du sépulcre de Notre-Seigneur. Cette famille subsistait en 1668 dans la personne de quelques gentilshommes de qualité du Périgord.

I. — Audier épousa....., dont 1º Martial, qui suit ; 2º Pierre, licencié en décrets, bachelier ez-lois, chanoine de Limoges, prieur de Nontron, curé de Saint-Crespin.

II. — Martial Audier, licencié ez-droit, conseiller au parlement de Bordeaux, S^{gr} de [Fontgrenon et de] Montcheuil [châtellenie du diocèse de Limoges, mouvante de la baronnie de Nontron, et d'où la terre de Saint-Martial-de-Valette a été démembrée], paroisse de Saint-Martial de Valette (1), de Leyterie et de Fontgrellon. Il fit son testament le 10 octobre 1525 [en faveur de son fils Martial].

Il épousa 1º, le 27 mai 1515, Françoise [ou Marguerite] Pastourelle, dont Martial qui suit. Il épousa 2º Françoise de La Porte, le 15 février 1519.

III. — Martial Audier épousa Jeanne de La Garde [le 27 mai 1555, et il en eut Géofroi, qui suit].

IV. — Géofroi Audier épousa, le 9 novembre 1587, Jeanne de Saunier [dont Louis, qui suit].

V. — Louis Audier fit son testament, le 15 juillet 1638, en faveur de son fils. Il épousa, le 3 mai 1631, Anne de Souliere [dont Daniel, qui suit].

VI. — Daniel, héritier de tous les meubles et acquêts de Louis, son père.

Françoise Audier, demoiselle, veuve de Jean de La Brousse, de la ville de Nontron, en 1560.

Martial Audier, écuyer, Sr de Montcheuil, fit son testament le 30 septembre 1584.

Jean Audier, chevalier, Sr de Vidignac, La Tour et Le Mas, épousa Jeanne du Genest. Ils se firent une donation mutuelle, le 18 avril 1586, par acte reçu Aurousset.

Bertrand Audier, S^{gr}, en 1615, de Montcheuil, paroisse de Saint-Martial-de Valette, avait épousé Antoinette Pourtent, dont 1º Marguerite, dame de Montcheuil, La Barde et Vaugoubert (2), mariée, le 11 juin 1615, à Gui d'Aydie, chevalier, S^{gr} de Bernardières (3) ; 2º Antoinette, mariée à..... de Livron, écuyer, S^{gr} de Barillaud, du lieu du Masneuf, paroisse de Chavanac en Angoumois.

Jean Audier, écuyer, sire de La Cave, habitant au château de Montcheuil, paroisse de Saint-Martial-la-Valette, en 1618 et 1632. Il épousa Jeanne Tourtel, qui, veuve en 1659, et ne sachant pas signer, demeurait au lieu noble de Banchereu, paroisse de La Gulhàc et Cercleix en Périgord.

Léonarde Audier épousa, par contrat du 17 décembre 1619, Bertrand de La Lorancie, écuyer, Sr de Seguinas, fils aîné de Jean de La Lorancie, écuyer, S^{gr} châtelain de Charas en Angoumois, et de Susanne de La Garde.

Noble François Tibord Audier, Sr du Mas, La Tour et Champagnolle,

---

(1) Saint-Martial-de-Valette, canton et arrondissement de Nontron (Dordogne).

(2) Vaugoubert, commune de Quinsac, canton de Champagnac, arrondissement de Nontron (Dordogne). Ce château passa, par cette alliance, dans la famille d'Aydie ; puis, par acquisition, dans la famille Thomasson et enfin dans la famille de Cosnac qui le possède aujourd'hui.

(3) Les Bernardières, commune de Champeau, canton de Mareuil, arrondissement de Nontron (Dordogne).

paroisse de La Tour-Saint-Austrille (1), épousa Marie-Anne Alabonne, dont Paul, tonsuré en 1722.

Sources : Maldamnat, *Remarques*, p. 55. — Le P. Anselme, édition de Simplicien, T. VII, p. 862. — V. Aidie, Mauple et Barton de Montbas, branche de Massenon (2).

AUDOUARD, Sr de La Doumanerie, paroisse de Fontenay, élection de Saint-Jean-d'Angely. — Porte : *d'azur à 3 roses d'or, 2 et 1, surmontées d'un soleil de même en chef.*

I. — Jean Audouard tint, comme plus ancien échevin de la maison de ville de Niort, une assemblée le 18 juin 1567. Aubin Giraud est reçu échevin à la place du dit Audouard, son beau-père, par la mort d'icelui, le 31 juillet 1587. Il épousa Marie Yvert.

II. — Jean Audouard, procureur du roi à Niort, épousa, le 15 novembre 1595, Elisabeth Dieu-le-Fils.

III. — Charles Audouard épousa, le 7 août 1635, Louise Gautier.

[AUGMONT. — Guillaume, Sgr de Châteauroux et d'Augmont ou Agumont. — V. mes *Mémoires manuscrits sur les abbayes du Limousin*, p. 502.]

AULAIRE (de Sainte). — V. Beaupoil.

AULNAC (3).

AULNIX. — V. Daulnix.

AUMONT. — Jean, cinquième du nom, sire d'Aumont, épousa, en 1480, Françoise de Maillé, dame en partie de Dun-le-Palleteau (4), fille de Hardouin de Maillé dit de La Tour-Landry, et d'Antoinette de Chauvigny, dame de Châteauroux.

Jacques d'Aumont, chevalier, baron de Chappes, Sgr de Dun-le-Palleteau et Cors, conseiller du roi, notre Sire, gentilhomme de sa chambre et garde de la prévôté de Paris, [vivait le 25 août 1601. (Justel. *Hist. de la maison de Turenne, preuves*, p. 293-297.)]

AUMOSNERIE. — Jean de L'Aumosnerie, écuyer, Sr de La Beneychie, du lieu des Champs, paroisse de Cussac (5), épousa Marie d'Escravayat, dont il eut : 1° Nicole, qui prit l'habit des urbanistes de Nontron (1652), chez lesquelles elle fit profession deux ans après ; 2° Jeanne, née à Roussines le 30 novembre 1632, et morte à Pombes, paroisse de Saint-Front-de-Champnier en Périgord, le 21 octobre 1666, femme de Daniel Roux.

Martial de L'Aumosnerie, écuyer, Sr de La Pouge, paroisse de Dournazac (6), épousa Anne de Puiffe, dont Jean qui suit.

---

(1) La Tour-Saint-Austrille réunie à Saint-Dizier, canton de Chénerailles, arrondissement d'Aubusson (Creuse).
(2) Nadaud indique encore la page 2161, qui manque dans son manuscrit.
(3) Aulnac était à la page 2611, qui est déchirée.
(4) Dun-le-Palleteau, chef-lieu de canton dans l'arrondissement de Guéret (Creuse).
(5) Cussac, canton d'Oradour-sur-Vayres, arrondissement de Rochechouart (Haute-Vienne).
(6) Dournazac, canton de Saint-Mathieu, arrondissement de Rochechouart (Haute-Vienne).

Jean de La Mosnerie, écuyer, S^r de La Goudonie, paroisse de Dournazac, étant malade, à Montberon en Angoumois, des excès commis sur lui, y fit son testament, reçut par de Rassat, le 20 janvier 1662. Il veut être inhumé à Dournazac, et il fait héritière sa femme, Marie-Françoise de Maumont.

Isabeau de Laumonerie, demoiselle de La Porte, mourut à Lubersac, âgée de quatre-vingts ans, le 12 juin 1701.

AURIL, Sr de Saint-Martin, demeurant à Angoulême. — Porte : *d'argent à trois étoiles des sable en chef, deux chabots de gueules en pal et un pommier de sinople tigé et feuillé en abîme, chargé de pommes d'or.*

I. — Georges Auril et Françoise Rousseau (promotion à la charge de conseiller par le décès de Denis Crapeteau le 29 juillet 1618. Aymeric Pasques est pourvu de la même place par le décès du dit Auril le 24 juillet 1623).

II. — Pierre Auril et Charlotte Marougne. (Mariage du 11 juillet 1618.)

III. — Pierre Auril et Anne de L'Estoile. (Mariage du 21 avril 1648.)

AVRIL.

AUROC. — Noble Jean Auroc de Nalesches, paroisse de Moutier-Rauzeille, épousa Gilberte de Grade, dont il eut Jean, tonsuré et chanoine de Moutier-Rauzeille en 1587 (1).

AUTEFORT, S^{gr} de Saint-Chamans, qui est paroisse dans le diocèse de Tulle. — Porte : *d'or à trois forces de sable, 2 et 1 ; écartelé de gueules, à un chien courant d'argent; deux anges* pour supports et un pour cimier.

Boson d'Autefort, *alias* de La Motte, écuyer, S^r de La Motte, paroisse de Saint-Aignan d'Autefort, diocèse de Périgueux, 1546 (2).

Jean d'Autefort, *alias* de La Mothe, fils naturel d'Antoine, et légitimé en 1506, épousa Galiène de Beauvoire, fille de noble Bérand.

Autre Jean d'Autefort, dit de La Mothe, écuyer, curé de Nanclar (3). Il était frère des deux précédents.

Jean d'Aultefort, dit de Verneilh, écuyer, Sr du Puy, paroisse de Cussac (4), capitaine du château de Chalucet pour le roi de Navarre en 1536, et du château de Cromières, paroisse du dit Cussac, épousa Cangenie de Jubel, dont il eut : 1º Loyse, mariée, par contrat du 20 octobre 1549, et reçu de La Chommette, à Jacques Doulcet ou du Doussay, écuyer ; 2º Galiane, mariée à Guillaume Rochon, de la ville de Montignac, diocèse de Sarlat ; 3º Françoise, mariée, par contrat du 25 août 1560, à Pierre Portenc, marchand du bourg de Saint-Pardoux-la-Rivière en Périgord (5).

Jacques-François, marquis d'Hautefort, comte de Montignac et Beaufort, vicomte de Ségur, premier écuyer de la reine, fait chevalier de l'ordre du Saint-Esprit le 31 décembre 1661, mourut sans alliance, le 3 octobre 1680, âgé de soixante-onze ans ; fut enterré chez les jacobins de la rue Saint-Honoré.

---

(1) Moutier-Rozeille, canton de Felletin, arrondissement d'Aubusson (Creuse).
(2) Autefort ou Hautefort, chef-lieu de canton, arrondissement de Périgueux (Dordogne).
(3) Nanclar, canton de Saint-Amand-de-Boixe, arrondissement d'Angoulême (Charente).
(4) Cussac, canton d'Oradour-sur-Vayres, arrondissement de Rochechouart (Haute-Vienne).
(5) Saint-Pardoux-la-Rivière, chef-lieu de canton, arrondissement de Nontron (Dordogne).

XI ou I. — Gilbert d'Hautefort, chevalier de l'ordre de Saint-Michel le 8 février 1565, était gentilhomme ordinaire de la chambre du roi Charles IX le 8 août 1562, et capitaine de 50 hommes de ses ordonnaces le 30 octobre 1567. Il était fils de Jean et de Catherine de Chabannes. Il passa un contrat avec sa femme et Jean de Calvimont, d'autre part, en 1560.

Il épousa 1° Louise de Bonneval, dont il eut : 1° François, qui fut comte de Montignac ; 2° René, qui a fait la branche des vicomtes de Lestrange. Il épousa 2° Brunette de Cornil, fille de Gui, S^{gr} de Cornil (1) et du moulin d'Arnac, et de Rose d'Espagne, dame de Durfort. (La dite Rose fit, le 12 juillet 1583, son testament, par lequel elle institue Alain, son petit-fils. Brunette était veuve de Jacques-Claude d'Ornezan, chevalier de l'ordre du roi.

II. — Alain-Frédéric de Hautefort, baron de Durfort, S^{gr} de Cornil, chevalier de l'ordre du roi, épousa, le 22 décembre 1585, Jeanne de Saint-Chamant, dont elle eut : 1° François, qui suit ; 2° René, mort sans alliance ; 3° Catherine, femme de Jacques de La Gorce, S^{gr} de Floressac et de Maloran.

III. — François d'Autefort, S^{gr} baron de Saint-Chamant et de La Cassaigne, de Durfort et de Cornil, épousa, le 23 mai 1625, Françoise des Cars de Montal, dame d'atour en 1638. Ils eurent : 1° Jacques-François, qui suit ; 2° Madeleine, mariée à Léonard de Villelume ; 3° Catherine, religieuse ; 4° Rose, mariée, le 9 novembre 1660, à Claude de Naucaze, S^{gr} de Naucaze en Auvergne, de Boisse, Les Carrières, etc. ; 5° Anne-Charlotte, qui épousa Jacques de Pastels.

IV. — Jacques-François d'Hautefort, marquis de Saint-Chamans, de La Cassaigne et de Cornil, dit *le baron Blanc,* exempt des gardes du corps du roi en 1679 et 1689, produisit ses titres de noblesse devant l'intendant du Limousin, et en eut acte le 9 août 1669. Il mourut, le 19 avril 1689, âgé de soixante-trois ans, et fut enterré dans les tombeaux de ses prédécesseurs dans l'église des Récollets de Tulle.

Il épousa, le 1er février 1657, Marie de Bailleul, fille de Charles de Bailleul, Sr du Perray, grand-louvetier de France, et de Clémence Francini : elle mourut le 9 août 1712. D'eux naquirent : 1° Jacques-François, comte d'Hautefort, marquis de Saint-Chamans, baron de Cornil, qui testa en 1727, âgé de soixante-dix ans, et mourut sans postérité ; 2° Charles-Nicolas, qui suit ; 3° Pierre, ecclésiastique ; 4° Louis, mort jeune dans les mousquetaires du roi ; 5° Louise-Charlotte, qui vivait en 1709.

V. — Charles-Nicolas de Hautefort, marquis de Saint-Chamans, sous-lieutenant et aide-major au régiment des gardes-françaises, puis lieutenant en 1689, et lieutenant des grenadiers en 1692, ensuite enseigne et sous-lieutenant de la seconde compagnie des mousquetaires du roi, fut nommé brigadier des armées de Sa Majesté le 23 décembre 1702, maréchal-de-camp le 20 mars 1709, et mourut, à cinquante ans, le 2 février 1712.

Il avait épousé Marie-Élisabeth de Creil, fille de Jean, Sr de Soisy, maître des requêtes, intendant de Rouen, et de Catherine Bérault de Chameaux. D'eux naquit Jacques-François, qui suit.

VI. — Jacques-François-de-Sales de Hautefort, marquis de Saint-Chamans,

---

(1) Cornil, canton et arrondissement de Tulle (Corrèze).

épousa, en 1729, Marie-Anne des Cars, dont Marie-Anne-Louise-Gabrielle, fille unique, décédée enfant en 1746.

Sources : *Dictionnaire généalogique*, édit. de 1757. — Le père Anselme, édition du père Simplicien, T. VII, p. 334, 343 et 345; T. VIII, p. 810; T. IX, p. 92 et 199.

AUTIER, Sr de La Bastide, Las Foussadias, La Faye, Veyrat, La Chourière et Leyssard, paroisse de Coussac (1). — *De gueules à la bande d'argent, accompagnée, en chef, d'un lion rampant d'or et couronné de même, et en pointe de trois coquilles d'or mises en bande.*
Bernard du Autier.

I. — Aymar Autier, damoiseau, rendit hommage le 25 décembre 1400.

II. — Antoine Autier épousa Jeanne de Lubersac (2) par contrat du 13 juin 1462.

III. — Jean Autier épousa Marguerite de La Cour, par contrat du 1er septembre 1491.

IV. — Antoine Autier épousa Françoise Bouchard, dont 1° Jean, qui suit; 2° Marguerite, mariée, en 1563, à Jacques de La Foucaudie.

V. — Noble Jean Autier, Sr de La Bastide, épousa 1°, par contrat du 28 novembre 1550, Jeanne de La Pomélie, dont : 1° Gabriel qui suit; épousa 2°, par contrat sans filiation, du 17 juin 1566, Antoinette Perry, dont : 2° Christophe, qui a fait une branche; 3° Françoise, mariée, en 1587, à Gabriel de La Vergne, écuyer, Sr de Lavaud.

VI. — Gabriel Autier épousa, par contrat du 25 février 1590, Jeanne de Dreux, dont 1° Antoine Autier, Sr de La Bastide; 2° Jean, Sr de La Faye, qui suit; 3° Henri, Sr de Las Foussadias, qui a fait une branche; 4° Louis, Sr de Veyrat, qui a fait une autre branche.

VI bis. — Christophe Autier, fils de Jean et d'Antoinette Perry, épousa Léonarde Mourand, dont il eut Jean, Sr de La Chourière, du n° VII quater.

VII. — Jean Autier, Sr de La Faye, fils de Gabriel et de Jeanne de Dreux, épousa Isabeau du Garreau par contrat du 30 août 1659.

VII bis. — Henri [ou Charles] Autier, Sr de Las Foussadias, épousa, par contrat du 7 janvier 1630 et le lendemain, dans l'église de Libersac, Antoinette de Lespeyruc, fille de noble Louis.

— Catherine Autier, veuve de Georges Teillet, juge de Pompadour, y mourut le 1er décembre 1659.

VII ter. — Louis Autier, Sr de Veyrat et des Peyrus, paroisse de Libersac, demeurant au Pré-de-Ceyrat, épousa Marie de La Bonne, par contrat du 4 novembre 1658, et le lendemain dans l'église de Libersac. Elle était fille d'Antoine La Bonne, Sr du Livaud, et d'Antoinette Renoudie. Ils eurent : 1° François, baptisé le 10 août 1659, et Sr de Ceyrat lors de son mariage; 2° Antoinette, née le 12 avril 1663; 3° Gui, né le 17 juillet 1664; 4° Jean, né le 27 septembre 1665; 5° Léonard, né le 11 février 1667; 6° autre Jean, baptisé le 21 avril 1668; 7° Gabrielle, née le 9 septembre 1669; 8° Louis,

---

(1) Coussac-Bonneval, canton et arrondissement de Saint-Yrieix (Haute-Vienne).
(2) Libersac ou Lubersac, chef-lieu de canton, arrondissement de Brive (Corrèze).

né le 29 mai 1671 ; 9° Françoise, née le 23 août 1672 ; 10° Pierre, né le 16 avril 1674 ; 11° Marie, née le 30 juillet 1675.

VII *quater*. — Jean Autier, S^r de La Chourière, épousa, par contrat du 20 septembre 1643, Marguerite Berger, dont Christophe, Sr de Leyssard, qui suit.

VIII. — Christophe Autier, Sr de Leyssard, paroisse de Libersac, épousa Renée de Lepine, par contrat du 3 novembre 1641 (il y a une faute dans cet acte ou dans celui du père). D'eux naquit Susanne, baptisée le 11 avril 1644.

Notes isolées.

Jean Authier, fils d'autre Jean et d'Isabeau de La Brousse, de la ville de Nontron (1), fut conseiller du roi, lieutenant-criminel en élection de Saint-Jean-d'Angély en 1646.

Jean Autier, du bourg d'Arnac-Pompadour (2), épousa Françoise Peyrichon, dont Tonie, baptisée à Troche le 28 décembre 1647.

Paul Haultier, écuyer, S^r de La Chauvière, paroisse de Château-Chervix (3) avait pour sœur Léonarde, qui, eu 1680, était mariée à Jean du Roy, S^r de La Vergne, lieutenant des juridictions de Bonneval, demeurant au lieu du Verdier, paroisse de Saint-Junien-le Vendonneix (4).

Louis Hautier, écuyer, paroisse de Libersac, épousa, le 3 mars 1680, Catherine de La Franche.

François Aultier, Sr de Lascoux, épousa, dans l'église de Libersac, le 25 août 1685, Anne de Brun, veuve de Pierre Testu, juge de Bré (5).

François Hautier, écuyer, Sr de Ceyrat, paroisse de Lubersac, épousa Marguerite Beaufaix, dont Léonard-François, né le 29 juillet 1693.

François Hautier, S^r de La Bastide, mourut subitement à Rouffignac, paroisse de Lubersac, le 28 août 1708.

François Hautier, S^r de La Côte, paroisse de Lubersac, mourut, âgé de trente-cinq ans, en avril 1718.

Léonard Autier, écuyer, Sr de Laudebertie, paroisse de Libersac, mourut, âgé de quarante-cinq ans, le 15 avril 1727. Il avait épousé, le 22 avril 1709, Anne du Mas, de la paroisse de Saint-Julien-le-Vendonneix, qui mourut, âgée de quarante-cinq ans, le 12 mars 1732. Ils eurent : 1° Mathieu, qui suit ; 2° Léonard, né le 2 septembre 1710 ; 3° Catherine, née le 22 septembre 1712 ; 4° Mathieu, baptisé le 10 octobre 1714 ; 5° Pierre, né le 3 septembre 1716, et mort soldat au régiment de Bourbon le 19 novembre 1742 ; 6° François, né le 16 janvier 1718, mort sergent au régiment, le 24 mai 1749 ; 7° autre François, né le 11 juin 1719 ; 8° Jean, né le 9 février 1721 ; 9° Etienne, né le 10 février 1723 ; 10° autre Jean, mort sans alliance.

---

(1) Nontron, chef-lieu d'arrondissement (Dordogne).
(2) Arnac-Pompadour, canton de Lubersac, arrondissement de Brive (Corrèze).
(3) Château-Chervix, canton de Saint-Germain, arrondissement de Saint-Yrieix (Hte-Vienne).
(4) Saint-Julien-le-Vendômois, canton de Lubersac, arrondissement de Brive (Corrèze).
(5) Bré (en latin *Brenno*), ancien château fort, commune de Coussac-Bonneval, arrondissement de Saint-Yrieix (Haute-Vienne).

Mathieu Authier, écuyer, Sr de Laudebertie, paroisse de Libersac, épousa, le 26 juin 1753, Catherine du Rasteau, fille de feu Michel et de Catherine Lacroix, bourgeois du village de Maumont, paroisse de Saint-Pardoux-l'Enfantier (1). Ils eurent : 1° Marguerite, née le 7 décembre 1754; 2° Marie, née le 1er juillet 1756 ; 3° Jean-Baptiste, né le 27 décembre 1758; 4° Gervais, né le 6 janvier 1761 ; 5° Anne, baptisée le 19 février 1763.

Jean Hautier, Sr de La Côte, paroisse de Lubersac, épousa Marguerite Berthon, dont 1° Jeanne, baptisée le 4 décembre 1713, morte le 27 juin 1740 : 2° Pierre, né le 12 mars 1716.

Gabriel Hautier, écuyer, Sr de Lambertie, paroisse de Coussac, épousa à Corbier (2), le 10 septembre 1714, Marie de Roufignac, de la paroisse de Troche.

Pierre Hautier, écuyer, Sr de Romegoux, paroisse de Saint-Cyr-les-Champagnes (3), épousa, le 25 octobre 1724, à Saint-Julien-le-Vendonneix, Jeanne du Peron.

Adrienne Hautier, épouse de Bernard Bacle, Sr du Rieublanc de Lubersac, mourut le 22 décembre 1727.

Demoiselle Catherine Autier, de la paroisse de Libersac, épousa, le 27 novembre 1736, à Saint-Julien-le-Vendonneix, Simon Eycuriaux, de la paroisse de Peyzac (4), son parent au quatrième degré.

Louise Hautier de La Bastide épousa à Lubersac, le 9 mai 1735, Guillaume Le Cene, Sr de La Chapelle, de la paroisse de Saint-Pierre-du-Queyroix de Limoges. Il mourut subitement à Roffignac, paroisse de Lubersac, âgé de soixante-cinq ans, le 8 octobre 1739, et elle mourut, âgée de soixante ans, le 9 novembre 1747.

Adrienne Autier, femme d'Adrien Sarrazin, Sr du Mége, paroisse de Troche (5), mourut, âgée de cinquante ans, le 6 janvier 1749.

SOURCES : Registres de Roherii, notaire à Limoges, p. 37, n° 32, *apud* DOM COL. — Registres de Saint-Martin-Sept-Pers. — Registres de Libersac.

AUZANCES (6). — Pernelle ou Pétronille de Chambon épousa, vers 1180, Gui comte de Clermont, deuxième du nom, fils de Robert et de Mahaut de Bourgogne. Après la mort de son mari, arrivée en 1222, elle se plaignit du refus qu'on lui faisait de son douaire au pape Honoré III, qui, la même année, commit Gui et Durand, archidiacres, et Ar Espero, chanoine de Limoges, pour connaître de cette affaire. On lui donna la ville d'Auzances, diocèse de Limoges.

SOURCE : MARTÈNE : *Amplissima Collectio*, T. I, col., 1089. — BALUZE, T. II, p. 82, 83, 84.

AVINIONIS. — Jean Avinionis de Milhaguet (7), damoiseau, épousa Mar-

(1) Saint-Pardoux-l'Enfantier, canton de Lubersac, arrondissement de Brive (Corrèze).
(2) Corbier ou Corbières, a été réuni à Saint-Pardoux-l'Enfantier, qui est aussi appelé Saint-Pardoux-Corbiers.
(3) Saint-Cyr-les-Champagnes, canton de Lanouaille, arrondissement de Nontron (Dordogne).
(4) Peyzac, canton de Montignac, arrondissement de Sarlat (Dordogne).
(5) Troche, canton de Vigeois, arrondissement de Brive (Corrèze).
(6) Auzances, chef-lieu de canton, arrondissement d'Aubusson (Creuse). — Chambon, chef-lieu de canton, arrondissement de Boussac (Creuse).
(7) Milhaguet, canton de Saint-Mathieu, arrondissement de Rochechouart (Haute-Vienne).

guerite [ou marquise] de Via. Celle-ci, étant veuve, testa le vendredi après la Saint-Martin d'hiver en 1370 [par acte signé Mercerii]. Elle veut être inhumée dans le cimetière de Milhaguet, et dans le tombeau de son mari. Elle fait des legs aux églises de Plevieys (*alias* Pluviers) et de Cussac. D'eux naquirent : 1° Marthe, mariée à Guillaume Salamo ; 2° Jordain ; 3° Marguerite ; 4° Pierre.

SOURCE : archives du château de Montbrun.

[AYCELIN de Montaigu ou Montagu]. — (Il paraît que cette terre de Montaigu et la famille Aycelin sont de l'Auvergne, et par conséquent ne nous regardent pas.) — Montagu, *fascé d'or et d'azur de six pièces, à la bordure de gueules.*

Aycelin-Montaigu porte : *de gueules au lion d'hermine, ou de sable à trois têtes de lion d'or.*

Pierre Aycelin, S^{gr} de Montaigu, épousa Isabeau, dauphine, fille de Robert III, comte de Clermont, dauphin d'Auvergne, et d'Isabeau de Jaligny, sa seconde femme, morte en 1327. D'eux naquirent peut-être : 1° Gilles qui suit ; 2° Albert Aycelin, évêque de Clermont.

I. — Gilles Aycelin, S^{gr} de Montaigu en Auvergne, épousa Blanche de Castre ou du Casteau, dont : 1° Gilles II, qui suit ; 2° Marguerite Aycelin, appelée illustre et puissante dame dans un titre de l'an 1329 : elle épousa Bertrant I de La Tour S^{gr} d'Oliergues ; 3° Albert Aycelin.

II. — Gilles Aycelin, S^{gr} de Montaigu, épousa, en 1311, Macarone de La Tour, fille de Bernard VI, S^{gr} de La Tour, et de Béatrix de Rodez, dont 1° Gilles III, qui suit : 2° Guillaume Aycelin.

III. — Gilles Aycelin, S^{gr} de Montaigu.

SOURCE : JUSTEL, *Histoire de la maison d'Auvergne*, p. 87, 111, 150, 181, 182.

AYMERI (1).

AYQUENI (Nuoms ?) se trouve dans les registres de Roherii, notaire à Limoges, page 84, n° 71, *apud* DOM COL.]

B.

[BACCONNAILLE (DE LA), fief près de la ville de Saint-Léonard, dont le château et la terre sont en décret depuis longtemps. Ils ont été possédés pendant plus d'un siècle par un seigneur du nom d'Auberoche, qui en était bailliste. Leur possesseur actuel se nomme Bourdicaud. La maison de Lostanges en Bas-Limousin y a des prétentions, qui lui sont disputées par celle des Bonneval.]

---

(1) La page 577, qui est déchirée, contenait des notes sur la famille Aymeri. Voir l'article Bostvigier.

BACHÈLERIE (DE LA). — Noble et puissant Jacques de La Bachèlerie, S^{gr} d'Eyjau (1), épousa Marguerite de Jourgniac (2), veuve en 1509.

Noble Bernard de La Bachèlerie, paroisse d'Eyjau, épousa... dont Léonard, religieux d'Aureil (3), tonsuré en 1546, puis prieur de Saint-Nicolas *de frigidis urticis.*

Geofroi de de La Bachèlerie, noble S^r d'Eyjau, épousa Antoinette de Meillars, veuve en 1566.

Geofroi de La Bachèlerie, écuyer, S^r des Esgaulx, mieux Eyjau, épousa, par contrat du 25 mai 1578, reçu par Raffart, Judith de Carbonnières.

Jacques-Joseph de La Bachèlerie, écuyer, Sr de Neuvielle, de la ville d'Aimoutier (4), épousa Marie-Thérèse Menot, dont : 1° Jean, né le 17 novembre 1735, ecclésiastique en 1760 ; 2° Jacques-Joseph, ecclésiastique en 1762.

Martial de La Bachèlerie, écuyer de la ville d'Aimoutier, épousa, en 1768, Marie-Anne de Miomandre, de la paroisse de Sainte-Marie de Châteauneuf (5).

BADEFOU, ou BADAFOL, ou BADEFOLLE.

Seguin de Badefolle vivait en...

Gui de Badefou, écuyer, Sr de Peyraux, épousa, par contrat du 1er mars 1588, signé Pécon, Isabeau de Pierrebuffière, fille de Jean Jeoffroi, dont Marguerite.

SOURCE : Registres de Borsandi, notaire à Limoges, p. 71, n° 115, *apud* DOM COL.

BADISTE (6). —

BAIGNAC. — Pierre de Banhac, paroisse de... (7) près la ville de Bellac, épousa..., sœur de Pierre Gauvaing, dit le cardinal de Mortemart, dont Pierre, cardinal, mort en 1369.

Pierre de Baignac, écuyer, Sr de Ricoulx et de La Bastide, paroisse de Tersannes (8), épousa Anne de Ricoulx, dont Balthazar qui suit :

Balthazar de Baignac, écuyer Sr de Ricoulx et de la justice de Tersannes pour les deux tiers, épousa, par contrat du 14 décembre 1592, signé Guayet, Renée de Brujas, fille de noble Jacques Sr de Lage-Malcouronne, juge sénéchal du Dorat, et de Renée Dunet. Elle se remaria, en 1600, à Claude Richard, écuyer, S^r de La Valade, paroisse de Moutier (9).

BAILH. — Guillaume de La Baylia, citoyen de Tulle, fut anobli à cause

---

(1) Eyjeaux, canton de Pierrebuffière (Haute-Vienne).
(2) Jourgnac, canton d'Aixe, arrondissement de Limoges (Haute-Vienne).
(3) Aureil, ancien prieuré d'hommes, fondé par Saint-Gaucher, aujourd'hui paroisse dans le canton sud de Limoges.
(4) Eymoutiers, chef-lieu de canton, arrondissement de Limoges (Haute-Vienne).
(5) Châteauneuf-la-Forêt, chef-lieu de canton, arrondissement de Limoges (Haute-Vienne).
(6) Badiste se trouvait à la page 766, qui est déchirée. Des Cousture écrit Badiffe.
(7) Baignac, château dans la paroisse de Saint-Bonnet, canton et arrondissement de Bellac (Haute-Vienne).
(8) Tersannes, canton du Dorat, arrondissement de Bellac (Haute-Vienne).
(9) Moutier, réuni à Verneuil, canton du Dorat, arrondissement de Bellac (Haute-Vienne).

de sa fidélité envers le roi l'an 1370. Sa famille existait encore du temps de Baluze.

Noble Jacques de Bailh, Sr du dit lieu, paroisse de La Tourette (1), épousa..., dont Jeanne, mariée, par contrat du 14 avril 1433, à Louis de Montlouis, marchand de la ville d'Ussel.

SOURCE : BALUZE, *Histoire de Tulle*, p. 205.

BAILHOT. — Nicolas Bailhot, Sr de La Blanchardie, fut blessé, le 22 juillet 1589, à Magnac (2), par un chanoine de Saint-Germain, fils de Dodinot, notaire, de neuf coups d'épée. Il en mourut le 29, et fut porté inhumer au cimetière de Pierrebuffière.

Noble François Bailhot, Sr de La Blanchardie, paroisse de Pierrebuffière (3), épousa 1°, par contrat du 21 juin 1599, Isabeau de Bruelhe ou des Broulhes, dont une fille, Jean et Annet, morts d'abord après leur baptême, et inhumés à Pierrebuffière; épousa 2°..... de La Jomont, dont 1° Loyse, baptisée à Pierrebuffière, le 11 novembre 1607 ; 2° Marguerite, baptisée le 6 février 1611.

SOURCE : Registres de Pierrebuffière.

[BAILLOT d'Étivaux (4).]

[BAILLOT du Queyroix. — N... Baillot, Sr du Queyroix, qui est un fief situé sur la paroisse de Peyrilhac (5), habitant de Limoges, fut père : 1° de... Baillot qui suit ; 2° de N...

N... Baillot, mariée à N... Peyroche, Sr du Puyguischard, des Taubayes, etc., négociant à Limoges, puis secrétaire du roi.

N... Baillot, Sr du Queyroix, mort en 17..., fut père de...

N... Baillot, Sr du Queyroix, trésorier de France à Limoges, mort en 1780. Il avait épousé N... Léonard de Fressanges, dont : 1° N..., qui suit ; 2° N... Baillot, dite Mlle du Queyroix; 3° N... Baillot ; 4° quelques autres enfants morts en bas-âge.

N... Baillot, écuyer, Sr du Queyroix, marié à N... Faulte de Ventaux, fille de Mathieu Faulte de Ventaux, officier d'infanterie et chevalier de Saint-Louis, mort en 179..., et de N... de Brettes du Cros de Cieux (6), dont quelques enfants.]

BALANGIS. — Pierre de Balangis, chevalier, paroisse de Dornarat (7), épousa Gilberte de Cozet, qui, étant veuve, fit, le 1er février 1281 (vieux style), son testament, par lequel elle demandait d'être inhumée au cimetière de la ville de Saint-Junien. D'eux naquit Hugues de Ripperiis, damoiseau,

---

(1) La Tourette, canton et arrondissement d'Ussel (Corrèze).
(2) Magnac-Bourg, canton de Saint-Germain-les-Belles, arrondissement de Saint-Yrieix (Haute-Vienne).
(3) Pierrebuffière, chef-lieu de canton, arrondissement de Limoges (Haute-Vienne).
(4) Étivaux, commune de Veyrac, canton de Nieul, arrondissement de Limoges (Hte-Vienne).
(5) Peyrilhac, canton de Nieul, arrondissement de Limoges (Haute-Vienne).
(6) Cieux, canton de Nantiat, arrondissement de Bellac (Haute-Vienne).
(7) Lisez Dournazac. — Dournazac, canton de Saint-Mathieu, arrondissement de Rochechouart (Haute-Vienne). Le château de Montbrun se trouve dans cette commune.

qu'Hélie de La Banda, chevalier et seigneur en partie de Montbrun, investit, l'an 1274, d'un acensement dans la paroisse de Dournazac,

Sources : Archives du chapitre de Saint-Junien et du château de Montbrun.

BALLUE, Sr du Puy et du Bélair, paroisse de Saint-Quentin, élection d'Angoulême, portait : *d'azur à une tour d'argent maçonnée de sable et surmontée d'un croissant de même,*

I. — Maurice de Balluë épousa..., dont François, qui suit.

II. — François de Balluë, épousa, le 15 novembre 1562, Guyonne Joubert, dont 1° Pierre, et 2° Jean, qui suit, qui partagèrent la succession de François, leur père, le 29 décembre 1590.

III. — Jean de Balluë épousa, le 10 novembre 1602, Marie du Tillat.

IV. — Noël Bernard de Balluë, Sr du Puy, épousa, le 31 janvier 1634, Françoise Guyot.

V. — François de Balluë, Sr de Bélair, obtint un arrêt du conseil du 27 août 1668 par lequel il fut déchargé de porter des titres plus anciens que le susdit de l'an 1562, et relevé de la dérogeance prétendue du dit Maurice. Il épousa, le 6 juin 1667, Philippe de Cambout.

[BALY. — Noble Hugon Baly fit bail à rente d'une terre à Aixe (1) le 11 décembre 1415.

Source : Registres de Fagia, notaire à Aixe, chez Ardant, notaire à Limoges, folio 17, *recto.*]

BANCEIS. — Itier de Banceis, damoiseau, épousa..., dont 1° Philippette, mariée à Ithier de Cossis ; 2° Seguin ; 3° Pierre : ces deux derniers possédaient des dîmes à Saint-Junien (2) en 1316, 4°... mariée à...

Source : Archives du chapitre de Saint-Junien.

BAR. — La terre de Bar, dans la sénéchaussée de Tulle en Bas-Limousin (3), était déjà érigée en marquisat vers 1698. Elle appartenait, vers ce temps-là, à un seigneur du nom de Laborde ; elle est située dans la paroisse d'Ussel. — Cette famille fit preuve de noblesse en 1598.

De Bar porte : *d'argent à 3 fasces de gueules.*

De Bar, S^{rs} de La Chapelle-Saint-Gérald (4), paroisse du dit lieu, diocèse de Tulle, La Chapoulie et Mariembourg, paroisse d'Ussac (5), et de Sainte-Ferréole (6), paroisse du dit lieu.

Bertrand de Mulceo, damoiseau vers 1280, épousa..., fille de Hugue Bovis, chevalier.

---

(1) Aixe, chef-lieu de canton, arrondissement de Limoges (Haute-Vienne).
(2) Saint-Junien, chef lieu de canton, arrondissement de Rochechouart (Haute-Vienne).
(3) Bar, canton de Corrèze, arrondissement de Tulle (Corrèze).
(4) La Chapelle-Saint-Géraud, canton de Mercœur, arrondissement de Tulle (Corrèze).
(5) Ussac, canton et arrondissement de Brive (Corrèze).
(6) Sainte-Ferréole, canton de Donzenac, arrondissement de Brive (Corrèze).

P. de Mulceo, habitant la paroisse de Saint-Exupéri (1), en 1297, épousa Marguerite Las Vernhas, qui était veuve en 1300.

Jacques de Mulceone, S^{gr} de Bar, épousa..., dont Marie, mariée, en 1441, à Jean Vigerii.

I. — Jacques de Monceau, *alias* de Bar, apparemment celui qui était écuyer d'Annet de La Tour, S^{gr} de Servières (2), et à qui celui-ci, par son testament du 19 mai 1497, donna la capitainerie du châtel et châtellenie de Saint-Superi (*lisez* Saint-Exupéry) durant sa vie; épousa, le 4 février 1451, Marie de La Chapoulie, dont 1° Raymond, qui suit; 2° Pierre, moine et prévôt de Saint-Robert.

II. — Raymond de Bar, damoiseau, Sr de Peuchmareis ou Puymarais en 1530, coseigneur de Malemort (3) et de Cornil (4), épousa, le 7 novembre 1484, Marie de Coulanges, dont : 1° Annet, qui suit; 2° François qui se maria en 1525, et qui fit une branche; 3° Jean, prévôt de Saint-Robert; 4° Jeanne, qui fut ravie par Gervais et Jean de Bonneval.

III. — Annet de Bar fit son testament le 21 janvier 1553. Il épousa, le 21 novembre 1518, Marguerite de Beynat, dont il eut : 1° Gui, qui suit; 2° François, marié le 22 août 1581.

IV. — Gui de Bar fit son testament le 4 décembre 1599. Ses enfants partagèrent sa succession le 7 décembre 1605. Il avait épousé, le 4 décembre 1562, Jacquette de Veillans, dont naquirent : 1° Charles, qui suit; 2° Jacques, qui fit une branche.

V. — Charles épousa, le 2 février 1606, Jacqueline de Langeac, dont Guy, qui suit.

VI. — Guy de Bar, gouverneur de la citadelle d'Amiens. Le cardinal Mazarin obtint, en 1650, de la duchesse d'Aiguillon qu'elle confierait la citadelle du Havre au Sr de Bar, en qui elle avait une entière confiance, qui gardait les princes à Vincennes, et qui continua de les garder au Havre. (*Mémoires de Brienne*, T. II, p. 233.)

Gui de Bar, épousa, le 17 janvier 1656, Jeanne de Ganeste, dont il eut : 1°...; 2°..., évêque de Leytoure.

Joseph de Bar, écuyer, paroisse de Servières, diocèse de Tulle, épousa, en 1760, Jeanne de Cluse, paroisse de Beaulieu (5).

III *bis*. — Noble François de Bar transigea avec Annet, son frère, sur la succession de Raymond, leur père, le 28 février 1541. Il épousa, par contrat du... 1525, Julienne Foucher de Sainte-Fortunade, dont il eut François qui suit :

IV. — Noble François de Bar épousa 1°, par contrat du 20 septembre 1551, Jeanne de Saint-Chamant; il épousa 2°, par contrat du 13 juin 1568, Françoise Perrin, dont : 1° Jacques, qui suit; 2° Gui, S^r de La Chapoulie, qui fit son testament le 22 juin 1632, mourut le 11 septembre 1633, et fut inhumé dans l'église de Cornil. Il avait épousé Anne de Jugeals, dont il n'eut point d'enfant. Sa veuve se remaria, en 1635, à François de Corn.

---

(1) Saint-Exupéry, canton et arrondissement d'Ussel (Corrèze).
(2) Servières, chef-lieu de canton, arrondissement de Tulle (Corrèze).
(3) Malemort, canton et arrondissement de Brive (Corrèze).
(4) Cornil, canton et arrondissement de Tulle (Corrèze).
(5) Beaulieu, chef-lieu de canton, arrondissement de Brive (Corrèze).

V. — Jacques de Bar, écuyer, S‍r de La Chapoulie, auquel François, son père, fit donation le 22 février 1593, épousa, par contrat sans filiation du 27 février 1618, Jeanne de La Johannie, qui mourut, âgée de quatre-vingts ans, le 26 octobre 1669, et fut inhumée dans l'église de Cornil. D'eux naquit Jean, qui suit.

VI. — Noble Gui de Bar, S‍r de La Chapoulie et coseigneur de Cornil, mourut, âgé de soixante-cinq ans, le 6 janvier 1681, et fut inhumé dans l'église de Cornil. Il avait épousé, par contrat du 17 avril 1640, Jeanne Haulier, qui mourut, âgée de quatre-vingts ans, le 15 janvier 1694, et fut inhumée dans l'église de Cornil. D'eux naquirent : 1° Jacques, qui suit ; 2° Jeanneton, mariée, dans l'église de Cornil, le 14 février 1684, à Antoine Cellier, fils de Pierre et de Marguerite de Petitie, du village de Fontoursi, paroisse de Beynac (1); 3° Marguerite, mariée, en août 1684, à Nicolas Verdier, lieutenant de la juridiction de Puy-de-Noix, paroisse de Beynac ; 4° Anne morte, âgée de soixante-quinze ans, le 25 avril 1754, et inhumée dans l'église de Cornil ; 5° Jeanne, morte, âgée de soixante-douze ans, le 24 janvier 1755, et inhumée au même endroit ; 6° Antoine, 1686 ; 7° Gabriel, qui a fait la branche de La Selve.

VII. — Jacques de Bar, écuyer, S‍r de La Tour, coseigneur de Cornil, épousa, en novembre 1678, Charlotte de Terriou, fille de feu Léonard : elle mourut âgée de quatre-vingts ans, le 18 mars 1730, et fut inhumée dans l'église de Cornil. D'eux naquirent : 1° Hugues, qui suit ; 2° Louise, née le 19 avril 1683, mariée à Léonard Vergnet du Mas-du-Peuch, paroisse de Chameyrac (2), diocèse de Tulle, morte au château de La Chapoulie le 1‍er novembre 1731, et inhumée dans l'église de Cornil ; 3° Jeanneton, née le 5 mars 1685 ; 4° Arnaud, né le 29 août 1687 ; 5° Jacques, né le 20 avril 1693 ; 6° et 7° Gui et Anne, morts en bas-âge.

VIII. — Hugues de Bar, chevalier, S‍r de La Chapoulie et coseigneur de Cornil, né le 19 avril 1681, mourut le 29 septembre 1745, et fut inhumé dans l'église de Cornil. Il épousa, le 9 novembre 1728, Marie de Tralaygue de Saint-Antoine, paroisse d'Ussac : elle mourut, âgée de cinquante ans, le 28 janvier 1759, et fut inhumée dans l'église de Cornil. D'eux naquirent : 1° Jeanne, le 10 avril 1730 ; 2° Armand, le 25 décembre 1731 ; 3° Jacques, le 30 mars 1733 ; 4° Arnaud-Clément, le 24 novembre 1735, qui fut volontaire au régiment de Penthièvre en 1759 ; 5° Gabrielle-Thérèse, ondoyée, dans la maison paternelle, le 26 mars 1738 ; 6° Laurent, né le 16 août 1740 ; 7° autre Jacques, né le 20 juin 1742 ; 8° et 9° Anne et Hugues, morts en bas-âge.

IV ter. — François de Bar épousa, par contrat sans filiation du 22 août 1581, Jeanne de Costeaux, dont Jean, qui suit.

V. — Jean de Bar, écuyer S‍r du Torondel, paroisse de Saint-Augustin (3), épousa, le 2 octobre 1601, Jeanne de Bézanger, dont : 1° Charles, qui suit ; 2° François, tonsuré en 1620.

VI. — Charles de Bar, S‍r de Mariembourg, à qui Jean, son père, fit dona-

---

(1) Beynac, chef-lieu de canton, arrondissement de Brive (Corrèze).
(2) Chameyrac, canton et arrondissement de Tulle (Corrèze).
(3) Saint-Augustin, canton de Corrèze, arrondissement de Tulle (Corrèze).

tion le 27 avril 1643, épousa, par contrat sans filiation du 3 juillet 1661, Jacquette de Marsac.

Noble Antoine de Bar, écuyer, Sʳ de La Goutte, paroisse d'Ussac, épousa....., dont Marie, publiée, en février 1658, pour épouser Henri Calvet, fils de Guillaume et de Louise Bonnel, au bourg de Vigeois (1), où elle mourut, à quatre-vingt-quinze ans, le 12 avril 1709.

V *quater*. — Jacques de Bar épousa Isabeau de Saint-Chamant, dont François, qui suit.

VI. — François de Bar, Sʳ de La Chapelle, épousa, le 15 août 1641, Marie de Sainte-Colombe.

Branche de La Selve.

VII *bis*. — Noble Gabriel de Bar, écuyer, Sʳ de La Selve, du bourg de Cornil, y mourut, âgé de soixante-dix ans, le 8 mars 1710, et fut inhumé dans l'église. Il épousa Anne d'Araqui, qui mourut, âgée de cinquante ans, le 8 juillet 1725, et fut inhumée dans l'église de Cornil. D'eux naquirent : 1º Guine, le 16 avril 1693; 2º Anne, baptisée le 8 octobre 1696; 3º Jean, né le 20 mars 1699; 4º Marie-Jeanne, le 12 juillet 1701 ; 5º Etienne, le 25 mars 1706; 6º Pierre, qui suit ; 7º Jeanne, morte en bas-âge.

VIII. — Noble Pierre de Bar, écuyer, Sʳ de La Selve, mourut, âgé de cinquante-cinq ans, le 8 mars 1741, et fut inhumé dans l'église de Cornil. Il avait épousé, le 7 février 1719, Jeanne Roubertie, fille de feu Pierre et de Catherine Marchadour, du village des Bordes : elle mourut, âgée de cinquante-cinq ans, le 1ᵉʳ mars 1741, et fut inhumée dans l'église de Cornil. D'eux naquirent : 1º Hugues, baptisé le 21 mai 1722 ; 2º Anne, née le 23 janvier 1725; 3º Gérald, qui suit.

IX. — Noble Gérald de Bar de La Selve, écuyer, épousa, le 5 juillet 1742, Françoise du Puy, fille de feu Antoine Laboureur et d'Elisabeth Granaille, du village de Villières. D'eux naquirent : 1º Pierre, le 11 mai 1743; 2º Madeleine, le 10 avril 1747; 3º Anne, le 18 mai 1749; 4º Marie, le 31 juillet 1752; 5º Léger, le 1ᵉʳ août 1755; 6º Jeanne, le 8 décembre 1759; 7º autre Pierre, mort en bas-âge.

BAR. — V. Mallevaux.

BARBANÇOIS DE SARZAY. — Election d'Issoudun, diocèse et généralité de Bourges (2).

Pierre de Barbançois, chevalier, Sgʳ de Sarzay, épousa, le 25 décembre 1560, Françoise de Lezay, fille de René, chevalier, Sgʳ des Marais, et de Françoise d'Allery.

Léon de Barbançois, Sʳ de Sarzay, Reville, Vilgongis, Chouday et Limange, épousa Jacqueline de Neuchezes, dont il eut François, né le 26 décembre 1651, à qui on suppléa les cérémonies du baptême à Lussac-les-Églises (3) le 21 janvier suivant.

---

(1) Vigeo's, chef-lieu de canton, arrondissement de Brive (Corrèze).
(2) Sarzay, canton de Neuvy-Saint-Sépulchre, arrondissement de La Châtre (Indre).
(3) Lussac-les-Eglises, chef-lieu de canton, arrondissement de Bellac (Haute-Vienne).

Marguerite-Louise de Barbançois épousa, en 1772, dans l'église de Saint-Eustache, à Paris, Joseph-Augustin des Maisons, écuyer, Sr du Palan, baron de Peyrat.

SOURCE : SIMPLICIEN, T. III, p. 90.

BARBARIN, Sr de Vessac, paroisse de Rignat, élection de Saintes. — Porte : *d'argent à trois mouches à miel de sinople, 2 et 1, surmontées d'une étoile de gueules.*

I. — Jean Barbarin épousa Marguerite de La Chassaigne.

II. — Jean Barbarin, conseiller en la cour des aydes de Périgueux, depuis réunie au parlement de Bordeaux, épousa 1° Honorette de Bardas, dont Jean, qui suit; épousa 2° Jeanne de Merle.

III. — Jean Barbarin, conseiller au présidial de Périgueux, gentilhomme ordinaire de la chambre du roi, épousa 1° Marie Richard, dont Jean, qui suit; épousa 2° Gabrielle-Arnaud de La Borie, le 7 juillet 1596, fille de Pierre, S^r de La Borie, à Périgueux, et de Jeanne de Tricard. — (MORERI, 1759.)

IV. — Jean Barbarin épousa marquise de Montardy.

V. — Marc-Antoine Barbarin épousa Gabrielle Nourigier.

BARBE. — Silvain Barbe, écuyer, S^{gr} en partie de Cornussat ou Cornissat, paroisse de Bussière-Dunoise (1), épousa 1° Sylvaine Mogar, dont : 1° Sylvain, né le 8 février 1646 ; 2° Antoine, né le 12 octobre 1650 ; épousa 2° Claire Rousseau, dont : 3° Gabriel, né le 16 janvier 1655, 4° Sylvain, baptisé le 13 août 1656; 5° François, né le 14 octobre 1659.

Noble Léonard Barbe mourut le 18 janvier 1649, et fut inhumé dans l'église de Bussière-Dunoise.

BARBERIE (LA). — V. SUIROT.

BARBEZIÈRES, Sr de Villesion, du Bois-aux-Roux et La Touche, paroisse de Nanclars (2), élection d'Angoulême. — Barbezières, Sr de Rouilhac, paroisse de Saint-Martial, élection de Coignac. — Portent : *d'argent à six fusées de gueules en fasce.*

I. — Louis de Barbezières épousa Catherine Guytaud.

II. — Hercules de Barbezières épousa Guillelmine Jay.

III. — Jean de Barbezières épousa Marie de La Faye.

IV. — Hieremie de Barbezières épousa Marie Thevenin, dont : 1° Etienne, qui suit; 2° Jean, Sr de Bois-Auroux, qui se maria 1° à Louise de La Porte; 2° à Catherine Marsay.

V. — Etienne de Barbezières épousa Fleurance Corgnol, dont : 1° Louis. qui suit; 2° François, S^r de La Touche, qui épousa Marie Amand.

VI. — Louis de Barbezières, Sr de Villesion, épousa Marie Pingaud.

Nice de Barbezières, fille de Jean, écuyer, de Barbezières en Saintonge, et d'Amice L'Hermite, épousa, le 14 novembre 1476, Antoine Valentin, écuyer, Sr de Germeville.

---

(1) Bussière-Dunoise, canton de Saint-Vaulry, arrondissement de Guéret (Creuse).
(2) Nanclars, canton de Saint-Amant-de-Boixe, arrondissement d'Angoulême (Charente).

Catherine de Barbezières, fille de Jean, Sr de Barbezières et de Clémence d'Orgemont, épousa, le 30 avril 1501, François Dexmier, écuyer, Sr de Chenon et de Mirande.

BARBIER (1).

BARBIER. — Gabriel du Barbier, écuyer, Sr de Livron, du lieu du Repaire, paroisse de Couzours, épousa Catherine du Chaslar, dont : 1° Etienne, baptisé le 17 février 1704; 2° Jean-Jacques, baptisé le 29 juin 1705; 3°....., morte visitandine à Limoges.

BARBIÈRES.

I. — Aimeric de Barbières, écuyer, épousa Marie de Maumont.

II. — François Barbières, écuyer, Sr de Lasterie ou Laterie, paroisse de Dournazac (2), habitant à Vigneras, même paroisse, testa, le vendredi 14 mars 1583, par acte signé de Mappat et Brun. (*Arch. du château de Montbrun*). Il veut être inhumé dans l'église du dit Dournazac, devant l'autel de la Sainte-Vierge, où reposent ses prédécesseurs. Il exprime le désir que ses trois dernières filles soient religieuses : si elles ne l'étaient pas, elles auront le même legs que ses autres enfants.

François de Barbières épousa, par contrat signé de Fayolles, à Montbrun, le 18 mars 1570, Christine de Lambertie, dont il eut : 1° François; 2° Gabrielle, mariée, en 1594, à Jean Deschamps, écuyer, Sr du Cheyroux; 3° Louise, mariée à Pierre Courtaud ; 4° Françoise, qui, voulant être religieuse de Sainte-Claire à Périgueux, fit donation à sa sœur Gabrielle, le 22 décembre 1609 ; 5° autre Louise; 6° autre Gabrielle, qui fit le 6 ou le 16 novembre 1637, son testament, signé La Thiere ; morte sans hoirs ; elle veut être inhumée avec son père ; elle n'avait point d'enfant ; 7° Françoise dite Fransou, mariée à Jean de Meillars (3); 8° Renée ; 9° autre Françoise.

BARBOU, Sgr de Monismes (4), fils d'un imprimeur de Limoges. M. Drouet, dans l'édition de Moreri, de 1759, met, au mot *Imprimerie*, au nombre des célèbres imprimeries celle de Barbou, qui résidait apparemment à Paris. Ils sont nés à Limoges.

D'après le *Dictionnaire historique des mœurs des Français*, au mot *Imprimerie*, les petites éditions de Plaute, de Catulle, de Tibulle, de Properce, de Cornelius-Gallus, de Martial, de Juvénal, de Salluste, etc., ont été données par Couteillier et Barbou dans un format plus agréable que celui des Elzevirs.

Barbou de La Bourdaisière et de Sagonne, bailli de Touraine. — Porte : *écartelé au 1er et au 4e d'argent, à un bras vestu de gueules, issant d'une nuée d'azur, tenant une poignée de vesse ou plutôt d'amourettes de sinople* (5).

---

(1) Famille indiquée à la page 840 (déchirée). — Barbier, qui suit, se trouve à la page 1014, et nous a paru désigner une autre famille.

(2) Dournazac, canton de Saint-Mathieu, arrondissement de Rochechouart (Haute-Vienne).

(3) Meilhars, canton d'Uzerche, arrondissement de Tulle (Corrèze).

(4) Monisme, commune de Bessines, arrondissement de Bellac (Haute-Vienne).

(5) Les Barbou de La Bourdaisière, famille considérable de la Touraine, originaire de Bourges, qui n'a rien de commun avec les Barbou de Limoges.

[Monismes, terre qui appartenait autrefois aux seigneurs de Razès, a été démembrée depuis, et aujourd'hui elle appartient aux Barbou de Limoges. Elle est dans la paroisse de Bessines, et le seigneur de Monismes emporte un tiers de ce qu'on appelle la grosse dîme de Bessines. Les deux autres tiers se partagent entre l'abbé de Grandmont et le curé de Bessines : un tiers à l'abbé, et l'autre tiers, divisible entre l'abbé et le curé.

Les Barbou de Limoges descendent de Hugues Barbou, qui a un article dans le *Dictionnaire historique* de 1779. Un Regnault Barbou fut prévôt de Paris en 1270. (*Tablettes historiques*, T. III, p. 280.) Il y a une branche des Barbou établie en Hollande, ou à Amsterdam dans les Pays-Bas. Hugues Barbou, souche de ceux de Limoges, y vint de Lyon au XVIe siècle.

Un Barbou, d'abord trésorier de France, fut anobli par une charge de secrétaire du roi : il mourut en 178...

I. — Jean Barbou, libraire de Paris, acheta la terre de Monismes de la marquise de Béthune, et la transmit ou céda à son frère autre Jean Barbou des Courières, libraire à Limoges, qui devint ainsi S^{gr} de Monismes, et mourut en 173... Ce dernier fut père de 1° Barbou dit Sr de Monismes, mort sans postérité en 174...; 2° Barbou, qui suit; 3° Martial Barbou de La Valette (1), qui a fait la branche des Courières; 4° Barbou dit M. de Chasseneuil (2), mort en 17..., 5° Barbou, marié avec..... de Carbonnières-Saint-Denis, etc., morte à Limoges en 17...; 6° Barbou, marié avec..... Dalesme de Rigoulène, dont il eut des enfants, et vivant en 1797; 7° deux autres garçons qui tiennent la librairie à Paris.

II. — N..... Barbou avait épousé..... Malédent de Feytiat (3), dont il eut : 1°....., qui suit; 2° Barbou dit M. de Chasseneuil; 3°..... Barbou dit M. de Boisdimont : ces trois jeunes hommes furent gardes du corps; 4°....., mariée à..... Maurensanne, fils d'un négociant de Limoges : elle mourut, en 178..., laissant des enfants; 5°....., mariée à..... d'Albiac de Mardaloux (4), écuyer; 6°....., mariée à.,... de Petiot de Taillac.

III. — N..... Barbou, écuyer, S^{gr} de Monisme, etc., n'est pas encore marié en 1793 : il a vendu, en 178..., la terre de Monismes à la dame veuve Dorat de Faugeras et à son fils; il a aussi vendu sa maison paternelle de ville à M. ..... Navières, négociant.

Branche des Barbou des Courières.

II. *bis*. — Martial Barbou, fils de Jean, et, comme lui, imprimeur-libraire à Limoges, S^r de La Valette et des Courières, de Thias (5), etc., greffier en

---

(1) La Valette, commune de Thouron, canton de Nantiat, arrondissement de Bellac (Haute-Vienne).

(2) Chasneuil, commune de Saint-Symphorien, canton de Nantiat, arrondissement de Bellac (Haute-Vienne).

(3) Feytiat, canton et arrondissement de Limoges (Haute-Vienne).

(4) Mardaloux, commune de Saint-Martin-le-Vieux, canton d'Aixe, arrondissement de Limoges (Haute-Vienne).

(5) Thias et les Places, villages de la paroisse d'Isle, canton et arrondissement de Limoges (Haute-Vienne).

chef de l'élection de Limoges, consul ou échevin de cette ville en 17...,
administrateur de l'hôpital général, mort en 1787, épousa Marguerite Bordeau, dont il eut : 1° Léonard, qui suit; 2°..... dit M. Barbou, actuellement libraire à Paris; 3°..... M. des Places, actuellement libraire à Paris, et marié à..... Ardant de Meillars, sa parente; 4°..... dite Mlle des Courières, marié à...., Peyroche du Puyguichard, écuyer, S^{gr} de Pressac, etc.; quelques autres enfants morts en bas-âge.

III. — Léonard Barbou, S^{gr} des Courières, Thias, Les Places, etc., imprimeur-libraire à Limoges, a épousé, le..... 1787, Constance Bonnin de Nouit (1), fille de Jean-Claude, écuyer, S^{gr} de Nouic, etc., et de Luce-Marie Maupetit, dont il a eu : 1° Constance, morte en bas-âge; 2° un fils mort en bas-âge; 3° Prosper, né en 1790; 4° Henri; 5° Alexis-Amédée; 6° une fille.

BARBOT. — Marc Barbot, écuyer, S^r de La Trésorière, épousa, à Saint-Martial d'Angoulême, le 27 mars 1678, Agathe Vauvert (2).

BARDE (DE LA).

I. — Aimeric de La Barde, chevalier, épousa....., dont : 1° Guillaume, qui suit; 2° Denise, mariée à Pierre de La Valade.

II. — Guillaume de La Barde, damoiseau (1297), épousa....., dont Alpadia (1315).

Colombe, fille de Hugues de Laval, dit autrement de La Barde, chevalier, épousa, en 1311, Hélie de Montmeynard, damoiseau, paroisse de Salaignac.

Jean de Stuer, connu dans nos histoires sous le nom de *sire de La Barde*, fut S^{gr} de Nieul (3); Montrocher (4), etc., gouverneur de Limosin en 1468.

Jacques de La Barde, damoiseau, Sr de Masgilier, à Saint-Léonard de Noblac (5), en 1470 (6).

[Jean de La Barde, conseiller d'état, ambassadeur de France en Suisse, en faveur duquel la seigneurie de Marolles en Gatinois fut érigée en marquisat, par lettres de juin 1661, enregistrées au parlement le 10 décembre suivant, et en la chambre des comptes le 23 avril 1663, mourut, en juillet 1692, à l'âge de quatre-vingt-dix ans, ayant eu de Marie Reynouard, morte en 1674, entre autres enfants : 1° Claude de La Barde, marquis de Marolles, conseiller au parlement, décédé le 1er août 1671, sans postérité; 2° Anne-Marie, qui suit.

Anne-Marie de La Barde, femme de Jean de Brion, marquis de Combroude, baron de Salvert, conseiller au parlement, dont les enfants furent

---

(1) Nouit, commune de Balledent, canton de Châteauponsac, arrondissement de Bellac (Haute-Vienne).

(2) Dans sa table du 1er volume, Nadaud renvoie, pour la famille Barbot, à la page 685, où j'ai pris cette note, et à la page 838, qui est déchirée.

(3) Nieul, chef-lieu de canton, arrondissement de Limoges (Haute-Vienne).

(4) Montrocher, commune de Montrol-Senard, canton de Mezières, arrondissement de Bellac (Haute-Vienne).

(5) Saint-Léonard, chef-lieu de canton, arrondissement de Limoges (Haute-Vienne).

(6) Nadaud renvoie, pour d'autres notes sur cette famille, à la page 898, déchirée.

substitués au nom et armes de La Barde; savoir : 1° Jean-Antoine, qui suit; 2° Noël-François, qui suit.

Jean-Antoine, qui était l'aîné, étant mort sans postérité, le 15 décembre 1708, son frère Noël-François, qui était destiné à l'état ecclésiastique, le quitta, et devint marquis de Combroude et de Marolles.

Il épousa, le 22 août 1714, Marie-Agnès de Pommereu, dont il avait pour enfants en 1752 : 1°....., qui suit; 2°..... de Brion de La Barde, qui était au service.

N..... de Brion de La Barde, marquis de Marolles, avait épousé, avant 1752, ..., veuve du président Le Couturier.

Sources : *Tablettes historique*, part. V, p. 45 et 403; — De Combles, *Tabl. de la noblesse*, 1786, II° partie, p. 251.]

BARDON, de Segonzac en Périgord (1), porte : *d'or à une aigle de sable, le bec et les griffes de gueules, fondant sur un barbeau de sable, et lui becquetant la tête; le barbeau posé en fasce, ayant les barbes et les nageoires de gueules, et une rivière d'azur mouvante de la pointe de l'écu; le canton droit du chef de l'écu chargé d'une croisette de gueules ancrée.*

Noble Pierre Bardon, écuyer, Sr de La Roche, paroisse alors de Saint-Julien-le-Vendonneix (2), épousa Catherine Bardon de La Blouderie, dont : 1° Jacques, qui suit; 2° Susanne, baptisée le 9 décembre 1635.

Noble Jacques Bardon, écuyer, Sr de La Roche-Monceaux, paroisse alors de Saint-Julien-le-Vendonneix, épousa, en octobre 1650, Jeanne de Guérard, du lieu de Pompadour, dont : 1° Jean, baptisé le 31 juillet 1651; 2° Marguerite, baptisée le 9 février 1654, et mariée, le 2 mars 1688, à Jean du Roy, Sr de La Vergne, du village du Verdier.

Jean Bardon de Brun, écuyer, Sr du Repaire de La Roche, épousa, le 5 mars 1685, Marie du Soullier, de la paroisse de Saint-Eloi près Ségur (3). Il mourut le 19 avril 1723.

Jacques Bardon, écuyer, Sr du Repaire, paroisse de Bessenac (4), épousa Isabeau Boyer, qui se remaria, en 1659, à René de Meyvières.

Léonard Bardon, écuyer, Sr de Lage, avocat, paroisse de Saint-Julien-le-Vendonneix, épousa, en mai 1652, Catherine de Gloton, fille de Jean, avocat, Sr du Clau, et de Marie de Joyet, de la ville d'Uzerche.

Sources : Registres de Saint-Julien-le-Vendonneix; — d'Hozier, p. 49.

BARDONIN, Sr de Sommeville, Sansat et Beaulieu, habitant la paroisse de Sommeville, élection de Saint-Jean-d'Angely et Bardonin de Montigné, élection de Cognac. — Portent : *d'azur à trois molettes d'éperon d'or, 2 et 1.*

I. — François Bardonin épousa, le 8 septembre 1536, Jeanne de Couché.

II. — François Bardonin épousa, le 12 octobre 1599, Gabrielle Brouard, dont il eut : 1° François, Sr de Sommeville, qui suit, 2° Jean, comte de

---

(1) Segonzac, canton de Montagrier, arrondissement de Ribérac (Dordogne).
(2) Saint-Julien-le-Vendonneix, canton de Lubersac, arrondissement de Brive (Corrèze).
(3) Saint-Eloi, canton de Lubersac, arrondissement de Brive (Corrèze).
(4) Bessenac, ou Beyssenac, canton de Lubersac, arrondissement de Brive (Corrèze).

Sansac; 3° Jacques, Sʳ de Leures, qui suit; 4° Françoise. — Gabrielle Brouard partagea la succession de son mari avec ses enfants le dernier février 1644.

III. — François Bardonin, Sʳ de Sommeville, épousa, le 18 décembre 1628, Olive de Villoutreix.

IV. — François Bardonin, Sʳ de Saint-Romain, épousa, le 8 octobre 1658, Marie-Anne du Fleury.

III bis. — Jacques Brouard Bardonin, Sʳ de Leures, épousa, le 8 juillet 1630, Esther Aubert.

BARDOULAT. — Jean-Charles Bardoulat de Puymége, écuyer, Sʳ de La Salvanie, habitant la ville de Tulle, épousa 1°, en 1764, Marie du Peyrat de Touron (1); épousa 2°, en 1769, Marie-Julie-Victoire de Villoutrey de Faye, paroisse de Flavignac (2).

Jean-Joseph Bardoulat, écuyer, paroisse de Viam (3), épousa, en 1764, Marie-Simone de La Selve, de la ville de Tulle.

BARREAU (4).

BARRI, DE BARRIO. — Ithier de Bari, Sᵉʳ d'Aixe (5), frère de Pierre, abbé de Saint-Augustin-lez-Limoges en 1145.

Bertrand et Aymeric de Barrio vivaient en...

Adémar de Barriot vivait en..

Pierre du Barry ou de Barrio vivait en... Il épousa Marguerite de Rochefort, dame du Bosc, paroisse de Séreilhac (6); elle se remaria à Guillaume de La Motte, damoiseau, dont Guillaume du Barry, damoiseau, que sa mère fit héritier en 1330.

Noble Guido de Barry, damoiseau de la ville d'Aixe, en 1434 et 1441, épousa noble Dauphine Tizonne.

[Jean des Barris ou de Barry (peut-être de Brie), damoiseau, vivait en 1420. Il fut héritier de..... et de Guinot de Saint-Martin, damoiseaux, qui étaient déjà morts en 1428, et qui paraissent avoir vécu au xiiiᵉ siècle.]

Jean du Barri [ou des Barris], damoiseau en 1429, épousa....., dont Jean, damoiseau, du bourg de Saint-Brice (7).

[Gui des Barris ou du Barry, noble damoiseau, vivait le 25 août 1441. Dès lors il avait épousé noble Dauphine Hyonne, alias Tizon. Il vivait le 19 juin 1462; et, le 25 janvier 1452, il reçut deux reconnaissances, comme ayant droit, de noble Rogier de Rosier. Le 28 octobre 1458, il fut témoin d'une transaction.]

Noble Bertrand de Barri était capitaine de la ville de Nontron en 1456.

Noble Pierre de Barri, damoiseau, Sʳ de Barri, épousa Dauphine de

---

(1) Thouron, canton de Nantiat, arrondissement de Bellac (Haute-Vienne).
(2) Flavignac, canton de Châlus, arrondissement de Saint-Yrieix (Haute-Vienne).
(3) Viam, canton de Bugeat, arrondissement d'Ussel (Corrèze).
(4) Il est indiqué, dans la table de Nadaud, aux pages 827, 828 et 838, toutes trois déchirées.
(5) Aixe, chef-lieu de canton, arrondissement de Limoges (Haute-Vienne).
(6) Séreilhac, canton d'Aixe, arrondissement de Limoges (Haute-Vienne).
(7) Saint-Brice, canton de Saint-Junien, arrondissement de Rochechouart (Haute-Vienne).

Saint-Laurent, dame de Gorre (1), dont il eut Laurent de Barri, damoiseau, Sr de Barri.

Noble Audebert de Barri, damoiseau, S^{gr} de Coux et de Gorre en Limousin, épousa Isabelle de Sainte-Maure, fille de Renaud, S^{gr} de Jonzac (2) et de Françoise Chabot : elle se remaria à Pierre du Chastenet, Sr de Villars, de la paroisse de Montcrol-Senard (3). D'Audebert de Barri et d'Isabelle naquit Jean, 1507.

Laurent du Barri, écuyer, Sr de Gorre et du Barri, qui est près la ville d'Aixe (1516), épousa....., dont François, qui suit.

François du Barri, écuyer, Sr de Gorre et du Barri près la ville d'Aixe, épousa....., dont 1° Mathieu ; 2° Marguerite ; 3° Isabeau, tous trois morts sans hoirs et calvinistes en 1599.

Françoise de Saint-Julien, veuve d'Antoine Jabaud, écuyer, Sr de Lage-Aubert, paroisse du Bourg-de-Salagnac (4), recueillit la succession des Barri, et en fit don à Isabeau de Pompadour, dame de Saint-Germain-Beaupré (5), par acte signé Vergnaud, et passé à Saint-Vaulry le 5 septembre 1599.

Godefroi du Barri, S^r de La Renoudie, paroisse de Saint-Front-la-Rivière (6), au diocèse de Périgueux, écuyer, qui se faisait appeler La Foret, fut le premier auteur de la conspiration d'Amboise, en 1560. Il avait fait une fausseté pour la cure de Champniers en Angoumois. (V. BRANTÔME, T. VIII, p. 82 et 168.) Il avait épousé Guillaumette de Louvain, dont il eut : 1° Jeanne, mariée à François de Saint-Aulaire ; 2° Marie, mariée à Pierre de La Rochefoucaud.

Jean du Barri, écuyer, Sr de Puycheni, paroisse de Champeau (7), diocèse de Périgueux, mourut à cinquante ans, le 24 mars 1681 ; il fut enterré à Firbeix (8). Il avait épousé, le 26 février 1675, Anne de Nesmond de La Grange, paroisse de Chassenon (9).

N..... du Barri épousa....., dont il eut : 1° Jean, qui suit ; 2° Françoise, demoiselle de Bourdelières, morte, âgée de soixante-dix ans, au lieu de Bourdelières, paroisse de Saint-Front-de-Champniers (10), diocèse de Périgueux, le 4 mai 1741, et qui fut inhumée à Saint-Martial-de-Valette (11) ; 3° Marguerite, mariée à Louis de Camain, chevalier, Sr Despert, paroisse de Saint-Front-de-Champniers en Périgord.

Jean du Barri, écuyer, S^r de La Beytour, du lieu du Cluseau, paroisse de Saint-Martial-de-Valette, y mourut, à soixante-trois ans, le 22 novembre 1723. Il avait épousé, par contrat du 27 décembre 1711, Marie-Laurent, fille de Jean, Sr de Villeroux, et de Marguerite de Champellon. Marie mourut

---

(1) Gorre, canton de Saint-Laurent-sur-Gorre, arrondissement de Rochechouart (Hte-Vienne).
(2) Jonzac, chef-lieu d'arrondissement (Charente).
(3) Montrol-Senard, canton de Mézières, arrondissement de Bellac (Haute-Vienne).
(4) Grand-Bourg, chef-lieu de canton, arrondissement de Guéret (Creuse).
(5) Saint-Germain-Beaupré, canton de La Souterraine, arrondissement de Guéret (Creuse).
(6) Saint-Front-la-Rivière, canton de Saint-Pardoux-la-Rivière, arrondissement de Nontron (Dordogne).
(7) Champeau, canton de Mareuil, arrondissement de Nontron (Dordogne).
(8) Firbeix, canton de Saint-Pardoux-la-Rivière, arrondissement de Nontron (Dordogne).
(9) Chassenon, canton de Chabanais, arrondissement de Confolens (Charente).
(10) Saint-Front-de-Champniers, canton et arrondissement de Nontron (Dordogne).
(11) Saint-Martial-de-Valette, canton et arrondissement de Nontron (Dordogne).

le 4 mai 1743; elle avait eu de Jean du Barri Marguerite, qui épousa Elie d'Escravayat, S^r de La Barrière, paroisse de Busserolles (1).

Raymond du Barry, écuyer, Sr de Langelerie, paroisse de Saint-Front-la-Rivière en Périgord, épousa Jeanne de Lambertie, dont il eut : 1° François, baptisé le 1er août 1627 ; 2° Françoise du Barry, demoiselle de La Forge, morte veuve au château de Firbeix, âgée de soixante ans, le 14 juin 1678.

François du Barry, écuyer, S^r de La Glodie, mourut, à Firbeix, le 20 mars 1658, et fut enterré à Milhac en Périgord (2). Il avait épousé Madeleine de Puiffe, qui fut enterrée à Firbeix le 4 avril 1637. D'eux naquirent : 1° Jean, baptisé le 7 mars 1630 ; 2° Anne, baptisée le 4 avril 1637, mariée, à Firbeix, en février 1653, avec André de Chapt de Rastignac ; 3° Françoise, baptisée le 29 mars 1643.

SOURCES : Archives des frères Prêcheurs de Limoges ; — *Gallia christiana nova*, T. II, col. 577 ; — Le P. SIMPLICIEN, T. V. p. 16 ; — LE LABOUREUR, additions aux mémoires de Casteleneau, T. I, p. 386. — [Registres de Borsandi, notaire à Limoges, p. 93, n° 149; p. 130, n° 202 ; p. 131, n° 204; p. 132, n° 206 ; p. 148, n° 229, *apud* D. COL.; — Registres de Roherii, notaire à Limoges, p. 61, n° 64 ; p. 78, n° 64, *apud* D. COL. ; — Registres de Fagia, notaire à Aixe; chez Ardant, notaire à Limoges, fol. 35 recto, p. 52 recto, p. 69 recto, p. 162 recto et 163 recto, fol. 65, 66 et 84 ; — Papiers domestiques de M. de Beaupré.]

BARRIAC. — Jean-Antoine de Barriac, écuyer, Sr de Perle, paroisse de Saint-Illide en Auvergne (3), épousa à Serandon, le 20 août 1663, Antoinette de Melon, de la ville de Tulle.

D'eux naquit Guy-Joseph, le 25 mai 1664, sur la paroisse de Serandon (4).

BARTHE, Sr de Grange-Neuve, paroisse de Valence, élection d'Angoulême. — Porte : *d'azur à trois tours de..... crénelées de sable, mises en fasce.*

I. — Arnaud Barthe épousa Isabeau de Labat.

II. — Pierre Barthe épousa, le 24 mars 1520, Andrée de Largue.

III. — Jean de Barthe épousa..... Peyronne du Roy.

IV. — Julien Barthe épousa, le 14 novembre 1580, Esther de Beauvois.

V. — François Barthe épousa 1°, le 13 novembre 1634, Elisabeth de Mascureau; épousa 2°, le 12 octobre 1659, Jacquette Rousseau.

BARTHOUMÉ, S^r des Conches, Languais, des Marais-de-Saint-Jean-d'Angely, du Puy-du-Lac et d'Anezais ; — Barthoumé, Sr du Château, paroisse de Courcelles, élection d'Angoulême. Portent : *d'azur à un cœur d'or, accosté à droite d'une flèche emplumée d'argent en pal, et à gauche, d'une épée la garde en bas.*

Jean Barthoumé, receveur au château de Montberon en 1544.

I. — Christophe Barthoumé est reçu conseiller à la maison de ville de Saint-Jean-d'Angely sur la démission de François, son frère, le 20 mai 1588.

---

(1) Busseroles, canton de Bussière-Badil, arrondissement de Nontron (Dordogne).
(2) Milhac, canton de Saint-Pardoux-la-Rivière arrondissement de Nontron (Dordogne).
(3) Saint-Illide, canton de Saint-Cernin, arrondissement d'Aurillac (Cantal).
(4) Serandon, canton de Neuvic arrondissement d'Ussel (Corrèze).

Jean Pallet est reçu, par la mort du dit Christophe, le 8 décembre 1596. Christophe Barthoumé épousa Françoise Marmeau.

II. — Jacques Barthoumé épousa, le 19 août 1617, Jeanne Cladier, dont il eut : 1° Christophe, qui suit; 2° Jacques, qui se maria ; 3° Pierre, Sr des Marais. Ces trois enfants partagèrent la succession de leurs père et mère, le 15 décembre 1654.

III. — Christophe Barthoumé, Sr des Conches, épousa, le 3 août 1647, Susanne du Puy.

III bis. — Jacques Barthoumé, Sr de Languais, épousa, le 23 septembre 1649, Marie Billan.

François Berthoulmet, écuyer, Sr de Lidrac, en 1561, épousa....., dont Marguerite, fille unique.

Branche du Château.

I. — Jean Barthoumé épousa Marthe de La Maisonneuve. Pierre Barthoumé est reçu conseiller à la maison de ville de Saint-Jean-d'Angely, par la mort du dit Jean, le 30 mars 1618.

II. — Jean Barthoumé épousa, le 22 octobre 1637, Louise de La Valée.

III. — Henri Barthoumé fut baptisé le 19 janvier 1642.

[BARTHY. — Jean Barty, damoiseau, Sr de La Garde-de-Couzeix (1), vivait avant le 6 février 1498, *vieux style*. Les prêtres de Saint-Pierre-du-Queyroix de Limoges étaient dès lors seigneurs fonciers du dit lieu de La Garde-de-Couzeix. (Terrier de Paroti, aux archives des prêtres de Saint-Pierre-du-Queyroix de Limoges, folio 183; verso.)]

BARTON DE MONTBAS. — Porte : *d'azur au cerf gisant ou à la reposée d'or, onglé et ramé de même; au chef échiqueté d'or et de gueules de troits traits*. Ces armes sont à la cathédrale de Limoges et à celle de Leytoure, à Saint-Augustin-lez-Limoges, à Solignac, dans le château épiscopal à Saint-Junien-sur-Vienne, à Obazine, à Cahors et sur la châsse de Saint-Léonard dans la ville de ce nom.

[Barton de Montbas porte pour devise : *Sans y penser*. Ses armes ont pour supports deux sauvages armés d'une massue et ceints de feuillages de sinople; au cimier, un sauvage de même; couronne de comte.

Cette maison, assez ancienne dans le Limousin, a pris son nom de la vicomté de Montbas, possédée, dans le xive siècle, par un seigneur dont la noblesse était déjà ancienne. Descendant d'ancienne chevalerie, elle est tirée dès le xiiie siècle. Des mémoires de famille et l'auteur des *Annales du Limousin* assurent qu'elle est originaire d'Ecosse.

Hugues Barton dit Dombart, descendant de ce Thomas qui fut surnommé *l'Impitoyable dans les combats,* serait venu en France, en 1259, d'après les mémoires de famille, lorsque saint Louis remit au roi d'Angleterre le

---

(1) Couzeix, canton et arrondissement de Limoges (Haute-Vienne).

Limousin, le Périgord et le Quercy; en 1260, dit l'auteur des *Annales*. Cet accord des mémoires avec l'histoire; ce surnom de Dombart (Dombart est le nom, orthographié à la française, d'une ville d'Ecosse dans la province de Lothian, qui doit s'écrire Dumbar (*Etat de la noblesse,* 1783, p. 123, en note); l'identité de nom et d'armes et le témoignage du lord Barton, qui, servant en France, sous Louis XIV, se fit reconnaître pour parent par le vicomte de Montbas, alors mestre de camp du régiment Royal-Cavalerie, ne nous permettent pas de douter que cette maison ne soit, en effet, la même que celle des vicomtes Barton en Ecosse, qui, outre la vicomté du nom, y possédaient encore, aux xiie et xiiie siècles, deux îles en souveraineté, et soutenaient avec éclat une naissance que ces possessions et l'échiquier de leurs armes (indice des alliances avec les princes du Nord) nous autorisent à croire des plus illustres. Ceux qui écrivent Barthon Mombas ou Monbas errent.]

Le père Bonaventure avait donné cette généalogie, mais avec quantité de fautes, et bien moins de détails et de justesse que les titres domestiques m'en ont fourni. Il me restait à tirer parti de plusieurs brevets de capitaines, mestres de camp, etc.; mais, comme on n'y met point les noms de baptême, je n'ai su à qui les appliquer.

On cite un Hugues Barton ou Barthon, surnommé [Dombaton] Dombart, de la vicomté Barthon en Ecosse, qui épousa, dit-on, vers 1260, Marie d'Anzelay [ou Auzellay, d'une des plus anciennes maisons du comté de] en Bourgogne; mais on n'a pas ce contrat ni ceux des trois générations suivantes : on les a cependant cités, en 1631, dans deux enquêtes, pour faire recevoir des fils dans l'ordre de Malte. [L'alliance avec Marie d'Auzelay est prouvée par le contrat de mariage de Mathurin, qui suit.]

Mathurin Barton [chevalier], fils du dit Hugues, est, pense-t-on, le premier qualifié de vicomte de Montbas, seigneurie située paroisse de Gajoubert(1). Cette vicomté est une des six, et un des fiefs les plus considérables de la comté de Poitou. Suivant Pierre Rat (*Remarques sur l'art. 1ᵉʳ de la coutume du Poitou*), elle relève de ce comté et de La Tour de Maubergeon, où est aujourd'hui le bureau des trésoriers à Poitiers. L'hommage était d'un baiser et de dix sous de chambelage en 1566. Depuis 1422 jusqu'en 1474, d'après une note manuscrite de M. du Chalard du Dorat, Pierre et Pregent Frotier, père et fils, dont descendent MM. de La Messelière, se qualifiaient vicomtes de Montbas.

Mathurin Barton possédait aussi la seigneurie de Fayolle près la ville de Guéret. Il épousa, par contrat passé à Saint-Jean-d'Angely le 4 octobre 1313, Jeanne de Pons, fille de Robert [haut et puissant seigneur de Pons en Saintonge] et d'Antoinette de Bayers, dont naquirent : 1º Roland, qui suit; 2º Philippe [qualifié abbé de Saint-Augustin-lez-Limoges], témoin dans le contrat de mariage de son frère (1351), mais qui n'est point connu ailleurs.

Roland Barton [vicomte] de Montbas, [chevalier] ou écuyer, Sʳ de Fayolle, épousa, par contrat passé à Cahors le 22 août 1351, Louise de Salagnac ou Salaignac], fille d'Abel de Salagnac de Gontaut de Biron et de Catherine de Bonneval, en présence des père et mère de Roland, de Marc de Bonne-

---

(1) Gajoubert, canton de Mézières, arrondissement de Bellac (Haute-Vienne).

val, doyen de L'église de Limoges (mais inconnu), et oncle de la mariée. De ce mariage vint Jean, qui suit.

J'ai trouvé 1° un Jean Barton de Molins, présent avec d'autres seigneurs à un acte du comte de la Marche en 1424 [il mourut fort vieux]; 2° un Aimeric, abbé d'Ahun en 1455 [les auteurs du *Gallia christiana* ne l'ont pas connu : il pourrait être un fils de Jean *infra*]; 3° frère Jean Barton, qui plaidait, en 1481, pour le prieuré de Cluny, contre Louis de Gaucourt, évêque d'Amiens. (*Registres du parlement.*)

I. — Vénérable et discret Jean Barthon [chevalier, Sgr de Lubignac (1), vicomte de Montbas, chancelier du Dauphiné et chancelier du grand sénéchal des Lanes], secrétaire de Jacques, roi de Hongrie, qui était comte de la Marche en 1428, lieutenant-général de la Basse-Marche en 1437 [et chancelier du Dauphiné, en 1439, d'après la note de M. du Chalard du Dorat], garde du sceau établi dans la bailie de Limoges, en 1446 et 1449 ; chancelier du comte de la Marche et résidant à Guéret en 1453. C'est comme chancelier du comte de la Marche qu'il commença à briller. En cette qualité, il assista, au mois de juin 1451, à l'entrée du comte de Dunois dans Bordeaux, dont il prenait possession au nom du roi de France; il fut aussi un de ceux qui reçurent le serment du sénéchal de Guyenne. Guillaume de Flavacourt, de l'illustre maison de ce nom en Normandie, était chancelier du comte de la Marche en 1278. — [Jean Barton était lieutenant-général de la Basse-Marche dès le 26 février 1436 avant d'en être chancelier. Il en était cependant chancelier dès le 7 décembre 1439, et il l'était encore le 9 janvier 1460. Il fut aussi chancelier du Limousin et du Dauphiné et grand-sénéchal des Lanes.]

La fonction du chancelier était de connaître de toutes causes et contrats passés sous les sceaux de sa chancellerie; bailler grâces et abolitions de tous crimes, sauvegardes, grâces à comparoir par procureur, relièvement et restitution à toutes personnes déçues en faisant contrats; commettre des notaires ou commissaires pour recevoir les contrats; voir et quérir leurs registres et protocoles. Il avait aussi la garde des sceaux; et commettait à la perception des émoluments qui en revenaient quelque personne de confiance.

Ce Jean Barton fut aussi seigneur de Lubignac, sur la paroisse d'Arnac-la-Poste, conseiller du roi et premier président de Bordeaux. Il fonda trois vicairies : une à la cathédrale de Limoges, et deux à Guéret ; septuagénaire en 1455, il mourut, le jour de Saint-Cléophas, 25 septembre de la même année. Il est dit chevalier, et avait acheté à vil prix les terres de Château-Gaillard de Guy dit Foulques de La Rochefoucaud. Antoine de Larochefoucaud, son frère, plaida pour le retrait de ces terres contre Jean Barton, évêque de Limoges, et Pierre Barton, son frère, chevalier. Il fut débouté de sa demande par arrêt de l'an 1491.

Jean Barton épousa, dit-on, par contrat, passé à Moulins, le 5 juin 1380, Berthe de Bonac [ou Bosnac], fille de Mathurin, écuyer, baron de La Boyne ou de La Borne en la Haute-Marche, et d'Isabeau de Montplaisir, en présence d'Adam de Bonac, abbé du Dorat, inconnu jusqu'à présent.

(1) Lubignac, commune d'Arnac-la-Poste, canton de Saint-Sulpice-les-Feuilles, arrondissement de Bellac (Haute-Vienne).

D'eux naquirent : 1° Jean, évêque de Limoges [en 1457], né en 1417, et mort en 1497, archevêque de Nazareth ; 2° frère Etienne, abbé de Conques, licencié en décrets, bachelier en théologie, prieur de Cluys au diocèse de Bourges, prévôt de Tulle en 1450, et qui eut quelque suffrage pour l'évêché de cette ville après la mort de Hugues d'Aubusson, arrivée en 1454. La même année, après la mort de Raymond de Romenguana, abbé de Conques au diocèse de Rodez, quelques moines l'élurent, et d'autres, Forton Mancipi, moine de la même abbaye. Par sentence, il fut dit que Mancipi n'avait aucun droit. Durant le procès, l'évêque de Rodez nomma Barton, et Mancipi mourut. Les moines, qui prétendaient que leur abbaye était vacante, élurent une seconde fois Barton, le 7 août 1456. Il eut un autre procès dont j'ignore le sujet. Son procureur se vanta donc que l'abbé avait tant d'amis au parlement de Toulouse que frère Archimbauld Heraldi ne pourrait venir à bout de sa complainte contre Barton. Par arrêt de ce parlement, qui l'a mal nommé Antoine (20 décembre 1463), le procureur fut condamné à déclarer dans la cour qu'il avait parlé sottement. L'abbé siégeait encore en 1469, et fut abbé d'Aubepierre (1) au diocèse de Limoges ; 3° Pierre, qui suit ; 4° Jacques, protonotaire du pape, licencié ès-lois, fait vicaire général de l'évêque de Limoges, son frère, en 1458, nommé à un canonicat de Saint-Junien en 1460, prieur de Brive en 1468 et 1469, archiprêtre de Gimel, archidiacre de Bruyères dans l'église de Bourges, chanoine de Bordeaux et de Limoges en 1470, chantre du Dorat ; 5° autre Pierre, abbé du Dorat par la démission de son frère en 1457. [Parmi les enfants de Jean Barton, dit une note manuscrite, il n'y aurait pas deux *Pierre*, mais un seulement, qui, du vivant de son père, se qualifiait Sgr du Deffens, et c'est lui qui a continué la lignée.] 6° Mathurin, général, conseiller du roi en sa chambre des généraux sur le fait des aides (1462-1475), garde de la Marche ; [suivant une note manuscrite, il était lieutenant-général de la Basse-Marche, et, à cette qualité, les lieutenants-généraux ajoutaient toujours celle de garde du pays]; Sgr de La Roche-Nouzilly ou Nozil et de Bonablon ; en 1455, il était marié depuis peu à Isabeau de Saint-Julien. On dit qu'il fit bâtir l'église de Guéret et l'hôtel de la chancellerie qui est dans la même ville. Il a fait la branche de Massenon ; 7° Philippe, licencié ès-décrets ou ès-lois, chanoine et archidiacre de Thouars dans l'église de Poitiers, archiprêtre d'Anzesmes (2) et de Bourges, prévôt de La Souterraine (3), vicaire général de Limoges, abbé, non pas de Déols ou le Bourg-Dieu en Berry, ni de Saint-Augustin-lez-Limoges, quoique le père Bonaventure l'ait cru, mais du Dorat dès 1459, par la résignation de Pierre, son frère, et il y siégeait en 1472; 8° Catherine, mariée à noble Mathelin Bounichaud, Sr de Grassevaul (4), 9° Antoinette, mariée à noble et sage Guillaume de Vic, licencié ès-lois, Sr de Toz et de Colombes, conseiller au parlement de Paris. [On a l'acte de partage fait par les père et mère de ce degré.]

I *bis*. — Pierre Barton, le premier noble de ce nom qu'on présenta à

---

(1) Aubepierre, commune de Measne, canton de Bonnat, arrondissement de Guéret (Creuse).
(2) Anzesmes, canton de Saint-Vaulry, arrondissement de Guéret (Creuse).
(3) La Souterraine, chef-lieu de canton, arrondissement de Guéret (Creuse).
(4) Grassevaul, commune de Saint-Hilaire-la-Treille, canton de Magnac-Laval, arrondissement de Bellac (Haute-Vienne).

M. Colbert, en 1665, lors de la recherche des nobles du Poitou, fut chevalier, vicomte de Montbas, S^{gr} de Lubignac et du Deffen, paroisse de Bussière-Poitevine (1), diocèse de Poitiers, licencié ès-lois, conseiller et chambellan du roi, son vallet de chambre, lieutenant-général de la Marche en 1459 [dès le 1er mars 1458], puis chancelier de cette province, du moins en 1467 et en 1481. Le 16 octobre 1469, il eut un ordre du roi pour prendre le serment des barons et nobles de la Basse-Marche et de la terre et seigneurie de Montagut en Combraille (2). Pierre de Bourbon, comte de la Marche, lui donna, le 26 avril 1486, cent livres tournois de pension pour les frais, *mises* et dépenses qu'il faisait chaque jour à son service, et pour l'aider à se maintenir dans son état. Pierre Barton mourut le 26 mars 1491.

Il avait épousé, par contrat du 18 août 1444, Pérette Le Fèvre et non Fabri Portanier, fille de Junien Le Févre [ou de Fays en Beauvoisin, premier] président au parlement de Paris, et de Marguerite de Reihac [ou Neilhac]. Elle porta de grands biens, entre autres la terre de Fay en Gatinois, près de Nemours : elle mourut en 1499, et fut inhumée à Vitrac, paroisse de Saint-Maurice, près La Souterraine. [On lit dans le partage fait le 5 août 1472 avec le vicomte de Brigueil, qui avait épousé Isabeau, sœur de la dite Pérette Le Fèvre, que cette dernière dame eut dans son lot la terre du Fay en Gatinois, terre que les Barton ont possédée longtemps, et où ils ont des inscriptions et des mausolées.]

De ce mariage vinrent : 1° Jean, évêque de Limoges, mort en 1510 [et enterré à la cathédrale, devant le maître-autel, à côté de son oncle]; 2° Guillaume, évêque de Leytoure, qui, en 1538 (mieux en 1518, fit foi et *vadium* pour Pierre, son père, chevalier, S^{gr} de Montbas au chapitre de Tours; il fut aussi prévôt de La Souterraine en 1549 ; 3° Bernard, qui suit ; 4° Etienne [vicomte de Montbas, Sr de Fay], panetier du duc de [Bourbon ou de] Bourgogne, marié, le 22 mars 148..., à Isabeau de Saint-Julien, fille de Berthout [baron de Saint-Julien en la Marche], et d'Adrienne de Bridiers. Il eut en partage la terre de Fay, où il repose avec une épitaphe. Il était mort sans hoirs en 1506. Etant Sr du Fay il fut diminué de ses gages de 150 livres pour subvenir aux frais de la conquête du royaume de Naples, le 20 janvier 1495 (*vieux style*); 5° Pierre, abbé de Saint-Augustin-lez-Limoges, mort en 1505. [Il présida au chapitre de son ordre dès 1491 et jusqu'en 1500.]

Le P. Bonaventure met ici deux filles, l'une mariée au vicomte de Brigueil [qui eut pour partage la vicomté de Mérinaille en Beauce]; l'autre, dans la maison d'Auzen [autre ville de Beauce]; mais c'étaient deux sœurs de Pérette Le Fèvre.

[Un Pierre Barton est qualifié d'écuyer, vicomte de Montbas, chancelier de la Marche, dans l'acte de la fondation d'une messe pour tous les samedis, chez les Célestins des Termes, par Guillaume de Villechaux, moyennant 200 livres, le 27 avril 1533; mais cela doit regarder quelqu'un des Pierre de Montbas, et plus probablement Pierre II.]

II. — Bernard Barton, licencié ès-lois, chevalier, vicomte de Montbas,

---

(1) Bussière-Poitevine, canton de Mézières, arrondissement de Bellac (Haute-Vienne).
(2) Montaigut en Combraille, chef-lieu de canton, arrondissement de Riom (Puy-de-Dôme).

S^gr de Lubignac [ou Lubgnac], Naillat (1), Fleurac (2), Fayolles (3), Glandelles, Baignoux, Maulny et du Fay en Gatinois, garde et chancelier de la Marche [quelques historiens le font fils d'Etienne, qui était simplement son frère puîné].

Il épousa 1°, par contrat du 22 décembre 1476, Françoise Trousseau, fille de feu Jacquelin Trousseau, écuyer, et de Pérette Cuer, sœur de l'archevêque de Bourges, qui fut religieuse de Sainte-Claire.

Il épousa 2°, par conventions passées à Aigurande (4) le 16 ou le 22 janvier 1479, Marie de Seulli [ou Suilly ou Sully, première] fille de noble Guillaume, écuyer, Sr de Voulhon et de Saintout, sénéchal de Randes [ou de Bandes], et de Marguerite de Beaujeu [issue des comtes de Beaujeu en Beauvoisis, honorés de l'alliance de France et celle de Nevers]. Marie était veuve de Jean d'Escovel, S^gr de Gallemont. Attendu sa qualité, elle obtint du vicaire général de l'évêque de Limoges la permission de manger des œufs, du beurre, du lait, du fromage et autres aliments préparés au lait pendant le carême de 1520.

Bernard Barton fonda une vicairie au château de Montbas le 18 décembre 1528, et il repose dans la chapelle du château de Lubignac.

De ce second mariage vinrent : 1° Pierre, qui suit ; 2° François, qui fit la branche de Fayolles, mais qui était peut-être fils de Pierre et d'Isabeau de Lévi ; 3° Jean, évêque de Leytoure [archevêque d'Athènes et abbé du Dorat, 1532], mort en 1572 ; 4° François, abbé de Saint-Augustin-lez-Limoges, prieur de Guéret en 1521 ; 5° Roland, abbé de Solignac ; 6° Pierre, abbé du Dorat [prieur de Cluys] ; 7° Catherine, mariée à....., S^r de l'Isleronhet ; 8° Jeanne, mariée à....., Sr de Saint-Vaulry ; 9° Marie, mariée à....., Sr de Montagrier ; 10° Pérette, mariée, par contrat du 7 septembre 1506, avec Hélion de La Chatre, S^gr de Bruillebaut, etc.

III. — Noble messire Pierre [IIe du nom], né le jour de saint Sébastien, chevalier, S^gr de Montbas, S^r des Grandes-Fayolles, Lubignac, Le Deffen [en Basse-Marche] et Le Fay. Dans une enquête de l'an 1532, il se dit âgé de quarante-trois ans, gentilhomme de la maison de Mgr de Bourbon en 1508, s'être trouvé au voyage du roi contre les Vénitiens en 1509, et à celui de Picardie en 1513.

Les Coutumes de la Marche furent publiées à Guéret, dans sa maison, en présence des états de la province, le 27 avril 1521. Il est dit noble homme Pierre Barton, écuyer, S^gr de Montbas. De son temps le château de Montbas fut incendié vers 1544, et on perdit quantité de papiers. Il rendit hommage au roi pour la vicomté de Montbas le 19 novembre 1541.

Par son testament, fait à Paris le 30 juillet 1556, il veut être inhumé auprès de sa feue femme dans l'église de Guéret et la chapelle de Saint-Jean, sous une tombe de cuivre, sur laquelle sera écrit : *Cy gist noble et puissant seigneur messire Pierre Barthon, chevalier, jadis seigneur, vicomte de Montbas, seigneur du Deffens, de Lubignac, de Fayolles et de Fay, près Nemours, qui trépassa le....*

(1) Naillat, canton de Dun-le-Palleteau, arrondissement de Guéret (Creuse).
(2) Fleurac, commune du Grand-Bourg de Salagnac, arrondissement de Guéret (Creuse).
(3) Fayolles, près Guéret (Creuse).
(4) Aigurande, chef-lieu de canton, arrondissement de La Châtre (Indre).

Il ordonne encore que, au chevet de la pierre, ou quelque côté des douelles qui soutiendront sa tombe de cuivre, soit mis un petit écriteau de la même matière, faisant mention de la mort de messire Jean Barton, et un autre de messire Pierre Barton, et un autre de messire Bernard Barton, tous chevaliers, et soient mis les jours et ans de leur trépas sur les registres des chapelains et prêtres de Guéret qui en ont les bienfaits. [Une note manuscrite anonyme, datée du Dorat, le 16 juin 1752, porte ce qui suit : « Je m'étonne de ce qu'il ne demandait pas aussi qu'il fût fait mention de ses autres prédécesseurs, et, si les degrés de filiation antérieurs n'étaient pas bien vérifiés : ceci pourrait en faire douter, et par conséquent de la sortie d'Ecosse ».]

Il fonde à Guéret une messe à diacre et sous-diacre pour chaque semaine ; il fonde encore une vicairie dans la chapelle du château de Lubignac, où repose le cœur de sa femme, et où il veut que le sien soit inhumé, et y soit mis un écriteau. Il fait encore une fondation dans la chapelle qu'il a fait bâtir dans l'église de Fay. Il veut que ses enfants mâles envoient à Saint-Jacques en Galice un prêtre ou homme de religion pour acquitter un vœu fait par lui et par sa femme, et qu'il n'avait eu le moyen d'accomplir. Il prie l'évêque de Leytoure, son fils, de laisser le nom de Montbas par lui pris, et de se servir, s'il veut, en ses lettres missives, de celui-ci de Barton. [La note manuscrite déjà citée, du 16 juin 1752, ajoute ce qui suit : « Cela m'induit à croire que MM. Barton, dans ce temps et antérieurement, n'étaient pas tranquilles propriétaires et possesseurs de la vicomté de Montbas; car, depuis 1422 jusqu'en 1474, Pierre et Prégent Frotier père et fils, dont les descendants sont aujourd'hui seigneurs de la Messelière du nom de Frotier, à six lieues d'ici, se qualifiaient vicomtes de Montbas.]

Pierre Barton avait épousé Isabeau de Lévis, dite de Châteaumorant, fille de Jacques, chevalier, S^{gr} de Châteaumorant en Bourbonnais, et de Louise de Tournon, par contrat passé, à Limoges, le 10 ou 17 novembre 1509, en présence de Mme Anne de France, duchesse de Bourbonnais et d'Auvergne, dont la future épouse était fille d'honneur. Son mari voulut, par son testament, qu'on mît sur leur tombe commune : *Cy git aussi noble dame Isabeau de Levys, dicte de Châteaumorant, femme dudict Pierre Barthon, qui trépassa le 23e jour de mars l'an 1547.*

De ce mariage vinrent : 1° Guillaume, évêque de Leytoure, inhumé dans le sanctuaire de l'abbaye d'Aubazine, 1572. [Il fut député des états de de France au concile de Trente, comme il paraît par le catalogue des pères de ce concile] ; 2° Jean, vicomte de Montbas, gentilhomme ordinaire de la chambre du roi, qui fut exempté du ban et arrière-ban, le 14 mai 1557, à cause de son service. Il avait épousé, par contrat du 12 juin 1541, Jeanne Poussart [d'autres disent Jeanne Roussard de La Muthe de Fabvre] du Vigean, demeurant au Fay, près Nemours, où il demeurait aussi. Jean mourut à Paris; sa femme, veuve et sans enfants, en 1565, devint dame d'honneur de la sœur du roi Henri III [d'autres disent Henri IV]; 3° Pierre, qui suit ; 4° François, qui fit la branche de Fayolles ; 5° autres François, abbé de Sellières, nommé au prieuré de Vitrac, paroisse de Saint-Maurice, près La Souterraine en 1564 ; 6° Gilberte, abbesse de Cusset, morte en 1594 ; 7° Anne, mariée, 1535, à Pierre Le Long, sieur de Chenillac ; 8° Jacquette, mariée à Jean de Bridiers, écuyer [ou chevalier], S=gr de Gartempe (1) et de Lestang, était veuve en 1559 lorsqu'elle fit comparoir à la réformation de la coutume du Poitou. Elle fit son testament le 19 décembre 1594.

[Un Jean, mort sans hoirs, est probablement le même que Jean ci-dessus.]

IV. — Pierre Barton [III=e du nom], écuyer, S=r de Lubignac et de Fayolles, vicomte de Montbas, chevalier de l'ordre du roi [et son lieutenant-général pour le représenter par tout le royaume]. Le 14 juillet 1562, le roi de Navarre l'exempta du ban et arrière-ban, à cause de sa charge et commission de lieutenant-général pour le roi ès-pays de son obéissance. Il fut inhumé au Dorat, le 26 février 1598.

Il avait épousé, par conventions passées au château de Lubignac, le 30 novembre 1554 ou le 4 août 1555 [ou 1554], Anne de Nilhat, fille [unique] de Bertrand, S=gr de Nilhat, de Verneuil (2), [de La Brosse], diocèse de Limoges, de Laborie et de Saint-Robert en Périgord, et de Catherine de Salagnac-Gontaut de Biron. Anne de Nilhat porta dans la maison de Montbas toutes les terres dont son père était seigneur, et dont elle fut la principale héritière. Elle [mourut et] fut inhumée au Dorat le 12 juillet 1591.

De cette union naquirent : 1° François, qui suit, fils unique ; 2° Catherine, mariée 1° à Amable de Sens, baron de Faye [ou La Fa, dans la Haute-Marche, et habitant la ville de Guéret], lequel mourut [le 16 septembre] en 1581 ; mariée 2°, par contrat du 18 novembre 1592, à Hector Ajasson ; 3° Antoinette, mariée 1°, par contrat du 16 septembre 1591, à Pierre de Lavau, écuyer, S=r de Drouilles (3), en partie de Royère et de La Rochette, qui mourut au Dorat, le 17 décembre suivant ; mariée 2°, par contrat du 30 septembre 1597, à Jacques de Burges, écuyer, S=r de Champrenaud en Bourganeuf, d'Aultry, et, en partie, de Villemonteix en Haute-Marche, veuf de Denise Milletot de Bornay en Auxois ; Antoinette testa, en septembre 1599, à Verié en Bourgogne ; 4° Marguerite, mariée à Pierre de La Croix, écuyer, S=r de Champmoreau, demeurant au bourg d'Archignac en Bourbonnais ; 5° Françoise, mariée par contrat du 18 janvier 1598 à Denis de Castillon, écuyer, S=r de Longbost, paroisse d'Archignac en Bourbonnais ; 6° Jacquette, mariée à..... Charon ; 7° Louise, morte au Dorat le 16 mai 1591 ; 8° et 9° Madeleine et Françoise, vivantes en 1599.

Barton, conseiller au parlement en 1589.

V. — François Barton [I=er du nom, chevalier], S=r de Lubignac, du Deffan, La Galanchière et Fayolles en partie, vicomte de Montbas, gentilhomme de la chambre du roi.

Un anonyme fit ce sonnet sur sa mort :

> A de nobles ayeux rapporter sa naissance
> De la fortune amie est un présent heureux ;
> Surpasser en vertus ses pères valeureux
> Donne à leur gloire antique une grande accroissance.
>
> Voir survivre, en mourant, sa race, qui s'avance
> Dans le chemin frayé de leurs pas généreux,
> Et promet de gaigner l'advantage sur eux,
> C'est le comble du bien qui tout autre devance.

---

(1) Gartempe, canton de Saint-Vaulry, arrondissement de Guéret (Creuse).
(2) Verneuil, canton d'Aixe-sur-Vienne, arrondissement de Limoges (Haute-Vienne).
(3) Drouilles, commune de Blond arrondissement de Bellac (Haute-Vienne).

> Après avoir joui de ce triste bonheur,
> Barton reçut ici le sépulcral honneur
> Que son fils devait rendre à l'ombre paternelle.
>
> La terre prit le corps ; l'esprit au ciel bondit :
> Par le monde vola sa mémoire éternelle :
> Ainsi chaque partie à son tout se rendit.

François Barton épousa 1°, par contrat passé à Coussac-Bonneval (1), le 17 septembre 1583, Dianne de Bonneval, fille de Gabriel [haut et puissant seigneur, baron de Bonneval], chevalier de l'ordre du roi, et de Jeanne d'Anglure [de la maison de Bourlemont en Bourgogne, d'où sont sortis les comtes de Château-Villain, au royaume de Naples. Celle-ci était fille de René, baron de Bourlemont, et d'Anne d'Aspremont. Son fils aîné et principal héritier, nommé Jean, fut prêtre.] Dianne de Bonneval eut en dot la somme de 20,000 livres, moyennant quoi elle renonça aux successions futures de ses père et mère en faveur d'Horace de Bonneval, son frère. D'eux naquirent : 1° Pierre, qui suit ; 2° Diane, mariée, par contrat du 9 février 1614, à Pierre Feydeau, écuyer, S^{gr} de La Mothe-Persat.

François Barton épousa 2°, par contrat du 24 août 1596, Jeanne de Beynac, veuve de Jean Montaignac en Périgord, capitaine de cinquante hommes d'armes. De ce second mariage naquirent : 1° Jean, Sr du Deffan, mort jeune ; 2° Isaac, S^r d'Avisac, marié à Françoise d'Archiac, fille de....., baron de Montenat, paroisse d'Availles (2). [Montenat est une seigneurie où il y a des fontaines minérales, en la paroisse d'Availles dans la Basse-Marche poitevine. Cette seigneurie appartenait autrefois à la maison d'Archiac, et, par une fille de cette maison, elle passa à la maison de Dexmier. Actuellement elle est en litige entre l'héritière du dernier Dexmier de cette branche et Mlle de Montbas, fille du marquis, qui la réclama, comme ayant été vendue à feu le marquis de Montbas, son père, par Gaspard Dexmier, mort depuis un an, sous la réserve de l'usufruit pendant son vivant. Avant Isaac, on trouve un François, son aîné suivant les apparences, et dont on ne sait rien de plus, et, après Isaac, on trouve encore un Charles. A l'égard d'Antoine, dernier frère, son article est bien fait.] 3° Antoine, Sr du Buis, capitaine de cent hommes d'armes [entretenus pour le service du roi], marié, par contrat du 24 août 1636, et signé du Ris, notaire à Confolens, avec Anne de Fabert, veuve de Nicolas du Jardin, commissaire ordinaire des guerres au département de Metz, Toul et Verdun, sœur du maréchal de Fabert, et fille d'Abraham, Sr de Moulins, chevalier de l'ordre du roi, et maître échevin de la ville de Metz, et d'Anne des Bernards d'Alamont. Ils n'eurent qu'une fille....., mariée à..... d'Alancy, capitaine des gardes du duc de Lorraine, et morte sans enfants ; 4° Charles, dont on ne sait rien ; 5° Madeleine ; 6° Anne.

VI. — Pierre Barton [IVe du nom], S^{gr} de Lubignac, Mortemar [ou Mouthamard], Puysrenier ou Puisrenier [ou Puigrenier] et du Deffan ou Deffens, vicomte de Montbas, chevalier de l'ordre du roi, créé capitaine de cinquante chevau-légers par commission du mois de juillet 1620, gentilhomme ordinaire de la chambre du roi le 23 janvier 1624 [conseiller, grand réfor-

---

(1) Coussac-Bonneval, canton et arrondissement de Saint-Yrieix (Haute-Vienne).
(2) Availles, chef-lieu de canton, arrondissement de Civray (Vienne).

mateur des eaux et forêts de Normandie], rendit de grands services à l'île de Ré, ainsi que le roi le témoigna au grand-maître de Malte, l'an 1628, en le priant de recevoir chevalier le fils de Pierre Barton, nonobstant son bas-âge.

Le roi lui écrivit du Blanc en Berry, le 29 octobre 1631, en ces termes :

« Monsieur le vicomte de Montbas,

» Bien que j'aye toujours autant de confiance en votre affection à mon service, et que vous et les vôtres m'en ayez donné des preuves dans les charges et emplois que vous avez eus et que vous possédez, que je n'ay point douté de tout ce qui seroit en votre pouvoir dans les occasions présentes pour empêcher, aux quartiers où vous êtes, qu'il ne fût rien entrepris au préjudice de mon service : néanmoins j'ai reçu beaucoup de satisfaction d'apprendre, comme j'ay fait, tant par les lettres du Sr de Sauvebeuf que par le rapport des Srs de Pruniers et de La Motte-Fénelon, qui sont venus m'apporter des nouvelles de la prise du château de Brillac (1) et de la bonne disposition des gentilshommes de ce pays-là pour mon service, que vous et le Sr de Montbas, votre fils aîné, avec vos amis, avez fait paroître si utilement et par un effet avantageux, votre crédit, zèle et conduite, et que je désire que vous témoigniez à ceux qui vous y ont assisté comme je leur en sais bon gré, et les en recognoîtrai de très bon cœur ; et, parce que j'estime qu'il seroit inutile de vous exhorter ni vos fils de s'employer pour mon service sur les occurences présentes, je veux seulement que vous soyez assuré que j'ai toujours une entiere confiance en vous, et que je désire partant de reconnoître vos services, priant Dieu, etc. »

Etant premier capitaine du régiment du cardinal de Richelieu, il fut tué au siége de Saint-Omer en 1638. Il fut inhumé dans l'église collégiale du Dorat, en la chapelle de Saint-Jean, avec cette épitaphe qu'on lisait sur un tombeau de marbre :

> Cy gissent les corps de messire Pierre Barton
> vicomte de Mont Bas et de dame Jacquette Bounin
> sa femme avec celui de Jean-François Barton leur
> dernier fils, mais le plus zélé de tous à les aymer
> en sorte qu'il est impossible de concevoir la force
> de l'amitié qu'il avoit pour eux parce qu'il n'est plus
> en usage aux enfants d'aymer leurs pere et mere
> comme celui-cy a aymé les siens, qui possedoient
> toutes les vertus et n'avoient aucun vice. Leur
> exemple a servy de bonne éducation à leurs familles
> dont ce dernier a eu plus de recognoissance que les
> autres. C'est mesme luy qui faict transporter dans son
> chariot d'armée et à ses dépens le corps de son pere
> décédé en la ville de Rouen, comme fit Joseph qui voulut
> porter les ossement du sien dans son tombeau. C'est
> aussy luy qui a faict mettre le corps de sa mere dans ce
> mesme sépulcre, et qui a ordonné que le sien y soit mis
> apres son deceds, ayant passé contract avec messieurs du
> chapitre du Dorat qu'au moyen d'une somme d'argent qu'il
> leur a payé qu'on n'ouvrira plus ce tombeau de marbre
> qu'il a faict faire à ses dépens, comme aussy le tableau qui
> les représente tous trois au naturel. O vous nos
> descendants sy l'honneur vous est aussi cher qu'à nous
> honorez assez nostre mémoire pour empescher suivant
> nos volontez que ce tombeau ne soit jamais ouvert
> et priez Dieu pour nous.

(1) Brillac, canton et arrondissement de Confolens (Charente).

On ne voit plus ce tableau, et Jean-François ne fut point inhumé sous cette tombe, ainsi qu'on le verra plus loin.

Pierre Barton épousa, par contrat, passé à Poitiers le 18 juillet 1511, Jacquette Bonin ou Bounin, fille de feu François Bounin, écuyer, Sr de Monthomart, de la paroisse de Leyssat, diocèse du dit Poitiers, La Gor et Puyrenier en Poitou, et de Jeanne Vidard de Saint-Clair.

De ce mariage vinrent : 1° François, qui suit ; 2° Pierre, né au château de Monthomart en 1615, reçu chevalier de Malte le 24 mai 1631, mort au siége de Valence [d'autres disent que, ayant tué en duel le neveu du grand-maître, il revint en France, où il obtint une compagnie de dragons, et qu'il fut tué à Casal] ; 3° Sébastien, né au même château en octobre 1621, reçu chevalier dans le même ordre le 22 juillet 1631, tué en 1644, en montant le premier dans le gallion où le commandeur de Neufchaises prit la sultane ; 4° Jean, Sr de Bret, qui aura un article spécial après l'énumération des enfants ; 5° François, qui aura aussi un article ; 6° François-Jean-Sébastien, tonsuré en 1643 ; 7° Jean-François, qui aura aussi un article ; 8° Marie, mariée, par contrat du 4 septembre 1631, à Mathieu Guyot, écuyer, S^{gr} d'Asnières, major dans le régiment des chevau-légers du roi ; 9° Françoise, mariée, en 1650, à François Estourneau, baron du Ris, S^{gr} de La Périère et de La Motte-Tersannes ; 10° Marie-Louise, religieuse au Dorat [six autres enfants, garçons ou filles, morts en bas-âge].

— Jean Barton, Sr de Bret ou de Bretagne, appelé depuis le comte de Montbas, né au château de Lubignac, tonsuré en 1629, et prévôt de Saint-Salvadour, la même année, par la résignation de Jean de Pierrebuffière de Chamberet, prit depuis le parti des armes auprès du vicomte de Montbas, son frère aîné, devint mestre de camp, et servit avec honneur. L'illustre et célèbre écrivain Hugues Groot ou Grotius, ambassadeur en France pour la Suède, avait conduit à Paris Cornélie, sa fille, née de Marie de Reigersberge. Jean Barton l'épousa, par contrat du 24 mars 1646, passé à Paris, d'où les nouveaux époux se retirèrent en Hollande. Là Jean Barton prit du service, et fut fait capitaine d'une compagnie de cavalerie en 1653. Ses services militaires lui valurent d'être successivement colonel de cavalerie, colonel d'infanterie, commissaire général de la cavalerie et commandant des corps d'armée. Ce long service lui valut aussi de nombreuses blessures.

Son zèle et son affection pour la Hollande, l'ambition qui portait le prince d'Orange à vouloir se faire souverain des états, et l'aversion que ce prince avait témoignée en plusieurs rencontres contre Montbas, obligèrent celui-ci de se retirer en France, après beaucoup de périls, pour éviter sa perte, qui paraissait certaine. Jean Barton raconte lui-même toutes ces circonstances dans un volume in-12 qu'il fit imprimer à Utrecht, en 1673, sous ce titre : *Mémoires de M. le comte de Montbas sur les affaires de Hollande en réponse aux calomnies de ses ennemis.* Ses ennemis dirent partout qu'il était venu en France, sans l'autorisation des Etats, offrir au roi la carte blanche pour faire la paix que les provinces unies à celles de Hollande ne voulaient point ; qu'on avait trouvé dans ses papiers des lettres d'Angleterre par lesquelles on voyait sa correspondance avec cette nation ; qu'il fit publier par les gazetiers qu'on avait intercepté des lettres qu'il écrivait au roi de France et à M. de Pompone, lesquelles donnaient connaissance de beaucoup de mystères. Tous ces bruits étaient faux.

Le prince d'Orange nomma, le 7 juin 1672, Jean Barton, pour commander dans l'île du Betaw et dans la ville de Nimègue, postes où Montbas voyait une mort assurée, et, pour plus grand bonheur, d'être tué sur la brèche. L'impossibilité d'exécuter sans le nombre suffisant de troupes les ordres ambigus ou opposés des Etats et du prince d'Orange lui firent demander une explication : il ne la reçut pas plus que les troupes qu'on lui promettait. Il n'avait que six compagnies pour occuper six grandes lieues, et on lui avait ordonné *de ne pas attendre qu'on le forçât à la retraite.*

Le 9 juin, c'est-à-dire deux jours après, le prince d'Orange lui ôta le gouvernement de Nimègue, sans lui en donner aucun avis et sans la participation des Etats. Se voyant donc hors d'état de recevoir les troupes promises, et ayant mandé à M. le prince d'Orange que, en exécution de ses ordres, il se retirait si on ne lui en donnait point de contraires, ne voyant aucun commandement de sa part, il se retira après avoir mis le reste de ses troupes dans Nimègue, comme il lui avait été commandé.

Le 11 au matin, Montbas vint rendre compte de toute choses à M. le prince, qui lui dit : « C'est très bien » ; mais deux heures après Son Altesse le fit arrêter, et prendre tous ses papiers sans garder aucune formalité. On envoya occuper avec beaucoup de troupes les postes qu'il avait quittés, ce qui faisait voir le dessein formel du prince d'Orange de perdre Montbas. Le prince le fit surveiller par ses gardes dans un carrosse, et, le 16 du même mois, il l'envoya dans Utrecht, où il faillit être déchiré par la populace. De là on le ramena au camp ; six semaines après, on nomma quatre commissaires pour lui faire son procès, et, sept à huit jours après un interrogatoire non juridique, le conseil de guerre l'envoya quérir, et lui demanda s'il avait encore quelque chose à dire pour sa défense. Le lendemain, on lui fit signifier de répondre, pour tout délai dans vingt-quatre heures, à cent soixante-dix-sept articles que le fiscal avait tiré contre lui par d'artificieuses conséquences. Il fallait fournir son inventaire, et imprimer sa réponse : on lui refusait de la lire, et, le greffier n'entendant pas le français, sa lecture ne pouvait être intelligible. Il fallait, de plus, que les défenses fussent en flamand pour la commodité de la plupart des juges ; mais ce qui paraît plus injuste, c'est qu'on ne voulut pas recevoir la production des avocats de Montbas, parce qu'ils l'avaient portée quatre ou cinq heures plus tard que les vingt-quatres heures fixées.

Le lendemain, on cassa Jean Barton de ses charges par sentence, qui fit mettre M. le prince d'Orange en une telle colère que les juges, après avoir fait serment entre eux de la tenir secrète, en rendirent une seconde qui condamna Montbas à quinze ans de prison. Aucune de ces sentences ne lui fut signifiée ; les témoins, n'ayant point prêté le serment, parlaient même à la décharge du prisonnier, mais les commissaires ôtaient la plume des mains du greffier pour ajuster les dépositions à leur façon. M. le prince écrivit cependant, de sa main, aux Etats-Généraux pour faire agréer cette dernière sentence ; ce qu'ils refusèrent, disant que si Montbas était coupable, il fallait le punir de mort, que s'il ne l'était pas, il fallait l'absoudre. Il fut donc conclu que l'on assemblerait un autre conseil de guerre, composé d'un autre fiscal et d'un autre greffier pour instruire le procès tout de nouveau.

Dans cet intervalle, Montbas s'évada par le conseil de ses amis ; il ne l'eut pas plus tôt fait qu'on envoya partout pour le prendre, promettant une récompense considérable à quiconque le livrerait mort ou vif. On fit mettre aux fers plusieurs de ses domestiques, et on fit donner deux fois la question ordinaire et extraordinaire à l'un d'eux pour savoir où était son maître. On pilla tout son équipage, et on fit vendre ses chevaux presque pour rien. Le prétendu conseil de guerre s'appropria tout.

Dès que Montbas fut à Cologne, il offrit aux Hollandais de se rendre dans telle ville qu'il leur plairait pour faire juger l'affaire par tels commissaires qu'ils voudraient envoyer, ajoutant qu'il consignerait dix mille écus pour les frais, à condition que, de la part du fiscal, il serait donné sûreté de la même somme. Mais les ennemis de Montbas empêchaient autant qu'ils pouvaient que cette lettre ne fût lue dans l'assemblée des États de Hollande ; ce qui l'obligea d'en écrire d'Utrecht une circulaire à toutes les villes de cette province, pour les prier de lui aider à obtenir des commissaires. Les villes n'osèrent faire de réponse. Montbas écrivit donc à M. le prince d'Orange, et lui demanda le combat que ses ancêtres avaient permis à M. de Bréauté. Il défia aussi ses quatre juges de soutenir par les armes l'injustice de leur procédé. Mais il lui firent faire réponse par le bourreau de l'armée, et l'envoyèrent par un trompette. Le comte de Montbas finit ici ses Mémoires en se plaignant amèrement d'une réponse si infâme, et intéressant toutes les plus illustres maisons de la noblesse française, dont il a l'honneur d'être allié. — (Voyez le *Journal des Savants*.)

Il avait épousé, comme on a vu plus haut, Cornélie Groot, qui mourut, en 1687, à Lille en Flandre, ne laissant qu'une fille, morte elle-même sans alliance à l'âge de vingt-deux ans ; il épousa, en secondes noces, Louise de Brinon, en Normandie, dont il ne laissa qu'une fille, morte aussi sans être mariée.

Il possédait la terre de Lormaison avec celle de Corbeil-le-Cerf, dans l'évêché de Beauvais, achetée en 1665. M. le prince l'avait nommé capitaine des chasses de Mern, le 6 avril 1688 ; il mourut le 24 juin 1696.

— François Barton, appelé le baron de Montbas, tonsuré en 1636, était un des plus accomplis cavaliers de son temps, tant pour les sciences que pour les langues, qu'il possédait en grand nombre. Beau, bien fait et très aimé, sa bravoure le mit dans une haute réputation. Le roi et la reine-mère Anne d'Autriche le connaissaient fort, et cette princesse le choisit pour aller avec M. de Servian à Munster et autres cours d'Allemagne. Les négociateurs de la paix l'envoyèrent vers l'électeur de Cologne en 1647. Deux ans après, on lui confia les pierreries de la couronne pour dépôt de l'argent qu'on devait emprunter, et dont l'État avait besoin. Il trouva les 100,000 livres que le cardinal Mazarin lui demandait, par lettre du 29 mai 1649, afin de lever des troupes pour le landgrave, et il rapporta les pierreries sans les avoir engagées, ce qui le mit dans une haute estime. Il se fût fort avancé si la mort ne l'eût enlevé à la fleur de l'âge, en juillet 1652, à Melun, où il était allé voir son frère aîné.

— Jean-François Barton, tonsuré, en 1647, chevalier, Sr du Deffan et Corbeil-le-Cerf, sortit de la maison paternelle avant l'âge de quatorze ans, et fut trouver son frère aîné, qui le mit dans le régiment Royal-Cavalerie. Il y leva une compagnie de chevau-légers en 1650 ; mais il fut réformé, à l'occasion de la paix, après la mort du cardinal Mazarin. En 1665, il leva une autre compagnie, qui fut incorporée dans le régiment de La Cordounier, puis dans le Commissaire-Général, et réformée en 1668. Il fut major dans Joyeuse en 1672, et colonel de Vaubrun après la bataille de Trèves, où il se distingua.

Il servit aussi avec bravoure, et fut blessé à la bataille de Dunkerque. Pour récompense de ses services, il fut fait mestre de camp de cavalerie en 1675, brigadier des armées du roi en 1688, et brigadier de la cavalerie légère en 1690, chevalier de Saint-Louis, avec la pension de 1,500 fr., en 1693. Le roi lui avait aussi donné, le 31 janvier 1681, la commanderie de Tournay en Flandre, ordre de Saint-Lazare. Après la mort de Jean, son frère, il prit le nom de baron de Montbas.

Jean-François Barton avait épousé, par contrat du 18 février 1692, Louise Guyot, fille de Jean, chevalier, S^{gr} d'Asnières, et de Marguerite d'Asnières : il n'en eut point d'enfant.

Il épousa, en secondes noces, par contrat du 3 septembre 1706, Catherine Doyron, fille de feu Robert, chevalier, baron de Saint-Pierre de Chargnac [ou Cherignac], et d'Isabeau Barton de Montbas, dont naquit Pierre Barton, marquis de Montbas, S^{gr} de Corbeil-le-Cerf et le Deffan, et mourut en 1737. Il avait épousé..... de La Beraudière de l'Isle-Rouhet, dont Jeanne, fille unique, mariée à..... du Chilleau, capitaine au régiment du roi.

[Ne serait-ce point de ce Jean-François Barton qu'on a entendu parler quand on a dit du marquis de Montbas, son fils (Pierre qu'on vient de nommer), que c'était un homme très jaloux. Tout le monde sait à la vérité que M. le marquis de Montbas n'a pas fait bon ménage avec sa femme, encore vivante ; mais la province est persuadée qu'il y avait plutôt de sa part du ressentiment contre sa femme, de ce qu'elle ne l'aimait pas, et de ce qu'elle conservait toujours dans l'âme une tendre passion pour M. de La Roche-Tulon de Baudiment, à présent mort, que de jalousie. Pierre avait pourtant bien de qui tenir pour être jaloux ; car le baron de Montbas, son père, qui avait épousé, en premières noces, Louise Guyot, émancipée d'âge en juin 1752, et procédant sous l'autorité de son curateur, qui était le sieur Pellegrain, notaire à Bussière-Poitevine ; le baron de Montbas, dis-je, était si jaloux de Louise Guyot, sa femme, que, pendant un voyage fait avec elle à Paris, il la tenait fermée sous clef dans son appartement. Il lui faisait donner à manger par un domestique affidé, nommé Quatrefages, par le trou fait au bas de la porte pour laisser passer les chats, comme l'auteur d'une note manuscrite l'avait ouï dire dans la famille. Cette femme passait cependant pour très vertueuse. Elle était petite-nièce, et non pas nièce, de son mari, comme Nadaud l'avait cru d'abord. Elle était fille de Jean Guyot, chevalier, S^{gr} d'Asnières, et de demoiselle Marguerite d'Asnières, dont le contrat de mariage est du 24 octobre 1666, et petite-fille de Mathieu Guyot, chevalier, S^{gr} d'Asnières, et de Marie Barton, sa sœur, dont le contrat de mariage est du 4 septembre 1631, et dont il est parlé dans ce même n° VI : lesquels Mathieu Guyot et Marie Barton étaient, par sa mère, trisaïeuls de l'auteur de la note que je copie ici.]

VII. — François Barthon de Montbas [IIe du nom] vicomte du dit lieu, S^{gr} de Monthaumar, Le Deffan et Lubignac, fut élevé pendant trois ans entre les pages du cardinal de Richelieu, et donna dès ses plus tendres années de grandes espérances. Il fut d'abord capitaine d'une compagnie de cent chevau-légers et colonel du régiment de Montbas. Au combat de Lens, il fut blessé en cinq endroits des éclats d'un boulet de canon, et, dès qu'il fut guéri de ses blessures, il fut fait mestre de camp du régiment Royal-Cavalerie, le 1er août 1643 maréchal-de-camp, commissaire d'artillerie le 3 avril suivant, gentilhomme de la chambre du roi le 8 mars 1649.

Le roi, pour reconnaître ses services, le fit lieutenant-général de ses armées le 10 juillet 1652, et lui donna une des grandes-maîtrises des eaux et forêts de Normandie, charge qu'il ne put exercer à cause des grands emplois qu'il avait à l'armée : aussi il la fit donner à son père, qui la posséda jusqu'à sa mort. Le 26 août suivant, il se trouva au siége de Montrond. Il fut gouverneur de Melun.

Etant au siége de Rocroy, quoique sa cuirasse fût percée, son cheval tué sous lui, et lui blessé d'un coup d'épée à la tête, il entra dans la citadelle malgré la résistance des Espagnols. Dans les troubles de Gascogne, n'étant escorté que de quatre escadrons, il monta deux fois dans la forteresse de Bordeaux. Après la paix, il conduisit à Brezé, par ordre du roi, une princesse de Condé. Il fut envoyé à Rethel avec 500 cavaliers ; ensuite il eut le commandement d'une armée pour repousser celle du prince de Condé, puis fut fait gouverneur de Melun, etc., pendant les guerres de Paris.

Dans le temps que le roi pensait à le faire maréchal de France, il mourut, illustré par toutes ses vertus, mais surtout par sa charité pour les pauvres. D'abord qu'il arrivait dans un endroit, il allait visiter les églises et les hôpitaux. On dit que lui et le comte de Magnac sont les principaux auteurs de l'édit contre les duels, et que Barton fut loué publiquement par les prédicateurs, qui proposaient ses vertus pour exemple.

Son cœur repose à Melun, et son corps en l'église du Dorat, en la chapelle de Saint-Jean, où l'on voit cette inscription sur une table de marbre :

> Ici repose le corps de defunt haut
> et puissant seigneur messire François Barton
> chevalier seigneur vicomte de Montbas
> conseiller du roi en ses conseils, grand
> maistre des eaux et forests de Normandie
> gouverneur des villes et chasteaux
> de Melun, Corbeil, et de toute la
> Brie, mestre de champ (sic) du régiment de
> cavalerie du roy, et lieutenant général
> de ses armées, lequel décéda à Melun, plein
> d'honneur, de mérite et de vertu, le 10e janvier
> 1653 age de 39 ans. Après avoir rendu plusieurs tesmoignages de sa piété envers
> Dieu, de son zele et de son courage au service du roy, et de sa charité envers le prochain, qui a laissé à son trépas dame Denise de
> Maillé son épouse tres affligée, qui lui a
> dressé ce tombeau souls leq. elle veut
> estre enterrée, après son deceds affin que
> luy et elle ayant esté parfaictement unis
> durant leur vie, ils ne soient pas séparés
> après leur mort et affin qu'ils soient éternellement unis dans le ciel. Passants
> priez Dieu pour eux.

On voit dans la même chapelle, du côté de l'épitre, une plaque de cuivre, sur laquelle on lit :

> Epitaphe que feu M' le vicomte de Montbas
> a faicte pour luy. Amis passants ou curieux l'espoir
> qu'on te rende possible des demain le semblable t'in-
> duise à prier Dieu qu'il me pardonne. Mon nom fust
> François Barton de Montbas, mary de Denise de Maillé.
> Ma vie finist plustot que les désirs de servir le monde
> et travailler pour sa fumée, je n'ay que tro vescu sans
> l'envie de mourir au Seigneur, meurs en vivant si tu veux
> vivre après ta mort, prie et profite du tems pour t'assurer
> de l'éternité et me procure le repos. à Dieu.
>
> Il estoit lieutenant général des armées du roy
> maistre de camp du régiment royal, governeur de
> Melun, de Lagny, de Certail et de toute la Brie,
> Est décédé à Melun le 10e janvier en l'an 1653 dans
> la quarantieme année en odeur de tres grandes vertus.

Il avait épousé, par contrat passé à Blois le 8 mai 1638, Denise de Maillé, fille de René, marquis de Benechart [ou Benar], capitaine de cinquante hommes d'armes et des chasses du Maine, et de Dorothée de Clause. Elle mourut le 12 janvier 1669. [Elle était parente de madame la princesse. François eut de belles charges dans l'armée, et fut lieutenant-général et gouverneur de Melun.]

De ce mariage vinrent : 1° Pierre, capitaine de cavalerie, puis de cuirassiers, tué, à vingt-neuf ans, à la bataille de Senef, en 1674 : il était fort estimé pour son esprit et sa bravoure ; 2° René, capitaine de cavalerie, mort à Arnheim en Hollande (1674), en revenant du secours de Varden : il était aussi d'une bravoure reconnue ; 3° François [III], qui suit ; 4° Dorothée, mariée 1°, par contrat du 25 février 1653, à Pierre de Neufchaises, chevalier, Sgr de Persac en Poitou (1), assassiné le 23 octobre de l'année suivante ; mariée 2° à Théophile de Besiade, chevalier, Sgr d'Avaray-sur-Loire (2), grand-bailli d'Orléans ; mariée 3° à Guillaume Millet, Sgr de Jeuvre ; 5° Marie, qui se fit religieuse à l'abbaye du Lyr près Melun, en 1656.

[L'auteur des notes manuscrites sur la généalogie de la maison de Montbas, rédigée par M. Nadaud, dit ce qui suit à l'article de François, vicomte de Montbas, etc. : « Vous avez copié tout au long, Monsieur, une lettre du roy, écrite au vicomte de Montbas, au Blanc en Berry, le 29 octobre 1651. (V. *cette lettre ci-dessus*), et vous la dites écrite au vicomte de Montbas, mort à trente-neuf ans, étant gouverneur de la Brie et lieutenant-général des armées du roy. — Mais il y a erreur ; car cette lettre étoit écrite au vicomte de Montbas père, mort à Rouen. Ce qui le prouve, Monsieur, c'est que, dans cette lettre, le roy se loue des services de celui à qui il écrit et de ceux de son fils aîné. Ce fils aîné était précisément le lieutenant-général d'armée. Ce ne pouvoit pas être le fils de celui-ci, car le lieutenant-général ne s'est marié qu'en 1638 ; et, en fixant à ce temps-là la naissance de son fils aîné, ce fils n'auroit été âgé, au 29 octobre 1651, date de la lettre du

---

(1) Persac, canton de Lussac-les-Châteaux, arrondissement de Montmorillon (Vienne).
(2) Avaray, canton de Mer, arrondissement de Blois (Loir-et-Cher).

roy, que de douze (ou treize) ans. Or un enfant de cet âge peut-il rendre dans les armées des services capables de fixer l'attention d'un monarque? Mais il y a plus : en parlant du fils aîné du lieutenant-général, vous le dites tué, à l'âge de vingt-neuf ans, à la bataille de Senef (donnée en 1674). Si, en 1674, il n'avoit que vingt-neuf ans, sa naissance ne remontoit qu'en 1645; et, suivant ce calcul, au 28 octobre 1651, date de la lettre du roy, il n'auroit été âgé que de six ans : quels services pouvoit-il rendre? vous dites aussi, Monsieur, que le lieutenant-général commanda les troupes du duc de Bourbon. En ce temps-là, nous n'avions pas de prince qui portât le nom de duc de Bourbon. Il y avoit les princes de Condé et de Conti, frères, et le duc de Longueville, qui faisoient la guerre au roy, et qui avoient une armée près de Paris; et le roy, pour les repousser, fit assembler une armée sur la rivière de Marne, dont le vicomte de Montbas, lieutenant-général, eut le commandement, pour la faire agir contre le prince de Condé, qui, quoique du nom de Bourbon, n'a jamais été nommé duc de Bourbon, mais seulement duc d'Enghien, du vivant du prince de Condé, son père, et lors de la bataille de Rocroy, et ensuite prince de Condé après la mort du prince son père ».]

VIII. — François Barton de Montbas [IIIe du nom, dit comte de Montbas], chevalier, Sgr de Lubignac, page de la reine [et jamais autre chose, voyez plus bas], épousa 1°, par contrat du 19 janvier 1671, Anne Aubert [sœur unique de l'évêque de Senez], fille de Renaud Aubert de Villeserain, vicomte d'Argeville en Brie, maître d'hôtel du roi et de sa chambre aux deniers, et de Marie Bouvot. Anne était alors veuve de René de Jussac, chevalier, Sgr de La Morinière, et sœur de l'évêque de Senez, et non pas de Sian, comme le dit le P. Bonaventure, p. 714. Elle mourut en 1693.

De ce mariage vinrent : 1° François, né le 12 avril 1673, capitaine de cavalerie au régiment de Montbas, à l'âge de quinze ans, fait mestre de camp de ce régiment le 28 avril 1693, tué à la bataille de Marsaille le 4 octobre suivant; 2° autre François, né le 14 août 1676, fait capitaine dans le régiment de son frère le 17 août 1693, mestre de camp de ce régiment le 30 octobre suivant : il s'était distingué à la même bataille, et mourut à Paris, le 8 février 1694, des blessures qu'il y avait reçues. [Le roi, avant de donner ce régiment à un autre, s'informa s'il n'y avait plus de Montbas. On lui dit qu'il n'y avait qu'un jeune frère des deux défunts, qui était abbé (Pierre, comte de Montbas, qui suit), et leur père. Il dit à cela : « Le père a-t-il servi? — Il a été, sire, page de la reine. — Ce n'est pas assez », dit le roi; et le régiment fut donné, en 1694, à M. de Vienne. C'est le 46e régiment de la cavalerie de France]; 3° Pierre, qui suit; 4° Dorothée; 5° Anne, mortes toutes deux sans être mariées.

François épousa [après 1673] 2°, peut-être Elisabeth Tisserand de Chalange, veuve d'Alphonse de Gueribout, marquis [de Faveri] d'Arcelot [gouverneur de Marsal, grand-bailli de Melun].

IX. — Pierre Barton de Montbas [Ve du nom, dit le comte de Montbas], né le 25 mars 1681, Sgr de Lubignac, qu'il vendit, Oranville et Monthaumar en Poitou, avait été destiné à l'état ecclésiastique, qu'il quitta après la mort de ses frères pour servir dans la seconde compagnie des mousquetaires. Il mourut à Montbas le 12 janvier 1755, fut inhumé dans l'église de Gajoubert (1).

Il avait épousé, [le 18 mars] 1704, Louise [de] Raymond, fille de Gabriel-François, écuyer, lieutenant-général de la Basse-Marche à Bellac, et de Catherine Sanguinière. Elle lui porta les fiefs du Haut et Bas-Monteil, paroisse de La Bazeuge (2), et d'Escurat, paroisse de Voulon (3). Elle mourut en.....

De ce mariage naquirent : 1° Pierre-Louis-Jean, qui suit; 2° Gabriel-François-Xavier, capitaine aide-major au régiment de Nivernais, 1735, aujourd'hui la Marche-Prince, infanterie, chevalier de Saint-Louis, 1746 ; retiré avec pension en 1755. Il était né le 30 juillet 1711, et est mort à Bellac en 1762 [ou 1763, sans alliance]; 3° François-de-Sales-Pierre, capitaine au même régiment, né à Bellac le 8 août 1720, marié, le 22 juin 1751, à Claire-Françoise de Chantelot, fille de feu Estienne de Chantelot de La Chaise, chevalier de Saint-Louis, capitaine des vaisseaux du roi, et d'Anne de Gombaud [dont un fils, qui était âgé de vingt ans en 1783]; 4° Michel-Joseph-Elme, né le 17 mai, gradé de Poitiers, tonsuré en 1738, mort en 1742; 5° Dorothée-Catherine [morte supérieure de la Trinité à Poitiers]; 6° Félicité-Perpétue-Marguerite, mariée à Gaspard Martin de La Bastide de Nantiac, Sgr de Fredaigue (4); 7° Louise-Geneviève ; 8° Marie-Thérèse-Marguerite ; 9° Luce-Agnès-Radegonde-Barbe : ces trois dernières étaient religieuses du Calvaire à l'abbaye de la Trinité de Poitiers; [10° Elisabeth-Cécile, dite Mlle Barton, religieuse à l'abbaye de Sainte-Croix à Poitiers, Elle est en même temps (dit l'auteur des Notes manuscrites sur la généalogie de Montbas) aimable pour le monde et agréable à Dieu, beaucoup de piété et de régularité pour les devoirs de son état, beaucoup d'enjoûment à la ville et par écrit.]

X. — Pierre-Louis-Jean Barton, vicomte de Montbas, Sgr d'Oranville, Monthomar, du Haut et Bas-Monteil et d'Escurat, né le 3 avril 1710, reçu page du roi aux petites-écuries le 20 mars 1725, cornette au régiment de Mgr le Dauphin-Cavalerie, 1729.

Il épousa, par contrat du 16 avril 1735, Marie-Anne Florien, fille de Thibaud, écuyer, ancien maire de Poitiers, Sr des Touches, Thorus et Saint-Juire, et de Radegonde de Montenay, dont : 1° Pierre-Thibaud-Marie, né à Bellac le 25 mars 1736, cornette au régiment de la Reine, cavalerie, le 18 mars 1748, réformé l'année suivante, mousquetaire du roi dans la seconde compagnie, 1754, et qui suit ; 2° Jean-Thibaud-Louis, né le 21 mars 1737, enseigne au régiment de Nivernais en 1748, réformé l'année suivante, lieutenant au même régiment en 1752, capitaine en 1756 [marié avec Marie-Thérèse de Servet, dont: 1° Pierre-Antoine ; 2° Marie-Marguerite]; 3° Félicité-Perpétue-Dorothée-Catherine, née le 21 novembre 1738 [morte sans alliance en 1777]; 4° Gabriel-François-Xavier, né le 28 janvier 1741, tonsuré ...., garde-marine, 1759, marquis de Montbas, marié, 1771, à du Mesnil, de la

---

(1) Gajoubert, canton de Mézières, arrondissement de Bellac (Haute-Vienne).
(2) La Bazeuge, canton du Dorat, arrondissement de Bellac (Haute-Vienne).
(3) Voulon, ancienne paroisse, comprise aujourd'hui dans celle du Dorat (où se trouve Escurat), arrondissement de Bellac (Haute-Vienne).
(4) Fredaigue, commune de Nantiat, arrondissement de Bellac (Haute-Vienne).

ville de Rochefort, veuve; 5° Pierre-François-de-Sales, né le 23 décembre 1742, lieutenant dans Marche-Prince, 1760, mort le 8 octobre 1761; 6° Gaspard-Simon, né le 11 décembre 1744, lieutenant au régiment de Bigorre, 1760.

XI. — Pierre-Thibaud, comte de Montbas, épousa, en 1767, Marie-Geneviève-Victoire de Marconnay de Mornay, paroisse de Porchaire, diocèse de Poitiers [n'avait pas d'enfants en 1783].

Branche de Massenom.

[Cette branche subsiste avec distinction dans la Haute-Marche, M. le vicomte de Montbas, qui avoue les représentants de cette branche pour être de son nom et armes, observe en même temps qu'ils se trompent en écrivant leur nom *Barthon* au lieu de *Barton*.]

II. — Mathurin Barton, fils de Jean, garde de la justice du comte de la Marche, Sr de Roche-Nozil. Le 17 juillet 1482, Pierre de Bourbon, comte de la Marche, lui permit de bâtir une maison forte où bon lui semblerait : en conséquence il fit bâtir le château de Massenom, paroisse d'Ahun (1); il testa le 7 décembre 1489. Il épousa, en 1455, Isabeau de Saint-Julien, fille de Regnier, par contrat reçu par Rignard et Marcillat le 19 novembre 1445; elle testa le 14 janvier 1515.

De ce mariage naquirent : 1° Christophe, qui suit; 2° Jean Barton, S^{gr} de Roche-Nozil et de Maslé, qui, comme tuteur des enfants de feu Christophe, son frère, comparut, le 27 avril 1521, à Guéret, à la réformation de la coutume de la Marche; 3° autre Jean, chantre du Dorat, chanoine de Limoges en 1500, sous-chantre dans la même église, prieur de Cluys dans le diocèse de Bourges, prévôt de Rousset 1515 (2), vivait en 1536 : il était mort en 1538; 4° Maria, mariée, par contrat du 30 novembre 1489 ou 1486, à Estienne de Magnac, écuyer, Sr du Chatelard; 5°....., mariée.....; 6° Gatienne; 7° Berthe.

III. — Christophe Barton de Montbas, S^{gr} de La Roche-Nouzil, paroisse de Fransèches (3), et de Peyrat-l'Annonier (4), rendit foi et hommage, pour ces seigneuries, le 1er avril 1500, à Pierre de Bourbon, comte de la Marche, fut panetier et garde des sceaux de ce prince (1509), maréchal-des-logis du duc de Bourbon, connétable de France, capitaine d'Ahun et de Chénerailles (1515), de Guéret et de Drouilles (1516).

Il épousa, par contrat reçu par de Motis, le 7 novembre 1500, Catherine de Bord, fille de feu Charles, S^{gr} de Pierrefitte, et d'Antoinette de Saint-Avit, dont : 1° Jean, qui suit; 2° Charles qui avait étudié, en 1536, au collège des Bons-Enfants, à Paris, protonotaire du Saint-Siége, prévôt de Rousset,

---

(1) Ahun, chef-lieu de canton, arrondissement de Guéret (Creuse).
(2) Le Rousset, maison de l'ordre de Grandmont, commune de Vaulry, canton de Nantiat, arrondissement de Bellac (Haute-Vienne).
(3) Fransèches, canton de Saint-Sulpice-les-Champs, arrondissement d'Aubusson (Creuse).
(4) Peyrat-la-Nonière, canton de Chénerailles, arrondissement d'Aubusson (Creuse).

prieur de Cluys, 1543, mourut, dans sa maison prévôtale de Roussac (1), le vendredi 25 janvier 1554 [1555], et fut inhumé dans l'église.

IV. — Jean Barton de Montbas, écuyer, S^{gr} de La Roche-Nozil, Massenom, Peyrat, épousa, par contrat du 20 novembre 1543, Jeanne de Puychault; elle épousa 2° Jean du Muraut. De ce mariage naquirent : 1° Charles, qui suit; 2° Symphorien; 3° Philiberte, mariée à Jacques Boullier, Sr de Chariol en Auvergne; elle vivait en 1570.

V. — Charles Barton de Montbas, écuyer, S^{gr} de La Roche-Nozil et de Massenom, paroisse d'Ahun, épousa, par contrat du 30 octobre 1570, Rose de La Roche-Aymon, fille de Jean, chevalier, S^{gr} de Saint-Maixant (2), Bort, Jouillac (3), lieutenant-général en Bourbonnais, sénéchal de la Marche, et de Renée de Graçay : elle ne porta que 2,000 livres.

D'eux naquirent : 1° Jean, qui suit; 2° Gabriel, écuyer, S^{gr} de Beauregard, qui institua héritier Philibert Barton, son neveu, par le contrat de mariage de celui-ci, sous la réserve de l'usufruit et de 4,000 livres à disposer; 3° Pierre, chevalier de Malte, 1597 [ses preuves, ou celles d'un Pierre, pour entrer dans l'ordre de Malte, furent faites en 1631].

VI. — Jean Barton de Montbas, S^{gr} de Roche-Nozil et Chassenom, épousa, le 17 février 1608, Claudie de La Roche-Aymon, veuve de Jacques Chaslut, écuyer, Sr de Châteaubrun et de Condat, fille de François de La Roche-Aymon, chevalier, S^{gr} du dit lieu. Elle eut en dot 29,000 livres.

De ce mariage naquirent : 1° Philibert, qui suit; 2° Gabriel, baptisé le 1er février, à huit ans et demi, vivait en 1648; 3° Charles, baptisé, le 1er février 1623, à l'âge de deux ans et demi, marié, par contrat, le 11 octobre 1650, à Gabrielle ou Filberte de Gimel, fille de feu Jacques, chevalier, Sr de Chades, et de Françoise de Savignac; 4° Jeanne, mariée, par contrat du 15 février 1632, avec Gaspard de Saint-Julien, chevalier, S^{gr} de Beauregard et de La Rochette; 5° Gilberte, religieuse à Bonnesaignes, qui fit donation de tous ses biens à Philibert, son frère, en 1634, sous la réserve de 100 livres de pension.

VII. — Philibert Barton de Montbas, chevalier, S^{gr} de Roche-Nozil, Massenom, Beauregard, cornette, en 1635, dans la compagnie du vicomte de Montbas, lieutenant-colonel du régiment de Saint-Germain, cavalerie, 1644. Il reçut une lettre du roi du 21 août 1649, qui lui ordonnait d'assembler tous les gentilshommes ses amis et dépendants de lui pour aller, avec le plus de gens et de diligence qu'il pourrait, joindre le Sr de Saint-Germain-Beaupré, et lui aider à faire rendre l'obéissance due à Sa Majesté.

Il épousa, par contrat passé au château de La Chazotte-Douzon, le 22 février 1648, Anne Audier, veuve de Symphorien d'Arfeuille, chevalier, Sr de Chasselar.

De ce mariage naquirent : 1° Gilbert, qui suit; 2° Léonard; 3° Marguerite, mariée, par contrat passé à Felletin le 11 février 1477, avec Guy d'Ussel.

VIII. — Gilbert Barton de Montbas, écuyer, S^{gr} de La Roche-Nozil, Massenom, paroisse d'Ahun, Villejus, Saint-Martial-le-Mont, La Chazette-

---

(1) Roussac, qui avait une prévôté dépendant de Saint-Martial de Limoges, est canton de Nantiat, arrondissement de Bellac (Haute-Vienne).
(2) Saint-Maixant, canton et arrondissement d'Aubusson (Creuse).
(3) Jouillac, canton et arrondissement de Guéret (Creuse).

Douzon, épousa, par contrat passé au château de Saint-Jal le 11 septembre 1693, Marie de Lastic, dont : 1° Léonard, qui suit ; 2° Guy, chevalier de Saint-Louis, ancien capitaine au régiment de Saint-Chamond, infanterie ; 3° Pierre, tonsuré en 1717, comte de Brioude, 1722 ; 4° Marguerite, religieuse à Blessac ; 5° Louise, morte sans alliance ; 6° autre Louise ou Lucrèce, morte également sans alliance ; 7° Philiberte, morte en bas-âge ; 8° Marguerite, religieuse à Aigueperse ; 9° autre Marguerite, aussi religieuse à Aigueperse ; 10° Marie, religieuse à Blessac.

IX. — Léonard Barton de Montbas, écuyer, Sgr de La Roche-Nozil, Massenom, La Chazette, Villejus, La Cussière, épousa, par contrat passé au château de Saint-Agoulon en Bourbonnais, le 14 juin 1717, Éléonore de Chauvigny de Blot, fille de Jacques chevalier, Sgr de Saint-Agoulon, et de Marie de La Roche-Aymon. De ce mariage naquirent : 1° Jacques, qui suit ; 2°....., mort en bas-âge ; 3° Marie religieuse à l'Aveine, ordre de Cluny en Auvergne ; 4° autre Marie, religieuse à Saint-Laurent de Bourges.

X. — Jacques Barton de Montbas, écuyer, Sr de La Roche-Nozil, Massenom, Villejus, lieutenant au régiment de Penthièvre, infanterie, épousa, par contrat passé à Sainte-Feyre (1) le 1er mars 1744, Henriette de de Merigot de Sainte-Feyre, dont : 1° Alexandre-Léonard-François Barthon de Montbas, écuyer, Sgr de La Roche-Nouzil, Massenom, Villejus, page aux petites écuries, 1760 ; 2° Éléonore ; 3° Marie ; 4° Marie-Anne, novice au prieuré de l'Aveine (1765) ; 5° Louise.

XI. — Léonard-Alexandre-François Barton de Montbas, Sgr de La Roche-Nouzil, Massenom et Villejus, page aux petites écuries du roi (1760), habitant la paroisse d'Ahun, épousa, en 1768, avec dispense de parenté, Marie-Françoise de Fricon de Parsat, paroisse de Saunière (2).

[*Branche de Fayolles.*]

IV. — François Barton, chevalier, Sr de Fayolles, 1579 ou 1585 [épousa....., dont François, qui suit.]

V. — François Barton de Montbas, fait chevalier en 1614.

François Barton, Sgr de Fayolles près la ville de Guéret, 1583, épousa....., dont François, reçu chevalier de l'ordre de Saint-Jean de Jérusalem dans la langue d'Auvergne, l'an 1604, mort à Malte.

N..... Barton fut la troisième femme de Louis Hurault, comte de Limours, etc.

Marguerite Barton, *alias* de Laye, prieure de La Mongerie, mourut en 1567.

Jean et Catherine Barton, à Guéret 1700.

Claude Barton de Montbas, chevalier, Sgr de Fayolles, 1655-1681, épousa....., dont Jeanne, fille unique, mariée à..... de Pouthe de La Roche-Aymon, Sgr de La Ville-du-Bois, paroisse de Fayolles en Combrailles.

Gilbert Barton, écuyer, Sr de La Roche-Maumont, paroisse de Fransèches en Combrailles, 1697.

(1) Sainte-Feyre, canton et arrondissement de Guéret (Creuse).
(2) La Saunière, canton et arrondissement de Guéret (Creuse).

François Barton, du lieu de Pouzoux, paroisse de Mazeyrat (1), épousa......, dont Nicolas, tonsuré en 1553, puis curé d'Ars (2).

Il y avait des Barton à Evaux (3) en 1553.

Il y avait d'autres Barton à Jurigny, paroisse de Saint-Pierre-le-Bost en Combraille (4).

[Eléonore Barton de Montbas était mariée en 1684 avec Josias Theveny, Sr de Glanchetas, du village de Chenon, paroisse de Royère.]

Sources : Monstrelet, T. III, p. 37; — *Gallia christiana nova*, T. II, col. 73, 679; — Baluze, *Historia Tutelensis*, col. 768; — Duchêne, *Généalogie de la maison de Chateigner*, preuves, p. 95; — Estiennot, *Fragmenta historiæ*, T. XV, p. 16; — Bonaventure de Saint-Amable, T. III, p. 713, etc. — Le P. Simplicien, T. II, p. 864; T. III, preuves, col. 754; T. IV, p. 30, 425; T. VI, p. 508; T. VII, p. 373, 513; T. VIII, p. 479, 481; — *Etat de la noblesse*, 1783, p. 122, 123; — *Dictionnaire généalogique*, 1757; — Le Laboureur. *Additions à Castelneau*, T. II, p. 277; — De Bussy, *Mémoires*, T. II; — Burigny, *Vie de Grotius*; — Nail, *Histoire universelle*; — Lobineau, *Histoire de la ville de Paris*, T. V, p. 306; — Collin, chanoine de Saint-Junien, *Manuscrits*; — Moreri, 1759; — Boucheuil, *Coutume du Poitou*; — Bouchet, *Preuves de la maison de Coligny*, p. 1161; — Morice, *Histoire de la Bretagne*, T. III, preuves, col. 754; — *Inventaire des titres des Célestins des Ternes*, p. 6; — Registres du parlement; — Bréviaire manuscrit de Saint-Augustin-lez-Limoges; — Notes manuscrites de M. du Chalard, du Dorat (Basse-Marche).

BASTIDE (de La).
[La Bastide, fief près Limoges.] — V. Martin de La Bastide (5).

[BASTIDE D'ENGRAULIER (La) fief considérable dans la mouvance de la vicomté de Turenne.

Par contrat du...... mai 1320 (mieux 1420), dame Marthe de Montaut, veuve de Nicolas de Beaufort, chevalier, S^{gr} de Limeuil, donna à noble Americ Bermundi les lieu, tour, maison et forteresse appelés La Bastide d'Engraulier, situés dans la paroisse de Laval (diocèse de Limoges) (6), et toute la terre d'Amanion de Beaufort, son fils, dont elle avait été tutrice, appelée La Martinie, sauf et réservé l'hommage, etc., dus au vicomte de Turenne.]

BATUT (de), S^r de La Perouse, paroisse de Turenne. — Porte : *d'azur à un lion rampant d'or, armé de sable, au chef d'argent chargé d'une étoile de sable.*

---

(1) Mazeyrat, canton de Chambon, arrondissement de Boussac (Creuse).

(2) Ars, canton de Saint-Sulpice-les-Champs, arrondissement d'Aubusson (Creuse).

(3) Evaux, chef-lieu de canton, arrondissement d'Aubusson (Creuse).

(4) Saint-Pierre-le-Bost, canton de Royère, arrondissement de Bourganeuf (Creuse).

(5) La liste de Nadaud indique qu'il y avait encore des notes sur les de La Bastide à la page 324, déchirée, ainsi que les trois suivantes. Les deux notes de Legros, se trouvent aux pages 2643 et 2644.

(6) Laval, canton de Lapleau, arrondissement de Tulle (Corrèze).

Bertrand de Batut, quoique fils d'un père noble, fut anobli, en 1356, parce que sa mère était du menu peuple. (Registre 84, de la chambre des comptes ou du trésor royal, charte 701. — CARPENTIER, *Gloss. noc.*, *Nobilitatio*, T. III, col. 31.)

I. — Jean Batut eut des lettres d'anoblissement au mois de juillet 1593, dûment vérifiées, un brevet de retenue du....., vérifié à Clermont-Ferrand le 23 avril 1605. Il épousa Isabeau de Contie.

II. — Isaac de Batut, capitaine des gardes du maréchal de La Force, fut tué à Damvilliers, faisant la fonction d'aide-de-camp, le 23 octobre 1637. Il avait épousé, le 2 juillet 1636, Françoise de Vivone.

III. — Jean du Batut fit son testament le 7 novembre 1638 (fausse date). Il avait épousé....., dont Jean.

BAUD. — Gabriel Baud, écuyer, Sr de Saint-Amand, paroisse de Bonnœil (1), épousa Marguerite Aimon, dont Charles, tonsuré en 1572, et curé de Moutier-Malcard (2) en 1586.

Noble Charles Baulx ou Baud, écuyer Sr du Vergier, du village de La Mardelle, paroisse de Saint-Sulpice-l'Arfeuille (3), Sr du Mazet, paroisse d'Ambazac (4), épousa Jacquette Martin du Puyvinaud, veuve de noble Pardoux Robin, S^r du dit Mazet, par contrat du 31 mai 1629, signé de Vilette.

D'eux naquit Léonarde, mariée, en 1640, à Henri d'Alesme, Sr de Plantadis.

BAUDOIN, Sr de Fleurat, paroisse de Nersac (5), élection d'Angoulême. — Porte : *de gueules à une croix bezantée d'argent.*

I. — Jean Baudoin épousa Isabeau Prévost, dont il eut : 1° Mathurin ; 2° François, qui suit ; 3° Marguerite. Ces trois enfants partagèrent la succession de leurs père et mère le 4 novembre 1466.

II. — François Baudoin épousa, par contrat sans filiation du 4 août 1477, Louise de Livenne.

III. — Jean Baudoin épousa, par contrat du 16 novembre 1502, Isabeau du Breuil

IV. — François Baudoin, écuyer, Sr de Florat et de Pellegrier, paroisse de Nersac, épousa, par contrat du 9 février 1546, Catherine Tizon d'Argence, dont 1° Marin, qui suit ; 2° Marguerite, mariée, en 1590, à François Gellinard.

V. — Marin Baudoin épousa 1°, le 18 novembre 1581, Françoise de Larochefoucauld ; épousa 2°, le 10 octobre 1584, Renée de Puyrigaud, dont Léon, qui suit.

VI. — Léon Baudoin épousa, le 13 novembre 1619, Luce des Bordes.

VII. — François Baudoin fit échange de certains héritages comme fils

---

(1) Bonnœil, paroisse du canton de Saint-Benoît-du-Sault, arrondissement du Blanc (Indre).

(2) Moutier-Malcard, canton de Bonnat, arrondissement de Guéret (Creuse).

(3) Saint-Sulpice-l'Arfeuille ou les Feuilles, chef-lieu de canton arrondissement de Bellac (Haute-Vienne).

(4) Ambazac, chef-lieu de canton, arrondissement de Limoges (Haute-Vienne).

(5) Nersac, canton et arrondissement d'Angoulême (Charente).

aîné du dit Léon et de la dite des Bordes, le 11 mai 1662. Il épousa Louise de Livenne.

BAUME (DE LA), Sr de Foursac, paroisse de Masseret (1).

[Foursat ou Foursac, fief du Bas-Limousin, situé dans l'élection de Tulle et dans la paroisse de Masseret. (V. JOUNHAC).]

— *D'azur à un mouton d'or; écartelé d'argent, à une aigle de sable, deux lions pour supports.* — La Baume-Saint-Amour porte : *d'or à la bande d'azur.* — La Baume de Montrevel porte : *d'or à la vire d'azur mise en bande.* — La Baume de La Suze porte : *d'or à trois chevrons de sable et un chef d'azur chargé d'un lion naissant d'argent,* etc. — La Baume-Pluvinel porte : *d'or à la bande virée d'azur,* etc. — La Baume Le Blanc de La Valière porte : *coupé d'or et de gueules, au lion léopardé,* etc. — La Baume-Forsac, brigadier des armées du roi portait : *écartelé, au 1er d'azur au cheval d'or; au 2e, de sable au lion d'or; au 3e, de France au bâton de gueules péri en bande; au 4e, d'argent à l'aigle de sable, au chef d'azur; sur le tout, à la fleur de lis de gueules.*

I. — Aymon de La Baume épousa Marguerite du Puy, dont il eut : 1° François, qui suit; 2° Marguerite, qui accorda quittance à Bertrand, son neveu, de ses prétentions en la succession d'Aymon, père de la dite Marguerite, le 8 juillet 1541. [Il eut peut-être encore d'autres enfants.]

II. — François Ier de La Baume rendit hommage au roi le 23 juin 1516. Il épousa Jacquette de Pellegrin, dont Bertrand, qui suit.

III. — Bertrand Ier de La Baume transigea avec François de Clermont (14 février 1539), par où il appert que Bertrand est fils de François. Autre transaction entre le dit Bertrand et Jean Mage, d'où il résulte que le dit Bertrand est fils de Bertrand, et Bertrand, fils d'Aymon (7 mai 1562). Bertrand épousa, par contrat sans filiation du 14 juin 1530, Anne de Bonneval, qui fit son testament, le 23 février 1548 [en faveur de Bertrand, son mari, et de François, son fils]. D'eux naquirent François II, qui suit [et quelques autres enfants].

IV. — François II de La Baume [fils aîné de Bertrand], gouverneur de Bergerac en 1573, Sr de Foursac et de Masfargeix, écuyer; le seigneur de Losse mit pour gouverneur de Bergerac, en mars 1574, le capitaine La Baume, qui était de la religion prétendue réformée, toutefois ayant toujours porté les armes pour le service de Sa Majesté. Il épousa Agnès de Joignac ou Jounhac, dame de La Baume, fille de Léonard et de Françoise de Lubersac. Elle avait pour sœurs Isabeau, prieure de La Rox, et Catherine, demoiselle de Saint-Bonnet. Elle fit, le 23 octobre 1589, son testament, vidimé par Filhoulaud, par lequel elle veut être inhumée au cimetière de Benayes (2). [Dans son testament, elle fait hériter son fils Bertrand, qu'on croit différent du Bertrand du n° V.] De ce mariage naquirent : 1° Bertrand, qui suit; 2° Léonard, Sr de Masfargeix; 3° Catherine, prieure en 1613 et 1626 de Croupières, de l'ordre de Saint-Benoît, au diocèse de Clermont.

(1) Masseret, canton d'Uzerche, arrondissement de Tulle (Corrèze).
(2) Benayes, canton de Lubersac, arrondissement de Brive (Corrèze).

[Un Bertrand nommé dans une transaction du 14 février 1539 et dans une autre de 1562 est dit fils de François et d'Agnès de Joignac ; mais on croit qu'il mourut avant son père.]

V. — Noble Bertrand II de Jouignac, *alias* de La Baume, chevalier, S^{gr} de Foursac, Masseret, La Baume, Mas-Farges et Le Saillant, fils de noble François, fit, le 29 septembre 1630 [ou 1580], son testament, signé de Joyet, dans lequel il déclare vouloir être enseveli dans le chœur de l'église de Masseret, dans le tombeau le plus rapproché de celui de sa femme. [Il avait fait une transaction, le 6 décembre 1596, avec François, son frère, sur la succession de Jacquette Pellegrin, leur aïeule.] Il avait épousé, par contrat du 23 novembre 1594, signé Fayol, Marguerite de Beaufort-Canillac, fille de feu Jean de Beaufort, vicomte de La Mothe-Canillac. D'eux naquirent : 1° François, qui suit ; 2° Jean, grand-prieur d'Auvergne, grand'croix de l'ordre ; 3° autre Jean ; 4° Gabriel, S^r de La Maronie, abbé de Saint-Astier (1) ; 5° Isabeau, mariée à....., Sr de Fayole ; 6° Marguerite, mariée à....., Sr de Razat ; 7° Judith, abbesse des Allois (2) en 1626, morte en 1669 ; 8° Gabrielle, religieuse aux Allois, fut, après sa tante, prieure de Croupières en 1626, et mourut en 1669.

VI. — François III de La Baume, Sr de Foursac, paroisse de Benayes, S^{gr} de Masseret [rendit un hommage au roi le 23 juin 1616]. Il épousa, le 12 février 1626, Lucrèce Le Jay de Saint-Germain, dont il eut : 1° François IV de La Baume, S^r du dit lieu, qui suit ; 2° Charles, tonsuré en 1650, prévôt de Champsac (3) en 1655, abbé de Saint-Astier ; en 1680, prêtre et prieur de L'Artigette et de Mialet (4) ; 3° Jean, chevalier de Malte, qui fut d'abord page du grand-maître ; 4° Bertrand, chanoine de Saint-Astier ; 5° Gabriel, chanoine de Saint-Astier ; 6° Judith de La Baume de Foursac, abbesse des Allois en 1669, morte en 1715 [ne serait-ce pas la première des deux filles de cette famille qui furent abbesse aux Allois, celle qui mourut en 1660 ?] ; 7° Lucrèce, mariée, en 1659, à Philibert de Carbonnières ; 8° Françoise, prieure de Croupières après sa tante, 1669, siégeait en 1676.

VII. — François de La Baume de Foursac, marquis de Foursac, comte de La Baume, S^{gr} de Saint-Germain-les-Salles en Auvergne, épousa Anne de Pierrebuffière de Chamberet, dont Marc-Antoine, baptisé aux Allois le 3 septembre 1671 [peut-être aussi Judith de La Baume de Jouignac et de Foursac, IIe du nom, nommée abbesse de Allois en 1660, après sa tante, et qui mourut en 1715, âgée de quatre-vingt-sept ans].

Les preuves de noblesse de cette famille furent trouvées bonnes, en 1598, par de Marillac et Benoit, commissaires du roi.

SOURCES : *Dictionnaire généalogique*, 1757, T. III, p. 91 ; — BRANTÔME, T. XIV, p. 19 ; — ESTIENNOT, *Antiquit. Bened. Claramont.*, p. 290.

BAY (de), Sr du Chazeau, paroisse de Saint-Dizier (5), élection de Bourganeuf. — Porte : *d'azur à trois croissants d'or.*

---

(1) Saint-Astier, chef-lieu de canton, arrondissement de Périgueux (Dordogne).
(2) Les Allois, ancienne abbaye de l'ordre de Saint-Benoît, sur la paroisse de La Geneytouse, canton de Saint-Léonard, arrondissement de Limoges (Haute-Vienne).
(3) Champsac, canton d'Oradour-sur-Vayres, arrondissement de Rochechouart (Hte-Vienne).
(4) Mialet, canton de Saint-Pardoux-la-Rivière, arrondissement de Nontron (Dordogne).
(5) Saint-Dizier, canton et arrondissement de Bourganeuf (Creuse).

I. — Jacques de Bay [Sr du Chaseaud] transigea avec Antoinette Cladiere [ou Cladier], le 20 janvier 1536. [Il épousa....., dont Antoine ou Annet, qui suit].

II. — Annet [ou Antoine] de Bay, en faveur duquel, comme fils de Jacques, on fit une reconnaissance le 31 décembre 1552. Il fit une vente en 1553. Il épousa Charlotte de Ganione, dont 1° Gilbert, qui suit ; 2° Françoise, fille d'Annet, qui accorda quittance à Gilbert, son frère, le 26 novembre 1576.

[D'autres mettent ainsi : 1° Gilbert, qui suit; 2° Anne de Bay, qui épousa....., dont 1° François, qui donna quittance, le 26 novembre 1576, à son frère ; 2° Gilbert.]

III. — Gilbert de Bay fit une acquisition en 1587. Il épousa Léonarde de Beaudeduit, dont il eut 1° Gilbert, qui suit, et 2° Léonard, qui, tous les deux et la dite de Beaudeduit, transigèrent avec François Endrieu [ou Andrière] le 24 mars 1619.

IV. — Gilbert [II] de Bay épousa, par contrat sans filiation du 17 mai 1622, Marthe de Versines.

V. — Léonard de Bay [qu'on dit ailleurs fils ou frère de Gilbert II], épousa, le 16 mai 1633, Catherine de Conté [ou Contay].

BAYLE [André Ravili, mieux Bajuli, vivait en..... (Registres de Borsandi, notaire à Limoges, p. 145, n° 226, *apud* Dom Col.)].

Noble Jean Bayle [habitant du château de Limoges (terrier de Parroti, aux archives des prêtres de Saint-Pierre-du-Queyroix de Limoges, fol. 298 recto)], Sr de Chelivat (1490-1514), damoiseau (1486), épousa Josadie ou Jeanne [ou Jeannette] Peytelle, du lieu de Traschaussade, paroisse de Périlhac (1) [fille de feu Albert Peytelli, marchand de Limoges (terrier de Parroti, etc.); ils avaient une maison dans la rue du Clocher, au dit Limoges, et ils y faisaient leur résidence le 12 octobre 1512].

Noble Marie Baylesse, veuve d'Estienne Mosnier, licencié ès-lois, bachelier en décrets en 1489.

BAYNAC (2).

BAZIN, Sr du Puyfaulcon et d'Essette, paroisse de Rilhac-Lastours (3). — Porte : *de gueules à un lion rampant d'or, armé et lampassé de même, accosté de deux fleurs de lis d'or.*

Bazin de Bezons, porte..... *à trois couronnes ducales d'or, 2 et 1.*

I. — Jean Bazin.

II. — Jean Bazin, écuyer, Sr de Puyfaulcon, épousa, par contrat du 16 mai 1546, Jeanne de Puyfaulcon, dont 1° Antoine, qui suit; 2° Jeanne, mariée à Albert ou Imbert de La Vergne.

III. — Noble Antoine Bazin, écuyer, Sr de Puyfaulcon et d'Esporonne, épousa, par contrat du 21 novembre 1576, Jeanne de Montaignac, dont 1° Jean, qui suit.

---

(1) Peyrilhac, canton de Nieul, arrondissement de Limoges (Haute-Vienne).
(2) Un renvoi de Nadaud indiquait cette généalogie à la page 765, déchirée ainsi que la suivante.
(3) Rilhac-Lastours, canton de Nexon, arrondissement de Saint-Yrieix (Haute-Vienne).

IV. — Jean Bazin épousa, par contrat du 19 mai 1602, Anne Coral, dont 1° Jean, Sr de Puyfaulcon ; 2° Antoine, S^r d'Eyssette, peut-être aussi noble Antoine, Sr de Maraval, mort le 9 novembre 1650. (Registres de Rilhac-Lastours.)

V. — Noble Antoine Bazin, écuyer, S^r d'Excepte, paroisse de Rilhac-Lastours, épousa, par contrat du 19 avril 1655, Claude de Saint-Ange, dont Jeanne, baptisée le 10 février 1656. (Registres de Rilhac-Lastours.)

[Bazin, Sr du Puyfaulcon, chevalier de Saint-Louis, ancien capitaine d'infanterie, avait épousé, avant 1770, ... de David de Lastours dont naquirent quelques enfants.]

Noble Jean Bazin, Sr de Chayrousias, mourut à Salon (1) le 6 mai 1650.

Demoiselle Jeanne Bazin, femme de Jean de Livole, Sr de Chabants en 1654.

Noble Antoine Bazin, S^r de La Mothe, du village de Rignac, paroisse de Salon, mourut âgé de quarante-cinq ans, le 6 juin 1660. Il avait épousé, le 8 janvier 1644, Anne Mathieu, dont il eut : 1° Jean, baptisé le 20 mai 1645 ; 2° Anne, baptisée le 2 septembre 1647 ; 3° Jeanne, baptisée le 26 novembre 1648 ; 4° François, baptisé le 23 janvier 1657, et mort en bas-âge ; 5° et 6° Henri et Antoine, baptisés le 3 août 1660.

Jean Bazin, écuyer, S^r de La Mothe, du village de Rignac, paroisse de Salon, mourut âgé de quarante-cinq ans, le 24 août 1691. Il avait épousé Peyronne Boyer, dont il eut : 1° Marie, née le 14 mai 1689 ; 2° Jeanne, baptisée le 28 juillet 1690. — Peyronne Boyer se remaria, à Salon, le 14 février 1692, à Louis de Saint-Martin.

Jean Bazin, écuyer, S^r de La Mothe, épousa Marie Younet, dont il eut : Charles, né à Uzerche, le 25 juin 1721 ; Antoinette, morte en bas-âge, et Pétronille Bazin, mariée à ..... Besse de Laborde, et qui mourut, à Uzerche, âgée de trente-cinq ans, le 14 janvier 1747.

Pierre Bazin, écuyer, S^r de La Mothe, de la ville d'Uzerche, du village de La Maison-Neuve et de Voulpiliac, paroisse de Salon, y mourut, âgé de quarante-huit ans, le 29 novembre 1762. Il avait épousé Marguerite de La Jaumont, qui mourut, âgée de cinquante ans, le 21 novembre 1762. D'eux naquirent : 1° Jean, né le 7 février 1740 ; 2° Joseph, né le 15 mars 1748 ; 3° Marie-Louis, né le 27 février 1749 ; 4° Marie-Anne, née le 14 décembre 1751, mariée à Salon, le 20 février 1764, à Joseph de La Pomélie ; 5° Jean, né le 10 janvier 1753, mort âgé de vingt-deux ans.

Les preuves de noblesse fournies par la famille Bazin du Puyfaulcon en 1598, furent contestées par les commissaires du roi de Marillac et Benoit (2).

BAZIN, S^r DE FIEF-LINAY, et BAZIN, S^r DE LA BARODIÈRE, demeurant à Saint-Jean-d'Angely. — Portent : *d'azur à un chevron d'or surmonté de trois étoiles de même en chef, soutenu d'une hure de sanglier aussi d'or en pointe.*

I. — Mathieu Bazin. Baptiste, juif, est reçu échevin par la mort du dit Mathieu, le 11 mai 1581. Il avait épousé Catherine Baloufreau ou Racoufreau,

---

(1) Salon, canton d'Uzerche, arrondissement de Tulle (Corrèze).
(2) Nadaud avait d'autres notes sur cette famille, p. 128, déchirée.

dont il eut : 1° Hélie, qui suit; 2° Olivier, qui se maria, et fit la branche de La Barodière.

II. — Hélie Bazin épousa, le 18 janvier 1608, Marguerite du Puyrigaud.

III. — Charles Bazin, lieutenant-général à Saint-Jean-d'Angely, épousa, le 16 mars 1639, Lia de Puyrigaud.

Branche de La Barodière.

II. — Olivier Bazin épousa 1°, le 7 novembre 1582, Marguerite Payen; il épousa 2°, le 23 novembre 1592, Blanche Pelletier, dont Hélie qui suit.

III. — Hélie Bazin, lieutenant en l'élection de Saint-Jean-d'Angely, épousa, le 7 février 1622, Marie Gadouin.

IV. — Hélie Bazin épousa, le 10 mars 1655, Marie Texier.

[BAZINAUT. — Gaillard de Bazinaut vivait en ...., (Registres de Borsandi, notaire à Limoges, p. 61, n° 94, *apud* DOM COL.)]

BEAUBREUIL. — Léonard de Beaubreuil, avocat du roi au bureau des finances de Limoges, baron de Sussac (1), épousa Marie du Peyrat de Thouron (2), qui testa le 8 janvier 1691, demandant à être inhumée à Saint-Pierre-du-Queyroix de Limoges, et qui mourut sans hoirs,

BEAUCHAMP, Sr de Bussac (3), paroisse du dit lieu; Sr de Grand-Fief; de Charbonnières, paroisse du dit lieu; Bernardière, paroisse de Migron (4), Villeneuve, paroisse de Pioussay ou Paizes en Angoumois (5) [juridiction de Ruffec]; Guignebourg, paroisse de Londigny (6), élection d'Angoulême; La Grange, paroisse de Bessé (7). — Portent : *d'azur à une aigle éployée d'argent, membrée de même.*

I. — Guillaume de Beauchamps.

II. — Pierre de Beauchamps transigea avec Jean de Massoigne le ..... 1497. Il épousa Mabile Envoy.

III. — Geoffroy de Beauchamps épousa Michelle de Viron suivant une copie collationnée du contrat du 11 juin 1509.

IV. — François de Beauchamps épousa 1°, Marie de Ponthieu, dont il eut Louis, qui suit; — il épousa 2° Catherine de Corgnol; — il épousa 3°, par contrat du 12 décembre 1563 sans filiation, mais faisant mention des deux premiers mariages, Tholomée de Chergé, dont il eut : 1° Olivier, qui se maria en 1587; 2° Jacques, qui se maria en 1595. — Il épousa : 4°, par contrat sans filiation du 29 janvier 1578, Françoise de Massoigne, dont Daniel, qui se maria.

---

(1) Sussac, canton de Châteauneuf-la-Forêt, arrondissement de Limoges (Haute-Vienne).
(2) Thouron, canton de Nantiat, arrondissement de Bellac (Haute-Vienne).
(3) Bussac, canton de Brantôme, arrondissement de Périgueux (Dordogne).
(4) Migron, canton de Burie, arrondissement de Saintes (Charente-Inférieure).
(5) Paizay-Naudouin, canton de Villefagnan, arrondissement de Ruffec (Charente).
(6) Londigny, canton de Villefagnan, arrondissement de Ruffec (Charente).
(7) Bessé, canton d'Aigre, arrondissement de Ruffec (Charente).

V. — Louis de Beauchamp épousa Françoise Vigier, dont 1° Isaac, qui suit; 2° Hélie, qui se maria; ci-après au degré VI *bis*.

VI. — Isaac de Beauchamp épousa....., dont Alexandre, qui suit.

VII. — Alexandre de Beauchamps, S' de Bussat, épousa Marie Martin.

V *bis*. — Olivier de Beauchamps, fils de François et de la dite Chergé, épousa, en présence de ses frères consanguins, le 10 mars 1587, Marthe Arnoul, dont Isaac, qui suit.

VI. — Isaac de Beauchamps, écuyer, S' de Guignebourg, épousa, le 15 janvier 1624, Marie de Barbezières, dont : 1° Charles, qui suit; 2° Marthe, mariée, le 19 mars 1668, avec Pierre Valentin, écuyer, S' de Germeville. (D'HOZIER, *Arm. gén.*, 1er registre, p. 594.)

VII. — Charles de Beauchamp, S' de Guignebourg, épousa, le 4 mars 1645, Marguerite Leriget.

V *ter*. — Jacques de Beauchamp, fils de François et de la dite Chergé, épousa, en présence de ses frères consanguins, le 11 octobre 1595, Marie d'Anché, dont Charles, qui suit.

VI. — Charles de Beauchamp, S' de La Grange, épousa, le 4 mars 1641, Anne Nicolas.

V *quater*. — Daniel de Beauchamp, fils de François et de la dite Massoigne, S' de Villeneuve, de Bussac, écuyer, épousa Isabeau Chataignier, par contrat du 25 octobre 1604, signé Laprade. Ils eurent Isaac, qui suit.

VI. — Isaac de Beauchamp et de Villeneuve épousa Marie d'Anché.

VI *bis*. — Hélie de Beauchamp, fils de Louis et de la dite Vigier, épousa Antoinette Chesnel, dont 1° Jean, qui suit; 2° Benjamin, qui se maria.

VII. — Jean de Beauchamp épousa Hélène Giraud, dont Charles, qui suit.

VIII. — Charles de Beauchamp, S' de Charbonnières, épousa Hélène de Groussard.

VII *bis*. — Benjamin de Beauchamp, S' de Bernardières, fils de Hélie et de la dite Chesnel, épousa Sylvie de La Rochefoucaud, dont Henri, qui suit.

VIII. — Henri de Beauchamp, S' de Grand-Fief, épousa Antoinette de Pontier.

BEAUCORPS, S*grs* de La Grange, Guillonville, Croulières et La Basselière, élection de Saint-Jean-d'Angely, d'Aunezay, Courcogne, Monaigne et Saint-Laurent de La Barrière. — Portent : *d'azur à deux fasces d'or*.

I. — Jean de Beaucorps rendit hommage de la terre de Guillonville le 21 juin 1548. Il épousa Jeanne Mareschal, dont il eut 1° Antoine, qui suit; 2° Anne, qui partagèrent, le 19 octobre 1578, la succession de leurs père et mère.

II. — Antoine de Beaucorps épousa Dorothée de La Jaille, dont : 1° David, qui suit; 2° Pierre, qui se maria en 1617 et en 1639.

III. — David de Beaucorps épousa, le 19 janvier 1625, Jeanne Affaneux, dont il eut : 1° Louis, S' de La Basselière; 2° Henriette; 3° Judith; 4° Joachim, qui suit : ces quatre enfants partagèrent la succession de David leur père, le 8 novembre 1664.

IV. — Joachim de Beaucorps épousa, le 30 novembre 1652, Julie de Beaucorps.

III *bis*. — Pierre de Beaucorps épousa : 1°, le 18 septembre 1617, Françoise Ramard, dont il eut : 1° Henri Sr de Croulières, qui se maria le 15 septembre 1654; 2° Amaulri, S^r de La Grange, qui épousa, le 3 février 1655, Louise Jacques; — Pierre épousa 2°, le 14 janvier 1639, Gabrielle de Villedon, dont il eut Charles, qui suit.

IV. — Charles de Beaucorps épousa, le 4 janvier 1665, Anne Bivée.

BEAUDEDUIT (1). —

I. — Noble Jean de Beaudeduit était mort en octobre 1538. Il avait épousé noble Jeanne Dauvergne, veuve de Louis David, Sr de Vaux, dont il eut Jacques, qui suit..

II. — Jacques de Beaudeduit, écuyer, ou de Bosdeduit, Sr de Vaux, près le bourg de La Jonchère (2), rendit deux hommages aux évêques de Limoges (1542 et 1563), et testa le 21 mai 1577. Il épousa ....., dont il eut 1° Pierre, qui suit; 2° Jacques, Sr de Sarguery et de Vaux, près le bourg de La Jonchère (1571 et 1606), mort sans alliance; 3° Gabriel, mort sans alliance.

III. — Pierre de Beaudeduit, écuyer, Sr de Vaux, près le bourg de La Jonchère, et de Lascoux-Veiraud, paroisse de Jabreilles (3), testa le 7 octobre 1593. Il avait épousé Jeanne de Trenchecerf, dont il eut : 1° Anne, mariée, en 1607, à Jean de Savignac : elle fut héritière ; 2° Marthe, mariée, par contrat du 4 janvier 1623, à noble Louis Guilhon, fils de noble Martial Guilhon, S^{gr} de Javailiac en partie, et de Françoise d'Aubusson des seigneurs de Monteil, les dits Guilhon habitant paroisse de Sardent (4); 3° Renée, mariée à Philippe Nier, écuyer, Sr de Bordairies, paroisse de La Chapelle-Taillefer (5); 4° Françoise.

BEAUFORT. — Noble Léonet de Beaufort, damoiseau, S^{gr} de la paroisse de Peret (6), fit son testament, signé Planeti, notaire à Meymac, à Monghanel, paroisse de Soudeilles (7), le 18 juin 1483. Par ce testament il voulait être inhumé dans l'église du Moutier de Ventadour, dans les tombeaux de ses parents. Il épousa noble Catherine de Vernaughol, *alias* de La Bachalarie. Elle fit son testament par le même acte : elle était enceinte.

Noble Antoine Faure, *alias* de Beaufort, damoiseau du lieu de Roche, paroisse de Saint-Maur-la-Roche, testa le 11 août, et fit, le 11 octobre 1500, un codicille, signé Alpays, et qui n'a rien d'intéressant.

Pierre de Beaufort, écuyer, S^r de La Vergne en Combraille (8), S^r de La Chaussade et gouverneur du dit pays de Combraille, épousa....., dont il eut Suzanne, abbesse des Allois en 1603, et qui se démit en 1625.

[N....., Sr de Beaufort en Marche, écuyer, est nommé dans un contrat

---

(1) Beaudeduit, commune d'Eybouleuf, canton de Saint-Léonard, arrondissement de Limoges (Haute-Vienne).
(2) La Jonchère, canton de Laurière, arrondissement de Limoges (Haute-Vienne).
(3) Jabreilles, canton de Laurière arrondissement de Limoges (Haute-Vienne).
(4) Sardent, canton de Pontarion, arrondissement de Bourganeuf (Creuse).
(5) La Chapelle-Taillefer, canton et arrondissement de Guéret (Creuse).
(6) Péret, canton de Meymac, arrondissement d'Ussel (Corrèze).
(7) Soudeilles, canton de Meymac, arrondissement d'Ussel (Corrèze).
(8) La Combraille était une division de la Haute-Marche, située entre cette province, le Berry, le Bourbonnais et l'Auvergne, sur le territoire desquelles elle avait anciennement, dit-on, plusieurs paroisses.

du 9 mai 1694 reçu Cournondet. (*Inventaire des titres des Célestins des Ternes*, p. 819).]

Gabriel de Beaufort-Canillac, paroisse de Lussac en Auvergne, épousa Jeanne de Meillars, dont il eut Gabriel, baptisé dans l'église de Peyrac le 8 décembre 1668.

[BEAUFORT DÉ LABORIE. — Ce fief du Bas-Limousin est situé dans l'élection de Tulle et dans les paroisses de Gumond (1) et de La Roche-Canillac. Il appartenait, sur la fin du xviie siècle, à un seigneur du nom de La Gorse, qualifié de La Gorse, *alias* Limoges, Sr de Beaufort de Laborie et de Gumond. — Les armes de ce seigneur étaient : *d'or au lion rampant de gueules, écartelé d'azur à deux rocs d'échiquier d'argent, au troisième à une étoile d'or (?).*

Geoffroi de Limoges, Sr de Beaufort, etc., chevalier de l'ordre du roi, épousa, le 16 février 1555, Françoise Feydit; fut fait chevalier de l'ordre le 29 avril 1557, et testa, le 10 juin 1586, en faveur de son fils Jacques de La Gorse, qui fut allié, le 3 juillet 1584, avec Catherine de Rollet.

Alain de La Gorse, Sr de Beaufort, épousa Morelie d'Amadon le dernier avril 1619.

Jacques, Sr de Laborie, allié avec Jeanne de Laurent, le 18 août 1641.

Gabriel de La Gorse épousa, le 9 février 1667, Etiennette Marry, en présence d'Alain et de Morelie d'Amadon, ses aïeul et aïeule.]

BEAUFRANCHET. — Marien de Beaufranchet, écuyer, Sr de Relibert, paroisse d'Evaux (2), capitaine de milice, fils de Louis et de Anne Maître, le dit Marien, frère d'Augustin, ecclésiastique en 1760.

[BEAULIEU en Combraille.]

BEAUMOMT, Srs de Gibaud, paroisse de Marignat (3), élection de Saintes, et de Condéon (4), paroisse de Conge, élection de Cognac. — Portent : *d'argent à un lion rampant de gueules, lampassé et couronné d'or, à l'orle d'azur : deux sauvages pour supports.*

I. — Antoine de Beaumont épousa Antoinette Herigon.

II. — Jean de Beaumont épousa Anne de Cosnat.

III. — François de Beaumont épousa Jeanne Vigier, dont 1º François, qui suit; 2º Jean, qui se maria.

IV. — François de Beaumont épousa Catherine de Belliel.

V. — Henri de Beaumont, Sr de Gibaud, épousa Marie de Salaignac.

IV *bis*. — Jean de Beaumont épousa Elisabeth Bidaud.

V. — Henri de Beaumont, Sr de Condéon, épousa Marie Aymard.

Cette famille fit preuve de noblesse, en 1598, devant de Marillac et Benoit, délégués de l'intendant.

BEAUMONT (DE), Srs des Beschaudières, paroisse d'Arnoult, élection de

---

(1) Gumond, canton de Laroche-Canillac, arrondissement de Tulle (Corrèze).
(2) Evaux, chef-lieu de canton, arrondissement d'Aubusson (Creuse).
(3) Marignat, canton de Pons, arrondissement de Saintes (Charente-Inférieure).
(4) Condéon, canton de Baignes, arrondissement de Barbezieux (Charente).

Saintes, et de Peux, paroisse de Tains, même élection. — Portent : *d'argent à un lion rampant de gueules, armé, couronné et lampassé d'or à la bordure d'azur.*

I. — Antoine de Beaumont.

II. — Jean de Beaumont épousa Jeanne de Ferrières.

III. — Jacques de Beaumont épousa Renée d'Alloué, dont 1° Michel, qui suit; 2° Gilles, qui se maria.

IV. — Michel de Beaumont épousa Anne de Saint-Morice.

V. — Annet de Beaumont, Sr de Peux, épousa Gabrielle d'Agier.

IV bis. — Gilles de Beaumont épousa Judith de L'Isle.

V. — Jacques de Beaumont épousa Susanne Galays, dont 1° François; 2° Daniel, qui suit.

VI. — Daniel de Beaumont épousa Charlotte Reynaud.

Cette famille fit preuve de noblesse, en 1598, devant de Marillac et Benoît, délégués de l'intendant.

BEAUMONT (DE). — Noble Jean de Beaumont, Sr du Repaire de Peyretalhade, paroisse de Meyssac (1), fut témoin du codicille d'Agnet de de La Tour, vicomte de Turenne, le 4 janvier 1488, *vieux style*. (BALUZE, *Histoire de la maison d'Auvergne*, T. II, p. 742.)

BAUNE (DE). — Noble Jacques de Beaune, Sr de La Faucherie, paroisse de Libersac (2), fut inhumé dans la chapelle de Saint-Pierre, au dit Libersac, le 13 janvier 1638. Il avait épousé Jeanne du Bourg, qui mourut le 22 octobre 1661, et dont il eut : 1° Marie; 2° Louise, baptisée le 8 février 1625; 3° Françoise, morte le 7 juin 1647; 4° Anne, née le 28 octobre 1626; 5° Catherine, baptisée le 30 janvier 1628; 6° Guillaume, baptisé le 6 mai 1629; 7° autre Anne, baptisée le 16 février 1631.

François de Beaune épousa ....., dont Jean, qui suit.

Jean de Beaune épousa Marie Despeyruc, dont 1° Antoinette, baptisée à Libersac le 17 février 1649; 2° Henri, né le 29 juin 1651.

Noble Barthélemy de Beaune, dit Saint-Pardoux, fut inhumé à Libersac le 20 septembre 1646.

François de Beaune, écuyer, Sr de La Godye, paroisse de Libersac, mourut, âgé de soixante-dix ans, le 2 mai 1658. Il avait épousé Jeanne-Madeleine du Faure, dont il eut Gabrielle, baptisée le 4 novembre 1644; 2° Jeanne, morte en bas-âge.

Noble Jean de Beaune, Sr de Landerye, paroisse de Libersac, épousa Jeanne Chalard, dont il eut : 1° Marie, baptisée le 2 octobre 1646; 2° Jean, né le 13 août 1648, 3° Madeleine, née le 5 mai 1651.

Noble Jean de Beaune, Sr de Landerye, paroisse de Libersac, épousa Jeanne de Châteauneuf, dont il eut : 1° Susanne, morte sans alliance; 2° Jean, né le 28 mars 1653; 3° Catherine, née le 12 janvier 1655.

Noble Jacques de Beaune, Sr de Roufiniac, paroisse de Libersac, épousa Valerie de Chabrignac, qui mourut le 4 mai 1667, et dont il eut : 1° Jeanne,

---

(1) Meyssac, chef-lieu de canton, arrondissement de Brive (Corrèze).
(2) Lubersac, chef-lieu de canton, arrondissement de Brive (Corrèze).

baptisée le 14 avril 1655; 2° autre Jeanne, née le 2 octobre 1657; 3° Anne, inhumée en 1663; 4° autre Jeanne, morte sans alliance en 1684; 5° Jacques, né le 9 juillet 1661; 6° autre Jacques, né le 9 juillet 1662; 7° Françoise, née le 6 octobre 1663; 8° François, né le 6 octobre 1665.

Noble Pierre de Beaune, S^r de La Mourignie, du bourg de Benayes (1), épousa Catherine de Bouchiac, dont il eut Catherine, mariée à Libersac, le 25 juillet 1664, à Antoine Philiolet, fils de Jean Philiolet, Sr du Batissou, et de Françoise Mars.

Jacques de Beaune épousa Marguerite de Montgibaud, dont 1° Philibert, inhumé en 1668; 2° Jacques, né le 23 mars 1677.

Jacques de Beaune, S^r de La Godie, épousa, à Libersac, le 16 février 1683, Isabeau Despeyrux, dont il eut : 1° Valérie, baptisée le 5 décembre 1683; 2° Marie, née le 19 décembre 1684.

Noble Jacques de Beaune, S^r de La Foucherie près le bourg de Libersac, épousa Louise de Lespinats, dont Catherine, mariée, le 30 juin 1621, par contrat reçu Frégefont et insinué à Limoges, avec Jean Mazelle, Sr de Rouffignat.

François de La Baune d'Escabillon, écuyer, habitant la paroisse de Libersac, épousa en secondes noces, en 1772, Elisabeth, fille de Guillaume de Rochebrune, habitant la paroisse de Feytiat (2).

[..... de Beaune épousa ....., dont 1° Jean, qui suit; 2° Gérald de Beaune.

Jean de Beaune, cousin de Jean, qui suit, est nommé dans son testament avec Gérald qui précède : il était moine de Saint-Martial de Limoges.

Jean de Beaune, clerc, bachelier ès-lois, natif du lieu de Lubersac, et Sr de Saint-Pardoux (3) (l'Enfantier) près le dit lieu de Lubersac, marié avec Mariotte Johanaud, fille de feu Jardain, bourgeois, fit, le 28 août 1497, son testament signé P. de Malavernhia *junior,* notaire. Dans ce testament il nomme ses enfants, qui suivent : 1° Antoine de Beaune, qu'il veut être d'église; 2° Pierre, marchand de draps à Lubersac; 3° Barthélemy, licencié ès-lois, avocat au parlement de Paris, alors étudiant à Paris; 4° Adémar, religieux laïc en l'abbaye de Saint-Martial de Limoges; 5° Gérald, qu'il veut être ecclésiastique; 6° frère Antoine de Beaune, moine de Brantôme en Périgord, ordre de Saint-Benoît; 7° Françoise de Beaune, qui n'était pas encore mariée; 8° Pétronille, mariée avec honnête homme Jacques Fabri, marchand de la ville d'Excideuil en Périgord; 9° Paulie, mariée avec honnête Simon de Gilibert, marchand de la même ville; 10° Agnès, épouse de discret homme Me Pierre Le Jeune, notaire de La Roche-l'Abeille (4) et greffier de Bré; 11° Anthonie, épouse de discret homme Me Bernard des Borderies, maître ès-arts du lieu de Saint-Ybard (5); 12° Contine, ou Contour, ou Contrine, mariée avec honnête homme Gérald de Guy, marchand de la ville de Ségur (6), fils de Blaise Guy, notaire, le 5 octobre 1491 : la quittance de la dot est du 6 février 1491, *vieux style;* 13° Jeanne,

---

(1) Benayes, canton de Lubersac, arrondissement de Brive (Corrèze).
(2) Feytiat, canton et arrondissement de Limoges (Haute-Vienne).
(3) Saint-Pardoux-Corbier, ou l'Enfantier, canton de Lubersac, arrondissement de Brive (Corrèze).
(4) La Roche-l'Abeille, canton de Nexon, arrondissement de Saint-Yrieix (Haute-Vienne).
(5) Saint-Ybard, canton d'Uzerche, arrondissement de Tulle (Corrèze).
(6) Ségur, canton de Lubersac, arrondissement de Brive (Corrèze).

femme de Michel Cousturon, marchand de Lubersac. En cas de mort de ses héritiers sans hoirs, le père leur substitue leurs frères Antoine et Gérald seulement.

Source : Titre communiqué par M. Sanson de Royère, signé P. de Malavernhia *junior,* notaire.]

BEAUPOIL DE SAINTE-AULAIRE. — Porte : *de gueules à trois couples ou accouples de chiens d'argent, mis en pal, 2 et 1.*

Cette terre avait appartenu à la noblesse des Escharpis, et, par elle, à la maison de Lignerac. Il y a plusieurs titres de cette maison cités dans nos annales, p. 654.

Jean de Beaupoil, l'un des soixante-quatorze écuyers de la compagnie que le duc d'Anjou donna à Benoît Chiperel, écuyer lombard, pour servir sous lui ès-guerres de Gascogne, et qui fit montre à Villefranche de Rouergue le 24 octobre 1369.

Antoine de Sainte-Aulaire prévient avantageusement pour sa famille, outre l'alliance avec des maisons d'une naissance distinguée. Il avance avec confiance que tous ses auteurs ont été gens de bien, grands catholiques, et qui ont laissé de belles marques de dévotion et de piété sans aucune tache. Il cite une permission accordée par le pape au seigneur de Sainte-Aulaire d'avoir dans ses armées un autel portatif pour faire dire la messe à son chapelain, ce qui marque la piété de ce seigneur.

Cette généalogie est, dans le Moreri de 1759, un peu différente de celle-ci pour les faits.

1. — Yves de Beaupoil, chevalier, S^{gr} de Noamalle ou Noamalet-le-Haut et Noamalet-le-Bas dans le pays de Rennes en Bretagne, continua d'avoir pour Marguerite de Bretagne, veuve de Charles de Blois, tué [le 29 septembre] 1364, et pour ses fils, le même attachement qu'il avait eu pour ce prince [dont il avait tenu le parti contre Jean de Montfort, qui venait de se rendre maître de la Bretagne, et qui s'en était fait reconnaître duc]. Comme la vicomté de Limoges fut cédée à Marguerite, ce fut aussi une occasion à Beaupoil de s'y transporter en 1340. Voici comment Yves de Beaupoil fut très bien reçu du roi de France, qui lui donna des appointements, et s'employa auprès du duc de Bretagne pour le faire rentrer dans ses biens; mais, comme Yves avait été un des plus fermes appuis du parti de Charles de Blois, le duc ne voulut jamais lui permettre de rentrer en Bretagne, sans doute de peur qu'il n'y brouillât de nouveau en faveur des enfants de Charles. Il lui permit seulement de jouir de ses biens et de les vendre s'il le jugeait à propos, ce que Yves fit; et comme ce dernier s'était retiré à Paris avec sa famille, il mourut à la cour, on ne dit pas en quelle année, et laissa deux fils : 1° Guillaume, qui suit; 2° Jean, qui, par son mariage avec Claire de Talerand, devint S^{gr} de La Force en Périgord, et fut fait lieutenant du roi de cette province. Il mourut S^{gr} de Castel-Nouvel, au diocèse de Limoges, en 1478, et il ne resta de sa postérité que François de Beaupoil, S^{gr} de La Force, etc., qui épousa Philippe de Pellegruë, dont il eut une fille unique. Dès lors le nom et les armes de Beaupoil demeurèrent dans la maison de La Force jusqu'au temps où la postérité de Jean de Beaupoil tomba en quenouille, et que le 3 novembre 1536, Philippe, restée seule de cette maison, fut menée, par ordre de François 1er, à Bordeaux, et mise entre les

mains de François d'Aubusson, Sʳ de Beauregard, son tuteur, qui devait la mettre au service de la reine de Navarre. Le 23 du même mois, selon la commission du roi, et l'arrêt du parlement donné en conséquence, elle fut remise entre les mains du Sʳ de Saint-Aulaire, son plus proche parent, et on dit qu'elle était entre les mains du Sᵍʳ de Duras quand elle fut depuis mariée 1⁰ à François de Vivonne, Sʳ d'Ardelay, appelé La Châteigneraye, que Jarnac tua pendant qu'elle était enceinte d'une fille nommée Mˡˡᵉ de Larcham, morte sans hoirs, et dont les biens ont passé à la maison de La Force; mariée 2⁰, le 15 mai 1554, à François de Caumont, Sᵍʳ de Castelnau, fils de Charles et de Jeanne de Pérusse des Cars. Ce François de Caumont, qui changea de nom et d'armes, et qui fut père de Jacques Nompar, dit le maréchal de La Force, fut tué à la Saint-Barthélemy (1572) avec Armand, son fils aîné.

II. — Noble Guillaume de Beaupoil, Sᵍʳ de La Roche-Mallet en Bretagne, servit dans la maison du roi. Quoiqu'il se fût établi en Limousin, il favorisait cependant le parti des enfants de Charles de Blois, qui se portait pour duc de Bretagne. En 1410, il fut nommé un des procureurs de Marguerite, comtesse de Penthièvre. En 1419, il assista, au nom du vicomte de Limoges, à Tulle, à une assemblée de nobles pour chasser les Anglais d'Auberoche en Périgord. L'année suivante, parce qu'il avait suivi le parti du vicomte de Limoges contre le duc de Bretagne, et qu'il était avec lui lorsqu'il prit ce duc et le mit en prison, il perdit le fief de Noamalet, que le duc confisqua.

Comme secrétaire du comte de Penthièvre, il eut un sauf-conduit le 2 décembre 1418. Par le traité de Nantes entre le duc de Bretagne et les Penthièvre (27 juin 1448), Guillaume de Beaupoil et Julien, son fils, devaient rentrer en possession des biens qui avaient été confisqués pour les punir d'avoir trempé dans la conspiration faite contre le feu duc. [Nicole de Bretagne, fille de Charles, femme de Jean de Brosse, Sᵍʳ de Sainte-Sévère et de Boussac, vicomte de Bridiers, maréchal de France, signa ce traité.]

Il avait acheté, vers l'an 1403, la terre et seigneurie de Sainte-Aulaire (1) (*de sancta Eulalia*, on dit mal Saint-Aulaire) près d'Uzerche en Bas-Limousin, terre qui avait appartenu à la noblesse des Escharpis, comme on a dit plus haut. Dans son testament du 8 août 1455, il est qualifié de *puissant seigneur;* il repose à Sainte-Aulaire.

Il avait épousé Françoise de Brom, issue d'une des grandes maisons de Bretagne, et nièce du fameux connétable Bertrand du Guesclin. On voit son portrait et ses armes, avec le portrait et les armes de son mari, dans l'église de Sainte-Aulaire. Il est probable que le château de Sainte-Aulaire fut bâti par Guillaume et par sa femme, qui laissèrent un seul fils, Julien, qui suit.

III. — Julien de Beaupoil, mieux Beaupel, chevalier, Sᵍʳ de Sainte-Eulalie ou Aulaire, acheta, le 7 janvier 1440, de noble Raymond Robert, Sᵍʳ de Lignerac diocèse de Limoges, le lieu, forteresse et place de Sainte-Eulalie près *Exandonum* (Yssandon), situés dans la châtellenie d'Ayen et dans la vicomté de Limoges, pour quatre cents écus ou réaux d'or, chaque écu de trois deniers, en présence de noble Jean Beaupoil, Sᵍʳ du lieu de La Force, diocèse de Périgueux, et de noble Pierre Bertrand, de la paroisse de

---

(1) Sainte-Aulaire, canton d'Ayen, arrondissement de Brive (Corrèze).

Pesat, diocèse de Limoges, d'après copie tirée sur l'acte original. Le vicomte de Limoges reçut son hommage avec un baiser de paix, suivant la coutume, à genoux, sans capuce ni ceinture, les mains jointes, pour cette acquisition, le 7 novembre 1441.

Pierre de Bourbon, comte de Clermont et de la Marche, se confiant à plein de Me Julien de Sainte-Olaye, chevalier, le retint son conseiller et chambellan le 24 février 1479 (1480).

Le 7 novembre 1441, Jean de Bretagne investit Julien de Beaupoil de la terre de Sainte-Aulaire [où son père l'avait laissé en 1404]. Le 7 décembre suivant, ce Julien reçut des lettres signées du roi Charles VII pour être écuyer près de sa personne. Il acquit plusieurs terres et plusieurs droits dans les environs de Sainte-Aulaire, entre autre la terre de Mansac (1), les dîmes [qui appartenaient au monastère de Saint-Martial de Limoges, d'autres encore appartenant au Sr de Livron-Vuart avec les] rentes et la justice de la paroisse de Sainte-Aulaire [qui appartenait à la maison de Bretagne à cause de la vicomté de Limoges. Ainsi Julien se rendit, dans l'espace de dix ou douze ans, seigneur foncier général, justicier et décimateur de la paroisse en payant à l'abbé et aux moines de Saint-Martial rente et hommage pour les dîmes et la portion congrue du vicaire perpétuel. Il acquit la justice de six villages circonvoisins de la paroisse de Sainte-Aulaire : dans celles] d'Objac (2), Saint-Cyprien et Vars [ou Viart, ou Vuart], recouvra les terres de Noamalet, puis les revendit, vers 1450, par procuration de son père Guillaume.

Par acte du 13 mai 1445, Alain de Beaupoil, Sr de Saint-Viance (3), et Blanche de Monceau de La Philippia, sa femme, donnent procuration à Jean et Julien de Beaupoil pour rendre hommage, en leur nom, au seigneur de Ventadour à cause de la baronnie de Donzenac.

Julien, chevalier et chambellan [ou premier écuyer] du roi Charles VII, eut encore des lettres d'État le 24 février 1449. Il fit son testament le 27 septembre 1486, [et il repose à Sainte-Aulaire].

Il devait épouser, le 27 juillet 1440, noble Marie Prévost, fille de feu M. H. Helier Prévost, Sgr de La Force et de Manduran en Périgord.

Il épousa, le 10 septembre 1443 ou 1444, Galiène, fille de feu Golfier Elie [ou Helies, de l'illustre maison de Pompadour en Limousin selon quelques-uns], Sgr de Villac et de Puyseguin, et de Jeanne de Roffignac, par contrat passé en présence de puissant seigneur Guillaume d'Aubusson, chevalier; Guiot d'Aubusson, son frère, Sgr de Vilhac et de La Folhade; et de noble Guillaume Beaupoil, Sgr de La Roche-Mallet en Bretagne, père de Julien. [Cette femme lui porta en dot plusieurs rentes et revenus.]

Ils laissèrent : 1º Jean, qui suit ; 2º François, protonotaire du saint siége, qui posséda de grands bénéfices, fut curé de Perpezac-le-Blanc (4) et de Saint-Nazaire, prieur de L'Arche et de Saint-Chastrier, et testa le 21 septembre 1516; 3º Jeanne, mariée à ..... de Sainte-Fortunade, près Tulle ; 4º Marie, qui épousa ....., de la maison de Verneuil en Bas-Limousin, fondue

---

(1) Mansac, canton de Larche, arrondissement de Brive (Corrèze).
(2) Objat, Saint-Cyprien et Vars, canton d'Ayen, arrondissement de Brive (Corrèze).
(3) Saint-Viance, canton de Donzenac, arrondissement de Brive (Corrèze).
(4) Perpezac-le-Blanc, canton d'Ayen, arrondissement de Brive (Corrèze).

par une héritière dans celle de Montbas, qui en a vendu les biens; 5° Catherine, mariée, en 1478, à un cadet de la maison de Pérille [ou Pérelle dite de Gourdon ou Gordon en Quercy]; 6° Thonie [on dirait aujourd'hui Toinon ou Antoinette], qui entra dans la maison de Razat en Périgord; 7° Olive, mariée, par contrat du 20 octobre 1465, à Thomas de Pons, damoiseau, Sgr de Saint-Maurice, fils de Hélie et de Béatrix Flamench; 8° Françoise, qui prit l'habit dans le monastère de la Règle, à Limoges, le 30 mai 1438, avec sa sœur Louise [elle fut prieure à la Règle, et y fonda une vicairie dont les seigneurs de Sainte-Aulaire étaient patrons]; 9° Louise, nommée abbesse de la Règle à Limoges en 1495, mourut, au château de Sainte-Aulaire, le lundi 19 avril 1507. [Elle fit de grands biens dans cette abbaye, et y fonda de belles vicairies, dont elle fit patrons et collateurs les seigneurs de Sainte-Aulaire, qui jouissaient encore de ce droit vers 1682.

Le bâtard de Sainte-Aulaire était un des cent hommes de trait et gens de guerre de morte-paie en garnison à Blaye, et passa en revue le 16 novembre 1488.

IV. — Jean de Beaupoil [Sgr de Sainte-Aulaire, de Tarnac (1), La Grènerie, Mansac, de Gironde en Poitou et d'Arsinde en Beaujolais près Moulins], conseiller, chambellan et maître d'hôtel de Pierre de Bourbon, comte de Clermont et de la Marche, fut chevalier et maître d'hôtel du roi. Jean, comte d'Armagnac, lui fit un don de l'état d'échanson le 12 février 1467. Il releva beaucoup sa maison. Outre la terre de Sainte-Aulaire, il posséda celles de Mansac et de Gironde en Poitou. Il acquit de la maison de Bourbon la baronnie de Tarnac. Il acheta de Jean de Bretagne, vicomte de Limoges, le château et châtellenie de Castel-Nouvel, membre dépendant de la châtellenie d'Ayen, à pacte de rachat, en 1465.

Il acquit Murat et Gramat, consistant en deux paroisses: Tarnac et Peyrelevade (2), qui relèvent immédiatement de la couronne de France: quinze ou seize fiefs dépendants de cette baronnie. Il acquit encore le fief noble de La Grènerie, où il fit bâtir la maison que l'on y voit à présent. Il entreprit aussi le grand bâtiment de Sainte-Aulaire; fit construire [à deux ou trois cents pas du château] l'église, où il édifia de beaux tombeaux [pour sa famille], et qu'il pourvut de toutes les choses nécessaires au culte divin.

Il fit de grandes substitutions en faveur des mâles de sa maison.

Beaupoil était de Bretagne, et serviteur de ce comte, qui avait en lui une grande confiance. Il servit, en 1485, sous Pierre, comte de Clermont, Sgr de Beaujeu.

En 1479, il fut conseiller, chambellan et maître d'hôtel de Pierre de Bourbon, comte de la Marche. Il fut aussi maître d'hôtel de la duchesse de Bourbon, et gouverneur des vicomtés de Carlat et de Murat, et capitaine du château de Carlat. Il est qualifié *Jean de S. Aulaire, écuyer, Sgr du dit lieu, élu pour le roi au bas pays de Limosin,* dans une quittance qu'il donna le 13 février 1498, de cinquante livres à lui ordonnées pour avoir vaqué à l'assiette de la taille des gens de guerre de l'année précédente, et pour avoir connu et décidé des questions et procès qui sont intervenus pour la dite taille.

---

(1) Tarnac, canton de Bugeat, arrondissement d'Ussel (Corrèze).
(2) Peyrelevade, canton de Sornac, arrondissement d'Ussel (Corrèze).

Jean de Sainte-Aulaire l'aîné, homme d'armes des ordonnances du roi, naguère étant sous la charge et conduite du feu duc de Bourbon, donna quittance, le 16 février 1503, de quarante-cinq livres tournois *pour ses gages et souldes* d'homme d'armes, du quartier de janvier, qui est de quinze livres par mois.

Du temps de Jean de Beaupoil, il se trouva tant de bâtards de cette famille portant ce nom qu'il crut devoir le quitter pour prendre celui de Sainte-Aulaire. Mais M. Baluze dit avec plus de vraisemblance que cette famille changea son nom de *Beaupoil* en celui de Sainte-Aulaire après que Julien de Beaupoil eut acquis, en 1440, la terre de Sainte-Aulaire.

Par son testament, qui est du 24 avril 1511, Jean de Beaupoil élut sa sépulture en l'église de Sainte-Aulaire, où il augmenta les fondations que son père et son bisaïeul y avaient faites.

Il avait épousé, en 1479, Anne Gachet, de la maison de La Motte en Champagne, du ressort de Chalons. Elle était demoiselle d'Anne de France, duchesse de Bourbon, qui lui donna 6,000 livres. On voit encore au château de Sainte-Aulaire les tapisseries qu'elle y fit faire et quantité de beaux ornements d'église. Cette dame, qui porta en dot la terre d'Arsinges [ou Arsinde] en Beaujolais près Moulins, fit plusieurs fondations pieuses.

De ce mariage naquirent : 1° Jean, qui suit; 2° Charles, tué en duel, jeune et sans hoirs, à Paris, en pleine rue, par l'aîné de la maison de Lon en Limousin, qui était son allié. Ce de Lon se vit obligé d'aller servir dans les armées d'Italie, et fut condamné pour réparer son meurtre, à venir dans l'église de Sainte-Aulaire, couvert d'une robe et d'un capuchon de deuil, et, tous les ornements étant préparés, d'y faire dire cinquante messes pour l'âme du défunt; d'y fonder à perpétuité, pour faire dire deux messes chaque semaine, deux vicairies à la nomination des seigneurs de Sainte-Aulaire, enfin de faire bâtir sur le lieu une maison pour l'habitation des deux vicaires, ce qui fut exécuté. Le Sr de Lon donna à cet effet une rente de quatre-vingts setiers de blé, rente depuis aliénée. Charles avait été enterré chez les Cordeliers de Paris, près du grand autel, dans les tombeaux de ses prédécesseurs, où l'on voyait leurs armes avant que la substruction qu'a fait faire M. de Bullion, surintendant des finances, les eût cachées. Chaque semaine, ces pères disaient deux messes à l'intention de la famille de Beaupoil, qui les a fondées. [D'autres disent que ce meurtre fut commis dans la personne du baron de Saint-Chamans, époux de Marguerite de Beaupoil, sœur de Charles]; 3° Hugue, prévôt de l'église de Tulle; 4° Marguerite, mariée, en 1511, à Bertrand, baron de Saint-Chamans en Limousin, comte d'Escoraille. On voit dans la chapelle du château de Sainte-Aulaire un tableau où quatre garçons sont peints à côté de Jean dont je parle; mais deux de ses enfants seront morts en bas-âge, et ne seront point venus à la connaissance de ceux de la maison.

V. — Jean de Beaupoil, IIe du nom, S^{gr} de Sainte-Aulaire, de Tarnac, Mansac, La Grènerie, chevalier et maître d'hôtel ordinaire de la maison de François Ier, capitaine de Masseré en Limousin, de La Tour et de Benon en Auvergne, maître des eaux et forêts de ce comté, quitta le nom de Beaupoil, et retint celui de Sainte-Aulaire [à cause du grand nombre de bâtards de cette maison qui portaient le nom de Beaupoil]. Il fut grièvement blessé à la bataille de Pavie (1525), et conduisit de cette ville à Milan le duc d'Alençon, qui s'était échappé des prisons des ennemis. Il fit son testament, le 2 novembre 1540, en son château de Sainte-Aulaire.

Il avait épousé, le 12 février 1506, Marguerite de Bourdeille, fille de François, Sgr et baron de Bourdeille, et d'Hilaire du Fou, qui porta les seigneuries des Coutures, de Celle et de Bertricen en Périgord *et la blancheur de son visage,* car on remarque que les enfants de Sainte-Aulaire étaient noirs auparavant. Elle fit son testament le 18 août 1535.

De ce mariage vinrent : 1° François, qui suit ; 2° Germain, protonotaire du saint-siége, prieur-curé de l'Arche, curé de Tarnac en 1554 et de Perpezac-le-Blanc en 1562. Il faisait de grandes aumônes, et tenait son église en fort bon état. Il avait en partage la terre de Mansac, qu'il laissa à son [neveu et] filleul Germain de Sainte-Aulaire, prieur de Notre-Dame de Beyne au diocèse de Cahors, qui testa le 20 décembre 1563, et fut enterré chez les Cordeliers de Tulle, où il avait fait construire son tombeau ; 3° Pierre, qui épousa l'héritière de Lanmary [ou Lamarrie] en Périgord [et qui a fait la branche des Coutures, qui porte le nom et les armes de Sainte-Aulaire] ; 4° Marie, mariée [1540] à Germain de La Porte, chevalier, Sgr de Champnier-aux-Boux (1) et du Chambon, paroisse de Moutier-Ferrier (2) en Périgord, mais alors du diocèse de Limoges [et dont la famille est tombée en quenouille] ; 5° Louise, mariée avant 1540 à François, baron de Salers en Auvergne, duquel elle était veuve en 1563 ; 6° Gabrielle, à laquelle son père laissa 4,000 livres pour la marier au seigneur de L'Isle en Périgord [qui a changé de nom] ; elle était morte en 1555 ; 7° Susanne, religieuse à Ligueux en Périgord, où sa tante Jeanne de Bourdeille, qui en était abbesse, l'avait engagée à venir. Susanne y fut prieure et abbesse par résignation de sa tante du 15 avril 1533, résignation approuvée par le roi ; mais elle mourut avant d'avoir reçu ses bulles ; 8° Françoise, religieuse [dans l'abbaye ou] prieuré du Saint-Sépulcre de L'Avoine, diocèse de Saint-Flour.

Marguerite de Beaupoil, dame de Pestillac, épousa, le 18 novembre 1566, Jean de Durfort, écuyer, Sr de Léobard en Quercy.

VI (n° II de Descoutures). — François Beaupoil, Sgr de Sainte-Aulaire, chevalier, Sgr du dit lieu, Tarnac, Mansac, La Grènerie paroisse de Salon (3), des Coutures et d'Arsinges, qu'il vendit, était fort généreux et fort affectionné au service du roi. Il fut panetier ordinaire de François Ier, d'Henri II [et de François II]. Charles IX le nomma, le 10 octobre 1569, chevalier de son ordre, et le maréchal de Montmorency lui donna le collier le lendemain au Plessis-les-Tours. C'était en reconnaissance de la bravoure qu'il avait montrée, huit jours auparavant, à la bataille de Montcontour, où il eut un cheval tué sous lui. Pour subvenir aux frais de la guerre, et figurer suivant sa qualité, il vendit la terre d'Arsinges. Il fit son testament réciproque avec sa femme le 24 octobre 1567.

Il avait épousé, par contrat sans filiation du 27 décembre 1542, Françoise de Volvire de Ruffec, qui porta la terre des Estres en Anjou. Pendant son

---

(1) Champnier-aux-Boux, canton de Bussière-Badil, arrondissement de Nontron (Dordogne).

(2) Moutier-Ferrier, appelé aussi Eymoutier. — Cette commune qui est aujourd'hui nommée La Tricherie, est canton de Montbron, arrondissement d'Angoulême (Charente).

(3) Salon, canton d'Uzerche, arrondissement de Tulle (Corrèze).

veuvage, elle se vit obligée de soutenir de grands procès contre le seigneur de Ruffec, son frère, qui depuis l'engagea à acheter du roi de Navarre la terre de Masseré en Limousin, telle qu'elle était alors, en son entier. Mais, comme cette terre était rachetable, on lui remboursa la somme de 25,000 livres qu'elle en avait données.

C'était à la vérité une femme de vertu et de probité reconnues ; mais elle était altière, et ne démordait jamais de ses sentiments. Elle mourut, en 1583, après avoir fait un second testament, le 13 novembre. [Elle était veuve depuis le 5 avril 1572. Elle est qualifiée dame de Sainte-Aulaire, de Lamac et de La Grènerie en Limousin.]

De leur mariage vinrent : 1° Germain, qui suit ; 2° François [qui, étant destiné à l'église, se fit huguenot, et se maria avec l'héritière de La Renaudie en Périgord : par là il devint] auteur de la branche de La Renaudie, Quinsac et Gorre ; 3° Gabriel, homme bien fait de corps et d'esprit et doué d'un grand cœur. Faute de bonheur ou de conduite, il mangea plus de 32,000 livres qu'il avait eues en partage, et se maria à l'héritière de La Barde de Cressac en Périgord ; 4° Peironne, mariée au Sgr de La Borie-Saunier en Périgord ; 5° Susanne, religieuse avec sa tante à Ligueux, d'où, pendant les guerres de religion, elle fut obligée de se retirer en la maison paternelle de Sainte-Aulaire, dans laquelle elle demeura jusque vers 1597, époque où elle fut faite abbesse par l'entremise de ses parents, qui lui firent permuter le prieuré de Seilhac-las-Monjas au diocèse de Limoges pour l'abbaye de Ligueux. Elle reçut ses bulles le 5 novembre de la même année ; fut bénite, le 28 janvier suivant, par l'évêque de Périgueux, et prit possession le 17 mars 1598. D'abord elle reçut quelques religieuses ; fit rétablir le monastère, ruiné par les huguenots ; fit reprendre le service divin, interrompu pendant longtemps ; fit recouvrer les revenus qui avaient été aliénés, et employa le reste de ses jours à l'augmentation de la gloire de Dieu et au rétablissement de son monastère. En 1606, elle permuta avec sa nièce pour le prieuré du Petit-Ligueux au diocèse d'Agen, et mourut en 1612 ; 6° Françoise, mariée dans la maison de Frateau [ou Fradeaux] en Périgord ; 7° Marguerite, religieuse à L'Avoine en Auvergne ; 8° Léonarde, mariée, en 1575, à Pierre Dumas, Sgr de Peyzac (1) en Limousin : elle était morte en 1609 ; 9° Marie, mariée [par contrat du 9 décembre 1566, reçu Vedrenne, notaire royal à Sainte-Aulaire, à Joseph Meynard, Sgr de Chassenejou en Quercy ; 10° Anne, religieuse à la Trinité de Poitiers, fut, en 1596, âgée de quarante ans, abbesse de Saint-Cosme et Saint-Damien de l'ordre de Sainte-Claire à Périgueux, où elle mourut ; 11° Louise, mariée à Jean, cadet de la maison de Jugeals en Limousin.

VII. — Germain de Beaupoil, baron de Sainte-Aulaire, Sgr du dit lieu, de Tarnac et de La Grènerie, fut élevé page de la chambre des rois Henri II et François II, puis gentilhomme de la chambre de Charles IX, qui le fit panetier au lieu de son père, le 24 janvier 1563. Ce prince le nomma chevalier de son ordre le 10 octobre 1569. Le 10 mars précédent, il avait donné commission au duc de Montmorency pour aller à la maison de Sainte-Aulaire faire prêter serment à Germain, attendu son indisposition.

---

(1) Peyzac, canton de Montignac, arrondissement de Sarlat (Dordogne).

Germain eut beaucoup d'affaires pour pourvoir le grand nombre de ses frères et sœurs et soutenir, durant trente ans, contre la maison de Ruffec, le procès intenté par sa mère. Aussi il dut vendre à M. de Noailles la terre de Mansac, celle des Estres en Anjou, celle de Masseré, la moitié de celle d'Eyjeaux, près Limoges, et de La Bachellerie, qu'il avait eue de sa femme, c'est-à-dire un capital de plus de 9,000 livres de rente, comme on le voit par les journaux écrits de sa main ; car il était fort soigneux en ses affaires, pacifique dans sa famille, ennemi juré des procès et des querelles, ne recherchant que la douceur et le repos parmi les siens. [Le père Simplicien dit qu'il eut un cheval blessé à la bataille de Montcontour, où il se signala.] Il fit son testament le 9 février 1603.

Il avait épousé : 1° Françoise de La Touche, héritière de la maison de La Faye en Angoumois ; mais cette femme inspirée par une aversion particulière pour son mari, lui intenta un procès afin d'obtenir la dissolution de son mariage, et, après bien de la peine, bien du chagrin et bien des dépenses, par arrêt du parlement du 7 mars 1582, le mariage fut déclaré non validement contracté, et il fut permis aux parties de se remarier comme bon leur semblerait.

Il avait épousé : 2°, par contrat sans filiation du 28 juin 1582, reçu par Raffart et de Couppes, Judith de Carbonnières, fille de feu Charles de Carbonnières, S^{gr} de La Chapelle-Biron, et de Françoise de Fraisse, dame du Breuil, de Pin, de Salon et de Fraisse. Judith était veuve de Geoffroi de La Bachellerie, S^{gr} d'Eyjeaux, près Limoges, et à l'âge de vingt-deux ans, chargée d'un fils de son premier mari. Elle était à la vérité de petite taille, mais elle possédait toutes les belles qualités de sa race et de son sexe. Elle était compatissante et charitable, spirituelle plus que femme de son temps, entendait les langues et savait les belles lettres ; mais elle n'avait pas de grands biens. D'ailleurs, après la mort de son premier mari, elle avait résolu de se faire religieuse : aussi résista-t-elle longtemps à la recherche que Germain fit de sa personne : mais enfin ses parents, reconnaissant l'avantage qu'elle avait en ce mariage, la portèrent à y consentir, ce qui fut fait le jour du contrat au château de Pin. Dix ans après, elle perdit son fils, et hérita de la moitié de ses biens. Elle éleva les enfants de son second mariage dans l'amour du ciel et dans le mépris des choses de la terre ; elle leur insinua le bon naturel et le bon exemple, l'union et la charité fraternelle. La bonne intelligence qui fut toujours entre eux conserva la maison au milieu d'un nombre infini d'affaires épineuses qui l'eussent dissipée sans cette union. On ne vit en effet, entre eux, qu'un même esprit et un même cœur, une émulation ardente à se vaincre les uns les autres par de bons offices.

De ce mariage vinrent : 1° Antoine, qui aura un article à part ; 2° Henri, qui suit ; 3° François Foucaud, qui aura un article à part ; 4° Susanne, qui aura un article à part ; 5° Françoise, mariée 1°, le 9 janvier 1588, à Henri de Cosnac [sans doute mal de Dosnat, comme disent quelques-uns], Sr de Saint-Michel en Quercy, dont elle eut des enfants ; mariée 2° à Samuel de Vervaix, Sr de Masclat et de Laval en Quercy, dont elle eut aussi des enfants ; elle mourut âgée de quarante ans, et fut regrettée de tous ses parents, car, outre les belles qualités de l'esprit et du corps, elle possédait de grandes vertus ; 6° Susanne-Françoise, née le 20 janvier 1591, religieuse à Ligueux, puis prieure pendant six ans à Saint-Benoît de Ligueux à Périgueux, et qui se retira à l'abbaye de Ligueux, où elle mourut ; 7º Marthe, née le 12 mars 1592, mariée à Jean Geoffroi de Fayart, Sgr des Combes et de Léguliat en Périgord, dont elle eut plusieurs enfants : elle fut veuve fort jeune. On vante la bonté de son naturel et l'agrément de sa conversation. [Il eût fallu inscrire N....., morte en bas-âge.]

— Antoine, cité plus haut, premier fils de Germain de Beaupoil et de Judith de Carbonnières. — Agé de neuf ans, et quoique sain, dispos et grand de corps plus qu'on ne l'est d'ordinaire à son âge, s'étant trouvé au château de Sainte-Aulaire à une des plus nombreuses et des plus mémorables assemblées qui se soient faites en province, pour la cérémonie des quatre baptêmes de ses deux frères et de ses deux sœurs, qui se fit le même jour, en 1594, s'emporta dans de violents excès avec d'autres enfants, et tomba malade d'un catarrhe violent, qui lui saisit le corps et les membres, puis se jeta sur les jambes, et lui contourna même l'épine dorsale, et, lui affaiblissant les nerfs, le priva de l'usage des jambes, qui diminuèrent beaucoup, et ne se nourrirent plus, de telle sorte que, conservant encore le mouvement et la sensibilité et ne causant point de douleur, cependant elles ne pouvaient le soutenir. Du reste sa santé fut parfaite. Malgré cette maladie extraordinaire, Antoine fit ses humanités et sa philosophie chez les jésuites de Toulouse, et peut-être est-ce lui qui, en 1623, était curé de Tarnac. Il s'adonna à l'étude de la langue espagnole et de la langue italienne, aima la peinture et la poésie, et, après la mort de son frère Henri, auquel il avait cédé ses droits, prit un si grand soin de la maison de Sainte-Aulaire, et la releva si bien, grâce à son esprit et à son intelligence spéciale des affaires, qu'en peu d'années elle reprit sa première splendeur, quoiqu'on eût pu prévoir qu'elle allait tomber. Il soutint un grand procès contre M. de Chamberet, retira la moitié de la baronnie de Tarnac, engagée pour les affaires de Léonore de Taléran, femme de feu son frère, et cela en vendant les fiefs des Aages et de Brégeat, dépendants de La Porcherie.

[Le 24 août 1635, il consentit un contrat d'échange de rentes, au nom et comme fondé de procuration de Daniel de Sainte-Aulaire, son neveu, fils d'Henry : il y est qualifié Sgr de La Grénerie, baron de Tarnac. (Papiers domestiques de Mme de Daignac, signés de Montaignac, notaire.)] Il avait grand nombre d'amis : aussi était-il tenu pour un des meilleurs qui fut jamais. Il fut employé aux plus grandes affaires de la province parce qu'il était intelligent et adroit à tout ce qu'un gentilhomme doit et peut savoir. Il se plaisait également à l'étude et à l'embellissement de ses terres. Il fit achever le grand étang de La Grénerie, ce qu'aucun de ses prédécesseurs n'avait osé entreprendre. Malgré l'infirmité de ses jambes, il allait à Paris, à Bordeaux et ailleurs quant il en avait besoin. Aimé des pauvres comme des grands, il obligeait toujours de bonne grâce, aidant beaucoup pour les procès. Enfin, après un long travail de corps et d'esprit, âgé de plus de soixante-deux ans, il mourut, dans la nuit du 8 au 9 avril 1646, à l'évêché de Limoges, où il était venu passer les fêtes de Pâques avec son frère le chevalier, son neveu Daniel de Saint-Aulaire, dont la femme, Jeanne de Saint-Agoulin, qui se trouva de la compagnie, était parente de M. de Lafayette, évêque de Limoges. Antoine rendit l'âme entre les mains de ce prélat après avoir reçu de sa main tous les sacrements. Ses entrailles furent inhumées près du grand-autel des Carmes-Déchaussés de la même ville, où l'on mit dans la muraille une épitaphe en bronze qu'on n'y voit plus. Son frère, François Foucaud, commandeur, y fonda une messe à perpétuité tous les quinze jours [par contrat passé, à Limoges, le 27 avril 1646]; mais, comme Foucaud ni ses parents n'ont satisfait à la fondation, elle n'a pas subsisté. Le corps et le cœur d'Antoine furent portés dans les tombeaux de ses ancêtres dans l'église de Sainte-Aulaire.

— François Foucaud, cité plus haut, troisième enfant de Germain de Beaupoil et de Judith de Carbonnières, né à Sainte-Aulaire le 12 octobre 1591. Il fut nourri page du duc de Guise, et, au sortir du service (1612), fait chevalier de l'ordre de Saint-Jean de Jérusalem de la langue d'Auvergne. Il alla à Malte, et y demeura jusqu'en 1619, époque où il revint en France. Il servit dans les guerres contre les huguenots, et se trouva aux siéges de Saint-Jean-d'Angely (1621), de Montauban (1621), etc., commandant une compagnie de gens de pieds dans le régiment de M. de Pompadour, alors lieutenant du roi en Limousin. Après la guerre, le régiment fut réformé, ce qui obligea Foucaud de s'en retourner à Malte, où il demeura douze ou treize ans. Le grand-maître Antoine de Paule l'estima particulièrement et le prit en affection. Foucaud fut son compagnon au chapitre général tenu à Malte le 11 mai 1361. Bien plus, de son propre mouvement, il le fit son sous-maître d'hôtel, et lui confia le gouvernement des religieuses qui étaient dans l'île. Foucaud s'en acquitta dignement : il eut grand soin du salut de de leurs âmes, de leur logement et entretien, changea l'ordre de leurs bâtiments, fit construire l'église, et dans son enceinte, en l'honneur de l'assomption de la sainte Vierge, une chapelle où on voyait ses armes. Le grand-maître lui donna encore la commanderie des Echelles en Savoie, sans charge d'aucune pension, grâce toute particulière. Foucaud fut encore sous-maître d'hôtel sous le grand-maître Jean-Paul de Lascaris de Castellar pendant dix-huit mois, après lesquels il revint en France pour être receveur général de l'ordre au grand-prieuré d'Auvergne, où il demeura quatre ans ; puis il échangea sa commanderie contre celle d'Aulois en Auvergne, à laquelle il joignit depuis celle de Tortebesse dans la même province. Il vivait encore en 1653.

— Susanne, citée plus haut, quatrième enfant de Germain de Beaupoil et de Judith de Carbonnières, qui fit profession à Ligueux le 15 décembre 1602. Elle était prieure au Petit-Ligueux quand elle permuta avec sa tante. Comme elle n'avait que vingt-deux ans, le pape Paul V, par bulle du 16 décembre 1606, apposa la condition que, jusqu'à ce qu'elle fût plus avancée en âge, on élirait une prieure claustrale. Cependant elle prit possession le 30 juin 1607. Sa tante avait commencé à remettre ce monastère en son premier lustre; Susanne en acheva la splendeur et en augmenta les revenus. Elle passa dans des monastères plus réformés pour en porter l'austérité dans le sien. De peur qu'il ne se ressentît dans la suite des fureurs de la guerre, elle obtint du roi et du pape la permission de le transférer dans la ville de Périgueux, où elle fit bâtir une église et des lieux réguliers; mais, sur la résistance de quelques religieuses, elle changea de dessein, et se contenta d'y envoyer douze filles avec une prieure, qui était sa sœur (1632). Depuis, en 1642, elle fit ériger ce nouveau monastère en prieuré triennal, sous le nom de Saint-Benoît de Ligueux, obtenant pour l'abbesse les mêmes priviléges que ceux dont jouit l'abbesse de Fontevrault sur les prieurés de son ordre. La même année, elle fit imprimer à Lyon, chez Jean-Ayme Candy, des *Statuts et constitutions sur la règle de Saint-Benoît pour l'abbaye de Ligueux.* Susanne était constante, active et fort capable. Elle mourut, ornée de vertus, le 17 mai 1655, à l'âge de soixante-neuf ans, et fut inhumée dans la chapelle des abbesses. Elle s'était associé sa nièce comme coadjutrice.

VIII. — Henri de Beaupoil, baron de Sainte-Aulaire, Sgr de Tarnac et La Grènerie [deuxième fils de Germain et de Judith, héritier de ses père et mère et de son frère aîné], homme retenu, sage, prudent, un peu froid à l'abord, mais très honnête et bon ami dans les occasions, ferme en ses résolutions, intègre, vertueux, ne se laissant pas emporter par la colère, et, dit-on n'ayant jamais juré de sa vie. Il mourut, le 30 janvier 1614, au château de La Grènerie, d'un accident étrange, à l'âge de vingt-quatre ans et demi. Ayant mangé d'une carpe frite dont une des arrêtes s'engagea dans son gosier, les efforts qu'il fit occasionnèrent la rupture d'une veine. Huit jours auparavant, il avait reçu les sacrements, et témoigné sa résignation à la volonté de Dieu.

Il avait épousé, par contrat du 23 février 1610, Éléonore de Talleiran de Grignols [issue de la noble famille de Talleiran, dont les ancêtres avaient été comtes de Périgord, et] fille de Daniel, prince de Chalais, et de Françoise de Montluc [fille du maréchal Blaise de Montluc]. Éléonore était de fort petite taille, mais d'ailleurs bien faite de corps et d'esprit et de fort bonne humeur. Elle se remaria à François de Cosnac, qui habitait près de Brive, refusant que les enfants de son premier lit héritassent de ses biens, excepté de ses avantages matrimoniaux, qu'elle abandonna; et elle reprit 12,000 écus qu'elle avait portés à son premier mari. Pour la payer, il fallut vendre la terre de Tarnac à ..... La Grange, juge d'Aimoutiers, et élu, qui la tenait auparavant par engagement.

De ce mariage vinrent : 1° Daniel qui suit ; 2° Susanne, qui embrassa l'étroite réforme établie par sa tante en l'abbaye de Ligueux, le 24 juillet 1633 ; et, à la sollicitation de son oncle le commandeur Foucaud, elle fut faite coadjutrice en 1646 ; prit possession de cette abbaye le 23 février de la même année ; fut bénite, le 1er août 1648, par Daniel de Cosnac, évêque de Valence, son frère utérin. Digne abbesse, qui augmenta son monastère pour le spirituel et le temporel, elle changea quelque chose aux institutions dressées par sa tante, et les fit confirmer en 1669 par Louis, cardinal de Vendôme, légat du saint-siége. Elle mourut dans son abbaye le 5 mars 1677, et y fut inhumée ; 3° Henriette, religieuse au même monastère [née posthume. Avant Daniel, il était né une fille qui mourut peu après son baptême.]

IX. — Daniel de Beaupoil, Sr de Sainte-Aulaire, Sgr du dit lieu, de La Grènerie et de La Porcherie, baron de Tarnac. [Il est qualifié seigneur, baron de Sainte-Aulaire, La Pourtalie ou La Ponicalie et autres places dans un acte du 24 août 1633. (Papiers domestiques de Mme de Daignac, signé de Montaignac, notaire.) Il est qualifié aussi, dans un acte du 21 octobre 1672, signé Larose, notaire, chevalier, Sgr de Sainte-Aulaire, La Grènerie, etc. (*Ibidem*).]

Après avoir été entretenu longtemps à l'Académie, il épousa : 1°, en 1632,

Jeanne Du Breuil, héritière de la terre de La Porcherie, et dont les armes étaient : *d'argent à trois fasces ondées d'azur*. En 1635, Daniel prit commission de sa Majesté pour lever une compagnie de chevau-légers, ce qu'ayant fait il servit dans les guerres du Piémont; mais, peu après sa compagnie ayant été licenciée, il se retira dans ses terres, et, après la mort de son père, pour sortir d'affaire d'avec sa mère, il vendit, en 1646, la terre de Tarnac.

De ce mariage ne sortit qu'une fille nommée Susanne, qu'on mit près de ses tantes, à Ligueux, pour lui faire apprendre la vertu, et où elle se fit religieuse le 15 août 1654.

Jeanne Dubreuil mourut à l'âge de dix-neuf ans, le 26 janvier 1641. Elle était d'un esprit vif, puissant et charmant, mais femme de fantaisie et d'attachement à ses humeurs. Elle avait la taille avantageuse; elle était bien faite et de très bonne mine : le trop grand soin qu'elle eut de sa personne ne servit qu'à hâter sa mort au lieu de la retarder. Sa fille était son vrai portrait.

Daniel de Sainte-Aulaire épousa 2°, par contrat du 23 juillet 1643, Guyonne-Angélique-Chrysolite de Chovigny-Blot, fille de Gilbert de Chovigny-Blot, Sgr de Saint-Agoulin en Bourbonnais, et de Guicharde de Veny [ou Vezy, de la maison] d'Arbouze, sœur de la réformatrice du Val-de-Grâce à Paris. Daniel ne l'avait vue que par occasion; mais elle répondit à ses souhaits, et contenta tous ceux de sa maison. Elle était très belle et avait beaucoup de vertu. On l'appela, à cause de son enjouement, de sa bonne grâce et de sa beauté, *Chrysolite*, et elle aimait à s'entendre donner ce nom.

De ce second mariage vinrent : 1° Susanne-Elisabeth, née le 13 juillet 1644, et qui fut religieuse; 2° Henriette, née le 23 septembre 1647 ; et qui fut aussi religieuse; 3° François-Joseph, qui suit [quelques-uns en font deux personnages différents]; 4° André-Daniel, qui aura un article à part; 5° François-Foucaud, né le 20 août 1653, homme excellent, chevalier de Malte, qui donna des preuves de sa bravoure sur l'Océan et la Méditerranée, capitaine de vaisseau du roi, secrétaire des commandements du grand-maître de Malte pour les affaires de France, son grand écuyer et gouverneur de Malte, fut fait, en 1710, grand'croix et grand maréchal de l'ordre, puis, en 1717, grand bailli de Lyon; 6° Marie, baptisée à Salon le 10 janvier 1661, puis mariée à Armand, vicomte d'Aydie-Ribérac ; 7° ....., religieuse à Ligueux. [D'autres mettent 1" François ; 2° Joseph; 3° André, né en 1651, 4° Susanne, peut-être la même que celle du premier lit; 5° Élisabeth; mariée à Pons de Salignac, marquis de Fénelon, mort le 12 janvier 1742; 6° Henriette. — Félicité de Beaupoil épousa, le 29 août 1703, Jean de Galard, Sgr d'Argentines et de Nadaillac.]

— André-Daniel, cité plus haut, quatrième enfant de Daniel de Sainte-Aulaire et de Guyonne-Angélique-Chrysolite de Chovigny-Blot, né le 15 juin 1651, tonsuré à Limoges, le 8 novembre 1666, eut par résignation, en 1693, le prieuré de Thoy, au diocèse de Limoges, et fut nommé, le 29 septembre de la même année, à l'archiprêtré de La Porcherie, dont il se démit. Il était docteur en théologie, vicaire général à Périgueux, et supérieur du séminaire de cette ville, lorsqu'il fut nommé à l'évêché de Tulle le 15 avril 1702. Sacré au mois d'octobre suivant, il fit son entrée à Tulle le 14 janvier 1703. Il assista à l'assemblée du clergé de France en 1714, et signa le 5 février la lettre que les prélats écrivirent au pape pour lui marquer qu'ils avaient accepté la bulle *Unigenitus*. Ce fut un évêque vraiment chrétien, rempli de piété sincère, père de ses pauvres, doué de la plus grande bonté, très poli et très affable, plein de sollicitude pastorale, et résidant assidûment dans son diocèse. Gilles de La Baume-le-Blanc de La Vallière, ancien évêque de Nantes, où il avait eu des contraedictions, s'étant démis, se retira auprès de M. de Francheville, évêque de Périgueux, et, après la mort de celui-ci, arrivée en 1702, vint auprès de M. de Sainte-Aulaire, évêque de Tulle. En 1707, avec la permission du pape Clément XI, ce même évêque démissionnaire fit les quatre vœux des profès chez les Jésuites de Tulle; il mourut chez eux, le 9 janvier 1709, d'une attaque d'apoplexie, à l'âge de quatre-vingt-trois ans, et fut enterré dans leur église. Baluze dit qu'il mourut dans le palais épiscopal de Tulle.

Après s'être démis de l'évêché de Tulle en 1720, André-Daniel de Sainte-Aulaire se retira chez les missionnaires de Périgueux, y mourut en 1734, et fut enterré dans leur chapelle, avec cette épitaphe :

D. O. M.

Hic jacet illustrissimus et reverendissimus
D. D. Andreas Dan.
De Beaupoil de Ste
Aulaire, missionis
Petroc, presbyteris aggregatus,
Seminarii præpositus Tutelensis,
Deinde episcopus, mirabili virtutum
Omnium conventu dilectus
Deo et hominibus, sponte tandem
Episcopatui cedens, ad fratres
Rediit inter quos in diuturnis
Languoribus, invictæ patientiæ
Exemplar, obiit an. ætat. 84,
Die 18 novembris 1734.

X. — **François-Joseph de Beaupoil**, marquis de Sainte-Aulaire, Sgr de Meillars, Mansac et La Porcherie, baron de La Grènerie, né le 6 septembre 1648 [d'autres disent vers 1640. Dans un acte du 21 octobre 1672, il est qualifié de chevalier, Sgr de La Grènerie, et dit majeur de vingt-cinq ans. Il y contracte avec son père comme émancipé. Son mariage était alors arrêté avec la duchesse de La Valette]. Il eut pour parrain l'évêque de Limoges le 20 du même mois, jour où ce prélat donna la confirmation à Sainte-Aulaire. Il passa une partie de sa jeunesse dans les armées; servit le roi en catholique, comme aide-de-camp du maréchal de Navailles, et se signala en Flandre. Il fut lieutenant-général pour le roi au gouvernement des Haut et Bas-Limousins. Ses lettres pour cette charge furent publiées et enregistrées dans une audience de la sénéchaussée de Limoges, où assistèrent les députés de la cathédrale et ceux de la plupart des corps de ville, le 12 mai 1689. Guy de Flottes, Sr des Bordes, avocat au parlement, y fit son éloge.

C'était un homme de mérite, d'un esprit aisé, naturel et plein de délicatesse. Il aimait la belle littérature, savait en faire usage, et cultivait surtout la poésie française. Mme la duchesse du Maine l'attira à sa cour où il passa plus de quarante ans. Cette princesse trouvait toujours un nouveau plaisir dans sa conversation.

Il n'avait cultivé la poésie qu'à soixante ans passés, et les plus jolis vers que l'on ait de lui ont été faits à quatre-vingt-dix ans passés. A cet âge, il improvisait encore des vers pleins d'esprit et de délicatesse, dont fort peu sont imprimés.

On rapporte que, lorsqu'il postulait pour l'Académie française, Boileau lui refusait sa voix. De Sainte-Aulaire, qui tenait à le gagner, employa le crédit du président de Lamoignon, qui fit passer à Boileau la pièce de vers faite par le postulant pour avoir entrée à l'Académie. Après en avoir lu le début, Boileau s'écria : « Voilà encore un plaisant titre pour entrer à l'Académie ! Il n'a que faire de compter sur ma voix. Je dirai tout net à M. de Lamoignon que je n'ai point de voix à donner à un homme qui fait d'aussi méchants vers à soixante ans, et des vers qui renferment une morale impudique. » Boileau alla, en effet, exprès à l'Académie le jour de l'élection pour donner sa boule noire au marquis de Sainte-Aulaire, et quelques académiciens lui représentant que ce marquis était un homme de qualité digne d'égards : « Je ne lui conteste pas, dit Boileau, ses titres de noblesse, mais ses titres de noblesse, et je le soutiens non-seulement mauvais poète, mais poète de mauvaises mœurs. » — « Mais, reprit l'abbé Abeille, M. le marquis ne travaille pas comme un poète de profession : il se borne à faire de petits vers comme Anacréon. » — « Comme Anacréon? répliqua le satirique, et l'avez-vous lu, vous qui en parlez? Savez-vous bien, Monsieur, qu'Horace, tout Horace qu'il était, se croirait un très petit compagnon auprès d'Anacréon? »

Nonobstant cette critique de Boileau, le marquis de Sainte-Aulaire fut reçu à l'Académie le 23 septembre 1706, et ses vers furent trouvés jolis.

Le compliment fait par Sainte-Aulaire à sa réception respire partout l'esprit et la politesse. Les personnes de qualité, surtout de la profession de M. le marquis de Sainte-Aulaire, ne donnent point dans certaine vanité ou petitesse d'esprit qui fait souvent qu'on veut paraître obtenir les distinctions sans vouloir les demander. Il avoue franchement, dans le discours de sa réception, qu'il a souhaité d'être de l'Académie : on peut souhaiter ce qu'on est capable de soutenir. « L'inclination que j'ai toujours eue pour les lettres, au milieu même des exercices et des devoirs qui semblaient en éloigner le plus, dit-il, vous a rendus favorables à des désirs que je n'ai point cachés. ». L'éloge qu'il fait de son prédécesseur, M. Testu, est touché d'une main légère ; tout le discours est de ce même goût, mais en particulier ce qui regarde la personne du roi.

Dans sa réponse à ce discours, M. l'abbé Tallemant dit à M. de Sainte-Aulaire : « Ceux qui sont accoutumés à bien parler, et qui, comme vous, se font estimer à la cour par leur politesse et par leur esprit, ne sont pas moins utiles à l'Académie que les hommes les plus savants. Nous avons vu tant de personnes du plus haut rang et du mérite le plus distingué s'intéresser à vous donner à nous, que nous n'en avons pu conclure autre chose sinon que, lorsqu'on est si généralement aimé, c'est une preuve certaine que l'on est fort aimable. La profession dont vous êtes, et dans laquelle vous avez passé vos premières années, ne vous a point détourné du goût des bonnes lettres : vous aimez la poésie, et vous savez en mettre toutes les beautés en œuvre ; vous avez su mêler heureusement les lettres avec les armes ce qui vous a fait agir avec tant de succès dans une grande province où votre fermeté et votre adresse calmèrent en un moment la révolte naissante et la sédition. Laissez désormais à votre généreux fils le soin de satisfaire aux premiers devoirs de votre naissance et de la noblesse de votre origine, après lui en avoir montré l'exemple, et venez nous aider à célébrer le siècle de Louis le Grand. »

Le directeur de l'Académie lut ensuite une délicate épître en vers, où M. de Sainte-Aulaire fait l'éloge de Louis XIV, et parle le langage des dieux comme celui des hommes.

M. de La Motte avait prétendu dans une ode que l'amour-propre et l'orgueil sont les principes de toutes nos actions. M. de Sainte-Aulaire répondit à cette ode par des vers insérés dans le Journal de Trévoux. Selon le journaliste, la manière dont M. de Sainte-Aulaire traite cette question importante la relève encore. Il a trouvé dans son cœur de quoi se convaincre de la fausseté du système de l'amour-propre dominant, et dans son esprit de quoi en convaincre tout le monde. Les grands hommes qu'il venge n'auraient pas choisi un autre défenseur s'il leur eût été libre d'en choisir un, et la cause du genre humain ne pouvait être en de meilleures mains.

Nous avons encore de M. de Sainte-Aulaire un poëme en vers libres intitulé : *Origine de Marseille*. Il est dans le *Recueil de l'Académie de 1714*, p. 219. Le seul nom de l'académicien préviendrait en faveur de son ouvrage si on ne savait d'ailleurs que ce seigneur, plus distingué par son mérite d'esprit que par sa naissance, avait au souverain degré le talent de faire des vers aisés, fins et naïfs.

Le jeudi 6 mars 1738, il prononça un discours à la réception de M. le duc de La Trimouille. On y admire cette vivacité d'esprit, cette délicatesse de sentiments que l'âge n'avait point affaiblis, des tours brillants, une éloquence pleine de grâces, que la révolution de près d'un siècle semblait n'avoir fait que mûrir et perfectionner dans un génie heureux par un long commerce avec les maîtres de l'art, enfin une politesse qui, le dépouillant de ce qui lui était dû d'estime et de louanges, l'en rendait encore plus digne et rehaussait tous ses talents. Ce discours fut imprimé, à Paris, chez Coignard, en 1738. M. de Mairan le rappela d'une manière touchante : « Le contraste du plus grand âge avec la plus brillante jeunesse, dit-il, loin de refroidir l'éloquence de M. de Sainte-Aulaire, lui prêta une nouvelle chaleur. Les traits les plus vifs, les figures les plus hardies viennent se placer sur ses lèvres. La vue même du terme fatal dont il approche, capable de glacer les âmes communes, ne sert qu'à l'animer. »

M. de Sainte-Aulaire passa plus de quarante ans à la cour de Mme la duchesse du Maine, qui l'appelait *son berger*.

Il mourut, le 17 décembre 1742, à Paris.

M. de Mairan, qui fut reçu académicien pour le remplacer le 7 mars 1743, fit son éloge et son portrait. M. de Sainte-Aulaire y est peint au naturel. « On voyait en lui, dit l'académicien, un esprit fin et délicat, une imagination féconde et fleurie, une humeur douce et tranquille, une âme inaccessible au trouble des passions, et où la gaîté même ne se faisait sentir que sous la forme de la simple sérénité. Il s'allie à une maison qui a pour chef une personne illustre par son mérite et par ses écrits, et dès-là brillent en lui tous les talents que l'esprit, le goût, la politesse rassemblent autour de celle qui en faisait l'ornement. Appelé à une cour brillante, ingénieuse, savante, il en devint aussitôt les délices. Le voilà instruit de tout ce qui doit composer ces ingénieux divertissements; il en partage l'ordonnance et l'exécution, etc. »

François-Joseph de Sainte-Aulaire avait épousé, en 1676, Marie de Fumel, fille de Louis, comte de Fumel en Agénois, et de Marguerite de Lévis-Mirepoix. On a imprimé, en 1696, deux oraisons funèbres prononcées après la mort de Marie de Fumel. Le R. P. Guillaume Coulomb, prieur des frères prêcheurs de Brive, prêcha la première dans l'église de Saint-Martin de la même ville le 30 avril 1696. L'orateur dit que le ciel lui avait fait part d'une grande beauté, d'une âme noble, d'un esprit éclairé, d'un cœur généreux, et que toutes ses actions étaient accompagnées de charme et de bonne grâce, d'où il fait voir 1° que cette dame a toujours usé du monde avec une sage modération; 2° qu'elle a toujours travaillé à remplir ses devoirs; 3° qu'elle a toujours craint le péché. — L'autre oraison funèbre fut prononcée, le même jour qu'à Brive, à Limoges, dans l'église de Saint-Michel-des-Lions, par le P. Joseph David, de l'Oratoire. Voici la division de son discours : 1° la crainte du Seigneur lui a fait régler toutes ses passions; 2° elle lui a fait remplir tous ses devoirs.

De François-Joseph et de Marie de Fumel naquirent 1° Louis, qui suit; 2° Guy, tonsuré en 1697, devenu jésuite, et mort, vers 1715, à l'âge de vingt-cinq ans. Le P. Simplicien dit, au contraire, que ce même Guy fut capitaine au régiment du roi-infanterie, et mourut à Arras en 1712; 3° André-Daniel, tonsuré en 1699, et depuis capitaine de grenadiers, puis colonel d'un régiment d'infanterie de son nom, mort devant Turin en 1706; 4° Julie, religieuse, puis abbesse de Ligueux en 1730; 5° et 6° Catherine et....., religieuses carmélites à Pamiers.

XI. — Louis de Beaupoil, marquis de Sainte-Aulaire [Sgr de La Porcherie et de La Grênerie], maréchal-de-camp des armées du roi, lieutenant-colonel du régiment d'Enghien-infanterie, fut tué au combat de Rumersheim, dans la Haute-Alsace, le 26 août 1709.

Il avait épousé, en 1703 [ou 1704], Marie-Thérèse de Lambert, fille de Henri de Lambert, marquis de Saint-Brix-en-Auxerrois, lieutenant-général des armées du roi et gouverneur de Luxembourg, et d'Anne-Thérèse de Maguenat de Courcelles. Marie-Thérèse mourut, le 13 juillet 1731, âgée de cinquante-deux ans. Elle a écrit des ouvrages délicats, mais où on ne trouve pas partout la morale de l'Évangile. D'eux naquit une fille unique : Thérèse-Eulalie, qui suit.

XII. — Thérèse-Eulalie de Beaupoil de Sainte-Aulaire fut mariée, le 7 février 1725, à Anne-Pierre d'Harcourt, marquis de Beuvron, fils d'Henri, duc d'Harcourt, pair et maréchal de France, lieutenant-général au gouvernement de Normandie, et de Marie-Claude Brulart. Thérèse-Eulalie mourut à Paris, âgée de trente-quatre ans, le 3 novembre 1739.

Branche des seigneurs de Castel-Nouvel.

II *bis*. — Jean de Beaupoil, S^{gr} de Castel-Nouvel, dont il fit hommage à Jean de Bretagne, vicomte de Limoges, le 1er novembre 1441, était frère de Guillaume, S^{gr} de Néomalet, dont il est parlé au n° II de cette généalogie. Il fut présent à l'acquisition que fit son neveu, en 1440, de la terre de Sainte-Aulaire, et à son mariage, en 1443. Il fit son testament le 13 novembre 1478.

Il avait épousé, le 27 juillet 1440, Marie Prévost, fille d'Hélie, S^{gr} de La Force et de Masduran, et de Catherine de Talleiran Grignols.

D'eux naquirent : 1° Hélie, S^{gr} de La Force, qui eut d'Odette de La Balme sept enfants, dont le troisième, Pierre, S^{gr} de Casteljolet, hérita des biens de Jean, son frère aîné, mort sans enfants, Pierre eut lui-même François, qui épousa Philippe de Pellegrué, mère d'autre Philippe, épouse 1° de François de Vivonne, S^{gr} de La Chastaigneraye ; épouse 2° de François de Caumont, S^{gr} d'Aymés, duquel sont descendus les seigneurs et ducs de La Force, pairs de France, comme nous l'avons déjà dit à la fin du n° I. — De Jean, S^{gr} de Castel-Nouvel, et de Marie Prévost naquirent 2° Antoinette, mariée, en 1478, à François, S^{gr} de Lasterie et de Gensac ; 3° Jeanne, qui épousa Guy de Lostanges, S^{gr} de Saint-Alvère, en 1478 ; 4° Françoise, dame de Castel-Nouvel, femme de Gilles d'Aubusson, S^{gr} de Villac.

Branche des seigneurs de Lanmary (1) [ou de Coutures] en Périgord.

VI. — Pierre de Beaupoil de Sainte-Aulaire, troisième fils de Jean II et de Marguerite de Bourdeilles, eut en partage les seigneuries de Coutures, Celles et Bertry. Il mourut en 1564, après avoir testé le 14 juin de la même année.

Il avait épousé, le 17 juin 1550, Catherine de Laurière, dame de Lanmary, fille de Jean, S^{gr} de Lanmary, et de Marguerite de Saint-Chamant. Catherine testa le 2 avril 1564, et elle était morte le 14 juin suivant.

D'eux naquirent : 1° Antoine, qui suit ; 2° Annet, qui épousa l'héritière de Fontenilles en Périgord : le dernier de cette branche, nommé André-David de Beaupoil, S^{gr} de Fontenilles, était enseigne de vaisseau en 1678 ; 3° Gantonnet, qui épousa l'héritière de La Barde en Périgord, et mourut sans postérité masculine ; 4° Pierre, capitaine d'infanterie, tué à Périgueux. [Le P. Simplicien nomme encore cinq filles, Marie, Françoise, autre Marie, Jeanne et Susanne.

Pierre, dit de Sainte-Aulaire, S^{gr} de Coutures, fils naturel d'Hilaire de La Vigne.

Alain, légitimé au mois de mai 1599, mourut en 1636.]

---

(1) Le château de Lanmary, est commune d'Antonne, canton de Savignac, arrondissement de Périgueux (Dordogne).

VII. — Antoine de Beaupoil, sénéchal du Périgord, chevalier de l'ordre du roi en 1576. [Le P. Simplicien rapporte que les rois Charles IX et Henri III lui écrivirent diverses lettres pour le remercier de ses services et de sa fidélité. Il mourut en 1593.] Il avait épousé, en 1584, avec dispense du pape, Jeanne de Bourdeilles, sa parente, dame de Bernardières et de Douzillac, fille de Gabriel et de Claude de Gontaut. Ils eurent 1° Marc-Antoine, qui suit ; 2° Claudine, mariée à ....., Sgr de La Martonie, de Puyguillin.

VIII. — Marc-Antoine de Beaupoil, Sgr de Lanmary, de Coutures, etc. [mort vers 1661], épousa, en 1624, Gabrielle d'Alègre, dame de Chabanes et de Sorges, fille de Jean et de Marie de Sedières [elle était veuve en 1661]. D'eux naquirent : 1° François, qui suit ; 2° David, marié à Gabrielle Jobert [de Nantiac, mère de plusieurs enfants, entre autres de Charles, abbé d'Obazine en 1728] ; 3° Antoine, capitaine de cavalerie, tué au siége de Mortare en Italie ; 4° Bon-François, qui suit au n° IX bis ; 5° Marie, mariée à Pierre Jobert, comte de Nantiac ; 6° autre Marie, nommée abbesse de Ligueux le 14 juillet 1677, où elle fut bénite, le 8 septembre suivant, par Guillaume Le Roux, évêque de Périgueux ; morte le 1er décembre 1707, âgée de quatre-vingt-deux ans, et inhumée dans la chapelle des abbesses ; 7° Susanne, religieuse à Ligueux.

IX. — François de Beaupoil, marquis de Lanmary, Sgr de Coutures, épousa, en 1650, Jacqueline d'Aubusson, veuve de Philibert de La Roche-Aymon, fille de Georges, comte de La Feuillade, et d'Olympe Grain de Saint-Marsault. Elle mourut, en janvier 1704, au château de Lanmary, âgée de quatre-vingt-trois ans, et François de Beaupoil, le 2 septembre 1705, âgé de quatre-vingts ans, et sans postérité.

IX bis. — Bon-François comte de Lanmary, mestre de camp du régiment d'Enghien, mourut en 1687. Il avait épousé, le 16 mars 1661, Anne de La Roche-Aymon, fille de Philibert, marquis de Saint-Maixent, et de Jacqueline d'Aubusson de La Feuillade.

D'eux naquirent : 1° Louis, qui suit ; 2° Henri-Louis, chevalier de Malte en 1699, et qui mourut sur les galères de la religion ; 3° Marie-Anne, mariée à Louis-Christophe, de Cugnac, marquis de Giversac, dont elle était veuve le 4 mars 1723 ; 4° Antoinette, qui fit profession à Ligueux le 22 novembre 1682, et qui, par la cession de sa tante, en fut abbesse le 16 août 1698, reçut ses bulles le 21 octobre suivant, prit possession le 30 avril 1699, et fut bénite le 6 mai suivant. Elle gouverna heureusement, et ne céda en rien au mérite des abbesses qui l'avaient précédée ; 5° et 6° Thérèse et Élisabeth, religieuses à Ligueux.

X. — Louis de Beaupoil, marquis de Lanmary et de Chabanes, Sgr de Coutures, d'abord capitaine de cavalerie au régiment de Sourches, ensuite capitaine-lieutenant des gendarmes de la reine, grand-échanson de France, mourut à Cazal-Major, au service du roi, le 26 juillet 1702.

Il avait épousé, en 1681, Jeanne-Marie Perrault, baronne de Milly en Gatinois, Angerville, Rouvre, etc., fille de Jean, président à la chambre des comptes, et de Marie-Anne Le Moine. Jeanne-Marie se remaria, le 31 janvier 1704, à Gilbert-François de Rivoire, marquis du Palais, et elle mourut le 22 janvier 1719.

D'eux naquirent : 1° Marc-Antoine-Front, qui suit ; 2° Henri, reçu page de la grande écurie du roi en 1711, puis capitaine dans le régiment du roi; 3° et 4° Louis et François, morts jeunes; 5° Hélène, coadjutrice de l'abbaye de Ligueux en 1718; 6° Julie, qui épousa ..... de Cugnac, comte de Giversac; 7° Elisabeth, religieuse à Ligueux, morte en 1724; 8° Sabine, qui épousa Armand Du Lau, S^{gr} d'Allemans, et mourut en 1718.

XI. — Marc-Antoine-Front de Beaupoil, marquis de Lanmary, S^{gr} de Coutures, Celles, Bertry, Chabanes, Forges et Poudry, mestre-de-camp de cavalerie, puis sous-lieutenant des gendarmes de Bourgogne, ensuite sous-lieutenant des gendarmes de Bretagne, grand-échanson du roi en 1702, charge dont il se démit au mois de mai 1731, maréchal des camps et armées du roi, chevalier de ses ordres, ambassadeur de France en Suède, mort le 24 avril 1749, à Stockolm, âgé de soixante-six ans.

Il avait épousé [1°], le 13 mars 1711, Elisabeth, fille de Neyret de La Ravoye, S^{gr} de Lis et de Beaurepaire, grand-audiencier de France et trésorier général de la marine, et d'Anne Varice de Valières. Elisabeth mourut, à Paris, le 7 mai 1738. [Il épousa : 2° Charlotte-Bénigne Le Ragois de Bretonvilliers, laquelle, étant veuve, se remaria, le 20 juin 1763, à Charles-François-César Le Tellier, marquis de Montmirail, capitaine des Cent-Suisses de la garde du roi.]

Branche des seigneurs de La Renaudie (1), Quinsac (2), Gorre (3) et de La Dixmerie, paroisse de Lonzac (4), dans l'élection de Saintes.

VII. — François de Sainte-Aulaire, fils cadet d'autre François et de Françoise de Volvire, fut *nourri à l'étude*, et destiné à l'église pour posséder tous les bénéfices qui étaient dans sa maison; mais, par malheur, à l'occasion des guerres civiles, il porta les armes avec les huguenots, dont il embrassa l'hérésie.

Il épousa 1°, en 1578, Jeanne du Barry, fille aînée de Geoffroi, qui était de la conspiration d'Amboise, et y fut tué en 1560. D'eux naquirent : 1° Jean, qui suit; 2° Marie, mariée, le 1er mai 1611, à Jean de Brie, Sr de Ballangis.

Il épousa 2° Marguerite Amelin, héritière de la maison de La Renaudie, qui habitait la paroisse de Saint-Front-la-Rivière en Périgord. Ses affaires domestiques l'obligèrent à vendre la terre de La Renaudie à sa belle-sœur. De ce second mariage naquirent : 1° François, qui suit au n° VIII *bis;* 2° Marguerite de Sainte-Aulaire, qui fut convertie à la religion catholique par le curé de Gorre, et inhumée, à l'âge de soixante-dix-sept ans, le 29 mai 1661.

VIII. — Jean de Sainte-Aulaire, écuyer, Sr de Quinsac, de Gorre et du Barry (5), épousa : 1° Marie Prieur-Poitevin; 2° Antoinette de Pourten, dont il eut Jean, qui suit.

---

(1) La Renaudie, commune de Saint-Front-la-Rivière, canton de Saint-Pardoux-la-Rivière, arrondissement de Nontron (Dordogne).

(2) Quinsac, canton de Champagnac, arrondissement de Nontron (Dordogne).

(3) Gorre, canton de Saint-Laurent-sur-Gorre, arrondissement de Rochechouart (Hte-Vienne).

(4) Lonzac, canton d'Archiac, arrondissement de Jonzac (Charente-Inférieure).

(5) Barry, Le Barry est un fief situé commune d'Aixe-sur-Vienne, arrondissement de Limoges Haute-Vienne).

IX. — Jean de Sainte-Aulaire, *très noble et très vertueux*, écuyer, Sr de Quinsac en Périgord, fit son testament le 23 juin 1683, et mourut, à l'âge de soixante-quatorze ans, le 25 mars 1687.

Il avait épousé, le 20 juin 1640, *vertueuse demoiselle* Anne-Claude Dalvaix de Saint-Alban, fille de feu Antoine, écuyer, Sr de Saint-Alban, et de Susanne de Bonneval, de la ville d'Aixe. Elle fit, le 1er avril 1666, son testament, signé Massaloux, et par lequel elle donna 500 livres à chacun de ses enfants. Elle mourut, le 4 du même mois, âgée de quarante ans, et fut inhumée à Gorre, où on inhuma également, le 17 novembre 1663, sa mère, âgée de quatre-vingts ans.

De ce mariage naquirent : 1° Gabriel, qui suit; 2° Antoinette, baptisée à Aixe, le 1er mai 1642; 3° Léonarde, baptisée à Aixe, le 15 mars 1647; 4° Maurice, né le 28 juin 1657; 5° Jean, né le 2 avril 1659; 6° autre Jean, né le 24 février 1660, peut-être le même qui fut tué le 3 décembre 1701 sur le grand chemin de Gorre; 7° Henri, né le 15 février 1661; 8° Madeleine, inhumée, à l'âge de trente ans, le 6 décembre 1694; 9°, 10°, 11°, 12°, 13°, 14° et 15° Susanne, Etienne, Anne, Jean, Henri, Catherine et autre Anne, morts en bas-âge, et inhumés à Gorre, dans la chapelle du cimetière, ou à Aixe.

X. — Gabriel de Sainte-Aulaire, chevalier, Sgr de Gorre, épousa, dans l'église de Cussac (1), le 30 septembre 1677, Marie Denise du Rousseau de Ferrières, sa parente du troisième ou quatrième degré, fille de feu Gabriel, chevalier, Sr des Seychères, et de Léonarde Rampnoulx. Marie-Denise mourut veuve, et âgée de soixante-dix-huit ans, le 17 février 1726; elle fut inhumée à Gorre.

D'eux naquirent : 1° Louis, qui suit; 2° Jean, né le 19 novembre 1679; 3° Jacques, né le 17 août 1682; 4° Gabrielle-Thérèse, née le 15 mai 1684; 5° Marie-Claire, née le 17 mars 1686; 6° Louis, né le 9 avril 1688; 7° Anne-Henriette, née le 3 juin 1692; 8° et 9° Jean-Gabriel et Léonard, morts en bas-âge.

XI. — Louis de Beaupoil de Sainte-Aulaire mourut en avril 1762, et fut inhumé à Gorre.

Il avait épousé Françoise Guingand, dont il eut : 1° Marie-Reine-Denise, née le 7 janvier 1714; 2° Jacques-Gabriel-Marie, qui, ondoyé le 12 juin 1715, reçut les cérémonies du baptême le 12 mars 1729, mourut major du régiment royal à Vitré en Bretagne le 16 juin 1752, et fut inhumé à Saint-Martin, peu regretté des officiers; 3° Thérèse-Gabrielle, née le 4 juin 1717, mariée, le 22 septembre 1744, à Jean de Marsanges, écuyer, Sr de Vaulris (2); 4° Martial-[et non Mathias-] Louis, né le 1er janvier 1719, abbé de Lezat au diocèse de Rieux en 1753, et sacré évêque de Poitiers le 24 mars [ou le 13 mai] 1759. [On dit qu'un jour, ayant eu la mauvaise inspiration de dire à sa mère qu'elle lui avait fermé la porte de l'église de Lyon, parce qu'elle n'était pas d'ancienne noblesse, celle-ci lui répondit : « Oui, mon fils; mais vous avez oublié sans doute que je vous ai fermé aussi celle de l'hôpital ». En effet, la famille de ce prélat était obérée, et, en y

---

(1) Cussac, canton d'Oradour-sur-Vayres, arrondissement de Rochechouart (Haute-Vienne).
(2) Mort en son château de Vaulris, canton de Nantiat (Haute-Vienne), le 21 avril 1781, étant âgé de soixante-dix-huit ans. (Registres paroissiaux.)

entrant, Françoise Guingand la releva par sa fortune. Cet évêque vivait encore en 1790. C'est lui qui m'a ordonné prêtre sur démissoires, le 28 mai 1768, dans sa chapelle, à Poitiers] — 5° Henri [qui suit]; 6° Pierre, né le 19 décembre 1720 [apparemment celui qui est dit le chevalier de Sainte-Aulaire, capitaine-commandant au régiment de Boufflers-dragons, avec rang de lieutenant-colonel, et chevalier de Saint-Louis; 7° Charles-Denis-Jacques, né le 16 novembre 1723, nommé abbé de Saint-Taurin d'Evreux, ordre de Saint-Benoît, en mars 1753, vicaire général de Rouen 1753, archidiacre de Tarbes, aumônier du roi, archidiacre et vicaire général de Poitiers, abbé de La Rerle, ordre de Saint-Benoît, au diocèse de Tarbes; mort, à Lucienne, le 12 août 1761.

[XII. — Henri de Beaupoil, marquis de Sainte-Aulaire, né le 25 décembre 1719, chevalier de Saint-Louis, S^{gr} de Gorre, du Barry, etc., aide-major de la 1re compagnie française des gardes-du-corps du roi, avec rang de mestre de camp de cavalerie, épousa, le 17 octobre 1775, Adélaïde-Claudine-Françoise-Marie-Anne de Thibault de La Roche-Tullon.]

VIII bis. — François de Sainte-Aulaire, fils d'autre François et de Marguerite Amelin, épousa Jeanne de Charrières, dont il eut : 1° Claude, qui épousa Louise Desmier; 2° Estienne, qui épousa Marguerite de La Cour.

N..... de Sainte-Aulaire, écuyer, épousa Françoise Moteau, qui mourut veuve, âgée de soixante-douze ans, le 18 avril 1749, et fut enterrée à Saint-Martial d'Angoulême.

Charles de Beaupoil de Sainte-Aulaire, époux de Françoise Pasquet, mourut à Genouilhac en Angoumois et diocèse de Limoges (1), âgé de quarante-quatre ans, le 12 juillet 1770.

Raymond de Beaupoil, baron de La Luminade, maréchal des camps et armées du roi, épousa ....., dont Anne, mariée à Jean de Champagnac, Sr de Meygniaud.

Marie de Beaupoil épousa Gabriel Jaubert de Nantiac, fille de Pierre, comte de Nantiac, dont il eut Charles de Beaupoil, évêque de Tarbes en 1751.

[*Branche de Beaupoil–Pestillac.*

François de Beaupoil-Pestillac épousa Marguerite de Cugnac, dont il eut Marguerite, alliée, le 18 octobre ou le 19 novembre 1566, avec Jean de Durfort, baron de Léobald. Elle est dite fille et héritière de François et dame de Pestillac.]

Cette famille fit preuve de noblesse, en 1598, devant Marillac et Benoît, délégués de l'intendant.

SOURCES : Le P. SIMPLICIEN, T. IV, p. 471; T. V, p. 347, 354 et 750; T. VIII, p. 586, 587, 588, 589, 590, 591, 592; — MORÉRI, édit. de 1759, aux mots *Force, Pons* et *Sainte-Aulaire;* — *Mémoires de Trévoux*, 1707, p. 806; 1709, p. 474, 698 et 810; 1715, p. 100; 1719, p. 820; 1738, p. 949; 1743, p. 560; — BALUZE, *Historia Tutelensis*, p. 233, 303, 304, 305; —

---

(1) Genouilhac, canton de Saint-Claud, arrondissement de Confolens (Charente).

Morice, *Histoire de Bretagne*, preuves, T. II, col. 976, 1345, 1346 et 1423; — Tailland, *Histoire de Bretagne*, T. II, p. 19; — Rymer, T. IX, p. 655; — Laboureur, *Additions à Castelneau*, T. III, p. 92; — Manuscrit n° 1724 de la bibliothèque de Saint-Germain-des-Prés; — Bouchet, *Annales d'Aquitaine*, IV° partie, p. 217; — *Gallia christiana nova*, T. II, col. 632, 678, 1499, 1500, 1507; — Bonaventure de Saint-Amable, T. III, p. 654, 655, 656; — Vertot, *Histoire de Malte*, T. V, liv. XIV, p. 177; — *Généalogie de la famille de Sainte-Aulaire*; — *Tablettes historiques*, V° partie, p. 75; VII° partie, p. 274; — Davrigné, *Mémoires*, T. IV; — Ladvocat, *Dictionnaire*; — *Dictionnaire des grands hommes, par une société de gens de lettres*, édit. de 1779, T. VI, art. Sainte-Aulaire; — *Recueil de l'Académie*, 1707, p. 214; — *Supplément du Parnasse françois*, 1743, art. 286; — [De Combles, *Tabl. de la noblesse*, 1786, Ire partie p. 59; II° partie, p. 138; — *Fastes militaires*, T. I, p. 99, 100, 123]; — Registres de Gorre; — Registres de Cussac; — Papiers domestiques de Mme de Daignac; — [*Feuille hebdomadaire de Limoges* du 4 octobre 1786, n° 40, p. 158, col. 2 et suivantes.]

BEAUPOIL, Sr de Mareuil, paroisse du dit lieu (1), dans l'élection de Saintes. — Porte : *d'azur à trois couples de chiens d'argent mis en fasce.*

I. — Simon de Beaupoil. (Acquisitions faites par le dit Simon le 11 février 1555 et en décembre 1557.)

II. — Gabriel de Beaupoil épousa, par acte de 23 novembre 1595, Marque Sonnier.

III. — Charles de Beaupoil épousa : 1° par acte du 21 juillet 1634, Marie de La Serve; 2° Éléonore Horric, dont il eut Louis, qui suit.

IV. — Louis de Beaupoil épousa, par acte du 10 septembre 1650, Madeleine Desereau.

BEAUPUY. — N..... de Beaupuy, damoiseau, habitant près de Lesterps (2), épousa, N....., dont il eut : 1° Olivier, damoiseau; 2° Guitard, damoiseau, 3° Eynorde, mariée, à Hélie Seguin de Saint-Junien (3), avant 1305.

BEAUSOLEIL. — Isaac de Beausoleil, Sr du Breuil, épousa, à Salon (4), le 8 février 1627, Susanne de Lesboulières.

Léonard de Beausoleil, écuyer, S^r de La Grelière, épousa Claude de Briancourt.

BEAUVAIS, S^r du dit lieu, paroisse de Sainte-Marie-la-Claire de Châteauneuf (5). — Porte : *d'azur à un pélican d'or dans son nid.*

[Il y a en Limousin au moins deux terres nommées Beauvais, dont une, située près de Limoges, appartient depuis longtemps aux abbés de Saint-Martial de Limoges à raison de leur abbaye. Elle s'étend sur les paroisses

---

(1) Mareuil, canton de Rouillac, arrondissement d'Angoulême (Charente).
(2) Lesterps, canton et arrondissement de Confolens (Charente).
(3) Saint-Junien, chef-lieu de canton, arrondissement de Rochechouart (Haute-Vienne).
(4) Salon, canton d'Uzerche, arrondissement de Tulle (Corrèze).
(5) Châteauneuf-la-Forêt, chef-lieu de canton, arrondissement de Limoges (Haute-Vienne).

de Saint-Michel-des-Lions de Limoges, de Couzeix, etc. Ce n'est pas de celle-ci qu'il est question, mais d'une autre.]

I. — Jean de Beauvais épousa N...., dont il eut : 1° Jean, marié par contrat du 26 novembre 1494, et qui fit une cession à François son frère, le 5 janvier 1531 ; 2° François, qui suit.

II. — François de Beauvais épousa Marguerite de Mondières, et fit son testament le 6 février 1537.

III. — Jean de Beauvais, écuyer, épousa, par contrat sans filiation du 2 février 1562, Antoinette de la Voye, et fit son testament le 8 novembre 1595.

IV. — David de Beauvais épousa Léonarde Trompodon, et fit son testament le 16 novembre 1628.

V. — Noble Léonard de Beauvais, paroisse de Sainte-Marie de Châteauneuf, épousa Madeleine de Josselin. Il fut inhumé, le 22 mai 1670, à l'âge de cinquante ans, dans l'église de Saint-Maurice de Limoges.

Noble Raymond de Beauvais, Sgr de Boussac, paroisse d'Orliac (1) au diocèse de Tulle, épousa ....., dont Mariol, qui suit.

Mariol de Beauvais épousa, en 1580, Marguerite de Lesboulières.

[....., Sr de Beauvais, fut père de ..... de Beauvais, mariée à ..... Blondeau, marquis de Laurière, mort en 17... On dit qu'elle a vendu cette terre.]

Les preuves de noblesse fournies par cette famille en 1598 ne furent pas trouvées suffisantes.

BEAUVOIRE. — François de Beauvoire, écuyer, Sr de La Peyre, paroisse de Saint-Arguien, de la juridiction d'Hautefort en Périgord, épousa, le 20 avril 1561, par acte reçu La Coste, Hélène de Monneins, dont il eut Jean, qui suit.

Jean de Beauvoire, écuyer, Sr de Vauves en Périgord, épousa, le 7 juillet 1606, par acte reçu La Prade, Jeanne Chataigner.

Jean de Beauvoire, Sr de Villac, paroisse de Saint-Robert (2), épousa Gabrielle-Thérèse Coustin du Masnadaud, dont il eut : 1° .....; 2° .....; 3° François, tonsuré en 1713, puis prieur du Chalard (3) ; 4° ....., prieur du Chalard ; 5° ....., prêtre ; 6° ..... religieuse à Saint-Pardoux-la-Rivière (4).

Jean-Marc de Beauvoir, de la paroisse de Segonzac (5), épousa, en 1761, Françoise-Catherine Coustin du Manadau, de la ville de Bergerac.

BÉCHADE. — Gérald Béchade, chevalier, dont il est parlé dans la *Vie de Gaufredus*, fondateur du prieuré du Chalard.

Grégoire Béchade, chevalier du château de Lastours (6), écrivait en 1118.

---

(1) Orliac, canton de Corrèze, arrondissement de Tulle (Corrèze).
(2) Saint-Robert, canton d'Ayen, arrondissement de Brive (Corrèze).
(3) Le Chalard, canton et arrondissement de Saint-Yrieix (Haute-Vienne).
(4) Saint-Pardoux-la-Rivière, chef-lieu de canton, arrondissement de Nontron (Dordogne).
(5) Segonzac, canton de Montagrier, arrondissement de Ribérac (Dordogne).
(6) Las Tours, aujourd'hui commune de Rilhac-Lastours, canton de Nexon, arrondissement de Saint-Yrieix (Haute-Vienne).

Gérald Béchade, chevalier, dont le nécrologe de Solignac (1) place la mort au 29 septembre ......

Golferius Béchade, chevalier.

Adémar Béchade, damoiseau de la paroisse de Champsac (2) en 1318, épousa Agnès Noylet, dont il eut Philippe, mariée, en 1330 ou peu après, à Pierre Paradelau.

Jacques Béchade, chevalier, S^r de La Seynie, des Etangs et de Rochefort, de la paroisse de Séreilhac, et de La Collerie, de la paroisse de Verneuil (3), épousa Jeanne de Prung, dont il eut : 1° Jean, qui suit; 2° et 3° Luce et Louise, qui firent une donation à Christophe, leur neveu, en 1493; 4° Jeanne, demoiselle de La Collerie, qui épousa Rolland de Gorray, capitaine du château d'Aixe.

Noble Jean Béchade [damoiseau puis] chevalier, S^r de La Seynie en 1425 et de Rochefort, n'était pas mort en 1434. [Il fit un bail à rente d'une terre située sur la paroisse d'Aixe, et appelée de *Las Gotas*, le 10 janvier 1444 *vieux style*. Il fit, à Aixe, un autre bail à rente d'une terre située au Puydemont, par contrat du 23 juin 1446, et encore, le 20 juin de la même année, d'une terre située à L'Arbrisseu, et encore, le 22 avril 1458, d'une autre terre située au Puydemon.] Il épousa Jeanne de Prung, dont il eut : 1° Christophe, qui suit ; 2° Nicolas.

Noble Christophe Béchade, chevalier, S^{gr} de Rochefort, paroisse de Séreilhac, près Aixe, vivait en 1487.

Jean Béchade, écuyer Sr de Rochepine, paroisse de Saint-Germain-de-Marthon en Augoumois (4), épousa, à Grassat, le 25 février 1653, Anne de Saint-Laurent.

Isabelle Béchade, femme de Raynaud....., mourut le 11 mai, disent les archives des Frères prêcheurs de Limoges.

SOURCES : [Registres de Botinelli, notaire à Limoges, p. 4, n° 5, *apud* DOM. COL. — Registres de Mandaci, notaire à Aixe, chez Ardant, notaire à Limoges, folio 44 *recto,* et 45 *recto.* — Registres de Fagia, notaire à Aixe, chez Ardant, notaire à Limoges, folio 1 *recto,* folio 10 *verso* et folio 83.]

BÉCHAMEIL. — Porte : *d'azur au chevron d'or, accompagné de trois palmes de même.*

Béchameil, citoyen de Limoges, ayant fait merveilles contre les Anglais de l'île de Saint-Christophe, où il fut blessé trois fois en défendant le Sr de Sales, capitaine, fut anobli en 1666 à cause de ses beaux exploits avec toute sa famille et postérité masculine et féminine. On en fit imprimer l'acte. Il épousa Marie Colbert [morte le 3 avril 1686], dont il eut : 1° Madeleine, morte, à Paris, le 14 juin 1725, âgée de soixante-seize ans, veuve de Nicolas Desmarets, marquis de Maillebois, ministre d'État, contrôleur général des finances, grand trésorier et commandeur des ordres du roi; 2° Marie-Louise, qui épousa Artus-Timoléon-Louis de Cossé et de Château-Giron, depuis duc de Brissac, pair et grand-panetier de France, qui mourut,

---

(1) Solignac, ancienne abbaye, canton et arrondissement de Limoges (Haute-Vienne).
(2) Champsac, canton d'Oradour-sur-Vayres, arrondissement de Rochechouart (Hte-Vienne).
(3) Séreilhac, Verneuil, canton d'Aixe-sur-Vienne, arrondissement de Limoges (Hte-Vienne).
(4) Saint-Germain et Grassat, canton de Montbron, arrondissement d'Angoulême (Charente).

à Paris, le 1ᵉʳ juillet 1709, âgé de quarante-un ans [elle mourut le 2 avril 1740].

Béchameil, Sᵍʳ de Nointel et surintendant des maisons et finances de Philippe, duc d'Orléans, mourut, le 4 mai 1703, en son appartement du Palais-Royal.

Louis de Béchameil, en faveur duquel la seigneurie de Nointel en Brie fut érigée en marquisat par lettres du mois d'octobre 1691, enregistrées le 12 novembre suivant, et pour la seconde fois en marquisat encore en sa faveur par lettres d'octobre 1697, enregistrées le 12 novembre suivant, gouverneur général de l'Ile-de-France, diocèse de Beauvais, du parlement et de l'intendance de Paris, élection de Senlis, et où l'on compte cinquante feux, devint secrétaire du conseil, conseiller d'État ordinaire et conseiller au conseil de commerce. Louis XIV était au comble de la gloire lorsqu'il alla dîner à l'Hôtel-de-Ville après sa maladie. Il vit alors combien on l'aimait. Jamais on ne lui témoigna tant de joie : les acclamations ne finissaient pas. Il était dans son carrosse avec Monseigneur et la famille royale. Cent mille voix criaient : « *Vive le roi!* » J'ai grand'peur, dit Louis XIV en riant, que quelque mauvais plaisant crie : « *et aussi Béchameil, son favori!* » C'est qu'alors le peuple s'acharnait à faire des couplets sur Béchameil, qu'on qualifiait toujours de *favori du roi*. Louis de Béchameil mourut, le 31 décembre 1718, âgé de soixante-neuf ans. Il avait épousé Madeleine-Hyacinthe Le Ragois de Bretonvilliers, qui mourut, au château de Nointel, âgée de soixante-seize ans, le 10 janvier 1737.

D'eux naquirent : 1° [Claude-Louis, qui suit]; 2° Anne-Julie, mariée le 7 juillet 1718, à Louis-Joseph, comte de Madaillan de Lesparre, enseigne des gendarmes du roi, [puis mestre de camp de cavalerie. Anne-Julie mourut à Paris, paroisse de Saint-Sulpice, âgée de quatre-vingt-cinq ans, le 17 avril 1779].

Claude-Louis Béchameil, marquis de Nointel, [mestre de camp de cavalerie, chevalier de Saint-Louis, mort paroisse de Saint-Sulpice, le 9 mai 1768], épousa, le 15 juillet 1710, Angélique-Elisabeth Rouillé, fille de Louis-Antoine et d'Angélique Pouletier.

SOURCES : BONAVENTURE DE SAINT-AMABLE, T. III, p. 665, col. 1; — *Dictionnaire généalogique*, 1757; — CHOISY, *Mémoires*, T. I, p. 25. — Lettres de madame du Noyer; — SIMPLICIEN, T. IV, p. 221 et 327; T. IX, p. 259, 280 et 328; — [*Gazette*; — DE COMBLES, *Tabl. de la noblesse*, 1786, Iʳᵉ partie, p. 227, et IIᵉ partie, p. 96].

BECHET, Sʳ de Biarge, paroisse de Saint-Fresne, élection de Saint-Jean-d'Angely, et Bechet, Sʳ de Chantemerle, paroisse de Saint-Pardoux (1), même élection. — Porte : *d'azur à un lion rampant d'or*.

I. — Guillaume Bechet reçut un hommage de Jean Gilbert le 10 novembre 1398, et transigea avec Poinsonnet Herbert, le 20 mai 1410.

II. — Pierre Bechet reçut un hommage du dit Poinsonnet Herbert, le 13 août 1416. Il épousa Catherine Poussard, dont il eut : 1° Jean, qui suit ; 2° Guillaume. Catherine, étant veuve, rendit hommage, au nom de ses enfants, le 26 janvier 1444.

---

1) Saint-Pardoux, canton et arrondissement de Saint-Jean-d'Angely (Charente-Inférieure).

III. — Jean Bechet fit donation à André, son fils, le 20 novembre 1496.

IV. — André Bechet épousa Françoise de La Brousse.

V. — Antoine Bechet épousa Catherine de Caulins.

VI. — David Bechet épousa, le 17 septembre 1601, Jeanne de Beauchamps, dont il eut : 1° Charles, Sr de Biarge ; 2° Henri, qui suit. Ces deux enfants partagèrent la succession de leurs père et mère le 15 juin 1628.

VII. — Henri Bechet épousa, le dernier février 1630, Charlotte Bouyer, dont il eut : 1° Charles, qui suit ; 2° Jean, sieur de Saint-Pardoux ; 3° Henriette, qui, tous les trois, partagèrent la succession de leurs père et mère le 21 décembre 1662.

VIII. — Charles Bechet, Sr de Chantemerle, épousa Marie de Colincour.

BECHILLON, Sr du Laux, paroisse de Balam (1), élection de Sant-Jean-d'Angely. — Porte : *d'argent à trois fusées de sable mises en fasce.*

I. — Jean Bechillon épousa Jeanne Souveray, dont il eut : 1° Pierre, qui suit ; 2° Marie, qui partagèrent les successions de leurs père et mère, le 14 janvier 1400.

II. — Pierre Bechillon épousa : 1° Gilette de Neufchaises, dont il eut Mathurin ; 2° Jeanne de Vivonne, dont il eut Guillaume, qui suit, et qui partagea avec son frère Mathurin la succession de leur père le 3 mai 1475.

III. — Guillaume Bechillon épousa Perette Layes, dont il eut : 1° Guillaume ; 2° Jacques, qui suit ; 3° Jean ; 4° Marie, qui, avec leur mère, veuve, transigèrent avec Louis Primeure le 5 janvier 1492.

IV. — Jacques Bechillon épousa Louise Royraud. qui, veuve et tutrice de Guillaume, son fils, fit un acte de présentation devant le juge de Saint-Jean-d'Angely le 11 juin 1519.

V. — Guillaume Bechillon épousa Marie Vieilleseigle.

VI. — Jacques Bechillon épousa, le 10 février 1563, Pentecoste Hélie, nommée, le 22 décembre 1576, tutrice de Samuel, qu'elle avait eu du dit Jacques.

VII. — Samuel Bechillon épousa, le 10 janvier 1605, Renée d'Elbeyne.

VIII. — Charles Bechillon épousa, le 16 décembre 1636, Susanne de Courbon.

BELLEVILLE, Sr de Cambourg, paroisse de Salaignac, élection de Saintes, — Porte : *gironné de dix pièces d'or et d'azur.*

I. — Guy de Belleville, testa le 10 juin 1552, en faveur de : 1° Jacques, qui suit ; 2° autre Jacques.

II. — Jacques de Belleville épousa, par contrat du 16 septembre 1569, Simonne Perrony, dont il eut : 1° Timothée, qui suit ; 2° Jean, qui se maria, par contrat du 26 août 1601, avec Anne d'Hélion, dont il eut Jeoffroy, qui épousa, par contrat du 22 août 1646, Éléonore Fillieul.

III. — Timothée de Belleville épousa, par contrat du 16 juin 1599, Anne Audebert, dont : 1° Jacques, qui suit ; 2° André, qui se maria avec Isabelle de Guymanson, par contrat du 22 septembre 1647.

---

(1) Balam ou Ballans, canton de Matha, arrondissement de Saint-Jean-d'Angely (Charente-Inférieure).

IV. — Jacques de Belleville épousa : 1° par contrat du 1er avril 1629, Marie Chaussade ; 2° par contrat du 12 septembre 1633, Susanne La Brousse, dont Timothée, qui suit.

V. — Timothée de Belleville épousa Catherine Nicolas, par contrat du 6 juillet 1661.

Cette famille fit preuve de noblesse en 1598.

BELMONDIE. — François de La Belmondie, écuyer, Sr d'Auberoche, La Brande et La Brouë, épousa, en 1571, Isabeau de Gontaut, fille de Jean, chevalier, Sr de Saint-Geniez, et de Françoise d'Andaux.

Susanne des Serpents, dame d'Auberoche, mourut, âgée de soixante ans, à Vicq (1), le 29 décembre 1661.

Joseph de La Belmondie, chevalier, vicomte d'Auberoche en Périgord, Sgr de Vicq, près Pierrebuffière, y mourut, âgé de soixante ans, le 5 mai 1671. Il épousa, dans l'église du dit Vicq, le 1er mai 1646, Susanne de La Roche-Aymon de Saint-Maixent (2), dont il eut : 1° Marc-Antoine, qui suit ; 2° Claude-François, baptisé, le 13 mars 1648 ; 3° Marie-Susanne, mariée, le 26 février 1664, à Cyrus de Cosse, fils de Jean, baron du dit lieu.

Marc-Antoine de La Belmondie, comte de Plaigne, chevalier, vicomte d'Auberoche, baron de Laron, de Vicq, mourut le 29 avril 1710. Il avait épousé, en avril 1670, Françoise de Labreuille, fille unique de feu Léonet, chevalier, baron de Laron, et de Jeanne de Bosredon.

Yrieix de La Belmondie de Vicq épousa N...; dont il eut Susanne, mariée, en février 1665, à Fornlat en Périgord, à Georges Denis, Sr de La Fosse, paroisse de Surtanville, diocèse de Coutances en Normandie.

Jean de La Belmondie, chevalier, Sr de Nadaillac, mourut, âgé de vingt ans, à Vicq, le 11 septembre 1699.

Jean-Léonard de La Belmondie, écuyer, vicomte d'Auberoche, paroisse de Saint-Julien, près Laron (3), épousa, en 1769, Jeanne de Villoutreix de La Judie, paroisse de Royère (4).

[BENAC, fief mouvant de la vicomté de Turenne dans la sénéchaussée de Tulle.]

[BENAYES. — Pierre-Ademar Benayes vivait en...... (Registres de Borsandi, notaire à Limoges, p. 156, n° 242, *apud* Dom Col.)]

BENOIT. — Porte : *d'azur à un chevron d'or, accompagné de trois mains bénissantes d'argent, deux en chef et une en pointe.*

Jacques Benoît de Lage-Bâton (5) premier président au parlement de

---

(1) Vicq, canton de Saint-Germain-les-Belles, arrondissement de Saint-Yrieix (Hte-Vienne).
(2) Saint-Maixant, canton et arrondissement d'Aubusson (Creuse).
(3) Saint-Julien-le-Petit, canton d'Eymoutiers, arrondissement de Limoges (Haute-Vienne).
(4) Les notes isolées recueillies par Nadaud sur cette famille paraissent s'arrêter ici, quoique les deux pages suivantes soient déchirées dans le manuscrit.
(5) L'Age-Baton, commune de Saint-Projet-Saint-Constant, canton de La Rochefoucauld, arrondissement d'Angoulême (Charente).

Bordeaux en mars 1561, *vieux style,* était Angoumoisin. Il était notoirement fauteur des protestants ; et, lorsque quelque membre du parlement parlait d'avertir le roi de leurs ravages, assassinats, etc., il les en empêchait. Il fit pire ; car, quand les grands seigneurs écrivaient au parlement pour l'avertir, il empêchait que les lettres fussent vues. Il disait qu'il n'y a prince ni seigneur du ressort du parlement qui doive prendre la liberté et autorité d'écrire à cette cour pour telle affaire, mais que, s'ils veulent dire quelque chose, ils doivent venir par requête. C'était le bon moyen de mettre toutes choses en confusion ; car ce président, ayant à sa dévotion le Sr de Burie, lieutenant du roi de Navarre au gouvernement de Guyenne, et étant son conseiller, empêchant que le roi et la cour ne fussent avertis, il était aisé aux séditieux d'entreprendre, comme ils faisaient journellement, la ruine de la Guyenne. Si on y résistait, c'était grande arrogance et témérité aux yeux de Lage-Bâton de tenir telles opinions, voulant par ce moyen faire que les seigneurs du pays qui devaient avertir de ce qui se passait pour le service du roi, et dont ils recevaient réponse ainsi que de la reine, n'en eussent aucune. Ils ne pourraient faire la même chose au parlement. Le premier président était si téméraire que de vouloir persuader que son autorité est plus grande que celle du roi, puisqu'il veut que le parlement soit averti avec plus grande révérence et honneur que la propre personne du roi et de la reine, là où il devait tenir la main, pour que non-seulement les seigneurs, mais les moindres sujets quand ils avertissent dans l'intérêt de Sa Majesté, soient bénignement reçus et entendus. Cela regarde l'année 1564. Le 20 août de la même année, il écrivit au roi touchant la ligue du Sr de Candale ; il en avait écrit, le 27 août 1563, à la reine. Il assista à l'assemblée de Moulins en janvier 1566. Il harangua Marguerite de France, reine de Navarre, à son passage à Bordeaux. Il s'entendait en telles merceries.

Pierre Benoît, élu à l'élection du Haut-Limousin en 1556, épousa..... dont il eut : 1° Martial, qui suit ; 2° Pierre, catéchiste du roi Henri IV, reçu archidiacre de Malemort (1) dans la cathédrale de Limoges en 1556. J'ai écrit sa biographie avec celles des écrivains limousins.

I. — Martial Benoît, président, trésorier général de France en la généralité de Limoges, S^{gr} de Compreignac (2) et du Mas-de-Lage, paroisse de [Couzeix (3), fut aussi commandant de Limoges, et se distingua dans les affaires de la ligue. Il donna 5,000 livres aux jésuites de Limoges pour finir leur église, procura l'établissement des récollets dans la même ville, et fit rendre leur fontaine que quelques particuliers avaient usurpée. Il fit, le 12 août 1613, un testament signé Crosrieu, par lequel il veut être inhumé dans la chapelle des Benoît en l'église de Saint-Pierre-du-Queyroix à Limoges. Il en fit un autre le 28 octobre 1621. Il repose dans cette même chapelle de Benoît, où l'on voit l'inscription suivante :

---

(1) Malemort, canton et arrondissement de Brive (Corrèze). — Au nombre du chapitre de la cathédrale de Limoges, avait le titre d'archidiacre de Malemort.

(2) Compreignac est le chef-lieu d'un doyenné ecclésiastique dans le canton de Nantiat, arrondissement de Bellac (Haute-Vienne).

(3) Couzeix, canton et arrondissement de Limoges (Haute-Vienne).

Martialis Benedictus diem obiit suum, talem tibi tuum, opto,
qui legis hæc. Quæstor fuit a Deo ad mortem quæsitus, quæstum putavit, et luerum
mori. Pecuniam publicam ut regi sic animam Deo reddidit. Utramque caste atque
integre. Hac in urbe consul semel atque iterum fuit. Sapienter publicis christiane privatis rebus consuluit : juventam maturam egit ut qui senex : honorabilem
senectam, ut qui juvenis : utramque utqui vir optimus. Rempublicam juvenis
manu, senex consilio juvit utrobique similis sui : omnium votis precibusque
cumulatus, dignusque qui BENEDICTUS diceretur. Placide inter suorum
amplexus extinctus est, ut cœlo arderet clarius, die sexta mensis octobris
millesimo sexcentesimo vigesimo quinto, ætatis anno duodecimo supra
sexagesimum.

MARTIALI BENEDICTO

Marito sibi bene amato mœrens uxor
parenti optimo filius unicus
et haeres.
P. P.   C. C.

Hic jacet : erravi i numquam jacet enthea virtus :
Se prodat quocumque modo ; sed in ardua surgit.
Hic situs est. Nec digna viro vox ista videtur.
Nam virtus generosa situ squalescere nescit.
Clauditur hoc tumulo : sed virtus nescia claudi
Extricat sese, et tandem eluctatur in auras.
Hoc cippo tegitur : sed virtus nuda videri
Gestit, et impatiens omnem rejectat amictum.
Hac sepelitur humo : sed humus calcabilis ossi
Nec terram cupit ille levem, qui, conditus astris,
Gaudet et exusto levior jam corpore regnat.
Hic dormit : sed vix vigilanti hoc consule dignum est.
Quid tandem expertus? Optata ut pace quiescat.
Hoc certe meruit, peperit qui sanguine pacem,
Sopivitque suòs inter qui prælia cives.
Sed vereor parta ne pace quiescere nolit,
Indignum ratus ingenio, mentisque vigore
Quo potuit duros etiam lassare labores.
Hoc demum invento dignum credo et aere perenni.
Hic ævum Benedictus agit : ne plura requiras,
Hoc satis, hac una contentus voce, viator,
Vade viam, similem possis ut prehendere metam.
Fac ut idem curras stadium quod et ille cucurrit :
Hic etenim defunctus agit quod vivus agebat.
Hic votis hominum benedicitur, ut benedicti
Servet ut in terris, sic inter sidera nomen.

REQUIESCAT IN PACE.   6 octobris 1625.

On lit encore dans le sanctuaire de l'église de Compreignac l'inscription suivante :

Le sixieme octobre mille six cent vingt cinq, deceda
monsieur Martial Benoist, escuïer, seigneur du
Mas-de-Lage et Compreiniat, conselier du roi, président
et trésorier général de France au bureau des finances
en la généralité de Lymoges : lequel, par son dernier
testament du vingthuitieme octobre mille six cents
vingt un, signé Leyssene, notaire royal, fonda, en l'églize de ceans, un service pour les mors, le sixieme
de tous les mois de l'année, tel jour qu'il décéda, ordonne de plus qu'il sera toujours entretenu une
lampe ardente, jour et nuit, devant le saint
Sacrement, de quoi il a chargé son fils et héritier,
lequel a fait poser cette lame, afin qu'a l'advenir

les susdites fondations soient bien exécutées, et pour
perpétuelle mémoire de la piété et dévotion du défunt.

Requiescat in pace

justa quidem series patri succedere : verum
esse simul dominos : gratior ordo piis.

Un manuscrit de M. Benoit de Sannecor m'a appris les particularités suivantes : Martial Benoît, étant encore tout jeune, commanda une sortie des habitants de Limoges contre le duc de Ventadour, qui tenait la ville bloquée, et avait fait mettre le feu à un faubourg. Benoît enfonça les barricades, fit lever le blocus, éteignit le feu, et se jeta dans les flammes pour sauver [un enfant au berceau]. Il se trouva aussi, dit-on, à la bataille de La Roche-l'Abeille (1569), ce qui ne me paraît guère vraisemblable, puisqu'il n'avait que seize ans. On ajoute que, quoique blessé, il y fit prisonnier le chevalier de Maisonnisses.

Quelque temps après, on lui donna des troupes pour qu'il se rendît maître de Limoges, où son père était retenu prisonnier; il sut exécuter ce dessein grâce aux intelligences qu'il avait dans la ville, et grâce à ce courage qui lui fit surmonter plusieurs difficultés, et trouver moyen de pénétrer jusqu'à une porte de la ville; mais le duc d'Épernon survint avec de grandes forces, et son entreprise échoua : après s'être défendu longtemps, il se jeta à la nage dans la rivière, et la traversa à cheval. Ces actions l'ayant rendu recommandable, le duc de Mayenne le fit bientôt après intendant dans l'armée de Guyenne et dans les généralités de Bordeaux et de Limoges, et lui en fit expédier la commission.

En 1580, il logea M. de La Motte d'Autefort, gouverneur de la province. On l'appelait le général à cause de sa charge de trésorier.

En 1589, étant ligueur, il vint, avec d'autres, faire quelque escarmouche à Limoges.

En 1593, le procureur royal au présidial de Limoges fit saisir ses biens, parce qu'il était *rebelle* et *ligué* contre le roi. Ce prince, à son entrée à Limoges, voulut le voir, et lui dit qu'il souhaitait qu'il fût si bon serviteur que lui et son frère avaient été bons ligueurs : ce qui arriva. Benoît eut la confiance de Louis XIII. Tous les paquets de la cour lui étaient adressés; toutes les assemblées se faisaient dans sa maison, même la nomination des consuls.

En 1598, il eut la commission de la vérification de la noblesse de Guyenne conjointement avec M. de Marillac, garde des sceaux. Sa fidélité lui procura celle de grand voyer dans la généralité de Limoges, ce qui lui fit faire des réparations considérables aux ponts et chaussées, et servit grandement à rétablir le commerce, qui avait beaucoup souffert par le mauvais état des chemins.

En 1611, il logea M. de Candale, gouverneur de la province.

En 1617, il fut un de ceux qui achetèrent une maison pour placer les carmélites de Sainte-Thérèse. Sa femme reçut, l'année suivante, la première religieuse qui vint les établir. Cette dame, personne de grand mérite, vint au-devant d'elle, la fit mettre dans son carrosse avec ses religieuses, et la mena, en passant devant l'église cathédrale, pour recevoir la bénédiction de l'évêque.

Martial Benoît eut à sa mort beaucoup de regret d'être entré dans le parti de la ligue, ce qui lui causa de grandes alarmes. Les prières de sa femme, douée d'une piété exemplaire, celles de la supérieure des carmélites, qui fit lever la nuit ses religieuses à cet effet, le délivrèrent d'une furieuse tentation, et il mourut en paix.

Il avait donné 5,000 livres aux jésuites pour finir leur église; il avait aussi procuré l'établissement des pères récollets, et fait rendre la fontaine que quelques particuliers avait usurpée.

Martial Benoît avait épousé Jeanne Douhet, refuge des pauvres et des religieux et consolation des affligés, qui mourut en grande odeur de vertu, et fut inhumée dans le cloître des carmélites de Limoges, avec leur habit, en reconnaissance de ses bienfaits envers ce monastère. Pendant la peste, elle les avait amenées au Mas-de-Lage, où elles demeurèrent longtemps. Cette dame reçut encore les filles de Notre-Dame lorsqu'elles vinrent s'établir à Limoges, elle les garda six mois à ses dépens; elles étaient six.

D'eux naquirent : 1° Catherine, mariée à Joseph du Bernet, avocat général au grand conseil, puis premier président au parlement de Bordeaux. Ce du Bernet mourut à Limoges en 1652, et fut inhumé dans le tombeau de son beau-père, avec une épitaphe; 2° Peyronne, mariée, par contrat du 24 janvier 1604, à Mathieu Maledent, receveur des tailles en l'élection de Limoges, fils de Pierre, receveur des décimes du dit diocèse, et de Narde de Petiot : Peyronne porta 10,000 livres; 3° Marie, mariée, par contrat du 7 août 1613, signé de Crosrieu, à Gaspard Benoît, trésorier de France, son parent au troisième degré, fils de feu Mathieu, conseiller au présidial de Limoges, et de feue Narde de Gay (j'en vais parler); 4° Françoise, qui fonda les carmélites de Limoges, où elle se fit religieuse sous le nom de Françoise de Jésus; 5° Pierre, qui suit.

II. — Pierre Benoît, héritier des vertus, des biens et de la charge de son père, était, en 1613, lieutenant-particulier criminel en la sénéchaussée du Limousin; il soutint sa maison avec honneur, et s'acquit l'estime et l'amour de tous. Il donna 10,000 livres pour bâtir un couvent de capucins à Limoges, ce qui a été traversé par les récollets. Il mourut entre les bras de l'évêque de Limoges, son ami intime, qui lui avait donné l'extrême-onction, et qui assista le lendemain à son enterrement les yeux baignés de larmes. A Saint-Pierre-du-Queyroix de Limoges, on lit cette épitaphe, qui lui fut faite :

CLARISSIMO AVUNCULO PETRO BENEDICTO
POSUIT MOERENS EX SORORE NEPOS
ET HAERES UNICUS.

Hic, inter patrios cineres et stemmata gentis
Petrum petra tegit, sed origine clarus avita
Relligione tenax, et cultu numinis ardens,
Servat inextinctum gelido sub marmore nomen,
Et vivit cinere invito patris aemula virtus.
Seu regit ille urbem consul, seu jura senator
Dividit, aut fisci tractat discrimina quaestor;
Carum urbi justumque foro fiscoque fidelem
Assensere omnes atque indoluere feretro.
Plangit moesta parens, gemit uxor, parvulus haeres
Signat adhuc tenero carmen miserabile luctu,
Non moriturus amor crescit surgentibus annis,
Surget amore dolor, manesque augebit et urnam.
Obiit anno Domini M. DC. XXIX, die XXIII octobris.

Il avait épousé Anne de Pontac, qui, après sa mort, prit le voile à Paris, dans la maison du Calvaire, où elle porta 24,000 écus, qu'elle avait eus des libéralités de son mari. Cette somme fut employée à fonder un second couvent au marais du Temple, à Paris. Anne de Pontac, qui mourut sans enfants, fit son testament au Calvaire le 13 avril 1635.

Autre Branche.

1. *bis.* — Gaspard Benoit, fils de Mathieu, conseiller au présidial de Limoges, et de Narde de Gay, était élu en 1602, et consul, puis conseiller au présidial en 1615. Le 27 novembre 1615, il était colonel de la bourgeoisie qui alla recevoir le prince de Joinville. Il fut plus tard assesseur. Il était seigneur de Masbouriane, Blémont (1) et Le Clos. S'étant rendu recommandable dans son pays par son esprit et sa bonne mine, il fut député de la province pour aller complimenter le roi sur la prise de La Rochelle : son frère Martial, Sr du Moulin, commandait la compagnie que la ville de Limoges avait envoyée à ce siége, et il l'accompagna. Le roi les complimenta tous les deux, l'un sur ses services, et l'autre sur son éloquence.

Gaspard introduisit la réforme dans le couvent des frères prêcheurs de Limoges, chassant les anciens, qui n'avaient que le nom de religieux. Il chassa aussi de la Règle Bermondet, qui s'y était retiré au scandale de tous : on tira quelques coups d'armes à feu dans ces deux occasions, et il en fut garanti presque par miracle. — Il fut aussi trésorier de France en la généralité de Limoges. Le 14 septembre 1631, croyant être atteint de la peste, il fit son testament, à Château-Ponsat (2) en parlant au notaire par la fenêtre de la chambre haute de la maison, où il s'était retiré. Il mourut, en effet, le lendemain, et fut inhumé dans la chapelle de Saint-Martin de la même ville, où l'on voit cette épitaphe :

VIRO CLARISSIMO GASPARDO BENOIT,
QUAESTORI INTEGERRIMO, ASSESSORI AEQUISSIMO,
IN PERPETUUM MONUMENTUM.

Gasparde clari gloria sanguinis,
Gasparde gentis præsidium tuæ,
Sic ergo te obscurunt tenebit
Examinem peregrina tellus ?

Non sic honores nominis inclytos,
Non sic amores cordibus insitos
Externa vincat terra ; vives
Pectoribus, Benedicte, nostris.

Passant, ne crois pas que Benoit
Soit dans l'oubli sous cette pierre :
Que celui qu'un chacun aymoit
Ne vive plus dessus la terre.
L'oracle de nostre barreau,
Le soleil de nostre bureau,
Non, non, il est vivant encore
Celui de qui pas un de nous
Ne se souvient qu'il ne l'honore,
Et qui vit dans le cœur de tous.

PONEBAT AMANTISSIMO CONJUGI CONJUX
AMANTISSIMA MARIA BENOIST IN
PERPETUUM AMORIS MONUMENTUM.
OBIIT DIE DECIMA QUINTA SEPTEMBRIS ANNO 1631.

(1) Blémont, commune de Chaptelat, canton de Nieul, arrondissement de Limoges (Haute-Vienne).
(2) Châteauponsac, chef-lieu de canton, arrondissement de Bellac (Haute-Vienne).

Il avait épousé, en 1613, Marie Benoît, sa parente au 3ᵉ degré, fille de Martial, président, trésorier général de France en la généralité de Limoges, et de Jeanne Douhet.

D'eux naquirent : 1° Thérèse, mariée à Pierre Vidaud, Sʳ du Genesti ; 2° Jeanne ; 3° Marie ; 4° Pierre, qui suit ; 5° Mathieu, qui fit la branche des Duclos ; 6° autre Pierre qui fit la branche des Blémont ; 7° Léonarde ; 8° Joseph, baptisé à Compreignac le 16 octobre 1631.

II *bis*. — Pierre Benoît, héritier de son oncle et parrain Pierre Benoît nommé ci-dessus, eut la terre de Compreignac et la seigneurie du Mas-de-l'Age. Il fut conseiller au parlement de Bordeaux.

Un arrêt du grand-conseil du 26 septembre 1667, défenses contumaces contre lui bien et dûment obtenues, et pour le profit, le déclara atteint et convaincu d'assassinat et rebellion commis aux troupes du roi et à ses officiers de justice ; d'impositions et levées de deniers de son autorité privée sur les sujets du roi ; d'avoir fait chartes privées et retenu des hommes libres prisonniers dans le château de Compreignac ; y avoir retiré des criminels ; d'avoir exigé, tant par force et violence que mauvais traitements, des reconnaissances des habitants de la paroisse de Compreignac, des corvées, charrois et autres servitudes et redevances ; avoir extorqué de plusieurs particuliers des contrats de vendition, obligations et promesses et sommes rendues ; forcé et contraint les autres de lui faire des charrois et journées sans aucun salaire ; avoir fait altérer et falsifier les actes passés par-devant notaires ; commis des excès, outrages et violences tant au curé, vicaire que habitants de la dite paroisse ; bouché et rompu les grands chemins pour empêcher le passage et liberté publique ; fait défenses aux hôtes de donner aux passants les choses nécessaires pour leur aubergement. — Pour réparation, fut condamné, par coutumace, d'avoir la tête tranchée, le château de Compreignac démoli et rasé, les bois qui en dépendent coupés à hauteur d'homme, la justice réunie au roi, tous les actes, contrats, transactions passés entre lui et les habitants à son profit cassés, etc.

Il mourut, en 1677, en prison, à Paris : on dit qu'il y fut empoisonné.

Il avait épousé Jeanne d'Alesme, dont il eut : 1° Mathieu, qui suit ; 2° Marie ; 3° autre Mathieu, auquel, à l'âge de trois ans et demi, on suppléa, dans l'église de Compreignac, les cérémonies du baptême, le 8 juin 1676 ; 4°....., qui se maria en 1690.

III. — Mathieu Benoît, fils du précédent, alla servir le roi pour obtenir la rémission de l'arrêt rendu contre son père par arrêt du conseil d'État en sa faveur. Les officiers anoblis par leur charge ne sont pas la souche de noblesse, mais seulement d'un degré pour y parvenir, comme sont les officiers et conseillers des parlements et autres cours souveraines dont la noblesse n'est que personnelle ; de telle sorte néanmoins que, si le père et le fils avaient été pourvus de l'une de ces charges, leur postérité serait anoblie.

Il épousa....., dont 1° Gaspard, Sʳ de Grudet (1), mort imbécile, au château de Compreignac, à l'âge de soixante-dix-huit ans, le 21 novembre 1748 ;

---

(1) Grudet, commune de Saint-Symphorien, canton de Nantiat, arrondissement de Bellac (Haute-Vienne).

2º Thérèse, dame de Compreignac, morte, âgée de soixante-quatorze ans, le 2 mai 1739. Elle avait épousé Pierre Blondeau, S⁺ de L'Âge, qui mourut, le 14 mai 1739, à l'âge de soixante-dix ans ; il était lieutenant à la grande-prévôté.

De ce dernier mariage naquit Mathieu Blondeau, Sᵍʳ de Compreignac, qui épousa, le 6 février 1720, Marie de Vaucourbeix, fille de Jacques, S⁺ de Puybareau et de Françoise de Sandemoi, de la paroisse de Saint-Jouvent (1). Leur fille unique fut mariée à ..... Martin.

III *bis*. — Mathieu Benoît, chevalier, baron de Compreignac, S⁺ du Breuil (2) épousa, par contrat du 20 mars 1690, signé Garaud, Léonarde Bandy, veuve de Jean Blondeau du Chambon (3).

Noble Martial Benoît, écuyer, S⁺ du Moulin, trésorier de France, testa le 30 novembre 1643. Il épousa Marie d'Aubusson, qui se remaria à Jacques de Douhet. D'eux naquirent : 1º Léonarde ; 2º Marie, mariée à....., Dupré ; 3º autre Marie, mariée à Pierre Chasteignac, avocat du roi au présidial de Limoges.

Pierre Benoît de Blémont épousa Catherine de Douhet, dont Marie, morte à Estivaux, paroisse de Vicq, âgée de cinq ans, en 1728.

Demoiselle Thérèse de Blémont mourut, âgée de soixante-sept ans, le 28 mai 1740, à Limoges, et fut enterrée chez les frères prêcheurs de cette ville, d'après les registres de Saint-Michel-de-Pistorie.

Othon-Grégoire Benoît, écuyer, procureur du roi à la police de Limoges, son avocat au bureau des finances, épousa Léonarde Moulinier, dont Marie-Geneviève, baptisée, à Saint-Jean de Limoges, le 6 avril 1736.

Jean-Baptiste Benoît, chevalier, S⁺ de Lostende (4), inspecteur-général des haras du Limousin, épousa Marie-Anne Martin, dont François-Joseph, baptisé, à Saint-Jean de Limoges, le 7 avril 1752.

Sources : Brantôme, T. I, p. 242. — *Mémoires de Condé*, T. III, p. 151 ; T. V, p. 172, 173, 174. — *Histoire de France*, L. X. — Bonaventure de Saint-Amable, T. III, p. 797, 802, 812, 823, 825, 826, 827, 845, 847. — Boucheul, *Coutume du Poitou*, tit. VI, art. 289, nº 26. — Registres de Compreignac. — Manuscrits de M. Benoît de Sannecor. — Mémoire manuscrit sur le Limousin.

BÉON. — Bernard de Béon (5) du Massez, Sᵍʳ et baron de Bouteville (6), gouverneur de Saintonge, épousa Louise de Luxembourg, fille de Jean, comte de Brienne, et de Guillemette de La Mark, dont : 1º Charles de Béon et du Massez, baron de Bouteville, d'Esclaron et de Cornefou, marié à Marie Amelot ; 2º Louise de Béon et du Massez, mariée à Henri-Auguste de Loménie.

---

(1) Saint-Jouvent, canton de Nieul, arrondissement de Limoges (Haute-Vienne).
(2) Le Breuil, commune de Compreignac.
(3) Chambon. — Il faut probablement lire Combas, qui, comme Estivaux, est commune de Vicq, canton de Saint-Germain, arrondissement de Saint-Yrieix. Cette terre appartenait encore à la famille Blondeau un siècle plus tard.
(4) Lostende, fief situé près de La Bregère, commune de Limoges (Haute-Vienne).
(5) Béon, terre située en Béarn, dans la vallée d'Orsan.
(6) Bouteville, canton de Châteauneuf-sur-Charente, arrondissement de Cognac (Charente).

Léonard de Béon, Sr de Massez, épousa Gabrielle de Marast, dont Jeanne, mariée, le 18 janvier 1599, à Jean-Louis de Rochechouard, Sr d'Isalguier, chevalier, fils de Jacques, Sgr de Faudoas, et de Marie d'Isalguier.

Fabien de Béon, écuyer, Sr de Bière, paroisse de Chabrac (1), demeurant à Etagnac (2), gouverneur de Chabanais, épousa Paule Gaulbert, dont il eut : 1° Charles, né le 13 octobre 1613 ; 2° Susanne, née le 22 mai 1615 ; 3° Guionne, née le 23 août 1620 ; 4° Marie, qui se fit religieuse à Sainte-Claire de Limoges en 1638 ; 5° Madeleine, baptisée à Etagnac, le 23 septembre 1626, mariée à..... Plument, Sr de Rochefaud, et morte, âgée de soixante-huit ans, le 14 décembre 1697.

Charles de Béon, écuyer, Sr de Bière, épousa Louise Tusseau, dont : 1° Marie, morte, âgée de cinquante-deux ans, le 14 janvier 1700 ; 2° Susanne, mariée, en 1687, à Jean Le Bret.

Marie de Béon, veuve de Guillaume Pouchat, du bourg d'Etagnac, y fut inhumée, âgée de soixante-cinq ans, le 8 mars 1670.

Louise de Béon épousa, dans l'église d'Etagnac, le 9 mai 1694, Christophe de La Borde, Sr de La Borderie, paroisse de Blond (3), c'est peut-être la même Louise qui épousa, le 6 février 1700, dans l'église d'Etagnac, François Vergnaud, écuyer, Sr de Saint-Hilaire, paroisse de Biennac (4).

Jean de Béon, écuyer, Sr de Bière, habitant la paroisse de Mortemart (5), épousa, en 1763, Marie-Louise du Pin, des Bâtiments, paroisse de Saint-Christophe (6).

Sources : Simplicien, T. IX, p. 312 ; — Le Laboureur, *Additions à Castelneau*, T. III, p. 237 ; — Moréri, édition de 1759.

BERAUD. — [..... Beraudi, marié avec dame Guic ou Guye, fut père de : 1° Hugues, qui suit ; 2° Raymond Beraudi, dit le Jeune ; 3° Geoffroy Beraudi, clerc.

Hugues Beraudi, damoiseau, vivait, avec sa mère et ses frères, en 1256 (7).]

Elie Beraud, écuyer, Sr de Murat, paroisse de Saint-Médard (8), épousa Hélène Martin de Biancour, dont Etienne, tonsuré en 1713.

BERCHENIN. — Léonard Berchenin, Sr de Morinas, demeurant au Puy-Chevalier, paroisse d'Oradour-sur-Vayres (9), maréchal-des-logis dans la compagnies des chevau-légers de la garde du roi, et, en cette qualité, écuyer, épousa Martiale Roulhac, qui mourut le 24 juillet 1699. Ils eurent : 1° Valérie, née le 7 décembre 1687 ; 2° Pierre-Gabriel, né le 5 octobre 1690, mestre de camp de cavalerie, chevalier de Saint-Louis, ancien maréchal-

---

(1 et 2) Chabrac, Etagnac, canton de Chabanais, arrondissement de Confolens (Charente).
(3) Blond, canton et arrondissement de Bellac (Haute-Vienne).
(4) Biennac, paroisse aujourd'hui dans la commune de Rochechouart (Haute-Vienne).
(5) Mortemart, chef-lieu d'un doyenné ecclésiastique, canton de Mézières, arrondissement de Bellac (Haute-Vienne).
(6) Saint-Christophe, canton et arrondissement de Confolens (Charente).
(7) Pour plus amples renseignements, Legros envoie à la page 503 de ses *Mémoires manuscrits pour servir à l'histoire des abbayes du Limousin*. Cette page est déchirée.
(8) Saint-Médard, canton de Chénerailles, arrondissement d'Aubusson (Creuse).
(9) Oradour-sur-Vayres, chef-lieu de canton, arrondissement de Rochechouart (Hte-Vienne).

des-logis de la même compagnie, mort, sans alliance, le 13 avril 1763 ; 3° Jean, né le 28 octobre 1691, et mort prêtre.

BERENGER. — Nicolas Berenger, S^r de....., paroisse de....., élection de Saint-Jean-d'Angély, fut trouvé gentilhomme en 1598.

BERGER. — Paul Berger, Sr de Vaux, paroisse de Journac (1), fils d'honorable Jean, Sr de Vaux, et de Peyronne Lamy, de la ville de Limoges, épousa, en 1575, Hélène de Chaussecourte, fille de Jean, Sr de Vaux et du Garreau. Il en eut un fils, nommé Jean.

Noble Guillaume Berger, Sr de Vaux, habitant Le Chatenet, paroisse de La Roche-l'Abeille (2), épousa Philippe La Bordie ou La Lardie, dont il eut Louise, baptisée le 13 juin 1632.

Prudent Berger, gentilhomme, page de ..... de La Roche-Aymon, marquis de Saint-Maixent (1641), avait quelque crédit auprès de son maître.

BERIONAUD. — Porte : *parti, au premier, bandé d'or et d'azur, à six pièces ; au deuxième, d'azur à un pigeon d'argent, deux étoiles d'or en chef ; et, sur le tout, fretté d'argent et de sable.*

Michel Berionaud, S^r de La Brousse, lieutenant-général à Coignac, y est élu maire, par acte de la maison de ville du 1er janvier 1654.

BERMONDET (3). — Jean Bermondet, chantre de l'église de Limoges en 1552.

Susanne Bermondet et Jean de Meyrignac, son mari, vendirent la terre de Fromental (4) à Jean Pouthe, S^{gr} du château de Dompierre (5) en Marche.

BERNARD. — Yterius Bernard, chevalier, épousa..... dont Yterius Bernard, damoiseau, enterré dans le chapitre de Solignac (6).

Pierre et Arnaud Bernard, chevaliers.

Hélie Bernard, chevalier, enterré à Solignac.

Yterius Bernard, chevalier, S^{gr} d'Aixe (7) en partie, épousa Alayde du Breuil, enterrée à Solignac, au milieu du chapitre. D'eux naquirent : 1° Folcadius Bernard, qui suit ; 2° Gérald, moine et prévôt de Brivezac (8) ; 3° P....., moine.

(1) Jourgnac, canton d'Aixe, arrondissement de Limoges (Haute-Vienne).
(2) La Roche-l'Abeille, canton de Nexon, arrondissement de Saint-Yrieix (Haute-Vienne).
(3) Nadaud nous apprend lui-même, par la table de son premier volume, que la généalogie de la famille Bermondet commençait à la page 568. Cette page et les deux suivantes sont déchirées. Sa note, que nous citons, est prise à la page 1176.
(4) Fromental, canton de Bessines, arrondissement de Bellac (Haute-Vienne).
(5) Dompierre, canton de Magnac-Laval, arrondissement de Bellac (Haute-Vienne).
(6) Solignac, ancien monastère fondé par saint Eloi, aujourd'hui canton et arrondissement de Limoges. — En tête de cette même note sur la famille Bernard, prise à la page 2273, Nadaud envoie, pour plus amples renseignements, à la page 1041, déchirée avec la suivante. Dans sa table du premier volume, il indique aussi la généalogie d'une famille Bernard pour la page 568, déchirée également avec les deux suivantes.
(7) Aixe-sur-Vienne, chef-lieu de canton, arrondissement de Limoges (Haute-Vienne).
(8) Brivezac, canton de Beaulieu, arrondissement de Brive (Corrèze).

Folcadius Bernard, damoiseau, épousa Almodis, enterrée au milieu du chapitre de Solignac.

Hélie Bernard, damoiseau, avait pour mère Philippe.

BERNEUIL (1).

[BERSOLIS. — Hugues de Bersolis. — Voyez mes *Mémoires manuscrits pour servir à l'histoire des abbayes du Limousin*, p. 513 (2).]

BERTHELOT. — Berthelot, S^{rs} de La Baronie, paroisse d'Espenon, élection de Périgueux, et du Couret, paroisse de Condéon (3), élection de Saintes. — Portent : *de gueules à un lion d'or, au chef cousu d'azur, chargé de trois besants d'or*.

I. — Alexandre Berthelot épousa Éléonore de Tatembert.

II. — Clément Berthelot épousa, le 16 janvier 1526, Marie de Beaujeau. Il testa le 15 octobre 1553, en faveur d'Antoine, son fils.

III. — Antoine Berthelot épousa, le 12 novembre 1559, Catherine Bernier.

IV. — Jacques Berthelot épousa Jeanne du Lion, le 13 juillet 1603. Il partagea avec son frère Pierre, le 8 novembre 1601, la succession échue de leur père, et à échoir de leur mère.

V. — Antoine Berthelot épousa, le 11 décembre 1634, Jeanne Hillarat.

VI. — Mathieu Berthelot épousa, le 10 juin 1658, Susanne Chausse.

BERTIN, Sr du Burg, Las Peycharias et du Mazeau, paroisse de Saint-Cyr-la-Roche (4). — Porte : *de gueules à un lion d'or rampant contre une épée d'argent, la garde en bas*.

I. — Jean Bertin, damoiseau, fit son testament le 8 mars 1544. Il avait épousé Jeanne de Saint-Jean, dont il eut : 1° Gouphier; 2° Aimeric; 3° Jean, qui suit.

II. — Jean Bertin fit son testament le 8 février 1502. Il épousa : 1°, le 22 janvier 1554, Marthe Faucher; 2° Agnès de La Chassaigne.

III. — Jean Bertin épousa, le 2 février 1502, Madeleine de Les Bouilhères, dont il eut Charles, qui suit. Il fit son testament le 23 septembre 1528.

IV. — Charles Bertin épousa, le 28 mars 1543, Catherine Couthet, dont il eut Léonard, qui suit. Elle fit son testament, le 8 juillet 1553, en faveur de Charles, son mari, et de Léonard, son fils.

V. — Léonard Bertin, écuyer, Sr du Burg, épousa Anne Desperuc, qui fit son testament, sous l'autorité de son mari, le 15 janvier 1582. D'eux naquirent : 1° Jean; 2° Louis, qui suit.

VI. — Louis Bertin, épousa, le 17 mars 1597, Anne Plaisant de Bouchiac, dont il eut : 1° François, qui suit; 2° autre François, Sr du Mazeau; 3° Jean, Sr de Las Peycharias, qui se maria; 4° Pierre; 5° Geofroi, prêtre. Louis Bertin fit son testament le 31 juillet 1614.

VII. François Bertin, Sr du Burg, fit un codicile le 8 septembre 1663. Il

---

(1) La généalogie se trouvait à la page 1041, qui est déchirée.
(2) Cette page est déchirée.
(3) Condéon, canton de Baignes, arrondissement de Barbezieux (Charente).
(4) Saint-Cyr-la-Roche, canton de Juillac, arrondissement de Brive (Corrèze).

avait épousé, le 22 avril 1647, Françoise de La Morelie, dont il eut : 1° Hélie; 2° Jean.

VII bis. — Jean Bertin, Sr de Las Peycharias, paroisse de Libersac (1), épousa, par contrat sans filiation du 22 juin 1653, Paule Jousselin, dont il eut : 1° Jeanne, baptisée le 31 octobre 1655 ; 2° François, baptisé le 2 novembre 1656.

BERTON (2).

BERTRAND, Sr de Saint-Vaulry, paroisse du dit lieu (3). — Porte : *d'or à un lion rampant de sable, armé et lampassé de gueules.*

Gaucélin Bertrand, chevalier en 1265, avait pour gendre Pierre Narbonne.

I. — Jean Bertrand épousa Marie Champelon.

II. — Jacques Bertrand épousa, par contrat du 6 février 1535, Françoise Esmoing, dont il eut Gabriel, qui suit.

III. — Gabriel Bertrand épousa, par contrat du dernier février 1562, Paule de Puyvigniaud, dont il eut Jacques, qui suit.

IV. — Jacques Bertrand épousa, par contrat du 7 mai 1602, Louise de Kerousq, dont il eut : 1° Yves, qui suit ; 2° Gabriel, Sr de Malval (4).

V. — Yves Bertrand eut des provisions de gouverneur d'Oleron le 27 juin 1646, et un brevet de gentilhomme de la chambre du roi, le 10 mars 1654. Il était Sr de Villatte, et il épousa, par contrat du 5 février 1627, Jeanne Tacquenet, dont il eut Gabriel qui suit.

VI. — Gabriel Bertrand, écuyer, baron de Malval, Sgr de Saint-Vaulry, épousa, par contrat du 21 novembre 1657, Charlotte de Saint-Julien, dont il eut : 1° Yves, baptisé le 28 novembre 1661 ; 2° Guillaume, né le 25 mai 1662; 3° Isabeau, née le 15 juillet 1663 ; 4° Charles, baptisé le 21 décembre 1664 ; 5° Gabriel, baptisé le 5 septembre 1667, mort le 24 décembre suivant ; 6° Marguerite, née le 5 mars 1669.

Noble Jacques Bertrand de La Celle-Dunoise (5), épousa ....., dont il eut : 1° .....; 2° Louis, tonsuré en 1620.

Jean Bertrand, écuyer, Sr de Laurière, épousa Marguerite Deschamps, fille de Philippe, écuyer Sr de Romefort (6), dont il eut Charles, qui suit.

Charles Bertrand, écuyer, Sr de Romefort, mourut âgé de quarante-cinq ans, le 24 août 1686, et fut inhumé dans la chapelle de Notre-Dame de Nontron. Il avait épousé Marie Pécon, du lieu de Baleran, paroisse de Maraval (7). Ils eurent : 1° Pierre, né le 8 décembre 1673 ; 2° Jean, né le 26 août 1675.

Jean Bertrand, écuyer, Sr du Theil, épousa Sybille ou Louise de Rilhac, qui mourut à Boussac-le-Château (8), âgée de soixante-dix-huit ans, le

---

(1) Lubersac, chef-lieu de canton, arrondissement de Brive (Corrèze).

(2) La généalogie se trouvait à la page 1042, déchirée.

(3) Saint-Vaulry, chef-lieu de canton, arrondissement de Guéret (Creuse).

(4) Malval, canton de Bonnat, arrondissement de Guéret (Creuse).

(5) La Celle-Dunoise, canton de Dun-le-Palleteau, arrondissement de Guéret (Creuse).

(6) Romefort, commune de Saint-Front, canton de Mansle, arrondissement de Ruffec (Charente).

(7) Maraval, aujourd'hui Marval, canton de Saint-Mathieu, arrondissement de Rochechouart (Haute-Vienne).

(8) Boussac, chef-lieu d'arrondissement (Creuse).

28 juillet 1742. Ils eurent Jeanne-Armande, ondoyée, le 16 février 1704, à Boussac, où elle était née le 13.

Charles Bertrand, écuyer, Sr des Linières, mourut à Boussac, âgé de soixante-quinze ans, le 16 juin 1711.

Anne Bertrand, demoiselle de Villar, fut inhumée à Verniolet, le 21 avril 1637.

Demoiselle Marie Bertrand, âgée de quarante ans, fut inhumée au dit Verniolet le 14 mai 1706.

Anne Bertrand, demoiselle, épousa à Busseroles (1), le 6 novembre 1605, *sans aveu de son pasteur ni connaissance*, ... de Nanteuil.

Sources : Simon des Coutures ; — Registres de Saint-Vaulry, de Nontron, de Marval, de Boussac et de Verniolet.

BETOULAT (2).

[BERWICK. — M. le maréchal de Berwick était gouverneur-général du Haut et Bas-Limousin depuis l'an 1707, et M. le comte des Cars, lieutenant-général. Ce gouvernement comprend une compagnie de quarante-deux gardes à cheval, capitaine, lieutenant et cornette ; quarante-quatre carabins d'augmentation avec un capitaine, un lieutenant et un cornette.]

BESSAT, famille fort ancienne. — La terre qui lui a donné son nom est dans la sénéchaussée d'Uzerche (3).

Aimar de Bessat, qualifié noble, laissa plusieurs enfants.

Rodolphe de Bessat, frère d'Aimar, fut fait chevalier avec ses neveux, fils de celui-ci, par Raymond, vicomte de Turenne, en 1219.

N..... de Bessat, curé de Lézignac-Durand, au diocèse de Limoges, en 1777, était de cette famille.

BESSE, voyez aussi LABESSE.

BESSON (4).

[BETZ (du). — Noble Antoine du Betz, écuyer, Sgr de Coutyen, habitant à Coulaureix en Périgord (5), fut chargé de procuration de noble Jean de Royère, écuyer, Sgr du dit Royère, par acte du 15 mai 1535, signé de Malavergne, notaire, pour l'aliénation d'une rente appartenant à ce dernier.]

[BEUH. — Philippe de Beuh est nommé dans les registres de Botinelli, notaire à Limoges, p. 2, n° 3, *apud* Dom Col.]

BEYNETTÉ. — Noble Hugues de Beyneta, bachelier en l'un et l'autre droit, de la ville de Meymac (6), épousa ....., dont il eut Jeanne, mariée,

---

(1) Busserolles, canton de Bussière-Badil, arrondissement de Nontron (Dordogne).

(2) La généalogie se trouvait aux pages 839 et 1042, déchirées. La famille Betoulat appartient surtout au Berry.

(3) Bessat ou Beyssat, canton de Lubersac, arrondissement de Brive (Corrèze).

(4) La table du premier volume de Nadaud indique qu'il avait des notes sur cette famille à la page 839, qui est déchirée.

(5) Coulaures, canton de Savignac, arrondissement de Périgueux (Dordogne).

(6) Meymac, chef-lieu de canton, arrondissement d'Ussel (Corrèze).

par contrat du 6 décembre 1435, signé Alpays, à noble Guillaume de Las Agas ou des Ages, de la paroisse de Serandon (1).

Noble Hugues de Beynette, S^{gr} d'Ambrugeac (2), était mort en 1453. Il épousa Marguerite de Saint-Hippolyte, dont il eut : 1º François, qui promit de se faire moine bénédictin; 2º Antoinette, qui devait être mariée; 3º Jeanne, qui devait être religieuse; 4º Huguette, mariée, en 1453, à Jacques du Boucheyron. C'est dans ce contrat que sont stipulées ces choses si irrégulières de la vocation des autres enfants.

BEYSSARIE. — Pierre Beyssarie, damoiseau du diocèse de Limoges, fut présent à un acte passé, le 21 juillet 1366, à Avignon. (BALUZE, *Histoire de la maison d'Auvergne*, T. II, p. 344.)

Noble Jean de Beyssarie, de la paroisse de Marcillac, épousa Dauphine, dont il eut Marthe, mariée, par contrat du 28 novembre 1419, signé Maureti, à Meymac, à nobe Jean de Losà, damoiseau du lieu de Montignac, au diocèse de Périgueux (3),

Noble Jean de La Beyssanie, dit d'Ussel, bachelier en droit canon, fut successivement curé de Saint-Gence, de Serandon, puis d'Issoudun près Chénerailles, en 1562.

BEYTOUR (4).

[BIARS (Les). — Fief situé dans la sénéchaussée de Saint-Yrieix-la-Perche (5), et dont les seigneurs de La Morelie jouissent maintenant. — Voyez LA MORELIE.]

BIARD (Le). — Voyez T. III, l'article Laurent du Biard.

[BIDONIS.

I. — Maître Martial Bidonis, père du suivant.

II. — Honorable homme Pierre Bidonis, bourgeois de Limoges, qui avait épousé Jeanne de Janailhac, eut d'elle : 1º Jacques, qui suit; 2º vénérable homme, maître Jacques Bidonis, prêtre, chanoine de l'église de Limoges, transigea avec les prêtres de Saint-Pierre-du-Queyroix de Limoges pour un anniversaire que ceux-ci devaient acquitter pour ses parents et pour quelques rentes que ses parents devaient aux dits prêtres.

III. — Noble Jacques Bidonis, damoiseau, S^{gr} de Lessart, est témoin dans un acte du 1er juillet 1496, et, par un autre du même jour, il transigea avec Jacques, son frère, comme ci-dessus.

SOURCES : *Terrier des Parroty*, aux archives des prêtres de Saint-Pierre-du-Queyroix de Limoges, fº 149 et suivants.]

BIÉE (6).

---

(1) Serandon, canton de Neuvic, arrondissement d'Ussel (Corrèze).
(2) Ambrugeac, canton de Meymac, arrondissement d'Ussel (Corrèze).
(3) Montignac, chef-lieu de canton, arrondissement de Sarlat (Dordogne).
(4) Figure dans la table de Nadaud, mais les notes sont déchirées. Un fief des environs de Nontron (Dordogne), nommé La Beytour était possédé par Dauphin Pastoureau en 1505.
(5) Saint-Yrieix-la-Perche, chef-lieu d'arrondissement (Haute-Vienne).
(6) La généalogie se trouvait à la page 2459, déchirée.

BIENCOUR. — Porte : *d'argent à un lion d'azur, langué, onglé et couronné de gueules.*

Léonard de Biancour, écuyer, Sr de Lesclause et de Bédéjun dans la châtellenie de Boussac en Berry (1), archer de la compagnie d'ordonnance du S^{gr} de La Ferté-aux-Oignons avant 1540, épousa, le 31 janvier 1522, Léonarde du Peiroux, fille de François du Peiroux, écuyer.

Noble Charles de Biencour-Pot, de la paroisse de Pionnat (2), épousa Françoise de Lestang, dont il eut Louis, tonsuré le 17 octobre 1629.

Charles de Biencour, écuyer, Sr de Pezat et des Agères, mourut le 20 septembre 1638, et fut inhumé à Genouilhac dans la Haute-Marche (3). Il avait épousé Marguerite de Poyennes, dont il eut : 1° Marguerite, née le 8 octobre 1627; 2° François, né le 24 octobre 1629; 3° Charles, né le 27 octobre 1632.

Demoiselle Honorée de Biencour, tutrice des enfants de feu Jean Martin, de la paroisse de Pionnat, vivait le 23 mars 1643.

François de Biencour, écuyer, Sr de Paizac et de La Fortilesse, épousa, par accord du 11 mai 1706, Marie Boeri, fille de noble Jean-Silvain, Sr du Mas, conseiller du roi, châtelain de la ville d'Ahun, et de Marie-Esther Rondeau. D'eux naquit François, qui suit.

François de Biencour, écuyer, Sr de Paizac et de La Fortilesse, né le 9 septembre 1708, habitait la ville d'Ahun.

Claude Martin de Biencourt, écuyer, Sr de Bosgenet, avait épousé demoiselle Anne Laboreix, qui était veuve avant le 5 décembre 1719, d'après un contrat du dit jour, reçu Jabreilles, notaire.

Etienne Martin de Biencourt, écuyer Sr de Saigne-Vieille, conseiller du roi, président-châtelain de Chénerailles (4), était décédé sans hoirs le 8 février 1732.

Charles de Biencourt, marquis de La Fortilesse, de la Paroisse d'Ahun, épousa, en 1770, Marie-Jeanne de Chauvelin, qui habitait la paroisse de Saint-Roch, à Paris.

SOURCES : D'HOZIER, *Armorial général,* Ire partie, p. 67. — *Inventaire des titres des Célestins des Ternes,* p. 400, 620, 823.

BIGARDEL, ou Bigeardel, fief dont le château est situé près de la route de Limoges à Brive, à deux bonnes lieues d'Uzerche, non loin de Bariolet, où se tient la poste, et sur la paroisse de Perpezac-le-Blanc (5).

Léonard de Bigardel, écuyer, habitant la paroisse de Vigeois (6), mourut, âgé de soixante ans, le 1er septembre 1661. Il avait épousé, en 1634, devant le curé de Perpezac-le-Noir, Marguerite Bordas, qui n'avait que neuf ans. Ils réhabilitèrent leur mariage, à Vigeois, le 2 septembre 1656. Ils eurent : 1° François, qui suit; 2° Anne, née le 16 mars 1650; 3° Jean, né le 1er novembre 1656.

---

(1) Boussac, aujourd'hui chef-lieu d'arrondissement (Creuse).
(2) Pionnat, canton d'Ahun, arrondissement de Guéret (Creuse). — Bosgenet, cité plus loin se trouve dans cette commune.
(3) Genouilhac, canton de Châtelus, arrondissement de Boussac (Creuse).
(4) Chénerailles, chef-lieu de canton, arrondissement d'Aubusson (Creuse).
(5) Perpezac-le-Blanc, canton d'Ayen, arrondissement de Brive (Corrèze).
(6) Vigeois, chef-lieu de canton, arrondissement de Brive (Corrèze).

François Bigeardel, Sr de Bleygeac, écuyer, est dit bourgeois en 1672. Il mourut, âgé de quatre-vingts ans, le 10 mars 1729, et fut inhumé à Vigeois. Il avait épousé, en février 1668, Toinette du Four, fille de feu Jean et de Peyronne Delpy, du bourg d'Estiveaux (1), qui mourut le 5 novembre 1676. D'eux naquirent : 1° Jean, le 6 juillet 1669 ; 2° Peyronne, le 30 octobre 1670 ; 3° Michelette, le 6 avril 1672 ; 4° autre Jean, le 18 décembre 1673. Ceux-ci ont laissé des descendants, mais qui ne prennent plus la qualité d'écuyers.

BIGNOL. — Jean Bignol, Sr de La Foire, demeurant à Cognac, élection du dit lieu (2).

BIOCHEN. — Jean Biochen est cité dans les registres de Roherii, notaire à Limoges, p. 12, n° 11, *apud* Dom Col.

BIROT, Sr de La Charrière, paroisse de Montignac, élection de Cognac, porte : *d'argent à une bande d'azur chargée de 3 roses d'or, accompagnée d'une serre d'épervier de sable onglée de gueules en chef, et une molette d'éperon de sable en pointe.*

Pierre Birot épousa Marie Pandin, dont il eut : 1° Jean, docteur en médecine ; 2° Pierre, Sr de La Charrière ; 3° François, Sr du Treuil ; 4° Josias, Sr de Servole (3).

BIZE. — Gabriel de Bize, écuyer, Sr du Puymègre, de la paroisse de Malleret (4), épousa : 1° Claude des Ages, dont il eut Susanne, baptisée à Boussac le 15 février 1632 ; — épousa : 2° Marguerite de Salignac, dont il eut : 1° Marie, baptisée à Boussac le 9 décembre 1637 ; 2° Charlotte, baptisée le 27 décembre 1639.

BLANCHARD, Sr de Champagnac, paroisse de Château-Chervix (5), porte : *d'azur à un lion rampant d'or, armé et lampassé de même, surmonté par 3 couronnes de duc de même en chef.*

I. — Hugues Blanchard, épousa Marguerite de La Cour.

II. — Guillaume Blanchard épousa, par contrat du 30 janvier 1500, Jeanne de Martel, dont il eut : 1° Charles, qui suit, et 2° François, enfants auxquels on donna un curateur le 26 janvier 1535.

III. — Charles Blanchard épousa Marguerite Faure, dont il eut 1° Antoine, qui suit ; 2° Étienne ; 3° Jean. Les deux derniers partagèrent les successions de leurs père et mère le 5 septembre 1596.

IV. — Antoine Blanchard épousa Jacquette Chastillon.

---

(1) Estiveaux, canton de Vigeois, arrondissement de Brive (Corrèze).
(2) D'après Descoutures, il fut élu maire pour l'année 1664. Il avait été anobli par lettres vérifiées à la cour des aides de Paris, le 16 mars 1652, et, en conséquence, il fut déchargé de l'amende pour avoir pris la qualité d'écuyer avant l'an 1664, par arrêt du conseil du 3 mars 1667.
(3) Nadaud avait encore des notes sur cette famille à la page 833, déchirée.
(4) Malleret, canton et arrondissement de Boussac (Creuse).
(5) Château-Chervix, canton de Saint-Germain, arrondissement de Saint-Yrieix-la-Perche (Haute-Vienne).

V. — Jacques Blanchard épousa, par contrat du 20 décembre 1639, Hélène de La Vergne.

VI. — Pierre Blanchard, écuyer, épousa, par contrat du 18 novembre 1663, Marguerite de Meillards, dont il eut Isabeau, mariée, en 1718, à Henri de Jumilhac, écuyer, Sr du Buy.

Pierre Blanchard, chevalier, Sr de Champagnac, épousa Marie-Edouard de Savèze, de la paroisse de Fressinet (1).

BLANCHARD, Sr du Queyroir et du Maffot, paroisse de Saint-Maurice près La Souterraine (2).

Noble Jacques Blanchard, Sr du Queyroir, paroisse de Saint-Maurice près La Souterraine, 1470.

Jean Blanchard, écuyer, épousa, en 1453, Hélie de Lage, nièce de Pierre de Montbrun, évêque de Limoges, qui lui promit 900 écus d'or, et en paya comptant 200.

Noble Jean Blanchard, Sr du Queyroir, paroisse de Saint-Maurice près La Souterraine, épousa....., dont il eut : Gabriel, qui suit; 2º Jean, tonsuré en 1613, ordonné sous-diacre en 1616, et ordonné prêtre en 1643 ; 3º Antoine.

Gabriel Blanchard, écuyer Sr du Queyroir et de La Tour, même paroisse de Saint-Maurice, mourut en 1661. Il avait épousé Marguerite, qui mourut en 1681, et dont il eut : 1º Gratien-François, né en 1638 ; 2º François, né en 1645; 3º Jean, né en 1648.

Georgette de La Chassagne, demoiselle du Queyroir, même paroisse de Saint-Maurice, mourut en 1661.

Charles Blanchard, écuyer, Sr du Queyroir, vivait en 1603.

Antoine Blanchard, écuyer, Sr de Maffot, paroisse du dit Saint-Maurice, mourut en 1673. Il avait épousé : 1º Jeanne de Razès, dont il eut : 1º Claude, né en 1635 ; 2º Marie, née en 1638 ; 3º Jean, né en 1639 ; 4º Marie, née en 1643 ; — épousa 2º, en 1652, Marie de Fondant, de la paroisse de Rancon (3).

Jean Blanchard, écuyer, Sr de Maffot et de Saint-Pardoux, épousa Jeanne Barbarin, dont il eut : 1º François, né en 1676 ; 2º René, qui suit ; 3º Marie, mariée, en 1719, à Léonard Dumont, écuyer, Sr des Taillades.

René Blanchard, Sr de Maffot, né en 1677, épousa, en 1712, Louise Dumont, fille de feu Jean Dumont et de Marguerite de Fondant. D'eux naquirent : 1º Jean-François, en 1713 ; 2º Marie-Marthe, en 1715.

Jean-Baptiste Blanchard, écuyer, Sr de Maffot, épousa, en 1762, Susanne du Teil, de la paroisse d'Asnières (4).

François Blanchard, écuyer, Sr du Scrier, épousa : 1º Françoise Bergeron, morte en 1671, et dont il eut Jeanne, née en 1668 ; — épousa apparemment : 2º Françoise de Rouffignac, dont il eut Pierre, né en 1698.

SOURCE : Registres de l'église de Saint-Maurice, près La Souterraine.

---

(1) Fressinet est réuni à Saint-Priest-Ligoure, canton de Nexon, arrondissement de Saint-Yrieix (Haute-Vienne).
(2) Saint-Maurice, canton de La Souterraine, arrondissement de Guéret (Creuse).
(3) Rancon, canton de Châteauponsac, arrondissement de Bellac (Haute-Vienne).
(4) Asnières, canton de l'Isle-Jourdain, arrondissement de Montmorillon (Vienne).

BLANCHARDIE. — Voyez FRAYSSEIX de La Blanchardie.

BLANCHEFORT. — [Baronnie dans la sénéchaussée d'Uzerche. Elle a eu autrefois ses seigneurs particuliers ; mais, vers 1698, elle appartenait au marquis ou comte de Bonneval, dans la maison duquel elle était depuis longtemps. Autrefois elle avait été dans celle de Comborn, dont les cadets portaient le nom de Blanchefort, et on prétend que de l'un d'eux sort l'illustre maison de Blanchefort, à laquelle appartenait, en 1698, le duc de Lesdiguières et le marquis de Créqui. Au surplus, la maison de Comborn est éteinte. (V. *Bonneval* et *Comborn.*) On trouve que le château de Blanchefort fut bâti par Archambaud IV dit le Barbu, vicomte de Comborn et de Limoges, mort vers 1137.]

Blanchefort, maison illustre dans le Limousin, château, bourg et châtellenie dans l'élection de Brive, à quatre lieues de cette ville, et de la sénéchaussée d'Uzerche. Elle est à deux lieues de cette dernière ville et à sept environ de Tulle, sur la paroisse de La Graulière (1). Le château fut bâti l'an 1125 par Archambaud, IVe du nom, vicomte de Comborn, surnommé le Barbu, et il devint le partage du plus jeune de ses petits-fils. Ainsi les seigneurs de Blanchefort tirent leur origine de la possession immémoriale du château de Blanchefort près Uzerche.

I. — (Et pour correspondre à la généalogie de Comborn, n° VII). — Assalit de Comborn, cinquième fils d'Archambaud, VIe du nom, vicomte de Comborn, vivant en 1184, et de Jordaine de Périgord, eut en partage la seigneurie de Blanchefort, dont il prit le nom, qu'il transmit à sa postérité suivant l'usage de ce temps, et à l'exemple des vicomtes de Turenne, de Limoges et de Ventadour, sortis de cette maison de Comborn.

Assalit donna, avec Archambaud, son fils, avec son frère Archambaud, VIe du nom, vicomte de Comborn, et Bernard, fils du dit vicomte, quatre borderies ou fermes à l'abbaye d'Obazine (2) pour le salut de leurs âmes et celui de ses pères, par acte passé le 11 des calendes de juin de l'an 1211 sous les scels du vicomte de Comborn et le sien, sur lesquels sont *2 lions passants posés l'un sur l'autre.* On ignore le nom de sa femme. Il eut pour enfants : 1° Archambaud, qui suit ; 2° Bernard.

II — Archambaud, Ier du nom, S^{gr} de Blanchefort, est nommé dans la donation de 1211, faite par Assalit, son père, et par le vicomte de Comborn, son oncle, à l'abbaye d'Obazine.

Il se plaignit au parlement de la Pentecôte de l'an 1263 de ce qu'Archambaud, fils du vicomte de Comborn, l'avait dépouillé injustement et méchamment du château de Blanchefort et de ses dépendances, et il obtint arrêt qui en ordonna la restitution en sa faveur. Cet arrêt, rédigé en latin, est conservé dans le registre du parlement intitulé *Olim*, et il a été expédié par Mirey, et Guenard pour la seconde fois. Il épousa N....., dont il eut : 1° Bernard, qui suit ; 2° Salomon, rapporté après son frère.

III. — Bernard, S^{gr} de Blanchefort, eut pour fille unique Isabelle, première femme de Guichard de Comborn, IIe du nom, S^{gr} de Treignac.

---

(1) La Graulière, canton de Seilhac, arrondissement de Tulle (Corrèze).
(2) Obazine, canton de Beynat, arrondissement de Brive (Corrèze).

III *bis*. — Salomon de Blanchefort, S^{gr} de Saint-Clément et de Charroux, près La Rochelle, eut plusieurs enfants : 1° Bernard, qui, en 1314, prétendit à la terre de Blanchefort après la mort de sa cousine, et dont on ne connaît ni l'alliance ni la postérité ; 2° Étienne, qui suit ; 3° Jourdain de Blanchefort, mari de Béatrix de Fio, nommés l'un et l'autre dans des actes de 1309, 1323, 1324. Après la mort de la dite Béatrix, sa femme, il fut établi, le lundi d'après la fête de saint Luc, en 1338, tuteur de Guy et de Bernard, ses enfants. En 1319, Jourdain avait fait un accord avec le vicomte de Comborn.

IV. — Etienne de Blanchefort, S^{gr} de Saint-Clément, fit hommage, avec son frère Jourdain, en 1318, pour ses terres. Il avait épousé Raymonde de Favars, qui, s'étant remariée à Amalric David, fils de feu Pierre David, fit un accord, en 1353, avec le dit Amalric, son second mari, et Bertrand et Géraud de Favars, sur les différends qu'ils avaient pour la dote promise à la dite Raymonde, lors de son mariage avec Pierre David, par feu Guillaume de Favars, son père et son tuteur, tant en son nom que comme chargé de la tutelle d'Archambaud de Blanchefort, qui suit, lors enfant, et fils de la dite Raymonde de Favars et d'Étienne de Blanchefort, chevalier, son premier mari. Cet acte fut passé devant Raymond de Marsillac, juge-mage et lieutenant du sénéchal de Périgord et de Querci, le 12 juin de la dite année 1353. Étienne de Blanchefort avait épousé en premières noces la fille de Guy de Raygnac.

V. — Archambaud de Blanchefort, IIe du nom, S^{gr} de Saint-Clément, mentionné dans le titre du 12 juin 1353 ci-dessus rapporté, eut Guy, qui suit.

VI. — Guy de Blanchefort, Ier du nom, S^{gr} de Saint-Clément après Archambaud, son père, fut tué à la bataille de Poitiers en 1356. Il laissa pour fils Guy, qui suit.

VII. — Guy de Blanchefort, IIe du nom, dit Guyot, devint S^{gr} de Saint-Clément par le décès de son père, en 1356, étant alors en bas-âge. Il est mentionné dans des actes en 1380, 1400 et 1432. Des mémoires lui donnent pour femme N......, de Rochechouart. Il eut Guy, qui suit.

On trouve plusieurs titres, à peu près du même temps, concernant un Louis de Blanchefort, chevalier, entre autres une quittance de la somme de 135 livres donnée, le 12 février 1418, à Hémon Vegnier, trésorier des guerres, pour partie de ses gages en qualité de chevalier-bachelier et de ceux de seize écuyers de sa compagnie. Cette quittance est scellée du sceau du dit Louis de Blanchefort, représentant 2 *lions posés l'un sur l'autre*. Il donna encore, le 17 août 1421, une quittance de 510 livres à Macé Héron, trésorier des guerres, pour les gages du mois de juillet de la même année, de lui chevalier-bachelier, d'un autre chevalier-bachelier, et de treize écuyers de sa compagnie, à raison de 60 livres pour chacun des dits chevaliers-bacheliers, et de 30 livres pour chaque écuyer. Cette quittance est scellée d'un sceau tel que dessus.

VIII. — Guy de Blanchefort, IIIe du nom, S^{gr} de Saint-Clément, de Bois-Lamy (1) et de Nozerolles (2), chevalier-chambellan du roi Charles VII, fut

---

(1) Bois-Lamy, commune de Moutier-Malcard, canton de Bonnat, arrondissement de Guéret (Creuse).

(2) Nozerolles, canton de Bonnat, arrondissement de Guéret (Creuse).

un des seigneurs du pays de Rouergue qui, en qualité de capitaine de gendarmes, traita, le 18 janvier 1434, avec Olivier de Chissei, chambellan du roi, bailli du comté de Gévaudan et Astorg, S^{gr} de Peyre, au nom du chapitre de Mende, du S^{gr} de Mercœur, du S^{gr} de Chalençon, du S^{gr} de Montlaur, du S^{gr} d'Apchier, du S^{gr} évêque de Mende, du S^{gr} de Canillac, du S^{gr} de Tournelle et des consuls de la dite ville, et qui convint avec eux que, moyennant la somme de 2,284 marcs d'or, payables moitié à Béziers et moitié à Clermont, lui et ceux qui l'accompagnaient se retireraient du pays de Gévaudan, et y cesseraient tous actes d'hostilité. Ce titre original en latin est signé *Rocoules, notaire au bailliage de Gévaudan.*

En 1431, il voulut prendre la ville de Corbie; mais il fut repoussé. En 1432, Blanchefort le capitaine entreprit de surprendre la ville de Dourlens; mais le commandant, en ayant été averti, l'en empêcha. En 1435, le grand Blanchefort et le petit firent beaucoup de ravages du côté de Saumur. Le petit Blanchefort y fut pris. En 1437, Guy de Blanchefort servait dans l'armée de Charles VII. A la tête des *escorcheurs*, il désola le Hainaut et la Lorraine : « Ce qui étonne, comme dit Villaret, un si grand nombre se compromettait avec ces brigands. » En 1441, il servait au siége de Pontoise, et, cette même année, il plaidait contre Guérin de Champars, S^{gr} du Bouscheyrou (*de Boscheiro*). En 1455, il commandait un corps de cavalerie dans la ville de Dieppe. Il fut encore capitaine de Cassaignes et de Bigourat ou de Bigorrez en Rouergue, puis sénéchal de Lyon, bailli de Mâcon, par lettres du 3 janvier 1458, données à Montbason par le roi, les sires de Tocy et de Monteil, Jean Bureau et autres présents, signé *de La Loëre;* enfin il fut gouverneur de Pierre-Encise. Il mourut en 1460.

Il avait épousé, en 1446, Souveraine d'Aubusson, de la branche des S^{grs} du Monteil-au-Vicomte. D'eux naquirent : 1° Antoine de Blanchefort, qui suit; 2° Jean de Blanchefort, qui s'établit en Berry, et forma la branche qui porte le nom et les armes de Créqui; Monstrelet dit qu'un vaillant écuyer du pays de Berry, nommé Jean de Blanchefort, fut tué à Saint-Sauveur-le-Vicomte en Normandie l'an 1450, et fut grandement regretté; un autre Jean de Blanchefort fonda une messe chez les frères prêcheurs de Limoges en 1483; 3° Guy, grand-maître de Rhodes, dont nous dirons quelques mots après avoir nommé ses autres frères; 4° Louis, prieur de Saint-Sauveur près Bray en 1461, prieur de Sainte-Valérie de Malval (1) et abbé de Ferrières en 1473, mort en 1505; 5° Charles de Blanchefort, abbé de Sainte-Euverte d'Orléans et de la Victoire, élu évêque de Senlis en 1503, aussi curé de Champniers-la-Topinière (2), au diocèse de Limoges, en 1513, mort en 1515; 6° Antoine, S^{gr} de Beauregard en Rouergue, capitaine de Cassaignes de Bigorrez, aussi en Rouergue, du 7 août 1460, épousa Jeanne de Cologne de Lignerac, de la paroisse de Rouergue, et il eut Guy dit Guinot de Blanchefort, qui s'établit en Nivernais, en épousant, vers la fin de 1512, Pérette du Pont, dite Péronnelle, dame du château du Bois, de Villeneuve et de Fondelin en cette province : celui-ci a fait la branche des sires et barons d'Asnois; 7° Françoise, femme de Jean de Lestranges,

---

(1) Malval, canton de Bonnat, arrondissement de Guéret (Creuse).

(2) Champniers est apparemment Cheniers, canton de Bonnat, arrondissement de Guéret (Creuse).

chevalier, Sr de Duras, vivait en 1504; 8° Souveraine, mariée à Jean Pot, chevalier, S^gr de Rhodes, paroisse de Mouhé en Berry (1), fils de Guyot Pot et de Catherine de Saint-Julien.

— Guy, troisième fils de Guy, IIIe du nom, et de Souveraine d'Aubusson, étant grand-prieur d'Auvergne, fit placer cette inscription dans l'église de Bourganeuf, au-dessus de la porte du chœur, au-dessous de ses armes, qui sont : *d'or à 2 lions léopardés de gueules, posés l'un sur l'autre, avec la croix des chevaliers de Saint-Jean de Jérusalem en chef* :

> En l'an mil CCCCLXXXIIII fut
> fête la grosse tour de Bourgne-
> neuf et tout le bâtiment, les
> verrines de cette église, le treil-
> lops defet, et fondée une messe, chun
> jour, vespres et complies aux pb
> res de la communauté de ladicte
> église par reverend religieux
> frere Guy de Blanchefort grat pr-
> ieur d'Auvergne, comandeur
> de Chypre, de Bourgneneuf, de
> Mortols (2), seneschal de Rhodes
> et nepveu de tres reverend et
> mon tres doubté seigneur monss.
> frere Pierre d'Aubusson, tres
> digne grand maitre de Rhodes
> de l'ordre Sainct Jehan de Jhrlm.

Ce même Guy de Blanchefort, chevalier de Saint Jean de Jérusalem et commandeur de Morterols, fonda, le 5 février 1477, quatre messes par semaine dans l'église de Bourganeuf (3).

Rose de Manas, seconde femme d'Odet de Goth, chevalier, demanda, durant sa viduité, à Guy de Blanchefort, précepteur de Monsterols et commissaire apostolique, la permission de se choisir un confesseur tel qu'elle voudrait, séculier ou régulier, qui pût l'absoudre de tous cas, même réservés au Saint-Siége ; ce qui fut accordé, avec des indulgences plénières pour l'article de la mort, par acte du 20 avril 1481.

Quoique absent, Guy de Blanchefort fut élu grand-maître de Rhodes en novembre 1512 ; il mourut en allant à Rhodes, près de l'île de Zante, en novembre 1513.

IX. — Antoine de Blanchefort, S^gr de Bois-Lamy et de Nozerolles, épousa Gabrielle de Layre. Leur fille unique, Françoise de Blanchefort, dame de Bois-Lamy et de Nozerolles, fut mariée, par contrat du 12 décembre 1495, avec Jean de Chabannes, baron de Curton en Guyenne et de Rochefort, comte de Saignes, fils de Gilbert de Chabannes et de Françoise de La Tour d'Auvergne.

---

(1) Mouhé, canton de Saint-Benoit-du-Sault, arrondissement du Blanc (Indre).

(2) Morterolles, nommé aussi plus bas Morterols et Monsterols, commanderie de Malte, dans l'ancien archiprêtré de Rancon, aujourd'hui canton de Bessines, arrondissement de Bellac (Haute-Vienne).

(3) Bourganeuf, chef-lieu d'arrondissement (Creuse).

[*Branche des seigneurs de Créqui.*

I. — Antoine de Blanchefort, dit de Créqui, épousa Chrétienne d'Aguerre, comtesse de Sault, qui donna ce comté à leur fils commun.

II. — Charles de Créqui, qui devint duc de Lesdiguières par son mariage avec Madeleine de Bonne, fille unique du connétable duc de Lesdiguières. Il fut fait maréchal de France en 1622, et tué au siége de Brême, en 1638, âgé d'environ soixante ans. Il se distingua dans toutes les occasions, depuis le siége de Laon, en 1594, jusqu'à sa mort. Il avait une éloquence très persuasive, et se distinguait par sa politesse et sa magnificence, qualités qui le firent remarquer à Rome, où le roi l'avait envoyé comme ambassadeur extraordinaire auprès d'Urbain VIII, en 1633.

III. — François, marquis de Créqui, duc de Lesdiguières, fils du précédent et de Madeleine de Bonne, maréchal de France, épousa Catherine de Rougé-Duplessis-Bellière, qui, étant veuve, eut la permission d'établir un gruyer et autres officiers des eaux et forêts par lettres du 18 décembre 1702, enregistrées le 15 janvier 1703, dans sa baronnie de Vienne-le-Château (1).

IV. — N....., marquis de Créqui, leur fils, épousa ....., dont :

V. — J.-François, mort sans postérité le 6 octobre 1703.

Ailleurs on trouve que, en 1709, la première branche des S^{grs} de Blanchefort de la maison de Créqui s'éteignit entièrement; mais il y a en Artois des branches collatérales des véritables Créqui.]

Raymond de Blanchefort, près Uzerche, vivait l'an 1154 et 1200.

Charles de Blanchefort, S^{gr} de Saint-Clément, 1309-1334.

[N..... de Lastérie, marquis du Saillant, baron de Blanchefort, était, en 1698, sénéchal du Haut et Bas-Limousin.]

SOURCES : MONSTRELET; — VILLARET : *Histoire de France,* T. XV, p. 255; — SIMPLICIEN, T. IV, p. 288-289; — *Dictionnaire généalogique,* 1757; — MORERI, 1759, T. III; — *Tablettes historiques,* IIe partie, p. 282; [IVe partie, p. 258; V^e partie, p. 437.]

BLANCHET. — Le même que BLANCHARD.

BLANCHIER. — Noble Jean de Blanchier, S^r du dit lieu, fut inhumé à Gimel (2), le 27 novembre 1648.

Théophile de Blanchier, marquis de La Villeneuve-au-Comte et de Nedde (3), baron de Lostanges (4), mourut, huguenot, au château de Nedde, âgé de quarante ans, le 10 novembre 1656. Il était depuis trois mois de

---

(1) Vienne-le-Château, canton de Ville-sur-Tourbe, arrondissement de Sainte-Menehoulde (Marne).

(2) Gimel, canton et arrondissement de Tulle (Corrèze).

(3) La Villeneuve, est une ancienne paroisse qui se trouve aujourd'hui dans la commune de Rempnat. Cette dernière et Nedde sont canton d'Eymoutiers, arrondissement de Limoges (Haute-Vienne).

(4) Lostanges, canton de Meyssac, arrondissement de Brive (Corrèze).

retour de Paris, où il avait passé près d'un an pour le grand procès qu'il avait avec M. de Pompadour, lieutenant et gouverneur du Limousin. Il fut enseveli à l'huguenotte, dans l'enclos de son château, avec ses prédécesseurs, disent les registres d'Aimoutiers.

Claude de Blanchier de Pierre-Buffière-Châteauneuf, chevalier, marquis de Lostanges, La Villeneuve-au-Comte et Nedde, Sgr de Giou, Biauch et Falsimagne, était mestre de camp et enseigne dans la 1re compagnie des gardes du corps de Sa Majesté en 1687. Étant âgé de quarante ans, en 1685, il abjura l'hérésie de Calvin en même temps que sa femme et ses enfants.

Il avait épousé Marie de Giou, dont il eut : 1° Jacques ; 2° Jacqueline ; 3° Jeanne.

[BLANZAGUET (1).]

BLÉREAU, Sr de Grasseveau, paroisse de Saint-Hilaire-la-Treille (2) porte : *de gueules à une bande d'azur, chargée de 3 croix d'argent, et surmontée de trois croissants de même en chef.*

I. — Savien Bléreau épousa, par contrat du 20 février 1530, Marguerite de La Salle.

II. — Jacques Bléreau, écuyer, Sr de Verneuil, paroisse de Voulons (3), épousa, par contrat du 23 avril 1556, Françoise de Chiron, dont 1° Charles, qui suit ; 2° Jean, tonsuré en 1572 ; 3° Antoine, tonsuré aussi en 1572.

III. — Charles Bléreau, écuyer, Sr de Graceveau, épousa, par contrat du 28 septembre 1602, reçu par Moreau, notaire, Gabrielle d'Estruel, fille de feu Jacques d'Estruel, écuyer, Sr de Puymartin, et de Françoise de Rosiers, habitant de la paroisse de Mailhac (4).

IV. — René Bléreau épousa, par contrat du 22 juillet 1636, Sylvie de Montbel.

V. — Léon Blereau.

Cette famille a fait preuve de noblesse en 1598.

Pierre Bleraut, de Château-Renaud, paroisse de La Souterraine (5), épousa ....., dont Léon, qui suit.

Léon Bleraut, écuyer, Sr des Granges, avait épousé Renée Bastide. Il alla à Rome, puis il se fit ermite, en 1726, à Pierrebuffière (6), où il mourut.

BLOM. — En 1362, on trouve un Gérald de Blaonio (Blom près Bellac) abbé de Saint-Genou, en Berry.

Antoine de Blom (7), écuyer, Sr de Beau-Puy (8), Puy-Renaud (9) et des

---

(1) Legros avait des notes sur cette famille à la page 2615, qui est déchirée.
(2) Saint-Hilaire-la-Treille, canton de Magnac-Laval, arrondissement de Bellac (Hte-Vienne).
(3) Voulons, ancienne paroisse réunie au Dorat, chef-lieu de canton, arrondissement de Bellac (Haute-Vienne).
(4) Mailhac, canton de Saint-Sulpice-les-Feuilles, arrondissement de Bellac (Haute-Vienne).
(5) La Souterraine, chef-lieu de canton, arrondissement de Guéret (Creuse).
(6) Pierrebuffière, chef-lieu de canton, arrondissement de Limoges (Haute-Vienne).
(7) Blond, canton et arrondissement de Bellac (Haute-Vienne).
(8) Beau-Puy est une terre près Montmorillon (Vienne).
(9) Puy-Renaud est dit dans la commune de Blond.

Villars, habitant la paroisse de Saulgé en Poitou (1), épousa Françoise de Mont-Rocher (2), dont il eut : 1° Melchior, qui suit; 2° Susanne ou Marie mariée en 1550, à Jacques Estourneau.

Melchior de Blom épousa, en 1557, Marguerite de Gaing, d'Oradour-sur-Glane (3).

Jean de Blom, écuyer Sr de Muruth, châtellenie de Crozan en la Marche (4), épousa ....., dont il eut Gillonne qui épousa, en 1566, Jean Chézeault, écuyer.

Jean de Blond, écuyer, Sr de Mareuil, habitant la paroisse de Brigueil-le-Chantre (5), puis celle de Latu (6) au diocèse de Poitiers, épousa Louise de Cormailhon, dont il eut Jeanne, née le 12 mai 1606.

Charlotte de Blom, veuve de François du Mas, de la ville de Lesterps (7), fut inhumée le 7 mars 1626.

I. — BLONDEAU. — Jean Blondeau, chevalier, Sr du Chambon, paroisse de Condat (8), de Ventoux (9) et Combas (10), trésorier de France au bureau des finances de la généralité de Limoges en 1639, maître d'hôtel de la reine en 1643, conseiller d'État en 1652, et reçu conseiller au présidial de Limoges en 1669, eut une commission pour les ponts et chaussées en 1672. Il avait aussi été lieutenant en la grande prévôté. Il testa le 2 septembre 1676, et aussi, par acte reçu Gadault, le 13 juin 1680. On l'inhuma à Saint-Michel-des-Lions de Limoges. Il avait épousé : 1° par contrat reçu Levesque et Boucot, du 26 avril 1643, Marie du Bois, dont le testament fut reçu par Dufour ; 2° Léonarde Bandy, fille de..... Bandy et de Marguerite Durant, de la ville de Felletin (11) par contrat du 24 novembre 1670, reçu Diverneresses et Gambellon. Cette seconde épouse se remaria, par contrat du 20 mars 1690, à Mathieu Benoît, chevalier, baron de Compreignac.

De Jean Blondeau, et de Léonarde Bandy naquirent : 1° Gabriel, qui suit ; 2° Thérèse, mariée à Mathieu Morel, Sgr de Chabannes-Guerguy et de Saint-Léger-la-Montagne (12), président au présidial de Limoges ; 3° Jean.

II. — Gabriel Blondeau, reçu trésorier au bureau des finances de Limoges, quitta le service à cause des blessures qu'il avait reçues. Les registres de la paroisse Saint-Maurice de Limoges constatent qu'il épousa, le 10 septembre 1697, Madeleine Moulinier, fille de Martial, Sr du Puy-Maud, juge prévôt

---

(1) Saulgé, canton et arrondissement de Montmorillon (Vienne).
(2) Mont-Rocher, château ruiné, commune de Montrol-Senard, canton de Mézières, arrondissement de Bellac (Haute-Vienne).
(3) Oradour-sur-Glane, canton de Saint-Junien, arrondissement de Rochechouart (Haute-Vienne).
(4) Crozant, canton de Dun, arrondissement de Guéret (Creuse).
(5. Brigueil, canton de La Trimouille, arrondissement de Montmorillon (Vienne).
(6) Lathus, canton et arrondissement de Montmorillon (Vienne).
(7) Lesterps, canton et arrondissement de Confolens (Charente).
(8) Condat, canton de Limoges (Haute-Vienne).
(9) Ventoux ou mieux Ventaux, commune de Solignac, canton et arrondissement de Limoges (Haute-Vienne).
(10) Combas, commune de Vicq, canton de Saint-Germain-les-Belles, arrondissement de Saint-Yrieix (Haute-Vienne).
(11) Felletin, chef-lieu de canton, arrondissement d'Aubusson (Creuse).
(12) Saint-Léger-la-Montagne, canton de Laurière, arrondissement de Limoges (Hte-Vienne).

royal de Limoges, et de Barbe de Verthamon. D'eux naquirent : 1° Martial, qui suit; 2° Michel, né le 4 avril 1709, tonsuré en 1724, chanoine-chantre de Montauban ; 3° Jean, capitaine [puis lieutenant-colonel] au régiment de Camille-cavalerie, chevalier de Saint-Louis [il a épousé N... de Baignol, et tous les deux sont vivants en 1793]; 4° Marie-Anne, mariée à Léonard Limousin, S^{gr} de Neuvic (1), greffier en chef du bureau des finances de Limoges, baptisée à Saint-Jean le 28 mai 1719 [et morte en 1796]; 5° Madeleine, mariée à Armand de La Lande, paroissien de Saint-Etienne de Limoges, Sr de Lavaux, paroisse de Bussière-Poitevine (2), et de Neufvillards, paroisse de Saint-Bonnet-la-Rivière (3), 6° et 7° Louise et Marie [une de ces deux dernières mourut, fort âgée, pensionnaire au couvent de Sainte-Ursule de Limoges, en 1775].

III. — Martial Blondeau, reçu trésorier au bureau des finances de Limoges en 1751, Sr de Ventoux [près Solignac], acheta de Léonard Hélie de Pompadour, en 1731, la terre de Laurière. Il épousa, en 1733, Marie Moulinier, dame de Beauvais, fille de Charles, S^r de La Valette, et de Marie Croisier. D'eux naquirent : 1° François [commandant des eaux de Baréges, après avoir été blessé d'un coup de feu à une affaire où il s'était trouvé fort jeune, ce qui lui valut ce commandement et la croix de Saint-Louis. Il ne s'est point marié, et il vit en février 1793]; 2° Léonard [qui suit]; 3° Jean-Baptiste, tonsuré en 1764 [dit l'abbé de Laurière, vicaire général de Rodez]; 4° Marie [mariée, le 21 septembre 1755, à Léonard de Maumont, S^{gr} du Chaslard de Bujaleuf (4), dont plusieurs enfants]; 5° Marie-Anne [d'abord admise à être chanoinesse, puis mariée].

IV. — Léonard Blondeau, officier de cavalerie, devenu par la cession de son frère aîné, marquis de Laurière, a épousé N....., dont il a eu plusieurs enfants, vivants comme lui en février 1793.

Jean Blondeau, Sr de Combas, paroisse de Vicq, conseiller du roi, chevalier d'honneur au présidial de Limoges, épousa Elisabeth Nouailler, dont il eut Madeleine, née le 20 janvier 1712.

BLOYS. — De Bloys, Sr de Seudre, paroisse de Gemonzat, élection de Saintes, porte : *d'argent à une fasce d'azur chargée de trois étoiles d'or.*

I. — Pierre de Bloys épousa Isabeau de Mortaigne (testament de la dite Mortaigne par lequel elle substitue son fils Pierre, et lègue l'usufruit à son mari. — Acte du 15 janvier 1512).

II. — Pierre de Bloys épouse Ardouine de Jarry.

III. — Geoffroy de Bloys épouse Gabrielle de Coustin de Bourzolles le 15 janvier 1581.

IV. — Jacques de Bloys épousa Jeanne de Culant (donation faite, le 14 juin 1623, par Geoffroy, au profit de Jacques, son fils).

V. — Henry de Bloys épouse Esther Grain de Saint-Marsaud le 7 août 1635. Cette famille a fait preuve de noblesse en 1598.

---

(1) Neuvic, canton de Châteauneuf-la-Forêt, arrondissement de Limoges (Haute-Vienne).

(2) Bussière-Poitevine, canton de Mézières, arrondissement de Bellac (Haute-Vienne).

(3) Saint-Bonnet-La-Rivière, canton de Pierrebuffière, arrondissement de Limoges (Haute-Vienne).

(4) Bujaleuf, canton d'Eymoutiers, arrondissement de Limoges (Haute-Vienne).

DU LIMOUSIN.

BOCHARD. — Audebert Bochard, damoiseau en 1382.

BOCHIAC. — Ramnaldus de Bochiac eut pour enfants, d'après le cartulaire manuscrit de Vigeois (1) : 1° Archambaldus de Bochiac ; 2° Wido Daissa, qui partagea ses terres avec son frère Archambaud ; 3° Ermengarde, qui se maria à N..... Garmaza.

BODAYER (2).

BOUERY. — Claude de Boeiry, S^r de La Berthollie, paroisse de Juillac (3) en Haute-Marche, hommes d'armes de trente lances de la compagnie du duc de Mortemart en 1574.

BŒUF. — Noble Geraud du Bœuf, fils de feu Jordain, acheta, en 1326, à Guichard de Comborn, le lieu de La Quintaine, paroisse de Panazol (4).

BOFFI. — Foulques Boffi, damoiseau, épousa N....., dont il eut : 1° Guy ; 2° Agnès, mariée, en 1288, à Arnaud Seschaud, damoiseau de Rochechouart. Elle porta 16 liv. de rente, 170 liv. une fois payées, un lit garni de couvertes, coite, linceuls ; une robe de philippine, etc.

[BOISFORENT. — Jean de Bosco-Forent. (Registres de Roherii, notaire à Limoges, p. 80, n° 66, *apud,* Dom Col.)]

BOISLEVE. — Hector de Boisleve, écuyer, Sr de Saint-Sornin-la-Marche (5), mourut, capitaine d'infanterie, au bourg de Saint-Martin dans l'île de Ré, en mai 1651. Il avait épousé Renée d'Arsemal, dont il eut : 1° Marie, mariée à Jacques de Marsanges ; 2° Anne, mariée à Georges Adhenis, écuyer.

BOISMORIN. — Sr de Chazelles, paroisse de Chierzac, élection de Saintes, porte : *d'azur à un porc épic d'or.*
I. — Marin Morin, Sr du Boys, épousa Marie Heynier le 2 juillet 1531.
II. — Laurent Morin épousa Renée Thibaut le 27 avril 1570.
III. — Pierre Morin épousa Marie de Moulazin le 10 octobre 1587. Il était mestre de camp d'un régiment d'infanterie de dix compagnies de cent hommes chacune. Ce fut le duc de Mayenne qui l'y nomma en 1590.
IV. — Paul de Bois-Morin épousa Marie Arnaud le 2 mai 1639.
V. — Gabriel de Bois-Morin épousa Rachel de Lacour le 21 mai 1659 (6).

---

(1) Vigeois, chef-lieu de canton, arrondissement de Brive (Corrèze). Le cartulaire dont parle Nadaud est celui de l'abbaye bâtie dans le bourg de Vigeois, et où a vécu le chroniqueur Geoffroi de Vigeois.
(2) Nadaud avait des notes sur cette famille à la page 199, déchirée.
(3) Jouillac, canton et arrondissement de Guéret (Creuse).
(4) Panazol, canton et arrondissement de Limoges (Haute-Vienne).
(5) Saint-Sornin-la-Marche, canton du Dorat, arrondissement de Bellac (Haute-Vienne).
(6) Un renvoi de Nadaud indiquait la page 2241, déchirée, pour d'autres notes sur cette famille.

BOISSE. — De Boisse, sieur d'Eyjaux, paroisse du dit lieu (1), porte : *de gueules à trois fasces d'argent, chargées chacune de trois hermines de sable;* ou bien *fascé d'argent et de gueules de six pièces; les fasces d'argent chargées chacune de trois mouchetures d'hermine de sable.*

Les titres qui ont été produits *en original* justifient, dit d'Hozier, non-seulement la noblesse antique et de chevalerie de ceux du surnom de Boisse (*de Buxia*), connus depuis plus de deux siècles, et dont les filiations sont suivies jusqu'à présent, mais encore leurs alliances avec un grand nombre de maisons illustres du royaume, par lesquelles ils ont l'honneur d'appartenir (quoique dans un degré éloigné) à Sa Majesté régnante et à plusieurs souverains de l'Europe. Ces titres établissent ce qui suit :

I. — André de Boisse, chevalier croisé *(miles cruce signatus)*, ainsi qualifié dans l'acte d'acquisition qu'il fit le 12 des kalendes de juin de l'an 1237, d'une rente assignée sur les terres de La Farge, de La Sanguinière et de Baunac, et sur les héritages que Guillaume de Boisse possédait dans la paroisse de Chambaret (2) fut conséquemment un des seigneurs français qui se croisèrent sous le commandement de Thibaut, comte de Champagne, roi de Navarre.

II. — Guillaume de Boisse, Ier du nom, chevalier, mort avant l'an 1275, laissa plusieurs enfants de Jeanne de Moiras, sa femme, sœur de Bernard de Moiras, chevalier, laquelle, par son testament du 11 décembre 1284, fit plusieurs legs à l'hôpital de Saint-Jean de Jérusalem, ainsi qu'à la milice du Temple, et nomma exécuteur de son testament messire Raimond de Boisse, chevalier, et Geoffroy de Boisse, damoiseau, ses beaux-frères.

III. — Guillaume de Boisse, IIe du nom, damoiseau, fils aîné du précédent, transigea, le 1er juillet 1275, avec Bernard de Calonge, religieux de l'abbaye d'Uzerche, Raymond de Roffignac, prieur de Magontières, et autres particuliers, sur les différends qu'ils avaient pour la perception de la grande dîme paroissiale de Chamberet, dont le dit Raymond déclarait être en possession de temps immémorial. Guillaume II de Boisse fit son testament le 8 octobre 1298. Il avait épousé la veuve de Bozon de Royères, Agnès de La Combe, dont il eut, entre autres enfants : 1° Guillaume, qui suit; 2° Alpadie de Boisse, qui épousa Géraud Grille, damoiseau, fils de Géraud Grille, chevalier de Beaumont.

IV. — Guillaume III de Boisse, damoiseau, fit son testament le 17 juin 1318. Il avait épousé, le 4 mai 1312, Agnès de Fresne, sœur de Raymond de Fresne, damoiseau. D'eux naquit Durand, qui suit.

V. — Durand de Boisse, Ier du nom, damoiseau, fit, le 9 janvier 1371, son testament, par lequel il laissa à sa seconde femme l'administration de ses biens et de ses enfants; confirma et augmenta la fondation que ses prédécesseurs avaient faite de la vicairie de Boissse. — Il avait épousé 1°, le 30 septembre 1335, Marguerite de La Jaumont, fille de Gautier, chevalier. Il en eut un fils nommé Raymond de Boisse, damoiseau, qui mourut sans postérité. Il avait épousé 2° Marguerite d'Auriole, dont il eut Raymond, qui suit.

---

(1) Eyjeaux, paroisse, canton de Pierrebuffière, arrondissement de Limoges (Haute-Vienne).
(2) Chambaret, aujourd'hui Chamberet, canton de Treignac, arrondissement de Tulle (Corrèze).

VI. — Raymond, *dit* Moulin de Boisse, damoiseau, épousa, le 15 juin 1394, Marguerite de La Porte de Treignac, fille de Guy, damoiseau. D'eux naquirent : 1° Furien, qui suit ; 2° Antoine de Boisse, damoiseau ; 3° Isabeau de Boisse, qui épousa Hugon Vigier, damoiseau ; 4° Catherine de Boisse, mariée, avant l'an 1435, avec Raymond de Crozent, damoiseau ; 5° Louise de Boisse, qui épousa, le 9 février 1426, Geoffroy Coral, sieur du Mazet.

VII. — Furien de Boisse, damoiseau, sieur de La Farge, fit son testament le 17 septembre 1483. Le 17 janvier 1456, il avait épousé Marie de Saint-Yrieix qui, étant veuve, fit son testament le 20 février 1491, et à laquelle nobles hommes Raynaud et Guillaume de Saint-Yrieix, ses frères, damoiseaux, seigneurs de Saint-Yrieix au diocèse de Limoges, constituèrent en dot la somme de 400 écus. D'eux naquirent : 1° Jean, qui suit ; 2° Léonard *dit* Léonet de Boisse, écuyer, Sgr de Boisse et de Jornhac (1), lequel n'eut que deux filles d'Elisabeth du Monteil, sa femme ; 3° Marguerite de Boisse, femme de Jean de La Porte, écuyer, Sgr d'Ussac ; 4° Anne de Boisse, femme d'Antoine Aubert, écuyer, seigneur de Vigueil, etc.

VIII. — Jean de Boisse, damoiseau, Sgr de La Farge, épousa, le 6 février 1494, Françoise de Boisse (dans d'autres actes le nom est écrit aussi *Boisé* et *Boizai*), fille de Charles de Boisse (*alias* Boisé), écuyer, Sr de Corcenai, et de Catherine Giron, laquelle eut pour père et mère haut et puissant Alain Giron et Catherine de Chauvigny–Châteauroux ; le dit Sgr de Corcenai, fils de Jacques de Boisé, aussi écuyer, sieur de Corcenai, et de Souveraine de Blanchefort de Paudi.

Françoise de Boisse ou Boizé testa, le 17 avril 1539, étant alors veuve de Jean de Boisse, dont elle eut : 1° Amanieu, qui suit ; 2° Léonet de Boisse, Sgr de La Farge, homme d'armes des ordonnances du roi en 1553, et qui mourut sans avoir eu d'enfants de sa femme Guyette de Vérac, mais laissant un fils naturel nommé Gaspard, bâtard de Boisse ; 3° Marguerite de Boisse, femme de Jacques de Louteilh, écuyer, Sgr de La Farge.

IX. — Amanieu ou Emmanion de Boisse, écuyer, Sgr de La Farge, fit son testament après la mort de sa femme, le 9 septembre 1569. Il avait épousé, par contrat du 7 décembre 1539, Anne de Châlus, fille de Maurice de Châlus, écuyer, Sgr de Couzan, d'Hauterche et Châteauneuf. D'eux naquirent, entre autres enfants : 1° Louis de Boisse, qui suit ; 2° Léonard ; 3° François ; 4° Catherine de Boisse, qui épousa, par contrat du 17 août 1563, reçu Brase, Nicolas Baillot, Sr de La Blancherie, et qui mourut sans hoirs.

X. — Noble Louis de Boisse, écuyer, Sr de La Farge, paroisse de Chamberet et de Murat, héritier institué par le testament de son père, racheta certains héritages vendus par ce même père Emmanion, le 21 octobre 1573. Il transigea, le 15 décembre 1579, avec Brandelis de Comborn, écuyer, Sr d'Enval, sur les différends qu'ils avaient pour des *droits de bancs, monument, sépulcres et titres* dans l'église paroissiale de Chamberet, et, par cette transaction, ils convinrent qu'ils en jouiraient l'un et l'autre également. Louis de Boisse fit son testament le 25 mai 1609. Il avait épousé, par contrat du 12 juillet 1574, Isabeau de La Bachellerie, fille de noble Jean,

(1) Jourgnac, canton d'Aixe-sur-Vienne, arrondissement de Limoges (Haute-Vienne).

écuyer, Sgr de La Bachellerie, d'Eyjeaux, etc., et d'Antoinette de Meillars. D'eux naquirent treize enfants, entre autres : 1° Charles, qui suit; 2° Emmanion; 3° Léonard, tonsuré en 1611, prieur de Chastaignols en 1612, puis de Saint-Priest (1); 4° Jacques de Boisse, Sgr de La Mazière, lequel étant sur le point d'aller à la guerre en qualité de capitaine d'une compagnie de gens de pied dans le régiment du seigneur de Meillars, son cousin, fit un testament olographe le 1er mars 1632; 5° Gaspard; 6° Catherine, mariée, le 11 février 1592, avec Jacques de Chauveau, écuyer, Sgr et baron de Rochefort; 7° Jean; 8° autre Catherine, mariée 1° avec Jean, comte d'Alliers; 2°, le 25 novembre 1618, avec Michel de Masvalier, sieur de Travieux; 9° Françoise, femme de Jacques de Lesboulières, écuyer, Sr de Montagoux.

XI. — Charles de Boisse, écuyer, Sr de La Farge, d'Eyjeaux, de Margeride, de La Bachellerie et de Murat, fit son testament le 15 janvier 1649. Il avait épousé, le 2 mars 1628, Françoise de Saint-Nectaire, fille de Jacques, baron de Grollières et Saint-Victour, et de Françoise d'Apchon. D'eux naquirent : 1° Jacques, qui suit; 2° Jean-Charles, tonsuré en 1654, prieur de Saint-Priest-les-Vergnes et de Chataignol en 1659; 3° Paul de Boisse, écuyer, Sr de Murat, dont le mariage fut accordé, le 26 février 1677, avec Marie des Assis, fille de Pierre, Sr de La Chassagne, et de Paule de Maumont; 4° Michel de Boisse, chevalier de l'ordre de Saint-Jean de Jérusalem dit de Malte, dont les preuves furent admises au grand-prieuré d'Auvergne le 12 octobre 1665; 5° Catherine, femme de Pierre de Langlade.

XII. — Jacques de Boisse, écuyer, Sgr de La Farge, d'Eyjeaux, etc., épousa, le 25 juin 1658, Marie de Chevialle, fille de noble Joseph. Ils laissèrent : 1° Joseph, qui suit; 2° Jean-Charles, capitaine de dragons et chevalier de l'ordre militaire de Saint-Louis, Sr de Morterol, paroisse de Ladignac (2), époux d'Anne Pragelier, mort sans hoirs, le 22 mars 1737, à l'âge de soixante, et inhumé au Chalard (3); 3° Michel, prêtre de la Mission à Limoges; 4° Antoine, abbé commendataire de Vigeois [et vicaire général de l'évêque de Limoges, mort en avril 1753; 5° N....., capitaine d'infanterie dans le régiment d'Angoumois; 6° Marie, accordée avec Claude Hugon du Prat.

XIII. — Joseph de Boisse, écuyer, Sgr de La Farge, de La Bachellerie et d'Eyjeaux, épousa, le 19 août 1695, Marie de Félines de La Renaudie. De ce mariage naquirent : 1° Jacques-Joseph, qui suit; 2° Marie-Paule-Thérèse, mariée avec François du Mas de Peyzac.

XIV. — Jacques-Joseph de Boisse, écuyer, Sgr de La Farge, Eyjeaux, La Bachellerie, Margeride, Murat et Treignac, naquit le 27 janvier 1697, et fut reçu page du roi dans sa petite écurie le 16 mars 1712. De son mariage, accordé, le 4 avril 1720, avec Marthe-Ambroise de Landouillette de Logivière, fille de René, marquis de Maule, chevalier de Saint-Louis, commissaire général de l'artillerie de la marine, capitaine de vaisseaux du roi, et de Marthe du Val, il eut : 1° Ambroise-Joseph-François-Dulcem, né le 16 février 1722, et qui suit; 2° François-Joseph de Boisse de Treignac, baptisé

---

(1) Saint-Priest-les-Vergnes, aujourd'hui réuni à Sainte-Anne, canton d'Eymoutiers, arrondissement de Limoges (Haute-Vienne).

(2 et 3) Ladignac ainsi que Le Chalard, sont canton et arrondissement de Saint-Yrieix (Haute-Vienne).

le 26 novembre 1725; 3° André-Charles de Boisse de Murat, né le 4 septembre 1732; 4° Antoine-René de Boisse de La Farge, né le 26 mai 1734 [de Boisse de La Farge, dit le vicomte de Boisse, colonel en second du régiment de Picardie-infanterie et chevalier de Saint-Louis, vivait en 1779]; 5° Joseph-René de Boisse de La Bachellerie, né le 19 octobre 1735; 6° Françoise-Radegonde-Charlotte, née le 26 février 1724; 7° Marie-Marthe, demoiselle de La Farge, née le 5 janvier 1730; 8° Marie-Louise-Eugénie, demoiselle de La Sanguinière, née le 22 juillet 1731; 9° Marie-Rose-Jacqueline, demoiselle de Margeride, née le 1er juillet 1737.

XV. — Ambroise-François-Joseph-Dulcem, marquis de Boisse, vicomte de Treignac, Sgr de La Farge, Eyjeaux, La Bachellerie, maréchal des camps et armées du roi, épousa, en 1761, Marguerite de Bassompierre, paroisse de Lunéville, demeurant à Poussay, diocèse de Toul, laquelle mourut à Lunéville, le 17 avril 1762, âgée de vingt-six ans.

Notes isolées.

Antoine de Boisse, Sr du dit lieu, épousa Renée de Roffignac, dont il eut François, qui suit :

François de Boisse, écuyer, Sr de Fondonnet, paroisse de La Chapelle-Espinasse (1), épousa, dans l'église de Beynac en Bas-Limousin (2), le 3 septembre 1653, Marie de Graffeulh, fille de feu Antoine, conseiller au présidial de Brive, et d'Antoinette du Verdier.

Gilbert de Boisse, écuyer, Sr du Clou, paroisse de Clugnac (3), épousa Isabelle Boucher, dont il eut : 1° N.....; 2° Gabrielle, mariée, dans l'église de Saint-Goussaud (4), le 4 août 1711, à Arnaud Turin, Sr de La Lieussoye, du bourg de La Cellette (5), fils de feu Nicolas et de feue Geneviève Gilbert.

Cette famille a fait preuve de noblesse en 1598.

SOURCES : D'HOZIER : *Armorial général*, Ire partie, p. 75, et papiers de famille. [*Fastes militaires*, T. I, p. 170.]

BOISSEUIL. — Sieur du dit lieu, paroisse de Boisseuil (6), porte : *de gueules à une bande d'argent chargée de 3 larmes de sable.*

I. — Hélie de Boisseuil fit son testament le 3 août 1492. Il avait épousé, le 22 juillet 1457, Antoinette de Bonnefosse, dont il eut Arnaud, qui suit.

II. — Arnaud de Boisseuil fit son testament le 16 janvier 1511. Il épousa, par contrat sans filiation du 25 août 1493, Catherine de Chevalier, dont il eut Antoine, qui suit.

III. — Antoine de Boisseuil fit son testament le 30 juin 1534. Il épousa, par contrat sans filiation du 5 octobre 1515, Philippe d'Hautefort, dont il eut Bertrand, qui suit.

---

(1) La Chapelle-Espinasse, canton d'Egletons, arrondissement de Tulle (Corrèze).
(2) Beynat, chef lieu de canton, arrondissement de Brive (Corrèze).
(3) Clugnac, canton de Châtelus, arrondissement de Boussac (Creuse).
(4) Saint-Goussaud, canton de Bénévent, arrondissement de Bourganeuf (Creuse).
(5) La Cellette, canton de Châtelus, arrondissement de Boussac (Creuse).
(6) Boisseuil, canton de Hautefort, arrondissement de Périgueux (Dordogne).

IV. — Bertrand de Boisseuil fit son testament le 19 novembre 1570. Il épousa, par contrat sans filiation du 8 septembre 1557, Isabeau de Peyraux, dont il eut Antoine qui suit.

V. — Antoine de Boisseuil fit son testament le 10 juillet 1630. En 1621, il était, comme protestant, au siége de Saint-Jean-d'Angely, et n'avait pas beaucoup de croyance parmi ceux de sa religion. Il épousa, par contrat sans filiation du 18 février 1602, Marguerite d'Abzac, dont il eut : 1° Pierre; 2° Jean; 3° Jacques, qui suit.

VI. — Jacques de Boisseuil, maréchal des camps et armées du roi, épousa, par contrat sans filiation du 16 décembre 1640, Susanne de La Faye, dont il eut : 1° Jean, tonsuré en 1659; 2° Françoise, nommée au prieuré de Saint-Pardoux-la-Rivière (1) en avril 1684.

[Le nécrologe de Solignac marquait au 7 mai l'anniversaire de dame Dulcis de Boisseuil.]

Giles de Boisseuil, écuyer, Sr de La Contie, épousa Marthe des Cars, dont il eut : Jean, tonsuré en 1708; Angèle, prieure de Saint-Pardoux-la-Rivière, où elle fut nommée coadjutrice en novembre 1723.

Charles [comte] de Boisseuil, écuyer [lieutenant-colonel du régiment de Mercieux], épousa Marthe d'Abzac, dont il eut : 1° François, qui suit ; 2° Bertrand, tonsuré en 1739.

François de Boisseuilh, capitaine de cavalerie au régiment de Lusignan, épousa, le 27 novembre 1754, Marie-Marguerite-Catherine d'Amblard de Lasmastres, fille de Jean-Marie, commandant de la vénerie du roi, et de Catherine de Bauny. La bénédiction nuptiale leur fut donnée par l'évêque d'Arras dans l'église de la paroisse du château de Versailles, et la comtesse de Toulouse assista à cette cérémonie. Leur contrat de mariage avait été signé le 24 par Leurs Majestés et la famille royale.

N..... Sgr de Boisseuil, épousa Esther d'Hautefort, fille de Marc, Sgr de Gabillon, et d'Anne Roux de Campagnac, et qui avait épousé en premières noces, en 1633, Jean de Fars, Sgr de La Fosse-Landry.

Sources : Papiers de famille ; — *Mercure français*, T. VII, p. 552. — Simplicien, T. VII, p. 348.

BOISSIÈRE, Sr de Labinaud, paroisse de Broues, élection d'Angoulême (2).

BOISSON, Sr de Bassac, paroisse de Roulet (3), élection d'Angoulême, porte : *d'or à 3 romarins de sinople.*

I. — Jean Boisson, étant maire à Angoulême, est reçu conseiller à l'échevinage par la ..... de David Guilhoumeau, le 14 février 1642; puis échevin par la mort d'Hélie Levesquot, le 24 mai suivant. Il fit acte, le 17 septembre, au greffe de l'élection, de vouloir vivre noblement ; Me François Porinnet est pourvu par le décès du dit Boisson le 31 octobre 1647.

Jean Boisson eut pour fils : 1° Hélie, qui suit; 2° N.....; 3° Jacques, baptisé le 8 décembre 1644; 4° Antoine, baptisé le 10 novembre 1644; 5° Jean, baptisé le 26 janvier 1645.

---

(1) Saint-Pardoux-la-Rivière, chef-lieu de canton, arrondissement de Nontron (Dordogne).
(2) Nadaud avait des notes sur cette famille à la page 978, déchirée.
(3) Roulet, canton et arrondissement d'Angoulême (Charente).

DU LIMOUSIN.   201

II. — Hélie Boisson, baptisé le 24 octobre 1639, épousa, le 14 juin 1657, Marie de La Rochefoudaud.

BOISVERT (1).

[BOLFIN. — Jordain Bolfin, écuyer ou chevalier, S^{gr} de Bussière-Bolfin, vivait avant 1232, et en 1245 il est qualifié de S^{gr} de Saint-Sylvestre (2).]

BON. — Noble Louis de Bon, Sr de Bostfren, épousa Gabrielle de Turenne, dame de La Bastide, de La Porte-Queynie et en partie d'Alassac (3), où elle demeurait étant veuve. D'eux naquit François de Bon, écuyer, Sr du Bostfren, à qui sa mère fit, le 4 octobre 1582, donation par acte reçu de Prault,

[BONDAZEAU, mieux BORNAZEAU, terre mouvante de la châtellenie et juridiction de la baronnie de Nontron, au diocèse de Limoges (4).]

BONET. — Artus Bonet, damoiseau, Sr du Puy, épousa N....., dont Pierre, chanoine à Saint-Junien en 1525 (5).

BONNAC (6).

BONNE (7).

BONNEFONT (8).

BONNEGUISE. — Charles Gratien, comte de Bonneguise, de la paroisse de Saint-Giles-la-Forêt (9), épousa, en 1766, Marie-Elisabeth-Charlotte Le Mais, de la paroisse de Sainte-Marguerite à Paris. [Jean de Bonneguise, sacré évêque d'Arras le 22 octobre 1752, et mort avant 1774, était de cette maison.]

BONNET. — Noble Jean Bonnet dit La Brelhe, de Châteauneuf (10), épousa N....., dont il eut Pierre, curé de Saint-Julien en 1472.

Jean Bonnet, écuyer, demeurant à Rochechouard, épousa N....., dont il eut Jean, né le 28 juillet 1559.

(1) Nadaud avait des notes sur la famille Boisvert à la page 2616, dechirée.
(2) Legros dit qu'il avait des notes plus explicites sur ce gentilhomme dans ses *Mémoires manuscrits pour les abbayes du Limousin*, aux pages 498 et 502, pages qui appartenaient à la *Notice sur l'abbaye de Grandmont*, notice arrachée du volume. — Bussière-Boffi, canton de Mézières, arrondissement de Bellac, et Saint-Sylvestre, canton de Laurière, arrondissement de Limoges (Haute-Vienne).
(3) Allassac, canton de Donzenac, arrondissement de Brive (Corrèze).
(4) Legros indique une note sur les seigneurs de Bondazeau dans le 1er volume de ses *Mélanges manuscrits* à la page 353, qui est déchirée.
(5) Saint-Junien, chef-lieu de canton, arrondissement de Rochechouart (Haute-Vienne).
(6) Nadaud avait des notes sur cette famille à la page 1049, déchirée.
(7) Les notes recueillies par Nadaud sur cette famille se trouvaient à la page 2029, également déchirée.
(8) Nadaud avait des notes sur cette famille, d'après sa table du second volume, à la page 1049, déchirée. Voyez aussi DES MAISONS DE BONNEFONT.
(9) Saint-Gilles-les-Forêts, canton de Châteauneuf, arrondissement de Limoges (Hte-Vienne).
(10) Châteauneuf, chef-lieu de canton, arrondissement de Limoges (Haute-Vienne).

Gabriel Bonnet, Sr du Breuille, paroisse de Châteauneuf, fut trouvé gentilhomme en 1598.

BONNETIE, Sr de Champagnac, paroisse de Nexon (1), et des Planches, paroisse de Meuzac (2). — Porte : *d'azur à deux tours d'argent maçonnées de sable, au chef d'or chargé d'un lion passant de gueules.*

I. — Jean de Bonnetie fit donation à ses fils Jean le 4 février 1540. Ces deux frères Jean de Bonnetie consentirent des obligations le 12 février 1559 et le 20 février 1571.

II. — Jean de Bonnetie épousa 1°, par contrat sans filiation du 5 juin 1560, Catherine de La Tour ; épousa 2°, par autre contrat sans filiation du 30 janvier 1572, Jeanne des Pousses. Par son testament du 13 décembre 1588, le dit Jean institue son fils aîné Jean, né de son premier mariage, et il fait légat à Hugues, Hercule et Germain, ses autres enfants, nés du second mariage. Le 15 septembre 1607, il y eut transaction entre Jeanne des Pousses, alors veuve, et les deux frères Jean et Hugues.

III. — Jean de Bonnetie épousa, par contrat du 13 décembre 1609, Catherine Michel, dont il eut Jean, baptisé le 14 septembre 1630.

III *bis*. — Noble Hugues de Bonnetie, écuyer, Sr du dit lieu et de Champagnac, paroisse de Nexon, fut maintenu dans son privilége et exemption de tailles par sentence de l'élection de Limoges du 6 juillet 1634. Il épousa, par contrat du 11 décembre 1611, signé de Poumaret, Jeanne de Maumont, fille de feu noble François, de la paroisse de Saint-Maurice, et de Léonarde Lambert. Le 4 octobre 1642, par acte signé Sazerat, Jeanne de Maumont fit un testament mutuel avec son mari en faveur de Jean, leur fils. D'eux naquirent : 1° Jean qui suit ; 2° Louis, Sr de Leyssard ; 3° Susanne ; 4° Marguerite ; 5° Gabrielle ; 6° Françoise.

IV. — Jean de Bonnetie, écuyer, Sr du Claud (3).

BONNEVAL. — Porte : *d'azur à un lion d'or, armé et lampassé de gueules ;* pour supports, *deux griffons d'or.*

Cette maison a toujours passé pour une des plus nobles du Limousin, où l'on disait autrefois : *Richesse des Cars, noblesse de Bonneval.*

Elle possède, de temps immémorial, la terre de Bonneval, qui est située à sept lieues de Limoges, et dont elle tire son nom. Cette terre est fort considérable, tant en revenus qu'en droits seigneuriaux. Elle consiste en un gros château, un grand et beau parc, un bourg fermé et soixante villages.

[Le bourg de Coussac-Bonneval (4) est le chef-lieu de ce comté.]

La maison de Bonneval possède encore, en Limousin, depuis le xive siècle, la terre de Blanchefort, qui lui a été apportée par une fille de la maison de Comborn (5). Elle a toujours contracté des alliances avec les meilleures

---

(1) Nexon, chef-lieu de canton, arrondissement de Saint-Yrieix (Haute-Vienne).

(2) Meuzac, canton de Saint-Germain-les-Belles, arrondissement de Saint-Yrieix (Haute-Vienne).

(3) Voir aussi : Des Pousses, sieur de Bonnétie.

(4) Coussac-Bonneval, canton et arrondissement de Saint-Yrieix-la-Perche (Haute-Vienne).

(5) Blanchefort, commune de La Graulière, canton de Seilhac, arrondissement de Tulle (Corrèze). — Blanchefort est aujourd'hui la propriété de M. de Meynard. J. de Meynard de Chabannes, conseiller du roi, lieutenant criminel à Uzerche, l'acheta de la famille de Bonneval.

maisons du Limousin et des provinces voisines, [elle a donné deux femmes à la maison de Montbas], et, par une alliance directe avec la maison de Foix, elle se trouve alliée à la plupart des maisons souveraines de l'Europe, [elle l'est à la maison royale de Bourbon–Navarre, aujourd'hui régnante en France].

On trouve dans le xi⁵ siècle un Géraud de Bonneval qui, par lettres de de 1055, abandonna à Adalfrède ou Affrède, abbé, et aux moines de l'abbaye de Solignac en Limousin, une borderie ou ferme appelée dans l'acte *mansum Monthilii*. Un vieil écrit de la famille porte qu'un Roger de Bonneval fut marié, dans le xiii⁵ siècle, avec Anne de Lestranges ; mais, faute de titre, on ne peut assurer s'il fut père de celui qui suit. — [Arnaud de Bonneval figure en 1220 dans un acte relatif à l'abbaye de Grandmont.]

I. — Jean, Sgr de Bonneval, Iᵉʳ du nom, est celui par qui du Bouchet commence la filiation de cette maison. Du Bouchet lui donne pour femme, vers l'an 1300, Alixe d'Aixe (en latin *Axia*) (1), qui pouvait être fille d'Aimeric d'Aixe, chevalier, Sgr en partie de Montbrun (2), et d'Agnès, fille d'Audoin Béchade, damoiseau ; ces derniers mariés vers l'an 1270.

De Jean Iᵉʳ de Bonneval et d'Alixe d'Aixe, naquirent : 1º Jean, qui suit ; 2º et 3º Aimeric et Rodulphe, dont on connaît simplement le nom ; 4º Aude, morte fille avant l'an 1366. — Du Bouchet met au nombre des enfants de Jean Iᵉʳ, Antoinette, que d'autres nomment Marguerite de Bonneval, et qui, en 1356, était veuve de Guy Foucaud, IIᵉ du nom, Sgr de Saint-Germain (3). Elle ne vivait plus en 1368. On trouve encore une Marthe de Bonneval, femme, en 1316, de Guy, Sgr de Beynac en Périgord (4).

— Guillaume de Bonneval était, d'après un manuscrit, prévôt de Saint-Benoît-du-Sault, au diocèse de Bourges, en 1365.

Colin de Bonneval était à la revue faite à Daim le 20 août 1385.

II. — Jean II, Sgr de Bonneval, chevalier, fut capitaine d'une compagnie de gendarmes, desservie au service du roi en ses guerres, ès-parties de Saintonge et ès-pays de Limosin et de Périgord et lieux voisins deçà la Dordogne, tant sous le gouvernement d'Audebert, sire de Sassenage, que sous celui de M. Regnaut de Pons, sire de Montfort, chevalier, capitaine général pour le roi par deçà la Dordogne, suivant divers mandements des trésoriers du roi, à Paris, au receveur de Poitou et Saintonge, en date des 6 novembre 1338, 29 avril 1343 et 29 avril 1353, et plusieurs quittances de lui, pour ses gages et ceux de deux écuyers de sa compagnie, datées des 16 mai 1334, 17 septembre et 16 mars 1354, et scellées tant d'un grand que d'un petit sceau de ses armes.

On lui donne pour femme Aude de Tranchelion, dont il eut : 1º Jean III, qui suit ; 2º Aymeric, qui sera mentionné après son frère ; 3º Rodolphe, qui acquit partie de la terre de Blanchefort de Jean III, son frère aîné, et de sa femme, et qui transigea avec lui, pour raison de certains héritages, le 4 septembre 1376. Il suivit, comme ses frères, le parti du roi d'Angle-

---

(1) Aixe-sur-Vienne, chef-lieu de canton, arrondissement de Limoges (Haute-Vienne).

(2) Montbrun, commune de Dournazac, canton de Saint-Mathieu, arrondissement de Rochechouart (Haute-Vienne).

(3) Saint-Germain-Beaupré, canton de La Souterraine, arrondissement de Guéret (Creuse).

(4) Beynac, canton et arrondissement de Sarlat (Dordogne).

terre; il avait épousé Aude de la Marche, qui vivait encore en 1401, et qui fut mère de Bernard de Bonneval, lequel, par acte du 25 février 1399, fit donation à Jean de Bonneval IV° du nom, son cousin germain, de partie de la terre et seigneurie de Blanchefort, qui lui appartenait comme héritier de feu son père; 4° Bernard de Bonneval, qui fut évêque de Rimini, Spolette, Bologne et Nimes, puis de Limoges, où il prit possession le 27 janvier 1391; il mourut à Isle (1) le 21 novembre 1403, et fut enterré dans sa cathédrale; 5° Guillaume, abbé de Saint-Lomer de Blois en 1401; 6° Agnès, religieuse; 7° Denise, femme de Jean de Boherne; 8° Marie, femme de Guillaume Pallent; 9° Hélis, femme de Robert de Prothie de Ladignac (2), 10° Marguerite, femme d'Alexandre Tison, Sr du Cluzet.

On trouve dans Monstrelet que Valérien de Bonneval combattait sous les drapeaux de l'Angleterre, sous le duc de Bedfort, pour contenir dans le devoir la ville de Paris, en 1429.

III. — Jean III, S^{gr} de Bonneval, chevalier, tint, avec Aymeric et Rodolphe de Bonneval, ses frères, le parti du roi d'Angleterre; et, quoique, par le traité de Brétigny du 28 octobre 1360, ils fussent devenus ses vassaux et ses sujets, ils furent néanmoins déclarés en France ennemis et rebelles, et leurs biens meubles furent donnés au connétable Bertrand du Guesclin, qui, étant à Poitiers, en fit don, le 9 août 1372, à son ami Pierre de La Roche-Rousse, écuyer de Bretagne; ce qui fut confirmé par arrêt du mois de mars 1373. Mais, peu après, les trois frères rentrèrent en l'obéissance du roi Charles V, comme il paraît par des lettres de rémission et d'abolition qui leur furent accordées dans la même année 1373.

Jean III fut marié avec Alixe de Brenne (mieux de Bré), nommée *de Brenno* (3) dans les titres latins. Il en eut Jean de Bonneval et trois autres fils, tous morts jeunes, puis deux filles : 1° Marie, veuve, le 16 juillet 1399, de Henri Le Bard, dont elle eut plusieurs enfants; 2° Helips, mariée, par contrat du 4 novembre 1377, avec noble Bertrand de Maumont, S^{gr} de Gimel (4).

III *bis*. — Aymeric de Bonneval, deuxième fils de Jean II, S^{gr} de Bonneval, et d'Eude de Tranchelion, suivit, avec ses frères, depuis le traité de Brétigny, le parti du roi d'Angleterre, et rentra avec eux sous l'obéissance du roi Charles V en 1373.

Il épousa Sibylle de Comborn, dame de Blanchefort, fille de Guichard, S^{gr} de Treignac (5), et d'Isabelle, dame de Blanchefort, et vendit, avec elle, à Rodolphe de Bonneval, son frère, une partie de la terre de Blanchefort. Après la mort d'Aymeric, Sibylle de Comborn, sa veuve, fit, le 25 février 1399, donation de ce qui lui restait de cette terre de Blanchefort à Jean de Bonneval, son fils aîné, pour la joindre à l'autre partie qui lui fut donnée, par acte du même jour, par Bernard de Bonneval, son cousin

---

(1) Isle, où était le château des évêques de Limoges, sur la rive droite de la Vienne, est du canton et de l'arrondissement de Limoges.

(2) Ladignac, canton et arrondissement de Saint-Yrieix (Haute-Vienne).

(3) Bré, château en ruine, commune de Coussac-Bonneval, canton et arrondissement de Saint-Yrieix (Haute-Vienne).

(4) Gimel, canton et arrondissement de Tulle (Corrèze).

(5) Treignac, chef-lieu de canton, arrondissement de Tulle (Corrèze).

germain, propriétaire de cette partie comme héritier de feu son père, qui l'avait acquise.

Des enfants qu'Aymeric de Bonneval put avoir de Sibylle de Comborn on ne connaît que Jean IV, qui suit.

— On voit dans Monstrelet que Valérien de Bonneval combattit sous les drapeaux de l'Angleterre, et qu'il était en garnison, sous le duc de Bedfort, pour contenir dans le devoir la ville de Paris en 1429.

IV. — Jean IV, S^{gr} de de Bonneval et de Blanchefort, chevalier, succéda en la terre de Bonneval préférablement aux filles de Jean III, ses cousines, et il réunit en sa personne celle de Blanchefort au moyen des donations qui lui en furent faites comme nous avons dit. Il fit diverses acquisitons dans cette terre, d'Aymeric Chat, Sr de Lage, pour en jouir de la manière et aux mêmes droits qu'en avait joui ci-devant la maison de Comborn. Par le contrat de cette acquisition, du 11 décembre 1404, il est qualifié *noble et puissant seigneur et chevalier*. Lui et Jean de Comborn, S^{gr} de Treignac, Louis de Pierrebuffière, Louis de Châteauneuf, S^{gr} de Peyrat, et le S^{gr} des Cars, damoiseau, firent, le 12 mars 1417, un traité pour tout le pays de Limousin avec le lieutenant de la vicomté de Limoges, au nom du prince et S^{gr} de Limoges, pour l'entière destruction du château d'Ayen (1), qui appartenait au vicomte de Limoges. Par cet acte, il est encore qualifié *noble et puissant homme et chevalier*.

Raymond Froid, damoiseau, se voyant persécuté par certaines personnes puissantes dans les biens qu'ils possédait en Limousin, fit, par acte du 2 octobre 1422, dans l'intention de se faire un protecteur capable de le garantir de ces vexations, donation entre vifs de ses biens à *noble et puissant seigneur Jean de Bonneval, S^{gr} de Bonneval et de Blanchefort, à cause de sa bonne réputation*, de sa probité et de sa grande noblesse, dont et de tout il dit avoir connaissance.

En 1429, Jean IV de Bonneval suivait le parti des Anglais au siége de Paris. Le 9 novembre 1430, il fit son testament, par lequel il déclara Delphine de Montbert, sa femme, maîtresse de tous ses enfants et biens, institua son fils aîné héritier universel à la charge de substitution, fit des legs à tous ses autres enfants, tant garçons que filles, et nomma sa femme son exécutrice testamentaire conjointement avec Trouillard de Montbert, son frère germain.

Sa femme était fille d'Audebert, S^{gr} de Montbert et de Magnac, chevalier notable du pays de Guyenne. Étant veuve, elle constitua, le 30 octobre 1436, pour procureurs, nobles Jean de Rocha-Neymo, chevalier, S^{gr} de Saint-Maixent (2), Antoine de Rocha de Guo, S^{gr} du Puy-Malsignat (3), et Gabriel de Bonneval, son fils, pour faire hommage au vicomte de la Marche. L'acte fut signé par le dit Personne.

Cette dame, par acte du 13 janvier 1443, transigea avec Étienne du Mas, capitaine du château de Sadran, faisant pour l'évêque de Limoges, au sujet des droits de sa terre de Blanchefort. Dans cet acte il est dit que : *ses hom-*

---

(1) Ayen, chef-lieu de canton, arrondissement de Brive (Corrèze).
(2) Roche-Aymon, seigneur de Saint-Maixant, canton et arrondissement d'Aubusson (Creuse).
(3) Rochedragon, seigneur de Puy-Malsignat, commune de Saint-Médard, canton de Chénerailles, arrondissement d'Aubusson (Creuse).

mes de Blanchefort ne seront point obligés à contribuer aux fortifications de l'église de La Grollière, quoiqu'ils en soient paroissiens, que de leur bon gré ; qu'on ne pourra les tailler ni cotter pour les réparations s'ils n'ont du bien en cette paroisse, et qu'on ne pourra le faire sans qu'elle soit appelée, ou le capitaine de son château, et il lui est permis de retirer ses hardes et effets en cette église, sans être obligée à rien.

Elle passa aussi un compromis, le 23 juin 1444, avec Pierre Costini, abbé de Vigeois, au sujet de leurs droits respectifs sur une borderie située en la paroisse de Vigeois (1). Par cet acte et par le précédent, elle est qualifiée de *noble, haute et puissante dame madame.* Ses enfants furent : 1° Bernard, S^{gr} de Bonneval, qui suit; 2° Guillaume, qui a fait la branche des Seigneurs de Montbert et de Magnac (2); 3° Hugues, tige de la branche des seigneurs de Chastaing (3), Langle et Jurigny qui se sont substituées; 4° Gabriel, S^{gr} du Teil et de Rochebrune en la Marche, qui plaidait au parlement de Paris, conjointement avec Guillaume, son frère, contre l'évêque de Limoges en 1443 et 1447. Bernard, son frère aîné, le nomma, par son testament du 14 octobre 1480, l'un de ses exécuteurs testamentaires. Ce Gabriel de Bonneval fut marié à Jeanne Morrine, et n'en eut pas d'enfants. Après sa mort, Jean et Antoine de Bonneval, dits de Montbert, ses neveux, s'emparèrent de sa succession ; mais elle fut depuis adjugée à Antoine, S^{gr} de Bonneval, et à Foucauld de Bonneval frères, aussi ses neveux ; 5° Guillot de Bonneval, mentionné dans le testament de son père de l'an 1430 et dans les donations faites, en 1449, à Guillaume et à Hugues, ses frères, par Trouillard de Montbert, leur oncle ; 6° Godefroy de Bonneval, mentionné pareillement dans le testament de son père et dans un acte du 3 février 1449, par lequel Guillaume et Hugues ses frères, à la prière de Trouillard de Montbert, leur oncle, s'obligent à lui payer la somme de 250 livres d'or bon et de poids ; 7° Pierre de Bonneval, moine de l'ordre de Saint-Benoît, qui fut nommé, le 12 mars 1441, abbé de l'abbaye de Saint-Allyre, du même ordre, au diocèse de Clermont ; ses bulles lui furent accordées par le pape, le 20 janvier 1442, tant à cause qu'il était doué de bonnes mœurs que parce qu'il était procréé de très noble race. Il fut présent à une transaction passée entre Guillaume et Hugues, ses frères, et leurs femmes, le 9 mai 1448, et à la donation qui leur fut faite par Trouillard de Montbert, leur oncle, le 3 février 1449. Il avait transigé, le 22 juin précédent, en qualité d'abbé de Saint-Allyre, avec Jacques de Comborn, évêque de Clermont, dit un manuscrit, pour quelques dîmes. Il siégeait en 1455 et en 1460 ; 8° frère Jean de Bonneval, prieur de Tardes (4), de l'ordre de Saint-Augustin, et qui constitua pour procureurs Bernard de Bonneval, chevalier, et ses autres frères, le 10 octobre 1436, par acte signé PERSONNE, *clericus;* acte gardé dans les archives du chapitre de Saint-

---

(1) Vigeois, chef-lieu de canton arrondissement de Brive (Corrèze).

(2) Magnac-Bourg, canton de Saint-Germain-les-Belles, arrondissement de Saint-Yrieix (Haute-Vienne).

(3) Le Châtain, commune d'Arfeuille-Châtain, canton d'Evaux, arrondissement d'Aubusson (Creuse).

(4) Tardes, canton de Chambon, arrondissement de Boussac (Creuse).

Yrieix; 9° Christine de Bonneval, femme de Géraud de Saint-Aignan, l'an 1443 : tous deux ils vendirent, en 1479, à Foucaud de Bonneval, leur neveu, la terre de Mimolle, située dans la paroisse de Meuzac (1), 10° Alliette de Bonneval, connue seulement par le testament de son père, où elle est mentionnée; 11° Marguerite, femme, en 1445, d'Antoine de Rochedragon, S^{gr} du Puy-Malseignat.

Quelques-uns mettent encore au nombre des enfants de Jean IV de Bonneval Jeanne de Bonneval, femme, en 1430, de Jean Foucaud.

— Dans le même temps vivait Olivier de Bonneval, qui acquit la terre de Meyssac, en la paroisse de Libersac en Limousin (2), d'Antoine de Meysac, par contrat du 24 février 1445. C'est le seul titre que l'on trouve de lui. Cette terre de Meysac appartient depuis à Foucaud de Bonneval, fils puîné de Bernard, qui suit; mais il l'eut on ne sait à quel titre.

V. — Bernard de Bonneval, chevalier, S^{gr} de Bonneval et de Blanchefort, rendit hommage, pour lui et ses héritiers et successeurs, à noble, excellent et illustre prince M. Jean de Bretagne, comte de Penthièvre et de Périgord, vicomte de Limoges, à cause de sa terre et seigneurie de Bonneval, par acte du 23 avril 1441, dans lequel il est traité de *noble et puissant seigneur, monsieur et chevalier*.

Il fut, dit Baluze, témoin du contrat de mariage de Guillaume de Bretagne, frère de Jean, nommé ci-dessus, avec Isabeau de La Tour de Montgascon, le 8 juin 1450. Dans l'acte il est dit chevalier.

D'après Duchesne, il fut un des seigneurs que ce même Guillaume de Bretagne ordonna, par son testament, pour tuteurs à Françoise de Bretagne, sa fille et son héritière. Le 25 novembre 1456, il assista, à Ségur (3), au contrat de mariage d'Isabeau de La Tour d'Auvergne avec Arnaud Aménion de Lebret.

Dans une plaidoirie qui fut faite par lui, au parlement de Paris, le 24 mars 1457, son avocat dit qu'il était *notable et bien renommé; que, entre ses autres terres, on comptait la châtellenie de Blanchefort, où il avait tout droit de justice, et qu'il y avait plusieurs terres et héritages tenus de lui à foi et hommage*.

Bernard de Bonneval défendit Paris pour les Anglais avec Jean de Luxembourg et le S^{gr} de l'Isle-Adam.

Il fit, le 14 octobre 1480, son testament, par lequel il déclare sa femme maîtresse de tous ses enfants et son exécutrice testamentaire conjointement avec Gabriel de Bonneval, son frère. En même temps il institua son fils aîné héritier universel; il fit un légat au cadet, et légua à ses quatre filles cinq livres une fois payées, lorsqu'elles seront payées de ce qui leur resterait dû de leur dot.

Il avait été marié, par contrat du 16 février 1432, à Marguerite de Pierrebuffière, dont il eut : 1° Antoine, qui suit; 2° Foucaud qui a fait la branche des seigneurs de La Roque-Meysac; 3° Jeanne, mariée, par contrat du 16 janvier 1459, Jean de Lasteyrie; 4° Marguerite, mariée en 1448, à Pierre Cotet; 5° et 6° deux filles, dont les alliances sont inconnues.

---

(1) Meuzac, canton de Saint-Germain-les-Belles, arrondissement de Saint-Yrieix (Haute-Vienne).

(2) Libresac ou Lubersac, chef-lieu de canton arrondissement de Brive (Corrèze).

(3) Ségur, canton de Lubersac, arrondissement de Brive (Corrèze).

On trouve dans le même temps Giron, bâtard de Bonneval, hommes d'armes de la compagnie de trente lances de l'ordonnance du roi, à la mode d'Italie, sous la charge d'Antoine de Bonneval, suivant les montres des 16 mai, 28 novembre et 19 mars 1489.

VI. — Antoine de Bonneval, chevalier S^{gr} de Bonneval, de Coussac, de Blanchefort et du Teil, était, en 1470, premier chambellan de Gaston de Foix, roi de Navarre et comte de Foix. Il fut aussi conseiller et chambellan des rois Louis XI, Charles VIII et Louis XII. Le premier lui accorda une pension de 1,200 livres, qui lui fut continuée par son successeur, comme il paraît par plusieurs de ses quittances des 22 mai 1473, 20 décembre 1477, 7 mars 1497, etc. Il fut, sous les mêmes règnes, capitaine des châteaux de Perpignan, Puycerda, Collioure, Bellegarde, La Roque et autres lieux en dépendant, suivant diverses quittances qu'il donna, en cette qualité, tant pour ses gages que pour ceux des hommes d'armes, des garnisons de ces places, les 14 juillet 5 septembre et 25 novembre 1474, 22 février 1488, 10 mai 1489 et 24 juillet 1494. De plus, il eut la charge d'une compagnie de trente lances de l'ordonnance du roi à la mode d'Italie et d'une autre compagnie de cent hommes d'armes. On a encore plusieurs montres et revues de ces compagnies, datées des 10 février 1487, 7 mai, 22 août et 7 décembre 1488, 16 mai, 28 novembre et 19 mars 1489, 5 novembre et 5 février 1490, etc., et plusieurs de ses quittances pour ses gages en qualité de capitaine de ces compagnies, datées des 20 janvier 1490, 18 janvier 1491 et 9 février 1492, comme aussi une information du 13 mai 1496, faite à sa requête, au sujet de certains outrages faits à un archer de sa compagnie.

Il était revêtu de l'office de juge et viguier de la ville, terre et juridiction du pariage de Saint-Yrieix, pour le roi, et les doyen, chanoines et chapitre du même lieu. Il avait pour lieutenant-général, exerçant la justice dans ce lieu en son nom, Étienne Tenant, licencié ès-lois, comme il paraît par une enquête faite en cette juridiction le 11 septembre 1486.

Cette charge de viguier est la même chose que celle de procureur et bailli de l'épée, et l'on trouve plusieurs seigneurs de bonne maison qui ont été titulaires de pareilles charges, qui se trouvaient à leur bienséance tant pour le profit qu'ils en pouvaient tirer que par l'autorité qu'elles leur donnaient.

Le 6 juillet 1495, il se trouvait à la bataille de Fornoue. Il fut fait depuis gouverneur et sénéchal du Haut et Bas-Limousin, et on le trouve qualifié tel, en 1499, par plusieurs titres, puis par un arrêt du parlement de Bordeaux du 14 juin 1497 et par un contrat d'acquisition par lui faite du 17 septembre 1500. Il avait acquis le bourg et la paroisse de Coussac dans la châtellenie de Ségur, pour 4,000 livres, de Jean d'Albret, roi de Navarre, par contrat du 3 septembre 1486. Le prince s'était réservé, dans cette terre, la faculté de rachat de dix ans : il s'en désista, et en fit don entre vifs non révocable et à jamais, tant à Antoine de Bonneval qu'à Germain de Bonneval, son fils aîné, en considération de leurs bons et agréables services, et cela par acte du 22 décembre 1496.

[Le dernier janvier 1499, il fut un des témoins du contrat de mariage de Jacques de Castelnau avec Françoise de Turenne.]

Le 22 mai 1500, à Lyon, il prit part à un tournois à côté du roi, et il y fit si bien qu'il n'y eut rien à redire.

Antoine Bonneval, qui servit toute sa vie, fut chargé, par commission du roi Louis XII, le 15 août 1504, dans laquelle le roi le qualifie *son conseiller et maître d'hôtel ordinaire,* de faire la montre de la compagnie des gens de guerre des ordonnances, étant sous la charge du S^{gr} de Chatillon, qui étaient logés en Limousin, accordant pouvoir d'étendre leur logement en une autre garnison, comme bon lui semblerait, et d'appeler avec lui un notaire pour informer de certain meurtre commis, dans la ville de Tulle, en la personne de deux hommes d'armes et archers de cette compagnie.

Enfin ce seigneur, qui fut toujours en grande considération, comblé d'honneurs et de biens considérables que lui avaient mérités les importants services rendus par lui à l'État, sans discontinuer, pendant trois règnes, mourut dans son château de Bonneval le 18 septembre 1505, dans un âge avancé, après avoir testé le 12 juillet précédent.

Il avait épousé, en 1471, Marguerite de Foix, seconde fille de Mathieu de Foix, comte de Comminges, S^{gr} de Serrières, chevalier de l'ordre de la Toison-d'Or et gouverneur du Dauphiné pour le roi Charles VII, et de Catherine de Coaraze, sa seconde femme, vicomtesse de Curmain, dame de Noailles, de Coaraze, d'Appel et de Saint-Félix. Elle était cousine germaine de Gaston de Foix, IVe du nom, roi de Navarre, comte de Foix et de Bigorre, S^{gr} de Béarn, qui, désirant l'accomplissement de ce mariage proposé par lui, commit, de l'avis de ses comtes, par mandement donné à Péralte le 8 septembre 1470, son conseiller maître Mathieu d'Artigaloube, docteur en droit canon et électeur de Palme, pour traiter et conclure ce mariage, lui donnant plein pouvoir et libre faculté de promettre une somme de deniers ou la valeur, à prendre et payer ainsi qu'il verrait bon être, et d'y obliger tous ses biens, cens, rentes et revenus.

En même temps, Antoine de Bonneval, qui était occupé au service de ce prince dans son royaume de Navarre, ne pouvant honnêtement quitter et aller en personne pour traiter de son mariage, donna procuration à cet effet au même d'Artigaloube, par acte passé à Péralte, en présence du roi de Navarre et des seigneurs de sa cour, le 18 du même mois de septembre 1470, signé de lui, et scellé de son sceau en cire rouge. En conséquence de ces pouvoirs, les articles du mariage furent signés le 5 novembre 1471, et le contrat fut passé au château de Saint-Félix le 20 décembre suivant. Il y fut stipulé, entre autres, que les enfants à naître de ce mariage hériteraient en tous les biens et seigneuries du futur, les fils préférés aux filles, qu'ils serait constitué à la future par sa mère 9,000 réaux d'or; qu'Antoine de Bonneval paierait, pour la dot de Jeanne, sœur aînée de sa future épouse, 5,000 réaux d'or, au nom de sa mère, à Jean de Foix, son mari, S^{gr} d'Audoux et comte de Carmain, qui lui en donnerait sa reconnaissance; que toutes les terres de la dame de Coaraze appartiendraient en entier aux futurs époux après le décès de cette dame et de Jean, vicomte de Carmain, S^{gr} de Noailles, d'Appel, de Coaraze et de Saint-Félix, son second mari; que, au cas où Antoine de Bonneval vint à survivre à Marguerite de Foix sans enfants, il serait cherché, si, dans la parenté de dame Catherine de Coaraze, il n'y aurait aucune fille convenable et propre à marier avec Antoine de Bonneval, et que, si l'on pouvait avoir dispense, il serait tenu de l'épouser, afin que la maison ne vînt à se perdre; que, après la solennité du mariage, les vassaux de la terre et seigneurie de Coaraze feraient serment d'obéissance aux futurs mariés, et que leurs enfants seraient tenus de porter les noms et les armes de Coaraze après le décès du vicomte de Carmain.

Depuis cette alliance, les descendants d'Antoine de Bonneval furent toujours traités de *cousins* par les rois et les reines de Navarre jusqu'à la reine Jeanne d'Albret, mère de Henri IV.

Marguerite de Foix fit, le 13 avril 1508, son testament, par lequel elle ordonna sa sépulture dans l'église de Coussac, devant le grand autel, où feu Antoine de Bonneval, son mari, était enterré. Leurs enfants furent : 1° Germain, qui suit ; 2° Foucaud, qui était conseiller de Louis XII et son aumônier ordinaire lorsque, en 1510, il fut nommé évêque de Limoges en concurrence avec Guillaume de Montbas. Il assista, comme évêque de Limoges, au concile de Pise le 1er novembre 1511. Pour terminer le procès suscité par Guillaume de Montbas relativement à cet évêché, les deux concurrents se désistèrent, et, en 1514, Foucaud de Bonneval fut nommé à l'évêché de Soissons; puis, en 1528, il passa à l'évêché de Bazas, qu'il permuta, la même année, ainsi que son prieuré de Leirac, contre l'évêché de Périgueux. Il mourut dans ce dernier poste d'après Moréri et le *Gallia christiana nova*, en 1540. Il fut enterré, d'après le *Gallia christiana*, dans sa cathédrale de Périgueux. Bonaventure de Saint-Amable et Labbe disent qu'il fut enterré à la cathédrale de Limoges, dans la chapelle de Saint-Martial. Il avait en commande l'archiprêtré de Nontron et ses annexes, Oradour et Vayres, du diocèse de Limoges, ainsi que le prieuré conventuel de Saint-Paul *in bosco*, de l'ordre de Saint-Benoît au diocèse de Soissons. Il fut abbé commendataire de Bénévent dans la Marche dès 1522, et, par son testament, il laissa à cette abbaye 550 livres pour fonder un obit ; — 3° Jean, chevalier de l'ordre de Saint-Jean de Jérusalem, auquel son père donna, par testament, la somme de 100 livres une fois payée. Sa mère lui reproche, dans son testament, de l'avoir abandonnée en ses travaux et nécessités, de ne lui avoir voulu faire aucun plaisir, ni ses contentements, et d'avoir *désemparé;* et cependant elle lui lègue 100 livres tournois une fois payées, et de plus 10 livres aussi une fois payées. Il fut commandeur de La Chaut (1) du Temple de Magnac et de Maisonnisses, que Germain de Bonneval, son frère, lui fit avoir par le moyen du grand-maître de Rhodes, qui avait été grand-prieur d'Auvergne, et qui était son ami. Jean passa procuration à Foucaud, son frère, pour raison des deux premières commanderies, le 27 janvier 1509. Il était encore commandeur de Maisonnisses en 1518 et du Temple près Magnac en 1519. Il commandait les gardes du grand-maître, et se portait partout où il en était besoin au siége de Rhodes de 1522; 4° Charles, qui fut évêque de Sarlat ; 5° Jean, le jeune, Sr du Theil, puis de Bonneval, qui continua la postérité : d'après les registres du parlement de Paris, où il est dit le capitaine de Bonneval, en 1531 il plaidait pour le fait de la succession de Germain, son frère ; 6° Guillaume, archidiacre de Comminges et abbé de Feuillens en 1499 et 1500 : il pouvait être mort avant ses père et mère, qui ne font aucune mention de lui dans leur testament; 7° Geoffrey, abbé commendataire de Saint-Augustin-lez-Limoges, où il siégeait encore à la fin de février 1551 *vieux style*, il laissa

---

(1) La Chaux, commune de Maisonnisses, canton d'Ahun, arrondissement de Guéret (Creuse).

un fils naturel qui a fait la branche de Bonneval de Lort; 8° Gabrielle, mariée à François Cotet, S^{gr} des Biars, paroisse de Glandon (1), et de La Penchennerie, paroisse de Laron (2). Elle mourut avant ses père et mère, qui, par leur testament, firent des legs à ses trois filles : Marguerite, Françoise et Gabrielle ; 9° Françoise, qui épousa Jean Chauvet ; 10° Antoinette, qui épousa Pierre de Gaing. Une Antoinette de Bonneval, dite sage et prudente abbesse du Paraclet en 1531, mourut dans ce monastère le lendemain de l'Ascension de 1547.

VII. — Germain de Bonneval, chevalier, conseiller et chambellan ordinaire du roi, gouverneur et sénéchal du Haut et Bas-Limousin, S^{gr} de Bonneval, de Coussac et de Blanchefort, baron de Coaraze, Appel, Saint-Félix, Agenis, Maraselle, Mervelles, Monchez, Chef-Boutonne et de Bury [il vendit cette dernière terre], était, en 1490, un des enfants d'honneur et un des échansons du roi Charles VIII, à 240 livres de gages.

D'après un manuscrit, Gervais de Bonneval, doyen du chapitre de Saint-Germain de Masseré, et Jean de Bonneval, son frère, furent condamnés, au parlement de Bordeaux, en 1518, comme ravisseurs de Jeanne de Bar, fille de noble Raymond de Bar, damoiseau, et de Marie de Colonges, à la somme de 4,000 livres et à des amendes; Jean de Bonneval, à avoir la tête tranchée.

..... [D'après un titre communiqué par M. Sanson de Royère, noble et vénérable Gervais de Bonneval, protonotaire et doyen du chapitre de Saint-Germain de Masseré, est témoin dans un acte du 18 juin 1535.]

N..... De Bonneval était prévôt d'Arnac et curé de Paysac en 1519 (3).

....

On lui accorda de grands appointements, qui, avec le gouvernement de Caramanie, montaient à 20,000 écus de ce pays, qui font 45,000 florins de Hollande.

Il est mort, du moins extérieurement, dans la croyance de Mahomet, que le ressentiment et la politique lui avaient fait embrasser. Il possédait un grand fonds de charité, et employait une grande partie de son revenu en aumônes. Sous son nom parurent les *Mémoires du comte, ci-devant général d'infanterie, au service de Sa Majesté Impériale et Catholique*, imprimés à La Haye, chez Jean Van Duren, en 1738, 3 volumes in-12.

Si le prix d'un ouvrage prouvait son mérite, celui-là serait excellent. Ces trois petits volumes se vendent jusqu'à 20 livres. Les détails dont on les croit remplis excitent la curiosité la plus vive. On ne veut point remettre au lendemain à en passer son envie; on s'agite, on se tourmente, on n'a qu'un cri après le colporteur qui les débite, ou l'ami qui a promis de les porter. Lorsqu'on les a lus, est-on également content? Ce livre merveilleux n'est qu'un recueil mal digéré, plein d'anachronismes grossiers, de plates ignorances, de contes bas et de fables puérilement imaginées. C'est

---

(1) Glandon, paroisse faisant partie aujourd'hui de la commune de Saint-Yrieix (Haute-Vienne).

(2) Laron, était une simple chapelle, paroisse de Saint-Julien, canton d'Eymoutiers (Haute-Vienne).

(3) Ces mots finissent la page 1180 du manuscrit de Nadaud, et les mots suivants, qui se rapportent au pacha de Bonneval, commencent la page 1187; les six pages intermédiaires sont enlevées.

manquer de respect au public que de lui présenter sérieusement des productions de cette espèce; c'est insulter en même temps au nom fameux sous lequel on a la témérité de les publier. C'est ainsi que s'expriment les journalistes de Trévoux. Ils remarquent : 1° que M. de Bonneval n'est point l'aîné de sa famille; que l'auteur parle en homme qui connaît très peu le monde : le procès que M. de Bonneval eut avec Monsieur son frère au temps de la régence ne regardait que la légitime qu'il en exigeait en conséquence des lettres d'abolition que la cour venait de lui accorder. 2° Comment a-t-on pu placer l'époque de son mariage avant sa sortie de France, c'est-à-dire vers 1703? C'est démentir tout Paris. 3° Pourquoi faire jouer un si grand rôle à M. de Bonneval dans des batailles où, de l'aveu des officiers généraux qui s'y sont trouvés, il n'était pas même connu, bien loin d'y avoir aucun commandement? 4° On devait du moins garder quelque vraisemblance en faisant parler M. de Bonneval du métier de la guerre : un enfant qui aurait assisté à une ou deux revues s'exprimerait avec plus d'intelligence. 5° A toutes ces aventures bizarres et romanesques, que l'on pardonne à un soldat mais qu'un homme de qualité rougirait d'avouer publiquement, il eût été bien plus naturel de substituer des détails importants, des récits graves, des raisonnements justes, enfin de ces détails convenables au rôle distingué que M. de Bonneval a joué dans le monde, à la cour de l'empereur et dans les armées. Puisqu'on voulait feindre, on l'aurait fait du moins agréablement et utilement : on aurait pu par là nous apprendre ce que nous ne savons qu'imparfaitement, et ce que des raisons délicates n'ont pas encore permis d'écrire; mais, pour l'un, il aurait fallu beaucoup de connaissances, des mémoires exacts, un grand usage du monde, du génie et un travail sérieux; pour l'autre, il ne fallait qu'un badinage indécent et qu'une imagination effrontée. Rien n'est encore si comique que ce que l'auteur fait dire et raconter à M. de Bonneval à son arrivée en Turquie. Sans doute que la destinée qui l'y entraînait l'occupait tout entier, et ne lui permettait guère de réfléchir sur des sujets indifférents. Ce n'est rien moins que cela pourtant : il paraît avoir tout l'étonnement d'un homme qui n'a rien vu, et qui sort au grand air pour la première fois; les moindres objets l'arrêtent, et il vous en fait le détail : on pourrait lui en épargner la peine : on sait par cœur ce qu'il débite. 6° Il n'y a donc, à proprement parler, de curieux, dans ces trois volumes, que ce qui regarde le grand procès de M. de Bonneval avec M. de Prie; mais l'affaire à eu un si grand éclat dans toute l'Europe que personne n'en a ignoré les moindres particularités. La plupart de ces pièces ont paru dans le temps. D'ailleurs il aurait été plus judicieux à l'auteur d'en donner un précis. Il les copie toutes en entier, et il y en a plusieurs qui répètent mot pour mot les mêmes choses. Par là, le seul morceau qui pourrait être intéressant devient ennuyeux. Il est aisé de faire un livre à ce prix-là.

XII. — César-Phœbus de Bonneval, chevalier, seigneur-marquis de Bonneval, Coussac, Blanchefort, Penthenie, Montoiron, Sainte-Neomaye, L'Isle de La Roche-Pichet, Le Plessis-Picher, La Lande, Lezigmen, Le Pavillon, Mamarteau et autres places, brigadier des armées du roi et chevalier de l'ordre militaire de Saint-Louis, naquit à Paris le 22 février 1671, et fut baptisé le 12 mars dans l'église de Saint-Eustache. En 1689, il fut fait cornette dans le régiment de dragons-royal; il se trouva en cette qualité à la bataille de Fleurus (1690), puis aux combats de Leuze (1691) et de Steinkerque (3 août 1692). Il eut, en 1693, une compagnie de cavalerie dans le régiment du duc de La Feuillade, et il se trouva, la même année, à la bataille de Nerwinde, après laquelle il devint second capitaine de ce régiment par la mort de tous ses anciens, tués à cette bataille ; il fut fait mestre de camp, lieutenant du régiment royal des cuirassiers, par commission du 17 février 1697. La guerre s'étant renouvelée à l'occasion de la couronne d'Espagne, il alla servir en Italie à la tête de ce régiment.

Il fut fait brigadier général des armées du roi par lettres du 4 février 1704.

En 1705, se trouvant l'ancien brigadier de l'armée commandée par le duc de Vendôme, il monta la première tranchée au siége de Chivas avec les quinze premiers et plus anciens escadrons de l'armée, et eut, dans cette occasion, son cheval emporté sous lui d'un coup de canon. Il se trouva à un combat de cavalerie près de La Sture, où l'arrière-garde du duc de Savoie fut attaquée à la retraite qu'il fit de Chivas à Turin, et défit, avec le régiment des cuirassiers et le surplus de sa brigade, un régiment de dragons ennemis, dont plus de 200 furent tués et 300 faits prisonniers. Le chevalier de Pastoris, leur colonel, se rendit à lui, et demeura son prisonnier.

Le 7 septembre 1706, il se trouva à l'attaque des lignes de Turin, où sa brigade et son régiment furent fort maltraités par le feu de l'infanterie ennemie. Il eut, dans cette action, trois chevaux tués sous lui, et il fut percé de plusieurs coups; il y demeura prisonnier, y perdit tous ses équipages et plus de 40,000 livres en vaisselle d'argent et autres effets. Le roi, en considération de ce qu'il avait bien fait son devoir en cette occasion, lui accorda une gratification de 2,000 écus.

En 1707, il fut obligé de se charger de l'échange des prisonniers faits après la levée du siége de Turin, et qui se montaient à plus de 8,000. Il emprunta, sur son crédit, des sommes considérables, tant pour leur subsistance que pour leur retour en France après l'échange.

Ayant fait vingt-deux campagnes, et n'ayant point été fait maréchal de camp à son rang, en 1709, il jugea à propos, en 1710, de se retirer du service. Il travailla depuis ce temps-là à rétablir les affaires de sa maison, qui étaient fort dérangées. Il retira les terres de Bonneval et de Blanchefort en payant aux créanciers la somme de 300,000 livres, et acquit de plus diverses autres terres et seigneuries.

Il s'appliqua aussi à rechercher les titres dispersés de sa maison, et rassembla avec soin tout ce qu'il en put recouvrer. C'est sur ses titres que la présente généalogie fut dressée et insérée dans le supplément de Moréri.

Le marquis de Bonneval fut marié, le 13 mars 1700, par contrat du 9 précédent, avec Marie-Angélique d'Hautefort, née le 3 février 1659, et baptisée le 24 août 1660, fille de Giles, marquis d'Hautefort et de Surville, comte de Montignac et de Beaufort, baron de Thenon et de Ségur, Sgr de La Mothe, Sarcelles, Le Ménil, Templeux, Bellefile, Hauterive, etc., conseiller du roi en ses conseils, lieutenant-général de ses armées, grand et premier écuyer de la reine, et de Marthe d'Estourmel, de Templeux, du Ménil et de Surville.

De ce mariage sont venus : 1° César-Phœbus-François, comte de Bonneval, qui suit; 2° Marie-Marthe-Françoise de Bonneval, née à Paris, le 1er octobre 1701, et mariée, le 29 avril 1720, par contrat du 16 pécédent, avec Louis de Talaru, chevalier, marquis de Chalmazel [comte de Charamande], brigadier des armées du roi [chevalier de ses ordres, du 25 mai 1749, etc.], gouverneur des villes et châteaux de Sarrebourg et Phalsbourg, baron de Brunsac, Sgr de Melles, Montperoux, Le Pavillon, Le Chaussin, Chalemas, Bessenoy, etc., veuf de Marie-Angélique d'Harcourt-Beuvron. Elle porta 528,000 livres; 3° César.

XIII. — César-Phœbus-François, comte de Bonneval, marquis de La Marthonie (1), Sgr de Sainte-Amenoye, Blanchefort et Panthenie, né, à Paris, le 25 novembre 1703, fut fait, à l'âge de quinze ans, lieutenant dans le régiment de Toulouse-cavalerie, par brevet du 16 janvier 1719, et capitaine dans le même régiment, par commission du 7 avril suivant, et depuis mestre de camp du régiment d'infanterie de Poitou par autre commission du 19 février 1723. Il fut fait colonel de ce régiment en 1735, brigadier des armées du roi en 1749. Il mourut au château de La Marthonie, à Saint-Jean de Cole en Périgord, le 1er février 1765. [Il avait demeuré trois ou quatre ans à Limoges, dans la rue Manigne, paroisse de Saint-Pierre-du-Queyroix].

Il fut marié, le 4 septembre 1724, par contrat du jour précédent, avec Marie de Beynac, fille de Guy de Beynac, marquis du dit lieu, premier baron de Périgord, Sgr de Commerque, Montgaillard, etc., et de défunte Marie de La Marthonie dame du dit lieu, Brussac (2), et Puybellard. [Marie de Beynac est morte à Paris en 1770.]

Il n'est point né d'enfants de ce mariage. [La terre de Bonneval est passée à ..... de Bonneval, parent, dit-on, au 11e degré de César-Phœbus-François, d'abord vicomte, puis comte de Bonneval, etc., brigadier des armées du roi, le 25 juillet 1762; maréchal-de-camp le 3 janvier 1770, et marié à N.... de Nantiac, dont il eut : 1° N.....; 2° N....., née vers 1754, et mariée avec N..... d'Abzac, de Mayac en Périgord; 3° N....., mariée avec N..... de Calignon, tous deux résidant rue du Temple, à Limoges, en 1793, et peut-être d'autres enfants.]

Branche des seigneurs de La Roque, Meyssac, Rochebrune et Mimolle.

VI bis. — Foucaud de Bonneval, damoiseau, Sgr de La Roque, Meyssac, Rochebrune et Mimolle, deuxième fils de Bernard de Bonneval et de Marguerite de Pierrebuffière, forma cette branche.

Il était, en 1473 et 1474, un des gentilshommes de la maison de Louis XI; il acquit, par contrat du 21 avril 1479, des époux Géraud de Saint-Aignan, Sgr de La Gastine et de Confolens, et de Christine de Bonneval, sa tante, le lieu de Mimolle en Limousin, paroisse de Meusac. Il obtint, conjointement avec Antoine de Bonneval, son frère aîné, des lettres royaux, le 18 juillet 1480 et le 4 mai 1486, au sujet de la succession de Gabriel de Bonneval, leur oncle, contre Jean et Antoine de Bonneval dits de Montvert, leurs cousins, qui avaient envahi cette succession, et enfin il partagea avec son

---

(1) La Marthonie, château à Saint-Jean-de-Côle, canton de Thiviers, arrondissement de Nontron (Dordogne).

(2) Brussac, château en ruine, commune de Saint-Pierre-de-Côle, canton de Thiviers, arrondissement de Nontron (Dordogne).

même frère, le 14 mai 1487, cette succession, qui leur avait été adjugée ; il eut pour sa part la terre de Rochebrune en la Marche.

Il fut d'abord homme d'armes et ensuite lieutenant de la compagnie de trente lances de l'ordonnance du roi à la mode d'Italie, sous la charge et conduite d'Antoine de Bonneval, son frère, suivant les rôles de plusieurs montres et revues des années 1487, 1488, 1490 et 1491, etc.

Antoine de Bonneval, son frère, le nomma exécuteur de son testament conjointement avec sa femme, et lui passa procuration, le 18 août 1505, à l'effet d'assigner à Germain de Bonneval, son fils, des terres pour établir le douaire de sa future épouse, et aussi pour lui donner moyen d'entretenir son état.

Foucaud de Bonneval avait été marié, par contrat du 17 août 1477, avec Gabrielle de Lestranges, fille de Mondon de Lestranges, chevalier, Sgr d'Augheac et de Durat, et de défunte Marguerite de Durat, sa femme. De cette alliance vinrent : 1° Jean de Bonneval, homme d'armes de la compagnie de quarante lances des ordonnances du roi, sous la charge de Jean de Bonneval, son cousin germain, suivant une montre de cette compagnie, faite à Montmorillon en Poitou, le 13 août 1531, depuis homme d'armes de la compagnie du connétable de Montmorency en 1545 et 1548 ; 2° Foucaud de Bonneval, II° du nom, Sgr de Meyssac, qui suit ; 3° Antoine de Bonneval, archer de la même compagnie de quarante lances du seigneur Jean de Bonneval, l'an 1531, puis homme d'armes de celle du connétable de Montmorency ; 4° et 5° Gabrielle et Marguerite, religieuses à Saint-Pardoux (1) au diocèse de Périgueux en 1498.

D'après un manuscrit, François de Bonneval, Sr de Meyssac en 1530, avait pour enfants, cette même année, Agnès et Pétronille (2).

BONNEVIN, Sr de Jussar, paroisse de Saint-Martin d'Arry (3), élection de Saintes. — Porte : *d'azur à un chevron d'argent accompagné de trois étoiles d'or.*

I. — Guyon de Bonnevin épousa Gilette Carradonne. Le 11 septembre 1497, le dit Guyon rendit hommage au Sgr de Belleville à cause de la dite Carradonne, sa femme.

II. — Jean de Bonnevin épousa Françoise Robert. Le 13 juin 1535, il partagea, avec sa sœur Marie, les biens de leurs père et mère sus-nommés.

III. — Jacob de Bonnevin épousa Catherine d'Herville. Le 7 septembre 1545, son père Jean et sa mère Françoise Robert firent en sa faveur un acte de donation.

IV. — François de Bonnevin épousa Isabeau de La Touche. Le 4 janvier 1572, on fit, à la requête de Sauvade La Lande, un procès-verbal de saisie et criée des biens de René et François de Bonnevin, enfants de Jacob.

V. — Pierre de Bonnevin épousa, le 3 février 1618, Marthe de Bonnevin.

VI. — François de Bonnevin épousa, le 28 mars 1647, Charlotte Poitier.

---

(1) Saint-Pardoux-la-Rivière, chef-lieu de canton, arrondissement de Nontron (Dordogne).

(2) Ici se termine la page 1188 du registre de Nadaud ; les feuillets suivants sont arrachés jusqu'à la page 1197. Un renvoi indique qu'il y avait encore des notes sur les Bonneval à la page 1192,

(3) Saint-Martin-d'Ary, canton de Montguyon, arrondissement de Jonzac (Charente-Inférieure).

BONNIOT, Sr des Essards, paroisse de Courpignac (1), élection de Saintes. — Porte : *d'azur à un chevron d'or, accompagné de deux merlettes, becquées et pattées de même en chef, et d'un lion rampant de même en pointe.*

Au mois de septembre 1660, des lettres de noblesse furent accordées aux frères Isaac et Siméon Bonniot, et elles furent dûment vérifiées. — Brevet de retenue du 1er mars 1665.

BONY DE LA VERGNE. — Porte : *de gueules à 3 besants d'argent, posés 2 et 1.*

Une branche de cette famille était établie sur la paroisse de Saint-Rémy de la ville d'Amiens en Picardie.

Bony de La Vergne, Sr du dit lieu, paroisse de Saint-Priest-Ligoure (2), et de Vauzelas, paroisse du Vigen (3). [Fulchairius Bony vivait en.....]

I. — Noble Jean de Bony de La Vergne, damoiseau, paroisse de Saint-Priest-Ligoure, témoin dans le contrat de mariage, signé Buguleau, d'Himbert de La Vergne avec Jeanne de Cramaud, passé à Solignac le 25 octobre 1434. — La mort de Jean Bony, damoiseau, est marquée au 14 novembre dans le nécrologe de Solignac.

Il épousa Jeanne de Bruny, dont : 1º Christophe, qui suit; 2º Antonie Bony, mariée, par contrat, signé Tarnelli, du 25 juillet 1439, à Jean Apurailh, damoiseau; 3º Helys, mariée, en 1451, à Jean de Lage, seigneur de La Rue, près Belarbre (4).

II. — [Noble] Christophe de Bony, damoiseau, Sgr de La Vergne, est dit fils de Jean et père de Pierre dans une sentence du 25 mars 1464. Il rendit hommage le 23 décembre 1465. Il avait épousé, par contrat du 5 septembre 1445, Antoinette Cotet, dont Pierre, damoiseau, en 1482 [et qui suit].

III. — Pierre Bony, [damoiseau en 1482, écuyer, seigneur foncier et direct du lieu ou repaire de La Valade-des-Solars, de la paroisse de Saint-Pierre-de-Nobilis (La Nouaille) (5) près Saint-Yrieix, diocèse de Limoges, vivait, ainsi que son père, le 18 juin 1491. Pierre se fit alors faire une reconnaissance, reçue par P. Cognardi, notaire ; il revendit, le 22 août 1505, un fonds situé dans la paroisse de Saint-Priest-Ligoure, par acte signé P. de Malavernhia junior, et du 22 août 1505 : passa un acte le 10 juin 1486, et fit son testament le 20 novembre 1526. Il avait épousé Marguerite de Trenchelion.

IV. — Albert Bony de Lavergne, paroisse de Saint-Priest-Ligoure, passa un acte le 6 avril 1549. Il épousa Louise de Las Tours, qui lui porta 4,500 livres. D'eux naquirent : 1º Germain; 2º Germain, prieur, en 1558, de L'Artige (6) qu'il résigna en 1571 ; 3º Jean, qui fit héritier Germain, son frère, par son testament du 20 septembre 1577. [C'est apparemment lui qui est dit Jean Bony, écuyer, Sgr de La Valade, et qui vivait le 20 mai 1537, comme on le

---

(1) Courpignac, canton de Mirambeau, arrondissement de Jonzac (Charente-Inférieure).
(2) Saint-Priest-Ligoure, canton de Nexon, arrondissement de Saint-Yrieix (Haute-Vienne).
(3) Le Vigen et Solignac sont deux communes du canton de Limoges.
(4) Belabre, chef-lieu de canton, arrondissement du Blanc (Indre).
(5) La Nouaille, chef-lieu de canton, arrondissement de Nontron (Dordogne).
(6) L'Artige, commune de Saint-Léonard, arrondissement de Limoges (Haute-Vienne).

voit dans un acte signé de Puygardit, notaire, dans les archives de M. Sanson de Royère.]

V. — Germain Bony de La Vergne, écuyer, S^{gr} de La Vergne, partagea avec ses frères la succession de leur père les 25 octobre 1561 et 19 janvier 1563. Il mourut *ab intestat* en 1609, paroisse de Saint-Priest-Ligoure. Il avait épousé, par contrat sans filiation du 26 novembre 1571, signé Bourdeix, Jeanne du Murault (1), dame du Mazeau, paroisse de Saint-Priest-Taurion (2). Elle fit son testament, reçu par Vignaud, le 24 octobre 1613, et mourut la même année. De ce mariage naquirent 1° Jean Sr de Champaignac, La Vergne, Tourdonnet (3), Trenchelion (4); 2° autre Jean, nommé chevalier de La Vergne, du n° *VI bis,* qui fit une branche; 3° Annet, Sr du Mazeau, qui testa le 18 février 1615, par acte signé Gensenc, et mourut peu après; 4° Charles, tonsuré en 1604, S^{gr} de Leyssène, qui a fait une autre branche; 5° Antoinette, mariée à Jean du Mosnard, Sr de Ventenac (5); 6° Jeanne, mariée à François de Vouhet, écuyer, Sr de Mauvalier, demeurant à Boubon, paroisse d'Oulche en Berry; 7° Isabeau, religieuse aux Allois, 1615.

VI. — Jean de La Vergne épousa : 1°, par contrat du 7 janvier 1602, Isabeau de Montroux, dont il eut Annet, qui suit; épousa 2°, par contrat du 19 avril 1608, signé Roche, Anne de Salagnac, fille de Fiacre de Salagnac, S^{gr} de Rochefort, et de Louise de Sainte-Maure ; elle porta 2,500 livres. De ce second mariage naquit Charles, qui a fait une branche.

VII. — Annet-Florent Bony, marquis de La Vergne, épousa, par contrat du 1er octobre 1645, Marie-Aimée du Vignaud-des-Esgaulx, paroisse des Billanges (6), dont : 1° François, qui suit ; 2° Marie-Charlotte, mariée à Nicolas Bony, comte de La Vergne.

VIII. — François de Bony, écuyer, Sr de Ladignac (7), épousa Gabrielle-Antoinette de Mosnart, dont : 1° Elisabeth-Thérèse-Marguerite, morte, à l'âge de vingt-six mois, au château de Ventenac, le 2 juillet 1682, et 2° Antoinette, demoiselle de Ventenac, qui est paroisse de Châteauponsac, où elle mourut, à l'âge de vingt-cinq ans, le 28 août 1705.

VI *bis*. — Jean de La Vergne, fils de Germain et de Jeanne du Murault, dit le Chevalier, écuyer, Sr de Saint-Priest et du Mazeau, fief qu'il vendit ; fit son testament, que reçut Combret, le 5 février 1638.

Il épousa, par contrat du 4 juillet 1609, signé Bonnin, Isabeau Dandelay, dont : 1° François, qui suit ; 2° Jeanne, mariée 1° à Antoine Texier, Sr de Landeix (8), de la ville de Saint-Léonard, dont elle était veuve en 1649; 2° à Pierre de Jumilhac, écuyer, Sr de Laubespin.

---

(1) Le Murault, commune de Saint-Denis-les-murs, canton de Saint-Léonard, arrondissement de Limoges (Haute-Vienne).

(2) Saint-Priest-Taurion, canton d'Ambazac, arrondissement de Limoges (Haute-Vienne).

(3) Tourdonnet, commune de Saint-Priest-Ligoure, canton de Nexon, arrondissement de Saint-Yrieix (Haute-Vienne).

(4) Le château de Trenchelion était au bas de la ville de Pierrebuffière, arrondissement de Limoges (Haute-Vienne).

(5) Ventenat, château en ruine, commune de Châteauponsac, arrondissement de Bellac (Haute-Vienne).

(6) Les Billanges, canton d'Ambazac arrondissement de Limoges (Haute-Vienne).

(7) Ladignac, canton et arrondissement de Saint-Yrieix (Haute-Vienne).

(8) Landeix, commune de Saint-Léonard, arrondissement de Limoges (Haute-Vienne).

VII. — François de La Vergne, écuyer, Sʳ du Mazeau et de Vauzelas, eut, en 1638, la commission pour lever une compagnie de cent hommes de guerre à pied dans le régiment du Sʳ de La Rochette. Il épousa, par contrat du 18 janvier 1643, signé Garat, Françoise des Maisons, fille de Louis, écuyer, Sʳ de Bonnefont et de feue Anne de Malledent : elle porta 10,000 livres, une robe de velours noir, un cotillon de satin, autre cotillon ratine de Florence rouge, avec leurs garnitures. De ce mariage naquirent : 1° Charles, qui suit; 2° Marguerite; 3° Marie qui fit son testament, reçu par Garat, chez les demoiselles de La Rivière, près les PP. Jacobins, à Limoges, le 28 janvier 1719; 4° Léonarde; 5° Louis dit le Chevalier; 6° Anne, religieuse, en 1663, au petit couvent de Sainte-Claire, à Limoges, appelée sœur Agnès.

VIII. — Charles de Bony de La Vergne, écuyer, Sʳ de Pontfeuille, paroisse de La Croizille (1) et de Vauzelas, mourut à l'âge de soixante-dix ans, et fut inhumé, le 21 mars 1723, dans l'église du Vigen. Il épousa, par contrat du 28..... 1679, signé Daniel, Judith de Chauveau de Rochefort. Elle fit son testament, le 1ᵉʳ mai, à Saint-Léonard. Elle eut une fille unique, mariée, qui suit.

IX. — Marie Bony de La Vergne, de Vauzelas, épousa, en 1701, Léonard des Pousses, écuyer, Sʳ de Rougieras. Comme elle n'eut point d'enfants, ses fiefs de Vauzelas et de Pontfeuille passèrent à Mathurin Davril, mort chanoine de la cathédrale en 1762, par le don qu'elle lui en avait fait. [Elle mourut, à quatre-vingt-cinq ans, le 30 octobre 1748.]

VI ter. — Charles de Bony, fils de Germain et de Jeanne du Murault, épousa, par contrat du 13 avril 1617, Marguerite de Boissolet (*mieux* de Bressoles).

VII. — Pierre de La Vergne, Sʳ du Verger, épousa, par contrat du 25 février 1634, Françoise des Forges.

VII bis. — Jean de La Vergne épousa, par contrat du 24 septembre 1634, Françoise Bien. Il est l'auteur de la branche des de Bony de Montusson, fixée en Berry.

VIII. — Nicolas de Bony, écuyer, Sʳ de La Vergne, fils de..... épousa Marie-Charlotte de Bony de La Vergne, dont 1° Joseph, comte de Ladignac; 2° Léonard-François, tonsuré, 1716.

VII ter. — Charles de La Vergne, Sʳ du dit lieu, fils de Jean et d'Anne de Salagnac, écuyer, Sʳ de La Vergne, Ladignac et Saint-Nicolas (2), épousa 1° Barbe de Malledent, dame de Saint-Priest, fille de Jean, Sʳ de Chatreix, trésorier de France au bureau des finances de Limoges, et de Françoise Soureau. D'eux naquit Anne-Fleurant Bony de La Vergne, marquis du dit lieu. — Il épousa 2° Gilberte-Marie de Malesset.

---

(1) La Croisille, canton de Châteauneuf, arrondissement de Limoges (Haute-Vienne).
(2) Saint-Nicolas, canton de Châlus, arrondissement de Saint-Yrieix (Haute-Vienne).

Notes isolées.

Noble Pierre de Bony, S^r de La Vergne, épousa Hélène de Cournil, dont :
1° Philippe-François-Léonard de Bony, écuyer, marquis de La Vergne et comte des Égaux, épousa Louise de Crezeunet, dont Jean-Vincent, tonsuré, 1761. — Jean-Baptiste de Bony, écuyer, marquis de La Vergne, comte des Égaux, épousa (1765) Maurice-Florimond de Cléry, paroisse de Saint-Nicolas-des-Champs, à Paris.

SOURCES : D'HOZIER, *Armorial général,* Ire partie, p. 78. — Registres de Saint-Maurice de Limoges. — Registres de Châteauponsac. — Registres de Borsandi, notaire à Limoges, p. 134, n° 211, *apud* DOM COL. — Registres de Cagnardi, notaire, chez M. Sanson de Royère, fol. 98.

BORDES. — Des Bordes, Sr du Mayne-du-Puy, paroisse de Garat (1), élection d'Angoulême, porte : *d'azur à un chevron d'or accompagné de 3 roseaux d'argent, 2 et 1.*

I. — Philippe Desbordes. (Acte de la maison de ville d'Angoulême, par lequel il appert que le dit Desbordes a prêté le serment de pair et conseiller le 31 octobre 1647. — David Gaultier est reçu à la mort du dit Desbordes, le dernier mars 1656.)

II. — François des Bordes épousa, le 4 septembre 1656, Létice Beuvezau.

BORIE. — Guy de Borie, chevalier, Sr du Repaire, fils de feu Louis et d'Anne-Marie de La Roussie, de la ville de Brantôme en Périgord, épousa, le 15 février 1763, dans l'église de Saint-Martial, à Angoulême, Louise-Anne, fille de Jean de La Rochefoucaud, chevalier, Sr de Magnac, et de Marie de Sescault. La dite Louise mourut, âgée de vingt-six ans, le 3 octobre 1764.

BORN. — Constantin de Born, auquel Henri le Vieux donna, le 6 juillet 1183, le château d'Hautefort (2), épousa Agnès de Las Tours, dont il eut Golfier, qui prit le nom de Las Tours, et fut S^{gr} d'Hautefort, qui fut défait par Guy, vicomte de Limoges, et qui mourut sans alliance.

Bertrand de Born, grand-seigneur du Limousin, dont la vie fut écrite vers 1198, et se trouve dans un manuscrit de la bibliothèque du roi coté 7225, était S^{gr} de d'Hautefort. Cette vie est écrite en langage vulgaire par un auteur contemporain : Baluze en a donné un lambeau.

Catel dit, dans ses *Mémoires du Languedoc* (p. 233), qu'il avait un manuscrit de Bertrand Born, poète languedocien d'environ l'an 1333, et il en cite quelques vers. [D'après Baluze, M. Dominicy en avait aussi un manuscrit, qu'il avait communiqué à M. Justel, lequel en a imprimé un fragment.]
— Bertrand de Born, chevalier, S^{gr} d'Hautefort, fit, l'an 1360, son testa-

---

(1) Garat, canton et arrondissement d'Angoulême (Charente).
(2) Hautefort, chef-lieu de canton, arrondissement de Périgueux (Dordogne).

ment, cité par le père Carpentier dans son *Glossare novum,* aux mots *Capellanus, Chazilla.*

SOURCES : GEOFFROY DE VIGEOIS : *Chronicon,* p. 315 et 337. — BALUZE : *Histoire de la maison d'Auvergne,* T. I, p. 66; T. II, p. 77.

[BORNAZEAU ou BONDAZEAU, terre mouvante de la châtellenie et de la juridiction de la baronnie de Nontron au diocèse de Limoges.]

BORT, Sgr de Pierrefitte et de Mantigou [ou Mantagou, ou Montaigu], des paroisses de Sarrou (1), Tulle, Condat (2) et Limoges. — Porte : *d'or à un sautoir danché de gueules.*

I. — Charles de Bort, reçut un don le dernier jour de mai 1472, du comte de Dammartin. Le 23 avril 1488, il eut des provisions de l'office d'élu au Bas-Limousin; et, le 8 mars 1491, on lui accorda un *committimus* dans lequel il est qualifié un des cent gentilshommes. Il épousa Antoinette de Saint-Avit, dont il eut : 1° Antoine, qui suit; 2° Catherine, mariée par contrat du 7 novembre 1500, et par lequel il constate qu'elle était sœur d'Antoine, et tous deux enfants de Charles.

II. — Antoine de Bort épousa, par contrat sans filiation du 2 février 1510, Rose de Puychaud, dont il eut Gilbert, qui suit.

III. — Gilbert de Bort épousa Françoise de Murat, pour la dot de laquelle il accorda une quittance, ratifiée par son père Antoine, le 2 avril 1560. Il fit, le 16 avril 1781, son testament, par lequel il institua héritier François, son aîné, et fit des legs à ses autres enfants. De Gilbert de Bort et de Françoise de Murat sont nés : 1° François ; 2° Jacques; 3° Jean, qui suit; 4° Amable; 5° Pierre. [D'autres classent ainsi ces enfants : 1° Jean, qui suit; 2° Jacques; 3° Jean; 4° Amable; 5° Pierre, puis quelques autres.]

IV. — Jean de Bort épousa Judith de Ballue, dont il eut : 1° Michel, qui suit, en faveur duquel, le 3 avril 1606, il fit son testament; 2° Antoine, Sr de Montegoux, auquel il fit un legs dans le même acte.

V. — Michel de Bort épousa Marguerite Dujon, dont il eut Charles, qui suit :

VI. — Charles de Bort, Sr de Pierrefitte, épousa, le 31 juillet 1651, Anne de Montclar.

Notes isolées.

N..... de Bort épousa Dauphine de Lestranges, dame de Pierrefite (3) qui fit, le 3 février 1405, à Meymac, son testament, signé Chaudergues; par lequel elle veut être inhumée à Sarrou. D'eux naquit Jean de Bort, qui avait, en 1405, pour enfants : 1° Guillaume ; 2° Hélide.

(1) Sarrou, canton de Bort, arrondissement d'Ussel (Corrèze).
(2) Condat, canton d'Uzerche, arrondissement de Tulle (Corrèze).
(3) Pierrefitte, commune de Poussanges, canton de Felletin, arrondissement d'Aubusson Creuse).

Noble Léonard de Bort, fils de Catherine de Lort, épousa, par contrat du 13 janvier 1596, reçu Clouzaud, Françoise de Chéronnac.

Charles de Bort, chevalier, Sr de Montegoux, demeurant au bourg de Salon (1), épousa Joseph du Garreau, dont il eut : 1° Joseph, né le 9 juillet 1677 ; 2° Marie-Françoise, baptisée le 20 mars 1679.

François de Bort, écuyer, Sr de Peuch, paroisse de Bort, épousa, en 1767, Jacquette de Sudour, de la paroisse de Saint-Angel (2).

On voyait dans l'église de Saint-Salvadour (3) l'épitaphe suivante :

De Bort, qui, dans l'horreur de Mars et de Bellone,
N'a pu être vaincu par nul humain effort,
Gist dedans ce tombeau par la rigueur fellone
De la Parque meurtrière et de la pasle Mort.

Privée du soleil qui me donnait la vie,
Cher époux, je consacre à tes mânes ces vœux :
Si notre saint hymen a fait un corps de deux,
Qu'à tes cendres aussi ma cendre soit unie.

Luce mihi prima Janus, lucem hebdomas annus,
Luna dedit lucem, lux mihi quarta rapit.
Clarus eques lemovix, colui, fudi, reparavi :
Cœlum, hostes, patriam, pectore, marte, bonis.
Manibus hoc benedic, sis hospes carmine lectus
Huic levis, et questus quem sibi nemo gravem.

Siste gradum et lacrimas, hospes, qui funere nostro
Humentes rivos ire per ora jubes.
Connubio stabili mortem Martemque revinxi.
Non olim qui te terreat hostis erit.

Clarius huic auro, nili locupletius arte,
Gratam animo requiem devoves exanimi,
Cujus et inscriptis complexus tempora sortem
Viventis titulos, arma decusque notis.

Commune ambobus nomen, communis et urna,
Urna maritali nobilitata choro.
O fœlix de Bort, fœlicia funera morte,
Ni Marti juncta non potuisse mori.

Et, au-dessous de ces six strophes, qui étaient rangées en deux colonnes :

Stagna, uxor, lacrimas en quas Lybitina jugali
Disjunxit thalamo, junget adhuc tumulo.

[BOSCHEN. — Jean deu Boschen vivait en ....., d'après les registres de Roherii, notaire à Limoges, p. 74, n° 61, *apud* Dom Col.]

BOSONANDI. — Aimeric Bosonandi, damoiseau, de la ville de Peyrat (4), épousa, en 1391, Aymerice Las Planchas, sœur de Jean.

---

(1) Salon, canton d'Uzerche, arrondissement de Tulle (Corrèze).
(2) Saint-Angel, canton et arrondissement d'Ussel (Corrèze).
(3) Saint-Salvadour, canton de Seilhac, arrondissement de Tulle (Corrèze).
(4) Peyrat-le-Château, canton d'Eymoutiers, arrondissement de Limoges (Haute-Vienne).

BOSTLINARD (1).

BOSTVIGIER. — Faure, *alias* de Bostvigier, sieur de Puyfaucher, paroisse de Saint-Paul (2).

Noble François de Bostvigier fit un testament avec sa femme le 17 août 1558 et le 30 septembre 1569. Il avait épousé Marie de La Roche.

Noble Bertrand de Bostvigier épousa, par contrat du 6 novembre 1573, Léonarde Lambert.

Noble Guy de Bostvigier épousa Françoise Aymeri, pour la famille de laquelle j'ai des notes à la page 577. Il en eut Jeanne, qui était mineure en 1595.

Christophe Faure, *alias* de Bostvigier, sieur de Puyfaucher, fut trouvé gentilhomme en 1598.

BOTHIER, sieur de Pallier, paroisse de Loignac (3), élection de Brive. — Porte : *d'argent à 4 fasces de gueules, au franc quartier d'argent, chargé d'une étoile de sable.*

I. — Dumine Bothier passa divers contrats, le 10 juin 1537, le 25 février 1538, le 10 avril 1537 et le 28 septembre 1559. Il épousa ....., dont il eut : 1° Antoine, qui suit; 2° Jean, à qui son frère Antoine donna quittance le 4 décembre 1593.

II. — Antoine Bothier épousa Catherine de Lachaud, dont François, qui suit.

III. — François Bothier, lieutenant du roi à Cateau-Cambrésis, épousa, en présence de son père, le 31 août 1645, Jeanne de Périer. Le 4 avril 1634, il y eut une transaction entre Antoine Bothier, François, son fils, et Antoine de Sceoux.

La famille de Bothier avait fait preuve de noblesse en 1598.

BOTINELLI (4).

BOUCHARD, sieur des Plassons, paroisse de Bort, élection d'Angoulême. [A la fin du xvii° siècle, le fief des Plassons appartenait encore à un seigneur du nom de Bouchart.] — Porte : *d'azur fretté d'or, au chef cousu de gueules; écartelé de gueules à trois lions léopardés d'or l'un sur l'autre.*

Louis Bouchard, sieur du ....., comparut, à Guéret, le 27 avril 1521, pour la réformation de la coutume de la Marche. Il épousa Halys de Villelume, qui se remaria avec François de Ricoux. Il en avait eu un fils : Melior Bouchard, écuyer, sieur de Bort, près la ville de Magnac, en 1531.

Guillaume Bouchard, écuyer, sieur de La Forye, épousa Françoise d'Olezon.

I. — Guy Bouchard [ou Bouchart] d'Aubeterre [n'eut point d'enfants légitimes].

(1) Nadaud avait des notes sur cette famille à la page 23, déchirée.
(2) Saint-Paul, canton de Pierrebuffière, arrondissement de Limoges (Haute-Vienne).
(3) Louignac, canton d'Ayen, arrondissement de Brive (Corrèze).
(4) Nadaud avait des notes sur cette famille à la page 1050, déchirée.

II. — Pierre Bouchard, fils naturel de Guy et de Tiphane Perrot, eut des lettres de légitimation vérifiées à la chambre des comptes de Paris au mois de février 1559 ; des lettres d'anoblissement au mois de mars 1560, vérifiées à la cour des aides de Paris le 2 novembre du dit an. Pierre Bouchard épousa Françoise de Lestang le 16 mai 1560.

III. — Jean Bouchard épousa, le 5 octobre 1593, Marguerite Joumard.

IV. — Poncet Bouchard épousa, le 26 février 1627, Marthe Le Roy.

V. — Gaston Bouchard [sieur des Plassons] épousa, le 23 novembre 1659, Anne Grelon.

[Noble Jean Bouchard, S^{gr} de Pleau, conseiller du roi au siége de Bellac (Basse-Marche), vivait le 24 février 1664.]

BOUCHAUD. — Guillaume de Boschau de Brie-le-Vieux (1), damoiseau vers 1308, épousa N....., dont il eut Almodie, mariée à Gérald Pigmant, écuyer.

Pierre Bouschaud, sieur du Moulin-Bastier, paroisse de Bussière-Galand (2), épousa ......; dont il eut : 1° François, écuyer, sieur du Moulin-Bastier; 2° Isabeau, mariée, par contrat du 25 juin 1601, à Pierre Expert, sieur de Mandiéras, paroisse de Bussière-Galand. Elle porta 2,700 livres.

Étienne Bouschaud, écuyer, sieur du Moulin-Basti, mourut, âgé de soixante-dix ans, le 30 octobre 1693. Il avait épousé Marguerite de Jarrige, dont il eut : 1° Antoine, baptisé à Dournazac (3) le 4 octobre 1671 ; 2° François, qui suit.

François Bouchaud, écuyer, sieur de La Goudounie, paroisse de Dournazac, épousa, en 1681, Marguerite de Fornel, qui mourut à La Goudounie en février 1696. D'eux naquit une fille unique, Jeanne, baptisée le 10 juillet 1684, et mariée : 1° à Jean Marthoneau, maître apothicaire, mort le 26 avril 1730, sans hoirs; mariée 2°, le 28 février 1731, à Jean de Hautmont, écuyer, sieur du Fouilloux, fils de N....., sieur de La Garde et de N..... Viroulaud, de la paroisse de Boussac, du diocèse de Périgueux.

Henri Bouchaud, écuyer sieur de Mazobrun, paroisse de Pageas (4), mourut le 7 mai 1680. Il avait épousé, en 1654, Thérèse de La Pisse, fille de Gabriel. Elle mourut le 9 juin 1672. Les registres de Lageyrac constatent sa mort et celle de son mari. D'eux naquirent : 1° Paule, baptisée, à l'âge de deux ans, le 31 mars 1658, et mariée, le 29 novembre 1670, à Yrieix d'Abzac ; 2° Marguerite, demoiselle de La Motte (5), baptisée le 10 septembre 1658, mariée à Dournazac, le 30 novembre 1680, avec son parent François Laisné, sieur de La Gueronne, du village de Congerie, et fils de feu Pierre; 3° Catherine, baptisée le 13 mars 1660 ; 4° Pierre, sieur de La Motte, qui suit; 5° François, baptisé le 3 juin 1666; 6° Jean, baptisé le 7 juillet 1667; 7° Elisabeth, baptisée, à l'âge de vingt-sept mois, le 30 mars 1664; 8° Annet, né le 24 mai 1665, écuyer, sieur de La Motte, capitaine

---

(1) Le château de Brie est commune de Champagnac, canton d'Oradour-sur-Vayres, arrondissement de Rochechouart (Haute-Vienne).

(2) Bussière-Galand, canton de Châlus, arrondissement de Saint-Yrieix (Haute-Vienne).

(3) Dournazac, canton de Saint-Mathieu, arrondissement de Rochechouart (Haute-Vienne).

(4) Pageas, canton de Châlus, arrondissement de Saint-Yrieix (Haute-Vienne).

(5) La Motte, placée à côté du Mazaubrun, conserve encore le monticule qui lui a fait donner ce nom.

de cavalerie au régiment de Clermont-Prince, chevalier de Saint-Louis, mort à Mazobrun, âgé de soixante ans, le 8 février 1736 ; 9° Marie, née le 14 juillet 1669.

Pierre Boschaud, sieur de La Motte, baptisé à l'âge de dix-huit mois, le 30 mars 1664, épousa, à Dournazac, le 30 novembre 1680, sa parente Marguerite du Rousseau, fille de François, écuyer.

Léonard Bouschaud, écuyer, sieur de La Jarrosie et des Étangs, fit son testament à Merdalou (1), paroisse de Dournazac, le 17 décembre 1645. Il était demeuré sur la paroisse de Ladignac (2). Il avait épousé Françoise Bourgeois, dont il eut : 1° Jacques, sieur des Étangs ; 2° Jean, écuyer, sieur de La Roche ; 3° Françoise, mariée à Pierre Pragelier, écuyer, sieur de Rongieras ; 6° Anne, mariée, en 1653, à Aymeric Hastelet ; 7° Renée, que son père veut être religieuse.

Pierre Bouchaud, sieur de Mazobrun, paroisse de Pageas, écuyer, épousa, à Saint-Maurice de Limoges, le 3 juillet 1696, Catherine Dorat, veuve.

Pierre Bouschaud, sieur du Repaire et de Mazobrun, paroisse de Pageas, écuyer, obtint arrêt de la cour des aides de Clermond-Ferrand contre les habitants. Il épousa Pétronille de Combrouse, dont il eut : 1° Thomas, né le 25 mai 1737 ; 2° Marie, née le 5 août 1743, et mariée, le 14 juillet 1760, à Guillaume Mérigot, fils de Jean, sieur de La Chèze, et de Marie Barbe.

François Bouchaud, écuyer, sieur de Mazobrun, paroisse de Pageas, épousa Thérèse Marsillaud, qui mourut, âgée de vingt-quatre ans, le 24 septembre 1748. D'eux naquirent : 1° Catherine, le 27 septembre 1744 ; 2° Marie, le 1er septembre 1748.

Pierre Bouchaud, sieur du Repaire, paroisse de Pageas, épousa Marie Garreau, dont il eut : 1° Thomas, né le 27 janvier 1752 ; 2° Jean, mort âgé de treize ans.

Thomas Bouchaud, écuyer, du village de Mazobrun, épousa, à Saint-Jean de Limoges, le 30 juillet 1759, Anne de Roufignac de Grimodie (3), qui avait vingt-six ans. D'eux naquirent : 1° Pétronille, le 16 septembre 1764 ; 2° Antoine, le 2 septembre 1766 ; 3° autre Antoine, le 21 mars 1768 ; 4° Bernard, le 30 avril 1769 ; 5° Pierre, mort au berceau.

BOUCHERON, Sr d'Ambrugeac, paroisse d'Ambrugeac (4), élection de Tulle. — Porte : *d'or à trois lions rampants de gueules, 2 et 1*.

I. — François du Boucheron épousa Gasparde de Rochefort. Le 19 mars 1526, Claude, leur fille, fit son testament en faveur de sa mère et de son frère Lionnet, qui suit.

II. — Lionnet du Boucheron épousa, par contrat sans filiation du 27 janvier 1536, Lucque de Monclerc. Lionnet fit son testament en faveur de son fils François, le 17 mars 1550.

III. — François du Boucheron fit une transaction avec son frère Gilbert. Il fit son testament en faveur de Jean, son fils, le dernier avril 1600.

---

(1) Il faut lire Mas-de-Loup ; Merdalou est commune de Saint-Martin-le-Vieux.
(2) Ladignac, canton et arrondissement de Saint-Yrieix (Haute-Vienne).
(3) Grimodie, commune de Roussac, canton de Nantiat, arrondissement de Bellac (Haute-Vienne).
(4) Ambrugeac, canton de Meymac, arrondissement d'Ussel (Corrèze).

DU LIMOUSIN.

IV. — Jean du Boucheron épousa Charlotte de La Roche-Aymon.

V. — Gilbert du Boucheron épousa Charlotte Le Loup le **6 mars 1640**.
Il fit son testament en faveur de Charles, son fils, qui suit, le 26 octobre 1662.

VI. — Charles du Boucheron.

En 1598, les preuves de noblesse fournies par cette famille ne furent pas trouvées suffisantes.

BOUCHIAC. — Voyez PLAISANT.

BOUCHIER (1).

BOUDELLI. — Noble Pierre Boudelli, damoiseau, natif de La Jonchère (2), fonda, du consentement de sa fille et de son gendre, une vicairie dans la chapelle du cimetière, à La Jonchère, le 28 mai 1458. Il avait épousé Séguine Vincenta, dont il n'eut qu'une fille, nommée Marguerite Boudela ou Bandelle qui épousa Jean Joudrinaudi, damoiseau, sieur du Vinhaud et du Verger, paroisse de La Jonchère, lequel était veuf de Henriette Margotine.

BOUDET (3).

BOUEX (4).

BOULET, du Boulet, Sr du Condre, paroisse de Saint-Cézaire (5), élection de Saintes. — Porte : *d'argent à une bande d'azur chargée d'une fleur de lis d'or et de deux besants de même, sur laquelle bande est un cygne d'azur; au chef de gueules chargé d'un besant d'or.*

I. — Pierre du Boulet épousa Marie d'Aufort. Le 15 janvier 1479, leurs enfants, Charles et Guillaume, partagèrent leur succession.

II. — Guillaume du Boulet épousa Catherine de Longlée.

III. — Guy du Boulet épousa, le 5 février 1551, Françoise Brouchard.

IV. — Louis du Boulet épousa, le 19 février 1589, Catherine Aubert.

V. — François du Boulet épousa, le 9 septembre 1616, Barbe Hervé, dont il eut : 1° François, qui suit; 2° Louis et 3° Marie. Le 6 août 1660, ces trois enfants partagèrent la succession de leurs père et mère.

VI. — François du Boulet épousa, le 8 août 1656, Louise Renier.

Cette famille a fait preuve de noblesse en 1598.

BOUQUET, Sr de Boismorin (6).

BOURBON-BUSSET. — De Bourbon porte : *semé de France à une bande en devise de gueules, au chef d'argent chargé de la croix et des croisettes de Jérusalem.*

---

(1) Nadaud avait des notes sur cette famille à la page 1050, déchirée.
(2) La Jonchère, canton de Laurière, arrondissement de Limoges (Haute-Vienne).
(3) Nadaud avait des notes sur cette famille à la page 150, déchirée.
(4) Nadaud avait des notes sur cette famille à la page 216, déchirée.
(5) Saint-Césaire, canton de Burie, arrondissement de Saintes (Charente-Inférieure).
(6) Nadaud avait des notes sur cette famille à la page 975, déchirée.

Les Bourbon-Busset sont bâtards de Louis de Bourbon, qui fut évêque de Liége, mort en 1482.

Charlotte d'Albret [fille d'Alain, sire d'Albret, comte de Périgord et vicomte de Limoges, et de Françoise de Blois dite de Bretagne], baronne de Châlus (1), duchesse de Valentinois, épousa César Borgia, fils d'Alexandre Borgia, depuis pape sous le nom d'Alexandre VI, à qui elle porta en dot le comté de Châlus. Elle mourut le 11 mars 1514. D'eux naquit Louise de Borgia, fille unique, morte au commencement de 1553, mariée 1° à Louis de La Trémouille; 2°, le 3 février 1530, à Philippe de Bourbon, qui suit.

III. — Philippe de Bourbon, fils de Pierre, et petit-fils de l'évêque de Liége, qui périt à la bataille de Saint-Quentin le 10 août 1557. Le seigneur et la dame du Busset échangèrent avec le roi de Navarre, le 18 juin 1535, la seigneurie de Châlus pour celle de Vayres (2); le roi se réserva de retirer Châlus en payant, à une ou deux fois, 50,000 livres. [Elle avait porté ce comté en dot à son mari. Philippe de Bourbon-Busset prétendit que le duché de Valentinois lui appartenait. Son fils Claude, comte de Busset, renonça à son droit par transaction de 1573, moyennant 40,000 livres qui lui furent payées.]

IV. — Claude de Bourbon, qualifié haut et puissant seigneur, chevalier de l'ordre du roi, seigneur de Châlus, créé comte de Busset vers l'an 1558, fut pourvu du gouvernement du Limousin le 20 avril 1577, et en prit possession le 12 juin suivant; lieutenant de la compagnie du S^{gr} de Lavauguyon en 1565 et années suivantes, jusqu'en 1574. Il mourut après l'an 1584. — Sa veuve fit marché, le 16 juillet 1587, avec François Limosin, peintre de la ville de Limoges, « pour peintrer, ès-églises de Lageyrac (3), Dournazac, La Chapelle-Montbrandeix (4), Champsac (5) et Pageas (6), une ceinture au dehors et au dedans des temples des dites églises avec les armes du dit seigneur ».

Il avait épousé, le 7 mai 1554, Marguerite de La Rochefoucauld de Barbezieux, veuve de Pierre du Puy, S^{gr} de Vatan, et fille d'Antoine, S^{gr} de Barbezieux, et d'Antoinette d'Amboise-Ravel, dont il eut : 1° César, qui suit; 2° Diane, mariée, par contrat du 5 octobre 1596, à Paul Jay, écuyer, Sr du Pin : ils firent décréter la terre de Châlus en 1605.

V. — César de Bourbon, comte de Busset, baron des villes haute et basse de Châlus, S^{gr} de Bramefan, etc., testa le 2 novembre 1630. Mort avant le 1er janvier 1631, il avait épousé : 1°, par contrat du 12 avril 1584, reçu par Doryn, Marguerite de Pontac; 2°, par contrat du 21 juin 1588, reçu par Rochelat et Murat, Louise de Montmorillon [dame de Vézigneux], fille de Saladin, chevalier de l'ordre du roi, baron de Saint-Martin, etc., et d'Anne de Lhospital-Sainte-Mesme, dont 1° Claude de Bourbon, deuxième du nom, baron de Châlus, qui, en 1624, épousa Louise de La Fayette,

---

(1) Châlus, chef-lieu de canton, arrondissement de Saint-Yrieix (Haute-Vienne).
(2) Vayres, canton et arrondissement de Rochechouart (Haute-Vienne).
(3) Lageyrac, ancienne paroisse, réunie aujourd'hui à Châlus (Haute-Vienne).
(4) Dournazac et La Chapelle-Montbrandeix, sont dans le canton de Saint-Mathieu, arrondissement de Rochechouart (Haute-Vienne).
(5) Champsac, canton d'Oradour-sur-Vayres, arrondissement de Rochechouart (Hte-Vienne).
(6) Pageas, canton de Châlus, arrondissement de Saint-Yrieix (Haute-Vienne).

veuve de François d'Apcher, fille de Claude, baron de Hautefeuille, et de Marie d'Alègre, et mourut sans lignée; 2° Jean-Louis, qui suit.

VI. — Jean-Louis de Bourbon, chevalier des ordres du roi, comte de Busset, baron de Châlus, mort, le 9 avril 1667, âgé de soixante-dix ans. Il avait épousé, en 1639, Hélène de La Queille de La Motte de Fleurat, morte le 7 mars 1669. [Ailleurs il est dit que, étant veuve vers 1698, elle jouissait du comté de Châlus. Isabeau de Bourbon-Busset, veuve de Jean de La Queille, épousa en secondes noces Pierre de Chauvigny, fils de Gilbert de Chauviguy, baron du Vivier et de Catherine de Beauvoir, et frère puîné d'Antoine. Pierre avait eu en partage la baronnie de Blot, l'église et les seigneuries de Nercigny, Mirebel, etc. Il fut reçu un des cent gentilshommes de la maison du roi. [D'eux naquit Louis, qui suit.

VII. — Louis Ier de Bourbon, comte de Busset, baron de Châlus, tué au siége de Fribourg le 10 ou 12 novembre 1677. Il avait épousé, le 15 janvier 1672, Madeleine Bermondet d'Oradour, fille de Georges, comte d'Oradour (1), qui mourut, le 30 juillet 1724, au château de Châlus, âgée de soixante-dix ans. Elle s'était remariée, en 1689, à Joseph-Victor-Louis de Rochechouard. Ce mariage, contracté à Paris en l'église de Saint-Sulpice, fut déclaré nul par sentence de l'officialité de Paris du 25 janvier 1696. Du premier naquirent : 1° Louis, qui suit; 2° Antoine-François, dit le comte de Châlus, mort, en 1742, célibataire; 3° Madeleine, mariée, en 1703, à Nicolas de Quélen [Madeleine de Bourbon-Busset, mariée avec Nicolas de Quélen d'Estuer de Caussade, comte de La Vauguyon (2) et de Broutai, marquis de Saint-Megrin, décédé le 8 janvier 1725].

VIII. — Louis II de Bourbon, comte de Busset [seigneur de Châlus], mort le 14 avril 1724, avait épousé, le 31 décembre 1719, Marie-Anne de Gouffier de Thois, morte, à soixante-dix-huit ans, le 14 février 1755, dont : 1° Louis-François-Antoine, qui suit; [2° Louise-Claudine, née en décembre 1720, religieuse, vivait en 1752; 3° Henriette-Antoinette, née le 1er janvier 1724, mariée en octobre 1747, à Paul de Grivel, comte d'Ouroy, dont elle fut la deuxième femme, et dont elle resta veuve le 2 novembre 1752].

IX. — Louis-François-Antoine de Bourbon, comte de Busset, baron de Châlus [et de Vezignéux], né le 26 août 1722 [mousquetaire le 19 décembre 1737; il obtint une compagnie dans le régiment de cavalerie d'Andlau le 28 août 1741, et la commanda à la prise de Prague la même année, au combat de Sahay, au ravitaillement], mestre de camp d'un régiment de cavalerie de son nom, maréchal des camps et armées du roi [premier gentilhomme de la chambre de Mgr le comte d'Artois, frère du roi depuis 1774], épousa, [en janvier ou] le 23 avril 1743, Madeleine-Louise-Jeanne-Marie [ou Catherine-Gaspardine] de Clermont-Tonnerre, née le 19 mars 1722, fille de Gaspard, comte de Clermont-Tonnerre, maréchal de France, et d'Antoinette Potier de Novion [aujourd'hui dame d'atours de Mme la comtesse d'Artois]. Madeleine mourut à Paris le 27 juillet 1769;

Dont : 1° Louis-François-Joseph de Bourbon-Busset, [qualifié] comte de Châlus, né à Paris le 1er juin 1749; 2° Marie-Anne-Julie-Louise, demoiselle

---

(1) Oradour-sur-Vayres, chef-lieu de canton, arrondissement de Rochechouart (Hte-Vienne).
(2) La Vauguyon, château dans la commune de Maisonnais, canton de Saint-Mathieu, arrondissement de Rochechouart (Haute-Vienne).

de Châlus, née au château de Busset le 6 ou le 16 septembre 1747 ; 3° un garçon ; [4° une fille, née le 27 juin 1749, peut-être 1746].

SOURCES : LABBE, *Blason royal*, p. 17 ; — *Dictionnaire généalogique*, 1757 ; — MORÉRI, 1759 ; — SIMPLICIEN, T. I, p. 376, 377 ; — [*Tablettes historiques*, IIe partie, p. 154 et 201 ; V[e] partie, p. 162, 163, 164, 277, 286, 287 ; VIe partie, p. 142.]

BOURBON D'AUBIGNY. — Jacques de Bourbon, chevalier, S[gr] d'Aubigny en Picardie, et de Murat, paroisse de Tarnac (1), fils de Jean, S[gr] de Carency, et de Jeanne Vendosmois, né au château de Savigny en Vendomois, épousa, en 1451, Antoinette de La Tour, veuve de Jacques Aubert, S[gr] du Montel-le-Dégelé, (2), dont il eut : 1° Charles, S[gr] de Carency et de Buquoi, mariée à Catherine d'Alègre, dont il eut : Isabeau, mariée à François des Cars ; 2° Jean, S[gr] de Rochefort en Auvergne et d'Arson.

SOURCES : BALUZE, *Histoire de la maison d'Auvergne*, T. I, p. 392.

BOURDEAU (3).

BOURDELIE. — Guy de Bourdelie, écuyer, sieur de La Salle, paroisse de Saint-Martin-Sept-Pers (4), épousa : 1° Gilette de Beaune, dont Marie, baptisée, le 28 janvier 1647, dans l'église de Saint-Pardoux-l'Enfantier (4); 2° le 16 novembre 1677, Isabeau de Beaune, veuve de .....

BOURDICAUD. — Noble Philippe Bourdicaud, S[gr] de La Bacconnaille, paroisse d'Auriat (5), et de Saint-Priest (6), épousa Marie Pichard de l'Église-aux-Bois, dont François, tonsuré en 1717.

Charles de Bourdicaud, écuyer, Sr de Saint-Priest, Auriac, Charrières et Magnac, frère de Louis, épousa N..... Deschamps de Bissère, dont Marie, morte pensionnaire à l'abbaye de la Règle de Limoges, le 12 août 1763, âgée de quatorze ans.

BOURGEOIS, Sr de Joffrenie, paroisse de Bussière-Galand (7), élection de Limoges. — Porte : *de sinople à 3 lions rampants d'or, placés 2 et 1*.

Robert Bourgeois, damoiseau, épousa Eynorde Séguine. Ils vendirent, en 1374, une rente sur une maison de la ville de Saint-Junien à l'exécuteur testamentaire de Pierre, cardinal de Montmajour.

I. — Jean Bourgeois fit son testament en faveur de Jean, son fils, le 19 novembre 1544 ; il épousa, le 15 mai 1510, Antoinette de La Morinie, dont Jean qui suit :

II. — Jean Bourgeois, de la ville de Châlus, eut, par un partage du ....,

---

(1) Tarnac, canton de Bugeat, arrondissement d'Ussel (Corrèze).
(2) Montel-de-Gelat, canton de Pontaumur, arrondissement de Riom (Puy-de-Dôme).
(3) Nadaud avait des notes sur cette famille à la page 705, déchirée.
(4) Saint-Martin-Sept-Pers et Saint-Pardoux-l'Enfantier, aujourd'hui Saint-Pardoux-Corbier, canton de Brive, arrondissement de Lubersac (Corrèze).
(5) Auriat, canton et arrondissement de Bourganeuf (Creuse).
(6) Saint-Priest-Palus, canton et arrondissement de Bourganeuf (Creuse).
(7) Bussière-Galand, canton de Châlus, arrondissement de Saint-Yrieix (Haute-Vienne).

le lieu d'Aubanie, qu'il vendit, le 28 octobre 1582. Il épousa, le 20 mars 1546, Gabrielle de Maumont, fille de Geoffroi.

III. — Jean Bourgeois, écuyer. En 1598, ses titres de noblesse n'avaient pas paru suffisants : il les présenta de nouveau en 1599. Il acheta le lieu de Joffrenie, paroisse de Bussière-Galand, fit son testament le 10 avril 1611. Il avait épousé, par contrat sans filiation, le 28 juillet 1591, Catherine-Aymeric du Chataing, dont 1° François, qui fit son testament, le 19 novembre 1658, en faveur de Jean, son neveu, fils de François, puîné, écuyer, S^r de La Bourderie, du château de Joffrenie, paroisse de Bussière-Galand ; 2° autre François, qui suit ; 3° Bertrand, qui vivait en 1617.

IV. — Noble Jean-François Bourgeois, Sr de Las Bourdarias, paroisse de Rilhac-Lastours (1), du Repaire noble de Chatellerie, paroisse de Lageyrat (2), épousa 1°, le 7 février 1622, par contrat reçu par du Raysseys et insinué à Limoges, Anne Vigier; épousa 2°, le 2 février 1634, par contrat sans filiation, et le 6 en l'église de Rilhac-Lastours, Madeleine Vaillant de La Rivière, dont 1° Jean, Sr de Joffrenie (1678); 2° Marie, baptisée le 6 juin 1638 ; 3° Anne, baptisée le 4 décembre 1639 ; 4° Jacquette, morte en bas-âge ; 5° Jeanne, baptisée le 29 avril 1649 ; 6° Jacques, né le 25 août 1650 ; 7° Marguerite, baptisée le 4 juillet 1649 ; 8° autre Jean, Sr du Cluzeau, demeurant au lieu de La Rivière, paroisse de Rilhac-Lastours.

V. — Jean Bourgeois, écuyer, Sr de Joffrenie, épousa, à l'âge de vingt-cinq ans, Louise Deschamps du Cheyroux, le 1er décembre 1668.

[Jean-Baptiste Bourgeois, écuyer, Sr du Mas-Faure en Marche, vivait et est nommé dans un contrat le 21 août 1663.]

Jean Bourgeois, Sr de Joffrenie, chevalier, épousa Barbe de Salignac, dont il eut Ursule Bourgeois, dame de Ventaux, mariée, le 3 août 1716, à Martial Deschamps, S^r de La Faurie, de la ville de Châlus; 2°, en 1726, à Charles de David [et vivante encore le 19 juin 1735].

BOURGOIN. — Noble François Bourgoin, avocat, épousa Jeanne Bouchier, dont Françoise, baptisée le 25 février 1615.

BOURNAZEAU. — Guillaume Bournazal, chevalier, d'auprès de la ville de Saint-Junien (3), épousa Galienne de Veyrac, dont 1° noble Jeanne Bournazal, femme de Jean des Monts, damoiseau (1392); 2° Jean, prieur de Saint-Martin-des-Champs à Paris, dont on faisait l'anniversaire, à Bellac, le 7 août.

Gérald de Bournazeau épousa Narde Villane, qui, étant veuve, se remaria à N..... de Goretia, dont 1° Marguerite, femme, en 1425, de Bernard Panet; 2° et 3° Jeanne et Catherine, mariées, par contrat signé Marchant, à Saint-Junien, du 19 juin 1425 (vieux style), à Guy et Bernard Forren, fils de Privat Forren, damoiseau, de la paroisse de Boussac, diocèse de Périgueux.

BOURNIOL. — Antoine Bourniol, écuyer, S^r de La Verrie, paroisse de

---

(1) Rilhac-Lastours, canton de Nexon, arrondissement de Saint-Yrieix (Haute-Vienne).
(2) Lageyrat, ancienne paroisse comprise aujourd'hui dans la commune de Châlus.
(3) Saint-Junien, chef-lieu de canton, arrondissement de Rochechouart (Haute-Vienne).

Grassat (1) en Angoumois, mourut âgé de trente ans, le 17 décembre 1638. Il avait épousé Jeanne Girard, dont Antoine, né le 21 février 1639.

BOUSCHAUD, Sʳ de La Fosse, paroisse de Courcelles (2), élection de Saint-Jean-d'Angely. — Porte : *une eau d'azur dans laquelle nage une cane d'argent à un bouchaud de même, maçonné de sable à gauche, et quatre roseaux de sinople à droite ; au chef, sur la dite eau, d'argent à six étoiles de sable, 4 et 2.*

I. — Jean Bouschaud épousa Marie Blanc. Mᵉ Mathurin Griffon est reçu conseiller à l'échevinage de la maison de ville de Saint-Jean-d'Angely à la mort du dit Jean Bouschaud, le 14 mars 1603.

II. — Jean Bouschaud épousa Madeleine Maurat. Sa mère, Marie Blanc, étant veuve, donna sa procuration pour ce mariage le 11 mai 1616.

III. — Jean Bouschaud épousa, le 23 décembre 1660, Louise Barthomé.

BOUSQUET, du Bousquet, paroisse de Saint-Pardoux-l'Ortiger (3).

I. — Jean du Bousquet dérogea de sa noblesse.

II. — N..... Du Bousquet eut pour fils : 1º Charles qui suit, et 2º Antoine, lesquels, par lettres patentes de Sa Majesté, expédiées en conséquence de l'arrêt du conseil, du 22 septembre 1668, données à Saint-Germain-en-Laye au dit mois de septembre, furent maintenus en leur noblesse sans aucun égard à la dérogeance faite par Jean du Bousquet, leur bisaïeul, en considération de leurs services, et sans tirer à conséquence. Il eut encore pour fils : 3º François du Bousquet, curé de Salagnac (4) et prieur de Manzanes (5), mort, âgé de quarante-cinq ans, le 7 février 1685, et inhumé dans l'église de Saint-Pardoux-l'Ortiger ; 4º Antoine du Bousquet, prêtre et chanoine d'Eymoutiers, mort le 9 mai 1699.

III. — Noble Charles du Bousquet, Sgʳ de Saint-Pardoux-l'Ortiger, épousa Jeanne du Chambon de Fontanges, dont il eut : 1º Hugues, né le 30 juillet 1661 ; 2º Antoine, né le 16 avril 1665, et qui fut peut-être le chanoine d'Eymoutiers du numéro précédent ; 3º Joseph, qui suit ; 4º Charles, né le 31 juillet 1667 ; 5º autre Antoine, né le 17 novembre 1669 ; 6º Juliette, née le 18 août 1673.

IV. — Joseph du Bousquet, né le 9 juin 1666, Sgʳ de Saint-Pardoux-l'Ortiger, chevalier de Saint-Louis, mourut le 6 octobre 1725. Il avait épousé Jeanne de Saint-George, qui mourut le 28 juin 1733. D'eux naquirent : 1º Jeanne, baptisée le 10 août 1707 ; 2º Catherine-Charlotte, baptisée le 26 mai 1708, et qui fut religieuse de Malte ; 3º Josèphe, baptisée le 6 septembre 1710 ; 4º Jean-Julien, baptisé le 31 octobre 1711 ; 5º Jean-Joseph, qui suit ; 6º Antoine, baptisé le 2 janvier 1716 ; 7º Catherine, baptisée le 22 novembre 1716 ; 8º Joseph, né le 20 mars 1722 ; 9º Catherine-Léonarde, dite la demoiselle du Bousquet ; 10º Julienne, morte en bas-âge.

---

(1) Grassat, canton de Montbron, arrondissement d'Angoulême (Charente).
(2) Courcelles, canton et arrondissement de Saint-Jean-d'Angely (Charente-Inférieure).
(3) Saint-Pardoux-l'Ortiger, canton de Donzenac, arrondissement de Brive (Corrèze).
(4) Salagnac, canton d'Excideuil, arrondissement de Périgueux (Dordogne).
(5) Manzanes, ancien prieuré, commune de Chamberet, canton de Treignac, arrondissement de Tulle (Corrèze).

V. — Jean-Joseph du Bousquet, baptisé le 16 août 1714, chevalier, Sgr de Saint-Pardoux-l'Ortiger, épousa Marguerite-Louise-Gabrielle de Cosnac, fille de Gabriel-Honoré, marquis et Sgr de Cosnac, et de Marie-Anne-Judith de Cosnac-la-Marque. Marguerite-Louise mourut le 3 août 1760, et fut inhumé à Saint-Pardoux-l'Ortiger. De ce mariage sont issus : 1° Jeanne, baptisée le 20 décembre 1748; 2° Françoise-Henriette-Josèphe, née le 30 avril 1751 ; 3° Marianne-Louise, née le 26 juillet 1752; 4° Jean, né le 9 septembre 1753; 5° Antoine, né le 28 avril 1755; 6° Daniel-Joseph, né le 9 juillet 1756; 7° Françoise-Henriette, née le 21 octobre 1758; 8° François-Emmanuel, né le 1er août 1760; 9° autre Jean, mort en bas-âge.

Notes isolées.

D'après Simplicien (T. VIII, p. 164), Marguerite Bosquet épousa, vers 1560, Jean-Charles Ricard de Gourdon, Sgr de Saint-Cler, mort sans enfants.

Etienne du Bousquet, Sr de Saint-Pardoux, épousa N......, dont Judith, mariée, le 2 septembre 1618, à Melchior de La Tour, Sr de Las Nouailhas, paroisse de La Croisille (1), lequel fut nommé maréchal-de-camp en 1648, mestre de camp d'un régiment d'infanterie en 1649, et gouverneur de Portolongone (2) le 15 décembre 1665.

BOUSSAC (3) [en latin *Bussatium,* petite ville située dans la province du Berry et dans le diocèse de Limoges, vers la frontière du Bourbonnais. Elle a un château bâti sur un rocher presque inaccessible. C'est une ancienne baronnie de Berry, qui a été possédée par les puînés de la maison de Déols jusqu'à Ebles, qui suit]. Raoul, fils d'Odon de Déols en Berry, et Sgr de Châteauméliand, convint que, si l'évêque de Limoges voulait mettre le chateau *de Botaco* (de Botac, mieux Boussac) au fief d'un autre, lui Raoul ne le recevrait que de l'évêque de Limoges; que, si ce prélat voulait en cela être contraire au roi, lui Raoul aiderait le roi de tout son pouvoir contre qui que ce fût. L'acte est du mois de septembre 1209.

Ebbes [ou Ebles] de Déols [ne laissa que quatre filles, dont une] Marguerite de Déols, par partage fait avec ses trois sœurs, porta en mariage les terres de Boussac et d'Huriel à Roger de Brosse, Sgr de Sainte-Sévère, deuxième fils de Hugues I, vicomte de Brosse. Il avait pour frère aîné Hugues II, vicomte de Brosse, époux d'Isabelle de Déols, sœur aînée de Marguerite.

SOURCES : MARTÈNE : *Veter, script.,* T. I, col. 1095; — SIMPLICIEN, T. V, p. 569; — *Tablettes historiques,* Ve partie, p. 294.]

---

(1) La Croisille, canton de Châteauneuf-la-Forêt, arrondissement de Limoges (Haute-Vienne).
(2) Portolongone, petite ville très forte, dans l'île d'Elbe, que les Français avaient prise en 1646.
(3) Boussac, aujourd'hui chef-lieu d'arrondissement (Creuse).

BOUSSAC, Sr du dit lieu, demeurant à Tulle, porte *d'azur à un sautoir danché d'or, accompagné de quatre croissants de même [ou d'argent]*.

D'après Baluze (*Histor. Tutelensis*, p. 205), Guillaume de Bossaco et Guillaume de Bossaco le jeune furent anoblis, à raison de leur fidélité envers le roi, l'an 1370. Ils étaient citoyens de Tulle. Du temps de M. Baluze, cette famille y était éteinte.

I. — Guillaume de Boussac fit son testament en faveur de son fils le 1er ou le dernier février 1470. En 1431, il est qualifié de noble. Il avait épousé Hélie de Roussilhat [ou de Roffignac], dont il eut Antoine, qui suit.

II. — Antoine de Boussac fit son testament en faveur de son fils le 3 avril 1509. Il avait épousé, le 17 octobre 1493, Marguerite de La Philippie, dont il eut Antoine, qui suit.

III. — Antoine de Boussac épousa N....., dont il eut : 1° Raymond, qui suit ; 2° Anne, à laquelle son frère Raymond constitua une dot lorsqu'elle passa son contrat de mariage, le.....

IV. — Raymond de Boussac épousa, par contrat sans filiation du 14 janvier 1565, Félix du Pouget.

V. — Antoine de Boussac épousa, par article du 24 janvier 1593, Guyotte de Lavaud.

VI. — Gilles de Boussac épousa, le 14 septembre 1633, Claire-Antoinette de Lentillac, qui était veuve.

N....., Sr de Boussac, épousa Jeanne de Roffignac, qui mourut à Roffignac, paroisse de Lubersac, âgée de soixante-quinze ans, le 1er octobre 1727.

BOUSSAC, Sr de Blanges, paroisse de Bar (1), élection de Tulle, et Sr de Mézières, paroisse de Donzenac (2), élection de Brive, porte : *d'azur à un sautoir d'or, contrebretessé de cinq créneaux de même, et accompagné de cinq croissants d'argent*.

I. — Pierre de Boussac épousa, le 26 décembre 1468, Catherine de Grandtuison.

II. — François de Boussac, fils de Pierre, obtint des lettres royaux le 12 mai 1515 ; il fit une vente, le 12 août 1545, tant en son nom qu'en celui de Marguerite de Blanzolles, sa femme, et en ceux de ses enfants : 1° Pierre et 2° Jean, qui suit.

III. — Jean de Boussac épousa, par contrat sans filiation du 30 août 1545, Anne de Cheny.

IV. — Guyon de Boussac épousa, le 15 juin 1578, Gilberte d'Aubusson, dont il eut 1° Jean, qui suit ; 2° Antoine, qui se maria en 1614.

V. — Jean de Boussac épousa, le 18 novembre 1611, Marguerite de Bonnefon.

VI. — Antoine de Boussac, Sr de Blanges, épousa, le 23 novembre 1643, Bouise de Cosnac.

V *bis*. — Antoine de Boussac épousa, le 22 juin 1614, Marguerite de Coustin.

VI. — Jean de Boussac fit son testament, dans lequel il est fait mention,

---

(1) Bar, canton de Corrèze, arrondissement de Tulle (Corrèze).
(2) Donzenac, chef-lieu de canton, arrondissement de Brive (Corrèze).

entre autres enfants, de François, qui suit, le 20 mai 1663. Il avait épousé, le 16 février 1640, Jeanne de Monferrand.

VII. — François de Boussac, Sr de Mazières.
Cette famille avait fait preuve de noblesse en 1598.

BOUTINON. — Charles Boutinon, gradué ès-droits, puis juge de Varaignes (1), fils d'Étienne, marchand du dit Bourg de Varaignes, et de Catherine Rousseau, épousa : 1° par contrat, reçu Babaud, à Confolens, le 3 mars 1609, Jeanne, fille de François Caillou, Sr du Trouillaud, paroisse de Saint-Maurice-des-Lions, qualifié d'écuyer dans ce contrat. Jeanne mourut le 13 décembre 1614. Charles Boutinon, qualifié lui-même de noble, épousa 2° Jeanne de Verneuil, dont il eut Marie, mariée, dans l'église de Varaignes, le 4 octobre 1643, à noble Jean Bertrand, Sr du Puy, fils d'autre noble Jean Bertrand, Sr de Lage, et de feue Marie des Chappes, du bourg de Sansand en Périgord.

François Boutinon, Sr de Beauséjour, écuyer, maire perpétuel de la ville de Nontron, juge de Varaignes, épousa Anne-Thérèse du Verger, qui mourut veuve, âgée de soixante-douze ans, le 27 mars 1748, et dont il eut plusieurs enfants qui ont cessé de prendre la qualité de nobles ou d'écuyers.

BOUYER, Sr de Nenclas, paroisse de Jarnac-Charente, élection de Cognac, porte : *d'argent à un chevron de gueules.*

I. — François Bouyer épousa Catherine Troubat; il fit son testament, le 2 mars 1539, en faveur de son fils, qui suit.

II. — François Bouyer épousa, le 27 décembre 1544, Catherine des Moulins.

III. — Jacques Bouyer épousa 1°, le 4 janvier 1584, Isabeau Jay, dont il eut Jean, qui suit; épousa 2°, le 12 novembre 1588, Marie Gourdin.

IV. — Jean Bouyer épousa, le 13 février 1612, Isabeau Gourdin.

V. — François Bouyer épousa : 1°, le 26 avril 1626, Aymeric Daunac; 2°, le 26 mars 1664, Anne de Laire.

BOUYER, Sr de La Gorce, paroisse de Condat (2), élection de Limoges, porte : *parti au 1ᵉʳ d'argent, à trois étoiles de gueules, 2 et 1, et un cœur de même en pointe; au 2ᵉ, d'azur à un lion rampant d'or, armé et lampassé de gueules.*

I. — Léonard Bouyer épousa, par contrat du 10 juillet 1548, Jeanne d'Anglart.

II. — Pierre Bouyer épousa, par contrat du 11 novembre 1581, Anne de Bonneval.

III. — Léonard Bouyer épousa, par contrat du 28 avril 1622, Marie de La Roche.

Noble Léonard Boyer, Sr de La Salle, en 1614, épousa Peyronne de Hugue.

IV. — Pierre Bouyer épousa, par contrat du 18 janvier 1652, Renée de Cabarel.

(1) Varaigne, canton et arrondissement de Nontron (Dordogne).
(2) Condat, canton et arrondissement de Limoges (Haute-Vienne).

Noble Jacques Bouyer, Sr de Saint-Sulpice-le-Donzel (1), épousa Marguerite de Rubis, qui était veuve en 1629.

BOXO. — Gabriel de Boxo, aumônier du grand hôpital de Saint-Yrieix-la-Perche, bénéfice dont il se démit en 1468, était diacre, bachelier et chanoine de Saint-Yrieix (2). Noble Jean de Boxo, clerc, damoiseau, auquel le chapitre de Saint-Yrieix donna, en 1468, la chapelle de Notre-Dame de Virac, qu'il permuta, la même année, avec Gabriel de Boxo, pour la cure de Gardelle, du diocèse de Toulouse.

BOYER. — Joseph Boyer de Breil, conseiller du roi, commis à la recette des décimes, et directeur de l'économat du diocèse de Limoges, fils de feu André et de Marie de Breil, du lieu de N....., épousa, dans l'église de Beaune (3), le 18 mai 1734, Madeleine Valette, fille de feu Jacques et de Marguerite Avril, de la paroisse de Saint-Maurice en la cité de Limoges.

BOYOL. — Pierre Boyol, chanoine de Limoges, reçut une lettre du pape Innocent III, en 1211 (livre I, *Epist.* 201).

Pierre Boyol, écuyer, Sgr de Montcocu, paroisse d'Ambazac (4), de Royère, paroisse de Bonnac, du Bâtiment, paroisse de Chamboret (5), et de Cieux (6), en 1582 et 1588, professait la religion protestante. Il épousa Marie Rougier, fille de Jean, Sr de Sareou, dont il eut : 1° Jeanne, mariée, en 1587, à Jean de Villelume, écuyer, Sr de Barmontet (7); 2° Marie, mariée à Joseph du Batut, laquelle eut en dot le fief du Bâtiment; 3° Esther, mariée 1° à Robert du Mosnard, écuyer, Sr du Vignaud (8); mariée 2° à François Estourneau; 4° Catherine; 5° Susanne, mariée à Jean Chantois, Sr de Laumonerie près Aixe, laquelle abjura la religion protestante en 1585; 6° autre Jeanne, mariée à René de La Trimouilhe, fils d'autre René, écuyer, Sr de La Barre, paroisse de Ciron en Poitou.

Le dernier du nom de Boyol, mais non noble, mourut à Limoges en 1756.

BOYRON. — Lisez D'OYRON.

BRACHET, Sr du Maslaurent (9), de La Jalegie ou Jalesie (10), et de

---

(1) Saint-Sulpice-le-Donzel, canton de Saint-Sulpice-les-Champs, arrondissement d'Aubusson (Creuse).

(2) C'est encore Saint-Yrieix-la-Perche, aujourd'hui chef-lieu d'arrondissement (Haute-Vienne), et où il y avait un chapitre.

(3) Beaune, canton d'Ambazac, arrondissement de Limoges (Haute-Vienne).

(4) Ambazac, chef-lieu de canton, arrondissement de Limoges (Haute-Vienne).

(5 et 6) Chamboret et Cieux, canton de Nantiat, arrondissement de Bellac (Haute-Vienne).

(7) Barmontet, commune de Vernegheol, canton d'Herment, arrondissement de Clermont (Puy-de-Dôme).

(8) Le Vignaud, commune de La Jonchère, canton de Laurière, arrondissement de Limoges (Haute-Vienne).

(9) Le Maslaurent, fief qui appartint jusqu'à la fin du dernier siècle à la famille de Brachet, est situé sur la commune de Crose, canton de Felletin, arrondissement d'Aubusson (Creuse). Le donjon dont il reste encore des ruines, n'a été détruit qu'au commencement de ce siècle. On voit toujours le château d'habitation élevé près de la tour carrée et les vastes écuries voûtées à arcs diagonaux qui en dépendent. — Nous ne trouvons dans la commune de Seillac, aucun fief nommé Maslaurent; il faut donc lire : « Sgr du Maslaurent, *habitant* la paroisse de Seillac, aujourd'hui chef-lieu de canton, arrondissement de Tulle (Corrèze).

(10) La Jalezie, commune de Saint-Bonnet-la-Rivière, canton de Juillac, arrondissement de Brive (Corrèze).

Marseyx, paroisse de Seillac (1), élection de Tulle, de Saint-Bonnet et de Beyssat, élection de Brive, porte : *d'azur à deux chiens passants d'argent; écartelé d'azur, à un lion rampant d'or.*

(Les Brachet, Srs de Marigny, Maisonneuve et Flusseaux, portent : *de gueules au chien braque d'or posé sur sa queue.* Ceux d'Orléans portent de même. — Anne Brachet de Portmorand, épousa, vers 1640, François Thuillier, S^{gr} d'Interville, secrétaire du conseil) (2).

I. — Guy Brachet, chevalier, S^{gr} de Peyrusse, paroisse de Champroy (3), épousa, avant le 4 janvier 1517, Catherine d'Aubusson, fille de Jacques, S^{gr} de La Borne. D'eux naquirent : 1º Jean, qui épousa 1º, le 1er novembre 1551, Marguerite-Michèle de Crevant, fille de François et de Marguerite, et qui mourut le 5 avril 1565, ayant testé le 6 octobre 1561 ; qui épousa 2º Louise de La Mothe, fille de François, S^{gr} du Mas-Laurent ; — 2º Lionnet, qui suit; 3º Philippe : tous les trois se partagèrent la succession de leur père le 30 août 1551 ; 4º Marie, mariée, par contrat du 18 octobre 1545, à Foucaud de Bonneval, Sr de Meyssac.

II. — Lionnet Brachet épousa Françoise de Coux. Celle-ci fit son testament en faveur de Lionnet, son mari, et fit un legs à ses enfants le 4 septembre 1579. D'eux naquirent : 1º Louis, qui suit ; 2º François qui se maria.

Ces deux frères échangèrent certains héritages provenant de Lionnet, leur père, le 23 septembre 1619.

III. — Louis Brachet épousa Jacqueline [ou peut-être Françoise] de La Mothe.

[Noble Louis de Brachet, Sr de Ceilloux, et demoiselle Françoise de La Mothe, sa femme, fondèrent une messe basse de la Conception de la sainte Vierge, pour être dite tous les samedis, dans l'église de Notre-Dame-des-Ternes (4), moyennant 300 livres, dont quittance, par acte reçu Jarrigeon, notaire royal, le 21 août 1604.]

IV. — Annet Brachet, Sr du Maslaurent, épousa, le 27 septembre 1631, Anne de Limoges.

III *bis*. — François Brachet, épousa Catherine du Roy.

IV. — Étienne Brachet, S^{r} de La Jalegie, épousa, le 26 juillet 1632, Anne de Rousseau.

V. — Dominique Brachet, Sr de Marseys, épousa, le 23 décembre 1664, Marie de Sanzilhon.

Notes isolées.

Noble et puissant Jean Brachet, écuyer, S^{gr} de Pérusse, Salainac (5) et Montégut (6) en 1454, chef de cette ancienne et illustre maison, avait

---

(1) Seillac, chef-lieu de canton, arrondissement de Tulle (Corrèze).

(2) Nous mettons entre ( ) ce qui est étranger au Limousin. — Anne Brachet appartient à la famille orléanaise.

(3) Pérusse, fief situé dans la commune de Châtelus Marcheix (Creuse). Il reste encore des ruines du château, situé au bord du Taurion, sur un rocher escarpé. L'ancienne paroisse de Champroy ou Champ-Rouai a été supprimée en 1837 et partagée entre Saint-Dizier et Châtelus.

(4) Les Célestins des Ternes avaient leur monastère paroisse de Pionnat, canton d'Ahun, arrondissement de Guéret (Creuse).

(5) Salaignac (Le Grand-Bourg-de) chef-lieu de canton, arrondissement de Guéret (Creuse).

(6) Montégut-le-Blanc, canton de Saint-Vaulry, arrondissement de Guéret (Creuse).

épousé Marie de Vendôme, des anciens comtes de Vendôme. D'eux naquit Catherine Brachet, dite de Vendôme, et dame de Salainac, mariée, en 1437, au fameux Poton de Xaintrailles, sénéchal du Limousin, qui fut maréchal de France en 1454, et mourut à Bordeaux en 1461.

Jacques Brachet, S^{gr} de Pérusse et de Magnac, épousa Marie de Sully, dont il eut :

Catherine, mariée, le 9 juillet 1439, à Jean de Crevant, chevalier, fils de Hugues et de Michèle de Châteauchalon : elle mourut en 1449.

Gilbert Brachet, baron de Magnac, épousa, l'an 1448, le 28 mai, Marie, fille de Yves de Tourzel, baron d'Allègre en Auvergne, et de Marguerite d'Apcher.

Le 3 février 1483, selon le titre nouveau 1484, le Sr de Montégut-le-Blanc vint, de la part du duc d'Orléans, aux états tenus aux Montils-lez-Tours, leur représenter que plusieurs gens qui n'étaient point de l'assemblée y avaient entré; que, par ce moyen, on savait dans le public tout ce qui s'y passait de secret.

Noble Jean Brachet, S^r d'Orey, acheta, en 1469, le fief de Noailles, paroisse de Bersac (1), de François Combarel. Il épousa Léone Combarel, dont il eut Mathelin, qui suit.

Mathelin Brachet, chevalier, chambellan du roi (1483), S^{gr} de Montégut-le-Blanc, Salaignac et Fontbusseau. Ces Mathelin et Gilbert Brachet, qui est nommé plus haut, étaient deux des cinq hommes d'armes déjà chevaliers sous la charge de Poton de Xaintrailles, maréchal de France en 1461. Mathelin fut sénéchal du Limousin, commissaire du roi aux états du Languedoc tenus à Béziers au mois de décembre 1459. Il épousa Marguerite de Pontville ou Catherine de Rochechouart, dont il eut : 1° Joachim, S^{gr} de Montégut et de Noailles, paroisse de Bersac, en 1482; 2° Marguerite dite de Montagut, mariée, en 1534, à Charles de Lévis, baron de Châlus.

Isabeau Brachet, dame de Charrost et de Fontmoreau, épousa Geoffroi de Rochechouart, Sr du Bourdet; elle testa le 20 juillet 1473.

Jean Brachet de Pérusse, licencié en décrets, était protonotaire et grand-chantre de la cathédrale de Limoges en 1486.

Jean Brachet, S^{gr} de Magnac, du Monteil et de Pérusse, épousa, le 30 janvier 1501, Jeanne de Blanchefort, fille de Jean de Blanchefort, S^{gr} de Saint-Clément, Sainte-Sévère, etc., et chambellan du roi Charles VII, et d'Andrée de Noroi. Jeanne était veuve en 1530. D'eux naquirent : 1° Claude, baron de Magnac en 1531; 2° François.

Léonarde Brachet, dame de Sauzettes, ratifia, le 21 mai 1594, la donation faite à Paul Savary, écuyer, Sr de Fougeras, et à Cécile du Liége, par acte reçu Laurent et Borie.

Guy Brachet, S^{gr} de Pérusse, paroisse de Champroy, fut trouvé gentilhomme en 1598. Il épousa Diane de Maillé de La Tourlandry, dont il eut Isabelle, fille unique, mariée 1°, le 24 septembre 1611, à François II d'Aubusson, comte de La Feuillade; mariée, 2° en 1637, à René Gaspard de La Croix, marquis de Castries, et morte, en novembre 1638, sans enfants de ce second mariage.

(1) Bersac, canton de Laurière, arrondissement de Limoges (Haute-Vienne).

Honorable Philibert de Brachet, S^r de La Combe, paroisse de Saint-Pardoux-l'Enfantier (1), épousa Jeanne Chouviat, dont Jeanne, née le 26 juin 1667, et Antoine, né le 21 novembre 1668.

Louis Brachet, S^r de La Borderie, paroisse de Poussanges (2), épousa Élisabeth Chauveau, dont il eut Jean, tonsuré en 1666.

François Brachet, de la paroisse de Poussanges, épousa Claudine de Cardailhac, dont il eut : Antoine Dominique, tonsuré en 1705.

Étienne Brachet, de La Jalosie, écuyer, de la paroisse de Saint-Bonnet, S^r de La Gorce, du lieu de Rouffignac, paroisse de Lubersac, mourut d'apoplexie le 27 octobre 1734. Il avait épousé, le 11 octobre 1706, dans l'église de Corbier (3), Louise Hautier de La Bastide, qui se remaria. D'eux naquirent : 1° Jeanne, baptisée le 16 avril 1707; 2° Elisabeth, née le 15 février 1710; 3° Antoine, né le 20 février 1711; 4° Louis, S^r de La Gorce, tonsuré en 1726; 5° Marc, mort en bas-âge; 6° Raymond, né le 31 mars 1730.

Noble Gilbert Brachet de Pérusse, marquis de Floressac, habitant la paroisse de Crose (4), épousa, en 1759, Marguerite-Jeanne Bonaventure Le Lai du Plessis, du diocèse de Paris,

Jeanne Brachet de La Bastide épousa, en 1766, Jean-Baptiste La Lande, Sr de Lavau de Saint-Etienne, de la paroisse de Saint-Bonnet.

Sources : Simplicien, T. IV, p. 167, 290, 655; T. V, p. 764, 765; T. VII, p. 93, 708; — Laboureur, *Additions à Castelneau*, T. III, p. 91, 191; — *Mémoires de l'Académie des Inscriptions et Belles-Lettres*, T. VIII, p. 715; — Moreri, 1759, T. I, p. 378; — de Combles, *Table de la noblesse*, 1786, IIe partie, p. 105; — Inventaire des titres des Célestins des Ternes, au secrétariat de l'évêché de Limoges, p. 7.

BRADDE. — Jean de Bradde, écuyer, S^r du dit lieu, paroisse de Bonnac en Haute-Marche (5), fut absous, par un commis de l'évêque, de la sentence d'excommunication fulminée contre lui pour adultère commis pendant quinze ans. On lui fit prêter serment qu'il ne retomberait plus dans ce crime, et, pour pénitence, qu'il accepta, on lui imposa de se confesser pendant deux ans consécutifs une fois le mois. Gilbert de Bradde, son fils, était présent. Ce Jean de Bradde avait épousé Gilberte Rigaud, dont il eut : 1° Françoise, née le 29 mars 1627; 2° Isabeau, née le 22 mai 1631; 3° Etienne, né le 27 août 1633; 4° Louise, née le 24 avril 1635; 5° Gilbert, qui suit; 6° Claude, né le 1er février 1638; 7° François, né en mai 1650.

Gilbert de Bradde, né le 12 août 1636, écuyer, Sr du Merin, mourut le 2 décembre 1679. Il avait épousé N..... Doyron, dont il eut : 1° Antoinette, née le 2 mai 1672; 2° François, né le 29 août 1674; 3° Joseph, né le 16 sep-

---

(1) Saint-Pardoux-Corbier, ou l'Enfantier, canton de Lubersac, arrondissement de Brive (Corrèze).
(2) Poussanges, canton de Felletin, arrondissement d'Aubusson (Creuse).
(3) Corbier, ancienne paroisse, aujourd'hui dans la commune de Saint-Pardoux-Corbier, canton de Lubersac, arrondissement de Brive (Corrèze).
(4) Crose, canton de Felletin, arrondissement d'Aubusson (Creuse).
(5) Bonnat, chef-lieu de canton, arrondissement de Guéret (Creuse).

tembre 1675; 4° autre Joseph, né le 26 février 1677; 5° Marie, née le 31 août 1678.

Jean de Bradde, écuyer, Sr du dit lieu, épousa Antoinette Vauville, dont il eut Etienne, né le 2 février 1671.

Charles de Bradde, écuyer, Sr du dit lieu, eut de Barbe de Mornay, veuve de Charles de Noblet de Tercilhac, Antoine, fils naturel, né le 19 octobre 1736.

BRANDA ou BRANDIA. — Portait : *parti au 1er de..... à trois lions rampants ou loups ravissants; au 2e de..... à la croix ancrée.*

I. — Aimeric de Brandia, chevalier, et Aimeric Bruni, chevalier, Sgr en partie de Montbrun (1), partagèrent entre eux ce château et la terre avant l'an 1309. Il avait épousé ....., dont il eut Hélie, qui suit.

II. — Hélie de Brandia ou de la Branda, chevalier, Sgr en partie de Montbrun, qu'on trouve en 1275, 1291 et 1309. En 1274, il avait investi Hugues de Ripperiis, damoiseau, fils de feu P. de Balangis, damoiseau, d'un acensement dans la paroisse de Dournazac. Il fit une donation des seigneuries de Montbrun et de Châlus-Chabrol (2) à Renaud Estran, chevalier, son neveu, en payant 500 livres à ses créanciers. Ce Renaud *Extranei*, damoiseau, est dit dernièrement *(nuper)* Sgr en partie de Montbrun en 1302 et 1315.

SOURCES : ESTIENNOT, *Fragments de l'histoire d'Aquitaine.* T. II. — *Archives du château de Montbrun.*

BRANDES (DES). — Porte : *d'argent à un pin de sinople sur lequel est perché un oiseau; deux étoiles de gueules en chef, soutenues chacune d'un croissant de sinople; deux griffons ailés et onglés de sable affrontés contre le pin.*

Pierre de Brandes est reçu pair à la résignation d'Aymar Toyeron le 24 juillet 1623, puis conseiller à l'échevinage de la ville d'Angoulême à la mort de N..... Marougne le 22 avril 1652. Le 22 juillet suivant, il fit déclaration au greffe de l'élection de vouloir vivre noblement.

[BRANDIS. — Brandis, prince d'Angleterre, sénéchal d'Aquitaine, fit de grands biens à l'ordre de Grandmont, et le prit sous sa garde en 1186. Il fut père de

Gérard Brandis, écuyer, qui confirma les donations de son père en 1198. Il est aussi qualifié prince et sénéchal du roi d'Angleterre (3)].

BRANDON. — André Brandon *(Brandonis),* dont il est fait mention dans les archives des frères prêcheurs de Limoges, épousa N....., dont il eut Guillaume, qui suit.

---

(1) Montbrun, commune de Dournazac, canton de Saint-Mathieu, arrondissement de Rochechouart (Haute-Vienne).

(2) Châlus, chef-lieu de canton, arrondissement de Saint-Yrieix (Haute-Vienne).

(3) Pour plus amples renseignements, Legros renvoie à ses Mémoires manuscrits pour les abbayes du Limousin, p. 303, 313. 523 et 528. Ces pages se rapportent à la notice sur l'abbaye de Grandmont qu'un amateur de manuscrits a jugé convenable de prendre au grand séminaire de Limoges.

Noble Guillaume Brandonis, chevalier, S^{gr} de *Lucciaco* (Lussac) (1) et de La Chaume, en 1375, épousa Jeanne de Goson, dame des dits lieux.

François Brandon, écuyer, comparut, par procuration, pour le S^r de La Vaureille, à Guéret, le 27 avril 1521, pour la réformation de la coutume de la Marche.

[BRANDUSIER. — Brandusier, chevalier anglais, sénéchal de la Marche, faisait sa résidence la plus habituelle au Dognon, paroisse des Eglises (2), vers l'an 1233.]

[BRASSAC] (3). — Voyez GALARD DE BRASSAC.

BRASSARD. — Noble et puissant Lyonet Brassard, damoiseau, S^{gr} de Saint-Mary (4), de Roulhac et de Montembeuf (5) en 1549.

Jacques Brassard, écuyer, Sr de Saint-Mary en Angoumois, de Gaing et de La Motte, paroisse de Peyrilhac (6), épousa, par contrat du 13 septembre 1550, signé par collation Martin, Françoise de Pierrebuffière, qui était veuve en 1593. D'eux naquit Jean, qui suit.

Jean Brassard, écuyer, Sr de Saint-Mary, de La Mothe et de Marlhat, fit donation, par acte reçu Bingaud et Pinguet, à Louis Regnaud, écuyer, Sr de Lage-Bertrand, le 29 juillet 1590. Il mourut sans hoirs. Il avait épousé Louise de Barbezières, qui, étant veuve, et demeurant au lieu de Ferrières, fit donation, par acte reçu Roy, le 26 avril 1594, à noble Brice Graffard, Sr de Maire, élu à Poitiers, qu'elle avait épousé.

[BRAYBANS. — Voyez NOGENT.]

BRÉ (7). — Noble chevalier Pierre de Breno mourut le 26 juillet... Il eut pour héritier son fils Jean.

Bernard de Bré, *prince* de Bré, fit le voyage de la Terre-Sainte, où il mourut sous le roi Philippe et sous l'administration de Pierre, évêque de Limoges, entre l'an 1100 et 1103.

Wido de Bré partit, vers l'an 1100, pour la Terre-Sainte, et mourut à Laodicée. Il laissa une fille, mariée à Oliverius. Wido donna des biens aux moines de Vigeois. [Othon-Bernard de Bré est témoin dans un acte de 1107.

On trouve dans les registres de Roherii, notaire à Limoges, p. 99, n° 84, *apud* Dom Col., un de Breno.]

Sources : *Archives des frères prêcheurs de Limoges*. — *Le Cartulaire de Vigeois*. — [Justel, *Histoire de la maison de Turenne*, preuves, p. 33.]

---

(1) Lussac, près Montluçon, et non Lussac-les-Eglises.
(2) Les Eglises, aujourd'hui Saint-Laurent-les-Eglises, canton d'Ambazac, arrondissement de Limoges, mais Le Dognon étant sur la rive gauche du Taurion, qui sert de limite à Saint-Laurent, est dans la commune du Châtenet, canton de Saint-Léonard.
(3) Legros avait des notes sur Brassac, à la page 2625, déchirée.
(4) Saint-Mary, canton de Saint-Claud, arrondissement de Confolens (Charente).
(5) Montembœuf, chef-lieu de canton, arrondissement de Confolens (Charente).
(6) Peyrilhac, canton de Nieul, arrondissement de Limoges (Haute-Vienne).
(7) Bré, commune de Coussac-Bonneval, canton et arrondissement de Saint-Yrieix (Haute-Vienne).

BREGÈRE. — Etienne [Serre de] Bregère, écuyer, Sr de Farsac, épousa Barbe Varacheau, dont il eut Catherine, baptisée, à Saint-Jean de Limoges, le 9 avril 1730.

[Jean-Charles, prêtre, chanoine d'Eymoutiers, mourut en 1794, sur un vaisseau, à la rade de l'île d'Aix près Rochefort.]

BRESMOND. — Annet du Puy de Bresmond, Sr de Pommiers, paroisse du dit lieu (1), élection de Saintes, fut trouvé gentilhomme en 1598.

BRESMOND, S^r d'Ars, paroisse du dit lieu, élection de Saintes, porte : *d'azur à une double aigle d'or.*

I. — Guillaume de Bresmond rendit un dénombrement au duc d'Orléans le 15 décembre 1394. Il fut fait chevalier de l'ordre du Camail le 19 juin 1442. Il avait épousé la marquise de Chaffreuse, dont il eut Pierre, qui suit, et Julienne, qui se partagèrent la succession de leurs père et mère le 7 octobre 1455.

II. — Pierre de Bresmond épousa Jeanne de Liron.

III. — Jean de Bresmond épousa, le 23 janvier 1468, Marguerite Courgniole.

IV. — Charles de Bresmond épousa, le 22 novembre 1501, Marguerite Forille.

V. — François de Bresmond épousa, le 8 novembre 1532, Antoinette de Saint-Mauris.

VI. — Charles de Bresmond épousa Louise de Valsergues. Le 4 juillet 1558, il y eut une transaction entre son frère René et lui Charles, représentant son père François.

VII. — Josias de Bresmond, S^{gr} d'Ars et du Chastelier en Touraine, etc., épousa, le 30 novembre 1600, Marie de La Rochefoucaud. Le contrat avait été passé, le 3 novembre précédent, au château de Montguyon.

VIII. — Jean Louis de Bresmond épousa, le 30 décembre 1650, Marie de Verdelin.

IX. — Jacques de Bresmond épousa, le 20 février 1662, Marie de Las Tours.

Voir Simplicien, T. IX, p. 436, 437.

BRETTES. — De Brettes, Sr du Cros, de Cieux et de Richebourg, paroisse de Cieux (2), élection de Limoges, porte : *d'argent à trois vaches de gueules l'une sur l'autre.*

I. — Janot de Brettes épousa Peyronne de Neufville : ces époux firent des acquisitions le 22 octobre 1537 et le 21 mai 1547.

II. — François de Brettes épousa Anne du Vigier. Le 27 février 1567, il y eut transaction contenant vente de la seigneurie de Brouilhac en faveur du dit François, donataire de Peyronne de Neufville, sa mère. François de Brettes fut élu chevalier de l'ordre de Saint-Michel par Charles IX, le 6 janvier 1571.

---

(1) Pommiers, canton de Montendre, arrondissement de Jonzac, (Charente-Inférieure).
(2) Cieux, canton de Nantiat, arrondissement de Bellac (Haute-Vienne).

DU LIMOUSIN.

III. — Cibard de Brettes épousa Jeanne de Salaignat. Le 10 mars 1584, sa mère, Anne du Vigier, autorisée de son mari, François de Brettes, fit donation en sa faveur.

IV. — Gédéon de Brettes, Sr du Cros, épousa, le 19 avril 1612, Marguerite de Douhet. Par testament du 11 août et du 12 décembre 1612, Cibard de Brettes et Jeanne de Salaignat font légat à Abel et à leurs autres enfants, et instituent Gédéon, leur aîné.

IV bis. — Abel de Brettes épousa, le 28 août 1634, Anne Berger de Vaux.

V. — Jean de Brettes, fils d'Abel de Brettes, et Sr de Richebourg, épousa, le 20 février 1657, Peyronne Surin.

Cette famille a fait preuve de noblesse en 1598.

BRETINAUD, Sr de Saint-Surin, paroisse du dit lieu, élection de Saintes, porte : *d'azur à trois hures de sanglier d'argent, posées 2 et 1.*

I. — Gilles Bretinaud eut, le 12 mars 1518, des lettres de provision d'un office d'échevin de la ville de La Rochelle.

II. — Gilles Bretinaud obtint deux lettres de provision : l'une, le 26 mai 1554, d'un office de pair en la dite ville de La Rochelle ; l'autre, le 6 juin de la même année 1554, d'un office d'échevin. Il épousa Marie Moulnier.

III. — Antoine Bretinaud épousa, le 6 août 1567, Nicole Farnoux.

IV. — Jean Bretinaud épousa, le 12 août 1515, Françoise Bichet.

V. — Jean Bretinaud épousa, le 11 janvier 1638, Marie Patru.

BRETON. — Noble Charles Breton, de la paroisse d'Ahun (1), épousa N....., dont il eut Gabriel, tonsuré en 1599.

BREUIL. — [Guillaume de Breuil, écuyer, vivait en 1283.

Ithier du Breuil, S^{gr} de La Coste et de Vouris (2), écuyer, vivait en 1323, d'après les titres de l'abbaye de Grandmont.

Hélie du Dognon, Sr du Breuil, damoiseau, vivait en 1363, d'après les mêmes titres.

Guido de Brolhio.

Gilbert ou Gitbert de Brolhio.

Commotus de Brolhio.

Jordain de Brolhio. Notes extraites des registres de Roherii, notaire à Limoges, p. 39, n° 38, et p. 77, n° 56, *apud* D<small>OM</small> C<small>OL</small>., et des registres de Borsandi, notaire à Limoges, p. 104, n° 163, et p. 114, n° 177, aussi *apud* D<small>OM</small> C<small>OL</small>.]

Pierre du Breuil, écuyer, S^r du dit lieu, paroisse de Saint-Sulpice-Laurière (3), vivait en 1366, d'après les archives du château de Laurière. Il épousa Jeanne de Razès, dame de Vories, paroisse de Folles.

Louis du Breuil, Sr de Villefort, damoiseau, de la paroisse de Saint-Michel-Laurière (4), épousa, le 6 décembre 1402, Ahelis Bruni. D'eux naquit :

---

(1) Ahun, chef-lieu de canton, arrondissement de Guéret (Creuse).
(2) Vouris ou Voris, commune de Folles, canton de Bessines, arrondissement de Bellac (Haute-Vienne).
(3) Saint-Sulpice-Laurière, canton de Laurière, arrondissement de Limoges (Haute-Vienne).
(4) Saint-Michel-Laurière fait aujourd'hui partie de la commune de Laurière, et Villefort est dans la commune de Saint-Sulpice-Laurière.

Albert, écuyer, Sr de Vories, auquel son père fit, en 1424, donation de tous les biens qu'il avait dans la paroisse de Saint-Vitte (1).

Antoine du Breuil, écuyer, était Sr de Villefort et du Breuil en 1464 et 1470.

Bertrand du Breuil, écuyer, Sr de Villefort et du Breuil en 1510.

Jean du Breuil, Sr de La Villette, comparut, à Guéret, le 27 avril 1521, pour la réformation de la coutume de La Marche.

François du Breuil, *alias* du Chatanier, écuyer, Sgr pour la moitié du château de Chambon, paroisse de Bersac (2), en 1550.

Jean et Guy du Breuil, Srs de Fursanes (3) et de Lolière, demeuraient à Folles en 1550.

François du Breuil, écuyer, Sr de Souvelle, paroisse de Saint-Sulpice-le-Dunois (4), épousa, en 1769, Marie-Jeanne-Gabrielle de La Marche, de la paroisse de Fresselines (4).

Noble Jordain du Breuil, chevalier, fit, le 16 février 1401, à Meymac (5), son testament signé Chadorgue. Il veut être inhumé dans l'église du chapitre de Saint-Germain. Il avait épousé N....., dont il eut un fils unique, nommé Jean.

Noble Jean du Breuil, Sr de La Couste-au-Chapt, mourut en 1447. Il avait épousé, en 1432, Guyotte de Montbrun, sœur de l'évêque de Limoges, à laquelle on promit 1,500 écus ou réaulx d'or du poids de trois deniers. A la mort du prélat (1457), il en restait à payer 1200.

Noble Jean du Breuil, chevalier, Sr du Fraisse, paroisse de Salon (6), y mourut en février 1405.

Noble Guillaume du Breuil, de la paroisse de Salon, était prévôt de Plas en 1555.

Noble Jacques du Breuil, Sr du Fraisse, près Salon, épousa Jeanne du Breuil, qui mourut en mars.

Isaac du Breuil, dit Beausoleil, épousa, à Salon, le 8 février 1627, Susanne de Lesboulières, qui était veuve en 1629.

Damoiselle Jeanne du Breuil, veuve de maître Étienne Mathieu, mourut au village de Rignac, paroisse de Salon, âgée de soixante-sept ans, le 20 février 1660 (7).

BREUIL. — Du Breuil, Sr de Beaulieu, paroisse de Chenat (8), élection de Saintes, porte : *parti : au 1ᵉʳ d'azur à 3 trois bandes d'argent; au 2ᵉ d'argent à un lion rampant d'azur, contourné, lampassé de sable; au chef cousu d'azur, chargé de trois étoiles d'argent.*

(1) Saint-Vitte, canton de Saint-Germain-les-Belles, arrondissement de Saint-Yrieix (Haute-Vienne).
(2) Bersac, canton de Laurière, arrondissement de Limoges (Haute-Vienne).
(3) Fursannes est commune de Folles. — Voir l'article du Vignaud seigneur des Voiries.
(4) Saint-Sulpice-le-Dunois, Fressseline, canton de Dun-le-Palleteau, arrondissement de Guéret (Creuse).
(5) Meymac, chef-lieu de canton, arrondissement d'Ussel (Corrèze).
(6) Salon, canton d'Uzerche, arrondissement de Tulle (Corrèze).
(7) Cette note termine la page 1056 du manuscrit de Nadaud; les quatre pages suivantes sont déchirées.
(8) Chenat, canton de Cozes, arrondissement de Saintes (Charente-Inférieure).

I. — Georges du Breuil épousa Anne Bertrand.

II. — Guillaume du Breuil épousa, le 16 janvier 1470, Lisette Janvier. Il fit le 25 janvier 1493, son testament, par lequel il institue Louis, son fils.

III. — Louis du Breuil épousa Catherine Ithier. Le 1er août 1567, dans son testament, il se qualifie fils de Guillaume, et fait légat à Jean, son fils puiné.

IV. — Jean du Breuil épousa Paulette Falignon.

V. — Geoffroy du Breuil, épousa, le 23 juin 1624, Marie Bazin.

VI. — Guillaume du Breuil épousa, le 14 avril 1656, Anne Daste.

Cette famille avait fait preuve de noblesse en 1598.

BREUIL. — Du Breuil, Sr de Théon, paroisse de Meschay (1), élection de Saintes, porte : *d'argent à une bande d'azur, une étoile en chef et une en pointe.*

I. — Arnaud du Breuil épousa, le 7 août 1528, Claude de Curzay.

II. — Gilles du Breuil épousa Renée de Champ-de-Foin. Il rendit un aveu le 5 avril 1546. Il fut député pour la noblesse aux États de Blois.

III. — Gilles du Breuil épousa Gabrielle de Feydy. Le 28 juin 1594, il rendit un aveu comme fils de Renée de Champ-de-Foin.

IV. — Claude du Breuil, chevalier, baron du Théon et Château-Bardon, paroisse de Méchers en Saintonge, épousa, le 26 mai 1623, Marguerite Goulard (et non Gaillard). Il en eut : 1° Annibal, qui suit; 2° Madeleine, mariée, le 24 janvier 1660, avec haut et puissant messire Antoine de Conan, chevalier, Sgr de La Bouchardière.

V. Annibal du Breuil épousa, le 28 juillet 1666, Elisabeth Bonnin.

Cette famille avait fait preuve de noblesse en 1598.

BREUIL. — Du Breuil, Sr de Foureaux, paroisse de Plassat (2), élection de Saintes, porte : *d'azur à une bande d'argent.*

I. — Jean du Breuil.

II. — François du Breuil épousa, le 11 août 1526, Marie Desmier.

III. — François du Breuil épousa, le 8 mai 1557, Isabeau de La Faye.

IV. — Jacques du Breuil épousa, le 1er août 1579, Louise de Le Sueur.

V. — Abel du Breuil épousa : 1°, le 10 septembre 1618, Marie des Montils; 2°, le 3 octobre 1630, Esther Alain, dont il eut Alain, qui suit.

VI. — Alain du Breuil épousa, le 2 février 1666, Marie Escottière.

Cette famille avait fait preuve de noblesse en 1598.

BREVIGES. — Voyez MALEMORT, *in fine.*

[BREVO. — Othon de Brevo. (Registres de Borsandi, notaire à Limoges, p. 138, n° 215, *apud* DOM COL.)]

BRIAND, Sr de Goue, paroisse de Mansle, élection de Saintes, porte : *d'argent au chevron de gueules accompagné de trois éperviers de sable, longés et grilletés de gueules, 2 et 1.*

---

(1) Meschers, canton de Cozes, arrondissement de Saintes (Charente-Inférieure).
(2) Plassat, canton de Saint-Genis, arrondissement de Jonzac (Charente-Inférieure).

I. — Samuel Briand est reçu pair à Angoulême, le 9 janvier 1632, puis conseiller par la démission de François de Nesmond du 22 mars 1632. Daniel Paulte est reçu, à la mort du dit Briand, le 7 novembre 1654.

II. — François Briand, baptisé le 25 décembre 1620.

BRIAND. — Briand, S^r de La Chaussée, demeurant à Angoulême, porte : *d'argent à un chevron alaisé de gueules, accompagné de trois éperviers de sable longés de gueules.*

Pierre Briand fut reçu pair à l'échevinage de la maison de ville d'Angoulême le 11 octobre 1631; il fut élu maire, le 17 mars 1652, puis échevin le 22 mars 1652. Il fit déclaration au greffe de vouloir vivre noblement le 19 juillet 1664.

Briand, S^r de La Chaussée, avocat, épousa, à Angoulême, Marie Samet, de la paroisse de Saint-Martial.

BRICII. — Noble Pierre Bricii, damoiseau de Sussac (1), épousa Marthe de Jaunhac, qui se remaria à noble Jean de Petzagor, damoiseau. D'eux naquit noble Marguerite Bricia, qui se maria, le 22 novembre 1405, à vénérable et discret maître Guillaume Michel, clerc de Neuvic (2) dans la châtellenie de Châteauneuf.

BRIDIERS (3).

BRIDIEU (4).

BRIE. — De Brie, Sr du Bosfranc, des Termes et de Balanguas, paroisse de Lageyrat (5) et de Gorre, élection de Limoges, porte : *d'or à trois lions rampants de gueules, armés, lampassés et couronnés de sinople, 2 et 1.*

I. — Jean de Brie épousa Gabrielle Latour. Il rendit hommage, le 14 mars 1452, à Charles, S^{gr} d'Albret.

II. — Jean de Brie rendit hommage, le 17 janvier 1469, au même S^{gr} d'Albret.

III. — Louis de Brie épousa Gabrielle de Turenne. Le 18 janvier 1559, il fit, avec sa sœur Catherine, transaction sur la succession de Jean, leur père, et sur celle de Jean et de Gabrielle Latour, leurs aïeux. Louis de Brie fit son testament en faveur de François, son fils, le 17 juillet 1562. Gabrielle de Turenne, étant veuve, fit, le 26 septembre 1592, son testament en faveur de Jean, fils de François et son petit-fils.

IV. — François de Brie épousa, par acte sans filiation, le 1er juin 1581, Louise Goubert, dont il eut : 1° Jean, qui suit; 2° autre Jean du n° V *bis*. François de Brie fit, le 20 décembre 1617, son testament dans lequel il est fait mention de ces deux fils Jean.

(1 et 2) Sussac et Neuvic, canton de Châteauneuf, arrondissement de Limoges (Hte-Vienne).

(3) Nadaud avait, sur les familles de Bridiers, Sgrs de Gartempe et de Lestang, des notes aux pages 1058 et 1059, déchirées.

(4) Nadaud avait des notes sur cette famille aux pages 2477 et 2478, déchirées.

(5) Lageyrat, réuni aujourd'hui à Châlus, chef-lieu de canton, arrondissement de Saint-Yrieix (Haute-Vienne). C'est dans cette commune que se trouve Bosfranc.

V. — Jean de Bric épousa, le 8 juillet 1615, Madeleine Arlot, dont il eut : 1° François, qui suit ; 2° Antoine, Sr du Balanguas.

VI. — François de Bric, Sr du Bosfranc, épousa, le 16 décembre 1647, Marie de Lambertie. Il partagea, avec son frère Antoine, la succession de Jean, leur père, le 5 avril 1660.

V *bis*. — Jean de Brie épousa Isabeau Camain, dont il eut François, qui suit.

VI. — François de Brie, S^r des Termes, épousa Françoise Grain.

Cette famille avait fait preuve de noblesse en 1598 (1).

BRIFFAUD (2).

BRIGUEIL (3).

BRILLAC (4).

BRISSAUD, Sr de Chapelas, élection d'Angoulême, porte : *bandé d'or et d'argent à sept pièces.*

Josué Brissaud eut des lettres d'anoblissement au mois d'avril 1654 : ces lettres furent enregistrées à la chambre des comptes le 21 mars 1657 ; elles furent confirmées, le 24 novembre 1663 et le 14 mai 1667, par arrêts du conseil auquel le roi se trouvait.

[BRIVE, ville du Bas-Limousin, qui était autrefois le chef-lieu d'une vicomté à laquelle elle avait donné son nom. Ses vicomtes ou seigneurs particuliers étaient hommagers de l'évêque de Limoges.

Raymond, vicomte de Brive, rendit hommage à l'évêque de Limoges en 1297.

D'après Justel (*Histoire de la maison de Turenne*, preuves, p. 114 et 115), le vicomte de Turenne, la dame de Malemort et les consuls de Brive étaient coseigneurs, chacun pour un tiers, de la ville de Brive et ses appartenances en 1374. Les consuls et les autres coseigneurs s'étant alors soumis au duc de Lancastre, et lui ayant ouvert les portes de cette ville, elle fut assiégée par le duc de Bourbon, qui la prit, et en mit la justice, etc., sous la main du roi, comme pour crime de lèse-majesté ; mais, le vicomte ayant ensuite prouvé son innocence, le roi Charles V lui rendit, par lettres patentes du 9 septembre 1374, tous ses droits sur le tiers de la dite justice, etc., qui lui appartenait. Cette ville fait maintenant partie du duché-pairie de Noailles.] Voyez BRÉVIGES.

[BROCHANT. — Il est fait mention de Jean Brochant dans les registres de Roherii, notaire à Limoges, p. 36, n° 35, *apud* Dom Col.]

---

(1) Nadaud avait d'autres notes aux pages 40 et 42, déchirées. Le château de Brie est situé commune de Champagnac canton d'Oradour-sur-Vayres, arrondissement de Rochechouart (Haute-Vienne).
(2) Nadaud avait des notes sur cette famille à la page 1059, déchirée.
(3) Nadaud avait des notes sur cette famille aux pages 621 et 1509, déchirées.
(4) Nadaud avait des notes sur cette famille à la page 1060, déchirée.

BROSSE (1).

VI. — Bernard, IIIe du nom, vicomte de Brosse en 1175, épousa Almodie d'Angoulême, fille ou plutôt petite-fille de Guillaume Taillefer, IVe du nom, comte d'Angoulême, et alors veuve d'Amanieu, sire de Lebret ou Albret. Il en eut Bernard, qui suit.

VII. — Bernard IV, vicomte de Brosse, épousa N....., dont il eut : 1° Guy, qui suit; 2° Guillaume, archevêque de Sens, mort fort vieux, le 8 février 1269; 3° Ænor, dite dame des Essarts, mariée, vers 1250, à Thibaud Chabot, IVe du nom, S^gr de Roche-Servière et des Essarts, fils de Thibaud et de N..... de La Motte-Bernard.

VIII. — Guy, vicomte de Brosse, S^gr de Sainte-Sévère, épousa N....., dont il eut : 1° Hugues vicomte de Brosse après son père, qui ne laissa qu'une fille, Jeanne de Brosse, laquelle porta cette vicomté dans la maison de Chauvigny, par son mariage avec André de Chauvigny, S^gr de Châteauroux, fils de Guillaume et de Jeanne de Chastillon ; 2° Roger, qui suit.

IX. — Roger de Brosse eut en partage la terre de Sainte-Sévère ; il mourut avant l'an 1287, et il repose dans l'abbaye de Pré-Benoît (2). Il avait épousé Isabelle ou Marguerite de Déols, fille d'Ebbe, laquelle lui porta la terre de Boussac [et celle d'Huriel (3)]. D'eux naquirent : 1° Pierre, qui suit; 2° Hélie, chevalier, peut-être S^gr de Chateau-Clos, qui n'eut qu'une fille, seconde femme de Jean de Prie, qui vivait en 1302; 3° Guillaume, successivement évêque du Puy et de Meaux, archevêque de Bourges, puis de Sens, et mort en 1338, le 13 décembre, au château de Naillac (4) ; 4° Belleaisez, mariée, en 1293, à Ithier, S^gr de Magnac en Limousin (5) et de Cluys en Berry, fils d'Ithier, S^gr de Magnac et d'Agnès de Précigny,

X. — Pierre de Brosse, chevalier, S^gr de Sainte-Sévère (6) et de Boussac, fit juger, par arrêt de 1301, que la châtellenie de Boussac était d'ancienneté du bailliage de Bourges et du ressort d'Issoudun. Depuis il reprit aussi le fief de Sainte-Sévère de Guillaume de Chauvigny, S^gr de Châteauroux, qui devait le tenir du roi ; mais, parce qu'il le releva du comte de la Marche, qui en reconnut le roi d'Angleterre, Sa Majesté le saisit et tint en sa main jusqu'en 1311, que Guillaume de Chauvigny avoua le tenir du roi, et en obtint finalement main-levée à la prière de de Brosse.

Pierre de Brosse mourut en 1305, et fut inhumé dans l'abbaye de Saint-Martin d'Huriel au diocèse de Bourges, où l'on voit son épitaphe. Il avait épousé, en 1301, Blanche de Sancerre, fille de Jean, 1er du nom, comte de Sancerre, S^gr de Charenton, et de Marie de Vierzon. D'eux naquirent : 1° Louis, qui suit; 2° Pierre, S^gr d'Huriel, du Bouchaut et des Landes, par partage fait avec son frère en 1321.

---

(1) D'après la table de Nadaud, la généalogie de la famille de Brosse commençait à la page 1060 de son registre. Cette page est déchirée. — On voit encore les ruines du château de Brosse dans la paroisse de Chaillac, canton de Saint-Benoît-du-Sault (Indre).
(2) Pré-Benoît, commune de Bétête, canton de Châtelus, arrondissement de Boussac (Creuse).
(3) Huriel, chef-lieu de canton, arrondissement de Montluçon (Allier).
(4) Naillac, canton de Dun-le-Palleteau, arrondissement de Guéret (Creuse).
(5) Magnac-Laval, chef-lieu de canton, arrondissement de Bellac (Haute-Vienne).
(6) Sainte-Sévère, chef-lieu de canton, arrondissement de La Châtre (Indre).

XI. — Louis de Brosse, Sgr de Boussac, de Sainte-Sévère et d'Huriel en Berry, chevalier, faisait battre monnaie, pour laquelle il se soumit à à l'ordonnance du roi l'an 1320. Il fut tué à la bataille de Poitiers en 1356, et fut inhumé chez les cordeliers de cette ville, ou, suivant d'autres, dans l'église de Saint-Martin d'Huriel.

Il avait épousé : 1° Jeanne de Saint-Verain, dame de Cesy, fille de Gibaud et de Jeanne de Linières. Il n'eut d'elle que deux filles : 1° Marguerite, mariée, en 1343, à Guillaume Comptour le jeune, Sr d'Apchon; 2° Blanche, dame de Cesy, mariée à Guy de Chauvigny, Sr de Châteauroux. Il avait épousé 2° Constance de La Tour, fille de Bertrand II, Sgr de La Tour en Auvergne, et d'Isabeau de Levis. Elle lui apporta 6,300 livres en mariage par contrat du 17 mars 1339 (vieux style), où il n'est dit que Sgr de Sainte-Sévère. Elle se remaria avec Philibert de Lespinasse, Sgr de La Clayette, et mourut le 20 août 1392; on l'inhuma chez les cordeliers de Clermont. D'eux naquirent : 1° Louis de Brosse, qui suit; 2° Pierre, qui continua la postérité; 3° Isabeau, mariée à Guichard de Culant, Sr de Saint-Armand [un de leurs petits-fils fut créé maréchal de France en 1441]; 4° Jeanne, mariée à Godemard de Linières, Sgr de Merville, fils d'autre Godemar, baron de Linières et de Marguerite de Précigny.

XII. — Louis de Brosse, IIe du nom, Sgr de Sainte-Sévère et de Boussac, servait en Limousin à la fin d'octobre 1371. Il mourut sans enfants, d'après quelques-uns, avant 1397, d'après d'autres, le 8 août 1398, et, d'après Simplicien, le 8 octobre 1390. Il avait épousé Marie de Harcourt, fille de Guillaume, Sgr de La Ferté-Imbault, et de Blanche de Bray; elle se remaria à Colart d'Estouteville, Sgr de Torcy.

XII bis. — Pierre de Brosse, IIe du nom, succéda à son frère aux seigneuries de Sainte-Sévère et de Boussac. Un calendrier des frères prêcheurs de Limoges met sa mort le 13 janvier 1412 (vieux style) : cependant on dit que, en 1416, il était âgé de soixante ans, et le Père Simplicien met sa mort le 28 juillet 1422. Il fut un des 144 hommes d'armes laissés par le maréchal de Sancerre, le 15 janvier 1371 (1372), pour la garde des conquêtes qu'il venait de faire en Limousin.

Il avait épousé Marguerite de Maleval, fille et principale héritière de Louis, Sgr de Maleval-la-Forest (1), Chastel-Clop, Eguzon (2) et Genouilhac (3), laquelle lui survécut, et fut tutrice de ses enfants : 1° Jean, qui suit ; 2° Antoinette, morte jeune ; 3° Blanche, mariée à Guérin, Sgr de Brion, dont vint Louis, aussi Sgr de Brion : elle était vivante en 1430; 4° Catherine, mariée à Blain-Loup, Sgr de Beauvoir et de Monfan, sénéchal du Bourbonnais, auquel elle survécut. En 1466, elle était tutrice de ses enfants : Blain, Jacques, Isabeau, Geoffroy, Agnès, Claude et Antoine-Loup, dont sont issus les seigneurs de Bellenave.

XIII. — Jean de Brosse, Ier du nom, Sgr de Sainte-Sévère et de Boussac, rendit de très grands et signalés services au roi Charles VII quand les Anglais assiégeaient Orléans en 1428. En 1429, il accompagna un convoi conduit

---

(1) Malval, canton de Bonnat, arrondissement de Guéret (Creuse).
(2) Eguzon, chef-lieu de canton, arrondissement de La Châtre (Indre).
(3) Genouillac, canton de Châtelus, arrondissement de Boussac (Creuse).

par Jeanne d'Arc dite la Pucelle, et poursuivit les ennemis. Il fut un des ôtages de la sainte ampoule au sacre du prince. Il était de l'armée qui devait se battre contre les Anglais; mais on se sépara sans combattre. Pendant le siège de Compiègne, en 1430, étant avec Xaintrailles, ils rassemblaient des troupes et couraient les bords de l'Oise, où ils prenaient et démolissaient une infinité de petites places qui étaient devenues autant de retraites de brigands, en attendant que leurs forces augmentées les missent en état d'attaquer les ennemis. Boussac, Chabannes et plusieurs chefs ayant joint les troupes qu'ils commandaient, et formé un corps de 4,000 combattants, s'avancèrent jusqu'à Verberie dans l'intention de secourir la place. Après la délivrance de Compiègne, le maréchal de Boussac tenta de se rendre maître de Clermont en Beauvoisis. Le bâtard de Saint-Paul, à la tête de 1,000 hommes d'armes, l'obligea de se retirer. Il envoya offrir la bataille au duc de Bourgogne; mais le conseil de celui-ci s'y opposa.

En 1431, ayant rassemblé 800 hommes, il entreprit de faire un course en Normandie avec Xaintrailles. Ils partirent de Beauvais. Il avait formé sur Rouen une entreprise dont la réussite paraissait infaillible, et l'aurait été effectivement sans le défaut de subordination. Un de ces aventuriers qui servaient indifféremment les deux partis avait promis de lui livrer une des portes du château. Le jour fut pris pour l'exécution de ce projet. Le maréchal, accompagné de trois seigneurs, partit de Beauvais à la tête d'un corps de troupes, et vint se mettre en embuscade dans un petit bois à une lieu de Rouen (1).

Jean de Brosse accorda, le 26 septembre 1427, des priviléges à sa ville de Boussac. Charles VII, voulant le récompenser des services qu'il lui avait rendus, le créa maréchal de France. Il est mal nommé *Pierre* dans le *Traité des maréchaux de France* composé par Jean Le Feron. En 1428, il se trouva à la journée de Patay ou Danville. En 1430, il assiégea la ville de Précy-sur-Oise, qui se rendit; il prit le château de Clermont en Beauvoisis. Il est toujours appelé *le maréchal de Boussac*. Il mourut en 1433.

Il avait épousé, le 20 août 1419 Jeanne de Naillac, dame de La Mothe-Jolivet, fille de Guillaume, S^{gr} de Naillac, du Blanc en Berry et de Châteaubrun, vicomte de Bridiers, et de Jeanne Turpin.

D'eux naquirent : 1° Jean, qui suit; 2° Marguerite, mariée à Germain de Vivonne, fils de Renaud, S^{gr} de Thors et des Essarts, et de Marie Mastas : elle lui porta en mariage les terres de La Châtaigneraie et d'Ardelay ; 3° Blanche, mariée à Jean de Roye, fils de Mathieu, S^{gr} de Launoy. Crestes et Busancy, chevalier de l'ordre du roi et de la Toison-d'Or, et de Catherine de Montmorency. D'eux naquit Marie de Roye, conjointe, en 1480, avec Philippe de Bourgogne, bâtard de Nevers.

Un Gaucher de Boussac, qui servait pour la France, alla mettre le siège devant Dieppe. En 1437, il était à la prise de Montereau-sur-Yonne; il servait en Allemagne en 1738. En 1453, il mit le siège devant Chalais, qui fut pris.

XIV. — Jean de Brosse, IIe du nom, S^{gr} de Sainte-Sévère et de Boussac,

---

(1) Nadaud envoyait, pour la fin de cette note, tirée de Villaret, à la page 2161, déchirée.

vicomte de Bridiers (1), demeura jeune en la tutelle de Marguerite de Maleval, son aïeule; mais Louis de Culant, amiral de France, son cousin, voulant en avoir le gouvernement, envoya Raymond Bertrand, accompagné de plusieurs gens de guerre, qui le tirèrent, avec ce secours, hors du château de Maleval, et le menèrent à Boussac. Sur quoi, Marguerite intenta procès contre l'amiral, et le poursuivit de façon que, par arrêt prononcé à Poitiers le 18 septembre 1436, elle fut maintenue en la garde par elle prétendue, et l'amiral condamné en tous les dépens, dommages et intérêts ; elle mourut incontinent après.

Jean II de Brosse fut mis en jouissance, en vertu de lettres du roi Charles VII, le 14 janvier 1436, de la terre de Boussac, n'étant que mineur. Il obtint du roi, le 18, de lever sur ses sujets la somme de 1,000 écus d'or pour payer les dettes de son père.

Il épousa, le 18 juin 1437, Nicole de Blois, dite de Bretagne [qualifiée vicomtesse de Limoges, puis comtesse de Penthièvre et dame de L'Aigle], fille unique de Charles de Bretagne, baron d'Avaugour, et d'Isabeau de Vivonne. Elle n'avait que treize ans. Il passa avec elle en la tutelle de Jean de Bretagne, comte de Penthièvre, son oncle, et ils y étaient encore en 1445 ; car le comte plaidait alors en cette qualité contre Catherine de Brosse, dame de Beauvoir, pour la succession de Marguerite de Maleval, leur aïeule, et enfin, après plusieurs procédures, la troisième portion en fut adjugée à Catherine et à ses enfants. Jean de Brosse eut aussi dispute, à cause de Nicole de Bretagne, son épouse, contre Germain de Vivonne, S^{gr} en partie d'Aubigné, prétendant part aux biens de feue Marie dame de La Châtaigneraie, sa grand'tante et de Renaud de Vivonne, S^{gr} des Essarts, son oncle, desquels Isabeau de Vivonne, mère de Nicole de Bretagne, s'était dite seule héritière, comme issue de l'aîné : mais, pour pacifier le tout, il lui bailla en mariage Marguerite de Brosse, sa sœur, et, avec elle, lui transporta les terres de La Châtaigneraie, d'Ardelay, etc., ce qu'il fit vers l'an 1448.

Depuis il plaida contre Pierre Frotier, S^{gr} de Pruilly, et Raoul, S^{gr} de Gaucourt, pour les terres et héritages délaissés par Jean, S^{gr} de Naillac, Châteaubrun, du Blanc en Berry et de la vicomté de Bridiers. Ce procès dura longtemps, et M. Duchesne n'en a pu trouver l'issue, sinon qu'enfin la vicomté de Bridiers demeura à Jean de Brosse avec quelques autres terres.

Cependant il ne laissa pas de servir fidèlement et utilement le roi Charles dans la guerre qu'il faisait alors aux Anglais, car il accompagna le connétable Artus de Bretagne à la journée de Fourmigny et à toutes les conquêtes qu'il fit en Normandie l'an 1450. De là il suivit le comte de Dunois, lieutenant-général du roi en Guyenne, et fut aussi par lui créé chevalier à son entrée dans Bayonne le samedi 21 août 1451.

Il assista aussi le comte de Penthièvre au siége de Chalais, qui fut pris d'assaut le 4 juin 1452. Deux ans après il succéda à ce comte à cause de Nicole de Bretagne, son épouse, au comté de Penthièvre, aux seigneuries de Sècheries, Cornouaille, port et terres d'entre Coainon et Arquenon, et autres terres et seigneuries dont les deux époux firent hommage à Pierre II,

---

(1) Bridiers, commune de La Souterraine, chef-lieu de canton, arrondissement de Guéret (Creuse).

Artus III et François II, successivement ducs de Bretagne, et ils en jouirent paisiblement pendant onze ans. Mais, le duc François ayant sommé Jean de Brosse de se trouver aux états généraux convoqués à Rennes pour le mois de juin 1465 afin qu'il se servît de sa personne en l'armée qu'il préparait pour la guerre appelée *du bien public*, contre le roi Louis XI, il n'y comparut ni aucun pour lui, et se rangea du parti du roi son souverain, dont il était vassal et serviteur ordinaire, ayant même charge de gens de guerre sous lui. Le duc, de l'avis de son conseil, saisit et mit en sa main le comté de Penthièvre, ce qui causa depuis un grand procès entre lui et le duc. Finalement, comme il n'en put tirer raison, il s'adressa au roi Louis XI, auquel, par procuration donnée à Nicole de Bretagne, son épouse, le 11 décembre 1479, il transporta les droits par elle prétendus au duché de Bretagne, à condition qu'il la ferait paisiblement jouir des comtés, baronnies et seigneuries de Penthièvre, Lannion, etc.

Jean de Brosse eut aussi de grands différends avec Jacques de Surgères pour les revenus et arrérages de 200 livres de rente que Jacques demandait sur les biens et héritages de feue Jeanne, dame de Belleville et d'Olivier, Sgr de Clisson.

De son mariage avec Nicole de Blois naquirent : 1° Jean, qui suit ; 2° Antoine de Brosse, chevalier de Rhodes, Sgr de Maleval, qui a fait une branche ; 3° Paule, mariée, par contrat du 30 août 1471, passé à Boussac, à Jean de Bourgogne, comte de Nevers et de Réthel. D'eux sont descendus les duc de Nevers et de Mantoue : elle mourut le 9 août 1479 ; 4° Claudine, mariée, le 11 novembre 1485, à Philippe, duc de Savoie, dont elle eut des enfants qui ont continué la descendance des ducs : elle mourut, le 13 octobre 1513, à Chambéry ; 5° Bernarde de Brosse, dite de Penthièvre, mariée à Guillaume Paléologue, marquis de Montferrat, morte sans enfants le 11 janvier 1474 ; 6° Hélène, mariée à Boniface, aussi marquis de Montferrat, frère de Guillaume.

XV. — Jean de Brosse, III° du nom, dit de Bretagne, comte de Penthièvre, vicomte de Bridiers, Sgr de Sainte-Sévère, de Boussac et de L'Aigle, mort, d'après D. Morice, en 1485, et, d'après Simplicien, en 1502 : au fait, on le trouve vivant en 1492. Il avait voulu être enterré à Boussac. Les registres de cette ville constatent que, le 16 mai 1653, on trouva son corps dans un caveau sous le chœur de l'église : il était dans un cercueil de plomb.

Il avait épousé, par contrat du 15 mars ou du 15 mai 1468, Louise de Laval, fille de de Guy, XIV° du nom, comte de Laval et de Montfort, et d'Isabelle de Bretagne. Elle mourut en 1480.

D'eux naquirent : 1° René, qui suit ; 2° Madeleine de Brosse, dite de Bretagne, mariée 1° à Janus de Savoie, comte de Genève, fils de Louis, duc de Savoie, et d'Anne de Chypre, mariée 2° à François, baron d'Avaugour, comte de Vertus, fils naturel de François II, duc de Bretagne, et d'Antoinette de Maigneleis ; 3° Isabeau, mariée à Jean, sire de Rieux, baron d'Ancenis, vicomte de Donges, comte d'Harcourt et maréchal de Bretagne : elle mourut le 21 mars 1517 ; 4° Marguerite ; 5° Catherine, mariée à Jean du Pont, baron du Pont et de Rostrenan.

XVI. — René de Brosse, dit de Bretagne, comte de Penthièvre, vicomte de Bridiers, Sgr de L'Aigle, Boussac, Sainte-Sévère, Les Essarts, Palluau et de Châteauceaux, fut tué, le 24 février 1525, à la bataille de Pavie, combattant pour l'empereur Charles V. A cause de sa révolte contre François Ier, il avait été condamné à être décapité et ensuite pendu ; tous ses biens furent aussi confisqués. Le P. Morice dit qu'il mourut à Carces en Provence le 1er août 1524, et qu'il fut inhumé chez les frères prêcheurs de Saint-Maximin.

Il avait épousé : 1°, par contrat passé à Poitiers le 3 ou le 13 août 1504, Jeanne, fille unique de Philippe de Comines, chevalier chambellan du roi Louis XI, auteur de l'Histoire de ce prince et de celle de Charles VIII, et d'Hélène de Jambes ou Chambes-Montsoreau : elle mourut, le 19 mars 1513, après avoir été mère de 1° François, mort jeune ; 2° Jean de Brosse, qui suit, 3° Charlotte, qui suit après son frère.

René de Brosse avait épousé 2° Françoise de Maillé, dont il était veuf en mars 1522. Elle avait fait, en juin 1516, à Boussac, une fondation, qui fut augmentée, en mars 1567 par Jeanne de Bretagne, appelée sa fille parce qu'elle avait épousé son fils René de Laval, S^{gr} de Loüe, Maillé et Bressuire, fils aîné de Gilles de Laval, S^{gr} de Loüe, baron de Bressuire, etc. Jeanne était dame d'honneur de la reine en 1567.

René avait épousé, en troisièmes noces, Jeanne de Compeys, dite de Gruffy, noble Savoyarde, dont il eut Françoise, mariée, le 13 décembre 1545, à Claude Gouffier, duc de Rouannois, marquis de Boisy, etc., grand-écuyer de France, dont sont sortis les duc de Rouannois et comtes de Caravas. Elle mourut en couches, au château d'Oyron, le 26 novembre 1558.

XVII. — Jean de Brosse, IVe du nom, dit de Bretagne, comte de Penthièvre et de Périgord, vicomte de Limoges et de Bridiers, baron de L'Aigle, S^{gr} de Boussac. Ayant épuisé tous les moyens pour rentrer en la jouissance des seigneuries confisquées au profit du roi depuis la défection de son père en 1522, il fut contraint d'épouser, en 1536, Anne de Pisseleu, maîtresse de François Ier, fille de Guillaume, Sr de Heilly, et d'Anne Sanguin, à laquelle ce roi était en peine de donner une dignité à la cour. Elle vivait encore en 1575, et il n'en eut point d'enfants. C'est pour lui que le comté d'Etampes, qu'il avait reçu du roi François Ier, fut érigé en duché par lettres de janvier 1536, enregistrées le 18 du même mois. Il obtint encore l'érection de la baronnie de Chevreuse en duché pour lui et pour sa femme Anne de Pisseleu, par lettres du mois de décembre 1545. Il assista au sacre du roi Henri II. Étant disgracié, il se retira à Boussac ; il mourut à Lamballe le 27 janvier 1564 ; ses biens passèrent à Charlotte de Brosse, sa sœur.

XVII bis. — Charlotte de Brosse, dite de Bretagne, fut mariée à François de Luxembourg, IIe du nom, vicomte de Martigues, marquis de Beaugey, fils d'autre François et de Louise de Savoie. Elle lui porta tous les biens de la maison de Brosse et de Bretagne. D'eux naquirent entre autres enfants : 1° Sébastien, qui suit ; 2° Madeleine, dame de Boussac, mariée, le 13 novembre 1563, avec Georges de La Trémoille.

Sébastien de Luxembourg fut premièrement marquis de Beaugey, puis vicomte de Martigues, et enfin comte de Penthièvre par le trépas de Jean de Brosse, son oncle, surnommé *le Chevalier sans peur,* tué au siège de Saint-Jean-d'Angely, en 1569. Il avait épousé Marie de Beaucaire, fille de Jean, S^{gr} de Puyguillon, sénéchal du Poitou, morte en 1613, dont il eut Marie de Luxembourg, duchesse de Mercœur et comtesse de Penthièvre, née à Lamballe le 15 février 1562, et morte en 1623. Elle avait épousé, en 1579, Philippe de Lorrain, duc de Mercœur. Celui-ci vendit la terre de Boussac à la reine Louise, sa sœur, après la mort de laquelle Philippe-Emmanuel en fut de nouveau possesseur, et la laissa avec ses autres biens à sa fille Françoise de Lorraine, née, en 1592 et morte en 1669. Elle avait été mariée, en 1609, à César, duc de Vendôme, qui donna, en janvier 1640, la terre de Boussac, en échange avec celle de La Ville-aux-Clers, à Henri-Auguste de Loménie, secrétaire d'État. Cette terre fut vendue, en 1649, à Jean de Rilhac.

XV bis. — Antoine de Brosse, fils de Jean et de Nicole de Blois [qualifié comte de Penthièvre, vicomte de Bridiers, Sr de Boussac, d'Huriel et de Sainte-Sévère en Berry, souche de la branche des seigneurs de Brosse, qui existe encore], fut Sr de Maleval. Tonsuré le 7 mai 1462, associé à l'ordre de Notre-Dame-du-Mont-Carmel en 1471, fait chevalier de l'ordre de Saint-Jean-de-Jérusalem en 1481, il fut blessé sur les côtes de Syrie en 1498. Il épousa, le 2 avril 1502, Jeanne de La Praye, dame de Crot, fille unique et héritière de Jérôme. Il en eut Ponthus, qui suit.

XVI. — Ponthus de Brosse, capitaine de soixante hommes d'armes, Sr de Crot et de Maleval, testa le 9 septembre 1535. Il avait épousé, le 6 septembre 1527, Marie Sardin, fille de Jean, Sr de Beauregard, dont il eut : 1° Antoine, qui suit ; 2° Charlotte, qui épousa, en 1548, Charles Domas, Sr de Pisey.

XVII. — Antoine de Brosse, IIe du nom, Sr de Crot et de Maleval, fit son testament le 2 mars 1570. Il avait épousé, le 7 janvier 1561, Catherine Magnin, fille de Charles, Sr de Sainte-Colombe, dont il eut : 1° Claude, qui suit ; 2° Philibert, prêtre, prieur de Montfauvet.

XVIII. — Claude de Brosse, Sr de Crot et de Maleval, testa le 2 septembre 1605, et mourut le 18 du même mois. Il fut inhumé dans l'église paroissiale de Saint-Nicolas de Beaujeu. Il avait épousé, le 26 mai 1572, Anne Grisard, dont il eut : 1° Antoine ; 2° Claude, qui suit.

XIX. — Claude de Brosse, IIe du nom, Sr de Crot et de Maleval, testa le 14 avril 1648. Il avait épousé, le 9 octobre 1641, Catherine Buchet, dont il eut Claude, qui suit, et d'autres enfants.

XX. — Claude de Brosse, IIIe du nom, Sr de Crot et de Maleval, testa le 12 avril 1714. Par ce testament, il demande à être inhumé dans l'église de Saint-Nicolas de Beaujeu. Il avait épousé, le 3 janvier 1671, Marie Chesnard, dont il eut Claude, qui suit.

XXI. — Claude de Brosse, baron de Dun-le-Roi (1) et de Chavanne, Sr de Maleval et de Crot, chevalier de l'ordre de Saint-Louis, capitaine au régiment de Villequier-cavalerie, testa le 27 mai 1741. [Il institua pour héritier Claude qui suit, et fit des legs à ses deux autres enfants.] Il avait épousé, en 1714, Catherine Cottin, dont il eut : 1° Claude, qui suit ; 2° Pierre-Henri-Michel, capitaine aide-major au régiment d'Eu ; 3° Marguerite, chanoinesse [à Alix].

XXII. — Claude de Brosse, V^e du nom, capitaine au régiment de Picardie.

[De Brosse de Chauvigny porte : *d'argent à la fasce fuselée de cinq pièces de gueules.*]

---

(1) Dun-le-Roi ou Dun-sur-Auron, chef-lieu de canton, arrondissement de St-Amand (Cher).

Bernard, IIIe du nom, vicomte de Brosse, fut frère ou beau-frère de N.....
de Brosse, père de Gérard, S^{gr} de Chauvigny et de Châteauroux, vicomte de
Brosse, qui vivait en 1248, et qui fut bienfaiteur de Grandmont.

Guy II de Chauvigny, S^{gr} de Châteauroux et vicomte de Brosse, épousa
Antoinette de Cousan, dont il eut : 1° Guy III, qui suit; 2° Marguerite de
Chauvigny, qui épousa, le 14 juillet 1426, Bérard III, comte de Clermont et
de Sancerre, dauphin d'Auvergne, qui mourut le 28 du même mois, et qui
était alors veuf de Jeanne de La Tour. Ils n'eurent point d'enfants, et Marguerite se remaria à Jean II de Bretagne, comte de Penthièvre et de Périgord,
et vicomte de Limoges, mort en 1454; elle mourut elle-même, le 23 juillet
1473, sans enfants de ce dernier mariage.

Guy III de Chauvigny, S^{gr} de Chauvigny, etc.

François de Chauvigny, vicomte de Brosse, épousa Jeanne, de Laval,
héritière de La Suze, dont il eut Guy de Chauvigny, qui mourut, en 1502,
sans lignée, en sorte que la baronnie de La Suze retourna aux héritiers de
Jeanne de Craon et d'Ingerger d'Amboise, d'où elle passa à Baudouin de
Champagne.

André de Chauvigny, vicomte de Brosse, en faveur duquel le roi
Charles VIII érigea la baronnie de Châteauroux en Berry en comté par
lettres du 16 juillet 1497. Il mourut le 4 janvier 1502 (vieux style) étant le
dernier de sa maison. Il eut pour héritiers dans les baronnies de Châteauroux, de Saint-Chartier et de La Châtre, Hardoin de Maillé de La Tour-Landry
et sa sœur Françoise de Maillé, dame en partie de Dun-le-Palleteau, enfants
d'Antoinette de Chauvigny, tante d'André, dame de Châteauroux.

Bertrand III, vicomte de Brosse, fut père d'Ænor de Brosse, dame des
Essarts, qui épousa Thibault Chabot, IVe du nom, sire de La Roche-Cervière.]

Sources : Simplicien, T. I, p. 467; T. IV, p. 174; T. V, p. 131, 570-574;
T. VII, p. 71; T. VIII, p. 13, 76. — Monstrelet. — Villaret, T. XIV, p. 358,
385, 401, 427, 444; T. XV, p. 22, 24, 28, 30, 35, 104. — Laboureur, T. I,
p. 259-261, 823; T. II, p. 822. — Du Chesne (André), p. 259, 264, 265,
417, 485, 519, et preuves, p. 143; Généalogie de Montmorency, L. IX,
ch. VIII; de Chatillon, p. 266. — Hénault, Histoire de France. —
Ladvocat, Dictionnaire. — Moreri, édition de 1759. — Dictionnaire
généalogique, 1757, T. I, p. 339. — Bouchet, Annales d'Aquitaine. —
D'Argentré, Histoire de Bretagne, T. XII, col. 426. — Morice, Histoire
de Bretagne, T. III, preuves, col. 862. — Histoire de Comines, T. III,
preuves. — Baluze, Histoire de la maison d'Auvergne, T. I, p. 314;
T. II, p. 599, 601. — Chronica apud historiæ Anglicanæ scriptores. —
[Justel, Histoire de la maison de Turenne, p. 118, 152, et preuves, p. 156.
— Tablettes historiques, IVe partie, p. 262, 270; T. V, p. 282, 283.]

BROSSEQUIN.

I. — Jean de Brossequin, natif de Savoie, Sr de Châteaurivet, paroisse de
Mézières (1), et de Montluide, fut naturalisé par Henri III au mois de mai
1588, et d'abondant, par Henri IV, en janvier 1602. Il avait épousé, en

---

(1) Mézières, chef-lieu de canton, arrondissement de Bellac (Haute-Vienne).

premières noces, Marguerite de Combarel, dont il eut : 1° Gauthier, qui suit ; 2° Jean Sr du Courret (1), non marié ; 3° François, non marié. Il avait épousé en secondes noces, par contrat du 7 juillet 1601, reçu Chaigneau, et insinué au Dorat, Adrienne de Villeby, fille de feu François et de feue Catherine Hélie, du lieu de La Grange-de-Villeby, paroisse de Gajoubert (2).

II. — Gautier de Brossequin, écuyer, Sr du Courret, épousa Susanne de Coursac, dont il eut Jean, qui suit, et peut-être autre Jean, écuyer, Sr de Châteaurivet, qu'on trouve inhumé à Nouic le 1er août 1669.

III. — Jean de Brossequin, écuyer, S^r de La Forêt, épousa Elisabeth Papon du Breuil, dont il eut : 1° Gaspard, qui suit ; 2° Jean ; 3° François ; 4° Catherine, peut-être celle qui, en 1680, était femme de Gabriel de La Vergne, Sr de Coux, et dit écuyer, paroisse de Nouic (2) ; 5° Françoise, peut-être celle qui, en 1680, était femme d'Étienne Chioche, écuyer, Sr du Courret, paroisse de Darnac au diocèse de Poitiers.

IV. — Gaspard de Brossequin, écuyer, S^r de La Forêt, épousa ; 1°, en 1662, Marie de Marsanges, qui mourut en 1671. D'eux naquirent : 1° Catherine, baptisée à Nouic, le 20 août 1663 ; 2° Simon, baptisé le 5 octobre 1664 ; 3° François, qui suit ; 4° Marguerite, baptisée le 21 novembre 1666, et mariée, le 22 janvier 1691, à Jean Chesneau, S^r d'Auterive, du lieu de Chez-Manhat, paroisse de La Croix ; 5° Françoise, baptisée le 19 février 1668, 6° Guillaumette, née le 1er octobre 1669 ; 7° autre Catherine, née le 1er octobre 1669 ; 8° Françoise, née le 17 avril 1671.

Gaspard épousa 2° Jeanne de La Couture-Renon, qui mourut, le 25 novembre 1705, âgé de soixante ans, et fut inhumée dans la chapelle du cimetière de Nouic. De ce second mariage il eut : 1° Jacques, né le 24 juin 1672 ; 2° et 3° Anne et Marguerite, mortes sans s'être mariées.

V. — François de Brossequin, écuyer, S^r de La Forêt, épousa Marie de Mont-Louis, dont il eut : 1° Jean, qui suit ; 2° Marie, née, d'après les registres de Nouic, le 25 mai 1683 ; 3° Mathieu, né le 8 janvier 1685 ; 4° et 5° Joseph et Catherine, nés le 18 avril 1687 ; 6° et 7° Léonarde et Jeanne, nées le 31 août 1688 ; 8° Elisabeth, née le 17 septembre 1690 ; 9° Marie, née le 3 avril 1693.

VI. — Noble Jean de Brossequin, écuyer, S^r de La Narbonne, capitaine dans le régiment de Dauphiné-infanterie, mourut le 24 février 1730, et fut inhumé dans la chapelle du cimetière de Nouic. Il avait épousé Anne Prinsaud, qui mourut le 8 juin 1735, et dont il eut : 1° Catherine, née le 2 août 1708 ; 2° Marie, née le 15 février 1709 ; 3° Marie-Anne, né le 7 août 1711 et morte le 9 décembre 1739 ; 4° Louise, née le 21 juillet 1713 ; 5° Anne, née le 16 juillet 1714 ; 6° Elisabeth, née le 2 avril 1717 ; 7° autre Marie, née le 11 mars 1722, qui épousa, le 6 août 1748, dans l'église de Saint-Domnolet de Limoges, Jean-Joseph de La Place, écuyer, Sr de Baband, fils de feu Jean et de Marie Autier.

BROULHAC. — Raymond Broulhac, écuyer, fils de Fabiande de Saint-Soulin, étant blessé d'un coup de mousquet au bras droit, qu'on fut obligé

---

(1) Le Couret, commune de Darnac, canton du Dorat, arrondissement de Bellac (Haute-Vienne).

(2) Nouic et Gajoubert, canton de Mézières, arrondissement de Bellac (Haute-Vienne).

de lui couper, fit, dans le château du Bourdeix, par acte signé Gautier, son testament par lequel il veut être inhumé dans l'église du dit lieu (1); il n'était point marié.

BRUCHARD, Sr de Monmady et de Margnac, paroisse de Saint-Paul (2), élection de Limoges. — Porte : *d'azur à trois fasces d'or, une bande de gueules brochant sur le tout.*

I. — François Bruchard, Sr de Montmadit, paroisse de Cornhac en Périgord (3) et de Marnhac, fit son testament le 8 octobre 1550. Il avait épousé Louise de Saint-Chamant, dont il eut : 1° Christophe, qui suit; 2° Marguerite, mariée, en 1526, à noble Hercule Tesserot; 3° autre Marguerite, mariée, le 6 juillet 1556, à Bertrand Poyneis, S^r d'Andalay.

II. — Cristophe Bruchard épousa, par contrat du 22 juin 1552, Marie Belcier.

III. — Pierre Bruchard, écuyer, Sr de Montmady et de Marnhac, épousa, par contrat du 5 novembre 1584, Françoise Texier de Javerlhac, dont il eut : 1° François, qui suit; 2° Charles, qui a fait une branche.

IV. — Francois Bruchard épousa, par contrat du 17 juin 1620, Susanne du Saillant.

V. — Pierre, Bruchard, Sr de Margnac, épousa, par contrat du 8 janvier 1645, Jeanne de La Pomélie.

IV *bis*. — Charles Bruchard, fils de Pierre et de Françoise Texier de Javerlhac, fit son testament le 10 juin 1663. Il avait épousé, par contrat du 7 novembre 1629, Catherine du Saillant, fille de Hélie du Saillant et de Jeanne des Cars. D'eux naquirent : 1° Isaac; 2° Pierre; 3° Guillaume, tous les trois nommés dans le testament de leur père.

Notes isolées.

Pierre Bruchard, noble archidiacre de Limoges, vivait vers l'an 1100. Il en est parlé dans la Vie de Gaufridus, fondateur du Chalard.

Guillaume Bruchard, damoiseau, épousa Gaillarde de Noailles, fille de Guillaume, S^{gr} de Noailles, et de Marguerite, dame de Montclar, et, d'après le père Bonaventure de Saint-Amable, fille de Hélie, chevalier, S^{gr} de Noailles, qui vivait en 1270, et de Doulce d'Astorg.

D'après les registres de la paroisse de Pensol (4), Jean de Brouchard ou Brochard, écuyer, Sr du Bost, paroisse de Chalais (5), habitant celle de Mellet (6) en Périgord, mourut le 10 juin 1689. Il paraît sortir des Bruchard de Montmady. Il avait épousé 1°, le 23 février 1654, Françoise Giry de Savalou, du village des Taches, paroisse de Pensol, dont il eut Antoine, baptisé le 29 janvier 1657. Il avait épousé 2° Marie-Judith Lizois, dont il

---

(1) Le Bourdeix, canton et arrondissement de Nontron (Dordogne).
(2) Saint-Paul, canton de Pierrebuffière, arrondissement de Limoges (Haute-Vienne).
(3) Corgnac, canton de Thiviers, arrondissement de Nontron (Dordogne).
(4) Pensol, canton de Saint-Mathieu, arrondissement de Rochechouart (Haute-Vienne).
(5) Chalais, canton de Jumilhac, arrondissement de Nontron (Dordogne).
(6) Miallet, canton de Saint-Pardoux-la-Rivière, arrondissement de Nontron (Dordogne).

eut : 1° Aymeric, baptisé le 4 juilllet 1660 ; 2° Pierre, baptisé le 20 août 1662 ; 3° Jean, baptisé le 7 juillet 1665, et qui suit ; 4° Marie, née le 3 avril 1668 ; 5° René, né le 15 janvier 1673 ; 6° Anne, née le 8 septembre 1675.

Jean de Bruchard, écuyer, Sr du Fort, mourut aux Taches, le 14 mai 1688. Il avait épousé, à Pensol, le 27 février 1680, Jeanne de Lostlavois, fille de Pierre, maître de forges à Lespinassie, paroisse de Maraval (1), et de Françoise Bechani. Elle se remaria à Pensol, le 27 juillet 1689, à Pierre de Roy, Sr de Lafon, du lieu de Pourioux, paroisse de Coussac (2). De Jean de Brochard et de Jeanne de Lostlavois sont nés : 1° Pierre, le 22 février 1686 ; 2°, le 13 mars 1688, Émerie ou Marie, mariée, à Pensol, le 18 janvier 1707, avec Martial La Coste, fils de feu Pierre Bourgeois et de Marie Forichon, du village de La Jaunie, paroisse de Milhac en Périgord (3).

Jean Bruchard, écuyer, Sr de Montmady, épousa Marie de La Pomélie, qui mourut, âgée de cinquante-un ans, le 26 juillet 1716, comme le constatent les registres de la paroisse de Saint-Maurice de Limoges.

[Bruchard est un fief qui appartient aujourd'hui (1777) à une branche de la maison de La Pomélie en Limousin. — Voyez LA POMÉLIE de Bruchard].

[BRUCIA. — Etienne de Brucia est mentionné dans les registres de Borsandi, notaire à Limoges, p. 70, n° 112, *apud* DOM COL.]

BRUGIÈRE. — Étienne de Brugière, écuyer, Sr de Goyrand (4), habitant de Limoges, épousa, par contrat du 22 juin 1691, Catherine Baignol, veuve de Pierre Picquet, Sr de Preyssac, ancien lieutenant en la maréchaussée du Limousin.

Etienne de Brugère, chevalier, Sr de Farsat, épousa Barbe Varacheau, dont il eut Charles, qui était ecclésiastique en 1761.

Jean-François de Brugière, écuyer, Sr de Farsat, habitant la paroisse de Saint-Pierre, à Limoges, épousa, en 1759, Marie-Anne-Geneviève des Maisons, de la ville de Peyrat. — Voir BREGÈRE.

BRUHET. — Catherine de Bruhet de La Garde, fille de feu Marc-Antoine, écuyer, S^r de La Garde et de Françoise de Lermite de La Rivière, du lieu de la forge de Busserolles (5), épousa, par contrat du 9 janvier 1652, signé La Jamme, Antoine de Mailhac, écuyer, S^r de La Salle, paroisse de Saint-Trié (6).

Demoiselle Catherine de Bruhet, du lieu noble de L'Isle, paroisse de Busserolles, y mourut, âgée de trente-cinq ans, le 26 janvier 1662.

BRUN. — Pierre Brun de Vaux, damoiseau, de la paroisse du Vigen (7), épousa N....., dont il eut Pierre, qui suit.

Pierre, *alias* Hugues Brun, épousa, en 1376, Guillemette Hugues.

BRUNET. — François Brunet, trésorier de France à Limoges, épousa Barbe de Chavaille, dont il eut : 1° Jeanne, baptisée à Saint-Jean de

---

(1) Marval, canton de Saint-Mathieu, arrondissement de Rochechouart (Haute-Vienne).
(2) Cussac, canton d'Oradour-sur-Vayres, arrondissement de Rochechouart (Haute-Vienne).
(3) Milhac, canton de Saint-Pardoux-la-Rivière, arrondissement de Nontron (Dordogne).
(4) Goyrand, canton de Castenet, arrondissement de Toulouse Haute-Garonne).
(5) Busserolles, canton de Bussière-Badil, arrondissement de Nontron (Dordogne).
(6) Saint-Trié, canton d'Excideuil, arrondissement de Périgueux (Dordogne).
(7) Le Vigen, canton et arrondissement de Limoges (Haute-Vienne).

Limoges, le 1er avril 1655 ; 2° Jacques, baptisé dans la même église, le 19 avril 1656.

Martial Brunet, écuyer, Sr de Lavau, conseiller au sénéchal d'Uzerche, mourut dans cette ville, âgé de soixante-douze ans, le 20 avril 1751. Il avait épousé Jeanne Boyer, dont il eut : 1° Pierre, baptisé le 11 avril 1713 ; 2° Jacques, baptisé le 28 mars 1715 ; 3° François, né le 9 août 1718, et qui suit ; 4° Jeanne, née le 30 septembre 1720 ; 5° autre Jacques, né le 26 septembre 1722 ; 6° Marie, née le 15 octobre 1724, mariée, le 11 décembre 1754, à Pierre Besse de La Noaille, conseiller au sénéchal d'Uzerche, son parent au 4e degré de consanguinité, et morte le 27 octobre 1762 ; 7° autre Jeanne, née le 9 mars 1726 ; 8° Susanne, née le 21 avril 1728 ; 9° autre Marie, née le 13 octobre 1732.

François de Brunet, écuyer, Sr de Pouyol, de la paroisse de Saint-Genez (1), mourut sans hoirs, âgé de quarante-cinq ans, le 25 avril 1762. Il avait épousé, à Limoges, dans l'église de Saint-Michel-de-Pistorie, le 10 mai 1755, Pétronille Sire, veuve d'Hyacinthe Pailler de Leymarie, receveur des octrois de la ville de Limoges, et Sr du Mas-de-Lajudie, fille de feu Jacques Sire, marchand tanneur, et de Thérèse Faudry, de la paroisse de Saint-Maurice de Limoges.

BRUNI. — Ces Bruni paraissent être sortis des comtes de la Marche de ce nom, sires de Lusignan.

Dans un terrier de Pierre Bruni, Sgr de Grospuy (2), on trouve pour armes : *d'or à la croix de gueules.*

Aimeric Bruni donna à Fontevrault, en 1119, le lieu de Boubon (3), où sont des religieuses.

I. — Vers 1179, Aimeric Bruni bâtit le monastère de Haultevaux [*de altis Vallibus ;* on le nommait aussi Altevaux, et aujourd'hui on l'appelle Tavaux], dans la paroisse de Dournazac (4). Ayant acheté des terres suffisantes pour nourrir treize frères et autant de domestiques, il le donna aux chanoines de La Couronne près d'Angoulême.

A sa prière, le comte R..... donna le nom de Montbrun au château, qu'on appelait auparavant *Trados.* Il assista au sacre de l'église de Haultevaux en 1208. Il alla en Terre-Sainte.

En 1212, Aimeric Brun, fils de Hugues, comte de la Marche, et chevalier, établit cinquante sous sur la sède (mieux péage) de Châlus (5) pour le luminaire du sépulcre de Saint-Martial de Limoges.

Aimeric Le Brun, limousin, homme d'un grand nom, qui était dans le château de Rochefort en Anjou, y fut tué par les troupes du roi d'Angleterre, en 1214.

Aimeric Bruni épousa N....., dont il eut : 1° Aimeric, qui suit ; 2° autre Aimeric, chevalier ; 3° Bozon Bruni, chevalier en 1239 ; 4° Barthélemy, chanoine de Limoges en 1245.

---

(1) Saint-Genest, canton de Pierrebuffière, arrondissement de Limoges (Haute-Vienne).
(2) Grospuy, commune d'Abjat, canton et arrondissement de Nontron (Dordogne).
(3) Boubon, ancien prieuré de religieuses de l'ordre de Fontevrault, commune de Cussac, canton d'Oradour-sur-Vayres, arrondissement de Rochechouart (Haute-Vienne).
(4) Dournazac, canton de Saint-Mathieu, arrondissement de Rochechouart (Haute-Vienne).
(5) Châlus, chef-lieu de canton, arrondissement de Saint-Yrieix (Haute-Vienne).

II. — Aimeric Bruni, chevalier, Sgr en partie du château de Noblac [*Nobiliacensis*] (1) et de Montbrun (2) en 1269. [En 1217, il avait eu guerre contre les habitants de la ville de Saint-Léonard, autrement dite de Noblac]; en 1253, il avait rendu le château de Noblac à l'évêque de Limoges.

Il avait épousé N....., dont il eut : 1° Aimeric, qui suit; 2° Hélie, qui vivait en 1282. Il en eut encore d'autres garçons et des filles.

Les Branda ou Brandia étaient seigneurs en partie de Montbrun en 1274. — Voyez BRANDA.

III. — Aimeric Bruni, damoiseau, puis chevalier, Sgr en partie du château de Noblac ou Saint-Léonard et de Montbrun, testa, d'après les archives des frères prêcheurs de Limoges, le vendredi avant l'Ascension de l'an 1291. Il donna des investitures en 1276, 1283 et 1299 [par actes des ides de mai, sous le sceau du curé (*capellani*) de Montbrun. Il était mort en 1324.]

Il avait épousé Ayceline, qui, en 1279, *quitta* à l'évêque de Limoges tout ce qu'elle avait à Saint-Léonard : peut-être était-ce son patrimoine. D'eux naquirent : 1° Hélie, clerc en 1304, auquel son père avait légué, par testament, 15 livres de rente, une robe de deux en deux ans, et sa vie dans la maison de Guy; 2° Guy, qui suit, héritier de son père; 3° Pierre, auquel son père fait pareil légat qu'à Hélie, en ce que tous deux ne pourront disposer que de 50 livres. — Un nommé Bruni était frère et prieur de Haultevaux en 1331. Le même ou un autre Bruni était curé de Dournazac en 1337. Bernard Bruni, évêque de Coserans, fut inhumé chez les frères prêcheurs de Limoges. [Il devait être de cette famille; car il avait pour armes : *d'azur à la croix d'or*.

Pierre et Aimeric Bruni, damoiseaux, frères, étaient seigneurs de Champniers (3) en 1302 et 1303.]

IV. — Guy Bruni (1295), chevalier, Sgr en partie du château de Noblac et de Montbrun en 1304, et de Cromières (4) par sa femme. Aux suffrages du chapitre provincial des frères prêcheurs de Limoges en 1327, on ordonna une messe des morts pour Guy Bruni.

N'étant que damoiseau, il épousa, avant 1298, Resplandine de Croumeriis, dont le sceau ou le cachet est ci-contre (5). Elle était fille de Guy de Croumeriis, chevalier du roi de France en 1298; elle était veuve en 1309, et remariée en 1314 à Guy Flamenc, chevalier, Sgr en partie de Brussac (6). De Guy Bruni et de Resplandine de Croumeriis naquit : Guy, qui suit; peut-être aussi Bernard Bruni, évêque du Puy, où il fit son entrée solennelle le 1er mai 1327, puis évêque de Noyon, [peut-être aussi Aimeric Bruni, damoiseau, Sgr de Champniers en 1349, et frère Pierre Bruni, prieur de Haultevaux ou Tavaux en 1331, déjà nommé par Nadaud comme fils d'Aimeric Bruni du numéro précédent.]

---

(1) Saint-Léonard-de-Noblac, chef-lieu de canton, arrondissement de Limoges.
(2) Montbrun, qui a été une paroisse, est maintenant dans la commune de Dournazac.
(3) Champniers, canton de Bussière-Badil, arrondissement de Nontron (Dordogne).
(4) Cromières, commune de Cussac, canton d'Oradour-sur-Vayres, arrondissement de Rochechouart (Haute-Vienne).
(5) Ce cachet, figuré en marge à la plume, sans indication d'émail, représente *une croix, denchée seulement à dextre*.
(6) Brussac, commune de Saint-Pierre-de-Côle, canton de Thiviers, arrondissement de Nontron (Dordogne).

V. — Guy Bruni, mineur en 1314, donseau ou *domisellus*, et S^{gr} en partie de Montbrun en 1320. Il rendit hommage au vicomte de Rochechouart en 1345. Il était alors *miles* ou chevalier. Il fut recommandé, comme vivant, dans les suffrages du chapitre des frères prêcheurs de Limoges en 1327. Pierre de *Casali* ou du Chadaud (1), damoiseau du lieu de Montbrun, lui fit une donation en 1349. Il fit, le samedi après la fête de saint Mathias, en 1346 *(vieux style)*, son testament, reçu par Aragonis, et expédié par extrait par Guillaume Bazati, testament par lequel il veut être inhumé au prieuré de Haultevaux. Il ne nomme aucun de ses enfants. Il avait épousé Tissia de La Roche, qui fut inhumée au prieuré de Haultevaux [ou Tavaux].

VI. — Jean Bruni, chevalier, S^{gr} de Montbrun en 1357, épousa N....., dont il eut peut-être Bernard, qui fut évêque d'Aire.

Guy Bruni, chevalier, S^{gr} de Montbrun, épousa, le 8 juillet 1379, Souveraine Élie de Pompadour. [Dans les registres de Borsandi, notaire à Limoges, p. 2, n° 3, *apud* Dom Col., on trouve vers ce même temps, un Aimeric Bruni.]

VII. — Noble et puissant Pierre Bruni, S^{gr} de Montbrun en 1366. Il quitta sans doute le nom de Bruni pour prendre celui de sa seigneurie; car, cette même année 1366, on trouve Pierre de Montbrun, chevalier, S^{gr} du dit lieu. Il fut inhumé au prieuré de Haultevaux, où sa femme fut également inhumée. Ses enfants furent : 1° Jean, qui suit ; 2° Pierre, évêque de Limoges [qui a un article à part]; 3° Robert, évêque d'Angoulême [qui fit héritier Guy de Montbrun, protonotaire et évêque de Condom, son neveu. On a mal dit dans le *Gallia christiana nova* (T. II, col. 1016) que Robert était de la maison de *Montbron,* qui est de la province et du diocèse d'Angoulême, au lieu que *Montbrun* est en Poitou et du diocèse de Limoges. Ce Robert est dit neveu de l'évêque de même nom, son prédécesseur : à ce compte, il y aurait eu deux évêques de la maison de *Montbrun* à Angoulême.] 4° Guyotte, mariée, vers 1430, à Jean du Breuilh, damoiseau, S^r de La Coste-au-Chat, lequel mourut en 1446.

[Pierre de Montbrun, né au château de ce nom, près Châlus, dont le père, la mère et les prédécesseurs sont enterrés dans l'église du prieuré de Haultevaux, paroisse de Dournazac, était frère de Jean, S^{gr} de Montbrun, damoiseau, qu'il fit, étant évêque, son procureur général, son capitaine et lieutenant à Éymoutiers (2). Pierre se fit d'abord moine de Saint-Benoît, et devint abbé de Saint-Augustin-lez-Limoges en 1413. Il avait aussi les prieurés de Soubrebost, de Buniet et de Lascoux, et, d'après les manuscrits de l'évêché de Limoges, il devait tenir six prêtres et deux jeunes gens, c'està-dire deux étudiants, dans son abbaye. Cependant il n'y tenait que deux moines; l'abbaye ne valait alors que 100 livres de revenu. En 1420, il céda à ses moines le prieuré de Boyceulx pour leur vestiaire et celui de Mathazeu au diocèse de Maillezais, que le pape Clément VI avait uni à la mense abbatiale.

Les trois États du Limousin lui donnèrent, le 25 ou le 26 décembre 1422, 50 écus d'or pour reconnaître les services qu'il leur avait rendus. Le roi Charles VII, dont il était compère, et qui l'avait nommé de son grand

---

(1) Le Chadeau est à côté de Montbrun, et faisait partie de la paroisse de Montbrun.

(2) Eymoutiers, chef-lieu de canton, arrondissement de Limoges (Haute-Vienne).

conseil, le chargea de plusieurs ambassades, où il gagna beaucoup. Ce prince lui donna, le 24 janvier 1426, 200 écus d'or pour les services qu'il lui avait rendus.

Pierre de Montbrun se disait parent du Sr de Giac, favori du roi, et, à sa considération, fréquentait la cour. Comme Ramnulphe de Peyrusse et Hugues de Reffignac se disputaient l'évêché de Limoges, lorsque, pour vider ce différend, Ramnulphe eut été transféré, en 1424, à l'évêché de Mende, et Hugues, en 1427, à celui de Rieux, grâce à la protection du Sr de Giac, et du consentement des deux contendants, Pierre de Montbrun fut porté sur le siège de Limoges le 11 décembre 1426. Dans sa bulle, datée de la dixième année de son pontificat (1427), et qu'on voit au trésor des chartes, Martin V loue en lui le zèle de la religion, la science des lettres et la pureté de vie. Par cette bulle, le pape le recommande au roi comme comfirmé dans l'évêché de Limoges.

La même année 1427, Pierre de Montbrun se démit de l'abbaye de Saint-Augustin. Son sacre eut lieu à Tulle; il prit possession, par procureur, le 7 ou le 17 avril, et fit son entrée solennelle le 22 juin suivant. Il paya, disent les manuscrits de l'évêché, pendant quinze ans, 500 écus de pension à l'archevêque de Reims. Le 27 novembre 1428, il reçut 310 livres tournois pour la peine qu'il avait prise de répartir les subsides. En 1431 il fut invité au concile de Bâle : je ne sais, dit M. Nadaud, s'il y parut.

En 1432, un serviteur de Guy Audoin, chanoine de l'église de Limoges, accusé de crime, fut conduit dans les prisons de l'officialité de l'évêque. Le procureur du chapitre le revendiqua comme étant de sa juridiction, et l'accusé fut renvoyé devant l'official du chapitre.

En 1432, il donna une investiture aux prêtres séculiers de la communauté de l'église Saint-Martial de Limoges.

En 1433, Pierre de Montbrun fit la visite de son diocèse, pendant laquelle il donna la tonsure à quantité de sujets.

Le curé de Peyrissac était accusé de sortilége; celui de Saint-Éloi de Ségur était domestique au château des Cars, et plusieurs autres dans ce dernier cas; le prévôt de Beaune, quoique moine, ne savait pas lire; un vicaire parut devant l'évêque, la soutane ouverte à la poitrine comme l'étaient les habits de gens de guerre : il fut mis à l'amende. Les moines de Beaulieu (1) refusèrent la visite, prétendant être seulement sous la juridiction de l'archevêque de Bourges.

En 1434, Pierre de Montbrun fut pris par Tandonnet de Fumel, son ennemi, capitaine du château de Chalusset (2), qui l'y amena et le rançonna.

En 1435, il exposa au roi que, dans son diocèse, qui était fort grand, il y avait plusieurs abbayes et prieurés conventuels et autres qui, ayant de grands et notables édifices, laissaient détériorer les maisons, granges et manoirs, faute de les réparer. Il notait spécialement les abbés de Saint-Augustin avec son prieuré de Soubrebost, ceux de Saint-Martin-lez-Limoges, de Solignac, d'Uzerche, de Beaulieu et de Meymac; le prévôt de Chambon, les prieurs de L'Artige, du Chalard, d'Aureil, de Salas, de Rougnac,

---

(1) Beaulieu, chef-lieu de canton, arrondissement de Brive (Corrèze).
(2) Chalusset, château fort, commune de Saint-Jean-Ligoure, canton de Pierrebuffière, arrondissement de Limoges (Haute-Vienne).

d'Auzances et de La Celle. Par ordre du roi, il fut enjoint aux officiers royaux de saisir les revenus de ces bénificiers, et de les diviser en trois lots : le premier, pour les moines qui faisaient le service; le deuxième, pour les réparations; le troisième, pour les créanciers, sans que les abbés ou prieurs en perçussent rien.

Le 28 avril 1436, en qualité d'évêque, il défendit, sous peine d'excommunication, aux moines de Saint-Augustin-lez-Limoges de sortir du monastère sans la permission de l'abbé. Le prévôt représenta que l'abbé leur donnait cette permission une fois tous les ans au chapitre général.

Ayant obtenu un bref du pape Eugène IV pour faire la visite dans les monastères, les églises collégiales et autres, il la commença le 28 avril 1436. Étant à Rougnac (1), le 30 juillet, pendant qu'il entendait la messe, Hugues de Bonneval, Jean de Peyros, le bâtard de Peyros et autres prirent ses chevaux dans le cimetière où on les promenait, les mirent en arrêt dans la forteresse, et les tinrent jusqu'à l'heure des vêpres. Bonneval vint dans l'église prier l'évêque de lui pardonner, parce qu'il avait agi par ordre de son oncle le chevalier Troulhard de Montverd, du lieu de Martro, et qu'il n'avait pu lui désobéir. Troulhard cherchait à se venger de ce que l'évêque et ses gens avaient tenu *siége* ou *cour* à Magnac dans la justice de ce gentilhomme, et que l'évêque, à ce qu'on lui avait rapporté, l'avait appelé concubinaire. L'évêque, voyant que ce n'était point de *truffe*, fit l'absolution des morts, *admonéta* quatre fois de lui rendre ses chevaux sous *poyne d'excommenge donnée par escript*; et, comme on ne voulut point obéir, il mit le *ces* ou interdit sur les églises de Rougnac, Magnac et Chataing, terres de ce gentilhomme, et défendit aux *chapelains qu'ils ne se entremissent de faire aucun service divin jusqu'à ce que le déshonneur et outrage fait à l'Église et à sa personne fût réparé, et que le ces fut levé*. L'évêque alla, sur d'autres chevaux, dîner à Auzances. Après le dîner, Troulhard se soumit par écrit à l'ordonnance du conseil du prélat, qu'il voulait être composé, entre autres, de l'abbé de Saint-Martin-lez-Limoges; mais celui-ci ne voulut point s'en mêler. La procédure instruite sans que Troulhard y voulût jamais comparaître ni se faire représenter, les arbitres le condamnèrent, par sentence du 29 avril 1437, à venir, le 3 août suivant, fête de l'invention des reliques de saint Étienne, à l'heure de la grand'messe, dans l'église cathédrale de Limoges, devant le grand autel, où il demanderait pardon à l'évêque, en présence du chapitre et des assistants, à genoux et la tête découverte; de plus, la première fois que le prélat serait à Felletin (2) ou autre lieu plus près de celui où l'offense avait été commise, et qu'il l'aurait fait savoir à Troulhard, celui-ci viendrait pareillement lui requérir pardon un jour de fête qui lui serait indiqué, à l'heure de la grand'messe, et que le prélat lui pardonnerait. Outre cette amende honorable, le gentilhomme fut condamné à 1,000 écus de bon or, de bon poids et du coin du roi de France, payables à l'évêque au dit jour du 3 août, fête de saint Étienne, et enfin aux dépens.

Le 3 septembre 1436, l'évêque voulut visiter le prieuré de L'Artige (3);

---

(1) Rougnat, canton d'Auzances, arrondissement d'Aubusson (Creuse).
(2) Felletin, chef-lieu de canton, arrondissement d'Aubusson (Creuse).
(3) L'Artige, commune de Saint-Léonard, chef-lieu de canton, arrondissement de Limoges (Haute-Vienne).

mais le prieur lui représenta qu'il y avait pour cette affaire un procès pendant au parlement, et que son monastère était exempt. L'évêque lui donna trois mois pour justifier de son exemption. La même année, l'évêque permit l'établissement d'une communauté de prêtres à Ahun (1).

En 1438, il envoya le prieur curé de Sardent (2) au concile de Bâle. Il se trouva à l'entrée du roi Charles VII à Limoges. Le 14 mars 1440 *(vieux style)*, il commença la visite de son diocèse, et fit faire le reste. Il exigea exactement les droits de procuration, et lança l'excommunication contre ceux qui ne la payaient pas. Il punit quelques prêtres de mauvaises mœurs qui tenaient cabaret, et y allaient jouer aux dés. On lui en dénonce comme sorciers. Il ordonne à ceux qui avaient des vicairies d'en donner les noms, et d'en remettre les titres avec un état des rentes. Il permet de ne pas résider, et de célébrer deux fois la sainte messe. Il défend, sous peine d'excommunication et d'une amende de 20 sous, aux prêtres de Saint-Pierre-du-Queyroix d'entrer dans l'église revêtus du surplis sans avoir leur *capuce*. Il trouve en une église, dans les boîtes des saintes huiles, un mélange d'eau et de vin pour servir de supplément au saint-chrême. Les arbres naissaient dans l'église du prieuré de La Tour-Saint-Austrille (3), les murs tombaient de tous côtés : il n'y avait aucune couverture. La maison du prieuré d'Aubusson était totalement en ruine. On se révolta à Bussière-Nouvelle (4), et un moine eut l'insolence de frapper le barbier du prélat. Tous furent excommuniés, et l'église fut interdite.

Par arrêt du parlement de Paris du 13 mai 1441, il obtint que l'évêque de Limoges pût visiter une fois l'an l'église de l'abbaye de Saint-Martial de Limoges quand bon lui semblera; de corriger l'abbé et ses moines des délits et excès, et, s'il fallait, les faire mettre en prison, les suspendre ou priver de leurs offices, même les condamner à une prison perpétuelle. En faisant sa visite, il pourra y prendre le droit de procuration.

En 1442, le prieur de Saint-Angel (5) lui refusa le droit de visite, quoique l'évêque eût un indult apostolique. Celui-ci l'excommunia, et jeta un interdit sur son monastère le 18 février 1442 *(vieux style)*.

En 1443, il fit encore une visite dans son diocèse; mais, tandis qu'il s'appliquait ainsi à réprimer les vices, des gens pleins de malignité mandèrent au pape Eugène IV qu'il était d'une incontinence notoire à tout le monde; qu'il avait dissipé plusieurs immeubles et des meubles précieux de son évêché, ce qu'il ne cessait de faire journellement; qu'il était diffamé chez les honnêtes gens pour plusieurs crimes graves et scandaleux. Aussi, dans un consistoire secret, il fut ordonné de le citer à Rome, et l'évêque de Bresse, alors légat en France, fut chargé de s'informer secrètement de la vérité de ces accusations; de suspendre le prélat s'il se trouvait coupable, et de lui donner un coadjuteur. Mais le roi, le légat et plusieurs personnes distinguées assurèrent au pape que toutes ces accusations ne venaient que des ennemis de Montbrun, et qu'elles étaient de pures calomnies contre un

(1) Ahun, chef-lieu de canton, arrondissement de Guéret (Creuse).
(2) Sardent, canton de Pontarion, arrondissement de Bourganeuf (Creuse).
(3) La Tour-Saint-Austrille, canton de Chénerailles, arrondissement d'Aubusson (Creuse).
(4) Bussière-Nouvelle, canton d'Auzances, arrondissement d'Aubusson (Creuse).
(5) Saint-Angel, canton et arrondissement d'Ussel (Corrèze).

homme d'une bonne réputation, pour ses mœurs et sa capacité, à la cour, chez les princes, les prélats, la noblesse et dans le diocèse. Le pape lui rendit ce témoignage en 1443, et j'ai l'original de la bulle donnée en sa faveur pour cela l'an XIII du pontificat d'Eugène IV. La même année, cet évêque excommunia le curé de Saint-Michel-des-Lions de Limoges, parce qu'il n'avait pas voulu assister à une procession.

En 1444, faisant encore la visite de son diocèse, il donna la tonsure dans l'église du Dorat (1) à cent trente et un jeunes gens; et il fit excommunier plusieurs curés réguliers de La Combraille, qui avaient refusé la visite.

Il fut fort tracassé par les vicomtes de Turenne, qui le mirent même aux fers, et l'obligèrent à se racheter par une forte rançon vers l'an 1444. En 1446, 1448 et 1449, il fit encore des visites en vertu d'une bulle. On ne laissait pas en arrière les droits de procuration. Le 25 septembre de cette dernière année, dans un concordat avec la cathédrale, il est dit que, « en tant que touche l'exemption du chapitre, l'évêque ne *cuida* jamais être venu au contraire, et la tiendra ainsi que autrefois a promis ».

Le cas de l'éprouver se présenta bientôt; car, en 1450, Pierre Roger, chanoine de la cathédrale, accusé d'un crime par le juge de la ville de Limoges, fut renvoyé au chapitre pour qu'il fît son procès nonobstant les protestations et poursuites des officiers de l'évêque.

Cet évêque soutint de grands procès contre les officiers du comte de la Marche, et les excommunia parce qu'ils avaient pris des ecclésiastiques, et avaient défendu à tous leurs justiciables de plaider devant son official, usurpant ainsi sa justice. Dans l'appel qu'ils firent, ils disent « que le prélat avait reconnu publiquement et par devant notaire, à Guéret, qu'il ne pouvait faire capturer ni ecclésiastiques ni séculiers de la comté de la Marche, ni donner des lettres de *nisi,* c'est-à-dire de monition ou d'excommunication; qu'un arrêt du parlement l'avait ainsi jugé! » « Le motif qui vous fait agir, disaient-ils, n'est ni le bien, ni le zèle, ni la charité, mais la soif de l'avarice pour recouvrer le trésor que vous avez perdu. Vous l'aviez extorqué par force et violence de vos ecclésiastiques et de vos diocésains. » Il prenait de l'argent pour les ordres et les institutions dans les bénéfices. On disait publiquement qu'il ne regardait pas de fort près d'où il lui vint, pourvu que ce fussent de vieux écus, et il se défendait très mal sur cette article. De son côté, il reprochait aux officiers leur ingratitude, attendu qu'il avait donné tant de bénéfices à eux et à leurs enfants, neveux et serviteurs. On plaida vivement cette affaire devant l'official de Bourges en 1452. Je ne sais pas comment elle se termina.

En 1451, le chapitre de sa cathédrale le fit excommunier par le doyen de Saint-Martin de Tours, commissaire apostolique. Le roi, après avoir pris Castillon et Talbot cette même année, ordonna une procession générale. L'évêque fit son mandement, et en commanda une pour aller à Saint-Martial. Mais, pour l'empêcher, le chapitre obtint du lieutenant du sénéchal de la province une opposition à cet ordre de l'évêque. Le prélat en appela, et excommunia le curé de Saint-Michel, qui n'avait pas voulu se trouver à cette procession. Les chanoines citèrent l'évêque devant l'abbé de Grandmond, exécuteur de leurs privilèges, le firent excommunier, en firent

(1) Le Dorat, chef-lieu de canton, arrondissement de Bellac (Haute-Vienne).

publier la sentence, et, le jour même du synode, firent sonner le tocsin avec la grosse cloche. « J'ignore, dit encore M. Nadaud, quelle fut la fin de ces tracasseries. »

En 1453, Pierre de Montbrun se plaignit au pape Nicolas de ce que des séculiers et réguliers de son diocèse, se disant exempts, commettaient des crimes et des injustices en vertu de leurs priviléges. Le pape commit cette même année Elie, évêque de Périgueux, pour s'informer de ces faits, et punir les coupables.

Jean de Montbrun, dit Beauchamp, neveu de l'évêque, accompagné de ses alliés et complices, *armés et ambastonnés d'armes invasibles et défendues*, prirent Hugues Poloix, curé de Saint-Merd-la-Breuille (1), l'emmenèrent pieds et mains liés, le rançonnèrent à trois écus, et le maltraitèrent si fort qu'il en mourut peu après. Encore en 1453, l'évêque reçut des lettres royaux qui lui ordonnaient d'absoudre *ad cautelam* les officiers du comte de la Marche, qu'il avait excommuniés, et, pour ne s'y être pas soumis, son temporel fut saisi; en signe de quoi on mit un panonceau fermé aux armes du roi à la porte du château d'Isle (2), résidence ordinaire de l'évêque, qui en fit appel.

En 1454, Michel, évêque de Nicosie, visita en partie le diocèse pour l'évêque de Limoges, qui autorisa, le 31 décembre de cette même année, Dauphine de Chabannes, qu'il avait bénite le 10 janvier 1434, comme abbesse de Bonnesaigne (3), à passer dans celle de Faremoutiers au diocèse de Meaux, où elle venait d'être élue. Le 14 octobre de la même année 1454, l'évêque de Limoges consacra, près du portail du monastère des Ternes (4), un autel dédié à saint Jean-Baptiste, saint Laurent et sainte Madeleine, et il accorda quarante jours d'indulgences à ceux qui le visiteraient. L'acte qu'on en dressa fut signé Ferditi.

Le 2 janvier 1454 (*vieux style*), Pierre de Montbrun sacra l'église de Saint-Pierre-du-Queyroix en l'honneur des saints Pierre, Paul et André, apôtres. Il sacra tous les autels et le cimetière, et donna des indulgences. Le parrain de cette cérémonie fut Théodore Lupi, chanoine de la cathédrale et de Saint-Hilaire et de Poitiers, curé de cette église; la marraine fut Mariotte... Ursine, femme d'honnête et prudent Jacques Benoît, bourgeois. Le 1er février de la même année, avant Pâques, l'évêque donna à son neveu Guy de Montbrun, bachelier en décrets, archidiacre de Combraille, dans l'église de Limoges, chanoine de la même église et d'Angoulême, un sceau de la cour épiscopale pour soutenir son état. Il lui permit de faire faire un autre sceau, et de les tenir ou faire tenir l'un à Tulle, et l'autre à Donzenac (5), dont il était curé; d'avoir un chancelier, de percevoir les émoluments, de dispenser de deux bans, de permettre d'ensevelir ceux qui étaient morts de mort subite, et d'autoriser les prêtres à être parrains. La même année 1454, l'évêque plaidait avec l'abbé et les religieux de Leyter (6)

---

(1) Saint-Merd-la-Breuille, canton de La Courtine, arrondissement d'Aubusson (Creuse).
(2) Isle, canton et arrondissement de Limoges (Haute-Vienne).
(3) Bonnesaigne, canton de Meymac, arrondissement d'Ussel (Corrèze).
(4) Ternes, commune de Pionnat, canton d'Ahun, arrondissement de Guéret (Creuse).
(5) Donzenac, chef-lieu de canton arrondissement de Brive (Corrèze).
(6) Lesterps, canton et arrondissement de Confolens (Charente).

pour le droit de visite. Il plaidait aussi avec l'abbé d'Ahun Aymeric Barton, qu'il excommunia.

A la requête du procureur du roi, Charles, roi de France, par acte daté de Bourges le 12 juin 1455, lui défendit de faire aucune levée, ni d'asseoir aucune imposition sur les ecclésiastiques de son diocèse sans le consentement des doyens et chapitre de la cathédrale, et des gens d'église du diocèse, ou la majeure partie d'iceux. Les procès qu'il avait à soutenir et les réparations qu'il avait à faire dans ses châteaux lui avaient servi de prétexte pour imposer un écu d'or sur chaque prêtre, ce qui montait au moins à 1,000 écus, attendu qu'il y avait 1,000 prêtres. Dumoulin était donc mal informé lorsqu'il a dit (Diss, 59, c. II, *Si officia*, sur le mot *quærant*) que l'évêque de Limoges, voulant avoir 1,000 écus d'or avait prodigué et, pour ainsi dire, confisqué les ordres, en faisant 1,000 prêtres pour chacun leur écu. La même année 1455, fut sacrée l'église de Saint-Michel-des-Lions. Au mois de septembre, Michel, évêque de Nicosie, sacra des autels de chapelles à Busssière-Dunoise (1), Maisonfeyne, Fresselines, Lourdoueix-Saint-Pierre, La Celle-Dunoise, La Cellette, Boussac-le-Bourg, Alleyrat, Bétête, Saint-Paul et l'autel de la chapelle du château de Comborn.

Le 7 mai 1456, Pierre de Montbrun permit à un prêtre de la ville de Saint-Léonard, nonobstant les constitutions synodales, de tenir et lever sur les fonds du baptême huit à neuf fils ou filles; signé Bordas, au collége de Limoges. La même année, l'official excommunia par aggraves quarante-sept curés qui n'avaient pas payé les arrérages des synodes, les pensions et *parata*, droit de la parée ou repas dû. L'évêque était vieux et infirme; car frère Michel, évêque *Nyocensis* de l'ordre des frères prêcheurs, fut vicaire général pour la visite du diocèse en 1456. Ce même frère Michel sacra, le 5 avril 1456, le monastère conventuel de Notre-Dame-de-la-Règle, dans la Cité de Limoges. Le compère de cette cérémonie fut prudent homme Mathieu Benoît, bourgeois du Château de Limoges, et la commère, vénérable et religieuse dame Catherine de Comborn, humble abbesse de ce monastère. On consacra de même le grand autel de cette église.

Pierre de Montbrun fit son testament le 16 février, d'autres disent 1456 (*vieux style*); (le *Gallia christiana nova* dit le 1ᵉʳ mars) et il fut reçu par Dominici.

Par cet acte, il fonde une vicairie dans l'église où il sera enterré, la cathédrale ou Saint-Martial de Limoges, au choix de son héritier ou de ses exécuteurs testamentaires, et les seigneurs de Montbrun nommeront à cette vicairie. Il fait un légat à Saint-Augustin-lez-Limoges, dont il avait été abbé, et un autre légat de 10 livres au pape. Il institue son héritier universel Guy de Montbrun, chanoine de Limoges, depuis évêque de Condom, dont j'ai parlé plus haut. Il fait ses exécuteurs testamentaires noble Gautier de Pérusse, Sgr des Cars, et Jean, Sgr de Lastours, chevalier.

---

(1) Bussière-Dunoise, canton de Saint-Vaulry. — Maisonfeyne, Fresselines et La Celle-Dunoise, canton de Dun. — Lourdoueix-Saint-Pierre, canton de Bonnat et arrondissement de Guéret. — Boussac-Bourg, aussi nommé Boussac-les-Eglises, canton de Boussac. — La Cellette, canton de Châtelus et arrondissement de Boussac. — Alleyrat, canton d'Aubusson. — Bétête, canton de Châtelus et arrondissement d'Aubusson (Creuse).

Il mourut à Isle, le 19 du même mois de février de la même année, c'est-à-dire 1457 d'après le nouveau style.

Cet évêque avait pour armes : *d'azur à la croix d'or.*

Il fit héritier vénérable Père Guy de Montbrun, protonotaire du Saint-Siége, chanoine de Limoges et curé de Donzenac, son neveu, et il prit pour exécuteurs testamentaires, Théodoric Lupi, chanoine de Limoges, et curé de Saint-Pierre-du-Queyroix ; noble Gauthier de Pérusse, S^{gr} des Cars, chevalier, et Jean de Lastours, S^{gr} de Lastours, aussi chevalier. Son testament fut passé dans la chambre basse de la tour du château d'Isle, en présence du frère Jean Sigoülti, licencié *in sacra pagina,* de l'ordre des frères prêcheurs, et d'Aimeric, prévôt du Mas, damoiseau, capitaine de Sadran.

Son héritier fit faire son inventaire, auquel s'opposèrent Pierre, S^{gr} de Montbrun, neveu de l'évêque, et le curé d'Isle, par des raisons dont une paraîtrait aujourd'hui fort singulière. Ce dernier exigeait une somme de 300 livres : 1° pour les droits d'extrême-onction qu'il lui avait administrée ; 2° pour avoir, à la demande du défunt, dit les vigiles dans l'église en présence du corps ; 3° y avoir passé la nuit, et chanté les *exaudi ;* 4° pour un luminaire de cent livres de cire qu'il aurait eu si l'évêque eût été enterré dans son église ; 5° pour le droit de paroissien, l'évêque ayant demeuré pendant dix ans sur la paroisse dans le château d'Isle.

On fit cependant cet inventaire, dans lequel on trouve *un mortier de velo* pour un évêque, peut-être un bonnet de velours fait en façon de mortier ; des bancs *viradis,* qui se tournaient peut-être sur un pivot ; sa vaisselle d'argent, qui était au château de Montbrun, et consistait en tasses, aiguières, trente-deux écuelles, des plats, douze cuillers et une *fourche à bout.* Il n'avait d'autres livres que ceux que la cathédrale et les couvents lui avaient prêtés.

Sa succession causa un procès important entre l'héritier et le successeur dans l'évêché. Ce dernier demandait 20,000 écus pour les réparations de l'évêché, châteaux, place en dépendant, au nombre de treize à quatorze (Isle, Eymoutiers, Sadran, Saint-Léonard, Allassac, Saint-Junien). Cette réclamation ne parut pas exagérée aux experts, puisque, dans le devis qui fut fait par eux en justice, ils élevèrent la somme demandée à 25,000 écus d'or, l'évêque n'ayant fait, pendant les trente-deux ans de son épiscopat, aucune des réparations auxquelles il était tenu, et ayant laissé tout tomber en ruines. On lui reprochait, en outre, un caractère rude et entier, d'avoir fait peu de grâces, d'avoir été chiche et avaricieux, et d'avoir tenu petit état, la plus haute dépense de sa maison pour un mois ne montant qu'à 60 sous et 7 deniers, quoique son évêché valût de 8 à 9,000 livres ; que, par cette lésine, il avait laissé, en vaisselle d'argent, argent monnoyé ou meubles, de 20 à 22,000 écus. On ajoutait même qu'il devait beaucoup quand il mourut.

L'héritier répondit que, pendant l'épiscopat du défunt, les Anglais ravagèrent tout le pays, démolirent les châteaux, que personne n'osait demeurer ni coucher dans la Cité de Limoges, et qu'il lui en coûta beaucoup pour expulser ces ennemis ; qu'il fit, en outre, des dépenses considérables pour soutenir sa juridiction contre le chapitre de son église et celui de Saint-Yrieix, les abbés de Grandmont, Uzerche, Vigeois et Saint-Martial, l'abbesse de la Règle, les prieurs de L'Artige, du Port-Dieu (1) et de Bort, les officiers du comte de la Marche, et on faisait monter les frais de ces procès à plus de 25,300 écus.

On répliqua à l'héritier qu'il n'avait fait enterrer son oncle que comme un simple chanoine, sans faire chanter depuis aucune messe dans l'église de Limoges, où il fut enterré, et sans mettre de pierre sur sa sépulture ; que, avant cette succession, à peine avait-il vaillant cent écus et presque aucun revenu en patrimoine ou en bénéfices ; que, aussitôt qu'il fut en possession de l'*hérédité,* il demeura sept ans à Rome y tenant grand état, fit élever son frère à la dignité de protonotatre, paya la vacance de l'évêché de Cahors, que le cardinal d'Albret, son protecteur, lui résigna, mais le père et la mère du cardinal empêchèrent l'effet de cette résignation ; il paya aussi la vacance de l'évêché de Condom, que ce cardinal lui procura, et des trois abbayes de Villeneuve en Agenois, Saint-Cybard d'Angoulême et Saint-Amand de Boix, des prieurés de Haultevaux ou Tavaux et de Nontron au diocèse de Limoges ; enfin qu'il avait fait bâtir au château de Montbrun ; dépenses qu'on évaluait à plus de 10,000 écus d'or, et qui ne venaient que de cette hérédité ;

Que, si son oncle avait souffert de grands procès contre les officiers du comte de la Marche, il n'en était devenu que plus riche, puisque, à leur ombre, il imposa un subside caritatif sur tout son clergé, qui monte deux fois plus que tous les frais, et que, par accommodement, il avait tiré de ces officiers 400 royaux (ou réaux) pour ses dépens ; que, si les habitants de Limoges avaient pris son neveu Jean de Montbrun, c'est que, étant logé dans l'évêché, il voulait livrer leur ville au comte de Penthièvre ; que, par cette raison, ils avaient démoli son palais, et que d'ailleurs ils avaient été condamnés à 2,000 livres de dommages ; que, pour sa rançon du château de Chalucet, il avait imposé sur son clergé un autre subside caritatif qui le dédommagea au triple ; qu'il avait eu 200 royaux de l'abbé de Saint-Martial, 250 écus de l'abbaye de la Règle. Par accommodement, l'héritier donna 1,600 livres pour les réparations.

Le procureur du roi en la sénéchaussée du Limousin, en vertu de certaines lettres, fit saisir tout le temporel de l'évêché, les châteaux et forteresses en dépendant, et y mit des commissaires. Le chapitre de la cathédrale s'en plaignit au roi, et exposa qu'il était de fondation royale ; que, de toute ancienneté, il était en possession d'avoir, pendant la vacance du siége, le gouvernement de l'évêché tant au spirituel qu'au temporel ; que, dans cette église, il n'y avait aucun droit de régale. Le roi écrivit au sénéchal du Limousin ou à son lieutenant d'appeler son procureur, et, l'exposé étant vérifié, de laisser jouir le chapitre de ses droits. La lettre est datée de Lyon sur le Rhône le 6 mars. (*Extraits des Mémoires de* NADAUD, T II, p. 368 et suivantes.)]

VIII. — Noble Jean Bruni ou de Montbrun, damoiseau, qu'on trouve S^gr du dit lieu de 1407, 1413, 1418, 1437, 1438, 1450 et 1455. Son frère, l'évêque, le fit son procureur général, son capitaine et son lieutenant à Eymoutiers. Ses enfants furent : 1° Guy, pronotaire, évêque de Condom. [Il fut pendant longtemps curé de Donzenac, ce qui ne laisse pas supposer qu'il fût moine, quoique le Père Estiennot l'ait pensé. (*Antiquitat. bened. Vascon..,* part. II,

---

(1) Port-Dieu, canton de Bort, arrondissement d'Ussel (Corrèze).

p. 37.) En 1458, il fut fait évêque de Condom, où il demeura paisible en payant une pension à son compétiteur, et où il fonda, en 1469, quatre obits. (*Gall. chr. nov.*, T. II, col. 939 et 966.) En 1461, il eut l'abbaye d'Eysse, près Villeneuve en Agénois, et la posséda jusqu'à sa mort malgré les prétentions de ses rivaux. Le 25 octobre 1468, il fit une ordination dans l'église cathédrale de Limoges. Il fut prieur de Tavaux en 1471 ; il le fut aussi de Nontron. Il fut le premier abbé commendataire de l'abbaye de Saint-Amand-de-Boisse en 1473 ou 1476. On ne lui a point donné de rang parmi les abbés de Saint-Cybar d'Angoulême ; mais il y était abbé en 1477, et il en prend le titre dans son testament. Le *Gallia christiana nova* le fait mourir en mars 1486 ou 1488, et on conjecture qu'il est enterré dans le cloître de l'abbaye d'Eysse. Il fit son testament (par acte signé de Grano au château de Montbrun) le 20 octobre 1486, dans le monastère de Saint-Amand-de-Boisse, et mourut le 24 du même mois de l'année suivante. Il était neveu de Robert, évêque d'Angoulême. Par son testament, il demande à être enterré dans celle des églises qu'il possédait dont il mourra le plus près. Il avait fait construire, dans le château de Montbrun, dont il était seigneur en partie, une chapelle en l'honneur de Saint-André. Il fit héritier son frère Guillaume] ; 2° Jean de Montbrun dit Beauchamps, qui fut archidiacre d'Angoulême en 1468 ; 3° Pierre, Sgr de Montbrun, qui suit ; 4° Guillaume, archidiacre de Combraille en 1468 [archidiacre d'Angoulême en 1471, chanoine de cette église et de celle de Limoges, curé de Saint-Sulpice-le-Dunois (1) au diocèse de Limoges, où est annexé l'archiprêtré de Bénévent (2), prieur et curé de Nontron, abbé commendataire de Saint-Cybard d'Angoulême, fit, le 10 novembre 1500, son testament, signé Mérigeon, par lequel il veut être enterré dans l'église d'Angoulême, dans la chapelle de la Sainte-Vierge, et près l'autel de sainte Marie-Madeleine, à main droite, chapelle appelée vulgairement la chapelle des Montbrun, dans les bustes ou sépultures de ses frères germains. Il fait héritier noble, vénérable et excellent (*egregium*) Gaufridus de Montbrun, clerc, archidiacre d'Angoulême, bachelier ès-lois, son petit-neveu (*pronepotem*). Le 23 novembre 1502, il transigea avec l'évêque d'Angoulême. Il mourut le 2 du même mois, on ne dit pas l'année. Quoiqu'il eût été abbé de Saint-Cybard environ douze ans, il n'y fit *nulles réparations dignes de mémoire ni autres biens*] ; 5° Anne de Montbrun, femme, en 1458, de noble et puissant Bernard, Bechet, Sgr des Landes, pouvait être leur sœur.

IX. — **Pierre de Montbrun**, chevalier et Sgr du dit lieu et de Sales (3), paroisse de La Chapelle-Montbrandeix, en 1471, 1478 et 1485, épousa N....., dont il eut 1° : Jean, qui suit ; 2° Guillaume, damoiseau en 1478 ; 3° François, prieur, en 1513, de Haultevaux [ou Tavaux, où il eut pour successeur son neveu Gaufridus], et qui mourut en 1529.

X. — **Jean de Montbrun**, damoiseau (1483, 1499), Sgr baron de Montbrun, vendit, en 1485, les terres de Cramaud, Puyjoyeulx, Villefranche et Prum de la paroisse de Biennat (4), et en partie les seigneuries de Saint-

---

(1) Saint-Sulpice-le-Dunois, canton de Dun, arrondissement de Guéret (Creuse).
(2) Bénévent, chef-lieu de canton, arrondissement de Bourganeuf (Creuse).
(3) Salas, commune de La Chapelle-Montbrandeix, canton de Saint-Mathieu, arrondissement de Rochechouart (Haute-Vienne).
(4) Biennat, paroisse dans la commune de Rochechouart (Haute-Vienne).

Jal et de Roffiac. Il fit construire à Montbrun la chapelle de la Trinité, où il fonda une vicairie en 1509. [« Le vicaire ira, est-il dit, dans l'église de Saint-André de Montbrun, au tombeau construit par le fondateur, dire une absolution sur le corps de son épouse Jacquette de Bourdeilles, qui y est enterrée. »] Jean de Montbrun mourut le 6 janvier 1517 *(vieux style)*.

Il avait épousé : 1° Jacquette de Bourdeilles, morte avant 1509, et qui repose dans la chapelle de Saint-André, à Montbrun, où l'on voit le mausolée que son mari lui fit dresser : de ce premier mariage naquirent : 1° Gaufridus de Montbrun, prêtre, licencié en décrets, archidiacre d'Angoulême en 1508 et 1514, curé de Champniers (1), avec son annexe de Brie (2) en Angoumois, et qui eut ses bulles pour le prieuré de Haultevaux aux nones de novembre 1529 : il vivait en 1532; 2° N....., prieur d'Entrebrie; 3° Isabelle, qui suit, et contre laquelle plaidaient, 1518, ses quatre sœurs, dont les noms suivent; 4° Françoise; 5° Marguerite; 6° Anne [demoiselle Anne de Montbrun était, le 16 février 1544, dame foncière de quelques fonds nommés de Las Boygas, situés aux appartenances du bourg de Janailhac (3) en Ligour]; 7° Louise. Jean de Montbrun avait épousé 2° Isabelle de La Goublaye, qui lui survécut, et dont il n'eut point d'enfant. [On la trouve veuve de Jean de Montbrun, chevalier.]

XI. — Isabelle de Montbrun, héritière de la maison, baronne de Montbrun, de Saint-Jal de Roffiac et de Puyjoyeulx, épousa, par contrat du 20 octobre 1516, noble et puissant Ponthus d'Estuer, chevalier, S^{gr} de Saint-Maigrin, Cramaud, Puyjoyeulx, Villefranche, auquel elle porta la terre de Montbrun. Il était fils de Guillaume d'Estuer, chevalier, baron de Tonis, Grateloube, Nieul, Montrocher, Richemont, etc., et de Catherine de Caussade. Ils n'eurent qu'un fils unique, François d'Estuer de Caussade, S^{gr} de Saint-Maigrin, baron de Montbrun en 1539 et 1562, chevalier des ordres du roi, lequel épousa Gabrielle de Maillé de La Tour-Landry, dont il eut, entre autres enfants, Louis d'Estuer de Caussade, chevalier de l'ordre du roi, Celui-ci, à qui on avait fait porter le nom de Montbrun, et qui, par la mort de ses frères, devint l'aîné de la famille, épousa Diane des Cars, qui le rendit comte de Lavauguyon (4). Il vendit la baronnie et la terre de Montbrun, en 1598, à François de Lambertie, de la famille duquel la terre de Montbrun passa à la maison de Campniac.

Branche des Bruni de Champniers-aux-Boux (5).

D'après les archives du château de Montbrun, N..... Bruni épousa N....., dont il eut 1° Pierre, damoiseau ; S^{gr} de Champniers en 1302 ; 2° Aimeric, qui suit.

Aymeric Bruni, damoiseau, S^{gr} de Champniers-aux-Boux en 1302, 1317,

---

(1) Champniers, canton et arrondissement d'Angoulême (Charente).
(2) Brie, canton de La Rochefoucauld, arrondissement d'Angoulême (Charente).
(3) Janailhac, canton de Nexon, arrondissement de Saint-Yrieix (Haute-Vienne).
(4) La Vauguyon, commune de Maisonnais, canton de Saint-Mathieu, arrondissement de Rochechouart (Haute-Vienne).
(5) Champniers-aux-Boux, canton de Bussière-Badil, arrondissement de Nontron (Dordogne).

1331, 1349, 1360, épousa N....., dont il eut Robert Bruni, Sgr de Champniers en 1338.

Pierre Bruni, mentionné en 1360.

Aimeric Bruni, damoiseau de Champniers en 1321, épousa N....., dont il eut : 1° Philippe Bruni, qui suit; 2° Comptéria, femme de Jean de Maumont (1).

Philippe Bruni, damoiseau, Sgr de Champniers-aux-Boux du diocèse de Limoges, dans la châtellenie de Nontron, en 1389 et 1415, épousa Agnès Roffa ou Ruffy de Maraval (2), qui avait épousé en premières noces N..... de La Charnoy, dont elle avait eu une fille nommée Marguerite. Agnès fit, le 11 septembre 1418, son testament signé de Poyalibus, au château de Maraval. Elle veut être enterrée dans l'église de Champniers. De son mariage avec Philippe Bruni naquirent : 1° Agnès; 2° Marguerite, mariée à Jean Pleydran et dame de Champniers en 1456.

Notes isolées.

Pierre Bruni, *alias* de Vallibus, épousa N....., dont il eut Hugues Bruni, qui, avec son père, donna en 1268, au monastère de Pierrebuffière, des fonds pour l'anniversaire d'Audoin de Saint-Hilaire.

[Pierre Brun, écuyer, et David Brun, chanoine de Saint-Junien, peut-être frères, vivaient en 1233, d'après les registres de Roherii, notaire à Limoges, p. 95, n° 81, *apud* Dom Col.]

Guy de Bruni de Gros-Puy, près d'Abjac, damoiseau en 1342.

N..... Bruni épousa N....., dont il eut : 1° noble Pierre Bruni, *alias* Gombaud, Sgr de Gros-Puy près d'Abjac, en 1437 et 1463; 2° noble Louis Bruni, qu'on trouve aussi en 1437 et 1463.

Jean et Antoine Brun, écuyers, étaient frères et coseigneurs de La Valade, paroisse de Romain près Nontron (3) et de Lestrade en 1519.

Bruni épousa Catherine de Born, dame de Lestrade dont il eut Pierre, qui suit.

Noble Pierre Bruni, Sgr de La Valade, paroisse de Romain en Périgord, de Gros-Puy et de Lestrade, mourut le 5 septembre 1495, et fut enterré devant l'autel de la Sainte-Vierge dans l'église d'Abjac. Il avait fait faire un terrier où j'ai trouvé cette particularité avec les suivantes et l'écu de ses armes. Il y est dit noble de toute antiquité. Il avait épousé Marguerite du Vergier, qui mourut le 14 janvier 1508, et fut enterrée avec son mari, dont elle eut Jean, qui suit, un autre garçon et quatre filles.

Jean Bruni, écuyer, Sgr de La Valade, de Gros-Puy et de Lestrade, mourut le 10 juin 1527, et fut enterré avec son père. Il avait épousé Catherine de Lurlonga, dont il eut un garçon et trois filles, entre autres Catherine, mariée,

---

(1) Il est appelé Hélie de Maumont, seigneur de Latterie, au tome III, page 210.

(2) Maraval ou Marval, canton de Saint-Mathieu, arrondissement de Rochechouart (Haute-Vienne).

(3) Romain, aujourd'hui les Champs-Romain, canton de Saint-Pardoux, arrondissement de Nontron (Dordogne).

en 1545, avec Annet d'Aubusson, S*gr* de Villac et Pérignac, baron de Miremont.

Mont Bruni de La Grange, paroisse de Chassenon.

Héliot Bruni, damoiseau, habitant du côté de Saint-Priest-la-Plaine (1), épousa Luce de Charnay, dont il eut nobles : 1° Louis ; 2° Pierre ; 3° Jean ; 4° Georges ; 5° Ahelis, mariée, le 6 décembre 1402, à noble Louis du Breuil, damoiseau, S*gr* de Villefort, de la paroisse de Saint-Michel de Laurière (2).

SOURCES : GEOFFROI DE VIGEOIS, *chronique*, p. 325. — ESTIENNOT, *Fragmenta historiœ Aquitan.*, T. II. — MAIN-FERME : *Clypeus ordinis Fontebrualdi*, T. I, p. 423. — RIGORD, *apud* DUCHESNE, *Historiœ Francorum scriptores*, T. V, p. 57. — BONAVENTURE DE SAINT-AMABLE, T. III, p. 537, 542 et 567. — *Gallia christiana nova*, T. II, col. 535, 939, 966, 1035. — Archives du château de Montbrun et des frères prêcheurs de Limoges.

BUATIER, S*r* de La Guérinière, paroisse de Chantillac (3), élection d'Angoulême, porte : *d'or à un sanglier de sable colleté par un limier d'argent.*

I. — Jean de Buatier épousa Jeanne de Bessay.

II. — Jean de Buatier épousa, le 6 janvier 1643, Gillette de Belnor. Le 23 mai 1559, il fit son testament, par lequel il donne l'administration de Jacques, Jean, Balthazar, Antoine, Marie et Antoinette, ses enfants, à la dite de Belnor, leur mère.

III. — Balthazar de Buatier épousa 1° Claude de Sainte-Maure. Ces deux époux, d'une part, firent un acte de partage, le 20 juillet 1600, avec Alain de Sainte-Maure. Il épousa 2°, le 28 avril 1608, Judith Goulard, à la requête de laquelle on fit l'inventaire des effets de Balthazar, dont elle avait eu Nicolas, qui suit.

IV. — Nicolas de Buatier épousa, le 2 juillet 1628, Marie de Nourigier.

V. — Armand de Buatier épousa, le 5 avril 1656, Charlotte de Vallée (4).

[BUCHARD. — Pierre de Buchard, chevalier (5).]

BUISSON, S*gr* de Laroque, paroisse de ....., élection de Saintes, porte : *d'azur à sept étoiles d'or en bande et une en pointe.*

I. — Jacques du Buisson reçut des lettres de noblesse datées de Saint-Denis, et du mois de septembre 1592, vérifiées à la chambre des comptes à Paris. Il épousa Jeanne d'Antonnet, laquelle obtint, le 11 mai 1599, des lettres de confirmation, qui furent vérifiées en la cour des aides à Paris.

II. — François du Buisson épousa Antoinette Gaignon. Il était présent, le 1er août 1638, au mariage de son frère aîné Guillaume, né comme lui de Jacques du Buisson et de Jeanne d'Antonnet.

(1) Saint-Priest-la-Plaine, canton du Grand-Bourg, arrondissement de Guéret (Creuse).

(2) Saint-Michel-de-Laurière, commune de Laurière, chef-lieu de canton, arrondissement de Limoges (Haute-Vienne). Nadaud renvoie, pour d'autres notes sur la famille Bruni, à la page 2266, déchirée.

(3) Chantillac, canton de Baignes, arrondissement de Barbezieux (Charente).

(4) Ces notes sont tirées de des Coutures : Nadaud en avait d'autres à la page 894, déchirée.

(5) Pour de plus amples renseignements sur Pierre de Buchard, Legros envoie à la page 513 de ses « *Mémoires pour servir à l'histoire des abbayes du diocèse de Limoges* ». Cette page faisait partie de la notice sur Grandmont qu'on a arrachée du volume.

III. — François du Buisson épousa, le 4 mai 1660, Charlotte de Massognes, qui était veuve.

[BUJALEUF. — Aimeric de Bujaleuf vivait avant 1238. Son fils, Audoin de Bujaleuf, vivait en 1238 (1).]

BUREAU, Sr de Lormont, paroisse de Tenac, Sr de Civrac, paroisse de Jay, et du Bourdet, paroisse de Saint-André-de-Lidon (2), élection de Saintes, portent : *d'argent à un lion rampant de gueules, couronné d'or.*

I. — André Bureau épousa Marguerite Affaneur, dont il eut : 1° François, qui suit ; 2° Jean, qui se maria, et fit une branche. Des lettres de noblesse furent accordées à André Bureau. Elles furent datées de Chartres au mois de mars 1594, et dûment vérifiées. Elles furent suivies de lettres de confirmation du mois de décembre 1610, aussi dûment vérifiées.

II. — François Bureau épousa, le 7 octobre 1613, Marguerite Després.

III. — Théodore Bureau épousa, le 25 juin 1647, Jeanne de Londe, dont il eut : 1° Henri, Sr de Civrac ; 2° Hector. Le 2 avril 1661, le dit Théodore Bureau fit un inventaire de ses effets, chargeant la dite de Londe, sa femme, d'en bailler la moitié à ses enfants Henri et Hector.

II bis. — Jean Bureau épousa, le 18 avril 1599, Marie de Rabard, dont il eut : 1° André Bureau, Sr de Lormont, qui épousa, le 8 février 1632, Marie Farnoux, qui était veuve ; 2° Gaspard Bureau, qui épousa, le 10 septembre 1641, Anne de Riveron, dont il eut Charles, Sr du Bourdet, lequel fit, avec son père Gaspard Bureau, le 1er août 1664, une transaction sur le partage des biens de la dite de Riveron.

BURG. — Du Burg, S^r de La Morelie, paroisse du Temple d'Ayen (3), élection de Brive, porte : *d'azur à trois tours maçonnées de sable.*

I. — Martial du Burg.

II. — Louis du Burg fit, le 13 septembre 1568, son testament, où il paraît qu'il est fils de Martial. Il fit un autre testament en faveur de son fils Isaac le 28 avril 1585. Il avait épousé, le 22 février 1559, par contrat sans filiation, Catherine de Verrières, dont il eut Isaac, qui suit, et en faveur duquel la dite de Verrières, étant veuve, fit donation le 22 décembre 1601.

III. — Isaac du Burg fit son testament, le 24 décembre 1621, en faveur de Frédéric, son aîné, laissant des légats à ses deux autres fils. Il avait épousé Antoinette de Royère, dont il eut : 1° Frédéric ; 2° Jean, qui suit ; 3° Charles. La dite Antoinette, étant veuve, fit son testament en faveur de Jean, son fils, le dernier avril 1645.

IV. — Jean du Burg, capitaine dans Champagne, épousa, par contrat sans filiation du 19 février 1647, Isabeau de Ruffignac.

---

(1) Bujaleuf, canton d'Eymoutiers, arrondissement de Limoges (Haute-Vienne). — Pour Aimeric et Audoin de Bujaleuf, Legros avait des notes plus explicites dans ses « *Mémoires pour les abbayes du diocèse* », à la page 500, qui a disparu avec le *Mémoire sur l'abbaye de Grandmont.*

(2) Saint-André-de-Lidon, canton de Gémozac, arrondissement de Saintes (Charente-Infér^e).

(3) Le Temple d'Ayen, commanderie de l'ordre de Malte dans l'ancien archiprêtré de Lubersac, et près d'Ayen, qui est aujourd'hui chef-lieu de canton dans l'arrondissement de Brive (Corrèze).

Jean du Burg, écuyer, Sr de Las Pescharias, paroisse de Lubersac, épousa Paule de Jousselin, dont il eut Jeoffre, né le 29 mars 1658.

BURGUET. — Jean du Burguet, écuyer, greffier en chef au bureau des finances de la paroisse de Coussac (1), épousa Jeanne Breton, dont il eut François qui suit.

François du Burguet de Chauffailles, écuyer, épousa, dans la chapelle de l'évêché, et avec la bénédiction du prélat, le 18 mai 1762, Marie Touzac, fille d'Antoine-Etienne, Sr de Saint-Etienne, écuyer, receveur des tailles à Limoges, et d'Elisabeth de Guillemme de Rochebrune. [D'eux naquirent : 1º N..... mariée avec N..... de La Place de Saint-Jean, et veuve en 1790 ; 2º une autre fille, aussi mariée ; 3º un fils, qui vit en 1790, et est âgé d'environ dix ans.]

BUSCHÈRE (DE LA). — Mathurin de La Buschère, écuyer, Sr de Foulhou, paroisse du Bourg de Salanhac (2), épousa Susanne d'Argence, dont il eut Marguerite, baptisée en juin 1660.

BUSSON, Srs de Coaffart et des Rivaux, paroisse d'Oriol, élection de Cognac, porte : *d'azur à une bande d'argent chargée de six chevrons renversés de gueules, accompagnée d'un sénestrochère de carnation tenant deux bouts de lance d'argent en sautoir.*
I. — Sébastien Busson.
II. — Bernard Busson épousa, le 23 septembre 1547, Marie Massard.
III. — Sébastien Busson, épousa, le 4 février 1585, Rose Borvial.
IV. — Bernard du Busson épousa, le 20 août 1628, Marguerite Bouvier, dont il eut : Jean du Busson, Sr de Coaffard, qui épousa, le 2 février 1659, Guillemette Goulard ; 2º Hélie du Busson, S^r des Rivaux, qui épousa, le 22 octobre 1660, Marguerite Maignen.

BUXIERRE (DE LA), S^r du dit lieu, paroisse d'Arnac, élection de Limoges, porte : *d'azur à trois fasces d'or, chargées d'un pal d'argent.*
I. — Jean de La Buxierre rendit hommage, comme époux de Marie Duriel, le 6 juin 1527.
II. — Claude de La Buxierre épousa, par contrat du 7 juin 1547, Isabeau de Mézierre.
III. — Jacques de La Buxierre épousa, par contrat du 1er mars 1562, Madeleine de Maumont.
IV. — Annet de La Buxierre épousa, par contrat du 2 octobre 1635, Anne Darmeny.

---

(1) Coussac-Bonneval, canton et arrondissement de Saint-Yrieix-la-Perche (Haute-Vienne).
(2) Le Bourg de Salagnhac ou le Grand-Bourg, aujourd'hui chef lieu de canton, arrondissement de Guéret (Creuse).

C.

[CAILLEBOT DE LA SALLE. — D'après de Combles (*Tabl. de la noblesse*, édit. de 1786, II° partie, p. 108), Catherine de Caillebot de La Salle épousa François de L'Isle, marquis de Marivaud, qui vivait avant le 17 février 1661.]

CAILLOU. — I. — Bertrand Caillou, Sr de Pressac et du Trouillaud, conseiller au présidial d'Angoulême, épousa Marie Couvidat, fille de Denise Barbarin, et qui fit son testament le 12 novembre 1570. D'eux naquirent : 1° François, qui suit ; 2° Françoise, qui se maria : 1° à N.....; 2° à Pierre Dubois, Sr du Chassain, paroisse de Saugon (1).

II. — François Caillou, Sr de Trouillaud, paroisse de Saint-Maurice-des-Lions (2), prit la qualité d'écuyer dans le contrat de mariage de ses filles. Il avait épousé, par contrat du 28 février 1585, reçu Deffaux, Marie Guimard, fille de feu Millet, S^r de La Vigne, de Confolens, et de Catherine de Lajurissie. Elle se remaria à Abraham Dupré, S^r des Bernardières ; mais elle avait eu de François Caillou : 1° Françoise, mariée, par contrat du 26 février 1607, reçu Jabaud, à Léonard Plument, S^r de La Bertrandie, licencié ès-droits, demeurant alors à Saint-Junien, fils de feu Guillaume Plument, notaire, et de Catherine Thamoyneau. En 1613, il prenait la qualité d'écuyer, et était l'un des cent gentilshommes ordinaires de la maison du roi. Alors son domicile était dans le bourg d'Étagnac (3) ; 2° Jeanne, baptisée le 25 décembre 1586, mariée à Charles Bouthinon, gradué ès-droits, puis juge de Varaigne (4), fils d'Étienne, marchand du dit bourg de Varaigne, et de Catherine Rousseau : le contrat de ce mariage fut passé à Confolens le 3 mars 1609, et reçu par Babaud. Jeanne mourut le 13 décembre 1614.

CAILLÈRES, Srs de Clerat (5), paroisse du dit nom, du Plessis, paroisse de Chantillac (6), et de Turgeras (7), paroisse du même nom, élection de Saintes, porte : *d'argent à trois fasces contrebretissées de sable*.

I. — Jean de Caillières épousa, par acte du 14 mai 1492, Pérette du Fort. Ils firent leur testament, le 6 novembre 1520, en faveur de Jean, leur fils aîné.

II. — François de Callières épousa, par contrat sans filiation du 29 octobre 1520, Marguerite de Sousmoulin. Le 7 mai 1524, il partagea la succession de Jean, son père avec Eutrope, son frère, chevalier de Saint-Jean-de-Jérusalem, et il fit son testament en faveur de son fils le 5 février 1536.

---

(1) Saugon ou Saulgon, canton de Chabanais arrondissement de Confolens (Charente).
(2) Saint-Maurice-des-Lions, canton de Confolens (Charente).
(3) Étagnac, canton de Chabanais, arrondissement de Confolens (Charente).
(4) Varaigne, canton de Bussière-Badil arrondissement de Nontron (Dordogne).
(5) Clerac, canton de Montguyon, arrondissement de Jonzac (Charente-Inférieure).
(6) Chantillac, canton de Baignes, arrondissement de Barbezieux (Charente).
(7) Tugeras, canton de Montendre, arrondissement de Jonzac (Charente-Inférieure).

III. — Charles de Caillères épousa, par contrat sans filiation du 7 février 1566, Jeanne Dussaud, dont il eut : 1° Jacques, qui suit ; 2° Jean qui se maria. Ces deux enfants firent, le 3 mai 1614, avec leur mère, alors veuve, partage des biens de leur père.

IV. — Jacques de Caillères épousa, par contrat du 11 août 1605, Catherine Grain de Saint-Marsaud.

V. — Alain de Caillères, Sr de Clérat, épousa, par contrat du 1er février 1637, Françoise de Jousseran.

IV bis. — Jean de Caillères épousa, par contrat du 15 avril 1615, Rénée de L'Aigle, dont il eut : 1° François, qui suit ; 2° Magdelon, Sr du Plessis.

V. — François de Caillères, Sr de Tugeras, épousa, par contrat du 19 juillet 1650, Jeanne Chesnel. Le 17 mai 1663, il fit un échange avec son frère Magdelon.

En 1598, les preuves de noblesse fournies par cette famille ne furent pas trouvées suffisantes.

CALAIS, S^r de La Tournerie, paroisse de Saint-Laurent-de-la-Barrière (1), élection de Saint-Jean-d'Angely, porte : *d'azur à trois bourdons d'or mêlés de deux coquilles de Saint-Michel d'argent.*

I. — Guillaume Calais.

II. — Guillaume Calais épousa, le 3 décembre 1458, Auguste Texierres.

III. — Mathurin Calais épousa, le 10 janvier 1490, Antoinette Vasselot, dont il eut : 1° Jean, qui suit ; 2° Jeanne, mariée à René-Philippe, lequel transigea avec Jean, son beau-frère, sur le partage des biens du dit Mathurin et de la dite Vasselot, le 23 mars 1530.

IV. — Jean Calais épousa Marguerite de Massougnes.

V. — Jean Calais épousa, le 9 avril 1567, Gabrielle Jourdain.

VI. — Benjamin de Calais épousa, le 31 décembre 1614, Marie Coulaud.

VII. — René de Calais épousa, le 31 octobre 1654, Constance Le More.

CALIGNON (JUSTE), Chevalier de Lafrès de Calignon, paroisse de Saint-Hugue de la ville de Grenoble, chevalier de Saint-Louis, fils de feu Alphonse Chevalier, Sr de Lafrès de Calignon, chevalier de Saint-Louis, et de feue Catherine Baudoin, major du régiment de La Couronne, épousa, le 17 octobre 1747, à Saint-Paul d'Angoulême, comme le constatent les registres de Vicq (2), Louise-Antoinette Brossard de Broussonet du Puget, veuve de Robert-Guillaume de Marsai, dame de Vicq et de Tralage, fille de feu François de Brossard de Broussonet, chevalier, Sr du Puget, chevalier de Saint-Louis, et de Catherine de Lusat, près la ville de Lunel. [D'eux naquirent plusieurs enfants, entre autres N....., dit le chevalier de Calignon, qui épousa N..... de Bonneval, fille de N....., comte de Bonneval.]

Claude-Agnès de Calignon, écuyer, de la paroisse de Vicq, épousa, en 1772, Madeleine-Jeanne de La Rie, de la paroisse de Mézières (3).

CALVIMONT. — Guy de Calvimont, premier avocat général au grand-conseil, épousa Françoise de Rans, dont il eut Marguerite, mariée : 1° à

---

(1) Saint-Laurent-la-Barrière, canton de Tonnay-Boutonne, arrondissement de Saint-Jean-d'Angely (Charente-Inférieure).

(2) Vicq, canton de Saint-Germain-les-Belles, arrondissement de Saint-Yrieix (Haute-Vienne).

(3) Mézières, chef-lieu de canton, arrondissement de Bellac (Haute-Vienne).

Gaston de Romagère, S§r de Laxion et de Saint-Jory en Périgord; 2° à Antoine Chapt de Rastignac, tué en 1579.

Noble Jean de Calvimont, baron de Saint-Martial, paroisse de Cublac (1), épousa N...., dont il eut Gabrielle, mariée, en 1632, à François de Chabrignac, de Beynac, et morte le 11 octobre 1669.

Jean de Calvimont, seigneur-baron de Saint-Martial, paroisse de Cublac, fut maintenu dans sa noblesse, en 1663, par M. Pellot, intendant. Il avait épousé Louise Dalmays, dont il eut Gabrielle, née en juillet 1628, baptisée le 30 octobre 1644, et qui se maria.

Jean de Calvimont, S§r de Saint-Martial, épousa Madeleine de Montagnac, dont il eut Madeleine, mariée, le 28 avril 1602, avec Jean de Bosredon, S§r de La Breuille et des Sales, fils de François, S§r de La Breuille, et de Jeanne de Saint-Julien.

Pierre de Calvimont, écuyer, S§r du Cheilar, épousa Jeanne de Vignoureux, dont il eut Marguerite, mariée, le 19 mars 1597, avec Samuel de Testard, écuyer, S§r du But.

SOURCES : MORERI, édition de 1759. — D'HOZIER, *Armorial général*, 1er registre, p. 82 et 539.

CAMAIN, S§r de La Prade, paroisse de Magnac, élection d'Angoulême, porte : *de gueules à une colonne d'or en pal, et deux lions affrontés d'argent; au chef cousu d'azur, chargé de deux étoiles et d'une croix d'or.*

I. — Bertrand Camain substitua son fils Jean, conseiller au parlement de Bordeaux, par deux codicilles du 19 janvier 1524 et du 19 janvier 1530.

II. — Jean Camain eut, le 22 janvier 1522, ses provisions de l'office de conseiller au parlement de Bordeaux. Il passa un contrat avec François de Peizac le 19 novembre 1534. Il épousa N....., dont il eut : 1° Bertrand; 2° Thibaud; 3° François et autres, comme le constate une transaction du 13 décembre 1541, entre Jean Barny et Léonarde Camain, tutrice de ces mêmes enfants.

III. — Thibaud Camain, lieutenant criminel à Brive, partagea, le 14 mai 1555, avec son frère Bertrand, la succession de Jean, leur père. Le dit Thibaud fit, le 19 avril 1579 son testament, par lequel il institue François et Pierre, ses enfants.

IV. — François Camain fit un partage avec son frère Pierre le 13 avril 1587. Il épousa Marie du Pescher.

V. — Bertrand Camain épousa Louise Mallet. Les articles de ce mariage furent réglés, le 4 juin 1619, en présence de François Camain, père du contractant.

VI. — Jean Camain épousa, par contrat du 27 mai 1654, Louise Du Lau.

Notes isolées.

Louis de Camain, chevalier, S§r de Champnier (2) et de Balleran (3), épousa Renée Bertrand, qui fit, le 3 avril 1729, son testament, signé de

---

(1) Cublac, canton de Larche, arrondissement de Brive (Corrèze).
(2) Champniers, canton de Bussière-Badil, arrondissement de Nontron (Dordogne).
(3) Ballerand, commune de Marval, canton de Saint-Mathieu, arrondissement de Rochechouart (Haute-Vienne).

Courtieux, et mourut veuve, âgée de soixante ans, le surlendemain, au dit Balleran. D'eux naquit une fille unique, Louise, mariée, dans l'église de Maraval, le 31 janvier 1730, à Jean de Glenest, écuyer, Sr de Montfrebœuf, paroisse de Maraval.

Charles de Camain, écuyer, Sr de Puylobert, paroisse d'Oradour-Fanais (1), épousa Marie Neaulme, dont il eut Marie, née le 16 août 1661.

Elie Camain, écuyer, Sr du Repaire de Champnier, épousa, par contrat du 26 novembre 1668, Anne Deschamps, ... de Mareuil, fille de Léonard Deschamps, écuyer, S^r de La Tranchardie, *alias* du Cheyroux, paroisse de Lageyrac (2), et de Judith Hastellet. D'eux naquirent 1° Jeanne, baptisée à Lageyrac le 26 janvier 1683; 2° Françoise, baptisée, le 15 mars 1684.

Charles de Camain, écuyer, Sr de Cazes, paroisse de Saint-Martin-le-Peint (3), épousa Françoise Saunier, dont il eut Louis, qui suit.

Louis de Camain, écuyer, dit le chevalier du Repaire-Desport, paroisse de Saint-Front-de-Champnier (3), au diocèse de Périgueux, épousa, 1°, dans l'église de Nontron, le 15 octobre 1673, Bertrande Marquet, du village de Goule, fille de Louis, S^r des Farges, et de Valérie Meredieu, dont il eut Louis, né le 6 septembre 1674; il épousa 2° Marguerite Arbonneau, dont il eut Pierre, né à Nontron le 11 septembre 1687.

Jean de Camain, écuyer, S^r du dit lieu, paroisse d'Oradour-Fanais, épousa Marie de Camain, dont il eut : 1° Marie, née le 23 avril 1683; 2° Marthe, née le 30 septembre 1684; 3° autre Marie, née le 17 novembre 1686.

Charles de Camain, Sr de Romefort, demeurant à Balleran, paroisse de Maraval, fut inhumé dans la chapelle de Notre-Dame-des-Clercs de la ville de Nontron, le 26 août 1686 (4).

CAMPANIS. — D'après les archives des frères prêcheurs de Limoges, Gaufridus de Campanis, chevalier, était S^{gr} de Las Tours (5) en 1371. [Ce même nom se trouvait dans les registres de Borsandi, notaire à Limoges, p. 56, n° 83, et p. 144, n° 224, *apud* Dom Col.

On trouve aussi, dans les mêmes registres (p. 139, 216, n° 224, et p. 146, n° 227), Gaucelin de Campanis;

Et (*ibidem*, p. 146, n° 227), Guy de Campanis;

Et enfin, dans les registres de Roherii, notaire à Limoges (p. 146, n° 227, *apud* Dom Col.), Gaulthier de Campanis.]

CAMPET, Sr de Saugeon, paroisse de Semusat (6) de Boube, et de La Valade, paroisse de Saint-Eugène (7), toutes deux élection de Saintes, et Campet, S^r de La Boissonnière, paroisse de Saint-Pierre-de-Juille, élection

---

(1) Oradour-Fanais, canton et arrondissement de Confolens (Charente).

(2) La paroisse de Lageyrac est réunie à celle de Châlus, chef-lieu de canton, arrondissement de Saint-Yrieix (Haute-Vienne).

(3) Saint-Martin-le-Peint et Saint-Front-de-Champniers, canton et arrondissement de Nontron (Dordogne).

(4) Nadaud avait très probablement d'autres notes sur cette famille à la page 756, déchirée.

(5) Las Tours, château aujourd'hui en ruines, commune de Rilhac-Lastours, canton de Nexon, arrondissement de Saint-Yrieix (Haute-Vienne).

(6) Semuzat, canton de Cozes, arrondissement de Saintes (Charente-Inférieure).

(7) Saint-Eugène, canton d'Archiac, arrondissement de Jonzac (Charente-Inférieure).

de Saint-Jean-d'Angely, portent : *d'azur à une fasce d'argent accompagnée d'un croissant en chef et d'une coquille de même en pointe.*

I. — Raymond de Campet épousa, par contrat du 8 juin 1489, Hélène de Joubert. Il fit, le 12 juillet 1506, son testament par lequel il institua Jean, son fils.

II. — Jean de Campet épousa Isabeau de Jagonnas, dont il eut : 1° Jean, qui suit ; 2° Denis, qui se maria.

III. — Jean de Campet épousa, par contrat du 29 mars 1589, Isabeau Gua, dont il eut : 1° Daniel, qui suit ; 2° François, qui se maria ; 3° Denis, qui se maria aussi. Ils partagèrent tous les trois la succession de Jean, leur père, le 26 avril 1636.

IV. — Daniel de Campet épousa, par contrat du 22 avril 1630, Dorothée des Arnaux.

V. — Pierre de Campet, S^r de La Boissonnière, épousa, par contrat du 11 avril 1655, Marie Chabot.

IV bis. — François de Campet, S^r de La Valade, fils de Jean et d'Isabeau Gua, épousa Judith des Arnaux.

IV ter. — Denis de Campet épousa Éléonore Pepin, dont il eut Gaspard, qui suit.

V. — Gaspard de Campet, S^r de La Boube, épousa Charlotte Pigeon.

III bis. — Denis de Campet, fils de Jean Ier et d'Isabeau de Jagonnas, épousa, par contrat du 30 janvier 1571, Bertrande de Burlet, dont Samuel.

IV. — Samuel de Campet épousa, par contrat du 7 octobre 1597, Claude de Cominges, dont Gaspard, qui suit.

V. — Gaspard de Campet, baron de Saugeon, épousa, par contrat du 29 décembre 1666, Esther d'Alloüé. En 1598, les preuves de noblesse fournies par cette famille n'avaient pas été trouvées suffisantes.

Note isolée.

Maître René Campet, licencié ès-lois, S^r de La Couturière, maire et capitaine de la ville de Saint-Jean-d'Angely, épousa Loyse Chamyn, fille de Loys, S^r des Esguys, procureur en la cour du parlement de Bordeaux, et de feue Valérie Deschamps, par articles du 4 janvier 1546, signés du Noyer.

[CAMPIS ou DEU RORE. — Dans les registres de Roherii, notaire à Limoges, p. 49, n° 44, *apud* Dom Col., on trouve Etienne de Campis, *alias* deu Rore.]

CAMPNIAC (1).

CAPELLE. — Noble Jérôme Capelle, demeurant au château de Vic, épousa Françoise de N....., dont il eut Philibert vers 1628.

---

(1) Nadaud avait des notes sur cette famille à la page 2449. — Le registre est déchiré depuis la page 2423 jusqu'à la page 2456 *inclusivement*.

CARBON. — Marius Carbon, écuyer, épousa, à Saint-Martial d'Angoulême, le 21 novembre 1690, Marthe Baratte, dont il eut Roland-Pierre, né le 4 août 1691.

CARBONNIÈRES (1).

CARDEL. — Charles Cardel, échevin à Saint-Jean-d'Angely, fut remplacé, à son décès, le 4 mai 1601, par Antoine Roland.

CARROY. — Jacques du Carroy, écuyer, Sr de Luislerie et de Saint-Cier en 1628, testa, le 11 décembre 1648, avec sa femme Antoinette Blanchard, dont il avait eu Susanne, qui suit.

Susanne du Carroy, dame de Saint-Amant-de-Bonieure (2), mourut, le 18 avril 1680, au Puy-d'Ancher, paroisse de Vaussay en Poitou (3), son cœur fut porté chez les Carmes de La Rochefoucauld. Elle avait épousé Denis de Ravaud, écuyer, Sr de Bercenay, dont il eut : 1° Françoise-Andrée, morte à La Rochefoucauld âgée de quatre-vingts ans, le 4 janvier 1732, et enterrée chez les carmes ; 2° Marie-Thérèse, mariée avec N..... Raymond, dont il eut Françoise-Andrée-Silénie Raymond, mariée elle-même avec Paul-Laurent Vollant, chevalier, Sr de Regibay et de l'Esglantier, capitaine dans un régiment de dragons.

CARS. — La maison de Pérusse, dite par la plupart des écrivains *d'Escars*, — mot inexact, puisque la terre d'où vient le nom (4) s'appelle, dans les anciens titres du chapitre de Saint-Martial de Limoges, *de Cadris* et *de Quadris*, qu'il faut traduire par *Cars* ou *Quarts*, — a été considérable par sa noblesse et par ses alliances. L'auteur du Moréri de 1759 n'en rapporte la postérité que depuis Gautier de Pérusse, S^{gr} de La Vauguyon, époux de Marie de Montberon. Voici, avec quelques corrections et augmentations, la généalogie que Gabrielle des Cars de Saint-Projet fit faire de sa maison, par Jacques Chevillard l'aîné, en 1732. Ses armes sont, d'après Labbe, *de gueules au pal de vair*.

I. — Aimeric de Pérusse (5), chevalier, vicomte de Pérusse, vivait l'an 1000. Il fut présent en 1027, avec Robert, son fils, au traité fait entre les comtes de Paris et d'Orléans, comme principaux S^{grs} du royaume. Il eut pour femme Yolande de Lusignan, sœur de Hugues V dit le *Débonnaire*, sire de Lusignan.

II. — Robert de Peyrusse, chevalier, vicomte de Pérusse, fut présent, l'an 1027, avec Aimeric, son père, au traité ci-dessus. Il épousa Jeanne d'Armagnac.

Le Laboureur conjecture que Marie *de Carrio*, seconde femme d'Aimar IV, vicomte de Limoges en 1114, pouvait être de la maison des Cars ou d'Escars.

---

(1) Nadaud avait des notes sur cette famille aux pages 51 et 53, déchirées.
(2) Saint-Amant-de-Bonnieure, canton de Mansle, arrondissement de Ruffec (Charente).
(3) Aujourd'hui Sauzé-Vaussais, chef-lieu de canton, arrondissement de Melle (Deux-Sèvres).
(4) Les Cars, château situé dans le bourg de ce nom, canton de Châlus (Haute-Vienne) : ses ruines, encore considérables, sont inhabitables.
(5) Pérusse, situé dans l'ancienne paroisse de Champroy, supprimée, aujourd'hui paroisse de Châtelus-le-Marcheix, canton de Bénévent (Creuse). On voit encore au bord du Taurion, sur un roc escarpé, les ruines du château de Pérusse.

[Luce, dame de Pérusse, épousa, entre 1171 et 1216, Aimeric VI, vicomte de Rochechouart, auquel elle porta en dot la terre de Pérusse, et dont elle eut Aimeric VII, vicomte de Rochechouart.]

III. — Louis, chevalier, vicomte de Pérusse, épousa N....., dont il eut cinq enfants, qui partagèrent les biens de la maison également. On ne connaît que l'aîné, qui, en 1188, épousa, Marie d'Albret.

Foucher de Pérusse épousa N....., qui mourut le jour de Pâques 1178, au château de Ségur (1). Les pauvres reçurent la charité qu'ils étaient venus chercher. Cette dame fut inhumée à Arnac (1), et, le dimanche suivant, les chevaliers, étant de retour, donnèrent aux pauvres une aumône entière.

[Girald ou Géraud de Peyrusse, chevalier du vicomte de Limoges, ailleurs qualifié d'écuyer, est témoin, dans un acte de 1096, dit Justel. Il faudrait plutôt dire 1196, car il vivait en 1229 et 1237 avec ses fils : 1° Jaubert de Peyrusse, damoiseau; 2° Gérald, clerc; 3° Aubert, damoiseau; 4° Aymery, damoiseau.]

IV. — Jean, chevalier, vicomte de Pérusse, Sgr de Saint-Bonnet (2), épousa Isabeau de Couserans, fille du comte de Couserans.

V. — Charles, Sgr de Pérusse, épousa Anne de Malassac dame de La Vauguyon (3), avec substitution au premier mâle des vicomtes de Pérusse et de La Vauguyon, et à la charge que, au défaut de mâles de cette maison, elle retournerait à ceux de Malassac, par contrat de 1188. De cette union naquirent : 1° Philippe, qui suit; 2° Louis, qui a continué la descendance.

VI. — Philippe de Pérusse, Sgr de La Vauguyon, fit une fondation à l'abbaye d'Uzerche l'an 1228 afin qu'on priât Dieu pour l'âme de sa femme Marguerite de Harcourt, fille de Richard, sire de Harcourt, et de Jeanne de La Roche-Tesson. De Philippe et de Marguerite de Harcourt naquirent : 1° Jacques, qui suit; 2° Gautier, qui suit Jacques.

VII. — Jacques, comte de Pérusse et de La Vauguyon, chevalier, mort sans alliance.

Gautier, chevalier, vicomte de Pérusse et de La Vauguyon après Jacques, son frère aîné, épousa N....., dont il eut deux filles, mariées. Depuis ce temps, la vicomté de Pérusse est tombée dans la maison de Comborn.

VI bis. — Louis de Pérusse, chevalier, fils de Charles et d'Anne de Malassac, épousa Laure de Chabanais, dame de La Coussière (4), (Chabanais porte : *d'or à 2 lions de gueules.*)

VII. — Geoffroy de Pérusse, chevalier, Sgr de Saint-Bonnet et de La Coussière, passa un arbitrage avec ceux de la maison de Malsassac (peut-être Malassac) et les filles de Gautier de Pérusse, son cousin germain, l'an 1260, touchant les vicomtés de Pérusse et de La Vaguyon, qui demeuraient à ceux de Malassac, conformément au contrat de mariage de Charles de Pérusse avec Anne de Malassac; ses descendants quitteront le nom de Pérusse pour prendre celui de la terre des Cars, qu'ils ont rendu très illustre dans toutes les branches qu'ils ont produites.

(1) Ségur et Arnac-Pompadour, canton de Lubersac, arrondissement de Brive (Corrèze).
(2) Saint-Bonnet-la-Rivière, canton de Juillac, arrondissement de Brive (Corrèze).
(3) La Vauguyon, château en ruines, situé commune de Maisonnais, canton de Saint-Mathieu, arrondissement de Rochechouart (Haute-Vienne).
(4) La Coussière, commune de Saint-Saud, canton de Saint-Pardoux-la-Rivière, arrondissement de Nontron (Dordogne).

VIII. — (N° I du père Anselme, *Histoire des grands-officiers de la couronne*, édition du père Simplicien, T. II, p. 228 ; qui commence ici la généalogie de la famille des Cars.) Audoin de Pérusse, 1er du nom, Sgr de Saint-Bonnet et de La Coussière, le premier dont il soit fait mention sous le nom des Cars, épousa, en 1281, Marguerite de Ségur, dont il eut Audoin II, qui suit.

IX et II. — Audoin de Pérusse, IIe du nom, chevalier, Sgr des Cars, de Saint-Bonnet et de La Coussière, fit, dit-on, *bâtir* le couvent des Jacobins de Limoges, suivant les lettres de fondation datées de 1326 ; mais ces religieux existaient à Limoges plus d'un siècle avant. Il avait épousé Gabrielle de Ventadour, dont il eut Arnoul, qui suit.

X et III. — Arnoul ou Rampnoulx de Pérusse, chevalier, Sgr des Cars, de Saint-Bonnet et de La Coussière, grand-maréchal de l'Eglise, fut, en cette qualité, chargé, par le pape Innocent VI, du soin de faire bâtir les murs de la ville d'Avignon, ce qui fut exécuté en 1359. Il fit son testament en 1367 ; et, comme on trouve dans les registres des frères prêcheurs de Limoges un Ramnulphe de Pérusse, Sgr des Cars, mort en 1490, peut-être faudrait-il lire 1396, et rapporter cette mention à Rampnoulx qui nous occupe.

Il avait épousé Souveraine Hélie de Pompadour, fille d'Arnoul, Sgr de Pompadour, et de Constance de La Marche, seconde femme de celui-ci. Souveraine était morte en 1365, année où son mari fit pour elle une fondation dans l'église des Jacobins de Limoges, et elle avait laissé de son union avec Arnoul ou Rampnoulx : 1° Audoin, qui suit ; — 2° Geoffroy de Pérusse, dit de Pompadour du nom de sa mère. Il plaidait avec Audoin, son frère, contre le vicomte de Rochechouart en 1391. Dans la procédure il est nommé le premier, et n'y est appelé que *de Pérusse ;* mais il est qualifié *maître Geoffroy de Pérusse dit Pompadour,* en 1394, dans le registre des amendes du parlement de Bordeaux, qui nous apprend que lui et un nommé Robin du Tueil, son varlet, avec d'autres complices, furent condamnés à diverses amendes, bannis, et privés de leurs biens, pour le meurtre de Raoulet de Hurlecoq, de la ville d'Orléans. Il paya aussi une amende de 400 livres parisis, le 10 décembre 1405, sous le nom de Geoffroy de Pérusse. Dans les registres du parlement de Paris, il est dit que de Pérusse, de la nation d'Aquitaine, était maître des requêtes de l'hôtel de M. de Berry, et licencié *in utroque :* le roi le choisit, le 13 septembre 1401, pour être conseiller au parlement de Paris. On le trouve sous le nom de *magister Gaufridus de Perusia,* maître des requêtes de l'hôtel du roi, et témoin dans un acte des évêques assemblés à Paris par ordre du roi du 25 septembre 1408. Dans une bulle de Jean XXIII, du 2 des nones d'avril, la première année de son pontificat, c'est-à-dire avant le 17 juillet 1411, il est appelé *élu* évêque de Saintes. Par cette bulle, il était commis pour lever une décime sur les bénéfices de la Gaule et du Dauphiné, et en employer le montant pour chasser les deux antipapes. Il commit lui-même pour lever cette collecte. Dans une lettre du 11 décembre de la même année, il est dit *élu évêque de Saintes et nonce du siége apostolique.* Ce sage prélat fut employé dans des affaires importantes. Il était du conseil privé du roi Charles VII, et à la chambre des comptes il est fait mention de l'argent qu'il fournit pour les affaires pressantes du roi et du royaume. Il n'était plus évêque en 1421 : on croit qu'il se démit, car il vivait en 1422 ; —

3° Arnoul, conseiller-clerc au parlement de Paris en 1400 en 1406 ; mais peut-être faut-il attribuer plutôt cet office à Ramnulphe, évêque de Mende ; — 4° Louis des Cars, témoin dans une charte du roi Charles VII du 16 mars 1431 ; — 5° Ramnoulx, inhumé dans l'église de La Boche près Les Monts en Berry ; — 6° Alix, qui épousa, le 21 septembre 1419, Raymond, S^{gr} de Salignac ; — 7° Marguerite, dame de Thouron ; — 8° Jeanne, dame de Sévart ; — 9° Souveraine, dame de Monteguel ; — 10° Dauphine, qui épousa Regnerius de Saint-Julien, damoiseau, S^{gr} du dit lieu de Saint-Julien, de Saint-Marc, La Rochette, Vallière, etc. — Peut-être 11° Jean de Pérusse, bachelier en décrets, qui fut fait chanoine de Saint-Junien le 16 décembre 1424, puis doyen de Saint-Yricix et évêque de Séez, où il fit ajouter de nouveaux bâtiments au palais épiscopal. Comme évêque de cette même église, il prêta serment de fidélité au duc d'Alençon en 1451. Il signa le contrat de mariage de Guillaume de Bretagne avec Elisabeth de La Tour, le 8 juin 1450, à Montferrand en Auvergne ; — peut-être encore 12° Guillaume de Pérusse, damoiseau, qui avait épousé la fille de Raymond de La Chapolie, chevalier, laquelle vivait en 1419. — Arnoul était encore père du bâtard des Cars, qui servit dans la compagnie du sire d'Orval en 1441.

XI et IV. — Audoin de Pérusse, IIIe du nom, chevalier, sire baron des Cars, coseigneur d'Alassac, S^{gr} de La Coussière, de Saint-Bonnet et de La Vauguyon, habitant la paroisse de Maisonnais, se distingua sous les ordres du connétable Charles d'Albret au siége de Corbefy en Limousin. On le trouve comme simple écuyer avec un chevalier-bachelier et quinze autres écuyers dans les comptes du trésor des guerres en 1413 et en 1415. Il obtint, en 1421, des lettres d'état qui le qualifient conseiller du roi et chambellan du dauphin, depuis Charles VII. Le mardi 17 mars 1421 (vieux style), par acte passé à Nontron, Jean de Bretagne, S^{gr} de L'Aigle, lieutenant général en la vicomté de Limoges, et en ayant charge, eu égard aux grands et notables plaisirs, amours, honneurs et services qu'Audoin de Pérusse, écuyer, S^{gr} des Quars et de La Cossière, son cousin, et les siens ont faits au dit vicomte de Limoges, lui donna la justice des villages de Faya et La Borda, près des Cars. Audoin III fit, le 20 octobre 1435, son testament, par lequel il partage ses biens à ses deux fils, qu'il subtitue l'un à l'autre.

Il avait épousé, le 20 octobre 1390, Marguerite Hélie de Pompadour, dont il eut : 1° Gautier, qui suit, et qu'il faut ici reporter ; 2° Audoin, qui a continué la descendance ; 3° Louis de Pérusse, dit des Cars, chevalier, témoin dans une charte du roi Charles VII du 16 mars 1431, qui confirme l'érection de l'université de Poitiers. Il pouvait être mort avant le testament de son père, qui ne fait point mention de lui ; 4° Alis, mariée, par contrat passé à Ségur, le 21 septembre 1409, avec Raymond de Salaignac ; 5° Jeanne, mariée, par contrat signé Denis Boniot, le 28 mars 1427, avec magnifique et illustre baron Mayrose de Tenaret, chevalier, comtor de Monferrand.

XII. — Noble et puissant seigneur Gautier de Pérusse, IIe du nom, chevalier, reçut de son père, par testament, les seigneuries des Cars, de La Coussière, de La Vauguyon, de Nontron, de Juillac, de La Tour-de-Bar, située paroisse de Saint-Martin-de-Jussac, de Pressac, du Repaire, de Las Tours en partie, de Roussines, et l'hôtel de Pérusse. Il fut conseiller du roi Charles VII. Le duc de Bretagne l'envoya en Limousin, au mois de mars 1437, pour certaines causes secrètes. Sur la fin de l'année 1445, il alla vers le duc de Bretagne en ambassade. En 1450, il signa le contrat de mariage de Guillaume de Bretagne, et, le 5 décembre de la même année 1450, Jean de Bretagne, vicomte de Limoges, le commit pour recevoir en son nom le comte de Penthièvre. Le 29 mai 1451, il fit un appointement au nom du comte d'Angoulême, etc., pour la reddition du château de Bourg en Guyenne. En 1454, Guillaume de Bretagne, vicomte de Limoges, le nomma un des tuteurs de Françoise de Bretagne, sa fille. Le 26 janvier 1455, il fit, par acte que reçut Masieyras, son testament, dans lequel il dit vouloir être inhumé, avec ses prédécesseurs, chez les frères prêcheurs de Limoges, et que ceux-ci fassent achever sa chapelle. Dans ce même testament, il nomme pour exécuteurs M. de Pierrebuffière, son neveu; Antoine de Salaignac; le doyen de Saint-Yrieix, son frère, et Bertrand de Lur, Sgr de Freissinet. Dans la dite année 1455, Gautier de Pérusse était à la tête d'une ambassade de la cour de France vers le duc de Bretagne. Le 25 novembre 1456, il assista, à Ségur, au contrat de mariage d'Isabeau de La Tour d'Auvergne avec Armand-Aménion de Lebret. Il fut un de ceux qui assistèrent à l'assiette faite au parlement assemblé et tenu à Vendôme, l'an 1458, pour la décision du procès du duc d'Alençon. Il fut employé pour les affaires du roi en 1459. Le 11 mars 1463, il résigna, entre les mains du vicomte et de la vicomtesse de Limoges, son office de sénéchal du Limousin, et cet office fut donné à son neveu Antoine de Pérusse, damoiseau. Il passa une transaction le 25 mai 1469.

Gautier de Pérusse avait épousé : 1°, en 1432, Jacqueline de Saint-Marc, dame du dit lieu et de La Rochette en la Marche, veuve de N..... de Saint-Julien ; il avait épousé 2°, le 17 octobre 1451, Andrée de Montberon, dame de Varaigne, fille de François, Ier du nom, vicomte d'Aunay, et de Louise de Clermont : cette seconde femme est mentionnée comme vivante en 1470 et en 1494.

N'ayant point eu d'enfants de ces deux mariages, il partagea ses biens à ses trois neveux : Antoine, Jean et Gautier de Pérusse, dits des Cars, du consentement d'Audoin, leur père, par son autre testament de l'an 1468.

XII *bis* (qui est le Ve de la généalogie du père Simplicien). — Noble Audoin de Pérusse, IVe du nom, fils d'autre Audoin et de Marguerite Hélie de Pompadour, fut chevalier, Sgr de Saint-Bonnet, Allassac, Saint-Ybard, La Porte, La Guyonnie, Chambon, Chabrignac, Puyphélip et Brène par le partage qu'il fit avec Gautier de Pérusse, son frère aîné. Le 25 novembre 1456, il assista au contrat de mariage d'Isabeau de La Tour d'Auvergne avec Arnaud-Aménion de Lebret, et il vivait encore lors du testament de son susdit frère aîné, en 1468.

Il avait épousé Héliénor de Roquefeuil, fille d'Antoine, Sgr de Roquefeuil et de Bouvegny, et de Dauphine d'Arpajon, dont il eut : 1° Antoine, qui continua la descendance; 2° Jean, qui fit la tige des seigneurs de Saint-Bonnet; 3° Gautier, qui fit la branche de La Vauguyon [ces trois enfants sont nommés avec leur père dans des actes du 29 août 1447 et 30 août 1448, actes signés par Mandac, notaire à Aixe]; 4° Marguerite, mariée par acte de 1457, signé *de Domibus-Novis*, à Noble Bertrand de Beynac, fils de Ponce, chevalier, Sgr de Comargua au diocèse de Sarlat, qui avait reçu 500 écus d'or avant le mariage; 5° autre Marguerite, mariée, le 29 novembre 1463, à Louis de Pierrebuffière.

XIII et VI. — Noble Antoine de Pérusse des Cars, damoiseau, chevalier, fut S^{gr} des Cars, Beaufort, Juillac et Ségur par le testament de Gautier de Pérusse, son oncle, de l'an 1468, à la charge que ces terres demeureraient toujours à l'aîné de la maison ; il eut aussi, par le même testament, d'autres terres qui ne furent point substituées : telles sont apparemment Saint-Bonnet, Saint-Ybard et Busserolles, qu'il avait en 1476. Il fut sénéchal du Limousin, en 1463, par la démission de Gautier de Pérusse, son oncle ; on le trouve employé au service du roi en 1474, et il était au conseil du roi, à Moulins, le 2 janvier 1490.

Il avait épousé, par contrat du 19 novembre 1463, signé Tournelli, Françoise de Pierrebuffière, fille de Jean, chevalier, S^{gr} de Saint-Paul et d'Aigueperse, baron de Pierrebuffière, dont il eut : 1° Jean de Pérusse dit des Cars, mort sans alliance ; 2° Geoffroy, qui suit.

XIV et VII. — Geoffroy de Pérusse, chevalier, S^{gr} des Cars, baron et S^{gr} de Pérusse et de Juillac, La Noaille, Pressac, Viars, Le Repaire, Sarlane, La Crouzille et de La Tour en partie, conseiller-chambellan du roi de Navarre. Il est dit : « vaillant capitaine, qui, en 1513, alla secourir le roi de Navarre, dont le royaume avait été usurpé. » Il était à la bataille de Pavie en 1525. Il fut en ôtage avec Pierre de Bray, chevalier de Foix en Béarn, et prêta conjointement avec lui 30,000 écus d'or pour payer la rançon de Henri, roi de Navarre, prisonnier au château de Pavie en 1525. D'après le calendrier des frères prêcheurs de Limoges, auxquels il donna plusieurs biens, il fut inhumé chez eux, étant mort au château des Cars, le 5 juin 1534, à onze heures.

Il avait épousé Françoise d'Arpajon, fille de Guy, baron d'Arpajon, vicomte de Lautrec, et de Marie d'Aubusson. D'eux naquirent : 1° Gabriel de Pérusse des Cars, chevalier, S^{gr} des Cars, qui épousa : 1° Françoise de Montberon, fille de Louis, S^{gr} de Fontaine, et de Radegonde de Rochechouart ; il épousa 2° Jeanne de La Tour, fille d'Antoine, vicomte de Turenne, et d'Anne de Beaufort. M. Baluze a donné, dans son *Histoire de la maison d'Auvergne* (T. I, p. 413), un écu d'armoiries qu'on voit dans de très belles heures en miniature richement reliées : cet écu est *mi-parti, au premier coupé de La Tour de Turenne, au second des Cars, à un chef d'or*. Baluze ne sait à qui attribuer cet écu ; il ne peut convenir qu'à Jeanne de La Tour, fille non d'Anne de Beaufort, mais d'Antoine de Pons Quoi qu'il en soit, Gabriel de Pérusse ne laissa point de postérité ; — 2° Jacques, qui suit, — 3° François de Pérusse des Cars, qui fut, dit-on, donné en ôtage lors de la prison du roi Jean à Poitiers (erreur de calcul), mort sans alliance ; — 4° Jeanne, qui épousa Charles de Caumont, S^{gr} de Castelnau, mort en 1527, et dont sont descendus les ducs de La Force, pairs et maréchaux de France.

XV et VIII. — Jacques de Pérusse, chevalier, S^{gr} des Cars, Juillac, Ségur, La Tour-de-Bar, Le Repaire-de-Glane et Beaufort, après la mort de son frère aîné, S^{gr} aussi de La Motte, fut conseiller du roi en ses conseils, capitaine de cinquante hommes d'armes de ses ordonnances, sénéchal de Marsan, Tarsin et Gaiardan, chevalier de l'ordre du roi. Il vendit, en 1535, la seigneurie de La-Tour-de-Bar à François des Cars, S^{gr} de La Vauguyon. Il avait, en 1542, deux cents chevau-légers qui accompagnaient M. le dauphin lorsqu'il retira son camp de devant Péronne, et, s'en allant au voyage de

Perpignan pour conduire cette compagnie de deux cent chevau-légers, il fit à Toulouse, le 5 août de la même année 1542, son testament, reçu par François d'Arjac, dans lequel il institua héritier son fils aîné François.

En 1543, il commanda mille cinq cents chevau-légers à Landrecy en Flandre, assiégé par l'empereur. Il était, selon Bouchet, homme de cœur et de force corporelle, et son adresse servit beaucoup en cette guerre ; car sans lui ne fut faite aucune entreprise, course, ni rencontre. Il fit lever le siége aux impériaux de devant Guise. On lit dans les *Vies des Bourbons* qu'il alla comme aux noces à la bataille de Cerisoles, donnée le 11 avril 1544. Cette même année, il était à la cour de Jean d'Estampes, dans le Berry. En 1557, il combattit vaillamment à la bataille de Saint-Quentin (10 août). Il se garantit de la mêlée, et se retira dans La Fère, puis à Laon, vers François de Clèves, duc de Nevers. Ce seigneur l'envoya en extrême diligence, dit Rabutin, vers le roi pour l'avertir de cette infortunée bataille, et, à son tour, le roi lui renvoya des Cars, à qui il confia quelques secrets pour les communiquer au duc.

Le S^r des Cars fut fait chevalier de l'ordre du roi le 7 décembre 1561. Le Laboureur l'appelle à tort Géoffroy. Au mois d'avril de l'année 1562, des Cars fut introduit au conseil. Il combattit les huguenots à Montignac-le-Comte ; en décembre, il voulait faire pourvoir son frère de la charge de sénéchal de Toulouse. En janvier de l'année 1564, il était à la cour. Le 26 janvier 1565, il suivit le connétable de Montmorency à son entrée dans Toulouse, et, le 5 février, il assista au lit de justice tenu au parlement de Toulouse.

Le Frère dit, dans son *Histoire des troubles*, qu'en 1567 il combattait vaillamment pour le roi contre les protestants, et qu'en septembre 1568 il était à Gramat en Quercy. En mai 1569, il se trouvait à Mucidan en Périgord, et, au mois d'octobre de la même année, étant gouverneur du Périgord, il garda les passages de la Dordogne. En 1570, au siége de Mucidan, qui fut pris par les troupes du roi, il avait une compagnie d'hommes d'armes.

Brantôme nous apprend qu'il fut blâmé, ainsi que Gaspard de Saulx de Tavannes, depuis maréchal de France (1570), d'être la cause de la mort de M. de Dampierre en la guerre de Bologne ; mais ils dirent qu'il s'était trop avancé, et qu'il y était allé en jeune et peu pratique capitaine, et eux étaient avant lui et plus expérimentés, et qu'ils savaient mieux que lui ce qu'il fallait faire.

Jacques de Pérusse épousa 1° Anne Jourdain de l'Isle, dame de La Motte-Saint-Sézert, de Hanqueville et de Merville, fille de Bernard, S^r de La Motte, et de Marguerite de Montesquiou ; il épousa 2° Françoise de Longvy, dame de Pagny et de Mirabeau, comtesse de Buzançais, veuve, en 1543, de Philippe Chabot, comte de Charny, amiral de France, et fille de Jean de Longvy, Sr de Givry et de Pagny, et de Jeanne, bâtarde d'Orléans d'Angoulême. Du premier lit vinrent : 1° François, qui continue la descendance ; 2° Charles, évêque et duc de Langres, pair de France, à l'occasion duquel on a écrit l'article sur la famille des Cars dans *l'Histoire des grands officiers de la couronne*, et qui a un article à part à la fin de ce n° ; 3° Jacques, qui a fait la branche des seigneurs de Merville rapportée plus loin ; 4° Françoise des Cars, dame de Grand-Mont, décédée sans enfants d'Aymery, baron de Montaud. Serait-ce cette Françoise des Cars qui fut mariée à Thomas, Sgr de Lansac? Du second lit vint Anne, qui fut cardinal, et dont l'article suit celui de Charles.

— Charles, deuxième, fils de Jacques de Pérusse et d'Anne Jourdain de l'Isle, abbé de Gaillac de 1561 à 1583, de Fontaine de Bèze au diocèse de Langres dès 1547, et de La Creste au même diocèse de Langres en 1598, et aussi de Fontenay, dont il se démit en faveur de son neveu Charles de Sauvebeuf. En 1556, il avait obtenu de l'évêque de Limoges des lettres démissoires pour tous les ordres. Son mérite et sa naissance contribuèrent à son élévation. Étant évêque de Poitiers depuis le 15 août 1563, il fut un des consécrateurs de Claude de Bauffremont, évêques de Troyes en Champagne. En 1566, il acquit de la reine de Navarre plusieurs biens. Le 25 juin 1566, il donna les saints ordres dans l'église des frères prêcheurs de Limoges. Dès 1567, il avait signé le traité de Poissy. Il siégeait encore à Poitiers en 1568, et il avait le gouvernement de la ville pour le roi. Il fut transféré à l'évêché de Langres, mais en quelle année, 1569, 1571, 1574? on n'en sait rien. Il n'en prit possession, dit-on, que le 4 juillet 1574, qu'il jura au maire de garder les priviléges de la ville. On prétend que, le 19 octobre 1572, il donna les ordres à Dijon, ce qui n'est pas plus certain. L'année suivante, le 8 août, il reçut à Metz les ambassadeurs de Pologne qui vinrent apporter au duc d'Anjou la nouvelle de son élection à leur couronne, et il fit admirer son éloquence dans une belle harangue qu'il prononça alors, et qu'on imprima depuis. Il reçut à Langres le même roi à son retour de Pologne, et il l'accompagna jusqu'à Rheims, où il assista à son sacre en qualité de pair. En 1576, il assista aux états généraux convoqués à Blois. En 1578, il s'opposa à l'érection d'un nouvel évêché à Dijon, évêché demandé par les états de Bourgogne. La même année, il fut fait une seconde fois évêque de Poitiers; mais il s'en démit avant 1582, et garda Langres. Le 1er janvier 1579, Henri III le fit commandeur de l'ordre du Saint-Esprit, qu'il venait d'établir. En 1588, il assista aux états généraux de Blois. Pour attirer à Langres des maîtres d'une saine doctrine, il donna au collége de cette ville le prieuré de Saint-Gondon, dépendant de son abbaye de Bèze. En 1600 et en 1609, il était abbé de Saint-Savin. Il fut aussi abbé de Saint-Amand de Cok. La reine Marguerite, femme de Henri IV, étant avertie qu'il occupait le comté de Lauraguez, qui appartenait à la reine Catherine de Médicis, sa mère, demanda au parlement de Toulouse, où ce comté est situé, que l'évêque fût tenu à lui en laisser la jouissance et la possession; et, par arrêt du 20 août 1601, la cour laissa au prélat la jouissance d'un douzième au moyen de l'aliénation à lui faite par la reine-mère, suivant les lettres patentes de remise et de permission du roi Henri III et de la reine Marguerite. [Il avait acheté ce comté, à pacte de rachat perpétuel, pour 6,200 écus, suivant son contrat de l'an 1588.] En 1604, il réforma le bréviaire de son diocèse. En 1606, il donna le nom de Louis au dauphin, qui fut depuis Louis XIII, que le pape lui avait imposé, et il assista au sacre de ce monarque le 17 octobre 1610. Le 19 juillet 1610, il sacra l'église des capucins de Dijon; le mardi suivant, dans la même ville, celle de Saint-Nicolas. De son temps il se fit plusieurs établissements de religieux et de religieuses dans son diocèse. Il consentit à la sécularisation des chanoines réguliers de Saint-Étienne de Dijon. Il travaillait sans relâche à procurer le bien, à visiter son diocèse, à donner les ordres, à consacrer en plusieurs lieux de nouveaux autels, et à soulager la misère des pauvres. En 1578, ses chanoines marquaient au pape : « Notre évêque s'acquitte si bien de son devoir ; il ne sort jamais des limites de son évêché ; il visite la ville et le diocèse ». Étant dans une langueur, et attendant la mort, il se retira à son abbaye de Bèze, ordre de Saint-Benoît, en son diocèse ; il y mourut, et y fut enseveli dans l'église en 1614. Il était doyen des évêques de France et des commandeurs de l'ordre du Saint-Esprit. Quoiqu'il fût dans un âge très avancé, il conserva jusqu'à la mort une parfaite connaissance. Il a composé : *Instruction au clergé de Poitiers*, imprimée, à Poitiers, chez Noscereau, en 1575, in-8.

— Anne des Cars, fils de Jacques et de Françoise de Longvy, né le 30 mars 1535, et baptisé dans l'église Saint-Paul à Paris, fut donné à Dieu par son père et sa mère avant d'être né : dès l'âge de cinq ans, on le mit dans l'abbaye de Saint-Bénigne de Dijon, où il prit l'habit, et fit profession, et dont plus tard il devint abbé. Il fut également abbé de Barbery, de l'ordre de Citeaux, au diocèse de Bayeux, de 1582 à 1608, de Molôme et de Poultières au diocèse de Langres, et de Champagne dans celui du Mans. Pendant un voyage qu'il fit à Rome, le pape Pie V, lui donna des marques particulières d'estime et de bienveillance ; elles étaient dues à son mérite et à son zèle pour la religion, zèle qui le rendit odieux à ceux qui favorisaient les nouvelles opinions, et le jeta malheureusement dans le parti de la ligue, prétexte plausible dont les politiques adroits se servaient alors pour entretenir la guerre dans le royaume, et travailler à leur agrandissement. L'abbé de Givry (car on l'appelait ainsi) parut un des plus zélés dans ce parti. Le 3 mars, 1er dimanche de ce mois, en 1585, il prit possession de l'évêché de Lizieux, auquel Henri III l'avait nommé ; mais il jouit peu de ses revenus, pendant la guerre, témoignant qu'il les sacrifiait pour *la sainte union* ; car c'est ainsi qu'on nommait la ligue.

Il revenait de Rome, où il s'était retiré quelque temps, lorsque, de son propre mouvement et sans aucune sollicitation, le pape Clément VIII le créa, le 5 juin 1596, cardinal-prêtre. Le roi vit d'assez mauvais œil cette nomination à cause des faux rapports que lui avaient faits ceux qui, suivant l'expression de Valladier, voulaient *crocheter* ses bénéfices. Des Cars envoya la barrette au roi, avec protestation de ne la prendre que de sa main, et il fut presque trois mois entier à l'attendre sans en témoigner aucun ressentiment. Cependant, après la première impression que devait produire sur Henri IV l'élection d'un ligueur tel que l'évêque de Lizieux, comme ce monarque était le prince du monde le plus généreux, ayant connu le mérite et la candeur du nouveau cardinal, qui, malgré ses parents, ne prit point son nom de famille, mais se fit appeler *le cardinal de Givry*, du nom de son oncle maternel, qui, lui aussi, avait été honoré du chapeau de cardinal, et auquel il devait son premier avancement, Henri IV, dis-je, ne l'honora pas seulement de son estime, mais voulut encore lui faire du bien : en effet, quoique Anne fût coadjuteur de son frère Charles, évêque de Langres, il le fit comprotecteur de France, et lui procura l'évêché de Metz le 23 mai 1608. Anne des Cars en prit possession, par procureur, le 23 février de l'année suivante, et fit son entrée le 16 juin, étant accompagné de son frère, du comte de Charny et du marquis de Mirabeau, son neveu. Il répondit avec tant de reconnaissance aux bontés du roi, et rendit de si grands services à l'État, que ce grand prince, qui le connaissait à fond, dit un jour que « on s'efforçait en vain de persuader le cardinal de Givry dans les occasions où il avait la raison de son côté, et où il défendait la religion ». Mais quelques Italiens, qui ne trouvaient pas les mérites du cardinal assez bien récompensés, lui donnèrent pour armes le bois d'aloès, avec ces mots : *Grand virtu, poco frutto*. Il avait pour armes : *écartelé des Cars et de Longvy*, qui porte : *d'azur à la bande d'or*, et sa devise était : *Abundantia diligentibus te*, mots tirés du psaume cxxi, et dont le sens est que rien ne manque à un homme qui aime Dieu. Des Accords raconte qu'Anne des Cars, ayant un jour chargé un de ses domestiques de faire graver cette devise pour une table d'attente sur le portail d'un superbe bâtiment qu'il faisait faire, cet homme, ne prenant pas la devise de si haut, fit ôter le mot *te*; ce qui signifiait alors simplement *abondance aux diligents*.

Le 4 novembre 1596, Anne des Cars assista à l'assemblée des états tenus à Rouen. Il était à Toulon en Provence lorsque la reine y fut reçue en 1600. Il partit de nouveau pour Rome en 1604, et y reçut, le 14 juillet, le titre de Sainte-Susanne. Il se trouva, le 1er avril 1605, à l'élection du pape Léon XI et à celle de Paul V au mois de mai suivant, et Valladier dit que plusieurs le voulaient pour pape. Il fut protecteur de l'ordre de Cîteaux, et il sacra, le 17 avril 1607, Armand-Jean de Richelieu évêque de Luçon, depuis cardinal.

Jean de Bose, célestin, lui a dédié la *Vie latine de saint Romain*. Claude Mignaut, avocat, lui adresse, par une épître dédicatoire du 1er décembre 1571, les *Emblêmes d'Alciat*, imprimés chez Plantin en 1574.

Anne des Cars était d'une grande taille, mais proportionnée ; il avait une barbe blanche qui descendait jusqu'à la ceinture. Il fit les délices des grands et des petits par sa bonté naturelle. Son altesse le duc de Lorraine l'estimait beaucoup, et, pendant sa maladie, lui fournit ses médecins ; il lui envoya aussi les *raretés* les plus chères de son cabinet. Ses habits étaient des étoffes les plus communes, et par dessous il porta toujours celui de Saint-Benoît. Par respect, il ne disait guère la messe. Le Sr des Accords dit qu'il était un prélat de religion et piété grandes. Il gouverna en effet pieusement et religieusement son diocèse. Il tenait des assemblées deux fois la semaine pour les affaires. Il fit de beaux règlements, surtout contre les juifs et les huguenots. Il convoqua un synode en 1610. On ne put jamais, dans sa dernière maladie, le faire consentir à pourvoir quelqu'un de ses neveux de ses quatre ou cinq abbayes, disant des uns qu'ils n'étaient pas assez avancés aux lettres, et des autres qu'il ne les voyait guère portés à l'état ecclésiastique. Il n'eut d'égard, dans son testament, que pour les plus nécessiteux de ses parents ; mais qu'elle profusion que 10,000 livres pour son tombeau et l'embellissement de la chapelle où il voulut être inhumé ! Il mourut, le 19 avril 1612, à Vic, petite ville de son diocèse, où il se plaisait beaucoup, et fut inhumé dans sa cathédrale de Metz, dans la chapelle de Saint-Maximin, derrière l'autel, où l'on voit sa statue et son tombeau de marbre avec cette épitaphe :

D. O. M.

« Piis manibus æternæ memoriæ, plorabili busto, antistitis desideratissimi omni ævo retro colendi Annat d'Escars, tit. S. Susannæ S. R. E., presbyteri cardinalis de Givry nuncupati, qui paterna indole clara familia d'Escars, materna prosapia primæ Longoviorum, nobilitatis egregia principum Aurelianensium consanguinitate, infœlicissimo sæculo feliciter ecclesiæ datus, Parisiis editus, Divione in antiquis. D. Benigni cœnobio S. Bened. disciplina institutus, professusque itidem abbas, tum Lexoviorum antistes electus, tota Gallia præclarus, Romæ perquam illustris, Metis amabilis, ubique stupenda lenitate, spectabili senio, rara pietate, innata gravitate mirabilis ac venerandus, regi percarus, pont. max. jucundissimus, omnibus æternum lamentabilis, ecclesiæ Metensis pontificatu simul et castissima vita perfunctus, vitam immortali gloria deproperatam oppetiit XIII kalend. maias, anno ætatis LXVIII, sæculi vero christiani 1612. »

André Valladier, dont le cardinal avait facilité la sortie de chez les jésuites, et qu'il avait fait son grand vicaire, fit imprimer, à Paris, chez Pierre Chevalier, en 1612, in-8, *Épitaphe panégyrique, ou le Pontife chrétien, sur la vie, les mœurs et la mort de l'illustrissime Anne des Cars dit cardinal de Givry, etc., prononcé en l'église cathédrale de Metz, le 28 avril, jour de son office funèbre.* Il y a là de grands traits de toutes les vertus de l'illustre mort.

XVI et IX. — François, comte des Cars, capitaine de cinquante hommes d'armes des ordonnances du roi, Sgr des Cars, de Juillac, de Ségur, d'Aixe, dont il acheta la terre à Louis de Rochechouard, de Bussière-Galand, terre achetée 12,000 livres, le 4 novembre 1566, à Jeanne de Las Tours, etc., est appelé à tort par Le Laboureur *Geoffroy* de Pérusse dit des Cars. On dit qu'il quitta le nom de Pérusse pour prendre celui de comte des Cars.

Des Cars était très bon catholique. L'amiral avertit en 1560, dit Varillas, le roi de Navarre de venir hardiment à Fontainebleau à l'assemblée des notables; mais le roi de Navarre, n'ayant rien de secret pour des Cars, qui, corrompu par la maison de Guise, ou convaincu que son maître achèverait de perdre ce qui lui restait de la maison de Navarre s'il entrait dans un parti où les calvinistes seraient les plus forts; des Cars, dis-je, écrivit au cardinal de Lorraine qu'il prît garde à ce qu'il faisait, parce que le roi de Navarre et le prince de Condé ne pouvaient aller à la cour sans y amener la noblesse gasconne, qui les voudrait suivre en toute manière, et que, cette noblesse étant presque toute calviniste, le nombre en serait si grand qu'elle donnerait infailliblement la loi à la cour si elle y paraissait secondée par les amis du connétable, dont on estimait que la multitude ne serait pas moindre que celle du roi de Navarre et du prince de Condé. Le cardinal de Lorraine communiqua cette lettre au duc de Guise, et ils avouèrent tous deux que des Cars avait raison. Ils lui répondirent que le plus important service qu'il leur pouvait rendre était d'empêcher le roi d'assister à l'assemblée des notables. Il ne fut pas difficile à des Cars de les satisfaire en ce point, et l'Espagne, sans y penser, lui en fournit le prétexte. Il s'était jeté à la cour dans le dessein de s'enrichir, et Jean Manriquez, envoyé par

Philippe II, roi d'Espagne, vers Catherine de Médicis, régente de France, s'adressa, en 1561, aux favoris du roi de Navarre, lieutenant-général de l'État. Des Cars en était un : l'envoyé d'Espagne lui promit tant de biens qu'il n'y aurait en France aucune personne de sa qualité qui n'eût occasion de lui porter envie, et il n'en fallut pas davantage pour disposer ce favori à porter son maître à un accommodement avec l'Espagne. Il n'oublia rien de ce qui pouvait contribuer à la conclusion d'une affaire où son intérêt était mêlé avec celui du roi son maître ; mais les précautions dont il usa n'empêchèrent pas ce prince de se mettre contre lui dans une si violente colère la première fois que des Cars lui proposa de se convertir, et de faire divorce avec Jeanne d'Albret, sa femme, entachée d'hérésie, que ni les promesses ni les présents de Manriquez n'eurent plus la force d'obliger ce favori à rompre le silence. Tout ce que Manriquez put obtenir de lui fut qu'il appuierait l'échange de la Navarre avec la Sardaigne, proposé ci-devant par ce ministre espagnol ; et des Cars, sous prétexte qu'il avait été autrefois jeté par la tempête dans cette île, quoiqu'il n'en eût reconnu que le port qui l'avait préservé du naufrage, reçut de Manriquez une carte falsifiée où la Sardaigne paraissait un des plus beaux et des plus importants royaumes de l'Europe, bien loin de passer pour ce qu'elle était en effet, c'est-à-dire pour un climat empesté. François des Cars fut convaincu, ainsi qu'on le disait, par des lettres écrites de sa main, d'avoir conspiré avec le duc de Guise contre le roi de Navarre. Ce prince le chassa pour cela de sa maison ; mais il le rappela dans la suite, et le remit dans son premier poste, malgré le sentiment de plusieurs, qui doutaient de sa fidélité, dit de Thou. Des Cars était, d'après le même auteur, fort attaché aux vanités et au faste de la cour, et, par une simplicité naturelle, trop crédule à tous les bruits qui couraient. Il aimait la bonne chère et les richesses ; il était plus aisé à être trompé qu'à être corrompu. On l'avait suspecté quelquefois d'avoir le cœur espagnol.

En 1561 ou 1562, le roi de Navarre Antoine de Bourbon, dont des Cars était le chambellan et le grand favori, flatté par le pape et le roi d'Espagne de la récompense du royaume de Sardaigne pour celui de Navarre qu'on lui avait confisqué, envoya à Rome des Cars pour traiter de la restitution de la Navarre. Des Cars fut très bien reçu du pape, et renvoyé vers son maître plus plein de belles paroles et de grandes promesses que d'autre chose et de présents ; toutefois si bien gagné, outre le beau zèle qu'il portait à la religion, qu'il réduisit entièrement le roi son maître à la demande du pape dont s'ensuivit la guerre civile, dit Brantôme.

Le roi de France devait l'envoyer ambassadeur à Rome en mars 1562, et l'avait mandé pour cela. Quand le chancelier de Lhopital fut ôté du conseil du roi en 1562, on introduisit à sa place des Cars, et, la même année, il avait une compagnie de cavalerie. En 1563, il était lieutenant-général à Bordeaux en l'absence du prince de Navarre. En 1568, il était gouverneur du Limousin lorsqu'il combattit dans l'Angoumois pour ruiner les desseins des protestants au mois de septembre de la même année 1568. Étant toujours gouverneur du Limousin, il fit avec Jean de Montluc, évêque de Valence, tous ses efforts pour empêcher la reine-mère de traverser la Guyenne pour se retirer en Poitou ou à La Rochelle ; mais il n'avait pas assez de forces. De Thou dit que M. des Cars était envié pour ses richesses. Il fut donné, en 1576, en ôtage du traité fait avec l'Allemagne. Du consentement des Allemands, il laissa à sa place Jacques de Beaufort, son fils aîné. Le 30 octobre 1578, il assista à une procession solennelle à Toulouse. Maynard dit que le parlement de Toulouse lui dénia la séance et la voix délibérative, parce qu'à cette cour les conseillers au conseil privé n'ont point ce privilége. Le 31 décembre 1578, le roi Henri III fit des Cars chevalier de ses ordres : c'était la première promotion. Il le fit aussi conseiller en ses conseils.

Des Cars fit sortir de prison madame de Nemours pour l'envoyer à Paris vers les princes ligués, et leur porter à tous paroles de paix. On ne dit pas l'année.

La France et la religion profitèrent de la faveur qu'Antoine de Bourbon, roi de Navarre, mort le 17 novembre 1562, portait à François des Cars, comme dit Le Laboureur, car celui-ci tira le prince du parti huguenot; il le mit en défiance de son frère (Louis de Bourbon, prince de Condé) et de plusieurs autres grands de la nouvelle opinion ; il le dégoûta de la reine sa femme hérétique (Jeanne d'Albret); il le reput de l'espérance d'un traité avantageux avec l'Espagne, et enfin il le fit chef du triumvirat (ou union avec le duc de Guise, le connétable Henri de Montmorency et le maréchal de Saint-André); puis il le mit en bonne intelligence avec la reine (Catherine de Médicis), qui n'eut soin que de se conserver des Cars, et de l'aider à se maintenir aux bonnes grâces de son maître. En mars 1581, il était dans le conseil de Henri IV, alors roi de Navarre.

Le Laboureur fait remarquer que la part prise par François des Cars à la conversion d'Antoine de Bourbon venge sa mémoire contre les libelles des huguenots; qui, à cause de cela, l'ont traité très injurieusement, jusqu'à l'accuser d'avoir trahi son maître. Outre cela, ils ont exagéré en lui mille défauts d'esprit et de corps, qui ne sauraient convenir avec les emplois qu'il eut, et non pas même aux crimes qu'ils lui reprochent. Il ne faut point d'autre preuve de la passion de ces furieux que ce qu'ils disent contre sa noblesse, qui était des plus illustres du royaume. On dit que, étant un des trois qui gouvernaient absolument le roi Henri II en 1559, et avec le duc de Guise, il accompagna ce prince lorsqu'il voulut *incognito* aller consulter le fameux astrologue Luc Gauric. Celui-ci menaça des Cars d'un coup de cheval qui aurait l'œil vairon, le chanfrein et les quatre pieds blancs. La mort du roi et celle du duc de Guise, arrivées conformément à sa prédiction, fit appréhender à des Cars la vérité de la prophétie qui le concernait : il ne fut plus occupé qu'à l'éluder, et se retira chez lui en Limousin, fuyant toutes les occasions de la rencontre de ce cheval omineux; mais, une querelle étant arrivée entre des gens de qualité de sa province qu'il voulut apaiser, il les manda, les réconcilia, et, après leur avoir fait bonne chère, il les reconduisit sur le soir jusque sous la porte de sa basse-cour, où il ne se put donner de garde de ce malheureux cheval, auquel il ne pensait plus, et qui accomplit sa destinée d'un coup de pied entre les deux yeux, dont il mourut. On l'inhuma dans l'église des cordeliers d'Excideuil en Périgord. Son testament, qui est du 21 septembre 1595, fut reçu par Marlhac et Montaliar. [Il vivait encore en 1608.]

François des Cars avait épousé 1° Claudine de Bauffremont, fille de Claude de Bauffremont, Sgr de Scey, et de Jeanne de Vienne. — Il avait épousé 2° Isabeau de Beauville en Agénois, veuve de Blaise de Montluc, maréchal de France, mort en 1577, et fille de François de Beauville et de Claire de Laurens. Le 16 mars 1590, elle fit, avec son mari François des Cars, une donation à Annet des Cars, leur fils, ou à tel autre de leurs enfants mâles qui serait par eux choisi. Elle était morte lorsque Charles, comte des Cars, son beau-fils, fit son testament, dans lequel il dit qu'il plaidait contre les héritiers de cette dame. De François des Cars et de Claudine de Bauffremont naquirent :

1° Jacques, comte des Cars et de Beaufort, Sgr de La Roche-l'Abeille, Nexon, Savignac, Ladignac, Château-Chervix, traduisit du latin en allemand, lorsqu'il était pleige en Allemagne, de 1576 à 1581, les livres de Martin de Belloy. A son retour, en 1581, le roi le fit conseiller de ses conseils d'État et privé, et capitaine de cinquante hommes d'armes de ses ordonnances. Jean David, Limousin, lui a dédié un *Traité de la peste*. [Dans un titre du 24 mai 1587, et dans un autre du 7 décembre 1598, signé Duchaud, notaire à Ségur, outre les qualifications ci-dessus mentionnées, il se dit héritier en seul des terres et maisons des Cars, Ségur et Juillac. On trouve aussi un contrat d'investiture donnée par haut et puissant seigneur messire Jacques, comte des Cars, chevalier des ordres du roi, conseiller en ses conseils d'État et privé, etc., en faveur du Sr Jean Noalher, marchand de Limoges, pour quelques biens par lui acquis, savoir une terre appelée de Galerache avec neuf noyers.] Il fonda un couvent de minimes, près des Cars, en 1612, et, le 2 décembre de la même année, il fit un testament. Il mourut sans avoir eu d'enfants de ses trois femmes, et fut inhumé avec la première dans l'église des Cars. Il avait épousé : 1° en 1594, par contrat du 17 février, Louise Lejay, dame de Boissequin, La Vigerie, Sebioux et Coulgenac, veuve de Georges de Villequier, vicomte de La Guierche, baron de Montégut-le-Blanc en Limousin et de La Roche-de-Gençay, chevalier des ordres du roi, gouverneur et lieutenant-général en la Haute et Basse-Marche, capitaine de cinquante hommes des ordonnances du roi, fille de Jean Lejay. Des Cars dit dans ses mémoires qu'il en avait été extrêmement amoureux. Ces époux tinrent en confidence l'abbaye de Saint-Maixent en Poitou. Louise Le Jay fit son testament, à Paris, le 12 septembre 1603, et elle était morte le 1er août 1604. Il avait épousé 2°, en 1604, Yolande de Livron de Bourbonne, fille d'Evard et de Gabrielle de Bassompierre, comme on le voit sur les registres de la paroisse de La Roche-l'Abeille. Yolande mourut le 29 juillet 1607, et fut inhumée, le 6 août, dans l'église des Cars, devant le grand autel, en un tombeau élevé. Jacques avait épousé 3°, par contrat du 28 novembre 1608, Olympe Green de Saint-Marsaut, fille de Jean, Sgr de Maillancy, gentilhomme ordinaire de la chambre du roi, gouverneur des ville et château de Dijon, et de Françoise de Sainte-Maure. Olympe était veuve d'Isaac de Salignac, baron des Etangs, Sgr de Rochefort, près Séreilhac et vicomte de Rochemaux; elle se remaria en troisièmes noces, le 7 novembre 1615, à Georges d'Aubusson, comte de La Feuillade, et mourut, à Paris, en février 1634, ayant fait son testament le 2 décembre 1633.

2° Charles, comte des Cars après la mort de son frère aîné, baron d'Aixe et La Motte-Trichâteau (ou Tilchatel), Sgr de Ségur, Juillac, La Roche-l'Abeille, Ladignac, Pressins, Nexon, Lavignac, Génis et Gorre, fut capitaine de cent hommes d'armes, conseiller du roi en ses conseils d'État et privé, et chevalier de son ordre. Il combattit en Champagne, et se trouva au siége d'Epernay en 1592. Il combattit en Franche-Comté en 1595, et un manuscrit nous apprend que, au mois de novembre 1615, il eut commission pour lever cent hommes d'armes, et les loger à Solignac en Limousin le plus promptement que faire se pourrait. Il mourut, le 6 août 1626, sans avoir eu d'enfants de ses deux mariages, et il fut transporté, en 1627, chez les frères prêcheurs de Limoges. Il avait épousé, 1º par contrat du 2 avril ou du 10 août 1587, Anne de Bressay (Baissey) ou Destiffay, dame de Trichâteau et de Courberon : veuve de Henri de Vienne, S^{gr} de Chevreau, maréchal-de-camp de l'armée du roi d'Espagne, et colonel du régiment de Bourgogne, fille de Jean, S^{gr} de Trichâteau, et d'Isabeau de Beauville. Cette première femme mourut en 1622, et fut inhumée chez les jacobins de Limoges. Il avait épousé 2º Gabrielle du Chastelet, fille d'Erard du Chastelet, maréchal de Barrois, gouverneur de Gray en Franche-Comté, et de Lucrèce d'Orsan. Cette seconde femme se remaria à Charles de Narbonne, marquis de Fimarcon, mort sans enfants en 1630, et en troisièmes noces, en 1639, à Georges de Mouchy, S^{gr} de Hocquincourt, grand-prévôt de France, gouverneur de Boulogne, etc., dont elle fut la seconde femme. Elle mourut à Paris le 14 septembre 1661, et fut inhumée dans l'église des feuillants. Avant son second mariage, Charles, comte des Cars, dont nous parlons, avait, par un testament olographe, daté de son château des Cars le 20 mars 1625, institué pour son héritier universel au comté des Cars, à la baronnie d'Aixe, à la châtellenie de Ségur, à ses terres de Juillac, Beaufort, La Roche-l'Abeille, et La Forêt, François des Cars, baron de Caubon et de La Renaudie, son cousin germain, mentionné au nº suivant, et auquel il substitua son filleul, fils aîné de celui-ci, ou, à son défaut, autre ses enfants, à condition que tous vivront en bons catholiques, apostoliques et romains, « *n'y ayant,* dit-il, *jamais eu homme ni femme de sa maison qui eût fait profession d'autre religion* ». Dans ce même testament, il marqua vouloir qu'une somme de 1,000 francs fût employée à rendre logeable l'appartement qu'il avait dans le cloître des jacobins de Limoges, pour ses successeurs et héritiers, lorsqu'ils iraient en la dite ville, même pour y passer les avents et les carêmes. En lui finit la branche aînée de la famille des Cars.

3º Anne des Cars de Beauville, baron d'Excideuil et de Mareuil en Périgord. Étant malade à Paris, il y fit, le 21 août 1600, son testament, reçu par Girault et Lenoir, insinué à Limoges le 27 février 1601, et par lequel il veut être inhumé dans le tombeau de son père, chez les cordeliers d'Excideuil, auxquels il donne 1,000 écus ; il fait sa mère héritière, et il nomme pour exécuteur le cardinal de Givry, son oncle et son parrain. Nicolas de Villars, évêque d'Agen, était présent. Anne des Cars mourut, à Paris, fort regretté. On porta son corps à Nexon le 6 septembre 1600. M. de Noailles prétendait lui donner sa fille aînée.

4º Louise des Cars, mariée, le 15 novembre 1579, à François, marquis de Hautefort, chevalier de l'ordre du roi. Elle fut mère, entre autres enfants, de deux fils, à l'aîné desquels (nommé Charles, marquis de Hautefort), son oncle Charles, comte des Cars, donna les terres de Genis, Laforet et Savignac, lui substituant son frère, le baron de Hautefort, ainsi qu'il est marqué dans le testament du dit Charles. Louise des Cars eut, lors de son mariage, donation de 5,000 livres.

5° Claude des Cars, mariée, en 1595, à Jean de Ferrières, chevalier, baron de Sauvebeuf, fils d'autre Jean, gouverneur du château du Ha à Bordeaux, et de Marie de Noailles.

De son second lit François des Cars eut deux autres enfants : 6° Annet, baron d'Excideuil, mort sans alliance en 1600. Il fit sa mère héritière, ce qui donna lieu à un procès au parlement de Grenoble contre les héritiers de cette dame, 7° Susanne des Cars, mariée, en 1598, à Charles, Sgr de Cazillac, baron de Cessac, fils de François, baron de Cessac, chevalier des ordres du roi, et de Claude de Denteville.

XVII. — François des Cars dit le Jeune, chevalier, quatrième fils de Jacques, Sgr de Merville, et de Jeanne d'Aubusson, fut baron de Caubon et de La Renaudie, paroisse de Saint-Front-la-Rivière au diocèse de Périgueux, puis de Ségur. Il était cousin de Charles des Cars, fils de François du n° précédent, et de Claude de Bauffremont, lequel l'avait fait son héritier par testament du 20 mars 1625. François des Cars mourut, âgé de quatre-vingt-dix ans, le 24 août 1661, et fut enterré à Saint-Front-la-Rivière au diocèse de Périgueux.

Il avait épousé, par contrat du 2 février 1609, et reçu Barry, Françoise de Verrières, dame de La Renaudie, paroisse de Saint-Front-la-Rivière (1) au diocèse de Périgueux, fille de François, Sgr de Fonpatour, et de La Renaudie, dont il eut : 1° Charles, qui suit, et qui hérita du comté des Cars ; le testament du 20 mars 1625, déjà plusieurs fois mentionné, substituant au dit François des Cars ses enfants de mâle en mâle pour l'héritage du testateur ; — 2° François des Cars, Sr de La Motte, tué à la bataille de Lens en 1647, n'ayant point eu d'enfants de sa femme Susanne Martel, veuve de Charles de Monchy, baron de Louqueval, fille de François Martel, Sgr de Fontenay, et de Susanne de Monchy ; — 3° Annet des Cars, qui a fait la branche des seigneurs de La Motte ; — 4° Catherine, demoiselle de Ségur, puis comtesse de Beauvais, Lussac et Fontroubade, morte sans hoirs à Beauvais, le 3 mai 1694. Elle avait épousé : 1°, par contrat du 3 juillet 1629, et le 10 du même mois, dans l'église de Saint-Front-la-Rivière, Alain (non pas du Fillet, Sr de La Curée, comme dit le père Simplicien, mais) du Faure, Sr de Beauvais, La Curée et La Roderie, demeurant à La Rousselière en Périgord, fils de N..... Faure et de Judith du Fillet et de La Curée. Elle avait épousé 2°, par contrat du 9 février 1652, signé Favart, Pierre de Bonneval, chevalier, vicomte de Bonneval, Sgr de Château-Rocher, paroisse de Maisonnais, fils de Henri, comte de Bonneval, et d'Isabelle Vigier de Saint-Mathieu ; elle avait épousé 3°, par contrat du 11 juin 1663, signé Périgord et Boudeau, et passé au château de Rochechouart, Jean de Rochechouart, vicomte des Bâtiments, de Saint-Cyr et de Chaillac, fils de feu autre Jean, Sgr des mêmes terres et de Mars ; — 5° Jacques, baptisé à Saint-Front-la-Rivière le 7 avril 1620, et mort âgé de huit mois ; — 6° Françoise des Cars, demoiselle de Ségur, baptisée, le 17 octobre 1621, à Saint-Front-la-Rivière, fille d'honneur de la reine-mère de Louis XIV en 1643. Le père Simplicien, la confondant avec Catherine, la fait marier avec Pierre de Bonneval ; — 7° Sara, baptisée audit Saint-Front le 1er septembre 1624 ; et mariée à François Joubert Tison, Sgr d'Argence de Dirac.

---

(1) Saint-Front-la-Rivière, canton de Saint-Pardoux, arrondissement de Nontron (Dordogne).

XVIII. — Charles des Cars, baptisé à Saint-Front-la-Rivière le 7 mai 1617, porta d'abord le nom de baron de La Renaudie, et c'est sous ce titre que Charles, comte des Cars, son parrain, qui dès son bas-âge l'avait pris chez lui pour l'élever, le substitua à François, baron de Caubon, son père, en la comté des Cars, la baronnie d'Aixe, la châtellenie de Ségur, et aux seigneuries de Juillac, Beaufort, La Roche-l'Abeille et forêts de Lamberas par son testament sus-indiqué du 20 mars 1625.

Ayant été malade pendant six mois, pour maintenir le lustre et la grandeur de sa maison, il fit, au château des Cars, le 4 février 1669, son testament olographe, reçu par de Faye. Il veut être inhumé dans l'église des Cars et dans les tombeaux de ses prédécesseurs, chargeant son héritier de faire ouvrir son corps par des chirurgiens et médecins incontinent après son décès.

Il avait épousé, par contrat du 28 novembre 1643, reçu par Basbayon, et passé au château de Garabeuf, près Saint-Ybard en Limousin (1), Jeanne des Cars, fille unique de Jacques des Cars, Sgr de Saint-Bonnet, et de Jeanne de Meillars (le P. Simplicien met mal de Meilleret).

D'après les registres de Gorre, Jeanne mourut à Paris le 23 octobre 1654, ayant eu de Charles des Cars : 1° François des Cars, qui suit ; — 2° Jacques des Cars, tonsuré en 1665, dit le comte de Saint-Bonnet, puis baron de La Renaudie, qui épousa, en 1680, Marie du Chastelet de Trichâteau, fille de Henri et de Claude-Françoise de Pouilly : il mourut sans enfants en février 1685, et elle en 1694 ; — 3° Annet des Cars, dit le comte de Saint-Ybard, mort sans alliance ; — 4° Claude-Gabriel, mort à l'âge de cinq ans ; — 5° Jeanne des Cars, qui resta fille ; — 6° Marie des Cars, baptisée, à Saint-Ybard, le 5 février 1652, mariée, en 1674, à François, marquis de Rochechouart-Pontville, baron des Bâtiments.

XIX. — François, IIIe du nom, comte des Cars, Sgr de Saint-Bonnet, Saint-Ybard, La Roche-l'Abeille, La Renaudie et Pranzac (2), mourut le 15 novembre 1724, âgé de quatre-vingts ans, d'après les registres de Saint-Ybard, où il fut inhumé.

Il avait épousé, en 1682, Marie de Redon de Salm, marquise d'Esne et de Pranzac en Angoumois, comtesse de Gonsbarat, baronne de Manonville, fille d'Alexandre, Sgr des dits lieux, et de Claude-Françoise-Angélique de Proully : elle mourut le 11 janvier 1726, âgée de quatre-vingts ans, pleine de jours et de mérites, et fut inhumée à Saint-Ybard, laissant de François des Cars : 1° Louis-François des Cars, qui suit ; 2° Marie-Françoise des Cars, morte sans alliance.

XX. — Louis-François, comte des Cars et de Pranzac, baron d'Aixe et La Renaudie, Sgr de Saint-Ybard et La Roche-l'Abeille (3), fut lieutenant-général au gouvernement du Haut et Bas-Limousin. Né en 1687, il mourut à La Roche-l'Abeille, où il fut inhumé sous un tombeau de marbre avec cette épitaphe :

---

(1) Saint-Ybard, canton d'Uzerche, arrondissement de Tulle (Corrèze).
(2) Pranzac, canton de La Rochefoucaud, arrondissement d'Angoulême (Charente).
(3) La Roche-l'Abeille, canton de Nexon, arrondissement de Saint-Yrieix (Haute-Vienne).

Cy git
très haut et très
puissant seigneur Louis
François de Pérusse,
comte d'Escars
et de Saint-Bonnet, baron d'Aixe
et de La Renaudie, seigneur
de La Roche-l'Abeille, Saint-Ybart
et autres lieux, lieutenant
général pour le roy de la
province du Haut et Bas-Limousin,
décédé le 20° juin 1754 dans
la 68° année de son âge.
Requiescat in pace.

Il avait épousé, par contrat du 6 octobre 1708, Marie-Françoise-Victoire de Verthamont, dame de La Rochue en Anjou et de La Fresnay, fille de François de Verthamont, Sgr de La Ville-aux-Clercs, conseiller au parlement de Paris, et de Marie-Anne de Goury, sa première femme. Marie-Françoise-Victoire mourut au château des Cars, âgée de soixante-douze ans, le 12 juillet 1755. Elle avait eu de Louis-François des Cars : 1° Marie-François des Cars, qui suit; — 2° François des Cars de Saint-Bonnet, né le 9 novembre 1710; — 3° Jeanne-Thérèse-Élisabeth des Cars, née le 31 décembre 1711, morte fille; — 4° Marie-Anne des Cars, née en mai 1714, religieuse à Saint-Ausone d'Angoulême, où elle fit profession le 22 juin 1732, puis nommée à l'abbaye de Sainte-Croix de Poitiers; — 5° Gabrielle-Marthe des Cars, née le 25 septembre 1715; — 6° Marie-Françoise des Cars, née le 6 juillet 1716, mariée à N..., comte de Cugnac en Périgord; — 7° Jeanne-Elisabeth-Françoise des Cars, née le 26 mars 1718, nommée, en juin 1742, à l'abbaye de Saint-Ausone d'Angoulême, où elle mourut le 15 septembre 1757; — 8° Michel-Louis des Cars, né le 28 septembre 1719; — 9° Louis-Nicolas des Cars, chevalier de Malte, né le 8 juin 1724, et marié à N..... d'Artaguet.

XXI. — **Marie-François de Pérusse, comte des Cars, marquis de Pranzac**, né le 8 octobre 1709, capitaine de cavalerie au régiment de Toulouse, puis maréchal-de-camp, épousa, par contrat du 2 septembre 1736, Émilie, deuxième fille de Jacques Fitz-James, duc de Berwick, maréchal de France, etc., et de sa seconde femme Anne Bulkeley. Émilie mourut, à Paris, dame du palais de la reine.

D'eux naquirent : 1° François, tonsuré en 1763; 2° Françoise-Émilie, mariée, en 1767, à Armand-Louis-Joseph Paris de Montmartel, marquis de Brunoy, comte de Champigny.

Branche des seigneurs de Saint-Bonnet (1).

XIII bis et VI bis du père Simplicien. — **Jean de Pérusse dit des Cars**, deuxième fils d'Audoin IV et d'Hélène ou Héliénor de Roquefeuil, eut en

---

(1) La terre de Saint-Bonnet-la-Rivière, canton de Juillac (Corrèze), entrée dans la famille de Pérusse en 1188 par le mariage de Marie d'Albret, dame de Saint-Bonnet, avec Louis de

partage les terres de Saint-Bonnet, Saint-Ybard, Fleix, Allassac, La Guyonnie, Garabeuf et La Porte. En 1461, il servait dans les armées du roi Charles VII en qualité d'écuyer, sous la charge de Poton de Xaintrailles. Des Cars n'est dit qu'écuyer parce qu'il était jeune, et qu'il voulait commencer le métier des armes sous ce grand capitaine, dit Le Laboureur. Il est dit noble écuyer *(scultifer)*, et hommes d'armes de cent lances de Pierre de Rohan, maréchal de France. Il eut un congé le 1er janvier 1481.

Il avait épousé Catherine de Lévis, fille d'Eustache de Lévis, baron de Quélus, et d'Alix de Damas, dame de Cousan. D'eux naquirent : 1° Gabriel, qui suit ; 2° Jeanne de Pérusse des Cars, mariée, par contrat du 31 décembre 1517, à Jacques de Chaste, Sr du dit lieu, fils de Humbert, damoiseau, et de Louise de Saint-Germain-d'Apchon.

XIV et VII. — Gabriel des Cars dit de Pérusse, en 1538, Sgr de Saint-Bonnet, Saint-Ybard, Fialeys, La Bastide et co-seigneur d'Allassac, est probablement le des Cars qui mourut le 17 mars 1545 à Paris, où il fut enseveli.

Il avait épousé : 1° Catherine de Montbrun ; 2° Marie de La Tour, veuve de Jean de Hautefort, gouverneur du Périgord et du Limousin, qu'elle avait épousé le 1er août 1499. Baluze n'a pas connu ce second mariage ; mais il est mentionné dans le Moréri de 1759. Gabriel des Cars fit don à Marie de La Tour, le 26 mai 1535, de son château et de sa maison de Garabeuf, près le bourg de Saint-Ybard, qu'il avait donné à sa première femme, de plus il ajouta le Repaire noble de La Paneterie, paroisse de Lubersac, les dîmes de Saint-Martin et de Saint-Pardoux, et ses revenus sur le village de Briance, pour en jouir pendant sa viduité. Il eut de ce second mariage : 1° François, qui suit ; 2° Jean, qui eut la terre de Fialeys ; 3° Jeanne, qui, ayant hérité par le testament de son frère Jean de la terre de Fialeys, la céda à son autre frère François et reçut en retour la terre de La Bastide. En 1551, Jeanne était mariée à Rigald de Turenne, Sr de La Bastide et d'Allassac ; 4° peut-être Isabelle, qui fit profession à Tusson, de l'ordre de Fontevrault, en 1539.

XV et VIII (et Ier degré seulement des preuves de noblesse faites devant d'Aguesseau par des Cars, mal nommé Descars, Sr de Fialeys et de La Vernouille, paroisse de Saint-Ybard, élection de Limoges, qui portait aussi : *de gueules au pal vairé*). — François des Cars, Sgr de Saint-Bonnet et Saint-Ybard, transigea, le 30 juillet 1547, avec Nicolas de Livron, pour la dot de sa femme Anne de Livron. Il était dans le parti huguenot, où on le désignait sous le nom de Saint-Bonnet. En 1562, étant enseigne de la compagnie de l'Amiral, il était vers l'empereur. Au mois de septembre 1568, Saint-Bonnet, étant écuyer, de N... Dandelot, renversa mort d'une pistolade Lourche, lieutenant de (Sébastien de Luxembourg, vicomte de) Martigue, qui importunait Dandelot à coups de pistolet. Il fut tué à la bataille de Montcontour le 3 octobre 1569.

Pérusse, y a resté jusqu'en 1793. Le château se composait d'un corps de logis flanqué de deux grosses tours, et dont une tour carrée formait l'escalier au milieu de la façade. La toiture seule avait été enlevée pendant la révolution, et jusqu'à ces derniers temps il restait presque entier ; mais depuis peu on a cru pouvoir tirer parti des matériaux, et bientôt il n'en restera plus pierre sur pierre.

Il avait épousé Anne de Livron, fille de Nicolas de Livron, Sr de Bourbonne, conseiller et chambellan du roi, et de Marie de Ruy. D'eux naquit Léonard qui.

XVI et IX. — Léonard des Cars, Ier du nom, S^gr de Saint-Bonnet, Saint-Ybard et Fialeys, fit, le 24 mars 1595, son testament, dans lequel il nomme ses fils.

Il avait épousé, par contrat du 14 novembre 1570, Catherine de Jourgnac, héritière de Foursac, et qui, le 29 août 1594, agissant pour Léonard, son mari, fit une transaction avec M. de Suduyraud, conseiller au parlement de Bordeaux, au sujet de certains biens vendus par François des Cars, père du dit Léonard. Elle fit son testament le 11 juin 1610. D'eux naquirent : 1° Léonard des Cars, qui suit ; 2° Jacques, qui a fait la branche de Fialeys ; 3° Bertrand, écuyer, S^r de La Perche, mort à La Vernouille le 4 juillet 1646 ; 4° François, qui a fait la branche de La Vernouille ; 5° Marguerite.

XVII et X. — Léonard des Cars, II° du nom, S^gr de Saint-Bonnet et de Saint-Ybard, épousa Adrienne de Bourdeille, fille d'André, vicomte de Bourdeille, et de Jacquette de Montberon, qui testa, le 6 mai 1634, par acte reçu Frégefont, et mourut, étant veuve, le 16 août suivant, au château de Saint-Ybard, d'où on la porta inhumer à Saint-Bonnet-la-Rivière. D'eux naquirent : 1° Jacques, qui suit ; 2° Henry, Sr de Saint-Ybard, tué au siége de Valenciennes, sans alliance. C'est ce Saint-Ybard qui, avec Claude de Bourdeille, comte de Monthrefort, se chargea, en 1636, de se défaire, par ordre de M. le comte de Soissons, du cardinal de Richelieu : ils en furent empêchés par la faiblesse ou la religion de Monsieur, duc d'Orléans ; 3° Élisabeth, qui épousa, le 4 juin 1595, Hélie du Saillant du Luc, fils d'Arnaud du Saillant de Flomont, chevalier de l'ordre du roi, et de Catherine de Carbonnières (1).

XVIII et XI. — Jacques, et non Isaac des Cars, S^gr de Saint-Bonnet-la-Rivière et de Saint-Ybard, prit le titre de comte des Cars, prétendant que ce comté lui avait été donné par Jacques, comte des Cars, son cousin au sixième degré, frère aîné de Charles, comte des Cars, qui combattit sa prétention. Jacques mourut au château de Garabeuf près Saint-Ybard le 10 octobre 1651, et fut inhumé au dit Saint-Ybard. Jeanne de Bourdeille, comtesse de Duretal, dont il était filleul et neveu, lui donna la somme de 2,000 livres par son testament du 12 août 1641, dans lequel il est appelé le *comte de Saint-Bonnet*.

Il avait épousé, le 11 mars 1524, Jeanne de Meillars, veuve de Géoffroy du Saillant, baron de Vergy, dont elle fut douairière, fille de Jacques de Meillars, Sr de Valette, et d'Isabeau du Murault, dame du Saillant. Jeanne s'était mariée suivant le rit de l'Église prétendue réformée ; elle testa le 23 avril 1642, et mourut le 14 janvier 1650 : elle fut inhumée à Saint-Ybard, où elle avait fait faire une chapelle dans le château. De Jacques des Cars et de Jeanne de Meillars naquit Jeanne, qui suit, et qui fut filleule de la comtesse de Duretal, dont je viens de parler.

XIX et XII. — Jeanne des Cars épousa son cousin Charles des Cars, ba-

---

(1) Pour ce n° XVII, Nadaud renvoie à la page 678, où il avait d'autres notes ; mais les feuillets du registre sont enlevés de la page 675 à la page 678 *inclusivement*. Voir la généalogie du Saillant.

ron de La Renaudie, qui fut comte des Cars, et qui était fils de François dit le jeune et de Françoise de Verrières.

Branche des seigneurs de La Vauguyon.

Les seigneurs des Cars de La Vauguyon portent : des Cars *à la bordure engrelée d'argent.* (LABBE, *Blason royal*, p. 75.)

XIII ter. — Gautier de Pérusse des Cars, damoiseau, troisième fils d'Audoin, IVe du nom, et d'Hèlène ou Héliénor de Roquefeuil, S^{gr} de Saint-Marc, est le premier de la famille des Cars dont l'auteur du Moréri de 1759 parle dans sa généalogie au mot *Escars*.

Il eut pour partage, en 1464, les seigneuries de La Vauguon [La Vauguyon, seigneurie qui était dans la maison de Pérusse depuis le XIVe siècle], La Coussière, Roussines (1), La Tour-de-Bar de la paroisse de Saint-Martin-de-Jussac, et Le Repaire. Il acquit aussi la baronnie de Saint-Germain-sur-Vienne (2). Il fut conseiller et chambellan du roi Charles VIII, sénéchal du Périgord, de la Marche et du Rouergue; et premier chambellan de Pierre, duc de Bourbon. [On le trouve comme témoin dans des actes du 8 juin 1450 et du 25 novembre 1456.]

Il épousa par contrat du 13 octobre 1478 (le P. Simplicien dit 1498), signé de Mazit et Leymarie, Marie de Montberon, dame de Varaigne et d'Aigrefeuille ou Grafeuille, fille de Louis, chevalier, Sr de Fontaines au diocèse de Saintes, et de feue Radegonde de Rochechouart. Elle était nièce d'Andrée de Montberon, femme de Gautier de Pérusse, S^{gr} des Cars, oncle de son mari, et elle eut de cette tante la seigneurie de Varaigne ; elle eut aussi de ses père et mère la seigneurie d'Aigrefeuille : elle était veuve le 7 mars 1490 (vieux style), et elle était morte en 1502. — De cette union naquirent : 1° François, qui suit ; [2° Marguerite de Peyrusse, qui épousa, en 1479, Jean de Lastours].

XIV. — François des Cars, S^{gr} de La Tour-de-Bar (3), seigneurie qu'il acheta en 1535 de Jacques des Cars, S^{gr} aussi de Roussines, La Coussière, Le Repaire, Varaigne (4), Aigrefeuille, Teijac (5), Romassières, Usson, Abret et Vandac, et baron de Saint-Germain-sur-Vienne, était homme d'armes de la compagnie du duc de Valois, qui fut en 1515 le roi François Ier, conseiller et chambellan de ce même roi par lettres de l'an 1531, gentilhomme ordinaire de sa chambre, capitaine de cinquante hommes d'armes de ses ordonnances, chevalier d'honneur et premier écuyer d'Éléonore d'Autriche, seconde femme de ce prince, maréchal et sénéchal de Bourbonnais du vivant de la reine-mère, duchesse de Bourbonnais, office qui lui fut continué par lettres patentes du 4 octobre 1532 et de nouveau le 27 septembre 1544, lieutenant-général et commandant pour le roi ès-pays de Lionnais, Dauphiné, Savoie et Piémont.

---

(1) Roussines, canton de Montembœuf, arrondissement de Confolens (Charente).
(2) Saint-Germain-sur-Vienne, canton et arrondissement de Confolens (Charente).
(3) La Tour-de-Bar est paroisse de Saint-Martin-de-Jussac, canton de Saint-Junien, arrondissement de Rochechouart (Haute-Vienne). — Voir *Bull. soc. arch. Lim.* XIV. 134.
(4) Varagne canton de Bussière-Badil, arrondissement de Nontron (Dordogne).
(5) Teijac, canton et arrondissement de Nontron (Dordogne).

Il avait accompagné le connétable de Bourbon lorsqu'il se retira en Italie, et, revenu en France, il fut pris par l'autorité du roi le 23 décembre 1523, et mené prisonnier à Paris. Le 8 mars suivant, le roi, étant au parlement, voulut savoir ce qui avait été délibéré contre lui dans cette cour : il y avait eu diversité d'opinions; mais on ne trouva pas qu'on pût donner la question à des Cars qu'au préalable le seigneur de Saint-Vallier en Dauphiné n'eût eu la question pour savoir de lui si des Cars n'était point de la conspiration et machination, et le procès n'était en état d'être jugé que quand Saint-Vallier serait décapité. Celui-ci fut condamné à l'être; mais, lorsqu'il était prêt à subir cette peine, le 17 février 1523 (1524), on porta des lettres patentes du roi qui lui remettait la peine de mort. Pour des Cars, les ordres que la régente avait reçus du roi son fils, présentés au parlement le 21 mars 1525, portaient qu'on mit en liberté tous les prisonniers détenus par ordre du roi, à l'exception de ceux qui étaient arrêtés pour le fait du connétable, auxquels cependant, même au seigneur des Cars, elle voulait que à la liberté près, on fît le bon traitement possible, comme de le loger commodément, et de lui permettre de se promener dans les galeries de la conciergerie. Il se purgea, dit Bouchet, dans ses *Annales d'Aquitaine,* et fut déclaré innocent. Le roi lui pardonna, dit Brantôme.

François de La Tour, vicomte de Turenne, le nomma un des exécuteurs de son testament le 24 mars 1527 (vieux style), et aussi d'un autre testament du 9 juillet 1532. [Dans celui-ci, le vicomte le fit tuteur de ses enfants conjointement avec le duc d'Albanie et Antoine de La Rochefoucaud, Sgr de Barbezieux, chevalier de l'ordre du roi.] Au mois d'avril 1529, le roi lui donna, dit Le Beuf, les terres de Montlhéry, Torcy et Tournon, près Paris, en récompense des terres qui lui appartenaient, et qui avaient été cédées à l'empereur par le traité du 5 août précédent. Les registres du parlement de Paris constatent qu'il fut un des procureurs nommés par le roi le 4 octobre 1544, et chargés d'aliéner, à pacte de rachat, des portions de son domaine. François de Pérusse fit son testament en 1536, et mourut en 1550.

Il avait épousé, par contrat du 22 février 1516, passé en présence et par le moyen d'Anne de France, duchesse de Bourbonnais, de Charles, duc de Bourbon, connétable de France, et de la duchesse Susanne, femme de ce prince, Isabeau de Bourbon, princesse de Carency en Artois, fille unique, non pas de Bertrand ou Jean, comme écrit du Tillet, mais de Charles de Bourbon, prince de Carency, Bucquois et Aubigny, et de Catherine d'Alègre, sa troisième femme. Isabeau eut les terres des Combes et d'Aubigny par la mort de ses frères, et elle acheta son droit de principauté au nom de la terre de Carency, dont elle était héritière. Ces princes, dit Le Laboureur, voulurent reconnaître en la personne de François des Cars les services que Gautier de Pérusse dit des Cars, son père, lui avaient rendus à la maison de Bourbon, jusqu'au point que François avait suivi hors du royaume par affection cet infortuné connétable, et avait abandonné tous ses biens.

D'eux naquirent : 1° Jean des Cars, qui suit; — 2° Susanne, mariée, le 1er mars 1536, à Geoffroy de Pompadour, baron de Laurière, vicomte de Comborn, Sgr de Chanac, Bré, Treignac, Fromental, Saint-Salvadour, Saint-Cyr-la-Roche, Chamboulive, Beaumont et Seillac, et coseigneur d'Allassac; elle testa le 5 août 1580; — 3° Anne, mariée, le 26 juin 1563, à

Jean de La Queille, IIe du nom, Sr de Fleurat en Auvergne et de Château-Gay, chevalier de l'ordre du roi, et capitaine de cinquante hommes d'armes [gouverneur et lieutenant-général pour le roi et la reine Marguerite des comtés d'Auvergne et de Clermont, et sénéchal d'Auvergne], fils de Jean et d'Isabeau de Bourbon-Busset; — 4° Marguerite, d'abord religieuse de Boubon au diocèse de Limoges et de l'ordre de Fontevrault, puis, par bulles du 25 mars 1565, abbesse de Ligueil, dont elle prit possession le 20 décembre suivant, et dont elle se démit en faveur de sa nièce en 1575 elle mourut en 1589 ; — 5° Catherine, morte sans alliance.

XV. — Jean des Cars, chevalier, prince de Carency, comte de La Vauguyon, S^{gr} de Varaigne, Aixe, Abret et Vendat, Saint-Germain en Basse-Marche, Confolens, Loubert et Brillac (1) capitaine de cent homme d'armes, lieutenant-général des armées du roi en Bretagne.

Il fit comparoir Etienne Lamoureux, son procureur fiscal, à la réformation de la coutume du Poitou, le 16 octobre 1559. Il était lieutenant de Guyenne en l'absence du Sr de Burie, l'an 1560. En 1562, il avait une compagnie de cavalerie sous le commandement du Sr de Burie, lieutenant du roi de Navarre au gouvernement de Guyenne, et il était à Bergerac le 9 mars 1565; il se trouva à l'entrée du connétable au parlement de Bordeaux, et, le 12 avril, au lit de justice que le roi y tint. Il combattit vaillamment contre les protestants en 1567. A la bataille de Jarnac, le 13 mars 1569, le prince de Condé étant par terre, le premier qui descendit pour le prendre prisonnier fut un honnête gentilhomme de M. de La Vauguyon, qui s'appelait Le Rozier; mais ce prince fut tué. La même année, il avait à Angoulême quatre escadrons de cavalerie, et, le 3 octobre, il se trouvait à la bataille de Montcontour. Au mois d'août 1570, il avait bordé la rivière de Dordogne avec sept ou huit cornettes de cavalerie, et il poursuivit vivement les huguenots Baudiné et Renti, qui passaient par le Limousin. Le 29 mars 1571, à l'entrée de la reine Élisabeth d'Autriche, femme du roi Charles IX, à Paris, il accompagnait la comtesse de Rets.

Avant l'année 1572, il acheta les terres de Confolens et de Loberc au vidame de Chartres, et le roi y consentit. En 1573, il se trouva au siége de Royan et à celui de La Rochelle, et dans l'édit de pacification du mois de juillet de cette année, le roi le traite de *cousin;* en 1575, il eut la conduite de la cavalerie d'Allemagne, qu'avait le duc de Montpensier, et il commandait en Saintonge pour contenir les protestants; en 1577, il campa devant Broüage, et souscrivit, au nom du roi, à l'édit de Poitiers du 17 octobre. — Il fut créé chevalier du Saint-Esprit le 31 décembre 1578, et le roi, dans ses lettres patentes de la veille, le qualifie prince de Carency. Dans tous les arrêts et dans tous les actes où il est parlé de lui, la qualité de prince de Carency lui est donnée. Il la prit même avec le cardinal de Bourbon, le duc de Montpensier et le prince dauphin, prince du sang, lors de la tutelle de Louise, comtesse de Maure, sa petite-fille, comme il paraît par le procès-verbal du 19 mars 1576. Il la prit aussi avec Henry, vicomte de Rohan, Louis de Rohan, prince de Guémené et Antoine, comte de Crussol, duc d'Uzès, dans le contrat de mariage de Dianne des

---

(1) Brillac, canton et arrondissement de Confolens (Charente).

Cars, sa fille. Quantité d'écrivains ont donné à Jean des Cars le titre de prince de Carency : Duchesne *(Histoire de la maison de Béthune)*; le P. Labbe *(Tableaux chronologiques)*; Guy-Chenon *(Histoire de Savoie)*; Mézeray *(Histoire de France)*; de Thou (L., 85ᵉ de son *Histoire*), tous ceux-là appellent son fils Claude, prince de Carency. Le P. Hilarion de Coste, dans ses *Dames illustres*, qualifie princes de Carency Jean des Cars et Claude son fils. Laurent Bouchet *(Trésor du droit français)* donne à Jean des Cars et à ses deux enfants Claude et Henri le titre de princes de Carency. Sainte-Marthe *(Histoire de la maison de France)*; le P. Anselme *(Histoire de la maison de France et Histoire des grands officiers de la couronne)*, et d'Hozier *(Généalogie de la maison d'Amanzé)*, donnent à Jean et à Claude, le titre de princes, et à Diane des Cars, celui de princesse de Carency. Duchesne fils et d'Haudiguer *(Recherches historiques de l'ordre du Saint-Esprit)* donnent à Jean, à Claude et à Dianne des Cars, au comte de La Vauguyon, fils de Diane, et à la fille unique de ce comte, la qualité de princes et princesses de Carency. L'auteur de l'*Examen du discours publié contre la maison royale de France*, imprimé par ordre de Henri IV, Chopin, (sur la *coutume d'Anjou*, appellent princes les seigneurs de La Vauguyon. Ce fut sur ces considérations que, par lettres patentes de Henri III, du 24 septembre 1575, la tutelle de Louise, comtesse de Maure, mère du duc de Mortemar, et grand'tante du comte de La Vauguyon, se fit au conseil du roi, où il n'y a que celles des seuls princes du sang qui se traitent.

Quoique illustre en son nom, et puissant en biens et en alliances, Jean des Cars *eut encore le bonheur d'être estimé des rois Charles IX et Henri III pour sa valeur, et de se faire aimer particulièrement de Henri III*, qui ajouta à sa qualité de maréchal et sénéchal du Bourbonnais celle de son conseiller et chambellan, capitaine de cent hommes d'armes. Par lettres patentes du mois de juillet 1586, Henri III, érigeant la terre de La Vauguyon en comté, donne à Jean des Cars la qualité de prince de Carency, et dit qu'une des principales considérations qui porta Sa Majesté à cette érection fut que des Cars était fils d'Isabeau de Bourbon, princesse de Carency, et il fit cette érection, non-seulement pour Jean des Cars, ses enfants et successeurs, mais encore avec dérogation à l'édit de 1566, qui réunit à la couronne tous les duchés, comtés et marquisats au défaut des mâles. Jean des Cars vendit, le 18 avril 1589, la terre de Roussines à François de Naimon. A cause de sa mère, il portait : *écartelé des Cars à la bordure endentée d'argent, et de Bourbon-Vendosme à la bande chargée de trois lions d'argent*, le heaumier, le cimier et les supports de la maison de Bourbon-Carency. Il mourut le 17 mars ou le 21 septembre 1595.

Il avait épousé, par contrat du 1ᵉʳ octobre 1561, Anne de Clermont, fille d'Antoine de Clermont, premier comte de Clermont en Dauphiné, comte de Tonnerre, vicomte de Tallart, grand-maître des eaux et forêts de France, et d'Anne ou Françoise de Poitiers de Saint-Vallier. Anne, femme de Jean des Cars, vivait en septembre 1595, et lui donna 1º Diane des Cars, princesse de Carency et comtesse de La Vauguyon après la mort de ses deux frères. Elle épousa 1º, en 1573, Charles, comte de Maure en Bretagne, chevalier de l'ordre du roi, capitaine de cinquante hommes d'armes, lieutenant-général des armées du roi ; elle épousa 2º, le 24 novembre 1579, Louis d'Estuer de Caussade, comte de Saint-Mégrin et S^{gr} de Montbrun, mort, dit le P. Simplicien, le 2 juin 1634. Elle-même était morte au château de Varaigne le 4 juillet 1611, ayant vendu, le 20 juin 1606, pour 36,000 livres, la terre de Roussines à Guillaume Guets. Diane avait eu de son premier mariage Louise, comtesse de Maure, qui se maria : 1° à Odet de Montignon, comte de Marigny ; 2° à Gaspard de Rochechouart, marquis de Mortemart.

2° Claude des Cars, à qui son père, de son vivant, fit prendre le titre de prince de Carency, fut fiancé par son père, Jean des Cars, à Anne de Caumont, la plus riche héritière de son temps, née posthume, le 19 juin 1574, de Geoffroy de Caumont, duc de Fronsac, ci-devant abbé d'Uzerche et de Clérat, et de Marguerite de Lustrac. Jean des Cars avait ainsi fiancé Anne de Caumont malgré sa mère, à laquelle il l'avait enlevée. Charles de Biron, depuis maréchal de France, et décapité en 1602, ayant recherché cette jeune fille sans pouvoir réussir, avait dissimulé sa haine contre La Vauguyon et Carency, son fils ; mais elle éclata par une petite querelle qu'il eut à la cour avec Carency. Biron l'appela en duel, l'avertit d'amener deux seconds, et il lui donna le choix des armes. L'affaire se passa fort secrètement ; ils convinrent du lieu et du temps. Biron amena avec lui Bertrand de Pierrebuffière, Génissac et de Montpesac de Lognac. Carency avait pour seconds d'Estissac, héritier d'une famille illustre, et Labat ou Labadie. Ils se rendirent à un quart de lieue du faubourg Saint-Marceau : c'était au mois de février, ou, suivant d'autres, le 6 mars 1586 et la neige tombait fort épaisse. Carency fut tué, et ses deux seconds le furent aussi par Biron, dit L'Estoile, auteur contemporain. Quelques-uns ont dit qu'il y eut de la fraude dans ce duel. La fiancée de Carency se remaria : 1° avec le frère de celui-ci, Henri des Cars ; 2°, le 5 février 1595, à François d'Orléans-Longueville, comte de Saint-Paul. Elle mourut le 2 juin 1642.

3° Henri des Cars, à qui son père donna aussi le nom de prince de Carency, fut de plus qualifié comte de La Vauguyon. Il épousa, par contrat du ......, autorisé par arrêt du conseil d'Etat, Sa Majesté y étant, le 3 juin 1586, et dans lequel le dit Henri est qualifié prince de Carency, Anne de Caumont, qui avait été fiancée à son frère Claude, qui précède. Henri des Cars mourut sans postérité en 1590, et Anne de Caumont, sa femme, le 1er juin 1642, après avoir épousé, en secondes noces, le 5 février 1595, François d'Orléans de Longueville, comte de Saint-Paul et pair de France, et, à cause d'elle, duc de Fronsac, dont elle resta veuve le 7 octobre 1631.

4° Isabeau des Cars, dame de Combes, mariée, par contrat passé à La Vauguyon le 10 septembre 1595, à Jean IV, baron d'Amanzé, Sr de Montet et des Feuillées, baron de Sémur en Brionnais, gentilhomme ordinaire de la chambre du roi, capitaine de cinquante hommes d'armes de ses ordonnances et maréchal de ses camps et armées, gouverneur des ville et château de Bourbon-Lancy [en faveur duquel la baronnie d'Amanzé en Maconnais fut érigée en vicomté par lettres de mai 1617, enregistrées au parlement de Paris le 18 juillet 1625, et à la chambre des comptes de Dijon le 28 novembre 1644], et mort en 1609, ainsi que sa femme Isabeau des Cars, qui mourut en décembre. En faveur de ce Jean d'Amanzé, fils de Pierre, baron d'Amanzé, et d'Antoinette de Coligny dite de Saligny, par un article de son testament du 20 mars 1625, déjà plusieurs fois mentionné, son cousin Charles des Cars, fils de François et de Claude de Bauffremont, donna tous les droits qu'il avait à la succession du feu baron d'Excideuil, son frère, né du second lit de son père, avec sa terre de Chaseul en Champagne, qu'il tenait de feu son oncle l'évêque de Langres, et 15,000 livres, à la condition que lui et ses fils porteraient le nom et les armes des Cars avec celui d'Amanzé.

5° Louise des Cars, que Denis de Sainte-Marthe dit avoir été nommée abbesse de Ligueux par Henri III, sur la démission de Marguerite des Cars, sa tante, et avoir reçu ses bulles en juin 1576, siégeait encore en 1582, mais elle se démit, et l'abbesse qui lui succéda reçut ses bulles le 14 février 1583.

Branche des seigneurs de Merville.

Ils portent : *écartelé des Cars et de Montal en Auvergne, qui porte d'azur à 3 coquilles d'or, 2 et 1 ; sur le tout de gueules à la croix pommetée d'hermine.* (LABBE, *Blason royal*, p. 75 et 99.)

XVI bis. — Jacques des Cars, S^{gr} de Merville du chef de sa mère et de Ségur, chevalier de l'ordre du roi, gouverneur du château de Gast et grand-sénéchal de Guyenne, troisième fils de Jacques de Pérusse dit des Cars du n° XV et d'Anne Jourdain de L'Isle, sa première femme, épousa : 1° Catherine Berault, fille de Fronton de Berault et d'Anne de La Barie ; 2° Jeanne d'Aubusson. Du premier lit vinrent : 1° François, qui suit ; 2° Henri, Sr de Castelnau, mort sans lignée ; 3° Jacques, baron d'Auvillars ou Availles, qui épousa Nicole de Pontac, dont Catherine des Cars, mariée à Guillaume d'Alesme, conseiller doyen du parlement de Bordeaux ; 4° autre François des Cars, baron de Caubon, devenu comte des Cars par le testament du 20 mars 1625, et de qui la branche de La Motte (rapportée plus loin) est sortie par son fils Annet ; 5° Catherine, mariée à Honorat de Montpezat, baron de Laugnac.

XVII. — François des Cars, chevalier, baron de Merville, grand-sénéchal de Guyenne, après son père, mourut, en 1606, gouverneur du château du Ha. Il avait épousé, le 19 septembre 1595, Rose de Montal, demoiselle de la reine Catherine de Médicis, baronne de Roquebrou et de Carbonnières, fille de Gille, baron des mêmes lieux, bailli des Montagnes et gouverneur de la Haute-Auvergne, et de Catherine d'Ornesan. D'eux naquirent : 1° François, IIe du nom, marquis de Merville, mort sans lignée ; 2° Jacques des Cars, IIe du nom, qui suit ; 3° Catherine des Cars mariée à Léonor de Montlezun, S^{gr} de Tagen ; 4° Françoise des Cars, alliée à François d'Hautefort, chevalier, S^{gr} de Saint-Chamant en Limousin et de La Cassagne en Bas-Périgord ; 5° autre Catherine des Cars, dite *la Jeune*, seconde femme de Roger de Cominges, S^{gr} de Peguilhem ; 6° autre Catherine, née en 1605, religieuse au Paravis, ordre de Saint-Benoît, diocèse de Condom ; 7° Catherine des Cars de Merville, mariée à Guillaume d'Alesme, conseiller-doyen et garde des sceaux du parlement de Guyenne.

XVIII. — Jacques des Cars, IIe du nom de cette branche, marquis de Montal, puis de Merville, baron de Roquebrou, tué à Paris en février 1631, avait épousé, le 27 janvier 1620, Madeleine de Bourbon-Malause, fille aînée de Henri II du nom, marquis de Malause et de Marie de Chalon, dame de La Case en Albigeois ; elle se remaria, le 26 janvier 1636, à Jean de Mourlhon-Thubières de Guimouard, comte de 'Caylus. Elle mourut, en septembre 1638, à Montal en Auvergne. De son premier mariage naquirent : 1º Charles des Cars, marquis de Merville, qui suit ; 2º Rose, dame de Caubon, Talesne, Saint-Géraud, Castelnau ; etc., mariée, le 6 avril 1647, à Alexandre-Galiot de Crussol d'Uzès-Balaguier, marquis de Montsales, fils d'Emmanuel de Crussol, duc d'Uzès, pair de France, chevalier d'honneur de la reine Anne d'Autriche, et de Claude Ebrard de Saint–Sulpice. Elle mourut à Paris, le 22 février 1696, âgée d'environ soixante-dix ans, et fut inhumée le lendemain à Saint–Sulpice, laissant des enfants.

XIX. — Charles des Cars, IIe du nom de cette branche, marquis de Merville et de Montal, baron de Roquebrou, etc., épousa, le 4 février 1663, Charlotte-Françoise Bruneau, dame de La Rabastelière, fille de François, chevalier, maréchal-de-camp et lieutenant des gendarmes de M. le prince, et de Charlotte de Pompadour ; elle mourut en novembre 1707, âgée de soixante-deux ans : c'est elle que Mme de Sévigné (lettre 296, l'an 1676) appelle la bonne des Cars ; elle écrivait poliment en prose et en vers, et donna au public un livre de piété intitulé : *Le Solitaire de Terrasson*. De ce mariage : 1º Charles-François des Cars, marquis de Montal, qui suit ; 2º Marie-Anne, mariée, le 27 mars 1691, à Claude-Antoine de Moret, marquis de Montarnal, comte de Peyre ; 3º autre Marie-Anne, mariée 1º, en avril 1692, à Polycarpe de Bejary, S^{gr} de La Lourie, mort sans enfants ; 2º à Jean-Josué Adam, chevalier S^r des Loires-Saint-Denis en Poitou.

XX. — Charles-François des Cars, marquis de Merville, baron de Montal et de Roquebrou, mourut le 24 janvier 1707. Il est inhumé à Saint-André-des-Arts, à Paris. Il avait épousé, le 7 mai 1696, Françoise de La Font-de-Jean, fille de Fabien, marquis de Saint-Projet, et de Françoise de Rilhac. De ce mariage : 1º Françoise-Thérèse, née le 19 septembre 1701, mariée, le 6 juillet 1723, à Simon de Garric, chevalier baron d'Usecq en Quercy, comte de Montastruc ; 2º Joseph-Bonaventure-Polycarpe des Cars, marquis de Montal, de Merville et de La Roquebrou, baron de Carbonnières et de Saint-Jean-l'Espinasse, né le 18 octobre 1703, marié le 11 novembre 1723, à Élisabeth de Lastic, fille de François, chevalier, marquis de Siougeac, et de Marie de La Roche-Aymon ; elle mourut veuve, à Paris, le 8 février 1757 ; 3º Charles-Gabriel-Daniel, né le 30 mai 1705 ; 4º Marie-Anne, née le 19 août 1706, mariée le 27 février 1729, à Jacques-François de Salles d'Hautefort, chevalier, marquis de Saint-Chamant en Limousin.

Branche des seigneurs de Fialeix, paroisse de Saint-Trié (1).

XVII *bis*. — Jacques des Cars, fils de Léonard du nº XVI et de Catherine de Jourgnac, fut seigneur de Fialeix par les testaments de ses père et mère. Il épousa, par contrat du 13 février 1602, Françoise de Champaignac, fille de Jacques, S^r de La Vachère. Etant veuve, elle fit son testament le 23 mars 1626, et un codicile le lendemain. De ce mariage : Guillaume, qui suit.

(1) Saint Trié, canton d'Excideuil, arrondissement de Périgueux (Dordogne).

XVIII. — Guillaume des Cars, Sr de Fialeix, épousa, par contrat sans filiation du 5 novembre 1633, Marie ou Marthe du Saillant, dont 1° Aymeric, qui suit ; 2° Charles, tonsuré en 1658.

XIX. — Aymeric des Cars épousa, par contrat du 17 octobre 1661, Catherine de Beaulieu.

Branche des seigneurs de La Vernouille, paroisse de Saint-Ybard.

XVII ter. — François des Cars, fils de Léonard du n° XVI et de Catherine de Jourgnac, chevalier, Sr de La Vernouille, épousa Antoinette Bordas, du bourg de Benays. Elle mourut veuve le 17 septembre 1655. De ce mariage : 1° Bertrand, qui suit ; 2° Marguerite, baptisée le 5 juillet 1620; 3° Jeanne, baptisée le 22 avril 1627 ; 4° Léonarde, baptisée le 18 septembre 1629, inhumée à Saint-Ybard le 8 mars 1641.

XVIII. — Bertrand des Cars, Sr de La Vernouille, baptisé le 31 mars 1618, testa le 5 novembre 1709 ; il mourut à quatre-vingt-quatorze ans, le 18 juillet 1710, sans hoirs, et fit héritier Jean Descubes, Sr de Verlhaguer, fils du Sr de La Laurencie, paroisse de Saint-Auvent. Il avait épousé Susanne Le Roi de Chaumareix, qui testa le 13 janvier 1698, et mourut le lendemain à l'âge de soixante-trois ans.

Branche des seigneurs de La Motte.

XVIII. — Annet des Cars, fils de François des Cars, baron de Caubon, et de Françoise de Veyrières, quitta la croix de Malte, fut seigneur de La Motte, d'Aucanville, Beauvais (1) et Lussac, et gouverneur de Honfleur, chevalier d'honneur de S. A. R. Mademoiselle Marie-Louise d'Orléans, fille de Gaston de France ; il se qualifia marquis des Cars, et mourut en 1692. Il avait épousé 1°, le 11 juillet 1658, Lucrèce d'Esthuert, fille de Jacques ; elle fut d'abord recherchée en mariage par François de Barbezières, comte de La Roche-Chemareau, Civray, etc., il vint la voir au château de Rochechouart, et y mourut à l'âge de vingt-deux ans, après dix-neuf jours de maladie, le 22 septembre 1658. Elle est inhumée chez les religieuses de Saint-Pardoux-la-Rivière, diocèse de Périgueux, où l'on voit cette inscription et ses armes dans le sanctuaire du côté de l'épître :

« Ci-gist le corps de haute et puissante dame
Lucrece Esthuart, fille ainee et héritiere de
haut et puissant seigneur Jacques Esthuart
comte de La Vauguyon, marquis de Saint-Maigrin,
seigneur de Varaigne, Tonnins, Villeton, Grateloup, et chevalier des ordres du roi, et de
haute et puissante dame Marie de Roquelaure, sa mère, femme épouse de haut et puissant seigneur Annet, marquis des Cars, comte
de La Motte, seigneur de Belle-Serre, Saint-Sésert
et Puységur, lieutenant général es armées du
roy ; laquelle est décédée la cinquante-troisième
année de son âge, le 20 avril MDCLXII. »

(1) Beauvais, commune de Lussac, canton et arrondissement de Nontron (Dordogne).

Au-dessous de cette épitaphe se trouvait un écusson sans indication d'émail, *parti au premier des Cars; au second, d'Estuert de La Vauguyon.*

Elle mourut, à cinq heures du matin, le 20 avril 1662, en très bonne catholique. On ensevelit ses entrailles et son cœur, le lendemain, dans l'église de Saint-Front-la-Rivière. On garda son corps embaumé pendant vingt jours dans cette église, d'où on le porta chez les religieuses de Saint-Pardoux. Annet des Cars donna à ce couvent, pour l'anniversaire de sa femme, 1,000 livres. Elle mourut sans postérité.

Annet des Cars avait épousé 2°, par contrat du 27 février 1668, Paule de Montlezun, fille de N....., comte de Campagne, et d'Henriette de La Roche. De ce second lit vinrent : 1° Thomas, marquis des Cars, qui suit; 2° Catherine, mariée 1° à Jacques d'Abzac de La Douze, Sr de Villars et de Mézières; mariée 2° à Pierre de Bannes, Sr de Bordon; 3° et 4° Henriette et Louise, religieuses; 5° Gabrielle, mariée, en octobre 1726, à Jacques de La Font-de-Jean, chevalier de Saint-Projet-Reillac, Montesquiou et La Bastide, vicomte de Lavedan et de Barbazan, bailli et sénéchal de la Haute-Auvergne : elle mourut au château de Beauvais, paroisse de Lussac, dont elle était dame, le 3 avril 1760, âgée de plus de quatre-vingts ans, et fut inhumée le lendemain dans la chapelle qu'elle avait fait construire, attenante au sanctuaire du dit Lussac; elle fit héritier son filleul Gabriel de La Ramière par son testament du 1er septembre 1751.

XIX. — Thomas des Cars, marquis des Cars, S^r de La Motte-Saint-Sézer, Hanqueville, Belle-Serre, Beauvais, Lussac, Taille-Kaval et de Saint-Géraud, capitaine de cavalerie au régiment de la marine en 1695, mourut à La Motte-des-Cars, près Toulouse, à quatre-vingt-deux ans, le 14 février 1758. Il avait épousé, par contrat du 28 juin 1707, Marie-Madeleine de Crussol d'Uzès, fille d'Emmanuel de Crussol d'Uzès-Balaguier, marquis de Montsales, et de Marie-Madeleine Fouquet. Elle mourut à Paris, *ab intestat,* en 1722. De ce mariage : 1° Paule, née le 30 mars 1708; 2° Marie-Madeleine des Cars, né le 16 mai 1710, religieuse de la Visitation; 3° Louis-Alexandre-François, qui suit; 4° Félix des Cars, né le 20 février 1713; 5° et 6° Anne et Elisabeth, mortes filles.

XX. — Louis-Alexandre-François des Cars, marquis de La Motte, né le 8 avril 1711; il entra au service en 1734, et mourut sans postérité cinq mois après son mariage. Il avait épousé, le 25 novembre 1746, Anne de Gombault, de la juridiction de La Réole.

Notes isolées.

[Pierre des Cars (*de Quadris*), chevalier, vivait en 1233 et 1234, et est qualifié Sr de Compreignac.

Gérard de Pérusse, écuyer, vivait en 1330.]

Jean des Cars, écuyer dans la compagnie du sire de Clisson, le 1er juin 1379.

[Raymond des Cars, doyen de l'église de Puy-en-Vélay, vivait en 1387.

Hytier de Pérusse, précepteur de la maison Belle-Chassagne, cité dans les registres de Borsandi.]

N.. .. de Sully, fille de Geoffroy, conseiller du roi en 1410, et de Catherine de Veausse, épousa le fils du seigneur de Pérusse, sénéchal du Limousin.

[N..... d'Escars, qualifié sire d'Escars, assista, en 1458, au lit de justice tenu au parlement par le roi Charles VII pour juger Jean II, duc d'Alençon, accusé du crime de haute trahison.]

Ramnulphe, S^{gr} des Cars, fit son testament le 9 des calendes d'octobre 1499.

La fille des Cars, fille d'honneur de la reine Anne en 1498, avait 35 livres.

[Noble et vénérable Me Charles de Pérusse (*de Perucia*), prêtre, protonotaire apostolique, vivait le 5 juillet 1508.]

Une Boilline des Cars assista, à Châtellerault, le 15 juillet 1540, au mariage de Jeanne d'Albret, reine de Navarre, avec le duc de Clèves.

Françoise de Pérusse des Cars épousa : 1° N....., de La Fayette; 2° Gabriel de Culant, qui vivait en 1553.

[Anne de Pérusse des Cars La Vauguyon épousa, en 1563, Jean II, baron de Florac.

Jeanne de Pérusse des Cars, mariée, avant 1572, avec Charles, Sr de Castelnau.]

Claude de Pérusse, S^r de La Cose, élection d'Angoulême, fut trouvé gentilhomme en 1598.

François, père de Jacques, qui est dit comte des Cars, chevalier de l'ordre du roi, conseiller en son conseil privé et d'État, capitaine de cinquante hommes d'armes de ses ordonnances, dans un titre du 24 mai 1587. Il s'y dit héritier en seul des terres et maisons des Cars, Ségur et Juillac, et héritier, sous bénéfice d'inventaire, de feu François, son père.]

Léonarde-Claude des Cars de Busseroles, femme, en 1629, de Léonard Chouviac, Sr du Montellier et du Châtaignier, paroisse de Saint-Ybard.

Marguerite des Cars, fille de feu M. le chevalier de La Vernouille, épousa, à Saint-Ybard, le 9 septembre 1646, Antoine Daymal, du bourg de Saint-Bonnet.

Le chevalier des Cars se trouva à la bataille du faubourg Saint-Antoine le 2 juillet 1652.

Jeanne des Cars épousa, en octobre 1654, Jean Fayolle, écuyer, S^r de La Brugère, premier lieutenant de la grande prévôté de Limoges : elle mourut à Uzerche le 12 octobre 1660.

Dominique des Cars, vicaire général de Soissons, fut fait prévôt de cette église le 13 juin 1740. Il fut nommé à l'abbaye de Notre–Dame-du-Val, à Bayeux, en 1742.

Sources : Geoffroy de Vigeois, *Chronique*, p. 324. — Castelnau, L. VII, ch. I, IX. — Le Laboureur, *Additions à Castelnau*, T. I. p. 273, 320, 369, 760, 798, 846; T. II, p. 210, 649, 703, 729, 732, 753, 754, 755; T. III, p. 91, 215, 256, 270. — Le P. Simplicien, *Histoire des grands-officiers de la couronne*, T. I, p. 220, 363, 371 ; T. II, p. 225 de 227 à 235, 660, 862; T. III, p. 83, 759, 777, 778 ; T. IV. p. 40, 471, 571 ; T. V, p. 127, 894; T. VII. p. 18, 23; 292, 302, 331, 620, 805; T. VIII, p. 931, 938 ; T. IX, p. 55, 82, 98, 101, 392, 475. — Robert, *Gallia christiana*, p. 396. — Scévole et Louis de Sainte-Marthe, *Gallia christiana vetus*, T. II, p. 652; T. III, p. 263, 724, 902, 972; T. IV, p. 670. — *Gallia christiana nova*, T. II, col, 47, 441, 455, 1079, 1205,

1499, 2262; T. III, aux additions; T. IV, col. 495, 638, 712, 825; T. IX, col. 387; T, XII, col. 519. — Dutems, *Clergé de France,* T. II, p. 355. — Servin, *Plaidoyers,* T. III, p. 178. — *Dictionnaire généalogique,* édition de 1757. — Bodin, *la Démonomanie,* L. III, ch. I. — Maynard, *Notables questions,* L. II, ch. VIII. — Baluze, *Histoire généalogique de la maison d'Auvergne,* T. I, p. 408, 413; T. II, p. 612, 656, 658, 755, 756, — Martène, *Thesaurus anecdotorum,* col. 1433. — Pasquier, *Recherches sur l'Histoire de France,* L. VIII, ch. XXXIX, L. IX, p. 37. — Fra Paolo, *Histoire du concile de Trente,* L. V. — Godefroy, *Histoire de Charles VI,* p. 402; *Histoire de Charles VII,* p. 612. — Morice, *Histoire de la Bretagne,* T. II, preuves, col. 906, 1314, 1316, 1394; T. III, preuves, col. 411, 689, 1164. — Duchesne, *Histoire de la maison de Chastillon,* p. 271 ; *Histoire de la maison de Chasteigner,* p. 325, 403. — Varillas, *Histoire de Charles IX,* L. II. — Taillaud, *Histoire de Bretagne,* T. II, p. 9. — Pierre de Saint-Romuald, *Trésor chronologique,* année 1512. — Moreri, édition de 1759, articles *Escars* et *Frezeau.* — Bouchet. *Annales de l'Aquitaine,* p. 294, 304, 305. — Darnal, *Chronique bordelaise.* — Le Frère, *Histoire des troubles,* L. VII, IX, X, XIV, XV, XVII, XXVI, XXX. — Lobineau, *Histoire de la ville de Paris,* T. II, p. 958; T. IV, p. 657; T. V, p. 418; *Mémoire de la reine Marguerite,* L. II. — Popelinière, *Histoire de France.* — Vienne, *Histoire de Bordeaux,* T. I, p. 146 et 149. — Brantôme, T. I, p. 853; T. III, p. 336; T. VIII, p. 165, 166, 244, 269; T. IX, p. 78, 371; T. XV, p. 9, 221, 222. — Valladier, *Oraison funèbre d'Anne des Cars.* — Le Beuf, *Histoire de Paris,* T. X, p. 169; T. XIV, p. 214; T. XV, p. 228. — Nicéron, *Mémoires pour l'histoire de la république des lettres,* T. XIV, p. 90. — Bonaventure de Saint-Amable, T. III, p. 54. — Meurisse, *Histoire des évêques de Metz.* — Du Saussay, *Martyrologe gallican,* 19 avril. — De Thou, L. XXII, XXIV, XXV, XXVII, XXVIII, XXIX, XXXII, LX, LXIII, LXIV, LXXXV, CIII, CXII, CXVII, CXXV. — *Mémoires de Condé,* T. I, p. 163; T. III, p. 475. — *Vie du cardinal de Richelieu,* L. I. — Haudicquer, *Nobiliaire de Picardie,* édition de 1712, T. II, p. 209. — Olhagaray, *Histoire de Foix,* n° 18, p. 461; n° 19, p. 504. — Frizon, *Gallia purpurata.* — D'Ossat, L. II, p. 55, 56 et 59. — *Vie des Bourbons,* p. 303, 334, 360, 385 et suivantes. — Duverdier, *Prosographie,* T. III, p. 2493. — Rabutin, *Commentaires des dernières guerres,* L. IX, — *Histoire des églises réformées,* T II, p. 13. — Vaissette, *Histoire du Languedoc,* T. V. p. 247, 370. — Calendrier des révérends pères prêcheurs de Limoges. — Chronique des frères mineurs de Limoges. — Nécrologie de Glandier. — Registres du parlement de Paris. — Registres de Saint-Front-la-Rivière. — [*Tablettes historiques,* III° partie, p. 34, 35, 36; IV° partie, p. 282, 341, 342. — *Histoire du parlement de Paris,* in-12, Ire partie, p. 38, 39. — Baluze, *Histoire généalogique de la maison d'Auvergne,* T. I, p. 392; T. II, p. 612. — Registres de Borsandi, notaire à Limoges, *apud* Dom Col., p. 70, n° 12, et p. 131, n° 205. — Registres de Durandi, chez Morange, notaire à Limoges. — Registres de Fagia, notaire à Aixe, chez Ardant, notaire à Limoges, folio 18 *recto,* folio 72. — Registres de Mandaci, notaire à Aixe, chez Ardant, notaire à Limoges, folio 29 *recto,* 46 et 99 *verso.*]

CARTAUD. — Noble Jean Cartaud, Sr de La Villate, avocat du roi à Aubusson, épousa Marguerite de Boutiniergues, dont il eut François, tonsuré en 1724, et connu par ses écrits.

CASTELLO, Sr de Tesson et de Maillé, paroisse de Coisvert (1), élection de Saint-Jean-d'Angely, porte : *d'or à trois aigles éployées de sable, couronnées de même.*

I. — Jean de Castello donna procuration le 21 février 1512 ; fit une procédure devant le juge de Saint-Maixent pour la main-levée d'un cheval, exécuté sur Jacques son fils, le 7 mars 1514.

II. — Jacques de Castello fit une vente le 7 mars 1520, et reçut un hommage le 31 juillet 1529. Il épousa Françoise Fouray.

III. — Pierre de Castello épousa, le 17 juin 1579, Anastasie Rocher.

IV. — René de Castello épousa 1°, le 17 octobre 1600, Catherine de Franc, dont il eut Pierre, qui suit ; il épousa 2°, le 10 septembre 1619, Esther Richaud, dont il eut, Jean, Sr de Mallé, qui se maria.

V. — Pierre de Castello, Sr de Tesson, épousa, le 24 mai 1647, Elisabeth de Gourijaud.

V bis. — Jean de Castello, Sr de Maillé, épousa, le 11 avril 1655, Marguerite Pollet.

CASTELNAUD. — Jean de Montault dit le capitaine Castelnaud, de la paroisse de ....., élection de Saintes, fut trouvé gentilhomme en 1598.

CASTURAT. — René Casturat, écuyer, habitant du château de Puylourant en Poitou, épousa, par contrat du 15 décembre 1592, signé de Masdot, Anne de Montmeynard.

CELLIER. — N..... Cellier épousa N....., dont il eut : 1° Jean, né dans la ville d'Allassac, secrétaire ordinaire de la chambre du roi ; 2° Nicolas, qui était sous-diacre en 1613.

N..... Cellier, Sr de Pont, épousa N...... dont il eut : 1° Claude ; 2° Jean, tonsurés tous les deux en 1599.

CERETANY, Sr du Breuil, paroisse d'Arles, élection de Saintes, porte : *d'azur à une bande d'or chargée de trois chênes de sinople.*

I. — Mathieu Ceretany eut, du duc de Florence, des lettres d'anoblissement le 26 mars 1574. Il épousa Flamette Péchony.

II. — Antoine de Ceretany épousa, par contrat du 17 janvier 1598, Jeanne Joly, dont il eut : 1° Pierre, qui suit ; 2° André ; 3° Nicolas ; 4° François ; 5° Marie ; 6° Charles, auxquels, par leur testament du 17 juin 1628, ces deux époux font des légats en instituant Pierre. Au mois de mars 1599, Antoine de Ceretany reçut d'Henri IV des lettres patentes expédiées sur les titres d'anoblissement de son père, dûment vérifiées.

III. — Pierre de Ceretany épousa, par contrat du 20 avril 1524, Marguerite Ruchaud.

IV. — Charles-Eutrope de Ceretany épousa, par contrat du 27 novembre 1658, Jeanne Arnoux.

---

(1) Coivert, canton de Loulay, arrondissement de Saint-Jean-d'Angely (Charente-Inférieure).

CERIS (1).

CERISÉ. — Guyon, dans son *Miroir de beauté* (T. I, p. 615), dit que N..... Cerisé de La Marche, beau gentilhomme, avait tout le front couvert de poils, et qu'il en fut guéri.

CÉROU. — Jean-Joseph Cérou, capitoul de Toulouse, écuyer, habitant la ville de Brive, épousa N....., dont il eut Joseph-Louis Cérou de Chayar, qui était ecclésiastique en 1770.
Joseph de Cérou, écuyer de la ville de Brive, épousa, en 1771, Louise Valetaud de Chabrefy, de la ville d'Angoulême.

CERTAIN. — Noble Pierre Certain de La Coste de La Meschaussée, paroisse de Noalhac (2), épousa Antoinette d'Amadon, dont il eut : 1° Pierre, qui suit; 2° Jean-Baptiste, né le 5 septembre 1734, et tonsuré en 1753.
Pierre Certain, écuyer, S^r de La Coste de La Meschaussée, épousa N....., dont il eut Jean, qui fut ecclésiastique (3).

CERZÉ (4).

[CEULECO. — V. Culenc.]

CHABANNES (5). — Il divisa sa cavalerie en deux corps tout à fait égaux ; et, comme il n'avait rien à craindre par derrière, il se mit à la tête du premier. Il plaça le convoi au milieu, et le second corps tint lieu d'arrière-garde. Il marcha en cette posture avec si peu de bruit que les Vénitiens l'aperçurent avant que d'avoir appris de ses nouvelles Il s'avança vers un endroit où les lignes n'étaient pas encore achevées. Les Vénitiens, qui n'avaient pas le loisir de renforcer cet endroit d'autant de gens qu'il en eût fallu pour arrêter les Français, les laissèrent passer.
La Palisse se préparait, après avoir ravitaillé la citadelle, pour sortir sur les assiégeant; mais ils lui en épargnèrent la peine. Ils prévirent qu'il leur serait désormais inutile ou même ruineux de continuer le siége de Vérone, et le levèrent si vite qu'ils étaient déjà en lieu de sûreté lorsque la Palisse les atteignit pour leur donner en queue. Il retourna sur ses pas, et trouva l'évêque de Trente, gouverneur de Vérone pour l'empereur, dans une disposition fort éloignée de celle où M. Chaumont supposait qu'il fût. Ce prélat remercia à la vérité les Français du bon office qu'ils venaient de lui rendre ; mais il appréhenda si fort qu'ils n'eussent dessein sur Vérone qu'il ne voulut permettre à aucun d'eux d'y demeurer. Ils furent donc réduits à

---

(1) Nadaud avait des notes sur cette famille à la page 800, déchirée.
(2) Noulhac, canton de Meyssac, arrondissement de Brive (Corrèze).
(3) Nadaud avait d'autres notes sur cette famille à la page 978, qui est déchirée.
(4) Nadaud avait des notes sur cette familles à la page 804, qui est déchirée.
(5) Le registre de Nadaud se trouve déchiré au commencement et à la fin de cette généalogie. Les notes qui suivent commencent à la page 1203 ou plutôt 1200, car la page précédente porte le chiffre 1198, et l'inspection du registre ne paraît pas accuser une lacération de plus de quatre pages. La fin de ces mêmes notes termine la page 1214, et le feuillet suivant manque.

se contenter de la gloire qu'ils venaient d'acquérir, et retournèrent vers Chaumont pour le convaincre qu'il avait été trompé.

L'empereur Maximilien mit le siége devant Padoue le 15 septembre, et se contenta de camper en un seul endroit, et de l'attaquer par là. Le roi Louis XII lui envoya La Palisse avec une gentille armée et bien délibérée. (BRANTÔME, T. VII. p. 65 et 66.) La Palisse eut beau lui remontrer qu'il fallait que ce fût vers la porte de Codalonga, et que tous les autres endroits lui seraient également désavantageux : cet avis, tout salutaire qu'il était, passa pour suspect dans le conseil impérial par la seule considération qu'il venait d'un Français ; et Maximilien, bien loin d'y déférer, s'alla mettre au poste de Sainte-Croix, presque directement opposé à celui de Codalonga. Mais il n'y demeura pas longtemps sans porter la peine de sa défiance. Les gros canons des assiégés, qui avaient son armée en beau début, y firent de si terribles éclaircissements qu'il se retira bientôt pour aller devant la porte de Venise sous prétexte d'empêcher plus aisément la communication de ces deux villes. La Palisse, qui persistait dans son sentiment, lui demanda la permission d'agir contre la porte de Codalonga, et l'obtint par importunité, ou de crainte que, si on ne lui donnait aucune satisfaction, il ne voulut pas prêter les six-vingts pièces de canon qu'il avait menées au camp.

Les assiégeants foudroyèrent Padoue trois jours de suite, et, sur la fin du quatrième, La Palisse mit presque en poussière le boulevard de Codalonga. Il se prépara à monter à l'assaut ; mais les ingénieurs envoyés pour reconnaître la brèche la trouvèrent si peu raisonnable et si bien défendue que Maximilien suspendit l'ardeur des Français. Après bien des contrastes, Maximilien fut réduit à suivre le conseil que La Palisse lui avait donné d'abord, et qu'il avait jusque-là négligé. Il revint à la porte de Codalonga, la mit par terre, et le 30 septembre, il fit donner l'assaut au boulevard ; mais l'excès de sa précaution lui fut nuisible : il s'imagina que, s'il donnait la première pointe au Français comme il était obligé par l'honneur, La Palisse, piqué de n'avoir pas été cru d'abord, agirait mollement, quand ce ne serait que pour mieux faire connaître l'importance de son avis. Il fut obligé de lever le siège le 1er octobre. Il usa de son accoutumée libéralité envers La Palisse, lieutenant pour le roi de France.

Pour prévenir les railleries que l'on ferait de lui dans toutes les cours de l'Europe, il fit une apologie, qui n'était, à la bien prendre, qu'une satire des rois de France et d'Espagne. Il reprochait, entre autres choses, aux Français d'être convenus avec lui que La Palisse l'irait prendre le 1er jour de mai avec 700 lances et 4,000 fantassins choisis, et qu'il se présenterait devant les montagnes de Vicence, afin d'attirer de son côté une partie des paysans qui les défendaient, pendant que Maximilien en attaquerait l'autre, et que nonobstant les Allemands n'avaient eu aucune nouvelle des Français jusqu'à leur descente dans la Lombardie ; ce qui leur avait fait perdre la saison de l'été, dans laquelle ils eussent emporté Padoue avec peu de difficulté. Il s'en prenait ensuite à La Palisse en particulier : il le blâmait d'avoir employé trop de temps à conduire l'artillerie ; il le taxait d'ignorance en l'art militaire sur l'avis qu'il lui avait donné d'attaquer Padoue par le côté de Codalonga, qui était le plus fort du consentement de tous ceux qui en avaient examiné le plan, et il le soupçonnait indirectement d'intelligence avec les assiégés, par la simple conjecture que les Français seraient obligés à moins de dépense pour conserver ce qu'ils tenaient en Italie lorsqu'ils auraient un voisin aussi faible que serait désormais la république de Venise.

Le roi Louis XII, pour se justifier, répondit qu'il demeurait d'accord du traité dont parlait Maximilien, et de l'obligation de La Palisse à se présenter devant les montagnes de Vicence, du côté de la Lombardie, le 1er jour de mai ; mais en même temps S. M. prenait à témoin les Flamands s'il n'était pas vrai que l'empereur, au lieu d'exécuter le même traité, et de paraître devant Vicence avec une armée digne de lui, était allé en Flandre, et qu'il avait employé jusqu'aux mois d'août à tirer des Allemands les troupes qui l'avaient suivi la seconde fois en Italie ; que La Palisse ne s'était avancé vers les montagnes de Bergame qu'en ce temps-là, et qu'il n'avait pas dû le faire auparavant, puisque, n'ayant que 700 lances, et personne ne paraissant du côté de l'Allemagne pour faire diversion, les Vénitiens eussent eu plus de temps qu'il n'en fallait pour le tailler en pièces, et que Maximilien n'était pas assez redoutable aux Français pour les obliger à commettre une infidélité.

Ces deux princes se réconcilièrent, et Louis XII manda à Chaumont de renvoyer La Palisse avec 500 lances dans le pays de terre ferme que tenait l'empereur, à condition que, si les troupes allemandes y rentraient dans tout le mois qui s'écoulerait après son arrivée, il agît de concert avec elles, et obéît à leur général ; mais, si elles ne paraissaient pas, et que l'on n'en eût point de nouvelles, il revînt, en ramenant les hommes d'armes français, hiverner dans le duché de Milan. La Palisse prit ses quartiers de rafraîchissement entre Vérone et Vicence, et, pour ne pas demeurer oisif en attendant Maximilien, qui lui avait écrit qu'il le joindrait en personne, il investit l'importante place de La Chiosura, que le comte Petilien venait de surprendre. Les Français ne purent l'assiéger faute d'infanterie, mais ne laissèrent pas de la réduire à de telles extrémités, en empêchant que rien n'y entrât, qu'elle se serait rendue à l'approche de Allemands s'ils eussent paru. Mais il n'y en eut pas un seul qui se mît en campagne, et La Palisse, qui n'aurait pu s'exempter de périr s'il eût attendu l'hiver dans le lieu extraordinairement marécageux où il se trouvait, reprit le chemin de Milan. Il fut envoyé par Chaumont, avec 700 lances et 4,000 fantassins, à pourvoir à la conservation de Valegio. Il donna tant de jalousie à Vicence que le sénat de Venise, convaincu de la faute qu'il avait faite en éloignant à contre-temps l'armée de Petilien, le renvoya avec toute la diligence imaginable.

En 1510, La Palissse fut fait lieutenant-général de l'armée du Milanais au commencement du mois de mai. Au mois de septembre suivant, ses 400 lances françaises, réduites à l'oisiveté, importunèrent les Allemands de les mêler avec eux quand ils feraient des sorties à Vérone, assiégée par les Vénitiens. Ceux-ci endommagèrent tellement la forteresse de Saint-Félix et le boulevard voisin que les Allemands perdirent l'espérance de les garder plus longtemps. Ils proposèrent, dans un conseil de guerre où La Palisse assista, d'abandonner l'une et l'autre après les avoir rendues inutiles aux assiégeants. La Palisse, convaincu de la nécessité de cette retraite, ne s'y opposa pas absolument ; mais il demanda que l'on fît auparavant une sortie sur les Vénitiens, opposés au quartier des Allemands ; il ajouta qu'il fournirait pour cela 1,800 hommes, et permettrait à la cavalerie française de se mettre à leur tête. Il arriva à la fin qu'il s'était proposée en obligeant les ennemis à lever le siége. Le marquis de Mantoue, indigné contre les Vénitiens, manda, par une personne affidée, à la garnison de Véronne, dont La Palisse commandait une partie, de faire irruption dans le Mantouan, afin qu'il y eût prétexte de courir à la défense de son État, et d'engager la république à lui prêter ses troupes.

La Palisse comprit parfaitement l'intention du marquis, et n'eut pas plus tôt proposé à ceux qui gardaient avec lui Vérone que cette place n'avait rien à craindre tant que l'armée vénitienne serait dans le Ferrarais, et qu'ils auraient ravagé le Mantouan avant qu'elle en fût sortie, que les deux tiers d'entre eux le suivirent dans le Mantouan. Le butin que firent les Français et les Allemands dans cette fertile contrée fut des plus grands. Depuis, dans le traité fait entre Maximilien et Louis XII, celui-ci consentit que La Palisse joignît l'armée impériale avec 1,200 lances, autant de chevau-légers et 8,000 fantassins, soit que Maximilien y fût ou non, et de quelque nombre de troupes que son armée fût composée, et il augmenta depuis jusqu'au nombre de 20,000 l'armée que La Palisse lui menait.

La Palisse ne manqua pas d'avancer le premier jour de mai de l'an 1511 sur la frontière de la partie que les Français tenaient dans l'état de terre-ferme, avec les 20,000 soldats que le roi, son maître, avait promis à l'empereur Maximilien. Il informa ce prince des ordres qu'il avait de lui obéir, et le conjura de venir en personne commander les Français aussi bien que les Allemands. Mais Maximilien n'avait pu mettre sur pied que 8,800 hommes, et, ce nombre n'égalant pas la moitié de l'armée française, il y eût eu de la honte pour S. M. I. de se trouver dans une armée où elle n'aurait pas été la plus forte. Elle se contenta donc d'écrire à La Palisse qu'il tâchât, avant toutes choses, de déloger les Vénitiens du poste avantageux où ils s'étaient retranchés. Celui-ci marcha droit aux ennemis avec 3,000 pionniers, et ne trouva pas la résistance qu'il s'était imaginé. Son premier choc fut soutenu avec assez de vigueur; mais les Vénitiens levèrent le pied au second. Ils fuirent avec une extrême confusion vers les villes dont ils tiraient leur subsistance, et Guy Rangone, leur général, trop mécontent de leur fuite pour l'imiter, se laissa prendre prisonnier avec quelques amis qu'il avait attirés sous ses enseignes.

Leur jeune noblesse se jeta alors dans Padoue et Trévise pour défendre ces deux places jusqu'à l'extrémité. Le circuit de Padoue était trop vaste pour l'armée victorieuse, qui ne montait pas à 30,000 hommes; mais celui de Trévise avait plus de proportion avec elle, et La Palisse dépêcha vers Maximilien un courrier pour obtenir la permission de l'investir. Ceux qui le blâmèrent de cette précaution ne prenaient pas garde qu'on lui avait recommandé surtout de ne rien entreprendre de son chef; qu'il était dangereux, dans la conjoncture d'alors, de donner de l'ouvrage aux Allemands; qu'il n'avait pu prévoir l'avantage qu'il venait de remporter, et que, s'il eût attaqué Trévise sans la prendre, il aurait fourni à Maximilien l'occasion, qu'il cherchait peut-être, de rompre avec les Français. Maximilien approuva sa conduite, et lui commanda d'entrer dans le Frioul, et d'en réduire toutes les places à son obéissance après qu'il aurait tellement assuré aux Allemands l'entrée de la Lombardie qu'il ne fût plus possible aux Italiens de la contester.

La Palisse réussit avec succès, et l'empereur lui écrivit de retourner du côté de Vicence pour s'emparer de la ville de Castel-Novo, qui commandait le Pas de la Scala, passage important pour entrer dans le Trévisan. Il prévit assez qu'il ne serait pas plus tôt sorti du Frioul que les places nouvellement conquises se révolteraient, et de fait il ne resta que celle de Gradisca sous la dénomination de Maximilien; mais il fallut obéir, et ne pas examiner si le commandement était dans les règles. Le général français s'acquitta bientôt de sa commission, il prit Castel-Novo; mais, quand il demanda de nouveaux ordres, on lui proposa d'entrer dans le Frioul. Le pays était trop éloigné pour y engager une armée destinée principalement à la conservation de l'État de Milan, toujours menacé d'une invasion subite des Suisses : c'est ce que La Palisse fit représenter à l'empereur.

Ce prince, sans s'expliquer s'il se rendait aux raisons du général français ou s'il se tenait offensé de son refus, partit brusquement de Trente pour s'en aller dans le fond de l'Allemagne. En partant, il envoya ordre à ses troupes de tenter seulement l'entreprise du Frioul. La Palisse, pour la favoriser autant que lui permettraient les intérêts de son maître, s'avança dans le pays ennemi pour faire diversion, et se porta sur la Piave. Son mouvement retint, comme il l'avait prévu, l'armée vénitienne en terre-ferme. Après quelques exploits, les Allemands rejoignirent l'armée française sur la Piave. La Palisse était pressé de s'en retourner dans l'état de Milan, d'où il lui venait courrier sur courrier pour lui donner avis que les Suisses s'attroupaient vers Belliazone. Ainsi, tout ce qu'il put faire pour le service de l'empereur, en s'en retournant, fut de se présenter devant Trévise. La garnison faisant bonne contenance, il délogea. La place était trop forte pour qu'il pût l'emporter dans le peu de temps qu'il pouvait donner à ses alliés. Dès qu'il fut en marche, l'armée vénitienne se mit à ses trousses, mais de loin et sans lui porter aucun dommage. Ce général se resserra même si peu pour être suivi qu'il envoya enlever, chemin faisant, 200 gendarmes de l'ennemi qui étaient en quartier aux portes de Padoue; et c'est ainsi qu'il termina cette campagne.

En 1512, il était dans le premier rang au siége de Bresce, où il commanda une des deux troupes sous Gaston de Foix, comte de Nemours. Le 11 avril, jour de Pâques, toutes les troupes de Gaston de Foix se trouvèrent, au point du jour, rangées en ordonnance par les soins de La Palisse, à qui le roi venait de donner la charge de grand-maître de sa maison, qui avait été tenue par deux grands hommes de sa famille.

A la bataille de Ravenne, La Palisse commandait la gendarmerie du corps de bataille et de l'aile gauche, au nombre de 7 à 800 lances. Il était aux mains avec Cardonne, et son infanterie avait du pire, les Gascons n'agissant point alors avec autant de vigueur qu'ils en avaient témoigné à Bresce. Sa cavalerie n'agissait guère mieux : elle donna sur la queue de l'arrière-garde confédérée, et elle ne lui fit pas grand mal, mais, en récompense, elle prit Navarre, capitaine ennemi. La Palisse vit venir Gaston, la cotte d'armes toute sanglante du sang des ennemis qu'il avait blessé. *Par saint Michel,* lui dit-il, *général, vous êtes blessé; mais il n'y a plus de coups à donner. — Non,* lui repartit Gaston; *mais j'en ai bien blessé d'autres, et si ferai-je encore.* La Palisse eut beau lui représenter que, s'il était permis à un général de s'exposer quelquefois, ce ne pouvait être que pour rallier ses troupes dans une nécessité urgente, et non pour faire tuer quelques fuyards de plus. Gaston, malgré ces remontrances, se laissant emporter à l'ardeur de la jeunesse, se mit à la poursuite de l'infanterie espagnole, et fut tué à la première charge.

Les Français, vainqueurs au premier siége de Ravenne, s'adressèrent à La Palisse, et le conjurèrent de les mener encore contre cette ville pour venger la mort de leur général. Ils étaient si fatigués que les lois de la guerre auraient voulu que l'on différât de donner un second assaut jusqu'au lendemain ; mais ils obtinrent, à force d'importunités, ce qui leur aurait été refusé en toute autre rencontre. Marc-Antoine Colonne perdit courage à l'approche de La Palisse, et lui envoya des dépêches pour capituler. Il ne demanda que la condition ordinaire, c'est-à-dire qu'il fût permis à la garnison et au camp volant qu'il commandait de se retirer avec leurs enseignes, armes, chevaux, bagages et une pièce de canon. La Palisse y consentit, mais il ajouta que la garnison et le camp volant s'engageraient à ne servir de trois mois contre la France. Cet article parut dur, et, pendant que les députés allaient dans la ville pour en délibérer, les Français s'aperçurent d'une contestation survenue entre la bourgeoisie et les gens de guerre. Ils donnèrent à la brèche un assaut qui ne dura pas plus de demi-heure : elle fut emportée dans ce peu de temps, et la ville saccagée. Il se saisit des plus mutins, et promit d'en faire en peu de jours justice exemplaire. Mais sa sévérité ne satisfit pas ceux de Ravenne : ils désiraient de lui plus qu'il ne pouvait leur accorder, et la multitude des coupables ne lui permettait pas de les punir tous. La citadelle où Marc-Antoine Colonne s'était retiré fut investie, et se rendit deux jours après aux mêmes conditions qu'il avait refusées immédiatement après la bataille. La Palisse eut aussi par capitulation Cita-di-Castello, près de Ravenne. Il n'avait commandé que l'avant-garde ; mais, depuis la bataille, on lui donna le commandement de l'armée. Sa hardiesse et sa prudence avaient paru avec éclat, et, pour récompense, on lui donna le gouvernement du duché de Milan.

La nouvelle n'eut pas plus tôt été portée à Milan que les Français avaient vaincu devant Ravenne que le général de Normandie, qui payait l'armée, sans conférer avec La Palisse, cassa toutes les troupes étrangères levées pour la garde du duché de Milan, sur la supposition que ce duché n'avait plus besoin de gens de guerre, et que les confédérés, après le désavantage qu'ils venaient de recevoir, seraient trop occupés à défendre leurs propres États pour entreprendre sur ceux d'autrui. La Palisse ne crut pas au premier avis qu'il en reçut, et il en attendit la confirmation avant de se déterminer. Il n'y avait plus pour lui que deux partis à prendre : l'un, de ramener toute l'armée victorieuse dans le duché de Milan ; l'autre, de la partager avec le cardinal de Saint-Séverin, qui demeurerait dans la Romagne. Le second fut préféré au premier par la raison qu'il était moins honteux à la France, et qu'il hasardait moins la réputation des vainqueurs. La Palisse laissa donc 300 lances, 6,000 hommes de pied et la moitié de l'artillerie au cardinal de Saint-Séverin, et lui-même prit, à grandes journées, le chemin de Parme. Il devint si faible par le détachement des 200 gentilshommes de la garde et de 2,500 des meilleurs fantassins que le roi Louis XII rappela d'Italie, pour résister aux Anglais, qu'il fut contraint de prier le cardinal de Saint-Séverin de le venir joindre. Il apprit que le cardinal de Sion avait mené à Coire 18,000 Suisses, et, ne pouvant deviner où fondrait cet orage, il fit consister la prudence à se mettre au milieu des lieux qui en étaient les plus menacés, afin d'accourir avec une égale promptitude partout où le besoin l'appellerait. Il ne lui restait plus que 1,000 lances et 10.000 fantassins, et, cette armée ne suffisant pas pour défendre le duché de Milan après que les troupes des confédérés seraient jointes, il écouta les propositions de quelques capitaines italiens, qui offraient d'attirer sous ses enseignes, dans huit jours, 6,000 soldats de leur nation pour une somme raisonnable.

Il la demanda au général de Normandie, qui répondit qu'il n'oserait la fournir sans un ordre particulier du roi. La Palisse, que ce refus mettait au désespoir, répliqua qu'il était étrange que le général de Normandie, qui n'avait pas attendu un ordre particulier pour licencier les troupes étrangères, l'exigeât pour les rétablir. Mais ce général demeura ferme, et La Palisse n'eut plus d'autre parti à prendre que de s'avancer vers le pont de l'Oglio au premier bruit que les Suisses sortaient de Coire, et marchaient vers le Véronais. Il apprit là que les garnisons de Bresce, de Bergame et de Léménice étaient si faibles, à cause de la multitude des déserteurs, qu'elles seraient enlevées à la première attaque si on n'y remédiait promptement. Il y jeta 4,000 fantassins, et demeura de cette sorte avec 6,000 seulement. Il s'imagina que cette circonstance toucherait le cœur du général de Normandie : il lui en écrivit une lettre en chiffres, et n'oublia pas de lui représenter que, si les Suisses, au lieu de s'amuser à reprendre le chemin de Vérone pour y joindre l'armée que les Vénitiens avaient mise sur pied, fussent allés droit à Milan, ils l'auraient emporté d'abord. Il n'y avait rien dans la lettre qui ne fût très vrai ; mais le secret était trop important pour être mis par écrit dans la conjoncture d'alors, et il n'est pas possible d'excuser La Palisse de l'avoir révélé, quoiqu'il se fût mis en devoir d'empêcher qu'il ne vînt à la connaissance des confédérés.

Comme il était encore incertain si les Suisses et les Vénitiens entreraient dans l'État de Milan, ou s'ils iraient assiéger Ferrare, il décampa du pont de l'Oglio, et s'avança jusqu'à Gambara pour observer l'un et l'autre de ces mouvements. Les ennemis surprirent le courrier qu'il avait dépêché au général de Normandie, déchiffrèrent sa lettre, et la lurent dans un conseil extraordinairement assemblé pour cet unique sujet. L'évêque de Bologne, convaincu de la sincérité de La Palisse, conclut qu'il fallait bien que les affaires du duché de Milan fussent en pitoyable état pour obliger celui qui avait le plus d'intérêt à les cacher de les découvrir. Ainsi on alla à Milan. La Palisse les attendit à Ponte-Vigo, où il avait résolu de leur disputer le passage ; mais, des 6,000 fantassins qu'il avait, l'empereur rappela 4,000 lansquenets allemands. La Palisse se mit entièrement en devoir de les retenir ; ni l'argent, ni les bijoux, rien ne fut capable de les retenir : aussi, ne pouvant plus résister aux confédérés avec les 2,000 fantassins qui lui restaient, il suivit l'avis des officiers de la cavalerie, qui lui conseillèrent de se retirer en France, et de ne conserver, de toutes les places que le roi Louis XII tenait en Italie, que la seule ville de Pavie.

Il en prit, en effet, la route à dessein d'y laisser son infanterie; mais les confédérés, devenus les maîtres du duché de Milan, le suivirent de près, et il leur donna mal à propos le temps de l'atteindre. Il résolut de garder

Pavie, et perdit dans cette vue deux journées durant lesquelles il aurait pu se réfugier dans le Piémont. Il ne changea d'avis que lorsque les confédérés eurent presque achevé de l'investir, et que tous les officiers généraux de l'armée se furent obstinés à vouloir revenir incessamment en France. Il fut obligé de se laisser entraîner au nombre, et, ne pouvant défendre la place sans ses officiers, il fut contraint de reprendre avec eux le chemin des Alpes, et sortit d'Italie avec la même douleur qu'on ressent en quittant sa patrie pour aller en exil.

L'armée des ennemis, à qui presque toutes les places de l'État de Milan ouvrirent leurs portes, était déjà en vue de Pavie avant que La Palisse en fût sorti. La retraite néanmoins était encore sûre, parce qu'il était maître du seul point qui fût sur le Tessin, et il la fit en cet ordre ou plutôt en cette confusion : la moitié de sa cavalerie et 1,000 de ses fantassins allaient devant ; l'artillerie et le bagage tenaient le milieu, et l'autre moitié des troupes françaises servait d'arrière-garde. Il ne marcha sans obstacle que jusqu'au pont de Gravalleone, qui, n'étant que de bois, rompit sous l'artillerie. Le Tessin n'était pas guéable, et les Français, coupés par le milieu, eurent le malheur que la moitié de leur armée, qui était hors de danger, vit tailler en pièces l'autre moitié jusqu'au nombre de 500 lances sans pouvoir la secourir. La Palisse, qui s'était mis à la tête de son avant-garde, se réserva de cette sorte pour de nouvelles guerres en Italie, et ne fut pas poursuivi beaucoup au delà du Tesin. Il arriva en Piémont, avec l'armée française, le 28 juin.

Depuis, il fit tous ses efforts pour détourner les Florentins de protéger les Espagnols ; mais ce fut inutilement. La ville de Léonice fut serrée de si près qu'elle était réduite à l'extrémité. La Palisse écrivit au gouverneur de la place que, quand il ne pourrait plus tenir, il capitulât plutôt avec les Espagnols ou avec l'empereur qu'avec les Vénitiens. L'intention de La Palisse était de mettre la discorde entre les confédérés à cause que Léonice avait été abandonnée à l'empereur par la ligue de Cambrai, et qu'elle était si importante pour les Vénitiens qu'ils ne souffriraient pas qu'elle lui fût livrée. Mais La Palisse ne voyait pas qu'il y a de l'imprudence à se mêler de mettre la division entre les ennemis quand on ne le peut impunément et sans trop hasarder. Il repassa les Alpes, et alla servir dans la Navarre contre le roi catholique, qui avait usurpé ce royaume.

Il était au siégé de Borghet dans ce pays avec la fleur de la cavalerie française. Il fit le tour de la place, et reconnut de ses propres yeux la multitude de ceux qui la défendaient. Il prévit qu'elle tiendrait longtemps s'il attaquait dans les formes. Il ne fit qu'une batterie de tout ce qu'il avait pu mener de canons, et, aussitôt qu'il y eut une brèche tant soit peu raisonnable, il fit mettre pied à terre à sa cavalerie ; il la mêla avec l'infanterie française et navarraise ; il partagea toutes ses troupes en divers corps destinés à monter par la brèche les uns après les autres, suivant que le sort en ordonnerait, afin que les assiégés n'eussent point de relâche, et fit donner un assaut aussi furieux qu'avait été celui de Bresce. Le Borghet fut pris de force ; la garnison passée au fil de l'épée, et ce ne fut pas sans peine que La Palisse sauva la vie au capitaine qui la défendait.

Il persuada au roi de Navarre d'assiéger Pampelune du côté de l'Espagne, puisqu'il ne le pouvait de tous côtés, sur l'opinion que les assiégés, ne recevant plus rien d'Espagne, seraient contraints de capituler. Mais La Palisse ne voyait pas qu'il tomberait plus tôt que les ennemis dans l'inconvénient qu'il leur souhaitait, et, de fait, les vivres qu'il avait apportés, et dont les Navarrais fournissaient son camp en cachette, n'empêchèrent pas que son armée ne pâtit dès le troisième jour qu'il fut devant Pampelune. Il en pressa le siége avec une extrême vigueur, et la batterie fit une brèche raisonnable. Il y donna l'assaut. Les Français et les Navarrais y montèrent; mais ils furent repoussés. C'était au mois de décembre.

Au siége de Therouenne par les Anglais (1513), La Palisse ne pouvait se résoudre à obéir à Piennes, général de l'armée. Piennes avait été son officier subalterne dans les guerres de Naples, et devenait son général, parce que la guerre se faisait dans la Picardie, dont il avait le gouvernement. Il était à craindre que les Français n'eussent à l'avenir moins d'estime pour La Palisse après qu'ils l'auraient vu recevoir les ordres d'un homme qui autrefois exécutait les siens. Cela causa un dérèglement général dans l'armée, le 16 août 1513, qui fut suivi de la funeste journée des Eperons. La Palisse y fut fait prisonnier, quoiqu'il eût très bien rempli ses devoirs de soldat et de capitaine ; mais il trouva moyen de sortir des mains de ceux qui l'avaient arrêté.

Cependant, la paix ayant été conclue entre la France et l'Angleterre, et le roi Louis XII étant mort, François I*er*, qui lui succéda, souhaitant d'avoir la charge de *grand-maître de France* pour Arthur Gouffier, comte d'Etampes, qui avait été son gouverneur, Chabannes lui donna sa démission, et fut fait maréchal de France en 1515, grade si bien mérité. Il était à Lyon, du conseil du roi, lorsqu'on y approuva le plan d'un chemin qu'on avait découvert pour passer les Alpes et entrer en Italie : on raccommoda les chemins, et, en six jours de peine et de travail, l'armée arriva d'Embrun dans les gorges de Pignerol. La Palisse déboucha le premier dans les plaines du Piémont. Il avait mené une colonne par Briançon et par Sestrières, de manière qu'il couvrait l'artillerie, en marchant entre elle et l'ennemi, qui occupait les passages de la vallée de Suze. Cependant toutes les troupes avaient pénétré dans la plaine par d'autres cols, et, à mesure qu'elles arrivaient, elles se formaient près de la ville de Saluzes. Tandis que l'armée achevait de se ramasser, La Palisse perça dans le pays, et il s'avança, sans trouver aucun ennemi, auprès de Villefranche. Prosper Colonne, qui passait pour le premier soldat d'Italie, et qui était alors général des troupes du duc de Milan, y avait son quartier. Néanmoins les Français étaient aux portes de la ville quand il les croyait encore dans la montagne. Ainsi La Palisse, avec 1,000 chevaux, surprit Villefranche, et fit prisonnier Prosper Colonne dans le temps qu'il se mettait à table, avec deux cents hommes d'armes et le comte de Morgano, de la maison des Ursins. Il continua de servir en Italie, et se trouva à la bataille de Marignan, où il commandait l'arrière-garde, la même année 1515.

Le mardi 12 de mai 1517, il assista à l'entrée que fit la reine Claude de France, femme de Francois I*er*, dans la ville de Paris. En 1521, il fut envoyé à Calais avec Jean de Selves, premier président au parlement de Paris, pour y conclure la paix avec les députés de l'empereur Charles-Quint ; mais, cette négociation n'ayant pas eu tout le succès qu'on en attendait, on recommença la guerre. La Palisse fut d'avis et demanda la permission de donner sur la cavalerie de l'empereur près de Valenciennes, et on aurait ruiné sans ressource l'armée impériale si son avis eût été suivi. Depuis, le roi le donna pour conseil, ou, comme on s'est exprimé plus tard, pour lieutenant-général à Charles de Bourbon, duc de Vendôme, gouverneur de Picardie. Il mena un nouveau renfort de cavalerie française et 16,000 Suisses à Lautrec, pour rétablir les affaires de la France dans le duché de Milan. A la journée de La Bicoque (1522), il s'opiniâtra fort pour ne point donner, en alléguant force raisons que sa grande expérience lui avait apprises; mais M. de Lautrec, qui était général, voulut combattre. « Eh bien, répondit M. de La Palisse, que Dieu favorise donc aux fous et aux superbes! Quant à moi, afin qu'on ne pense point que je refuse le péril, je m'en vais combattre à pied avec la première infanterie, et vous autres, gendarmes français, combattez si vaillamment que l'on connaisse qu'en tels cas périlleux la fortune vous a plutôt manqué que le courage. » La défaite de nos gens entraîna la perte de l'État de Milan. Après la bataille, il fit beaucoup de représentations aux Suisses, qui l'estimaient beaucoup, pour les retenir; mais il ne put rien gagner.

Il succéda au maréchal de Chatillon, envoyé pour soutenir Fontarabie dans le commandement de l'armée. S'étant acheminé à Saint-Jean-de-Luz, et de là à Andaye, il s'avança jusqu'à la rivière de Bidassoa en attendant que la flotte de France parût pour favoriser son attaque; mais les vents étant contraires, le maréchal ne laissa pas de se présenter devant les lignes des Espagnols, et de les forcer. Il leur donna un si grand effroi que, sans faire aucun mouvement pour lui empêcher le passage de la rivière, ils levèrent le siége, et s'enfuirent dans les montagnes de Biscaye. Chabannes entra dans Fontarabie, et la trouva presque déserte. La garnison était réduite à moins de 300 hommes, au lieu de 4,000 dont elle avait été composée, le reste ayant péri dans les assauts ou par la famine. Chabannes, après l'avoir ravitaillée, s'en retourna en France avec ses troupes.

En 1523, François Ier envoya le maréchal de Chabannes avec 400 lances et 4,000 hommes de pied pour investir Le Chantelle en Bourbonnais, où s'était retiré le connétable Charles de Bourbon, et pour se saisir en toute manière de sa personne. Quoique Chabannes fût ami particulier du connétable, il s'avança avec tant de précipitation qu'il rencontra l'évêque d'Autun à La Pacaudière, qui n'est qu'à deux lieues de La Palisse, et le fit prisonnier. Le connétable en fut averti, et partit incontinent pour aller à Hermann, place de la Haute-Auvergne, où il arriva au point du jour le 8 de septembre. Le maréchal le poursuivit en vain : il ne put l'atteindre; mais il prit toutes les places que le duc avait en France. En même temps le roi fit arrêter de Boisy, frère du maréchal de La Palisse, et La Vauguyon, qui étaient à Thérouenne, soupçonnés d'avoir intelligence avec le duc de Bourbon. La guerre d'Italie pressait; mais, parce qu'on craignait que les révoltés n'attentassent sur la personne du roi, on garda auprès de Sa Majesté les gens de guerre que le maréchal de Chabannes avait levés.

Il fut fait, en 1524, lieutenant-général de l'armée qu'on mena devant Marseille. Il s'avança avec la cavalerie française pour observer la contenance des assiégeants, se moqua du scrupule qu'ils avaient fait d'entrer dans Avignon pour ne pas irriter le pape, et s'en saisit sous couleur de le conserver à Sa Sainteté. Il chassa les impériaux de devant Marseille, et de là, quand il sut que le roi s'approchait avec l'autre partie de l'armée, il s'avança à Salon-de-Craux. Il suivit ce prince en Italie. Son avis était de ne s'attacher à aucun siége, mais de poursuivre les ennemis, et de les accabler avant qu'ils eussent repris haleine, après une si longue et si pénible marche qu'avait été la leur entre les montagnes depuis Marseille jusqu'à Lodi. Mais malheureusement le sentiment contraire prévalut : on s'arrêta au siége de Pavie.

Peu avant la bataille donnée devant cette ville, le roi le fit monter à cheval pour visiter le château Saint-Ange. Il proposa de lever le siége de Pavie, et conseilla sagement au roi François Ier de se retirer : tous les principaux chefs étaient de ce sentiment, et ses raisons étaient si fortes qu'il y a lieu de s'étonner qu'elles ne fussent pas suivies ; mais l'amiral de Bonnivet l'emporta sur les autres, et fut cause qu'on donna la bataille. Il commandait l'avant-garde de 1,000 lances et de 4,000 fantassins gascons, et fit la première charge. Dans la chaleur du combat, qui fut donné le 24 février, l'ordonnance de l'armée fut changée : l'avant-garde du maréchal de Chabannes tint lieu d'arrière-garde. Il donna vigoureusement dans les troupes de Castalde, capitaine espagnol, et les rompit deux fois ; mais les autres corps impériaux, accourus au secours de Castalde, lui donnèrent le loisir de se rétablir, et firent une si rude charge à l'aile droite qu'ils la mirent en fuite.

La Palisse, tâchant de la rassembler, eut son cheval tué sous lui, et s'en dégagea avec beaucoup d'adresse nonobstant son grand âge ; mais, comme il s'allait jeter entre les Suisses pour combattre encore à pied avec eux, pendant que ses cavaliers se remettaient en ordre à la faveur de ce gros bataillon, il fut coupé par le capitaine italien nommé Castalde, qui le fit prisonnier de guerre, s'étant rendu à lui de bonne guerre. Vint après le cruel Busarto, capitaine d'infanterie. Cet homme, qui portait envie à l'honneur d'un si grand capitaine, enragé que cette proie lui échappât, et voulant en priver l'Italien, qui refusait de partager avec lui la rançon, appuya son arquebuse contre la tête du prisonnier, et la fit voler en éclats. Ainsi périt ce vaillant guerrier à la journée de Pavie, le jour de la Saint-Mathias 1524, c'est-à-dire 1525 selon notre manière de compter aujourd'hui. Paul Jove l'appelle un capitaine très prompt et hardi, et celui de tous les officiers français de ce temps-là dont les étrangers disent le plus de bien.

Guillaume Crétin, prêtre parisien, a donné l'*Apparition* de ce maréchal. Ce n'est qu'un simple dialogue entre le défunt et le poète, qui feint que le premier lui a apparu dans un état défiguré, et qui annonçait ce qui était arrivé. Cette pièce est extrêmement diffuse, quoique l'auteur n'y raconte que ce qui se trouve mieux circonstancié dans nos historiens.

Antoine du Saix, autre poète français, dans l'*Esperon de discipline,* IIe partie, loue ce maréchal de France, connu dans notre histoire sous le nom de *Chevalier sans Per.* Le poète n'avance rien de trop lorsque, entrant dans le détail des exploits de ce brave capitaine, il dit, après avoir parlé de la bataille de Fornoue :

« Tantôt après la magnanime force
Du seul Sans Per sentit Ludovic Sforce,
Lequel, chassé, soudain eut son recours
Vers l'empereur lui demandant secours,
Qui d'Allemans lui donna si bonne arrhe
Que Ludovic vint assiéger Novare.
Oyant ceci, de France en poste part
Le seul Sans Per, et alla ceste part
Si promptement qu'il fut à la journée,
Dont Ludovic vit sa chance tournée
En si mal sort que son secours repris
Ne lui valut, car prisonnier fut pris
Par le moyen du plus hardy que espée
Oncques ceingnit.....
Ne fut-il pas qui, blessé à la gorge
D'un traict mortel vollant en oysillon,
De Genevois monta au bataillon
Tout le premier, tant qu'il les meit en fuite
Et les desfeit, combien qu'il n'eust de suite,
Quand ces Lombards furent si bien roullés
Que quatre cents gendarmes enroullés,
Six mille à pied.....
Si nous parlons du voyage prospere
Des Vénitiens auxquels estoit Chaumont,
Vit-on jamais lances briser en mont,
Et foudroyer chevaliers à la lice,
Comme faisoit ce fils Mars La Palisse
A l'avant-garde, où si bien se porta
Que la victoire au roy l'on rapporta? »

Le poète raconte de même tous les exploits de Jacques Chabannes à Naples, à Padoue, à Ravenne, à Pavie et dans la Flandre. Il prétend que, si on eût suivi son conseil à la journée de Pavie, et que si tous les officiers y eussent fait leur devoir avec autant de zèle que lui, François Ier n'aurait pas perdu la bataille et sa liberté. Il loue encore son héros sur sa science et sur son amour pour les lettres, et, après l'avoir comparé aux plus grands capitaines dont l'histoire sacrée et profane fait mention, il lui donne de plus la supériorité sur eux du côté de l'érudition :

« ..... De tous les arts avoit l'âme enrichie
Et mesmement fut grand historien.
C'étoit un autre empereur Gordien,
Qui tellement prit plaisir à la lettre,
Que son trésor en livres voulut mettre,
Dont il en eut bien soixante et deux mille,
Qui pour un prince est chose tres utile. »

Il laissa des mémoires que Varrillas a cités. Du Saix, dans son *Petit Fatras*, donne une épitaphe ou regrets sur la mort de ce maréchal.

Il avait épousé 1° Jeanne de Montberon, fille d'Eustache, vicomte d'Aunai, baron de Maulevrier, et de Marguerite d'Estuer : elle vivait en 1504. Il avait épousé 2° Marie de Melun, veuve de Jean de Bruges, seigneur de Gruthusé, gouverneur de Picardie, et fille de Jean de Melun, IIIe du nom. Elle vivait encore en septembre 1536. Du premier lit vinrent : 1° un fils mort jeune ; 2° Françoise, qui épousa, le 20 avril 1513, Jacques de Beaufort, marquis de Canillac, fils de Jean, seigneur de Montboissier. Du second lit sortirent :

3° Charles, qui suit ; 4° Marie, première femme de Claude de Savoie, comte de Tende, gouverneur de Provence, fils de René, bâtard de Savoie, comte de Villars, et d'Anne de Lascaris ; 5° Charlotte, première femme d'Antoine, seigneur de Moy en Picardie, par contrat du 19 janvier 1538 ; 6° Marguerite, religieuse à Poissy, en 1540 et 1562 ; 7° Louise, religieuse au même prieuré en 1562.

VI. — Charles de Chabannes, seigneur de La Palisse, Dompierre et Montégut, commandait dans Fossano l'an 1536, ainsi que le rapporte Paul Jove en ces termes : « L'amiral Philippe Chabot avait mis à Fossano La Palisse, jeune gentilhomme, issu de l'illustre lignée de Chabannes, et fort glorieux à soutenir l'honneur de ses aïeux, avec deux compagnies d'hommes d'armes et de chevau-légers et trois enseignes d'infanterie, mais La Palisse, ayant été battu quelque temps par l'artillerie, pressé de la disette de plusieurs choses, et entièrement trompé par la malignité et la trahison de François de Saluces, qui voulait se retirer vers l'empereur, et qui ne lui fournissait pas assez de munitions, contre ce qui lui était commandé ; enfin ne lui portant aucun secours, malgré les promesses dont on attendait depuis longtemps l'effet, La Palisse se vit accablé de tant de maux et de dangers qu'il rendit la place aux conditions qu'il s'en irait sain et sauf avec tous les gens de guerre de sa garnison, mais qu'ils laisserait au vainqueur l'artillerie et tous les grands chevaux de service, ne retenant que les plus bas pour faire son chemin en France. Il se donna pour l'un des ôtages du traité. Il fut fait l'un des gentilshommes de la chambre du roi en 1551. Il fut tué, l'an 1552, au siége de Metz, où il s'était acquis un grand honneur, ainsi que le dit Bouchet ; mais cet écrivain l'appelle mal *prince de Chabanais*. Laurent de La Gravière, poète français, dans ses œuvres imprimées en 1558, a donné son épitaphe. »

Il avait épousé : 1° Anne de Mendozza ; 2° Catherine de La Rochefoucauld, dame de Combronde, fille aînée d'Antoine, Sgr de Barbézieux, et d'Antoinette d'Amboise-Ravel. Elle se remaria, en 1559, à René du Puy-du-Fou, seigneur de Combrondes, et, en troisièmes noces, à Charles Rouault, seigneur de Landreau. Elle mourut en 1557. Le poète Laurent de La Gravière, que j'ai déjà cité pour l'épitaphe de Charles de Chabannes, a donné aussi celle de la maréchale de Chabannes, qu'il nomme Catherine de Lévy et de Châteaumorand, et qu'il appelle *sénéchale de Lannes* : serait-ce Catherine de La Rochefoucauld ?

Du second mariage vinrent : 1° Antoine de Chabannes, mort jeune ; — 2° Éléonore, mariée 1° à Jean, III° du nom, sire du Tournon, fils de Just, II° du nom, et de Claude de La Tour de Turenne, sa femme ; 2° à Philibert, seigneur de La Guiche, grand-maître de l'artillerie, né le 5 janvier 1570 ; — 3° Marie, mariée : 1° à Jean, seigneur de Langheac ; 2° à Louis d'Amboise, comte d'Aubijoux, chevalier des ordres du roi, fils de Jacques et d'Hippolyte de Chambes, dont elle n'eut point d'enfants, et qui mourut en 1606 ; — 4° Susanne, mariée à Jean Olivier, seigneur de Leuville, gentilhomme de la chambre du roi, par contrat du 17 janvier 1567, fils de François, chancelier de France, et d'Antoinette de Cerisay ; — 5° Marguerite, mariée à Antoine Masquerel, Sgr d'Hermanville en Normandie.

Branche des comtes de Dampmartin.

III *bis*. — Antoine de Chabannes, S^{gr} de Saint-Fargeau, situé dans le pays de Puysaye en Orléanais, et que le roi Charles VII lui donna, S^{gr} de Saint-Maurice-sur-Laveron, puis comte de Dampmartin et S^{gr} de Blancafort à cause de sa femme, sénéchal de Carcassonne en 1456, bailli de Troyes, chevalier de l'ordre du roi, grand-panetier, puis grand-maître de France en 1467, second fils de Robert de Chabannes, S^{gr} de Charlus, et d'Alix de Bort, dame de Pierrefite, naquit en 1411, et fut élevé page du comte de Ventadour, puis d'Étienne de Vignolles, S^{gr} de La Hire. Ce dernier, lui emprunta, l'année où il mourut, la somme de 100 écus d'or.

En 1424, il se trouva à la bataille de Verneuil, où il fut fait prisonnier. Ayant recouvré la liberté, il continua de servir dans toutes les occasions. En 1428, il faisait des excursions dans la Beauce; mais les Anglais l'arrêtèrent, et l'enfermèrent dans le château de Dourdan, d'où il trouva moyen de se sauver. En 1429, il était à la prise de Jargeau et à la défaite des Anglais, arrivée devant Patay en Beauce. En 1431, il tenta de prendre la ville de Corbie, mais il fut repoussé; il ne put pas mieux réussir pour la prise de Dourlens en 1432. En 1433, il combattait en Artois. Il parvint à la capitainerie ou gouvernement de Creil-sur-Oise, qu'il gardait en 1434, et alors il prit le bâtard de Saint-Pol et le seigneur de Humières prisonniers, avec 60 combattants, qui lui payèrent pour leur rançon 50,000 livres.

En 1435, il mena en Cambrésis et en Hainaut une compagnie de Français, qu'on nommait communément *les escorcheurs*, parce qu'ils déshabillaient jusqu'à la chemise tous ceux qu'ils rencontraient. Sur quoi le roi Charles VII lui ayant dit un jour : *Adieu, capitaine des escorcheurs*, Chabannes lui répondit : *Sire, je n'ai escorché que vos ennemis, et me semble que leurs peaux vous feront plus de profit qu'à moi*. On est pourtant surpris, comme dit Villaret, de voir un nom illustre confondu avec des brigands. La même année, Antoine de Chabannes fut envoyé faire lever le siége de la ville de Saint-Denis, assiégée par les Anglais.

En 1436, il vint au-devant du connétable Artus de Richemont à Etampes. En 1437, il ravagea le Hainaut et la Lorraine. En 1440, il arriva à Meaux le jour où on donnait l'assaut à cette ville, et, par ses paroles, il empêcha de prendre le connétable, accusé d'être de la *Praguerie*, disant que, si on le prenait, le pays de France, dont il avait le gouvernement, en serait perdu par les Anglais. Il se retira avec le Dauphin, et s'en alla avec lui à Niort le jour de *Quasimodo* (3 avril), et de là dans le Bourbonnais, contre la volonté du roi Charles VII, qui le déclara rebelle et désobéissant à Sa Majesté. Charles de Bourbon l'attira au service du roi, et lui donna la capitainerie de Chaveroches, avec le revenu de la terre, rachetable, de 10,000 écus, dont il jouit jusqu'après le décès du duc Charles, arrivé en 1456, et jusqu'à ce que Jean de Bourbon, son fils, lui eût payé cette somme. Le roi l'envoya, la même année, avec ordre d'enlever le Dauphin à Loches ou à Niort, et de le lui amener.

Il alla, avec plusieurs autres capitaines français, 8 à 900 lances et environ 9,000 archers, loger dans la ville de Louviers en Normandie, qui était désemparée, et il la rempara et fortifia du mieux qu'il put. Il se trouva au siége de Pontoise en 1441. En 1444, 45 ou 46, le Dauphin marchanda avec lui pour assassiner quelqu'un qui l'avait fâché, mais son frère, Jacques de Chabannes, l'en détourna (1). Le roi, ayant eu connaissance de cette affaire, en fit une réprimande bien aigre au Dauphin, et le jeune prince, pour s'excuser, chargea le comte de Dampmartin, c'est-à-dire Antoine de Chabannes dont je parle (celui-ci se faisait appeler, en effet, comte de Dampmartin, parce que sa femme lui avait apporté cette seigneurie en mariage), le Dauphin le chargea donc de lui avoir suggéré ce lâche dessein. Le comte le nia hardiment en présence du roi, et offrit de s'en justifier par le combat contre tel des gentilshommes du Dauphin qui le voudrait entreprendre. Le roi reconnut alors la malignité de son fils et l'innocence de Chabannes.

La même année 1444, Chabannes était de l'armée que le roi envoya au duc d'Autriche contre les Suisses, et il les chargea. En 1446, les troupes qu'il conduisait furent bien frottées sur la frontière de Bourgogne. Le Dauphin, qui savait qu'il se piquait aisément, lui dit en gaussant : « Comment, comte de Dampmartin, le maréchal de Bourgogne vous a déferré? Par la foi de mon corps, il fait au rebours des autres maréchaux, qui ferrent les chevaux, et il les déferre. » — « Vous dites vrai, monseigneur, reprit Dampmartin; mais j'ai tiré du pays 10,000 écus pour avoir des fers neufs à mes chevaux. »

Au mois d'août 1449, il assista aux entrées du roi Charles VII à Évreux, à Louviers et à Rouen. En 1450, il fut fait grand-panetier (2). Il servit grandement à la conquête de la Guyenne en 1451. Il acheva d'en chasser les Anglais, et gagna sur eux la bataille de Libourne.

Le comte de Clermont, ayant pris Blancafort en Bordelais en 1453, y constitua et laissa le comte de Dampmartin pour capitaine et garde de la part du roi, qui lui en donna la terre et seigneurie, comme il paraît par un mémorial de la chambre des comptes du 6 août 1455. Et, parce que tous les titres étaient perdus, il présenta requête au roi Charles VII, qui lui en confirma la jouissance par lettres vérifiées en la cour. Cette même année, le roi l'envoya, avec le maréchal de Laheac, en Rouergue, pour aider à conquérir le comté d'Armagnac, et l'institua nommément son lieutenant-général en Dauphiné pour aller remettre en son obéissance ce pays, où le Dauphin Louis commettait des exactions insupportables. Le roi, irrité, donna même au comte charge d'aller arrêter le prince en 1456. Dampmartin ayant été cruellement offensé par le Dauphin, comme j'ai dit, eût exécuté hautement cet ordre, et peut-être fait pis, sans respecter la qualité, si le prince n'en eût eu avis, et ne se fût sauvé à toute bride. Dampmartin, ainsi trompé, fut blâmé du roi, et encourut l'indignation du Dauphin pour avoir fait ses efforts pour le prendre.

Le roi Charles VII lui recommanda, en mourant (1461), son fils Charles de France, duc de Berry ; mais le Dauphin, devenu roi sous le nom de Louis XI, ne voulut jamais lui pardonner, quoiqu'il n'eût fait que son devoir en acceptant la commission de le prendre. Alors Chabannes, espérant fléchir

---

(1) Nadaud avait des détails sur ce fait à la page 2461, qu'il indique, et qui est déchirée.
(2) Ici Nadaud renvoyait pour plus de détails à la page 1461; mais le registre est déchiré de la page 2459 à la page 2470 *inclusivement.*

ce nouveau roi par son humilité, vint se jeter à ses pieds, et se mettre entièrement à sa merci. Le roi le fit mettre à la Bastille, et le renvoya à sa cour de parlement pour lui faire son procès. Les accusations témoignent que l'indignation de Louis XI était plus manifeste que la preuve des crimes. Dans les lettres patentes données à Paris au mois d'août 1463, il est écrit : « Par les rapports qui furent faits à notre cher seigneur et pere (Charles VII) de la personne de feu Jacques Cœur, son argentier (c'est-à-dire surintendant des finances), par plusieurs sus hayneux et malveillants, tendants à le dépouiller et à eux enrichir de ses biens, et entre autres par Antoine de Chabannes, le dit feu Jacques Cœur fut constitué prisonnier; lesquels hayneux et malveillants pourchasserent et manderent avoir don des biens du dit feu Jacques Cœur, sous couleur de confiscation, paravant la fin du procès et déclaration d'icelle confiscation. Et si pourchasserent d'être commis et jusges à faire le dit procès d'icelui feu Jacques Cœur, et par spécial le dit de Chabannes, lequel fut un des principaux qui eut la charge de la garde du dit feu Jacques Cœur et de faire le dit procès. Et, apres certain jugement donné contre le dit feu argentier, en la présence de notre feu seigneur et pere, sur le rapport des dits de Chabannes et autres commissaires, par lequel jugement, entre autres choses, furent les biens du dit feu Jacques Cœur déclarés confisqués, et que le dit de Chabannes, sous couleur du dit don paravant fait, prétendit et prétendoit avoir les terres et seigneuries de Saint-Forgeau (Fargeau), de La Nau, de La Coudre, de La Perreuze, de Champignolles, de Mérilles, de Villeneuve-lez-Agenez et leurs appartenances; Saint-Morise, La Frenoye, Fontenelles, Mel-le-Roy et leurs appartenances, la baronnie de Toussy avec leurs appartenances, etc., sise au pays de Puysoye, et dont il jouissait à l'heure de son arrest et empeschement. Icelui de Chabannes, pour cuidre avoir titre plus coloré et apparent, fit et pourchassa certaines criées être faites des dites terres, et icelles adjuger en son nom et à son profit pour le prix et somme de 20,000 écus, qui incontinent lui furent donnés et quittés par notre dit feu seigneur et pere pour ce que le dit don des dites terres lui en avoit été fait et en avoit eu la jouissance paravant icelle criée, et depuis, sous ce titre et couleur, le dit de Chabannes a tenu les dites terres, et y a fait faire plusieurs mises et réparations, comme l'on dit, et jusqu'à ce qu'icelles terres et seigneuries ont été régies et gouvernées sous notre main, pour et à cause de certains grands crimes et délits par lesquels le dit de Chabannes et tous ses biens ont été mis en arrest et empeschés; et apres le procès duement contre lui fait, par arrest de notre cour de parlement, prononcé le 20e jour de ce présent mois d'aoust, a été le dit de Chabannes déclaré criminel de leze-majesté, et entre autres choses ses biens à nous acquis et confisqués. »

Ensuite le roi donne les titres ci-dessus acquis sur Jacques Cœur à son fils Geoffroy Cœur. Le 6 septembre suivant, le parlement rendit sentence contre messire Antoine de Chabannes, comte de Dampmartin, et le jugea digne de mort pour avoir commis le crime de lèze-majesté. Le roi lui fit grâce de la vie, à la charge qu'il irait finir ses jours à Rhodes contre les Turcs, et qu'à ces fins il baillerait caution. Mais, soit que l'affection de ses amis se fût changée avec sa fortune, ou que chacun craignit de faire acte d'ami envers lui, auquel un roi si sévère était manifestement ennemi, il ne trouva point de caution; à défaut de quoi, il fut confiné en prison dans la

Bastille de Saint-Antoine, à Paris ; mais il s'en sauva par un trou, le dimanche 12 mars de l'année suivante 1464 (1465), et s'en alla grossir le nombre des rebelles en Berry et en Bourbonnais. Il fut reçu par Charles de France, duc de Berry et frère de Louis XI.

Peu de temps après, le comte de Dampmartin se jeta dans la ligue qui avait pour prétexte le *bien public*. Il prit, dans le Gatinais, Saint-Fargeau et Saint-Maurice avec leur gouverneur ou seigneur, Geoffroy Cœur, dont il a été parlé ; il le fit son prisonnier, et enleva tous les biens qu'il avait dans ces lieux. Cette même année 1465, le duc de Bretagne avait comploté avec lui d'enlever Monsieur (Charles), frère du roi, et nouveau duc de Normandie. Ils se rendirent pour cet effet à Étampes au nombre de 6,000 chevaux ; mais leur complot fut découvert, et devint inutile. Le 29 octobre de la même année 1465, par le traité de Saint-Maur-les-Fossés, le roi réintégra en ses honneurs, châteaux, etc., Marguerite de Nanteuil, femme de Dampmartin, qui dès lors ménageait son raccommodement. Le roi ne pouvait s'empêcher de lui rendre justice intérieurement ; mais il était retenu par la honte de se rétracter. Il s'agissait de réformer un jugement authentique, rendu sur des procédures et des dépositions, dont la fausseté, une fois reconnue, dévoilait une injustice manifeste. Le fond des accusations qui avaient fait condamner le comte intéressait directement l'honneur du monarque. Le temps et les ménagements qu'on fut obligé d'employer pour donner une tournure plausible à cette affaire apportèrent quelque retardement à la réconciliation du comte. Il paraît cependant qu'il était déjà pleinement justifié, puisque, indépendamment de l'abolition dont il jouit avec les autres chefs de la ligue et de la restitution de ses biens, le roi lui donna la seigneurie de Gonesse et Gournay-sur-Marne, et Crécy en Brie, qu'il lui céda pour le prix de 24,000 écus, cela pour accroître le domaine du comté de Dampmartin en échange de la terre de Blancafort en Gascogne.

Il fit prisonnier Antoine de Châteauneuf, Sr du Lau, ci-devant mignon du roi Louis XI, grand-bouteiller de France et sénéchal de Guyenne, dans la plaine de Cléry, près d'Orléans, le 10 mai 1466. Un jour de cette même année, voyant Balue, évêque d'Evreux, faire la revue de la milice de Paris en présence du roi, il dit à ce prince : *Sire, je supplie Votre Majesté de m'envoyer à Evreux pour examiner les clercs, et conférer les ordres.* — *Pourquoi?* demanda le monarque : *la commission ne vous serait propre ni convenable.* — *Si serait*, dit Chabannes, *aussi bien que celle que vous avez donnée à leur évêque d'aller mettre en-ordre les gendarmes.* Il voulait se plaindre adroitement de ce que le roi avait donné à Balue, alors évêque d'Evreux, la charge d'aller faire et recevoir la montre des gendarmes à Paris. Cette plaisanterie fit rire le roi et les courtisans.

En 1467, le comte de Dampmartin fut pleinement rétabli dans toutes ses possessions. Les procédures ayant été revues, on ne manqua pas d'y trouver des nullités, d'où il résulta un nouveau jugement, qui cassa le premier arrêt, et justifia le comte des crimes qu'on lui avait imputés, dont le plus grand sans doute était celui de s'être attiré l'indignation de son souverain. Les services importants qu'il rendit dans la suite et la confiance que le roi lui témoigna jusqu'à la mort prouvèrent encore mieux son innocence que le jugement qui le réhabilita. Le 24 avril 1467, il fut fait grand-maître d'hôtel du roi, et il est le premier à qui Louis XI ait donné le titre de cousin, quoiqu'on ne trouve aucune alliance du comte de Dampmartin avec la maison royale. La même année, il conduisit le secours que le roi envoyait aux Liégeois assiégés par le duc de Bourgogne ; mais il arriva trop tard, et le roi l'envoya vers le duc de Bretagne pour parler de paix.

Le 20 août 1468, Charles de Melun, ci-devant grand-maître du roi, fut constitué prisonnier au château de Gaillard, dont il était capitaine. La même année, il accompagna le roi à Péronne, et, le 10 septembre, il se trouvait au traité d'Ancenis. En 1469, Sa Majesté le fit chevalier de l'ordre de Saint-Michel, ordre qu'elle fondait alors. Il fut envoyé avec des troupes pour châtier le comte d'Armagnac, rebelle au roi, et il se saisit de toutes ses places et terres. En 1470, il se trouva à une assemblée de notables tenue à Tours.

Le 16 janvier 1471, Charles, du duc de Bourgogne, lui écrivit de Hesdin pour lui demander la reddition d'Amiens et d'autres villes qui lui avaient été cédées par le traité de Conflans d'octobre 1465. La réponse de Dampmartin mérite d'être rapportée pour faire voir son attachement et sa fidélité au service du roi. Elle est conçue en ces termes : « Très haut et puissant prince, j'ai vu vos lettres que vous m'avez écrites, lesquelles je crois avoir été dictées par votre conseil et *très grands clercs*, qui sont gens pour faire lettres mieux que moi, car je n'ai point vécu du métier de la plume, et, pour vous faire réponse par icelle, je connais bien le mécontentement qu'ayez de moi, pour ce que tout ce que j'ai fait et ferai toute ma vie contre vous n'est qu'à l'honneur et profit du roi et de son royaume. Très haut et puissant prince, pour vous faire réponse touchant l'article de Conflans que vous appelez *le bien public,* et qui véritablement doit être appelé *le mal public,* où j'étais, dont vous dites que je n'ai point eu moins de fruit et d'honneur que de ma vie, estat et chevance ; vous entendez bien qu'à l'avenement du roi à la couronne il ne tint point à moi que je n'entrasse à son service, et de ce faire fis mon loyal devoir.

» Mais qui garda le roi de ce faire fut la redoutance de mes haineux et malveillants, desquels, à l'aide de Dieu, connaissant le droit des parties, je suis venu au-dessus à mon honneur et leur grande honte et confusion ; car je me suis bien justifié contre eux par bonnes justifications, vues par la cour de parlement et par l'arrêt d'ycelle donné à l'encontre d'eux, qui ne me surent atteindre. Très haut et puissant prince, M. votre pere, à qui Dieu pardonne, savait bien que je lui écrivis que son bon plaisir fût me mettre en la bonne grâce du roi, ce qu'il me promit faire ; et s'il était en vie, je ne fais doute qu'il ne portât bon témoignage pour moi, et veux bien que vous entendiez que, si j'eusse été avec le roi lorsque commençâtes *le mal public* que vous dites *le bien public,* vous n'en eussiez pas échappé à si bon marché que vous avez fait, et mêmement à la rencontre de Montlhéry, par vous induement entreprise ; mais vous, qui êtes ingrat du bien que le roi vous fait, avez pris et prenez peine de jour en jour de lui faire toutes les extorsions et machinations que lui pouvez faire, tant sur les sujets et seigneurs de son rang que entre prince ses voisins qui lui veulent mal à votre requête, etc.

» Vous m'écrivez des paroles... qui équipollent d'être enchanteur, ce que je n'ai fait jamais ; et quand je me fusse aidé de cet art, je l'eusse exploité et mis, en effet, lorsque menâtes le roi en Liégé contre le gré et consentement des seigneurs de son sang, etc. Non précogitant le danger où il s'était mis d'être entre vos mains, etc., je ne fus point la guide de mener le dit seigneur roi au dit pays de Liége; mais je fus plutôt cause de son retour, parce que je ne voulus rompre l'armée qu'il m'avait laissée entre vos mains, et que lui vouliez faire séparer.

» Si je vous écris chose qui vous déplaise, et qu'ayez envie de vous en venger de moi, j'espère que, avant que la feste se départe, vous me trouverez si près de votre armée contre vous que vous connaîtrez la petite crainte que j'ai de vous, étant accompagné de la puissance qu'il a plu au roi de me donner, qui n'est pas petite pour la reconnaissance qu'il a eue des services que j'ai faits au roi son pere et à lui, et pouvez être sûr que vous-même ne me sauriez écrire chose qui me sceut garder de faire toujours service au roi. Et requiers à Dieu qu'il lui plaise me donner grâce de faire selon que j'ai le vouloir, et devez savoir que je ne vous écris choses touchant cette matiere que je ne vous donne à connaître, et soyez aussi sûr que de la mort. Ces lettres sont écrites par moi Antoine de Chabannes, comte de Dammartin, grand-maître d'hôtel de France et lieutenant-général pour le roi en la ville de Beauvais, lequel tres humblement vous écrit. »
Pour suscription : *A monsieur de Bourgogne.*

Le duc de Bourgogne vint assiéger Beauvais en juillet 1472; mais le comte de Dammartin y jeta du secours, car il avait de 14 à 15,000 combattants. La même année, ce même comte commandait dans la ville d'Auxerre, comme on le voit dans Monstrelet. Le vendredi 17 avril de la même année 1472, il fonda un collége de chanoines à Saint-Fargeau au pays de Puisaye et diocèse d'Auxerre : l'acte en est rapporté dans le *Gallia christiana nova*, T. XII, *instrumenta*.

Il se trouvait, au mois de juilllet 1473, à une grande assemblée tenue à Senlis pour terminer la guerre entre le roi et le duc de Bourgogne; il y fit *de grandes pompes*, et y demeura jusqu'à la mi-août sans rien faire.

Le 20 avril 1474, il était à la montre que le roi fit de ses troupes de Paris, et il s'y trouva *moult fort pompeux*. Il se trouva aussi à une entrevue du roi Louis XI et du connétable de Saint-Pol, son ennemi capital, entrevue tenue près de Noyon, où il commandait 600 hommes d'armes qui accompagnaient le roi, et ce fut là que le connétable dit qu'il était venu en armes, sur la crainte qu'il avait de Dammartin. Le roi les réconcilia ensemble; mais cette réconciliation n'était qu'une figure, car ils étaient toujours ennemis en 1475. Le 26 décembre de l'année 1475, il était juge d'un duel entre deux gentilshommes. En 1480, il rendit hommage à l'évêque d'Auxerre pour la terre de Touzy. Madame lui donna le gouvernement de Paris, Isle et pays de France en 1485, 86 et 87. Cette dernière année, le 12 septembre, ayant commission expresse du roi, il fit ouvrir les reliques de la Sainte-Chapelle pour les montrer à l'évêque de Véradin, ambassadeur du roi de Hongrie.

Ce grand homme, si célèbre par ses disgrâces et par les services qu'il a rendus à l'Etat, mourut, le 25 décembre 1488, âgé de soixante-dix-sept ans. Il fut inhumé au milieu du cœur de l'église de Dammartin, où il avait fondé six prébendes pour des chanoines, comme il en avait fondé six à Saint-Fargeau. Octavien de Saint-Gelais parle de lui dans son *Séjour d'honneur,* composé en 1489 ou 1490. Sa vie et celle de Jacques, son frère, ont été écrites par un gentilhomme de Bourgogne nommé du Plessis ; elles sont dédiées à Louis XIII, et imprimées à Paris en 1617, in-8 ; son portrait est gravé, d'après son tombeau, dans la belle édition des Mémoires de Comines, donnée par M. Langlet-Dufresnoy en 1747 ou 1748.

Antoine de Chabannes avait épousé, par contrat du 20 septembre 1439, Marguerite de Nanteuil, fille unique et héritière de Renaud de Nanteuil S^{gr} d'Acy, et de Marie de Fayel, qui lui apporta en mariage le comté de Dammartin, situé, d'après le *Dictionnaire géographique* de Baudrand, en Gouelle, à sept lieues de Paris, au septentrion en allant vers Soissons, et, à quatre lieues de Meaux au couchant. Elle lui porta aussi la baronnie de Thouey et du Tour en Champagne et la seigneurie de Marcy en Nivernais. De ce mariage vinrent : 1° Jean, qui suit ; 2° Jeanne de Chabannes, mariée : 1° avec le marquis de Canillac, chevalier, comte d'Alais, dont elle n'eut point d'enfant ; 2° le 12 février 1485, avec Jacques, baron d'Apchier, fils de Jean, d'Apchier, S^{gr} d'Arzens et d'Anne de Ventadour : Jeanne eut en dot quatorze mille écus d'or et un plat d'argent de quatre marcs six gros ; — 3° Jacqueline de Chabannes, dame d'Onzain, mariée, le 12 avril 1460, à Armand, vicomte de Polignac : elle mourut sans enfant ; — 4° Anne de Chabannes, accordée avec Louis de Bourbon, comte de Roussillon, amiral de France.

IV. — **Jean de Chabannes**, comte de Dampmartin, S^{gr} de Saint-Fargeau, de Saint-Maurice-sur-Laveron, Courtenay, Chatellerault et du pays de Puysaye, baron de Toucy et du Tour en Champagne et de Champignolles, mit, en 1453, le siége devant Chalais, qui fut pris. En 1475, il fut fait prisonnier par le duc de Bourbon. Il fut grand-maître de France sous Louis XI. Il mourut en 1503. Frère Jean Massur lui dédia, du temps de Charles VIII, *la Marguerite des vertus et vices*, qui est à la bibliothèque du roi.

Il avait épousé : 1° Marguerite d'Aujou, fille naturelle de Nicolas d'Anjou, duc de Calabre et de Lorraine : elle portait, d'après de Sainte-Marthe, écartelé, au 1er et au 4e, de gueules au lion d'hermine, armé, lampassé et couronné d'or, qui est Chabannes ; *aux 2e et 3e, fascé d'argent et d'azur de 6 pièces, à la bordure de gueules ;* sur le tout, de Châtilon, qui est *de gueules à 3 pals de vair, au chef d'or brisé de 4 merlettes de gueules.* — Suivant Le Ferron, elle portait : *écartelé* de Chabannes et de Torcy, *qui est d'argent à quatre pals de sinople ;* mais, c'était plutôt *pallé d'or et d'azur de 6 pièces, au chef de gueules chargé d'une virre d'argent,* qui sont les véritables armes des seigneurs de Torcy. — Enfin, selon d'autres, elle portait : *parti d'Anjou, qui est semé de France, à la bordure de gueules, au bâton d'argent péri, en bande commençant au côté sénestre.* De ce mariage vint Anne de Chabannes, comtesse de Dampmartin, sage et vertueuse dame, qui fut dame d'honneur de la reine de Navarre Marguerite. Elle fut émancipée par son père le 23 janvier 1488, n'étant âgée que de trois ans. Elle épousa Jacques de Coligny, chevalier d'Andelost, S^{gr} de Chatillon-sur-Loing, prévôt de Paris, etc., fils de Jean, S^{gr} de Coligny, et d'Eléonore de Courcelles. Anne devint veuve, et mourut sans enfants. Charles d'Anjou, IVe du nom, roi de Sicile, etc., donna, par son testament, à cette Anne de Chabannes, fille de son cousin germain, huit cents livres par an sur la vicomté de Chatellerault en Poitou, avec les joyaux de la feue reine sa femme.

Jean de Chabannes avait épousé 2° Susanne de Bourbon, comtesse de Roussillon et dame de Montpensier, fille aînée de Louis, bâtard de Bourbon, comte de Roussillon, amiral de France, et de Jeanne de France. — Susanne épousa, en secondes noces, Charles, Sgr de Boulainvilliers. Jean de Chabannes eut de son second mariage : 1° Antoinette de Chabannes, dame de Saint-Fargeau du pays de Puysaye et autres grandes seigneuries. Principale héritière de son père, elle épousa René d'Anjou, Sgr de Mézières, fils de Louis d'Anjou, bâtard du Maine, et d'Anne de La Trémouille : Antoinette mourut en 1527, étant âgée de vingt-neuf ans ; — 2° Avoye de Chabannes, comtesse de Dampmartin, qui épousa : 1° en 1504, Edmond de Prie, Sgr de Buzançais, vivant en 1511, et auquel, à l'occasion de ce mariage, le roi fit don des droits seigneuriaux du comté de Dampmartin ; 2° Jacques de La Trémouille Sgr de Bommiers, fils de Louis Ier du nom, comte de Guines, et de Marguerite d'Amboise ; 3° Jacques de Brisay, Sgr de Beaumont, lieutenant du roi en Bourgogne et sénéchal de la Marche, duquel seul elle eut des enfants. Cette Avoye de Chabannes avait disposé du comté de Dampmartin en faveur d'Antoinette, sa sœur, elle vivait en 1542.

Branche des seigneurs et marquis de Curton.

IV bis. — Gilbert de Chabannes, second fils de Jacques, Ier du nom, Sgr de La Palisse, et d'Anne de Lavieu, fut seigneur de Curton en Guyenne, comte de Rochefort, baron d'Aurière et de Madic, trois terres dans l'Auvergne, Sgr de Charlus et de La Roche, fut fait, l'an 1469, chevalier de l'ordre de Saint-Michel avec son oncle le comte de Dammartin, quoiqu'il n'y eût que quinze chevaliers à cette première promotion. Il fut conseiller et chambellan du duc de Guyenne et son grand-sénéchal au dit pays. Il fut mis, dès sa jeunesse, auprès du duc de Guyenne, lequel, étant duc de Normandie, le fit son conseiller et chambellan, bailli et capitaine de Gisors en 1465. Ce duc étant mort, Louis XI lui confirma, au mois de mars 1472, tous les dons qui lui avaient été faits.

En 1474 et 1482, il prenait les qualités de chevalier de l'ordre du roi, Sgr de Curton, Charlus, La Daille et de Madic, baron de Rochefort et de Caussade, conseiller et chambellan du roi, son gouverneur et sénéchal de Limousin. On ne lui a point donné de rang parmi les chambellans dans le Moréri de 1759. Il fut fait gouverneur du Limousin à 4,000 livres de gages en 1473. Il prit la ville de Lectoure sur le comte d'Armagnac le vendredi 5 mars 1472, c'est-à-dire 1473, et, la même année, il fut établi commissaire pour délibérer sur la peine que devait subir le comte de Saint-Paul. En 1474, le roi le députa comme son ambassadeur vers le duc de Bourgogne pour signer la trêve qui fut conclue à Bovines entre le roi et le duc. Ce prince lui engagea la châtellenie de Mirebel par lettres du mois de juin 1478. Il fut présent au contrat de mariage d'Anne de Bologne, sa belle-sœur, avec le prince Alexandre, duc d'Albanie, à Montferrand en Auvergne, le 16 janvier 1479, vieux style. Il le qualifie son cousin, et lui donne, deux ans après, la juridiction de ses terres de Mirabel et de Beauville. Il avait eu le gouvernement de son fils en 1488. Le 16 juin 1489, le roi l'envoya au parlement pour faire quelques propositions. Il mourut avant l'an 1493.

Il épousa, le 16 novembre 1469, Françoise de La Tour, fille aînée de Bertrand, VIe du nom, comte d'Auvergne, etc., et de Louise de La Trimouille, par contrat passé à Vic en Auvergne. Bertrand de La Tour donna à sa fille les terres de Seigne, La Roche-Marcellin, Solon et de La Gane, situées en Auvergne, les terres qu'il avait au delà de la rivière de Dordogne au pays du Limousin, dépendantes de la châtellenie de Tinières, et 20,000 écus d'or. Gilbert de Chabannes donna en douaire, à sa femme, le château de Rochefort et 500 livres de rentes. Ils furent fiancés, et s'épousèrent dans la chapelle du palais du dit Vic-le-Comte. Le seigneur du Bouchage, chambellan du roi, et le seigneur de Montfaucon, chambellan du duc de Guyenne, avaient été envoyés par le roi et le duc de Guyenne pour négocier ce mariage. Et, après qu'il fut fait, le roi donna, en 1472, au nouveau marié la baronnie de Caussade, confisquée sur le comte d'Armagnac. Elle mourut au plus tard en 1484.

Il épousa 2°, le 30 août 1484, Catherine de Bourbon, fille de Jean, IIe du nom, comte de Vendôme, et d'Isabeau de Bauveau, dont il n'eut point d'enfants. Cette princesse vivait encore l'an 1513, et portait pour armes l'écu de la maison de Chabannes, parti de Bourbon-Vendôme. Du premier lit il eut pour fils unique Jean de Chabannes, qui suit; du second lit, trois filles, religieuses à Moulins.

V. — Jean de Chabannes, baron de Curton et seigneur des mêmes terres que son père, suivit le roi dans les guerres d'Italie contre les Vénitiens en 1509, et commandait l'avant-garde à la bataille d'Agnadel. Le roi le laissa en Italie. Il fut fait prisonnier à la bataille de Pavie en 1525. Il était mort avant 1532. Il avait pension du roi en 1494, et était seigneur de Saignes.

Il épousa, le 24 octobre 1497, Françoise de Blanchefort, dame de Bois-Lamy et de Nozerolles, fille unique d'Antoine, dont 1° Joachim, qui suit; 2° François, tué à la bataille de Pavie, sans enfants, auquel, son père fit don, le 27 janvier 1522, des terres de Bois-Lamy et de Nozerolles et des autres biens de sa mère à condition de porter le nom et les armes de Blanchefort; 3° Catherine, mariée, par contrats des 12 et 19 décembre 1519, à Jean de Hautefort, Sgr de Tenon en Périgord, gouverneur du Périgord et du Limousin : étant veuve, elle testa à Vincennes le 9 juin 1566, et ordonna sa sépulture dans la Sainte-Chapelle du lieu; 4° Hélène, alliée, le 11 juin 1521, à Jean de Dienne, Sgr de Cheylar en Auvergne.

VI. — Joachim de Chabannes, baron de Curton, Sgr de Rochefort en Auvergne qui fut érigé en comté en sa faveur par lettres d'octobre 1556, et Sgr aussi de Saignes, sénéchal de Toulouse, chevalier d'honneur de la reine Catherine de Médicis, à laquelle il avait l'honneur d'appartenir, car il était petit-fils de Françoise de La Tour, fille de Bertrand, comte de Boulogne, duquel la reine Catherine était aussi descendue par sa mère. Ainsi il avait l'honneur de toucher de parenté les derniers rois de la race de Valois, François II, Charles IX et Henri III. Rabutin le dit chevalier de l'ordre de France. En 1552, il fit merveilleusement bien son devoir au siége de Montmédy. En 1557, il combattit contre les Espagnols dans les guerres de Flandre, et il était avec sa compagnie de cinquante hommes d'armes, à

Saint-Quentin, où il fut fait prisonnier. Il mourut à Paris au mois d'août 1569, laissant des enfants de ses quatre femmes. Ses entrailles furent inhumées à Saint-Nicolas-du-Chardonnet.

Il avait épousé : 1° en 1522, Pérenelle de Lévis, veuve d'André de Crussol, S^{gr} de Beaudisner, fille de Gilbert, Ier du nom, comte de Ventadour, et de Jacqueline du Mas. En faveur de ce mariage, son père lui donna les seigneuries de Curton, de Rochefort et d'Aurière, et, conjointement avec lui, *les substitua au premier fils aîné qui en proviendrait en préciput et avantage des autres*. De ce premier mariage vinrent : 1° Françoise, morte jeune; 2° Catherine, mariée, le 29 novembre 1540, à François, Ier du nom, S^{gr} d'Estaing et de Cadart, baron de Murol, fils de Gabriel d'Estaing et de Charlotte d'Arpajon.

Il avait épousé 2°, par contrat du 28 janvier 1526, Louise de Pompadour, fille d'Antoine, S^{gr} de Pompadour, Laurière, Le Ris, Seilhac, Cromières en 1513, Fromental, etc., et de Catherine de La Tour. Dans le contrat de ce deuxième mariage, Jean de Chabannes, père de Joachim, fit donation à son fils entre vifs de tous ses biens, en se réservant l'usufruit et la facilité de tester en œuvres pieuses jusqu'à 200 livres. Il donna par préciput aux enfants mâles qui naîtraient de son fils en loyal mariage les trois terres dont j'ai parlé au premier mariage, et encore celle de Madic, et aux enfants de leurs enfants, d'aîné en aîné et de mâle en mâle. Il défend toute aliénation de ces seigneuries, et oblige l'aîné mâle à prendre toujours la qualité de seigneur de Curton. Pour les filles, il veut qu'elles soient *dotées et mariées selon l'état des dits de Chabannes et facultés de leur biens*. De ce deuxième mariage vinrent : 1° Jean de Chabannes, S^{gr} de Curton, tué à la bataille de Renty, en 1553, sans laisser d'enfants de Françoise de Beaufort de Montboissier, fille de Jacques, marquis de Canillac; 2° Isabeau, abbesse du Pont-aux-Dames au diocèse de Meaux; 3° Catherine, mariée à François de Bar, S^{gr} de Baugy; 4° Hélène, abbesse de La Vaissin.

Il avait épousé 3°, le 31 décembre 1533, Catherine-Claude de La Rochefoucault, fille de François, Ier du nom, comte de La Rochefoucault, et de Barbe du Bois : par le contrat, qui est du 13 juillet, Joachim de Chabannes fit *un don perpétuel et irrévocable aux enfants mâles qui descendraient de ce 3e mariage des terres et seigneuries de Bois-Lamy* (1), *La Roche, Nouzerolles, Champnier et La Daille*. S'il n'en vient qu'une fille, il ne lui laisse que la somme de vingt-cinq mille livres; s'il y en a deux, il donne à chacune quinze mille livres, et, s'il y en a plusieurs, à chacune dix mille livres. De ce 3e mariage vinrent : 1° François qui suit ; 2° Jeanne, mariée à Jean de Chaslus, S^{gr} de Cordez et de Mauriac en Auvergne; 3° Catherine, mariée à Claude de Lestranges, vicomte de Cheleyne en Auvergne; 4° autre Catherine, abbesse de Bonnesaigne au diocèse de Limoges, le 26 mai 1555, morte le 8 avril 1605.

---

(1) Bois-Lamy, commune de Moutier-Malcard, canton de Bonnat, arrondissement de Guéret (Creuse). Au XVe siècle, il appartenait à la famille de Blanchefort, et le chevalier de ce nom, neveu de Pierre d'Aubusson, y conduisit Zizim, fils de Mahomet II, avant qu'il vint à Bourganeuf. On voit encore à Bois-Lamy la grande tour où le malheureux prince fut enfermé. — Champnier et Nozerolles ou Nouzerolles, aussi canton de Bonnat (Creuse). Le château de Nouzerolles, situé près de l'église et aujourd'hui détruit, appartenait encore, à la fin du XVIIIe siècle, à la famille de Chabannes.

Il avait épousé 4°, Charlotte de Vienne, veuve de Jacques de Montboissier, marquis de Canillac, fille de Gérard de Vienne, S⁫ᵉʳ de Pimont et de Ruffey, chevalier de l'ordre du roi, etc., et de Bénigne de Dinteville. Le contrat de ce quatrième mariage est du 12 février 1547. Par brevet du 28 février 1559, le roi fit don de vingt mille huit cents livres à Charlotte de Vienne pour payer ce qu'elle devait de la rançon de son mari, et en récompense des services de celui-ci. — De ce 4ᵉ mariage vinrent : 1° François de Chabannes, qui a fait la branche des comtes de Saignes; 2° Gabriel de Chabannes, d'où descendent les comtes de Pionsat; 3° Gilette, mariée, le 14 février 1565, à Jean de Montboissier, marquis de Canillac; 4° Jeanne, mariée à Simon de Lage, Sᵉʳ de La Boulaye.

VII. — François de Chabannes, premier marquis de Curton par lettre de décembre 1563, comte de Rochefort et baron d'Aurière et de Madic, et vicomte de La Roche-Marcellin par la substitution mentionnée au numéro précédent, mérita, par la noblesse d'une race si illustre, par les services de ses ancêtres, par le mérite de sa personne et encore par l'alliance du sang, qui le rendit parent très proche du roi Henri III, d'être honoré du collier de l'ordre du Saint-Esprit dans le chapitre qui fut tenu le 31 décembre 1583. Il fut aussi conseiller d'État et capitaine de cinquante hommes d'armes. Depuis, ayant témoigné qu'il était digne fils de tant de pères si généreux, le roi Henri IV le fit son lieutenant-général en Auvergne, et ce fut en cette qualité qu'il gagna la bataille d'Issoire, en 1590, contre les ligueurs, le même jour où le roi gagna la bataille d'Ivry en Normandie. Le marquis de Curton emmena prisonnier à Issoire Louis de La Rochefoucault, comte de Randan, général de l'armée des ligueurs, que La Motte-Arnaud avait fait prisonnier, et qui y mourut aussitôt de ses blessures. Ce qui est encore remarquable, c'est que François de Chabannes, qui commandait les troupes royales, avait avec lui ses deux fils : Christophe, son aîné, appelé alors comte de Rochefort, et Henri, appelé alors le vicomte de La Roche. Tous deux ils signalèrent leur valeur dans le combat. L'aîné y fut blessé. Cette victoire servit beaucoup à raffermir la couronne sur la tête de Henri le Grand. Durand a fait son éloge en ses *Notes sur l'origine de Clermont*. Il mourut en 1604.

Il avait épousé Renée du Prat, fille d'Antoine, Sᵉʳ de Nantouillet, prévôt de Paris, et d'Anne d'Alègre, dame de Vitteaux. D'eux naquirent : 1° Christophe de Chabannes de Rochefort, marquis de Curton, marié, du vivant de son père, par contrat du 29 septembre 1591, à Marie de Crussol, née à Avignon, le 12 avril 1575, de Jacques, duc d'Uzès, pair de France, et de Françoise de Clermont-Tallard. Après la mort de cette première femme, il épousa, par contrat du 18 août 1617, Claude Julien, fille d'un cardeur de laine, dont il abusait depuis dix ans, et qui avait été femme de chambre de sa femme : il en avait trois enfants: Julien, Christophe et François, légitimés au mois de mai 1614, et dont l'un vivait en 1637. Il laissa, de ce second mariage, quatre filles, qui disputèrent la substitution de la maison de Chabannes après la mort de leur père, et qui en furent exclues par arrêt du parlement de Paris du 4 juin 1637; — 2° Henri de Chabannes, marquis de Curton, vicomte de La Roche-Marcellin après son frère, au profit duquel la substitution fut déclarée ouverte par arrêt du 4 juin 1637, rapporté dans les plaidoyers de M. Le Maistre : il avait alors soixante-neuf ans, et mourut sans avoir été marié; — 3° Jean-Charles, qui suit; 4° Antoine de Chabannes, Sgr de Nébouzan, baptisé à Paris, dans l'église des Grands-Augustins, le 29 août 1581, et mort sans laisser de postérité de Marie, dame de Montagnac, veuve de Charles Gain, baron de Plaigne; 5° Gabrielle de Chabannes, abbesse de L'Esclache en 1646, résigna, en 1655, à Isabelle, sa nièce. — Marguerite, fille naturelle de François de Chabannes, épousa, le 28 janvier 1588, Claude Noüel, avocat en parlement et maître des requêtes de la reine.

VIII. — Jean-Charles de Chabannes, baron de Saint-Angeau, puis, après la mort de ses frères, marquis de Curton, comte de Rochefort, baron d'Aurière et de Madic, vicomte de La Roche-Marcellin, s'était trouvé au combat d'Issoire en 1590.

Il avait épousé Louise de Margival, dame de Bournoncel, fille de César, Sgr de Salency et de Bournoncel, et d'Antoinette de Chépoy, dont il eut : 1° François de Chabannes, Sgr de Saint-Angeau, qui fut assassiné, en août 1659, par le bâtard de son oncle Christophe, marquis de Curton; 2° Christophe, qui suit; 3° Gabriel de Chabannes, Sgr de Chaumont, tué au siége de Bapaume, en 1636, sans avoir été marié; 4° Isabelle de Chabannes, abbesse de L'Esclache par la démission de sa tante, et morte d'hydropisie le 3 mai 1663; 5° Marie, religieuse à La Vassin.

IX. — Christophe de Chabannes, marquis de Curton, comte de Rochefort, épousa, en 1658, Gabrielle-Françoise de Rivoire du Palais, fille de Gilbert, marquis du Palais, etc., et de Gilberte de Montboissier-Canillac. D'eux naquirent : 1° Henri, qui suit; 2° Gilbert de Chabannes, dit le comte de Curton, capitaine de carabiniers, mort sans postérité; 3° Pierre de Chabannes de Curton, Sgr de Paulagnac, prêtre du diocèse de Clermont, nommé, le 22 avril 1713, à l'abbaye de Saint-Pierre de Vienne en Dauphiné, ordre de Saint-Benoît, et mort, âgé de soixante-seize ans, le 20 novembre 1737; 4° Jean, dit le chevalier de Chabannes, reçu page du roi en sa grande écurie le 1er janvier 1681, puis capitaine au régiment du roi-infanterie, et tué au combat de Steinkerque en 1692; 5° Françoise, prieure, puis abbesse de La Vassin, morte le 20 janvier 1690; 6° Elisabeth, abbesse de La Vassin après sa sœur, et morte le 8 février 1730; 7° N....., religieuse au même monastère de La Vassin.

X. — Henri de Chabannes, marquis de Curton, comte de Rochefort, baron de Riom, d'Aurière et de Madic, Sgr de Saint-Angeau, se distingua à la bataille de Senef en 1674 et en plusieurs autres occasions. Il mourut à Paris le 16 mai 1714, et fut enterré le lendemain à Saint-Sulpice.

Il avait épousé 1°, le 25 avril 1680, Gabrielle de Montlezun, morte au château de Rochefort en Auvergne, fille de François de Montlezun, Sgr de Besmaux et du Bosc, gouverneur de la Bastille à Paris et du fort de Notre-Dame-de-la-Garde à Marseille, et de Marguerite de Peyrolles de Veillonnay. Il avait épousé 2°, en 1709, Catherine-Gasparde de Scoraille de Roussille, veuve de Sébastien de Rosmadec, marquis de Molac et de Sacé, etc., et fille de Jean-Rigaud de Scoraille, comte de Roussille, Sgr de Cropières, etc., et d'Aimée-Léonore de Plas. Catherine-Gasparde vivait en 1730.

Henri de Chabannes eut de son premier mariage : 1° Jacques, qui suit; 2° Antoine, dit le comte de Chabannes, colonel du régiment de Cotentin, qui fut réformé après la paix d'Utrecht, en 1714 : il se maria, le 13 mars 1750, avec Charlotte-Joséphine de Gironde, fille d'André, comte de Buron;

— 3° Jean, dit le chevalier de Chabannes, major du régiment royal des Cravates, qui épousa, au mois de novembre 1731, Marie de Roquefeuil, dont il a eu : A. — Pierre, dit le marquis de Chabannes, né le 14 septembre 1732; B. — Charles, dit le comte de Chabannes, né en août 1736; C. — Jeanne-Françoise, née en 1735; — 4° Françoise-Gabrielle, accordée le 7 mai, et mariée le 2 juillet 1696, dans la chapelle de Madic en Auvergne, à Jean-Paul de Rochechouart de Barbazan-d'Astarac, marquis de Faudoas et de Fontrailles, duquel étant restée veuve le 20 septembre suivant, elle se retira au couvent des religieuses bénédictines de Montargis, où elle prit l'habit le 11 octobre 1701, et fit profession, le 29 octobre 1702, entre les mains de l'archevêque de Sens; — 5° N..... de Chabannes, abbesse de La Vassin; 6° N..... de Chabannes, prieure, en 1732, du monastère de Sainte-Colombe, à Vienne.

XI. — Jacques de Chabannes, marquis de Curton, comte de Rochefort, etc., fut fait mestre de camp du régiment d'Anjou-cavalerie par commission du 11 mai 1704, puis du régiment royal des Cravates en 1707, et brigadier des armées du roi le 1er février 1719. Il commanda, la même année, la cavalerie dans l'armée du roi en Roussillon. Il fut fait maréchal de camp le 20 février 1734, et fut employé, en cette qualité, dans l'armée du roi en Allemagne pendant les campagnes de 1734 et 1735. Il fut fait lieutenant-général à la promotion du 24 février 1738, et, en 1741, il fut nommé pour aller servir en cette qualité dans l'armée du roi en Bohême. Il est mort de maladie à Prague en Bohême, le 9 octobre 1742, dans la cinquante-neuvième année de son âge. Il avait été marié, en 1706, avec Marguerite-Charlotte Glucq, veuve de Jacques de Vassan, Sgr de La Tournelle, avocat général en la chambre des comptes de Paris, et fille de Jean-Baptiste Glucq, Sgr de Saint-Port, etc., conseiller, secrétaire du roi et de ses finances, et de Charlotte Julienne. Marguerite-Charlotte mourut, à Paris, sans postérité, le 15 janvier 1724, dans la quarante-sixième année de son âge, n'ayant eu qu'un fils, nommé Henri de Chabannes, mort à vingt mois le 20 juillet 1708.

Branche des comtes de Saignes.

VII *bis*. — François de Chabannes, comte de Saignes et de Charlus, Sgr de Bois-Lamy, de Nozerolles, de Tinières, de La Jaille et de La Roche, chevalier de l'ordre du roi, capitaine de cinquante hommes d'armes de ses ordonnances et conseiller d'État, fils de Joachim, Sgr de Curton et de Charlotte de Vienne, sa quatrième femme, était sous la tutelle de sa mère en 1562. Son père lui avait fait donation, le 26 septembre 1554, de plusieurs terres, entre autres de celles qui lui venaient de la maison de Blanchefort, à la charge de porter les noms et armes de cette maison, avec substitution perpétuelle en faveur des mâles d'aîné, en aîné, à l'exclusion des filles, qui seraient dotées selon leur qualité.

Il fut marié, le 18 septembre 1570, par contrat du 6 précédent, avec Valentine d'Armes, fille unique et seule héritière de François d'Armes, Sgr du Verger et de Trussy-l'Orgueilleux, et de Diane-Jeanne de Bernard. D'eux naquirent : 1° François, qui suit; 2° Jacques de Chabannes, Sgr du

Verger, qui a fait une branche; 3° Joachim de Chabannes, Sgr de Trussy, qui a fait aussi une branche; 4° Edme de Chabannes, Sgr de Sainte-Colombe, mort capucin; 5° Gilberte de Chabannes, mariée, par contrat du 12 mai 1612, avec Claude de La Rivière en Nivernais, et morte, le 27 août 1614, âgée de dix-neuf ans.

VIII. — François de Chabannes, IIe du nom, comte de Saignes, Sgr de Bois-Lamy, etc., fut chevalier de l'ordre du roi, capitaine de cinquante hommes d'armes de ses ordonnances. (Serait-ce ce sieur de Chabannes dont il est parlé dans le *Mercure* de 1612, qui, cette même année, accompagna le duc de Mayenne, qui allait chercher l'infante d'Espagne pour la marier au roi Louis XIII?)

Il fut marié 1°, par contrat du 7 février 1595, avec Serène de Crevant, fille de François de Crevant, IIe du nom, Sgr de Bauché, et de Claude de La Marthonie : il n'en eut point d'enfants. Il fut marié 2°, par contrat du 2 octobre 1602, avec Hélène de Daillon, fille de Guy de Daillon, comte du Lude, chevalier des ordres du roi, et de Jacqueline de La Fayette, dame de Pontgibaud. De ce second mariage naquirent : 1° François, qui suit; 2° Anselme de Chabannes, Sgr de Nozerolles, dont la postérité sera rapportée après celle de son frère.

IX. — François de Chabannes, IIIe du nom, comte de Saignes, Sgr de Bois-Lamy, de Nozerolles, etc., épousa 1°, le 19 juillet 1630, Anne Dauvet, fille de Jean Dauvet, Sgr de Rieux, et de Jeanne de Puy-Vatan. Il épousa 2° Marie de Cluys, sœur de Joseph, chevalier, Sgr de La Douge, laquelle se remaria le 21 septembre 1678, étant âgée de trente ans, avec Guillaume de Bouillyé des Portes, comte de Tréby. François III de Chabannes eut de ce second mariage : 1° Joseph de Chabannes, comte de Saignes, Sgr de Bois-Lamy, et qui mourut en 1688, à l'âge de vingt ans, étant mousquetaire. Il fit son testament à l'âge de dix-sept ans, ce qui occasionna un procès par suite duquel le testament fut déclaré valable d'après la coutume de la Marche. Il avait pour héritier collatéral Anne-Marie de Chabannes, Sgr de Mariol; 2° Madeleine de Chabannes, religieuse à Blessac (1).

IX *bis*. — Anselme de Chabannes, chevalier, vicomte de Nozerolles, fils puîné de François de Chabannes, IIe du nom, du n° VIII qui précède immédiatement, et d'Hélène de Daillon du Lude, mourut en août 1683. Il avait épousé, par contrat du 7 février 1644, Gabrielle de Lestranges, fille de René de Lestranges, baron de Maignac en la Marche (2), et d'Anne de Bonneval. D'eux naquirent, entre autres enfants : 1° François, qui suit; 2° Annet-Marie de Chabannes, Sgr de Mariol, qui sera mentionné après son frère, c'est-à-dire au n° X *bis*; 3° Pierre de Chabannes, lieutenant dans le régiment de Normandie en 1689.

X. — François de Chabannes, IVe du nom, Sgr de Nozerolles et de Bois-Lamy en 1681, épousa, dans l'église de Fresselines, le 9 février 1683,

---

(1) Blessac, ancien monastère de l'ordre de Fontevrault, dans la commune du même nom canton et arrondissement d'Aubusson (Creuse).

(2) Magnac-Lestranges, canton de La Courtine, arrondissement d'Aubusson (Creuse). Le château de la famille de Lestranges, qu'on voit encore près de l'église paroissiale et qu'habitent plusieurs petits propriétaires, date seulement de la fin du XVIIIe siècle.

Marguerite de La Marche, fille de feu Sylvain, écuyer, S^{gr} de Puyguillon (1), et de Marguerite d'Arnac, dont il eut : 1° Louis, qui suit ; 2° François de Chabannes de Nozerolles ; 3° Gabriel, mort sans postérité.

XI. — Louis de Chabannes, écuyer, S^{gr} de Nouzerolles, épousa, le 8 septembre 1717, Léonarde-Françoise Galand, dame de La Varenne, et en eut : 1° Léonard de Chabannes, né le 25 janvier 1718, tonsuré en 1732, docteur de Sorbonne, et chanoine de Saint-Pierre de Vienne en 1750, grand-vicaire de Clermont en 1751, et aumônier du roi en 1753 ; 2° autre Léonard de Chabannes, mort jeune ; 3° Marie-Françoise de Chabannes, née le 3 septembre 1727, et mariée, en janvier 1748, à Gabriel de La Marche, S^{gr} de Puyguillon.

X *bis*. — Annet-Marie de Chabannes, S^{gr} de Mariol en Bourbonnais par la donation que lui en fit François de Chabannes, IIIe du nom, comte de Saignes, et son oncle, en date du 29 novembre 1669, confirmée le 3 juillet 1670, était second fils d'Anselme du n° IX *bis* et de Gabrielle de Lestranges. Il épousa, par contrat du 16 février 1681, Henriette Cœffier, fille de Jean Cœffier, S^{gr} de La Mothe-Mazurier et de Morette, procureur du roi en la généralité de Moulins, et de Marie Maréchal. D'eux vinrent : 1° Henriette de Chabannes, née le 18 novembre 1681, baptisée le 26 décembre suivant, reçue à Saint-Cyr au mois de septembre 1689, et depuis mariée avec Pierre Feydeau ; 2° Gilbert-Honoré de Chabannes, né, le 30 décembre 1682, en la paroisse de Saint-Cyr-de-Mariel au diocèse de Clermont, où il fut baptisé, reçu page de la grande-écurie en avril 1700, fait capitaine de dragons en 1705, et depuis mestre de camp de cavalerie, exempt des gardes du corps du roi et chevalier de l'ordre militaire de Saint-Louis ; 3° Claude-Marie de Chabannes, enseigne de vaisseau, tué au siège de Béthune en 1710 ; 4° Joseph de Chabannes, baptisé le 18 mars 1690, fait enseigne de vaisseau le 25 novembre 1712, et lieutenant le 30 novembre 1731 : on le dit tué au siége de Douay en 1710 ; — 5° et 6° Annet-Marie et François de Chabannes, mort jeunes, l'un des deux ayant été enseigne de vaisseau ; — 7° Marguerite de Chabannes, morte fille.

Branche des seigneurs du Verger et de Sainte-Colombe.

VIII *bis*. — Jacques de Chabannes, chevalier de l'ordre du roi, S^{gr} du Verger et de Sainte-Colombe, deuxième fils de François de Chabannes, Ier du nom, comte de Saignes, et de Valentine d'Armes, fut présent au second mariage de François de Chabannes, son frère aîné, le 2 octobre 1602. Il épousa, par contrat du 23 août 1610, Gabrielle Babute, fille de Léonard Babute, S^{gr} de La Bruyère, gentilhomme ordinaire de la maison du roi, et d'Anne de La Porte. D'eux naquirent seize enfants, entre autres : 1° François, qui suit ; 2° Claude de Chabannes, religieux bénédictin, prieur de Melun ; 3° Joachim de Chabannes, religieux bénédictin, prieur de Melun ; 3° Joachim de Chabannes, S^{gr} de Sainte-Colombe, qui n'était pas marié en 1669 ; 4° Louis de

---

(1) Puy-Guillon, commune de Fresselines, canton de Dun, arrondissement de Guéret (Creuse). Ce château, qui domine la Petite-Creuse, reste debout avec toutes ses tours, et appartient encore à la famille de La Marche qui l'habite.

Chabannes, S^gr de Vaux, 5° Pierre de Chabannes, S^gr de Chaillou, présent au mariage de son frère aîné en 1645; 6° Marie de Chabannes, présente aussi au mariage de son frère; 7° Gabrielle de Chabannes, religieuse au Reconfort; 8° Antoinette de Chabannes.

IX. — François de Chabannes, S^gr du Verger et de Sainte-Colombe, des Bois et de Chandon, était veuf en 1678. Il avait épousé, par contrat du 12 février 1645, Antoinette Monnot, fille d'André Monnot, S^gr des Fontaines en Brie, et d'Élisabeth Duchon. D'eux naquirent : 1° Hubert, qui suit; 2° Henri-Gaston de Chabannes, chevalier de Malte, qui se maria, et mourut sans postérité; 3° René de Chabannes; 4° Gabrielle de Chabannes; 5° et 6° Antoinette et Marie de Chabannes, religieuses bénédictines à Saint-Fargeau.

X. — Hubert de Chabannes, S^gr du Verger, fut tué par son frère. Il avait été marié, par contrat du 29 août 1678, avec Marie de Charry, fille de Samuel de Charry, S^gr d'Urée, et de Jeanne du Puy, dame de Ligny, dont il eut : 1° Paul, qui suit; 2° Gabriel de Chabannes, mort jeune au service du roi, et d'autres enfants morts jeunes ou sans alliance.

XI. — Paul de Chabannes, S^gr du Puy et d'Urée, vivait avec sa femme en 1726. Il avait épousé, par contrat du 1er juillet 1715, Marie-Madeleine Sallonier, dame d'Épiry, fille unique de Guillaume Sallonier, S^gr de Rozimont, et de Charlotte-Françoise Dollet. D'eux vinrent : 1° Gabriel-Jacques, mort en bas-âge; 2° Charlotte-Césarde, née le 25 octobre 1718; 3° Louis-Jacques, né le 29 novembre 1719, capitaine au régiment de Broglie; 4° Claude-François, né le 16 février 1721; 5° Guillaume-Hubert, né le 29 août 1723; 6° Pierre-Paul, né le 28 octobre 1726; 7° Louis-Antoine, né le 27 juillet 1730.

Notes isolées.

Françoise de Chabannes, veuve de Louis de Miolans, maréchal de Savoie, épousa, le 8 juillet 1516, en présence de Jacques de Chabannes, maréchal de France, son oncle, Jean de Poitiers, S^gr de Saint-Valier, chevalier de l'ordre du roi; elle testa le 13 février suivant, instituant son héritier son fils du premier lit.

On trouve en 1585 un François de Chabannes, écuyer, S^gr de Chabannes-au-Brun près Laurière (1) et de Sazerat (2). C'est peut-être le même que François, qui suit.

François de Chabannes, sieur du dit lieu et de Sazerat, testa le 5 juillet 1591, et Marguerite de Chabannes fit insinuer ce testament à Limoges.

N..... de Chabannes épousa N...., dont il eut : 1° Hélène, qui, en 1601, était femme de René Mars, sieur de Compourro et de Lage-au-Seigneur,

---

(1) Laurière, chef-lieu de canton, arrondissement de Limoges (Haute-Vienne).
(2) Sazerat, commune d'Arrênes, canton de Bénévent, arrondissement de Bourganeuf (Creuse). Ce château passa, vers la fin du XVIe siècle, de la famille de Chabannes, dans celle de Saint-Viance, dont une femme le portait en dot, en 1772, à François-Annet de Coustin, comte d'Oradour.

paroisse du bourg de Salaignac (1), 2° Marguerite, femme d'Antoine-Phelip de Saint-Viance; 3° Jean, mort sans hoirs.

Louis de Chabannes, écuyer, Sgr du château des Aussines, paroisse de Saint-Merd (2), en 1685, épousa Françoise de Chassain.

Charles de Chabannes des Aussines, écuyer, Sr du Chardon et du Bost, épousa, le 21 août 1710, Marie de Bouveron, veuve de Louis de Veni de Marsillac.

Jean-Baptiste, marquis de Chabannes-Curton, épousa, en 1734, Marie-Claire-Elisabeth de Roquefeuil, fille de Jean-Gabriel, marquis de Roquefeuil, et d'Anne-Marie de Croix.

SOURCES : Le P. SIMPLICIEN : *Histoire des grands-officiers de la couronne*, T. II, p. 206; T. III, p. 770, 797 et 819; T. IV, p. 166, 438 et 666; T. V, p. 230; T. VI, p. 111, 323, 455 et 485; T. VII, p. 19 et 128, de 129 à 141, 238, 332, 444, 496, 805; T. VIII, p. 117, 191, 382, 776; T. IX, p. 84, 420. — MORÉRI, édition de 1759, T. III, de 417 à 422; T. IV, p. 382. — *Gallia christiana nova*, T. II, col. 408 et 409; T. X, col. 332. — *Dictionnaire généalogique* de 1757. — LABBE, *Bibliotheca nova manuscripta*, p. 324. — MONSTRELET, T. II. — COMMINES, édition de 1706, T. III, p. 127. — SAINTE-MARTHE, *Histoire généalogique de la maison de France*, L. VI, n° 21; L. VII, n° 20; L. X, n°s 19 et 20. — Paul JOVE, L. I, 11, 15 et 35. — DU CHESNE, *Histoire généalogique de la maison de Châtillon*, p. 376, 542; *Histoire généalogique de la maison de Montmorency*, L. V, col. 3, et preuves, p. 262. — LE MAISTRE, *Plaidoyer*, 37 et 38. — JEAN de Troyes, *Chronique scandaleuse de Louis XI*, édition de 1706. — MABILLON, *Notes sur les œuvres de saint Bernard*, n° 56. — VILLARET, *Histoire de France*, T. XVII, p. 187, 188 et 189. — GARNIER, *Histoire de France*, T. XIII, p. 411, 412, 413; T. XXIII, p. 7, 373, 469; T. XXIV, p. 35, 125. — OLHAGER, *Histoire de Foix*, n°s 18 et 19. — FAVIN, *Théâtre de chevalerie*. — DU PLESSIS, *Histoire de l'église de Meaux*. — LOBINEAU, *Histoire de Paris*, T. IV, p. 610. — GODEFROY, *Histoire de Charles VI*, p. 703; — MATHIEU, *Histoire de Louis XI*, L. I. — VARRILLAS, *Histoire de Louis XII*, L. IX; *Histoire de François Ier*, L. I. — *Mémoires de l'Académie des Inscriptions et Belles-Lettres*, T. VIII, p. 723; T. XX, p. 258. — MORICE, *Histoire de Bretagne*, T. III, preuves, col. 108. — ARGENTRÉ, *Histoire de Bretagne*, L. XII, col. 420. — CALMET, *Histoire de la maison du Chatelet*. — *Mémoires de Trévoux*, 1741, art. 68. — *Mercure* de 1612, p. 457. — COUTURIER DE FOURNOUE, *Coutumes de la Marche*, p. 49. — GOUJET, *Bibliothèque française*, T. X, p. 23, 28, 266; T. XI, 392, 394, 396; T. XII, p. 105. — RABUTIN, *Mémoires militaires*, L. XI. — BALUZE, *Histoire généalogique de la maison d'Auvergne*, T. I, p. 343, 344, 408; T. II, p. 668. — BOUCHET, *Annales d'Aquitaine*, IVe partie, ch. IX. — *Vie des Bourbons*, p. 51. — BOUCHET, *Maison de Courtenay*, preuves, p. 239. — JUSTEL. *Histoire généalogique de la maison de Turenne*. — BRANTÔME, T. VI, p. 101, 103, 104, 105, 106, 164, 185, 231, 355; T. VII, p. 65, 66, 241; T. IX, p. 329. — DE THOU, L. XIII, L. XL, 98.

---

(1) Salagnac, ou le Grand-Bourg-de-Salagnac, chef-lieu de canton, arrondissement de Guéret (Creuse).

(2) Saint-Merd-les-Oussines, canton de Bugeat, arrondissement d'Ussel (Corrèze).

[CHABANOIS (1). D'après les *Tablettes historiques*, III° partie, p. 74, Chabanais est une principauté située en Angoumois, dans le diocèse et la généralité de Limoges. La petite ville chef-lieu de cette principauté est située sur la frontière de l'Angoumois et du Limousin, à dix lieues d'Angoulême, du côté du levant de cette dernière, et à neuf lieues au couchant de Limoges, sur la rivière de Vienne, dans l'endroit où la Graine vient s'y joindre. Elle contenait autrefois 300 feux et environ 1,400 habitants; mais, en 1760, on n'y comptait plus qu'environ 640 personnes. C'est une des plus considérables terres de la province. Sa justice s'étend sur douze paroisses et six annexes. Elle a environ 40 vassaux, dont les principaux sont les seigneurs de Pressac, de L'Age, de Chirac, de La Chétardie, des Étangs et de La Chauffie. Elle valait, en 1698, environ 15,000 livres de rente. Ses seigneurs sont connus depuis les x° et xi° siècles. Son nom latin est *Carbonesium* ou *Cabannium*. Elle ressortit au parlement de Paris.

D'après de Combles (*Tableau de la noblesse*, 1786, II° partie, p, 7.) Chabanais et Marcillac en Angoumois n'étaient pas des principautés souveraines, mais de simples dignités féodales, n'ayant de la principauté que le titre sans aucune attribution, et se trouvant même comme dignités féodales, inférieures au comtés, en sorte qu'alors le titre de prince ne signifie que la principale personne qui a droit de commander.

N..... de Chabanais avait épousé N..... d'Aubusson, issue des anciens vicomtes d'Aubusson, et probablement sœur de Turpion d'Aubusson, évêque de Limoges, mort en 944. Il eut d'elle, entre autres enfants, Aimar ou ou Adémar de Chabanais (peut-être mieux de Champagnac ou de Chabannes), né en 988, moine dans l'abbaye de Saint-Martial de Limoges, et ensuite dans celle de Saint-Cybard d'Angoulême. Il florissait vers l'an 1000, et mourut en 1034. (Il ne pouvait avoir une grande réputation vers l'an 1000, puisqu'il n'aurait eu que douze ans s'il est né en 988 il y a donc erreur dans quelqu'une de ces dates.) Nous avons de lui plusieurs ouvrages, entre autres une petite chronique fort estimée des savants, et qui a été imprimée plusieurs fois.] (2).

[CHABOT. — Henri Chabot, Sgr de Saint-Aulaye en Angoumois, épousa, le 6 juin 1645, Marguerite, fille unique et héritière de la maison de Rohan.

N..... Chabot, princesse douairière d'Épinay, avait eu en dot la terre de Saint-Aulaye, qu'elle possédait en 1698.]

CHABRIGNAC. — V. JOUFFRE de Chabrignac et HÉLIE de Chabrignac.

CHADAUD (3).

[CHADURIE, fief mouvant de la baronnie de Montmoreau en Angoumois.]

---

(1) Nadaud avait des notes sur la famille de Chabanois à la page 1079, et c'est à cette page que Legros rattache celles qui suivent, et qui se trouvent au bas de la page 1078, où elles sont précédées d'un signe de rapport et de ces mots ; *Pour la page* 1079. — Le registre se trouve lacéré de la page 1079 à la page 1082 *inclusivement*.

(2) C'est Adémar de Chabannes qu'il faut rapporter aux *Notes isolées* de l'article précédent. Voir le *Bull. soc. arch. Lim.*, XXII, 104.

(3) Il y avait des notes sur cette famille à la page 1081, qui est déchirée.

CHALUS (1).

CHALUCET (2).

CHAMAYRAC. — Jean de Chamayrac, citoyen de Tulle, fut anobli, dit Baluze (*Historia Tutelens.*, p. 201), à la prière de Guillaume, archevêque de Brague, par le roi, au mois de juin 1350.

[On trouve dans les registres de Roherii, notaire à Limoges (p. 41, n° 37; *apud* Dom Col.), Gérald de Chameyrac.]

CHAMBERET. — [Chamberet est une baronnie du Bas-Limousin, dans la sénéchaussée d'Uzerche. Elle a eu autrefois ses seigneurs particuliers; mais depuis elle est passée dans diverses maisons.]

CHAMBERY (3).

CHAMBES. — [La terre de Chambes est située paroisse de Laplaud en Angoumois, mais du diocèse de Limoges. Le seigneur actuel, nommé Barbarin, réside au château de Chambes.]

Jean de Chambes, écuyer, Sr du Roc, paroisse de Fouquebrune, épousa, à Saint-Martial d'Angoulême, le 7 février 1633, Susanne Joumar ou Jouvion, dont il eut : 1° Robert, qui suit; 2° N....., baptisée le 9 septembre 1647; 3° Raymond, né le 22 mai 1650.

Robert de Chambes, écuyer, S^{gr} de Lunesse, baptisé le 9 septembre 1647, âgé de six ans, mourut le 26 juillet 1654.

I. — Jean de Chambes épousa Jeanne Chabot, sœur de Louis II, Chabot, S^{gr} de La Grève, qui leur céda, le 9 février 1450, la baronnie de Montsoreau, située sur les confins de l'Anjou et de la Touraine. D'eux naquit : Jean, qui suit.

II. — Jean II de Chambes, baron de Moutsoreau, épousa Marie de Châteaubriant, dame du Lyon d'Angers, fille de René de Châteaubriant, chevalier de l'ordre du roi, comte de Casan, etc., qui vivait en 1489, et d'Hélène d'Estouteville, dame du Trouchay. D'eux vint Philippe, qui suit.

III. — Philippe de Chambes épousa Anne de Laval, dont naquirent : 1° Jean III, qui suit; 2° Charles qui vient après son frère.

IV. — Jean III de Chambes, en faveur duquel la baronnie de Montsoreau fut érigée en comté par lettres de novembre 1573, et qui mourut sans postérité, laissant son frère héritier.

IV *bis*. — Charles de Chambes, deuxième comte de Montsoreau épousa N....., dont René, qui suit.

V. — René de Chambes épousa N....., dont Bertrand, qui suit.

VI. — Bertrand de Chambes vendit, le 10 janvier 1644, le comté de Montsoreau à Louis du Bouchet, marquis de Sourches.

---

(1) Il y avait des notes à la page 1081, qui est déchirée. Voir l'article Bourbon-Busset.
(2) Il y avait des notes à la page 2470, qui est déchirée. Voir l'article Jaunhac.
(3) D'après la table de Legros, cette famille avait des notes à la page 51, qui est déchirée.

DU LIMOUSIN.

Notes isolées.

Marguerite de Chambes-Montsoreau, femme de Louis de La Barre, vivait avant le 16 août 1634, et fut mère de Françoise de La Barre, dame des Hayes, qui épousa, à cette époque, Henri de Maillé, dit le marquis de Bénéhart, capitaine de chasses du roi au comté du Maine.

Catherine de Chambes de Montsoreau, héritière de sa maison, avait épousé Louis-François du Bouchet, gouverneur du Maine, etc., marquis de Sourches, décédé le 4 mars 1716.

Sources : De Comblès, *Tabl. de la noblesse,* 1786, II° partie, p. 92. — *Tabl. histor.,* IV° partie, p. 117, 171 et 272. — Moréri, 1759, T. III, p. 547.]

CHAMBO. — Jean de Chambo, damoiseau, était S^{gr} de Rochefort, près Séreilhac (1) en 1366.

CHAMBON. — [Adémar de Chambon, damoiseau, vivait le 1er août 1288 d'après les papiers domestiques de M. de Beaupré.

Jean de Chambon est mentionné dans les registres de Roherii, notaire à Limoges (p. 80, n° 67, *apud* Dom Col).]

Jean Chambon, sieur de La Collerie, paroisse de Verneuil (2), conseiller et avocat du roi au parlement de Bordeaux, fit son testament le 15 mai 1500, et à Bordeaux, le 20 mai 1505, un codicille signé Rougier. Il avait épousé Marie Vigière, dont il n'eut que deux filles : 1° Anne; 2° Marie.

[D'après de Combles (*Tabl. de la noblesse,* 1786, II° partie, p. 217), Jean de Chambon épousa Jeanne Binazat, dont il eut une fille unique, Charlotte, qui épousa, en 1604, Julien de Laizer, dont elle eut des enfants.

CHAMBON. — De Chambon en Combraille (3), porte : *fascé d'or et d'azur de six pièces.* (Baluze, *Histoire générale de la maison d'Auvergne,* T. I, p. 74.) D'après le *Dictionnaire généalogique* de 1757, les Chambon d'Arbouville portent de même.

I. — N..... de Chambon épousa N....., dont il eut : 1° le fils qui suit; 2° Agnès, qui vivait en 1063, et épousa le fils d'Adémar lo Contors de Laron et d'Aulaors de Las Tours, Guy de Laron, qui prit le nom de Las Tours, sa mère étant l'unique et dernier représentant de l'ancienne famille de ce nom

II. — N....., S^{gr} du château de Chambon, où repose le corps de Sainte-Valérie, épousa N....., dont il eut Amiel, qui suit.

III. — Amiel ou Amelius de Chambon fut présent à un acte du 24 juin 1066. Il signa, à Montluçon, le 23 juin, en présence de Richard, archevêque de Bourges du temps du roi Philippe, un acte pour le prieuré de Saint-Denis-de-la-Chapelle en Bourbonnais. En 1114, il fut présent à l'élection de l'abbé de Saint-Martial de Limoges. Il épousa Dalmacie, fille de Guillaume, S^{gr} d'Auvergne, et qui se remaria, vers l'an 1160, à Astorg de La Roche-Aymon.

---

(1) Séreilhac, canton d'Aixe, arrondissement de Limoges (Haute-Vienne).
(2) Verneuil, canton d'Aixe, arrondissement de Limoges (Haute-Vienne).
(3) Chambon-Sainte-Valérie, chef-lieu de canton, arrondissement de Boussac (Creuse).

IV. — Pernelle ou Pétronille du Chambon, appelée aussi quelquefois simplement Chambonne (Burkens l'appelle Bertrande de Chambon), épousa, vers 1180, Guy, comte de Clermont, IIe du nom, fils de Robert et de Mahaut de Bourgogne. Il y a apparence qu'elle porta en dot la terre de Combraille. Par acte du 26 avril 1209, Guy consentit à ce qu'elle pût donner en aumône à qui elle voudrait toutes les acquisitions qu'elle ferait de son propre dans la terre de Combraille, et, dans son testament du 27 mai suivant, il donne à son fils aîné Guillaume toute la terre de Combraille. Cette terre ne lui appartenait, d'après Baluze, qu'autant que sa femme voulait bien y consentir, puisque, dans un acte de 1233, elle dit que cette terre lui a appartenu et à son père. Après la mort de son mari, arrivée en 1222, elle se plaignit au pape du refus qu'on lui faisait de son douaire. C'était Honoré III, qui, la même année, commit Guy et Durand, archidiacres ar. Espero, tous chanoines de Limoges, pour connaître de cette affaire.

SOURCES : LABBE, *Mélanges, cur.*, p. 577. — BOUCHET, *Histoire de la maison de Courtenay*, p. 178. — MARTÈNE, *Amplissima collectio*, T. I, col. 1089. — SIMPLICIEN : *Histoire des grands-officiers de la couronne*, T. VIII, p. 55. — BALUZE : *Histoire générale de la maison d'Auvergne*, T. I, p. 78; T. II, p. 82, 83, 84.

CHAMBORAND ou CHAMBOURAND (1), S^{gr} de Droux (2), paroisse de ce nom, élection de Limoges, et d'Esse (3), paroisse du même nom, élection d'Angoulême, portent : *d'or à un lion rampant de sable, armé et lampassé de gueules.*

I. — Foucaud de Chambourand. Ses enfants Guy et Jacques firent un partage le 8 février 1464.

II. — Jacques de Chambourand. Il fit son testament en faveur de Guyot, son fils, le 12 octobre 1501.

III. — Guyot de Chambourand épousa Françoise de Salaignat.

IV. — Pierre de Chambourand épousa Philippe Loube. Le 20 juin 1532, le dit Pierre et Gaspard, son frère, fils tous deux de Guyot et de Françoise de Salagnac, firent une transaction. Pierre fit son testament, le 3 novembre 1545, en faveur de Jean, son fils.

V. — Jean de Chambourand épousa Catherine de Châteauvieux. Le dit Jean et la dite de Châteauvieux firent, le 19 novembre 1596, un testament mutuel en faveur de Gaspard et de Joachim, leurs enfants. Le 25 août 1574, le même Jean et Pierre, son frère, avaient partagé la succession de Pierre, leur père.

VI. — Gaspard de Chambourand épousa Françoise Courault. Le dit Gaspard f... le 5 mars 1623, son testament en faveur de Pierre, son fils.

'erre de Chambourand, Sr de Droux.

Gaspard de Chamborand, 2e fils de Guy ou Guyot et de Fran- ynat, ou mieux de Salagnac; fut S^{gr} de La Clavière, et devint ron en Touraine, du chef de sa femme Louise de Reilhac, Frotier, baron de Preuilly, laquelle plaidait, au mois de

1 du Grand-Bourg, arrondissement de Guéret (Creuse).
gnac-Laval, arrondissement de Bellac (Haute-Vienne).
dissement de Confolens (Charente).

juillet 1534, contre le seigneur de Clermont-Galerende, auquel son premier mari avait vendu ses terres. De Gaspard de Chamborand et de Louise de Reilhac naquit Jean, qui suit.

V. — Jean de Chamborand, S^{gr} de La Clavière, terre qui est dans la Haute-Marche, et chevalier de l'ordre du roi, épousa, en 1571, Anne de Razès, dont il eut Pierre, qui suit.

VI. — Pierre de Chamborand, S^{gr} de La Clavière, fut lieutenant de la compagnie des cent gentilshommes ordinaires de la maison du roi, appelés les cent *gentilshommes à bec de corbin,* titre plus honorable que celui de chef de brigade des gardes du corps, dit le P. Daniel dans sa *Milice française.* Il épousa Diane de Gentils, dont il eut : 1° Étienne, qui suit; 2° Claude, chanoine régulier, qui obtint, par démission de son prédécesseur, l'abbaye d'Usserthal, de l'ordre de Cîteaux, située dans le diocèse de Spire, en 1648, à la condition que, dans l'année, il ferait profession dans ce même ordre; mais tout de suite il fut obligé de rendre cette abbaye au prince Palatin; [3° Françoise de Chamborand de Clavière, mariée à Claude de La Marche, S^{gr} de Parnac et de Fins, gentilhomme, et qui fut mère de Henri de La Marche de Parnac, abbé général de Grandmont, mort en 1715].

VII. — Etienne de Chamborand, S^{gr} de La Clavière [d'Aiguson, de Laviz et de Puylaurent], succéda, en 1660, à son père dans la lieutenance des cent gentilshommes ordinaires de la maison du roi, et fut conseiller d'État d'épée. Il avait été fait, en 1647, maréchal-de-camp, en gardant, par une distinction particulière, ses deux régiments, un de cavalerie, et l'autre d'infanterie; et, en 1650, il fut gouverneur de Philisbourg, ayant commandé la cavalerie légère sous monsieur le Prince. Il avait épousé, en 1639, Marie Phelipes, dont il eut Pierre, qui suit. [La terre de La Clavière et celle d'Aiguson sont maintenant possédées par les fils et héritiers de feu N..... Morel de Fromental de Limoges, qui les avait acquises plusieurs années avant sa mort, arrivée en 1775.]

VIII. — Pierre de Chamborant, S^{gr} de La Clavière, de Puylaurent, d'Aiguson, etc., mourut en 1724. Il avait épousé Marie-Anne Lefort de Villemandour, fille de Georges, baron de Cernoy et S^{gr} de Villemandour. D'eux naquirent : 1° Alexandre-Étienne de Chamborant, appelé le marquis de Puylaurent, né le 26 novembre 1685, lieutenant de vaisseau en 1728, et chevalier de l'ordre militaire de Saint-Louis; 2° Claude, qui suit.

IX. — Claude de Chamborant, appelé le comte de La Clavière, né le 31 juillet 1688, lieutenant-général des armées du roi en 1748, gouverneur du pont d'Arlos et de Montmédy et de la personne du comte de la Marche, prince du sang. [Il était mort avant 1758.] Il avait épousé, le 18 juin 1728, Marie-Anne Moret de Bournonville, dont il eut : 1° André-Claude, né le 23 février 1732, capitaine de cavalerie [dit le marquis de Chamborant, ayant été mestre de camp commandant au régiment de hussards de son nom, brigadier des armées du roi en 1762, maréchal-de-camp le 3 janvier 1770, chevalier de Saint-Louis, commandant pour Sa Majesté dans la Lorraine allemande. Il avait épousé Marie-Julie Vassal, morte à Sarreguemines, le 9 avril 1781, dans sa trente-unième année]; 2° Anne-Thérèse, née le 14 septembre 1734, mariée, le 4 [ou le 14] mai 1753, à François-Jean de La Myre, comte de Mori, fils du comte de La Mothe-la-Myre, lieutenant du roi au pays de Vermandois, et de Tierrache et de Marie de La Ferté; 3° Henri, reçu chevalier de minorité dans l'ordre de Malte en 1704 (faute de calcul); 4° Marie-Anne, mariée, le 14 novembre 1721, à André Hébert, S\ger baron de Chateldon, introducteur des ambassadeurs (autre faute).

VI bis. — Joachim de Chamborand, écuyer S\r de Droux, fils de Jean et de Catherine de Châteauvieux, épousa : 1° le 16 octobre 1611, Catherine de Vaux, dont il eut 1° Jean, qui suit; Marie-Marthe, mariée, en 1655, avec Jacob de Mascureau. Joachim épousa 2°, en juillet 1642, Anne de La Barde, veuve de Jean Boudet S\r de La Courière.

VII. — Jean de Chambouraud, S\r de Villevert, épousa, par contrat du 15 juin 1635, Gabrielle de Couhé.

Notes isolées.

[Jean de Chamborand, S\ger du Terrail, fit une donation aux Célestins des Ternes le 15 mai 1485, par contrat reçu Sudre, notaire, comme on le voit dans l'inventaire des titres des Célestins des Ternes (p. 4) conservé aux archives de l'évêché de Limoges (1).

On trouve dans le même registre, p. 177, 178, 183, 528, etc., la note suivante :

« Noble homme Jean de Chamborant, écuyer, S\ger du Terrail et de Jouillac, vendit, par contrat du 3 juin 1576, reçu de Leytang, notaire, la métairie de Bonnevaux, à Pionnat, tenue en fief du roi, à cause de son comté de la Marche, châtel et châtellenie d'Ahun, franc de rente, etc., moyennant 4,100 livres tournois, payées comptant ». Il est mal nommé de Chamberau dans un contrat du 2 novembre 1608, reçu Obreton, notaire, par lequel il vendit sa portion du droit de dixme, cens et rente, etc., qu'il avait sur la paroisse de Mazeyrat (2), à l'honorable homme Jean Moreau, bourgeois de la ville d'Ahun, moyennant 280 livres tournois. Encore d'après le même inventaire, p. 248, Denis Chamborant vivait en 1598.]

Gabriel de Chamborant, S\r de Champvillant; Pierre de Chamborant, S\r du Terrailh, des Portes et de Joullac, et Gabriel de Chamborant, chevalier, S\r de Lasvaux-de-Méasnes, sont comptés parmi les nobles qui comparurent à Guéret, à la réformation de la coutume de la Marche, en 1521.

Gabriel de Chamborant, S\r de Memes (3), épousa, le 15 avril 1575, Radegonde de Lezay, fille de René, S\r des Marais et de Françoise d'Allery.

Marin de Chamborant, écuyer, S\r du Vignaud, de La Grange-au-Blanc, paroisse d'Esse, épousa Marie Chevalier, dont il eut François, qui épousa Jeanne Le Breton, fille de feu Mathurin, écuyer, S\r des Rivardières, et de Claude Joubert, par contrat du 30 juillet 1684, reçu Texier. François de Chamborant et Jeanne Le Breton se firent, du vivant de leurs enfants, le 27 mars 1689, un testament mutuel reçu aussi par Texier.

Joachim de Chamborant, S\r de Droux, épousa, en juillet 1642, Anne de La Barde, veuve de Jean Boudet, S\r de La Courière.

---

(1) Les Ternes, monastère de Célestins, commune de Pionnat, canton d'Ahun, arrondissement de Guéret (Creuse).

(2) Mazeyrat, canton d'Ahun, arrondissement de Guéret (Creuse).

(3) Méasnes, canton de Bonnat, arrondissement de Guéret (Creuse).

Gabriel de Chamborant, S^{gr} de Périssat, épousa Marthe Néaulme, qui se remaria, dans l'église de Lesterpt (1), le 27 août 1646, à Blaise d'Ellene, écuyer, S^r de La Fuye et des Rivals.

Jean de Chamborant, écuyer, Sr du Cluzeau, mourut à La Maison-Rouge, paroisse de Saint-Maurice, près La Souterraine, en 1666.

Jacques de Chamborant, écuyer, Sr de Maillac, du village de Belair, paroisse d'Etagnac, épousa : 1° Marguerite Plument, qui mourut au village de Mazelan, paroisse de Saugon, âgée de trente-neuf ans, le 8 mars 1729, et fut inhumée à Etagnac. De ce lit naquirent : 1° Antoine; 2° Annet, morts tous deux en bas-âge. Il épousa 2° Madeleine Dupin, dont il eut : 1° Jacques, né le 5 novembre 1730 ; 2° François, mort en bas-âge ; 3° Martial, né le 31 décembre 1735; 4° autre Martial, baptisé le 15 août 1736.

Marie de Chamborant de Villevert, mariée à Jean de Couhé, Sr de Fayolles, mourut en 1744.

Antoine de Chamborant de Peyrissac, écuyer, habitant la paroisse de Saint-Maxime de Confolens, épousa Catherine Le Gout, dont il eut Philippe, tonsuré en 1767.

Jacques de Chamborant, écuyer, Sr de Maillac, du lieu de Chambaud, paroisse de Saint-Maurice-des-Lions (2), épousa 1° N..... Pinot ; épousa 2°, à Saint-Junien, en 1764, Valérie Barbarin.

Jacques de Chamborant, de la paroisse d'Etagnac, épousa, en secondes noces, en 1772, Madeleine Barbarin, de la paroisse de Saint-Maurice-des-Lions.

On trouve un Chamborant habitant à Chéniers dans la Marche.

SOURCES : SIMPLICIEN : T. III, p. 90 ; T. VIII, p. 481. — *Dictionnaire généalogique*, T. I, p. 479. — *Gallia christiana nova*, T. V, col. 761. — [*Tablettes historiques*, IVe partie, p. 373, 374, 429. — *Fastes militaires*, T. I, p. 240. — Journal de BOUILLON, mai 1781, 2e quinzaine, p. 89.]

CHAMPAGNAC [Foucaud, Sr de Champagnac, fut père d'Ermesande ou Ermasine, qui épousa Aimery II, vicomte de Rochechouard, assassiné après 1047, et dont elle eut, entre autres enfants : Hildegaire, Sr de Champagnac, qui fut sans doute la tige des seigneurs de Champagnac.]

Jean de Champaninia, chevalier de Bachélerie, paroisse de Saint-Hilaire-Bonneval (3), épousa Marguerite N....., dont il eut Alayde, qui se fit religieuse aux Allois avant 1337.

Pierre de Champagnhac était notaire apostolique en 1353, dit Baluze (*Hist. gén. de la maison d'Auvergne*, T. II, p. 615).

Le nécrologe de Solignac note que Gérald de Champanhas, chevalier, fut inhumé dans cette abbaye.

Guy de Champaigne, fils de Geoffroy, chevalier, épousa Agnès, fille de Gouffier de Las Tours, chevalier S^{gr} de Las Tours et de Nexon (4), et

---

(1) Lesterps, ancienne abbaye de l'ordre de Saint-Augustin, fondée vers 1032, canton et arrondissement de Confolens (Charente).

(2) Saint-Maurice-les-Lions ; Esse; canton et arrondissement de Confolens (Charente).

(3) Saint-Hilaire-Bonneval, canton de Pierrebuffière, arrondissement de Limoges (Haute-Vienne).

(4) Las Tours, canton de Nexon, arrondissement de Saint-Yrieix (Haute-Vienne).

d'Eustace Chenine. D'eux naquirent : 1° Geoffroy, qui suit; 2° Golffier, mort sans enfants.

Geoffroy de Champagne épousa Marie Roberte, dame de Saint-Jal, dont il eut : 1° Guillaume; 2° Geoffroy, qui suit.

Geoffroy de Champaigne dit de Las Tours, écuyer, étudia à Paris, et épousa N....., dont il eut Jean de Las Tours, écuyer, S^{gr} de Las Tours et de Nexon.

Seguin de Champanhas, damoiseau en 1441, épousa noble Marguerite Coralle.

[CHAMPALIMA. — Il est fait mention de Jean de Champalima dans les registres de Roberii, notaire à Limoges, p. 39, n° 35, *apud* DOM COL.]

[CHAMPEIX ou MONTAIGU-SUR-CHAMPEIX. — En 1289, Robert III, comte de Clermont, dauphin d'Auvergne, ayant épousé Isabeau de Chastillon en Bazois, dame de Jaligny, etc., lui assigna pour douaire 1,000 livres de rente, sa vie durant, sur les châtellenies de Montrognon, Rochefort, Aurière, Crocq et *Champeix*. Elle mourut, le 1er septembre 1297, âgée de trente-deux ans ou environ.

Pierre, S^{gr} de Montaigu-sur-Champeix, épousa par contrat du jeudi après la fête de saint Pierre et saint Paul de l'année 1304, Isabeau, dauphine, fille de Robert III, comte de Clermont, dauphin d'Auvergne, et d'Isabeau de Chastillon, sa deuxième femme.

SOURCE : BALUZE, *Histoire généalog. de la maison d'Auvergne*, T. I, p. 178, 180.

CHAMPELON, S^r du dit lieu, paroisse de Valence, élection d'Angoulême, porte : *d'azur à une fasce d'or soutenue d'un lion rampant couronné de même*.

I. — Jacques de Champelon.

II. — Jean de Champelon épousa, le 12 mai 1522, Catherine Deschamps.

III. — Antoine de Champelon, écuyer, épousa, le 9 juillet 1579, Marie Prinsaud, dont il eut : 1° Jean, qui suit; 2° Pierre, qui partagea avec son frère les successions de leurs père et mère le 30 mars 1620, et se maria en 1605.

IV. — Jean de Champelon épousa Marthe de Pressac.

V. — Jean-Louis de Champelon fut réassigné pour sa noblesse sur la suspicion de quelques-unes de ses pièces. Il épousa, le 3 juillet 1656, Susanne de Saint-Laurent.

IV *bis*. — Pierre de Champelon, écuyer, du lieu de Commarsac, paroisse d'Azac, épousa, par contrat du 5 juin 1605, signé Garat, Anne de Cougnat, fille de François, écuyer, et d'Anne Descurat, seigneurs de Limon et de Boisbelle, paroisse de Moutiers en Saintonge.

Notes isolées.

Juliette de Champellon était, en 1666, femme de Jean Maiou, S^r de La Courière, paroisse de Verniolet.

Simon de Champlon, écuyer, Sr de Monnettes, paroisse de Romazières (1), épousa Marguerite Décubes, dont il eut Pierre, qui suit :

Pierre de Champlon, écuyer, S^r de La Vergne, épousa, par contrat du 4 octobre 1684, signé Texier, Jacquette de Massias, fille de feu Louis, écuyer, Sr de Montfort, et de Louise de Louhaut, paroisse de Saint-Barbant, diocèse de Poitiers (2).

François de Champelon, écuyer, Sr de Longevergne, paroisse de Maisonneix, mourut le 10 octobre 1692. Il avait épousé Anne des Chasauds, dont il eut : 1° Madeleine, baptisée le 18 janvier 1677; 2° Antoinette, baptisée le 15 avril 1681 ; 3° Pierre, mort au berceau.

Jean de Champelon, écuyer, Sr de Boisredon, paroisse de Leuris, épousa Susanne de Couhé, dont il eut : 1° Jean-Baptiste, né à Genouilhac le 21 octobre 1693; 2° Charles, né le 10 février 1702; 3° Marguerite, née le 21 février 1707; et aussi Françoise, Hélie et Susanne, tous trois morts.

Pierre de Champlon, écuyer, Sr de Lascoux, mourut, âgé de quatre-vingts ans, sur la paroisse de Saint-Auvent, le 28 octobre 1703, et fut inhumé à Videix. Il avait épousé Antoinette de Croissant, dont il eut : 1° François, qui suit, né au Mas-Mazet, paroisse de Videix, le 28 mars 1553; 2° Marguerite, née le 27 juillet 1654, et mariée, le 25 février 1675, à Joseph de Pressac, écuyer, Sr du Repaire, paroisse de Saint-Gervais ; 3° Marie, née le 18 avril 1655; 4° Françoise, née le 14 mai, 1656; 5° autre Marguerite, baptisée, à Verniolet, le 2 avril 1660; 6° Jean, né le 10 juillet 1661 ; 7° autre Jean, né le 25 décembre 1664; 8° Pierre, né le 3 mars 1666.

François de Champellon, Sr du Mas, paroisse de Videix, demeurant à Fuyas, paroisse d'Etagnac, y mourut le 27 septembre 1693. Il avait épousé 1°, dans l'église de Videix, le 1er décembre 1674, Françoise-Marie de La Fillolye, fille de noble Pierre et de Marie de Guarost, du lieu de Culmont, paroisse de Saint-Paul en Périgord. De ce premier mariage naquit Jeanne, le 1er novembre 1675. Il avait épousé 2° Marguerite de La Breuille, qui mourut à Videix, âgée de soixante-douze ans, le 9 septembre 1731, et dont il eut Léonarde et Marie, sœurs jumelles, nées le 15 avril 1684, puis Jean, né le 4 juillet 1687.

Françoise de Couhé, mère de Jean de Champelon, Sr de Boisredon, mourut, âgée de soixante-cinq ans, le 11 juillet 1722.

Jean de Champelon, Sr de Boisredon, du village de Puybernard, paroisse de Genouilhac, épousa, en novembre 1736, Radegonde Rifaud, du bourg de Manoc (3).

CHAMPIERS. — Par son testament du 13 juillet 1407, signé de Bosco, à Maimac, Marguerite d'Ussel, sœur de Hugues, et tante d'autre Hugues, se dit dame du Bouscheyron, et veut être inhumée dans le monastère de Saint-Angel, où reposent les Champiers, ses prédécesseurs (4).

---

(1) Romazières, canton d'Aulnay, arrondissement de Saint-Jean-d'Angély (Charente-Inférieure), ou plutôt Roumazières, qui comme Genouilhac et Etagnac se trouve dans l'arrondissement de Confolens (Charente).

(2) Saint-Barbant, canton de Mézières, arrondissement de Bellac (Haute-Vienne).

(3) Cette note termine la page 562 du manuscrit de Nadaud. Comme les deux feuilles suivantes sont arrachées, j'ignore si parmi ces notes isolées, jetées sans ordre chronologique, il y en avait d'autres pour la famille Champelon, à laquelle Nadaud a consacré deux pages.

(4) Ici Nadaud renvoie à la page 2437, qui est déchirée.

Elie de Champiers, abbé de La Grasse, au diocèse de Narbonne, avant 1409. Sa mort est marquée au 4 octobre dans le nécrologe de Saint-Angel.

Garin de Champiers épousa noble Philippe Mourine, dame du Bouscheyron, dont il eut Agnet, auquel sa mère fit, le 24 août 1444, une donation, par acte signé Alpays de Maïmac.

[CHAMPNETERY....., S^{gr} de Champnetery, vivait en 1698.]

CHAMPNIAC (1).

[CHAMPNIERS. — Châtellenie mouvante de la baronnie de Nontron, au diocèse de Limoges, et d'où celle de Reilhac a été démembrée.]

CHAMPROY. — Louis Champroy, Sr de Langle, paroisse de Saint-Amand, élection de Bourganeuf, fut trouvé gentilhomme en 1598 (2).

CHAMPS (DES). — Jean des Champs, Sr de Beaupré, paroisse de Saint-Front, élection d'Angoulême, porte : *de gueules à 3 quintefeuilles d'argent, 2 et 1 ; deux ours pour supports.*

I. — Jean des Champs épousa Gabrielle Vigier, dont il eut : 1° Jean ; 2° François, qui suit ; 3° autre Jean, qui partagèrent les successions de leurs père et mère le 5 novembre 1546 et le 8 juin 1559.

II. — François des Champs épousa Marguerite Foucaud, dont il eut : 1° Philippe, qui suit ; 2° Louise, mariée par contrat du 8 septembre 1560, et à laquelle son frère constitua dot.

III. — Philippe des Champs, écuyer, Sr de Ramefort en partie, épousa, par contrat sans filiation du 18 septembre 1568, Jeanne Jay, dont il eut : 1° Uriel, qui suit ; 2° François, auquel Uriel, son frère, accorda quittance du légat à lui fait par Philippe, son père, le 19 juin 1610, et qui se maria.

IV. — Uriel des Champs épousa, par contrat du 30 août 1627, Jacquette de Villars.

V. — Charles des Champs épousa, par contrat du 20 juillet 1658, Louise Jannot.

IV bis. — François des Champs, fils de Philippe et de Jeanne Jay, écuyer, S^r de La Grouat, de la paroisse de Saint-Front en Angoumois, épousa, par contrat du 29 mai 1589, signé Barrière, et reçu Janvier, Marguerite de Conan, fille de François de Conan, écuyer, S^{gr} de Conezac, Aucor, Plambosc et La Jarrige, et d'Anne de Feydit.

CHAMPS (DES), Sr de Cheyroux, paroisse de Lageyrat (3), élection de Limoges, porte : *d'or à 3 fusées de gueules en fasce.*

I. — Jean des Champs épousa, par contrat du 30 juillet 1528, Anne de Rochebrune.

II. — Jean des Champs épousa, par contrat du 1er janvier 1562, Louise de Cumont.

---

(1) Il y avait des notes sur cette famille à la page 2449, qui est déchirée.
(2) En 1837, la commune de Champroy a été divisée entre celle de Saint-Dizier et celle de Châtelus, arrondissement de Bourganeuf (Creuse).
(3) Lageyrat, fait aujourd'hui partie de Châlus, arrondissement de Saint-Yrieix (Haute-Vienne).

III. — Jean des Champs épousa, par contrat du 26 octobre 1594, Gabrielle de Barbierves.

IV. — Jean des Champs épousa, par contrat du 22 novembre 1621, Madeleine de Sauzet, fille de René de Sauzet, S^{gr} de Langlardie et de Louise Vigier.

V. — René des Champs épousa, par contrat du 11 septembre 1634, et le 14 du même mois, dans l'église de Pensol, Peyronne de Lamonnerie, fille de feu Aimeric, juge de Montbrun, et de Guillaumette Authiac du Cluzeau. Elle mourut le 2 décembre 1671. D'eux naquirent : 1° Louise, mariée, dans l'église de Lageyrac, le 1er décembre 1668, âgée de vingt-un ans, à Jean Bourgeois, écuyer, Sr de Joffrenie, âgé de vingt-cinq ans; 2° Françoise, baptisée à Lageyrac, le 8 mars 1657; 3° Marie, baptisée le 22 février 1662, et mariée, dans l'église de Lageyrac, le 9 février 1682, à Jean Saulnier, écuyer, Sr de Gautieras; 4° Jean-Louis, qui suit ; baptisé le 6 mai 1664; 5° Anne, baptisée le 27 août 1667, et qui se maria ; 6° autre Anne, baptisée le 26 février 1669; 7°, 8°, 9° et 10° Jeanne, Joseph, Anne et Jacques, morts en bas-âge.

VI. — Jean-Louis des Champs, écuyer, Sr du Cheyroux et de Labesse, étant sur le point de partir pour le service du roi, fit à Limoges, le 3 avril 1690, son testament, signé Boudet : il mourut, âgé de soixante-dix ans, le 24 décembre 1729. Il avait épousé, le 30 avril 1683, dans l'église de Saint-Maurice de Limoges, Anne de Puiffe du Fermiger, qui mourut à Pensol, âgée de soixante-dix ans, le 13 mai 1738. D'eux vinrent 1° Jean, qui suit ; 2° Pétronille, baptisée le 17 décembre 1686; 3° Jeanne, baptisée le 6 juillet 1688; 4° Jeanne, née le 15 décembre 1691; 5° François-Louis, baptisé le 6 février 1695, qui se maria, et peut avoir fait une branche ; 6° Jean, baptisé le 18 septembre 1707; 7° autre Jean, baptisé le 8 mai 1710.

VII. — Jean des Champs, écuyer, S^{gr} de La Besse et de La Coussière, baptisé le 7 août 1685, mourut le 26 janvier 1723. Il avait épousé le 18 février 1708, Catherine de Brie, fille de Jean-Gabriel et d'Anne du Solier, dont il eut : 1° Isaac, qui suit ; 2° Jean, Sr du Moriol, mort sans alliance en 1736; 3° Marie, baptisée le 23 janvier 1721; 4° Françoise, née le 7 mai 1723.

VIII. — Isaac des Champs, écuyer, S^r de La Coussière et du Cheyroux, né le 17 mars 1709, épousa, le 10 janvier 1732, Marie Arnaudie, demoiselle de La Valade, de la paroisse de Bussière-Galand : elle mourut le 1er janvier 1760, à Rochechouart, âgée de cinquante-cinq ans. De ce mariage vinrent : 1° Noël, né le 23 novembre 1732; 2° Léonarde, née le 19 août 1735, 3° Jean, né le 22 octobre 1737 : devenu prêtre, il a été curé en Saintonge ; 4° Marie, née le 14 janvier 1740; 5° Marguerite, née le 14 mai 1741 ; 6° Marie-Françoise, née le 16 octobre 1742; 7° autre Marie, baptisée le 29 septembre 1743; 8° autre Marie, baptisée le 26 septembre 1744; 9° autre Noël, né le 8 avril 1746, mort âgé de douze ans à Rochechouart; 10°, 11°, 12°, Louis, André et Jeanne, morts en bas âge.

VII bis. — Jean-Louis des Champs, écuyer, chevalier du Cheyroux, Sr de Mauriaux, fils de Jean-Louis, et de Anne de Puiffe du Fermiger, mourut à Rochechouart, le 8 février 1755, âgée de soixante ans. Il avait épousé, le 21 février 1730, Léonarde Essenaud, fille de Léonard, lieutenant greffier en chef de la juridiction de Chaslus, et de Marguerite Brun. Elle mourut à Rochechouart, le 10 novembre 1756, âgée de cinquante-cinq ans.

Notes isolées.

Jacques des Champs, Sr de La Tranchardie (1), Balanges, etc., conseiller et secrétaire du roi de Navarre, trésorier et receveur général en ses comté de Périgord et vicomté de Limoges, fit, le 4 août 1587, son testament, signé des Champs. Il avait épousé Martiale du Peyrat, fille de feu Simon, Sr du Masjambost, près Limoges, et de Marthe Singareau. D'eux naquirent : 1° Anne, mariée à Martial Essenaud ; 2° Louise, mariée à Jean Tarneau l'aîné, de la ville d'Aixe, dont les biens furent décrétés en 1610 ; 3° Marguerite ; 4° Pierre, écuyer, Sr de La Tranchardie, paroisse de Lageyrac, qui épousa, le 11 février 1603, Marie Prieur-Poithevin, dans la chapelle du château de La Renaudie, paroisse de Saint-Front-la-Rivière en Périgord : elle habitait le dit château.

Jacques des Champs, écuyer, Sr de La Faugeray en 1589, épousa Madeleine de Lavaud, sœur de l'abbé du Dorat.

Léonard des Champs, écuyer, Sr de La Tranchardie, *alias* du Cheyroux, paroisse de Lageyrac, épousa par contrat sans filiation du 22 octobre 1651, Judith Hastelet, demoiselle de Puygombert, fille de François Hastelet, écuyer, Sr de Puymartin et de Jeanne de Maraval. D'eux naquirent : 1° René, baptisé à Lageyrac le 25 février 1657 : dans l'acte, son père est appelé Pierre ; 2° Anne, demoiselle de Mareuil, mariée, par contrat du 26 novembre 1668, signé Bouthinon, et dans l'église de Varaigne, le 1er décembre suivant, à Hélie de Camain, écuyer, Sgr du Repaire de Saint-Front-de-Champnier au diocèse de Périgueux, fils de feu Charles, écuyer, Sr des Cazes, et de Françoise Saunier.

François des Champs, écuyer, Sr de Romefort, épousa Marie Piot, native de la ville de Tours, et dont il eut : 1° Jean-Paul, qui suit ; 2° Antoinette, forcée par son oncle, qui était son curateur, d'épouser, par contrat du 12 juin 1661, Jean Vigneron, laboureur.

Jean-Paul des Champs, écuyer, Sr de Romefort, paroisse de Roussines en Angoumois, naquit sur la paroisse de Saint-Front, même province, et fut baptisé le 8 août 1633. Privé de ses père et mère, et forcé par son curateur, il alla au service du roi, et y demeura vingt ans, puis, à raison de sa mauvaise fortune, se mit marchand à La Fenestre, paroisse de Saint-Sornin en Angoumois. Il demeurait à Lidiéras paroisse de Busserolles, en 1669. Il avait épousé, par contrat signé Vidaud, passé à Montberon le 9 juillet 1663, Marguerite Pluyaud, fille de feu Jean et de Catherine de Masdigon, du lieu de La Fenestre. D'eux vinrent : 1° Marie, morte au village de Chalevraud (Chez-Levraud), paroisse de Roussines, le 3 mars 1670, étant âgée de vingt-un mois ; 2° Léonard, né à Vareigne le 31 juillet 1671.

CHANAC porte, d'après Estiennot : *d'azur au lion de gueules moderne*, et, d'après Labbe : *burelé d'argent et d'azur au lion de gueules brochant sur le tout.*

L'ancien nom de Chanac était, suivant la conjecture de M. Baluze, Cannac, et, pour adoucir le nom, on y ajouta un H, ainsi que dans plusieurs autres

(1) Tranchardie, commune de Châlus, arrondissement de Saint-Yrieix (Haute-Vienne).

noms limousins. Ces Chanac étaient du bourg ou ville d'Allassac en Bas-Limousin.

I. — Bernard de Cannac, vers l'an 1000, épousa Hisla, dont : 1° Bernard ; 2° Pierre ; 3° Gérald, moine de Tulle ; 4° Fulco, qui suit.

II. — Fulco de Chanaco, qu'on trouve en 1091, épousa N....., dont Frudinus, qui suit.

III. — Frudinus de Cannaco épousa N....., dont : 1° Fulco ; 2° Pierre, moine à Tulle ; 3° Guillaume, qui suit ; 4° Pétronille, femme de Hugues de Laval ; 5° Almodis, femme de Rigald Hugues ; 6° Alaïs, mariée à Gilbert Alboin ; 7° Aimeline.

IV. — Guillaume de Cannaco, qu'on trouve en 1106 et 1156, épousa N....., dont : 1° Guillaume de Chanaco en 1181 ; 2° Pierre, 1181 ; 3° Guy, qui suit : on croit que ces deux derniers firent chacun une branche. (Une lacune de peu de temps ne permet pas de douter de la suite de la généalogie).

V. — Guy de Chanac, qu'on croit fils de Guillaume, épousa N....., dont : 1° N....., qui suit ; 2° Guillaume, évêque de Paris, mort en 1348, âgé de près de cent ans [voyez son article à la suite de cette nomenclature dans le présent n° V] ; 3° Adémar, damoiseau, 1265 ; 4° Léonard, damoiseau, 1265 ; 5° Raymond, chevalier, Sgr de Saillac près Tulle, qui suit : 6° Pierre, damoiseau. — [Guillaume, mort âgé de près de cent ans en 1348, conséquemment né en 1248 ou 49, était grand-oncle d'autre Guillaume de Chanac, aussi cardinal, dont il sera parlé plus bas. Celui-ci fut d'abord archidiacre de Paris, puis élevé à l'épiscopat de cette ville par le pape Jean XXII, le 18 août de l'an 1332. Il fut fait patriarche d'Alexandrie l'an 1342, et il céda pour lors l'évêché de Paris à Foulques de Chanac, son neveu. Ceux qui ont dit qu'il était de la maison de Pompadour se sont trompés, car les Pompadour ne sont entrés dans la maison de Chanac que par Raoul, Sgr de Pompadour, qui épousa Galine de Chanac. Guillaume a fondé à Paris le collège de Chanac, dit aussi de Pompadour ou de Saint-Michel. Il mourut le 3 mai 1348, âgé de près de cent ans, et fut enterré à Saint-Victor. On voit dans la chapelle de l'infirmerie son épitaphe. (Moreri, édit. de 1759, art. *Chanac*). Voyez mon *Dictionnaire manuscrit des grands hommes du Limousin*, p. 43 et 293 (1).]

VI. — N....., de Chanac, qui fit une branche, mort avant 1256, avait épousé Dulcia, fille de Bernard Robert, chevalier Sgr de Saint-Jal, et tante du cardinal Adémar Robert. Cette Dulcia Robert testa en 1265, ayant eu de son mariage : 1° Pierre, damoiseau, qu'on trouve en 1256, et qui continua la postérité ; 2° Guy, damoiseau, 1256 ; 3° Seguine, femme de Pierre de Netzio ; 4° Alamande, femme de Pierre de Tulle, chevalier ; 5° N....., religieuse aux Allois.

VI bis. — Raymond de Chanac, chevalier, Sgr de Seillac, près la ville de Tulle, qu'il acheta en 1280, vivait en 1320. Il épousa Almodis, dont il eut Pierre, damoiseau, en 1339. On ne sait si en lui s'éteignit la branche des Chanac, Sgrs de Seillac, dont les biens passèrent dans la maison de Pompadour [sans doute par Galiène de Chanac, mariée, en 1335, à Ramnulphe

---

(1) Ces deux pages ont été enlevées du manuscrit.

Hélie de Pompadour, à qui elle porta la terre de Chanac, etc., et dont la famille s'éteignit avec elle. Galiène aurait donc été fille de ce Pierre.]

VII. — Pierre de Chanac, damoiseau, épousa Alaïde Fulcheria, laquelle, étant veuve, testa en 1280. D'eux naquirent : 1° Pierre de Chanac, damoiseau, qui suit ; 2° Almodia, femme de Pierre Arnaud ; 3° Pierre de Chanac, chanoine de l'église de Limoges, puis official de Paris, mort en 1309, fut enterré chez les Chartreux de Paris.

VIII. — Pierre de Chanac testa le 27 mai 1306. Il avait épousé Delphine de Chanac, mentionnée au 13 avril dans le nécrologe de Solignac (les femmes portaient le nom de leur mari). D'eux naquirent : 1° Guy, héritier de son père, qui suit ; 2° Dulcia ; 3° Aliarde, religieuse ; 4° Gilbert, moine ; 5° Bertrand, moine de Saint-Martial de Limoges, prévôt de Saint-Viance ; 6° Fulco, évêque de Paris, après avoir été doyen de Beauvais, mort en 1349 ; 7° Bernard, moine à Tulle, prévôt de Marco : ces trois derniers enfants avaient été désignés par leur père comme devant être moines.

IX. — Guy de Chanac, chevalier, fils et héritier de Pierre, testa à Paris le 12 août 1348. Il avait épousé, le 17 janvier 1307, Isabelle, nommée Belotte, apparemment à cause de sa beauté, fille de Robert de Montberon en Angoumois et d'Isabelle de Ventadour. — Robert, frère de Belotte, plaidait, au mois de juin 1329, contre Guillaume de Chanac, archidiacre de Paris, et Guy de Chanac, son neveu. De Guy de Chanac et d'Isabelle Bellote naquirent : 1° Guy, qui continua la descendance ; 2° Hélie ou Héliot, qui se maria aussi ; 3° Guillaume, cardinal, mort en 1383 [dont la biographie se trouve à la fin du présent n° IX] ; 4° Bertrand, cardinal, mort en 1404 [dont la biographie est aussi à la fin du présent n° IX] ; 5° autre Bertrand, qui suit, n° X ter, mais dont on ne sait pas la postérité ; 6° Robert, doyen de Beauvais en 1351, mort en 1376 ; 7° Fulco, moine de Saint-Martial de Limoges, puis évêque d'Orléans, mort en 1394 ; 8° Comptor, mariée à Louis Faidel (1), damoiseau, S^{gr} de Millaria au diocèse de Poitiers ; 9° et 10° Denise et Dauphine, toutes deux religieuses à Saint-Pardoux-la-Rivière en Périgord ; 11° Superane, religieuse au monastère de La Règle de Limoges, où elle était sacristaine en 1371 ; elle devint ensuite abbesse de La Trinité à Poitiers, et elle mourut en 1394.

— [Guillaume, évêque de Chartres et de Mende, né à Paris, petit-neveu d'autre Guillaume, patriarche d'Alexandrie, et neveu de Foulques, évêque de Paris, qui mourut le 15 juillet 1349, fut mis dans l'abbaye de Saint-Martial à l'âge de sept ans. Il devint docteur en droit canon, ensuite chefcier de Saint-Martial, prieur de Lougpont et de Vézelais, abbé de Saint-Florent de Saumur en 1354, et évêque de Chartres en 1368 ; il fut transféré, dès le commencement de l'an 1371, à l'évêché de Mende dans le Gévaudan ; et, la même année, il fut fait cardinal par le pape Grégoire XI. Ce prélat mourut le 30 décembre de l'an 1394 (et non pas 1383, comme le dit ici Nadaud) à Avignon. (MORERI, 1759, art. CHANAC.) Voyez mon *Dictionnaire manuscrit des grands hommes du Limousin*.]

— [Bertrand de Chanac, cardinal. Divers auteurs le confondent avec Bertrand de Cosnac, aussi cardinal ; mais c'est sans aucune raison, dit Moreri (1759, art. CHANAC), car, quoiqu'ils fussent tous deux natifs de la

---

(1) Ou Faideau, seigneur de Villemort, près Le Blanc, en Berry.

province du Limousin, celui dont nous parlons était archevêque de Bourges, patriarche de Jérusalem, et administrateur de l'évêché du Puy. En 1344, il était clerc de la chambre du pape Clément VI ; il fut fait archidiacre d'Agde en 1350; en 1374, archevêque de Bourges ; en 1382, patriarche de Jérusalem, et, en 1383, administrateur de l'évêché du Puy, qu'il ne tint que peu de temps. Clément VII le fit cardinal en 1383, et il mourut le 10 mai de l'an 1404 à Avignon, où il est enterré dans l'église des Dominicains. Voyez mon *Dictionnaire manuscrit des grands hommes du Limousin*, p. 43]

X. — Guy de Chanac, fils d'autre Guy, mourut avant 1343. Son père prit la tutelle (*bullum*) de ses enfants. Il avait épousé, en 1318, Eustachie, fille cadette de Bernard de Comborn, chevalier, Sgr de Beaumont et de Chambolive. D'eux naquirent : 1° Galienne, mariée, en 1348, à Bertrand de Favars, damoiseau, puis, en 1355, à Ramnulphe Hélie de Pompadour, chevalier, Sgr de Pompadour, Arnac, Cromières, Saint-Cyr et La Roche. Galienne mourut le 3 juin 1361, après avoir fait son testament ; 2° Blanche, mariée à Jean Fulcherii.

X bis. — Hélie ou Héliot de Chanac, chevalier, fils de Guy et d'Isabelle de Montberon, épousa : 1°, en novembre 1338, Galienne, fille de Gérald Ier de Ventadour, Sgr de Donzenac. D'eux naquirent : 1° Guy, qui suit ; 2° Helie ou Hélionus, chevalier, que Louis duc d'Aquitaine, fit sénéchal du Limousin en 1410 ; peut-être le même qui fut Sgr du bourg Archambaud en 1379, doyen de Beauvais en 1386. Il fut élu évêque de cette ville en 1387 ; mais le pape rejeta son élection. Il fut aussi prieur de Saint-Jean-hors-les-Murs de La Rochelle. Il épousa : 2°, en 1395, Marie de Culent, fille de Guichard, Sgr de Saint-Amand, et d'Isabeau de Brosse. En mai 1415, il fut nommé, à cause de son affection aux biens de l'État, un des douze nouveaux commissaires que le Dauphin nomma pendant les séditions de Paris ; 3° Gérald, abbé de Saint-Martial ; 4° André, abbé de La Chaise-Dieu ; 5° Gilette, mariée à Pierre Chaunet.

XI. — Guy de Chanac épousa N....., dont il eut Isabelle, qui épousa Jean, IVe du nom, Sgr de Pric, qui vivait en 1399.

X ter. — Bertrand de Chanac, fils de Guy, qu'on trouve doyen de Beauvais en 1379 et 1385, après Robert, son frère, fut aussi chanoine de Paris, puis chevalier en 1383. Il épousa Marguerite de Rochechouart, fille d'Aimeric et de Jeanne d'Archiac.

M. Baluze n'a rien trouvé de plus sur cette famille. Estiennot parle, dans ses *Fragments d'histoire d'Aquitaine*, d'un Lambert de Chanac, professeur en l'un et l'autre droit à Orléans, et d'illustre mémoire, mort le 21 février .....

Sources : Labbe, *Blason royal*, p. 67. — Estiennot, *Antiquit. benedict. Pictav.*, T. I, p. 128 ; *Fragmenta historiæ*, T. XVI, p. 276. — Baluze : *Vitæ papar. Aven.*, T. I, col. 1086, 1449, 1450, 1451, 1452, 1453. — *Gallia christiana nova*, T. IX, col. 755, 772. — Simplicien : *Histoire des grands officiers de la couronne*, T. VII, p. 17, 81, 123 ; T. VIII, p. 115. — Malingre, *Antiquités de Paris*, p. 425. — Lobineau : *Histoire de la ville de Paris*, T. II, p. 764. — Moreri, édition de 1759.

CHANAREBIÈRE. — Noble Emmanuel de La Chanarebière, paroisse de Chamberet, épousa N....., dont il eut Louis, tonsuré en 1578.

CHANDENIER (1).

CHANTARD épousa N....., dont il eut : 1° N.....; 2° frère Jean Chantard, moine de Saint-Martial de Limoges.

Chantard épousa N....., dont noble Jean Chantard, chanoine de Saint-Martial de Limoges, natif de Laguenne au diocèse de Tulle, où sont ensevelis ses père et mère, lequel fit, le 19 août 1542, son testament, signé Dubois.

Noble Léonard Chantard, de la paroisse de Pandriges au diocèse de Tulle, épousa N....., dont il eut François, tonsuré en 1546, et qui fit profession au monastère de Grandmont en 1558.

Chantard épousa N....., dont il eut : 1° Jeanne; 2° Catherine; 3° Marguerite; 4° Léonard, Sr de La Rochette.

CHANTARELLI (2).

CHANTELLOT. — Frère Pierre-Louis de Chantellot de La Chièze, du côté d'Ahun et de Chénérailles, fut pourvu de la commanderie du Palais, près Limoges en 1591.

On lit dans le nécrologe de Glandiers : « Le 23 mai, mourut Nicolas de Cantilupo, chevalier ».

Dans sa *Table généalogique de la maison de France* (p. 280 et 281), Labbe raconte les faits suivants : Gilbert de Chantelot, écuyer, Sgr de La Chaize, épousa Isabelle, fille naturelle de Charles de Bourbon, archevêque de Lyon et cardinal, légitimée, par lettres données au Montil-les-Tours en juillet 1491. Pierre, duc de Bourbon, frère du cardinal, donna, à Angers, le 9 juin 1488, l'office de capitaine et châtelain de Billy au dit Gilbert de Chantelot, au lieu de son cher et amé frère bastard de Bourbon, protonotaire du saint-siége apostolique, lequel, parce qu'il était homme d'église, ne pouvait l'exercer.

Claire-Françoise de Chantelot, fille de feu Etienne de Chantelot de La Chaize, chevalier de Saint-Louis et capitaine des vaisseaux du roi, et d'Anne Gombaud, épousa, le 22 juin 1751, François-de-Sales-Pierre Barton de Montbas, capitaine au régiment de Nivernais-infanterie, fils de Pierre Barton de Montbas, Sgr de Lubignac, Oranville et Monthaumar, et de Louise Raymond.

CHANTOIS. — Noble Jean Chantois, Sr de Laumosnerie (3), près Aixe, élu au Haut-Limousin, épousa, par contrat du 19 février 1593, reçu Chicquet, Marguerite de La Foucaudie, dont il eut Marguerite, mariée, le 29 novembre 1618, à Jacques Joussineau, écuyer, Sr de Fayac, paroisse de Château-

---

(1) Un renvoi de la page 2107 indique, pour cette famille, des notes à la page 2109, qui est déchirée.

(2) Une table de Legros indique qu'il avait des notes sur cette famille à la page 2440, qui est déchirée.

(3) Laumosnerie, château situé sur la rive droite de la Vienne, paroisse d'Aixe (Haute-Vienne), et habité par une branche de la famille de Villelume : c'est un simple corps de bâtiment très ancien, avec une tour servant de cage à l'escalier. — En tête de ses notes sur la famille Chantois, Nadaud fait un renvoi à la page 2033, qui est déchirée.

Chervix, fils de Roland de Joussineau et de Gargarde de La Vergne. Marguerite se remaria au sieur de La Maureilhe.

Jean Chantois, noble, Sr de Laubinerie, épousa, le 11 juillet 1640, Léonarde de Leyrisse, fille de François de Leyrisse, écuyer, S^r de La Côte, paroisse de Saint-Martin-de-Jussac, et de N......

Jean Chantois, écuyer, Sr de Vaux, de la ville d'Aixe, épousa, dans l'église de Razès, le 1er octobre 1685, Marguerite de Fauvet, veuve de David, Sr de Lavau, du dit Razès.

N...... Chantois, Sr de Laumosnerie, épousa Léonarde Mandat, qui mourut veuve et âgée de soixante-dix-neuf ans, à Aixe, le 11 juillet 1721.

CHAPCHAT. — D'après les archives du château de Montbrun (1), Gaufridus de Chapchat, *alias* de Doucibus, chevalier, paroisse de Milhaguet, avait pour femme, en 1273, Agenis de Montfraybua.

CHAPELLE DE JUMILHAC, S^r du dit lieu, de Montaigut, Laubespin, Brutine, etc., paroisse de Saint-Jean-Ligoure (2), Lissac et Ambazac, élection de Limoges, porte : *écartelé, au 1er et au 4e, de sinople à une chapelle d'or; au 2e, d'argent à un lion rampant de gueules; au 3e, de sinople à 3 fasces d'or; une bande de même brochant sur le tout;* d'après d'autres, *au 1er et au 4e, d'azur à une chapelle ou église d'or.*

I. — N..... Chapelle épousa N....., dont il eut : 1° Antoine, qui suit; 2° Marie, qui épousa Jean Brun de Libersac ; 3° Jean, qui se maria ; 4° François, chanoine de Saint-Yrieix.

II. — Antoine Chapelle eut des lettres d'anoblissement au mois de décembre 1597, confirmées en 1609. Il fit son testament, signé Chicquet, le 10 mars 1603, et un codicille, le 5 avril 1610. Il est qualifié d'écuyer, Sr de Jumilhac en Périgord, Corbefy, Saint-Priest, La Porte, Bruchardie, La Valade, Texiéras, Lascoux et Puymoreau. Il fonda un anniversaire de 40 sous au chapitre de Saint-Yrieix sur sa métairie du Puy, près la dite ville. Il épousa 1° Catherine Baillot, dont il eut : 1° François, qui suit ; 2° Madeleine, marié à N....., Sr de Masvaleys ; 3° Marie; mariée 1° à N....., Sr du Peyrel ; 2° à N....., Sr de Puy-Bazet ; 4° autre Madeleine, mariée à Jacques Arlot, Sr de Frugie ; 5° Jeanne, mariée à N....., Sr de Beaulieu ; 6° Bonne, mariée à N....., S^r des Champs. Il épousa 2° Marguerite de Vars, de Saint-Jean-Ligoure, dont il eut : 1° Jacques, qui a fait une branche ; 2° Antoine Chapelle, écuyer, baron de Corbefy, Sr de Jumilhac, héritier de son père, et qui épousa, par actes passés à Beaulieu, paroisse de La Noailhe, près Saint-Yrieix, le 3 janvier 1610, Loyze d'Autefort, fille de François, baron d'Autefort, Thenon, Montignac-le-Comte, et de feue Loyse des Cars ; elle obtint arrêt au parlement de Bordeaux contre les héritiers de son mari pour la restitution de sa dot, dont elle donna quittance le 19 décembre 1637, et elle mourut en 1645, ayant été remariée au Sr de Marsac ; — 3° Isabeau, mariée à N....., Sr du Frayssais ; 4° Madeleine,

---

(1) Montbrun, château en ruines, paroisse de Dournazac, qui, comme Milhaguet, est du canton de Saint-Mathieu, arrondissement de Rochechouart (Haute-Vienne). Le lieu de Chapchat se trouve commune d'Abjat, canton de Nontron (Dordogne).

(2) Saint-Jean-Ligoure, canton de Pierrebuffière, arrondissement de Limoges (Hte-Vienne).

mariée à Léonard de Massiot, Sr du Muraud, paroisse de Saint-Denis-des-Murs (1), élu en l'élection de Limoges en 1606.

III. — François Chapelle de Jumilhac, chevalier, Sr de La Valade, Estivaux, le Repaire noble de La Tour, paroisse du Chalard. Le registre du présidial de Limoges de l'année 1606 constate qu'on avait cottisé Antoine, son père, à cause du fief de La Valade pour la contribution de l'arrière-ban : le père avait donné ce fief à François, son fils, et celui-ci porta les armes pour le service du roi, et fit plusieurs actes signalés de noblesse. Il se présenta encore à la convocation de l'arrière-ban, en 1599, pour le fief de La Valade, et pour faire le service en personne, à quoi il fut reçu. Il fit son testament le 12 février 1610, et mourut avant son père, le 13 février 1610; il fut inhumé au Chalard. On trouve, dans un registre de Pierrebuffière, qu'il y avait à son enterrement quarante prêtres et la musique du chapitre de Saint-Yrieix. Il avait épousé 1°, par contrat du 22 juin 1589, Hélène de La Vergne, dont il eut : 1° Jean; 2° Léonard; 3° Antoine, qui a fait une branche; 4° Marguerite; 5° autre Marguerite; 6° Isabeau. L'une des deux Marguerite fut mariée, par contrat du 3 septembre 1606, à Pierre Journet, écuyer, Sr de Rousiers, fils de feu Golphier et de Gabrielle de Vars, dite de Saint-Jean. Il avait épousé 2°, par contrat sans filiation du 3 septembre 1606, Isabeau Journet, dame de Rousiers, qui lui porta 6,000 livres, et dont il eut : 1° autre Antoine; 2° Pierre, qui suit.

IV. — Pierre Chapelle, Sr de Laubespin du Laubeypi, mourut le 10 janvier 1670. Il avait épousé, par contrat du 26 avril 1644, Jeanne Bony de La Vergne, dont il eut Marie, baptisée au Chalard-Peyroulhier, le 5 avril 1653.

III bis. — Jacques Chapelle de Jumilhac, fils d'Antoine et de Marguerite de Vars, Sgr de Saint-Priest et de Saint-Jean-Ligoure, eut, en novembre 1615, une commission pour lever cent hommes sous le marquis d'Hautefort. Il épousa, par conventions du 18 juin et par contrat du 21 septembre 1609, signé de Crosrieu, Madeleine de Douhet, fille de noble Pierre de Douhet, Sgr de Saint-Pardoux et du Puymoulinier, et de feue Jeanne de Brugeas, dont il eut : 1° François, marquis de Jumilhac, qui suit; 2° Philippe, Sr de Viville, qui acheta, en 1649, de Georges d'Aubusson, évêque de Gap, la terre de Montaigut-le-Blanc en Limousin (2), d'où il fut appelé aussi Sr de Montaigu ; 3° Marguerite, mariée, dans l'église de Saint-Maurice de Limoges, le 2 mars 1647, à Pierre Romanet, Sgr de Saint-Priest-Taurion, lieutenant particulier au présidial de Limoges, fils de feu Antoine, aussi lieutenant particulier et de Quitterie de Petiot. Elle fonda, étant veuve, vers l'an 1666, un couvent de carmélites à Brive, et elle avait l'intention de s'y faire religieuse. *La dite fondatrice saigna du nez et se retira chez soi; néanmoins la fondation subsista.* Ensuite elle entra au couvent des religieuses de Saint-Léonard, moins austères que les carmélites ; mais, *ayant un esprit inquiet et turbulent,* elle sortit aussi de cette maison et mourut peu après, âgée de cinquante-deux ans, le 21 août 1673.

IV. — François Chapelle, marquis de Jumilhac, Sgr de Saint-Jean-Li-

---

(1) Saint-Denis-des-Murs, canton de Saint-Léonard, arrondissement de Limoges (Haute-Vienne).

(2) Montaigut, canton de Saint-Vaury, arrondissement de Guéret (Creuse).

goure, baron d'Arfeuille, fit ériger en marquisat la terre de Jumilhac en Périgord, en 1656 [par lettres de 1655, enregistrées au parlement de Bordeaux le 26 avril 1656, et en la chambre des comptes de Paris, le 28 mai 1657]. Il mourut le 3 avril 1675. Il avait épousé, le 12 septembre 1644, Marie d'Afis, dont il eut : 1° Jean, qui suit ; 2° Marie, mariée, le 14 février 1667, à Jean de La Martonie, Sr de Bruzac, fils de Gaston et de Jeanne Guiton de Maulevrier.

V. — Jean, marquis de Jumilhac, lieutenant du roi en Guyenne, au département de Sarlat ou de Périgueux, épousa, le 23 juillet 1682, Marie d'Esparbez de Lussan d'Aubeterre, fille de François, lieutenant-général des armées du roi, et de Marie de Pompadour, dont il eut : 1° Pierre-Joseph, qui suit ; 2° Julie-Thérèse, dite demoiselle de Jumilhac, morte dans la maison des carmélites de Limoges, âgée de soixante-quinze ans, le 2 octobre 1764 [lisez : Julie, religieuse carmélite à Limoges, sous le nom de sœur Marie-Julie de Sainte-Thérèse, morte, le 27 avril 1723, âgée de trente-sept ans ; 3° Madeleine, carmélite à Limoges, où elle fut plusieurs fois prieure, sous le nom de sœur Marie-Madeleine du Saint-Esprit, morte le 16 novembre 1740, âgée de quarante-sept ans, comme on le voit dans le registre des professions religieuses des carmélites de Limoges ; 4° peut-être N..., qui paraît avoir été sœur des deux précédentes, et dite mademoiselle de Jumilhac, morte à Limoges, fort âgée, en 1763, inhumée dans l'église des carmélites de cette ville, au bas des marches du sanctuaire (j'ai assisté à son enterrement)].

VI. — Pierre-Joseph, marquis de Jumilhac, lieutenant du roi en Guyenne, lieutenant-général de ses armées du 1er mai 1745, capitaine-lieutenant de la 1re compagnie des mousquetaires du roi en mai 1738. Il était né le 6 mars 1692. [Il fut reçu mousquetaire en 1713, et 2e cornette de la 1re compagnie de ce corps, avec le rang de mestre-de-camp de cavalerie, par brevet et commission du 28 avril 1719. Il devint 1er cornette de sa compagnie le 19 décembre de la même année ; 2e enseigne le 25 septembre 1722, 1er enseigne le 25 janvier 1726, 2e sous-lieutenant le 20 novembre 1727, 1er lieutenant le 4 janvier 1729, brigadier par brevet du 1er août 1734, capitaine-lieutenant de la 1re compagnie des mousquetaires le 21 mai 1738 et maréchal-de-camp par brevet du 1er janvier 1740. Il fut créé lieutenant-général des armées du roi par pouvoir du 1er mai 1745, et ne fut déclaré qu'au mois d'octobre. On lui donna le gouvernement de Philippe-Ville par provision du 29 juin 1759. Il résidait en 1778 à Paris, rue Saint-Maur. Il était aussi lieutenant du roi au gouvernement général de la Guienne]. Il épousa, le 21 mai 1731, Françoise-Armande de Menou de Charnizai, née le 6 décembre 1708, de François-Charles, marquis de Menou en Nivernois, et d'Anne-Thérèse Cornuau de La Grandière de Mursé, dont il eut Pierre, né le 1er janvier 1735, colonel dans les grenadiers de France en 1751.

IV bis. — Antoine Chapelle, fils de François et d'Isabeau du Journet, du lieu de Brutine, paroisse du Châtenet (1), fit son testament le 31 octobre 1652. Il avait épousé Marie de La Cosse, dont il eut : 1° Léonard, qui suit ; 2° Yrieix, écuyer, Sr de Couteyay en 1665 ; 3° Jean ; 4° Jacques ; 5° Henri ; 6° Léonard ; 7° Gabrielle, mariée, le 13 février 1656, à Léonard Sarrazin,

---

(1) Le Châtenet, canton de Saint-Léonard, arrondissement de Limoges.

écuyer, Sr du Mazet, paroisse d'Ambazac. Il mourut le 15 septembre 1675, et elle, le 20 janvier 1677 : tous deux ils furent enterrés à Ambazac, dans le tombeau de la famille Sarrazin.

V. — Léonard Chapelle, Sr de Brutine, épousa, par contrat du 2 février 1660, Anne Igonnin.

Notes isolées.

[On trouve dans les registres de Roherii, notaire à Limoges, p. 41, n° 39, et p. 49, n° 44, *apud* D. Col., un Aymeric de Saint-Jean-Ligoure.

Jean de Jumilhac, écuyer, S^r d'Étivaux et La Valade, mourut au Chalard le 8 janvier 1666.

Isabeau de Jumilhac, de la paroisse de Ladignac, mourut le 8 juillet 1698, et fut inhumée au Chalard.

Louise Chapelle, demoiselle du Mazat, femme de François Dard, du bourg de Peizat, mourut le 10 janvier 1670.

Henri de Jumilhac, écuyer, Sr du Buy, paroisse de Saint-Symphorien (1), demeurant à Brutine, épousa 1° Marguerite de Tranchecerf de Baignoux, paroisse de Saint-Michel-Laurière, dont il eut Jacques-Jules, né le 1er octobre 1671 ; il épousa 2° Catherine du Cher ; il épousa 3°, dans l'église de Saint-Michel-de-Pistorie, à Limoges, le 16 février 1692, Rose de Fayroa, fille de feu Jean, juge à La Roche-l'Abeille.

Pierre-Benoît Chapelle de Jumilhac, ancien bénédictin, mourut en 1682, âgé de soixante-onze ans.

N... de Saint-Jean de Jumilhac, lieutenant des maréchaux de France en 1703.

Pierre de Jumilhac, écuyer, Sr de Roziers, mourut, le 22 mars 1704, au Chalard-Peyroulhier.

Henri de Jumilhac, écuyer, Sr du Buy, épousa, par contrat du 26 octobre 1718, signé Breuil, Isabeau Blanchard, demoiselle de Champigny, fille de Pierre, écuyer, Sr de Champagnac, paroisse de Château-Chervix et de Marguerite de Meillards.

Noble Jean-Baptiste Chapelle de Saint-Jean de Jumilhac épousa Guillemette de Bachelerie de Neufvillars, de la ville de Brive, dont il eut : 1° N... Chapelle de Jumilhac, S^gr de Saint-Jean-Ligoure, mort en 1753 ; 2° Jean-Joseph, né à Brive, en 1706, tonsuré en 1721, vicaire général de Chartres, nommé, en décembre 1733, à l'abbaye de Bonneval de Saint-Florentin, ordre de Saint-Benoît au même diocèse, puis à l'évêché de Vannes le 2 avril 1742. Il fut sacré le 12 août 1742, et transféré à l'archevêché d'Arles le 17 avril 1746. Etant archevêque d'Arles, il fit faire la visite du corps du bienheureux Louis Alamand, cardinal, son prédécesseur, mort l'an 1452, et il fit aussi faire des recherches pour les actes de sa vie. [Il fut créé chevalier-commandeur de l'ordre du Saint-Esprit, le 1er janvier 1771, et il mourut en février 1775.]

N..... Chapelle de Jumilhac, S^gr de Saint-Jean-Ligoure, mourut en 1753.

Louis-Jean-Baptiste Chapelle de Jumilhac, comte de Saint-Jean-Ligoure,

---
(1) Probablement Le Buis, commune à côté de Saint-Symphorien, canton de Nantiat, arrondissement de Bellac (Haute-Vienne).

épousa, en 1770, Marie-Cécile Rouille, dans la paroisse de Saint-Eustache, à Paris. [Il vivait en 1777.]

[N..... Chapelle de Jumilhac, d'une branche cadette, dite mademoiselle de Jumilhac, résidait, dès avant 1777, à Limoges, place Saint-Etienne, près la cathédrale, en face du monastère des Allois. Elle est morte en 178...] — Voir JUMILHAC, au T. II.

SOURCES : *Dictionnaire généalogique de 1757.* — SIMPLICIEN, T. VII, p. 335 et 458. — D'HOZIER, *Armorial général*, Ire partie, p. 369. — *Gallia christiana nova,* T. VIII, col. 1245. — TAILLAND, *Histoire de Bretagne,* T. II, p. 38, — *Acta sanctorum,* T. V septembris, p. 437 et 457.— BONAVENTURE DE SAINT-AMABLE, T. III, p. 865. — [*Tablettes historiques,* IVe partie, p. 187 et 458 ; V^e partie, p. 39. — *Fastes militaires,* 1779, T. II, p. 84, 639 et 663.]

CHAPITEAU, Srs de Reymondias, paroisse de Minzac (1) et de Guyssales, paroisse de Verdeilhe, élection d'Angoulême, portent *d'azur à 3 étoiles d'or en fasce, accompagnées de 3 chapiteaux de même, deux en chef et un en pointe, soutenus par un croissant d'argent.*

I. — Pierre Chapiteau fut promu à la charge d'échevin de la ville d'Angoulême le 24 mars 1574. François de La Combe fut pourvu, par le décès du dit Chapiteau, le 9 octobre 1577. Il avait épousé Isabeau Loubert, dont il eut : 1° Denis qui suit; 2°Antoine, qui se maria, et fit la branche des Chapiteau de Guyssales. Le père de ces deux enfants leur fit une donation le 2 septembre 1577.

II. — Denis Chapiteau, Sr de Reymondias, épousa Françoise Guy, et aussi, d'après Vigier (*Coutumes d'Angoumois*, p. 499), Marguerite de Lage.

III. — Salomon Chapiteau, Sr de Reymondias, épousa, le 19 février 1647, Isabeau Chauvet.

Branche de Guyssales

II *bis*. — Antoine Chapiteau épousa Romaine de Bord.

III. — Léonard Chapiteau, écuyer, Sr de Reymondias, mourut le 24 novembre 1680, et fut inhumé dans l'église de Minzac. Il avait épousé, le 22 février 1643, Gabrielle Ithier, dont il eut Salomon, Sr de Guyssales, baptisé le 31 mars 1644.

Notes isolées.

Guy Chapiteau, écuyer, Sr de Resmondias, paroisse de Minzac, épousa, à Minzac, le 10 juin 1681, Charlotte Lurat, dont il eut : 1° Salomon, qui suit; 2° Françoise, née le 24 septembre 1686 ; 3° Anne, née le 22 août 1688 ; 4° autre Françoise, née le 22 février 1693 ; 5° Charlotte, née le 1er décembre 1694, mariée à Aimeric Hastelet, écuyer, Sr de Puygombert, Ville-de—Bost, Jomelières, Chaix, Beaulieu et Lombardières, habitant la paroisse de

(1) Mainzac, canton de Montbron, arrondissement d'Angoulême (Charente).

Javerlhac, veuf de Marguerite de Borie. On lit dans les registres du dit Javerlhac que Charlotte mourut, âgée de quarante-trois ans, le 17 avril 1738, également regrettée, non-seulement dans sa famille et dans la paroisse, mais même dans tout le voisinage, où ses vertus la rendirent respectable. Sa charité et ses aumônes allaient au delà de ce qu'on pourrait croire; 6° autre Françoise, morte sans alliance,

Salomon Chapiteau, né le 28 août 1683, écuyer, Sr de Resmondias et du Vignaud, paroisse du dit Minzac, épousa Marie des Forges, dont il eut : 1° Anne, née en 1710, et morte peu après ; 2° Pierre-Jean, qui suit.

Pierre-Jean Chapiteau, chevalier, Sr de Resmondias, épousa, le 21 février 1732, Marie-Anne Hastelet, née le 24 septembre 1713, d'Aimeric Hastelet, sus-nommé, et de Marguerite de Borie. Marie-Anne se remaria, le 20 mai 1763, à Charles de Fornel, écuyer, Sr de Minzac, ayant eu de Pierre-Jean Chapiteau : 1° Salomon, qui suit ; 2° Catherine, baptisée le 13 novembre 1737 ; 3° autre Salomon, baptisé le 15 mars 1741 ; 4° autre Salomon, baptisé le 28 juin 1742, et tonsuré plus tard ; 5° Jean, baptisé le 12 novembre 1743 ; 6° Anne ; 7° Marie-Guillelmine ; 8° autre Anne ; 9° Marguerite ; 10° Catherine ; 11° autre Salomon : ces cinq derniers enfants, morts en bas-âge.

Salomon Chapiteau, baptisé le 20 mai 1733, épousa, dans l'église de Montberon, le 17 juillet 1763, Thérèse du Rousseau.

CHAPOLAT (1).

CHAPOLIER. — Noble Martin del Chapolier, S^r du dit lieu, paroisse de Darnet (2), épousa N....., dont il eut : 1° Jean, damoiseau ; 2° Marguerite, mariée par contrat, signé Alpays, à Meymac, le 21 novembre 1490, à Jacques de Pinac, *macellarius*, boucher ou marchand de bœufs ou de poissons, fils de Léger, marchand de la ville de Meymac.

[CHAPT ou CHAT.

I. — Guichard Chat, chevalier, qui vivait en 1328, épousa N....., dont :

II. — N..... Chat, qui épousa N....., dont :

III. — Jean Ier Chapt, S^{gr} de La Germanie, qui devint S^{gr} de Rastignac parce qu'il épousa l'héritière de Jalhez et de Rastignac, dont il eut :

IV. — N..... Chapt, qui épousa N....., dont :

V. — N..... Chapt, qui épousa N....., dont :

VI. — N..... Chapt, qui épousa N....., dont :

VII. — N..... Chapt, qui épousa N....., dont il eut : 1° Adrien, qui suit ; 2° Raymond Chapt de Rastignac, lieutenant-général et bailli de la Haute-Auvergne, nommé à l'ordre du Saint-Esprit en 1594 ; 3° Antoine, qui a fait la branche de Laxion.

VIII. — Adrien de Chapt de Rastignac, qui épousa Jeanne de Hautefort, dont il eut : 1° Jean, qui suit ; 2° Perrot ou Peyrot, qui épousa, en 1599, sa cousine Marguerite de Chapt de Rastignac, de la branche de Laxion.

IX. — Jean Chapt, IVe du nom, maréchal-de-camp, auquel le roi accorda,

---

(1) Nadaud avait des notes sur cette famille à la page 1080, qui est déchirée.
(2) Darnet, canton de Meymac, arrondissement d'Ussel (Corrèze).

l'an 1617, en récompense de ses services, et en considération de sa naissance, un brevet d'érection de sa terre de Rastignac en marquisat ; il eut de Jacquette de Genouillac, sa femme, Jean-François, qui suit.

X. — Jean-François, maréchal-de-camp, allié, en 1625, à Gabrielle de Sedière, dont :

XI. — François, marquis de Rastignac, qui épousa Gabrielle de Clermont-Vertillac, dont il eut : 1° Armand-Hippolyte-Gabriel, qui suit ; 2° Louis-Jacques de Chapt de Rastignac, nommé évêque de Tulle le 1er février 1722, puis archevêque de Tours en 1723, et commandeur de l'ordre du Saint-Esprit, mort le 2 août 1750.

XII. — Armand-Hippolyte-Gabriel, marquis de Rastignac, mort le 18 août 1748, épousa Françoise Foucaud de La Besse, dont il eut : 1° Jean-Jacques, qui suit ; 2° Marie-Anne-Pétronille, née le 1er septembre 1729.

XIII. — Jean-Jacques de Chapt, marquis de Rastignac, né le 24 septembre 1718.

VIII bis. — Antoine de Chapt de Rastignac, frère d'Adrien, eut en partage la seigneurie de Laxion et celle de Saint-Jori. Il épousa N....., dont il eut une fille unique, Marguerite, qui suit :

IX. — Marguerite Chapt de Rastignac, héritière de son père, épousa, en 1599, Perrot Chapt de Rastignac, son cousin germain, qui mourut le 26 juillet 1621, et dont elle eut : 1° N..... ; 2° François, qui suit :

X. — François Chapt de Rastignac eut Laxion, dont il fut créé marquis en 1653. Il épousa Jeanne de Hautefort-Marquessac, dont :

XI. — Charles 1er de Chapt, qui épousa N....., dont :

XII. — Charles II de Chapt, en faveur duquel le marquisat de Laxion fut renouvelé et confirmé par lettres de mai 1724. Il épousa, cette même année, Jacqueline-Eléonore d'Aidie de Ribérac, dont il avait pour enfants, en 1751 : 1° Jacques-Gabriel-Louis Chapt de Rastignac, qui épousa, en 1745, Charles d'Aidie de Ribérac, dont il eut : A. Henri-Gabriel-Charles, né le 12 août 1747; B. — Charles-Antoine, né le 20 juillet 1748 ; — 2° Armand-Anne-Auguste, prévôt de Rastignac, en l'église de Saint-Martin de Tours ; — 3° Louis, chevalier de Malte ; — 4° J.-Louis-Marie, dit le comte de Laxion ; — 5° Sicaire-Aug., dit le chevalier de Laxion, lieutenant dans le régiment de Poitou; — 6° Gabrielle de Rastignac, mariée, en 1746, à Joseph-François du Mas, Sgr de Paysat.

Aimeric Chasti, évêque de Limoges en 1371, était, dit-on, de cette maison.

Source : *Tablettes historiques*, IVe partie, p. 56, 57, 121, 427.]

CHARDEBŒUF, Sr d'Etruchat, paroisse de Magnac (1), élection de Limoges, porte *d'azur à 2 fasces d'argent surmontées d'un croissant de même, accompagnées de 4 étoiles aussi en fasce, à un rencontre d'or en pointe.*

I. — Jean Chardebœuf.

II. — Jean Chardebœuf, fils du dit Jean, rendit hommage le 10 juin 1510. Il épousa Catherine Dumont, qui, étant veuve, vendit quelques biens avec Léonard, son fils, en 1552.

(1) Magnac-Laval, chef-lieu de canton, arrondissement de Bellac (Haute-Vienne).

III. — Léonard Chardebœuf, écuyer, Sr d'Etruchat, épousa, par contrat sans filiation du 11 août 1561, Jeanne de Quenoüille ou des Congnoulhes, dont il eut : 1° Paule, baptisée le 6 septembre 1572, à Magnac ; 2° François, qui suit.

IV. — François de Chardebœuf, écuyer, Sr d'Etruchat, baptisée le 11 juillet 1575, épousa, par contrat du 12 juillet 1602, Marguerite de La Chassagne, à laquelle, le 27 septembre 1603, son mari fit une donation mutuelle, reçue par A. La Maîtresse, et insinuée au Dorat. Marguerite de La Chassagne transigea, le 14 décembre 1633, avec ses enfants : 1° Léger, qui suit ; 2° Marie, baptisée le 11 décembre 1605.

V. — Léger de Chardebœuf, écuyer, Sr d'Etruchat, épousa, par contrat du 8 janvier 1630, Françoise Pere, dont il eut : 1° Jean, qui suit ; 2° Honorée, baptisée le 8 novembre 1635.

VI. — Jean de Chardebœuf, baptisé le 29 septembre 1631, épousa, par contrat du 13 février 1657, Hélène de La Chassagne, de la paroisse d'Azerable en Berry (1), dont il eut : 1° Marguerite, baptisée le 19 décembre 1657 ; 2° Marie, baptisée le 2 octobre 1659 ; 3° autre Marie, baptisée le 17 mai 1661 ; 4° François, baptisé le 10 mars 1664 ; 5° Louis, baptisé le 9 novembre 1666. — En 1598, les preuves de noblesse de cette famille furent contestées.

Notes isolées.

Gilbert Chardebœuf, écuyer, Sr de La Vareille, mentionné dans l'*Histoire des grands officiers de la couronne*, édition du père Simplicien, T. V, p. 730, épousa N....., dont il eut Renée, mariée, le 7 janvier 1555, avec Antoine de Durfort, écuyer.

Claude Chardebœuf, écuyer, du lieu noble d'Etruchat, épousa N...., dont il eut Hélie, qui suit.

Hélie Chardebœuf, fils de Claude, du lieu d'Etruchat, épousa, par contrat du 13 novembre 1602, reçu Mourraud, et insinué au Dorat, Anne Mourraud, fille de François, écuyer, Sr de La Tibarderie, et de feue Marguerite du Mosnard, de la paroisse de Magnac, dont il eut : Martial, baptisé le 12 avril 1605. Cet Hélie épousa, peut-être en secondes noces, Marie Fondant, dont est née Louise de Chardebœuf, baptisée à Magnac le 28 août 1611.

François Chardebœuf, écuyer, Sr de La Vareille, mourut, à La Vaupot, paroisse de Saint-Sulpice-les-Feuilles, le 25 octobre 1611. Il avait épousé Jeanne Pot de La Vaupot, dont il eut Melchior, Sr de La Vaupot, baptisé à Magnac le 13 novembre 1634, et inhumé au dit Saint-Sulpice le 18 octobre 1637.

N..... Chardebœuf, Sr de La Vareille, paroisse de Magnac, épousa Anne Coustin, dont il eut Anne, baptisée, à Magnac, le 15 avril 1604.

François Chairdebœuf, écuyer, Sr de Chansois, paroisse de Cheseaux (2), mourut à Saint-Sulpice-les-Feuilles le 27 janvier 1618.

---

(1) Azerable, canton de La Souterraine, arrondissement de Guéret (Creuse).

(2) Les Chezeaux, canton de Saint-Sulpice-les-Feuilles, arrondissement de Bellac (Haute-Vienne).

CHARDEBEUF, Sr de La Grandroche, paroisse de Magnac, élection de Limoges, porte : *d'azur à 2 fasces d'argent surmontées d'un croissant de même, accompagnées de 4 étoiles mises en fasce, à un rencontre d'or en pointe.*

I. — Jean Chardebœuf fit son testament en faveur de René, son fils, le 10 décembre 1548. Il avait épousé Maxime de La Lande, qui donna quittance de partie de sa dot le 28 mai 1522.

II. — René Chardebeuf, écuyer, Sr de La Grandroche, paroisse de Magnac, épousa, par contrat du 1er juillet 1557, Léonarde de La Touche, ou peut-être de Montagrier. D'eux naquirent : 1° Pierre, baptisé le 13 septembre 1573, comme on le voit sur les registres de Magnac ; 2° Claudine, baptisée le 16 septembre 1574, et morte le 17 janvier 1645 ; 3° Marguerite, baptisée le 1er novembre 1575, mariée à Jean de Moussi ou Moussou, écuyer, Sr du Rochier. Elle fit, le 9 octobre 1594, ne sachant pas signer, son testament, reçu par Champlong, et insinué au Dorat, par lequel elle veut être inhumée dans l'église de Magnac ; 4° Claude, qui suit ; 5° Joseph, baptisé le 6 avril 1578 ; 6° Jean, prieur de Magnac ; 7° Anne, mariée à Mathurin d'Auberoche ; 8° Claudine, mariée le 16 février 1602, par contrat reçu Grollier, et insinué au Dorat, à Jean Phelippe, greffier de la baronnie de Magnac.

III. — Claude de Chardebeuf, écuyer, Sr de La Grandroche, baptisé le 3 décembre 1576, épousa, par contrat du 22 novembre 1600, reçu Defaye, et insinué au Dorat, Jeanne Geneste, fille de feu Guy Geneste, écuyer, Sr d'Aigueperse, paroisse de Saint-Paul, et de Marguerite de Poyjay, dont il eut : 1° Jeanne, baptisée le 6 octobre 1602 ; 2° Marguerite, baptisée le 3 août 1611 ; 3° Pons, baptisé le 8 mars 1618 ; 4° Jean, qui suit.

IV. — Jean Chardebeuf épousa, par contrat du 28 octobre 1641, Susanne de Leffe, de la paroisse de Chaleys en Berry, dont il eut : 1° Gabrielle, baptisée le 19 mai 1647 ; 2° Louis, qui suit.

V. — Louis Chardebeuf, écuyer, Sr de La Grandroche, baptisé le 23 novembre 1648, épousa Marie de Verines, dont il eut : 1° Françoise-Gabrielle, née le 17 octobre 1677 ; 2° Jeanne, née le 9 août 1680 ; 3° Françoise-Agathe, mariée à Mathurin de Savignac, fils de Jean, écuyer, Sr de Vaux et de Jeanne Mosneron. En 1598, les preuves de noblesse fournies par cette famille furent contestées.

Notes isolées.

Claude Chardebeuf épousa Catherine de La Chastre, dont il eut Louise, baptisée à Magnac le 21 septembre 1582.

Claude Chardebeuf épousa Catherine Jacquet, dont est née peut-être Delphine, baptisée le 11 octobre 1573, et dont il eut Hélie, baptisé au dit Magnac le 4 avril 1577.

Anne Chardebeuf, veuve de Barthélemy Ryvier, mourut au Dorat le 20 juin 1585.

Marguerite Chardebeuf, veuve de Pierre de Lajousnière, mourut au Dorat le 2 mai 1587.

Jeanne Chardebeuf, veuve de Hélie de Cressac, de la ville de Magnac, fit son testament le 15 mars 1596.

Marguerite Chardebeuf épousa, dans l'église de Magnac, le 26 février 1666, par contrat signé Roche et de La Coste, Jacques Berger, avocat.

Charles de Chardebeuf, écuyer, S^r de La Grandroche, épousa, en 1721, Marie des Montiers.

Il y a une autre branche de Chardebeuf à Azerable en Berry.

Jean-Baptiste de Chardebeuf, marquis de Pradel, dont il est parlé dans les *Fastes militaires*, 1779, T. II, p. 414 et 415, naquit le 11 juin 1709, et devint sous-lieutenant dans le régiment Royal-Artillerie, le 13 mars 1729, puis obtint une compagnie dans le régiment de cavalerie de Cossé par commission du 13 décembre 1734. Il fut fait major de son régiment le 4 juillet 1735; lieutenant de la mestre de camp de son régiment le 25 avril 1748; lieutenant-colonel de la brigade de Durfort par commission du 10 octobre 1755. Il obtint, le 30 novembre 1756, une commission pour tenir rang de mestre de camp de cavalerie, et devint major de régiment de carabiniers par brevet du 13 mai 1758, puis brigadier des armées du roi, par brevet du 10 février 1759. Il fut déclaré, au mois de décembre 1762, maréchal-de-camp, dont le brevet lui avait été expédié dès le 25 juillet précédent, et il conserva alors la majorité du régiment des carabiniers. Il fut déclaré lieutenant-général des armées du roi en 1780, comme on le voit dans la *Feuille hebdomadaire* de Limoges de cette même année. Il avait épousé N....., dont il eut entre autres enfants :

Eutrope-Alexis de Chardebeuf de Pradel, dit *l'abbé de Pradel*, prêtre, docteur de Sorbonne, vicaire général de l'évêque de Limoges, aumônier de quartier de MONSIEUR, frère du roi, prévôt d'Eymoutiers, puis de Saint-Junien, enfin abbé commendataire de Silly au diocèse de Séez en Normandie.

N..... de Pradel, mariée avec N.,.... d'Augeard, président à mortier au parlement de Bordeaux.]

CHARDON ou CHARDRON. — Marie Chardonne, dame de Saint-Martin-le-Mault (1), fit son testament en 1405.

Pierre Chardron, écuyer, S^r d'Asnière, paroisse de Bonnœil (2), épousa Anne Esmoing, qui testa en 1556.

François Chardon, écuyer, S^r de La Fortilesse, fut inhumé dans l'église de Bonneuil le 4 février 1645.

CHAREYRON. — Joachim Chareyron, écuyer, Sr du Bouchet, paroisse de Roussac (3), avait épousé Françoise Marrand, qui était veuve en 1647.

CHARGERIUS. — Dans sa Chronique (p. 281, *apud* LABBE), Gaufridus de Vigeois a donné un lambeau de généalogie de cette maison, qui, selon lui, périt dans de grands malheurs, parce qu'ils n'honorèrent pas de la bouche saint Pardoux leur protecteur, patron d'Arnac (4).

I. — Chargerius, qui reçut, en 1028, la cure d'Arnac en qualité de pro-

---

(1) Saint-Martin-le-Mault, canton de Saint-Sulpice-les-Feuilles, arrondissement de Bellac (Haute-Vienne).
(2) Bonneuil, canton de Vouneuil, arrondissement de Châtellerault (Vienne).
(3) Roussac, canton de Nantiat, arrondissement de Bellac (Haute-Vienne).
(4) Arnac-Pompadour, canton de Lubersac, arrondissement de Brive (Corrèze).

viseur ou défenseur, épousa N....., dont : 1° Gauzbertus, qui suit; 2° N....., qui se maria aussi.

II. — Gauzbertus épousa N....., dont Gaufredus, prêtre.

II bis. — N..... épousa N....., dont 1° Gaulfridus, prêtre, 2° Guillaume, qui suit.

III. — Guillaume épousa N....., dont Pierre, qui fut curé; 2° Gaulfredus, qui fut aussi prêtre; 3° Bernard; 4° Gaubert.

[CHARGNAC. — Raymond, écuyer ou chevalier, S^{gr} du dit lieu, vivait en 1224 et 1234. Il fut père de Pierre Raymond de Chargnac, damoiseau, qui vivait en 1267. — Voyez mes *Mémoires manuscrits sur les abbayes du diocèse de Limoges*, p. 501, 513 et 518 (1).]

CHARIERAS. — Geoffroy de Vigeois parle, dans sa Chronique (p. 332, *apud* LABBE), d'Adémar de Charieras, chevalier, qui demeurait au château de Comborn, et était mort en 1182.

Dans le nécrologe de Glandiers, on trouve marquée au 30 janvier la mort de Guy de Carreriis, chevalier.

CHARLES. — Messire Hugues Charles, Sr de Magnac-sur-Touvre, mourut, âgé de soixante-dix-huit ans, le 28 janvier 1683, et fut enterré à Saint-Martial d'Angoulême.

CHARLONNIÈRE (2).

CHARNAY. — Philippe de Charnay, chevalier, épousa N....., dont il eut Marguerite, qui, en 1397, était femme de Regnaud du Chaslard, habitant de Dompnhon, paroisse du Châtenet.

CHARRON. — Jean Charron, écuyer, Sr de Puiernaud, paroisse de Blom (3), épousa Favienne Dupin, dont il eut : Jean, qui suit.

Jean Charron, écuyer, Sr de Beaulieu et de Blom en partie, habitant la paroisse de Blom, épousa, en 1656, Jacquette de Marsanges, fille de Pierre.

François Charron, écuyer, S^r des Forets, paroisse de Chambourez (4), épousa : 1° Catherine Vidaud ; 2° à Saint-Christophe, près Lesterps, le 5 octobre 1745, Marie de Lage, veuve de Jean Duval, chirurgien.

CHASAUD. — Noble Pierre Chasaud, Sr de Boisbertrand et de Leschanie, paroisse de Maisonneix (5), avocat au parlement, juge-sénéchal de La Vauguyon, épousa, à Grenor, le 26 juin 1662, Marguerite de La Ramière, dont il eut Marguerite, baptisée le 21 janvier 1664.

Marie-Julie du Chasau d'Aliger, sœur de N....., écuyer, Sr de Savignac et de La Sinardie, mourut, âgée de soixante-dix ans, le 11 mai 1768.

---

(1) Ces pages ont été enlevées du volume avec la Notice sur l'abbaye de Grandmont, dont elles faisaient partie.

(2) Il y avait des notes sur cette famille à la page 51, qui est déchirée.

(3) Blond, canton et arrondissement de Bellac (Haute-Vienne).

(4) Chamboret, canton de Nantiat, arrondissement de Bellac (Haute-Vienne).

(5) Maisonnais, canton de Saint-Mathieu, arrondissement de Rochechouart (Haute-Vienne). Voir aussi Chazaux.

CHASSAIGNOLLE. — [Jean de Chassignolle ou Chassanholle, damoiseau, vivait le 27 mai 1423.]

Noble Louis de La Chassaignolle, paroisse de Sannac (1), épousa N....., dont il eut Gilbert, moine de Beaulieu, tonsuré en 1611, et qui était prieur d'Allayrac en 1623.

CHASSAING. — Louise Chassaing, dame de Villeneyssant, paroisse de Saint-Martial en Basse-Marche (2), en 1591.

Noble Pierre Chassaing, avocat de la ville d'Égletons, trésorier de M. le prince de Conti, épousa Antoinette de Lavandez, qui mourut le 4 septembre 1643, et dont il eut : Marie, mariée le 30 janvier 1663 à Léonard du Ligondez, S^r de La Coste, fils de feu Jean et de Madeleine du Puy de Marquez, paroisse de La Tronche (3).

CHASSAREL. — Michel de Chassarel, écuyer, Sr de Villebois, du bourg de Genis (4), en 1709.

[CHASSENEUIL, fief de l'Angoumois, qui appartenait, en 1698, à un gentilhomme qui en portait le nom. Il est dans la mouvance du duché-pairie de La Rochefoucauld. Il a droit de justice haute, moyenne et basse.]

CHASTAIGNAC. — Charles-Joseph Chastaignac, S^{gr} de Neuvic (5), Masléon, Marliaguet, grand prévôt de la maréchaussée du Limousin, épousa Anne de Lespicier, dont il eut : 1° Marguerite, demoiselle de Neuvic, mariée, le 9 juin 1688, à Jean Picon, S^r des Lèzes et de Chasseneuil, conseiller du roi, président-trésorier de France au bureau des finances de Limoges, où il résidait, paroisse de Saint-Michel-des-Lions; 2° Susanne, reçue religieuse à Sainte-Ursule de Limoges le 18 août 1691 ; 3° Louise-Thérèse, mariée dans l'église de Neuvic, le 19 mars 1694, à Charles de Joussinaud, marquis de Tourdonnet, paroisse de Château-Chervix, lequel mourut le 12 avril 1702, et fut inhumé dans l'église de Neuvic, près Châteauneuf; 4° Louis, mousquetaire du roi, mort âgé de dix-huit ans, le 4 août 1702, et inhumé à Neuvic; 5° Marie, née à Neuvic, le 13 octobre 1697; 6° Jean, baptisé à Saint-Jean de Limoges le 2 avril 1682.

Jean de Chastaignac, écuyer, Sr du Mas-de-Roche, de la paroisse de Saint-Jean-Ligoure, et, par sa femme, de Juvé, paroisse de Royère (6), fils de Jean-Grégoire, Sr de Narbonne, épousa, le 19 août 1687, dans l'église de Royère hors La Roche-l'Abeille, Paule Joubert de Nantiac, dont il eut : 1° Jean-Grégoire, né le 5 mars 1688; 2° François, né le 19 août 1689; 3° Joseph-Henri, né le 24 octobre 1690; 4° Thérèse, baptisée le 16 mai 1692.

Jean Chastagnac, écuyer, Sr de Combas et de Ligoure, habitant la paroisse de Saint-Michel-des-Lions à Limoges, épousa Marie des Flottes, dont il eut Léonard, tonsuré en 1715.

---

(1) Sannat, canton d'Évaux, arrondissement d'Aubusson (Creuse).
(2) Saint-Martial, canton de Mézières, arrondissement de Bellac (Haute-Vienne).
(3) La Tronche, canton de Lapleau, arrondissement de Tulle (Corrèze).
(4) Genis, canton d'Excideuil, arrondissement de Périgueux (Dordogne).
(5) Neuvic et Masléon, canton de Châteauneuf, arrondissement de Limoges (Haute-Vienne).
(6) Royère, ancienne paroisse réunie à celle de La Roche-l'Abeille, canton de Nexon, arrondissement de Saint-Yrieix (Haute-Vienne).

Jean-Baptiste de Chastagnac, Sgr de Neuvic près Châteauneuf, épousa Jeanne de Croisier, dont il eut Marie et Anne, sœurs jumelles, nées au dit Neuvic le 1er septembre 1714.

François de Chastaignac, chevalier, Sr de La Guyonnie, Juvet et Royère près La Roche-l'Abeille, épousa Louise Auboux de Steveni de Basville (1), dont il eut Marguerite, fille unique, mariée, le 8 mars 1749, dans l'église de Saint-Domnolet de Limoges, à François de Ferrières, marquis de Sauvebeuf, Sgr du moulin d'Arnac, etc.

Charles Chastaignac, baron de Sussac, épousa Anne de Laumonerie, dont il eut Françoise, reçue religieuse à Sainte-Ursule de Limoges le 25 avril 1760.

CHASTAIGNER, Sr de L'Isleau, paroisse de Retz, élection de Saint-Jean-d'Angely, porte *de sinople semé de feuilles de châtaignier d'argent, au chef cousu de gueules.*

I. — Pierre Chastaigner rendit hommage à Madame de Longueville le 4 avril 1518. Il épousa Françoise de Donnes, dont il eut : 1° François, qui suit ; 2° Françoise, qui partagea avec son frère la succession de leur père, le 29 juillet 1546.

II. — François Chastaigner, épousa Marie Méricaud.

III. — Pierre Chastaigner, épousa, le 9 février 1560, Marie Le Roy, dont il eut : 1° Roch, qui suit ; 2° Jean ; 3° Benjamin. Ces trois enfants partagèrent, devant le lieutenant-général de La Rochelle, les successions de leurs père et mère le 25 février 1603.

IV. — Roch Chastaigner, épousa Françoise de Cosnan.

V. — Roch Chastaigner de Cosnan épousa, le 20 juillet 1620, Elisabeth Gendraud.

VI. — Auguste Chastaigner épousa, le 21 mars 1651, Louise de Cumont (2).

CHASTANIER. — On trouve Guy de Chastanier dans les registres de Roherii, notaire à Limoges, p. 91, n° 78, *apud* Dom Col.]

CHASTANZEAU (3).

CHASTENET, Srs du Liége et de Quinsac, paroisse de Saint-Hilaire-le-Château, élection de Bourganeuf, porte *d'argent à un châtaignier de sinople accosté de 4 hermines, 2 et 2 ; au chef d'azur chargé d'un soleil d'or.*

I. — Pierre du Chastenet transigea avec Pierre Le Roy le 12 décembre 1525, et fit un bail à rente le 10 janvier 1537. Il avait épousé Jeanne Veri-

---

(1) Basville, canton de Crocq, arrondissement d'Aubusson (Creuse).

(2) Ces notes se trouvent à la page 798 du registre de Nadaud. Des renvois des pages 195 et 1032 indiquent que Nadaud avait, à la page 2440, des notes sur les Chastaigner de la paroisse de Lageyrac, et un renvoi de la page 2258 indique la page 2452 comme en fournissant sur les Chastaigner de La Rocheposay. Mais le registre de Nadaud est déchiré de la page 2421 à la page 2456 inclusivement.

(3) D'après la table de Legros, il y avait des notes sur cette famille à la page 1057, qui est déchirée.

naud, dont il eut : 1° Pierre, qui partagea, le 1er ou le 30 septembre 1550, avec Jean, son frère, les successions de leurs dits père et mère ; 2° Jean, qui suit.

II. — **Jean du Chastenet**, Sr de Quinsac, inhumé dans la grande église de Bourganeuf, du côté de l'épître, avec cette épitaphe, au-dessous de laquelle se trouve un écusson sans émail figurant *un arbre avec 3 étoiles en chef mises en fasce.*

EPITAPHIUM JOANNIS DE CHASTENET
DOMINI DE QUINSACO ET OFFICIARIORUM
CURIAE OBLATIONIS BURGANOVI
CONSTITUTORUM
PRAESIDIS

Quinsacus hic situs est, quem famâ, laude nitentem
Moribus atque annis, fata tulere senem.
Nec defiendus erat, sed eodem condita busto est
Heu ! Themis, et tanto praeside digna fides.
Fallor nec Themis hic, nec eodem condita busto
Cana fides, sed nec Quinsacus hic situs est.
Pars hominis melior, virtutibus aucta duabus,
It felix cœlo ; caetera condit humus.
1610-

Jean du Chastenet avait épousé, le 7 mars 1564, Marie Doumy, dont il eut : 1° François, qui suit ; 2° Léonard Chastenet, lieutenant-général du sénéchal de Limoges, qui se maria. — Marie Doumy, repose aussi dans la grande église de Bourganeuf, où on voit, du côté de l'épître, ce reste d'épitaphe :

D. O. M.

Maria Doumy......................
.... lectissimae fœminae pietate, modestia,
frugalitate singulari
Leonardus de Chastenet, propraetor Lemovic.,
matri suavissimae moestus posuit.
Vixit annos 52 (1) ; obiit anno 1609.
Ave, salve, vale, aeternum. Mea mater,
tu prior abisti, nos te quo natura jusserit modo sequemur.

I.

Ni me venturae teneat fiducia vitae
Nollem unum ablata vivere matre diem.
Sed Deus aethereae redituram lucis in auras
Pollicitus, fido pectus amore fovet
Interea, magnis properantem pacibus (2) ad te
Vallibus expecta, mater, in Elysiis.

II.

Erravi hic quantum Parcae voluere severae,
Lustraque transegi quinque bis atque duo,

(1) Mieux 60, car elle n'aurait eu que sept ans lors de son mariage.
(2) Lisez « Passibus. »

DU LIMOUSIN.

Et sobolem vidi populosae aequissima genti
  Jura dare ante meam prole beata necem.
Nunc tandem exiguo sub marmore condita membra
  Judicis expectant acta suprema Dei.
Libera mens unde orta fuit remeavit ad astra,
  Natalem in patriam, mortis ab exilio.

III.

Gradum, viator, paulisper siste, et lege.
Hoc condita sepulchro Maria Damin jacet,
Praetoris illa Castanaedis parens.
  Asperge odores marmori flores sacre,
Et bene precare mortuae; quippe hoc tibi
  Quodcumque feceris aeterni fiet. Vale.
    Requiescat in pace.

Ici se trouvait un écusson sans émail, figurant *parti* au premier les armes de l'épitaphe précédente ; au 2ᵉ, *un chevron avec un croissant en chef*.

III. — François du Chastenet fit son testament le 21 décembre 1645. Il avait épousé Jacqueline Plantadis, dont il eut : 1° François, qui suit ; 2° Henri, Sʳ de Quinsac ; [3° quelques autres enfants mentionnés avec François et Henri dans le testament du père].

IV. — François du Chastenet, Sʳ du Liége, épousa, par contrat du 13 février 1657, Jeanne de Saint-Jal.

III. *bis*. — Léonard du Chastenet, fils de Jean, Sʳ de Quinsac, et de Marie Doumy, lieutenant-général du sénéchal de Limoges en 1620 [en 1614]. Petiot, dans sa *Vie de M. Bardon* (L. III, c. 6), raconte qu'il fut guéri d'une fièvre fort opiniâtre par les prières de M. Bardon. Jean Prévost, du Dorat, qui avait étudié avec lui, lui dédia, en 1613, sa tragi-comédie *Clotilde*. Il est inhumé dans la chapelle des Pères recollets de Saint-François, à Limoges, avec l'épitaphe suivante, dont le premier mot, écrit en grec, se trouve entre deux écussons, sans émail : celui de droite représente *un arbre surmonté d'une étoile;* celui de gauche, *une branche d'olivier qui soutient un croissant*.

ΕΠΙΤΑΦΙΟΝ

NOBILISSIMI ATQUE CLARISSIMI D. D.
LEONARDI CASTI-MUNDI SIVE CHASTENET,
BARONIS DE MURAT, DE MEYRIGNAC, SUBREBOST,
BEAUVAIS, ETC., CONSILIARII REGII IN SEDE
LEMOVICAE ET CENERALIS
LEMOVICENSIUM
PRAETORIS.

Fallerie hic Castum-Mundum quicumque jacere
  Credis, Lemovici lumina sacra fori,
Qui nigrum vitio novit praerigere Theta,
  Qui gravitate pius, qui pietate gravis,
Quem toties gemebunda novis Astrea querelis,
  Luxit inornatas dilacerata comas.
Non jacet hic, sed docta virum jam vivit in ora,
  Nec brevis urna capit quem brevis urna tenet,
Et male tu qui ignara mente revolvis
  Nunc esse in tumulo qui fuit in thalamo
Imo qui corpus liquit coelumque meavit,
  Nunc est in thalamo qui fuit in tumulo,

Autre épitaphe :

Celui n'est pas mort qui renaist.
Ostez donc de là cette pierre,
Et regardez dedans la bierre ;
Vous y verrez que Chastenaist,
Qui décéda le premier jour du
Mois d'octobre M. DCXXI,
Requiescat in pace,
Amen.

Il avait épousé Antoinette du Verdier, de la ville de Saint-Léonard, dont il laissa Jean, qui suit. Étant veuve, Antoinette du Verdier fit rendre à Montmorillon, contre son beau-frère François, fils du dit Jean du Chastenet et de la dite Doumy, une sentence ordonnant le partage des successions du dit Jean et de la dite Doumy, le 12 juin 1624, sentence confirmée par arrêt, à Paris, le 28 juin 1625.

IV. — Jean de Chastenet eut des dimissoires pour prendre la tonsure en 1649. Il fut seigneur de Meyrignac, près Bourganeuf, secrétaire du roi, président et sénéchal à Montmorillon, conseiller aux conseils d'État et privé. On voit dans les registres de Saint-Junien en Limousin qu'on passa son corps au haut de la ville du dit Saint-Junien, le 29 avril 1638, en le portant enterrer à Murat, près Bourganeuf.

Notes isolées.

Jean du Chastenet, damoiseau, veuf en 1366, avait épousé Catherine de Sieulx, fille et héritière de Jean de Sieulx.

N..... du Chastenet épousa N....., dont il eut : 1° Elyot, écuyer de la paroisse d'Oradour-de-Vayres, demeurant à Mortemar en 1406 ; 2° Julien, qui suit.

Julien du Chastenet épousa Catherine de Cieulx, fille de Jean de Cieulx, *alias* Guerrut dont il eut Clémence, qui était morte sans hoirs en 1406.

Pierre du Chastenet, damoiseau, Sr de Villars, paroisse de Morterol-Cénard, épousa Isabelle de Sainte-Maure, dont il eut Pierre, damoiseau en 1507.

[CHASTENET DE PUYSÉGUR.

I. — De Combles (*Tableau de la noblese*, édition de 1786, IIe partie, p. 99 et 100) parle de Jacques de Chastenet, chevalier, S^{gr} de Puységur, lieutenant-général des armées du roi. Celui-ci épousa Marguerite Dubois, dont il eut Jacques, qui suit.

II. — Jacques de Chastenet, marquis de Puységur, qui acquit, en 17..., le marquisat de Busanci, fut maréchal de France et chevalier des ordres du roi. Il épousa, le 23 septembre 1714, Jeanne-Henriette de Fourcy, fille d'Henri-Louis, chevalier, comte de Chessy, et de Jeanne de Villars, dont naquit Jacques-François-Maxime, qui suit.

III. — Jacques-François-Maxime de Chastenet, marquis de Puységur et de Busanci, lieutenant-général des armées du roi, commandeur de l'ordre de Saint-Louis, était né le 22 septembre 1716. Il épousa, le 26 juin 1742,

Marie-Marguerite Masson, fille de Gaspard-François, président en la quatrième chambre des enquêtes, et de Marguerite Chevalier. D'eux naquirent : 1° Armand-Marc-Jacques, qui suit ; 2° Antoine-Hyacinthe-Anne, comte de Chastenet-Puységur, né le 14 février 1752, enseigne de vaisseau du roi, commandant une corvette en 1776 ; 3° Jacques-Maxime-Paul, vicomte de Chastenet, né le 15 septembre 1755, capitaine-commandant au régiment de Chamborand-hussard ; 4° Antoinette-Louise-Maxime, mariée, le 4 novembre 1766, à Antoine-Nicolas-François de Vidard, marquis de Saint-Clair, maréchal-de-camp, enseigne des gardes du corps du roi, et de Marie-Nicole-Florimonde de La Grange, baronne de Muire, dont postérité ; 5° Elisabeth-Marie-Louise, mariée à N..... Le Pelletier, comte d'Aunay, mestre de camp de dragons.

IV. — Armand-Marc-Jacques, chevalier, marquis de Puységur, Sgr de Guerchy, né le 1er mars 1751, fut capitaine d'artillerie à la suite de l'ambassadeur de France en Russie en 1775.]

CHASTILLON. — Ponce, Sgr de Chastillon, chevalier, mourut le 23 septembre d'après le calendrier des frères prêcheurs de Limoges.

Pierre de Chastillon, écuyer, Sr de Mataranges dans la paroisse de Chamborant (1), en 1629, épousa Anne Chomet.

Françoise de Chastillon, mariée à Antoine Blanchard, Sr de La Pasque, fut inhumée à Saint-Vaulry le 3 juillet 1662.

N..... de Chastillon épousa Catherine de Moras.

Anne de Chastillon de Matranges, paroisse de Chamborant, épousa Martial Moreau, maître de poste de Razès, où elle mourut le 3 avril 1735.

Valéric de Chatillon, écuyer, Sr de Matranges et du lieu noble de Nontronneau, habitant la paroisse de Chamborand, épousa N....., dont il eut Ives-Valéric, curé de Lourdoueix-Saint-Pierre en 1761.

Sylvain-Pierre de Chatillon, écuyer, Sr de Matranges, paroisse de Chamborant, épousa, en 1771, Marguerite-Henriette de Biencour, de La Fortilesse, habitant la paroisse d'Ahun.

CHAT (2).

X. — Antoine Chat, Sgr de Lage-au-Chat, vendit, en 1490, la terre de Mansac ; il reçut plusieurs reconnaissances de ses vasseaux jusqu'en 1521, et mourut, avant 1526, sans postérité.

X bis. — Pierre Chat, Sgr de Chambéri, paroisse de Saint-Brice, fit saisir et décréter la terre de Lage-au-Chat, qui fut adjugée, par sentence du 17 mai 1508, à Jean Gentil.

Pierre Chat avait été marié, en 1482, avec noble Marie Marguerite de Rosiers, fille de noble Gaufridus de Rosiers, damoiseau, Sr de Chambary, paroisse de Saint-Brice, et de Louise Tressebrise ou Troussebois. Il n'eurent qu'une fille, qui épousa, par contrat du 25 juillet 1499, Hugues de Carbonnières. En lui finit la branche des seigneurs de Lage-au-Chat.

(1) Chamborand, canton du Grand-Bourg, arrondissement de Guéret (Creuse).
(2) Ces notes, qui terminent la généalogie de la famille Chat, commencent la page 2283 du manuscrit de Nadaud, dont les quatre pages précédentes sont enlevées. — Saint-Brice, canton de Saint-Junien, arrondissement de Rochechouart (Haute-Vienne).

CHATARD. — [Adès Chatard de Noalhac, écuyer. (Voyez mes *Mémoires manuscrits sur les abbayes du diocèse de Limoges*, p. 502) (1).

Almodis Chatard de Noalhac, marié avec Etienne Cotet. Ils vivaient tous les deux en 1230.]

Guy Chatard, damoiseau, Sr de Mazieras, paroisse de Berneuil, épousa N....., dont il eut autre Guy, vivant en 1325.

[**CHATEAU.** — On trouve dans les registres de Roherii, notaire à Limoges, p. 55, n° 50, *apud* Dom Col., Guillaume deu Chastauh (ou du Château). Dans les mêmes registres on trouve aussi, p. 17, n° 16, *apud* Dom Col., Hélie de Castro, et p. 35, n° 31, Jaubert de Castro.]

CHATEAUBODEAU. — Antoine de Chateaubodeau, paroisse de Roignat (2), chevalier de Malte, eut un bâtard nommé Michel, qui fut tonsuré, en 1622, avec dispense du pape, et devint prieur de Charron et curé de Roignat en 1627.

Antoine de Chateaubodeau épousa Marguerite de Murat, dont il eut Gabriel, qui suit.

Gabriel de Chateaubodeau, Sr du Coudert, épousa, par contrat du 1er juin 1642, reçu de Colons, Thomasse d'Aubrun, fille de feu Jean, écuyer, Sr du Bouscheron et de feue Armande de Roffignac.

Antoine de Chateaubodeau, écuyer, Sr de Chaux, épousa Catherine de Bonneval.

CHATEAUNEUF. — Gaucelin de Châteauneuf, chevalier, S^{gr} du dit lieu (3). Son sceau, qui est à l'évêché de Limoges, représente *une croix losangée*.

Le P. Estiennot dit (*Fragmenta historiæ Aquitan.*, T. II, p. 207) que P. de Castronovo, chevalier, S^{gr} de Saint-Germain, fut enterré à l'Artige, et y fonda une vicairie (4).

Jean de Châteauneuf mourut le 27 février 1259, et fut enseveli chez les frères prêcheurs de Limoges, dans la chapelle de Saint-Jean.

Pierre de Châteauneuf, chevalier, épousa N....., dont il eut Jordane, veuve, en 1371, de Jean Quintini, clerc juriste.

Louis de Châteauneuf, Sr du Breuil, paroisse de Saint-Sulpice de Laurière, en 1611.

CHATEAUNEUF, Sr du Chalard, paroisse de Peyrat, élection de Bourganeuf, porte : *de sable à un lion rampant d'or lampassé de même, armé d'argent*.

---

(1) La page 502 a été enlevée du manuscrit avec le mémoire sur Grandmont, dont elle faisait partie. — Berneuil, canton de Nantiat, arrondissement de Bellac (Haute-Vienne).

(2) Rougnat, canton d'Auzances, arrondissement d'Aubusson (Creuse). — Le château de Chateaubodeau domine un précipice au bas duquel coule le Cher. De l'autre côté, on voit encore des traces du fossé, et le mur d'enceinte crénelé et flanqué de tours. Au XVIIIe siècle, il appartenait à la famille de Ligondés, qui l'a vendu, en 1818, à M. Raimond, notaire à Mainsac.

(3) Châteauneuf et Saint-Germain, chefs-lieux de canton, arrondissement de Limoges (Haute-Vienne).

(4) L'Artige, ancien prieuré fondé au XIIe siècle dans la paroisse de Saint-Léonard (Haute-Vienne).

I. — Martial de Châteauneuf épousa Adrienne Billon. Le 20 août 1553, il fit son testament en faveur de son fils François, qui suit.

II. — François de Châteauneuf épousa, par contrat sans filiation du 15 janvier 1559, Catherine de Vars. Il avait rendu deux hommages : le 18 octobre et le 2 novembre 1558.

III. — François de Chasteauneuf épousa, par contrat du 23 décembre 1608, Marie Dommy.

IV. — François de Châteauneuf épousa, par contrat du 28 avril 1632, Claude de Lafaye.

CHATEAUNEUF, Srs du Breuil et de Forgemont, paroisse de Cherves, élection d'Angouleme, portent : *d'azur à deux lions passants d'or, lampassés de gueules, l'un sur l'autre.*

Branche du Breuil.

I. — Jean de Châteauneuf épousa Isabeau d'Abzac.

II. — Thomas de Châteauneuf épousa, le 10 octobre 1540, Françoise Odet, dont il eut : 1° Olivier, qui suit; 2° François, qui se maria en 1587. Ces deux enfants transigèrent sur la succession de leurs père et mère le 30 mars 1587.

III. — Olivier de Châteauneuf épousa, par contrat sans filiation du 20 octobre 1590, Marguerite Seguin.

IV. — Nicolas de Châteauneuf épousa, le 29 janvier 1623, Honorette de Beron.

V. — Antoine de Châteauneuf épousa, le 15 février 1661, Marguerite de Mascureau.

— Jean de Châteauneuf, écuyer, Sr du Breuil de Cherves au diocèse d'Angoulême, épousa, à Pensol, le 18 février 1691, Jeanne, fille de François Curtal ou Curtaud et d'Isabelle de Roffignac de l'Ecluse.

Branche de Forgemont.

II *bis*. — Thomas de Châteauneuf fit un partage avec Guyon de Châteauneuf le 4 février 1543. Il avait épousé Françoise Audet, dont il eut 1° Olivier; 2° François, qui suit. Ces deux enfants transigèrent sur la succession de leurs père et mère le 30 mars 1587.

III. — François de Châteauneuf épousa, le 8 septembre 1584, Jacquette Chauvelon.

IV. — Pierre de Châteauneuf épousa, le 20 octobre 1632, Madeleine de Livron.

V. — Jean de Châteauneuf fut tonsuré, par l'évêque d'Angoulême, le 18 septembre 1666.

CHATEAUNEUF, Sr de Chantoizeau, Pierrelevée et Prescou, paroisse d'Amure, élection de Saint-Jean-d'Angely, porte : *d'azur à une tour d'argent maçonnée de sable, cimée de 3 autres tours de même.*

I. — Jean de Châteauneuf épousa Jeanne de Balladis.

II. — Georges de Châteauneuf épousa, le 4 août 1481, Marie des Montils.

III. — Louis de Châteauneuf épousa, par contrat sans filiation du 20 mars 1522, Marguerite de La Valade.

IV. — Georges de Châteauneuf épousa, le 12 février 1552, Françoise Dorgnon ou Dorzeron.

V. — Nicolas de Châteauneuf épousa, le 13 février 1585, Marie Tiraquau.

VI. — Jacques de Châteauneuf épousa, le 23 octobre 1628, Jeanne Peyraud. D'eux naquirent les enfants dont les noms suivent, et qui partagèrent la succession de leurs père et mère le 24 décembre 1662 : 1° Pierre; 2° René, Sr de Chantoizeau ; 3° Jacques, Sr de Pierrelevée ; 4° Louis, Sr de Prescou ; 5° Nicolas; 6° André ; 7° Anne (1).

[CHATEAURENAUD, fief de l'Angoumois, généralité de Limoges, dans la mouvance du duché-pairie de La Rochefoucaud.]

[CHATEAUROY, fief de l'Angoumois, dans la paroisse d'Orivaux, élection d'Angoulême, généralité de Limoges. Il appartenait, en 1666, à un seigneur qui portait le nom de Martin. — Voyez MARTIN DE CHATEAUROY.]

[CHATEAUVERD. — Voyez USSEL.]

CHATEL. — François du Chatel, écuyer, Sr du Mesni, paroisse de Fresselines (2), épousa Sylvie d'Assy, dont il eut Gabriel, né le 1er mars 1678.

CHATELUS. — Raynerius, S^{gr} de Chatelus en 1186, est nommé dans le *Gallia christiana vetus*, T. II, p. 39

Aimeric de Chatelus, cardinal, mort en 1349.

Pierre, frère du cardinal, abbé de Cluny en 1344.

Chatelus, un des chefs des Bourguignons, n'eut pas de honte d'assister aux tragiques exécutions qu'on vit à Paris en 1418. Il n'y eut point de chef à qui cette révolution ne valût plus de 100,000 écus, dit Villaret (*Histoire de France*, T. XIII, p. 469 et 370). Il fut créé maréchal (*ibidem*, p. 472).

Guy de Chatelus, chevalier de La Jonchère, épousa Marguerite de La Jaumont.

CHATTI (3).

CHAUFEPIED, S^r des Croizettes, paroisse de Frontenay, élection de Saint-Jean-d'Angely, porte : *d'argent à deux bandes bretessées d'azur, au chef écartelé en sautoir : le 1er de sable à la croix d'argent, le 2e d'argent à la croix de sable, le 3e de gueules à la croix d'or, et le 4e d'or à la croix de gueules.*

I. — Damien de Calfopedi épousa Marie Vermilhac.

---

(1) Un renvoi de Nadaud indique qu'il avait d'autres notes sur les Châteauneuf à la page 78, qui est déchirée.

(2) Fresselines, canton de Dun-le-Palleteau, arrondissement de Guéret (Creuse).

(3) Un renvoi de la page 1161, pour la famille FLAMENCH, indique que Nadaud avait des notes sur la famille CHATTI à la page 2282, qui est déchirée.

DU LIMOUSIN. 377

II. — Dominique de Calfopedi épousa, le 4 juillet 1490, Anne Torclis.

III. — Pierre de Chaufepied épousa, le 3 juin 1519, Marie de Saint-Bonnet.

IV. — Jean de Chaufepied fit, le 22 janvier 1580, son testament, dans lequel il mentionne ses deux mariages, et par lequel il institue ses deux enfants du second lit. Il avait épousé : 1°, le 29 juin 1561, Catherine Dartigues; 2°, le 15 octobre 1573, Catherine Brémont, dont il eut : 1° Jean, qui suit; 2° Jacques.

V. — Jean de Chaufepied épousa, le 17 août 1606, Marie Raymond.

VI. — Louis de Chaufepied épousa, le 4 novembre 1633, Anne Toupson.

[CHAUFOUR. — Baluze cite, dans son *Histoire généalogique de la maison d'Auvergne* (T. Ier, p. 447) le sieur de Chaufour, lieutenant des gardes de Frédéric-Maurice, duc de Bouillon, prince de Sédan, vicomte de Turenne, etc., qui a écrit une relation de ce qui se passa de plus remarquable au voyage que ce prince fit en Italie au commencement de l'année 1644. Chaufour était alors auprès de lui.]

CHAUMAREZ (1).

[CHAUME (2).]

CHAUNAC. — Ysabelle de Chanac, dame de Chatelus-Marchés (3), était, avant 1391, femme de noble Jean, S^{gr} de Prie.

Jean de Chaunac épousa Jacquette del Peyronne, dont il eut Comtesse, mariée, par contrat du 2 décembre 1604, avec François de Gironde, S^{gr} de Teyssonat, fils de Claude et de Jeanne de Cours. Comtesse fit son testament le 10 avril 1653.

Noble Barthélemy de Chaunac, Sr de Lanzac, épousa Catherine de Clermont, dont il eut Françoise, mariée, le 20 novembre 1605, à Laurent de Beaumont, Sr du Repaire de Nabirac, fils de Charles et d'Antoinette du Pouget. — Voyez MORERI, 1759, art. *Beaumont*.

Noble Gaspard de Chaunac, paroisse de Champagnac (4), épousa Jeanne de Cosnac, dont il eut Claude, tonsuré en 1631.

CHAUSSECOURTE. — Antoine de Chaussecourte, Sr du Cherdon en 1497, épousa Jeanne ou Anne de Villelume, fille de Claude, Sr de Barmont, et de Claudine du Vernet, dont il eut un fils nommé Gabriel.

Noble Blaise de Chaussecourte, Sr de Cherdon, paroisse de Mars en Combraille (5), épousa N....., dont il eut noble Jean, tonsuré en 1541, et chanoine de Saint-Yrieix en 1563 : celui-ci était gradué.

[Noble Jacques de Chaussecourte, chevalier, S^{gr} de Journhac (6) et du Garreau, avait pour femme Jeanne de Farges ou de Fargues, dame de

---

(1) Il y avait des notes sur cette famille à la page 695, déchirée.
(2) Dans sa table, Legros écrit ce nom pour la page 1199, qui est enlevée.
(3) Chatelus-Marcheix, canton de Bénévent, arrondissement de Bourganeuf (Creuse).
(4) Champagnac-la-Noaille, canton d'Egletons, arrondissement de Tulle (Corrèze).
(5) Les Mars, canton d'Auzances, arrondissement d'Aubusson (Creuse).
(6) Jourgnac, canton d'Aixe, arrondissement de Limoges (Haute-Vienne).

Journhac et du Garreau, qui transigea (comme le prouve un acte qui est entre les mains de M. de Beaupré) pour une rente sur Vialle-Folle avec les seigneurs des Pousses, le 30 avril 1517, par contrat reçu Baret et de Massaloux, notaires. Ils vivaient encore en 1520.]

Jacques de Chaussecourte, écuyer, S^r de La Londe-Chevrier, et inscrit dans l'*Armorial général* de d'Hozier (Ire partie, p. 363), épousa Anne de Moussy, dont il eut Gilberte, mariée, en 1574, avec Jean de May, Ier du nom, écuyer, S^r de La Vedellerie, fils de Gilbert de May, écuyer, et de Marguerite Pelin, lequel Jean fit, par testament, dans l'église de Saint-Pierre de la ville d'Evaux, une fondation pour augmenter celles de ses prédécesseurs.

Françoise de Chaussecourte de Cherdon, nommée abbesse de Sainte-Claire de Clermont en Auvergne, en 1588, par une bulle de Sixte V, prit possession, le 10 novembre de la même année, comme on le lit dans le *Gallia christiana nova*, T, II, col. 417.

Hélène, mariée, par contrat du 17 juillet 1575, à Paul Berger, fils d'honorable Jean, Sr de Vaux, et de Peyronne Lamy, de la ville de Limoges. Elle porta 1,500 livres; on donna à Berger la grande maison du portail Imbert à Limoges.

Noble Jean de Chaussecourte, Sr du Garreau, paroisse de Jourgnac, épousa, le 25 février 1595, Catherine de Hautefort, fille d'Antoine, écuyer, Sr de Razoire, et d'Anne de Larmandie (V. SIMPLICIEN, T. VII, p. 347), dont il eut Anne, mariée à Guillaume Faulcon, écuyer, Sr du Garreau et de Jourgnac.

Sébastien de Chaussecourte, écuyer, S^r de La Bastide, mourut, âgé de trente-cinq ans, le 3 janvier 1672, à Saint-Sylvain de Ballerot, et fut inhumé dans l'église de Boussac.

Charles de Chaussecourte, écuyer, Sr de Cherdon, nommé par d'Hozier (*Arm. gén.*, Ire part., p. 83), épousa Diane-Madeleine de Salers, dont il eut Diane-Françoise, mariée, le 10 février 1684, avec Jean de Bosredon, écuyer, Sr de Vieux-Voisin, fils de Gabriel, écuyer, Sr de Menou, de Combrailles, etc., et de Françoise de Saint-Phale.

Godefroy de Chaussecourte, chevalier, S^{gr} de Gartempe et de Lépinas, mourut sans hoirs, âgé de cinquante ans, le 29 mai 1709, et fut inhumé à Gartempe. Il avait épousé, le 14 février 1695, Marie-Geneviève du Tronchay de Vayres, fille de Louis du Tronchay, S^{gr} de Martigué, et de Renée Hault, dame de Vaire. (V. MORERI, 1759, au mot *Huault*.) Marie-Geneviève se remaria, le 9 septembre 1711, à Philippe de Tourniol de Bournazeau, président à l'élection de la Marche, à Guéret, veuf d'Anne Roudeaux, et, étant morte le 25 mars 1742, elle fut inhumée avec son premier mari, dont elle avait eu Louis et Renée-Geneviève, morts au berceau en 1699 et 1704.

Louis de Chaussecourte de Lépinas, commandeur de Blaudeix, mourut, âgé de cinquante ans, le 25 septembre 1697, et fut inhumé à Gartempe.

Hélène de Chaussecourte mourut à Boussac, le 15 mars 1714, âgée de soixante-six ans.

CHAUTARD. — N..... Chautard épousa N....., dont : 1° N.....; 2° frère Jean Chautard, moine de Saint-Martial de Limoges.

N..... Chautard épousa N....., dont : 1° N.....; 2° noble Jean Chautard, chanoine de Saint-Martial de Limoges, né à Laguenne (1) au diocèse de Tulle, où sont ensevelis ses père et mère, et qui fit son testament, signé Duboys, le 19 août 1542.

Noble Léonard Chautard, de la paroisse de Pandriges, au diocèse de Tulle, épousa N....., dont il eut François, tonsuré en 1546, et qui fit profession à Grandmont en 1558.

N..... Chautard épousa N....., dont il eut 1° Jeanne; 2° Catherine; 3° Marguerite; 4° Léonard, S^r de La Rochette.

CHAUVEAU. — Charles Chauveau de Rochefort fit son testament en 1671 et le 6 mars 1672. Il avait épousé, le 10 février 1640, Judith de Maumont, dont il eut Jean, qui suit.

Jean Chauveau de Rochefort testa le 3 juillet 1677. Il avait transigé avec sa mère, Judith de Maumont, le 24 juin 1676, et de son marige avec N....., il avait eu une fille, nommée aussi Judith, à laquelle la dite Judith de Maumont fit donation le 24 ...... 1679.

Léonard Chauveau de Pontfeuille, écuyer, S^{gr} de Rochefort, docteur en théologie, était curé de Meymac en 1700.

Noble Joseph-Charles Chauveau de Rochefort, S^r de La Breuille, paroisse d'Affieux (2), épousa Marie Lafont, dont Claude-Marie, tonsuré en 1728.

François de Chauveau de Rochefort, du lieu de La Vigne, paroisse de Treignac, mourut le 12 septembre 1751, d'après les registres d'Arnac-Pompadour. Il avait épousé Jeanne de Bonneval, dont il eut Marie, mariée avec dispense de 3e au 4e degré d'affinité, dans l'église d'Arnac-Pompadour, le 29 mars 1738, à François du Guerard, qui était veuf. Marie mourut, âgée de trente ans, le 30 octobre 1746.

CHAUVERON (3).

CHAUVET, Sr de Fraydaygue, paroisse de Nantiat, élection de Limoges, porte : *d'argent à 3 fasces d'azur accompagnées de 9 merlettes de sable ni pattées ni becquées, 3, 3, 2 et 1.*

I. — Louis Chauvet, chambellan de Jean, comte d'Angoulême, dont il reçut commission le 4 octobre 1449.

II. — Jean Chauvet épousa, le 1er février 1467, Jacquette Quintault. Il racheta, le 29 avril 1476, certaine rente vendue par Louis, son père.

III. — Jean Chauvet épousa Françoise de Bonneval. Le 18 octobre 1488, il y eut contrat entre Colinet du Gay, tuteur de Jean, Louis et François, enfants de Jean et de la dite Quintault, et Albert Faucon. En décembre 1495, le roi Charles fit don de la justice de Fredaygue à Jean et à Louis.

IV. — Germain Chauvet, marié, par contrat du 19 février 1548, à Bonaventure Dassier. Le 31 décembre 1585, François et Gabriel firent une transaction sur la succession de Germain et de la dite Dassier, leurs père et mère.

---

(1) Laguenne et Pandriges, canton et arrondissement de Tulle (Corrèze).
(2) Affieux, canton de Treignac, arrondissement de Tulle (Corrèze).
(3) Divers renvois du manuscrit de Nadaud indiquent qu'il avait des notes sur cette famille aux pages 79 et 1138, qui sont déchirées.

V. — Gabriel Chauvet épousa, le 21 février 1592, Isabeau de Bonneval.

VI. — Claude Chauvet, Sr de Fredaigue, épousa, par contrat sans filiation du 25 juin 1625, Susanne de Rouffignac. — Arrêt de Bordeaux du 10 juin 1624 entre le dit Claude, héritier contractuel de Gabriel, et Jean-Jacques et Mathieu David.

VII. — François Chauvet, Sr de Nantiat, épousa, par contrat du 28 avril 1655, Catherine Ambé.

CHAUVET, S^r de La Villate et de La Bruneterie, paroisse de Saint-Junien-des-Combes, élection de Limoges, porte : *d'argent à 3 fasces d'azur accompagnées de 9 merlettes de gueules ni pattées ni becquées, 3, 3, 2 et 1.*

I. — Jean Chauvet, marié, le 3 novembre 1423, à Catherine Pot, fille de Louis et de Dauphine de Bonnelle.

II. — Christophe Chauvet, marié à Marguerite Clerette. Le 8 juin 1490, Pierre et Christophe partagèrent la succession de Jean, leur père, du consentement de la dite Pot, leur mère. La dite Marguerite Clerette, veuve de Christophe, fit son testament le 20 août 1521, en faveur de Philippe, son fils, qui suit.

III. — Philippe Chauvet épousa : 1° Françoise de Launay ; 2° Paule de Ravenel. Le 28 octobre 1557, le dit Philippe fit son testament, dans lequel sont mentionnés ses enfants : 1° Charles, du premier lit, qui suit, et 2° Jean, du second lit, qui a fait une branche.

IV. — Charles Chauvet, marié à Françoise de Mosnard. En janvier 1586, le dit Charles fit son testament par lequel il institue Jean, et fait légat à Christophe et à François, ses enfants.

V. — Christophe Chauvet, marié à Marie Duteil. Il fit, le 1er décembre 1595, son testament en faveur de Jean-Gaston, son fils.

VI. — Jean-Gaston Chauvet, S^r de La Villate, marié, par contrat du 11 février 1640, à Charlotte Dassier.

IV bis. — Jean Chauvet, fils de Philippe et de Paule de Ravenel, marié, par contrat du 11 décembre 1588, à Marguerite Etourneau.

V. — Charles Chauvet épousa 1°, par contrat du 7 janvier 1615, Liette Laurens ; 2°, par contrat du 5 septembre 1628, Marie Etourneau, qui, par testament du 24 juillet 1641, fit légat à Louis et à Robert, ses enfants, dont les noms suivent.

VI. — Louis Chauvet, S^r de La Bruneterie, épousa, par contrat du 24 février 1651, Françoise de Bouis.

VI bis. — Robert Chauvet S^r de La Boutelaye, épousa Anne de Boux de Villemor (1).

---

(1) J'ai copié dans des Coutures les notes qui précèdent sur les Chauvet de Nantiat et sur ceux de Saint-Junien-les-Combes, paroisses toutes deux situées dans l'arrondissement de Bellac (Haute-Vienne). Les notes suivantes se trouvent à la page 71 du registre de Nadaud, dont les quatre pages précédentes sont enlevées. La première ligne de cette même page 71 porte le nom de *Robert Chauvet, S^r de La Boutelaye*, écrit à l'*encre rouge* avec le n° VI, ce qui distingue dans le manuscrit de Nadaud les notes empruntées à des Coutures d'avec celles qui lui sont personnelles. — Azat-le-Ris, canton du Dorat, arrondissement de Bellac (Haute-Vienne).

Notes isolées.

Dame Susanne de Chauvet, veuve de N..... Leplé Malhorti, avocat au parlement de Paris, mourut, dans la paroisse de Saint-Domnolet de Limoges, le 15 mars 1722.

Charles Chauvet, écuyer, épousa N..... Nollet, dont il eut une fille unique, Marguerite, dame d'Azac-le-Ris, mariée à N..... Vidaud, comte du Doignon, dont on voit l'épitaphe à Azac-le-Ris, et il n'en vint qu'une fille, mariée à N..... de Montmor.

[CHAUX, seigneurie de l'Angoumois, qui, en 1698, valait environ 5,000 livres de revenu. N..... de Montauzier, marquis de Sainte-Maure, était S^{gr} de Chaux en 1698.]

CHAVAILLE ou CHEVAILLE, lieutenant-général d'Uzerche, mourut en 1614. Il avait épousé N....., dont il eut pour fils unique Pierre, qui suit.

II. — Pierre Chavaille, fils unique, bien honnête, fut pourvu de l'office de lieutenant-général d'Uzerche à cause de la Paoulette, comme on le lit dans un acte de Guy, notaire et procureur à Limoges, au faubourg Montmailler, chez Duclou. En 1614, furent convoqués les Etats à Paris, et pour le tiers-état d'Uzerche fut nommé M. Chevaille et pour la noblesse du Haut-Limousin le seigneur de Bonneval. Etant assemblés, se passa beaucoup de traverses contre Chevaille, tant sur sa nomination que son état. Advint que, un jour, sortant de l'assemblée, M. de Bonneval l'attaqua et le battit à coups de bâton. Chevaille et autres du tiers-état en portèrent leur plainte au roi, qui manda à l'instant au parlement de leur faire justice; et, quoi que pussent faire les amis de M. de Bonneval, le roi ne voulut pas remettre cette faute. M. de Bonneval fut contrait de prendre la poste, et on tenait que, s'il s'était présenté, il courait risque de sa vie. Il fut condamné par contumace, par arrêt du parlement de Paris, à avoir la tête tranchée et en grosses amendes. Pierre Chavaille épousa N....., dont il eut Jacques, qui suit.

III. — Jacques Chavaille, Sr de Fougeras et du Pouget, commissaire examinateur en la sénéchaussée d'Uzerche, lieutenant-général en la même ville en 1664, était un personnage très recommandable pour son sublime génie, et particulièrement pour sa grande piété. Il mourut, âgé de soixante-dix-sept ans, le 22 janvier 1670, et fut inhumé le lendemain dans la chapelle de Sainte-Valérie de l'église du monastère d'Uzerche. Il a laissé des écrits de morale et de politique, qui sont imprimés. Il avait épousé Victoire de Cardailhac, qui mourut le 18 décembre 1683, et fut enterrée avec son mari. D'eux naquirent : 1° Jean, qui suit ; 2° François, qui se maria ; 3° Henri-Victor, qui se maria aussi.

IV. — Jean de Chavaille, S^{gr} de Saint-Maurice, baron de Saint-Sornin, épousa, en novembre 1656, Marie de La Serre, fille de noble Jacques, écuyer, S^r d'Olivier, et de Catherine Le Compte, de la paroisse de Sainte-Eulalie de la ville de Bordeaux.

IV bis. — François de Chavaille, S^{gr} de Fougeras, conseiller au parlement de Bordeaux, épousa, en juin 1664, Catherine de Castaigne, fille de feu Jean, conseiller à la cour des aides de Guyenne, et d'Isabeau de Clerat, de la paroisse de Saint-Siméon de Bordeaux.

IV ter. — Henri-Victor de Chavaille, écuyer, S^r des Prats, avocat en parlement, puis conseiller à la cour des aides de Cahors, épousa, en avril 1668, Isabeau de La Coste, fille de feu Raymond, conseiller à la cour des aides et finances, établie à Cahors, et de Bernarde Jordanet, de la paroisse de Saint-Laurent de Cahors. De ce mariage vint Marie, née à Uzerche, le 22 mai 1669.

[CHAVERIVIÈRE, fief dans la mouvance de la baronnie de Chamberet, sénéchaussée d'Uzerche.

N..... de Chaverivière, prêtre, chanoine de l'église de Limoges, mort au séminaire de cette ville en août 1761, était sans doute de cette maison.]

CHAZAUX. — Pierre des Chazaux ou du Chadaud (de Casalibus), damoiseau de Montbrun (1), épousa Seguine Colam ou Colini, de Saint-Pardoux-la-Rivière en Périgord, par contrat du mardi après la grande fête de saint Martial de l'année 1352, passé à La Coussière, et signé Martini, au château de Montbrun.

Pierre du Chadaud (de Casali), paroisse de Dornazat, alias dit Pélegrin, de Montbrun, damoiseau, fit, le dimanche avant la fête de saint Laurent de l'année 1362, son testament, signé Guillaume Baxet, au château de Montbrun. Il avait épousé Marguerite Trenchaleo, fille de Bernard de Trenchaleo, chevalier de Pierrebuffière (le château de Trenchelion est au bas de la ville de Pierrebuffière), par deux contrats : l'un du mercredi avant la fête de la Nativité de saint Jean de l'année 1339, et signé Pierre de Liourno ; l'autre, du 19 août 1339 et signé La Brossa. — Voir pour la suite PÉLEGRIN.

[CHAZERON. — D'après Baluze (*Histoire généalogique de la maison d'Auvergne*, T. I, p. 232), Chazeron porte : *d'argent, au chef emmanché d'azur*.

Francon de Chazeyron, damoiseau, est témoin dans un acte du mercredi avant la fête de Saint-Georges en 1314.

Oudard, S^{gr} de Chazeron, épousa Agnès ou Marguerite, fille de Pierre de Besse, S^{gr} de Bellefaye, vers 1382, et en eut Jean, qui suit.

Jean de Chazeron, chevalier, S^{gr} de Chazeron, vivait en 1444. De sa femme, Catherine d'Apchier, il eut Antoinette, qui suit.

Antoinette de Chazeron, mariée à Béraud, dauphin IV, S^{gr} de Combronde. Elle mourut avant lui, et il se remaria à Antoine de Polignac ; mais elle avait eu de lui une fille, nommée Louise dans un arrêt du parlement de l'an 1484.

Jacques de Chazeron, S^{gr} du Monteil-Desgelat (2), de Roche-de-Goux, de Puysac, de Bré (3) et de La Roche-l'Abeille, acensa les mas de Marsac-

---

(1) Chadaud, près Montbrun, commune de Dournazac, canton de Saint-Mathieu, arrondissement de Rochechouart (Haute-Vienne). Voir les articles Chadaud et Chasaud.

(2) Le Monteil-de-Gelat, canton de Pontaumur, arrondissement de Riom (Puy-de-Dôme).

(3) Bré, commune de Coussac-Bonneval, canton et arrondissement de Saint-Yrieix (Haute-Vienne).

Haut et Marsac-Bas, situés dans sa châtellenie de Bré, paroisse de Lubersac, le 25 février 1440 (titre signé G. Guilhot, communiqué par M. Sanson de Royère); qualifié noble et puissant seigneur et baron du dit lieu de Chazeron, de Montgueilhe, Seichelle, Puissac, Chatelguyon, et S^{gr} de Roche-de-Goux, en partie S^{gr} de Bré et de La Roche-l'Abeille en Limousin, dans un échange du village de Leyssine-Pauche, paroisse de Lubersac, et des rentes d'icelui, qu'il fit, le 3 mai 1486, avec noble homme Guinot de Coulx, écuyer, S^{gr} du Repaire-du-Chastenet, susdite paroisse de Lubersac, diocèse de Limoges, pour un étang situé aux appartenances du lieu de Bretaigne, paroisse de Montgibaud, avec un moulin y attenant, les rentes d'iceux et d'autres rentes sur le village de Brachette, même paroisse de Montgibaud. Il avait donné pour cela sa procuration à noble homme Antoine de Vaulx, capitaine de La Roche-l'Abeille, et l'acte avait été reçu par M. Jean de Béna le jeune, bachelier ès-lois et juge du dit lieu de La Roche-l'Abeille : le dit échange fut fait à Lubersac en présence de noble homme Héliot Guy, S^{gr} du Repaire-de-Guyonie, au lieu et paroisse de Royère, et de Mes Jean Guitard, bachelier en chaque droit, juge, et Jean de Beaune, bachelier ès-lois, procureur d'office de la juridiction de Bré (titre signé P. de Malavernhia *junior*, notaire, communiqué par le même); est qualifié S^{gr} de Chazeron, Voulors, Montguerlhe et La Roche-l'Abeille en Limousin, conseiller, chambellan et premier maître d'hôtel du roi dans un autre titre (communiqué par le même).

Noble et puissant seigneur Charles de Chazeron vivait le 27 janvier 1491 (vieux style) d'après un autre titre encore communiqué par M. Sanson de Royère.

Marguerite de Chazeron, femme de Jean II d'Apchier, vivait avant 1606.

Sources : (Baluze, *Histoire généalogique de la maison d'Auvergne*, T. I, p. 232, 233; T. II, p. 576 et 731. — De Combles, *Traité de la noblesse*, 1786, IIe partie, p. 51.]

CHEMIN. — Jean et Marc du Chemin, Srs de N....., paroisse de N....., élection de Saintes, furent trouvés gentilshommes en 1598.

I. — D'après Simplicien, T. IX, p. 175, N..... du Chemin épousa N....., dont il eut : 1° Jean du Chemin, évêque de Condom; 2° Guy, qui suit.

II. — Guy du Chemin, baron de Lauraët et de Puygardin, épousa Charlotte de Goult, dont il eut : 1° Antoine, qui suit ; 2° Théophile, S^{gr} de Pontarion, qui, en faveur du mariage de son frère, céda une partie de la succession de leur oncle l'évêque de Condom.

III. — Antoine du Chemin, baron de Lauraët et de Puygardin, épousa, par contrat du 7 octobre 1618, au château de Florembel en Armagnac, Françoise de Gelas, fille de Lysander, marquis de Leberon, maréchal des camps et armées du roi, et d'Ambroise de Voisins.

[D'après Nadaud, *Recueil manuscrit d'inscriptions*, p. 31, du Chemin est dans la paroisse de Treignac, près de la ville, dans la baronnie des vicomtes de Comborn.]

[CHENET. — D'après Justel, *Hist. généal. de la maison de Turenne*, preuves, p. 33, Guy Chenet, chevalier, est témoin dans un acte de 1096 ou 1196.]

CHESNE. — Jean du Chesne, Sr du Chatenet, paroisse du dit lieu, élection de Saintes, fut trouvé gentilhomme en 1598.

CHESNEAU (1).

CHESNEL (2).

CHEVALIER, Sr de Villemorin, paroisse de même nom (3), et du Treuil, paroisse de Valleyze, élection de Saint-Jean-d'Angely, portent : *de gueules à un croissant d'argent; au chef cousu d'azur, chargé de trois étoiles d'or.*

I. — Jean Chevalier est reçu échevin à Saint-Jean-d'Angely le 14 novembre 1570. Jean Prévost est reçu par la mort du dit Chevalier le 10 mars 1606. Jean Chevalier avait épousé Jeanne Hilaret, dont il eut : 1° Jean qui suit ; 2° Pierre, qui se maria.

II. — Jean Chevalier épousa, le 25 juillet 1599, Jeanne Valet.

III. — Alexandre Chevalier épousa, le 29 septembre 1632, Jeanne de La Tour.

IV. — François Chevalier, Sr de Villemorin, épousa, le 22 février 1661, Anne de Castello.

II bis. — Pierre Chevalier épousa, le 15 février 1605, Jeanne de La Tour.

III. — Charles Chevalier, Sr du Treuil, épousa, le 9 novembre 1649, Charlotte Estourneau.

CHEVALIER, Sr de La Cour, paroisse de N....., élection de Saint-Jean-d'Angely, porte : *d'argent à une tige de sinople feuillée de même, surmontée d'une couronne de gueules accostée d'une tête de chien à droite et d'une tête de cerf à gauche, le tout de gueules.*

I. — François Chevalier, remplacé à son décès, comme conseiller de la ville de Saint-Jean-d'Angely, par Jacques Raizin, le 26 octobre 1505.

II. — Josias Chevalier épousa, le 8 mai 1598, Anne Robert.

III. — Henri Chevalier testa en faveur de son fils le 18 mars 1663. Il avait épousé, le 27 février 1647, Gemina du Sauvage, dont il eut Henri.

Notes isolées.

Noble Radulphe Chevalerii, damoiseau de Brivezac, qui vivait en 1445, épousa Phelippe Jaucelin.

François Chevalier, Sr du Bois, demeurant à Plambost, mourut le 30 mars 1649, et fut inhumé dans l'église d'Hautefaye près Nontron, comme les registres de cette paroisse le constatent. Il avait épousé Susanne du Reclus, qui se remaria, le 19 juin 1653, à noble Aimeric du Souchet, de la paroisse de Saint-Preuil, et dont il eut : 1° Catherine, baptisée le 9 novembre 1641 ; 2° François, baptisé le 28 mars 1644 ; 3° Louise, baptisée le 4 août 1645 ; 4° autre Catherine, baptisée le 2 juin 1647.

(1) Nadaud avait des notes sur cette famille à la page 799, qui est déchirée.
(2) Nadaud avait des notes sur cette famille à la page 821, qui est déchirée.
(3) Villemorin, canton d'Aulnay, arrondissement de Saint-Jean-d'Angely (Charente).

CHEVRAUD, Sr de La Valade, demeurant à Angoulême, porte : *fascé d'azur et d'argent à sept pièces.*

Etienne Chevraud, Sr de La Valade, avocat à Angoulême, demeurant dans cette ville, est reçu pair à l'échevinage de la maison de ville le 18 octobre 1626, puis conseiller par la mort de N....., et fait la déclaration de vouloir vivre noblement le 20 mai 1656. Il mourut, âgé de quatre-vingt-cinq ans, le 3 octobre 1684, et fut enterré à Saint-Martial d'Angoulême. Il avait épousé N. ..., fille de Jacques Lainé, avocat.

Jean Chevraud, écuyer, Sr de La Valade, élu à l'élection d'Angoulême, mourut, âgé de trente-deux ans, le 20 décembre 1675, comme on le voit sur les registres de Saint-Martial d'Angoulême. Il avait épousé Françoise Jamen dont il eut Jacquette, baptisée le 23 mars 1672.

CHEVREDENT. — Les membres de cette famille, du lieu de Larbre-du-Fau, paroisse de Cussac (1), ont, dit-on, des titres de noblesse; mais nulle part dans les registres de la paroisse ils n'ont la qualité d'écuyer.

CHEVREUIL, Sr de Romefort, paroisse de Mons, élection de Saint-Jean-d'Angely, porte : *d'azur à un chevreuil de gueules.*

I. — Olivier Chevreuil rendit hommage le 13 février 1497. Il épousa Marguerite du Merle.

II. — Jean de Chevreuil épousa : 1°, le 11 novembre 1523, Isabeau du Chesne; 2°, par contrat sans filiation du 25 février 1552, Jeanne de Barbezières, dont il eut Charles, qui suit.

III. — Charles Chevreuil épousa, le 17 avril 1582, Hilaire Gousse.

IV. — Louis Chevreuil épousa : 1°, le 12 août 1608, Sébastienne des Gettons; 2°, le 18 octobre 1613, Catherine Grain de Saint-Marsaud, dont il eut Alexandre, qui suit.

V. — Alexandre Chevreuil épousa : 1°, le 24 octobre 1644, Marie Roulin; 2°, le 27 avril 1660, Françoise Garnier.

CHEVREUL, Sr de Lascoux, paroisse de Saint-Vincent, élection d'Angoulême, porte : *d'azur à un chevreuil d'argent accompagné de 2 étoiles de même, l'une en chef et l'autre en pointe.*

I. — Pierre Chevreul épousa Françoise de Nourigier.

II. — Guillaume Chevreul épousa, le 26 avril 1552, Jeanne Troubat.

III. — Pierre Chevreul épousa, le 7 février 1581, Marie Forgeat, dont il eut : 1° Jean, qui suit; 2° Françoise, mariée à Antoine Ferrane.

IV. — Jean Chevreul, faisant pour la dite Forgeat, sa mère, transigea, le 29 mai 1619, avec le dit Ferrane, sur la restitution de dot de la dite Françoise de Chevreul, sa femme. Il épousa, le 31 octobre 1620, Suzanne Gourdin, dont il eut : 1° Louis, qui suit; 2° François. Ces deux enfants transigèrent sur la succession de leurs père et mère le 1er juin 1654.

V. — Louis Chevreul épousa, le 20 avril 1655, Yolande Laisné.

---

(1) Cussac, canton d'Oradour-sur-Vayres, arrondissement de Rochechouart (Haute-Vienne). N..... Chevredent, qui avait un droit de chauffage dans la forêt de Brie, est mort à Cussac vers 1815, ne laissant qu'une fille. On croit qu'il était le dernier représentant de cette famille.

CHEVREUSE (1).

CHEYRADE. — Jean Cheyrade, écuyer, Sr de Pontrouchauf, paroisse de Roussines (2), gentilhomme ordinaire de la grande vénerie du roi, demeurant à La Forge de Busseroles, paroisse dudit Busseroles (3), épousa Gabrielle de La Roussie, laquelle, étant veuve et âgée de cinquante ans, fit abjuration de la religion prétendue réformée à Busserolles le 14 janvier 1686. D'eux vinrent : 1° Anne, née le 27 avril 1667 ; 2° Jean, S^r de La Garde, né le 2 mai 1668, et qui fit abjuration de la religion de Calvin à Busserolles le 1er mars 1684 ; 3° Jacques, né le 3 septembre 1669 ; 4° Jean, Sr de Vaux, né le 12 août 1670, et qui fit abjuration avec sa mère ; 5° Siméon, né le 25 août 1671 ; 6° Osanne, née le 17 décembre 1672 ; 7° François, né le 1er janvier 1674, qui fit abjuration le 28 novembre 1685 ; 8° Jean, Sr de Gran-Pré, qui suit.

Jean Cheyrade, Sr de Grand-Pré, du lieu de Laforge, paroisse de Busseroles, épousa, le 30 septembre 1710, dans l'église de Pluviers, Marguerite de Fornel, veuve de Jean de Masfran, S^r de La Grelière, fille de François de Fornel, écuyer, S^r des Autanches ou Estanchères, du village de Lauberge, paroisse de Champniers-aux-Boux, et de Marie Garreau.

Jacques Cheyrade, écuyer, Sr de Beaumont, paroisse de Saint-Estèphe (4), épousa Anne de La Serre, dont il eut Pierre, né le 10 mars 1663. Dans d'autres actes le dit Jacques n'est point qualifié écuyer.

CHEZEAULT. — Martial de Chezeault, écuyer, Sr de Puybaron (voyez SERVIN, *Plaidoyers*, T. I., p. 1083), épousa N....., dont il eut Jean, écuyer, qui épousa, en 1566, Gillon de Blom, fille de Jean de Blom, écuyer, Sr de Maruth, châtellenie de Crozan en la Marche.

CHIERA (5).

CHIEVRES, Srs de Saint-Martin, paroisse de Nersilhac, élection de Saintes ; de Rouilhac, paroisse de Royan ; de Boisnoir, paroisse de Mons ; du Petit-Moulin, paroisse de Cherves ; de La Valade et Montravail, paroisse de Buxeroles, appartenant à diverses élections, portent : *d'argent à une aigle de sable, membrée et onglée de même.*

I. — Pierre de Chièvres épousa, par contrat du 24 avril 1509, Marie de La Fontaine.

II. — Pierre de Chièvres, écuyer, S^r de La Valade, épousa Jeanne Audebert. Le 17 juillet 1547, il fit avec son frère Jean une transaction sur la succession de Pierre, leur père. Il eut de son mariage : 1° Pierre, qui suit ; 2° Jacob, écuyer, Sr du Petit-Moulin, et qui se maria ; 3° Anne, qui se maria avec Géraud Thibaud, écuyer, S^r de ..... Pelles, du lieu de Germanez,

---

(1) Nadaud avait des notes sur la famille de Chevreuse aux pages 876 et 885, qui sont déchirées.
(2) Roussines, canton de Montembeuf, arrondissement de Confolens (Charente).
(3) Busserolles, Champniers et Pluviers, canton de Bussière-Badil, arrondissement de Nontron (Dordogne).
(4) Saint-Estèphe, canton et arrondissement de Nontron (Dordogne).
(5) D'après la table de Legros, il y avait des notes à la page 1199, qui est déchirée.

paroisse d'Eycuras, et baronnie de Montberon en Angoumois. Elle était morte en 1606, ayant fait avec son mari un testament mutuel.

III. — Pierre de Chièvres épousa Françoise Brivet, dont il eut : 1° Jacob, qui suit ; 2° Pierre, qui épousa, par contrat du 23 décembre 1627, Eléonor de Montalembert, dont il eut : 1° Guy de Chièvres, Sr de Boisnoir, qui épousa, par contrat du 22 novembre 1659, Louise Le Moine ; 2° Jacob de Chièvres, S^r de La Valade et Montravail, qui épousa, par contrat du dernier juin 1664, Marie Le Mareschal ; 3° Jean ; 4° Marc de Chièvres épousa, par contrat du 6 novembre 1629, Agnès de Lériget, dont il eut Pierre de Chièvres, Sr de Rouilhac, qui épousa, par contrat du 20 août 1665, Suzanne de Lubersac. Un codicile de Pierre, époux de Françoise Brivet, et daté du 16 octobre 1589, fait mention de ses enfants Pierre-*Jean* et Jacob, et, le 14 février 1617, le même Pierre fait avec la dite Brivet un testament en faveur de Jacob, Pierre et *Marc*.

IV. — Jacob de Chièvres épousa, par contrat du 13 novembre 1613, Jeanne de Lascours dont il eut : 1° Marc, Sr de Saint-Martin, qui suit ; 2° Jacob. Ces deux enfants firent, le 30 décembre 1660, un partage judiciel des successions de leurs père et mère.

V. — Marc de Chièvres, Sr de Saint-Martin, épousa Jeanne Laisné,

III bis. — Jacob de Chièvres, écuyer, Sr du Petit-Moulin, épousa Marie Gourdin, dont il eut : 1° François, qui suit ; 2° Louis de Chièvres, Sr du Breuil, qui fut prêtre ; 3° Françoise, mariée, en 1620, à Louis de Mascureau. Le 9 octobre 1742, la dite Marie Gourdin, étant veuve, fit une transaction avec Louis et François, ses fils.

IV. — François de Chièvres, Sr du Petit-Moulin, épousa, par acte du 23 mai 1640, Jacquette Bruneau.

Note isolée.

Jacob de Chièvres, écuyer, Sr de Montravail, épousa Madeleine de Morel : ils abjurèrent l'hérésie de Calvin en 1685.

CHILLOU. — De Chillou, Sr de Fontenelles, assesseur en l'élection d'Angoulême, porte : *d'azur à la croix ancrée d'argent.*

I. — Guillaume de Chillou, reçu pair de l'échevinage de la maison de ville d'Angoulême à la place de Daniel de Marsillac, le 17 novembre 1614, puis conseiller, à la mort de Jacques de Villoutreix, le 14 novembre 1642, fait déclaration de vouloir vivre noblement le 13 septembre 1647. Jean Descures, Sr de Rabion, est reçu, à la mort du dit Chillou, le 15 juillet 1651.

II. — Etienne de Chillou épousa, le 10 mars 1639, Fleurique Mongin.

Etienne de Chilloux, écuyer, S^r des Fontenelles, du lieu de Clias, paroisse de Grenor, épousa Fleurique de La Charlonie, dont il eut : 1° Jacquette, née le 4 juin 1697 ; 2° Annet, né le 4 juin 1698 ; 3° Pierre, né le 2 juillet 1699 ; 4° Pierre, Sr de Groi, mort, âgé de seize ans, le 25 août 1728.

Pierre de Chilloux, écuyer, Sr de Churet, paroisse de Grenor, mourut le 1er avril 1736, âgé de trente-six ans. Il avait épousé, dans l'église d'Etagnac, le 11 avril 1728, Anne Barbarin du Chambon, fille de feu Casimir, dont il eut : 1° Joachim, né le 1er février 1729 ; 2° Noël, qui suit; 3° Jean, baptisé le 23 décembre 1733 ; 4° Jacques, né le 22 mai 1736.

Noël de Chilloux, écuyer, Sr de Churet, du lieu de La Bouliertie, paroisse de Grenor, né le 21 août 1731, épousa : 1° Anne de La Tour ; 2°, dans l'église d'Auginhac, le 28 octobre 1755, Marie de Verneuil, fille de Jean-Ignace, Sr d'Hauterive, et de Marguerite Marsilhaud de La Valette, du village de La Peyre.

Geoffroy du Chillou, écuyer, Sr de Fontenelles, mourut le 10 janvier 1700 et fut enterré à Saint-Martial d'Angoulême.

CHIOCHE, Sr de La Vigerie, paroisse d'Arnac (1), élection de Limoges, porte : *d'or à 5 roses de gueules, 3 et 2.*

I. — Mérigot Chioche épousa Jeanne de Blom, dont il eut : 1° Louis ; 2° Thibaud, qui suit ; 3° Denis, qui tous les trois partagèrent la succession le 29 novembre 1504, le dit Mérigot étant représenté par son neveu Jean Chioche.

II. — Thibaud Chioche.

III. — Jean Chioche épousa, par contrat du 7 septembre 1530, Marguerite de Broussellus, qui vendit des héritages, étant veuve, le 15 mai 1559. D'eux naquirent : 1° Joachim, qui suit ; 2° François ; 3° Jeanne.

IV. — Joachim Chioche épousa Françoise Doveron.

V. — François Chioche épousa, par contrat du 18 juillet 1604, Catherine de Chastillac, dont 1° Etienne, qui suit ; 2°, peut-être Marguerite, demoiselle de La Roche, vieille fille qui mourut au château de Rochechouart le 29 mars 1640.

VI. — Etienne Chioche épousa, par contrat du 12 février 1630, Françoise de Barachin.

[CHIRAC, fief mouvant de la principauté de Chabanais.]

CHIRON, Sr de La Betoulle, de Bramefan et de Villards, paroisse de Saint-Barbant (2), élection de Limoges, porte: *d'azur à trois échelles d'or, 2 et 1, surmontées de deux étoiles en chef et une en pointe.*

I. — Robert du Chiron épousa 1° Renée Poitevin : ils se firent une donation mutuelle le 8 avril 1540 ; il épousa 2° Jeanne de Paulin, dont il eut Jean, qui suit.

II. — Noble Jean du Chiron fit avec sa mère une reconnaissance le 2 août 1558. Il demeurait au Dorat. Il épousa Perette Pot, dont il eut : 1° Clément, qui suit ; 2° Yolande, baptisée au Dorat le 23 décembre 1575.

III. — Clément du Chiron passa une transaction sur la successsion de son père le 8 septembre 1590. Il épousa, par contrat du 16 mai 1593, Louise Frottier, dont il eut : 1° Jacques, qui suit ; 2° Gaspard, qui a fait branche.

IV. — Jacques du Chiron épousa, par contrat du 12 février 1632, Renée Ferré, qui fit un testament mutuel avec son mari le 7 septembre 1661.

(1) Darnac, canton du Dorat, arrondissement de Bellac (Haute-Vienne).
(2) Saint-Barbant, canton de Mézières, arrondissement de Bellac (Haute-Vienne).

D'eux naquirent : 1° Louis, qui suit ; 2° Philippe, Sr de Pramefan ; 3° autre Louis, Sr de Villars.

V. — Louis du Chiron, Sr de La Betoulle, épousa, par contrat du 4 juillet 1663, Marguerite Compain.

IV bis. — Gaspard du Chiron, fils de Clément et de Louise Frottier, transigea avec ses père et mère le 11 septembre 1616. Il épousa Madeleine de Rosiers, dont il eut : 1° Philippe, qui suit.

V. — Philippe du Chiron épousa, par contrat du 16 juillet 1648, Jeanne Chaigneau.

CHIZADOUR. — Voyez ESCHIZADOUR.

CHIZAUD. — Pierre de Chizaud, écuyer, Sr de La Betoulle, de la ville de Magnac, en 1531, épousa Jeanne de Queppias.

[CHOPY. — D'après l'inventaire des titres des Célestins des Ternes (p. 249), conservé aux archives de l'évêché de Limoges, Me Claude Chopy, Sr du Mont, vivait le 11 avril 1615.]

CHORLLON. — Noble Jean-Baptiste Chorllon, Sr de Saint-Léger, habitant la ville de Guéret, épousa Marie Tourniol, dont il eut : Isaac, tonsuré en 1722 ; Claude, tonsuré en 1724.

CHOULY (1).

CHOUVIAC. — Noble Léonard Chouviac, Sr du Monteillet et du Châtaigner, du bourg de Saint-Ybard, y mourut le 16 septembre 1647. Il avait épousé Claude des Cars de Busserolles, fille de Jacques des Cars et de Françoise de Champagnac, dont il eut : 1° Jean-François, baptisé le 4 novembre 1629 ; 2° François, mort le 22 septembre 1647.

CHOUVEL (2).

CHOUVEYRON (3).

CHRESTIEN (4).

CION. — Françoise de Cion, dame de Chabannes, mourut âgée de quatre-vingts ans, le 3 juillet 1707, et fut enterrée à Eygurande.

CIRANT. — David Cirant, écuyer, de la paroisse d'Etagnac, épousa Bonaventure David, dont il eut David, baptisé le 18 septembre 1618.

CIRAT. — Jean de Cirat, Sr de Saint-Fort, paroisse de ...., élection de Saintes, fut trouvé gentilhomme en 1598.

---

(1) Nadaud avait des notes sur cette famille à la page 85 et à la page 2265, déchirées.

(2) Dans la table générale qu'il a faite du Nobiliaire, Legros indique le nom de cette famille pour la page 489, où il n'en est point fait mention.

(3) Un renvoi de Nadaud indique des notes sur cette famille à la page 79, qui est déchirée.

(4) La table indique qu'il y avait des notes sur cette famille à la page 755, qui est déchirée.

CIVADIER. — Louis Civadier, Sr du Breuil, demeurant à Cognac, y est nommé maire le 31 janvier 1651, et il est continué pour 1652. Au mois de décembre 1651, il produit copie des priviléges accordés par Sa Majesté.
Armes : *d'azur à trois gerbes d'or, 2 et 1.*

CLADIER, Sr de Lestang, paroisse de Ricu-Martin, élection de Saintes, porte : *de gueules à une tour d'argent crénelée et maçonnée de sable, une étoile d'or en chef et une colonne de même au côté droit de la tour.*
I. — Pierre du Cladier épousa Marie du Péron.
II. — Guillaume du Cladier épousa, par contrat du 6 février 1550, Marie du Chastaigner.
III. — Pierre du Cladier, épousa, par contrat du 10 juillet 1575, Antoinette Géraud.
IV. — Jean du Cladier, épousa, par contrat du 24 mai 1604, Anne de Saint-Martin.
V. — Daniel du Cladier épousa, par contrat du 4 août 1631, Marie de Gandilhaud, dont il eut : 1° Samuel, qui suit ; 2° Jean du Cladier, qui épousa, par contrat du 22 mai 1662, Huberte de La Touche.
VI. — Samuel du Cladier épousa, par contrat du 25 mars 1662, Anne de La Touche.

CLAIX (1).

CLARY. — Pierre de Clary, baron de Saint-Angel (2), conseiller du roi, lieutenant général à Tulle, où il mourut, âgé de vingt-sept ans, le 21 février 1664, d'après les registres d'Uzerche.
Noble Charles de Clary, conseiller, trésorier au bureau des finances de Limoges, baron de Saint-Angel, mourut, âgé de soixante-dix ans, le 15 décembre 1679, à Uzerche, où il fut enterré au milieu du chœur de l'église de Saint-Nicolas, dont il était bienfaiteur. Il est qualifié de très digne trésorier de la généralité de Limoges par BONAVENTURE DE SAINT-AMABLE (T. II, p. 255, col. 1re). Il avait épousé Catherine de Maleden, dont il eut : 1° Louise, née le 28 septembre 1648, qui reçut le supplément des cérémonies du baptême à Uzerche le 12 septembre 1655 ; 2° Martial, baron de Saint-Angel, conseiller à la cour des aides de Clermont en 1682.

CLAVIERES. — Annet de Clavières, Sr des Hugues, de l'élection de Brive, fut maintenu dans sa noblesse par M. Fortia, intendant.
Antoine de Clavières, écuyer, Sr de La Tuille, capitaine au régiment des invalides, mourut, âgé de trente ans, le 29 décembre 1716, et fut inhumé dans l'église de Moutier-Ferrier (3).

CLEAUD. — Jean de Cleaud, écuyer, Sr du Bourdonnet, épousa Doucette

---

(1) D'après la table de Legros, il y avait des notes pour ce nom à la page 2625, qui est déchirée.

(2) Saint-Angel, canton et arrondissement d'Ussel (Corrèze).

(3) Moutier-Ferrier, appelé depuis Eymoutiers, canton de Montbron, arrondissement d'Angoulême (Charente).

de La Chassaigne, laquelle, étant veuve, demeurait à La Jugie, paroisse de Château-Chervix, en 1688.

CLÉDAT. — Antoine Clédat, S^r de La Borie, gentilhomme ordinaire de la chambre du roi, lieutenant criminel de robe courte à Uzerche, épousa Michelette de Pradel, dont il eut : 1° Jean, né à Uzerche le 18 août 1646; 2° François, baptisé le 22 novembre 1651.

CLERC, S^r d'Arnat (1), de La Fayolle, de Fretet et de Lage, paroisse de Saint-Barbant (2), et enclave d'Adrier, élection de Limoges, porte : *d'azur à une main appaumée d'argent, à la bordure de gueules.*

I. — Etienne du Clerc passa un bail à rente avec Jean, son frère, le 5 mars 1509. Il épousa Claude de La Couture par contrat du 19 juin 1518.

II. — Antoine du Clerc fit le partage de son fils Pierre le 13 décembre 1536. Il épousa 1° Antoinette de Forestin, dont il eut Clément, qui vivait le 4 août 1560; il épousa 2° Jeanne Duché.

III. — Pierre du Clerc épousa Gabrielle Rabaud, qui, étant veuve, fit son testament le 13 septembre 1558, et dont il eut Guy qui suit.

IV. — Guy du Clerc épousa Louise de Gratin.

V. — Michel du Clerc épousa 1° Anne de Laurens par contrat du 30 juin 1593; il épousa 2°, par contrat du 17 janvier 1617, Susanne de Livennes, dont il eut : 1° Cybard, qui suit; 2° Jean du Clerc, Sr de Fayolle, qui épousa, par contrat du 16 septembre 1649, Louise Ferré ; 3° Louis du Clerc, Sr de Lage, qui épousa, par contrat du 18 février 1650, Françoise Ferré; 4° Christophe du Clerc, S^r dudit lieu, qui épousa, par contrat du 3 juillet 1647, Jeanne Ferré ; 5° Jean du Clerc, Sr de Fretel, qui épousa, par contrat du 29 juin 1650, Anne Sableau.

VI. — Cibard du Clerc épousa, par contrat du 20 août 1621, Susanne de Brossequin, dont il eut Jean, qui suit.

VII. — Jean du Clerc, Sr Darnat, épousa, par contrat du 27 septembre 1661, Françoise de La Bastide.

CLOU. — Du Clou de Soumagnac [ou Soumaignac], paroisse de Peyrat (3), élection de Bourganeuf, porte : *de gueules à un lion rampant d'or, couronné de même; trois étoiles aussi d'or en chef.*

I. — Gabriel du Clou donna une quittance comme père de Louis le 8 juin 1561. Il avait épousé, le 6 avril 1548, Gilberte de Chaussecourte.

II. — Louis du Clou fit, le 3 juin 1603, son testament en faveur d'Annet, son fils. Il avait épousé, par contrat sans filiation du 21 décembre 1571, Marguerite de Mérisy, dont il eut : 1° Annet, qui suit; 2° Gabrielle, mariée à N..... : le tuteur des enfants de ladite Gabrielle fit, avec Annet, frère de Gabrielle, un partage noble de la succession de Louis, leur père.

III. — Annet du Clou fit, le 16 avril 1627, son testament en faveur de Léonard, son fils aîné, portant légat à Gilbert, son puîné. Il avait épousé, par contrat sans filiation du 23 juin 1613, Claude Fayet, dont il eut :

---

(1) Darnac, canton du Dorat, arrondissement de Bellac (Haute-Vienne).
(2) Saint-Barbant, canton de Mézières, arrondissement de Bellac (Haute-Vienne).
(3) Peyrat, canton d'Eymoutiers, arrondissement de Limoges (Haute-Vienne).

1° Léonard ; 2° Gilbert, qui suit. Léonard transigea avec son frère, le 27 novembre 1651, sur les successions des dits Annet et Fayet, leurs père et mère.

IV. — Gilbert du Clou épousa, par contrat sans filiation du 24 juillet 1654, Jeanne de Lage.

Notes isolées.

Jean du Clou, Sr de Fianax, paroisse de Rancon, élection de Limoges, fut maintenu dans sa noblesse, en 1665, par l'intendant, M. Barantin.

Jean du Clou, S^r d'Ardant, aussi paroisse de Rancon, épousa Marie de Rouffignac, laquelle, étant veuve, fut maintenue dans sa noblesse, en 1665, par M. Barantin, intendant.

N..... du Clou, vivant en 1676, épousa Anne de La Bastide, dont il eut Mathieu du Clou, écuyer, Sr du Chastaing, qui était mort en 1683.

CLOU, Sr de Boismoran, paroisse d'Orioles, élection de Saintes, porte : *d'azur à une aigle éployée d'argent, membrée de gueules, et une étoile d'or en chef.*

I. — Étienne du Clou épousa Catherine des Montils.

II. — Christophe du Clou, épousa, le 10 mars 1520, Anne Bigot.

III. — Tiffa du Clou épousa, le 11 janvier 1580, Jeanne de La Pivardière.

IV. — Antoine du Clou épousa, le 5 février 1617, Jeanne de Laurière, dont il eut Henri, qu'il émancipa, le 17 février 1556, devant le juge de Tonnerac.

CLUZEAU. — D'après SEGOING (*Trésor héraldique*, p. 28), Cluzeau en Limousin porte : *d'argent au giron de gueules, mouvant du côté droit.*

Noble Hugues de *Clusetto* était, le 21 octobre 1445, témoin du contrat de mariage d'Agnet de La Tour d'Oliergue avec Annette de Beaufort, vicomtesse de Turenne. Le 4 mars 1379 (vieux style), qualifié de S^r de La Trayne, il fut témoin de leur testament. (BALUZE, *Histoire généalogique de la maison d'Auvergne*, T. II, p. 736 et 740).

N..... du Cluzeau dit autrement Blanchard, était un des braves et sages capitaines qui fussent en France, dit BRANTOME (T. X, p. 98). Il avait la vaillance, l'esprit et le savoir. Partout où il se trouva, en Flandre, au siège de Chastillon et aux guerres de la Ligue, aussi de bonne heure commença à se montrer, car, étant jeune de quinze ans, il portait une enseigne de capitaine de la garde au siège de La Rochelle (1573), qui était à M. de Lansac. Depuis il fut fait mestre de camp d'infanterie.

CLUZÉL — Guy de Cluzel, évêque de Limoges, mort en 1235.

François du Cluzel, Sr de Biarnes et de La Chabrerie, mousquetaire de la garde du roi, épousa Marie du Peyroux, de la ville de Nontron, dont il eut : 1° Léonarde, née à Nontron le 26 septembre 1735 ; 2° Antoine-Marie, né le 11 août 1737.

CLUY. — Plotard de Cluis, S^{gr} de Biantes, marié, le 14 janvier 1416, à Louise du Puy, fille de Geoffroi ou Gaudefroy du Puy, S^{gr} de Dames en

Berry, qui fut chambellan du roi Charles VI et de Jean, duc de Berry et de Jeanne de Pierre-Buffière, baronne de Bellefaye.

Isaïe de Cluy, écuyer, Sr de Bastis, paroisse de Clugnac (1), épousa Aimée de La Roche-Aymon, dont il eut : 1° Jacques, tonsuré en 1617; 2° Jean, tonsuré en 1630.

[D'après l'inventaire des titres des Célestins des Ternes conservé à l'évêché de Limoges (p. 628 et 837), Jacques de Cluys, S^r de La Coste, était marié avec demoiselle Marthe de Jonion (peut-être de Jouvion), le 14 mars 1629.]

Antoinette de Cluys épousa François de Ligondais, né le 4 août 1632, écuyer, S^{gr} de Genouilhac et de Champmartin, qui fut tué à Paris le 17 janvier 1667.

Gabriel de Cluy, Sr du Boisdaud, épousa Marguerite du Douaud, dont il eut François-Armand, baptisé à Boussac le 20 mai 1693.

COCHA. — Amélius Cocha, damoiseau, S^r de La Coste, paroisse de Saint-Martin de Jussac (2), fonda, avec sa femme, Agnès Duraton, un anniversaire à Saint-Junien en 1300.

Agnès Cocha, dame de La Coste, veuve d'Amélius de Montcocu, *alias* Boudoyer, fonda son anniversaire à Saint-Junien avant 1404.

COGNAC (3).

[COHERY. — Guillaume de Cohery, noble écuyer ou chevalier, vivait en 1226. (Voyez mes *Mémoires manuscrits sur les abbayes du Limousin*, p. 502 (4).]

COLOMB. Voir COULLOMB.

Pierre Colomb, secrétaire du roi, épousa : 1° Marie-Anne Garat, dont il eut : 1° Marguerite, mariée en 1759, avec Louis de Brachet; [2° N...., mariée avec N..... Guibert, négociant; — Pierre Colomb épousa 2° Marguerite Des Cordes, de Félix ou Fély, dont il eut : 1° Siméon, qui suit; 2° N....., qui devint officier d'infanterie; 3° N....., mariée avec N..... Sanson de Royère, trésorier de France; 4° N....., mariée avec N..... Joubert de La Bastide ; et peut-être quelques autres.

Siméon Colomb, écuyer, épousa Anne-Françoise Bourdeau de La Judie, fille de Léonard Bourdeau, écuyer, S^{gr} de La Judie, etc., et de Françoise Mauduit, dont il eut : 1° N.....; 2° N....., dite mademoiselle Colomb.]

COLONGES. — Voyez HÉLIE DE COLONGES.

COLUMPBI. — Guillaume Columpbi, damoiseau en 1349, épousa Aynordia Seguine, de la ville de Saint-Junien.

---

(1) Clugnat, canton de Châtelus-Malvaleix, arrondissement de Boussac (Creuse).

(2) Saint-Martin-de-Jussac, canton de Saint-Junien, arrondissement de Rochechouart (Haute-Vienne).

(3) La table et divers renvois du manuscrit constatent que Nadaud avait des notes sur la famille de Cognac ou Coignac à la page 1127 ; mais le registre est déchiré de la page 1123 à la page 1130 *inclusivement*.

(4) Cette page a disparu avec le mémoire sur l'abbaye de Grandmont.

COLY — Jacques de Coly, Sr de Peyrat, paroisse de Moustiers, fut trouvé gentilhomme en 1598.

COMBAREL, Sr de Gibanel, paroisse d'Armissac, diocèse et élection de Tulle [il n'y a dans le diocèse de Tulle ni dans celui de Limoges aucune paroisse du nom d'Armissac : peut-être a-t-on voulu dire *Albussac*, qui est du diocèse de Tulle], porte : *parti, au 1er, d'azur à 3 coquilles de Saint-Jacques d'or mises en pal; au 2e, de gueules à une demi-molette d'argent.* D'après Baluze, cette famille était d'ancienne noblesse de la ville de Tulle. En 1598, elle prouva sa noblesse, quoique d'abord ses preuves n'eussent pas paru suffisantes.

I. — Noble Pierre Combarel, un des premiers de la ville de Tulle, en 1431, épousa N....., dont il eut François, qui suit.

II. — François de Combarel, chevalier, Sr de La Chieysa, près Bellac (1) et du Gibanel, eut, le 7 mai 1460, le brevet de chambellan du roi. Il acheta, en 1456, le château supérieur, châtellenie, seigneurie et terre de Gimel de son beau-frère Giles de Maumont, Sr de Saint-Victe, Gimel et Beauvais. Il fit, le 2 août 1474, son testament, par lequel il institue Louis, son aîné, et lui substitue Jacques, son puîné. Il avait épousé, par contrat du 14 février 1450, signé Tarnelli, à Vicq, Marguerite de Maumont, fille d'Alexandre, et dont il eut : 1° Louis, qui fit son testament vers 1480 ; 2° Jacques, qui suit, et que Baluze nomme Louis ; 3° Pierre, qui a fait la branche cadette de Gibanel.

III. — Jacques de Combarel rendit un hommage le 16 août 1517, et fit, le 2 août 1529, son testament en faveur d'Antoine, son aîné. Il avait épousé Louise Pot de Rodes, dont il eut : 1° Antoine, qui suit ; 2° Jean ; 3° autre Jean ; 4° Pierre, qui a fait la branche de Germain.

IV. — Antoine de Combarel, que Baluze nomme Jacques, Sgr de Gibanel, épousa, par contrat sans filiation du 28 août 1555, Marie Descouraille [ou d'Escourailles], fille de François, Sgr de Scoraille, chevalier de l'ordre du roi, et d'Anne de Montal. D'eux naquirent : 1° Jean, qui suit ; 2° Jacqueline, qui transigea avec Jean, son frère, le 21 [ou le 2] juillet 1592, sur les successions de leurs père et mère.

V. — Jean de Combarel, Sr du Gibanel, épousa, par contrat sans filiation du 8 mars 1588, Gabrielle de Pestels, qui, étant veuve, fit le 2 septembre 1642, son testament en faveur de son fils aîné Jacques, qui suit.

VI. — Jacques de Combarel vécut longtemps. Il avait épousé Françoise Grain de Saint-Marsaud, dont il eut François, qui suit.

VII. — François de Combarel du Gibanel épousa N..... de La Payne, dont il eut : 1° Joseph, baron du Gibanel, de Vergnioles et de Saint-Martial-d'Antraigues, et qui fut mousquetaire ; 2° Pierre, qui fut officier dans les chevau-légers.

---

(1) Le château de La Cheyse, qui appartient aujourd'hui à M. Charles Génébrias de Gouttepagnon, est situé dans la paroisse de Peyrat, à droite de la route qui conduit de Bellac au Dorat, et sur la rive gauche de la Gartempe, où il se mire avec ses quatre tours au soleil couchant. — Gimel, dans le canton sud de Tulle. On voit encore les ruines du château, qui appartiennent à la famille de Lentillac, et qui, situées au-dessus des cascades, de cent cinquante mètres de profondeur, formées par la Montane, présentent un tableau des plus pittoresques.

Branche des seigneurs de Gimel de Saint-Germain.

Saint-Germain est situé dans la paroisse de Sérandon, de l'élection de Tulle [et du diocèse de Limoges]. Les seigneurs de cette branche ont les mêmes armes que ceux de la branche directe. [Ils portent : *de gueules au chef d'or chargé de 3 fleurs de lis d'azur.*]

IV *bis*. — Pierre de Gibanel, Sr de Saint-Germain, eut une permission de Giles, comte de Vendatour, le 23 janvier 1548, pour fortifier sa maison. Il fit, le 3 mars 1558, une transaction avec Pierre de Feyt. Il avait épousé Marguerite de La Rebuffie, qui fit diverses acquisitions par contrats des 24 janvier, 9 et 23 décembre 1548 et 24 mars 1552. D'eux naquirent : 1° Jean, qui suit; 2° Claude, mariée à N....., et dont le père ratifia le mariage le 7 mars 1559.

V. — Jean de Gibanel, Sr de Saint-Germain, épousa, par articles du 16 juin 1556, Françoise de Veyret de La Majorie, dont il eut : 1° Jean, que son père et sa mère nommèrent leur héritier le 8 février 1610, faisant un légat à Joachim, leur puîné; 2° Joachim, qui suit.

VI. — Joachim de Gibanel, écuyer, Sr de Bellegarde, mourut, le 9 août 1656, à Sérandon. Il avait épousé, le 24 janvier 1612, Antoinette de Pommerie, qui mourut le 8 décembre 1660, et dont il eut : 1° Antoine, qui suit; 2° Susanne, mariée, dans l'église de Sérandon, le 6 février 1650, à Jean d'Autressal, écuyer, Sr de Sartiges, de la paroisse de Sorniac en Auvergne; 3° Annet, qui a fait la branche de La Rebeyrotte; 4° Martial, Sr de Bellegarde, fait gouverneur du Port-Louis par brevet du 25 août 1661, lieutenant des chasses des plaisirs du roi par lettres patentes du 26 mars 1663, et mourut à Sérandon le 27 décembre 1678; 5° Pierre, fait lieutenant du roi au gouvernement de La Peirouse le 22 mars 1660, ci-devant commandant une compagnie de chevau-légers dans le régiment de Montpierre par brevet du 8 juin 1657. Il épousa N..... de La Zelaide, dont il eut une fille, mariée, dit-on, en 1706, à N....., marquis de Gonzague, fils du duc de Mantoue; 6° Etienne, S^r de La Chabanne, qui, de Jeanne Barbotte, laissa un fils naturel, baptisé à Sérandon le 18 décembre 1645.

VII. — Antoine de Gibanel, écuyer, S^r de La Charlonne, paroisse de Sérandon, mourut le 21 mars 1678. Il avait épousé, suivant la procuration de son père du 2 février 1654, Geneviève de Fontmartin, dont il eut : 1° Joachim, qui suit; 2° Antoinette, née le 5 avril 1656; 3° Martial, né le 26 octobre 1664; 4° Catherine, baptisée le 2 avril 1666; 5° Anne-Thérèse, morte sans alliance.

VIII. — Joachim du Gibanel, né le 8 février 1655, écuyer, Sr du Chassein et de La Charlane, paroisse de Sérandon, épousa Ignace-Andrée de Mairegou ou de Marège, dont il eut : 1° Jean, né le 17 novembre 1680; 2° Pierre, né le 15 octobre 1681; 3° Antoine, qui suit; 4° autre Antoine, né le 22 juillet 1685.

IX. — Antoine du Gibanel, né le 24 septembre 1682, épousa N....., dont il eut : 1° Gaspard-Germain, comte de Bellegarde, qui suit; 2° Louis-Charles, S^r de La Maurensane, capitaine de grenadier des gardes lorraines et chevalier de Saint-Louis.

X. — Gaspard-Germain de Combarel, comte de Bellegarde, capitaine dans le régiment de Vieille-Marine et chevalier de Saint-Louis, épousa N....., dont il eut une fille, mariée à N....., marquis de Conros.

Branche des seigneurs de La Rebeyrotte.

VII ter. — Annet du Gibanel, fils de Joachim de Gibanel et d'Antoinette de Pommerie, écuyer, Sr de Vernége, paroisse de Sérandon, lieutenant-colonel du régiment de la Marche, épousa, le 23 janvier 1656, Catherine d'Autressal, héritière de la maison de Sartiges en Auvergne. D'eux naquirent : 1°, à Sérandon, le 24 juin 1658, Jean ; 2° Louis-Charles, qui suit.

VIII. — Louis-Charles de Combarel du Gibanel, chevalier, baron de Sartiges, du Bouix, Vernége et La Rebeyrotte, paroisse de Sarran, fut page, puis écuyer de M. le Dauphin, et mourut, âgé de soixante ans, le 29 septembre 1719. On l'inhuma dans l'église de Sarran. Il avait épousé, en 1686, Catherine du Monteil de Monchadiane, qui mourut au château de Ventadour le 3 janvier 1725, âgée de soixante-deux ans, et fut inhumée à Sarran. D'eux sont issus : 1° Louis-Charles, qui suit ; 2° Pierre-Marie, Sr de Vernége, né le 1er février 1697, tonsuré en 1726, qui devint major des gendarmes de la garde du roi, et se maria ; 3° Marie-Françoise, mariée, dans l'église de Sarran, le 5 mai 1717, à Pierre Leyniat, juge de l'Eglise-aux-Bois, veuf de Jeanne Teyssier, de la paroisse de Treignac ; 4° Ignace-Joseph, né, le 25 mars 1700, à La Rebeyrotte, et qui fut porte-manteau de Mme Adélaïde de France ; 5° Elisabeth-Joachime, morte sans alliance en 1750, âgée de quarante-neuf ans, et inhumée dans l'église de Sarran ; 6° Guillaume, né le 19 janvier 1703 ; 7° Pierre-Marie, tonsuré en 1733.

IX. — Louis-Charles de Combarel du Gibanel, chevalier, Sr de Sartiges, La Rebeyrotte et Le Bouix, grand-sénéchal du duché de Ventadour, lieutenant des maréchaux de France, épousa, en 1717, Antoinette de Sartiges de Lavandez, fille de Charles, écuyer, et de Renée de Montclar de Montbrun en Auvergne, dont il eut : 1° Claude, capitaine au régiment de Vieille-Marine, dans lequel il mourut en 1738 ; 2° François, capitaine en second au régiment de cavalerie du commissaire général ; 3° Pierre-François, né le 18 septembre 1730 ; 4° Marie-Françoise, demoiselle de Combarel du Gibanel, mariée, dans l'église de Sarran, le 2 février 1750, à François Bergeron, écuyer, Sr de Chaumont, paroisse d'Ussac, fils de feu Pierre-François et de feue Marie-Guillaumette des Hors ; 5° une autre fille.

Notes isolées.

Jeanne de Combarel de Noailles épousa Jean Ysoré, S^{gr} de Pleumartin, qui fut fait chevalier en 1440, puis chambellan du roi Louis XI.

Jean de Combarel, écuyer, Sr de Noailles, paroisse de Bersac, et du Gibanel, paroisse de Saint-Martial d'Antraigues au diocèse de Tulle, épousa N....., dont il eut Hugues, évêque de Tulle, puis de Béziers, et enfin de

Poitiers, mort en 1440, faisant héritiers Pierre et François de Combarel, chevaliers. On voit ses armes dans l'église paroissiale de Saint-Pierre de Tulle.

François Combarel, chevalier, Sr de Montégut-le-Blanc, veuf en 1460, avait épousé Jacquette des Monts, fille de Guillaume Chevalier, et dont il eut : 1° Pierre; 2° Jacques; 3° Léone, mariée à noble Jean Brachet, lequel, en 1469, acheta du dit Combarel, son beau-père, le fief de Noailles, situé paroisse de Bersac; 4° Marie.

Catherine de Combarel était femme de Jacques Aramite, S^{gr} de La Gorce, dont elle eut Jeanne, mariée, le 26 mars 1464, à Charles de Bigny, grand-écuyer de France.

François de Combarel, noble auvergnat, abbé de Vierzon et d'Issoudun, mort en 1579.

N..... de Combarel du Gibanel, écuyer, comte de Sarran, épousa, en 1767, Marguerite Cellier, de la ville d'Issoire en Auvergne.

[N..... dit le comte de Combarel du Gibanel, capitaine commandant au régiment de cavalerie de Royal-Normandie et chevalier de Saint-Louis, vivait en 1779.]

SOURCES : *Dictionnaire généalogique*, 1757, T. III, p. 492. — Le P. SIMPLICIEN, *Histoire des grands-officiers de la couronne*, T. VII. — *Gallia christiana nova*, T. II, col. 1199. — BALUZE, *Historia Tutelensis*, p. 214-217. — MORERI, 1759. — Registres de la paroisse de Sérandon et de celle de Sarran. — Mémoires manuscrits conservés au château de Laurière. — — [*Fastes militaires*, T. I, p. 272.]

COMBAUD. — François Combaud, S^r de La Combaudière, paroisse de Notre-Dame d'Oléron, élection de Saintes, fut trouvé gentilhomme en 1598.

COMBES. — Des Combes, de la paroisse d'Aubeterre, élection d'Angoulême, porte : *d'azur à une palme d'argent soutenue d'un croissant de même en pointe, accompagnée de trois étoiles d'or mal ordonnées.*

Des Combes, juge sénéchal d'Aubeterre.

I. — François des Combes, avocat, épousa Jeanne Falignon. David Guilhoumeau fut reçu conseiller à l'échevinage de la maison de ville d'Angoulême au décès du dit des Combes, le 6 août 1626.

II. — François des Combes épousa, le 17 décembre 1615, Marguerite Balue.

COMBLI. — Dans les registres de Borsandi, notaire à Limoges, p. 87, n° 139, *apud* DOM COL., on trouve Jean de Combli, *alias* Dubois.]

COMBOR. — Antoine de Combor, S^r d'Anval, paroisse de Chamberet, fut trouvé gentilhomme en 1598.

Antoine de Combort, S^{gr} d'Anval, épousa Catherine de La Tour. Celle-ci étant veuve, fut inhumée, le 10 août 1651, dans l'église collégiale d'Eymoutiers, ès-tombeaux de la maison d'Anval, devant l'autel de la Sainte-Vierge.

COMBORN. — La maison des vicomtes de Comborn en Limousin était si noble et si grande qu'on peut dire d'elle ce que Diodore le Sicilien (L. III,

p. 194) dit des Atlantides, que, à cause de sa grandeur, beaucoup de grandes maisons, même des pays éloignés, ont tiré et tirent encore de là leur origine.

La terre de Combronde en Auvergne est en latin *Combornium*. Harculphus, par la grâce de Dieu, Sgr *Comburnii*, de Combourg (terre du diocèse de Saint-Malo, entre Rennes et Dol), et porte-enseigne de Saint-Samson, prétendait, par le droit d'Iseldis, sa femme, que l'administration de toutes les affaires de l'archevêché de Dol lui appartenait, le siège vacant ; en sorte que, pendant la vacance, il pouvait disposer des terres et d s vassaux de l'archevêché comme s'il était archevêque. La charte est sans date ; mais elle paraît avoir été donnée après le milieu du xII^e siècle.

Le château de Comborn est sur la paroisse d'Orgnac, à dix lieues de Limoges, à quatre et demie de Tulle, à cinq de Turenne et à trois et demie d'Uzerche [et sur la rivière la Vezère. Il ne se ressent guère de la grandeur de la maison qui portait ce nom. Il y avait peu d'appartements, dit Nadaud dans son *Recueil manuscrit d'inscriptions*, p. 40 (1).]

La vicomté de Comborn a toujours été regardée comme la plus ancienne et la plus illustre des maisons du Limousin. Ses anciens vicomtes ont été dans leur temps très puissants et en grande considération dans la Guyenne, ayant possédé, outre cette vicomté, celles de Limoges, de Turenne et de Ventadour, comme on le verra dans la suite chronologique. [Depuis, elle s'est fondue dans celles de Pompadour, de Rochechouard et d'Epinay, puis elle est rentrée dans celle des seigneurs de Rochechouard du Bâtiment.] Aujourd'hui cette terre, qui était considérable et de grande étendue, est fort démembrée. [C'était vrai dès 1698, d'après des mémoires de cette époque.] Elle appartient à la maison de Lasteyrie du Saillant.

Quoique la vicomté de Comborn relève de l'évêché de Limoges, cependant les vicomtes ont toujours joui, pendant la vacance du siége épiscopal, des revenues des châtellenies d'Allassac et de Voutzac ou Boutzac, appartenant à cette église, et ils en font exercer la justice sans que le droit de régale ait aucun lieu à cet égard. Ils ont été maintenus et confirmés dans ce droit, dès l'an 1278, par un arrêt rendu au parlement de la Toussaint contre les officiers du roi Philippe III, surnommé le Hardi, qui prétendait que la régale entière devait lui appartenir.

Les aînés des vicomtes de Comborn ont porté différentes armes avant de se fixer aux *trois lions d'azur sur un fond d'or*, qui sont les armes de Limoges. Justel (*Histoire généal. de la maison de Turenne*, p. 25 et 40) et l'auteur de la nouvelle édition de l'*Histoire des grands officiers de la couronne* (T. II, p. 402) disent les armes de Comborn *d'argent à un lion de gueules couronné d'azur, langué et armé de sable*; Castelnau les met *de gueules à trois bandes d'or*; du Bouchet, dans ses cartons sur la famille d'Aubusson, table 3e, les indique comme étant *d'or à deux lions passants de gueules, l'un sur l'autre*.

---

(1) Ce château est situé sur une colline aride qui s'avance en promontoire sur la Vezère, rivière encaissée presque partout entre deux montagnes. Les Anglais s'en étant emparés en 1356, en furent chassés par Aimeric de Rochechouart et par les habitants de Brive. Il n'en reste que quelques pans de murailles et de tours ; mais les armes des Comborn *(deux lions léopardés)* s'y voient encore sur la porte ogivale de l'une de ses tours.

DU LIMOUSIN.

[Le Moreri de 1759 a une généalogie de la famille de Comborn qui a servi à la rédaction de celle qui est ici. Justel a aussi donné divers fragments de généalogie de la même maison dans son *Histoire généalogique de la maison d'Auvergne* et dans celle *de la maison de Turenne*.]

Hugues de Comborn, épousa N....., dont il eut : 1° Robert de Comborn, qui, en 1040, épousa Matfreda et en eut un fils nommé Pierre et une fille dont on ignore la descendance ; 2° Bernard de Comborn [d'abord abbé de Solignac, près Limoges, puis], évêque de Cahors, mort en 1005.

I. — Archambaud, surnommé [*le Boucher, ou*] *Jambe-Pourrie* [probablement fils de Hugues, comte de Quercy, fut vicomte de Comborn et de Turenne], est le premier que l'on trouve qualifié de vicomte de Comborn [dans une charte de l'an 962]; et c'est de lui qu'est descendue la maison de ce nom. Geoffroy, prieur de Vigeois, rapporte, en parlant de cet Archambaud, que, du temps de l'empereur Othon et du roi Hugues, l'an 987, il avait soutenu plusieurs combats ; que, la reine ayant été accusée d'adultère, il avait entrepris sa défense avec vigueur, et qu'il avait contraint ses accusateurs à prendre la fuite. Il ajoute que le grand carnage qu'il faisait de ses ennemis dans les combats l'avait fait surnommer *le Boucher*. Il fut marié avec Sulpicie [ou Alis], fille de Bernard, vicomte de Turenne. Il se dit vicomte de Comborn dans un acte d'environ 984, où lui et sa femme Sulpicie donnent à Saint-Martin de Tulle deux mas dans la viguerie de Naves, un autre appelé Damniac (peut-être Doignac) dans la viguerie *Castelli* (peut-être Chasteaux). Il fut présent avec sa femme Sulpicie à un acte du mois de mai de l'an 1037. Il devint, à cause de sa femme, vicomte de Turenne après la mort du vicomte Bernard, son beau-père, et celle du vicomte Adémar, son beau-frère. Il y a apparence que cette vicomté lui fut disputée, malgré le droit qu'il y avait par sa femme, puisque, au rapport du prieur de Vigeois, lorsqu'il fut sur le point d'entrer dans le château de Turenne, qui était fortifié, les portes lui en furent fermées avec tant de violence qu'il fut blessé au pied, dont il demeura estropié ; et c'est de là que lui vint le surnom de *Jambes-Pourries*. Quoi qu'il en soit, il resta maître de cette vicomté, qu'il transmit à ses descendants. Geoffroy du Vigeois lui donne pour femme la sœur de Richard, duc de Normandie ; mais celle-ci épousa Ebolus dont je vais parler. Archambaud laissa de Sulpicie : 1° Ebolus, qui suit ; 2° Archambaud, suivant le cartulaire d'Uzerche.

II. — Eble, *Ebolus* ou *Ebalus*, vicomte, très noble fils d'Archambaud *Jambe-Pourrie*, surprit en 1010, dans son propre château, Gaubert, *prince*, c'est-à-dire sire de Malemort, et l'envoya prisonnier à Melle (*Melurensi*). Ce château, quoique très fort, fut sur l'heure investi, forcé et brûlé par les vassaux de Gaubert, et lui délivré de la captivité. Eble, ayant été blessé dans un combat par Witard de La Roche, fut porté au monastère de Tulle, auquel, vers l'an 1020, il fit quelques dons en reconnaissance des services qu'il y avait reçus. Arbert de Chananoïam, moine d'Uzerche, fâché de quelque correction qu'il avait reçue en chapitre, lui céda la ville de Bar, qu'il avait ci-devant donnée à son monastère. En 1031, le comte de Périgord donna le monastère de Beaulieu au vicomte de Comborn. Il entreprit le voyage de Jérusalem, mourut à son retour et fit des miracles selon le moine Adémar, qui l'appelle *valde ecclesiasticus*, et qui ajoute qu'il se comporta en homme d'honneur.

Il avait épousé, en premières noces, Béatrix. Bernard, écolâtre d'Angers, dans son livre des *Miracles de sainte Foi de Conques en Rouergue*, vers l'an 1010 (ch. XIV), parle d'OEbolus, S^{gr} du château de Turenne en Limousin, et de sa femme Béatrix, sœur de Richard II, duc de Normandie, et séparée par divorce. Il avait fait, avec elle et Guillaume, leur fils, un don de plusieurs héritages à l'église et aux moines de Saint-Pierre d'Uzerche, au mois d'avril de l'an 1001. Il répudia cette première femme et se remaria avec une autre nommée Pétronille, laquelle donna avec lui, en 1030, au monastère de Saint-Pierre d'Uzerche, l'église de Belmont et toutes ses dépendances. Il eut de sa première femme : 1° Archambaud, qui suit ; 2° Guillaume, témoin dans l'acte de 1030, et qui fut vicomte de Turenne au moyen de la donation que son père lui fit de cette terre : il donna l'origine aux vicomtes de Turenne de la maison de Comborn ; 3° Eble, témoin dans l'acte de 1030 ; 4° Robert, aussi témoin dans cet acte, et qui fut tué par Archambaud, son frère [parce que celui-ci avait du dépit de ce que le père aimait plus ses frères que lui : c'est pourquoi il fut chassé par le père ; mais ils se réconcilièrent ensuite]. La Chronique de Geoffroy de Vigeois, citée par Justel, semble décider que Guillaume et Robert sont sortis de la dernière alliance de leur père, quoique, d'après cet auteur lui-même, plusieurs les regardassent comme issus du premier mariage. On a vu Guillaume figurer dès l'an 1001. — 5° Agnès de Bren, noble dame, mentionnée dans le cartulaire du monastère de Vigeois, est dite sœur d'Archambaud, vicomte.

III. — Archambaud, IIe du nom, vicomte de Comborn, voyant la prédilection que son père avait pour ses frères, en conçut une si forte jalousie qu'il tua Robert, l'un d'eux. Ce monstre se fit chasser par son père et fut contraint de prendre la fuite. Longtemps après il tua un chevalier dont son père avait reçu autrefois, dans un combat une blessure incurable, fait si agréable à son père que, se rendant aux prières de plusieurs de leurs amis, ils firent la paix auprès de Tulle. Archambaud fit des dons à Gérald, abbé de Vigeois, entre les années 1073 et 1086. Depuis, il fut tué d'un coup d'épée sous le règne de Henri Ier, roi de France.

Il avait épousé Rotberge, fille d'Aimeric, IIe du nom, vicomte de Rochechouart, et d'Ermensinde, fille de Foucaud, S^{gr} de Champagnac. Rotberge fit, conjointement avec ses trois fils, une aumône à Saint-Martin de Tulle pour l'âme de feu son mari, le jour de sa sépulture, au mois de février, vers l'an 1059. Elle fit un autre don à la même église et aux moines de Saint-Martin de Tulle, du consentement de son troisième fils, en 1088, et elle vivait encore en 1095. Ses enfants furent : 1° Archambaud, qui suit, et qui eut le château de Comborn ; 2° Eble, qui eut le château de Ventadour, et qui fut chef de la maison de ce nom ; 3° Bernard, qui suivra le n° V ; 4° une autre fille, *qui n'est pas nommée*, dit Justel (*Histoire généal. de la maison de Turenne*, p. 25), et que Baluze (*Hist. généal. de la maison d'Auvergne*, T. I, p. 284) dit nommée Unie, mariée à Rigauld de Charbonnières [ou Carbonnières, et qui fut mère de Guillaume de Carbonnières, abbé de Tulle] ; 5° Agnès, mariée à Guy de Lastours.

IV. — Archambaud, IIIe du nom, vicomte de Comborn, donna, en 1070, La Chapelle-Geneste, avec les héritages, où elle était située, au monastère de Saint-Martin de Tulle. Il donna pareillement l'église de Maimac au monastère d'Uzerche le 3 févier de l'an 1085. Il mourut à Uzerche en 1086 et fut enterré dans le cimetière, hors la fenêtre du sépulcre, en présence de Gérald et autre Gérald, abbés.

Il avait épousé Ermengarde, qui mourut avant lui et dont il laissa : 1° Eble II, qui suit ; 2° [Béatrix ; 3°] Guillaume de Comborn, abbé de Marmoutier en 1104 et 1124. (Voyez les *Acta sanctorum ordin. S. Benedicti, sæcul.* VI, part. II, p. 401.)

V. — Eble, II° du nom, vicomte de Comborn, était en bas-âge lorsqu'il perdit son père : c'est pourquoi, en mourant, celui-ci le mit sous la tutelle de Bernard, son oncle, jusqu'à ce qu'il fut en âge de recevoir la ceinture de chevalier. Mais lorsque, dans un temps convenable, il demanda à jouir de son bien, son oncle le chassa de chez lui. Cependant, par le secours de quelques amis, il entra en possession du château de Comborn. Depuis, la femme de son oncle, dont il cherchait l'occasion de se venger, étant tombée entre ses mains, il la déshonora publiquement, pensant que, après une pareille infamie son oncle ne manquerait pas de la répudier ; ce qui n'arriva pas, parce qu'elle était fille d'un seigneur fort puissant. Quelques jours après, son oncle vint avec peu de monde jusqu'à la porte du château comme pour faire bravade au jeune homme. Celui-ci, plein de vin, se leva de table, sortit sans consulter personne, et poursuivit son oncle jusqu'auprès de l'église d'Estivals, dans le chemin qui va d'Allassac à Vigeois. Il fut pris et tué sur place. On débita que son oncle l'avait blessé aux parties honteuses ; d'autres disaient que c'était un certain chevalier nommé Etienne de Bosac. Quoiqu'il en soit, Eble eut le temps de connaître et de détester son crime : en mourant, il implora la miséricorde de Dieu, s'arracha les cheveux et les jeta en l'air, comme pour témoigner à Dieu son repentir. On lava son corps suivant la coutume, et le peuple vint en foule, pendant quelques jours, pour faire des offrandes sur le lieu où il avait été tué. Son corps fut porté à Tulle, où il fut enterré. Tout ceci arriva vers la fin de l'automne, et vers l'an 1111. Eble n'était point marié.

IV *bis*. — Bernard Ier, vicomte de Comborn, surnommé de Bré, 3° fils d'Archambaud II et de Rotberge de Rochechouard, fut d'abord clerc suivant quelques-uns, et c'est ce qui aurait engagé Archambaud III, son frère, à le préférer à Eble, son autre frère, pour la tutelle de son fils Eble II, qui précède. Les deux frères de Bernard, qui étaient ses aînés, et dont le premier eut la vicomté de Comborn, et l'autre celle de Ventadour, après avoir partagé également entre eux les autres héritages paternels, lui donnèrent chacun vingt-cinq métairies, avec l'église de Belmont, qui n'était point fortifiée. Il contribua par ses libéralités à la restauration du monastère de Tulle, ayant donné, pour cet effet, le 28 décembre 1103, une partie d'un bois qui lui appartenait. Conjointement avec son fils Archambaud, il donna aux moines de Vigeois la chapelle du château (*de chastillo*) de Comborn. Par l'homicide de son neveu, il devint vicomte de Comborn. Depuis, pour obtenir le pardon de ce meurtre, qu'il reconnut avoir fait volontairement, il fit, en 1119, plusieurs dons aux monastères de Saint-Martin de Tulle et de Saint-Pierre d'Uzerche, et résolut de faire le voyage de Jérusalem et de Rome. Il ne paraît pas qu'il ait exécuté cette résolution ; mais, en 1129 [et non en 1120, comme on le lit dans les *Tablettes historiques*], il se fit moine à Cluny, où il mourut. Geoffroy de Vigeois dit qu'il fut enterré à Tulle avec sa fille Hélie.

Il avait épousé, en premières noces, Ermengarde [ou Garcile], fille de Hugues Garcini de Corso, qu'on appelait le *Grand-Homme*, et d'Aine de Barmont, suivant diverses chartes de l'abbaye d'Uzerche, qui rendent témoignage qu'elle était femme de Bernard de Comborn du temps de l'abbatiat de Gauzbart de Malefayde, c'est-à-dire avant 1108, année où cet abbé mourut, et qu'elle était encore vivante en l'année 1129 (peut-être 1119), du temps de l'abbé Audebert. Cependant Pernelle ou Pétronille de La Tour est dite femme de ce Bernard, vicomte de Comborn, d'après le Cartulaire de Tulle ; car il donna avec elle, l'an 1112, en aumône aux moines de Saint-Martin de Tulle, pour un moine qu'ils avaient fait, la métairie de Bofilex, située dans le lieu de Courciac en la paroisse de Saint-Gal, autrement Saint-Jal. Comme il n'y a aucune apparence que la charte soit fausse, M. Baluze hasarde une conjecture qui lui paraît cependant bien hardie. Ne serait-il pas permis de dire, demande ce savant, quoique le prieur de Vigeois semble assurer le contraire, que Bernard, chagrin de ce que son neveu Eble lui avait enlevé sa femme et l'avait violée, la répudia, suivant l'usage de ce temps-là? Peut-être même qu'Ermengarde, se voyant ainsi déshonorée, demanda elle-même à se retirer du monde ; car il est dit dans le Cartulaire d'Uzerche qu'elle s'y rendit religieuse du consentement de son mari. Il peut donc se faire qu'Ermengarde n'ait pas été répudiée, mais que, s'étant faite religieuse, son mari crut, dans un siècle où la discipline ecclésiastique n'était pas partout et toujours fort régulièrement observée, que le lien conjugal d'entre sa femme et lui était dissous par sa profession religieuse, et qu'ainsi il lui était permis d'en prendre une autre. En quoi il était d'autant mieux fondé que, dans un canon du concile particulier tenu à Compiègne en l'année 757 (*Regino*, L. II, C. 108), il est dit expressément que, si le mari quitte sa femme et lui donne la permission de se faire religieuse, il peut, s'il le veut, prendre une autre femme légitime. Quoi qu'il en soit de ces conjectures, il est certain que Pétronille de La Tour, était femme de Bernard, vicomte de Comborn en 1112. Un acte du monastère de Tulle non suspect, fait mention de cette date. Pétronille était-elle des seigneurs de La Tour d'Auvergne? M. Baluze le pense, soit à raison du voisinage de l'Auvergne et du Limousin, soit parce que M. du Bouchet, dans sa *Table généalogique des comtes d'Aubusson*, fait cette dame fille de Géraud, III" du nom, S^{gr} de La Tour, et seconde femme de Bernard, vicomte de Comborn. Bernard eut d'Ermengarde : 1º Archambaud, qui suit ; 2º Hélie de Comborn, vicomte, qui donna à Saint-Martin de Tulle la moitié de la borderie de La Chenal pour l'âme d'Aimeric, fils d'Etienne de Rofinac, son cousin, qui avait été tué pour son service, ainsi qu'il est porté dans un acte d'environ l'an 1153 ; 3º Béatrix [ou Hélis, selon Justel], mentionnée dans un acte de 1129, où elle est dite fille d'Ermengarde.

VI. — Archambaud, IVe du nom, vicomte de Comborn, surnommé *le Barbu* pour avoir porté une longue barbe jusqu'à sa vieillesse, consentit au don que le vicomte son père et sa femme firent, en 1112, au monastère de Tulle. Il se trouva avec son père à une assemblée qui fut faite, en 1116, dans ce monastère, au sujet d'un différend survenu entre l'abbé d'Uzerche et le prieur de Ventadour, pour raison d'un héritage que son père et lui avaient donné à ce prieur. Il conseilla et autorisa un autre don que son père fit à ce monastère le 18 mai 1119. Il donna lui-même, en 1121, au même monastère, un moine avec quelques héritages dans la paroisse de Chambolive, pour l'âme d'Amaluin de Belchatel, frère d'Hélie de Malemort, qu'il avait tué dans un combat. L'an 1125, il fit construire le château de Blanchefort sur le territoire de Saint-Pierre d'Uzerche, comme il est rapporté dans une ancienne histoire de ce monastère qui se trouve dans son cartulaire. Il mourut depuis, l'an 1137, et fut enterré à Tulle.

Il avait été marié avec Humberge, surnommé *Brunicende*, fille [unique et héritière] d'Adémar, III° du nom, vicomte de Limoges, qui mourut moine de Cluny. D'eux naquirent : 1° Adémar, qui fut chef des vicomtes de Limoges de la maison de Comborn : lui et Guy, son frère, adoptés par Adémar, vicomte de Limoges, leur aïeul, prirent le nom et les armes de Limoges, et les autres conservèrent celles de Comborn ; 2° Guy, aussi vicomte de Limoges, mort à Antioche en 1147, sans postérité de Marquise, sœur d'Audebert, comte de la Marche. Il emporta de la Terre-Sainte un anneau de grand prix, qu'il donna à son frère Adémar. Ils gouvernèrent la vicomté de Limoges pendant huit ans. [Guy étant mort sans postérité, Adémar continua la race des vicomtes de Limoges]. — 3° Archambaud, qui suit ; 4° Pierre-Assalitz de Comborn, mort sans postérité : M. Le Laboureur dit qu'il eut une fille ; — 5° Hélie de Comborn, qui de Roberge de Payrac eut Pierre. [Moreri n'en connaît que le nom] ; — 6° Bernard de Comborn, qu'on trouve doyen de Saint-Yrieix en Limousin en 1171 et 1188 [peut-être le même qui est dit ailleurs abbé de Tulle entre 1180 et 1209] ; — 7° Marie de Comborn, abbesse de La Règle à Limoges vers 1165 ; — 8° Béatrix, mariée 1° avec Gaucelin de Pierrebuffière ; 2° avec Hélie Flamenc ; — 9° Almodie, femme d'Olivier de Lastours, fils de Gulphérius et d'Agnès d'Aubusson : elle fut enterrée à Arnac, le 29 août 1163, en présence des abbés de Vigeois, de Dalon et de huit autres monastères ; — 10° Mélisende, qui épousa Hugues de Chalon ou Chaalons : elle était l'aînée de toutes ; — 11° Hélène, mariée avec Bertrand de Cardaillac, qui vivait en 1170 : ils eurent plusieurs enfants, et d'eux sont issus les seigneurs de Cardaillac, comte de Bioule ; — 12° Rotberge, femme d'Hélie de Peyre ; — 13° Huguette, mariée avec Dauphin, comte d'Auvergne et de Clermont. Suivant quelques-uns, elle était comtesse de Montferrand, et fille d'Archambaud V et de Jordaine de Périgord, et elle mourut le 3 septembre. M. du Bouchet donne à Archambaud et Humberge une fille nommée Éléonore, mariée, selon lui, à Dauphin, comte d'Auvergne ; mais ce curieux n'en fait point mention dans la *Table généalogique des vicomtes de Comborn*. Geoffroy, prieur de Vigeois, auteur contemporain, qui nomme tous les enfants (garçons et filles) de ce vicomte et de sa femme, n'en fait point mention.

VII. — Archambaud, V° du nom, vicomte de Comborn, donna, en 1159, la terre de Chadabec à l'abbaye d'Obasine, à laquelle il donna encore une borderie en 1180. Vers 1174, il fit arracher les yeux à Gilbert de Malemort, qui était de son bourg de La Graulière, parce qu'il avait fait faire un habit de différentes couleurs. Il punit de même Adémar, et fit tuer Pierre, frères de Gilbert, parce que, avec des brigands qu'on appelait *Bascles*, il pilla la terre du vicomte la veille de Saint-Martin. Il mourut le 5 octobre, et fut inhumé dans le chapitre du monastère d'Obasine, où, suivant l'usage des cisterciens, on enterrait les fondateurs. Il est représenté avec les armes de chevalier, et on a mis autour de son tombeau : *Hic jacet Archimbaldus de Combornio,*

Il avait épousé Jordane, fille de Boson, III⁰ du nom, comte de Périgord. Il accorda, avec elle et Archambaud leur fils, à l'abbaye de Dalon du diocèse de Limoges, l'exemption des droits seigneuriaux dans toutes leurs terres, par acte expédié le 24 novembre 1178. Ils donnèrent le même privilége à l'abbaye de Bonlieu au même diocèse le 18 mai 1184. Leurs enfants furent : 1° Hélie, vicomte de Comborn, qui confirma, le 28 mai 1178, le privilége accordé par ses père et mère et par Archambaud, son frère, à l'abbaye de Dalon. Hélie épousa Contor, fille de Raymond, vicomte de Turenne, mais il mourut sans enfants, et fut inhumé dans le chapitre de l'église de Tulle, devant le crucifix; — 2° Archambaud, qui suit; — 3° Pierre, clerc [ou religieux]; — 4° Assaillit, qui fut clerc, et qui, avec son frère Archambaud, donna une borderie à Obasine, le 24 juin 1187; — 5° autre Assallit de Comborn, S^{gr} de Blanchefort, qui prit le nom de son apanage, suivant la coutume de ce temps-là, et ainsi qu'avaient fait les vicomtes de Turenne, de Ventadour et de Limoges, sortis de cette maison : il fait la souche de la maison de Blanchefort; — 6° Assalide, mariée avec Guy, Ier du nom, vicomte d'Aubusson, fils de Renaud V et de Matebrune de Ventadour; — 7° Claire, femme de Pierre-Bernard de La Porcherie; — 8° Fine ou Delphine, femme de Raoul de Scoraille; — 9° Garcile, mariée, vers 1174, avec Bertrand de Malemort, fils de Gérald; — 10° Péronnelle, mariée aussi en 1174, au fils de Gaubert de Malemort. — On lui donne encore pour fils un Raymond qu'on dit avoir été d'église. [Ici la généalogie donnée par le Moreri de 1759 est différente de celle qu'a donnée le P. Bonaventure de Saint-Amable, et qui est conforme à celle de Justel.]

VII. — Archambaud, VIe du nom, vicomte de Comborn, qui, dès l'an 1178, avait octroyé avec ses père et mère l'immunité des droits seigneuriaux dans l'étendue de leur terre à l'abbaye de Dalon, lui accorda encore d'autres priviléges le 8 janvier 1196. Depuis, s'étant croisé, il donna, en 1209, plusieurs métairies à l'abbaye d'Obasine. Il fonda, le jour de Saint-Martial de l'année 1219, le monastère de Glandiers, de l'ordre des Chartreux, entre son château de Comborn et celui de Pompadour. Il jura l'obéissance au roi Louis IX, au mois de mars 1229, envers et contre tous, à l'exception de l'évêque de Limoges, dont il se reconnut homme-lige, c'est-à-dire qu'il lui était obligé solidairement et dépendait entièrement de lui. Le vicomte de Comborn fut pris pour médiateur des arbitres de Guillaume, comte de Clermont, et de Sybille, dame de Beaujeu, en 1230. Les chartreux de Glandiers disent, dans leur acte de fondation, qu'il fut enterré chez eux, sous le grand autel, et qu'il leur donna plusieurs priviléges, et ils fixent sa mort au 12 janvier.

Il avait épousé Guicharde, fille de Hugues de Beaujeu, laquelle fut inhumé dans l'abbaye d'Obasine, du consentement des abbés et moines du monastère de Tulle, dont les vicomtes de Comborn et leurs femmes étaient paroissiens : ce qu'Archambaud reconnut par ses lettres du mois de mai 1221, qu'il leur accorda par forme d'indemnité et pour la conservation de leurs droits. Il laissa pour enfants : 1° Bernard, qui suit, dont il n'est point fait mention dans la fondation de Glandiers, mais qui est dit bienfaiteur de ce monastère et fils d'Archambaud; 2° Guichard, *tige de la branche de Treignac*, et mentionné dans l'acte de fondation de Glandiers ; 3° Luce, femme, l'an 1240, de Hugues, S^{gr} de Noailles, fils de Pierre, S^{gr} de Noailles, et d'Elis de Rosiers. Luce étant veuve fit, tant en son nom que comme tutrice de ses enfants mineurs, un don au couvent de Brive le 29 août 1253; 4° Guy mentionné le premier dans l'acte de fondation de Glandiers. Il mourut apparemment peu après.

VIII. — Bernard, II° du nom, vicomte de Comborn [fils d'un Guy selon Justel (*Histoire généalogique de la maison de Turenne*, p. 40), mais selon d'autres (MORERI et *Tabl. histor.*), fils d'Archambaud VI], après avoir plaidé longtemps contre Humbert, S^{gr} de Beaujeu, pour ses prétentions sur la terre et baronnie de Beaujeu et ses dépendances du chef de sa mère, transigea à l'amiable avec lui en présence d'Hugues, évêque de Clermont, et de Séguin, évêque de Macon, au mois d'octobre 1246. [D'après Justel (p. 55), il vivait encore en 1256.]

Il laissa de Marguerite de Turenne, sa femme, fille de Boson III, laquelle transigea avec sa sœur en présence du roi saint Louis : 1° Archambaud, qui suit ; — 2° Hélie de Comborn, qui épousa Souveraine [ou Marie] d'Aurillac, dont il ne paraît pas qu'il ait laissé de postérité. Elle avait été accordée avec Guillaume, S^{gr} d'Apchon ; mais ce traité n'eut pas lieu ; — 3° Gervasyhe, dame d'Estivals, femme de Bertrand de Montaut, chevalier, laquelle élut sa sa sépulture chez les frères prêcheurs de Brive, avec feu Archambaud de Comborn, son frère, par acte du 4 des ides de mai 1302, reçu par Pierre Guischard et collationné par Meserii.

IX. — Archambaud, VII° du nom, vicomte de Comborn, mourut l'an 1278, ainsi qu'il est écrit dans une vieille chronique de Saint-Martial [en 1277 d'après les *Tabl. hist.*], et fut enterré chez les frères prêcheurs de Brive.

Il avait épousé 1° Marie de Limoges, fille de Guy, III° du nom, vicomte de Limoges. D'eux naquirent : 1° Guy, qui suit ; 2° Bernard, qui suit Guy, son frère ; 3° Brunissende, mariée à Chatard, vicomte de Thiers [en Auvergne], laquelle étant veuve, par son testament du 10 des calendes de septembre 1295, veut être enterrée dans l'église de Saint-Genès du dit Thiers ; et fait ses exécuteurs testamentaires Guichard de Comborn, son cousin, chanoine d'Autun, et Aymar de Cros, chantre de Clermont, son co-sanguin. Sa mère, Marie de Comborn, lui avait légué dix livres de rente : elle l'appelle de Comborn parce que les vicomtes de Limoges sortaient de cette maison.

Il avait épousé 2°, le mardi après l'Epiphanie de l'an 1255, Marguerite du Pont [ou de Pons], fille de Godefroy du Pont, S^{gr} du Pont et de Montignac, qui, par lettres de 1257, assigna à Archambaud plusieurs bourgs et maisons seigneuriales pour le paiement de la dot de sa fille. Cette Marguerite obtint, au parlement de la Pentecôte de 1263, arrêt par lequel Regnauld des Ponts (*Pontibus*) et sa femme répondraient à ses griefs quoiqu'en l'absence de son mari, le vicomte de Comborn. Etant veuve, elle fit plusieurs testaments : 1° le vendredi après l'Assomption de l'an 1285 : par cet acte elle élit sa sépulture chez les frères prêcheurs de Brive, et se dit tante d'Hélie Rucelli, S^{gr} du Pont et de Montignac en Périgord ; 2° au lieu appelé le Péget, le jeudi après la Nativité de la sainte Vierge de l'an 1285 : dans cet acte elle donne à une dame une bonne robe entière garnie *falsaturis*; 3° à Brive, le jour de Sainte-Luce de l'an 1287 : par celui-ci elle veut être inhumée dans le cimetière des dits frères prêcheurs, fait héritier son fils Archambaud, lègue les sœurs minorisses de Brive, les moniales de Cubas, Derses, et lègue à l'évêque de Limoges une obole d'or afin qu'il l'absolve dans son plein synode ; 4° un autre du jeudi après la fête de saint André de l'année 1292 : son fils Archambaud était mort ; 5° le mercredi avant l'Annonciation de la sainte Vierge de l'an 1299 *(vieux style)*, dans la chapelle de Sainte-Madeleine des frères prêcheurs de Brive, où elle élit sa sépulture, près le grand-autel, du côté de l'Évangile, avec son fils Archambaud : dans cet acte, elle fait le même légat que dans le précédent à l'évêque de Limoges ; donne à l'hôpital Saint-Gérald de Limoges *unam flaciatam* ou couverte avec deux linceuls et un coussin ; Isabelle du Pont, sa sœur, était enterrée chez les mêmes frères prêcheurs ; 6° un codicille, le jeudi après la fête de saint Luc de l'an 1306.

De ce second mariage vinrent plusieurs enfants ; savoir : 1° Archambaud, damoiseau, Sgr de Rochefort, Beaumont et Chambolive, qui testa le 4 des nones d'avril 1288. Par son codicille du lundi, fête de Saint-Gérald, fait à Chambolive en 1292, et collationné Maserii, il revendique le légat de 100 livres tournois fait à la croisade du passage général ; il choisit sa sépulture dans l'église des frères prêcheurs de Brive ; il laissa deux filles naturelles, nommées Martenote et Marguerite, mentionnées dans le testament de sa mère ; — 2° la Gayssa, autrement Agacora ; — 3° Guischarde, qui était morte en 1327, ainsi que je le dirai ; — 4° Agnète de Comborn, femme d'Aimeric de Montcocu, chevalier : par son testament du 5 des calendes de juin 1309, elle veut être enterrée chez les frères mineurs de Saint-Junien ; — 5° Marie, moniale à Saintes ; — 6° Dalmasie, moniale à L'Esclache ; — 7° Ysabelle, moniale à la Règle de Limoges, où elle était prieure en 1327, et recommandée aux suffrages du chapitre provincial des frères prêcheurs de Limoges. [On leur donne aussi pour fille Soubeiranne ou Souveraine de Comborn, qui fut mariée avec Ramnulphe Hélie, Sgr de Pompadour, mort en 1316.]

X. — Guy, comte de Comborn, vendit à Eble Savary, clerc, la métairie de Liloens, dans la paroisse de La Graulière, par acte passé par-devant l'official de Limoges, au mois d'avril 1287. Il fit hommage à l'évêque de Limoges à cause de sa vicomté de Comborn et de plusieurs autres terres en 1298. Il avait épousé, du vivant de son père, Amicie, fille d'Eschivat de Chabanais, morte sans lignée. Il épousa, 2°, suivant la chronique de Saint-Martial de Limoges, sous l'année 1277, Almodie, fille de Gaufridus de Thouvaz [ou Thouars et de Marguerite de Taunay] mieux de Tonnay-Charente, ainsi que le prouve M. Baluze. De ce second mariage vinrent : 1° Archambaud VIII, mort sans postérité ; 2° Etienne, mort aussi sans enfants ; 3° Guichard, clerc en 1295 ; 4° Eustache, qui fut le premier donataire entre vifs, avec Bernard, son oncle, de la vicomté de Comborn, par acte du mercredi après l'octave de la Purification de Notre-Dame de l'an 1298 : il mourut pareillement sans enfants ; 5° Eustachie ; 6° Marie. Il ne resta donc que ces deux filles Eustachie et Marie, qui partagèrent les biens de leurs père et mère en 1298. Eustachie eut la châtellenie de Comborn, et elle s'en disait vicomtesse en 1295. Le mercredi après l'octave de la Purification de l'an 1298, elle en fit une donation entre vifs en faveur de Bernard de Comborn, son oncle, fils d'Archambaud VII et de Marguerite de Pons, à condition que, si elle avait des enfants d'un mariage légitime, et qu'ils survécussent à la donatrice, la donation serait nulle, et que les choses données reviendraient à ses enfants; que, s'ils mouraient sans descendants d'un légitime mariage, le donataire et ses héritiers jouiraient de la donation. Elle se maria, en 1303, à Eschivard de Prulhi, et mourut dix ans après sans enfants. Marie épousa Guichard de Comborn, Sʳ de Treignac.

X bis. — Bernard, IIIe du nom, chevalier, second fils d'Archambaud VII et de Marie de Limoges, succéda à ses neveux dans la vicomté de Comborn; on le trouve encore en 1311. Au chapitre provincial des frères prêcheurs tenu à Limoges en 1327, dans les suffrages pour les vivants, on ordonne une messe pour la dame vicomtesse de Comborn et le vicomte son fils et ses autres enfants. Au suffrage pour les morts, une messe pour H. (lisez B.), vicomte de Comborn, et pour dame *Marguerite de Pons*, sa mère, Archambaud, son frère, et dame Guicharde, sa sœur.

Il avait épousé Blanche de Ventadour, qui était veuve en 1328, et de laquelle il eut : 1° Archambaud IX, qui suit; 2° Antoine, mort sans postérité; 3° Guy, chanoine de Reims en 1357, différent de l'évêque de Limoges qui passa à l'évêché de Noyon.

XI. — Archambaud, IXe du nom, vicomte de Comborn, chevalier, vivant en 1350. Il vendit la vicomté de Comborn, vers l'an 1374, à Guichard de Comborn, Sʳ de Treignac; il s'en repentit, et, en 1379, il transféra les droits qu'il avait sur cette vicomté à Hélie de Donzenac, évêque de Castres, son grand-oncle; ce qui ne servit à rien, car Guichard et ses descendants possédèrent librement. Archambaud testa en 1362. Il avait épousé N.... [peut-être noble Catherine de Boissières, dame de Comborn, de Saint-Aquilin et de Chalus-les-Boissières, qui se dit veuve de Robert Dauphin, chevalier, et qui plaidait avec Bernard, vicomte de Ventadour, et André de Chauvigny, coseigneur de Montpensier, suivant un arrêt du parlement de Paris du 17 avril 1350 (*apud* BALUZE, *Histoire généal. de la maison d'Auvergne*, T. II, p. 485)]. Ses enfants furent : 1° Archambaud, qui suit; 2° Marthe, mariée avec Eble, vicomte de Ventadour.

XII. — Archambaud, Xe du nom, vicomte de Comborn, fut marié avec Marie de Chaslus, dame de Cors, dont il n'eut point de postérité.

Branche des seigneurs de Treignac.

VIII bis. — Guichard de Comborn, Sʳ de Chamberet, fils d'Archambaud, IVe du nom, et de Guicharde de Beaujeu, vendit et céda tous ses droits et prétentions du chef de sa mère dans la terre et seigneurie de Beaujeu moyennant 1,000 livres viennoises, par traité du mois de juillet 1248, passé en présence de Pierre, évêque d'Albane, de frère Hugues, prêtre-cardinal de Sainte-Sabine, et de Hugues, évêque de Clermont, et scellé de leurs sceaux. Il était mort en 1259. D'après le nécrologe de Glandiers, il mourut le 4 décembre. Il avait épousé Mathe, fille d'Imbert de La Marche. D'eux naquirent : 1° Hélie, qui suit; 2° Imbert, précepteur de la maison du temple de Paulhac; 3° Guichard, chanoine d'Autun et d'Eymoutiers.

IX. — Hélie de Comborn, dont on n'a fait aucune mention dans le Moseri de 1759, mais coté par M. Baluze, et qui paraissait manquer, épousa, après la mort de Guichard, son père, en 1259, Superane, dont il eut : 1° Guichard, qui suit ; 2° Hélie de Comborn, chanoine d'Eymoutiers vers 1280.

X. — Guichard de Comborn, II° du nom, chevalier, Sgr de Treignac par sa femme et de Chamberet. Le roi ayant convoqué pour la guerre de Flandres, le samedi avant la Nativité de saint Jean, en 1304, la principale noblesse du royaume, on trouve, entre autres, dans la sénéchaussée de Périgord : Guichard de Comborn, chevalier, avec certain nombre de gens, écuyers, le vicomte de Ventadour, accompagné de vingt hommes d'armes; le vicomte de Turenne avec trente hommes d'armes ; le seigneur de Donzenac et M. Gérard de Comborn avec chacun dix hommes d'armes. Guichard II fit, en 1302, son testament, par lequel il choisit sa sépulture dans l'église des frères mineurs de Donzenac, dans le sépulcre de ses parents, et il veut que, en quelque endroit qu'il meure, son corps y soit transporté : ce qui fut exécuté, ainsi qu'on l'apprend du testament de Mathe, sa fille. Il vivait lorsque cette fille se maria en 1314, mais il était mort en 1330.

Il avait épousé sa cousine, Marie de Comborn, fille de Guy, vicomte de Comborn, laquelle eut, entre autres biens, la terre de Treignac dont lui et ses descendants se dirent seigneurs. En qualité de dame de Treignac, elle approuva, le lundi après la Pentecôte de 1325, une vente faite par M° Boson de Corso, clerc, à Renaud de Corso, son frère. Marie fit son testament le 4 avril 1336. Leurs enfants furent : 1° Jean, qu'on appelait aussi Guichard, et qui paraît être mort sans enfants; 2° Guichard, qui continua la généalogie ; 3° Archambaud, Sgr *de Podio Moaldi,* peut-être Puymaut, vivant en 1318, et qui fut père d'un autre Archambaud, Sgr *de Podio Moaldi :* celui-ci, qui vivait en 1369, eut de Philippe, sa femme, un fils aussi nommé Archambaud, Sgr *de Podio Moaldi,* qui vivait en 1425, et dont la femme se trouve seulement nommée Béatrix : on ne leur connaît point de postérité ; — 4° Guy, chanoine d'Autun, [élu] évêque de Limoges, puis de Noyon ; — 5° Mathe de Comborn, accordée, le 20 novembre 1314, avec Eble de Ventadour. Ils vivaient ensemble en 1325. Eble étant mort sans enfants, elle se remaria avec Brun, Sgr de Claviers, duquel elle eut un garçon et une fille. Mathe fit, le 30 novembre 1367, un codicille, par lequel elle veut être enterrée dans l'église des frères mineurs de Donzenac, où son père était enterré. Elle ne fait aucune mention de son premier mariage et donne à son frère, Archambaud de Comborn, 400 florins d'or à prendre sur ce que Bernard de Ventadour lui devait, ayant sans doute fait un accommodement avec lui pour son douaire, comme cela se faisait assez souvent. Cependant, dans un registre du parlement, en la même année, elle se disait veuve d'Eble, jadis vicomte de Ventadour ; — 6° Superane, femme de Raynal de Born, Sgr de Hautefort, lequel, en 1321, donna quittance à sa belle-mère de la dot de sa femme : celle-ci, étant veuve, passa une reconnaissance en 1337 ; — 7° Blanche, femme de Jean de Janailhac ; peut-être aussi Béatrix, femme de Jordain de Blanchefort en 1319.

XI. — Guichard, III° du nom, Sgr de Treignac, de Chamberet et de Chirac, vendit, en 1326, d'après un manuscrit de l'évêché de Limoges, le lieu de La Quintaine, près Limoges, à Gérald du Bœuf. Il épousa, selon quelques-uns : 1° Isabelle de Blanchefort, dont il eut, dit-on, Sybille, mariée à Aymeric de Bonneval. Il épousa 2°, d'après Baluze, Blanche de Ventadour et de

Chirac, fille de Géraud, S^gr de Donzenac. Par son testament, elle fonda un anniversaire chez les frères prêcheurs de Brive, et son petit-fils, Guichard de Comborn, leur assigna, sur la paroisse de Chirac, le 12 mai 1409, 100 sous de rente (l'écu à la couronne valant 22 s. 6 d.) par acte passé au château de Treignac, reçu par Jean *Pili Rubei,* et collationné par Moserii. De ce second mariage naquit Guichard, qui suit.

XII. — Guichard de Comborn, IVe du nom, chevalier, S^gr de Treignac et Chamberet, obtint de Charles de Blois, duc de Bretagne, vicomte de Limoges, et de Jeanne, duchesse de Bretagne, sa femme, qui le traitent de leur amé cousin pour les bons services qu'il leur avait rendus, la haute, moyenne et basse justice, mère et mixte impère, aux lieux, villes et terres, qu'il possédait dans leur vicomté de Limoges. Les lettres de cette concession sont datées du 3 février 1345; et, pour l'exécution d'icelles, il obtint, le 28 juin 1346, une ordonnance du sénéchal et gouverneur de cette vicomté. En 1348, un brigand du Languedoc, nommé Bacon, épia le fort château de *Coubourne* en Limousin (mieux Comborne), qui est en très fort pays, dit Froissart. Il chevaucha de nuit avec trente de ses compagnons; ils vinrent au château, le prirent, le pillèrent, et prirent le seigneur, appelé Le Coubourne (mieux Comborn); ils l'emprisonnèrent dans son château même, et tuèrent tous les gens du dedans. Ils le tinrent si longtemps qu'il fut obligé de se rançonner à 24,000 écus tout appareillés. Et cependant ce brigand tint le château, le garnit bien, et de là fit la guerre au pays. Le roi acheta son châtel 20,000 écus. Le pape Innocent VI, dans deux lettres de 1353, en recommandant Guichard de Comborn au connétable de France, lui dit que les rebelles et ennemis du roi se sont emparés de son lieu de Comborn ; ce qui fait une difficulté considérable, car alors Archambaud, fils de Bernard III et de Blanche de Ventadour, possédait cette vicomté, et Guichard, V^e du nom, ne l'acheta qu'environ l'an 1374 ; mais peut-être lors du ravage Guichard y demeurait. Quoi qu'il en soit, il fit un accord à Limoges avec Ramnulphe Hélie de Pompadour, chevalier, relativement aux revenus des métairies de La Cassieyre et de Castenet, le 27 novembre 1367. En 1378, le sire de *Combor,* dit Froissart, vint se mettre dans la ville de Saint-Malo, assiégée par les Anglais, et, d'après le même auteur, en 1386, le vicomte de *Combor* combattait à Brest, pour le roi de France, contre les Anglais. Dans le testament que fit Guichard IV, le 25 novembre 1366, étant sans doute attaqué de quelque maladie aiguë, il institua héritier son oncle Pierre, chevalier, S^gr de Bellefaye au diocèse de Limoges, excepté pour ce qu'il a dans le domaine de Comborn et d'Essendon, qu'il donne à Archambaud de Comborn, chevalier, son oncle. Il voulut, autant qu'il se pourrait, que Pierre de Bellefaye, son oncle, maria de son vivant une de ses filles avec Archambaud, fils du dit Archambaud de Comborn, chevalier, et qu'en ce cas, le dit Archambaud fût son héritier universel. Que si le mariage ne s'accomplissait pas, ou qu'il n'en vint pas d'enfants, les fils de Pierre de Bellefaye succèderont et prendront le nom de Comborn, et porteront les armes pleines du testateur.

Dès le 20 janvier 1342, il avait épousé Hélide de Besse, fille de Guillaume et d'Almodie Roger, sœur du pape Clément VI, qui, dans un acte de l'an 1345, nomme Guichard, son neveu. De ce mariage vint Guichard, qui suit.

XIII. — Noble et puissant Guichard de Comborn, V⁰ du nom, chevalier, S⁽ᵍʳ⁾ de Treignac, de Chamberet et de Chirac, vicomte de Comborn par l'acquisition qu'il en fit vers l'an 1374, figure dans un acte de 1412, et fut tué, en 1415, à la bataille d'Azincourt. Par son testament de 1366, il choisissait sa sépulture dans la maison ou prieuré de *Vinhareria*, La Vinadière, près Treignac, et de l'ordre du Saint-Sépulcre de Jérusalem, parce que ses aïeux et bisaïeux et son père y avaient leur sépulture, ce qui ne s'accorde guère avec le testament de Guichard, II⁰ du nom. Dans son testament, il appelle sa femme Marie, ce qui est une faute de copiste, à moins qu'elle n'eût deux noms.

Il avait épousé 1° Jeanne de Nalhac, dame de Pérusse, Salagnac, Montégut et en partie Saint-Vaulry (1), avec laquelle, en 1364, il rendit hommage à l'abbaye de Saint-Martial de Limoges pour la viguerie de Saint-Vaulry. Il avait épousé 2°, en 1393, Louise d'Anduze, fille de Louis, S⁽ᵍʳ⁾ de La Voute au diocèse de Viviers, et de Marguerite d'Apchon. Elle se remaria à Jean L'Archevêque, chevalier, S⁽ᵍʳ⁾ de Soubize, et mourut veuve de lui avant l'an 1433. Dans son testament elle range ainsi les enfants de son premier mari : 1° Jean, qui suit ; — 2° Jacques évêque de Clermont [1444], licencié en l'un et l'autre droit, doyen de Saint-Germain de Masseré en 1441, et mort en 1474 : [c'est peut-être aussi lui qui fut prévôt d'Eymoutiers en 1418, 1431, 1447] ; — 3° Pierre, apparemment mort évêque de Saint-Pons en 1466 [peut-être aussi abbé de Solignac de 1455 à 1466, et d'Obasine en 1462 ; peut-être encore est-il le Comborn qui a été prévôt de Saint-Junien de 1477 à 1482] ; — 4° Guichard de Comborn, chevalier, demeurait à Eymoutiers en 1432 [abbé d'Uzerche] : il est mal nommé Antoine et Etienne, élu évêque de Tulle en 1454 ; il mourut en 1465 [ou le 19 juin 1469] ; — 5° Marguerite, mariée en 1412, le 4 septembre, à Renaud d'Aubusson, S⁽ᵍʳ⁾ du Monteil-au-Vicomte ; — 6° Catherine [peut-être celle qui fut abbesse à la Règle à Limoges, où elle siégeait en 1436 et 1451] ; — 7° Isabelle, mariée, par contrat du 26 janvier 1426, avec Golfier, S⁽ᵍʳ⁾ de Pompadour, Cromières, Chanac, Seillac, Le Saillant, Arnac et Saint-Cyr-la-Roche, fils de Jean, I⁽ᵉʳ⁾ du nom, et de Madeleine de Ventadour ; — 8° Hélis ; — 9° Constance ; — 10° maître Antoine, dit frère du bailli de Touraine, pour lequel ce bailli pria le roi d'écrire au pape, en 1455, afin de le faire promouvoir à l'évêché d'Aleth. La même année, il est nommé maître Etienne de Comborn, prochain parent du bailli de Touraine. Il fut trouvé notable personne, et assez âgé pour être évêque.

XIV. — Jean, I⁽ᵉʳ⁾ du nom, vicomte de Comborn, S⁽ᵍʳ⁾ de Treignac, Chamberet, etc., conseiller et chambellan du roi Charles VII. l'an 1455, se qualifiait héritier de feu son père le 1⁽ᵉʳ⁾ janvier 1415. Il se trouva à la tête des principaux seigneurs du Limousin qui firent traité, le 12 mars 1417, pour tout leur pays, avec le lieutenant de la vicomté de Limoges, stipulant au nom du vicomte de Limoges pour l'entière démolition du château d'Ayen, appartenant à ce prince. Le connétable de Richemont laissa le seigneur de Treignac à la cour pour surveiller ce qui s'y passerait ; mais celui-ci fut obligé de se retirer en 1424. Vers l'an 1444, il fut un des six chevaliers de haute naissance qui, vêtus de noir, portèrent le cercueil du premier prési-

---

(1) Fiefs, tous situés dans la Creuse.

dent, du parlement de Toulouse, chacun d'eux étant suivi de son page. Jean Ier de Comborn fut aussi l'un des seigneur que Guillaume de Blois, dit de Bretagne, comte de Périgord, vicomte de Limoges, nomma en mourant, en 1455, pour tuteurs de Françoise de Bretagne, sa fille aînée, qu'il avait instituée son héritière universelle. Il assista, le 26 novembre 1456, au contrat du mariage d'Isabeau de La Tour, veuve du même Guillaume de Bretagne, avec Armand-Amanjeu d'Albret, sire d'Orval, passé au château de Ségur en Limousin. Il assista aussi aux trois états tenus à Tours le 6 avril 1467, et dans le récit il est nommé le sire de Treignac. Il est enterré dans le sanctuaire de la chartreuse de Glandiers, où l'on voit ce reste d'épitaphe :

> HIC JACET EGREGIVS ET POTENS VIR DOMINVS
> JOHANNES ..... ET BARO VICECOMES DE COMBORNIO ET .....
> DE TREIGNACO, QVI OBIIT ANNO Dⁱ MILL° CCCC
> LXXVI.

Il avait épousé Jeanne de Rochechouart, veuve de Foucaud, S^{gr} de La Rochefoucaud, fille de Geoffroy, vicomte de Rochechouard, et de Marguerite Chenin, comme il paraît par un arrêt du roi Charles VII, rendu à sa requête, en ces qualités, le 3 octobre 1445. De cette alliance vinrent : 1° Jean, qui suit ; 2° Louis, [protonotaire apostolique vers 1450 et] abbé [commendataire] de Saint-Augustin-lez-Limoges : son frère le nomma, par son testament de 1480, pour tuteur de ses enfants mineurs et l'un de ses exécuteurs testamentaires ; 3° Catherine, femme, en 1456, de Jean de Volvyre, baron de Ruffec en Angoumois.

XV. — Jean, IIe du nom, chevalier, vicomte de Comborn, baron de Treignac, S^{gr} de Chamberet, Chambolive, Beaumont, Rochefort et Saint-Salvadour, fit, le 24 août 1480, son testament, par lequel il déclare vouloir être enterré dans l'église des chartreux de Glandiers auprès de son très redouté seigneur et père le vicomte de Comborn, duquel et de l'évêque de Clermont, son oncle, il veut les testaments être accomplis. Il ordonne la fondation d'une messe pour chaque jour de la semaine, assigne le douaire de sa femme sur la terre de Chamberet, désigne l'abbé du Bourg-Dieu, son frère, pour tuteur de leurs enfants mineurs, et le nomme son exécuteur testamentaire avec ses cousins germains Antoine d'Aubusson, chevalier, S^{gr} du Monteil, et Jean, S^{gr} de Pompadour. Il survécut à ce testament, comme il paraît par un acte de reconnaissance faite par sa femme, tant pour elle que pour lui, le 12 décembre 1485 ; mais il mourut le 15 janvier 1488 (vieux style). Il est dit fils de Jean, *illustre et généreux*, dans le nécrologe de la chartreuse de Glandiers, qu'il aima sincèrement, et où il est enterré sous une grande pierre du marchepied de l'autel.

Il avait été marié, par contrat du 24 mai 1456, avec Jeanne de Maignelais, seconde fille de Jean surnommé Triston, S^{gr} de Maignelais, Montigny, Crèvecœur et Coiret, et de Marie de Jouy. Il eut d'elle : 1° Amanjeu, qui suit ; — 2° François, auquel son père donna, par testament, la seigneurie de Rochefort et ses dépendances et 300 livres de rente : François était alors mineur ; depuis il fut S^{gr} de Chamberet et de Rochefort, et se disait baron de Treignac ; il se maria avec Louise de Maumont, et, voulant lui établir un douaire, il en convint avec Antoine, S^{gr} de Pompadour, par un accord fait entre eux le 28 mai 1509, par lequel il ratifia la donation qu'Amanjeu, son frère, avait faite de tous ses biens au seigneur de Pompadour ; il fit un codicille le 17 décembre 1533, et il vivait encore en 1547; il mourut sans postérité ; — 3° Giles, auquel son père donna 600 livres de rente, le substituant à François en la terre de Rochefort en cas que celui-ci soit d'église ; il les substitue aussi à son héritier en cas où celui-ci mourrait sans enfants mâles : Giles mourut depuis sans enfants ; — 4° Catherine, mariée avant l'an 1480, à laquelle son père donna 100 sous outre sa dot. Elle avait épousé Pierre de Pierrebuffière, Sgr et baron de Châteauneuf et de Peyrat. Bienfaitrice des chartreux de Glandiers, sa mort est marquée, dans leur nécrologe, au 29 janvier ; — 5° Marguerite, à laquelle, ainsi qu'à chacune de ses trois sœurs dont les noms suivent, le père donne 1,000 écus si elles se marient, et seulement 10 livres de rente si elles sont religieuses : Marguerite, mineure en 1480, épousa 1° Olivier Mérichon, chevalier, Sgr d'Ure, auquel Amanjeu de Comborn fit vente de 30 livres de rente pour la somme de 500 livres en 1493, et qui mourut sans enfants; épousa 2° Louis de Montberon, écuyer Sgr d'Auzance, près la ville de Poitiers, de Gours et de La Gaillière, qui fit décréter la vicomté de Comborn pour les droits de sa femme, et en jouit quelque temps faute de paiement de sa dot ; mais Antoine, Sgr de Pompadour, à qui Amanjeu de Comborn en avait fait donation, la racheta de lui et de sa femme, par contrat passé au château d'Auzance le 16 mai 1509 ; — 6° autre Marguerite, mineure en 1480, et morte depuis sans alliance ; — 7° Louise, dame de Châteaubouchet, à laquelle Catherine de Châtelus, vicomtesse de Comborn, fut condamné de payer la somme de 1,000 écus d'or en 1506, par arrêt du parlement de Bordeaux, qui lui adjugeait la vicomté de Comborn ; — 8° autre Marguerite, mariée 1°, par son frère aîné, parce qu'elle était mineure, le 9 mars 1489, à Louis Destaing, damoiseau, Sgr de Val et de Vernine, qui était aveugle, et fils de Gaspard, sénéchal et gouverneur de Rouergue, et de Jeanne de Murol : ils eurent des enfants ; mariée 2°, le 4 juin 1499, à Jean de Tersac, Sgr de Ligonez en Auvergne. Cette Marguerite eut un procès avec Antoine de Pompadour, auquel Amanjeu de Comborn, son frère, avait fait donation de tous ses biens, se plaignant de n'avoir pas eu une légitime suffisante, sur quoi il fut convenu, par accord fait entre eux, le 15 septembre 1511, qu'il lui serait encore donné 3,500 livres.

XVI. — Amanjeu ou Amenio de Comborn, héritier universel de son père, avec substitution en faveur de ses autres frères, fut vicomte de Comborn, baron de Treignac, Sgr de Chamberet, Beaumont et Rochefort. Il fit hommage au roi pour toutes ces terres, mouvantes de lui à cause de sa couronne, le 24 janvier 1488. Il fut diminué de ses gages de 150 livres pour subvenir aux frais de la conquête du royaume de Naples le 20 janvier 1495 (1496). Se voyant sans enfants, et n'en voyant pas non plus à son frère François, il fit une donation de sa vicomté de Comborn et de tous ses autres biens à Antoine de Pompadour, son cousin, le 22 mars 1508. Il mourut sans postérité après 1515.

Il avait épousé 1°, par traité du 27 janvier 1489, Catherine de Vivonne, veuve de Yon du Fou, Sgr de Vigean en la Marche, dont il reconnut avoir reçu en dot la somme de 6,000 livres, outre le douaire de son premier mari et ses meubles : pour quoi il lui assigna 500 livres de rente sur la terre de Comborn par acte du 25 juillet 1492. Il avait épousé 2°, Catherine de Chatelus, veuve de Jean de Conighan, chevalier, à laquelle la vicomté de Comborn fut délivrée, en 1506, par arrêt du parlement de Bordeaux, à la charge de payer à ses belles-sœurs leurs dots et autres dettes. Pour y satisfaire, elle vendit la terre de La Motte-Frestineau et autres, assises au gouvernement de La Rochelle, à elle appartenantes et aux enfants de son premier mari et d'elle, pour la somme de 6,000 livres, avec faculté de rachat dans trois ans, cela par contrat du 28 décembre 1507; nonobstant quoi, Amanjeu de Comborn, son second mari, fit donation de sa vicomté de Comborn, le 22 mars 1508, à Antoine de Pompadour, ainsi que je l'ai déjà dit.

La nouvelle édition de Moreri de 1759 semble indiquer par son silence que la maison de Comborn fut éteinte en la personne d'Amanjeu; mais M. Baluze, qui écrivait en 1717, dit qu'elle avait subsisté jusqu'à son temps. [Le chef-lieu et le titre de ces seigneuries appartenaient au marquis du Saillant vers 1698, d'après les mémoires manuscrits de M. du Queyroix, p. 75.]

Notes isolées.

Jean de Comborn, abbé de Bonlieu, ordre de Citeaux, au diocèse de Limoges, fit du bien à son abbaye. [Il mourut en 1193.]

Jeanne, que l'on croit de la maison de Comborn, était, vers 1290, femme de Jean de Rochefort, S^{gr} de La Queille en Auvergne.

[On trouve un Archambaud de Comborn dans les registres de Borsandi, notaire à Limoges, p. 74, n° 120; p. 96, n° 155; p. 122, n° 190; p. 147, n° 229, et dans ceux de Roherii, aussi notaire à Limoges, p. 23, n° 20, *apud* DOM COL.]

On trouve dans le XIVe siècle Eustachie de Comborn, femme de Guy, S^{gr} de Chanac, et mère de Gallienne de Chanac, mariée, le 25 juillet 1355, avec Ramnulphe Hélie, IIe du nom, S^{gr} de Pompadour.

Bernard de Comborn, qui épousa, depuis 1340, Marguerite, dame de Montausier, veuve de Guy de Sainte-Maure, chevalier, et fille unique et héritière de Foucaud, S^{gr} de Montausier, et de Pétronille de Mosnac, dame de Jonzac, duquel mariage vint Jeanne de Comborn, mariée, avant l'an 1364, avec Pierre de Mastas dit *Martelet,* et morte sans enfants.

[Pierre de Comborn, prévôt d'Eymoutiers en 1377.]

Bernard de La Tour, *alias* de Comborn, chanoine de l'église de Limoges, où il fonda un anniversaire, par son testament fait à Avignon, le dimanche 4 septembre 1380, d'après les registres de Fremerii, notaire à Limoges.

Archambaud de Comborn, chevalier, épousa N..., dont il eut Archambaud de Comborn, chevalier, S^r de *Podio Moaudi* en 1400, et qui épousa Galiène Daniel, dont il eut : Marie, mariée, le 8 février 1399 (*vieux style*), avec noble Pierre de Chassanhas, damoiseau, auquel elle porta le mas d'Espinet, paroisse d'Aflieux, par contrat signé Bordas, au collège de Limoges, et passé en présence de Guichard, vicomte de Comborn, chevalier, S^{gr} de Treignac. Archambaud de Comborn et Galienne Daniel eurent quatre autres filles.

Guichard de Comborn, damoiseau, Sʳ de Puymau de Madrange, avait pour femme, en 1419, Jeanne de Manhac, nièce de l'évêque de Limoges.

Le nécrologe de Glandiers fait mention de Clémence de Comborn, morte le 22 septembre.

[Un procès-verbal de visite de la chapelle du château de Comborn du 22 août 1645 apprend qu'on trouva dans l'autel un écrit où étaient contenus ces mots : « Anno Dñi M. CCCC. LV. die XVI mensis..., bris Rᵈᵘˢ pater et Dñus Michael... hoc altare consecravit et recondidit has reliquias in honorem beatae M. » (C'était sainte Madeleine d'après la tradition, dit Nadaud dans son *Recueil manuscrit d'inscriptions*, p. 40.)]

SOURCES : MARTÈNE, *Anecdot.*, T. I, col. 623. — LABBE, *Blason royal*, p. 70. — ADÉMAR DE CHABANNE, p. 175. — SIMPLICIEN, *Histoire des grands-officiers de la couronne*, T. II, p. 402 ; T. IV, p. 450 ; T. V, p. 14 ; T. VI, p. 84 ; T. VII. p. 26, 318, 326 ; T. VIII, p. 50, 541. — GEOFFROY DE VIGEOIS, apud LABBE, p. 290, 291, 300, 303, 304, 307, 323. — JUSTEL, *Hist. généal. de la maison de Turenne*, p. 21, 23, 25, 26, 40 ; *Preuves*, p. 22, 24, 25. — BALUZE, *Historia Tutelensis*, p. 16, 38, 55, 57, 58, 81, 290 ; col. 346, 382, 405, 763, 855 ; *Hist. généal. de la maison d'Auvergne*, T. I, p. 161, 263, 264, 284, 287, 306 ; T. II, p. 34, 484, 658 : *Vitæ paparum Avenionensium*, T. I, col. 1425, 1426, 1427, 1428, 1429. — MABILLON, *Annales*, T. IV, p. 215. — *Histoire littéraire de la France*, T. X, additions, p. LXXI. — CHASSANAUS, *Gloria mundi*. — BESLY, *Histoire du Poitou*, p. 61. — DUCHESNE, *Hist. franc. script.*, T. IV, p. 81, *Histoire généal. de la maison de Châtillon*, p. 207, 271. — MORERI, édition de 1759. — [*Tabl. histor.* IIᵉ partie, p. 281, 282, 283.] — VAISSETTE, *Histoire du Languedoc*, T. IV ; preuves, col. 46, 135, 136, 137. — ESTIENNOT, *Fragmenta historiæ*, T. II, p. 46. — FROISSART, T. I, ch. CXLVIII ; T. II, ch. XVI ; T. III, ch. XXXI. — MONSTRELET, T. I, ch. CXLVIII. — VILLARET, *Histoire de France*, T. XIV, p. 314. — LE LABOUREUR, *Addit. à Castelneau*, T. II, p. 710 ; T. III, p. 220. — *Dictionnaire généalogique*, édition de 1757. — MAURICE, *Histoire de la Bretagne*, T. III ; preuves, col. 754. — Cartulaire de Vigeois. — Nécrologe de Glandiers. — Cartulaire d'Obasine. — Archives du chapitre de Saint-Junien en Limousin. — Terrier de l'évêché de Limoges. — Terrier de l'abbé de Saint-Martial de Limoges.

COMBRAILLE (1) — Du Verdier de Vauprivas fait mention, dans sa *Bibliothèque des auteurs français*, d'Antoine Colombet, docteur ès-lois à Bourg en Bresse, comme ayant écrit des commentaires sur la coutume de la province de la Combraille, imprimés à Lyon, en 1578, par Antoine Gryphius, in-8 ?

---

(1) « La Combraille, comprise tout entière entre la Tarde et le Cher, qui lui servaient de limites à l'est et à l'ouest, a formé (dans le département de la Creuse) la totalité du canton d'Évaux ; celui d'Auzances (moins les communes de Chard et de Dontreix, qui appartenaient à l'Auvergne) ; la plus grande partie du canton de Chambon, dont deux communes seulement appartenaient à la Marche (Saint-Julien-le-Châtel et Saint-Loup-les-Landes) ; les communes du Chauchet et La Serre-Bussière-Vieille dans le canton de Chénérailles, et les communes de Lupersac et Mainsat (cette dernière en partie) dans le canton de Bellegarde. » *(Extrait du Rapport de M. Bosvieux, archiviste de la Creuse, au conseil général de ce département, pour la session de 1862.)*

Pour les quatre premiers numéros, voyez CHAMBON en Combraille.

V. — Guillaume, X^e du nom, comte d'Auvergne, fils de Pétronille de Chambon et de Guy, comte de Clermont, testa en février 1245. Il avait épousé Alix de Louvain ou de Brabant, dont il eut : 1° Robert, qui suit ; 2° Guy et 3° Geoffroy, auxquels Robert, leur frère, donna, en 1288, les revenus de la terre de Combraille pour les frais de leurs études, et ce pour tout le temps qu'il lui plairait ; 4° Guillaume, qui, au mois d'octobre 1258, transigea avec Robert, son frère aîné. Robert lui fit, sur La Combraille, la rente viagère de 100 livres. En 1272, Robert lui céda tous les droits qu'il avait sur Agnès, dame de Bourbon, pour les châteaux ou villages de Sermur (1), Leyrat et Domeyrac.

VI. — Robert, comte d'Auvergne, se chargea de faire vider le procès qu'il avait avec la dame de Sulhi à l'occasion de la terre de Combraille, et celui qu'il avait aussi pour la garde du monastère de Chambon, que les gens du roi tenaient à leur main. Il testa le 3 des ides de janvier 1276. Il avait épousé Eléonor, dont il eut Guillaume, qui suit. (Voyez BALUZE, *Histoire généalog. de la maison d'Auvergne*, T. II, p. 95, 111, 114, 115 et 122.)

VII. — (Guillaume. (Voyez BALUZE, *ibid.*, p. 122.)

Robert, comte d'Auvergne, fit, par son testament de 1314, son fils unique Robert héritier de sa terre de Combraille. (Voyez BALUZE, *loco citato*, p. 144.)

Guy d'Auvergne, cardinal, appelé communément de Boulogne, eut, par le partage fait avec ses frères le 1er juin 1362, dans La Combraille, les châteaux, châtellenies et seigneuries de Sermur, Lépaud (2), Evaux, Chambon, Auzance, Leyrat, Argentie, puis La Marche et toutes les terres que ses frères et leurs prédécesseurs possédaient dans le pays de Combraille. Dans son testament, qui est du 16 mai 1372, le cardinal rappelle une partie de ces terres ; mais il n'y parle point de Leyrac, d'Argentie, ni de La Marche. Il mourut le 27 novembre 1373, et repose à l'abbaye du Bouschet en Auvergne. Il fit héritiers ses frères, le comte Jean qui suit, et Godefroy de Boulogne, qui mourut sans hoirs.

Jean, Ier du nom, comte d'Auvergne et de Boulogne, mourut le 24 mars 1386. Il avait épousé Jeanne de Clermont, fille de Jean, baron de Charolais, dont il eut 1° Jean IIe du nom, qui suit ; — 2° Marie, qui, étant accordée avec Raymond, fils de Guillaume, vicomte de Turenne, Geoffroy de Boulogne, oncle de Marie, consentit à laisser vendre par Jean de Boulogne, son frère, à Raymond de Turenne et Guillaume, son père, toute la terre de Combraille, qu'avait eue ci-devant le cardinal de Boulogne sur les châteaux et châtellenies de Sermur, Lépaud et les forteresses, villes et lieux de Chambon, Evaux, Aleyrac, Auzance, La Marche, Argence, *Lio* et *Neho*.

---

(1) Les ruines de la tour de Sermur, située dans le bourg de ce nom, canton d'Auzances, arrondissement d'Aubusson, sur le sommet le plus élevé du département de la Creuse (878 mètres 60 c. au-dessus du niveau de la mer) dominent encore toute la contrée avec leur majesté séculaire. — Leyrat, canton et arrondissement de Boussac (Creuse).

(2) Le château de Lépaud, canton de Chambon, arrondissement de Boussac, situé à mi-côte, au bas du bourg du même nom, est encore debout, mais inhabité. En 1770, il appartenait au duc d'Orléans. Vers la fin du règne de Louis-Philippe, le duc de Montpensier le faisait restaurer et embellir : la révolution de 1848 a interrompu les travaux.

Godefroy, par sa procuration du mardi avant Noël de 1375, céda tout le droit qu'il avait sur ces châteaux pour la somme de 10,000 francs d'or. Ce contrat de mariage fut passé le 22 octobre 1395, et Jean et Godefroy de Boulogne cédèrent, pour le prix de 30,000 livres, à Raymond de Turenne toute cette terre de Combraille ci-dessus dénombrée, à quoi ils ajoutèrent, comme en faisant partie, Le Chier, La Tour et Villefranche, et les droits de régale qu'ils avaient sur ces lieux. Ce contrat n'eut pas lieu, peut-être faute de paiement.

Jean de Boulogne, IIe du nom, frère de Marie, mourut le 18 septembre 1394. Il avait vendu, pour 30,000 francs d'or, à Pierre de Giac, chancelier de France, la terre et seigneurie de Combraille, qui est une bien noble et grande seigneurie assez pour une bien grande comté. Giac eut la tête tranchée en 1426.

Jeanne de Boulogne épousa, au mois de juin 1371, Béraud, qui suit, et elle mourut sans enfants le 1er octobre 1373.

Béraud, IIe du nom, appelé le comte Camus, comte de Clermont, etc., mourut le 17 ou le 21 janvier 1400. Il avait épousé en première noces, par contrat du 22 juin 1357, Jeanne de Forez, fille de Guy, comte de Forez, et de Jeanne de Bourbon, morte le 17 février 1359. D'eux naquit une fille unique, Anne-Dauphine, qui suit.

Anne-Dauphine épousa, par contrat du 11 juin 1371, Louis II, duc de Bourbon, qui suit, et, comte de Clermont : *par ce traité*, le pays de Combraille vint en la maison de Bourbon. (SAINTE-MARTHE, *Histoire généalogique de la maison de France*, L. II, n° 16. — BALUZE, *Histoire généalogique de la maison d'Auvergne*, T. I, p. 204.)

Louis, IIe du nom, surnommé *le Bon*, duc de Bourbon et comte de Clermont, mort à Montluçon le 19 août 1410, âgé de soixante-treize ans, repose à Souvigny en Bourbonnais avec sa femme Anne-Dauphine, qui vivait encore en 1416. Il avait acquis de Pierre de Giac, chevalier, la seigneurie du pays de Combraille. (Voyez SIMPLICIEN, *Histoire des grands-officiers de la couronne*, T. I, p. 302-305, et 314-317.) Il avait épousé Anne, dauphine d'Auvergne, dont il eut Jean, qui suit.

Jean, Ier du nom, duc de Bourbon et d'Auvergne, etc., S^{gr} du pays de Combraille, mort en Angleterre, après dix-neuf ans de prison, en janvier 1434, avait épousé Marie de Berry, dont il eut : 1° Charles Ier, qui suit; 2° Louis, comte de Montpensier, sire de Combraille, dont il eut la seigneurie après son frère. Il mourut vers 1473, et fut inhumé à Aigueperse en Auvergne. Il avait épousé, en 1442, Gabrielle de La Tour d'Auvergne, dont il eut : 1° Charles, 2° Louise, qui suivent. (Voir SAINTE-MARTHE, *ibidem*, n°^{s} 17 et 18; — BALUZE, *ibidem*. T. I, p. 332; — *Dictionnaire généalogique de* 1757.)

M. Savaron met sous Charles VIII Gilbert, comte de Montpensier, S^{gr} de Combraille, marié à Claire de Gonzague.

Charles, Ier du nom, duc de Bourbon et d'Auvergne, S^{gr} du pays de Combraille, mort le 4 décembre 1456, donna, le 13 février 1442, à Louis, comte de Montpensier, son frère puîné, pour son partage de père et de mère, la seigneurie de Combraille, d'après un manuscrit n° 308 conservé à Saint-Germain-des-Prés.

Louis de Bourbon, Ier du nom, comte de Montpensier, S^{gr} de Combraille, surnommé *le Bon,* mourut en mai 1486. Il avait épousé Jeanne, comtesse de Clermont, dauphine d'Auvergne, dont Gilbert, qui suit.

Gilbert de Bourbon, comte de Montpensier, S^{gr} de Combraille, mort le 5 octobre 1496, avait épousé Claire de Gonzague, dont il eut : 1° Louis; 2° Charles ; 3° Louise, qui suivent.

Louis de Bourbon, IIe du nom, comte de Montpensier, S^{gr} de Combraille, mort, âgé de dix-huit ans, à Naples, le 14 août 1501.

Charles, IIIe du nom, frère du précédent, comte de Montpensier et de la Marche. S^{gr} de Combraille, connétable de France, etc., fut tué au siége de Rome le 6 mai 1527. Le 1er juillet 1521, Anne de France, sa belle-mère, lui avait fait don entre vifs du comté de la Marche et de la seigneurie de Combraille, qui lui étaient venus par restitution de sa dot et de celle de Jeanne de France, femme du duc de Bourbon. Les 8 et 9 mars 1524, ses biens furent confisqués et réunis au domaine royal, parce qu'il avait accepté de Charles-Quint de servir contre la France. En 1538, le roi les rendit à Louise de Bourbon, qui suit.

Louise de Bourbon, sœur du connétable Charles, morte le 5 juillet 1561, avait épousé, le 24 mars 1505, Louis de Bourbon, prince de La Roche-sur-Yon, connétable de France, qui mourut vers 1520. Par lettres du mois d'août 1538, le roi se départit en faveur de cette princesse et de Louis de Bourbon, son fils, qui suit, leur accordant la faculté de retirer les châtellenies, terres et seigneuries de Lespau, Chambon, Esnon (*lisez* Evaux) et Auzance en Combraille. Par lettres du mois de février 1543 (1544), le pays de Combraille fut incorporé au duché de Bourgogne, dit Jaille. (*Histoire de Louis de Bourbon,* p. 124. Voyez aussi p. 126 et 131.) Le roi François Ier, voulant élever en plus grande dignité, excellence et honneur la maison de Montpensier, et parfait amour, foi et loyauté, que sa cousine Louise de Bourbon, duchesse de Montpensier, et son fils Louis de Bourbon, duc de Montpensier, ont portés et portent à Sa Majesté, et en considération des vertus et services faits de longtemps aux rois et à lui par les prédéceseurs du duc, contre les invasions et entreprises des ennemis, Sa Majesté unit au duché de Montpensier les baronnies et châtellenies de Combraille appartenant à ces princes, et qui sont de leur vrai et ancien patrimoine, par lettres de février 1543 (1544).

Louis de Bourbon, IIIe du nom, duc de Montpensier, S^{gr} du pays de Combraille, que le roi François Ier lui remit en 1543, mourut à Champigny le 23 septembre 1582. Né, le 10 juin 1513, à Moulins en Bourbonnais, il avait épousé, en 1533, Jacqueline de Longvi, fille de Jean, S^{gr} de Longvi, et de Jeanne d'Orléans. Il eut François, qui suit. (Voyez SAINTE-MARTHE, *ibid.*, n° 20 ; — SIMPLICIEN, *ibid.*, T. II, p. 355, 356.)

François de Bourbon, duc de Montpensier, baron de Montégut et du pays de Combraille, mort à Lizieux le 4 juin 1592, avait épousé, en 1566, Renée d'Anjou, fille unique et seule héritière de Nicolas, marquis de Mézières, et de Gabrielle de Mareuil. (Voyez DU CHESNE, n° 22.) D'eux naquit, entre autres enfants, Henri, qui suit.

Henri de Boubon, duc de Montpensier, pair de France, vicomte de Brosse, baron de Montégut et du pays de Combraille, etc., né à Mézières le 12 mai 1583, mort en son hôtel, à Paris, le 27 février 1608, épousa Catherine, fille unique du duc de Joyeuse, pair et maréchal, dont il eut pour fille unique

Marie, qui suit. (Voyez SAINTE-MARTHE, *Histoire généalogique de la maison de France*, n° 22.)

Marie de Bourbon, fille unique, duchesse de Montpensier, dame du pays de Combraille et Montégut, etc., née le 15 octobre 1605, mourut le 4 juin 1627. Elle avait épousé, le 6 août 1626, Monsieur Gaston-Jean-Baptiste, duc d'Orléans, frère de Louis XIII. (Voyez *le Mercure*, T. XIII, p. 491. De ce mariage naquit Anne-Marie-Louise, qui suit.

Anne-Marie-Louise d'Orléans, morte en 1693. Par son testament olographe du 27 février 1685, elle fit Monsieur son légataire universel, et en cette qualité il eut le Beaujolais, qu'il a laissé à Mgr d'Orléans, son fils.

COMBRALHO (1).

COMBROUSE (2).

COMMERC. — D'après le nécrologe de Glandiers, le 26 août, mourut Raymond de Commercio, moine de la maison de Glandiers.

Noble Raymond de Commercio, bachelier en l'un et l'autre droit, curé de Sarazac en Querci, chancelier général, d'Agnet de La Tour et d'Annette de Beaufort, vicomte et vicomtesse de Turenne, fut témoin de leur testament le 4 mars 1459 *(vieux style)* et du codicile de ce vicomte le 4 janvier 1488 *(vieux style)*. (BALUZE, *Histoire généalogique de la maison d'Auvergne*, T. II, p. 741, 742.)

Giles Comers de Langlade, abbé de Saint-Vast d'Arras, mourut en 1522.

Gérald de Comerc, moine et prieur de Manoc au diocèse de Limoges, acquit des rentes sur ce bénéfice en 1365, et les donna au monastère pour que l'on fit à perpétuité l'anniversaire général de Raymond d'Aigrefeuille, jadis abbé de Saint-Jean-d'Angely. (Registres de Borsaudi, notaire à Limoges.)

COMPAING (3).

COMPNHAC (4).

COMPREIGNAC. — Le P. Ithier de Compreignac, d'une noble extraction, religieux de l'ordre des frères prêcheurs, mort en 1304.

Autre Ithier de Comprenhac, pour lequel le chapitre provincial des frères prêcheurs, tenu à Limoges en 1327, ordonna une messe de morts.

[La terre de Compreignac, près Limoges, appartient maintenant aux Martin de Limoges, ci-devant négociants, anoblis par une charge de secrétaire du roi.

Goulfier de Compreignaco ou Comprenhaco est cité dans les registres de

---

(1) Dans sa table du Nobiliaire, au-dessous du mot COMBRAILLE, dont les notes se trouvent aux pages 1085 et de 1099 à 1102, Legros a écrit le mot COMBRALHO, pour lequel il indique la page 1128, qui est déchirée.

(2) Deux renvois et la table de Legros constatent qu'il y avait pour ce nom des notes à la page 1128, qui est déchirée.

(3) La table de Legros indique des notes pour cette famille à la page 748, qui est déchirée.

(4) La table de Legros indique sur cette famille des notes à la page 1127, qui est déchirée.

Borsandi, notaire à Limoges, p. 93, n° 149; p. 94, n° 150; p. 124, n°ˢ 193 et 194; p. 135, n° 211; p. 159, n° 247, *apud* Dᴏᴍ Cᴏʟ.

Jean de Compregnaco est cité dans les mêmes registres, p. 117, n° 182. Pierre des Cars, seigneur de Compreignac vivait en 1233.]

COMTE, Sʳ de Beissac et de La Sudrie, paroisse de Saint-Augustin, élection de Brive.

Noble Pierre Comte, écuyer, Sʳ d'Arvis, du village de Beyssac, paroisse de Saint-Augustin, épousa Catherine du Puy, qui mourut, âgée de quarante-neuf ans, le 27 décembre 1658, et fut inhumée dans l'église de Saint-Augustin. D'eux naquirent : 1° Rigal-Léonard, le dimanche avant le 5 décembre 1632; 2° François, le 9 janvier 1651; 3° Bertrand, mort en bas-âge. Rigal-Léonard et son frère François obtinrent de Sa Majesté des lettres patentes du mois de mars 1677, portant maintenue dans la noblesse et en tant que besoin d'anoblissement, en considération des services. Ces lettres furent enregistrées à la chambres des comptes et cour des aides de Clermont les 30 septembre 1677 et 26 août 1678.

Les registres de Chaudergues, notaire à Mainsac, constatent qu'Etienne Comte de Threinhac fut reçu, le 3 octobre 1403, chevalier *(miles)* en mercerie, suivant l'ordre et coutume de ce ministère par Jean de Vaissy, *alias* Estendard, roi et gouverneur des merciers du pays d'Auvergne et de la sénéchaussée de Limousin pour le roi de France.

CONAN porte : *d'argent à 3 roses de gueules, 2 et 1.* Conan ou Conen, Sʳ de Prépeau en Bretagne, porte : *coupé d'or et d'argent, au lion de même, l'un dans l'autre, armé, lampassé et couronné de gueules.*

I. — Noble Thibaud Conan, écuyer, Sʳ de Rapevache, paroisse de Saint-Martial-de-Valette, (1) et des Feydis. Ses descendants disent qu'il serait venu en Périgord avec un duc de Bretagne, ce qu'on pourrait attribuer à Jean de Bretagne, IIᵉ du nom ; car celui-ci, d'après un acte signé Tarnelli, notaire à Vic, près Pierrebuffière, acheta, en 1437, le comté de Périgord de Jean, bâtard d'Orléans, comte de Dunois; et, d'après un manuscrit de Saint-Germain-des-Prés, n° 1724, les guerres des Anglais l'obligèrent de mettre des capitaines dans les chefs-lieux des cinquante-quatre châtellenies et juridictions qu'il possédait, pour les défendre contre les incursions et les pillages des ennemis. Thibaud Conan fut sans doute, pour cette raison, capitaine de la ville de Nontron peu avant l'an 1456. Il vivait encore en 1460. Sur la porte d'entrée du château de Conezac au diocèse de Périgueux, mais à son extrémité, et joignant celui de Limoges, sont les armes de la famille, et tout autour le cordon de quelque ordre de chevalerie qu'on n'a su distinguer.

Thibaud avait épousé Agnès de Maumont, fille de noble Jean, qui, en 1411, était seigneur de Cozenac. On a perdu le contrat de mariage; mais Thibaud donna, le 20 octobre 1438, une quittance de partie de la dot de sa femme, signée de Poyalibus, à son beau-frère Pierre de Maumont,

---

(1) Saint-Martial-de-Valette, Conczac, Haute-Faye, canton et arrondissement de Nontron (Dordogne).

damoiseau, du lieu de Montbrun, paroisse de Dournazac, près de Châlus, au diocèse de Limoges. Agnès de Maumont testa le 5 septembre 1467, et vivait encore en 1473. Comme on a coupé en long une partie de son testament, on n'a pu y trouver que quelques-uns de ses enfants, et il a fallu chercher le nom des autres dans des actes du temps. On trouve dans ces actes : 1° Guillaume ; 2° Jean, qui se marièrent ; 3° Marie ; 4° Hélie de Conan, damoiseau, bachelier en décrets, étudiant dans l'université de Paris, et auquel, le 5 septembre 1467, par acte signé Robin, elle donna toute sa terre de Haute-Faye, située au diocèse de Limoges, et attenante à ceux d'Angoulême et de Périgueux ; 5° Thibaud, qui, dans un acte de 1489, est dit frère de Guillaume et de Jean, déjà nommés ; 6° Marguerite, dite, dans un acte de 1488, sœur de nobles Jean, Hélie, Thibaud et Marie.

II. — Noble Thibaud Conan, écuyer, S^{gr}, en partie, de Conazac, épousa, par contrat du 19 janvier 1495, signé Tréhant et Pignetaud, Catherine Géraude, fille de feu noble maître Hélie Géraud, écuyer, licencié ès-lois, S^{gr} de La Motte-sur-Charente, paroisse de Narsat, et de demoiselle Marguerite Cailhone. D'eux naquit Joachim, qui suit.

III. — Noble et puissant seigneur Joachim Conan, coseigneur de Conezac, de Beauvais qui est paroisse de Lussac, et de Rapevache, vivait en 1539. Il avait épousé, par contrat du 22 octobre 1522, signé *de La Combe*, Guyonne Desmier, fille de feu Guillaume, écuyer, Sr de Saint-Amand-de-Bonieure et de Jacqueline de Barbesières. Etant veuve, Guyonne se remaria, par contrat du 10 décembre 1540, signé de La Roussie, avec Guillaume Poytevin, écuyer, fils de N..., aussi écuyer, Sr de Blanzaguet au diocèse d'Angoulême. Du premier mariage Guyonne eut : 1° Jean de Conan, qui, le 30 janvier 1563, fit un testament, signé Faure, par lequel il fit ses sœurs héritières, et François de Conan, son cousin, exécuteur testamentaire ; — 2° Louise, mariée à Pierre de Verlène, écuyer, Sr de Poutignac, paroisse de Baussac, laquelle testa le 26 janvier 1599 ; — 3° autre Louise ; — 4° Paulhête, qui, en 1591, était femme de maître Mathurin de Fontas, du lieu de Grignan, près de Mucidan en Périgord ; — 5° Catherine, mariée 1° à Géraud de Fontas ; mariée 2°, par contrat du 10 décembre 1579, signé Panetier, à Saint-Astier en Périgord, avec Pierre du Breuil, natif de la ville de Périgueux, et fils de Martial, marchand de la dite ville : Catherine fit, le 10 juillet 1584, un testament signé du Mas, dans le fort du château de Grignols en Périgord ; — 6° Marie, mariée à Odet Girard, écuyer, S^r de La Fuste ; — 7° Roberte, mariée à Jean dit Jeannet Girard, écuyer, fils d'Odet, écuyer, du lieu du Chaume, paroisse de Saint-Barthélemy-de-Bellegarde, juridiction de Montpaon ; — 8° Xanthie, vivante en 1566.

II bis. — Guillaume de Conan, écuyer, fils de Thibaud et d'Agnès de Maumont, fut seigneur de Rapevache et coseigneur de Conezac, et homme d'armes. Il eut du roi Charles VII des lettres de sauvegarde pour lui, sa femme et sa famille : c'était le 8 avril 1488, et il était lieutenant du château de Ha à Bordeaux, sous la charge du S^r d'Orval. Il avait épousé, par contrat du 17 janvier 1481, signé du Puy, Jeanne Vigier, demoiselle, fille de Jean et sœur de noble Jean, écuyer, S^{gr} de Samathie, par l'avis de Jean et de François La Porte, frères, écuyers, S^{grs} de Champnier, parents et amis du dit seigneur de Conezac. Jeanne Vigier, étant veuve, fit, le 4 décembre 1499, son testament, signé de Fargia. Elle n'a point d'enfants, veut être enterrée dans l'église de Cozenac, et institue héritiers Jean, son frère, et Antoinette, sa sœur.

II *ter*. — Jean de Conan, coseigneur de Conezac, est la première filiation produite devant l'intendant de Bordeaux. Par le même contrat que son frère Guillaume, qui précède, c'est-à-dire du 17 janvier 1481, il épousa Antoinette Vigier, sœur de Jeanne nommée ci-dessus. Elle porta le repaire noble de Plambosc, paroisse de Baussac. Son mari vivait en 1513 ; étant veuve elle testa, le 7 janvier 1523, par acte signé Guiot, demandant à être enterrée avec Jeanne, sa sœur. D'eux naquirent : 1° Simon qui suit ; 2° Catherine, mariée, le 3 mars 1520, avec Jean de Verro, écuyer, Sr de Laborie, paroisse de Saint-Martin au diocèse de Périgueux ; 3° Antoinette.

III. — Noble Simon Conan, fils de Jean et d'Antoinette Vigier, écuyer, Sr de Conezac et de Plambosc, testant le 4 décembre 1538, par acte signé Texier, veut être enterré dans l'église de Conezac ès-tombeaux de ses feus père et mère. Il avait épousé, par contrat du 11 septembre 1521, signé Suége, Marie de La Porte, fille de feu messire Tristan, dont il eut : 1° François qui suit ; 2° Louise morte sans alliance.

IV. — François de Conan, écuyer, S^{gr} de Conezac, Aucor, Plambosc et La Jarrige, épousa, par contrat du 15 février 1556, signé Bollot et Gaudet, Anne de Feydit, fille de Pierre, écuyer, Sr de Charment au diocèse d'Angoulême, et de feue Marguerite de Lostanges. Elle fit avec son mari, le 10 décembre 1587, un testament mutuel, signé Deysse, et, le 8 mai 1603, étant veuve, elle en fit un autre. D'eux naquirent : 1° Marguerite, mariée, le 29 août 1589, avec François Deschamps, écuyer, S^r de La Grouat, de la paroisse de Saint-Front en Angoumois, fils de Philippe et de Jeanne Jay ; 2° Jacques, qui suit ; 3° Antoinette, mariée, par contrat du 19 janvier 1597, signé Janvier, avec Poncet de Raymond, écuyer, Sr de Narbonne, fils de Jean, écuyer, S^r de La Peyrière et de Bellevue, et de feu Claude de Châteauneuf, habitants la ville de Mareuil en Périgord ; 4° Jean, *qui eut* le fief d'Aucor, et a *fait une branche ;* 5° autre Marguerite, dite la Jeune, mariée, le 20 janvier 1597, avec Guy de Villars, Sr de Minzac, fils de feu Louis, écuyer, Sr de Minzac en Angoumois, et de Marguerite de Mathieu ; 6° François, qui eut le repaire de Plambosc, et était mort sans hoirs en 1603.

V. — Jacques de Conan, écuyer, fils de feu François et d'Anne de Feydit, fut seigneur de Conezac, Aucorn, Plambosc, La Jarrige, Haute-Faye, La Chapelle et Majenau. Il testa, le 4 septembre 1642, par acte signé Desmolins. Il avait épousé, le 21 septembre 1598, Marie Gelinard, fille de François, écuyer, Sr de Malleville et de Sainte-Hermine en Angoumois, etc., et d'Anne de Livenne. Elle porta la terre de La Bouchardière. D'eux naquirent : 1° François, qui suit ; 2° Antoinette, demoiselle de La Bouchardière, mariée, par contrat du 8 juin 1622, signé Janvier, avec Antoine de Sainte-Aulaire, écuyer, S^r de La Barde, paroisse de Cressac, près Bourdeilles, fils de Jeanne Saunier ; 3° Marie, mariée, par contrat du 19 avril 1622, à Jean de La Brousse, Sr de Maignac, avocat, fils d'Etienne, S^r de La Noaille, et de Françoise de Camain, dont ne vint qu'une fille, nommée (dans SIMPLICIEN, *Histoire des grands-officiers de la couronne*, T. V, p. 771) Marguerite, mariée avec Hercule-Charles de Crevant, chevalier, baron de Cingé en Touraine ; 4° Marthe, mariée à Hélie de Lageard, écuyer, S^r de La Grange ; 5° Marguerite, mariée, par contrat du 8 juin 1630, reçu Desmoulins, avec

René Grand, écuyer, S⁻ de Bellussières, paroisse de Baussac, près Conezac; 6° Autre Marguerite, mariée, le 8 mars 1634, à François Guy, écuyer, S⁻ du Genet, près la ville de Saint-Yrieix, fils de Jean Guy et de Jeanne de La Béraudière; 7° Françoise. — Il eut de Binle Johanet un bâtard, nommé François, auquel il fit un legs de 800 livres, qui s'établit, et fit bâtir dans le village de Faye-Marteau, paroisse de Haute-Faye.

VI. — François de Conan, écuyer, Sgr de Haute-Faye, fils du précédent, fut encore Sgr de Conezac, Lageyrac et La Bouchardière, et servit le roi dans toutes les occasions. Il épousa, par contrat du 22 mai 1630, signé Barbe, Marie Aymeric du Chataing, née, le 25 décembre 1613, de Jacques, et qui testa le 16 décembre 1655. D'eux naquirent : 1° Antoine, qui suit; 2° Jacques, S⁻ de Haute-Faye, mort sans hoirs; 3° Thomas, S⁻ du repaire de Maluc, qui fit une donation de tous ses biens, en 1693, à Claude de Conan, son neveu, et se maria, par contrat du 25 mai 1709, signé Donez, avec Jeanne du Reclus, veuve de Guy de Villars, chevalier, S⁻ de La Goudonie, du lieu de Coulanges. Thomas mourut, âgé de soixante-neuf ans, le 10 mai 1717 : ces trois frères furent maintenus dans leur noblesse par ordonnance de M. Bazin, intendant de Bordeaux, du 14 mai 1698; 4° Marie, mariée en 1654, avec François de Camaing, écuyer, S⁻ du Verdoyer, paroisse de Saint-Angel en Périgord; 5° Catherine, née le 30 juillet 1654, enlevée à Lageyrat, chez sa grand'mère, Marie Tarneau, le 4 juin 1665, par André et Charles de Nesmond, S⁻ˢ de La Grange-de-Firbeix, père et fils. Ce dernier voulait l'épouser. Elle se maria, par contrat du 17 novembre 1667, reçu du Gandoneix, avec Jean-Gabriel de Brie, fils de feu Jean et de feue Diane des Pousses; 6° Marguerite, religieuse à Nontron, en 1656; 7° Françoise, religieuse à la Règle de Limoges, en 1669.

VII. — Haut et puissant messire Antoine de Conan, chevalier, Sgr de La Bouchardière, fils de haut et puissant messire François, chevalier, Sgr de Conezac, Lageyrat, etc., et de feue Marie Emery de Chataing, né le 25 décembre 1639, mourut, âgé de soixante-quatorze ans, le 29 septembre 1713. Il avait épousé, par contrat du 24 janvier 1660, signé de Cao, Madeleine du Breuil, fille de haut et puissant Claude du Breuil, chevalier et baron de Théon. Sans le savoir, ils se trouvèrent parents au 4ᵉ degré : aussi réhabilitèrent-ils leur mariage, en 1669, avec dispense du pape. D'eux naquirent : 1° Claude, qui suit; 2° Louis, chevalier, S⁻ de Haute-Faye, capitaine au régiment Dauphin-infanterie en 1691.

VIII. — Haut et puissant Claude de Conan, Sgr de La Bouchardière, fils de haut et puissant Antoine et de feue Madeleine du Breuil de Théon, fut capitaine au régiment d'Angoulême, et tué, le 8 juin, 1697, dans la paroisse de Saint-Crespin-de-Bourdeille, par Nicolas Gautier des Farges de Jomelières. Il avait épousé, par contrat du 3 juin 1692, signé Chancel, Marie-Jacquette de Pindray, demoiselle de Bretanges, fille de feu Louis, chevalier, Sgr de Fontenille, Les Graujès, Bretanges et de Baussac en partie, et de Charlotte de Saint-Laurent. Elle se remaria, le 1ᵉʳ mai 1701, avec Jean de Compniac, chevalier, Sgr de Romain en Périgord, et mourut, âgée de quatre-vingts ans, le 16 avril 1752. De son premier mariage elle eut : 1° Louis-Thomas, qui suit; 2° Antoine, S⁻ de Haute-Faye, né le 24 octobre 1696, et mort sans hoirs; 3° Renée, demoiselle de Conezac, née le 4 octobre 1695, mariée avec Gabriel d'Expert, chevalier, Sgr de Saint-Paul-la-

Roche en Périgord, et morte le 29 janvier 1722; 4° Marie-Susanne, demoiselle de La Bouchardière, née le 10 février 1698, mariée, le 19 juillet 1721, avec Michel de Compniac, chevalier, S^{gr} de Romain; 5° et 6° Charlotte et Antoine, morts en bas-âge.

IX. — Louis-Thomas de Conan, chevalier, Sr de Conezac, né le 20 octobre 1694, mort le 13 août 1768. Il avait épousé, par contrat du 2 mai 1711, signé Petit, Marie-Anne de Pindray, fille de François, chevalier, S^{gr} du Bouchet et de Montégon, et de feue Marguerite de Chilloux, de la paroisse de Gourville en Poitou. Elle mourut, âgée de cinquante ans, le 9 avril 1748. D'eux vinrent : 1° Alexis, qui suit; — 2° François, Sr du Bouchet, né le 15 octobre 1719, écuyer, capitaine au régiment de Béarn-infanterie, chevalier de Saint-Louis, qui épousa, par contrat du 10 août 1760, signé Buard, à Saint-Saturnin-des-Bois, près Surgères, au pays d'Aunis, Marie-Jeanne-Elisabeth de Meschin, fille de Guillaume de Meschin, écuyer, chevalier de Saint-Louis, capitaine des vaisseaux du roi au département de Rochefort, et d'Elisabeth de Vézien de La Palue, dont il eut : A. — François; B. — François-Claude-Sylvestre, mort au berceau; — 3° Madeleine, demoiselle de Conezac, née le 16 mars 1723; — 4° Jacques, Sr de Fontenille, ancien aide-major au régiment de Poitou-infanterie, *marié à Nîmes;* — 5° Thibaud, dit le chevalier de Conezac, né le 19 avril 1733, capitaine au régiment Dauphin-infanterie; — 6° Léonarde, demoiselle de Haute-Faye, née le 12 août 1734; — 7° Alexis, S^r de La Bouchardière, lieutenant au régiment Royal-infanterie, tué à la bataille de Raucour; — 8° François, Sr de Haute-Faye et Conezac, capitaine au régiment Dauphin-infanterie, tué à la bataille de Berghen; plus dix autres fils ou filles, morts en bas-âge.

X. — Haut et puissant Alexis de Conan, chevalier, S^{gr} de Conan, lieutenant au régiment Royal-infanterie, né le 14 mai 1718. Il épousa, le 24 mars 1746, dans la chapelle du château de Montbrun, paroisse de Dournazac, et, par contrat du 24 août suivant, signé Petit, sa cousine germaine Marie de Campniac, née à Lastérie, sur la même paroisse de Dournazac, le 12 juin 1725, de haut et puissant Michel de Campniac, chevalier, S^{gr} de Lastérie, baron de Montbrun, et de Susanne de Conan. Marie mourut le 22 octobre 1754. D'eux sont issus : 1° Louis-Thomas, qui suit; 2° François, né à Conezac le 1er novembre 1750, lieutenant au régiment du Roi-infanterie; 3° Marie, née au château de Montbrun le 24 novembre 1751; 4°, 5° et 6° Michel, Pierre et une fille, morts au berceau.

XI. — Haut et puissant Louis-Thomas de Conan, baron de Montbrun, né au dit château le 30 juillet 1749, épousa, par contrat du 4 février 1768, signé Sudrie, Marie-Hélène de La Romagère, fille de haut et puissant Pierre-François, chevalier, comte de Roncessy, baron de Fontaine, La Filolie, près Thiviers en Périgord et La Béraudière, et de Marie-Françoise-Elisabeth du Bourg, dont il eut : 1° Alexis, né le 27 mars 1769; 2° Madeleine, née le 16 janvier 1771.

Branche des seigneurs de Hautcorn.

V *ter*. — Jean de Conan, fils de François et d'Anne Feydis, écuyer, eut en partage le fief de Hautcorn. Il épousa, le 26 juillet 1597, Susanne de

Lescaud, et ils firent un testament mutuel le 16 juin 1630. D'eux naquirent : 1° Louis; 2° Thomas, qui suit ; 3° Jean; 4° Anne, mariée, en 1642, avec Jean de Pindray.

VI. — Thomas de Conan, chevalier, S⁰ de Hautcorn, épousa, le 5 février 1636, Catherine Maillard. Ils firent un testament mutuel le 4 juin 1676. D'eux naquirent : 1° François, qui suit: 2° Jean ; 3° Antoine ; 4° autre Jean.

VII. — François de Conan, chevalier, S⁰ de Hautcorn et de Lescaud, épousa, le 13 avril 1671, Marguerite Alberte, qui était veuve en 1694. Ils avaient fait un testament mutuel le 13 mars 1691. D'eux naquirent : 1° Thomas; 2° Jacques, qui suit ; 3° Joseph, qui suit Jacques.

VIII. — Jacques de Conan, chevalier, S⁰ d'Aucor, épousa Madeleine de La Romagère, qui était veuve en 1713.

VIII bis. — Joseph de Conan, écuyer, fils de François et de Marguerite Albert, mourut, âgé de quarante-sept ans, le 14 janvier 1735, à Faye-Marteau, paroisse d'Hautefaye. Il avait épousé Marie des Bories, qui mourut, âgée de cinquante-cinq ans, le 1ᵉʳ décembre 1742. D'eux vinrent : 1° Louis, Sʳ de Faye-Marteau; 2° Marie-Madeleine, mariée, à l'âge de vingt-un ans, le 5 juillet 1740, dans l'église de Haute-Faye, avec Pierre Faurichon, soi-disant écuyer, Sʳ des Merles, âgé de trente-un ans, fils d'Hélie, soi-disant écuyer, Sʳ de Chapelas, et de Marguerite Faucher, du lieu des Merles, paroisse de Saint-Martin-de-Fressanges au diocèse de Périgueux ; 3° Susanne, née le 27 avril 1723; 4° Marthe, née le 20 mai 1725; 5° Marie, née le 16 mai 1726. L'une de ces filles fut religieuse à Saint-Pardoux-la-Rivière ; les deux autres sont mortes sans alliance.

CONFOLENS (1).

CONROS. — Guillaume de Conros, fils bâtard d'Astorge d'Orelhac, fut légitimé et anobli par lettre de l'an 1341, qui se trouvent au registre 74ᵉ de la chambre des comptes de Paris, où il est traité d'*Armiger* ou *Eques*. (Pierre CARPENTIER, *Glossare novum latin.*, au mot *Nobilitatio*, T. III, col. 30.)

CONSTANT (2).

CORAL [ou CORALLI], Sʳ du Mazet, paroisse de Saint-Maurice-les-Brousses (3), [ou de Janailhac], porte : *d'argent à une croix pattée de gueules, sous laquelle passe une bande périe d'azur.*

I. — Léonet Coral fit son testament, le 3 septembre 1552, en faveur de son fils Pierre. Il épousa Marguerite de La Guyonnie, fille de noble Charles de La Guyonnie, Sʳ du dit lieu et de Juvet, paroisse de Royère, près La Roche-l'Abeille, et de Mathive de Lavault.

II. — Pierre Coral ou Coural, écuyer, Sʳ du Mazet, paroisse de Janailhac, épousa, par contrat sans filiation du 19 août 1573, Louise de Poux, ou de Poys, ou de Pons, dont il eut : 1° René, qui suit, auquel ils firent tous les deux une donation le 28 juillet 1615 ; 2° Marie, mariée par contrat du 17 dé-

---

(1) La table de Legros indique des notes pour ce nom à la page 1129, qui est déchirée.
(2) Legros indique pour cette famille des notes à la page 1130, qui est déchirée.
(3) Saint-Maurice-les-Brousses, canton de Pierrebuffière, arrondissement de Limoges (Haute-Vienne). — Janailhac, canton de Nexon, arrondissement de Saint-Yrieix (Haute-Vienne).

cembre 1598, et signé Chicquet, à Jacques de Pragelier, fils de Jean, Sʳ du repaire du lieu du Bas-Bonœil, paroisse de Janailhac, et de Jeanne Flory de Montchapeix.

III. — René Coral, écuyer, chevalier, baron du Mazet, paroisse de Janailhac, Mimole, Saint-Maurice, Le Breuil et La Tour. Épousa 1° Louise de Pompadour, comme Baluze l'a noté, dans son *Histoire de Tulle* (p. 174), à l'occasion de Pierre Coral, qui fut abbé du monastère de cette ville après l'avoir été de celui de Saint-Martin-lez-Limoges, et qu'il croit sorti de la maison noble et ancienne de Coral. Louise de Pompadour, qu'il épousa en 1605, était fille de Louis, vicomte de Pompadour, baron de Bré, Treignac et Laurière, Sᵍʳ de Saint-Cyr-la-Roche, Beaumont et Chamboulive et de Peyronne de La Guiche. Elle lui porta en dot 37,500 livres. Par contrat de mariage, le Sʳ du Mazet fait donation de la moitié de tous ses biens meubles et immeubles, présents et à venir, francs de toutes les charges, avec sa maison garnie, au premier enfant mâle, ou, à défaut de mâle, qui naîtrait de leur mariage. Il n'en vint qu'une fille. Après la mort de la Pompadour, le Sʳ du Mazet se remaria, par contrat sans filiation du 9 février 1624, et insinué à Limoges, à Marguerite Gay ou Jay, fille de Paul, chevalier, Sʳ du Pin, Château-Garnier, La Motte, etc., et de Diane de Bourbon. Il en eut trois enfants, dont entre autres Henri, qui suit. La fille de la Pompadour, âgée seulement de dix-huit ans, fut enlevée par le Sʳ de Saint-Paul, qui auparavant la recherchait du consentement de son père. Celui-ci informa de ce rapt, et exhéréda sa fille, qui n'avait pas consenti à l'enlèvement. Après deux ans de procès, le Sʳ du Mazet fait une prétendue transaction, par laquelle il révoque l'exhérédation, et constitue à sa fille et au dit de Saint-Paul 45,000 livres en faveur du mariage, savoir : 27,000 livres en biens y mentionnés qui ne valaient pas 15,000 livres, leur fait tenir en compte 6,000 livres pour le délaissement de l'usufruit de ces biens et 3,000 livres pour les frais funéraires de la feue dame de Pompadour, et lui fait donner quittance des 8,000 livres restantes sans avoir rien déboursé. Par une clause, la fille de la Pompadour renonce à tous biens paternels et maternels, et spécialement à tous les avantages à elle faits par le contrat de mariage de ses père et mère. La fille appela de cette renonciation comme ne pouvant subsister, étant faite sur des droits certains et déjà échus, sans que l'exhérédation pût avoir lieu contre elle, étant faite sans cause, n'ayant icelle prêté son consentement que sur l'enlèvement. Un arrêt du 2 septembre 1639, les parties remises en l'état où elles étaient avant ce contrat, adjuge à la demanderesse les droits et avantages à elle acquis par le contrat de mariage de ses père et mère, en déduisant à la dite Jay, au dit nom, 8,000 livres employées à la poursuite du crime de rapt, sauf à elle à les répéter contre le Sʳ de Saint-Paul, sans dépens.

IV. — Henri Coral épousa, par contrat du 15 février 1647, Martiale Bouchaud ou Rousseau. La famille Coral fit preuve de noblesse en 1598.

Notes isolées.

Golférius Couralli, Sʳ du Mazet, paroisse de Janailhac, épousa N....., dont il eut Arsentia, mariée, par contrat du 31 janvier 1449, signé Tarnelli, à Bertrand Farinat, fils d'autre Bertrand, noble de Marton en Angoumois.

Bertrand Coral [on trouve Coralli dans les registres de Roherii, notaire à Limoges, p. 68, n° 58, *apud* Dom Col.], précepteur et commandeur de Limoges, du Breuil-au-Fa, Peyboniou et de Las Chenevieras en 1492 et 1509.

[On trouve un Hélie Coralli dans les registres de Borsandi, notaire à Limoges, p. 77, n° 125, *apud* Dom Col.]

N..... Coralli, mentionné dans un acte signé P. de Malavernhia *junior*, notaire, et qu'on trouve chez M. Sanson de Royère, épousa N....., dont il eut 1° Jean, qui suit; 2° frère Antoine Coralli, commandeur de Paulhac, de l'ordre de Saint-Jean de Jérusalem, qui est nommé comme vivant, dans le testament de Jean, son frère, testament du 15 octobre 1498; 3° Léonet Coralli, aussi nommé comme vivant dans le testament de Jean.

[Noble Jean Coralli, damoiseau, Sgr du Mazet, paroisse de Janailhac, par son testament du 15 octobre 1498, signé P. de Malavernhia *junior*, notaire, et qui se trouve chez M. Sanson de Royère, dit vouloir être enterré dans l'église de Janailhac, aux tombeaux de ses prédécesseurs; qu'à son enterrement il soit appelé quarante prêtres pour célébrer messes, etc., autant à la septaire, et autant au bout de l'an, et qu'il soit donné à chacun deux sous six deniers, monnaie courante; il donne à la communauté des prêtres de Janailhac cinq sous de rente annuelle, payables sur tous ses biens par son héritier universel pour son anniversaire à perpétuité; la dite rente est rachetable pour la somme de cinq livres. Il laissa l'usufruit de tous ses biens à Marguerite de La Mothe, sa chère épouse, à condition qu'elle ne se remariera pas, et, dans le cas contraire, il lui donne son mas de L'Angle, situé dans la paroisse de Condat, avec la fondalité et de tous les cens, rentes, etc., en dépendants, et ce, durant la vie de la dite Marguerite seulement.

Dans ce testament il nomme ses enfants : 1° François, qu'il institue son héritier et légataire universel, et auquel il substitue son frère Hugues Corali pour le cas où il mourrait sans postérité. Un acte du 27 mai 1537 signé Malavergne, notaire, et conservé chez M. Sanson de Royère, constate qu'alors le dit François, qualifié d'écuyer, Sgr du Mazet, était mort. Il avait épousé noble demoiselle Loyse de Pranzac, qui afferma pour quatre ans, en 1537, à un marchand de Limoges nommé Pierre Romanet, la moitié de toutes les rentes, cens, etc., à elle appartenant à cause de la maison et repaire noble d'Eychizadour, paroisse de Saint-Merd, et ce pour se libérer d'une partie de majeure somme que la dite dame ou Monsieur son fils devaient au dit Romanet; — 2° Hugues Coralli, qualifié maître, licencié ès-lois et bachelier en décrets, et ailleurs curé de Saint-Hilaire-Lastours, auquel le père donne la somme de cent livres une fois payée. Il afferma les revenus de sa cure, le 22 février 1501 *(vieux style)*, pour quatre-vingt-treize livres six ou huit deniers; — 3° Anne, mariée avec noble Pierre Jordain, de la paroisse de Chastaingt, morte avant son père, qui donne à ses enfants cinquante sous une fois payés, outre quatre-cent cinquante livres qu'elle avait eues pour sa dot; — 4° Anthonie, mariée avec noble homme Jacques Bonet ou Brunet, Sgr de Censay au diocèse de Périgueux, qui était mort, le 30 août 1505, dans la paroisse de Saint-Sol au diocèse de Saintes. Elle était morte aussi avant son père, qui légua à ses enfants autres cinquante sous une fois donnés, outre sa dot de six cents livres. Elle avait eu de son mariage avec Jacques Brunet : François et Bonaventure, qui vivaient le 30 août 1505 ; — 5° Marie, mariée avec Aymeric Symon, de la paroisse de Charroux, à laquelle le père avait donné deux cents livres de dot, et qu'il rappelle pour autres cinquante sous une fois payés ; — 6° Hélis ou Hélide, mariée avec Christophe Crunelli, de la ville de Bourganeuf, qui est aussi rappelée pour cinquante sous outre sa dot de quatre cent cinquante livres ; — 7° Marie, à laquelle le père donne quatre cents livres et tous les habillements nuptiaux pour la marier *bien et honnêtement suivant son état.* Enfin le dit Jean Coralli nomme pour être ses exécuteurs testamentaires ses deux frères Antoine et Léonet Coralli mentionnés plus haut.

Noble Marguerite de La Mothe, relicte du dit feu Jean Coralli, et François Coral, leur fils, firent une donation entre vifs, le 30 août 1505, à noble maître Hugues Coral, frère de François, de tout le droit qu'ils pouvaient avoir à la succession de feue noble Antonie Coral et de feu noble Jacques Brunet, son mari, et de leurs enfants et héritiers dont il est parlé ci-dessus.]

Paul de Coral, écuyer, Sr du Breuil, du Mazet et de La Fouchardière, épousa Diane-Marie Savatte, dont il eut Louis, né le 21 août 1655, oint du saint-chrême à Lageyrac le 27 novembre 1668.

[CORBEFY. — Henry, S^{gr} de Sully, grand-bouteiller de France, et sans doute Sr de Corbefy (1), épousa Jeanne de Vendôme, dont il eut :

Jeanne de Sully, dame de Corbefy, qui épousa, en 1336, Jean Ier, vicomte de Rochechouard, dont elle eut deux fils.]

CORBIER, S^r du dit lieu de Montroche et du Repaire, paroisse de Corbières (2), élection de Limoges.

I. — Giles de Corbiers épousa Julienne de Jayac, il fit, le 14 novembre 1544, son testament, portant institution d'Etienne, issu de lui et de la dite de Jayac. Leurs enfants furent : 1° Etienne, qui suit ; 2° François, écuyer, Sr de Lombert, qui fit, le 9 juin 1587, un testament, signé de Montaignac, et un autre le 3 août 1605, avait deux enfants naturels de Narde de Lonzac : Jean et Catherine. Par testament il veut être inhumé avec ses prédécesseurs dans l'église de Saint-Martin-Sept-Pers, et institue héritier Pierre, son neveu.

II. — Noble Etienne de Corbiers, Sr de Corbiers et de Saint-Martin-Sept-Pers, épousa Jeanne Plaisant de Bouchiac ; il fit, le 28 février 1587, à sa femme, une donation de quelques biens, signée de Montaignac, et, le 1er mars 1587, en faveur de Louis, son fils, son testament, reçu Raffart. Leurs enfants furent : 1° Louis, qui suit ; 2° Pierre.

III. — Louis de Corbiers ou Courbiers, écuyer, Sr de Corbiers et de Saint-Martin-Sept-Pers, épousa, par contrat sans filiation du 17 mars 1592, Susanne de Saint-Marsaud du Verdier, fille d'Antoine, Sr du Verdier, chevalier, et de Catherine de Pierrebuffière. D'eux naquirent : 1° Antoine qui

---

(1) Courbefy, commune de Saint-Nicolas, canton de Châlus, arrondissement de Saint-Yrieix (Haute-Vienne).

(2) Corbières, aujourd'hui unie à Saint-Pardoux-l'Enfantier, dit aussi à Saint-Pardoux-Corbier, canton de Lubersac, arrondissement de Brive (Corrèze). — Saint-Martin-Sept-Pers, même canton.

suit ; 2° Peyronne, dont le contrat de mariage avec noble Jean de Maumont, écuyer, Sr de La Rebière, fut reçu, le 20 mars 1622, par Gorse, résilié, du consentement des parties, le 26 avril suivant, par acte signé Montaignac jeune ; 3° Anne.

IV. — Noble Antoine de Corbiers, écuyer, Sr du dit lieu du Repaire et de La Rochette, transigea avec Susanne de Saint-Marsaud, sa mère, le 8 août 1620. Il fit son testament le 31 octobre 1664, et mourut le 11 novembre suivant, comme on le voit par les registres de Libersac ; il avait quatre-vingts ans, et fut inhumé au dit Corbier. Il avait épousé, par contrat sans filiation du 12 septembre 1619, Renée de La Rochette, dont il eut : 1° Claude, qui suit ; 2° Jean-Martial, Sr de Montrocher, *qui a fait une branche ;* 3° Pierre, Sr du Repaire.

V. — Claude de Corbiers épousa, le 17 février 1654, Susanne Grain de Saint-Marsaud, qui, étant veuve de Claude, fit une transaction avec les susdits Jean-Martial et Pierre Corbiers, ses beaux-frères, fils d'Antoine.

V *bis.* — Jean-Martial Corbiers, écuyer, Sr du Repaire du dit Corbiers, y mourut, âgé de quatre-vingts ans, le 8 novembre 1609 ; il avait épousé Jeanne La Farge, qui, étant veuve, fit, le 20 novembre 1709, un testament signé Beneyton, et un autre le 2 avril 1710, puis mourut, âgée de cinquante-cinq ans, en 1722. De ce mariage naquirent : 1° Marie-Anne, demoiselle de La Malonnie, mariée à Jean Bordas, praticien, Sr de Puymallie, paroisse de Benayes, fils de feu Pierre et de Marguerite Leyride : elle en avait eu un enfant le 24 juillet 1699, et ils se marièrent dans l'église de Corbiers le 12 janvier 1701 ; 2° Étienne, Sr du Mas ; 3° François, Sr de La Malonnie, qui suit ; 4° Léonard, mort, âgé de trente-cinq ans, en 1698 ; 5° Jacques, mort en bas-âge.

VI. — François de Corbier, Sr de La Malonnie, du bourg de Salaniac en Bas-Limousin, épousa Antoinette Pasquet, dont il eut Henri, qui suit.

VII. — Henri de Corbier, Sr de Fontblanche, épousa, le 17 octobre 1741, Anne Brandy, fille de feu Jacques, Sr de Lendrevie, et de Marcelle Lansade, du bourg de Saint-Pardoux-l'Enfantier (1).

Cette famille avait fait preuve de noblesse en 1598.

Notes isolées.

Jordain de Corberio, damoiseau, capitaine de Vignols pour la cathédrale de Limoges en 1381.

Jean de Corbier, écuyer en 1448, épousa Catherine de Laute, fille de Guinot, du bourg de Lavinbac.

Jean de Courbiers, dont les archives des frères prêcheurs de Limoges font mention, épousa N..., dont il eut 1° Jean, qui suit ; 2° autre Jean ; 3° Pierre.

Noble Jean de Courbiers, écuyer Sr de Saint-Martin-Sept-Pers, épousa, en secondes noces, par articles du 10 mars 1477, et par contrat du 25 mars

---

(1) Cette note termine la page 246 du manuscrit de Nadaud ; et, comme la feuille suivante est arrachée, j'ignore s'il avait d'autres notes sur la famille de Corbier. Les notes isolées qui suivent remplissent cette même page 246, et occupent quelques lignes des pages 345 et 917.

1484, reçu Delaire et Sesailly, Antoinette de La Mothe, fille de noble Archambault, écuyer, Sr de Peyroux, paroisse de Rougières en Bourbonnais.

[Dans un titre communiqué par M. Sanson de Royère, noble homme Jean de Corberio est témoin dans un acte du 27 juillet 1493. Il donna une investiture à l'occasion de laquelle il est qualifié damoiseau, S^{gr} du lieu et repaire de La Galebertie, paroisse de Saint-Martin-Sept-Pers, le 11 décembre 1505. Il avait des rentes dans les paroisses de Saint-Pardoux en Lubersac et de Corbier. Il est qualifié seigneur de Corbiers et de Saint-Martin-Sept-Pers dans un contrat de vente de quelques rentes sur le mas d'Esparcilhac, paroisse de Saint-Martin-Sept-Pers, vente du 24 janvier 1499, *vieux style*.]

Jeanne de Corbier épousa, vers 1560, René Ysoré, S^{gr} de Pleumortin, chevalier de l'ordre du roi. (*Dictionnaire généal.*, 1757, T. III. p. 492.)

Noble François de Courbiers, Sr de Nouailles, fit son testament le 5 juin 1604, instituant héritier son frère Etienne de Saint-Martin-Sept-Pers, et voulant être inhumé dans cette église. Il avait épousé N..., dont il eut : 1° Catherine ; 2° Jean.

François de Courbiers, écuyer, Sr de Lomber, fit son testament, signé de Montaignac, le 3 août 1605, instituant héritier Pierre de Corbier, son neveu, et voulant être inhumé dans l'église de Saint-Martin-Sept-Pers.

Léonard de Courbier, paroisse de Troche, épousa Mariote de Choumont, dont il eut François, né en 1619.

On trouve dans les registre de Saint-Pardoux-l'Enfantier, Madeleine, mariée, le 8 janvier 1641, à François Frangenie, Sr de Laige.

Les registres de Saint-Pardoux-l'Enfantier fournissent aussi les notes suivantes : 1° Jacquette, demoiselle de Miliac, baptisée le 1er janvier 1647, mariée, le 12 février 1670, à Léonard La Bonne, S^r de La Talentie, fils de François, Sr du Linaud, du bourg de Libersac, et morte le 8 janvier 1694 ; 2° Bertrand, baptisé le 1er janvier 1654 ; 3° Jeanne baptisée le 1er janvier 1654 ; 4° Catherine, baptisée le 30 juillet 1656 ; 5° autre Bertrand, baptisé le 5 août 1658.

Pierre de Corbiers, écuyer, Sr de Sigouleix et de Lombert, paroisse de Saint-Pardoux, près Lubersac, frère de Gautier, Sr de Saint-Martin-Sept-Pers, épousa Jacquette de Joviond, demoiselle de Drouilles, paroisse de Blom, fille de noble Jean, Sr de Leychoisier, paroisse de Bonnac, et de Madeleine de Lavaud, demoiselle de Droulhes. Etant veuve, Jacquette fit, le 14 mai 1664 et le 7 septembre 1676, des testaments signés du Bets, et qu'elle rétracta le 8 janvier 1678 ; elle mourut à Lombert, âgée de cent ans, le 9 avril 1680, et fut inhumée à Saint-Martin-Sept-Pers. De son mariage elle avait eu : 1° Philibert, qui suit ; 2° et 3° Guy et Jean, morts en bas-âge, et inhumés au dit Saint-Martin, l'un en 1653, et l'autre en 1659 ; 4° autre Jean, écuyer, S^r de La Borderie, qui fit, le 28 novembre 1658, son testament, signé du Bets ; il testa encore les 30 janvier et 19 février 1659, et mourut le 8 mai 1665. Il avait épousé Jeanne de Frangnie, qui testa le 30 septembre 1657 : alors elle n'avait pas d'enfant ; elle eut depuis Jean, S^r de La Boivière ; 5° Léonard, Sr de Moury ou Mony, mort âgé de cinquante ans, et inhumé, le 20 janvier 1676, dans l'église de Saint-Martin-Sept-Pers, ayant épousé Isabeau de Beaune de Landerie, fille de Jeanne du Chalard, laquelle Isabeau se remaria, le 21 octobre 1677, par contrat signé du Bets, à Guy de Bourdeilles, écuyer, S^r de La Salle, du bourg de Saint-

Lazare en Périgord; 6° Madeleine, mariée, sans l'approbation de sa mère, avec Guy Brachet, S^r de La Coste, notaire royal; 7° Antoine, Sr de Nilhac, mort en bas-âge; 8° Marie, mariée 1°, le 8 janvier 1641, à Jean de Frangenie, Sr de Lage, fils de François, S^r de La Boissière, et d'Anne de Mazelle, par contrat signé de Bets; mariée 2° à Pierre Bordas, Sr de Peybrot, de la paroisse de Lubersac, la dite Marie inhumée à Saint-Martin-Sept-Pers le 20 mai 1664; 9° Catherine, mariée le 19 juin 1676, dans l'église de Saint-Pardoux-l'Enfantier, à Guillaume de Jousselin, écuyer, Sr de Peyrat, de la paroisse de Lubersac.

Noble Philibert de Corbier, écuyer, Sr de Lombert, fils de Pierre et de Jacquette de Jovion, fit, le 9 mai 1655, son testament, signé de Bets, mourut le 16 septembre 1658, et fut inhumé à Saint-Martin-Sept-Pers. Il avait épousé Anne Brandy, fille de Jean, avocat et juge de Bré. Elle mourut, âgée de soixante-cinq ans, dans le bourg de Lubersac, le 27 mai 1701, ne laissant que des filles : 1° Jeanne; 2° autre Jeanne, née le 27 décembre 1653; 3° et 4° Anne et Jeanne, mortes en bas-âge.

Noble Léonard de Courbier, S^r de La Chassagne, mourut, le 28 février 1661, à Corbier.

Marguerite de Corbier épousa, en août 1667, Antoine Lespinats.

Antoinette de Corbier épousa à Corbier, le 23 février 1677, Jacques Grandet.

Noble Pierre de Corbier, écuyer, Sr de Mauroche, mourut à La Mallony, paroisse de Saint-Pardoux, et fut enterré à Corbier le 20 juin 1681 ou 1691.

Bertrand de Corbier, Sr de Lombert, épousa Françoise de Lespéru, dont il eut Jacques, né le 4 mai 1682.

Jeanne de Corbier épousa Jean Romanet, de la forge de Cherchaud. Elle se remaria, le 6 février 1690, dans l'église de Montgibaud, à Pierre de Queyroix, écuyer, S^r de La Pouyade, paroisse d'Angoisse en Périgord.

Jean de Corbier, S^r de La Borderie, épousa, en novembre 1695, à Saint-Jean-Ligoure, Marie de La Vergne, veuve.

Elisabeth de Corbier épousa, le 12 juillet 1706 Pierre Beaune, de la paroisse de Lubersac.

Etienne de Corbier, écuyer, S^r du dit lieu, épousa Marie-Thérèse de Chastagnac, dont il eut : 1° François, baptisé le 7 octobre 1713; 2° Marie-Anne, baptisée le 29 janvier 1716, et mariée, le 8 septembre 1739, à Charles d'Amarait, de la paroisse de Saint-Cyprien; 3° Henriette, baptisée le 13 avril 1717, et mariée, le 21 juin 1740, à François Brandi dit Lespinats, fils de feu Jacques, Sr de Lendrevie, et de Marcelle Lansade; 4° Jean-Michel, baptisé le 15 février 1720; 5° Louis, baptisé le 10 avril 1721; 6° Madeleine, née le 22 juillet 1725; 7° François-Marin, né le 6 juin 1727; 8° autre Henriette, baptisée le 8 mars 1733; 9° Joseph, né le 23 septembre 1735; 10°, 11°. et 12° Marie-Anne, Gilbert-Marin et Henri, morts tous trois en bas-âge.

Michel de Corbier, chevalier, S^{gr} de Corbier, baron de Pontarion, épousa Marie de Chastaignac, dont il eut : 1° Jean, né le 6 janvier 1744; 2° Marie, née le 6 septembre 1745, et mariée, en 1764, à Charles-Roch de Coux.

Louise de Corbier épousa, le 7 février 1747, Jacques Séguin S^r de La Coste, paroisse de Saint-Maurice-lez-Saint-Robert.

Raymond de Corbier, Sr de Lombert, mourut le 8 décembre 1748, veuf et âgé de soixante-dix ans. Il fut inhumé à Saint-Pardoux. Il avait épousé

1° Jeanne Autier de La Bastide, qui mourut, âgée de cinquante-cinq ans, et fut inhumée dans l'église de Saint-Martin-Sept-Pers, le 10 novembre 1731, laissant de son mariage : 1° Louis, qui suit ; 2° Jean, qui a fait une branche (1) ; 3° Antoine, né le 17 janvier 1708. Il avait épousé 2° Jeanne de Frégefont, dont il eut : 4° Hélène, née, le 16 juin 1738, à Lubersac.

Louis de Corbier, écuyer, Sr de Lombert et de La Borie, fils de Raymond et frère de Jean, Sr de Lombert, épousa, dans l'église de Masseré, le 4 août 1733, Jeanne de Frégefont, fille d'Etienne de Frégefont, juge de Masseré, et d'Angélique de Labadye, dont 1° Angélique, née le 20 avril 1734 ; 2° Jeanne, morte en bas-âge le 7 juillet 1751, et inhumée à Saint-Martin-Sept-Pers ; 3° Claudine, morte en bas-âge ; 4° Jean, né le 9 décembre 1744 ; 5° Marie, née le 17 mai 1749 ; 6° et 7° Angélique et Claudine, nées le 10 décembre 1750 : Angélique mourut à l'âge de trois ans.

Marie-Anne de Corbier, morte, âgée de quatre-vingts ans, le 27 décembre 1759.

CORDAUD (2).

CORDOUAN (3).

CORGEAT (4).

CORGNOL, Sr de Tesse, paroisse d'Esbron, élection d'Angoulême, porte : *d'or à deux chevrons de gueules.*

I. — Louis Corgnol rendit deux hommages, le 26 mars 1454 et le 9 avril 1464. Il épousa N..... dont il eut : 1° François ; 2° Aubert, 3° Lancelot ; 4° Jeanne ; 5° Marie ; 6° Perrine : tous ils partagèrent la succession de leur père le 17 juin 1483.

II. — François Corgnol épousa Jeanne Leigne, qui, étant veuve, fit donation à ses enfants le 7 octobre 1486.

III. — Jean Corgnol fit avec sa femme une vente le 20 novembre 1498. Il avait épousé Simone de Barreau, dont il eut : 1° Pierre ; 2° Philippe ; 3° N..., qui partagèrent la succession de leur père le 28 octobre 1533.

IV. — Pierre Corgnol épousa Françoise de Massognes.

V. — Louis Corgnol épousa, le 24 juin 1560, Jeanne Sapineau.

VI. — Philippe Corgnol épousa, le 30 juillet 1595, Louise du Mas.

VII. — Charles Corgnol épousa, le 6 février 1623, Louise du Mas.

VIII. — Philippe Corgnol épousa, le 20 décembre 1647, Charlotte de Martin.

Henri de Corniol, écuyer, Sr de Magne et de Fontenille, paroisse Courcosmes, épousa, à Saint-Martial d'Angoulême, le 13 février 1651, Marguerite Normand.

CORLIEU (5).

---

(1) Ici Nadaud renvoyait, pour d'autres renseignements sur cette branche formée par Jean, à la page 2263, qui est déchirée.
(2) La table de Legros indique des notes pour cette famille à la page 1130, qui est déchirée.
(3) La même table indiquait des notes pour la page 975, qui est déchirée.
(4) La table de Legros indique des notes pour ce nom à la page 1130, qui est déchirée.
(5) La table de Legros indique des notes pour cette famille à la page 886, qui est déchirée.

CORNIL (1).

CORNU ou CORN. — Cornu, S^r de La Chapoulie, de Puymerle et de Queyssac, (2) élection de Brive, porte : *d'azur à deux cors d'argent enguichés de gueules, l'un sur l'autre.*

I. — Déodatus de Cornu fit son testament, le 2 juin 1479, en faveur de Sanchon, son fils. Il avait épousé Anne de Hameyre.

II. — Sanchon de Cornu épousa, le 17 décembre 1487, Antoinette de La Rocque, laquelle, étant veuve, fit, le 4 octobre 1523, son testament en faveur d'Hastor, son fils.

III. — Hastor de Cornu épousa Jeanne de Veyrac, dont il eut Gabriel, qui suit.

IV. — Gabriel de Corn, auquel Hastor Cornu, son père, fit donation le 7 novembre 1536, fit son testament en faveur de Mercure, son fils, le 3 septembre 1569. Il avait épousé, le 12 septembre 1564, Jeanne de Jaubert, dont Mercure, qui suit.

V. — Noble Mercure de Corn, S^{gr} de Queyssac, fit, le 10 août 1614, son testament, par lequel il institue Antoine, son aîné, et fait légat à ses deux autres fils. Il avait épousé, par contrat sans filiation du 24 août 1593, Anne d'Aubusson, fille de Foucaud d'Aubusson, S^{gr} de Castel-Nouvel, et de Françoise de Pompadour, sa première femme. D'eux naquirent : 1° Antoine, qui suit ; 2° François, S^r de La Chapoulie, marié en 1635 ; 3° autre François, Sr de Puymerle, marié en 1640.

VI. — Antoine de Corn, tonsuré en 1612, épousa, le 12 septembre 1625, Louise de Guichard, dont il eut François, qui suit.

VII. — François de Corn, Sr de Queyssac, épousa, le 17 avril 1657, Antoinette de Saint-Viance.

VI bis. — François de Corn, S^r de La Chapoulie, fils de Mercure de Corn et d'Anne d'Aubusson, tonsuré en 1612, puis prieur de Maradène, épousa, par contrat du 5 février 1635, et le 12 du même mois, dans l'église de Cornil, Anne de Jujal ou Jugeals, veuve de Guy de Bar, fils de François et de Françoise Perrin. Anne de Jugeals fut inhumée dans l'église de Cornil le 14 mars 1663.

VI ter. — François de Corn, Sr de Puymerle, aussi fils de Mercure et d'Anne d'Aubusson, épousa, le 6 février 1640, Marie des Tresses.

Notes isolées.

Catherine de Corn, dame de Sonac et de Corn, épousa Jean-Jacques de Gourdon, S^{gr} de Reilhac, fils de Jean Ricard de Gourdon, chevalier de l'ordre du roi, et d'Antoinette de Carbonnières.

Mercure de Corn, S^{gr} de Queyssac dans la vicomté de Turenne, épousa

---

(1) Un renvoi et la table de Legros indiquent des notes pour ce nom à la page 1130, qui est déchirée.

(2) Queyssac, canton de Beaulieu, arrondissement de Brive (Corrèze).

Susanne de Turenne, fille de Louis de Turenne, II° du nom, marquis d'Aynac, et de Marie-Hélène de Felzins.

[La famille de Corn résidait à Brive en 1786.]

CORRÈZE ou COURRÈZE.

[CORS. — On trouve dans les registres de Borsandi, notaire à Limoges, p. 123, n° 191 *apud* Dom Col., Mathe de Cors et de Pons.]

COSNAC, Sr du dit lieu, de Fraisseix et d'Epéruc, paroisses de Cosnac et de Donzenac (1), porte : *d'argent au lion de sable, armé, couronné et lampassé de gueules, accompagné de 3 molettes de sable en orle et d'une en pointe* ou *l'écu semé de molette ou étoiles de sable.*

M. Baluze, qui avait eu communication des titres authentiques de cette maison, en a donné la généalogie.

Cette maison a l'avantage de posséder depuis un temps immémorial la terre de son nom; ce qui est la marque la plus certaine et la plus authentique d'une noblesse ancienne. Cette terre relève du roi à cause de la vicomté de Limoges, suivant un arrêt du parlement de Bordeaux, et les terres de Palisses, de Maronzac et d'Enval relèvent de Cosnac.

Il y avait en 1061 une église de Saint-Thomas de Cosnac dans la Saintonge.

Arnaud de Cosnac signa une charte pour le monastère de Notre-Dame de Saintes en 1047.

Pierre de Cosnac et Gérard, son frère, firent, l'an 1050, une donation à l'abbaye d'Uzerche pour le repos des âmes d'Israël de Cosnac et de Guiniarde, leurs père et mère. Par le même acte, il est prouvé que Pierre avait épousé une dame nommée Belieldis. De ce Pierre et de Belieldis vinrent : 1° Eble; 2° Gaubert de Cosnac, qui tous deux, avec Gérard de Cosnac, firent, en 1072, une donation à l'abbé Giraud; 3° Gérald, prêtre; 4° Gautier; 5° Etienne, prêtre.

Egalin de Cosnac et Barthélemy, son père, sont qualifiés de chevaliers dans un acte passé avec Etienne, abbé d'Uzerche, l'an 1090.

Bardon de Cosnac épousa, l'an 1113, Emme de Limoges, fille du vicomte Aimar, et eut pour fils Barthélemy vers l'an 1137.

Pierre et Jean de Cosnac ratifièrent le don fait par Jean de Cosnac, leur père, à l'abbé Audebert, en l'an 1123, suivant les titres de l'abbaye d'Uzerche.

Esgualin de Cosnac fit, vers 1172, une donation à l'abbé Étienne, et eut pour fils Guillaume, qui suit, et Hugues, qui fut prêtre.

Cependant d'autres croient qu'un Gérald de Cosnac eut pour fils : 1° Jean, qui, vers 1130, engagea la quatrième partie de sa justice à Aldebert, abbé d'Uzerche; 2° Barthélemy, puis que de ce Barthélemy naquit Engalvin, qui aurait vécu jusqu'en 1180, et était père de Guillaume, qui suit; lequel Guillaume est le premier qui fournisse une généalogie certaine, et était frère de Hugues, curé de Cosnac.

---

(1) Cosnac, canton et arrondissement de Brive (Corrèze). L'ancien château a été détruit : le château actuel est du XVIII° siècle. — Donzenac, chef-lieu de canton, arrondissement de Brive, possède le château d'Espéruc.

I. — Guillaume, S^{gr} de Cosnac, chevalier, est prouvé par le testament d'Hugues, son fils, de l'an 1282. Il vivait en 1200 ; mais, comme pour ce temps-là, il ne se trouve plus de titres domestiques dans les plus grandes et les plus illustres familles, on ne peut remonter plus haut que par vraisemblance, au moyen des autres seigneurs de Cosnac déjà mentionnés.

On croit que Guillaume épousa N..... de Malefayde. Il eut pour enfants : 1° Pierre, Ier du nom, qui épousa Marguerite Gaufredy, sœur de Guillaume, chevalier, et mourut sans hoirs avant 1282 ; il fit héritier son frère Hugues, lui substituant Guillaume, chanoine de Bénévent, à la charge de choisir un des enfants de monseigneur de Malefayde, chevalier, son cousin, qui, dans ce cas, devrait porter le nom de Cosnac. Il élit sa sépulture dans le cloître des frères mineurs de Brive, leur ordonne un repas, veut que ses obsèques soient faites dans l'église de Cosnac avec vingt chapelains, et qu'il soit fait aumône aux pauvres, et que l'anniversaire de Mgr Guillaume de Cosnac, son père, soit exécuté. Il reconnaît avoir reçu 3,300 sous de la dot de sa femme, et ordonne qu'ils soient rendus. Il lègue à Girard, son fils bâtard, la terre del Clas, qui est entre Gimel et la terre d'Aire, et autres biens dont il veut qu'il fasse hommage à ses héritiers, et, s'il décède sans enfants, que le tout leur retourne. Il lègue à la fille de Mgr Pierre Dominici, chevalier, à la fille de Mgr B. de Berazac, chevalier ; il fait des légats aux deux filles d'Angelvin, et il établit exécuteurs testamentaires M^{grs} Guillaume, son frère, G. Malafeyde et Guillaume de Lissac. Guido de Vaysse est un des témoins. L'acte fut fait dans la maison du testateur, le jour de saint Barthélemy, apôtre, en 1270. Pierre de Cosnac, damoiseau, par un testament sans date, fait héritier Mgr P. de Cosnac, son frère, chevalier. Si celui-ci ne revient pas de la Pouille, ou s'il meurt sans enfants, il lui substitue M. G. Malafayde, son cousin, et il le prie de choisir, avec le conseil de Guillaume de Cosnac, son frère, chanoine de Bénévent, un de ses fils pour l'établir dans la maison de Cosnac. Il fait exécuteur testamentaire le dit Guillaume, son frère ; — 2° Hugues, qui suit ; 3° Guillaume, chanoine de Bénévent ; — 4° N....., mère de Guillaume Fabri ; — 5° N....., mère de Pétronille Le Maître ; — 6° Barthélemy, qualifié damoiseau en 1264 ; — 7° autre Pierre, mentionné dans un des testaments de Pierre, son frère aîné.

II. — Hugues de Cosnac, chevalier, était mort en 1287. Par son testament de la vigile de Pâques de 1282, il reconnaît avoir reçu 5,000 sous pour la dot de sa femme. Il lègue tous ses enfants, fait exécuteurs testamentaires Guillaume, Alboin, Gérard de Malafayde, de Noailles, Guillaume de Lissac, chevaliers, et Galyot d'Ornhac, damoiseau.

Il avait épousé Pétronille d'Ornhac, fille de noble Girbert et d'Aymerique, dame en partie de Sérilhac, qui lui survécut jusqu'en l'an 1300 au moins. Le 12 juin 1289, Guillaume Gaufredy, chevalier, frère de Marguerite, veuve de Pierre de Cosnac, damoiseau, donna quittance à Pétronille, alors veuve de Hugues de Cosnac, chevalier, ayant l'administration de ses enfants. Par acte du 6 décembre 1293 entre Guillaume Galtieri, gardien des frères mineurs de Brive, et dame Pétronille, veuve de Mgr Hugues de Cosnac, chevalier, et Guillaume, leurs fils, le père gardien les décharge d'un legs fait par Pierre de Cosnac, oncle du dit Guillaume, à l'exception toutefois d'un repas. Par un autre acte, passé à Limoges le 5 mai 1344, Aymerie d'Ornhac, dame de Saralat, reconnaît devoir à noble Hugues de Cosnac, damoiseau, partie de la dot autrefois promise par Gilbert d'Ornhac pour Pétronille, sa sœur ; ce qui fait voir que cette Pétronille était de la maison d'Ornhac (1). Hugues eut pour enfants : 1° Guillaume, qui suit ; 2° Gaubert ou Girbert, que son père voulut être d'église, et qui devint archidiacre de Meaux et chanoine de Toulouse ; 3° Pierre, que son père voulut être moine ; 4° Hugues, que son père voulut être moine ; 5° Aimeric ou Aimar, que son père voulut aussi être moine ; 6° Delphine ; — Aubert et Jeanne, enfants naturels.

III. — Guillaume de Cosnac, damoiseau, Sgr de Cosnac, fils de feu Hugues de Cosnac, chevalier, voulant faire le voyage à Rome, à cause du jubilé, pour visiter l'église de Saint-Pierre et de Saint-Paul, fit son testament, sur lequel est encore son sceau, le samedi après l'octave de Saint-Michel archange de l'an 1300. Par cet acte, il veut être inhumé dans l'église de Cosnac, dans le tombeau de son père ; et, en quelque lieu qu'il meure, il veut que l'on apporte son corps dans le dit tombeau ; il lègue ses enfants, parle de sa femme et de Pétronille, sa mère, et fait exécuteurs Pierre Alboin, du monastère de Saint-Martin de Brive, Bertrand de Malafayde, Guillaume de Lissac et Guibert, son frère. Il fut procureur de Bernard, vicomte de Comborn, dans un acte passé à Brive le lundi avant la fête de la Nativité de la sainte Vierge de l'an 1315. [Au moment et comme procureur du vicomte de Comborn, il assista aussi à un hommage-lige rendu à l'évêque de Limoges, Gérald Roger, par le coseigneur de Malemort en 1328. Il est qualifié de damoiseau ou domestique *(domicellus)*, lieutenant de Jean, comte de Cominges, vicomte de Turenne, et de Mathe de L'Isle, comtesse de Cominges, vicomtesse de Turenne, sa tutrice, et garde de leur sceau dans un acte de 1336.] Le 27 septembre 1340, noble Guillaume, Sgr de Cosnac, remet, de l'autorité du roi, à puissante dame Cécile de Cominges, comtesse d'Urgel et de Cominges, vicomtesse de Turenne, pour elle et ses enfants, le château et la vicomté de Turenne. Le 12 juillet 1341, noble Guillaume de Cosnac, damoiseau, Sgr de Cosnac, fait son testament, par lequel il veut être inhumé dans l'église de Cosnac, au tombeau de ses prédécesseurs ; il reconnaît que dame Pétronille, sa mère, avait fait des legs aux frères mineurs de Brive, et il lègue ses enfants.

Il avait épousé, étant fort jeune, Almodie de Maleguise de Malemort, de Donzenac, qui était aussi fort jeune, et fille de Bernard et de Marie de Ventadour (2). Par contrat du 18 des calendes de juillet 1278, intitulé : « Raymond, vicomte de Turenne, Aimeric de Malemort et Gérald de Saint-Michel, damoiseau, Sgr de Malemort, salut et paix, Mgr Hugues de Cosnac, chevalier, et Bernard de Maleguise de Malemort », le dit chevalier promet au dit Bernard, l'un de ses fils, Guillaume ou Girbert, pour mari à Almodie, sa fille, quand ils auront l'âge : le dit Bernard reconnaît aussi avoir reçu la dot de Marie, sa femme, mère de la dite Almodie, de Raymond et Hélie de Ventadour, frères de la dite Marie. Noble dame Almodie, veuve de noble damoiseau Guillaume de Cosnac, Sgr du dit lieu de Cosnac, fit, en 1343, son testament, par lequel elle voulut être inhumée dans l'église de Cosnac,

---

(1) En marge Nadaud a dessiné à la plume, au-dessous du nom d'Ornhac, un écusson *de pourpre chargé de 3 fasces d'argent.*

(2) En marge, au-dessous du mot Malemort, Nadaud a figuré à la plume un écusson *fascé de six pièces d'argent et de gueules.*

dans la tombe de son seigneur et mari, et fit des legs à ses filles et à ses fils. De ce mariage vinrent : 1° Hugues, qui suit ; 2° Guillaume, licencié ès-lois ; 3° Raymond ; 4° Bertrand (évêque de Cominges et cardinal), prieur de Brive ; 5° Pierre, prieur de Bussière-Badil, mort à Toulouse, la veille des nones d'avril ; 6° Guillelmine ou Guillemotte, mariée à Guy Escharpit de Sainte-Aulaire, chevalier ; 7° Almodie, mariée à Guillaume de Maynard, damoiseau ; 8° Raymonde, mariée à Pierre d'Arnac ou d'Asnac, damoiseau ; 9° Dauphine, abbesse de Sainte-Claire de Brive ; 10° Aysseline ou Ameline, mariée à Bertrand de La Brande, damoiseau ; 11° Girbert, moine et prieur d'Asprières au diocèse de Rodez, mentionné dans le testament de sa mère.

IV. — Hugues de Cosnac, chevalier, fils de Guillaume, finit de payer, le 11 septembre 1358, ce qu'il devait à noble Guy, S^{gr} de Malemort, pour la vente de certain droit d'hommage de quelques lieux de la dépendance de Cosnac. Dans une transaction faite par le vicomte de Turenne, coseigneur de Brive, en 1361 et en 1362, le seigneur de Cosnac est qualifié *nobilis et potens vir dominus Hugo de Cosnaco, miles, dominus dicti loci*, et le seigneur de Malemort *nobilis vir dominus Joubertus de Malamorte, miles, condominus dicti loci*. Noble et puissant seigneur Hugues de Cosnac, chevalier, seigneur du dit lieu, fit, le 9 août 1354, à Avignon, dans la maison de l'évêque de Cominges, son frère, un testament, par lequel il dit vouloir être inhumé dans l'église de Cosnac ; il y fonde une chapelle, lègue ses enfants, fait héritier Guillaume, lui substitue Jean, et, en cas où ceux-ci mourraient sans enfants mâles, il veut que son frère Bertrand, évêque de Cominges, choisisse un fils de ses filles, qui, venant à l'hérédité, prendra le nom de Cosnac, et en portera les armes, sous peine d'être privé de la succession. Hugues fit, au mois d'avril 1361, un autre testament, par lequel il établit héritier universel Jean de Cosnac, son fils, au lieu de Guillaume de Cosnac, chevalier, son autre fils, qui était décédé, et en faveur duquel il avait ci-devant testé.

Il avait épousé 1°, du vivant de son père, en 1326, Alix ou Hélie de Moulseau de Bar, fille de Bertrand, S^{gr} de Bar, du diocèse de Tulle (1). Par actes de 1326, le jeudi avant la Nativité de la sainte Vierge, et du 1er août de la même année, il paraît que Hugues, S^{gr} de Cosnac, est fils de Guillaume de Cosnac, et que la dite Hélie était fille de Bertrand de Molseo, damoiseau. Par le testament de noble Bertrand de Molseo, S^{gr} du château de Bar au diocèse de Tulle, testament du mercredi avant la fête de saint Luc, évangéliste, de l'an 1346, il est encore prouvé que Hélie, sa fille, était femme de Hugues de Cosnac, damoiseau. De ce premier mariage vinrent : 1° Girbert, mort sans enfants ; 2° Guillaume, chevalier, mort avant son père ; 3° Bertrand, évêque de Tulle, mort en 1375 ; 4° Pierre, prieur de Brive et évêque de Tulle, mort en 1402 ou peu après ; 5° Jean, qui suit ; 6° Bernard, chanoine de Laon ; 7° Bertrande, mariée 1°, en 1352, à Jean de Mascal, damoiseau, d'une noblesse de Turenne ; mariée 2° à Jean Robert, Sr de Linayrac. Jean de Cosnac, frère de la dite Bertrande, lui assigna pour ce second mariage 1,000 deniers ou francs pour la dot qui lui avait été constituée le 21 août 1377 ; 8° Dauphine, abbesse de Sainte-Claire de Brive.

---

(1) En marge, Nadaud a figuré à la plume un écusson *fascé de huit pièces d'argent et de gueules*.

Hugues de Cosnac épousa 2° Guine Faydit, fille de Pierre, damoiseau de Jugeals dans la vicomté de Turenne. Ce second mariage est prouvé dans une donation faite par les prieure et religieuses de Cubes en Périgord, de l'ordre de Fontevrault, donation du mercredi avant la Nativité de la sainte Vierge de l'an 1354. De ce second mariage vinrent : 9° Guillaume ; 10° Ramond ou Raymond, archidiacre d'Aure, dans l'église de Cominges, en 1394, le même apparemment qui, dans le nécrologe de l'église de Toulouse, est compté au nombre des chanoines de cette église ; 11° Hugues, docteur ès-lois, prévôt de Blalayo et chanoine de Saint-Martin de Tours, homme prévoyant, d'une vie louable, d'une conversation honnête et sans reproche, et qui fut cité dans le procès de la canonisation de dame Marie de Mailly, morte en 1414, comme sachant le lieu où elle avait fait un miracle.

Hugues de Cosnac épousa 3° Marguerite de Palysse, des seigneurs de ce nom, près Ventadour ; il n'en eut point d'enfants.

V. — Jean, Sgr de Cosnac, damoiseau, qui avait été destiné à l'état ecclésiastique, et qui même était chanoine de Bayeux et de Lombez, voyant que ses frères Girbert ou Gilbert et Guillaume étaient morts sans enfants ; et que Bertrand et Pierre, aussi ses frères, s'étaient engagés dans l'état ecclésiastique, voulut se marier pour continuer la postérité. Le 9 octobre 1382, il fit, à Rocamadour, au diocèse de Cahors, son testament, par lequel il veut être inhumé dans le tombeau de son père ; institue héritier Raymond, son fils aîné, et lui substitue Pierre, son autre fils, faisant exécuteur testamentaire Pierre, évêque de Tulle, son frère.

Le 23 janvier 1369, qualifié de noble et damoiseau, il fut émancipé par son père noble Hugues, Sgr de Cosnac, qui, par le même acte, le maria avec noble Mathe de Born, fille de noble et puissant Bertrand de Born, chevalier, Sgr d'Autefort et de Thenon. Le dit seigneur d'Autefort avait établi ses procureurs nobles et puissants seigneurs Archambaud de Comborn, chevalier, et Guy de Lastérie. En 1392, on donna des tuteurs aux enfants. De cette union vinrent : 1° Raymond, qui suit ; 2° Pierre ; 3° Jeanne, mariée, avant 1392, à Guillaume de Favars, fils de Bertrand et de Galiène Chanac ; 4° Alix ou Hélide, mariée, par contrat passé à Cosnac, le 27 mars 1394, à Jean de Pompadour, fils de noble et puissant Radulphe de Pompadour, chevalier, Sgr de Cromières, et de Galiène de Chanac ; 5° Antoinette, mariée, avant 1397, à Hugues Pellegrin, damoiseau, Sr de Vic en Querci.

VI. — Raymond, Sgr de Cosnac, succéda à Jean, son père, étant encore pupille. Aux assises de Turenne, le jeudi 3 février 1395, furent appelés Guillaume de Favars, damoiseau, coseigneur de Favars, et Audoin de La Tour de Jumilhac, pour élire un tuteur à noble Raymond, Sgr de Cosnac, mineur, fils et héritier universel de défunt noble Jean de Cosnac. Il paraît que Raymond fut quelque temps indécis sur l'état qu'il devait embrasser. D'abord il parut opter pour l'état ecclésiastique, s'il est (mais ce n'est pas vraisemblable) ce licencié ès-lois qui assista, comme procureur de Pierre de Cosnac, évêque de Tulle, à l'assemblé de l'église gallicane de 1398, pour la soustraction à l'obédience de l'antipape Benoît XIII. Il épousa N....., de la maison de Beynac en Périgord, ainsi qu'il va être prouvé, et il en eut Hélie, qui suit.

VII. — Hélie, Sgr de Cosnac, expose qu'il lui devait appartenir la quarte partie par indivis des biens meubles et immeubles de feue Mathe d'Autefort, son aïeule paternelle, sans que Jean d'Autefort ni autres y eussent que voir. Par lettres de chancellerie, données à Poitiers le 12 août 1424, il est ordonné de mettre le dit seigneur de Cosnac en possession ; et, en cas d'opposition, ajourner les parties devant le sénéchal du Limousin, à cause de la contention qui est entre deux prétendants à la sénéchaussée de Périgord. Dans un livre de reconnaissances de l'an 1433, Hélie de Cosnac prend la qualité d'héritier universel et neveu maternel de noble Boson de Baynac, frère de Pons de Baynac, S^{gr} du dit lieu et de Comarques : par où il paraît évidemment que la femme de Raymond de Cosnac était de la maison de Baynac. La même année 1433, et aussi en 1436, Hélie de Cosnac fit hommage à l'évêque de Limoges de plusieurs terres.

Il épousa Louise de Gimel, fille aînée de Guy et de Jeanne de Malemort, dont il eut : 1° Pierre, qui suit ; 2° Guillaume, qui, en 1454, épousa Catherine Faydit, fille et héritière d'Etienne Faydit, S^r des Bordes ; 3° Antoine, religieux bénédictin et prieur de Saint-Cloud, auquel noble et puissant Hélie de Cosnac, du diocèse de Limoges, fit donation, le 10 octobre 1446 ; 4° Marguerite, mariée à Bertrand ou Hugues de La Tour, Sr de Saint-Just ; 5° Blanche, mariée à Jean Faydit, Sr de Tersac.

VIII. — Pierre, S^{gr} de Cosnac et de Croixe, fut émancipé le 2 juin 1452 par noble Hélie de Cosnac, son père, en exécution des articles de son mariage, et son père lui donna sa terre de Cosnac.

Il épousa, en 1452, Loyse de Noailles, fille de noble François de Noailles, Ier du nom, chevalier, S^{gr} de Noailles, de Noailhac, de Montclair et de Chambres, et de Marguerite de Roffignac. Le dit François de Noailles fit son testament à Cosnac, le 16 juillet 1452, donna à la dite Loyse, et fit exécuteurs testamentaires Bertrand de Roffignac et le même Pierre de Cosnac, son gendre. Le même François de Noailles fit, au château de Cosnac, le 13 novembre 1468, un autre testament, par lequel il fait ses héritiers Jean et Aymar de Noailles, et, en cas où ceux-ci mourraient sans enfants mâles, il substitue Jean de Cosnac, second fils de sa fille Loyse, pourvu qu'il ne fût point héritier de Cosnac, auquel cas il appelle à la succession Bertrand, après lui Charles, puis Guy de Cosnac, ses petits-fils, ou quelques autres de ses frères, avec cette clause que quiconque serait héritier de Noailles en porterait le nom et les armes, sans mélange d'aucunes autres. Ce testament causa dans la suite entre les maisons de Noailles et de Cosnac un grand procès, qui se termina seulement par arrêt du parlement de Paris du 24 mars 1528. Cette Loyse de Noailles devint héritière de la branche aînée de la maison de Noailles ; mais les enfants de Jean de Noailles, frère cadet de François, père de Loyse, emportèrent la succession en vertu des substitutions. La dite Loyse de Noailles fit, le 31 octobre 1486, au château de Cosnac, son testament, par lequel elle veut être inhumée dans l'église de Cosnac, en la chapelle de la dite maison. Elle nomme tous ses enfants dans l'ordre qui suit, et fait héritier noble Guillaume de Cosnac, son fils. De Pierre de Cosnac et de Loyse de Noailles vinrent : 1° Guillaume, qui suit ; — 2° Jean, peut-être le même qui, d'après Justel, fut pendant dix-huit ans maître d'hôtel d'Annet [de La Tour] de Turenne, qui, par son testament du 19 mai 1497, lui donna la capitainerie du château et châtellenie de Servières et la somme de 1,000 livres (pour les bons et agréables services que le dit de Cosnac lui avait faits pendant les dix-huit ans qu'il l'avait servi] ; — 3° Antoine, religieux de Marmoutier, et ensuite abbé de Baigne au diocèse de Saintes en 1486 (1) ; — 4° Bertrand, religieux de Saint-Serge et de Saint-Bacchus d'Angers, puis prévôt de Ladornac ; — 5° Charles, prieur de Croixe et conseiller-clerc au parlement de Bordeaux, qui, le 1er juillet 1527, demanda au parlement de Paris permission de travailler pour le roi de Navarre : il fut ordonné qu'il mettrait pardevers la cour la commission du parlement de Bordeaux ; — 6° Guy, prieur de Vezunnes ; — 7° François, maître des requêtes, auquel le roi donna une commission le 11 juin 1544 ; — 8° Léonard ; — 9° Pierre ; — 10° Loyse, mariée à N..., Sr de La Bastide ; — 11° Marguerite, mariée 1° à Bertrand-Philippe de Merchadour, coseigneur de Saint-Amand ; 2° à Louis de Combarel, Sr de Gibanel ; 3° à N....., Sr de Saint-Projet ; — 12° Jeanne, mariée à Gabriel de Millac, Sr de Verneuil au diocèse de Limoges ; — 13° et 14° Léone et Catherine, qui furent religieuses à Coiroux.

IX. — Noble Guillaume de Cosnac [nommé par actes du 27 mars 1510 pour être un des] curateurs de François II de La Tour, vicomte de Turenne. Il fut autorisé par son père, le 17 novembre 1482, le 14 août 1484 et le 5 mai 1491, pour son mariage. Son père lui donna la terre de Croixe. Il épousa, en 1484, noble Marguerite de Las Tours, fille de noble et puissant Sgr Jean de Las Tours, et sœur d'autre Jean de Las Tours. D'eux naquirent : 1° Louis, qui suit ; 2° Denis, prévôt de Ladornac et protonotaire du saint-siège en 1539 ; 3° Geoffroy ; 4° Clément, prêtre, curé de Martel ; 5° Marguerite, mariée à Pierre Robert, Sr de Lineyrac ou Lignerac ; 6° Jeanne, mariée à Guy Faydit, Sr de Tersac.

X. — Louis de Cosnac, chevalier, 1er écuyer tranchant de la reine, et l'un des cent gentilshommes de la maison du roi, fut du nombre des seigneurs qui accompagnèrent François de La Tour, vicomte de Turenne, lorsqu'il épousa, le 20 mars 1530 *(vieux style)*, au nom du roi François Ier, la reine Eléonor, sœur de l'empereur Charles V, et il eut l'honneur de signer la ratification de ce mariage avec Antoine, Sgr de Noailles, en 1529. Il fit son testament, le 22 juillet 1532, en faveur de Galiot, son second fils. Par cet acte, il veut être inhumé dans la sépulture de ses ancêtres ou la chapelle de Cosnac ; il ordonne neuf cents messes à dire au jour de son enterrement, au trentain et au bout de l'an ; il fait plusieurs légats à ses enfants, substitue François, son fils aîné, destiné aux études, à Galiot de Cosnac, son second fils, et, à leur défaut et à celui de leurs descendants mâles, ses filles, à condition que le fils aîné de celle qui héritera et ses descendants porteront le nom et les armes de Cosnac. Il était mort depuis trois mois le 11 octobre 1532.

Il avait épousé, par contrat du 8 septembre 1507, Claude de Beynac, fille de noble et puissant Sgr Geoffroy de Beynac, Sgr et baron de Beynac et de Comarques, et de Marie de Montberon. Par cet acte, Guillaume, Sgr de Cosnac, donne à Louis, son fils, le château de Cosnac avec les domaines, haute, moyenne et basse justice, et la moitié de ses autres biens. Les filles qui naîtront de ce mariage seront dotées comme leur mère, ce qui serait

---

(1) Ici se trouvait un renvoi pour la page suivante 445, qui est déchirée.

exécuté seulement pour la première fille. De ce mariage vinrent : 1° François, qui suit, *qui fit la branche de Saint-Michel;* 2° Galiot, qui a continué la branche aînée, et qui fut héritier de son père; 3° Françoise, mariée à N..., Sr de Sureuil ou Sireuil; 4° Marguerite, mariée à N..., Sr de Campagnac ou Champanhac; 5° et 6° Jeanne et Madeleine, religieuses à Coiroux.

XI. — François de Cosnac quitta l'habit ecclésiastique, et se maria, contre le gré de son père, à Catherine, héritière de la maison de de Saint-Michel de Banières, sur les frontières du Quercy (1).

....
....
....

...... épousa, par contrat signé Jouvenel, et passé au château d'Enval le 18 octobre 1582, Jeanne de Juyé, fille unique de feu noble Sébastien de Juyé, écuyer, S^r de La Marque, de Daignac et d'Enval, paroisse de Brive, ambassadeur en Espagne, et de demoiselle Jeanne de Selve, dame d'Enval. Jeanne de Juyé, étant veuve, fit son testament à Brive le 14 janvier 1639. De ce mariage vinrent : 1° Antoinette, née le 31 mars 1589, mariée à Jean de La Borie, chevalier, Sr de Champaignac ou Campanie et de Bonnefont en Périgord; 2° François, né le 18 février 1591, et mort en bas-âge; 3° François, qui suit; 4° Honorée, née le 4 août 1593, mariée à François, S^{gr} de Mirandol et de Capereix, dont vint Henrie, baptisée dans l'église de Cosnac le 9 novembre 1636; 5° Claude, né le 12 novembre 1594, tonsuré en 1605, prévôt d'Augumont, qu'il résigna, en 1618, à son frère Clément, et mort sans alliance après avoir commandé dans Puymirol, Nègrepelisse et Saint–Antonin; 6° Clément, né le 15 mars 1596, tonsuré en 1618, Sr de Saint-Germain, bachelier de Sorbonne, prieur de Craisse au diocèse de Cahors, prévôt d'Agumont et archiprêtre de Brive, lequel testa le 9 janvier 1654; 7° Christophe, né en 1597, *qui a fait la branche d'Epéruc;* 8° Jeanne, née le 30 août 1598, mariée à Jean ou Gaspard de Chaunac, coseigneur de Soudeilles; 9° Françoise, née le 23 octobre 1599, mariée à Jacques de La Vergne de Juliac, paroisse de Seillac-les-Mongeas, et coseigneur de Meyssac, fils de Jean de La Vergne et de Catherine de Cardaillac; 10° autre Claude, né le 8 février 1601, lieutenant de la compagnie de Claude, son aîné, et qui fut brûlé innocemment par le feu qui prit à un baril de poudre qu'on distribuait aux soldats; 11° Clémence, née le 4 avril 1602, et mariée à Étienne de Léonard de Morioles; 12° Marguerite, née le 3 août 1604, nommée sœur Béatrix de Saint-Jean, religieuse chez les Ursulines de Limoges, où elle fit profession le 27 décembre 1621 [voyez les *Chroniques des ursulines de la province de Toulouse,* par le P. PARAYRE, augustin, T. II, part. IVe, p. 40 et suiv.]; 13° Annet, né en 1606, sept mois après la mort de son père, et *qui a fait la branche des Cosnac-la-Marque,* dont je parlerai.

XIII. — François de Cosnac, né le 9 mai 1592, tonsuré en 1604, S^{gr} de

---

(1) Ici se termine la page 444 du registre de Nadaud, et le feuillet suivant est déchiré. Si l'on en juge par les pages qui précèdent et qui suivent le feuillet déchiré, comme elles sont parfaitement remplies, Nadaud devait avoir des notes considérables sur François de Cosnac, mentionné par les premières lignes du n° XI sur Galiot de Cosnac, auquel devait se rapporter le n° XI *bis,* et sur Annet de Cosnac, qui avait le n° XII, et dont la fin de l'article seulement a été conservée.

Cosnac, Lineire, Croisse, Dompnhac, mestre de camp du régiment d'infanterie de Cosnac, gentilhomme ordinaire de la chambre du roi, servit au siége de Saint-Jean-d'Angely, et a écrit des ouvrages de piété. Il fit, le 7 juillet 1652, au château de Cosnac, son testament, signé Jouvenel, et par lequel il veut être inhumé dans l'église du dit lieu et dans les tombeaux de ses pères. Il mourut en 1662, laissant une très bonne mémoire à sa postérité.

Il avait épousé, vers 1614, ou plutôt, comme on le voit dans les preuves de noblesse fournies sous d'Aguesseau, intendant de Limoges, le 21 septembre 1618, par contrat passé au château de Sainte-Aulaire, et signé de Comps, Eléonore de Talleran, fille de feu Daniel de Talleran de Grignols, prince de Chalais, nommé chevalier des ordres du roi, capitaine de cinquante hommes d'armes, et de Françoise de Montluc. Elle était veuve d'Henri, S^{gr} de Saint-Aulaire, de Tarnac et de La Grénerie, fils de Germain de Beaupoil, baron de Saint-Aulaire, et de Judith de Carbonnières ; [Henri de Sainte-Aulaire était mort en 1614]. Éléonore de Talleran fit, au château de Cosnac, le 9 février 1628, son testament, par lequel elle veut être inhumée dans l'église de Cosnac. D'eux naquirent : 1° Charlotte, morte en bas-âge ; 2° Jeanne-Françoise, mariée à Léon de La Serre, Sr de Conquès et de La Vaussedie, écuyer, lieutenant-général de Martel, morte avant son père ; 3° Honorée, baptisée le 17 février 1631, et morte très jeune ; 4° Armand, qui suit ; 5° Clément, Sr de Fraysseix, baptisé le 30 août 1626, tonsuré en 1658, puis enseigne des gendarmes de la compagnie du prince de Conti ; 6° Daniel, né le 18 janvier 1628, qui, pour être reçu commandeur de l'ordre du Saint-Esprit, fournit des preuves de quatorze degrés de génération, preuves admises au chapitre tenu à Versailles le 15 mai 1701. Nommé en novembre 1689 abbé de Saint-Taurin d'Evreux, il devint évêque de Valence, et mourut archevêque d'Aix en Provence le 18 janvier 1708, étant le plus ancien évêque de France, abbé d'Orbestier de Saint-Riquier, et premier aumônier de Monsieur, duc d'Orléans ; 7° autre Honorée, mariée à Bertrand de Fargues, écuyer, Sr de Marsales près Montpensier en Périgord, le 1er juin 1649, dans l'église de Cosnac. Sa mère n'en parle pas dans son testament. François de Cosnac épousa 2°, l'an 1636, Henriette d'Abzac de Mayac, dont il n'eut point d'enfants.

XIV. — Haut et puissant seigneur Armand de Cosnac, chevalier, marquis de Cosnac, Pénacors, La Guesle, Daignac et Saint-Pantaléon, naquit le 3 octobre 1622, et fut baptisé, dans l'église de Cosnac, le 4 décembre 1624, ayant pour parrain noble Armand de Cosnac, S^{gr} de Saint-Jal, Chamboulive et Beaumont. Le 6 avril 1657, il eut une commission de colonel d'un régiment d'infanterie, et il mourut à Paris en 1692. Son père lui avait substitué, et à sa postérité masculine, ses cadets de mâle en mâle.

Il avait épousé à Paris, le 18 juillet 1648, Marie de Veillans de Pénacors, fille unique de Gabriel et de Charlotte La Guelle, de la paroisse de Neuvic. D'eux naquirent : 1° François, qui suit ; 2° Gabriel, docteur en théologie, prévôt d'Aix et abbé d'Orbestier, évêque de Die en 1709, mort, âgé de quatre-vingt-six ans, le 1er novembre 1739 ; 3° Susanne, religieuse à Saint-Bernard de Tulle, puis nommée, en novembre 1689, abbesse de Vernaison au diocèse de Valence. — On trouve encore dans les registres de Cosnac Catherine et François-Hélie, nés, en 1662 et 1663, de Thévène de Rounal, de la ville de Brive.

XV. — Haut et puissant seigneur François de Cosnac, Pénacors et La Guesle, marquis de Cosnac, mourut en 1674. Il avait épousé, par contrat du 24 juin 1671, passé au château de La Serre, diocèse de Condom, Marguerite-Louise d'Esparbez de Lussan d'Aubeterre, fille unique de Louis, comte de La Serre, marquis de Grignols, sénéchal et gouverneur d'Agenois et de Condomois, lieutenant-général des armées de Sa Majesté, et de Catherine de Tiercelin-Saveuse. Elle mourut en 1689, laissant une fille unique, Marie-Angélique de Cosnac, mariée, par contrat passé à Paris le 25 mars 1697, à haut et puissant prince Procope-François, comte d'Egmont, duc de Gueldres, de Suliers, etc., grand d'Espagne, etc., seul prince qui restât de cette ancienne maison, fils de Philippe et de Ferdinande de Croy de Renty. Le contrat fut passé en présence de l'autorité et consentement du roi, de Mgr le Dauphin, autres princes et princesses du sang et de la maison royale. Marie-Angélique de Cosnac fut assistée et autorisée par son grand-oncle l'archevêque d'Aix, qui fit la cérémonie dans l'église de Saint-Sulpice.

François d'Egmont mourut en Espagne le 16 septembre 1707. Sa femme, étant veuve, fit, le 11 avril 1717, à Paris, son testament, par lequel elle donna l'usufruit des terres de Cosnac, Damnhac, Enval, La Guesle et Le Chariol, à Gabriel de Cosnac, évêque de Dié, à la charge de les remettre à Jean de Cosnac, chef de la branche des Cosnac-Espéruc ; ce qui fut exécuté par acte passé à Dié le 25 septembre suivant. Marie-Angélique mourut, sans hoirs, trois jours après son testament, étant âgée de quarante-trois ans. Amelot de La Houssaye dit dans ses *Mémoires* que, par ce mariage, la maison d'Egmont s'était mésalliée pour la première fois ; mais la noblesse de l'archevêque d'Aix était si ancienne que ses preuves pour être admis à l'ordre du Saint-Esprit contenaient quatorze degrés de génération ; Marie-Angélique, sa nièce, était au seizième : on les a en bonne forme et bien signées au château de Cosnac, et Procope d'Egmont n'a que onze générations dans la généalogie du Moreri de 1759.

Branche des seigneurs d'Espeyruc.

XIII bis. — Christophe de Cosnac, né, le 15 mai 1597, d'Annet et de Jeanne de Juyé, fit son testament le 20 août 1634. Il avait épousé, le 2 mars 1624, Jeanne d'Espeyruc, héritière de sa maison, près Donzenac. D'eux vinrent : 1° Louise, née le 8 octobre 1627, mariée à Antoine de Boussac, chevalier, Sr d'Ublange, fils de Jean et de Marguerite de Bonnefon ; 2° Claude, qui suit ; 3° Pierre, né le 22 octobre 1630, et mort en bas-âge.

XIV. — Claude de Cosnac, Sr d'Espeyruc, né le 6 août 1633, mourut le 13 janvier 1709. Il avait épousé 1°, par contrat sans filiation du 16 avril 1654, Catherine de Boussac d'Ublanges, dont il eut : 1° François, né le 5 août 1655, qui devint capitaine de cavalerie, et fut tué à Charlemont; 2° Françoise, née le 21 décembre 1657, morte sans alliance en 1710 ; 3° Daniel, né le 29 décembre 1659, capitaine de dragons dans le régiment de Fimmarcon, tué à la bataille de Stafarde ; 4° Jean, né le 25 mai 1665, et mort en bas-âge. Il avait épousé 2° Honorée de Meynard, dont il n'eut qu'un fils, mort quelques jours après sa naissance.

XV. — Jean de Cosnac, chevalier, Sʳ d'Espeyruc, La Guesle, Le Chariol (1), Saint-Remy, Daignac et Enval, épousa, le 31 janvier 1691, Gabrielle-Thérèse de La Jugie-Faucon. D'après les registres de Cosnac, elle mourut, âgée de soixante-six ans, le 19 février 1731, dans le couvent des religieuses de Sainte-Claire de Brive, et fut inhumée chez les récollets de la même ville. De ce mariage vinrent : 1º Marie-Félicie, née le 11 juillet 1692, mariée, le 13 février 1714, à Godefroy de Miremont, chevalier, Sʳ de Chadebec et de La Goûtte, paroisse d'Ussac, morte veuve le 26 février 1730 ; 2º Gabriel-Honoré, qui suit ; 3º Françoise-Henriette, née le 9 avril 1696, morte abbesse de la Règle à Limoges, le 23 août 1760 ; 4º Marie-Anne, née le 8 juin 1698, mariée dans l'église de Cosnac, le 14 août 1718, à Mathieu de Gouffre de Chabrignac, chevalier, Sʳ de Baynac et Barot, fils de Marc-Antoine et de Catherine de Maledent, du diocèse de Tulle, et morte le 12 avril 1720 ; 5º Daniel-Joseph, né le 30 octobre 1700, mort évêque de Dié en 1741 ; 6º Gabriel-Annet, né le 15 décembre 1701, mort en bas-âge ; 7º Marie-Susanne, née le 20 avril 1703, mariée, le 8 septembre 1722, à Antoine de La Vernhé, chevalier, Sʳ de Juillac ; 8º autre Gabriel-Annet, né le 31 octobre 1705 ; 9º Marie-Madeleine, née le 23 février, baptisée à Cosnac le 25 du même mois de l'année 1707, mariée au dit lieu, le 19 juin 1731, à François de Griffoulet, écuyer, Sʳ de Roffi et du Siriei, fils de Jean et de Marie d'Amarzit du Vialard, son parent au quatrième degré de consanguinité, et de la ville de Brive.

XVI. — Gabriel-Honoré, marquis et Sgʳ de Cosnac, Damnhac, Enval, Espeyruc, La Guesle, Le Chariol et Saint-Remy, né le 18 novembre 1693, épousa 1º, dans l'église de Cosnac, le 24 juillet 1715, Marie-Anne-Judith de Cosnac, fille unique de Gabriel-Anne de Cosnac de La Marque et de Marie d'Autefort : elle mourut, âgée de vingt-neuf ans, le 13 octobre 1730, au château de Cosnac, et fut inhumée dans la chapelle de la Sainte-Vierge de l'église du dit lieu. De ce mariage vinrent : 1º Marie-Angélique, née le 20 février 1717, 2º Marguerite-Louise-Gabrielle, née le 16 février 1718, et mariée à Jean-Joseph du Bousquet ; 3º Jean, né le 3 janvier 1722 ; 4º Daniel-Joseph, qui suit ; 5º Françoise-Henriette, née le 9 novembre 1726 ; 6º Gabriel, né le 12 mars 1729 et tonsuré en 1738 ; 7º, 8º, 9º Marie-Madeleine, Henri-Thibaud et Marie-Félicie, morts en bas-âge. Le dit Gabriel-Honoré épousa 2º, le 8 juillet 1732, Marie-Anne Poncerot de Richebourg, fille de Henri, chevalier, Sgʳ de Montgardé, exempt des gardes du corps du roi, gouverneur du Pont-d'Arlo et major au régiment de Briançon, et d'Isabelle de Gare. Elle était veuve de François Duret, président au grand conseil, maître des requêtes et secrétaire du cabinet du roi. Gabriel-Honoré n'en eut point d'enfants.

XVII. — Daniel-Joseph, marquis de Cosnac, baron de La Guesle, Sgʳ de Daignac, Espeyruc, Le Chariol et Saint-Remy, né le 14 août 1724, épousa Marie-Anne de Lostanges de Sainte-Alvère, fille de Louis-Emmanuel de Lostanges, marquis de Sainte-Alvère, et de Marie de Larmandie de Longua. D'eux vinrent : 1º Gabriel-Honoré-Elisabeth-Henri, né le 4 juillet 1754, et auquel, le 28 du même mois, l'évêque de Sarlat suppléa les cérémonies du

---

(1) Chariol, fief situé en Auvergne, appartenant précédemment à la famille de Bouillé.

baptême à Cosnac ; 2° Gabriel-Joseph, né le 26 juillet 1756 ; 3° Marie-Angélique, morte, âgée de huit ans, le 10 septembre 1765, étant pensionnaire chez les religieuses de la Règle à Limoges ; [4° N....., religieuse à la Règle de Limoges, et vivante en 1790 ; 5° N..... dite mademoiselle de Cosnac, vivante en 1786].

Joseph de Cosnac, écuyer de la ville de Brive, épousa, en 1768, N..... de Darnal de Negelle.

Branche des seigneurs de La Marque.

XIII *ter*. — Annet de Cosnac, le dernier des enfants d'autre Annet de Cosnac et de Jeanne de Juyé, né en 1606, sept mois après la mort de son père, épousa Claude de Chambeuil, héritière de sa maison, près Murat en Auvergne, et qui se remaria à Pierre de Dienne, chevalier, Sr de Chavaignac. De ce mariage naquirent : 1° Clément, qui suit ; [2° Claude de Cosnac, écuyer, Sr de Chambeuil, vivant à Brive le 1er janvier 1664] ; 3° Madeleine, mariée à Armand d'Amber, chevalier, S^r de La Johanie ; 4° Claude, mariée à Annet de La Mothe, aide-de-camp de M. de Turenne, et tué à la journée de Saverne, sans postérité ; 5° Catherine [en religion sœur de Jésus], religieuse de Sainte-Ursule à Limoges, où elle fut reçue le 1er janvier 1664 [par contrat signé Desvignes, notaire royal].

XIV. — Clément de Cosnac, chevalier, S^r de La Marque, mourut le 30 juillet 1680. Il avait épousé, le 31 juillet 1677, Jeanne-Françoise de La Jugie-Faucon, dont il eut : 1° Gabriel-Anne, qui suit ; 2° et 3° Daniel et autre Daniel, morts en bas-âge.

XV. — Gabriel-Anne de Cosnac, chevalier, S^r de La Marque, né le 23 avril 1679, épousa, le 28 juin 1700, Marie d'Autefort, fille de Jean-Louis, premier lieutenant des gardes du corps du roi et brigadier de ses armées, et de Jeanne-Charlotte de Fissard. D'eux naquit, en 1701, une fille unique, Marie-Anne-Judith de Cosnac de La Marque, mariée, le 24 juillet 1715, à Gabriel-Honoré, marquis et S^{gr} de Cosnac, Damnhac, Euval, Espeyruc, La Guesle, Le Chariol et Saint-Rémy, fils de Jean de Cosnac, chevalier, S^r d'Espeyruc, etc., et de Gabrielle-Thérèse de La Jugie-Faucon.

Sources : Baluze, *Vitæ paparum avenionensium*, T. I, col. 1443, 1444, 1445, 1446, 1447, 1448 ; *Hist. Tutelensis*, p. 186 ; *Hist. généal. de la maison d'Auvergne*, T. II, p. 754. — *Recueil des historiens de France*, T. II, p. 164. — *Gallia christiana vetus*, T. IV, p. 600. — *Gallia christiana nova*, T. II, col. 1119. — Justel, *Hist. généal. de la maison de Turenne*, preuves, p. 83 ; *Hist. généal. de la maison d'Auvergne*, preuves, p. [229, 236], 254, 255. — Simplicien, *Hist. des grands-officiers de la couronne*, T. IV, p. 786 ; T. VII, p. 456 ; T. IX, p. 230. — Les Bollandistes, *Acta sanctorum*, T. III, martii, p. 754. — Vaissette, *Histoire du Languedoc*, T. V, p. 155. — Corbin, *Décisions de droit*, p. 279. — Moreri, édition de 1759. — Amelot de La Houssaye, *Mémoires*, T. II, p. 162. — *Gazette* de janvier 1708.

COSPIAC (1).

COSSAC ou COUSSAC. — Noble Jean de Cossac, damoiseau, coseigneur de Saint-Brice (2) en 1454 et en 1475, épousa Mathurine Béchade. [D'après les registres de Mandaci, notaire à Aixe, près Limoges, dont les notes se trouvent chez Ardant, notaire à Limoges, et, d'après le folio 37 recto et verso, le même Jean vivait en 1444. Le 27 janvier, le 7 et le 19 juillet suivant, une quittance donnée par noble Jean-Bernard dit du Breuil, damoiseau, au dit Jean de Cossat, damoiseau, coseigneur du dit lieu, paroisse de Janaillat (3), et à noble Olivier de Pragelier, damoiseau, en présence de noble Guy Joussineau, Jean Bony et Gautier Coral, damoiseaux; suivant encore un échange de divers fonds et héritages, situés au territoire du Breuil-Janaillac, fait entre le dit noble Olivier de Pragelier, damoiseau, Catherine d'Aixe, sa femme, et noble Jean de Cossat, coseigneur du dit lieu du Breuil.]

N..... Cossac, épousa N....., dont il eut : 1° Loys, qui suit; 2° Pierre, chevalier, S^{gr} de Saint-Brice en 1486.

Noble Louis de Cossac, Sr de Villette, paroisse de Saint-Brice en 1485 [vivant encore en 1492], épousa Marguerite Apuraille, fille de Jean, damoiseau, Sr de Vilette. [D'après les papiers domestiques de M. Sanson de Royère, ce Louis avait pour parents ou cousins : 1° noble Jean de Coussac, Sr du Breuilh, qui vivait le 5 mai 1490 et le 30 août 1505; 2° noble et religieux homme Christophe de Coussac, prieur de La Mazelle au diocèse de Limoges; 3° noble Antoine de Cossac, écuyer, S^{gr} du Breuil-de-Haut, de la paroisse de Janailhac-en-Ligoure, vivant le 31 octobre et le 3 novembre 1539, témoin dans un acte du premier de ces jours, signé de Malavergne, notaire, et dans d'autres actes des 25 octobre 1541 et 24 juillet 1544; plus d'autres membres de cette famille, tous mentionnés dans des titres contemporains.]

Catherine de Coussac de Saint-Brice épousa, vers 1550, Geoffroy d'Espagne, écuyer, S^{gr} d'Espagne, de Vennevelles et d'Aunai au pays de Maine, fils de Jean et d'Antoinette de Dureil, dame de La Brosse, d'après le *Dictionnaire généalogique* de 1757, T. II, p. 65.

D'Hozier mentionne, dans son *Armorial général*, Ire partie, p. 219, une fille de Jean de Coussac, chevalier, Sr de Saint-Brice en Limousin et de Chantilly en Gatinais et de Catherine de Pocaire, dont naquit Lazare d'Espagne, écuyer, Sr de Saint-Brice (4).

COSSIS ou COSSE (5).

COTET [ou COUCHET].

---

(1) La table de Legros indiquait des notes pour cette famille à la page 2451, qui est déchirée.
(2) Saint-Brice, canton de Saint-Junien, arrondissement de Rochechouart (Haute-Vienne).
(3) Janailbac, canton de Nexon, arrondissement de Saint-Yrieix (Haute-Vienne).
(4) Ces mots terminent la page 1134, et un renvoi de la page 115, consacrée à la famille d'Echizadour, indique encore des notes pour la famille de Coussac à la page 1135; mais les feuillets sont enlevés de la page 1134 à la page 1139 exclusivement.
(5) Un renvoi et la table de Legros indiquent des notes pour cette famille à la page 1130, qui est déchirée.

[Etienne Cotet et dame Almodis de Noalhac, sa femme, fille d'Adès Chatard, écuyer, vivaient en 1230.]

Dans le nécrologe du monastère de Glandiers on trouve Etienne Cotet, chevalier, mort le 14 novembre.

N..... Cotet épousa N....., dont il eut : 1° Etienne Cotet, chevalier, du diocèse de Saintes ; 2° Hélie, qui suit.

Hélie Cotet, damoiseau, habitant de la ville de Saint-Yrieix (1), veut, par son testament du 7 des ides de mars 1321, reçu de Vallo, être inhumé, avec les honneurs qu'on fait à un chanoine, au-dessus de la chapelle de la Sainte-Vierge, près l'église collégiale, et dans les tombeaux de ses parents. Il avait épousé N....., dont il eut : 1° Hélie, chanoine de Saint-Yrieix, qui eut le fief de Cossegreyras, paroisse de Coussac ; 2° Guillaume, clerc ; 3° Pierre, héritier de son père.

Pierre Cotet, damoiseau, demeurant dans la terre de Chabanais, épousa, par contrat passé à Nontron le lundi avant la Nativité de saint Jean-Baptiste de l'an 1328, Jeanne d'Asporn, fille de feu Guy le jeune, damoiseau.

Bardit Cotet, chevalier, épousa N....., dont Guillaume, chanoine du Puy et de Saint-Yrieix, qui fit, à Ségur, le lundi après la fête de sainte Catherine de 1330, son testament, signé Gérard Audoyn, et conservé chez les frères prêcheurs de Limoges. Par ce testament, il fit héritier Aymeric, son neveu.

Noble Guillaume Cotet de Ségur, chevalier, testa le mardi après la fête de saint Nicolas de 1362, par acte conservé dans les archives des frères prêcheurs de Limoges. [Il est fait mention de lui sous le nom de Couchet, dans les registres de Borsandi, notaire à Limoges, p. 19, n° 32, et de Roherii, aussi notaire à Limoges, p. 33, n° 28, *apud* Dom Col.].

Pierre Cotet, damoiseau, fils de Bernard, damoiseau, Sr de Benayes, épousa, par contrat du 4 mars 1448 *(vieux style)*, signé Tarnelli, Marguerite de Bonneval, fille de Bernard et de Marguerite de Pierrebuffière.

François Cotet, S^r des Biars et de La Penchennerie, paroisse de Glandon et de Laron, épousa Gabrielle de Bonneval, fille d'Antoine et de Marguerite de Foix. Gabrielle mourut avant ses père (18 septembre 1505) et mère (1508), qui, par leurs testaments, firent des legs à ses trois filles : Marguerite, Françoise et Gabrielle. [D'après les papiers domestiques de M. Sanson de Royère, ce François Cotet est nommé exécuteur testamentaire de Pierre, bâtard de Royère, par acte du pénultième février 1511, reçu par Bertrand de *Malavernia*, notaire. Il est aussi nommé François *Cotin*, S^{gr} de La Penchenarie et des Biars, dans une transaction du 13 mai 1524, reçue par de Lafon, notaire. Par contrat de 1503, il avait vendu des rentes au dit Pierre de Royère.]

Antoinette Cotet épousa, par contrat du 5 septembre 1445, Christophe de Bony, S^{gr} de La Vergne, fils de Jean.

[COUCI. — On trouve dans les registres de Roherii, notaire à Limoges, p. 37, n° 36, *apud* Dom Col., Guillaume Couci.]

COUDERC. — François-Xavier Couderc, écuyer, S^r de La Fay, Lavergne

---

(1) Coussac et Glandon, canton et arrondissement de Saint-Yrieix (Haute-Vienne).

et La Vaublanche, habitant la ville de Guéret, épousa Jeanne-Catherine Léonard de Saint-Cyr, dont il eut Antoine-François-Sylvain, tonsuré en 1761.

COUDERIE (1).

COUDRAY (du) — V. Dupuy.

COUGNAC (2).

COUHÉ (3).

COUILLAUD (4).

COULLOMB. — Martial de Coullomb, écuyer, Sr de Proximard, avocat à Limoges, épousa vers 1603, Marguerite de Trenchecerf (5).

[COULX. — Noble Jean de Coulx, commandeur de Choulhac, de l'ordre de Saint-Jean de Jérusalem, est témoin dans un acte du 17 avril 1488 (titre communiqué par M. Sanson de Royère).]

COURAUD, Sr de Birat, paroisse de Poulignat, élection de Saintes, porte : *d'azur à un épervier perché d'or, au vol abaissé, becqué et onglé d'argent.*

I. — Jean Couraud, époux de Marie Brun, fit des contrats de vente et échange les 1er mai 1529, 10 décembre 1533 et 11 février 1534.

II. — Pierre Couraud épousa Jeanne Catrix. — Léonarde Couraud se mariant avec Raymond Augeard, écuyer, Jean Couraud, père de la dite Léonarde, lui constitue, par contrat du 5 mai 1535, et, moyennant ce, Léonarde renonce en faveur de Pierre, son frère.

III. — Jean Couraud épousa Marguerite Aubin. Le dit Jean fit, le 17 janvier 1572, au profit de Jean, son frère, cession des droits à lui appartenants en la succession de la dite Léonarde, leur tante.

IV. — Pierre Couraud épousa, le 29 décembre 1594, Jeanne Brunet.

V. — Arthur Couraud épousa, le 15 décembre 1625, Marie Desmier.

VI. — Charles Couraud épousa, le 14 septembre 1648, Marguerite Grimouard.

COURAUT. — Porte : *de sable à la croix d'argent, l'écu bordé de gueules.*

Guy Couraut, écuyer, Sr des Granges et de La Rochevreux au diocèse de Limoges, épousa Jacqueline de Neufchezes, dont il eut Guy, tonsuré.

(1) Il y avait des notes sur cette famille à la page 233 qui est déchirée.
(2) Il y avait des notes sur cette famille à la page 1127, qui est déchirée.
(3) Il y avait des notes sur cette famille aux pages 91 et 357, déchirées.
(4) D'après la table de Legros, il y avait des notes sur cette famille aux pages 839 et 951, déchirées.
(5) D'après un renvoi de la page 587, il y avait des notes sur cette famille à la page 136, qui est déchirée. Voyez aussi à l'article : COLOMB.

Noble Gabriel Courault, chevalier, Sʳ de Saint-Etienne-de-Fursac (1) en partie, vivait en 1527.

Demoiselle Catherine Courault, fille de Jacques de Veyrines, écuyer, Sʳ en partie de Saint-Etienne-de-Fursac, demeurant au bourg de Nouhet en Poitou en 1563 et 1585.

COURAUDIN, Sʳˢ du Vignaud, paroisses de Bunzac, Montgomard et La Rochefoucaud, élection d'Angoulême, portent : *d'azur à un arbre tigé et feuillé d'or et de sinople, accosté de deux fleurs de lis de gueules.*

I. — Jean Couraudin épousa Jeanne de Mascureau, dont il eut : 1º François, qui suit; 2º Pierre (peut-être celui qu'on qualifiait de Sʳ de Ferrière-Chabrot, et dont il est parlé vers la fin de cet article), qui tous deux rendirent un hommage et dénombrement le 24 juin 1527; 3º Maurice, qui, avec son frère François et la dite Mascureau, firent partage le 17 février 1529.

II. — François Couraudin, écuyer, Sʳ du Chatelard et de Laudonie de Montembeuf en 1549, épousa Isabeau de Combort, dont il eut : 1º François; 2º Jacques; 3º Léonard, qui suit, auxquels leur père fit partage le 27 mai 1574.

III. — Léonard Couraudin épousa, le 30 mars 1581, Jeanne de Blois, qui, étant veuve, transigea, le 29 décembre 1599, avec son fils aîné, au nom des frères et sœurs de celui-ci. Voici les noms de tous ses enfants : 1º François; 2º Hélie, qui suit; 3º Daniel, qui se maria le 25 juin 1628, et se trouve au nº IV *bis;* 4º Jean; 5º Louise.

IV. — Hélie Couraudin épousa, le 5 décembre 1612, Anne Pastoureau.

V. — Hélie Couraudin épousa, le 11 octobre 1648, Marie-Jeanne Dupuy.

IV *bis.* — Daniel Couraudin épousa, le 25 juin 1628, Philippe Flament.

V. — François Couraudin, écuyer, Sʳ du Vignaud et de Montgoumard, mourut le 2 mai 1682, comme le constatent les registres de Bunzac. Il avait épousé, le 19 mars 1659, Marguerite, non de Marrigay, mais du Mergé, dont il eut : 1º Françoise, née le 19 juillet 1663; 2º Marie, née le 25 octobre 1664; 3º Marie, née le 3 février 1666, 4º Marie-Aimée, née le 13 septembre 1667 ; 5º Gabriel, né le 1ᵉʳ octobre 1669 ; 6º Marie, née le 7 avril 1674; 7º Françoise, à qui on suppléa les cérémonies du baptême le 15 octobre 1678. Cette famille fit preuve de noblesse en 1598.

Notes isolées.

Pierre Couraudin, écuyer, Sʳ de Ferrière-Chabrot et de Pierre-Paussue (peut-être fils de Jean du nº I), épousa Christine Baudoin, dont il eut : 1º Robert, qui suit; 2º Léonard, Sʳ du Chatelard.

Robert Couraudin, écuyer, Sʳ de Villautrange, demeurant à Langlade, paroisse de Busseroles, fit, le 10 août 1595, son testament, reçu par de Nespoux, et, le 20 décembre 1596, un codicile, reçu par Viroulaud. Il avait épousé, par contrat que reçut Viroulaud, et qui fut ratifié le 21 mai 1587 par les parents du dit Robert, Françoise Pery, fille de Claude, écuyer, Sʳ

---

(1) Saint-Etienne-de-Fursac, canton du Grand-Bourg, arrondissement de Guéret (Creuse).

de La Chaufie, et de Florence de Saint Georges. D'eux naquirent : 1° Jean ; 2° Marie, mariée à Isaac d'Abzac ; 3° Fleurance.

Isaac de Couraudin, écuyer, Sr de Chabrot et de Ferrières, veut, par son testament du 27 janvier 1532, être enterré chez les carmes de La Rochefoucaud, où son corps sera conduit par quatre cordeliers, quatre minimes et quatre carmes, ayant chacun un cierge en main. Il n'avait qu'un fils naturel, Gabriel du Rousseau, écuyer, Sr de La Barrieix (1).

COURCILLAS. — N.... Courcillas épousa N.... Il eut, d'après la Chronique de Geoffroy de Vigeois (*apud* Labbe, p. 306) : 1° Gérald, chevalier de la ville d'Aubusson ; 2° Albert, abbé de Saint-Martial de Limoges en 1143, et mort en 1156.

[COURGEAT, fief mouvant de la baronnie de Blanzac en Angoumois.]

COURLAY. — Jean-Baptiste de Courlay, chevalier de l'ordre de Saint-Michel, maître d'hôtel du roi, Sr de Bourray, près Rochechouard, mourut à Paris. Il avait épousé Catherine de Selve, qui lui porta une partie de la terre de Cromières, qu'ils vendirent en 1656.

COURRIEU. — Noble Pierre du Courrieu, Sr de Monceaulx en Limousin, épousa, par contrat du 14 avril 1598, reçu Bretesche, Anne Conte, fille de noble Pierre.

COURTAUD, ou CULTAR, ou CURTAL.

I. — Pierre Courtaud épousa Loyse de Barbières, fille de François, écuyer, Sr de Lastérie, paroisse de Dournazac (2), et de Catherine de Lambertie. D'eux naquirent : 1° noble Jean ; 2° François, écuyer, Sr du Verdelier et du Moulin, paroisse de Pansols en 1630.

II. — Jean de Curtal, écuyer, Sr du Cluzeaud, paroisse de Pausols, épousa Guillaumette Houstiac, dont il eut : 1° Isabeau, baptisée le 1er mars 1639 ; 2° Anne, baptisée le 20 septembre 1644 ; 3° Jean-François, qui suit ; 4° et 5° Peyronne et Jeanne, mortes en bas-âge.

III. — Jean-François de Curtal ou Courtaud, Sr de Mourioux et du lieu du Moulin, paroisse de Pansols, né le 20 mai 1648, épousa Peyronne ou Pétronille de Marcilhac, qui mourut le 15 février 1700. D'eux vinrent : 1° Laurent, qui suit ; 2° Jean, né le 10 février 1669 ; 3° François, né le 25 octobre 1675 ; 4° Marianne, mariée, le 8 février 1695, à Guilhem Faure, fils de Christophe, hôte du bourg de Pansols, et de feue Isabeau Rousseau ; 5° Elisabeth, mariée, le 26 février 1702, à Pierre Chaseau, fils de Jacques, Sr de La Prade, et de Guillaumette de Saint-Pardoux, paroisse de Saint-Sulpice-d'Excideuil en Périgord ; 6° et 7° Jacob et Isabeau, morts sans alliance.

IV. — Laurent Curtal ou Courtaud, Sr de Mourioux, mourut, âgé de quarante ans, le 23 janvier 1709. Il avait épousé Anne Judde, fille de feu Mar-

---

(1) Les notes qui précèdent se trouvent aux pages 758 et 759 du manuscrit. Nadaud indique par un renvoi, qu'il en avait d'autres sur les Couraudin à la page 233, déchirée.

(2) Dournazac, Pensols et Maraval ou Marval, canton de Saint-Mathieu arrondissement de Rochechouart (Haute-Vienne).

tial et de Marie Roullet, dans l'église de Pausols, le 22 février 1700 : elle se remaria à Pansols, le 25 mai 1717, à N.... Vieillemard, veuf de Jeanne Gaillard, de la paroisse d'Abjac. De ce mariage vinrent : 1° Marie, née le 12 mars 1705 ; 2° Pierre, né le 28 mars 1707.

Jean de Curtal ou Courtaud, Sr de Lascoux, fut inhumé à Pansols le 10 juin 1645. Il avait épousé Françoise Rouber, dont naquirent : 1° Jean, baptisé le 25 décembre 1639 ; 2° autre Jean, baptisé le 29 octobre 1645 ; 3° François, qui suit.

François de Curtal, ou Cultar, ou Courtel, écuyer, Sr de Lascoux, paroisse de Maraval, du lieu du Moulin, paroisse de Pansols, épousa, par contrat du 24 octobre, reçu Gilibert, et dans l'église de Feuillade au diocèse d'Angoulême, le 3 novembre 1674, Isabelle de Roffignac de l'Ecluse, fille de Gaspard de Roffignac, écuyer, Sr de Quinsac et de L'Age, paroisse de Champaignac en Périgord, et de Favienne Morin. De François et d'Isabelle vinrent : 1° Léonard ; 2° autre Léonard, né le 10 mai 1678 ; 3° Jeanne, mariée à Pansols, le 18 février 1691, à Jean de Châteauneuf, écuyer, Sr du Breuil de Cherves au diocèse d'Angoulême.

Depuis 1732, cette famille n'a plus pris la qualité d'écuyer.

COURTILLE. — Marien de Courtille, écuyer, Sr de Saint-Avit-le-Pauvre (1) épousa Anne Mousnier, dont il eut Jacques, tonsuré en 1719.

COUSIN. — N... Cousin épousa N..., dont il eut : 1° Guillaume, damoiseau, Sr de Fontbuffeau ; 2° Louis, moine et prévôt de La Beille, près de Châlus, qui, en 1439, paya cent réaulx d'or, chacun du poids de trois deniers, pour partie de la dot de sa sœur Hélide ; 3° Hélide, mariée à Jean Duraton.

[COUSLET ou COUSSET, fief, en partie dans les paroisses de Teyjac et de Buxerolles, ou de Varaigne en Périgord, et du diocèse de Limoges, et dans celle de Bussière-Badil au même diocèse, généralité de Limoges et élection d'Angoulême. Le seigneur en porte le nom. Il a sa chapelle avec sa litre et ses tombeaux dans l'église de Bussière-Badil, et il y jouit d'environ 5,000 livres de rente.

N... du Couslet fut père d'un du Couslet dont le fils vivait le 28 avril 1763, et fut père lui-même de N... du Couslet, mort à Varaigne vers la fin de 1762, fils unique, et âgé de vingt-un ans. Au bout d'un mois, le père de ce jeune homme se remaria.]

COUSSAC. — V. Cossac.

COUSTIN, Sr du Masnadaud, paroisse de Pageas (2), élection de Limoges, porte : *d'argent à un lion rampant de sable, armé et lampassé de gueules*, à 2 lions pour supports.

I. — Foucaud Coustin fit quelque vente avec Jean, son fils, le 4 mars

---

(1) Saint-Avit-le-Pauvre, canton de Saint-Sulpice-les-Champs, arrondissement d'Aubusson (Creuse).

(2) Pageas, canton de Châlus, arrondissement de Saint-Yrieix (Haute-Vienne). — Machalard, ou Le Mas, fief de la paroisse de Pageas.

1526. Il partagea le bien de sa femme entre ses enfants le 9 mars 1529. Il avait épousé Isabeau de Faugeyrac, fille de Martial de Faugeyrac, Sr du Masnadaud, lequel fit son testament, le 14 août 1505, en faveur de ces deux époux, dont naquirent 1° Jean; 2° Louis, qui suit, qui transigèrent le 23 octobre 1531.

II. — Louis Coustin fit, le 3 novembre 1551, son testament en faveur de François, auquel il substitue Jean, son autre fils. Il avait épousé, par contrat sans filiation du 6 août 1533, Louise de Lambertie, dont il eut : 1° François du Masnadaud, Sr du dit lieu et de Villemessent, chevalier de l'ordre du roi, et âgé de cinquante ans en 1584 ; 2° Jean, qui suit. Ces deux frères transigèrent sur le testament de leur père le 11 juin 1566.

III. — Jean Coustin, écuyer, Sr du Masnadaud, Maschalard et Fougeras, fit son testament en faveur de François, son fils, le 18 octobre 1600. Il avait épousé, par contrat sans filiation du 11 novembre 1591, reçu par de Poulard, Françoise de Jussac, dont il eut : 1° François, qui suit ; 2° Marie, mariée, par contrat du 7 juillet 1608, reçu par Garreau et Chicquet, à Antoine de Fregière, écuyer, Sr du dit lieu en Périgord et de La Belouze : Marie porta 6,000 livres ; 3° Jeanne, qui se fit religieuse à Boubon en 1616; 4° Isaac, chevalier de l'ordre de Saint-Jean de Jérusalem, qui, faisant son exercice à l'Académie, mourut à Paris, le 1er février 1635, et fut enterré dans l'église de Saint-Séverin.

IV. — François Coustin, chevalier, Sr du Masnadaud, Le Mas et Bramefort (1), baptisé le 15 septembre 1590, épousa, par contrat du 22 février 1621, Renée de Ferrières de Sauvebeuf, qui fit, le 11 février 1665, un testament mutuel avec son mari, dans lequel il font mention de leurs enfants, et qui est signé Massaloux, puis un autre testament le 12 octobre, et enfin un codicile du 8 novembre 1666, ces deux actes signés aussi Massaloux. D'eux naquirent : 1° Antoine, qui suit ; 2° Anne, dont il est fait mention dans le *Gallia christiana nova* (T. IV, col. 495), et qui fut tonsuré en 1643, prieur du Chalard en 1653, prêtre en 1659, abbé de Fontaine-de-Bèze au diocèse d'Autun, et député par les états de Bourgogne au commencement de 1692 : on l'y nommait *Menardeau*, apparemment pour dire Masnadaud ; il mourut à Dijon en août 1709; 3° Jean, Sr de La Morie, capitaine de cavalerie, qui fit son testament à Paris le 4 juin 1672 ; 4° Jean-Marc, Sr de Bramefort, aussi mentionné dans le même volume du *Gallia christiana nova* : tonsuré en 1658, prieur de Beaubreuil et de Masbuisson, docteur en théologie de la faculté de Paris et célèbre missionnaire, il fut nommé à l'abbaye de Bèze le 9 novembre 1709, après la mort de son frère, et mourut le 21 septembre 1722, aux eaux de Bourbon, où il fut inhumé; 5° Hélie, baptisé à l'âge de huit ans sept mois et dix-neuf jours, le 9 mars 1658 ; 6° Jeanne, mariée par contrat du 5 mars 1647, signé Massaloux, à Jean-Marc de Lestrade-Floyat, écuyer, Sr de Louyet, fils de Jean, Sr de La Contie, et de Marguerite du Puy, du château de Coulaure, paroisse de Coulaureix en Périgord, dont naquit Marie-Renée, baptisée à Pageas, à l'âge de trois ans et trois jours, le 9 mai 1653 ; 7° autre Jeanne, qui se fit religieuse à Boubon en 1649; 8° N... Coustin du Masnadaud, qui épousa Léonarde Expert, et mourut en 1674.

---

(1) Bramefort, commune de Champsac, canton d'Oradour-sur-Vayres, arrondissement de Rochechouart (Haute-Vienne).

V. — Antoine-Charles Coustin, écuyer, Sr du Masnadaud, baron de Blana (1), Bramefort, subdélégué des maréchaux de France dans toute l'étendue du diocèse de Limoges et de la vicomté de Rochechouard, fit son testament olographe, signé Massaloux, le 23 février 1682, mourut le 9 juillet 1688 à Argentat, et fut enterré le 12 à Pageas. Il avait épousé, par contrat du 9 décembre 1655, Charlotte-Marie de Reilhac, dont il eut : 1° François, qui suit; 2° Renée, baptisée, le 16 mai 1658, à l'âge de cinq ans six mois et vingt-trois jours; 3° autre Renée, baptisée le 9 décembre 1664, à l'âge de cinq ans six mois et vingt-trois jours; 4° Annet; 5° Jeanne, mariée, en 1695, à Jean de Bermondet, Sgr de Cussac et de Cromières; 6° Gabrielle-Thérèse, baptisée le 1er décembre 1672, vingt-quatre jours après sa naissance, et mariée à Jean de Beauvoire, Sr de Villac, de la paroisse de Saint-Robert; 7° Marie-Charlotte mariée à Mathurin de Lentillac, vicomte de Sedière, baron de Gimel, Saint–Yrieix-le-Déjelat et Sarran; 8° autre Charlotte, qui se fit religieuse à Boubon en 1675.

VI. — François Coustin, né le 4 octobre 1656, chevalier, marquis du Masnadaud, comte d'Oradour et Saint-Basile (2), par sa femme, baron de Blanat, mourut âgé de soixante-seize ans, le 4 février 1733. Les registres d'Oradour constatent qu'il avait épousé, le 15 avril 1687, Marie-Anne de Bermondet, demoiselle d'Aubanie, fille de feu Georges et de Françoise Garnier, dans la chapelle du château du Bouscheron. Elle mourut, âgée de soixante ans, le 6 août 1725, après avoir eu de son mariage : 1° Françoise, née le 17 janvier 1688; — 2° Antoinette-Charlotte, mariée, le 14 avril 1711, à Albert de Rilhac, chevalier, comte de Saint-Paul, baron de Boussac, lieutenant-colonel du régiment royal Roussillon-cavalerie, fils de feu Jean, chevalier, exempt des gardes du corps de sa Majesté, et de Jeanne-Armande de La Roche-Aymon, de la ville de Boussac ; — 3° Anne, demoiselle du Masnadaud, mariée à Jean de Royère, chevalier, marquis de Peyraux, Badefol, Lon et La Jarousse ; — 4° François-Annet, qui suit.

VII. — François-Annet Coustin du Masnadaud, chevalier, comte d'Oradour Sgr de Blanac, né le 1er septembre 1698, mourut à Limoges le 9 décembre 1747, et fut inhumé à Pageas. Il avait épousé Henriette de Beynac, qui, étant séparée de son mari, le 3 mars 1746, fit au château de La Valade, paroisse de Romain (3) au diocèse de Périgueux, son testament, signé Boyer, et par lequel elle veut être inhumée dans le tombeau du comte de Beynac, son père, au dit Romain. De son mariage avec François-Annet Coustin elle eut : 1° Marie-Françoise-Henrie, née au château du Bouscheron, paroisse d'Oradour-sur-Vayres, le 28 novembre 1721, baptisée par l'abbé de Grandmont, mariée à Pageas, le 17 septembre 1742, à Jean de Brie, Sr de Lageyrac; — 2° Jean-Adrien, Sr de Saint-Hubert, ou Adrien-Louis-Marie-Charles, né le 3 novembre 1727 ; — 3° Marie, demoiselle de Saint-Basile, mariée, le 9 mars 1748, à Jean-Baptiste Grangevieille, Sr de La Chabroulie, garde du corps du roi, fils d'autre Jean, avocat et juge viguier de la ville de

---

(1) Blanat, commune de Saint-Michel-de-Bannières, canton de Veyrac, arrondissement de Gourdon (Lot).

(2) Saint-Basile, canton d'Oradour-sur-Vayres, arrondissement de Rochechouart (Hte-Vienne).

(3) Aujourd'hui, Les Champs-Romain, canton de Saint-Pardoux, arrondissement de Nontron (Dordogne).

Saint-Yrieix, et de Charlotte Morellet; — 4° Marie-Anne-Armande, née le 27 novembre 1729; — 5° Alexandre, qui suit, né le 4 octobre 1731; — 6° Catherine-Françoise, née le 3 octobre 1732; — 7° N..... Coustin Le Gros, chanoine de Nancy, vicaire-général de Tréguier, nommé, en 1767, à l'abbaye de Saint-Welmer; — 8° autre Marie-Anne, née le 12 mars 1735; — 9° Jean-Charles-Armand, né le 20 juillet 1736, et devenu prêtre; 10° Martial-François, né le 23 décembre 1737, et qui épousa, en 1767, Marie-Madeleine Lueut, de la paroisse de Saint-Etienne de Tournière au diocèse de Rouen; — 11° Armand-François-Marie, mort à l'âge de treize ans.

VIII. — Alexandre Coustin, marquis du Masnadaud, comte d'Oradour, épousa Louise Raverd de Mesyeux, dont il eut : 1° Marie, née le 29 octobre 1749; 2° Françoise-Catherine, née le 17 septembre 1752, et mariée, en 1771, à Jean-Marc de Beauvoire; 3° François-Louis-Antoine-Marie, comte d'Oradour, né le 25 septembre 1753, marié, en 1772, avec Marie-Anne Phelip de Saint-Viance de la paroisse d'Arènes; 4° Charles-Adrien, né le 1er mars 1755; 5° Jean-Charles-Armand, né le 17 mars 1758; 6° François, né le 28 mars 1760; 7° Françoise-Catherine, née le 18 juillet 1762; 8° Antoine-Paul-Jacques, né le 5 mai 1765; 9° et 10° Marie-Rose et Marie-Anne, mortes en bas-âge.

Cette famille avait fait preuve de noblesse en 1598.

Notes isolées.

[Noble Jean Costin, damoiseau, de la paroisse de Saint-Vitte (1), est témoin dans un acte du 17 décembre 1438, signé G. Doudinoti, *presbyter*.

Dans un titre signé Malavergnia, notaire à La Roche-l'Abeille, et conservé chez M. Pétiniaud de Journiac, à Limoges, on trouve, comme vivant en 1432, noble Catherine Coustin, veuve de noble Jean des Farges, damoiseau, du lieu de Freyssinet (2), et mère d'Antoine et d'Audoin des Farges.]

Jean Coustin, Sr du Chassain, frère d'Etienne, prévôt d'Arnac en 1448.

Noble Guillaume Costini, 1471.

Jeanne Costini, veuve en 1496 de Gabriel Piconis, de la ville de Donzenac (3).

Noble Jacques Costini, de la ville de Donzenac, en 1495, qualifié de damoiseau en 1498.

Pétronille Costini de Donzenac, nièce de noble Jacques Costini, épousa, le 15 mai 1496, Gérald dit Pinto-Buge, fils de Jean, notaire et commissaire juré de l'official de Limoges, du lieu de Saint-Germain-las-Vergnas : elle porta 50 livres, une robe pour Jeanne Romana, sa belle-mère, un lit, et, pour la dépense des noces, son oncle, Jacques Costini, donna cinq setiers de froment, cinq setiers de seigle, mesure de Vigeois, un muid de vin, mesure de Donzenac....., acte (signé J. de Monthilio).

Le nécrologe de Solignac a inscrit une Superane Coustin, demoiselle de Chassang, morte le 27 mars .....

---

(1) Saint-Vitte, canton de Saint-Germain-les-Belles, arrondissement de Saint-Yrieix (Haute-Vienne).

(2) Fressinet fait partie de Saint-Priest-Ligoure, canton de Nexon, arrondissement de Saint-Yrieix (Haute-Vienne).

(3) Donzenac, chef-lieu de canton, arrondissement de Brive (Corrèze).

Noble Pierre Costini, dit del Veruh, de la ville de Donzenac, 1503 et 1509.

Louis de Coustin, abbé commendataire du Mont-Saint-Quentin au diocèse de Noyon en 1506, et de Sublac ou mieux Souillac en Quercy. Le *Gallia christiana vetus,* T. IV (p. 773), en fait mention.

Noble Pierre Costini, *alias* Boursallos, vivant en 1508, épousa N....., dont il eut une fille, nommée Jeanne.

On trouve dans le *Dictionnaire généalogique* de 1757, N..... Coustin, chevalier, S^{gr} de Bourzollest en Périgord. Il épousa, vers 1514, Béraulde de Jaucourt, fille d'Aubert, chevalier, S^{gr} de Villarnoul et de Renée Le Roux.

Jacques Coustin, écuyer, Sr du Verg, épousa N....., dont il eut Catherine, religieuse aux Allois en 1541.

Agnez Coustin, écuyer, Sr du Chassaing et de Toyson, épousa Marguerite du Moustier. Ils firent, le 8 octobre 1549, un testament mutuel, par lequel ils veulent être inhumés dans la chapelle des Coustin, au cimetière de Saint-Victe, et qu'il soit appelé cent prêtres à leur sépulture. D'eux naquirent : 1° Germain Coustin, Sr du Chassaing ; 2° Agnez, prieur de Mansay ; 3° Hugues, tonsuré en 1526, curé d'Alat au diocèse de Sarlat, et chanoine de Saint-Germain en Limousin en 1557 ; 4° François, archiprêtre de La Porcherie en 1578, et chanoine du dit Saint-Germain ; 5° Françoise, religieuse à Saintes ; 6° Marie, prieure du Bostmorbaud en Limousin ; 7° Madeleine, mariée à noble Jean Platet, S^r d'Autefaye ; 8° Anne, mariée à noble Pierre Dumont, S^r de L'Aage-Rideau ; 9° Marguerite, mariée à noble Jérôme de Saint-Yrieix, Sr du Fou ; 10° Léonarde, mariée à Gabriel Suverge, Sr du Poirier ; 11° Aben, que ses parents prient d'être d'église, et, dans le cas où il aurait un bénéfice de 150 livres, ils veulent qu'il ne demande rien dans leur succession ; 12° Julien, qui suivait l'état des ordonnances, c'est-à-dire apparemment qu'il était au service du roi.

Jacques Coustin, écuyer, Sr de Bramefort, avait pour femme Marquise Audet en 1598.

Noble Annet Coustin, écuyer, Sr du Chassaing, épousa, par contrat du 2 mars 1598, Isabeau de Montaignac, sœur de Jean Sr de Tranchelion.

François de Coustin de Bourzolles, comte de Carlus, mentionné par Moreri, édition de 1759, épousa, vers l'an 1600, Louise de Vienne, fille de Claude-Antoine, S^{gr} de Clervaux, etc., l'un des chefs des religionnaires de France, et de Catherine de Heu. Louise était veuve de Tich de Schwumberg, seigneur allemand, et de Herman Goër, S^{gr} de Villiers.

François Coustin, écuyer, Sr du Chassaing, épousa Gabrielle de Montéruc, dame de Puymartin, de la paroisse de Blanzac (1), dont il eut : 1° N..... ; 2° Marie, mariée en 1610, à Jean Faulcon, écuyer, Sr de Boisse ; 3° Jacques.

Antoine Costin, écuyer, de la paroisse de Saint-Viance (2), épousa N....., dont il eut : 1° N..... ; 2° Brandelin, tonsuré en 1605, et curé de Saint-Maixent en 1627.

François Coustin, de la paroisse de Blanzac, épousa Elisabeth du Mosnard, dont il eut : 1° N..... ; 2° Jean, tonsuré en 1659, et prieur de Chasseneuil, paroisse de Rancon, en 1665.

---

(1) Blanzac, canton et arrondissement de Bellac (Haute-Vienne).
(2) Saint-Viance, canton de Donzenac, arrondissement de Brive (Corrèze).

Jean Coustin, écuyer, S^r de La Tarrade, demeurant à La Rivière, mourut, âgé de quarante ans, le 28 avril 1693, et fut inhumé à Saint-Jouvent (1), comme le constatent les registres de cette paroisse. Il avait épousé Anne Faulcon de Boisse, qui mourut, âgée de quarante-cinq ans, le 19 juillet 1699, et dont il eut : 1° Marie, née au château de Boisse le 19 août 1681 ; 2° Anne, née le 18 octobre 1683 ; 3° Jean, baptisé le 14 octobre 1691 ; 4° Marie, née le 11 avril 1693.

On trouve une Marguerite Costin, demoiselle de La Guyonnie, qui avait pour fille Marguerite, *alias* Margot.

[COUSTURE, fief de l'Angoumois, généralité de Limoges, dans la mouvance du duché de La Rochefoucaud.]

COUTURES (2).

COUTURIER (3).

COUX, Sr du Chatenet et de La Vareille, paroisses de Lubersac et de Montgibaud (4), élection de Limoges, porte : *d'argent à trois fasces d'azur et une bande de gueules brochant sur le tout.*

I. — Germain de Coux, écuyer, Sr du Chatenet, paroisse de Lubersac, épousa, par contrat du 15 mai 1558, Françoise de Francœur, dont il eut : 1° Léonard, qui suit, et peut-être N..... de Coux du Chatenet, mort, dans un âge fort avancé, le 9 juin 1627.

II. — Noble Léonard de Coux, Sr du Chatenet, paroisse de Lubersac, mourut le 8 mars 1630, et fut inhumé dans la chapelle de Saint-Jean en l'église de Saint-Etienne du dit Lubersac. Il avait épousé, par contrat du 4 mai 1570, Antoinette Plaisant ou Plassanet de Bouchiac, qui fut inhumée, avec son mari, le 31 janvier 1635. D'eux naquirent : 1° Bertrand, qui suit ; 2° Léonard, qui a fait une branche ; 3° François, tonsuré en 1611, curé de Saint-Pardoux-l'Enfantier en 1613, qui fit, le 25 mai 1648, son testament, signé Beneyton, et qui en fit un second, signé du Bets, le 10 mars 1653 ; 4° Gabrielle, mariée, le 26 août 1625, à Etienne de Beaune, bourgeois. Elle mourut au village de Las Bordas, paroisse de Saint-Martin-Sept-Pers, et fut inhumée à Libersac le 23 mars 1634 : — peut-être aussi Jean, qui fut inhumé dans l'église de Saint-Etienne de Libersac le 2 mars 1637 ; — peut-être encore Marie, mariée en secondes noces, dans l'églises de Saint-Cyr-les-Champagnes, en février 1649, à Pierre N....., S^r des Jumeaux.

III. — Noble Bertrand de Coux, S^r de La Vareille, mort à La Renaudie, paroisse de Libersac, le 8 novembre 1658, avait épousé, par contrat sans filiation du 13 février 1642, Jeanne de Montgibaud, dont il eut : 1° Hélie, baptisé le 3 avril 1644 ; 2° Marie, baptisée le 27 août 1645 ; 3° Jeanne, baptisée le 17 mai 1648.

(1) Saint-Jouvent, canton de Nieul, arrondissement de Limoges (Haute-Vienne). Le château de Boisse, qui n'a plus aucun caractère féodal, est dans la dite paroisse de Saint-Jouvent.

(2) Il y avait sur la famille des Coutures des notes à la page 1135, qui est enlevée.

(3) Il y avait des notes sur cette famille à la page 2469 ; les feuillets du manuscrit sont enlevés de la page 2458 à la page 2471 exclusivement.

(4) Montgibaud et Saint-Martin-Sept-Pers, canton de Lubersac, arrondissement de Brive (Corrèze).

III bis. — Léonard de Coux, écuyer, S' du Chatenet, fit son testament le 2 septembre 1611, et aussi le 7 mars 1630. Il avait épousé, par contrat du 7 juillet 1605, Louise de Limoges de La Gorce, fille de messire Gilbert de Limoges, Sgr de Beinac, dont il eut : 1° Paul, qui suit ; 2° Bertrand ; 3° Jean ; 4° Gabrielle.

IV. — Noble Paul de Coux, écuyer, S' du Chastenet, mourut, âgé de soixante-treize ans, le 15 mai 1673, ou âgé de soixante-douze ans, le 29 mai 1692. Il avait épousé, par contrat sans filiation du 29 avril 1636, Hélène de La Vergne, dont il eut François, qui suit.

V. — François de Coux, écuyer, S' du Chastenet, baptisé le 13 juin 1644, mourut d'apoplexie le 5 février 1716. Les preuves de noblesse fournie par sa famille en 1598 n'avaient pas été trouvées suffisantes ; mais il fut maintenu dans sa noblesse par M. d'Aguesseau, intendant de Limoges, le 1er décembre 1666. Il avait épousé, par contrat sans filiation du 30 décembre 1663, Marie Bayle, fille de Pierre, S' du Retour, paroisse de Glandon, et dans l'église de Libersac, le 3 janvier 1644 : elle mourut le 19 février 1711. De ce mariage naquirent : 1° Jeanne, baptisée le 19 avril 1665 : c'est peut-être celle qui fut mariée, dans l'église de Libersac, le 25 octobre 1678, à Jean des Brousses, écuyer, de la paroisse de Glandon ; 2° Anne, née le 1er novembre 1666 ; 3° Antoine, baptisé le 8 janvier 1668 ; 4° Marie, née le 24 décembre 1668 ; 5° Louis, né le 17 août 1670 ; 6° Jacques, né le 31 décembre 1673 ; 7° Pierre, né le 21 septembre 1676 ; 8° Paul, né le 30 juin 1679 ; 9° Marie, née le 10 septembre 1680 ; 10° Jean, né le 7 novembre 1681 ; 11° Jeanne, née le 25 février 1683.

Notes isolées.

Aymeric de Coux, damoiseau, de la paroisse d'Aixe, épousa Jeanne d'Eschizadour, veuve d'Adémar Coralli, damoiseau. Par son testament du vendredi 7 des ides d'août 1304, signé Garnier, elle veut être inhumée chez les frères prêcheurs de Limoges. Elle n'avait point d'enfants.

Guillaume de *Collibus,* damoiseau, de la ville d'Aixe, fils de feu Aimeric, chevalier, fit son testament le 13 janvier 1366, et d'après le nouveau style, 1367.

Jean de Couts, *alias* du Chatenet, damoiseau, épousa Marguerite d'Aixe, fille de Pierre, damoiseau. Par son testament du 6 avril 1374, signé Guill. de Manso, elle fit un légat aux frères prêcheurs de Limoges, qui ont un extrait de ce testament. De ce mariage naquit Jean, qui suit.

Jean de Coux, damoiseau, S' du Chatenet, paroisse de Saint-Etienne de Lubersac, veut être enterré dans l'église de Saint-Hilaire, avec son oncle, Ramnulphe de Coux. Son testament, signé Tarnelli, est du 25 janvier 1440. Il avait épousé Alpadie Plaisant de Salon, dont il eut : 1° Jean, damoiseau ; 2° autre Jean ; 3° Arsésie, mariée à Audebert de Saint-Laurent, damoiseau, Sgr de Guore.

[Les registres de Fagia, notaire à Aixe (f° 49 *verso*), déposés chez Ardant, notaire à Limoges, constatent que Guillaume de Coux était mort le 20 août 1453.

Noble Foucaud de Coux, damoiseau, Sgr de Coux au diocèse de Limoges et de Bessinoux au diocèse de Bourges, est mentionné dans un acte du 7 mai 1488, signé Rebierii, Guillaume Rebier.]

Joseph de Coulx épousa, dans l'église de Libersac, en décembre 1684, demoiselle du Firmigier, de la ville de Treignac.

Louis de Coux, écuyer, Sr du Bouchet, épousa, le 19 novembre 1694, Jeanne de Coux du Chatenet, fille d'Elie de Coux, écuyer, S^r de La Vareille, et de Marguerite de Dounac : elle mourut veuve, âgée de soixante-dix ans, le 27 octobre 1743. De ce mariage naquirent : 1° Marie, baptisée le 13 août 1697 ; 2° Antoine, né le 28 décembre 1698 ; 3° Jeanne, née le 21 janvier 1700 ; 4° François, né le 27 août 1702, reçu page du roi, dans sa grande écurie, le 27 juin 1720, et mentionné par d'Hozier dans son *Armorial général*, Ire partie, p. 159 ; 5° Marie, née le 12 mars 1704 ; 6° Bertrand, né le 24 juillet 1705 ; 7° François, dont l'article est à l'alinéa suivant ; 8° Luce, née le 26 février 1708, reçue à Saint-Cyr le 21 juin 1718, et mariée, le 7 juillet 1732, dans la chapelle du Chatenet, paroisse de Lubersac, à Charles-Joseph de La Morelie, écuyer, Sr de Puyredon, habitant la paroisse du Moutier de la ville de Saint-Yrieix ; 9° Anne, née le 12 février 1710 ; 10° Françoise, baptisée le 10 avril 1713 ; 11° Cécile, baptisée le 13 août 1714 ; 12° Pierre, chevalier de Saint-Louis, chevau-léger de la maison du roi, mort au Chatenet, âgé de quarante-cinq ans, le 31 janvier 1763 ; 13° Jeanne, née le 17 février 1719, reçue à Saint-Cyr le 5 juillet 1728, mariée à Lubersac, le 14 janvier 1756, avec Georges de La Roche-Aymon ; 14° Pierre, né le 7 juillet 1720, tonsuré ; 15° autre Pierre, né le 2 novembre 1722.

François de Coux, chevalier, S^{gr} du Chatenet, d'une piété distinguée et des plus exemplaires, mourut, âgé de quarante-deux ans, le 24 janvier 1745. Il avait épousé Marguerite Moulinier de Puymaud, qui mourut, âgée de cinquante ans, le 15 juillet 1759, et dont il eut : 1° Léonarde, mariée, le 23 février 1762, dans la chapelle du Chatenet, paroisse de Lubersac, à Gabriel-Jacques de Royère, chevalier, vicomte de Peyroux, de la paroisse de Loignac ; 2° Charles-Roch, chevalier, Sr du Chatenet, La Penchenerie et Puymaud, qui épousa, à Lubersac, le 4 juin 1764, Marie de Corbier, fille de Michel de Corbier, chevalier, S^{gr} de Corbier, baron de Pontarion, et de Marie de Chastaignac ; 3° Marie-Anne, baptisée le 3 octobre 1742, morte à Estivaux, paroisse de Vicq, le 16 novembre 1752 ; 4° Anne-Madeleine, morte en bas-âge.

COZET (1).

CRAIGNE (2).

CRAMAUD (3).

CRAPETEAU (4).

CRESPIN, S^{rs} de La Chabosselaye, paroisse de Tezat, élection de Saintes

---

(1) Il y avait des notes sur cette famille à la page 1136, déchirée.
(2) Il y avait des notes à la page 2412 ; les feuillets du registre sont enlevés de la page 2422 à la page 2457 exclusivement.
(3) Il y avait des notes sur cette famille aux pages 1136 et 1137, déchirées.
(4) Il y avait des notes à la page 827 : le feuillet est enlevé.

et de Marennes, porte : *d'azur à un chevron d'or accompagné de 3 pommes de pin de même.*

I. — François Crespin, conseiller-clerc au parlement de Paris par arrêt du dit parlement du 20 avril 1518, puis président en Bretagne et chancelier du duc d'Orléans, épousa, par contrat du 21 mai 1518, Marie de Poncher.

II. — Pierre Crespin, conseiller au parlement de Bretagne, par provisions du 8 août 1565, avait épousé, par contrat du 3 décembre 1563, Marguerite de Balliony.

III. — Zacharie Crespin épousa, par contrat du 15 juin 1617, Marie Regnaud, dont il eut : 1° Zacharie, qui suit ; 2° Théodore qui épousa, par contrat du 26 janvier 1658, Susanne de Gretelier (1).

IV. — Zacharie Crespin épousa, par contrat du 25 décembre 1650, Marie Dujau.

CREUZENET. — Jean de Creuzenet, fils de Jean, notaire d'Aixe, S de Forges, et de Marguerite Mandat, prenait la qualité d'écuyer, étant capitaine exempt des gardes du roi. Il épousa, par contrat du 26 février 1661, signé Guingand, avec dispense, Charlotte de Creuzenet, sa parente, fille de feu Jean, avocat, et de Léonarde Mandat. D'eux sont issus : 1° Marie, née le 1ᵉʳ juin 1680 ; 2° Charles, baptisé en février 1682 ; 3° Jean, baptisé le 29 mars 1683.

CRÉVANT (2).

CROISANT, Sʳˢ des Rivières, paroisse des Rivières (3), élection d'Angoulême, et d'Allemagne, paroisse de Bussière-Galand (4), élection de Limoges, portent : *d'azur à une croix d'argent.* La famille Croisant avait fait preuve de noblesse en 1598.

I. — N... de Croisant vendit des rentes le 10 juin 1539 et le 1ᵉʳ avril 1558. Il épousa Louise des Brousses, dont il eut François, qui suit.

II. — François de Croizant, autorisé par le dit Jean, son père, fit, le 29 décembre 1564, un partage avec Antoinette et Jeanne Masson, sœurs, de la succession de Hélie Masson, écuyer, Sʳ d'Allemagne et du Genest, du lieu de La Faye, paroisse de Jumilhac en Périgord. Il épousa Marguerite Masson, dont il eut : 1° Jean, qui suit ; 2° Claude, qui se maria le 24 novembre 1609 ; 3° Simon, qui se maria en 1595 ; 4° Françoise, mariée, par contrat du 23 décembre 1609, reçu Baignaux, à Jean de Miraumont, écuyer, Sʳ de La Bonnefossie ; 5° autre Françoise, mariée.

III. — Jean de Croizant, Sʳ des Rivières, épousa, le 22 octobre 1600, Madeleine Guy.

IV. — François de Croizant, Sʳ des Rivières, épousa, le 25 avril 1640, Marie Guynot.

III *bis*. — Claude de Croizant épousa, le 24 novembre 1609, par contrat du 18 août précédent, Anne du Rouziers, fille de François, écuyer, Sʳ du

---

(1) Au lieu de Grételier, inscrit par des Coutures, lisez « de La Grézille ».
(2) Il y avait des notes à la page 522 : le feuillet est enlevé.
(3) Rivières, canton de La Rochefoucault, arrondissement d'Angoulême (Charente).
(4) Bussière-Galant et Saint-Nicolas-Courbefy, canton de Chàlus, arrondissement de Saint-Yrieix (Haute-Vienne).

Petit-Pressac (1) et de La Cour, paroisse d'Étagnac (2), et d'Antoinette Paulte.

IV. — Jean de Croizant, S^r d'Allemagne, épousa, le 12 février 1635, Jeanne de La Brousse.

III ter. — Noble Simon de Croizant ou Crozant, Sr du Genest, paroisse de Ladignac [ou du Genesty et de Brie en Limousin], de Sainte-Marie de Fregioux, Guischardie, Bret d'Aise [peut-être mieux Brie d'Aixe], fit son testament, reçu par Marchapt le 11 octobre 1608, et mourut au mois de novembre ou décembre suivant. [Les papiers domestiques de M. de Beaupré marquent qu'il était mort le 23 novembre 1608.] Il avait épousé, en 1595, Anne de Meillars, qui se remaria, à l'âge de trente-deux ans, par contrat du 20 janvier 1610, reçu Motjeon, à Jean du Rousiers, écuyer, S^r du dit lieu, au bourg de Saint-Brice, et frère de Louis de Rousiers, Sr de Boussignac. D'eux naquirent : Jacques, Henri et un autre posthume, tous trois morts en bas-âge ; 4° Marguerite, qui reçut en legs 4,000 livres, et qui, n'ayant que huit ans, fut mariée par sa mère, par contrat du 2 janvier 1610, à Louis de Roussiers, paroisse de Saint-Brice, Sr de Boussignac et de Pressac, demeurant au Rut en Angoumois, et qui était frère du second mari de la dite de Meillars. Le sénéchal de Limoges, par sentence du 18 février suivant, déclara ce mariage clandestin. Marguerite de Croizant se remaria, le 5 avril 1615, à François Guy, écuyer, Sr de Puyrobert, du Genest, près la ville de Saint-Yrieix, du Breuil, paroisse de Champnier, près d'Angoulême, de la Nauzière, paroisse de Ladignac et de La Breuille, paroisse de Minzac en Angoumois.

Notes isolées.

Jeanne, fille de Raymond de Crozant, paroisse de Ladignac, épousa, par contrat du 4 juin 1400, Arnaud de La Font, damoiseau, du château de Limoges. Elle porta 100 sous de rente, 100 livres à payer en différents pactes, un lit, des robes et autres garnitures, suivant sa qualité, et une maison à Limoges.

Noble Bertrand de Crozant, damoiseau, Sr du Genest, paroisse de Ladignac, rendit hommage au S^{gr} de Châlus et de Courbefy en 1489. Il était fils de Raymond, damoiseau, seigneur du Genest en partie et de Maraval en 1467, et qu'on retrouve en 1470.

Simon de Crozant, écuyer, qu'on trouve en 1358, épousa Jeanne de Preyssat, dame du Moulin-Paulte, paroisse de Vidais, laquelle mourut le 25 avril 1595, et dont il eut : 1° Olivier, tué, au coin de la forêt du Poirier, près de chez lui, le 3 septembre 1384 ; 2° Pierre, mort le 2 mars 1589.

Jean de Crozant, écuyer, Sr du Genest, laissa un bâtard nommé Jean de Crozant, dit Jean du Mouly, marié à Annette Cubirol, fille de Geoffroy dit Rapissat, hôte du bourg de Saint-Nicolas, et de Marguerite Mazellier. Dans le contrat du 8 avril 1588, reçu Garreau, François de Crozant, écuyer, Sr du Genest, fit quelque donation au bâtard.

---

(1) Le Petit-Pressac, canton nord de Confolens (Charente).
(2) Etagnac, canton de Chabanais, arrondissement de Confolens (Charente).

Noble François de Crozant, paroisse de Ladignac, épousa N....., dont François, tonsuré en 1603.

Laurent de Croyzant, écuyer, S^r d'Alemaigne, épousa N....., dont : 1° Jean, vivant en 1636; 2° François.

Louis du Croizant, écuyer, Sr du Moulin-Paulte et de Vidais, mourut en novembre 1691. Il avait épousé Léonarde du Rousseau de Ferrières, dont il eut : 1° Jacques, né le 1er janvier 1668; 2° Françoise, née le 21 octobre 1669; 3° Marie, née le 20 septembre 1670; 4° autre Marie, née le 2 octobre 1672; 5° Gabrielle, née le 30 mai 1674; 6° Pierre, né le 29 octobre 1675. L'une des deux Marie prit l'habit religieux à Boubon en 1690.

Jean de Croizant, écuyer, Sr de Chaserac, paroisse de Bussière-Galand, épousa, à Corbier, le 24 février 1694, Gabrielle Hautier, de la paroisse de Coussac.

Pierre de Croizant, écuyer, S^r de La Grange, et de Château-Renom, paroisse de Bussière-Galand, épousa à Vidais, le 12 avril 1717, Marie de Champelin.

Germain Croizant, écuyer, S^r de La Renaudie, paroisse de Bussière-Galand, épousa, en 1764, Anne Hébrard de Veyrines, de la paroisse de Saint-Michel-des-Lions, à Limoges.

CROIZAT. — Jean-Jacques de Croizat, S^r de La Roche-Croizat, paroisse de Réparsac, élection de Cognac, porte : *d'azur à un chevron d'or; 2 étoiles en chef de même, et un croissant d'argent en pointe.* Il reçut des lettres d'anoblissement en décembre 1651, et un brevet de retenue le 2 juin 1665.

CROS (1).

CROSELLO. — Raulin de Crosello, damoiseau, de la paroisse de Saint-Michel-de-Vesse (2), épousa Marie, dont il eut *la Eymona*, mariée, le mardi après l'octave de la fête de saint André, en 1309, avec Guillaume de Hour, damoiseau.

CRUGI (3).

CUGNAC, Sr de Chaussade, paroisse du Puyrigaud, élection d'Angoulême, porte : *écartelé et gironné de gueules et de sable.*

I. — Jean de Cugnac, épousa Philippe de Salignac, dont il eut Jean, qui suit. Celle-ci, étant veuve, fit, avec Jean, son fils, une acquisition le 22 septembre 1538.

II. — Jean de Cugnac passa une transaction le 21 septembre 1546, et reçut une reconnaissance le 26 juin 1549. Il fit, le 16 janvier 1555, son testament, dans lequel il fait mention de Jean, son père, et de la dite de Salignac, sa mère, et dans lequel il institue Gabriel, son aîné, faisant légat à Geoffroy, son puîné. Il épousa Isabeau Goulard, dont il eut : 1° Gabriel; 2° Geoffroy, qui suit.

---

(1) Il y avait, d'après la table de Legros, des notes sur ce nom à la page 1138, déchirée.

(2) Saint-Michel-de-Vaisse, canton de Saint-Sulpice-les-Champs, arrondissement d'Aubusson (Creuse).

(3) Il y avait des notes à la page 696, arrachée.

III. — Geoffroy de Cugnac, faisant pour ses enfants, passa une transaction avec Gabriel de Feydet, le 29 décembre 1608. Il avait épousé, par contrat du 26 juillet 1582, Jacquette du Bost, dont il eut : 1° Charles qui suit ; 2° Jean.

IV. — Charles de Cugnac épousa, par contrat du 13 mai 1612, Catherine de Ranconnet.

V. — Charles de Cugnac épousa, par contrat du 5 mai 1629, Marie Aucaire.

[CULENC ou CEULECO. — On trouve dans les registres de Borsandi, notaire à Limoges, Gauthier de Culenc, p. 127, n° 199, et Gaucelin de Culenc p. 149, n° 231, *apud* Dom Col.

Dans les registres de Roherii, notaire à Limoges (toujours d'après Dom Col.), Guistard de Culenc, p. 11, n° 11, et Gérald de Ceuleco, p. 62, n° 56.]

CULTAR ou CURTAL. — V. Courtaud.

CUMONT, Sr du Taillant, paroisse de Virolet, élection de Saintes, porte : *de gueules à une croix ancrée d'argent, une aigle de sable pour cimier, deux anges pour supports.*

I. — Hélie de Cumont épousa Périne Macé.

II. — Patrice de Cumont épousa Louise de Livenne. Le 20 mars 1515, il y eut partage des successions du dit Hélie et de la dite Macé entre Guillaume, lieutenant-général d'Angoumois, et Jean, son frère. Dans ce partage, il est fait mention qu'ils avaient auparavant partagé avec Patrice, leur frère.

III. — Pardoux de Cumont épousa Jeanne de Beauchamp. — Le 1er octobre 1571, fut passé le contrat de mariage de Placide, fils de Patrice, par lequel il cède à la dite Jeanne de Beauchamp, veuve de Pardoux, et à ses enfants, ce qui lui peut appartenir dans les successions du dit Patrice et de la dite de Livenne, ses père et mère.

IV. — Jean de Cumont épousa, par contrat du 21 décembre 1571, Claire Robert.

V. — Jean de Cumont épousa, par contrat du 14 mars 1623, Vince Goüaülaud.

VI. — Timothée de Cumont épousa, le 23..... 1656, Marie de Rabaines.

[CURSOL. — Noble Pierre de Cursol, chevalier, gentilhomme de la maison du roi, S^{gr} de Fayoles, paroisse d'Azac au diocèse de Limoges (quel Azac?), était mort le pénultième février 1540 *(vieux style)*, d'après un titre signé J. de Malavergne, notaire, et communiqué par M. Sanson de Royère. Ce Pierre fut père de noble Règne de Cursol, écuyer, S^{gr} de Fayoles, qui épousa, par contrat du 31 décembre 1540, Ysabeau de Royère, près La Roche-l'Abeille, fille de feu noble Jean de Royère, écuyer, S^{gr} du dit Royère, et sœur de noble François, aussi écuyer, S^{gr} de Royère.]

CURZAY (1).

CUSSY (2).

---

(1) Nadaud avait des notes sur la famille de Cursay à la page 909, déchirée.

(2) La table de Legros indique des notes sur cette famille à la page 1138, arrachée. La généalogie de Maumont renvoie à la même page en parlant du mariage de Marie de Maumont, qui, par contrat du 5 juillet 1587, reçu par Tayen, épousa Geoffroy du Cussy, Sr du Rieu.

Supplément a la lettre A.

D'ABZAC (page 2). — Cette famille, originaire du Périgord, où se trouve une forteresse de son nom, s'est répandue dans le Limousin et l'Angoumois. M. d'Hozier en parle comme d'une famille qui, indépendamment de ses services et de ses alliances, est, par son ancienneté, reconnue unanimement pour une des premières maisons de la province qui a été son berceau. Il est probable qu'elle a pris son nom d'un château situé à trois lieues de Périgueux, connu aujourd'hui sous le nom d'Ajac ou d'Ajat, mais qu'on écrivait anciennement Abzac (de Abzaco). L'orthographe de ce nom varie singulièrement dans les anciens titres : on le trouve écrit tantôt d'Apzac ou d'Abzac, quelquefois d'Azac, d'Azat, d'Absac, etc. L'existence de cette maison est connue depuis le milieu du douzième siècle, et sa filiation est prouvée depuis l'an 1287.

Etienne, Gérard et Hélie d'Abzac firent des donations à l'abbaye de Cadouin en 1158.

Pierre, Barrière, Boson, Raimond d'Abzac, et autres sujets isolés de la même maison, qu'on ne peut pas rattacher les uns aux autres, firent des donations, dans le même siècle ou au commencement du suivant, aux abbayes de Cadouin, de Dalon, de Chancelade, etc.

Bertrand d'Abzac, chevalier, fut témoin d'une donation faite en 1174, par Guy de Peirals, à l'abbaye d'Uzerche.

Un mémoire sans date, mais de l'écriture d'environ l'an 1260 ou 1280, contient une espèce de dénombrement où sont mentionnés Bertrand d'Apzac, Bos d'Apzac et W. d'Apzac. Il y est dit que le même Bertrand d'Abzac avait un fief en la paroisse de Limeirac. La filiation est suivie depuis.

I. — Hugues Ier d'Abzac, coseigneur du château et châtellenie de Clarens, damoiseau, est nommé parmi les coseigneurs de cette châtellenie dans la transaction qu'ils passèrent le samedi après la fête de Saint-Vincent 1287 (vieux style), avec les commissaires d'Edouard Ier, roi d'Angleterre, au sujet du droit de leude du château de Clarens. Cette transaction fut confirmée par lettres de ce prince, datées de Bordeaux, le 24 janvier de la même année, et par autres lettres du roi Charles-le-Bel, données à Château-Thierry au mois d'octobre 1326. Il assista, avec la qualité de damoiseau, au contrat de mariage de Guillaume d'Auberoche avec Bertrande de Lacropt, du 13 des calendes de novembre 1299. Il est nommé Hugues d'Apzac, et qualifié donzel, seigneur en partie de Clarens, dans une reconnaissance de trois sols de rente, qui lui fut donnée par Bernard Gasset, habitant de La Monzie, le mercredi après la fête de la Purification de la Vierge 1314 (vieux style). Il ne vivait plus en 1323, suivant la ratification faite en faveur de Hugues d'Abzac, chevalier, son fils, d'une acquisition qu'il avait faite.

On ignore le nom de sa femme et le nombre de ses enfants; on sait seulement qu'il fut père de : 1° Hugues d'Abzac II, dit le Jeune, chevalier, mentionné dans un grand nombre d'actes depuis l'an 1319 jusqu'en 1357. Il est nommé dans un compte du Trésor de l'an 1329, par lequel il paraît qu'ayant été condamné à 300 livres, par le sénéchal de Périgord, l'an 1328, il en paya seulement 90 livres. Il servait en 1340 en qualité de chevalier-bachelier, avec sept écuyers, sous le gouvernement de M. Payen de Mailly, sénéchal de Périgord, capitaine et gouverneur de cette sénéchaussée. *(Compte de Barthélemy du Drach.)* Quelque temps après, ayant embrassé le parti des Anglais, Jean, fils et lieutenant du roi de France, confisqua tous ses biens et rentes qu'il avait tant dans la châtellenie d'Auberoche qu'à la Munzie, et les donna à Hélie de Sudor. Hugues d'Abzac quitta alors le Périgord et se retira probablement en Angleterre, où il demeura jusqu'à l'époque de la bataille de Poitiers. De retour en Périgord, vers l'an 1356 ou 1357, il bâtit le château de Montlatruc, où il passa le reste de ses jours. Il fit son testament vers le même temps, c'est-à-dire vers l'an 1360, par lequel il laissa l'administration de ses biens et de ses enfants à Alais de la Cropte, dame sa femme, et institua Jean, son fils, son héritier universel. Hugues II avait été marié deux fois : 1° avec Marguerite de Neuville, sœur (sans doute utérine) de Renaud de Born, Sgr d'Autefort et de Thénon, lequel, par acte du samedi après la fête de saint André 1333, promit de payer à Hugues d'Abzac, chevalier, la somme de 130 livres, « à cause, dit-il, du restant de la dot de Marguerite de Neuville, sa sœur (de Renaud de Born) » ; 2° avec Alais ou Alays de la Cropte, fille de noble Fortanier de la Cropte, damoiseau, laquelle était veuve en 1362, et vivait encore en 1366. Il provint de ce mariage deux enfants nommés Jean et Guillaume d'Abzac, qui sont mentionnés dans le testament du même Fortanier de la Cropte, daté du 2 des ides de janvier 1367 *(vieux style)*, et qui moururent bientôt après sans alliance ; 2° Guy dit Guinot d'Abzac, qui suit.

On trouve, vers le même temps, maître Bertrand d'Abzac, chevalier, témoin dans un acte de l'an 1333 ; Guillaume d'Abzac, prêtre en 1343 ; Arnaud d'Abzac, qui passa un bail à cens le mardi après l'octave de la Purification de la Vierge 1367 *(vieux style)*, comme administrateur de Jean, son neveu, fils de Guy, son frère. Les notions qu'on a sur ces sujets ne sont pas suffisantes pour pouvoir décider s'ils appartiennent à cette branche ou à quelque autre.

II. — Guy dit Guinot d'Abzac, Ier du nom, damoiseau, de la paroisse de Monzie, fit une acquisition en 1334, conjointement avec Hugues d'Abzac, chevalier, son frère. Il acquit, le 4 des ides de décembre 1340, de Grimoard Barde et sa femme, un jardin situé au bourg de Monzie. Le même Guy d'Abzac, damoiseau, et Bertrande de La Pradelle, sa femme, firent donation, le jour des ides de mai 1343, à Bertrand de La Pradelle, donzel, recteur de Bertrie (frère de Bertrande), des biens délaissés par défunte Marguerite de Neuville, sa mère, situés dans la châtellenie d'Excideuil. Le 13 juillet 1364, il donna quittance pour marchandises à Bergerac. On ignore l'année de sa mort, mais il est certain qu'il ne vivait plus en 1374.

Il avait épousé Jeanne, nommée aussi Bertrande de La Pradelle, damoiselle, sœur de Jean de La Pradelle, archevêque de Nicosie, dans l'île de Chypre, dont il eut les enfants suivants : 1° Aimar ou Adémar d'Abzac, qui suit ; 2° Hélie dit Gantonnet d'Abzac, chevalier, passa dans l'île de Chypre, dont, suivant un mémoire de famille, il fut nommé connétable. A son retour, il fit son testament au château de La Douze, le 18 décembre 1401, par lequel il choisit sa sépulture dans l'église des frères mineurs de Périgueux; fit des legs aux églises de La Monzie, de La Douze, etc.; rappelle les services qu'il a rendus, au pape Grégoire XI, dans la ville de Verceil en Lombardie, lorsque ce pape, du consentement du collège des cardinaux, l'établit capitaine-général de la dite ville de Verceil, et de toute la Marche de ce pays jusqu'au fleuve du Pó ; qu'il lui devait encore 7,000 florins d'or: qu'étant en Chypre avec le roi de Chypre, il avait été blessé dans la ville de Famagouste; qu'il avait été malade de ses blessures pendant quatre ans; que, depuis, le pape lui donna le commandement de mille hommes d'armes et des bulles par lesquelles il s'engageait de lui payer 20,000 florins d'or de la chambre apostolique, etc., et institue son héritier universel Adémar d'Abzac, son frère germain.

III. — Aimar ou Adémar d'Abzac, damoiseau, S^{gr} de Montastruc, Bellegarde, etc., et du chef de Guillemette de Boniface, sa femme, de La Douze, des maisons nobles de Périgueux, Beauregard, etc., doit être regardé comme le chef et la souche de toutes les branches de la maison d'Abzac actuellement existantes. Il est connu par une foule de titres, dont le plus ancien contient des lettres expédiées à Toulouse, le 3 janvier 1368 *(vieux style)*, par Louis de France, duc d'Anjou, frère du roi Charles V, et adressées au sénéchal de Périgord, pour mettre Pierre d'Arenthon en possession du lieu de Bergerac et du château de Beauregard. Il vendit, par acte du mardi après la fête de saint Michel 1378, à messire Amalric de Barrière, chevalier, S^{gr} de Reilhac, habitant la ville de Périgueux, tous les droits et hommages qui lui étaient échus à raison de la succession de Hugues d'Abzac, chevalier, son oncle, sur les bourgs et paroisses de Limeirac, d'Abzac et de Fossemagne, moyennant la somme de 130 florins d'or. Il transigea, par acte passé au lieu de Moruscles en Limousin, le 4 mars 1400, avec messire Amanieu de Mussidan, chevalier, S^{gr} de Montclar, au sujet du lieu de Montastruc, dont ce dernier, sans aucun droit et contre la volonté du propriétaire, s'était emparé par violence, en avait pris et pillé les biens et les meubles, et en avait chassé par force la femme et la famille d'Aimar d'Abzac. Le seigneur de Montclar reconnaît, par cet acte, que les réclamations d'Aimar d'Abzac étaient justes ; que le lieu de Montastruc et ses dépendances lui appartenaient; mais que comme « ce lieu était beau et fort, et qu'il ne se croyait aussi en sûreté nulle part », il ne pouvait « pour chose au monde, le lui rendre, sinon après sa mort ». Le dernier acte qu'on trouve sur Aimar d'Abzac est une donation qu'il fit, par acte passé à Castelnau, au diocèse de Sarlat, le 4 août 1414, « à son très cher fils Bertrand » d'Abzac, écuyer du dit lieu et château de Montastruc en toute justice, tel qu'il avait été ci-devant possédé par Amanieu de Mussidan, chevalier.

Il avait épousé, en 1372 ou 1373, Guillemette ou Guillonne de Boniface, fille de Lambert de Boniface, chevalier, S^{gr} de Beauregard, et de Fine de La Roche; elle était alors veuve de Pierre de Vals, surnommé de Périgueux, neveu de Lambert de Vals, héritier d'Hélie de Périgueux, grand-archidiacre de la cathédrale. Guillemette de Boniface eut un fils de son premier mari, qui survécut à son père, mais qui, étant mort avant sa mère, celle-ci fut son héritière, et porta dans la maison d'Abzac tous les biens des maisons de Périgueux, de Vals, de Boniface. Elle vivait encore en 1428, et laissa de son mariage les enfants suivants : 1° Olivier d'Abzac, S^{gr} de La Douze, fils aîné d'Aimar, est mentionné dans des lettres de Jean de France, duc de Berry, du 30 juillet 1412. Il épousa, par contrat du 28 mars 1400, Jeanne de Barrière, dame de Reillac, et cette alliance a donné lieu à l'écartelure des armes de Barrière. C'est Olivier d'Abzac qui est auteur de la branche de La Douze et de toutes celles qui en sont sorties ; 2° Bertrand d'Abzac, S^{gr} de Montrastruc, Bellegarde, Sivrac, Domme, La Force, Maduran, etc., a fait les branches de Montastruc et de Bellegarde, d'où sont sorties celles de La Serre, La Boissière-Bellegarde, Juvenie, etc.; 3° Gantonnet d'Abzac, tige des seigneurs de Verdun et Prade, près de Castillonnès ; 4° Tristan d'Abzac fit son testament en 1431 et laissa de Jeanne de Cugnac, sa femme, plusieurs enfants dont on ignore le sort ; 5° Marquèse d'Abzac, mariée en 1390, avec noble Laurent de Graulier, damoiseau d'Agonac.

Dans le même temps, et sous le règne du roi Charles VI, en 1405, vivait Archambaud d'Abzac, capitaine, lequel, avec Pierre de Saint-Cricq et Bertrand d'Abzac, tenait pour les Anglais et le seigneur de Lesparre, les ville et chastel de Castelneau de Berbignières, assiégés par les troupes du roi, commandées par le comte de Clermont, maréchal de France ; lequel traita avec le seigneur de Lesparre, et donna au dit seigneur d'Abzac, et de Saint-Cricq, 6,000 écus d'or et 8 marcs d'argent, pour remettre les dites ville et chastel en l'obéissance du roi. Il leur fut aussi remboursé 662 livres 10 sols pour dépenses faites pour le siège, suivant une quittance du 28 octobre 1405, où il est porté que « les dites ville et chastel estaient une moulte notable et puissante forteresse anglesche, qui lors fut baillée en garde à maître Pons de Beynac, S^{gr} de Commarque ». Archambaud d'Abzac était déjà capitaine de Cancon l'an 1400, et le 15 janvier 1411 *(vieux style)*, Charles, duc d'Orléans, lui fit don de 300 livres de pension et du château d'Auberoche en Périgord. Aucun des actes qu'on a découvert sur lui n'indique qu'il soit frère des précédents.

N. B. — M. d'Hozier, qui a fait imprimer la généalogie de la maison d'Abzac au commencement du deuxième registre de *l'Armorial général de France*, n'a pas été bien instruit de l'histoire de Bertrand d'Abzac et de sa postérité : 1° en ce qu'il ne parle point du genre de mort de ce chevalier ; 2° en ce qu'il suppose gratuitement un autre sujet du même nom de Bertrand, qu'il fait neveu de celui dont il s'agit ici, pour lui attribuer des faits qui n'appartiennent qu'au premier ; 3° en ce qu'il n'a point connue le nombre de ses enfants, qu'il réduit à trois, tandis qu'il est constant qu'ils étaient sept : quatre filles et trois fils ; 4° en ce qu'il assure positivement que les deux fils nommés Jean moururent tous deux sans postérité. Voici ce qu'on apprend des pièces originales et des renseignements les plus authentiques : Bertrand d'Abzac, chevalier, S^{gr} de Montastruc, Bellegarde, Domme et plusieurs autres terres, comparut dans un très grand nombre d'actes depuis 1401 jusqu'en 1438. Il eut de grands démêlés avec Guillaume de Cardaillac (qu'il retint longtemps prisonnier), et avec Jeanne de Mouleydier, dame de Montclar, sa femme, au sujet de la terre de Montastruc, située dans la mouvance de Montclar. Il se montra toujours zélé partisans des Anglais, dans les guerres que Charles VII eut à soutenir contre les anciens ennemis de la France, pour recouvrer les provinces qui étaient en leur pouvoir, et notamment la Guienne, qu'ils étaient accoutumés à regarder comme leur ancien domaine. Bertrand d'Abzac soutenait, de tout son pouvoir, les efforts que les Anglais faisaient pour conserver cette province ; mais enfin, ayant été fait prisonnier à Domme, petite ville située près de la Dordogne, il fut conduit à Limoges, auprès de Charles VII, qui lui fit trancher la tête le 11 mars 1438 *(vieux style)*, et ses biens furent confisqués.

Il avait épousé, par contrat du 5 avril 1414, Jeanne de Beynac, fille de défunt Pons de Beynac, Sgr de Beynac et de Commarque ; elle fut assistée de Jean le Maigre, dit Boucicaut, comte de Beaufort et d'Alest, vicomte de Turenne et maréchal de France, et il lui fut constitué pour sa dot une somme de 1,200 livres tournois. Elle le rendit père de : 1° Jean d'Abzac, l'aîné ou le vieux, qui, après la bataille de Castillon, gagnée par les Français en 1453, passa en Angleterre, dont il tenait le parti, après avoir fait donation de tous ses biens à Jean, son frère cadet ; 2° Jean d'Abzac, dit Pochy ou Pochin, Sgr de Montastruc et coseigneur de Sivrac, servit le roi Louis XI en 1471, etc., contracta alliance avec Hélène, dite Lenote de Montferrand. C'est de lui que sont sortis les seigneurs de Campagnac et de La Serre ; 3° Jean d'Abzac, dit Pitro, Sgr de Bellegarde, contracta deux alliances : la première, avant l'an 1460, avec Rixende de Boscmorel ; et la deuxième, en 1477, avec Gilberte Royère : c'est de lui que descendent les seigneurs d'Abzac de La Boissière-Bellegarde et les barons de Juvénie ; 4° Bernard d'Abzac, passa en Angleterre avec Jean, son frère aîné, d'où il ne revint qu'en 1500, en vertu des lettres d'abolition que le roi Louis XII lui accorda au mois de janvier 1500. On ignore s'il fut marié ; 5° Raimonde d'Abzac, nommée aussi marquise, épousa, par contrat du 29 août 1441, Antoine, Sgr d'Hautefort, fils d'Hélie de Gontaut, damoiseau de Badefol, et de Mathe de Born, dame de Thenon et d'Hautefort ; 6° Jeanne d'Abzac, mariée, par contrat du 15 octobre 1458, avec noble Jean de Manas (de Lezergues), habitant Castelnau-de-Vaux en Querci ; 7° Philippe d'Abzac, dont la destinée est inconnue.

Branches et rameaux de la maison d'Abzac.

§ I. — La branche des marquis de La Douze, qui est l'aînée de toutes celles qui subsistent encore, a été formée par Olivier d'Abzac, marié le 28 mars 1400, avec Jeanne de Barrière ; elle compte dix degrés jusqu'à François d'Abzac, dit le marquis Deverg, marié, le 2 avril 1688, avec Marie-Thérèse de Taillefer, et mort sans postérité en 1698. La terre de La Douze fut érigée en marquisat en novembre 1615. — De Saint-Allais, dont nous avons suivi la généalogie, change, en quelques points, celle donnée par d'Hozier. Nous reproduisons ci-après un résumé de la filiation établie par ce dernier, en y rattachant quelques faits qui intéressent l'histoire de la province.

I. — Hugues d'Abzac, chevalier banneret 1338, épousa Jeanne de La Pradelle, dont : 1° Aimar, qui suit ; 2° Hélie, mort sans postérité ; 3° Gantonnet.

II. — Aimar ou Adhémar d'Abzac, seigneur de La Douze, etc., épousa Catherine de Wals, dite de Boniface, veuve d'Archambaud de Barrière, dont : 1° Olivier, qui suit; 2° Bertrand ; 3° Jean, qui eut par un testament de 1478 la seigneurie de Beauregard et autres biens dans la paroisse de Boissac, vers la rivière de Creuse. Il fut père d'Amalric ou Aimeri, Sgr de Beauregard. Ce dernier eut pour fils Hugues d'Abzac, aussi seigneur de Beauregard, marié, le 1er juillet 1489, avec demoiselle Marguerite d'Aix (d'Aitz), et de ce mariage sortit Jeanne d'Abzac, fille unique, qui épousa, le 15 juillet 1515, noble et puissant seigneur François d'Aubusson, chevalier, Sgr de Castelnouvel en Limousin, Beauregard en Périgord, fils de Gilles d'Aubusson, seigneur de Villac.

III. — Olivier d'Abzac épousa Jeanne de Barrière, dont : 1° Guy, qui suit ; 2° Elie, chanoine de Saint-Front de Périgueux, curé d'Auriat ; 3° Bertrand d'Abzac de La Douze, qui suivit, comme son oncle, le parti des Anglais, et ayant été pris les armes à la main fut décapité à Limoges.

IV. — Gui ou Guinot, épousa Agnès de Montlouis, dont : 1° Jean, qui suit; 2° Pierre, archevêque de Narbonne; 3° Hugues, allié des Alleux, diocèse de Poitiers; 4° Bernard, chanoine de Périgueux ; 5° Guillaume, qui a fait la branche de Mayac; 6° Jean, chevalier de Jérusalem ; 7° Louise, qui épousa Antoine de Carbonnières, Sgr de Pelvezi ; 8° Agnès ; 9° Jeanne; 10° Catherine ; 11° Jeanne.

V. — Jean d'Abzac, Ier du nom, avait acquis la terre de Verg, par contrat du 18 décembre 1484; testa le 11 avril 1504; avait épousé : 1°, le 10 août 1455, Jeanne de Saint-Astier; 2°, le 14 février 1470, Jeanne de Narbonne Talairan.

VI. — Jean d'Abzac de La Douze, IIe du nom, qui avait épousé, le 23 novembre 1490, Gabrielle de Salignac ou de Salagnac, testa le 30 janvier 1528. Ce testament contient une substitution qui fut la cause d'un procès qui a duré plus d'un siècle entre les d'Abzac et les David de Lastour; il laissa : 1° Pierre, qui suit; 2° Charlotte ; 3° Jeanne.

VII. — Pierre d'Abzac de La Douze, Ier du nom, Sgr de La Douze et de Reilhac, héritier universel de son père, qui lui substitua ses sœurs, au cas où il n'aurait pas d'enfants, testa lui-même le 18 novembre 1550. Il avait épousé, avant 1528, Jeanne de Bourdeille, dont il eut douze enfants, l'aîné était :

VIII. — Gabriel d'Abzac de La Douze, Ier du nom, chevalier de l'ordre du roi, testa, le 27 juillet 1592. Il épousa, le 25 juillet 1546, Antoinette de Bernard, dame de Vieilleville et de Peyramont au diocèse de Limoges. Par ce contrat, il reçut le château et la terre de La Douze et de Reilhac en Périgord avec toute justice et juridiction. De son mariage naquirent huit filles et trois garçons : 1° Gabriel, qui suit; 2° Foucaud d'Abzac de Peyramont, mort sans postérité; 3° Pierre II, qui a formé la branche de Montencé; 4° Anne, qui épousa : 1° Jean de Calvimont, Sgr de Lern ; 2°, par contrat du 14 janvier 1588, Foucaud d'Aubusson, fils de Jean, Sgr de Beauregard, Castel-Nouvel et de La Rue.

IX. — Gabriel d'Abzac de La Douze, IIe du nom, testa le 29 octobre 1619, déshérita Gabriel, son fils aîné, et fit héritier Charles, son fils cadet, et ses autres enfants mâles, ou à leur défaut les enfants mâles de sa fille aînée. Il épousa, par contrat du 30 juin 1591, Jeanne de Lastours, fille et héritière de Jean, baron de Lastours en Limousin, et de Madeleine de Pierrebuffière, dame de Murat et de Fleurac. Gabriel Ier stipula au contrat que l'un des enfants qui naîtrait du mariage de son fils avec la demoiselle de Las Tours hériterait de la moitié de tous ses biens, ainsi que des châteaux de La Douze et de Las Tours. De ce mariage sont issus : 1° Gabriel, III° du nom, qui épousa Esther de Larmandie, fille du baron de Louga, dont Madeleine, mariée au comte de Grenor ; 2° Charles, qui suit ; 3° Jeanne ; 4° Marguerite ; 5° Gabrielle.

X. — Charles d'Abzac testa le 23 février 1659 et mourut en 1661. Le marquis de La Douze étant favorable aux protestants, les avait autorisés à occuper le château de Lastours, lorsque le 1er décembre 1652, Louis XIV donna ordre au marquis de Pompadour de s'assurer de ce château et de le remettre aux mains du fils du marquis de La Douze, le marquis de Verth, qui appartenait au parti du roi. Charles épousa : 1°, le 15 janvier 1621, Anne-Louise Chapt de Rastignac, fille de Jean, dont il eut : 1° François d'Abzac, marquis de Verth, qui testa en faveur de son père, le 13 octobre 1657, et mourut sans postérité ; 2° Louise. Charles épousa : 2°, le 27 mai 1628, Charlotte de Thinon, dont il eut trois enfants ; 3° Pierre, qui suit ; 4° Charlotte d'Abzac, mariée, en 1660, à François de David de Venteaux ; elle porta 60,000 livres de dot ; par le même contrat, son père vendit à la dame de La Vergne, mère du sieur de Venteaux, la terre et château de Las Tours pour 154,000 livres ; 5° Marie-Anne d'Abzac, mariée à Henri de Taillefer, comte de Roussille, dont elle eut Marie-Thérèse de Taillefer, qui épousa : 1° Jean-François d'Abzac, son cousin germain ; 2° N..., marquis d'Aubusson.

XI. — Pierre d'Abzac de La Douze, II° du nom, mourut en 1666. Il avait épousé : 1°, le 7 janvier 1655, Madeleine de Chaumont-la-Batut ; 2° Finette Pichon. Du premier lit vint le suivant :

XII. — Jean-François d'Abzac, premier époux de Marie-Thérèse de Taillefer, sa cousine germaine. Il mourut sans postérité en 1698, étant le dernier membre de la branche aînée.

§ II. — La branche de Reillac et Montencé, devenue aujourd'hui l'aînée, a été formée par Pierre d'Abzac de La Douze, qui se maria, le 2 décembre 1612, avec Marie de Jay, et qui avait pour père et mère, Gabriel d'Abzac de La Douze, chevalier de l'ordre du roi, et dame Antoinette de Bernard de Vieilleville ; elle existe dans la personne de deux frères, qui font le septième degré depuis la séparation de leur branche, et dont l'aîné est veuf sans enfants (1814) de demoiselle de Fayolle. Le cadet, M. Alexandre d'Abzac, a épousé mademoiselle de Bouillac, dont un enfant.

IX bis. — Pierre d'Abzac, chevalier de l'ordre du roi, époux de Marie de Jay, veuve de Denis de La Porte, dont :

X. — Bernard d'Abzac de La Douze, qui, par contrat du 16 novembre 1636, épousa Sibylle de Merigat, dont :

XI. — Jean d'Abzac de La Douze, III° du nom, baron de Montencé, Sgr de Reillac, etc. C'est lui qui acheta à la dame de Chaumont, tante et héritière de Jean-François d'Abzac, mort sans postérité (par acte du 21 mars 1698, pour la somme de 1,000 livres), ses droits d'héritage, et s'empara de la terre de La Douze, qui revenait, par extension de postérité, à Charlotte d'Abzac et au sieur de Venteau, son mari ; de là le grand procès qui a duré près d'un siècle. Il épousa Gabrielle Joumard-Tizon-d'Argence, par contrat du 29 janvier 1667, dont :

XII. — Jean d'Abzac de La Douze et de Montencé, IVe du nom, qui, par contrat du 18 avril 1699, épousa Isabelle D'Alesme de Lauterie, dont : 1° Jean, qui suit ; 2° Bernard ; 3° Georges ; 4° N....., dame de Montréal.

XIII. — Jean d'Abzac de La Douze, Ve du nom, mort en 1787, avait épousé, le 3 août 1728, Marguerite de Combabessouse, fille de N..... de Combabessouse, ancien conseiller de grand'chambre du parlement de Bordeaux, dont :

XIV. — Jean d'Abzac de La Douze et de Montencé, VIe du nom, né au mois de juillet 1729, mourut à l'âge de soixante-cinq ans, le 3 nivôse, an III de la République.

XV. — Jean d'Abzac de La Douze et de Montencé, VIIe du nom, vivant en 1810. (Extrait d'un mémoire pour le procès entre la famille David de Lastours et d'Abzac de Montencé.)

§ III. — Le rameau de Goudeaux-sur-l'Isle a été formé par Gantonnet-Michel d'Abzac, dit le vicomte de La Douze, capitaine dans le régiment des carabiniers, chevalier de Saint-Louis, encore vivant (en 1814), qui, de mademoiselle Tropet, son épouse, a eu trois enfants.

§ IV. — Le rameau de Peyramond et Monsac a été formé par Foucaud d'Abzac, deuxième fils de Gabriel Ier d'Abzac, Sgr de La Douze et d'Antoinette de Bernard de Vieilleville. Il a eu de Louise de Bosredon, sa femme, deux enfants dont on ignore le sort.

§ V. — La branche des seigneurs de Mayac (1), Villautranges et Maillerey, commence à Guillaume d'Abzac, marié, vers l'an 1476, avec Antoinette ou Antonie de La Cropte ; il était le cinquième fils de Guy d'Abzac, Sgr de La Douze et d'Aymé de Montlouis. Elle s'est éteinte au dixième degré, dans la personne d'Antoine-Louis d'Abzac de Mayac, émigré, mort à l'armée de Mgr le prince de Condé, marié, le 9 juin 1776, avec demoiselle Marie-Louise-Charlotte, comtesse de Castine, dont il n'a pas eu d'enfants. Il ne reste de cette branche, dit de Saint-Allais, que deux femmes : Mme l'abbesse de la Règle et Mme de Foucaud, sa nièce ; Marie-Antoinette d'Abzac, précédemment abbesse de Fontgaufier, diocèse de Sarlat, fut nommée par Sa Majesté à l'abbaye de la Règle, à Limoges, où elle fut installée le 22 juillet 1779. Elle était encore supérieure de ce monastère quand il fut fermé, le 17 juin 1791.

V bis. — Guillaume d'Abzac, Sgr de Mayac et de Limérac, épousa, le 3 septembre 1476, Antoinette de La Cropte.

VI. — François d'Abzac de Mayac, Ier du nom, épousa Souveraine de Paleyrac, qui testa le 17 août 1567.

VII. — Pierre d'Abzac épousa Marguerite de Salignac de Rochefort, le 26 juillet 1541, dont : 1° François, qui suit ; 2° Guy-Pierre, qui testa le 30 octobre 1575, en faveur de François, son fils.

VIII. — François d'Abzac, IIe du nom, Sgr de Mayac et de Limérac, rendit hommage au roi Henri IV, comme vicomte de Limoges, le 18 janvier 1583 ; épousa, le 23 juin 1577, Bonne de Heu.

IX. — Isaac d'Abzac épousa : 1°, le 15 mai 1608, Marie Couraudin, fille de Robert ; 2°, le 20 mai 1629, Esther de Livenne. Les enfants furent :

(1) Cette branche avait été placée dans le T. II, à l'article DABZAC.

1° Jacques, qui suit ; 2° Guillaume, Sr de Mallerey, qui épousa, le 15 novembre 1661, Françoise-Béatrix de Grandpré.

X. — Jacques d'Abzac épousa : 1°, le 22 mai 1648, Madeleine Estourneau, fille de François, baron du Bis, Sgr de La Motte-Tersanne ; 2°, le 30 juin 1650, Anne de Rabayne, fille de Paul, Sgr d'Usson en Saintonge, et de Brillac, dans la Marche ; 3°, le 8 juin 1654, Louise de Brémond d'Ars, qui porta à son mari la terre de Migré en Aunis.

XI. — Henri d'Abzac de Mayac, épousa, en deuxième noces, Marie-Benoîte Saunier de Montplaisir.

XII. — François d'Abzac de Mayac, IIIe du nom, épousa Marie d'Aidie de Riberac, fille d'Armand d'Aydie-Riberac, Sgr de Vaugoubert et Quinsac.

XIII. — Antoine d'Abzac de Mayac et Guillaume d'Abzac de Mayac.

§ VI. — Le rameau de Libourne est sorti de Mayac et a été formé par François d'Abzac, sixième fils d'Henri, Sgr de Mayac, et de Marie-Benoîte de Saunier, marié, le 30 mai 1749, avec demoiselle Philippe Le Blanc. Son fils, qui est le dernier rejeton, est mort en 1814, sans avoir été marié. Sa mère lui a survécu et a laissé une sœur mariée sans enfants.

§ VII. — La branche de Limeirac et Sarrazac commence à François d'Abzac, deuxième fils de François d'Abzac, Sgr de Mayac, et de Souveraine de Paleyrac, lequel se maria, le 3 juin 1361, avec demoiselle Louise Jain du Bois. Cette branche a fourni sept degrés et existait encore en 1814 (quoiqu'à la veille de s'éteindre) dans la personne de deux frères auxquels M. Armand de Siorac consacre la notice suivante :

1° Le vicomte d'Abzac (Pierre-Marie), naquit au château de Limmérac, en 1739. Destiné par ses parents à l'état militaire, vers lequel l'entraînaient à la fois ses goûts personnels et ses traditions de famille, il entra aux pages en 1760. Il s'y fit distinguer par l'élévation de son caractère, par son application et son intelligence, et fut nommé premier page. Ce poste lui donnait le droit de choisir le régiment où il pouvait entrer comme capitaine. Mais ses chefs lui avaient reconnu des aptitudes particulières pour le cheval. Il excellait déjà dans cet art équestre où l'attendaient tant de triomphes. Il fut donc maintenu comme premier page jusqu'à l'âge où l'on put lui confier le commandement d'un manége, et il dut renoncer par conséquent à la carrière militaire.

En 1765, M. le vicomte d'Abzac, alors âgé de vingt-six ans, fut appelé au commandement d'un des manéges de Versailles. Il donna bientôt à l'équitation une si grande impulsion, que le prince de Lambesc, grand-écuyer du roi, n'hésita pas à le désigner comme le premier maître de l'équitation dans le royaume.

Depuis 1765 jusqu'en 1782, c'est-à-dire pendant l'espace de dix-sept ans, il garda le commandement du manége en y déployant tous les jours de nouvelles ressources pour dompter les chevaux, pour dresser les hommes et pour soumettre les uns et les autres aux principes rigoureux de l'art équestre.

M. le vicomte d'Abzac contracta deux mariages : 1°, le 10 août 1777, avec Marie-Blaise de Bonneval, décédée pendant la révolution, fille de très haut et très puissant seigneur André, comte de Bonneval, vicomte de Nantiac. baron de Blanchefort, etc., maréchal des camps et armées du roi, et de très haute et très puissante dame Denise de Jaubert, vicomtesse de Nantiac,

2º, en 1804, avec Marie-Antoinette-Jacqueline-Félicité De Cocquart, veuve de Pierre-François d'Abzac, baron de Juvenie.

La vie si active de M. d'Abzac usa rapidement sa santé, et au milieu de ses succès il fut obligé de demander sa retraite. Il se retira, en 1782, au château de Limmérac ; il espérait y terminer paisiblement sa carrière lorsqu'éclata la révolution. Il aurait voulu résister et se défendre dans sa retraite ; mais l'exemple de ses voisins et l'entraînement général du pays vers l'émigration lui firent préférer ce dernier parti. Il se rendit à Hambourg, et, pour occuper ses loisirs, il y donna des leçons d'équitation. On lui fit alors d'assez brillantes propositions. La ville de Hambourg voulut monter un manége à ses frais et en confier la direction à M. d'Abzac ; mais l'espoir d'un retour prochain en France le fit renoncer à ces projets.

Pendant le séjour que M. le vicomte d'Abzac fit en Prusse, il assistait souvent aux exercices du manége royal de Berlin. La première fois qu'il y parut, il était confondu, en simple spectateur, dans la foule des curieux. Or, ce jour-là, on fit l'exhibition d'un étalon que les plus braves et les plus habiles écuyers n'avaient pu dompter ; malgré la présence du roi, personne n'osait tenter une expérience qui avait déjà coûté la vie à deux hommes, lorsque M. d'Abzac, qui n'était connu d'aucun membre de la réunion, se présenta pour monter le fougueux animal. Le directeur se récria d'abord sur les prétentions et la témérité du nouveau venu ; mais il accéda enfin à une demande qui, quoique très simplement exprimée, n'en était pas moins adressée avec un certain air d'autorité. Le vicomte s'élança sur le cheval, et quelques instants après, il l'avait soumis à une obéissance passive, il fit ensuite le tour du manége, et, en passant devant la loge royale, il salua le monarque avec toute la grâce dont était capable un gentilhomme français.

L'étonnement et l'admiration du roi furent tels, qu'il dit aussitôt aux personnes qui l'entouraient : « Messieurs, sans le connaître, je vous présente M. le vicomte d'Abzac, lui seul est capable d'une aussi prodigieuse adresse ; à coup sûr, ce ne peut être que lui ou le diable ! »

Enfin parut le décret d'amnistie, en 1802, qui autorisait les émigrés à rentrer en France, et M. d'Abzac revint en Périgord. Il se retira à Sarrazat, où il habita jusqu'en 1814.

A cette époque, Louis XVIII appela le vicomte d'Abzac au commandement du manége de Versailles. Bien qu'il fût accablé d'âge et d'infirmités, il occupa ce poste jusqu'en 1827, en imprimant à son enseignement toute la verve et toute l'activité d'un jeune homme. Il assistait à tous les exercices, distribuant les encouragements et les réprimandes, conseillant, redressant et louant tour à tour ou prenant part à ces exercices hippiques. Il avait une méthode qu'il s'était créée à lui-même, et qu'il serait difficile de subordonner aux règles fixes d'un enseignement écrit. Il est mort au mois de février 1827, à l'âge de quatre-vingt-onze ans, chevalier de la croix de Saint-Louis et de la Légion d'honneur. La veille de sa mort, il a encore commandé le manége.

2º Le chevalier d'Abzac naquit au château de Limmérac, le 24 février 1749, et débuta comme page à la cour de Louis XV, en 1764. Comme son frère aîné, il révéla de bonne heure des dispositions toutes particulières pour l'équitation, et, après avoir passé sept ans aux pages, il fut attaché, comme écuyer ordinaire au manége de Versailles. Le **vicomte d'Abzac** ayant été forcé d'abandonner le commandement du manége en 1782, par suite de l'affaiblissement de sa santé, il lui succéda, et occupa sa charge jusqu'en 1789.

Pendant ces sept dernières années, le chevalier acquit une réputation qui égala celle de son frère. Jamais écuyer n'obtint de plus légitimes et de plus grands succès. Chaque jour il faisait admirer, dans les exercices de l'hippodrome, tout ce que la nature et l'étude lui avaient donné d'aptitude, de solidité et de grâce dans le maniement du cheval. A l'élégance de sa pose il joignait une assurance d'assiette qui semblait l'identifier avec son cheval. Il défiait les coursiers les plus difficiles, et paraissait se jouer de tous leurs écarts en les ramenant à une obéissance pour ainsi dire passive.

En 1789, M. d'Abzac quitta la France et fit partie de l'armée de Condé, où il se fit remarquer par sa bravoure. Plus tard il profita de l'amnistie de 1802 et rentra en France.

L'empereur, qui savait si bien apprécier les hommes de valeur, le nomma, en 1806, directeur du haras de Strasbourg, et lui confia bientôt après le commandement du haras du Pin. — Il fit partie à cette époque de toutes les commissions consultatives que le ministre de l'intérieur avait chargées de discuter et d'examiner les questions de la production chevaline et des haras de l'empire.

La Restauration n'oublia pas les services rendus à l'art hippique par le chevalier d'Abzac, et le nomma chevalier de Saint-Louis. De 1814 à 1818, le commandant du haras du Pin fut en outre chargé de la direction du manége royal à Versailles. Mais les fatigues de sa double charge obligèrent enfin le chevalier de renoncer à la direction du haras du Pin et de consacrer les trois dernières années de son activité à l'enseignement de l'hippodrome royal.

En 1821, il demanda sa retraite, et il reçut du gouvernement un témoignage d'estime particulière en se retirant avec le traitement conservé. Par suite du décès de son frère, en 1827, le chevalier hérita de son titre de vicomte. Lui-même, accablé d'âge et d'infirmités, succomba en 1831, après avoir adopté pour son fils et héritier unique son neveu, M. Raymond de Vandières, aujourd'hui vicomte d'Abzac, qui était alors attaché au manége comme écuyer du roi. (*Le chroniqueur du Périg. et du Lim.*, I, 1853, p. 205.)

§ VIII. — Rameau de Masvieux, issu des seigneurs de Sarrazac et de Limeirac, sur lequel on n'a presque pas de renseignements.

§ IX. — La branche de Villars et Saint-Pardoux sort de Mayac, et a été formée par Gui ou Guinot d'Abzac, deuxième fils de Pierre d'Abzac, S$^\text{gr}$ de Mayac et de Marguerite de Salignac; elle a fini au cinquième degré, dans la personne de Renée-Françoise d'Abzac, mariée, en 1701, avec Claude d'Aloigny, S$^\text{gr}$ du Puy-Saint-Astier.

VIII *bis*. — Gui d'Abzac de Mayac, S$^\text{gr}$ de Villars, paroisse de Saint-Pardoux-la-Rivière, épousa, le 3 mai 1576, Louise Brun de La Valade.

IX. — Pierre d'Abzac épousa, le 29 septembre 1607, Anne Perry, fille de Jean, écuyer, S$^\text{gr}$ de Mazières, de La Roche et de Genouillac.

X. — Jean d'Abzac, S$^\text{gr}$ de Villars et de Mazières, épousa, par contrat passé à Marval, le 15 janvier 1640, Renée de Lambertie, fille aînée de Jean, S$^\text{gr}$ de Prung et Marval, et de Jeanne de Coustin.

XI. — Hélie d'Abzac de Villars.

XII. — Renée-Françoise d'Abzac de Villars, dame des terres de Villars, Mazières, etc., qu'elle porta à Claude d'Alogny, S^{gr} du Puy-Saint-Astier, qu'elle épousa par contrat du 24 octobre 1701.

§ X. — La branche de Pressac en Angoumois, sortie de celle de Saint-Pardoux, a été formée par Raimond d'Abzac, troisième fils de Guy d'Abzac, S^{gr} de Villars et de Saint-Pardoux, et de Louise Brun de La Valade; elle a formé cinq degrés et a fini dans la personne de Marie-Gabrielle d'Abzac, héritière de Pressac, mariée, le 24 avril 1754, avec Thomas d'Aloigny, S^{gr} du Puy-Saint-Astier.

IX bis. — Raimond d'Abzac, S^{gr} de Laforet et de Villars, épousa : 1°, le 5 janvier 1613, Guionne de Singarreau, dame de Pressac, dans la paroisse de Saint-Quentin en Angoumois, fille et héritière de messire Jean de Singarreau, S^{gr} de Pressac, et de Catherine de Bermondet; 2°, le 17 février 1629, Anne d'Aloue.

X. — Jacques d'Abzac, S^{gr} de Pressac et de Vouzon, épousa, en 1655, Marie Raoul.

XI. — Gabriel d'Abzac, S^{gr} de Savignac, qui avait pour frères : 1° Antoine d'Abzac, S^{gr} de Vouzon; 2° Louis d'Abzac ; 3° Suzanne d'Abzac; 4° Julie d'Abzac, mariée, par contrat du 9 janvier 1694, à Jean de La Breuille, S^{gr} de Chantrezac et des Pousses en Limousin, fils de Jean et de Marie Taveau.

§ XI. — La branche de Fontladier et de Tuffas en Angoumois, est sortie de celle de Villars et a été formée par Jacques d'Abzac, deuxième fils de Guy, S^{gr} de Villars, et de Louise Brun de La Valade, lequel épousa, le 31 décembre 1612, Catherine le Poirre, dont il eut Isaac d'Abzac qui épousa, le 20 octobre 1645, Jeanne de Cravayac, et dont le sort est ignoré.

§ XII. — La branche de La Combe, La Valade et La Robertie en Angoumois, sort aussi de celle de Villars, et commence à Hélie d'Abzac, troisième fils de Guy d'Abzac, S^{gr} de Villars et de Louise Brun de la Valade, qui se maria, le 10 mars 1621, avec demoiselle Marie Chevalier, dont provint Raimond d'Abzac, qui épousa, en 1657, Marie de Volvire. On ne connaît pas la suite de cette branche.

§ XIII. — La branche de Cazenac sort de celle de Mayac et a été formée par Bardin d'Abzac, troisième fils de Pierre d'Abzac, S^{gr} de Mayac, et de Marguerite de Salignac, lequel se maria, le 5 avril 1592, avec Françoise de Cazenac, dame du lieu de ce nom. Le chef de cette branche était, en 1814, époux de mademoiselle De Soire, et avait plusieurs enfants.

§ XIV. — La branche d'Aurence et de Bigarogue est issue de celle de Cazenac, et a été formée par Charles d'Abzac, deuxième fils de Bardin d'Abzac, et de Françoise de Cazenac, lequel épousa demoiselle Barthonneau. On ignore l'état actuel de cette branche.

§ XV. — La branche de Falgueyrac, issue des seigneurs d'Aurence, a été formée par Jacques d'Abzac, troisième fils de Charles d'Abzac, et de Marie Berthonneau, qui épousa, le 2 janvier 1684, Françoise. Cette branche était représentée, en 1814, par trois frères, dont le second nommé Joseph d'Abzac, officier au régiment de Picardie, a émigré et servi dans l'armée de Mgr le prince de Condé; il a épousé Mlle d'Uzech, héritière de Montastruc, dont il a eu cinq filles; il a un frère nommé François, officier au régiment de Champagne, qui a servi dans l'armée de Mgr le duc de Bourbon.

§ XVI. — Le branche de Mondiol a été formée par Henri d'Abzac, écuyer, successeur de Mondiol, marié, le 1er octobre 1639, avec Anne de Baisselance; il était le troisième fils de Bardin d'Abzac et de Françoise de Cazenac. On ignore l'état actuel de cette branche ainsi que celui de la branche de Trevy, qu'on assure avoir la même origine.

§ XVII. — La branche établie en Irlande descend de Marc d'Abzac, frère puîné du Sgr de Mondiol, lequel se fixa en Irlande; il avait épousé Marie d'Abzac, de la branche de La Boissière.

§ XVIII. — La branche de Beauregard, sortie de celle de La Douze, a été formée par Jean d'Abzac, troisième fils d'Olivier d'Abzac, Sgr de La Douze, et de Jeanne de Barrière, lequel se maria, en 1428, avec demoiselle Philippe de Fayolle de Beauregard. Cette branche a fini au quatrième degré, dans la personne de Jeanne d'Abzac, mariée, le 15 juillet 1515, avec François d'Aubusson, Sgr de Castelnouvel en Limousin.

§ XIX. — La branche de Montastruc a pour auteur Jean d'Abzac, dit Pochy, deuxième fils de Bertrand d'Abzac et de Jeanne de Beynac, qui se maria avec Hélène de Montferrand. Cette branche a fini au quatrième degré par plusieurs filles, dont les deux aînées ont épousé, l'une Bertrand de Ferrand, écuyer, Sgr de Veyran, le 20 janvier 1583, et l'autre Galien de Ferrand, Sgr de Peyran.

§ XX. — La branche de La Ferre et Campagnac, sort de celle de Montastruc, et a été formée par Gaston d'Abzac, deuxième fils de Jean II d'Abzac, Sgr de Montastruc, et de Gabrielle Cochet, lequel épousa, le 22 mai 1531, demoiselle Charlotte de Campagnac. Cette branche a formé sept degrés et a fini dans la personne de Joseph d'Abzac, Sgr de La Ferre, mort émigré à l'armée de Condé. Le rameau de Campagnac, sort de la branche de La Ferre, et a été formé par Laurent d'Abzac, deuxième fils de Gabriel d'Abzac, Sgr de La Ferre et de Campagnac, et de Françoise de Beaumont. On ignore son état actuel.

§ XXI. — La branche de Bellegarde a été formée par Jean d'Abzac, dit Pitro, troisième fils de Bertrand d'Abzac, et de Jeanne de Beyrac, lequel fut marié deux fois : 1° avec Rixende de Boscmorel; 2°, en 1477, avec Gilberte de Royère. Cette branche a fait cinq degrés, et s'est fondue dans celle de Montastruc, par le mariage de Marquese d'Abzac, fille aînée et principale héritière de Bertrand II d'Abzac, Sgr de Bellegarde, avec François d'Abzac, Sgr de Montastruc.

§ XXII. — La branche des seigneurs de La Forêt, La Boissière ou du Bugue, est sortie de celle de Bellegarde, et a été formée par Gaston d'Abzac, deuxième fils de Jean II d'Abzac, Sgr de Bellegarde, lequel épousa, vers l'an 1505, demoiselle N..... de Beaudel, fille du Sgr de Cardou. Cette branche a formé huit degrés et existait en 1814 dans la personne d'Henri-Venance-Augustin d'Abzac, Sgr de Puymége, ancien capitaine au régiment d'Auxerois-infanterie, et employé en qualité de major aux îles du Vent de l'Amérique; il est chevalier de l'ordre royal et militaire de Saint-Louis, a émigré et fait la campagne de 1792 dans l'armée de Mgr le duc de Bourbon ; marié le 15 juillet 1777, avec demoiselle Louise-Renée-Rose de Cacqueray de Valmenier, dont il a eu plusieurs enfants.

§ XXIII. — La branche des barons de Juvenie en Limousin, descend de celle de La Forêt, et a été formée par Gaston d'Abzac, deuxième fils de Josué d'Abzac et d'Anne de Besco, lequel épousa Peyronne de Bar de La Gazaille. Le dernier de cette branche a épousé demoiselle N..... de Cocquart, dont il n'a pas eu d'enfants ; il est mort en détention en 1794, laissant une sœur, et sa veuve s'est remariée, en 1804, à M. le vicomte d'Abzac de Limeirac.

§ XXIV. — La branche de La Prade, de Verdun ou Castilonnés, descend de Gantonnet d'Abzac, quatrième fils d'Aimar d'Abzac, S^{gr} de La Douze, et de Guillemette de Boniface ; lequel épousa, avant l'an 1450, demoiselle Catherine de Sort. De lui descend, au onzième degré, Aubert-Jean-François-Gery, marié, le 11 novembre 1788, à Mlle Marie-Anne-Julie de Chabans de La Chapelle Foucher, dont il a eu des enfants.

Armes : *Ecartelé, aux 1er et 4e d'argent à la bande d'azur, brisée en cœur, à un besant d'or ; à la bordure d'azur à huit besants d'or ; aux 2e et 3e d'azur à la fasce d'argent accompagnée de six fleurs de lis d'or, 3 et 3 ; sur le tout de gueules à trois léopards d'or.* On les trouve ailleurs blasonnées de la sorte : *Ecartelé, aux 1er et 4e d'argent à la bande d'azur chargée d'un besant d'or, à la bordure besantée d'or ; aux 2e et 3e d'or à la fasce de gueules, accompagnée de six fleurs de lis d'azur,* qui est de Barrière, *sur le tout de gueules à trois léopards d'or.* Cimier : *une reine de Chypre issante.* Supports : *deux sphynx ailés,* aux armes ci-dessus.

AGE (DE L') (page 2.). — L'Age Puylaurent porte : *d'or à la croix de gueules.* (*Dict. hérald.* de GRANDMAISON.)

Jean de L'Age était, vers 1544, principal du collége de Limoges (*Biog. des hommes illustres*, p. 36.

Page 4. — Anne-Marie de L'Age, supérieure des religieuses de Sainte-Marie, reçut l'habit à Bourges en 1621. (*Lettres de sainte Chantal,* édit. 1877, T. I, p. 512.) — Louise de L'Age fut supérieure du couvent des Clairettes réformées, fondé à Limoges, faubourg des Arènes, par Marie du Calvaire. Son portrait est conservé au couvent de Sainte-Claire de Limoges. Elle mourut, le 26 octobre 1685, âgée d'environ quatre-vingts ans. (LAFOREST, *Limoges au XVIIe siècle,* p. 560.) L'abbé LABICHE, dans ses *Vies des Saints du Limousin,* lui a consacré une notice, T. II, p. 482.

DES AGES (page 2). — Cette famille, originaire de la Marche Limousine, possédait, en Auvergne, le fief de Monestier, dès l'an 1422. — Pierre des Ages fut inscrit à l'*Armorial* de 1450. — Dix membres de cette famille ont été admis au chapitre de Brioude, ce sont : 1° Des Ages Etienne, 1341 ; 2° Antoine, 1349 ; 3° Etienne, 1402 à 1422 ; 4° Jean, 1432 ; 5° Claude, 1432 à 1473 ; 6° Antoine, 1452 à 1473 ; 7° François, 1531 ; 8° Pierre, 1534 à 1555 ; 9° Ides, 1553 ; 10° Antoine, 1557. Elle existait encore en Berry peu avant 1789.

Armes : *d'argent, au lion de sable couronné d'or, armé et lampassé de gueules.* (J.-B. BOUILLET, *Nobiliaire d'Auvergne,* I, 2. — VII, 375.)

Noble Géraud des Ages épousa Brunicens d'Ussel, quatrième enfant de Hugues d'Ussel, et de Delphine de Marche, lesquels s'étaient mariés le 16 mars 1383. (A. TARDIEU, *Généalogie Bosredon,* 385.)

JOUILLETON (*Histoire de la Marche*, T. II, p. 256) mentionne parmi les baillis du pays de Combrailles : 1° Guillaume des Ages, chevalier, bailli en 1419 et 1421 ; 2° Jean des Ages, chevalier, bailli en 1427.

François des Ages assista à la montre de la noblesse, faite à Limoges, en 1470, par Mathurin Brachet. (Archives de Pau. — E. 651.)

Aubert des Ages épousa, en 1510, Anne de Maumont, comtesse Beaumont-le-Roger, veuve de Beraud Stuart, fille de Gui et de Jeanne d'Alençon. (*Généalogie Maulmont*.)

Marie des Ages épousa, le 12 avril 1558, François de Bertrand, écuyer, Sgr de Boueix, fils de Claude et de Marguerite de La Roche. (A. TARDIEU, *Généalogie Bosredon*, 229.)

Michel des Ages, chevalier, Sgr de Monestier, fils de noble Damien, chevalier, fut père de Claude des Ages, écuyer, coseigneur de Châteauvert en 1562, avait épousé, le 15 avril 1527, Jeanne de Pestels. (*Idem*, 357.)

N..... des Ages épousa, en 1629, une fille de Joseph Peyroux, chevalier, Sgr des Granges. (*Idem*, 342.)

AHUN, ville de la Haute-Marche, aujourd'hui chef-lieu de canton dans l'arrondissement de Guéret (Creuse), portait, d'après l'*Armorial général* et TRAVERSIER : *fascé d'argent et d'azur de six pièces*.

AIDIE (page 22). — A la dernière ligne il faut apparemment ainsi rétablir le texte de Nadaud :

IV *bis*. — Gui d'Aidie, second fils d'Arnaud d'Aidie.

« La famille d'Aydie appartient aux plus anciennes de notre province, et plusieurs de ses membres ont contribué à son illustration. Le premier dont on trouve la trace est un Arnaud, Sgr d'Aydie, établi sur la frontière d'Armagnac, qui rend hommage au comte de Foix, en 1345. — Puis un Odet d'Aydie, surnommé le *Sénèque*, à cause de sa sagesse, « qui servit fidèlement le roi Charles VII dans ses guerres contre les Anglais, et au recouvrement de la Normandie (Le Père ANSELME) ». En 1437, un Odet d'Aydie épousa Marie de Lescun, fille et unique héritière de Gautier, Sgr de Lescun, laquelle lui apporta en dot cette seigneurie dont il prit le nom, sous lequel il est connu dans l'histoire.

» C'est à cet Odet d'Aydie que commence l'illustration de sa maison. Par lettres du 16 novembre 1459, le roi Charles VII lui donna toutes les terres d'Archambaud de Lescun, qui tenait le parti des Anglais. Favori de Charles de France, frère de Louis XI, duc de Berry et plus tard de Guienne, le sire de Lescun exerça, jusqu'à la fin, une empire absolue sur l'esprit de ce prince, « qui peu ou rien fesait de lui, mais en toute choses était manié et conduit par autres (COMINES) ». Quand il vit son maître près de la mort, le sire de Lescun se retira en Bretagne. Il y fut accueilli avec distinction par le duc, dans les conseils duquel il obtint bientôt une grande influence. « Le roi Louis XI délibéra d'avoir la paix de ce côté, résolut de tant donner au sire de Lescun, qu'il se l'attacherait et retirerait à son service, pour autant qu'il n'y avait ni sens ni vertu en Bretagne, que ce qui procédait de lui..... Le roi, d'ailleurs, l'estimait homme d'honneur, pour ce que jamais, durant ses décisions passées, il n'avait voulu avoir intelligence avec les Anglais, ni consentir que les places de Normandie leur fussent baillées. » — De grandes faveurs furent accordées au sire de Lescun par le roi. Il obtint le comté de Comminge, le titre d'amiral de Guyenne, une forte pension en argent. Il justifia, du reste, « le bon jugement qu'avait porté de lui Louis XI, auquel il demeura toujours un bon et fidèle serviteur ».

» En 1578, François d'Aydie, vicomte de Ribérac, attaché au duc de Guise, blessé dans le fameux duel des mignons de Henri III, mourut le lendemain, sans postérité. Son frère, Charles d'Aydie, continua la famille et eut plusieurs enfants de sa femme, Jeanne de Bourdeilles. Leur fils Armand, créé en 1595 comte de Ribérac, prit rang parmi les quatre premiers seigneurs du Périgord. Un de leurs descendants, Guy d'Aydie, épousa Marie de Beaupoil de Sainte-Aulaire, sœur du marquis de Saint-Aulaire, l'un des quarante de l'Académie française; il en eut neuf enfants, dont : 1^c Armand d'Aydie; 2° Blaise d'Aydie, chevalier de Malte; 3° Odet, dit l'abbé d'Aydie, mort à Périgueux en 1792; 4° Marie d'Aydie, mariée au marquis d'Abzac, fort connue dans la province sous le nom de marquise de Mayac.

» Vers 1715, Armand d'Aydie épousa sa cousine germaine, Marie-Angélique d'Aydie, sœur du fameux comte de Rioms, laquelle fut dame du palais de Mme la duchesse de Berry, et mourut le 18 septembre 1717, à l'âge de dix-neuf ans. Armand d'Aydie, comme son cousin germain le comte de Noyan, était fort avant dans les intrigues du duc et de la duchesse du Maine. Il logeait au Luxembourg, et disparut le jour même de l'arrestation du prince de Cellamare, au mois de septembre 1718.

» Saint-Simon, qui rapporte ce fait, ne tient pas grand compte de la capacité du vicomte d'Aydie. « Il n'était pas, dit-il, pour fortifier beaucoup un parti, et — à la naissance près — je ne vois pas ce qu'un parti en pouvait faire. » L'aigre et malveillante nature du duc de Saint-Simon est assez connue pour que l'on doive se méfier, en général, de son jugement sur les personnes. Celui qu'il porte sur le vicomte d'Aydie nous paraît d'autant plus suspect, qu'il se trouve formellement contredit par nos traditions de famille, traditions auxquelles une double parentée avec les d'Aydie (1) peut donner quelque poids. J'ai souvent entendu raconter à ma grand'mère, qui le tenait elle-même de ses grands parents, que le comte d'Aydie ne dut, en cette occasion, son salut qu'à son courage et à une grande présence d'esprit. Il jouait aux échecs dans le salon même du régent lorsqu'on vint y annoncer la découverte de la conspiration d'Espagne. Il ne manifesta aucune émotion, acheva tranquillement sa partie, et sortit du palais avant que l'ordre de l'arrêter eût été donné. A quelque distance du Luxembourg il trouva, par les soins de son oncle, le marquis de Saint-Aulaire, un cheval et de l'argent. Cette dernière circonstance se trouve constatée par le testament du marquis, fait le 22 novembre 1742, peu de jours avant sa mort, et dans lequel on lit : « Je dispose, pour réparation de l'abbaye de Ligueux, d'une somme de quatorze cents livres à moi due par le comte d'Aydie, dont mille livres en argent, et un cheval, de prix de quatre cents livres, que je lui prêtai quand il alla en Espagne. »

---

(1) Le vicomte d'Aydie était, propre neveu du marquis de Saint-Aulaire ; il était, en outre, le cousin germain du marquis de Ranconnet d'Escoyre.

» La duchesse du Maine, dans les interrogations qu'elle subit, persista à affirmer qu'elle avait vu deux fois seulement le vicomte d'Aydie, et qu'elle ne lui avait point parlé d'affaires. — Heureusement arrivé en Espagne avec son cousin, le marquis de Pompadour, d'Aydie et son compagnon furent très bien reçus par Philippe V, qui leur confia des emplois considérables et lucratifs. Après un séjour de plus de quinze ans à l'étranger, d'Aydie revint en Périgord avec beaucoup d'argent; il y fit bâtir le château de Vaugoubert, à une lieu de La Borie-Saulnier, qui appartient aujourd'hui au marquis de Taillefer, alors résidence de la comtesse d'Aydie, arrière-grand'mère de mon père, qui se rappelle l'y avoir vu mourir en 1790. — Depuis sa rentrée en France, le vicomte d'Aydie ne reparut plus à la cour; il acheva de vivre à Vaugoubert, vers 1770. Sa nièce, Mme de Saint-Viance, fille de la marquise de Mayac, faisait les honneurs de sa maison, et il lui légua sa fortune.

» Blaise d'Aydie, chevalier de Malte et frère du vicomte, fut introduit à la cour du régent par son cousin, le comte de Rioms; ses débuts y furent brillants. Il eut, dit-on, sa part des bonnes grâces de la duchesse de Berry; mais un attachement plus sérieux fut le sort de sa vie; il aima profondément Mlle Aïssé, belle circassienne, qui, vendue en Orient comme esclave, fut achetée, en 1698, par M. de Ferréol, ambassadeur de France à Constantinople..... Il en eut une fille illégitime en 1725..... Devenu veuf, il se consacra à l'éducation de leur enfant dont la beauté rappelait celle de la mère. Quand elle fut en âge d'être mariée, il l'emmena en Périgord et s'y fixa auprès d'elle. Un gentilhomme de bonne maison, M. de Nanthiat, obtint sa main..... Mme de Nanthiat n'eut qu'une fille, mariée au comte de Bonneval, et celui-ci eut aussi une fille unique qui épousa le comte d'Abzac.

» Le chevalier d'Aydie se fixa au château de Mayac, chez sa sœur, la marquise d'Abzac. C'est de là qu'il écrivait en 1745..... Il mourut à Mayac (Dordogne), vers 1760. L'abbé d'Aydie, son frère, continua à résider dans ce château, il resta à Mayac jusqu'en 1790; il se retira alors à Périgueux avec Mme de Moncheuil, qui faisait les honneurs de chez lui, comme Mme de Saint-Viance faisait ceux de Vaugoubert..... Il y mourut presque centenaire. (MARQUIS DE SAINT-AULAIRE. — *Chron. Lim. et Périg.*, 1853, p. 11.) »

AIXE, petite ville du Limousin, aujourd'hui chef-lieu de canton dans l'arrondissement de Limoges. A la fin du XVIIe siècle, d'Hozier n'ayant pas reçu, avec le prix de l'enregistrement le dessin des armoiries de la communauté des prêtres d'Aixe, leur donna dans l'*Armorial général*, *de sable à un pal d'or*. On n'a point retrouvé les armoiries véritables de l'église d'Aixe; mais M. Chapelle, curé de cette paroisse de 1856 à 1873, qui avait besoin de faire graver pour cette église un cachet, a cru les découvrir dans *une croix de vair* qui figure sur la clef de voûte de son église, église d'ailleurs placée sous le vocable de Sainte-Croix; et, pour conserver la croix de vair avec les couleurs assignées par d'Hozier, il a fait graver, sur un cachet de forme ovale, *une croix vairée d'or sur un champ de sable* avec la légende : *Ecclesia sanctæ Crucis Axiæ in Lemovicino*.

« Les sceaux des églises, disent les Bénédictins, cités par M. de Wailly (*Eléments de Paléographie*, T. II, p. 228.), remontent pour le moins au IXe siècle, puisque le XVIIIe canon du sixième concile d'Arles de 813, et le xxvii⁰ du concile de Mayence, tenu la même année, ordonnent que les prêtres tiendront le saint chrême enfermé sous le sceau : *presbyteri sub sigillo custodiant chrisma.* Les sceaux des églises cathédrales représentent pour l'ordinaire les saints patrons ou les saints évêques les plus illustres..... Souvent les sceaux des églises sont historiques..... Les sceaux des églises collégiales portaient quelquefois l'image de leur doyen, mais le plus ordinairement celle des saints qui leur servent de patron. » Comme les sceaux des églises cathédrales, qui leur ressemblent, ils ont généralement la forme de l'ogive, mais ils présentent aussi la forme circulaire. La légende de ces sceaux renferme, avec les noms du saint, le mot *Ecclesia* ou *Capitulum.* Ces mots peuvent être pourtant remplacés par ces autres : *Congregatio* ou *Universitas.* Parfois on néglige aussi d'exprimer le nom de la ville où l'église est située.

A cet article sur Aixe que M. Roy de Pierrefite a placé dans la Ire édition, nous ajouterons que ce n'est point *une croix de vair* qui figure sur la clef de voûte de l'église, mais bien les armes des seigneurs du lieu, les Des Cars, qui portent : *de gueules au pal de vair.*

La famille d'Aixe existait dès le xii⁰ siècle. On lit dans un relevé d'anniversaires de l'abbaye de Solignac de cette époque, conservé aux archives de la Haute-Vienne : « Anniversarium dñi. Ay. de Axia mil dñi. de castro Montisbruni et de Molio (?) proparte sua qui est sepultus in medio capituli ante Crucifixum XXV solid. renduäl. quos deb. dñs Ay de Axia filius suus super omnibus bonis suis alicumque sint donec eos XXV assignavit in loco competenti. »

Alixe d'Aixe (en latin Axia), qui pouvait être fille d'Aimeric d'Aixe, chevalier, S^{gr} en partie de Montbrun et d'Agnès Béchade, était, vers 1300, femme de Jean, S^{gr} de Bonneval, Ier du nom. (*Nobil.,* Généal. Bonneval.)

Marguerite d'Aixe, fille de Pierre, damoiseau, épousa Jean de Couts *alias* du Chatenet, damoiseau. Par son testament du 6 avril 1374, elle fait un légat aux frères prêcheurs de Limoges. (*Nobil.,* art. Coux.)

Catherine d'Aixe, et son époux noble Olivier Pragelier, damoiseau, font avec Jean de Cossat, coseigneur du Breuil, paroisse de Janailhac, un échange de divers fonds et héritages situés au dit Breuil-Janailhac, vers 1444. (*Nobil,* art. Cossac.)

Marguerite d'Aixe épousa, le 1er juillet 1489, Hugues d'Abzac, S^{gr} de Beauregard. (*Nobil.,* art. Abzac.)

AJASSON (p. 25.). — Armes : *d'argent, à trois chevrons de sables superposés.* — Le *Dict. hérald.,* donne pour Ajasson en Berry : *de sable, à la fasce fuselée d'argent.* — Louis Ajasson épousa, vers 1315 Marguerite Le Groin, fille de Pierre, Ier du nom, et de Agnès de La Roche-Guillebaud. (A. TARDIEU, *Généal. Bosredon.*)

Henri Ajasson, S^{gr} du Bot, figure à la montre de la noblesse de la Marche en 1470. (Archives de Pau. — E. 651.) Il faut apparemment lire, S^{gr} de Vost, commune de Lourdoueix-Saint-Pierre, canton de Bonnat.

François Ajasson épousa, en deuxième noces, après 1620, Georges de Bertrand, écuyer, S^{gr} de Beaumont. (A. TARDIEU, *Généal. Bosredon.*)

Sylvain Ajasson lègue, en 1669, cinquante livres aux cordeliers de Bois-Ferru. (Roy, *Les Franciscains,* p. 7.) — Le 16 avril 1675, fut baptisée à

Bonnat, Marie-Silvaine, fille de Silvain Ajasson, écuyer, S⁶ʳ de Grandsaigne, et de Anne de La Celle. Son parrain fut Louis de La Celle, écuyer, S⁶ʳ de Bouëry, et sa marraine Marie Poute, dame de Nieul (?) (Regist. paroisse de Bonnat.) — Marie-Silvie Ajasson, en 1700, était l'épouse de François de Mornais, écuyer, S⁶ʳ en partie de Bonnat. (*Nobil.*, art. Mornais.)

François-Alexis Ajasson de Fleurat, né à Bonnat-les-Eglises, le 21 mai 1763, était moine bernardin au siècle dernier. Pendant la révolution il fut obligé de servir dans la gendarmerie. Il rentra au grand séminaire en 1807, fut vicaire de Guéret, curé de Soubrebost en 1809, et vicaire régent provisoire de Bourganeuf après la mort de M. Collin, arrivée le 8 février 1810. (Legros, *Catalogue des prêtres*.)

François Ajasson, comte de Grandsagne, et son frère germain, Henri Ajasson, comte de Grandsagne, étaient à l'assemblée générale de la noblesse de la Haute-Marche en 1789.

Voir aussi l'article Grandsagne.

ALLASSAC (page 25.) — La ville d'Allassac porte pour armes : *Trois épis de blé liés ensemble en forme de fleur de lis, sur un fond d'azur.* (De Seilhac, *Scènes de la Révolution*.)

ALBIAR (Laurent D'), évêque de Tulle, est à l'article Laurent, au T. III. Des lettres patentes du roi anoblirent cette famille.

Pierre d'Albiar, neveu de l'évêque de Tulle, était clerc de la chambre apostolique, à Avignon, en 1374.

On trouve aussi Guillaume d'Albiars, troubadour. (Notes de M. le chanoine Tandeau de Marsac.)

D'ALESME (page 26). — L'article suivant a été donné par M. l'abbé Roy de Pierrefitte, dans la Iʳᵉ édition. Nous les ferons suivre de notes isolées que nous devons en grande partie à M. le Chanoine Tandeau de Marsac. Notons aussi que le *Nobiliaire* de Saint-Allais contient une généalogie de la branche qui était fixée à Bordeaux, laquelle avait pour armes : *de gueules, au chevron d'or, accompagné d'un croissant d'argent, au chef cousu de sable, chargé de trois molettes d'argent.*

On nous reprocherait avec raison de ne pas compléter Nadaud si nous ne parlions des deux généraux Dalesme, l'honneur de la famille, et dont les noms jettent un reflet glorieux sur Limoges, qui, par ce motif, a nommé rue *Dalesme* le passage qui conduit de la rue du Collége au théâtre (juillet 1845). — La suppression de l'apostrophe n'établit nullement, pour ce nom, une distinction de famille, puisque, d'après divers contrats, la branche de Plantadis, qui possède, depuis 1531, un domaine dans ce village, écrit *Dalesme* avec ou sans apostrophe, ou simplement *Alesme*. Présentement l'héritier direct de ces Plantadis, M. François Dalesme, conseiller à la cour impériale, écrit son nom comme le général qui commandait le génie à Sébastopol.

Voici la généalogie de la branche Dalesme à laquelle appartiennent les deux généraux :

I. — Jean-Baptiste Dalesme, époux d'Anne-Catherine Meillat, remplaça son beau-père comme imprimeur-libraire à Limoges en 1729. De ce mariage sont nés : 1° François, qui suit, et qui succéda à son père dans la place d'imprimeur-libraire de l'évêché et du clergé de Limoges; 2° Léonard, qui embrassa l'état ecclésiastique, et qui devint curé de Folles près Bessines, puis chanoine de Saint-Martial, et mourut en octobre 1818, âgé de quatre-vingt-sept ans, à Limoges, où il était chanoine honoraire de la cathédrale et aumônier des religieuses de Sainte-Claire de cette ville; 3° Catherine, mariée à Jean Guinot, négociant à Limoges.

II. — François Dalesme épousa, en premières noces, Madeleine Disnematin des Salles, sœur de M. Disnematin des Salles de Beauregard, le dernier des présidents de la bourse de Limoges, 1790-91. De ce lit sont nés : 1° Jean-Baptiste, mort à Aubusson dans le pensionnat de M. de La Seiglière; 2° autre Jean-Baptiste, qui succéda à son père dans l'imprimerie, et qui est mort célibataire, en 1840, à Limoges; 3° Léonard, qui suit; 4° Madeleine, mariée à Pierre Blanchard, orfèvre, artiste habile, qui alla se perfectionner à Rome, où il cisela, dit-on, une colonne Trajane que le pape offrit à l'empereur d'Autriche. Ce Blanchard est mort à Limoges en 1800; 5° Françoise, mariée à Jean-Baptiste Nicot du Gondeau, négociant. En secondes noces, François Dalesme épousa Catherine Leyssène, morte en 1821, âgée de quatre-vingt-quatre ans. De ce mariage il eut : 1° Jean-Baptiste qui suit; 2° Joseph, mort à la bataille d'Eylau, capitaine de voltigeurs et chevalier de la Légion d'honneur; 3° Léonard, qui fut militaire aussi, et mourut pendant sa première campagne; 4° Hyacinthe, qui épousa, le 11 février 1800, Catherine Bouriaud, sœur du littérateur de ce nom; 5° François, qui, devenu capitaine au 9ᵉ hussards, puis démissionnaire, puis capitaine aux chevau-légers de la garde de Joseph Napoléon, fut atteint d'une paralysie, forcé de se retirer à Limoges, où il est mort, en novembre 1825, époux de Julie Pouyade, fille d'un avoué; 6° Madeleine, mariée à Jean-Baptiste Vézat, négociant; 7° Mariette, qui épousa N..... Latamanie, avocat.

III. — Léonard, troisième fils du premier lit de François Dalesme, entra dans le génie civil. Il épousa, en 1786, Rosalie-Françoise Sallé, dont le père était receveur des décimes à Limoges et secrétaire de l'évêché. De ce mariage sont nés : 1° Madeleine-Françoise, née, le 30 avril 1791, à Poitiers, où son père était ingénieur en chef des ponts et chaussées, mariée, le 21 juin 1813, à Léonard Grégoire de Roulhac, fabricant de papier à Limoges; 2° Jean-Baptiste-Casimir, qui suit. Ce Léonard avait quitté la résidence de Poitiers, et faisait son service à Saint-Flour quand, en 1795, il mourut à Limoges, où sa femme est morte aussi le 1ᵉʳ décembre 1835.

Jean-Baptiste Dalesme, né à Limoges, en 1763, du second lit de François du numéro précédent, embrassa l'état militaire. Il avait fait le siège de Cadix comme sergent d'infanterie sous les ordres de Monsieur, comte d'Artois, en 1782; le choix de ses concitoyens le fit ressortir de ses foyers en le désignant pour commander, sous Jourdan, le 2ᵉ bataillon des volontaires de la Haute-Vienne. Fait prisonnier par les Autrichiens, en 1793, lorsque la garnison du Quesnoy capitula, il fut conduit en Hongrie. Plus tard il se distingua dans l'armée d'Italie comme colonel de la 54ᵉ demi-brigade. En 1799, il fut nommé général de brigade; mais, grièvement blessé près de Mantoue, il dut prendre du repos. Ce fut pour honorer cette retraite involontaire qu'on le nomma membre du Corps législatif. En 1809, il reprit le service actif, et fut encore blessé à la bataille d'Essling, à la suite de laquelle l'empereur le fit baron. Le général baron Dalesme commandait à l'île d'Elbe, en 1814, lorsque Napoléon Ier y arriva. Il reçut avec respect et avec douleur le grand homme malheureux, et revint en France, où Louis XVIII le nomma lieutenant-général honoraire (octobre 1814). L'empereur, revenu de l'exil, confirma le baron Dalesme dans le grade de lieutenant-général, et le renvoya à l'île d'Elbe avec le titre de gouverneur (mars 1815). Pendant la restauration, le brave général vécut retiré dans sa campagne de Charra, paroisse de Cieux (Haute-Vienne). En 1831, Louis-Philippe lui confia le commandement de l'hôtel des Invalides, dont le maréchal Jourdan était gouverneur. Il mourut à ce poste d'honneur, atteint par le choléra, le 11 avril 1832. Il était grand-officier de la Légion d'honneur, chevalier de Saint-Louis et de la Couronne-de-Fer. Marié à Alexandrine Dumas, native de Lyon, il a laissé : 1° le baron Alfred Dalesme, qui, après avoir été pendant plusieurs années à la tête d'une maison de commerce de porcelaine à New-Yorck, s'est marié à Nathalie Roger, fille du général de ce nom, député. Il habite actuellement Villecresne, près Paris ; 2° Alexandrine, mariée à Pierre Pétiniaud, négociant en porcelaine ; 3° Catherine-Jeanne-Eugénie, mariée à François-Achille Bordet, sous-chef de bureau au ministère de la guerre. — Jean-Baptiste-Alfred Pétiniaud, négociant, vient d'épouser (le 31 juillet 1856) Madeleine-Marie Bordet. Ils sont cousins germains par leurs mères, toutes deux filles du général baron Dalesme.

IV. — Jean-Baptiste-Casimir Dalesme, fils de Léonard, qui précède, et neveu du général baron Dalesme, est né le 19 juin 1793 à Poitiers. Il entra, en 1811, à l'Ecole polytechnique, d'où il sortit, deux ans après, pour entrer dans le génie militaire. Il a fait la campagne de 1814 comme officier du génie, et, en 1815, pendant les Cent-Jours, il était employé en cette qualité à l'île d'Elbe sous les ordres de son oncle. Capitaine en 1819, il a fait, en 1828, l'expédition de Morée. Il est resté en Grèce jusqu'en 1833. Depuis 1830, il commendait en chef le génie de la brigade d'occupation. Chef de bataillon en 1834, lieutenant-colonel en 1841, il fut envoyé en Afrique, sur sa demande, en 1846, comme directeur des fortifications dans la province d'Oran, et reçut, la même année, le grade de colonel. En 1848, il fut appelé au commandement supérieur du génie en Algérie. On le nomma général de brigade en décembre 1850. Rentré en France au mois d'août 1852, il fut nommé membre du comité des fortifications et inspecteur-général du génie en 1853 et 1854. En février 1855, il a rejoint l'armée d'Orient pour commander le génie du premier corps, et, en cette qualité, il a dirigé l'attaque de gauche au siège de Sébastopol depuis le 8 mars jusqu'au 8 septembre, jour de l'assaut, auquel il a pris part. Il avait déjà assisté aux affaires du 2 et du 22 mai. Le 3 mai 1855, il a été nommé général de division, et commandant en chef du génie de l'armée d'Orient le 22 décembre de la même année. Il a quitté l'armée d'Orient le 10 juin 1856 pour rentrer en France. Le général Casimir Dalesme est grand-officier de la Légion d'honneur, chevalier de Saint-Louis, officier de l'ordre grec du Sauveur, grand'croix de l'ordre de Saint-Grégoire-le-Grand (Etats-Romains), chevalier-commandeur de l'ordre du Bain (Angleterre), grand-officier de l'ordre turc du Medjidié. Il est mort à Paris le 15 février 1877. Il avait épousé, en 1835, Catherine-Gertrude de Roulhac, sa parente, morte le 10 décembre 1844, à Perpignan. De ce mariage sont nés : 1° Marie, le 12 septembre 1836 ; 2° le

25 octobre 1838, Jean-Baptiste-Ernest, actuellement au collége de Sainte-Barbe, à Paris.

En terminant l'article d'Alesme, nous noterons que M. Gabriel d'Alesme, propriétaire de la baronnie d'Aigueperse, paroisse de Saint-Paul, près Limoges, et de la branche des d'Alesme de Rigoulène, a obtenu de don Carlos, en 1840, la croix de commandeur de l'ordre de Charles III, et, en 1842, celle de commandeur de l'ordre d'Isabelle-la-Catholique. Cette distinction est la récompense de l'hospitalité généreuse que M. d'Aigueperse a donnée aux réfugiés espagnols. Né, en 1..... de Jean-Léonard et de Camille-Rose de Lavergne, il s'est marié à Louise Garat de Nedde.

Notes isolées.

J. Alesmes était consul à Limoges en 1558; N. d'Alesme en 1620; autre J. d'Alesme en 1628, et N... d'Alesme, S^{gr} de Rigoulène, conseiller du roi, trésorier général, en 1657.

Jean d'Alesme, mort doyen du Parlement de Bordeaux en 1571, et Léonard d'Alesme, son cousin, conseiller au même Parlement, ont une biographie écrite par M. le chanoine Arbellot dans le *Bull. Soc. arch. Lim.*, XXIII, 305.

Marguerite d'Alesme, veuve de N... Damet, sénéchal du Dognon, fonda, à Saint-Léonard, en décembre 1652, le couvent des Filles-de-N.-D., rétabli depuis par M. Dépéret, curé, en 1838.

Jean d'Alesme avait épousé Catherine Boyol, dont Henri, baptisé en 1628.

Léonard d'Alesme, Sr de Salvanet, épousa Françoise de Bruxelles, dont : 1° Henri, baptisé en 1653, ayant pour parrain Henri d'Alesme, Sr de Plantadis, et pour marraine Marie de Bruxelles, épouse de Jacques Gay ; 2° Gabrielle baptisée le 12 octobre 1655, tenue sur les fonts baptismaux par Jean Beaune, bourgeois, et Gabrielle Bourdeix, veuve de Simon d'Alesme.

Léonard d'Alesme, Sr de Chabant, épousa N... du Chalard, dont Marguerite, portée au baptême le 5 octobre 1654, par Jacques Gay et demoiselle du Chalard, épouse de Jacques d'Alesme, sénéchal du Doignon.

Jacques d'Alesme, Sr du Breuil (1), eut pour fils Jean, qui était prévôt de la collégiale du Moutier-Roseille de 1671 à 1680. (Roy de Pierrefitte, *Abbayes*, p. 15.)

Catherine d'Alesme, épouse de Pierre Londeix, conseiller du roi, receveur des tailles, était sœur de N... d'Alesme, Sr du Boucheron; elle testa le 23 janvier 1677. (Testament.)

N... d'Alesme eut pour enfants : 1° N... d'Alesme, Sr de Rigoulène, président-trésorier de France à la généralité de Limoges; 2° Henri d'Alesme, Sr du Boucheron, qui épousa Marie Delhort, dont il eut : A. — Claude ; B. — Henri ; C. — Catherine, mariée à Jean Champalimaud ; D. — Marie ; E. — Madeleine. (Testament du 16 mai 1680.)

Jean-Baptiste d'Alesme, chevalier, S^{gr} de Rigoulène, âgé de trente-cinq ans, veuf de Suzanne de La Pradelle (?), épousa à Bessines, le 1er février

---

(1) Le Breuil, commune de Saint-Pierre-de-Chérignac, canton et arrondissement de Bourganeuf. Le Breuil appartient (1870) à la famille Daniel-Lamazière.

1751, Françoise Barbou des Courrières, âgée de vingt-un ans, fille de Jean-Baptiste Barbou, S^{gr} de Monismes, et de Valérie Farne. (Registres de Bessines.)

Jean-Marie d'Alesme, chevalier, S^{gr} baron de Châtelus, Salvanet, Courebeynac et autres lieux, et dame Anne-Françoise de Pichard de l'Eglise-aux-Bois, son épouse, sont parrains de la cloche de Châtelus-le-Marcheix, en 1680.

Jean d'Alesme, Sr du Breuil, écuyer, mort à Saint-Pierre-de-Chérignat le 2 août 1718, avait épousé Silvie Bonnet, dont : 1° Anne, mariée, le 20 octobre 1711, à Pierre de Volondat, Sr du Puy-du-Cros, procureur d'office de la ville de La Souterraine, fils de Pierre et de Anne Forgemol ; 2° Jeanne qui épousa, le 6 juin 1725, Léonard Larte, bourgeois de Maruger, paroisse de Saint-Séverin, veuf de Léonarde Lemoyne.

N... d'Alesme, S^{gr} de Prouch, épousa, le 20 janvier 1706, Léonarde Des Coutures, qui mourut, à l'âge de soixante-dix-sept ans, le 16 décembre 1718.

Simon d'Alesme, Sr de Chaban. — Le 2 août 1718 vivait N.... d'Alesme Sr de Chabant. (Archives de Chérignac.)

Anne d'Alesme, fille de Jean, écuyer, S^{gr} du Breuil, veuve de Léonard Rebière, Sr de Cessac en partie, François, son fils, prêtre, curé de Saint-Plantère, faisant tant pour eux que pour J.-B. Rebière, Sr de Monneger, leur fils et frère, vendent, le 17 octobre 1754, à Pierre Rebière, Sr de Naillac, leur part du fief de Cessac. (*Nobiliaire*. — Art. Rebière.)

Jacques-Urbain d'Alesme, Sr de Voultret, *alias* Vouhet et du Breuil, fils de feu Léonard, écuyer, S^{gr} du Breuil, et de Marie-Anne Rebière, de la ville de La Souterraine, épousa, le 29 septembre 1766, Anne Chapelle de Jumilhac. (*Nobiliaire*. — Art. Chapelle-Jumilhac.)

Jean-Marie d'Alesme de Salvanet était héritier d'Yrieix d'Alesme de Salvanet, son père. (Archives de la Haute-Vienne. — Année 1792. — Registre n° 242.) Il est titré chevalier, S^{gr} baron de Chatelus à l'assemblée de la noblesse en 1789, où il se trouve ainsi que messire Jacques-Urbain d'Alesme, écuyer, S^{gr} de Puyvinaud, capitaine au régiment de Normandie.

N..., baron d'Alesme, demeurant au Bâtiment, commune de Chamborêt, petit-fils du commandant des Invalides, mort en 1832, est entré au service à l'âge de dix-sept ans, en septembre 1870.

ALLOIS (LES), village situé sur la route de Limoges à Eymoutiers, dans la paroisse de La Geneytouse. L'abbaye de Notre-Dame-des-Allois, couvent de femmes, reçut de d'Hozier pour armes : *de gueules à un chevron d'argent. (Armorial général.)* — Nous avions espéré découvrir les armoiries véritables dans celles qui se trouvent sur la porte principale du bâtiment où résidaient les sœurs, et qu'habitent des colons. C'est un écusson en forme de losange, chargé *d'une fleur de lis*, et surmonté d'une crosse en pal. Cette fleur de lis nous paraissait conforme aux prétentions des religieuses des Allois d'être de fondation royale à cause des privilèges et des riches dotations dont elles auraient été redevables à la reine Blanche. Mais, entre la crosse et le losange, se trouve sur la même pierre la date 1648, et, en parcourant la table des abbesses, nous avons trouvé, pour cette même année, Judith de La Beaume de Forsat, dont les armoiries de famille sont justement *de gueules à une fleur de lis d'or*. Evidemment, les roses étant fort communes dans le blason limousin, les *trois roses posées 2 et 1* qui se trouvent sur une autre porte du même bâtiment sont celles de quelque autre abbesse

Voici, d'après M. de Wailly, quelques notions générales sur les sceaux de couvents : « Mabillon pense que les plus anciens sceaux d'abbés ne sont pas antérieurs au xie siècle; mais les Bénédictins en font remonter les premiers exemples au moins jusqu'au siècle précédent. Quelquefois l'abbé et la communauté se servaient du même sceau. Il en fut ainsi longtemps dans l'ordre des Citeaux, et une charte de 1236, citée par les Bénédictins, atteste la même coutume pour l'ordre de Grandmont, dont la maison mère était dans la paroisse de Saint-Sylvestre, arrondissement de Limoges : *Ego praedictus Helias presentes litteras sigillo nostro de assensu capituli nostri sigillavi; cum nos et totus ordo noster Grandimontensis unico tantum utatur sigillo.* » (NATALIS DE WAILLY, *Eléments de paléographie*, T. II.)

« Les sceaux des abbesses, disent les Bénédictins cités par M. de Wailly, ne sont pas antérieurs au xiie siècle. On y voit leurs images ou celles des saints patrons de leurs églises. Les abbesses sont représentées tantôt debout, tantôt assises, tenant une fleur de lis de la main droite et un livre de la main gauche. Celles qui sont d'un moindre rang paraissent à genoux en prières, et leurs sceaux, moins élégants, représentent les saints patrons de leurs églises ou les armes de leurs abbayes. Leurs sceaux furent distingués de ceux de leurs chapitres au xiiie siècle. » M. de Wailly ajoute : « Plusieurs abbesses sont représentées, comme les abbés, avec la crosse et le livre : nous ne pensions donc pas que la fleur de lis soit un attribut que l'on rencontre fréquemment. Peut-être ne doit-on pas admettre non plus que les abbesses agenouillées sont toujours d'un rang inférieur. » (*Id.,* p. 235.)

« Les moines pourvus d'offices, disent les Bénédictins, eurent des sceaux dès le xiiie siècle... mais, dès le commencement du xive siècle, on voit les simples moines en avoir de propres.

» Les sceaux des abbayes sont quelquefois ovales; mais le plus souvent ils ont la forme du cercle ou celle de l'ogive. Si les abbés sont représentés sur quelques-uns de ces types, il est beaucoup plus ordinaire d'y voir les saints que les communautés honoraient comme leurs patrons. Les images gravées sur les sceaux des abbayes ressemblent donc presque toujours à celles que l'on remarque sur les sceaux des églises : ces images sont trop variées pour qu'on puisse entreprendre de les décrire... Les saints patrons sont représentés quelquefois en buste, mais plus ordinairement assis ou debout. D'autres sont à cheval et armés de toutes pièces, comme saint Georges, patron de l'abbaye de Saint-Georges-sur-Loire, etc. Quand une abbaye était dédiée à deux saints différents, leurs images étaient souvent réunies sur un même sceau... Il est assez ordinaire de voir des fleurs de lis sur les contre-sceaux des abbayes... Dans la plupart des légendes, au nom du patron de l'abbaye se trouve ajouté celui du lieu où l'abbaye est située. Si la légende principale ne renferme pas le nom du patron d'une abbaye, il est souvent inscrit dans le champ ou au revers du sceau. » (*Id.*, p. 237 et 238.) (ROY DE PIERREFITTE, dans la 1re édition.)

ALLOUVEAU DE MONTRÉAL (1) porte : *d'or écartelé, au 1er, à un*

---

(1) Nous reproduisons ici l'article que M. Roy de Pierrefitte a publié dans la 1re édition, et nous y ajoutons quelques indications complémentaires.

soleil d'azur; au 2e, à cinq billettes d'azur posées 2, 1 et 2, ou bien à un échiquier d'or et d'azur de trois rangs; au 3e, au lion rampant de gueules, et au 4e, à trois croissants d'azur posés 2 et 1. L'écusson est surmonté d'un casque taré de profil, la visière ferronnée de grilles.

Léonarde Alouveau, avait épousé Pierre Ruben de Lombre, avocat au Parlement. Ce dernier était veuf en 1678. (*Nobil.,* III, 358. — IV, 126.)

I. — Guillaume Allouveau de Montréal, épousa Jeanne Jouhaud de La Bachellerie, dont :

II. — Joseph Allouveau de Montréal, né à Saint-Germain-les-Belles (Haute-Vienne), le 2 septembre 1668, épousa, en septembre en 1695, Catherine Descubes du Chatenet, de la paroisse de Saint-Laurent-sur-Gorre (Haute-Vienne); elle mourut à Saint-Germain le 11 février 1759. De ce mariage est né.

III. — Jean-Pierre Allouveau de Montréal, né à Saint-Germain, vers 1700, y mourut le 25 février 1759; il fut conseiller à l'élection de Limoges. Il épousa : 1° N....., dont une fille N......, mariée à N..... Meyvières d'Artois. Il épousa : 2° Anne-Marie Benoît dont Marie-Catherine, mariée le 27 février 1771, dans l'église de Saint-Maurice de Limoges, à Jean-Baptiste Vidaud, écuyer, Sgr d'Envaud, chevalier de Saint-Louis, brigadier dans les gardes du corps du roi. Elle mourut à l'âge de trente-quatre ans, et fut enterrée à Saint-Michel, le 21 janvier 1787. Il épousa : 3°, en 1757, Jeanne Garat, de la ville de Saintes, qu'habitait sa famille, et où elle était née, vers 1729, dont :

IV. — Pierre-Etienne Allouveau de Montréal, né à Saint-Germain-les-Belles, le 25 janvier 1759, mourut à Limoges, où il était conseiller à la cour royale, le 5 décembre 1838. Il avait épousé, le 10 février 1789, Catherine de Vaucourbeil, née à La Bachellerie, paroisse de Saint-Jouvent (Haute-Vienne), le 14 septembre 1767, morte à Limoges, le 9 juin 1852. De ce mariage sont nés : 1° Mathieu-Jean-Etienne-Gustave, qui suit; 2° Simon-François-Prosper, né à La Bachellerie, le 14 septembre 1791, élève de l'École militaire en 1809, capitaine au 10e de ligne, en 1813, colonel du 75e de ligne (1840), général de brigade (1848), général de division (1852), et commandant la division d'occupation des États-Romains, le 3 janvier 1853. Grand-officier de la Légion d'honneur, grand'croix de Saint-Grégoire-le-Grand, grand'croix de l'ordre de Pie IX, commandeur de l'ordre portugais de Saint-Benoît-d'Aviz, chevalier de Saint-Ferdinand d'Espagne et de Léopold de Belgique. Il fut sénateur de l'empire. Il est mort, dans sa propriété, près de La Croisille (Haute-Vienne), le 18 janvier 1873. On voit son portrait à Rome, à Saint-Agnès hors les murs; 3° Marc-Antoine-Augustin, né à Saint-Germain, le 10 juillet 1798, garde du corps de la compagnie de Noailles, de 1816 à 1822. Il est mort à La Vialle paroisse de La Croisille, le 11 mai 1835; 4° Joseph-Simon-François-Emile, né à Lavialle, le 7 juin 1811, élève de l'Ecole polytechnique en 1831, chef d'escadron au 6e d'artillerie (1853), commanda l'artillerie de la division d'occupation des Etats-Romains; chevalier de la Légion d'honneur, chevalier de l'ordre de Pie IX. A été nommé lieutenant-colonel d'artillerie par décret du 24 février 1860; 5° N....., mariée à N..... Ruben de La Condamine, d'Eymoutiers (Haute-Vienne).

V. — Mathieu-Jean-Etienne-Gustave Allouveau de Montréal, né à Saint-

Germain-les-Belles, le 3 novembre 1789, épousa Louise de Féray, dont : 1° Louis, qui suit; 2° Caroline; 3° Pauline, mariée la même année que son frère, à François de Calignon.

VI. — Louis Allouveau de Montréal a épousé, à Arras, Charlotte de Bouëry.

Sources : *La Haute-Vienne Militaire.* — Actes originaux.

AMELLIN (Jacques), abbé de Rocherville, secrétaire, aumônier et confesseur du roi François Ier, et chanoine de la Sainte-Chapelle à Paris, prit possession de l'évêché de Tulle le 9 mai 1536. Il mourut à Sens le 30 avril ou le 1er mai 1539, et fut enterré chez les franciscains de cette ville. Il portait : *d'argent à deux barres de gueules.*

ANCELIN (Hubert), frère de lait de Louis XIV et aumônier de la reine d'après la liste des armes des évêques de Tulle, ou aumônier du roi selon d'autres que Nadaud suit, fut nommé à l'évêché de Tulle le 4 octobre 1680, et se démit en 1702. Il fut abbé de Ham, et mourut à Paris, le 27 juin 1720. Il portait : *écartelé aux 1er et 4e d'azur, à une fleur de lis d'or, aux 2e et 3e d'argent à un dauphin d'azur couronné et lampassé de gueules ; en abîme, parti d'or et d'argent au lion de gueules grimpant et brochant sur le tout.* D'après un cachet le *lion* semble être *de sable.*

ANDALAY (p. 31). — Dandalay, situé commune de Saint-Léonard (Haute-Vienne), appartenait au siècle dernier et au commencement de celui-ci à la famille noble des Magy de Dandalay.

Il faut lire, Doynais ou Doyneis, au lieu de Doynois.

En 1373 Martial Doynes était consul de la ville de Saint-Léonard. (Arch. départ. — *Consuls de Saint-Léonard*).

Martial Doyneis eut pour fils Martial et Léonard. En 1466, ces deux frères donnèrent un terrain pour agrandir l'église de Saint-Martial du Pont de Noblac. *(Idem.)*

Doyneis, bourgeois et marchand, nommé à la vicairie de Saint-Nicolas en l'église de Saint-Etienne de Noblac, en 1481. (Pouillé de Nadaud. — Communiqué par M. le chanoine Tandeau de Marsac.)

ANDRÉ ou ANDRIEUX (page 32). — Sous ce nom, alternativement orthographié André, Audrée et Andrieu, on trouve trois familles qu'une foule de rapprochements indiquent comme ayant une origine commune, et leur berceau dans les environs d'Ussel (Corrèze).

Première branche.

Pierre André ou Andrieu rendit hommage à Ebles de Chabannes, coseigneur de Charlux-le-Pailloux en Limousin, le 12 mars 1337, et lui consentit une rente le 9 juin 1351. Jean André, damoiseau, S^{gr} de l'Espinasse, au même pays, Guillaume de Madic, prieur de Bort, et Raymond de La

Chapoulie, licencié ès-lois, furent arbitres d'un différent entre Hugues de Chabannes et Hugues d'Ussel, le 3 novembre 1395. Guillaume Andrieu, était lieutenant de la sénéchaussée d'Auvergne en 1454, et Armand Andrieu, son neveu, bailli de la ville de Bort en 1474. Antoine André ou Andrieu, écuyer, S^{gr} de La Gâne en Limousin, et Jacques Andrieu, son fils, exercèrent la charge de châtelain des châtellenies de Charlus et de Saignes en Auvergne, de 1511 à 1529 et de 1540 à 1544. Cette branche, qui posséda les fiefs de La Gâne, de Roussillon, de La Nobre, de Martinet, de Maréjoux et de Gombeix, compte des alliances avec les maisons de Mirembel, de Sartiges, de Salers, de Soudeilles, de Rochefort, de Valens et d'Ussel ; elle paraît s'être éteinte au xviie siècle.

Seconde branche.

André ou Andrieu de Ludesse. — Robert André ou Andrieu, chevalier, S^{gr} de Ludesse, fut inscrit à l'*Armorial* de 1450. Amable Andrieu, coseigneur de Fernoël, et Pierre de Ludesse rendirent aveu de partie de ces terres en 1540, et François-André de Ludesse fut compris dans le ban de 1540. Quelques années plus tard, Gilberte de Ludesse s'allia à Antoine de Saint-Martial, baron de Drugeac, tandis qu'une autre demoiselle de la même maison portait la terre de Ludesse à Gilbert de Robert-Lignerac, S^{gr} de Marze, fils d'autre Gilbert de Lignerac, capitaine de Carlat, et de Claudine d'Ussel, celle-ci, fille ou petite-fille de Jean d'Ussel et de Françoise Andrieu de La Gâne. La famille André de Ludesse compte, en outre des comtes de Brioude, savoir : 1° François de Ludesse, 1309 ; 2° André de Ludesse, 1531 ; 3° Jean de Ludesse, 1605, doyen de Brioude.

Armes : *d'or à un chevron d'azur, chargé de trois fleurs de lis d'or et accompagné de trois hures de sable.*

Troisième branche.

André ou Andrieu de la Bonnade. — A la même époque où Antoine Andrieu, S^{gr} de La Gâne, était bailli de Charlus et de Saignes (1511 à 1529), Jacques André ou Andrieu exerçait les mêmes fonctions à Apchon, et tout porte à croire qu'ils étaient parents. Jean André, son fils, qui lui succéda, et Jacques André, son petit-fils se qualifient baillis d'Apchon, de Charlus, d'Aubijoux, de Vaumiers d'Entraigues, de Murat-la-Rave, de Saint-Saturnin, de Cheylade et de Falcimagne. Celui-ci fut anobli pour services signalés au mois de juin 1582 ; il testa à Apchon, le 30 octobre 1586. Ses descendants ont occupé les premières charges du bailliage de Salers jusqu'à la révolution de 1789. Ils ne jouirent pas toujours sans troubles du privilége de noblesse ; plusieurs fois les consuls de la ville de Salers le leur contestèrent, ainsi qu'il résulte d'un arrêt de maintenue, rendu au conseil d'État, le 7 mai 1743, confirmé par lettres patentes du 31 janvier 1754, et autres du 20 août 1766 ; mais une nouvelle opposition ayant été accueillie par la cour des aides de Clermont, l'arrêt qu'elle avait rendu fut cassé par le conseil d'État, le 30 août 1771. Il est à remarquer que, pendant tous ces débats, MM. de La Ronnade ne produisirent pas les lettres d'anoblissement de 1582, qui auraient fait cesser toute contestation ; il est à présumer, dèslors, qu'ils n'avaient pas connaissance de ce titre, ou bien qu'ils feignirent de l'ignorer, se croyant suffisamment fondés à se faire reconnaître comme nobles d'extraction, ce qui leur fut accordé par lettres patentes de 1754 et de 1766. La famille André de La Ronnade compte des alliances avec les maisons de Douhet, de Durfort, de Méallet-de-Fargues, de La Porte, de Ribier, de Sartiges, de Scorailles, de Tournier, etc.

Dona Maria de Tournier, née espagnole, mariée à Barcelone, le 6 mai 1764, à messire Antoine André de La Ronnade, capitaine au régiment de Flandres, périt à la révolution, en 1793. Un de ses fils est mort maire de la ville de Salers, il y a peu d'années. Son frère, également décédé a laissé une postérité.

Armes : *d'azur, au chevron d'argent accompagné en chef de deux flanchis d'or, et en pointe d'un soleil de même.* — (J. B. Bouillet, *Nobil. d'Auvergne*, I, 26. — VII. 392.)

ANGLARS (D') (page 33), seigneurs de Bassignac. — M. Laîné a commis une erreur évidente en confondant cette famille avec celle de même nom qui existe en Quercy. S'il avait consulté les preuves faites au cabinet du Saint-Esprit, il se serait pleinement convaincu de l'inexactitude de son assertion. Ces preuves, dressées sur titres originaux, établissent très clairement la communauté d'origine avec la maison d'Ussel, et remontent la filiation à Hugues d'Ussel-d'Anglars, chevalier, Sgr d'Anglars et de la paroisse de Sainte-Marie-la-Panouse en Limousin, lequel rendit hommage à Ebles VIII, vicomte de Ventadour, en 1320 ; il testa en 1326, mentionnant dans cet acte de dernière volonté Robert d'Anglars, son fils, et Hugues son petit-fils. Celui-ci transigea avec le même vicomte de Ventadour, en 1335, et Yves d'Anglars, son successeur, renouvela l'hommage en 1397. Astorg d'Anglars, marié, le 7 juillet 1407, à Dauphine d'Ussel, sa parente, et le 6 novembre 1418, à Marguerite de Rochedagoux, dame de Soubrevèze, laissa de ses deux mariages plusieurs enfants, qui formèrent trois branches : 1º Georges d'Anglars, qui ne laissa de Jeanne d'Ornhac qu'une fille unique, Anne d'Anglars, mariée à Claude de Montfaucon, baron d'Alais et de Vezenobre, dont la fille, Jeanne de Montfaucon, dame d'Anglars et d'Ussel, transmit la succession à la maison de La Croix de Castries ; 2º Jean d'Anglars, Sgr de Saint-Victour et de Soubrevèze, dont le rameau se fondit, en 1575, dans la maison de Saint-Nectaire ; 3º enfin autre Jean d'Anglars, époux de Françoise de Bassignac, lequel donna quittance de 150 écus d'or au seigneur d'Anglars et d'Ussel, son frère, le 8 octobre 1454, et rendit hommage de Bassignac, à Louis de Ventadour, baron de Charlus, le 10 juin 1466, et consentit bail du domaine de Prades, le 14 avril 1476. La postérité de ce seigneur qui, en 1666, comptait deux autres rameaux étalés, l'un à La Garde, près Rion-ez-Montagne, l'autre à Chalagnac, élection de Clermont, a fourni bon nombre d'officiers de divers grades, des chevaliers de Saint-Louis, des commandants de place, un lieutenant du roi à la Martinique, un gouverneur du Château-Tompette, et un lieutenant des maréchaux de France au département d'Aurillac, en 1750. Cette famille est représentée (1872) par le comte Camille d'Anglars, qui réside au château de Bassignac, canton de Saignes, et par son frère, le vicomte d'Anglars de Bassignac, capitaine de cavalerie, établi à Lavour, près Mauriac.

Armes : *de sable au lion d'argent, armé, lampassé et couronné de gueules, accompagné de trois étoiles d'argent.*

La maison dont la notice précède n'est pas la seule qui existe en France, portant le nom d'Anglars ; trois autres sont connues, sans qu'il paraisse y avoir entre elles des rapports de parenté. La première, éteinte depuis longtemps, avait son berceau dans les environs de Saint-Flour. La seconde, établie dans le Quercy, était représentée, en 1666 par Jean d'Anglars, chanoine de Saint-Yrieix, qui prouva sa filiation depuis Guillaume d'Anglars, vivant en 1505. La troisième, celle des barons de Crezancy en Berry, est connue depuis Balthazard d'Anglard, marié, le 4 février 1520, à Marie de Murat.

Armes : *d'azur, au lion de gueules.* (J.-B. BOUILLET, *Nob. d'Auvergne*, I. 31.)

Voir aussi la généalogie d'Ussel au T. IV.

Le T. II de la 1re édition, à l'article DANGLARD donne le texte du *Nobiliaire* de des Coutures, qui fait double emploi avec l'article de Nadaud. Il sera retranché dans la 2e édition. Voici toutefois quelques indications qui y sont ajoutées au supplément :

François d'Anglars de La Garde, chevalier, fils de Claude d'Anglars de La Garde, et de Marguerite Bouchy, épousa, le 4 février 1783, Pierrette-Jeanne Vallette de Rochevert, fille de Jean-François-Pierre, chevalier, Sgr de Bosredon, etc. (A. TARDIEU. — *Hist. généal. de la maison de Bosredon*, p. 28.)

Jean d'Anglars, Sgr de Saint-Victour, possédait le fief de Soubrevèze (Cantal) en 1508. Sa fille fut mariée à Louis de La Volpinière, Sgr de La Batisse et de Chalusset. (*Idem*, p. 47.)

Charlotte d'Anglard, fille d'Antoine, écuyer, Sgr de Rochegude, et de Catherine de Champs, épousa, le 14 octobre 1675, Anselme de Boucherolle, écuyer, Sgr de Pogniat, fils de Pierre. (*Idem*, p. 237.) Anne d'Anglards, autre fille d'Antoine ci-dessus, épousa, le 3 octobre 1676, Philibert de Lauzanne, vicomte de Vauroussel, veuf de Marguerite de Chalus de Prondines. (*Idem*, p. 304.)

La famille d'Anglars a contracté alliance avec la famille Montclar, Sgrs de Montclar, d'Anglars, etc. La terre de Montclar est située commune d'Anglars (Cantal). (*Idem*, p. 354.)

ANGOULÊME (D') (p. 34). — Nadaud a copié cette généalogie dans des Coutures. Tous les deux indiquent par un signe de convention, expliqué par des Coutures, que, en 1598, la famille d'Angoulesme ne produisit pas des titres suffisants, et qu'on attendit d'elle une plus ample justification. Voici, d'après des Coutures, les notes négligées par Nadaud : 1 et 2. Mariage du 10 mars 1405. 3. Deux transactions entre Guy, Jean et François, frères, et Jean Achard et Louise d'Angoulesme, sa femme, du 6 novembre 1532, et l'autre avec Jean de St-Marsaud du 23 décembre au dit an. 4. Partage fait, du consentement de la dite de St-Marsaud, entre François et Pierre d'Angoulesme, ses enfants, dans lequel la portion appartenant à Lancelot, leur frère, lui est conservée ; du 28 juin 1579. Mariage du 16 mai 1592. 5. Mariage du 23 novembre 1622. 6. Mariage du 1er mars 1630.

ANZÊME, canton de Saint-Vaulry, arrondissement de Guéret (Creuse). Les armes du prieuré sont : *d'azur à un gonfanon d'or. (Arm. génér.)*

ARCHAMBAULD, 7ᵉ évêque de Tulle, nommé au mois d'août 1348, par le pape Clément VI. L'on possède peu de documents sur la vie de ce prélat. L'on trouve seulement dans le cartulaire de Roc-Amadour, qu'Olivier de Bel-Castel lui rendit hommage et lui acquitta ses redevances pour ses possessions de Vairac et de Bel-Castel. Guillaume de Temine, le 9 juillet 1360, se reconnut vassal de cet évêque. S'étant retiré à Avignon, il y mourut le 21 novembre 1361, suivant le *Nécrologe de l'Artige,* dit Nadaud, et le *Gall. Christ.,* p. 669. Il portait : *d'azur à trois canettes ou colombes d'or, posées 2 et 1.*

ARCHE (p. 35.) — On trouve au moins neuf chanoines de Brioude dans l'intervalle de 1263 à 1489. Toutefois, et nonobstant l'affirmation de M. Laîné, il est douteux que cette famille fût originaire d'Arches, près Mauriac, et si elle en était réellement, elle s'était transportée ailleurs depuis le commencement du xivᵉ siècle au moins. Il est vrai qu'il existe au bourg d'Arches une vieille tour qui semble avoir servi de vigie dans un temps reculé ; il est certain aussi qu'un Astorg d'Arches et Jean, son fils, consentirent une vente à Pierre de La Porte, sous le sceau du doyen de Mauriac, le lundi après la fête de Saint-Vincent 1282 ; mais il faut remarquer que, contre l'usage d'alors, les noms des vendeurs ne sont suivis d'aucune qualification distinctive de noblesse, de manière qu'il y a lieu de supposer qu'Astorg et Jean d'Arches n'étaient que de simples particuliers, et qu'à défaut de noms de famille, encore rares, on les désigna dans l'acte, ainsi que cela se pratiquait alors, par le lieu de leur résidence. On est conduit à cette conclusion par l'absence de toute autre trace d'une famille noble de ce nom dans les environs de Mauriac, et il serait vraiment étonnant qu'elle eût fourni neuf comtes de Brioude sans qu'on ne la rencontrât ni parmi les alliances, ni dans les relations d'intérêt ou de voisinage avec les autres familles du pays. On ne comprendrait pas mieux le silence des auteurs qui se sont occupés de l'histoire locale et de celle des familles, à l'égard d'une race assez distinguée pour fournir neuf sujets au chapitre de Brioude pendant une période de plus de deux siècles. Si ces observations sont fondées, il faut chercher ailleurs le berceau de la famille d'Arches, et il en existe une en Bas-Limousin et Guienne connue avant 1418 ; elle comptait plusieurs chevaliers de Malte en 1787. (J. B. BOUILLET, *Nobil. d'Auvergne,* I, p. 51.)

Chanoines-comtes de Brioude : D'Arches. — Armand, 1263. — Bernard, 1280. — Bertrand, 1288. — Guillaume, 1320. — Dalmas, 1371. — Pierre, 1421. — Antoine, 1451. — Dalmas, 1489. (*Idem,* VII, p. 377.)

Louise-Marguerite d'Arche épousa, en 1750, Jean-Martin-Gabriel de La Selve, chevalier, Sᵍʳ du Chassains, etc., fils de Jean-Martin. (A. TARDIEU, *Généal. Bosredon,* p. 376.)

J. d'Arche, qui était président de France à Limoges, a ses armes sur le plan de cette ville dit *Plan des Trésoriers,* vers 1680. Elles sont ainsi décrites par le *Dictionnaire héraldique* : *d'azur à l'arche de Noé d'or flottante sur un déluge d'argent ; en chef une colombe volante du même, portant en son bec un rameau d'olivier du second émail.*

ARDENT (p. 36). — Avant 1790, on voyait dans la chapelle des Cordeliers de Limoges, sur un pilier placé dans la deuxième chapelle en entrant, et qui faisait face au tombeau de Pierre Ardent, ses armoiries avec cette inscription gravée sur cuivre :

EPITAPHIUM

Domini Ardentis, procuratoris regii,
Cui pater acceptum pridem commiserat aulam
Lemovicum nato jam dedit ille suo
Petrus, ut æternæ merito succederet aulæ.
Postquam curavit tam bene Lemovicos,
Qui fuit in terris cunctis virtutibus ardens,
Nunc solo in cœlis gaudet amore Dei.

En justice il avait, quatrante-trois années,
Doyen des officiers et gardien des lois,
Mérite du publicq, faict service à cinq rois,
Quand la Parque en honneur finit ses destinées,
Le 27ᵉ jour d'aougst 1588.

Entre le latin et le français était un écusson *d'azur, à un soleil d'or, accompagné de trois étoiles d'argent, deux en chef et une en pointe*. La famille Ardent, conservant ces armoiries, ou celles que Nadaud indique, prenait la devise *Solis virtutibus Ardens*, dont le sens est amphibologique. MM. Ardant, imprimeurs, ont supprimé l'écusson et gardé le soleil, dans les rayons duquel se trouvent les trois étoiles d'argent placées en triangle, avec ces mots : *Omnibus Ardens*. (ROY DE PIERREFITTE, 1ʳᵉ édit.)

Rad. Ardentis, docteur en théologie de l'Université de Poitiers, est l'auteur d'un ouvrage imprimé à Anvers, en 1573, intitulé : *Homiliæ in epistol. et evangelia sanctorum*. (Note de M. le chanoine Tandeau de Marsac.)

Thérèse Ardent et Joseph Romanet, sieur du Loubiers, son époux, vendirent à Martial de Verdilhac et à Marie Romanet, son épouse, la terre du Loubiers, paroisse de Saint-Victurnien, par acte du 2 août 1722. (Acte de vente.)

Joseph-Paul Ardent, né à Limoges le 11 juillet 1747, ancien curé de Saint-Goussaud, se cacha pendant la révolution. Devint aumônier de Mgʳ l'évêque de Limoges en 1802 ; quitta cette place pour être vicaire à Saint-Pierre-du-Queyroix et directeur des Sœurs de la Charité de cette ville. (LEGROS, *Catal. des prêtres*.)

Marie Ardent, en 1783, était chargée de la procure, dans la communauté des Filles-de-Notre-Dame de Limoges. (Archives de la Haute-Vienne.)

I. — François ou Pierre Ardent (p. 37) épousa, avant 1714, Catherine Barbou, née le 19 janvier 1690, fille de Pierre Barbou et de Jeanne Maillard. Leur cinquième enfant est Catherine ; elle épousa, vers 1750, Léonard Muret, qui acheta la charge de secrétaire du roi. (*Nobil.*, III. 267.) — Le septième est l'auteur de la branche de Masjambost rapportée plus loin.

II. — Pierre Ardent, écuyer, Sʳ de La Grénerie et de Meillars. — En 1775, dans un moment de disette générale, il n'hésita pas à acheter, sous sa seule responsabilité, et reçut de ses correspondants du Nord, de grandes quantités de grains, nécessaires à l'alimentation de Limoges, qu'il put ainsi préserver des horreurs de la famine. Turgot, reconnaissant, fit connaître cet acte de patriotisme à Louis XV, qui le récompensa, en décorant M. Ardent du cordon de ses ordres. (*Lim. et Limousin*, IIe partie, p. 216. — *Almanach limousin*, pour 1872, p. 16.) — Il avait épousé Anne Romanet, née en 1716, fille de Siméon, écuyer, sieur du Caillaud, secrétaire du roi, et de Marie Colomb. (*Nobiliaire*, IV, 560.) — Leur troisième enfant fut Siméon, marquis de Meillars (1). Le quatrième N......, dit M. de La Grénerie. « Né d'une ancienne maison du haut commerce de Limoges, avait servi dans les gardes du corps. A l'exemple de son père, et par l'autorité de son nom, avait, en 1790, fait venir de la Baltique un bâtiment chargé de grains pour nourrir son canton d'Uzerche. Tandis qu'à une époque de la révolution, ses voisins, ses amis, passaient dans l'étranger, il avait préféré rester dans son château de La Grénerie, tout entier aux modeste fonctions de juge de paix, et il y était le conciliateur *à tout prix* des litiges portés devant lui. Quand l'établissement de Pompadour commençait à sortir de ses ruines, il lui avait donné son plus beau cheval de haras. Sur le premier avis de sa nomination à la place de conseiller, M. de La Grénerie était venu me voir à Tulle ; il avait accepté sans façon un dîner de famille, et nos cœurs s'étaient bientôt entendus. Toutefois il répugnait à quitter ses habitudes champêtres, et ces bons cultivateurs, dont je savais qu'il était aimé comme un père ; ce ne fut qu'à un second voyage que j'obtins l'agréable certitude de l'avoir pour collaborateur. Bientôt il se forma entre nous des liaisons qui ne se sont jamais affaiblies. Pendant que j'habitais le Mont-Blanc, il me tenait au courant de tout ce qui se passait dans la Corrèze. L'élévation de son caractère et l'élégance de ses manières ne le cédaient qu'à son extrême obligeance et à son urbanité ; dur à lui-même, il était bon pour tous les autres..... Il me reste de cet ami un grand nombre de lettres, toutes remplies des plus tendres sentiments comme d'une douce philanthropie. Hélas ! je l'ai perdu comme tant d'autres ; il est mort le 13 juillet 1833, dans son modeste château de Meillards, vivement regretté de tous, surtout des pauvres. » (VERNEILH-PUYRAZEAU, *Mes souvenirs de soixante-quinze ans*, p. 224.)

III. — Siméon Ardent, chevalier, lieutenant au régiment de Périgord, mourut en juin 1776, avant la naissance de sa fille. Il avait épousé Anne-Agathe de Royère-Champvert, fille de Jean-Marc de Royère et de Jeanne-

---

(1) Nous reproduisons ici la note de la première édition : — A moins que la famille Ardant eût acheté le titre de marquis, comme on l'affirme, l'abbé Legros oublie qu'acheter une terre qualifiée ne donne pas à l'acquéreur la qualification qu'avait la famille en faveur de laquelle cette terre reçut un titre nobiliaire; seulement il pouvait jadis jouir des droits seigneuriaux, c'est-à-dire lever la dime, avoir banc à l'église, etc.; ce qui ne le faisait ni duc, ni marquis, ni comte, ni baron, mais simplement *seigneur* d'une terre ainsi qualifiée. Du reste, voici d'après d'Hozier, les ordonnances royales qui règlent cette question : En 1270, saint Louis permettait que la noblesse s'acquit par *tierce-foi*, c'est-à-dire que, un roturier acquérant un fief, ses descendants étaient nobles au troisième hommage du même fief, et partageaient noblement le dit fief, à la troisième génération. Mais, en 1579, Henri III écrivit, dans un édit daté du mois de mai : « Les roturiers ou non nobles achetant fiefs nobles ne seront pour ce anoblis, ni mis au rang et degré des nobles, de quelque revenu et valeur que soient les fiefs par eux acquis. » Le 13 août 1663, un arrêt porta « défenses à tous propriétaires de terres de se qualifier barons, comtes ou marquis, et d'en prendre les couronnes à leurs armes, sinon en vertu de lettres patentes bien et dûment vérifiées. »

Rosalie Lecomte de Beyssac. Leur fille épousa son parent N..... Barbou des Places, libraire à Paris, fils de Martial et de Marguerite Bordeau.

Branche du Masjambost.

II *bis.* — Joseph Ardent du Masjambost, négociant, épousa Marie Muret de Bort, fille de Pierre, S^{gr} de Bort, et d'Anne Romanet du Caillaud (*Nobil.*, IV, 456.) Dont : 1° Léonard-Georges (cousin du général Paul-Joseph), né en 1785, a épousé, en 1822, Louise-Eugénie Perrot de Tannberg, nièce de M. de Marchangy, littérateur distingué, avocat général à la Cour de cassation, ancien procureur général près la Cour de Limoges, dont : A. — Hippolyte, né en 1823, marié à Berthe Jacquemin, fille du général de ce nom; B. — Victor, né 1826, mort en 1838; C. — Lia, qui a épousé, en 1861, Joseph Ardent, fils aîné de Jean-Maurice et de Anne-Gabrielle-Fanny Texandier; 2° Félix, qui a épousé Joséphine Benoist du Buis, dont : A. — André, né en 1862 ; — B. Christine et Madeleine, nées en 1866.

III. — Jacques Ardent, née à Limoges en 1755, devint général du génie, officier de la Légion d'honneur, et mourut à Metz, où il s'était fixé. Il a laissé Paul-Joseph, qui suit.

IV. — Paul-Joseph Ardent, général du génie et officier de la Légion d'honneur a fait les campagnes de Rome et de Crimée. Il a été député de la Moselle. Le gouvernement français le chargea d'une mission importante qui consistait à aller explorer la mer Noire et les côtes de Crimée avec l'amiral sir John Burgoyne, chargé de la même mission par le gouvernement anglais. Il exerçait son commandement à Paris en 1856. Il fut tué dans une expérience d'artillerie en 1859. Il avait épousé N....., dont : N.....

Georges Ardant, marchand, Sr de Marzac et du Masjambost, était mort avant 1750. Il avait épousé Claire Guibert, dont : Jean-Baptiste Ardant, Sr du Masjambost, qui épousa, le 10 mars 1750, Marie-Anne de Douhet, fille de Jean-Jacques de Douhet, chevalier, S^{gr} du Puy-Moulinier, du Palais et de Panazol, lieutenant criminel à Limoges. (*Nobil.*, art. Douhet.)

I. — Isaac Ardant, notaire, épousa N... Chapoulaud, fille de Martial Chapoulaud, dont : Martial, qui suit :

II. — Martial Ardant, imprimeur-libraire, né en 1784, mort en 1860, épousa : Sophie Fougères, dont : 1° Louis, qui suit; 2° Eugène, qui suit après son frère; 3° Ferdinand, imprimeur-libraire, né en 1817, qui s'est fixé à Paris et qui a épousé Pauline Légier, dont un fils mort en 186 , et une fille qui a épousé Charles Potard; 4° Firmin, imprimeur-libraire, né en 1822, qui a épousé Jenny Péconnet; 5° Marie-Françoise-Aline, qui épousa Pierre Guithon ; 6° Clémence, célibataire.

III. — Louis Ardant, imprimeur-libraire, né en 1807, mort en 1863, chevalier de la Légion d'honneur, maire de Limoges en 1849 et 1852, épousa Edile Maurensanne, dont : 1° Mathilde, qui a épousé Charles Thibaut; 2° Isabelle, qui a épousé Arthur Parant.

III *bis*. — Eugène Ardant, imprimeur-libraire, né en 1811, président du Tribunal de Commerce, épousa Léocadie Noualhier, fille de Georges Noualhier, et de Agathe Martin-Peyroche, dont : 1° Jules; 2° Georges, qui suit; 3° Berthe, qui a épousé Alexandre Nenert; 4° Marie, qui a épousé William Ranon de Lavergne.

IV. — Georges Ardant a épousé Anaïs David.

I. — N... Ardent du Pic, épousa N... Peyroche, dont : 1° Antoine-Martial, qui suit; 2° Jean-Maurice, qui suit après son frère et sa postérité; 3° Joseph-Paul, qui épousa N..., et mourut sans laisser d'enfants.

II. — Antoine-Martial Ardent du Pic, secrétaire général de préfecture, homme de lettres, épousa Virginie d'Antignac, dont : 1° Gabriel, homme de lettres, mort célibataire, en 1845; 2° Jean-Charles, qui suit; 3° Louis, mort en 1879; 4° Henri, qui a épousé Marie Pétiniaud-Champagnac, dont : A. — Valentine, mariée à M. Raymond Laporte; B. — Gabriel, manufacturier; 5° Caroline, qui a épousé Henri Martin-Chantagru, conseiller à la Cour.

III. — Jean-Charles Ardent du Pic, conseiller à la cour impériale, puis président de Chambre, épousa Antoinette Sibert de Cornillon, fille du baron Sibert de Cornillon, officier de la Légion d'honneur, conseiller d'État et secrétaire général au ministère de la justice, dont un fils unique, qui suit.

IV. — Antoine Ardent du Pic, avocat.

II *bis*. — Jean-Maurice Ardent, né le 12 janvier 1793, à Limoges, où il est mort le 6 mai 1867, était un des membres fondateurs de la Société archéologique et historique du Limousin; il était lauréat de l'Institut, archiviste de la Haute-Vienne, correspondant du ministère pour les travaux historiques, etc. Il a publié plusieurs ouvrages et un grand nombre d'articles concernant l'archéologie, la numismatique, l'émaillerie limousine, etc. Il avait épousé, en 1824, Anne-Gabrielle-Fanny Texandier, dont : 1° Noémie, morte en 1826; 2° Lia, née en 1826, morte célibataire en 1880; 3° Pauline, religieuse à la Visitation sous le nom de sœur Marie-Pauline, née en 1828, morte en 1872; 4° Joseph, né en 1829, a épousé, en 1861, Lia Ardent du Masjambost, dont : A. — Marie, née en 1863; B. — Georges-Maurice, né en 1866; C. — Eugénie, née en 1868; 5° Jacques-François-Adolphe, né en 1832, épousa, en 1865, Ursule-Alexandrine Thézard, dont : A. — Fanny, née en 1866; B. — Robert, né en 1868. C. — Suzanne, née en 1870; D. — Maurice, né en 1872; 6° Jeanne-Constance, en religion sœur Jeanne-Françoise, née en 1834, supérieure de la Visitation, à Limoges; 7° Jeanne-Marie-Sidonie, en religion, sœur Vincent, née en 1837, fille de la Charité de Saint-Vincent-de-Paul, morte à Bayonne en 1877; 8° Marie-Maurice-Martial-Henri, né en 1841, secrétaire de l'évêché de Limoges; 9° Marie-Thérèse-Gabrielle, née en 1846.

I. — Pierre-Martial-Nicolas Ardent du Pic, né à Limoges, le 26 mars 1785, y est mort le 15 décembre 1854. Il avait embrassé la carrière de l'enregistrement, et avait été receveur dans différentes villes du midi de la France, où il a publié quelques poésies. Il fut nommé conservateur des hypothèques à Limoges en 1836. Avait épousé N..., dont : 1° Charles-Jean-Jacques-Joseph, qui suit; 2° Joseph, l'un des directeurs de la librairie Hachette, à Paris.

II. — Charles-Jean-Jacques-Joseph (appelé aussi Léon) Ardent du Pic, naquit à Périgueux, le 19 octobre 1821, entrait au lycée de Limoges en 1835, et plus tard à Saint-Cyr. Après deux ans passé à cette école, sans avoir gagné ni galon ni épaulettes, il entra dans l'armée, et par un avancement des plus rapides, en onze années de service, il devint officier supérieur. Il était colonel du 10e régiment de ligne lorsqu'éclata la guerre de 1870-1871, pendant laquelle il trouva la mort sur le champ d'honneur. Ce fut le 15 août 1870, à Longueville, près Metz (Moselle), qu'il fut mortellement blessé par un éclat d'obus, et mourut quelques jours après dans l'hôpital militaire de Metz. Il était officier de la Légion d'honneur, décoré de la médaille de la Valeur-Militaire de Sardaigne, et de la plaque de l'Ordre ottoman du Medjidié. Il avait beaucoup étudié l'art de la guerre chez les anciens et les modernes, et a laissé un ouvrage intitulé : *Etude sur le combat*, qui a été publié à Paris, en 1880. Il avait épousé Hélène Fraysseix, de Saint-Léonard, dont deux fils : 1° N...; 2° N...

Nicolas Ardent du Pic, bourgeois de la ville de Limoges, vivait en 1775. (Papiers de la famille Lamy.)

Pierre Ardent du Pic, né à Limoges le 10 décembre 1761, fut curé de Condat, près Limoges, déporté à l'étranger pendant la Révolution, il habita l'Espagne et fut de nouveau curé de Condat en 1803. (LEGROS, *Catal. des prêtres.*)

Marie-Anne Ardent du Pic, inhumée à Saint-Victurnien, à l'âge de quatre-vingt-deux ans, le 10 juillet 1873.

ARFEUILLE (p. 37.) — Cette famille a eu des possessions en Auvergne et de nombreuses relations dans ce pays; mais elle appartient à la Marche. Aymar d'Arfeuille, chevalier, exerça la charge de maréchal du pape Innocent VI, son compatriote, en 1371, et Nicolas d'Arfeuil fut fait cardinal sous le nom de Saint-Saturnin, par Clément VII, en 1382. La maison d'Arfeuille, maintenue dans sa noblesse à Guéret, lors des recherches de 1667, existe encore, et est en possession du château d'Arfeuille, près Felletin. (J.-B. BOUILLET, *Nobil. d'Auvergne*, T. I, p. 53.)

Armes : *d'azur, à trois étoiles d'or, et une fleur de lis de même en cœur.*

M. Roy de Pierrefitte, qui envoie à son *Histoire de Felletin* pour la généalogie de cette famille, n'a pas publié cet ouvrage. — Voir : *Hist. de la Marche*, par JOUILLETON, pages 47, 32, 73, 76.

Jean Mourin d'Arfeuille figure à la montre de 1470 parmi les nobles du comté de la Marche (Arch. de Pau, IV, p. 180.)

Claude d'Arfeuille, fils d'Annet, Sgr d'Arfeuille, et de dame Anne de La Bussière, épousa, en 1615, Jacqueline de Plantadis, fille de Laurent, Sgr du Bost et de Barreze, licencié en loix, châtelain de la ville de Felletin, et d'Anne de Blanchefort. (A. TARDIEU, *Généal. Bosredon*, p. 344.)

Haut et puissant seigneur messire François d'Arfeuille, chevalier, Sgr du dit lieu, le Chalard et autres places, épousa haute et puissante dame Louise du Pouget de Nadailhac, dont Marguerite d'Arfeuille, qui épousa, par contrat du 22 février et le 4 mars 1680, Antoine de Montgrut, écuyer, Sgr du Chassaingt, des Vergnes, de Segondat, etc., fils de François et de Françoise d'Allemaigne. (*Généal. Montgrut.*)

Guillaume d'Arfeuille, chevalier, Sgr d'Arfeuille, mort en 1724 (appelé ailleurs Gilbert, marquis d'Arfeuille, capitaine aux cuirassiers du roi), avait épousé Louise-Agnès de Faydeau, fille de N..... de Faydeau, écuyer, S^{gr} de Noncellier, et de Marguerite Granchier de Routeix. (*Recherches sur la paroisse de Gioux*, p. 19, 41.)

Clarisse d'Arfeuille, épousa Gustave-Auguste d'Ussel, né vers 1791, fils de Léonard, marquis d'Ussel et de Louise-Françoise de Rochechouart. (A. TARDIEU, p. 344.)

Victorin, comte d'Arfeuille, chevalier de Saint-Louis, épousa Marie-Marguerite-Henriette de Durat, fille de Jean-François et de Constance de Durat. Jean-François, comte de Durat, est mort le 30 janvier 1830.) (*Idem*, p. 281.)

N....., comte d'Arfeuille, est mort peu après 1840, dans sa maison de Felletin, laissant trois enfants : 1° Olivier; 2° N..... (une fille); 3° N....., mariée avec M. de Beaucaire.

ARGENTAT, arrondissement de Tulle (Corrèze), (p. 38). — A l'époque féodale cette petite cité relevait de la vicomté de Turenne, et, par son prieuré, de l'abbaye de Carennac en Quercy. La juridiction locale s'y partageait entre le prieuré et une seigneurie obscure appartenant aux Vigier de Neuville. Cette seigneurie, soumise à la haute suzeraineté des Ventadour, fut vendue en 1631, par Messire François de Salignac de La Mothe-Fénelon, S^{gr} de Neuville, à Antoine Chantegril, avocat en Parlement, bourgeois de la localité. L'an 1263, Raymond VI, vicomte de Turenne, avait autorisé Bernard de Ventadour à établir un marché public, à condition que l'évêque de Limoges, qui alors se trouvait en même temps prieur de Carennac, apposerait son sceau. On ajoute même qu'il accorda aux habitants le privilége de nommer des consuls. Toujours est-il que dans les derniers siècles, les institutions municipales florissaient dans cette ville. Les armes de la ville d'Argentat sont inconnues; il en existait cependant, car les comptes de la communauté pour 1771, portent une dépense de 3 livres 12 sols pour la gravure d'un cachet aux armoiries. On a pris le parti de lui donner les suivantes : *d'azur à deux clefs d'argent en pal, à la bordure de même.* (L'abbé POULBRIÈRE, art. Argentat.)

ARGENTRÉ (DU PLESSIS D') (1).

Les armoiries des évêques se trouvent au frontispice de beaucoup de livres liturgiques imprimés sous leur administration, et décorent divers monuments religieux, à la construction desquels ils ont aidé par leur puissant patronage, et souvent encore par des secours pécuniaires. Nous croyons donc servir les études archéologiques en reproduisant, chaque fois que nous le pourrons, le blason des évêques de Limoges et de Tulle dont Nadaud et Legros n'auraient pas parlé. D'ailleurs un évêque n'est pas un administrateur ordinaire : par le long séjour qu'il fait dans la ville où est son siége, *il s'y naturalise;* si bien que, d'après le terme consacré, et, comme le prouve l'anneau qui brille à sa main droite, il épouse l'église à laquelle il est préposé.

---

(1) Nous reproduisons ici l'article de M. Roy de Pierrefitte, à la fin duquel nous ajoutons quelques lignes.

On sait peut-être que, avant le ɪxᵉ siècle, pour rendre leurs actes authentiques, les évêques usaient d'empreintes de leur anneau, dont le caractère était arbitraire, quelquefois même profane.

Dès le ɪxᵉ siècle, sur la recommandation des conciles, les évêques employèrent des sceaux en plomb ou en cire qui représentaient le patron de leur église, ou qui les représentaient eux-mêmes en indiquant leur nom et celui du diocèse. Dans cette deuxième période, en général, les évêques qui avaient des armoiries de famille les quittaient pour prendre le sceau de leur église, et c'est par exception seulement que, dans le xɪɪɪᵉ siècle, quelques-uns, dont l'autorité temporelle était fort considérable, usaient d'un second sceau sur lequel ils étaient représentés la crosse d'une main et l'épée de l'autre, ou bien en costume militaire.

Au xɪvᵉ siècle, au contraire, les armoiries prenaient place à côté de l'effigie principale, ou se mettaient seules au revers dans le sceau des évêques.

Dès le xvᵉ siècle, les évêques avaient pour sceau des armoiries. On sait même que, sans réclamation de la part de l'autorité impériale ou royale, ils prenaient à peu près tous la couronne ducale, bien qu'ils n'eussent pas l'autorité temporelle de duc; car en France, par exemple, cette honneur était attaché à quelques sièges seulement.

A partir des dernières années du règne de Charles X, les évêques nouvellement nommés, et qui n'avaient pas d'armoiries de famille, ont en général pris de pieux emblèmes, au lieu des pièces antérieurement en usage dans le blason. Cette innovation n'a fait qu'édifier; mais aujourd'hui quelques évêques, dédaignant le sceau blasonné, se choisissent un sceau purement ecclésiastique dans la forme du xɪɪɪᵉ siècle. Cette initiative, prise en 1849 par Mᵍʳ Dupanloup, évêque d'Orléans, a été suivie depuis par Mᵍʳ de Dreux-Brézé, évêque de Moulins (1850), qui pourtant a conservé au bas de son sceau ses armoiries de famille; par Mᵍʳˢ Mabile, évêque de Saint-Claude (1851), Jacques-Louis Daniel, évêque de Coutances et d'Avranches, et Delamarre, évêque de Luçon (1856), peut-être même par quelque autre encore (1). Si cela devait déterminer une réforme pour les sceaux de nos évêques, ce que nous ne croyons pas, comme les armoiries touchent à l'honneur de l'épiscopat, nous y verrions un progrès nécessaire aux besoins de l'époque, puisque Dieu, qui gouverne l'Église, l'aurait permis : *Spiritus Sanctus posuit episcopos regere Ecclesiam Dei* (*Act. apost.*, XX, 28). Toutefois, qu'on nous permette, non pas une protestation, qui, de notre part, serait plus ridicule encore qu'indécente, mais un mot pour expliquer ce légitime et vieil usage des armoiries dans l'Église.

La foi sincère du moyen âge et les calculs intéressés des princes avaient fait une large place à l'épiscopat dans la société civile, si bien que, même dans ces derniers siècles, et jusqu'au xɪxᵉ, le clergé était, en France, un corps politique dont l'épiscopat formait l'aristocratie, puisque l'élévation d'un roturier à cette éminente dignité suffisait pour l'anoblir. Alors, sous peine de s'amoindrir dans l'esprit des peuples, chaque évêque devait tenir

---

(1) En 1844, Mgr Doney, évêque de Montauban, n'avait pris pour sceau que le chiffre formé par les initiales de son nom; mais il gardait la couronne ducale. En 1849, un peu avant la nomination de l'évêque d'Orléans, Mgr Pie, évêque de Poitiers, retranchant, au contraire, la couronne ducale, avait pris des armes avec l'image de la Sainte-Vierge.

à ce titre nobiliaire, singulièrement envié jusque par les beaux esprits qui tentaient de le déprécier en raillant. D'ailleurs, tant est infirme l'humanité, la raison fait souvent défaut dans nos jugements, et, quoi qu'on en dise, nous estimons d'ordinaire nos supérieurs *ce qu'ils paraissent;* nous les prisons, hélas! beaucoup par l'habit. Bien plus, au fond notre orgueil est flatté de voir qu'un avantage extérieur distingue ceux qui nous commandent. Voilà pourquoi les peuples ont donné des équipages, des palais et et des titres pompeux aux représentants de N.-S. Jésus-Christ, qu'en même temps ils veulent honorer dans la personne de son ministre. La nature humaine n'étant pas changée, pourquoi les évêques rejetteraient-ils un avantage que la prescription leur donne? A qui verrait dans les armoiries des évêques un esprit peu évangélique je demanderais enfin s'il se rencontra jamais un homme plus intelligent et plus pieux que saint Augustin. Eh bien! le grand évêque d'Hippône, écrivant à Victorinus, lui disait, sans se piquer de mettre de la dévotion jusque dans son sceau : « Cette lettre est cachetée d'un anneau où est gravée la tête d'un homme qui regarde à côté de lui ». — Mais du moins, va-t-on me répondre, supprimez la couronne ducale; car, en la rapprochant du chapeau cardinalice, vous humiliez celui-ci. — Non! dites plutôt que l'autorité civile le cède évidemment à l'autorité religieuse en cette occurrence, puisque le chapeau de cardinal occupe dans l'écusson la place d'honneur, et domine la couronne ducale.

N'oublions pas le mot de saint Paul : *Oportet sapere ad sobrietatem.*

ARGENTRÉ (Charles DU PLESSIS D'). — Le Plessis est un château dans la paroisse d'Argentré, diocèse de Rennes.

Ses armoiries sont comme celles de Louis-Charles, son neveu.

Né, le 16 mai 1675, du doyen de la noblesse de Bretagne, il devint docteur de Sorbonne en 1700, aumônier du roi en 1709, et fut le premier à qui l'on conféra gratuitement cette charge. En 1723, il fut nommé évêque de Tulle. Savant et pieux à la fois, il a laissé plusieurs ouvrages de théologie, et il est mort, à Tulle, le 27 octobre 1740.

Louis-Charles du Plessis d'Argentré, neveu du précédent, — Porte : *de gueules à 10 billettes d'or posées 4, 3, 2 et 1.* Ses armoiries sont timbrées d'une couronne de marquis, parce que, sans doute, dans sa famille on avait ce titre. Né, en 1723, au même lieu que son oncle, il était vicaire-général à Poitiers lorsqu'il fut nommé (3 septembre 1758) à l'évêché de Limoges. Sacré le 14 janvier 1759, il vint prendre possession de son siège le 19 mars de la même année. Son frère aîné, Jean-Baptiste, était lecteur des enfants de France.

Mgr d'Argentré usa en vrai gentilhomme d'une fortune très considérable : pour n'être à charge à personne, et afin d'inviter plus librement ceux qu'il voulait recevoir à sa table, dans ses tournées pastorales il était toujours accompagné de ses principaux serviteurs, qu'il chargeait de pourvoir à toute la dépense. On lui doit le palais épiscopal de Limoges, un des plus beaux de France, et les magnifiques terrasses qui dominent la Vienne. En 1771, il posa la première pierre de l'église du couvent de la Visitation qui sert aujourd'hui de caserne après avoir servi de prison. Secondé par M. Navières, curé de Saint-Pierre, il a eu l'honneur de doter la ville de Limoges d'une maison de sœurs de la Charité (1783). En 1790, déjà privé de ses revenus ecclésiastiques, il donna, pour secourir les victimes de l'incendie qui détruisit un quartier de Limoges, 10,000 fr., payables sur les premiers fonds du traitement que l'assemblée Constituante lui assignait. Chassé par les excès révolutionnaires, il se retira à Munster en Westphalie, et il eut à la vérité le tort de refuser sa démission à l'époque du Concordat; mais dans le même temps il écrivait à ses vicaires-généraux de Limoges d'obéir à Rome, et d'éviter, sur toutes choses, même jusqu'à l'ombre du schisme, et cessait lui-même d'ajouter à son nom le titre d'évêque de Limoges.

Il est mort à Munster, le 28 mars 1808, laissant par testament, comme souvenir, à la ville de Limoges, 3,000 fr. pour les réparations intérieures de la cathédrale, 2,000 fr. aux sœurs de la Charité, 2,000 fr. à l'hôpital, 1,000 fr. pour les pauvres.

Les restes mortels de Mgr d'Argentré ont été rapportés à Limoges, où des funérailles solennelles ont eu lieu. Ils reposent aujourd'hui dans la crypte romane de la cathédrale. Une plaque de cuivre, fixée sur le tombeau, porte l'inscription suivante :

« Ici reposent les ossements de Mgr Louis-Charles Du Plessis d'Argentré, ancien évêque de Limoges, décédé à Munster (Westphalie), le 28 mars 1808.

» Ces ossements ont été rapportés à Limoges, par les soins de Mgr Alfred Duquesnay, et ont été solennellement inhumés dans l'église cathédrale, le 16 mai 1876. »

ARMAGNY (p. 35). — Jacques d'Armagny, écuyer, Sr de La Gaulechière, paroisse de Bussière-Poitevine, est parrain de Mathive Morat, le 14 juillet 1575 (*Nobil.*, IV, 448). — C'est peut-être à lui que se rapporte le fragment d'inscription suivant trouvé au château de Lapeyrière, construit au xvie siècle....... LECTA DVM VIR..... JACQVES DA.....

ARNAULD (p. 38). — Dès le commencement du xvie siècle, la famille Arnauld, occupait les premières charges de la ville d'Angoulême.

I. — Jean Arnauld était lieutenant-général en 1558, et député la même année à Paris, pour soutenir un procès que le corps de ville avait au grand conseil. — Fort aimé des petits et des grands, il se montra toujours plein d'intégrité, suivant le témoignage de Pasquier dans son plaidoyer pour la ville d'Angoulême. N'ayant pas voulu suivre les factions des calvinistes, il fut misérablement étranglé dans sa maison en 1568. Il avait épousé, en 1558, Georgette Bricq, dont il eut : 1° Alain qui suivra; 2° Charles, religieux de Saint-Cybard; 3° Suzanne; 4° Philippe, qui suit :

II. — Philippe Arnauld eut deux enfants : N..., mariée dans la maison de Lageard; 2° François, qui suit.

III. — François Arnauld, Sgr des Gouffiers, autrement Malatrait, dans la paroisse de Péreuil, épousa Gabrielle Fédie, dont il n'eut qu'Hélène Arnauld, mariée, par contrat du 31 mai 1606, à Paul Damas, Sgr d'Anlésy et de Montigny, chevalier de l'ordre du roi, et d'une grande maison de Bourgogne. Hélène Arnauld était un parti considérable, fort recherché par plusieurs seigneurs. Paul Damas se battit en duel contre un de ses rivaux, et l'obtint par sa valeur et le succès de ses armes. Hélène fut la bisaïeule de Marguerite Agnès Damas d'Anlésy, veuve de Pierre Damas, comte de Carmaillon.

II bis. — Alain Arnauld eut trois enfants : 1° Pierre Arnauld, qui suit; 2° Constantin Arnauld, fort estimé dans l'ordre des récollets, où il a été Custode des Custodes. C'était un bel esprit, homme sérieux et fort éloquent. On a de lui une oraison funèbre de Marie-Thérèse d'Autriche, prononcée à Bordeaux. Elle est une des meilleures qui furent faites alors sur cette grande princesse; 3° Philippe Arnauld, Sr de Chabanne, avocat du roi, maire en 1639, ensuite conseiller, échevin et de nouveau maire en différents temps, possèdait le fief de Chabanne. Il épousa Jacquette d'Armore dont il eut deux enfants : A. — Marie, qui épousa, le 8 octobre 1652, M. de la Charlonge, S^{gr} d'Antcroche, dont une fille religieuse à Saint-Auzonne ; B. — Alain, S^{gr} de Chabanne, capitaine au régiment du Piémont, puis gouverneur de Châteauroux en 1667. Ce dernier épousa Poliguse de Poulignac, dont plusieurs filles mariées en différentes maisons et deux fils, pages dans la maison de Condé. L'un mourut à Colmar, en activité de service, l'autre se maria et n'eut que deux filles, l'une mariée à Bernard, S^{gr} de La Font, et l'autre à Bussy de Lameth, dont un fils, page du comté de Charolais, puis chef de brigade des carabiniers.

III. — Pierre Arnaud, avocat du roi, fut conseiller de l'hôtel-de-maison-de-ville, en 1653. Marié deux fois, il eut de son premier lit : 1° Hélie Arnauld, qui eut de son oncle la charge d'avocat du roi ; 2° Jean Arnauld, qui suit, auteur des *deux branches de Bouëx et de Viville*. De son second lit, Pierre Arnauld eut Jacques Arnauld qui suivra, auteur de la *branche de Nanclas*.

IV. — Jean Arnaud, né le 10 octobre 1632, élu maire d'Angoulême le 15 mars 1682, mourut le 9 novembre de la même année. Il épousa, le 1er février 1656, à Saint-Martial, Louise Valleteas, qui testa le 25 juillet 1682 devant Audoin, notaire royal à Angoulême, et mourut peu de jours après. Son convoi fut fait par les chanoines de la cathédrale, le 10 novembre, assistés des curés et religieux de la ville ; conduit de Saint-André aux Jacobins, il y fut enterré. — Il avait acheté, le 21 septembre 1682, de Louis Bernard, père de Clément Bernard (son cousin issu de germain par suite de son mariage avec Claude Arnauld, fille d'Alain), la charge de lieutenant-particulier au siège présidial d'Angoulême. Il en fit don à son fils aîné, Jean Arnauld, qui suit. Son second fils était François Arnauld, qui suivra à la branche de Champniers et Viville.

Branche des Arnauld de Bouëx.

V. — Jean Arnauld, fils aîné d'autre Jean Arnauld, fut l'auteur de la branche de Bouëx. — Il conserva la mairie d'Angoulême qu'avait son père lors de sa mort; il en fut jugé digne, quoique fort jeune encore, et il la garda jusqu'en 1686. — Il fut conseiller du roi, lieutenant particulier au siège présidial d'Angoumois. Il avait acquis la réputation d'être fort habile, actif et soigneux dans les affaires. En 1693 il se présenta de nouveau pour remplir la charge de maire d'Angoulême en concurrence avec Chérade. Mais victime de plusieurs dénonciations, il fut éconduit. Il fut tué traitreusement par le Sr de Roismond, qui l'attaqua près d'Orléans, sur le chemin de Paris d'où il revenait. Le refus que nos rois ont toujours fait d'accorder la grâce de ce meurtrier, malgré sa noble origine et la puissance de ses protections, est un trait de justice qui mérite de trouver place dans leur histoire. Le 24 mai 1683, il fit l'acquisition du château et de la terre de Bouëx (près Angoulême), avec tous ses droits de justice, et telle qu'elle avait été donnée, en 1452, à Jean de Livenne par François de Roye de Larochefoucault, comte de Roussy, Sgr de Marthon. Il épousa Jeanne Dexmier de Chenon, dont trois enfants : 1° Arnauld de Bouëx qui suit; 2° Mme de Charras, épouse du marquis de la Laurencie Charas; 3° Mme de Chenon, épouse de Charles-César Dexmier, marquis de Chenon, lieutenant-général d'épée de la province d'Angoumois.

VI. — Arnauld de Bouëx, Sgr de Bouëx, Méré, Vouzan, Les Bournis, La Bigrie, enclaves de Garat, maître des requêtes, conseiller particulier du roi en tous ses conseils, fut un des hommes les plus remarquables de son époque. A vingt-huit ans il était conseiller au parlement et à vingt-neuf ans maître des requêtes. Il fut très remarquable dans la grande affaire de Cartouche et de ses complices, affaire dont il était le rapporteur. — Très en faveur auprès de Mme de Prie, maîtresse du régent, il se rangea de son parti contre le Blanc, ministre de la guerre, et partageant la mauvaise fortune de Mme de Prie, il fut exilé dans sa terre de Bouëx, où il resta jusqu'à sa mort, 1749. — Il avait épousé Mlle Guyot de Chenizot, fille du célèbre avocat au Parlement. Il en eut : 1° Arnauld de Chesne, qui suit; 2° Arnauld de Méré, chevalier, Sgr de Méré, qui mourut sans être marié, laissant sa fortune à M. de Vouzan, son frère, et à Mme de Viville, sa sœur; 3° Arnauld de Vouzan, Sgr de Vouzan, La Bergerie, Le Châtelard, épousa sa cousine, Mlle de Charras. Il perdit ses deux enfants et laissa sa fortune à M. de Chesne, son frère; 4° Mlle Arnauld de Bouëx (Anne-Françoise-Catherine), mariée à son cousin, Arnauld de Viville.

VII. — Arnauld de Chesne, Sgr de Chesne et de Bouëx, lieutenant des maréchaux de France, épousa Mlle de Puleu, dont il n'eut pas d'enfants. Possesseur de la belle terre de Chesne, près Paris, il fut obligé de la démembrer pour faire honneur aux dettes de son père, et racheter la terre de Bouëx, également compromise.

Il resta à Bouëx pendant l'émigration, et fut nommé président de son district. Mort en l'an VIII de la République, il laissa pour héritier de son nom et de sa fortune Louis Arnauld de Viville, son neveu.

Branche de Champniers et de Viville.

V bis. — François Arnauld fut nommé par le roi maire d'Angoulême, en septembre 1724, pour faire cesser les contestations qui existaient au sujet de cette charge. Ses provisions font son éloge. Lieutenant-particulier à la mort de son frère, il fut ensuite lieutenant-général de police, poste qu'il a occupé depuis sa création jusqu'en 1738, époque à laquelle il s'en est démis en faveur de son fils aîné. — Il acheta au prix de 500,000 francs la magnifique terre de Champniers, de concert avec son épouse, Marie-Louise Birot, fille unique du célèbre avocat au Parlement. Il en eut : 1° Arnauld de Champniers, chevalier, Sgr de Champniers, Le Breuil, Argense, Puyrobert, Puydenelle, Ferrière, Sigonne, qui épousa Mlle Guillot de Goulard dont il n'eut pas d'enfants; 2° Arnauld qui suit.

VI. — Arnauld de Viville, S^{gr} de Viville, capitaine au régiment du roi-infanterie, épousa sa cousine, Anne-Françoise-Catherine Arnauld de Bouëx. Il en eut : 1° Louis Arnauld de Viville, qui suit ; 2° Marie Arnauld de Viville, mariée à M. de Jean de Jovelle. Après la mort d'Arnaud de Viville, sa femme se remaria avec M. de La Soudière, brigadier aux gardes du corps, chevalier de Saint-Louis. Elle en eut deux filles, l'une religieuse, la seconde mariée au comte de Tryon-Montalembert.

VII. — Louis Arnauld de Viville, S^{gr} de Champniers, Viville, Le Breuil, etc... président à la cour des monnaies de Paris, lieutenant-général criminel à la sénéchaussée et siége présidial d'Angoumois, épousa Mlle de Lignac, dont il n'eut pas d'enfants. Très estimé de ses concitoyens, il ne voulut point émigrer au début de la révolution ; cependant, sur les vives instances de sa femme, il consentit à passer à l'étranger et perdit ainsi son immense fortune.

A la mort de M. Arnauld de Chesne, an VIII, il revint en France, recouvra ses droits de citoyen, et put recueillir l'héritage de son oncle (Bouëx, Méré, Vouzan, etc...). Il fit aussi, sur la fin de ses jours, un héritage considérable d'un grand-oncle maternel, M. Guyot de Chenizot, héritage dont il ne put profiter, étant mort avant que la liquidation ne fut achevé. Il partagea sa fortune entre tous les enfants de sa sœur, Mme de Jovelle, désignant tout spécialement sa terre de Bouëx comme devant appartenir à son neveu Jean-Noël de Jean de Jovelle.

Branche de Ronsenac et de Nanclas.

IV *bis*. — Jacques Arnauld, troisième fils de Pierre Arnauld et de son second mariage, épousa Jeanne Saumestre. dont : 1° Thérèse, religieuse à Saint-Auzonne dès 1720 ; 2° Pierre qui suit ; 3° N....., mariée à de Montargis de La Groüe en 1680.

V. — Pierre Arnauld, né en 1662, conseiller au présidial d'Angoulême, maire de 1721 à 1723, fut maintenu dans sa noblesse par arrêt du conseil, quoiqu'il n'eût pas rempli ses trois années d'exercices. (Il fallait trois années d'exercice, pour que la mairie d'Angoulême valut à celui qui en remplissait la charge des lettres de noblessse.) — Il épousa, à Paris en 1694, Marguerite-Catherine de Vouges, dont : 1° André, qui suit ; 2° Jeanne, mariée, en 1736, à Péries de Grézignac, conseiller au présidial ; 3° N....., morte en 1754 ; 4° N....., à Paris, en 1710 ; 5° N....., mort également à Paris la même année.

VI. — André Arnauld, S^{gr} de Ronsenac, né en 1700, mort en 1782, fut conseiller au présidial. Il avait épousé, en 1729, Mlle Navarre, dont : 1° N..... Arnauld, qui suit ; 2° N...., mort enfant ; 3° Clément-Charles, appelé le chevalier de Ronsenac, licencié en Sorbonne, vicaire-général de l'évêché de Digne en Dauphiné, mort en 1772 ; 4° N...., mort jeune ; 5° N....., mariée, en 1760, à Cyprien-Gabriel de Terrasson, chevau-léger de la garde du roi ; 6° François, capitaine à seize ans ; il fit toutes les campagnes de Hanôvre, et mourut, en 1813, retraité comme colonel du régiment de Bassiny.

VII. — N..... Arnauld, chevalier de Ronsenac, épousa Mlle de La Sarlandie, fille du grand-maître des eaux et forêts. Il mourut, en 1813, âgé de

quatre-vingt-deux ans, et sa femme, en 1827, à l'âge de 93 ans. Il eut :
1° N..... Arnauld, chevalier de Ronsenac, mort sans enfants ; 2° Arnauld de Nanclas, qui suit ; 3° N..... Arnauld mariée à M. des Bordes ; 4° N..... Arnauld, appelée Mlle de Ronsenac, morte en 1851, et 5° N..... Arnauld, appelée Mlle de Villession, morte en 1829.

VIII. — Arnauld de Nanclas, chevalier de Saint-Louis, marié en 1814 à Marie-Aimée-Eléonore de Plas, mort en 1847. Il eut de son mariage : 1° Philippine-Hermine, née le 30 mai 1815, à Angoulême, mariée à Mélanie-Jean-Louis-Charles Le Gardeur, comte de Tilly ; 2° Mathilde, née le 8 juillet 1816, mariée, le 15 juin 1840, à Jean de Maillard de Lacombe, garde du corps, compagnie Grammont ; 3° Philippe-Eugène-Edmond, né le 8 janvier 1818 ; 4° Philippe-Edgard, né le 28 avril 1822, marié le 22 février 1854, avec Françoise-Louise-Adrienne de Bideran, mort sans enfants, le 11 avril 1867.

Source : Archives du château de Bouëx.

ASTIER (ARNAUD 1 DE SAINT-), premier évêque de Tulle. — *D'azur à un lion léopardé d'or, lampassé de gueules, surmonté à dextre d'une étoile d'or.* Telles sont les armes que donne le tableau conservé aux archives de l'évêché de Tulle, bien que la famille de Saint-Astier porte encore : *d'argent à trois aigles de sable posées en chef 2 et 1, et en pointe trois cloches du même émail, bataillées d'or, posées de même.* (*Bull. soc. arch.*, XXI, 150.) Arnaud Ier de Saint-Astier, noble périgourdin, dernier abbé de Tulle, en fut le premier évêque en 1317. Étant encore simple abbé, il fut honoré de l'amitié et de la confiance du pape Clément V, qui lui confia plusieurs missions politiques en Italie, et l'envoya auprès de Robert, roi de Sicile, avec le titre de gouverneur de La Romagne. Arnaud devait aussi à ce pontife sa dignité d'abbé de Tulle, car il avait été nommé par les moines en concurrence avec un autre. (*Gall. Christ. Eccles. Tutel.*, p. 718.) Le pape Jean XXII, en l'élevant à l'épiscopat espérait ainsi pouvoir ménager les susceptibilités des religieux de Tulle, auxquels il accordait, en outre, le droit de désigner ses successeurs à l'évêché. Dans la suite, cette autorisation fut la cause de grands désordres qui entraînèrent avec eux les faits les plus regrettables. — Arnaud de Saint-Astier publia des statuts synodaux (1324), et composa un chapitre des principaux dignitaires pour veiller à la défense et à la conservation de la religion. Il régla l'enseignement théologique qui devait être donné dans le cloître par six moines auxquels on ne fournissait que la nourriture et les vêtements. (Marvaud, *Hist. du Bas-Lim.*, II, 163.) Il mourut en 1333, et fut inhumé à Roc-Amadour, dont il était prieur, en vertu d'une cession faite au mois d'août 968, par Frotère, évêque de Cahors, aux abbés de Tulle, cession renouvelée en 1113, 1193 et 1212, d'après les décisions des papes Alexandre III, Célestin III et Innocent III. (Baluze. *Hist. Tutel.*, p. 377. — Caillau, *Hist. de Roc-Amadour*, p. 55, 62. — Arch. msc. de Roc-Amadour. — Bibl. Nat. fonds Doat, vol. 125. — Apud. *Bull. soc. arch. Brive.*)

AUBEPIERRE, paroisse de Méasne, canton de Bonnat, arrondissement de Guéret (Creuse), était une abbaye de l'ordre de Cîteaux fondée en 1149. Elle a été démolie vers 1820. Les armes de cette abbaye étaient : *de gueules à un monde d'argent cintré et croisé de même.*

N..... d'Aubepierre figure à la montre des nobles de la Marche, faite en 1470, par Mathurin Brachet. (Arch. de Pau. — E. 651.)

AUBEROCHE (p. 43). — Pierre d'Auberoche, né à Magnac-Laval, sur la fin du XVIe siècle, d'abord jésuite, puis curé d'Availles, enfin prédicateur à à Paris. (Biog. des Hommes illustres du Limousin, p. 21.)

François d'Auberoche, religieux profès de Grandmont, est nommé, le 28 mai 1601, prieur de Boisvert. (Arch. de la Haute-Vienne.)

Anne d'Auberoche, vivait en 1682. (Registres de Magnac-Laval.)

Jean d'Auberoche, Sgr de Lavaud, épousa vers 1688, Catherine de Verdilhac, fille de Guy-François, sénéchal de Mortemart, dont : 1° Robert, avocat à Bellac ; 2° Anne qui épousa Robert de Verdillac. (Généal. de Verdilhac.)

N..... d'Auberoche, conseiller du roi, lieutenant civil et criminel en la sénéchaussée et siége royal de la Basse-Marche, à Bellac, 1743-1754, (Registres de Peyrat.)

Vénérable messire Hélie d'Auberoche, prêtre et ancien curé de Magnac-Laval, y mourut le 10 et fut enterré le 11 décembre 1781, étant âgé de quatre-vingts ans et quatre mois. (Registres de Magnac-Laval.)

Maximin d'Auberoche, âgé de soixante-six ans, mourut à Magnac-Laval le 13 germinal an II. (Idem.)

Voir aussi BELMONDIE, vicomte d'Auberoche.

AUBERT (1). — Si Nadaud avait fait imprimer son Nobiliaire, il n'eût certes pas oublié nos papes limousins, lui qui enregistre le moindre écuyer de sa connaissance. Les papes sont rois ; et la preuve qu'il voulait mettre en relief ces grands personnages, c'est qu'il a recueilli pour chacun d'eux des notes fort considérables dans les cahiers in-folio réservés exclusivement aux hommes illustres du Limousin. Il dut craindre de répéter ses notes dans deux manuscrits différents : voilà pourquoi, lui qui consacre aussi dix-huit pages à Pierre d'Aubusson dans ce dernier ouvrage, a donné lieu à cette observation fort judicieuse de M. le comte de Montalembert, ancien pair de France et membre de l'Académie Française, qui a eut la bonté de nous écrire, après avoir pris la peine de lire les soixante-douze premières pages du Nobiliaire limousin : « J'ai été ébahi de ce défaut de proportion, qui, dans les notes du bon Nadaud, consacre quinze pages à un intrigant comme Puylaurens, et réserve à peine autant de lignes à l'immortel Pierre d'Aubusson, qui est une des grandes figures de l'histoire de la chrétienté. »

Du reste, la famille d'Innocent VI fut anoblie vingt-quatre ans avant qu'il

---

(1) A l'article de M. Roy de Pierrefitte sur Etienne Aubert, nous ajoutons les notes suivantes : Noble Denis Aubert fonda, avant 1455, une vicairie dans la chapelle du Sépulcre, sous le clocher du monastère de Saint-Léonard de Noblac. (NADAUD. — Pouillé, art. Saint-Léonard.)

Catherine Aubert, d'une ancienne famille du Poitou, épousa, vers 1370, Jean Desmiers, IVe du nom, fils d'autre Jean et de Jeanne Chenin. (Nobiliaire, art. Desmiers.)

Gilbert Aubert, fils et fondé de pouvoir de messire Etienne Aubert, Sgr de Murat, reçut un hommage, le 7 aout 1406, de noble homme Jean de Coderc, damoiseau. (Nobil., art. David.)

Jacques Aubert, fils de dame Catherine Chazeron, vendit, avant 1445, pour 1,100 livres, la seigneurie et la terre de Nexon en Limousin, à Jean de Bretagne, vicomte de Limoges. (Nobil., III, 107.)

fût pape, dans la personne de son frère Guy, par Philippe de Valois. Les lettres furent datées du bois de Vincennes au mois de mars 1338. La famille Albert ou Aubert habitait alors le Bas-Limousin (1), elle passa en Auvergne, où, en 1361, Gautier Aubert était S^{gr} du Montel-de-Gelat, de Roche-d'Agout et de Pionsat. Elle s'éteignit en la personnes de Jacques Aubert, S^{gr} du Montel-de-Gelat, mort sans postérité vers 1442. — Ses armes étaient : *de gueules au lion d'argent, à la bande d'azur brochant sur le tout; au chef de gueules soutenu d'azur, et chargé de trois coquilles d'argent.* La gloire incomparable de cette famille c'est INNOCENT VI, dont voici la vie :

Etienne Albert ou Aubert naquit au Mont, dans la paroisse de Beissac, près Pompadour en Bas-Limousin, d'une famille aisée. D'abord professeur en droit civil à Toulouse, et juge-mage de la même ville vers 1335, Etienne Aubert fut élevé, en 1337, à l'évêché de Noyon, d'où, en 1340, on le transféra au siége de Clermont. Créé cardinal du titre de Saint-Jean et de Saint-Paul en 1342, dans cette éminente dignité, il fut chargé de légations importantes : entre autres choses, il mit un grand zèle à réconcilier les rois d'Angleterre et de France, Edouard III et Philippe de Valois. Après la mort de Clément VI, les cardinaux, réunis en conclave hâtèrent, dit-on, l'élection de son successeur, parce qu'ils craignaient l'influence que ne manquerait pas d'exercer le roi Jean, dont on leur annonçait l'arrivée prochaine. Le fait fût-il constaté, on n'eut pas lieu de regretter cette précipitation; car les vertus et le savoir d'Innocent VI lui donnent un rang distingué parmi les chefs immortels de l'Eglise. Ce fut le 18 décembre 1352 que les suffrages du conclave se fixèrent sur le cardinal Etienne Aubert, qui venait d'être fait, cette année même, évêque d'Ostie et grand-pénitencier. Notre éminent compatriote prit le nom d'Innocent VI, et fut couronné le dimanche 23 décembre. Le dernier jour du même mois, il annonçait sa promotion aux évêque de l'univers. On sait que, dans ces temps de foi, le respect des peuples chrétiens avait constitué les papes arbitres suprêmes de tous leurs différends politiques. Etienne Aubert venait donc d'assumer la responsabilité d'une domination suprême et universelle. Cette domination incomparable, il l'exerça avec honneur pour l'Eglise et avec profit pour l'humanité.

Il avait pris pour devise : « *Fac mecum, Domine, signum in bonum;* aidez-moi, Seigneur, à faire le bien (2) ».

---

(1) Cette famille a pour auteur Etienne Aubert, de modeste condition, habitant Pompadour, province du Limousin, en 1272 et 1273. Elle doit sa première et sa plus grande illustration à autre Etienne Aubert qui devint le pape Innocent VI. — Guy Aubert, frère du pontife fut père : 1° d'Audoin ou d'Odon Aubert évêque, de Paris en 1349, d'Auxerre en 1351, et cardinal en 1333; 2° d'Etienne Aubert, abbé de Saint-Alyre de Clermont 1340; 3° de Gautier Aubert, Sgr de Montel-de-Gelat, de Roche-d'Agout et de Pionsat, aïeul d'Etienne Aubert, évêque de Carcassonne en 1361 et de Hugues Aubert, évêque d'Alby, en 1375. Cette riche et illustre maison, qui brilla d'un si vif éclat pendant un siècle, s'éteignit en la personne de Jacques Aubert, Sgr de Montel-de-Gelat, mort sans postérité en 1442. Elle avait contracté des alliances avec les maisons de Livron, de Rochechouart, de Lastic, de Châlus, de Chazeron, et de La Tour-d'Auvergne. (*Nobiliaire d'Auvergne*, I, 75.)

(2) Les armoiries que l'on voyait sur les bâtiments de la chartreuse d'Avignon sont : *de gueules au lion d'or rampant à une cotice d'azur brochant sur le tout; au chef cousu de gueules, chargé de trois coquilles d'or posées en fasce.*

Sa vie fut, en effet, vraiment sacerdotale. Portant dans tous ses actes des sentiments élevés, il fit un saint usage des monceaux d'or que son prédécesseur avait amassés. Il sut aussi rester modéré, même quand il du sévir contre le vice, qu'il prit à cœur de poursuivre partout. Il répétait souvent que le prêtre, représentant de Jésus-Christ, dont la vie entière fut le plus parfait modèle de toutes les vertus, doit lui-même servir d'exemple aux fidèles. Un des premiers actes de son administration fut de suspendre les réserves de dignités dans les cathédrales en faveur des cardinaux, et d'autres bénéfices qui leur avaient été accordés par Clément VI. Il diminua les domestiques et la dépense de la cour pontificale pour lui comme pour le sacré collège. Dès le 18 mai 1353, il révoquait absolument toutes les commendes et les concessions semblables de prélatures, dignités et bénéfices séculiers ou réguliers. Aussi tous les bénéficiers, même les prélats qu'il trouvait à sa cour, furent tenus d'aller résider. Sans doute, en principe, les commendes offraient des avantages à l'Eglise : elles lui permettaient de fournir une honnête existence aux ecclésiastiques dont les infirmités avaient pour cause un zèle apostolique et à ceux dont la vie se consumait dans des travaux sans salaire ou dans des études utiles pour la religion; mais, comme disait Innocent VI en motivant sa constitution sur les commendes, le plus souvent le service divin et le soin des âmes en étaient diminués; l'hospitalité chrétienne était mal pratiquée; les bâtiments des bénéfices tombaient en ruines, et leurs droits se perdaient au spirituel et au temporel. Depuis ces temps de foi, nous avons, hélas! vu quelque chose d'incomparablement pire! Les commendes de nouveau permises, les grandes familles y ont cherché un moyen d'enrichir leurs fils. De là, une armée d'abbés scandaleux vivant où bon leur semblait, loin des monastères et des paroisses où ils n'avaient jamais paru, et n'ayant pas même l'habit ecclésiastique, mais se disant ecclésiastiques parce que, en effet, dans leur jeunesse, ils avaient reçu la tonsure. Que dis-je? Plusieurs ont osé, eux nourris par l'Eglise, signer des livres qui étaient obscènes ou dans lesquels ils attaquaient les dogmes chrétiens! Innocent VI ne permit pas même à ses meilleurs amis de retirer des bénéfices plus qu'un honnête nécessaire, et l'on peut voir dans la chronique de Zantfliet, citée par Martène (*Thesaurus*, T. V, col. 257), comment il sut résister à l'un de ses chapelains qui prétendait garder les sept bénéfices dont il était pourvu.

Avec un pape ainsi disposé, même le savant Richard, évêque d'Armagh et primat d'Irlande, ne pouvait obtenir la suppression des ordres mendiants, dont la vue seule prêche si bien le détachement des richesses matérielles auxquelles beaucoup d'entre eux ont su renoncer pour vaquer plus librement à la recherche des biens immortels, et dont les paroles doivent consoler les déshérités de ce monde mieux encore que celles de l'homme que la nécessité n'attendait pas. Malgré les écrits de Richard et son éloquent réquisitoire prononcé à la cour d'Avignon devant Innocent VI, celui-ci maintint tous les priviléges des ordres mendiants. Ce pape condamna en Angleterre une hérésie relative au péché originel et au mérite des bonnes œuvres. Sa bulle du 13 avril 1357 nommait une commission pour procéder à la canonisation de saint Nicolas de Tolentin, canonisation qui fut pourtant retardée.

Un des rêves les plus caressés de notre illustre compatriote, ce dut être celui de rattacher l'Eglise schismatique grecque à l'Eglise de Rome. En 1350, Jean Cantacuzène avait provoqué ce désir en protestant qu'il se ferait égorger volontiers pour obtenir ce résultat; mais c'était un Grec rusé, et le concile nécessaire pour une entente définitive ne devait pas avoir lieu. Cinq ans plus tard, l'empereur Jean Paléologue écrivait aussi au pape en demandant des troupes contre les Turcs : « Je jure sur les saints Evangiles que je serai fidèle et obéissant au saint-père et seigneur Innocent VI, souverain pontife de l'Eglise romaine et de l'Eglise universelle et à ses successeurs... Le légat du pape donnera les bénéfices et les dignités ecclésiastiques à des Grecs capables, qui reviendront volontairement à l'union et à l'obéissance de l'Eglise, selon que nous le jugerons meilleur lui et moi. Que si, dans les six mois de l'arrivée de la flotte, les Grecs ne veulent pas se réunir à l'Eglise, nous ferons avec le conseil du légat qu'ils se soumettront absolument... Je donnerai à mon fils aîné un maître latin pour lui enseigner les lettres et la langue latines. Je donnerai trois grandes maisons où l'on tiendra des écoles des lettres latines, et je prendrai soin que les enfants les plus considérables d'entre les Grecs aillent s'y instruire. Pour le cas où je n'accomplirais pas toutes ces promesses, dès aujourd'hui je me déclare indigne de l'empire, et je me démets en faveur de mon fils, sur lequel le pape lui-même exercerait tous les droits que me donne la paternité. » (ODOLRIC RAYNALD. 1355, n° 33. — ROHRBACHER, 2ᵉ édition, T. XX.) — La joie du pape débordait dans la réponse, que deux nonces portèrent à Jean Paléologue. Hélas! ce projet, qu'on eût accompli *sans violence* si les promesses de Paléologue n'eussent pas eu pour mobile un intérêt matériel, si l'amour de la vérité les eût inspirées ; car, pris dans son acception restreinte et vulgaire, le mot du poète est d'application fréquente : *Regis ad exemplar totus componitur orbis;* ce projet dut échouer encore, parce que le pape ne put fournir les vaisseaux et les troupes dont les Grecs avaient besoin.

Le gouvernement de l'Eglise ne fit point oublier à Innocent VI qu'il avait aussi la charge d'administrer en père un petit royaume dans lequel se trouvaient des abus et de grands désordres. D'abord, on accusait les juges d'incliner trop souvent à l'indulgence envers les coupables, grâce aux présents qu'ils acceptaient. Afin de corriger cet abus, le souverain pontife assigna des salaires pour chaque mois aux auditeurs de la rote et du palais apostolique.

En quittant le séjour de Rome pour celui d'Avignon, les papes avaient donné carrière aux ambitieux, et le patrimoine de l'Eglise se trouvait envahi par une foule d'usurpateurs. Innocent VI résolut de ressaisir des biens si légitimement possédés par ses prédécesseurs, et si nécessaires à la splendeur de sa cour comme à l'indépendance de son ministère. Pour réussir, il usa de l'influence d'un tribun grotesque, dont les extravagances héroï-comiques sont très connus, Nicolas Rienzi. Clément VI l'avait fait conduire dans les prisons d'Avignon. Innocent VI lui donna l'absolution des censures qu'il avait encourues, et l'adjoignit aux légats qu'il envoyait pacifier son royaume, espérant que les souffrances auraient rendu sage cet ambitieux, et que, renonçant à ses projets chimériques, il aiderait, au contraire, à faire le bien dans sa patrie. La présence seule de ces représentants du saint-père suffit pour renverser le faible gouverneur qui administrait Rome, et pour changer en fureur contre lui la faveur populaire qui l'avait élevé. Egidius, légat habile, sut ressaisir presque partout les villes des Etats de l'Eglise, entre autres Cœzène et Bologne, et, avant son retour en France, le guerrier farouche qui avait défendu contre ses attaques la citadelle de Forly en y mettant une espèce de fureur, cet Ordelaffe qui n'avait eu que des railleries pour le cardinal quand celui-ci offrit, avec une capitulation honorable, de lui rendre sa femme et plusieurs de ses enfants qu'il avait faits prisonniers ; ce furieux Ordelaffe qui avait percé mortellement de son glaive son fils, qui l'engageait, tout baigné de larmes, à se rendre honorablement; Ordelaffe, qui avait aussi tranché froidement la tête de sa fille, jeune épouse, parce qu'elle l'exhortait aussi à la soumission envers un souverain légitime ; Ordelaffe était enfin chassé par le successeur d'Egidius, l'abbé de Cluny, et le pape sut être clément pour ce rebelle, brave jusqu'à la fureur. Quelques autres soulèvements furent appaisés ; à la mort d'Innocent VI, son petit royaume était rentré dans l'ordre. (ODOLRIC RAYNALD.)

Le légats couronnèrent empereur, dans Saint-Pierre de Rome, Charles de Luxembourg ou de Bohême, roi des Romains, et l'impératrice Anne, venue d'Allemagne exprès pour cette cérémonie. Le roi d'Aragon se reconnut aussi, à plusieurs reprises, vassal du saint-siége pour le royaume de Corse et de Sardaigne. Albert, duc de Bavière, qui avait partagé avec son père l'ambition de se dire empereur romain, lui dut d'être réconcilié avec l'Eglise (1354). Innocent VI créa porte-enseigne de l'Eglise Louis, roi de Hongrie (1356). Il interdit la Castille pour forcer Pierre *le Cruel* à reprendre Blanche de Bourbon, qu'il avait quittée après trois jours de mariage, et qu'il avait fait mettre en prison afin de vivre plus librement dans une débauche scandaleuse (1355 et 1356). Il travailla aussi à pacifier l'Espagne, et termina la guerre entre Pierre de Castille et Pierre d'Aragon. Souvent il intervint entre le roi de France et le roi d'Angleterre, et c'est grâce à son entremise qu'eut lieu le traité de Brétigny (1360).

Comme Français, nous avons un motif de plus d'aimer ce grand pape : c'est que, en restant bon pour tous, il avait pour ses compatriotes une sollicitude spéciale. Après la bataille de Poitiers (1356), il écrivit bien vite au prince Noir pour le porter à la clémence envers les prisonniers, et il autorisa le clergé de France à lever deux décimes sur ses biens pour la rançon du roi Jean, auquel, l'an 1362, il donna plusieurs brillantes fêtes si l'on en croit Froissart (T. I, p. 260), dont plusieurs historiens contestent la véracité en ce point. Cette affection d'Innocent VI pour sa patrie était si notoire qu'elle donna prétexte d'afficher, en 1357, à Vienne, en Allemagne et en divers autres lieux, cette pauvre épigramme :

> Ore est le pape devenu francoys,
> Et Jésu devenu angleys ;
> Ore sera veou que fra plus,
> Ly pape ou Jésus.

Et pourtant, toujours fidèle à sa maxime d'être pape avant tout, il avait osé faire des remontrances au roi Jean, qui levait illégalement un impôt sur le clergé à l'occasion de la guerre.

Il sut également payer de sa personne lorsque, craignant de voir entrer dans Avignon la *blanche compagnie* formée, en Limousin et en Auvergne, des gens de guerre qui vivaient de pillage sous la conduite d'un gentilhomme de Périgord, Arnaud de Cervole, surnommé l'*archiprêtre*, après la bataille de Poitiers, il fit prendre les armes à tous les gens de sa cour, et en passa lui-même la revue. Dans ces mêmes circonstances, il fit reconstruire les remparts d'Avignon, et, touché de pitié pour les victimes de tous ces brigands armés, mauvais chrétiens que leurs débauches et leurs rapines rendaient pire que les infidèles, et contre lesquels du reste les menaces du roi restaient impuissantes, il fit prêcher contre eux une croisade.

Nous serions ingrat envers Innocent VI si, après avoir dit qu'il fonda, dans Villeneuve-lèz-Avignon, la chartreuse nommée la *vallée de Bénédiction*; si, dis-je bien vite, et pour clore la liste des grandes et saintes œuvres qu'il accomplit, nous ne racontions pourquoi il fonda le collége de Saint-Martial à Toulouse. Saint Martial, premier évêque de Limoges, est une gloire dont tout cœur religieux de notre diocèse garde le souvenir avec le plus affectueux respect. Or Innocent VI, sympathique comme toutes les grandes âmes, voulut honorer par un monument digne de lui l'apôtre de l'Aquitaine, et, en même temps, l'université où il avait suivi les écoles, puis enseigné à son tour. Il fonda donc, à Toulouse, en 1359, et sur l'emplacement même de la maison qu'il habitait étant écolier, le magnifique collége de Saint-Martial, qu'il dota pour nourrir et entretenir vingt pauvres écoliers, dix destinés à étudier le droit canon, et dix destinés au droit civil. C'étaient deux sciences dans lesquelles il avait acquis une réputation distinguée. Six de ces places du collége Saint-Martial étaient pour des Limousins, et quatre pour les Toulousains ; les dix qui restaient devaient servir à des écoliers venus de divers points de la France ou même d'une nation étrangère. Le fondateur avait également pourvu à la subsistance de quatre prêtres qui devaient habiter le collége pour y entretenir la piété. Par le seul fait de leur nomination, ces prêtres recevaient le pouvoir de confesser les écoliers et les personnes attachées au service de la maison ; puis, le jour de Saint-Martial, tout évêque ou tout abbé pouvait, sans autre autorisation, y célébrer la sainte messe avec les insignes de sa dignité. Toutefois, l'archevêque de Toulouse reçut la direction du collége, et Innocent VI autorisa ses neveux, les cardinaux Audoin et Pierre Aubert, ainsi qu'Arnaud, archevêque d'Auch, Hugues, évêque d'Albi, et Etienne, notaire apostolique, à modifier les statuts de cet établissement. Le collége Saint-Martial a été démoli par suite de la vente des biens nationaux. Jusqu'à la fin du dernier siècle, ses boursiers ont conservé le privilége de présenter leurs successeurs à l'archevêque, qui nommait. Entre autres savants qui doivent à Innocent VI le bienfait de l'instruction, on cite l'illustre Baluze.

En 1353, par une bulle datée de Villeneuve-d'Avignon, Innocent VI accordait à l'abbé de Grandmont, avec le privilége d'user des ornements pontificaux, celui de bénir solennellement, après les offices, dans son abbaye, les prieurés et même les cures où il avait des droits, puis encore celui de donner la tonsure et les ordres mineurs. Pourquoi tairais-je qu'il voulut bien aussi faire don d'un riche calice à la cathédrale de Limoges ?

Innocent VI mourut, le 12 septembre 1362, après neuf ans, huit mois et vingt-six jours de pontificat. Il était accablé de vieillesse et de maladie, et aussi, dit-on, de la douleur de voir presque toute l'Europe en armes.

Odolric Raynald, qui n'épargne le blâme à personne, dit de lui : *Laudibus ab omnibus tum vitæ integritatem, tum ob pontificatum egregie administratum, cumulatur.* (Annus 1352, n° 2.) Un mot suffira donc pour justifier certains faits dont la malveillance peut prendre prétexte pour l'accuser : 1° Dans le conclave où se fit son élection, afin de diminuer l'autorité du pape à leur avantage, les cardinaux avaient réglé : qu'on ne donnerait la pourpre à personne jusqu'à ce que le nombre de ceux qui vivaient alors fût réduit à seize : après quoi le pape régnant n'en pourrait nommer que quatre, afin qu'ils restassent ensuite au nombre de vingt; qu'il faudrait l'agrément de la majorité des cardinaux pour en créer un autre; qu'aucun cardinal ne pourrait être ni déposé ni arrêté sans l'avis unanime de ses collègues; que le pape n'aliènerait ni ne donnerait à fief ou à cens aucune province, ville, château ou terre de l'Eglise romaine sans l'aveu des deux tiers des cardinaux. Cette détermination prise, on avait fait jurer que le nouveau pape confirmerait cet arrangement. Quelques-uns firent serment d'une manière absolue; d'autres, avec restriction. Le cardinal Aubert avait ajouté : *Si c'est conforme au droit.* Or, quand il fut pape, il fit examiner mûrement par des docteurs la valeur de ces serments, et, sur leur avis, le 30 juin 1353, il les déclara téméraires et n'obligeant en aucune façon, parce que, ajoutait-il, le siège vacant, les cardinaux n'avaient pu s'occuper que de l'élection du pape : d'ailleurs ce projet était nul de soi, comme portant atteinte aux pleins-pouvoirs que le pape tient de Jésus-Christ, et qui sont inaliénables. La restriction du cardinal Aubert n'avait-elle pas suffisamment dit que son serment n'était pas un dernier mot? 2° Innocent VI donna des dignités à ses parents; mais, de l'aveu de tous, ils en furent dignes, et lui firent honneur.

AUBUSSON (page 44.) (1). — Le père Anselme, dans l'*Histoire de la maison de France,* ne commence la généalogie de la maison d'Aubusson qu'en l'an 887; mais il est démontré que cette maison remonte beaucoup plus haut, entr'autres par des titres très anciens, imprimés dans la *Gallia Christiana,* T. II, partie intitulée : *Instrumenta,* p. 177 et 178. L'un est une fondation qui commence par ces termes : *Ego Carissima......* etc...., *facta est ordinatio, vel donum istud, septembri indict. primâ lunæ 5ᵃ vesano Childerico de regali sede ejecto, atque Pipino rege Piissimo a Francis in eodem regno pro eum constituto..... signum Ebonis principis Albussonensis.* Or Pépin est monté sur le trône en l'an 750. Cinquante-trois ans après, Charlemagne confirma cette même donation; ce second diplôme se trouve aussi dans la *Gallia Christiana,* T. II. *Instrumenta,* p. 178. Il commence ainsi : *In nomine Domini......,* etc..... *Ego Karolus.....,* etc....., *anno siquidem tertio nostri imperii......,* etc...... (l'an 803), *astantibus principibus nostris, scilicet domino Turpione, olgerio, Palatino........,* etc.

(1) Nous plaçons ici quelques indications complémentaires, données par le *Nobiliaire* de Saint-Allais, et nous y joignons celles que M. Roy de Pierrefitte a mises dans la première édition.

A la vérité le mot Albussonensis ne se trouve pas dans ce second diplôme ; mais comme il était très rare alors que l'on prit un nom de famille ; comme le nom de Turpion était alors un des noms de la famille d'Aubusson, témoin saint Turpion d'Aubusson, évêque de Limoges, qui vivait quelques années après ; et comme ce dernier acte n'est qu'une suite, une confirmation du premier, fait comme le premier, en présence des plus grands personnages du pays, il est évident que le prince Turpion devait être fils d'Ebon, prince d'Aubusson ; enfin, comme le Palatin était sous Charlemagne le second personnage de l'empire, Turpion d'Aubusson, qui est qualifié par Charlemagne de prince et de seigneur souverain, *domino*, et nommé avant le grand Palatin, devait jouir alors de la plus haute considération.

Louis XIV, dans les lettres patentes du duché de La Feuillade, imprimées dans le père Anselme, fait mention d'un Ebon d'Aubusson qui a signé à la donation de Pépin-le-Bref, père de Charlemagne, et qui est le même prince Ebon d'Aubusson dont on vient de parler. Ainsi les rois capétiens, qui n'ont monté sur le trône qu'en 987, ont reconnu authentiquement que les princes d'Aubusson, depuis vicomtes d'Aubusson et de la Marche, étaient illustrés dès l'an 750. Ils étaient alors souverains, et ont toujours été depuis (au moins les premiers) barons, et les plus grands seigneurs de leur province. En effet, Chopin, Terrien, Coquille, etc., sont d'accord que la qualité de prince n'était prise alors que par les *ducs* et *comtes de province* qui jouissaient par effet des *droits de la souveraineté*. Enfin, comme Charlemagne a fondé le nouvel empire romain, MM. d'Aubusson auraient pu être reconnus pour anciens princes du Saint-Empire. Le prince Ebon d'Aubusson, connu en 750, était père du prince Turpion, connu en 803, lequel eut pour fils N... d'Aubusson, qui, dans l'histoire du père Anselme, commence la généalogie d'Aubusson. C'est cet historien que nous suivons :

I. — N... d'Aubusson (page 46), dont : 1°, 2°, 3°, 4° Martin abbé de Saint-Cyprien de Poitiers et de Saint-Augustin de Limoges, en 933 et 934.

— Turpio ou Turpin d'Aubusson fut élu évêque de Limoges en 898, et mourut à Aubusson le 25 juillet 944, dit le P. Anselme. Nadaud ajoute, dans le Pouillé du diocèse, que son corps fut transporté à Saint-Vaulry. Le cartulaire de l'abbaye d'Uzerche prétend que ce prélat détruisit cette ville et son abbaye par jalousie, par ambition et par intérêt ; mais on connaît le proverbe : *Menteur comme le cartulaire d'Uzerche*. Au fait, Hildegaire, restaurateur ou plutôt fondateur de l'abbaye d'Uzerche, ne fait point allusion à cette violence de son prédécesseur presque immédiat, et tous les auteurs anciens s'accordent pour louer les qualités de Turpion d'Aubusson ; quelques-uns même le disent recommandable par sa sainteté. Le Rituel de Limoges nous apprend qu'il ordonna prêtre saint Odon, qui devint abbé de Cluny, et qui, sur sa demande, composa un livre *sur le mépris du monde* et *la vie de saint Géraud, comte d'Aurillac*. Turpion d'Aubusson rétablit l'abbaye de Saint-Augustin de Limoges, comme nous l'apprend la charte de ce rétablissement, charte de l'an 934 d'après dom Mabillon.

II. — Ranulphe d'Aubusson, dont 1° Robert, vicomte d'Aubusson, père d'Officine, qui épousa Foucher, S^{gr} de Chabanais.

III. — Rainaud d'Aubusson, I*er* du nom, qualifié de vicomte dans une charte de 934.

IV. — Ranulphe d'Aubusson, II*e* du nom, surnommé *Tête de cheval*, tué l'an 1031. Il avait épousé Aynarde de Turenne, fille de Bernard, vicomte de Turenne.

V. — Ranulphe III.

VI. — Rainaud ou Rainald, vicomte d'Aubusson, III*e* du nom, épousa Adélaïde d'Uriec, de laquelle il laissa : 1° Ranulphe, IV*e* du nom, qui lui succéda, mais ne laissa pas de postérité d'Alix de Magnac ; 2° Guillaume, I*er* qui suit.

VII. — Guillaume.

VIII. — Rainaud, vicomte d'Aubusson, IV*e* du nom, fonda le prieuré de Blessac, et s'y fit religieux après la mort de sa femme.

IX. — Rainaud, V*e* du nom.

X. — Gui.

XI. — Renaud VI.

XII. — *(Branche de La Borne)*. — Ranulphe, IV*e* du nom, à la mort de son neveu Raymond VII devint la souche unique de la maison d'Aubusson ; il vivait encore le 14 février 1278.

XIII. — Guillaume, II*e* du nom, mourut avant 1317.

XIV. — Rainaud, VI*e* du nom, mort en 1353.

XV. — Guy d'Aubusson, III*e* du nom, laissa : 1° Louis époux de Guérine de Dièze (?).

XVI. — Jean d'Aubusson, dont : 5° Louis chevalier de Rhodes, en 1421, commandeur de Charroux en 1464.

XVII. — *(Branche de Villac)*. — Guy (ou Guyot).

XVIII. — Gilles, épousa : 1° Jeanne Reynel.

XIX. — *(Branche de Beauregard et Castel-Nouvel.)* — François d'Aubusson.

XX. — Jean d'Aubusson.

XXI. — Foucauld d'Aubusson, dont : 6° Isabeau, mariée en 1588, à N....., S*gr* de Labatut.

XXII. — Charles.

XXII *bis*. — Hector d'Aubusson. — Il assembla ses vassaux et les gentilshommes de sa province et chassa les princes rebelles du Limousin et du Périgord. Il fut lieutenant-général en 1650.

XXIII. — Geoffroi d'Aubusson, mourut en 1692.

XXIV. — André-Joseph d'Aubusson, fut lieutenant-général des armées à la promotion du 7 mars 1734, dont : 1° Louis-Charles, capitaine de cavalerie dans le régiment royal Piémont, en 1741, tué à l'armée ; 2° Pierre-Arnaud, qui suit ; 3°.....

XXV. — Pierre-Arnaud d'Aubusson, dit le chevalier d'Aubusson, mousquetaire du roi dans sa seconde compagnie en 1741, depuis capitaine au régiment de Bezons-cavalerie, recueillit, en 1752, la substitution établie par les ducs de la Feuillade, et mourut en 1799. Il avait épousé, 1°, par contrat du 14 mai 1754, signé par Sa Majesté et la famille royale le 10 avril précédent, Jeanne-Marie d'Hautefort, fille de Jean-Louis d'Hautefort, comte de Vaudre, morte sans enfants ; il épousa, 2°, en 1762, Catherine Poussemotte-l'Etoile-de-Graville, fille du comte de Graville, lieutenant-général et cor-

don-rouge, dont il eut : 1° Pierre-Jacques-Alexandre, dont l'article suit;
2° Pierre-Raimond-Hector d'Aubusson, pair de France, né en janvier 1765,
connu sous le nom de comte d'Aubusson; en 1791 il avait rang de colonel
dans les troupes françaises. Il a épousé, en 1791, Agathe de Refuveille, fille
du comte de Refuveille, maréchal-de-camp, dont : A. — Pierre d'Aubusson,
né en 1793, lieutenant-colonel; marié, en 1823, à N..... Rouillé de Boissy
du Coudray, sœur du marquis de Boissy, pair de France, veuve le 20 décembre 1842. De ce mariage sont issus : *a. a.* — Marie d'Aubusson, née en
1824, mariée à Marc-René-Antoine-Victurnien, prince de Beauveau, chevalier de la Légion d'honneur, né le 29 mars 1816, député au corps législatif;
elle est morte le 27 juillet 1862; *b. b.* — Noémie-Henriette-Pauline-Hilaire
d'Aubusson, née le 12 janvier 1826, mariée, le 4 juillet 1842, à Anne-Antoine
Gontran, prince de Bauffremont-Courtenay, né le 16 juillet 1822; B. —
Raymond d'Aubusson, sous-lieutenant; C. — Blanche d'Aubusson; D. —
Amanda d'Aubusson, née en 1798, mariée à Gaston, duc de Levis.

XXVI. — Pierre-Jacques-Alexandre d'Aubusson, vicomte d'Aubusson,
chevalier de Saint-Louis, et connu sous le nom de marquis de La Feuillade,
né le 16 mars 1763, héritier substitué des ducs de La Feuillade, a présenté
à S. M. Louis XVI, la médaille d'or que l'aîné de la maison doit offrir tous
les cinq ans à ses souverains, en mémoire de l'érection du monument de
la place des Victoires. Il n'existe plus d'autres personnages de la maison
d'Aubusson, que ceux cités dans cette généalogie, et la duchesse d'Harcourt,
née d'Aubusson, tante à la mode de Bretagne de MM. d'Aubusson.

Branche des seigneurs du Monteil-au-Vicomte.

XVII. — Renaud d'Aubusson, eut : 5° Pierre d'Aubusson, grand-maître
de l'ordre de Saint-Jean de Jérusalem, si célèbre dans les fastes de l'histoire. Jamais les chevaliers de cet ordre n'eurent un souverain plus accompli. C'est lui qui fit fermer le port de Rhodes d'une grosse chaîne, bâtir des
tours et des forts, pour repousser les efforts des Turcs qui menaçaient l'île
depuis longtemps. Une flotte forte de 160 voiles et de cent mille hommes
parut devant Rhodes en 1480; mais la vigoureuse résistance des chevaliers,
et surtout la valeur éclairée du grand-maître, qui y reçut cinq blessures
considérables, forcèrent les Turcs, deux mois après, de lever le siége, après
avoir éprouvé des pertes énormes. Le souverain pontife le déclara
Bouclier de la chrétienté, et il fut choisis entre tous les souverains pour
commander la croisade alors projetée, où l'on devait voir marcher sous
les ordres d'un d'Aubusson, Charles VIII et tous les rois d'Europe. Il mourut le 13 juillet 1505. Son nom est toujours cité avec orgueil par les chevaliers de Malte, et l'histoire peut l'offrir pour modèle aux souverains qui
lui succèderont. Il avait pour frère Antoine d'Aubusson du Monteil, chambellan du roi; il leva à ses frais une armée qu'il conduisit à Rhodes pour
soutenir le grand-maître; il fut fait capitaine-général de la place : ainsi
c'est la maison d'Aubusson qui a sauvé l'ordre, et peut-être le monde chrétien de l'invasion des Turcs.

— Le Pouillé de Nadaud, p. 113, nous fournit les trois notes suivantes :
« Jean Aubusson, prêtre, bachelier en décrets, fonda deux vicairies dans

l'église de Bourganeuf, aux autels de Saint-Eutrope et de Saint-Sébastien, par acte du 27 septembre 1510. — Aubusson de Gorses fonda aussi une vicairie aux mêmes autels. — Jean Aubusson dit Caverley, et Christophe, son fils, fondèrent une vicairie à l'autel de la Trinité, dans la chapelle de l'Arial, aux faubourgs de Bourganeuf. »

Les Aubusson, S^{grs} du Verdier, sont-ils parents de quelqu'un des fondateurs de ces vicairies? Nous l'ignorons.

Actuellement il existe à Bourganeuf diverses familles nommées Aubusson, parmi lesquelles nous comptons la famille Aubusson de Soubrebost, dont les trois derniers chefs ont donné successivement trois représentants du département de la Creuse à nos assemblées législatives, deux conseillers à à la cour d'appel de Limoges et deux membres à l'ordre de la Légion d'honneur. (ROY DE PIERREFITTE.)

A la montre des nobles de la Marche qui eut lieu en 1470, on trouve : 1° Jacques d'Aubusson, S^{gr} de la Borne ; 2° Guillaume d'Aubusson, S^{gr} de La Feuillade ; 3° Antoine d'Aubusson, S^{gr} de de La Villeneuve.

Dans le catalogue des chevaliers de Malte dressé par Vertot, on trouve : 1° Guyot d'Aubusson ; 2° Jean, reçu en 1565 ; 3° Hardouin, en 1601 ; 4° Guillaume, en 1622 ; 5° Charles, en 1626 ; 6° Jérôme, en 1556 ; 7° Charles en 1659.

AUBUSSON (ville) (1). — Pour tenir la promesse que j'ai faite d'indiquer, autant que possible, les armoiries des villes de la Corrèze, de la Creuse et de la Haute-Vienne, je dois parler ici de celles d'Aubusson, autrefois châtellenie de la Haute-Marche, aujourd'hui chef-lieu d'arrondissement dans le département de la Creuse, et renommé par ses tapisseries.

D'après M. Natalis de Vailly, « au commencement du ve siècle, les villes de l'empire avaient un sceau public ; mais il est probable que cet usage tomba en désuétude après l'invasion des barbares. Les plus anciens, disent les bénédictins, ne sont que du XIIe siècle.

» L'établissement des communes à la fin du XIe siècle et sous le règne de Louis-le-Gros est la véritable époque des sceaux publics des villes.

» Il n'est pas de sceaux qui offrent autant de variété que ceux des communes : il représentent tantôt l'image du saint patron que les habitants honoraient d'une dévotion particulière, tantôt les remparts et les tours qui les protégeaient contre la tyrannie des seigneurs voisins. Les villes commerçantes adoptaient volontiers pour emblèmes des ancres, des barques ou des vaisseaux. Souvent c'est le maire qui est représenté debout sur les remparts, ou monté sur un cheval de bataille ; ailleurs, on le voit assis et rendant la justice, ou entouré des échevins et délibérant sur les intérêts qui lui sont confiés. Ces types représentent aussi les armoiries particulières de la commune ou celles du seigneur dont elle reconnaît l'autorité ; quelquefois enfin on y trouve des emblèmes destinés à rappeler le nom de la ville (2). »

Les armoiries de la ville d'Aubusson, dont la forme a varié, semblent

---

(1) Cet article sur la ville d'Aubusson est en entier de la première édition, où il a été publié par moitié en deux endroits différents.

(2) *Eléments de paléographie*, T. II, p. 199, Paris, imprimerie royale, 1838.

vouloir exprimer cette dernière intention. Elles sont *d'argent à un buisson de sinople* : dit l'*Armorial de la généralité de Moulins*, dressé en 1697, et continué les années suivantes (1). La fontaine élevée, en 1718, sur la place de la Halle, à Aubusson, est décorée de deux écussons grossièrement sculptés sur du granit : l'un représente la *croix ancrée* des d'Aubusson de La Feuillade : l'autre, *trois espèces de feuilles de fougère*, qui figurent vraisemblablement le buisson de sinople (2). Lorsque, en 1751, la ville voulut placer dans son église paroissiale un chef-d'œuvre de tapisserie, elle n'avait garde d'oublier ses armoiries : aussi leur donna-t-elle la place d'honneur dans ce tissu fond bleu semé de fleurs de lis : elle les mit à côté de celles de France, avec deux génies pour support. M. Cyprien Pérathon, membre de la Société française d'archéologie, a bien voulu m'en envoyer un dessin fort exact et colorié, après avoir fait ouvrir, par un ouvrier compétent, chaque fil des diverses nuances, de peur que l'apparence d'une tapisserie ternie et reléguée dans la sacristie ne le trompât. Ce dessin représente *un champ d'argent à deux arbrisseaux de sinople naissants d'un sol de même; un chef d'azur chargé d'un croissant d'argent accosté de deux étoiles de même.*

Peut-être, comme le fait observer M. Pérathon, ce croissant, qui figure au-dessus du buisson de sinople, fait-il allusion à l'origine sarrasine d'Aubusson. Quoiqu'étrange, l'opinion de cette origine est, en effet, fort ancienne. Peut-être enfin les armoiries dessinées dans la tapisserie appartiennent-elles simplement à la confrérie des tapissiers. Comme la solution de cette dernière difficulté exige de longues recherches, nous n'y répondrons qu'en donnant en lithographie le dessin des armoiries des villes du Limousin. Si elles sont à la ville d'Aubusson, je les ferai figurer à côté de celles que d'Hozier décrit, et que jusqu'à ce jour on a crues véritables.

D'Hozier, Girault de Saint-Fargeaud et Traversier avaient donné d'une façon positive les armoiries de la ville d'Aubusson : déjà nous nous sommes permis (dans ce qui précède), de les soupçonner incomplètes, en faisant remarquer qu'une tapisserie placée en 1751, par la ville d'Aubusson, dans son église, les fait figurer à côté des armes de France, mais avec *un chef d'azur chargé d'un croissant d'argent accosté de deux étoiles de même*. Peut-être pourtant, ajoutions-nous alors, peut-être ce chef était-il particulier aux tapissiers d'Aubusson. Il restait donc à prouver le contraire. Or la chose est devenue facile, et voici comment : M. Cyprien Pérathon, membre de plusieurs sociétés savantes et négociant à Aubusson, a retrouvé, chez un ancien maître tapissier, autrefois chargé de marquer les pièces nouvellement fabriquées, les armoiries que la tapisserie représente (la couleur du chef est pourtant de *gueules* et non *d'azur*), gravées en relief sur

---

(1) Il se trouve à la bibliothèque impériale.
(2) On retrouve, dit-on, ces armoiries dans l'abbaye d'Ahun, ce qui semble difficile à expliquer. D'autre part, comment la ville d'Aubusson aurait-elle oublié de placer ses armoiries sur un monument public quand elle y gravait celles de ses seigneurs? — Un cachet qu'on dit avoir servi aux administrateurs de la ville d'Aubusson donne *un champ d'azur à un buisson d'argent qui repose sur un croissant de même*, et il est timbré d'une couronne de comte. C'est pour ne passer sous silence aucun renseignement que nous disons un mot de ce cachet, dont l'authenticité nous parait singulièrement suspecte, et qui très probablement appartient à quelque habitant de la ville.

une plaque d'argent, et disposées pour donner une empreinte d'impression. De plus que les autres, celles-ci avaient pour légende au bas le mot AUBU-SSON, et à la partie supérieure, ces autres : *Inter spinas floret* (elle fleurit au milieu des épines) : devise ingénieusement trouvée pour rappeler la position riante de la ville, qui est encaissée, au bord de la Creuse, entre des montagnes couvertes de bois, de rochers et de bruyères, et aussi l'objet de son industrie principale dans une province pauvre. Il ne s'agissait donc pas des tapissiers : le nom de la corporation n'eût pas été oublié. D'ailleurs tous les vieillards s'accordent à dire qu'on marquait les tapisseries avec les armes de la ville : fait palpable aujourd'hui ; car nous avons vu, grâce à une nouvelle communication de M. Bossieux, l'approbation des statuts qui l'imposaient. Enfin les réparations faites à un vieux pont ont permis de constater que, vers 1636, par conséquent avant le travail de d'Hozier, on grava sur ce pont les armoiries de la ville avec le *croissant et les deux étoiles du chef*. C'est preuve surabondante. Ainsi les villes ont parfois ajouté ou retranché certaines pièces à leurs armoiries.

AUDACAR, ADOACER ou ODOACER, trente-deuxième évêque de Limoges, monta sur le siége épiscopal vers l'an 821, suivant un catalogue manuscrit. Il donna à son église cathédrale une terre située dans le district de *centena Tarnense* avec l'église qui avait pour patron saint Sébastien, martyr. (*Gall. christ. nov.*, T. II, *instrumen.*, col. 165.) La terre est nommée *Ramnaco*. L'évêque l'avait achetée d'un homme noble qu'il appelle Haitafred. Cette donation est faite néaumoins de la part d'Odacear, avec réserve de l'usufruit pour lui, sa vie durant, et pour un de ses cousins ou de ses amis, tel qu'il le désignera dans son testament. Il s'oblige, à cause de cette réserve, de payer tous les ans, à la fête de saint Étienne, martyr, trois sols de rente, aux frères de la chanoinie *ex canonicâ* de sa cathédrale, et assujettit son légataire futur à la même redevance. Il paraît qu'il n'y avait alors dans cette cathédrale que trois dignitaires ; l'évêque les nomme ainsi : le Prévôt, *Ramnulfus, præpositus ;* le Trésorier, *Hermoarius, archiclavus ;* le Doyen, *Bosynus, decanus*. L'acte fut passé au mois de janvier, l'an XVIII de l'empereur Louis, ce qui revient à 833, et non pas 831, comme on le dit dans *Gall. christ.* Le 6 septembre 838, il signa au concile de *Quiersi*, un acte pour le monastère de Saint-Calais, son nom et son évêché y sont défigurés (BALUZE, *Miscell.*, T. III, p. 136) par ces mots : *Gundacher Limoticinensis episcopus*. Il signa aussi (*Act. SS. Ord. S. Benidicti sœcul. IV*, part. II, p. 251)*,* l'an 843, à l'assemblée de Germini, dans l'Orléanais, un privilège pour le monastère de Saint-Bonnet-le-Moutier, connu sous le nom de *Curbionense*, au diocèse de Chartres. Le nécrologe de la cathédrale (*Gall. christ. nov.*, T. III, add.) et celui de Solignac marquent sa mort au 10 mai. Dans un acte de 855, il est appelé prédécesseur de Stodilus. Un Auducher ou Audacher, était notaire de Charles-le-Chauve l'an 875. Il est différent de notre évêque. (LEGROS, *Mémoire pour l'Histoire des évêques de Limoges*, p. 141.)

AUDEBERT (page 86), en Angoumois, porte : *de gueules à deux hallebardes d'argent ; au chevron d'or brochant sur le tout*, et Audebert en Poitou : *d'azur à un sautoir d'or*. (*Dictionnaire héraldique*.) Pierre

Audebert, S' du Francour, portait : *de gueules à un chevron, sommé d'un croissant et de deux étoiles, un lion passant en pointe.* (*Notice sur Notre-Dame-de-Lorette,* à Bellac, p. 105.)

Audebert, chapelin de l'église d'Aubusson, vers 1073. (Roy de Pierrefitte, *Moutier-Rouzeille,* p. 6.)

Audebert, doyen de Saint-Yrieix, 1114. (*Idem, Dalon,* p. 8.)

Audebert, abbé d'Uzerche, 1129 (*Nobil.*, I, 2ᵉ édit., p. 482.), doit être Aldebert Grimoard, élu en 1113 et qui se démit en 1119. (Nadaud, *Abbés d'Uzerche.*)

Jean Audebert était prévôt provincial de la Basse-Marche en 1634 ; plus tard il obtint la charge de vice-sénéchal de la Basse-Marche. (*Discours de rentrée de la Cour d'appel de Limoges, 1880.*)

Jean Audebert, écuyer, Sʳ du Monteil, à Bellac, mourut le 17 septembre 1653. (Registres paroissiaux de Bellac.)

Dˡˡᵉ Anne Audebert épousa Pierre Sornin, Sʳ de La Bussière ; elle était veuve et âgée de quatre-vingt-deux ans lorsqu'elle fut inhumée dans l'église de Morterolles, le 13 août 1711. (Registres paroissiaux de Morterolles.)

Pierre Audebert, écuyer, Sgʳ de Francour, vice-sénéchal de la Basse-Marche et capitaine de cinquante arquebusiers à cheval, était né à Bellac vers l'an 1570. Il se fit remarquer par sa valeur dans plusieurs combats, et sa vie militaire fut glorieusement couronnée par la mort du champ de bataille. L'an 1621, il était au siège de Montauban, que dirigeait le duc de Luynes, et auquel Louis XIII assistait en personne. Quand on leva le siége de cette ville, après trois mois d'efforts infructueux, l'armée royale alla assiéger Monheurt, bourgade fortifiée dans l'Agénois, à trois lieues de Nérac. Cette place, vaillamment défendue par le marquis de Mirabeau, se rendit, le 23 décembre 1621, au maréchal de Bassompierre, qui commandait l'armée du roi. C'est devant Monheurt que Pierre Audebert perdit la vie. Son corps fut transporté à Bellac et inhumé dans l'église de cette ville, où l'on voyait, avant la révolution, un tableau avec les deux inscriptions rapportées par Nadaud. M. le chanoine Arbelot, à qui nous empruntons cette notice (*Sem. Relig. Lim.*, VI, 130 et 155), a ainsi rectifié le texte défectueux de l'inscription latine :

> Ad eumdem illustrissimum virum,
> Regis in obsequio, Christi fide, honoris amore
> Plumbinerem Francourt mors inimica rapit.
> Hinc triplex meritum ; meritisque parata, et abundans
> Spectat eum cœlo parta corona triplex,
> Cujus anima requiescat in pace
> Amen.
> Mort en 1621.

« La mort ennemie ravit l'arquebusier Francourt lorsqu'il combattait pour le service du roi, pour la foi du Christ, pour l'amour de l'honneur. De là pour lui un triple mérite ; mais une récompense surabondante a été préparée à ses mérites ; une triple couronne l'attend au ciel. »

Pierre Audebert, Sʳ du Francourt, vice-sénéchal de la Basse-Marche, fut inhumé, dans l'église de Bellac, devant l'autel de Saint-Pierre et de Saint-Paul, le 22 avril 1689. Il avait épousé Thérèse-Anne Corrivaud, dont :

1° Thérèse, morte à Bellac le 15 février 1676; 2° Charles, mort à Bellac, à l'âge de sept ans, le 14 juin 1676; 3° François, inhumé le 20 septembre 1678; 4° N....., une fille née en 1668. (Registres paroissiaux de Bellac.)

N..... Audebert eut pour fils : 1° Etienne, qui suit; 2° Jean, qui suit après son frère.

Etienne Audebert, naquit à Bellac, vers la fin du xvi° siècle. Il entra dans la compagnie de Jésus. Après avoir étudié la philosophie et la théologie avec la plus grande application, il s'adonna tout entier à l'étude des langues savantes; il apprit le syriaque, le caldaïque, l'hébreux, et consacra ses talents à la défense de l'Eglise romaine contre les calvinistes. Par son zèle, Audebert affermit ceux qui chancelaient dans la foi et ramena à la vérité ceux qui s'étaient laissé séduire par l'erreur. Il fit des courses apostoliques, dans la Gascogne, le Béarn, la Saintonge et l'Aunis, et devint la terreur des prédicants. Le cardinal de Richelieu l'appela à Paris. Tandis qu'Audebert formait des projets, de concert avec le ministre, pour arrêter les progrès de l'hérésie, il mourut en 1647. Nous avons d'Etienne Audebert : 1° *Confession de foi,* imprimée à Bordeaux, chez de La Court, en 1624, in-12; — 2° *Claire et naïve explication de saint Augustin sur la Sainte-Eucharistie,* à La Rochelle, chez Chesneau, 1630 et 1331, in-16; — 3° *Dialogue de M. le baron de La Cheze avec le R. P. Audebert, de la Compagnie de Jésus, sur la Sainte-Eucharistie,* à La Rochelle, par du Rosne et de Goui, 1632. Le baron de La Cheze, converti par le P. Audebert, fit imprimer cet ouvrage; — 4° *Le triomphe de la Vérité sur la Transubstantiation et le Purgatoire,* 1638, in-8°; — 5° *Théodoret, expliqué avec le livre de Gelase des Deux Natures,* chez Dauphin, 1639, in-8°; — 6° *Traité de l'Ange Gardien;* — 7° *Déclaration du décret du Concile de Constance en la Session XIX°,* etc. (VITRAC, feuille Hebd., 1776; Apud Biog. des Hom. illustres du Lim., p. 31.)

Jean Audebert (en religion Bernard Audebert), religieux, général de la congrégation de Saint-Maur, naquit à Bellac l'an 1600, et fit profession à Noaillé, en Poitou, à l'âge de vingt ans, le 11 novembre 1620. D'abord premier abbé de Saint-Sulpice de Bourgogne, en 1636, il fut, plus tard (1647), un des premiers supérieurs qui gouvernèrent la célèbre abbaye de Saint-Denis, après que la réforme de la congrégation de Saint-Maur y eut été introduite. Nommé général de cette congrégation en 1660, il continua d'exercer cette suprême fonction jusqu'en 1672. Homme d'un grand mérite, très lettré et très religieux, au témoignage du P. Etiennot, il gouverna l'ordre avec beaucoup de prudence et montra toujours un zèle et une régularité exemplaires. Il fit travailler à l'histoire de l'ordre de Saint-Benoît, ordonna au P. Mabillon de composer les actes des saints de cet ordre, et de faire une nouvelle édition de saint Bernard. Ce savant bénédictin, qui avait connu particulièrement le P. Audebert, n'en parlait jamais qu'avec une profonde vénération, et il fit des mémoires de ce qu'on avait retenu de ce pieux général de Saint-Maur. (RUINART, *Vie du P. Mabillon,* p. 267.) En 1672, le P. Audebert étant devenu aveugle, fut déchargé de ses fonctions de la supériorité, et mourut âgé de soixante-quinze ans, le 29 août 1675, dans la maison de Saint-Germain-des-Prés, à Paris. (NADAUD, *Mém. msc.*, T. I. — LEGROS, *Dict. Hist. msc.* Apud *Biog. des Hommes illustres du Limousin,* p. 32.)

François Audebert, écuyer, Sgr de Laubuge, épousa Jeanne de Blom, fille de Guillaume de Blom, écuyer, Sgr de Raysonneau. De ce mariage naquirent : 1° René, chevalier de Malte en 1548 ; 2° Louis, reçu chevalier du même ordre en 1558. (Bibliothèque de l'Arsenal.)

Simon Audebert, écuyer, Sgr de Laubuge, fut exempté de servir au ban de la Haute et Basse-Marche, convoqué au 29 juillet 1577, parce qu'il était attaqué de la pierre. (ROBERT DU DORAT. — *Msc.*)

Jacques Audebert, écuyer, Sgr de Laubuge, étant mort, ses héritiers payèrent une taxe imposée, en 1620, sur les nobles de la Basse-Marche, pour les frais et dépenses de leurs députés aux Etats généraux tenus en 1614 et 1615. (ROBERT DU DORAT. — *Msc.*)

Moïse Audebert, écuyer, Sgr de Laubuge, fit partie du ban de la Basse-Marche en 1635. (ROBERT DU DORAT. — *Msc.*)

Amable-Denis Audebert, avocat au Parlement, lieutenant-sénéchal de Châlus, épousa, le 17 février 1681, Madeleine Vauzelle, fille de Jean Vauzelle, bourgeois de la cité de Limoges, et de Catherine Avril. Elle était sœur du P. Honoré de Sainte-Marie. Elle était veuve lorsqu'elle mourut à l'âge de quatre-vingts ans et fut ensevelie à Saint-Maurice de Limoges le 9 novembre 1731. (*Sem. Relig. Lim.*, VI, 503.)

Marie Audebert de Fommobert épousa, vers 1800, Jean-Baptiste Faulconnier, conseiller de préfecture à Angers. (*Dict. des anc. familles du Poitou*, II, 566.)

Jeanne Audebert épousa, le 19 janvier 1587, Jacques de Ransanes. — Silvie Audebert épousa, le 28 avril 1660, Jacques de Ransanes. (*Nobil.*, IV, 7.)

Gérald Audebert, prêtre de la mission de Limoges, mourut le 4 février 1764, à Saint-Dizier-Bourganeuf, où il prêchait. (Registres paroissiaux de Saint-Dizier.)

N..... Audebert, prêtre, natif de Châteauponsac, fut successivement vicaire de Châteauponsac, curé de Roussac, puis de Magnac-Laval où il est mort. Il avait émigré en Espagne pendant la révolution.

AUDENARD et mieux AUDEBARD (p. 88). — Le 19 janvier 1873, est décédée à Moissannes, canton de Saint-Léonard, la baronne de Thouron, née de Ferrussac, âgée de soixante-dix-neuf ans. — Le 27 octobre 1868, Mgr de Versailles a marié, dans sa chapelle, M. d'Audebard, baron Henri de Férussac, avec Mme la vicomtesse Wathiez. (*Univers*, 1er novembre 1868.) — Un journal de Toulouse, en mai 1871, annonce la mort de M. le général d'Audebard de Férussac. (Notes de M. le chanoine Tandeau de Marsac.)

AUDIER (page 88). — Pierre Audier, sénéchal de la Marche et du Limousin, pour les Anglais, mourut en 1206. Il avait fait creuser des souterrains depuis La Borie, sa propriété, jusqu'à Limoges, pour conduire les eaux de la fontaine d'Aigoulène. (M. ARDENT, *Guide de l'étranger*, II, p. 115.)

Jean Audier fut député, en 1483, aux Etats généraux réunis à Tours, pour la sénéchaussée du Haut-Limousin. (*Journal des Etats généraux*, par Jehan MASSELIN.)

Martial Audier, Sgr de Montcheuil, rendit hommage à Alain d'Albret, comte de Périgord et vicomte de Limoges, en 1509. (Archives de Pau. — E, 666.) La baronnie de Montcheuil est entrée au siècle dernier dans la famille Moreau, qui la possède encore.

AUMONT et non DAUMONT (page 90). — D'Aumont est une maison ducale, dont la filiation remonte à Jean Ier, chevalier, croisé en 1248.

La terre de Dun-le-Palleteau est entrée dans cette maison, en 1480, par le mariage de Jean V^e, sire d'Aumont, avec Françoise de Maillé de La Tour-Landry, dame en partie de Dun-le-Palleteau.

Georges d'Aumont, S^{gr} de Dun, partit, sous la régence de la reine Marie de Médicis, à la tête de quatre-vingts gentilshommes, pour aller mettre le siège devant le château de Saint-Germain-Beaupré qui en était voisin. (P. DE CESSAC.)

Jacques d'Aumont (p. 90.), de l'illustre maison de ce nom, était fils de Jean d'Aumont, chevalier de l'ordre du roi, vicomte de Châteauroux, S^{gr} de Dun-le-Palleteau en Marche, maréchal de France. (Vicomte F. DE MAUSSABRÉ.)

N..... de Crevant, fille de messire Louis de Crevant, duc d'Humières, S^{gr} de Brigueuil-l'Aîné, grand-maître d'artillerie, pair et maréchal de France (1678), épousa M. le duc d'Aumon, qui posséda, en qualité de seigneur, la terre de Brigueuil. Il transporta cette terre à messire Jean-Martial de Jossen, écuyer, S^{gr} de Crône, de Noist-sur-Seine, conseiller et secrétaire du roi. (Pierre VASLET, *Annales de Brigueuil.*)

D'Aumont de Villequier, porte : *d'argent, à un chevron de gueules accompagné de sept merlettes de même, quatre en chef, trois en pointe, 1 et 2 ou malordonnées.* (GRANDMAISON, *Dict. Hérald.*)

AUROC (page 91), « 1° Jehan Auroch, écuyer, Sr de Nalèches, dans la paroisse de Moutier-Roseille, mai 1477. (Arch. de Moutier-Roseille.)

» 2° Jean Auroch, écuyer, Sr de Nalèches, 1506. (D. BETENCOURT, *Noms féodaux.*)

» 3° Jean Auroch, écuyer, Sr de Nalèches, prévôt de Moutier-Roseille de 1612 à 1650, résigna probablement la prévôté en faveur de son frère, et 4° Antoine Auroch, écuyer, Sr de Nalèches, qu'on trouve prévôt depuis 1651 jusqu'au mois de janvier 1670 qu'il mourut. Il fit l'aveu du fief de Nalèches le 20 février 1669. Ces deux frères étaient fils de Jean Auroch, écuyer S^{gr} de Nalèches, et de Sébastienne du Bezu. Ils avaient une sœur d'un autre lit, fille de Françoise Panetier, qui épousa, au mois de juillet 1654, François Deschamps, écuyer, Sr du Crouzet, laquelle apporta la terre de Nalèches à son mari, qui en fit hommage le 8 mai 1684. Avec elle s'éteignit la famille Auroch : la transmission de la seigneurie patrimoniale de Nalèches à son mari le prouve, ainsi que son contrat de mariage qui ne fait mention que de ses deux prêtres. (Arch. de Moutier-Roseille.) (A. BOSVIEUX.)

La terre de Nalèches fut achetée, à la fin du XVIIe siècle, par la famille Bandy, qui a donné un député aux Etats généraux et un général aux armées de l'empire.

Noble Jacques Bandy, de la ville de Felletin, était mort en 1778 ; il avait épousé Louise Degas, dont Marie-Geneviève, qui épousa, par contrat passé le 7 décembre 1778, au château de Villefort, paroisse de Sainte-Fère-la-Montagne, François de Courtille, fils de Joseph, S^{gr} baron de Saint-Avit, et de Marie de Bord. (*Nobiliaire*, généalogie Courtille.)

N..... Bandy épousa Marguerite Durand, de la ville de Felletin, dont Léonarde qui épousa : 1°, par contrat du 24 novembre 1670, Jean Blondeau, chevalier, S^gr de Chambon, trésorier de France, veuf de Marie Du Bois (*Nobiliaire,* art. Blondeau.); 2°, par contrat du 20 mars 1690, Mathieu Benoît, chevalier, baron de Compreignac, Sr du Breuil. (*Idem.,* art. Benoît.)

Léonard Bandy, âgé de quarante-un ans, ex-curé de Saint-Yrieix-la-Montagne, fut condamné à la déportation pendant la révolution. (Duval, *Arch. révol. de la Creuse,* p. 229.)

Auguste Bandy de Nalèches, ancien inspecteur-général des établissements de bienfaisance, avait épousé N..... Lepetit-Laforest, dont : Louis Bandy de Nalèches, avocat au conseil d'Etat, député de la Creuse à l'Assemblée législative, mort en 1879.

AUTEFORT ou HAUTEFORT (1) (page 91). — Cette terre fut érigée en marquisat, par lettres patentes données à Nantes, au mois d'août 1614, en faveur de François de Hautefort (n° XII de la tige principale dans le père Simplicien, T. VII), comte de Montignac, baron de Thenon, S^gr de La Mothe, de La Borie, de Chaumond, Verneuil, etc., qui avait épousé, en 1579, Louise des Cars en Limousin.

Hautefort est aujourd'hui chef-lieu de canton dans l'arrondissement de Périgueux.

« Cette terre avait appartenu à quatre maisons différentes avant qu'elle entrât dans celle des seigneurs de Badefol, » dit le père Simplicien. Le premier possesseur que l'on en connaisse est Guy surnommé le Noir, qui vivait vers l'an 1000, et qui avait pour femme Engelsiane de Malemort, fille de Hugues, S^gr de Malemort et arrière-petite-fille de saint Geraud, comte d'Aurillac. Geoffroi de Vigeois dit de Guy : *Inter principes lemovicini climatis probitatis titulo clarebat, et super castrum de Las Tours, de Terrasson et de Altefort principatum habuisse narratur.* La fille unique de Guy et d'Engelsiane épousa Aymar Comtour de Laron ou Leron, et eut une lignée qui se surnomma de Las Tours. Golfier de Las Tours, célèbre par sa valeur pendant la croisade, était de cette famille, et S^gr d'Autefort.

Par Agnès de Las Tours, la terre d'Autefort passa, à la fin du XIe siècle, dans la maison de Born, et, en 1388, par le mariage de Marthe de Born avec Elie de Gontaud, damoiseau de Badefol, la seigneurie passa dans la famille de celui-ci, d'où sont sorties diverses branches de Hautefort : 1° les seigneurs de Marquessac et de Bruzac; 2° les seigneurs d'Ajac; 3° les seigneurs de Lestrange et de Montréal; 4° les seigneurs et marquis de Saint-Chamans; 5° les seigneurs de La Motte; 6° les seigneurs de La Vaudre de La Rasoire et de Gabillon.

Nadaud ne donne que la généalogie des seigneurs de Saint-Chamans, en commençant à Gilbert, d'où ils sont sortis, et qui correspond au n° XI de la tige principale, c'est-à-dire des seigneurs de Badefol, parmi lesquels il faut

---

(1) Nous reproduisons ici l'article de la première édition. — Voir aussi l'article Hautefort au T. II. — François, en faveur de qui fut érigé le marquisat eut une fille nommée Louise qui épousa, en 1610, Antoine Chapelle de Jumilhac.

compter Jean II de Hautefort, gouverneur du Limousin en 1525, et Edme de Hautefort, nommé gouverneur du Haut et Bas-Limousin le 14 juin 1580.

« En 1805, la maison de Hautefort était représentée par Armand-Louis-Emmanuel, marquis de Hautefort, qui mourut sans postérité. Son neveu Amédée, comte de Hautefort, ne lui survécut que quelques années. Il est décédé le 17 avril 1809, laissant un frère puîné et une fille qu'il avait eue de son mariage avec Alix-Julie de Choiseul-Praslin, et qui a épousé le baron de Damas. » (*Annuaire de la pairie et de la noblesse de France*, par M. BOREL D'HAUTERIVE, année 1843, p. 287.)

M. le baron de Damas possède et habite actuellement le château de Hautefort. (ROY DE PIERREFITTE.)

AUTIER (page 93) (1). — Messire Jean du Authier, appelé comte du Authier, chevalier, S^{gr} de La Brugère, colonel du régiment de Penthièvre-dragons, chevalier de l'ordre royal et militaire de Saint-Louis, nommé chevalier des ordres royaux, militaires et hospitaliers de Notre-Dame-du-Mont-Carmel et de Saint-Lazare-de-Jérusalem, prouva huit races de noblesse paternelle devant le marquis de Timbrune et le marquis de Las Casas, chevaliers commandeurs des mêmes ordres, et commissaires députés pour la vérification de ces preuves par lettres patentes de Monsieur, fils de France, frère du roi, grand-maître général des dits ordres. — Le certificat de ses preuves de noblesse fut signé le 14 novembre 1788, ce qui lui valut d'être admis dans les dits ordres de Notre-Dame-du-Mont-Carmel et de Saint-Lazare.

Un des plus anciens titres présentés par le colonel fut une grosse en parchemin signée par Jehan Regis, clerc-juré de la vicomté de Limoges, devant lequel, le 28 janvier 1495, Antoine Auctier, S^{gr} de La Bastide, Corbeffie et du moulin Auctier, damoiseau de la paroisse de Cosnac, au diocèse de Limoges, demande à être inhumé dans le cimetière de la paroisse de Cossac, en la chapelle de *Sainte-Marie-de-Pietate*, où est enseveli son père, et que ses prédécesseurs ont fait bâtir. Ce seigneur, qui est marqué par Nadaud au n° II, déclare, dans cette même pièce, avoir marié Jeanne, sa fille légitime, à noble homme Antoine de La Mourinie, de la paroisse de Saint-Barthélemy, au susdit diocèse; lègue à Antoinette, son autre fille, deux cents livres tournois, et destine à l'état ecclésiastique son fils Gautier, auquel il donne la jouissance de la vicairie de Saint-Brice. Sa femme, Jeanne de Lubersac, administrera ses biens, et son fils Jean est héritier universel. D'après ces mêmes titres, le contrat de mariage de Jean fut passé

---

(1) A cet article de la première édition, nous ajouterons seulement quelques notes complémentaires au bas des pages :

Nous avons vu la matrice du sceau d'Etienne Autier. Elle a 0,04 de diamètre et qui donne un écusson chargé *d'un lion et d'une bande, et un chef, portant trois coquilles*. On lit autour *Scutum St. Aulti Dni. de Rupe apis et de Breno.*

Vente de terres situées à Coussac par Bernard Bochard à Bertrand Autier, chantre de Saint-Yrieix.

Transaction entre Jean de Bretagne et Adémar Autier, touchant les dîmes de Coussac. (*Archives des Basses-Pyrénées*, T. IV, p. 197.)

Jean du Hautier, né noble, titulaire de quatre bénéfices, ci-devant vicaire général, frère d'émigré, est condamné par Monestier et Petit-Jean, commissaire de la convention dans la Creuse, à la réclusion, le 23 avril 1793. (DUVAL, *Arch. révol. de la Creuse*, p. 214.)

à Mortemart devant, Martial Verdilhac, bachelier ès-lois, juré sous le scel de Limoges. Sa femme, Marguerite de La Coulre, était fille de noble Ithier de La Coulre, écuyer, Sgr du dit lieu, et de noble femme Marguerite de Mouhet. Le 23 janvier 1515, ce Jehan Auctier, Sgr de La Bastide, paroisse de Cossac, et les tenanciers du village de Crosillac, situé dans la fondalité et mouvance du dit Sgr de La Bastide, passèrent, à Cossac, devant J. Regis, un accord par lequel ceux-ci s'obligèrent d'aller moudre leur blé au moulin du dit lieu, en vertu d'un autre accord passé, le 24 juin 1461, entre les prédécesseurs du même Sgr de La Bastide, et feu excellent prince et Sgr monseigneur Jehan de Bretagne, vicomte de Limoges. » — Françoise, que Nadaud cite au n° IV, était fille de noble François, Sgr de Montmadit et de Louise de Saint-Chamans. — Jean, du n° V de Nadaud, écuyer, Sgr de La Bastide, recevait, le 22 août 1562, de noble Anthoine de Pragelhier, écuyer, Sgr de Bourch, la somme de dix livres, à laquelle il avait été « cottizé pour la convocation du ban et arrière-ban du Haut-Limousin, et parce que le dit Pragelhier s'était offert de faire le service personnel tant pour lui que pour le dit Sgr de La Bastide ».

En 1585, noble Gabriel, du n° VI, recevait d'Isabeau de Beauville et de Laurens, dame comtesse des Cars, « commission pour commander en la ville et château de Beauville ». Ce même Gabriel, ainsi que ses frères Christophe, François et Maurice, sur le vu de leurs titres, qui prouvaient leur noblesse depuis Louis Authier, damoiseau, vivant en 1420, y furent maintenus par jugement que rendit, le 19 mars 1599, Martial Benoist, Sgr du Mas de Laige et de Compreignat, conseiller du roi, trésorier-général de France en la généralité de Limoges et l'un des commissaires départis par Sa Majesté pour le règlement des tailles et la réformation des abus en la dite généralité.

D'après les preuves fournies au marquis de Timbrune, Gabriel, du n° VI de Nadaud, eut encore pour fils Antoine du Authier, écuyer, Sgr de La Faye et de La Bastide, qui épousa, par contrat du 10 juin 1632, passé au château de Saint-Pardoux en Bas-Limousin, Jeanne de La Tour, veuve de noble Pierre de La Poumellie, et dont une ordonnance de d'Aguesseau, maître des requêtes, commissaire départi par le roi, dans la généralité de Limoges, pour la recherche des usurpateurs du titre de noblesse, maintint, le 6 janvier 1667, les droits ainsi que ceux de Henri, de Jean et de Louis, des nos VII de Nadaud.

Du reste, comme les notes de Nadaud offrent une grande confusion pour la fin de cette généalogie, voici, d'après les preuves fournies au marquis de Timbrune, la descendance jusqu'aux possesseurs actuels du château de La Baconnaille, paroisse d'Auriat, près Bourganeuf : Jean Authier, écuyer, Sgr de La Bastide et de La Faye, que Nadaud place au n° VII, serait *petit-fils* de Gabriel du n° VI. Turenne attestait, le 4 novembre 1674, qu'il avait *bien et fidèlement* servi sous ses ordres en qualité de gentilhomme de l'arrière-ban de l'escadron limousin.

Le testament de ce brave écuyer nomme comme issus de lui et d'Isabeau du Garreau : 1° Jean-François, écuyer, Sr du Mas; 2° Antoine; 3° Jean; 4° Gabrielle; 5° Jeanne; 6° Marie; 7° autre Gabrielle.

Antoine Authier, écuyer, Sgr de La Faye, fils du précédent, épousa, par contrat du 22 mai 1705, Marie Hugon-Duprat de Magontière, demoiselle de

Vars, fille unique de feu noble Léonard Hugon-Duprat de Magontière, aussi écuyer, et d'Antoinette Raymond, sa relicte, remariée à noble Jean Authier, écuyer, Sr du Mas, frère germain du futur époux.

Messire Jean Authier, fils d'Antoine Authier et de Marie Hugon-Duprat de Magontière, Sgr de La Brugère, paroisse de Quinsac en Limousin, épousa, par contrat du 9 janvier 1747, Anne de Joussineau de Fayat, fille de feu messire François-Emé de Joussineau, écuyer, et d'Anne de Venis.

Jean du Authier, colonel du régiment de Penthièvre-dragons, né le 5 octobre 1747, à Quinsac, des précédents, fut reçu page du roi en sa grande écurie le 3 juin 1760 ; nommé sous-lieutenant dans le régiment de cavalerie de Noailles le 20 novembre 1764, il devint sous-aide-major dans le même régiment le 1er septembre 1773, et, le 10 mai 1780, il était capitaine en second de la compagnie de Girval dans le régiment de dragons de Penthièvre. Le 11 novembre 1782, le roi le fit mestre de camp, lieutenant en second du régiment d'infanterie de Penthièvre, chevalier de Saint-Louis le 19 décembre 1782, mestre de camp, lieutenant commandant du régiment de Penthièvre-dragons le 13 avril 1788. Enfin il devenait chevalier des ordres militaires et hospitaliers de Notre-Dame-du-Mont-Carmel et de Saint-Lazare-de-Jérusalem.

Le colonel du Authier avait épousé, par contrat passé à Paris, le 28 avril 1778, Marie-Léonarde de Rieublanc, demoiselle du Bost, fille mineure de feu Gabriel de Rieublanc, chevalier, Sgr du Bost, Beauboussac, Saint-Jussieu et La Brugère, et de Marie de Pichard de L'Eglise-aux-Bois, remariée à Joseph Tristan de l'Hermite, chevalier, Sgr de La Rivière, Chassat et autres lieux.

Le colonel du Authier eut pour frères : 1° Henri, chevalier de Malte, gentilhomme de madame la duchesse douairière d'Orléans, marié à....., dont il eut Henriettte, mariée à..... de La Cropte de Chanteras, mort à Paris en 1832 ; 2° Jean-Baptiste, prêtre, chanoine de Notre-Dame de Paris avant 1789, mort à La Baconnaille en 1817 ; — Marie-Anne, mariée à..... de La Grange, baron de Tarnac, morte, en 1846, à Reygnac (Corrèze), âgée de quatre-vingt-onze ans ; — Angélique, ursuline à Eymoutiers, morte, en 1837, à La Baconnaille, âgée de quatre-vingts ans.

Du colonel du Authier et de Marie-Léonarde de Rieublanc sont nés : 1° Louis-Jean-Népomucène, qui épousa Anne-Elisabeth-Josèphe Dufaure de Meilhac, dont sont nés : *a* Jeanne-Marie-Louise-Henriette Josèphe, mariée, le 8 octobre 1832, à son cousin germain Victor-Raymond-Jean-Baptiste Garat de Nedde ; *b* Henriette-Jeanne-Marie-Sophie-Adélaïde, mariée, le 24 octobre 1836, à Léonard-Paul Fermigier-Beaupry de Genis, qui habite Sarlat ; *c* Marie-Joséphine-Catherine-Jeanne-Sophie, mariée, le 24 octobre 1836, à Paul-Antoine Léobardy du Vignaud ; *d* Frédéric-Michel-Joseph, marié, le 1er juin 1847, à Marie-Marguerite de Calignon. (De ce mariage sont nés : André, Elisabeth, morte à l'âge de seize ans, en janvier 1865 ; Louis, Louise.) — Les armoiries de ces deux derniers époux sont deux écussons accolés : celui de droite, *de gueules à la bande d'argent, accompagné d'un lion d'or, rampant en chef, et de trois coquilles d'or posées 1 et 2 en pointe.* — L'autre, aussi *de gueules, à un agneau pascal d'or portant un gonfalon et la tête contournée, au chef d'azur chargé de deux coquillages aussi d'or.* Le premier est du Autier ; le second, Calignon.

— Ces armoiries ont pour support deux lions en repos, et sont timbrées d'une couronne de comte ; — 2° Marc-Antoine-Mélanie, resté célibataire ; — 3° Marie-Catherine, mariée à Raymond Garat de Nedde, morte en 1849, laissant plusieurs enfants. — V. GARAT DE NEDDE (1).

— A la fin du dernier siècle, tous les biens de Gaucher du Authier (2), chevalier de Saint-Louis, Sgr de Peyrussat et de La Vallade, fiefs situés dans la paroisse de Bussière-Galand, canton de Châlus (Haute-Vienne), et ceux de sa femme, Jeanne Guitard de Riberolle, furent confisqués pour cause d'émigration. Voici les noms des représentants actuels de cette famille, séparée, depuis plusieurs générations, des du Authier de La Bregère : 1° Anne, mariée à Léopold de Geslin, résidant à Rio-Janeiro ; 2° Victor, lieutenant au 3e régiment de chasseurs à cheval et chevalier de la Légion-d'Honneur ; 3° Amédée, aide-chirurgien-major de 1re classe, qui a fait la campagne de Crimée ; 4° Jean-Baptiste, négociant au Brésil ; 5° Elie, capitaine au 4e hussards ; 6° Anne-Éléonore, mariée à Georges Leuzinger, négociant au Brésil ; 7° Emma-Christine.

On voit, à Versailles, dans la quatrième salle carrée des Croisades, celle que l'on traverse en sortant de la grande salle, l'écusson de Raoul et de Guillaume du Autier, du Limousin, qui vivaient en 1248. Ils portaient : *de gueules à la bande d'argent.*

— Jusqu'à ces derniers temps, une branche de la famille d'Autier, qui est d'Auvergne, et en faveur de laquelle la terre de Monteguillon en Brie fut érigée en marquisat l'an 1649, a possédé de nombreux fiefs dans la Haute-Marche, dont le territoire a toujours fait partie du diocèse de Limoges. M. Bouillet, auteur du *Nobiliaire d'Auvergne*, nous assure que « cette famille, d'ancienne chevalerie, réunit tous les caractères distinctifs de bonne noblesse : services importants, belles alliances et possessions nombreuses. Elle florissait au commencement du XIIIe siècle, époque à laquelle Philippe-Auguste fit don à l'un de ses membres de la terre de Châtel-Guyon, que Géraud d'Autier, chevalier, rétrocéda au comte d'Auvergne, à titre d'échange, en 1276 ».

Plus loin, M. Bouillet ajoute : « Nicolas-Claude-Marien d'Autier (3) est qualifié, dans le contrat de mariage de son fils Louis-Amable d'Autier, du 5 février 1786, de *premier baron de la Marche*, à cause de sa terre de Claravaux. » Claravaux fait partie du canton de La Courtine, dans l'arrondissement d'Aubusson. Une branche de cette même famille habitait encore, au commencement de ce siècle, le château de La Breuille, dont elle prenait le nom, et qui est situé dans la paroisse de Saint-Merd-la-Breuille, canton de La Courtine. Le gracieux castel que possédait cette famille au Theil, paroisse de Saint-Aignan, canton de Crocq, reste encore debout.

En 1797, une fille du comte d'Autier de Barmonté et de Marie-Rose de La Rochebriand s'est mariée, dans la chapelle du château de Barmonté,

---

(1) Henriette du Autier, marquise de Nedde, qui avait épousé son cousin V..... de Nedde, est morte le 15 avril 1880, à l'âge de soixante-neuf ans, à Nedde, canton d'Eymoutiers (Hte-Vienne). — *Sem. Relig. Lim.*, p. 333.)

(2) Gaucher, qui vota à Limoges en 1789, avait à cette époque une sœur du nom de Marguerite, épouse et curatrice de messire Joseph de Josselin, chevalier, seigneur de Lavaud-Bousquet, Lort et Mimolle. (*Nobil.*, art. Josselin.)

(3) Qui avait épousé, en 1758, Marie-Rose de La Rochebriant. (Généal. Rochebriant.)

paroisse d'Herman (Puy-de-Dôme), où habite encore la branche aînée de la famille, à Marc-Antoine Tibord du Bost, bourgeois de Felletin (Creuse). Elle est morte, en 1807, laissant une fille et trois fils, dont l'un, Marie-Louis-Amable, est mort, en août 1850, curé de Saint-Avit-de-Tardes. Susanne d'Autier, fille de Louis Anatole, Sgr du Theil, paroisse de Saint-Aignan, et de Marie de Lestranges, a épousé, en 1809, Jean-Baptiste Sandon du Cluseau, bourgeois de Felletin. Rose d'Autier, sœur de Susanne, a épousé Pierre Grandchamp de Cueille, habitant près Treignac (Corrèze). Angélique, sœur des deux précédentes, a épousé ... Segrette de La Bibierre, mort juge au tribunal d'Aubusson.

Si nous notons ces alliances de la maison d'Autier avec des familles honorables sans doute, mais d'un rang inférieur au sien, tandis que nous ne citons point ses alliances brillantes, comme, par exemple, celle de François d'Autier, l'un des cent gentilshommes de la maison du roi, capitaine de la ville et du château de Compiègne, et gouverneur de Clermont, avec Marie de Beaucaire, fille d'honneur de la reine d'Ecosse, dauphine de France (14 septembre 1555), etc., c'est uniquement parce que celles dont nous parlons concernent des familles de notre province.

Les armes de cette famille d'Autier sont : *d'azur au chef denché d'or, chargé d'un lion léopardé de sable, armé et lampassé de gueules.*

AUZANCES (p. 95). — Nous aurions désiré donner les armoiries véritables de la ville d'Auzances, mais les recherches que nous avons provoquées n'ont pu nous les faire découvrir. Nous savons seulement que, pour se conformer à l'édit royal daté de novembre 1676, Auzances, comme beaucoup d'autres villes, paya le droit d'enregistrement pour port d'armoiries, sans envoyer le dessein de ces mêmes armoiries, en sorte que d'Hozier, qui se piquait d'exactitude dans l'exercice de ses fonctions, dessina dans son *Armorial*, pour la ville d'Auzances : *fascé d'or et de gueules de six pièces à un aigle d'argent brochant sur le tout.* L'*Armorial* de Traversier reproduit ce dessin.

M. Auguste Bosvieux, ancien élève de l'école des Chartes et archiviste de la Creuse, voudra bien recevoir l'expression de notre gratitude sincère à l'occasion de ce premier emprunt à sa liste des *armoiries des ville et des communautés du Limousin et de la Marche,* qu'il a mise de la manière la plus gracieuse et la plus généreuse à notre disposition pour le *Nobiliaire du Limousin.* Son travail, fait avec toute l'intelligence et tout le soin désirables, paraîtra par fragments suivant l'ordre alphabétique. Les lignes suivantes lui serviront de préambule :

« Les trois principaux ouvrages dans lesquels ont été recueillies ces armoiries sont :

» L'*Armorial général de la France,* dressé par généralités, sous la direction de d'Hozier, de 1697 à 1701, conservé manuscrit à la Bibliothèque impériale de Paris; 2° l'*Armorial national de France, ou Recueil complet des armes des villes et provinces du territoire français,* par H. Traversier, 1842, 2 vol. in-4°, qui n'est qu'une copie partielle de d'Hozier, et 3° l'*Histoire des communes et des villes de France,* par A. Girault de Saint-Fargeau, 3 volumes in-4°. Ce dernier recueil ne donne pas un aussi grand nombre d'armoiries que le précédent ; mais celles qu'il renferme sont bien plus exactes, et ont été prises aux sources authentiques.

» Toutes les armoiries que nous publions ne sont pas exactes, c'est-à-dire que toutes n'ont pas été portées par les communautés auxquelles elles sont attribuées; mais toutes sont légales, en ce sens que les communautés ont le droit de les porter. Ceci demande une courte explication.

» La nécessité de réglementer le port des armoiries, et plus encore le besoin de se procurer de l'argent, firent rendre, au mois de novembre 1676, un édit qui ordonnait à toute personne possédant déjà des armoiries, ou ayant l'intention de s'en pourvoir, de faire enregistrer son blason moyennant finance. La dépense était peu considérable : vingt livres tournois pour les individus, et vingt-cinq livres pour les communautés. Aussi chacun s'empressa-t-il d'obéir à l'ordonnance royale, les uns pour avoir le droit de conserver leurs armes, les autres pour avoir le droit d'en prendre ; si bien qu'il est peu de familles en France, nobles ou bourgeoise, qui ne soient représentées à l'*Armorial général*.

» Les agents commis à l'exécution de l'édit avaient pour mission de recevoir le prix de l'enregistrement, et de transmettre les dessins des blasons à d'Hozier, qui était chargé de les insérer dans l'*Armorial*. Lorsque ces dessins étaient suffisants, ils étaient décrits et copiés exactement ; mais il arrivait quelquefois que les émaux ou les figures, particulièrement sur les cachets en cire envoyés comme modèles, ne sortaient pas assez nettement pour être reconnaissables; d'Hozier alors suppléait aux indications qui manquaient, en ayant bien soin de constater la part qui lui revenait dans ces rectifications. Très souvent aussi, en versant les deniers, on ne remettait pas de dessin : dans ce cas, d'Hozier dressait un état des personnes qui n'avaient pas fourni de blasons, et leur fabriquait, pour leur argent, des armoiries imaginaires, en général fort simples, et ne différant entre elles que par les couleurs des pièces ou du champ (1).

» De là, dans l'*Armorial*, trois catégories d'armoiries bien distinctes : les armes *exactes*, reproduites d'après les modèles authentiques ; les armes *obscures*, complétées sur dessins insuffisants, et les armes *supposées*, inventées par d'Hozier, faute d'aucune indication. Un assez grand nombre des armoiries que nous donnons ici appartient à cette dernière division. Nous aurons soin de les distinguer par un astérisque, et d'indiquer pour toutes, avec les variantes, les sources où nous avons puisé.

---

(1) Ces compositions d'armoiries sont constatées dans l'*Armorial* par un procès-verbal des agents chargés de la transmission des dessins et un arrêté des commissaires généraux sur le fait de l'édit.

« Attendu qu'il n'a esté fourny par les desnommez cy-dessus aucunes figures ni explication
» d'armoiries, et *qu'ils ont néanmoins payé les droits d'enregistrement d'icelles*, il plaise à
» nosseigneurs (les commissaires généraux) leur en accorder, en conformité de l'édit du mois
» de novembre 1696, telles qu'ils jugeront à propos, pour estre ensuite receues et enregistrées
» à l'*Armorial général*, conformément ausdits édit et arrests rendus en conséquence.

» Signé : les agents chargés de l'exécution de l'édit. »

« Nous, commissaires généraux députez par Sa Majesté, par arrests du conseil des 4 décem-
» bre 1696 et 29 janvier 1697, pour l'exécution de l'édit du mois de novembre précédent sur le
» faits des armoiries, en vertu au pouvoir à nous donné par Sa Majesté, conformément à l'avis
» du sieur d'Hozier, ordonnons que les armes de chacun des desnommés dans lestat cy-dessus
» seront composées des pièces, meubles et métaux portés par ledit avis. En conséquence, les
» avons receues et recevons pour estre enregistrées à l'*Armorial général*, ainsy qu'elles sont
» expliquées par ledit avis et les brevets d'icelles, délivrez conformément à l'édit du mois de
» novembre. Fait à l'assemblée desdits sieurs commissaires, à Paris, le... »

» Quant aux armes qu'un grand nombre d'établissements ont négligé de faire enregistrer, on ne peut les recueillir qu'à l'aide des sceaux et des dessins particuliers. (A. BOSVIEUX, *Archiviste du département de la Creuse*). »

AYCELIN (page 96). — Dans le canton de Saint-Vaulry, arrondissement de Guéret, on trouve une paroisse du nom de Montaigut-le-Blanc; mais, comme le soupçonnait Legros en ouvrant une parenthèse après avoir inscrit le mot Aycelin, le fief en question est un des trois Montaigut du Puy-de-Dôme, Montaigut-Listenois, situé près de Billom ; aussi le *Nobiliaire d'Auvergne* a-t-il inscrit le nom des Aycelin, qui donnèrent au xiv° siècle deux gardes des sceaux et deux cardinaux, et qui s'éteignirent en la personne de Louis Aycelin de Montaigu, gouverneur du Nivernais en 1421, mort en 1427, ne laissant qu'une fille. — Nous eussions retranché cet article de Legros si nous n'eussions tenu à reproduire les deux volumes manuscrits du *Nobiliaire Limousin* dans leur intégrité. (Note de la 1re édition.)

SUPPLÉMENT A LA LETTRE B.

BACHÈLERIE (DE LA) (p. 97). — Le Cartulaire d'Uzerche mentionne un don fait à l'abbaye par Gauthier de La Bachèlerie et son frère Aimery, sous le roi Robert, au commencement du xi° siècle; et le chevalier Hugues de La Bachèlerie se trouve mêlé, vers 1215, à une intrigue amoureuse du troubadour Savary de Moléon.

La branche de cette famille, dont les armes sont : *de gueules au lion rampant d'or à trois barres de sable brochant,* et qui possédait les seigneuries de Bruges et de Chardefaux dans les paroisses de Saint-Pardoux et de Mazoires en Auvergne, fit preuve de noblesse en 1666, en remontant jusqu'à 1486. M. Lainé (*Archives généalogiques,* T. VIII : *Nobiliaire de Limosin*) dit les Bachèlerie d'Auvergne originaires de la vicomté de Turenne. — V. aussi le *Nobiliaire d'Auvergne* de M. BOUILLET, T. I, p. 137. (ROY DE PIERREFITTE.)

Martial de La Bachèlerie de Châteauneuf, chevalier de Saint-Louis, demeurant à La Fontmacaire, commune de Saint-Pierre-Château, avait épousé Charlotte-Pauline-Madeleine de Maumigny. Le 5 juillet 1819, ils font un échange avec la commune de Vaulry. (Archives de Vaulry.)

BADISTE (p. 97.). — Il faudrait lire BADIFFE d'après le registre de des Coutures, dont voici l'article :

« Badiffe, Sr du Maine et des Romanes, paroisses de Saint-Georges des Couteaux et de Saint-Étienne d'Ornat dans l'élection de Saintes, porte : *d'azur à une levrette d'argent accolée de sable.*

» Jacques Badiffe, dont : 1° Jean Badiffe, Sr du Maine ; 2° Jacques Badiffe, Sr des Romanes.

» Par lettres patentes de juin 1668, le roi confirme les lettres d'anoblissement obtenues par le dit Jacques père en 1644 ; et, en tant que besoin serait, anoblit les dits Jean et Jacques, ses enfants. Les dites lettres furent enregistrées à la cour des aides de Paris le 6 juillet 1668. »

BAIGNAC (p. 97). — V. SAINT-MARTIN DE BAIGNAC. — Voici la biographie du cardinal de Bagnac, dont la famille est éteinte : BANHAC ou BAIGNAC, ou plutôt BAGNAC (Pierre DE), naquit à Bagnac, près Bellac, d'autre Pierre et d'une sœur de Pierre, cardinal de Mortemart. Il fit ses études à Toulouse avec Hugues de Saint-Martial, né au château de Saint-Martial, dans la paroisse de La Chapelle-aux-Plas, diocèse de Tulle, et qui fut créé cardinal-diacre le 17 septembre 1361. Lui-même, après avoir été abbé de Mont-Majour au diocèse d'Arles en 1367, — et non pas de 1345 à 1368, comme on l'a dit, puisqu'il est prouvé qu'un Limousin, Jaubert de Livron, occupa ce poste de 1353 à 1361, — il fut référendaire du pape Urbain V, qui le fit cardinal-prêtre, du titre de Saint-Laurent *in Damaso*, le 22 septembre 1368. D'après le continuateur de Nangis, son contemporain, Pierre de Banhac fut évêque de Castres. Egidius Bellamère dit aussi que Jean de Lignane fut interrogé à Montefiascone, sous le pontificat d'Urbain V, par l'abbé de Mont-Majour, que l'on allait alors sacrer évêque de Castres, et qui fut tout de suite créé cardinal : *fuit tempore domini Urbani V in Montefiascone interrogatus a domino tunc abbate Montis-Majoris, qui tunc consecrabatur ad ecclesiam Castrensem, et statim fuit creatus cardinalis*. Ces deux témoignages paraissent rendre indubitable la nomination de Banhac à l'évêché de Castres, et, d'autre part, comme le fait remarquer Baluze, si on l'admet, il est fort difficile d'expliquer les faits suivants : — 1° au lieu de l'appeler, d'après l'usage d'alors, cardinal de Castres, on l'appela toujours cardinal de Mont-Majour ; 2° Pierre de Banhac ne fait dans son testament aucune mention de l'église de Castres ; 3° on trouve Raymond de Sainte-Gemme placé sur le siège de Castres par Urbain V, et l'occupant de 1364 à 1374, puis mentionné comme évêque de cette ville dans le nécrologe des chartreux de Castres, nécrologe imprimé dans le second volume du *Gallia christiana*. Quoiqu'il en soit, Pierre de Banhac mourut le 7 octobre 1369 à Viterbe, où on l'enterra dans l'église des frères mineurs jusqu'à ce qu'il fut transporté dans l'église des Augustins de Mortemart, chez lesquels il avait choisi sa sépulture. D'après Legros, on grava sur sa tombe : *Hic jacet D. D...., de Bagnaco, sanctae Romanae Ecclesiae cardinalis, qui obiit die* XXV *mensis februarii, anno Domini* MCCCLXIX. *Anima ejus requiescat in pace. Amen*. Frison lui donne pour armes *un lion rampant*, et lui applique ces vers :

> Tota licet veteres exornent undique cerae
> Atria, nobilitas sola est atque unica virtus.

SOURCES : BALUZE, *Vitæ paparum Aveniensium*, T. I, col. 384, 761, 1019, 1030. — FRIZON, 1638, *Gallia purpurata*, p. 385, 386. — LEGROS, *Dictionnaire des hommes illustres du Limousin*, p. 461. — VITRAC, même ouvrage, p. 30. — A. DU BOYS et l'abbé ARBELLOT, *Biographie des hommes illustres du Limousin*. — Voir aussi l'article Gauvin, au T. II.

DU LIMOUSIN.   531

BALLUE (p. 99). — En copiant des Coutures, Nadaud a négligé la note suivante :

« Par arrest du conseil du 27 août 1668, lesdits Ballue sont déchargés de porter des titres plus anciens que le susdit de l'an 1362, et relevés de la dérogeance prétendue dudit Maurice. » (ROY DE PIERREFITTE.)

Judith de Ballue, épousa, avant 1600, Jean de Borl. (*Nobil.*, I, 220.)

BALUE, Srs de Mongodier et de Courjat, demeurant à Angoulême, portent : *d'azur à 3 croissants d'argent enlacés ensemble.*

I. — Pierre Balue épousa Louise Herman. Il fut pourvu de la charge de conseiller, vacante par la promotion du Sr de Villoutreix, à celle d'échevin le 27 octobre 1626. Pierre Barreau fut pourvu de la même place par le décès du dit Balue le 23 décembre 1628.

II. — Philippe Balue épousa, par contrat du 9 décembre 1627, Catherine Romanet, dont il eut Pierre, qui suit, et François, Sr de Courjat.

III. — Pierre Balue Sr de Mongodier, épousa Marie Calveau par acte du 7 août 1663, acte dans lequel il s'engage à payer la légitime de son frère François. (DES COUTURES.)

Marie Balue, épousa, le 28 avril 1660, Toussaint Fallignon (*Nobil.*, II, art. Falignon.)

BANAIAS. — D'après le cartulaire manuscrit de Vigeois, Bernard de Banaias, chevalier, donna à Adémar, abbé de Vigeois, entre les années 1123 et 1146, un jardin devant l'église de Banaias. (NADAUD, *Nobil.*, msc.)

BANZAC. — (NADAUD, *Nobil.*, msc.) M. Bouillet cite des DE BANZAT ou BANZAC dans son *Nobiliaire d'Auvergne.*

BAR (p. 99, 6e ligne de l'article). — *Lisez* pour les diverses branches qui firent preuve de noblesse en 1666, d'après des Coutures : De Bar, S^r de La Chapelle-Saint-Gérald, habitant la paroisse de La Chapelle-Saint-Gérald, élection de Tulle ; de Bar, S^{rs} de La Chapoulie et de Mariembourg, habitant les paroisses d'Ussac et de Sainte-Féréole, élection de Brive, et de Bar, S^r du dit lieu, gouverneur de la citadelle d'Amiens. Ce dernier a été négligé par Nadaud. (ROY DE PIERREFITTE.)

Etienne de Bar, était bailli de Combraille en 1447. (JOUILLETON, *Hist. de la Marche*, p. 256.)

Guy de Bar fut reçu chevalier de Malte en 1605. (VERTOT.)

Marguerite de Bar, fille de Pierre, baron de Maussac, et de Marguerite Le Sollier, épousa, le 11 juin 1633, Charles de Montalembert, S^{gr} de Monbeau. Etant veuve, avec ses enfants mineurs, elle montra une grande énergie dans les guerres civiles et défendit glorieusement son château de Montbeau contre les ennemis du roi (Généal. Montalembert.)

BAR DE BAUGY (Denis DE) portait : *fascé de neuf pièces d'or, d'azur et d'argent.* Il était fils de Jean de Bar, S^{gr} de Baugy en Berry, et conseiller des rois Charles VII et Louis XI. D'abord chanoine de Bourges, il devint archidiacre de Narbonne, protonotaire apostolique, puis évêque de Saint-Papoul, d'où il fut transféré par la faveur du roi sur le siège de Tulle, où il fit son entrée le 25 mars 1472. Géraud de Maumont ou de Naymont, qu'une partie des moines de Tulle avaient élu pour lui faire opposition, fut pour lui un obstacle jusqu'en 1487. En 1495, il permuta avec Clément de Brillac afin de rentrer dans son diocèse de Saint-Papoul, et il y mourut le 31 mai 1517. On l'enterra chez les dominicains de Bourges. Baluze cite, dans son *Histoire de Tulle* (*Paris*, 1717, p. 235), des fragments d'un manuscrit composé par cet évêque en faveur de l'astrologie judiciaire sous ce titre : *De Astronomicorum professorum ordine Epitoma*, et dont les augustins du faubourg Saint-Germain de Paris étaient propriétaires. (Roy de Pierrefitte.)

BARBANÇOIS (p. 102). — La maison de Barbançois, originaire des environs de Chatelus-Malvaleix en Marche, est connue depuis le commencement du XIII° siècle. Elle s'est transplantée, au XIV°, en Berry, où elle existe encore. C'est une famille des plus considérables de cette province. La filiation remonte à l'année 1362. Armes : *de sable à trois têtes de léopard arrachées d'or*. (F. de Maussabré.)

BARBARIN (p. 103). — Voici les dates des contrats négligées par Nadaud quand il a copié cet article de des Coutures :

I. — Testament de Jean en faveur de son fils le 11 mai 1536.

II. — Contrats du 15 mai 1546 et du 18 septembre 1555.

III. — Le 12 décembre 1605, Jean fit son testament en faveur de Jean et de Jacques, ses enfants du premier lit, et fit un legs à une fille du second lit.

IV. — Contrat sans filiation du 4 novembre 1607.

V. — Quittance accordée, le 22 juillet 1648, au dit Marc-Antoine, par Marie, sa sœur, d'un légat à elle fait par Jean, leur frère. — Le contrat de Marc-Antoine est du 10 mars 1649.

BARBARIN, Srs du Cluseau, du Monteil et de Masrasseau, habitant la paroisse de Confolens, élection d'Angoulême, portent : *de gueules à un poisson* (barbarin, petit barbeau) *d'argent peautré et loré de même mis en fasce*.

I. — Jean Barbarin.

II. — Bertrand Barbarin épousa, par contrat du 2 février 1556, Marguerite de Mannat.

III. — Jean Barbarin épousa Gasparde Maignat (mariage d'Anne Barbarin, fille du dit Bertrand et de la dite de Mannat, avec Pierre Jourdaneau, dans lequel Jean, frère de la dite Anne, lui constitue dot; l'acte est du 13 août 1587).

IV. — Louis Barbarin épousa, par contrat du 26 avril 1627, Marguerite Després, dont il eut : 1° François, qui épousa, le 7 août 1651, Marie Barbier; 2° Jean; 3° René. Le 10 avril 1659, les dits François et René partagèrent les successions de Louis et de Jean, leurs père et aïeul. (Des Coutures.)

Cette famille a produit beaucoup de rameaux, et est encore représentée de nos jours à Confolens, à Rancogne, en Angoumois et ailleurs. On en trouve divers membres dans le *Nobiliaire* : Jean, qui épouse Marie de Salignac, en 1717. IV, 139. — Jeanne, qui épouse Jean Blanchard vers 1660. I, 186.

— Catherine, qui épouse Philippe de Saint-Martin en 1614, et Pierre, qui épouse Marie-Michelle de Saint-Martin en 1700. IV, 338. — Angèle, qui épouse, en 1820, Henri de Saint-Martin. IV, 340. — Valérie, qui épousa, avant 1700, François des Cubes. III, 192. — Valérie, qui épouse, en 1764, Jacques de Chamborant, et Madeleine, qui épouse, en 1772, Jacques de Chamborant. I, article Chamborant, etc., etc.

BARBEZIÈRES (p. 103). — En énumérant les personnes de cette famille qui firent preuve de noblesse en 1666, Nadaud a oublié de Barbezières, qui habitait Marcillac, élection de Cognac, et que des Coutures mentionne. Voici encore, d'après des Coutures, les dates des actes inscrites en 1666, et négligées par Nadaud.

II. — Mariage du 10 octobre 1528. Transaction entre Hercule de Barbezières et François Jay le 6 juillet 1541.

III. — Partage entre Louis et Jean des successions du dit Hercule et de la dite Jay, leurs père et mère, en mai 1581.

IV. — Le mariage de Jérémie avec Marie Thévenin eut lieu le 11 novembre 1593. — D'après Nadaud, leur second fils, Jean se maria deux fois ; d'après des Coutures, le premier mariage avec Louise de La Porte eut lieu le 28 décembre 1632, et le second, le 7 décembre 1656 ; mais ce second mariage est celui du fils, autre Jean dit Sr du Bois-Auroux, nom de terre que n'avait pas pris Jean fils de Jérémie.

V. — Etienne se maria le dernier avril 1622, et François, son second fils, le 6 juin 1662.

VI. — Mariage de 30 janvier 1659. (ROY DE PIERREFITTE.)

Outre l'énonciation d'armoiries ci-dessus, on trouve aussi : *d'argent à 3 fusées et 2 demi-fusées accolées en fasce de gueules: d'argent à 5 fusées de gueules; fuselé, alias losangé, d'argent et de gueules.* (Les Barbezières de Montigné, dont suit la généalogie, portaient de cette manière.)

A la ligne 31 ajoutez, après *Guittaud* : « Puis, par contrat du 20 octobre 1528, jour du mariage de son fils, Marguerite Regnault. »

Ligne 38, Amand, *lisez* : Arnaud ou Arnauld.

Ligne 39, c'est par erreur que Louis se trouve établi ici comme fils d'Etienne ; il était son frère. Etienne eut pour fils François, qui suit.

VI. — François de Barbezières, écuyer, Sgr de Montigné, marié : 1°, le 23 novembre 1670, à Champagné-Saint-Hilaire, à Anne de Piot ; 2° à Marie-Anne de Guy, fille de messire René et de Jeanne de Fleury, morte à Montigné le 15 avril 1758. Du premier lit vint Marie-Anne, mariée à Montigné, le 5 mai 1729, à N. Rochier, Sgr des Vallées. Du deuxième lit est issu :

VII. — Etienne, né à Montigné en 1711, et mort le 15 novembre 1765. Il avait épousé à Courbillac, le 7 janvier 1733, Marie-Anne de Laisné de Francheville, dont 1° François de Salles, mort en 1770 ; 2° Marguerite, née en 1734, mariée, le 9 février 1773, à Jean de Chevreuse, Sgr de Tourtron ; 3° Marie-Rose, mariée, le 20 mai 1776, à Alexandre Bernard, Sgr de Javrezac, vicomte de Monsenson, morte à Rouillac le 21 septembre 1827.

Ligne 41, Amice, *ajoutez* : « Ou Anise, ou Armoïse ». Après l'Hermite, *ajoutez* : Sœur de Tristan. »

La famille de Barbezières se trouve alliée à la famille régnante d'Angleterre et aux souverains du nord de l'Europe. Ainsi Louis, qui forme le premier degré ci-dessus, était fils de Jean, II® du nom, Sgr de Barbezières et d'Estrades, et de Clémence d'Orgemont. Il avait pour frère Philippe, marié à Hélène de Fonsèque. De cette union vint, comme quinzième enfant, Jacqueline, qui épousa, le 4 septembre 1541, René Poussard, écuyer, Sgr de Bas-Vandré et de Saint-Marc, dont : Jean Poussard, écuyer, Sgr du Bas-Vandré et de Saint-Marc, gouverneur de Taillebourg, marié, par contrat du 21 juillet 1566, à Anne de La Jaille, dont : Joachim Poussard, écuyer, Sgr du Bas-Vandré, marié à Suzanne de Goulard de Saint-Disant, dont : Jacqueline ou Jacquette Poussard, mariée, par contrat du 16 septembre 1631 ou 1632, à Alexandre Desmier, chevalier, Sgr d'Olbreuse, dont :

Éléonore Desmier, née le 7 janvier 1639, quitta la France, avec son père, lors de la révocation de l'édit de Nantes, passa en Allemagne, où elle épousa, le 5 février 1664, Georges-Guillaume, duc de Brunswick-Lunebourg-Zeel, né le 16 janvier 1624, qui la fit dame de Haarbourg, et l'empereur la créa ensuite princesse. Elle mourut duchesse douairière de Brunswick le 22 février 1732, laissant une fille : Sophie-Dorothée, né le 15 septembre 1666, princesse de Brunswick-Zeel, mariée : 1°, en 1675, à Auguste-Frédéric de Wolfenbuttel, son cousin germain, qui fut tué en 1676; 2°, le 21 novembre 1682, à Georges-Louis, duc de Brunswick-Lunebourg, électeur de Hanovre, né le 28 mai 1660, devenu roi d'Angleterre sous le nom de Georges Ier. De ce second mariage vinrent : 1° Georges-Auguste, dont l'article va être repris; 2° Sophie-Dorothée, née le 16 mars 1687, mariée à Frédéric-Guillaume Ier, roi de Prusse, né le 4 août 1688, et décédé le 31 mai 1740, qui épousa en secondes noces Frédérique-Louise, princesse de Hesse-Darmstadt.

Georges, II® du nom, né le 10 novembre 1683, électeur de Hanovre le 26 juin 1727, roi d'Angleterre le 22 octobre 1727, épousa, le 2 septembre 1705, Willelmine-Charlotte, princesse de Brandebourg-Anspach, née le 1er mars 1783, dont vint entres autres enfants : Frédéric-Louis, prince héréditaire de Hanovre, né le 31 janvier 1707, duc d'Edimbourg en 1725, déclaré prince de Galles en janvier 1729, marié par contrat du 8 mai 1736 à Augustine, princesse de Saxe-Gotha; il mourut avant son père (31 mars 1751), ce qui fit passer la couronne d'Angleterre sur la tête de son fils Georges-Guillaume-Frédéric, né le 4 juin 1738, proclamé roi le 26 octobre 1760, sous le nom de Georges III, et électeur de Hanovre, lequel se maria, le 8 septembre 1761, à Sophie-Charlotte, princesse de Mecklembourg-Strélitz, née le 16 mai 1744, dont vinrent entre autres enfants : 1° Georges-Frédéric-Auguste, prince de Galles, né le 12 août 1762, roi de Hanovre le 26 octobre 1814, roi du royaume-uni de la Grande-Bretagne et d'Irlande le 29 janvier 1820, sous le nom de Georges IV, veuf, le 7 août 1821, de Caroline-Amélie-Elisabeth, fille de feu Charles, duc de Brunswick-Wolfenbuttel; 2° Edouard-Auguste, duc de Kent et de Strathern, comte de Dublin, marié, le 28 mai 1818, à Marie-Louise-Victoire de Saxe-Saarfeld-Cobourg, dont est née, le 24 mai 1819, Alexandrine-Victoire qui, le 20 juin 1837, a succédé à son oncle Georges IV sur le trône d'Angleterre. (F. DE CHERGÉ.)

BARBOT (p. 106), demeurant à Angoulême, porte : *d'or à un chevron d'azur accompagné de trois roses de gueules tigées et feuillées de sinople; au chef d'azur chargé de trois croissants d'argent.*

David Barbot est reçu conseiller par la promotion de Guillaume Saussy à la charge d'échevin, le 24 décembre 1652. Acte fait au greffe de l'élection de vouloir vivre noblement le 19 janvier 1653. (DES COUTURES.)

Marcq Barbot, juge prévôt royal à Angoulême 1669.

N..... Barbot de la Trésorerie, écuyer 1733.

La famille Barbot est encore représentée à Angoulême et à La Rochefoucauld.

BARBOU (p. 104).

I. — Jean Barbou, né à Saussey (Manche), fut maître imprimeur à Lyon, où il mourut âgé de cinquante-trois ans, en 1542. Il avait épousé, à Lyon, Guillemine de La Rivoire, dont 1° Denise qui épousa Balthazard Arnoullet, qui, à la mort de son beau-père, prit l'imprimerie, au tiers de profit, avec sa belle-mère et son beau-frère; 2° Jacquette, épouse de Guillaume Geuront, de Bourg en Normandie; 3° Marguerite épouse de Claude Tranchard, marchand de Lyon; 4° Hugues, qui suit.

II. — Hugues Barbou, né à Lyon le 24 janvier 1538, n'avait que quatre ans et demi lorsqu'il perdit son père. Il fut ensuite associé à son beau-frère et à sa mère pour continuer le commerce d'imprimerie. Il prit pour devise : *La Mort n'y mort*. Vers 1566, il vint à Limoges et s'établit rue Ferrerie. Il a imprimé, entre autres belles éditions, un *Graduel* in-folio, en caractères gothiques (1575); plusieurs éditions d'*Heures de Limoges*, en rouge et noir (1573-1594); une remarquable édition des *Epîtres de Cicéron à Atticus*, avec notes de M. Siméon Du Boys, lieutenant-général de Limoges, 1 vol. in-8°, caractères italiques (1580); etc. Il mourut le 29 novembre 1603. Il avait épousé, en 1568, Jeanne Bridier, de Paris, fille de Jean, imprimeur, veuve, en premières noces, de Bastien Morin, maître imprimeur, et en deuxièmes noces, de Charles de Lanouaille, maître imprimeur de Limoges, dont : 1° Anne; 2° Jacques, qui suit; 3° N..... épouse de Jean Martin, imprimeur.

III. — Jacques Barbou, né à Limoges, le 22 juillet 1570, succéda à son père, dans l'imprimerie, en 1597, mourut le 20 février 1605. Il avait épousé, le 22 juillet 1587, Jeannette Des Flottes, fille de Pierre, et de Marthe Gadaud, elle mourut le 19 mars 1621. Dont : 1° Marie, qui épousa, en 1606, Simon Poncet; 2° Jeannette, morte jeune; 3° Madeleine, épouse de Jean Beuly, greffier de l'officialité; 4° Peyronne épousa, en 1613, Jean Boutaudon; 5° Antoine, qui suit; 6° Marie, qui épousa, en 1618, Léonard Chenaud, juge des Allois.

IV. — Antoine Barbou, né le 2 avril 1601, fit plusieurs éditions du *Bréviaire* de Limoges, ayant pris, en 1622, la direction des affaires que sa mère régissait depuis son veuvage. Il épousa, le 18 février 1619, Péronne Guibert, fille de Pierre Guibert, marchand, et de Françoise Gaillaine Du Bois, dont il eut un très grand nombre d'enfants qui moururent tous au berceau à l'exception de : 1° Martial, qui suit; 2° Catherine, née le 17 juin 1648, qui épousa Jean Benoit, S^{gr} des Courrières.

V. — Martial Barbou, né le 27 février 1627, mourut le 9 avril 1680. Il avait épousé, le 20 janvier 1647, Catherine Guittard, fille de feu N..... Guittard, procureur, et d'Anne Romanet. Elle mourut le 20 janvier, 1713, âgée de quatre-vingt-un ans, et fut enterrée, à Saint-Michel-des-Lions, dans le tombeau de la famille Guittard, qui devint celui de la famille Barbou. Leurs enfants furent : 1° Pierre, qui suit ; 2° Jean, né le 18 mars 1662, épousa Jeanne Sénamaud et a formé la branche des Barbou de Leymarie ; 3° N..... qui épousa : 1° Martial Lafosse ; 2° N..... Bonnin, avocat.

VI. — Pierre Barbou, né le 16 août 1655, mourut le 28 octobre 1714. Il avait épousé, le 2 juin 1679, Jeanne Maillard, quatrième fille de Paul Maillard. Elle mourut le 22 février 1730, âgée de soixante-sept ans. Dont : 1° Jean-Baptiste, né le 23 novembre 1681, entra dans la Compagnie de Jésus, en 1696, et mourut le 4 juin 1755 ; 2° Jean, né le 30 mars 1683, s'établit à Paris vers 1700, resta célibataire, et s'associa son plus jeune frère Joseph, vers 1720. Il acquit beaucoup de biens et en particulier la terre de Monisme et celle de Chasseneuil. Le château de Monisme, commune de Bessines, avait été bâti par la famille de Razès. Il fut laissé par la veuve de Edme-Léonard de Razès, morte en 1704, à son second mari, Louis de Bethune. C'est au marquis de Bethune que Jean Barbou l'acheta. Il le laissa à son frère Jean, qui suit, et son imprimerie et librairie, estimée 200,000 livres, à son frère Joseph. Il mourut le 20 août 1752 ; 3° Marie, morte en bas-âge ; 4° Jeanne, morte en bas-âge ; 5° Jean, qui suit ; 6° Catherine qui épousa, avant 1714, François Ardent, marchand ; 7° Martial, mort en bas-âge ; 8° Joseph, né le 18 mars 1693, épousa, le 5 janvier 1717, Antoinette de Bevilher, dont une filler mariée à N..... Lepenier de Montbaron.

VII. — Jean Barbou des Courrières, S^{gr} de Monisme, né le 10 mai 1688, mourut le 22 février 1736. Il avait épousé, le 4 novembre 1715, Valérie Farne de Champagnac, fille de Gabriel Farne, marchand, et de dame N..... Vidaud de Champagnac, dont : 1° Jean, dit de Monisme, né le 25 août 1716, fut intimement lié avec M. de Tourny, intendant de Limoges, donna, par testament, 10,000 livres à l'hospice de Limoges, pour y fonder une place pour un pauvre que ses héritiers nommeraient. Il mourut le 22 avril 1742 ; 2° Louis, dit de Beauregard, mort à Paris, chez son oncle ; 3° François, dit de Chasseneuil, né le 3 juillet 1719, mort à Monisme le 1er juillet 1753 ; 4° Léonard, qui suit ; 5° Joseph-Gérard, dit des Masnieux ; né en 1723, mort chez son oncle, à Paris, le 20 août 1752 ; 6° Martial, qui est rapporté plus loin ; 7° Marie, qui épousa à Monisme, le 25 juin 1748, Melchior de Carbonnières, écuyer, S^{gr} de Saint-Denis et de Montjoffre, fils de François, S^{gr} de Saint-Brice, et de Marguerite de Guittard ; 8° Antoine ; 9° Antoinette, morte au berceau ; 10° Françoise, qui épousa à Monisme, le 8 mars 1751, Jean-Baptiste d'Alesme de Rigoulène, écuyer, veuf de Suzanne de La Pradelle, fils de Pierre, S^{gr} de Rigoulène, ci-devant trésorier de France et depuis chevalier d'honneur au présidial de Limoges, et de Catherine Juge ; 11° Gabriel, né en 1733.

VIII. — Léonard Barbou de Monisme, né le 9 mai 1722, fut trésorier de France à Limoges, trésorier-général des ponts et chaussées du Limousin. Il épousa, le 18 juin 1753, Barbe Malledent de Feytiat, fille de N..... et de N..... de Marzac de La Chabroulie, dont le suivant.

IX. — N..... Barbou de Monisme, n'était pas encore marié en 1793. Il avait vendu, vers 1789, la terre de Monisme à dame Dorat des Fougères. Une demoiselle Dorat, en se mariant, la porta à N..... de Rocard, et une demoiselle de Rocard à N..... de Garsignier. Ce dernier l'a vendue à

MM. Sauvanet et consorts qui la revendent en détail et démolissent le château.

VIII bis. — Martial Barbou, greffier en chef de l'élection de Limoges, conseiller du roi, trésorier de France, naquit le 14 mars 1726 et mourut le 9 mai 1784. Il avait épousé, le 6 juin 1754, Marguerite Bourdeau, fille de Jean-Baptiste et de Marguerite Garat, dont : 1° Léonard, qui suit ; 2° Joseph, né le 23 juin 1758, épousa N..... Ardent de Meillars, dont un fils ; 3° Hugues-Antoine, né le 1er février 1760, mort au berceau ; 4° N....., dite Mlle des Courrières, qui épousa N..... Peyroche de Puyguichard ; 5° Valérie, morte au berceau le 28 février 1755 ; 6° Barbe, née le 8 mai 1757, morte en 1769.

IX. — Léonard Barbou, S^{gr} des Courrières, Thias, Les Places, etc., né le 27 mars 1756, épousa, le 10 mai 1785, Anne-Barbe-Josephe-Léonarde (alias Constance) Bonnin, fille de Jean-Claude, écuyer, S^{gr} de Nouit et autres lieux, et de Luce Marguerite Maupetit, dont : 1° Constance, morte en bas-âge ; 2° N....., mort en naissant ; 3° Victor-Prosper-Alexis, qui suit ; 4° Henri qui a épousé N..... de Roulhac, dont : A. — Céline, qui a épousé son cousin germain Henri ; B. — Joseph Barbou des Courrière, propriétaire à Eyjaux, qui a épousé N..... de James, dont : a. a. — Marie ; b. b. — Joseph ; c. c. — Claire ; d. d. — Blanche ; C. — Edouard, qui a épousé : 1° N..... Savin de Montmorillon ; — 2° N..... de Belabre, dont : a. a. — Marie ; b. b. — Yves ; c. c. — Marthe ; d. d. — Edouard. D. — Françoise-Marie-Pulcherie, qui a épousé N..... Dupont ; 5° Alexis-Amédée, mort à l'âge de six ans, en 1798 ; 6° Hélène-Marie-Thérèse, baptisée le 4 septembre 1797, mariée à N... de La Bachellerie ; 7° Valérie-Constance, née le 2 avril 1800, a épousé M. Dalesme de Plantadis ; 8° autre Valérie-Constance, née le 28 octobre 1801, a épousé M. Dupont, homme de lettres ; 9° Amédée, mort à Rancon ; 10° Philippe, marié à Mlle Saubade, dont : Camille, marié avec Mlle Dunoyer, dont : Marcel et Gabriel.

X. — Victor-Prosper-Alexis Barbou des Courrières, né le 4 juillet 1790, a épousé Zélia Grellet de Fleurelle, dont 1° Henri, qui suit ; 2° Charles, qui a épousé Blanche Labachellerie, dont : A. — Marthe ; B. — Prosper ; C. — Isabelle ; D. — Raoul ; E. — Gabrielle ; 3° Berthe, qui a épousé, en 1848, Henri-Joseph Lamy de la Chapelle, fils de Jean-Baptiste et de Catherine-Joséphine-Grégoire de Roulhac.

XI. — Henri Barbou des Courrières, décédé à Limoges, le 6 août 1870, dans sa cinquante-cinquième année, était à la tête de l'imprimerie, avec son frère Charles, depuis 1840. Il avait épousé sa cousine germaine Céline Barbou des Courrières, dont 1° Hugues-Hubert, qui suit ; 2° Marc-Alexis, qui continue la tradition de famille dans l'imprimerie ; 3° Anatole qui a épousé Alice Poumaud de La Pouyade.

XII — Hugues-Hubert Barbou des Courrières, décédé le 13 janvier 1880, sans laisser de postérité. Il avait épousé Marie Souillac.

Notes isolées.

N..... Barbou était archiprêtre de Rancon en 1741 (Regist. parois.).

Benoît Barbou était novice à Grandmont, lors de la suppression de cet ordre en 1768 ; il entra ensuite chez les Bernardins. (*Bull. soc. arch. Lim.*, XXIII, 275.)

Marguerite Barbou, épouse Martin, était héritière de Jean-Baptiste-Ignace Barbou, son père, négociant à Limoges, vers 1792. (Arch. de la Hte-Vienne. — Liasse 242.)

Armes : par ordonnance du 27 février 1699, de MM. les commissaires généraux du conseil, députés sur le fait des armoiries, celles de Pierre Barbou, marchand à Limoges, enregistrées à l'*Armorial général*, sont : *d'azur au destrochère de carnation, vêtu d'argent, tenant une palme et un épi d'orge d'or, surmontés d'un croissant du même.* (Certificat signé d'Hozier.)

Sources : *Bull. soc. arch. Lim.*, XI, 238. — *Nobiliaire.* — Registres paroissiaux de Bessines. — Papiers de famille.

BARDE (DE LA) (p. 106). — Jean de Stuer, *sire de La Barde*, indiqué au quatrième alinéa de l'article, était complètement étranger à la famille de La Barde.

De La Barde, Sgrs du dit lieu, du Mas-Gillier, de La Croix, du Breuil-Poiroux, de La Brousse, de La Garde, etc., en Marche, en Poitou et en Berry, portaient : *d'argent au sautoir de gueules chargé en cœur d'une étoile d'or, et accompagné en chef d'une merlette de sable.* (F. DE MAUSSABRÉ.)

Anne de La Barde épousa : 1° Jean Boudet, Sr de La Courrière ; 2° en juillet 1642, Joachim de Chamborant, écuyer, Sgr de Droux. (*Nobil.*, art. Chamborant.)

BARDET (Martial), né le 22 mai 1764, à La Maison-Rouge, paroisse de Peyrilhac, canton de Nieul (Haute-Vienne), de Jean, propriétaire, et de Jeanne Tharaud. Il entra, le 5 mai 1781, comme simple soldat, dans le 70e d'infanterie, et obtint, dans ce régiment, le grade de caporal le 21 septembre 1786. Congédié le 22 septembre 1789, il s'enrôla de nouveau, le 22 septembre 1791, dans le 1er bataillon de la Haute-Vienne, où, le 3 octobre suivant, il fut élu capitaine. Dès le 1er frimaire de l'an II de la République, il fut fait chef de bataillon dans la 49e demi-brigade de ligne, avec laquelle il se distingua par son brillant courage, près du village de Sprimont, l'an III, et au bourg d'Eberoch le 12 fructidor de l'an IV. Le 24 fructidor de l'an VII, il fut fait, sur le champ de bataille, commandant de la 49e brigade. Appelé à commander le 27e régiment de ligne le 12 vendémiaire an XII, il fut fait général de brigade le 12 mars 1807. Il se trouva, en cette qualité, à l'armée d'Espagne sous les ordres de Ney, et se distigua, notamment les 18 et 19 juin 1808, à Oviedo, ce qui lui valut d'être mis à l'ordre du jour de l'armée. Mis en disponibilité en 1811, il fut rappelé, le 2 mai 1812, au camp de Boulogne, d'où il passa dans le 21e corps de la grande armée. Alors il se distingua en diverses occasions, surtout le 6 septembre 1813, à Interbock, où il fut blessé. — Attaché à l'armée de Lyon au moment de l'invasion des troupes étrangères, Bardet s'empara du fort de L'Écluse, dans lequel il se défendit contre des forces supérieures, et qu'il rendit seulement sur l'ordre du gouvernement. Le général Augereau jugeait ce fort imprenable; Bardet lui dit : « Avant midi, il sera en notre pouvoir. » A onze heures et demie, le fort était pris. Martial Bardet fut fait général de division le 3 mars 1814, et, le 3 mai 1815, il fut chargé provisoirement du commandement de Strasbourg. Le général Bardet a été mis à la retraite le 24 septembre 1815, et il est mort, le 3 mai 1838, dans sa terre de La Maison-Rouge, paroisse de Peyrilhac. Il comptait trente-un ans et onze mois de services, ayant fait les campagnes des années 1792 et 1793 dans les armées des Ardennes et du Nord; celles des années II, III, IV, V et VI de la République dans l'armée de Sambre-et-Meuse; celles des années VII, VIII et IX à l'armée Gallo-Batave; et celle de l'an X à l'expédition d'Angleterre. Il fut fait chevalier de la Légion d'honneur le 11 décembre 1803, officier du même ordre le 14 juin 1804 et commandeur de l'ordre, par arrêté du 25 décembre 1805, en récompense des services qu'il avait rendus à Austerlitz. Il a été fait chevalier de Saint-Louis le 19 juillet 1814. Un décret du 17 mars 1808, qui lui fut signifié le 26 du même mois, par le connétable major-général Berthier, le créa baron de l'empire, lui donnant pour majorat la terre de Harnosem en Westphalie, dont le revenu, disait Berthier, était de 4,000 fr., *toutes les charges et frais d'exploitation déduits*. Le général Bardet avait épousé Marcelle Guibert (de Limoges), dont il n'a eu qu'une fille, mariée, le 8 octobre 1823, à Louis Mallebay de Noussat, garde du corps, domicilié à Choü, paroisse de Bellac, et dont elle a eu deux fils, dont un mort. (ROY DE PIERREFITTE).

BARDONIN (p. 107). — D'après des Coutures, copié par Nadaud, il faut à l'article de celui-ci la petite rectification suivante pour les diverses branches qui firent preuve de noblesse en 1666 :
Bardonin, Srs de Sommerville et de Sansac, habitant les paroisses de Beaulieu dans l'élection de Saint-Jean-d'Angely.
Bardonin, Sr de Leures, habitant la paroisse de Montignac, élection de Cognac.

BARREAU (p. 108), demeurant à Angoulême, porte : *d'azur à trois croissants d'argent, 2 et 1, duquel sort une palme d'or en pal.*
Pierre Barreau, conseiller au présidial d'Angoulême, eut pour fils Jacques et Pierre.
Le dit Barreau est reçu pair, par la démission de Jean Lecoq, le 24 juillet 1623, est reçu conseiller par la mort de Pierre Balue, le 23 décembre 1628, et échevin, par la mort de Jacques Le Meusnier, le 5 octobre 1629. Acte fait au greffe de l'élection de vouloir vivre noblement le 5 octobre 1629. (DES COUTURES.)
N..... Barreau de Lajerie, écuyer, 1733.

BARRI (p. 108). — Pierre de Barri, frère d'Ithier, fut abbé de Saint-Augustin-lès-Limoges en 1145, puis de Saint-Martial en 1161 ou 1162. Il était né au château d'Aixe, et mourut à Limoges, le 26 août 1174. (*Biogr. des Hommes illustres du Lim.*, p. 51.)
Godefroi du Barri, S^r de La Renaudie. Ce personnage avait autrefois servi sous les ordres du duc François de Guise, qui l'avait même sauvé des suites d'un procès pour fabrication de faux titres. (Ch. DESMOULIN. — *Origine de la Soc. moderne 1878*. — *L'Association cath.*, T. VI, p. 679.) Il s'était réfugié à Genève, où il avait embrassé la prétendue Réforme et s'était lié avec Calvin. C'était, dit de Thou, un homme d'un esprit vif et insinuant,

prêt à tout entreprendre, brûlant de se venger, et d'effacer par quelque action d'éclat l'infamie du jugement qu'il avait subi. (*Ibid.* p. 679.) On peut dire qu'il fut le principal instrument de la conspiration, dont le principal auteur fut Calvin. (Note de M. Tandeau de Marsac.)

Raymond du Barri, écuyer, S^{gr} de Langallerie, habitant Champagnac en Poitou, épousa, le 20 octobre 1637, Jeanne de Lambertie, veuve en première noces de Guy Roux, et en deuxièmes noces, de Gabriel de Saint-Mathieu, fille de Jean de Lambertie, S^{gr} de Marval, et de Catherine de Montfrebœuf.

Noble Antoine du Barry, écuyer, S^{gr} de Flageac, fils de Cunet (*alias* Louis) du Barry, écuyer, S^{gr} de Puycheny et de Léonarde de La Roderie, épousa, au château de Marval, le 27 février 1629, Jeanne de Lambertie, sœur de Jeanne ci-dessus. *D'argent au chef d'or à trois bandes d'azur.* (Généal. Lambertie.) *D'azur à trois bandes d'or.* (*Dict. hérald.*)

BARRIAC (p. 110). — Cette famille appartient à l'Auvergne. Ses armes sont *de gueules à trois bandes ondées d'argent, au chef cousu d'azur, chargé de deux étoiles d'or.*

BARTHE (p. 110). — Dans le registre de des Coutures les trois tours sont dessinées *d'argent*, quoiqu'on n'en indique pas le métal dans la liste des armoiries.

BARTHOUMÉ (p. 110). — D'après des Coutures, dans la copie de Nadaud, les fiefs et les paroisses sont confondus ; il faut lire : « Barthoumé, S^{rs} des Conches, des Longais et des Marais, habitant les paroisses de Saint-Jean-d'Angely, du Puydulac et d'Anezais, toutes dans l'élection de Saint-Jean-d'Angely. La table de des Coutures place la paroisse de Courcelles, habitée par Barthoumé, Sr du Château, dans l'élection d'Angoulême, et il faudrait lire « élection de Saint-Jean-d'Angely » d'après la place qu'occupe dans le registre la généalogie, car les généalogies sont groupées par élection. » (ROY DE PIERREFITTE.)

BARTON DE MONTBAS (p. 111). — Les papiers de famille que M. le marquis de Lubersac a bien voulu nous communiquer nous permettent de faire les corrections et les additions qui suivent :

Page 119, ajoutez, immédiatement avant le n° VI : L'acte de baptême de François du n° VII, fils de Pierre IV et de Jacquette Bonnin, constate l'existence d'un *oncle* François Barton, chevalier, capitaine de chevau-légers, lequel fut parrain le 19 avril 1636. C'est donc un fils non mentionné de François Barton du n° V.

Le contrat de mariage de Pierre Barton III, dans lequel figure son père Barton, chevalier, vicomte de Montbas, fut la première des pièces justificatives de la noblesse de cette famille présentées par Jean-François Barton de Montbas, S^{gr} du dit lieu, brigadier de cavalerie et chevalier de Saint-Louis, et par sa belle-sœur Louise de Brinon, veuve de Jean Barton de Montbas, écuyer, S^{gr} de Corbeil-Cerf. Par suite, le 17 décembre 1699, ils obtinrent un arrêt de maintenue de noblesse.

A la même page 119, à la fin de la première ligne du n° VI, au lieu de *Mortemar,* lisez *Montaumar,* fief qui venait de Jacquette Bonnin, femme de Pierre IV.

Page 120, 24ᵉ ligne, après les mots : étant premier capitaine au régiment du cardinal de Richelieu, *ajoutez :* « Grade qu'il obtint, en mai 1635 ». Après la mort du cardinal, ce régiment fut appelé, à cause du roi, dont il prit le nom; le *régiment royal* de mousquetaires. Pierre IV Barton fit son testament le 1ᵉʳ janvier 1658, il ne mourut donc pas en 1638. Sa femme, Jacquette Bonnin, fit son testament le 27 octobre 1661. Dans cet acte elle demande à être enterrée à Saint-Pierre du Dorat, près de son mari, et elle fait un legs particulier à Jean-François, son plus jeune fils.

Page 121, 29ᵉ ligne, *ajoutez :* « Par ce contrat de mariage, passé, non le 24, mais le 29 mars 1646, Jean Barton reçoit en dot 50,000 livres, payables la veille de son mariage, et aussi de sa tante Jeanne de Bonneval, veuve de messire Charles de Bords, la terre de Cazillac, située près de Tulle. Cornélie Groot eut en dot 80,000 livres. Par acte du 18 décembre 1652, ce même Jean Barton de Montbas, Sᵍʳ de Bret et de Cazillac, acheta de son frère aîné, 90,000 livres, la charge de grand-maître des eaux et forêts de Normandie, dont leur père était titulaire. Celui-ci consentait à la vente le 25 novembre 1657. Denise de Maillé, veuve de François Barton de Montbas, ratifia la vente faite à son beau-frère de la maîtrise des eaux et forêts de Normandie. D'après le testament de ce Jean Barton, *comte* de Montbas, qui demeurait à Paris, rue de Tournon, paroisse de Saint-Sulpice, testament du 11 mai 1695, il avait une sœur nommée Dorothée, alors veuve de Millet, sous-gouverneur de monseigneur le Dauphin, à laquelle il fait un legs. Serait-ce par erreur qu'on aurait écrit cette Dorothée comme quatrième enfant du frère de Jean, c'est-à-dire de François du n° VII et de Denise de Maillé (V. p. 126)? Par un second codicile du 8 juin 1696, ce même Jean, comte de Montbas, révoque le don fait par son testament à son frère Jean-François, baron de Montbas, à moins qu'il ne supprime une inscription gravée sur une table de marbre, et qui devait être placée sur la tombe de leurs père et mère. Cette inscription offensait, dit-il, lui et toute sa famille. Dans ce testament, son *petit-neveu* Pierre, fils de François, est qualifié de *marquis.* Le 13 mai 1697, son neveu, François Barton, comte de Montbas, désigné comme légataire universel, renonça à la succession, parce que les dettes et les legs particuliers dépassaient l'avoir. Jean-François, frère du testateur, accepta sous bénéfice d'inventaire.

Page 123, ligne 29, *ajoutez :* Ce fut le 12 mai 1665 que Jean Barton acheta, en commun avec sa femme Cornélia Grotius, de Pierre de Brinon, les terres de Corbeil-Cerf et Champarts de Lardière. Corbeil-Cerf est situé près de Brannain. Par acte du 8 juin 1689, passé à Paris, Jean acheta de sa sœur, veuve de François Estourneau et marquise du Ris, la maison noble et les dépendances de Lapérière, située paroisse d'Oradour-Saint-Genest (aujourd'hui canton du Dorat, Haute-Vienne).

Même page, ligne 44, à Jean-François Barton *ajoutez :* Né le 28 août 1636, et baptisé le 19 avril 1637. Le roi lui écrivit de Bourg, le 2 septembre 1650, l'appelant *de Lagort de Montbas,* pour l'engager à lever une compagnie de chevau-légers, pour laquelle il reçut une commission le 3 octobre suivant. Une lettre du roi, du 6 juillet 1671, le nomme capitaine d'une 3ᵉ compagnie de l'escadron de Catheux, qu'il dédoublait. Le 3 août 1682, il obtint un brevet de l'un des cent gentilshommes de la maison du roi. Par son testament du 9 mai 1709, il voulait que, si son fils mourait sans enfants, ses biens passassent à son neveu François ou, à son défaut, au fils de celui-ci, Pierre. Il mourut cette même année 1709.

Page 124, modifiez ainsi les lignes 1 et 2 : Sa compagnie fut incorporée dans le régiment de *La Cardonnière* (et non de *La Cordounier*), puis dans *celui* du commissaire général. Il fut nommé major dans le régiment de Joyeuse le 1ᵉʳ mars 1672, et colonel du régiment du marquis de Vaubrun, le 9 août 1675.

Page 124, ligne 19, *lisez* : Il avait épousé *Jeanne-Armande* La Béraudière de l'Isle-Rouhet, dont Jeanne fille unique, mariée à *Marie-Charles de Chilleau de Cujas*, capitaine au régiment du roi. *Celle-ci fit son testament, à Poitiers, en faveur de son mari, le 18 novembre 1764.*

Page 131, n° X. — Éléonore-Françoise, fille de Jacques Barton de Montbas et de Henriette de Mérigot, épousa Louis de La Celle ; sa sœur Marie-Anne entra, le 22 septembre 1766 (et non 1763), à L'Aveine, prieuré situé en Auvergne et de la congrégation de Cluny ; Marie, née le 24 août 1752, est morte le 13 thermidor an V.

De Léonard-Alexandre-François du n° XI et de Marie-Françoise de Fricon, qui était née le 2 décembre 1747, et qui est morte le 5 décembre 1816, sont nés : 1° Alexandre-Jacques de Barthon de Montbas, mort à l'armée de Condé; 2° Marie-Alexandre-Léonard, qui suit ; 3° Alexandre-François, né le 26 mars 1771, chevalier de Malte et de Saint-Louis, mort en novembre 1839. Il avait épousé, le 27 janvier 1806, Louise de La Celle, dont il n'a point eu d'enfants ; 4° Françoise-Adélaïde, née en 1772, mariée à Jean de Fénieux de Lalanne, dont elle n'a point eu d'enfants, et morte en 1828 ; 5° Marie-Alexandrine, mariée à Jacques-Léonard Descubes du Chatenet, chevalier de Saint-Louis et lieutenant-colonel de cavalerie, dont il a eu : A.—Charles-Félix, né en 1806, et marié, le 4 septembre 1838, à sa cousine Marie-Caroline de Maldent ; B. — Jean-Philibert, né le 7 septembre 1819, et marié, le 9 juillet 1850, à Hermine Buisson ; C.—Jeanne-Mathilde; D.—Françoise-Adélaïde ; 6° Éléonore Barton de Montbas, née en novembre 1781, morte le 5 février 1858 ; 7° Marie-Louise, née le 20 mars 1782, mariée à Guillaume de Maldent de Feytiat, chevalier de Saint-Louis, dont sont nées Élisa-Marie, qui a épousé Bernard Martin du Puytison, et Marie-Caroline, mariée à son cousin germain Félix Descubes du Chatenet.

XII. — Marie-Alexandre-Léonard de Barton de Montbas, chevalier de Malte et de Saint-Louis, né, le 12 mars 1770, de Léonard-Alexandre-François (V. p. 131), et mort le 25 mai 1850, avait épousé, le 25 mai 1806, Marie-Alexandrine-Virginie de Boisseuilh, dont il eut : 1° Adolphe, chef d'escadron au 8ᵉ chasseurs, marié, en mai 1848, à Marie de Cayrol; 2° Auguste-Léonard, comte de Montbas, marié, en septembre 1844, à Marie de Segura de Prades; 3° Alexandre-Théophile, vicomte de Montbas, né le 23 janvier 1817, marié, en juin 1850, à Louise de Bonafos de Bellinay, veuve de..... de Ligondez, dont il a deux enfants : Marie-Léonard-Maurice et Marie-Auguste-Casimir ; 4° Agnès-Sidonie, mariée, en 1835, à Charles Cisterne de Vinzelle.

Alfred de Montbas, représentant actuel de la branche aînée de Massenon, vit célibataire au château de Montbas.

Nadaud a simplement donné les dates de naissance et de mort des évêques de la famille de Montbas. Voici, d'après Legros *(Dictionnaire des grands hommes du Limousin)*, une note plus explicite :

[« Montbas I (Jean Barton de), né, en 1417, de l'illustre famille de Montbas, fut chanoine en 1448, puis doyen de l'Église de Limoges, abbé du Dorat, conseiller-clerc au parlement de Paris, président des enquêtes, et enfin élu évêque de Limoges, le 1er ou le 11 avril 1457, n'étant encore que diacre. Il se fit sacrer à Bourges au mois d'août de la même année, et prit possession personnelle de son évêché le 18 septembre ou seulement décembre suivant. A l'occasion de sa prise de possession, il fut ordonné que désormais, lorsque les évêques la prendraient personnellement, tout les corps ecclésiastiques, séculiers et réguliers, de la ville, cité et faubourgs de Limoges, qui étaient alors et qui seraient dans la suite dans l'usage d'assister aux processions générales, assisteraient processionnellement à la réception solennelle des évêques, comme cela se pratique encore. En 1462, Montbas reçut le roi Louis XI dans sa ville épiscopale avec le duc de Berry, frère du roi, et plusieurs princes du sang. Il avait donné, en 1458, à la sollicitation de son chapitre, une dispense aux pauvres de la ville pour manger du fromage pendant le carême de cette année seulement, dispense qui est devenue depuis générale et perpétuelle. Montbas obtint un arrêt contre les consuls du château de Limoges qui les obligeait à lui compter la somme de 10,000 livres pour le rétablissement et les réparations de son palais épiscopal, qu'ils avaient fort dégradé sous le pontificat précédent. (Voyez l'article *Montbrun*.) Montbas bénit la petite église de Saint-Aurélien, bâtie dans la ville en 1475, et l'annexa à la cure de Saint-Cessadre, qui est hors les murs. Le 14 avril 1483, la foudre étant tombée sur le clocher de la cathédrale, et en ayant abattu une partie, il fut réparé par les soins et aux dépens de l'évêque et du chapitre. Montbas contribua aussi beaucoup à la construction d'une partie de la nef de cette église. Ennuyé cependant du fardeau de l'épiscopat, il se détermina à résigner son évêché à Jean Barton de Montbas II, son neveu, le 4 février 1483 ou 1484, et, ayant été fait archevêque titulaire de Nazareth en 1497, il mourut paisiblement à Limoges, le 3 ou 4 mai de la même année, et fut enseveli dans sa cathédrale devant l'autel de saint Étienne. C'est sous son pontificat, en 1481, que Zizim, prince turc, fut amené et gardé à vue par les chevaliers de Rhodes dans le château de Bourganeuf en Limousin.

» Montbas II (Jean Barton de), neveu du précédent, curé-archiprêtre et grand-chantre du Dorat, fut, comme lui, doyen de la cathédrale, et succéda à son oncle dans l'évêché de Limoges par la résignation que ce dernier lui en avait faite et qui fut confirmée par le pape. Il en prit possession, par procureur, le 28 avril 1483 ou 1484, et il la prit personnellement le 7 mai 1486 ou 1488. Il consacra l'église de Saint-Junien, et contribua beaucoup, aussi bien que son oncle, à la construction de la nef de sa cathédrale. Le 16 novembre de la même année, il baptisa, dans l'église de Limoges, un Turc âgé de cinquante ans, qui était de la suite du prince Zizim, et lui donna le nom de Jean. L'année suivante, Barton eut un procès avec son chapitre pour avoir visité les églises dépendantes de la juridiction de ce corps et exemptes de celle de l'évêque. Tout fut terminé en 1492 ou 1503. Il consentit à la translation des reliques de saint Léonard, et, la même année, le roi Louis XII lui écrivit au sujet de l'indult accordé au Parlement de Paris. Enfin Barton mourut à Limoges le 12 ou le 13 septembre 1510. Après sa mort, il y eut un nouveau schisme pour l'élection de son sucesseur, qui occasionna une vacance de siége de quatre ans, au bout desquels l'évêché fut conféré au cardinal René de Prie. Montbas II fut enseveli dans la cathédrale auprès de son oncle et prédécesseur.

» Guillaume Barton de Montbas, frère du précédent, curé-abbé du Dorat et de Solignac, doyen de la cathédrale, fut élu, le 25 novembre 1510, pour lui succéder dans l'évêché de Limoges. Mais, comme cette élection fut fort tumultueuse, et causa beaucoup de disputes, il se démit de ses droits en 1513, et fut transféré à l'évêché de Lectoure, où il mourut le 23 janvier 1520. On croit qu'il est enterré dans l'église de Limoges. Il assista, comme évêque de Lectoure, au concile de Trente sous Clément VII. »]

Voici sur la même famille les notes de M. Maussabré : (Roy de Pierrefitte.)

Page 111, ligne 34. — La vicomté de Montbas n'est entrée dans cette famille qu'au milieu du XVe siècle. Supprimez, outre cet alinéa, les deux tiers de la page 112.

Page 112, ligne 33. — Les Frotier ne possédèrent point Montbas depuis 1422 jusqu'en 1474, Pierre Frotier, S^{gr} de Melleziard, n'acquit cette vicomté qu'en 1428, de Jean de Naillac, son oncle, S^{gr} de Châteaubrun, du Blanc, vicomte de Bridiers (fils de Guillaume de Naillac, S^{gr} des mêmes lieux et vicomte de Montbas en 1395). — Pierre Frotier se qualifiait encore seigneur de Montbas en 1447, et dut vendre cette terre, peu de temps après, à Jean Barton ou à Pierre, son fils, puisque ce dernier en fit hommage en 1458.

Page 112, lignes 41 et suivantes. — Ce Philipppe prétendu abbé de Saint-Augustin n'a effectivement jamais existé.

Page 112 ligne 45. — Les maisons de Salignac et de Gontaud de Biron, que l'on confond si étrangement, étaient parfaitement distinctes. La terre de Salignac n'entra dans la maison de Gontaud qu'en 1545 par le mariage d'Armand de Gontaud avec Jeanne de Salignac.

Supprimez les deux derniers alinéas de la page 112 et le premier de la page 113.

La famille Barton de Montbas est, sans contredit, une des plus considérables de la province de la Marche. Il en est peu qui offrent des alliances aussi distinguées, des emplois aussi éminents, des possessions aussi nombreuses. Elle peut donc répudier sans regret les fictions dont certains généalogistes ont cherché à embellir son origine.

Le nom de Barton est un de ceux qui, d'abord personnels, sont devenus patronymiques. M. de Chabrol fait mention d'un Barton, S^{gr} de Melzès en Auvergne, vivant en 1405. (*Coutumes d'Auvergne*, T. IV, p. XLIV des préliminaires.)

Dès l'an 1144, c'est-à-dire plus d'un siècle avant la prétendue arrivée en France de ce Dombart surnommé *l'Impitoyable*, la famille Barton existait en Limousin. Hélie Barton, prieur de Saint-Santin, est mentionné dans des lettres de Géraud, évêque de Limoges, relatives à une contestation existante entre le monastère de Vigeois et l'église de Saint-Santin en 1441. (Dom Estiennot, *Antiquités bénédictines du Limousin*, mss de la biblioth. impériale.)

DU LIMOUSIN.

Nous trouvons encore un Hugues Barton qui vendit, en 1229, aux religieux de Barzelle en Berry, une rente sur les terrages de Sembleçay, qu'il possédait héréditairement. (Archives de l'Indre, fonds de Barzelle.)

La filiation de la famille Barton de Montbas, dressée sur titres vérifiés avec soin par d'Hozier, remonte à Jean Barton, licencié ès-lois, secrétaire de Jean de Bourbon, comte de la Marche, roi titulaire de Naples et de Sicile, et son chancelier de la Marche dès l'an 1420. — Les titres de chancelier du dauphiné, de chancelier du grand-sénéchal des Lanes (des Landes?), de grand-sénéchal des Lanes, de premier président à Bordeaux, qui lui sont attribués (page 113), sont supposés. Remarquons, en passant, qu'il est dit que Jean Barton était encore chancelier de la Marche en 1460; qu'un peu plus loin on le fait mourir septuagénaire le 25 septembre 1455; enfin qu'on le fait contracter mariage en 1380, c'est-à-dire avant sa naissance, avec Berthe de Bonac.

Page 113, ligne 43, supprimez tout cet alinéa, le contrat du 5 juin 1380 étant supposé. Le véritable n'a pas été produit. On peut approximativement fixer sa date à l'année 1415.

Page 114, ligne 24, il y a eu deux Pierre.

Page 115, ligne 12. — La filiation de Perette Le Febvre n'est pas indiquée au contrat. Etienne Le Febvre, son frère, avocat au Parlement, y est seul nommé.

Page 115, ligne 27. — Supprimez l'alliance d'Etienne avec Isabeau de Saint-Julien.

Page 116, ligne 6. — Jacquelin Trousseau, vicomte de Bourges, Sgr de Chambon et de Saint-Just, premier maître d'hôtel du roi et du dauphin, capitaine de Dun-le-Roi et de Sancoings, avait épousé Perrette Cuer ou Cœur, fille du célèbre argentier du roi Charles VII, et sœur de Geoffroy Cœur, archevêque de Bourges.

Page 116, ligne 8. — Bernard Barton se remaria, par contrat passé le 22 janvier 1479, avec Marie de Seuly ou de Sully, d'une illustre maison de Berry, issue directement des comtes de Champagne, et fille de Guillaume de Seuly, Sgr de Vouillon et de Saint-Août, sénéchal de Rodez, capitaine des francs-archers de France, et de Marguerite de Beaujeu, issue des comtes de Beaujeu en Beaujolais (et non en Beauvoisis). Marie de Seuly était veuve de Bertrand de Lescouët, Sgr de Grillemont en Touraine, capitaine de Loches, et non de Jean d'Escovel, Sgr de Gallemont.

Page 116, ligne 19. — Rayez ce François, qui était effectivement fils de Pierre et d'Isabeau de Lévis.

Page 117, ligne 23. — Nous avons rectifié déjà ces indications touchant les anciens seigneurs de Montbas. — *Ibid.*, ligne 42, effacez ces mots : « d'autres disent Jeanne Roussard de La Muthe de Fabvre du Vigean ».

Page 118, ligne 14, supprimez ces mots : « de Laborie et de Saint-Robert en Périgord; et de Catherine de Salagnac de Gontaut de Biron ». Le nom de la mère n'est pas mentionné au contrat, et les maisons de Salignac et de Gontaut étaient, nous l'avons déjà remarqué, parfaitement distinctes.

Page 118, ligne 19, *lisez :* — « Amable de Sens, Sgr de La Faye, paroisse de Saint-Georges ».

Page 119, ligne 19 au lieu de « Jean Montaignac en Périgord », *lisez :*

T. I.

« Jean, baron de Montaignac près Tulle ». — *Ibid.*, ligne 42, *lisez* : « S^{gr} de Lubignac, Montaumar-sur-Vienne, Puyrénier et du Deffens.

Page 120, ligne 4, *lisez* : « 1631 ». — *Ibid.*, ligne 8. — Pierre Barton ne fut point tué au siége de Saint-Omer en 1638 : il mourut à Rouen, ainsi qu'il résulte de son épitaphe, et postérieurement à l'année 1652. — (Voyez page 125, ligne 8.)

Page 128, ligne 28, *lisez* : « Orainville ».

Page 131, branches de Fayolles, rétablir ainsi qu'il suit la filiation :

François Barton, S^{gr} de Fayolles, quatrième fils de Pierre, vicomte de Montbas, et d'Isabeau de Levis, vivait en 1572 et 1583. Gilberte de Jay, sa veuve, était tutrice de leurs enfants en 1591 : 1° François, qui suit; 2° Autre François, reçu chevalier de Malte le 31 juillet 1604.

François Barton de Montbas, écuyer, S^{gr} de Fayolles, épousa, par contrat du 25 juillet 1607, Marguerite de Mausabré, fille de Gilbert, chevalier, S^{gr} de La Sabardière, de Badecon et de La Vau-de-Vieux, et de Gilberte de Saint-Yrieix. Leur fils aîné, Claude Barton de Montbas, chevalier, S^{gr} de Fayolles, épousa Éléonore de Saint-Julien, fille de Gaspard, chevalier, S^{gr} de Beauregard et de La Rochette, et de Catherine d'Apchon. Il en eut : Jeanne Barton de Montbas, mariée le 23 février 1666, à André Poute, chevalier, S^{gr} du Chiron et de La Roche-Aimon, dont postérité. (Vicomte DE MAUSSABRÉ.)

BASTIDE (page 132). — Armes : *d'azur à une face de taureau de gueules, chargée d'un chevron d'or brochant sur le tout.* Cette famille doit être originaire de Lyon. On peut le conclure : 1° du titre de fondation des vicairies des Bastides; le fondateur cite son oncle Pierre de Bastide de Lyon en 1544; 2° de la vente d'une maison sise à Lyon, rue Vaudran, avenant la Poüaillerie, paroisse Saint-Nizier, le 5 août 1603. Vente faite pour le prix de 6,000 livres, par Pierre Bastide, à Mathieu Spone, bourgeois et marchand de Lyon; 3° de la nomination d'un procureur par Jean de Bastide, chanoine de Saint-Martial de Limoges, pour suivre un procès en Parlement de Paris contre R. P. en Dieu Mgr l'archevêque de Lyon.

I. — N..... de Bastide, eut pour enfants : 1° Pierre, docteur en l'un et l'autre droit, habitait la ville de Lyon; 2° N..... qui suit; 3° probablement Jean, indiqué au degré suivant.

II. — N..... de Bastide eut pour enfants : 1° Jean de Bastide, chanoine de la collégiale de Saint-Martial de Limoges, prieur du prieuré de Notre-Dame-du-Chastenet, ordre de Grandmont, paroisse de Feytiat, qui fonda, le 27 juin 1544, deux vicairies dans la chapelle dédiée à Saint-Sébastien, au chevet de l'église de Saint-Martial, dite chapelle des Bastides. Son tombeau était au pied de l'autel de la dite chapelle. Dans l'acte de fondation, il cite son oncle de Lyon et son neveu de Limoges; 2° Pierre de Bastide, qui suit; 3° Jean de Bastide, docteur en l'un et l'autre droit, élu chantre et chanoine de l'église de Limoges en 1502. (*N. B.* Le texte de la fondation laisse douter si Jean est le frère de Pierre indiqué au degré précédent, ou de Jean le fondateur de la vicairie.) Il est désigné sous le nom de Jean Gayot de Bastide. (Voir cet article au T. II.) Il fonda une vicairie à la cathédrale, dans la chapelle appelée des Bastide, et acquit, par là, le droit d'y avoir sa sépulture. Le pavé de cette chapelle conserve une pierre tombale sur laquelle est gravée cette inscription : *Hic jacet amplissimus vir dus. Joannes Gayot de Bastida, juris utriusque doctor, canctor et can. ac archip. R. Ecclie. Cathe. Lem. qui obiit die secunda Augusti anno dni. 1516, cujus aia quiescat.*

III. — Pierre de Bastide est cité dans un acte du 18 septembre 1505, qui condamne Etienne Durand Pourquet à lui payer une rente de 6 livres 2 sols 6 deniers, et 2 sols et 6 deniers de cens. Ses concitoyens de Limoges le choisirent deux fois pour répartiteur des impôts en 1519 et 1521. Ils le nommèrent cinq fois consul : en 1522, 1528, 1534, 1540 et 1546; deux fois administrateur de l'hôpital de Saint-Martial en 1541 et 1542. Il fut élu membre d'un conseil chargé de poursuivre un procès contre le roi de Navarre en 1527, 1535 et 1544; il fut même envoyé à Paris, pour ce procès, en 1537. Il fut père de : 1° Pierre de Bastide, qui suit; 2° Adrienne Bastide, qui, dans un acte du 28 juin 1679, est citée comme sœur de Pierre Bastide, neveu du fondateur de la vicairie de ce nom. Elle testa le 24 mars 1553.

IV. — Pierre de Bastide est cité dans le contrat de mariage entre François Senon et Narde Boilhou. Dans l'acte de fondation des vicairies du 27 juin 1544, le fondateur donne le droit de patronage « *provido viro Petro de Bastida burgensi et mercatori dicti castri Lemovicensis ejus nepoti et hœredi universali.* » Il était mort avant le 11 juillet 1573, date à laquelle ses deux fils partagèrent les biens paternels. Il eut pour enfants : 1° François, qui suit ; 2° Jehan qui partagea avec son frère François les biens paternels, pardevant Jehan Petiot, juge à Limoges, le 11 juillet 1573; dans le lot qui lui échoit se trouve « le lieu et village de La Bastide avec ses appartenances et dépendances ». Il eut pour enfants Pierre et Jean, cousins germains de Pierre Bastide, au mariage duquel ils assistaient le 10 octobre 1596.

V. — François de Bastide est cité comme défunt dans le contrat de mariage de son fils, Pierre Bastide, le 10 octobre 1596. Il épousa Marie Petiot, dont il eut : 1° Pierre, qui suit: 2° Jeanne, qui était veuve de Robert Vincendon, lorsque le 16 mai 1622, Jacques Barrier, gendre de Pierre de Bastide, lui donne une somme de 72 livres à elle due par feu Pierre de Bastide, par obligation du 17 février 1617.

VI. — Pierre de Bastide, qui vendit, pour 6,000 livres, par acte du 5 août 1603, à Mathieu Spone, marchand de Lyon, la maison qu'il possédait dans la dite ville de Lyon, mourut après le 3 mai 1621 et avant le 16 mai 1622 comme le prouvent différents actes de son gendre, Jacques Barrier. Il avait épousé, par contrat du 10 octobre 1596, dans la maison des hoirs de feu sire Jehean de Bastide, son oncle, en présence des sires Pierre et Jehan Bastide, ses cousins germains, Anne Dupeyrat, fille du sire Dupeyrat, orfèvre de Limoges. Le 16 mai 1631, cette dernière qui est appelée tantôt Peyrat, tantôt De Peyrat, à l'occasion d'un procès, se fait donner acte qu'elle ne peut entrer à Limoges à cause de la maladie contagieuse. Elle fit un échange de de maison, avec Jehan Froment, le 2 février 1643. Elle était marraine de son petit-fils, Etienne Bastide, le 8 décembre 1646. De ce mariage sont nés : 1° François Bastide, qui suit; 2° Anne Bastide qui épousa, par contrat du 16 mai 1612, Jacques Barrier, bourgeois et marchand de Limoges. Ce dernier donna une quittance de dot à Pierre Bastide, le 11 septembre 1618, et le 16 mai 1622, il se reconnaît débiteur d'une somme de 600 livres envers feu Pierre Bastide, comme il appert par un contrat passé entre eux, le 3 mai

1621 ; 3° autre Anne Bastide, religieuse professe au monastère du Châtenet, paroisse de Feytiat ; le 2 janvier 1642, sa mère, Anne Dupeyrat, fait verser, à la prieuré du dit monastère, la somme de 1,000 livres pour sa dotation. Joseph, son neveu, a écrit : « Ma tante Anne Bastide, fille devoste, décéda le 25 juillet 1676 et feust enterrée dans mes tombeaux, à Saint Michel-des-Lyons, chapelle de la Sainte-Trinité » ; 4° Marie Bastide, qui épousa, par contrat du 20 novembre 1607, Helye Froment. Joseph de Bastide a écrit dans le livre de famille : « Ma tante Marie Froment feust enterrée le 24 juin 1675 dans mes tombeaux à Saint-Pierre. »

VII. — François de Bastide acheta une rente de six setiers de seigle, pour 50 livres tournois, à Léonard de Marrat, le 21 juillet 1662. Il nommait le second à la vicairie des Bastides le 20 décembre 1677. Il est parrain de cinq des enfants de son fils, Joseph, de 1668 à 1676. Il épousa, par contrat du 7 février 1642, Anthoinette Lemaistre, née le 7 janvier 1602, fille de Jean Lemaistre, avocat à Limoges, et de Marguerite Boulhon. Elle fut marraine de deux enfants de son fils, Joseph, en 1670 et 1671. De ce mariage vint le suivant.

VIII. — Joseph de Bastide, né le 9 juillet 1645, est cité, en 1696, dans un acte relatif aux vicairies. Il épousa, le 12 juillet 1667, Valérie Origet, dont naquirent : 1° Guillaume, qui suit ; 2° Antoinette, née le 20 février 1670, enterrée à Saint-Michel le 29 mars 1674 ; 3° André, né le 26 février 1671, décédé le 15 août 1704 ; 4° Marie, née le 31 octobre 1672, décédée le 3 décembre 1677 ; 5° Françoise, née le 28 décembre 1673, décédée le 10 septembre 1679 ; 6° N....., née le 29 janvier 1675, décédée jeune ; 7° Anne, née le 18 septembre 1676, décédée après 1678 ; 8° N....., née le 28 décembre 1678, décédée le 9 mars 1685 ; 9° N....., né le 5 février 1682, décédé le 14 février 1684 ; 10° François, né le 27 juin 1683, épousa Valérie Lajudie. Il afferma la métairie de La Rouffie, le 20 décembre 1709 ; acheta une terre au clos Saint-Martin ; il vivait encore le 31 octobre 1739.

IX. — Guillaume de Bastide, né le 26 septembre 1668. Le 21 novembre 1746, il nomme à la vicairie des Bastides J.-B. Péconet, son parent, l'un des grands vicaires de Saint-Martial. Le 13 février 1747, il est assigné par Deschamps, prêtre de Limoges, pour le payement d'une rente de 21 livres. En 1687, il loue son jardin de Saint-Martin 41 livres 10 sols. Il mourut le 25 septembre 1747. Il avait épousé Catherine Lajudie qui mourut le 6 juin 1750. Leurs enfants furent : 1° François, né le 18 mai 1718, mort le 15 septembre 1724 ; 2° Valérie, née le 5 octobre 1719, décédée le 19 août 1729 ; 3° Jean, qui suit ; 4° N....., né le 14 décembre (entre 1720 et 1724), mort le 24 février 1725 ; 5° François, né le 8 juillet 1725, assistait au contrat de mariage de sa nièce Valérie, le 20 novembre 1769, est cité comme défunt, le 8 prairial an II (28 mai 1794) ; 6° Bernard, né le 13 mars 1727, épousa Barbe Petit, dont : A. — Marie, qui épousa, à Limoges, Jean Senamaud ; sa dot était le domaine de Nouhailliaguet et le domaine de Valeix, cités dans une transaction du 13 novembre 1820 ; B. — Anne, mariée à Martial Parent, directeur des contributions, à Limoges, d'après un acte du 17 novembre 1820 ; C. — Anne, dont le père était absent depuis longtemps et réputé comme mort, se fit nommer un tuteur pour se marier avec son cousin germain, Jean-Baptiste Bastide, le 11 août 1791 ; 7° Valérie, née le 27 octobre 1728 ; 8° et 9° le 10 janvier 1730, naissance de deux filles, dont l'une, Catherine, mourut le 15 octobre 1730; 10° François, né le 26 février 1733, décédé le même jour.

X. — Jean de Bastide, né le 8 octobre 1720, fit un partage le 9 juin et le 2 juillet 1757 avec sa sœur Valérie et ses frères Bernard et François. Il épousa, par contrat du 24 septembre 1744, Catherine Michelon, fille de feu Joseph Michelon et de Rose Guery; le domaine de La Ruffie lui fut donné pour dot. Leurs enfants furent : 1° Guillaume, né le 3 octobre 1745 ; 2° Jean-Baptiste, qui suit ; 3° Valérie, née le 13 février 1748, épousa, par contrat du 20 novembre 1769, Martial Laudin, chirurgien à Limoges. Elle est morte en 1819.

XI. — Jean-Baptiste de Bastide, né le 3 février 1747, eut pour parrain François Guerain (Guery), curé de Couzeix ou Petit-Limoges. Le 26 septembre 1769 il transige avec les Feuillants pour le chemin des Fontaines-de-Saint-Martin. Le 26 novembre 1786, il vend la maison Bastide de Limoges. En 1788, il signe : Jean-Baptiste La Bastide. Le 8 août 1793, il acheta des biens des religieuses de Saint-Yrieix, et le 27 avril 1794, il est chef de bureau des contributions du district de Limoges. En 1805, il est directeur des contributions directes du département de l'Allier. Il épousa, par contrat du 13 août 1791, avec dispense de parenté, accordée le 17 août, par l'évêque intrus de Limoges, sa cousine germaine, Anne de Bastide, qui avait pour tuteur son beau-frère, Jean Sénamaud. De ce mariage sont nés : 1° Guillaume-Michel, né à Saint-Yrieix l'an 1er de la liberté (21 mars 1792) ; 2° Aristide, qui suit ; 3° Louis-Joseph-Agénor, né le 27 octobre 1805, mort en bas-âge.

XII. — Aristide de Bastide, né à Limoges le 28 mars 1794, décédé au château du Lude (Loiret), le 13 mars 1879, avait épousé à Bierre (Côte-d'Or), le 30 juin 1823, N..... Heudelet, fille du général Heudelet, comte de l'empire. Dont : 1° Berthe, née à Niort le 12 juin 1824, décédée au château du Lude le 23 mars 1877; 2° Blanche, née le 29 juin 1826, religieuse de Saint-Vincent-de-Paul le 2 février 1849, décédée à Paris le 30 avril 1865 ; 3° Alix, née à Niort en juillet 1829, mariée le 5 juin 1850, à Alexis Germon (maire d'Orléans 1874-1878), décédée à Orléans le 5 mars 1858; 4° Anatole, qui suit ; 5° Athanase, né en 1834, marié en février 1868, à Blanche Lacroix, mort en combattant les Prussiens le 10 décembre 1870. Il a laissé un fils : Maurice, né à Chartres en 1870.

XIII. — Anatole Bastide, né à Niort le 20 février 1831, a épousé en mai 1850, sa cousine germaine N..... Heudelet, dont Gaston, qui suit.

XIV. — Gaston Bastide, né au château du Lude le 20 octobre 1855.

Sources : Acte de fondation de la vicairie des Bastides. — M. Arbellot, *Sem. Relig. Lim.*, XV, 359. — *Registres consulaires de Limoges*. — Papiers de la famille Bastide.

Léonard-Marc Bastide, de Saint-Benoit-le-Sault, fit profession, à l'âge de dix-neuf ans, à Saint-Augustin-lez-Limoges, le 24 avril 1626, et mourut à Saint-Denis, assistant du général de l'ordre des Bénédictins de Saint-Maur. (Roy de Pierrefitte, *Saint-Augustin-les-Limoges*, p. 165, 171.)

N..... de La Bastide, curé de Darnac, 1660-1680. (Registres paroissiaux.)

Françoise de La Bastide avait épousé, par contrat du 27 septembre 1661, Jean du Clerc, Sr de Darnac, fils de Cibard et de Suzanne de Brossequin. (*Nobil.*, I, 460.)

Maître Jean de La Bastide, apothicaire, épousa Suzanne Pinguet, dont :

1° François de La Bastide, baptisé à Darnac, le 4 mai 1688, ayant pour parrain François Ramat et pour Marraine Marie Melier. Il est mort cinq semaines après sa naissance. (Registres de Darnac.)

François de La Bastide, S**r** de Montplaisir, est parrain, à Darnac, en 1678, de Gilles de Clerc, fils de Jean de Clerc et de Françoise de La Bastide. C'est lui qui forme le cinquième degré dans la maintenue de 1666. Dans cette maintenue cette famille est appelée de La Bastide, pendant que son nom est Joubert de La Bastide. — Voir cet article au tome II.

BASTIDE (DE LA), S**r** de Montplaisir et de Crozet, habitant la paroisse de Vaulry, élection de Limoges, porte : *d'argent à cinq fusées de gueules mises en fasce.*

I. — Annet de La Bastide épousa Françoise d'Aubusson.

II. — Mathieu de La Bastide épousa Antoinette Chastaingt. Mathieu et Annet, son frère, firent, le 10 août 1563, transaction sur la succession d'Annet, leur père. Le 7 décembre 1584, Mathieu fit son testament en faveur de ses trois enfants Annet, Pierre et Antoine.

III. — Pierre de La Bastide épousa, le 21 mars 1604, Françoise de Coignac.

IV. — Antoine de La Bastide, émancipé par son père le 27 février 1632, épousa, le 27 février 1636, Louise de Saint-Georges. Antoine de La Bastide et Louise de Saint-Georges firent, le 23 mai 1655, un testament mutuel en faveur de leurs enfants : 1° François, qui suit; 2° Jean, S**r** du Crozet, et 3° Anne.

V. — François de La Bastide, S**r** de Montplaisir, épousa, le 25 novembre 1664, Silvie de Chambourand. (DES COUTURES.) — Voir Joubert de La Bastide.

BAYNAC (page 136), S**r** de Lhommade, habitant la paroisse de Chasnier, élection de Saintes, porte : *de gueules à un renard d'argent, un lambel d'or à trois pièces.*

I. — François de Baynac épousa Louise de Cuzeau.

II. — Bertrand de Baynac épousa, le 15 mai 1548, Claude Duval.

III. — Gabriel de Baynac épousa, le 9 janvier 1588, Marie Chouveau.

IV. — Louis de Baynac épousa, le 7 février 1618, Urbaine Cordier.

V. — Charles de Baynac épousa : 1°, le 16 décembre 1656, Esther Jumeau ; 2°, le 10 mai 1660, Charlotte de Toyon. (DES COUTURES).

BEAUFRANCHET (page 141). — La filiation de cette famille est établie depuis Guigues Pelet *(Guigo Peleti)*, chevalier, S**gr** de Bosfranchet *(de Bosco Francheto)* en Haute-Auvergne, dont il fit hommage à Bertrand, S**gr** de La Roue et de Montpeloux, en 1292. Il paraît avoir été le même individu qu'un Guy Pelet, damoiseau, qui fit un emprunt à Saint-Jean-d'Arc, au mois de mai 1250, en compagnie de plusieurs gentilshommes auvergnats.

Ponce Pelet, fils de Guigues, et, après lui, S**gr** de Bosfranchet, était marié, dès l'an 1291, avec Béatrix, dame de Marcieu.

Leurs descendants ont contracté des alliances directes avec un grand nombre de maisons distinguées, parmi lesquelles nous citerons celles de Mons, d'Eyssat, Mothier de Champestières, de Ronchinol, de Tournebize, de Franchelins, de Murat, de Rochebaron, de Gilbertés, Le Loup de Beauvoir, de Fredeville, de Servières, des Aix, de Chaslus, du Peyroux, d'Autier de Villemontée, de La Chapelle, Bertrand de Beaumont, etc., etc.

On remarque parmi eux trois chanoines-comtes de Brioude, un aide-major-général de l'armée du Bas-Rhin, tué à Rosbach, deux maréchaux de camp, etc.

La branche aînée de cette famille s'est éteinte en Louis-Charles-Antoine de Beaufranchet, comte d'Ayat, maréchal-de-camp, inspecteur général des haras de l'empire, mort en 1812, ayant eu, de son premier mariage avec Mlle Guyot de Montgran, une fille, mariée au baron Terreyre, général de brigade, commandeur de la Légion d'honneur.

2e branche, dite de Relibert, représentée par : 1° Augustin, comte de Beaufranchet, ancien brigadier des gardes du corps du roi, chevalier de la Légion d'honneur, marié, le 12 septembre 1820, à Anne de Laval, dont : 1° Jacques-Marie-Augustin de Beaufranchet, né en 1822, mort en 1854, ayant eu de son mariage avec Mlle du Buisson des Aix, un fils unique, Marie-Augustin-Charles-Félix, né en 1845 ; 2° Jean-Nicolas-Amable de Beaufranchet, né en 1823, marié, en 1848, à Mlle de Gain de Linars, dont plusieurs enfants ;

2° François-Dorothée-Auguste, vicomte de Beaufranchet, ancien lieutenant d'infanterie, marié, en 1816, à Marie-Silvie-Hortense de Beaufranchet, sa cousine, dont une fille unique : Marguerite-Edmée, mariée, en 1838, à Pierre de Pichard, baron de Saint-Julien.

3e branche, dite de La Chapelle, représentée par : Claude-Amable, comte de Beaufranchet (frère de Marie-Silvie-Hortense, et de Marie-Edmée, morte fille en 1860), né à La Chapelle-sous-Lépaud en 1783, mort en 1858. a épousé : 1° en 1811, Gabrielle-Henriette de Maussabré du Puy-Barbeau, sa cousine germaine ; 2°, en 1817, Emeline de Sabardin, dont il a eu :

A. — Claude-François-Ernest, comte de Beaufranchet, né en 1818, marié, en 1843, à Mlle Amélie-Octavie de Barral, fille du vicomte de Barral, aujourd'hui sénateur, cousin germain de Stéphanie, grande-duchesse de Bade, cousin issu de germain d'Hortense de Beauharnais, mère de Napoléon III. De ce mariage est né, en 1845. Marie-Octave-Fernand ;

B. — Jules-Henri, vicomte de Beaufranchet, né en 1819, marié, en 1854, à Marie-Caroline Duhail de Saint-Georges, dont deux filles.

4e branche, issue de la précédente : Henri, vicomte de Beaufranchet, né en 1769, maréchal-de-camp, officier de la Légion d'honneur, directeur de l'artillerie et de l'arsenal de Paris, est mort en 1832, laissant de son mariage avec Mlle de Pantigny :

1° Henri-Louis-Victor, vicomte de Beaufranchet de La Chapelle, né en en 1823, capitaine-commandant aux guides de la garde impériale, chevalier de la Légion d'honneur, marié, en 1853, à Mlle Le Corgne de Timadeuc, fille du vicomte de Timadeuc, dont : Henri-Louis-Guy-Marie, né le 24 décembre 1853 ;

2° Charles-Marie, baron de Beaufranchet, né en 1827, lieutenant au 3e grenadiers de la garde, chevalier de la Légion d'honneur.

Armes : *de sable au chevron d'or, accompagné de trois étoiles d'argent ; couronne de comte ; supports : deux lions.* (Vicomte DE MAUSSABRÉ.)

BEAUMONT, Srs de Gibaud et de Condéon (p. 141). — Le registre de des Coutures me fournit les dates suivantes, négligées par Nadaud :

I. — Hommage rendu par le dit Antoine au S^gr de Pons, le 13 août 1527.

II. — Partage entre Jeanne de Ferrières, veuve de Jean de Beaumont, fils aîné d'Antoine qui précède, et Jean dit Janot, et autre Jean, protonotaire du saint-siège, de la succession du dit Antoine, le 29 décembre 1546.

III. — Cession faite, le 26 octobre 1586, par Marie de Beaumont, en faveur de François, son neveu, de ses droits dans la succession d'Antoine de Beaumont et d'Antoinette Hérigon, ses père et mère, aïeuls du dit François, qui avait épousé Jeanne Vigier le 24 juin 1583.

IV. — Mariage du 8 septembre 1614.

V. — Mariage du 23 février 1653.

IV bis. — Mariage du 23 mars 1634.

V. — Mariage du 5 juillet 1652.

BEAUMONT, S^r des Beschaudières. — Les dates suivantes sont encore tirées de des Coutures :

II. — Mariage du 25 novembre 1534. — Partage noble entre la dite de Ferrières, veuve de Jean, fils d'Antoine, comme mère de Jacques, de Joachim, de Pierre, d'Antoine, de Marguerite, de Claire et de Jean de Beaumont, par acte du 29 décembre 1546.

III. — Mariage du 26 juin 1560.

IV et IV bis. — Partage noble entre Gilles, Michel, Anne et Suzanne, des successions de Jacques de Beaumont et de Renée d'Alloüe, leurs père et mère, du 23 octobre 1590. — Mariage du dit Gilles du 2 mai 1587. — Mariage de Michel, du 26 septembre 1594. — D'après des Coutures, c'est Gilles, et non Michel, qui suivrait la filiation directe. Michel ferait une branche.

V. — Mariage du 26 novembre 1640.

V bis. — Mariage du 23 mai 1626. — Transaction du 8 novembre 1661 entre Jacques Rolland et les enfants de Jacques de Beaumont : François et Daniel.

VI. — Mariage du 26 novembre 1640.

BEAUMONT D'AUTICHAMP (François de), né en Anjou, en 1691, d'une famille originaire du Dauphiné, était abbé d'Oigny du diocèse d'Autun lorsqu'il fut nommé à l'évêché de Tulle en 1740, et on le sacra le 11 juin 1741. En 1754, il refusa l'évêché de Senlis, et mourut dans son diocèse le 20 novembre 1761. Pendant son épiscopat, il fut aussi abbé de La Victoire, monastère du diocèse de Senlis. — Il avait pour armes : *de gueules à une fasce d'argent chargée de trois fleurs de lis d'azur; à une couronne royale d'or posée en chef.*

BEAUPOIL DE SAINTE-AULAIRE (p. 144). — Cette famille est un rameau de celle dite de Sainte-Aulaire, et elle en a toujours porté le nom et les armes.

La terre et seigneurie de Mareuil, qu'elle a possédée pendant près de deux siècles, est située près de Rouillac, arrondissement d'Angoulême. Elle relevait noblement du château de Jarnac « *à hommagement d'un aultour ramagé paiable à muance de seigneur et de vassal* », et consistait en maison noble, cens, rentes, terrages, agriers, dîmes de blés, vins, argent, chapons, gélines, droits de lods et ventes avec toute la juridiction noble, directe, seigneuriale et foncière. Le 12 août 1505, Robert de La Rochechandrie l'avait reçue en échange d'Antoine Authon. Le premier avait pour femme Blanche d'Aubeterre, le second Anne de Saint-Gelais, lesquelles ratifièrent cet échange, le 15 novembre suivant, par acte reçu Bardet et Sonneville, notaires. Antoine Authon reçut en contre-échange la seigneurie de La Coudraie. Plus tard, haut et puissant Jehan de La Rochebeaucourt, S^{gr} de Saint-Mesme, des Courades et de Courpignac, et Jacquette de La Rochechandrie, sa femme, demeurant en la paroisse de Saint-Mesme, l'échangèrent, le 28 juillet 1562, devant François Jamen, notaire à Cougnac (Cognac), à haut et puissant seigneur messire Louis de Monberon, chevalier, S^{gr} des Fontaines et de Chalandray, gentilhomme de la chambre du roi, demeurant au lieu noble des Fontaines ; elle était devenue la propriété de la dite Jacquette de La Rochechandrie pour l'avoir recueillie dans la succession de feus hauts et puissants messires Louis et François de La Rochechandrie, ses père et frère. Par acte du 10 août 1562, le dit seigneur Louis de Monberon et noble et puissante dame Claude de Blosset, son épouse, en passèrent une donation entre vifs à François de La Serve, écuyer, S^{gr} du dit lieu de La Serve, demeurant aussi à Fontaines, et qui fut depuis lors qualifié de seigneur de Mareuil ; enfin elle passa à la famille de Beaupoil par suite du mariage de Charles de Beaupoil avec Marie de La Serve (21 juillet 1634).

I. — Simon de Beaupoil de Sainte-Aulaire fit des acquisitions le 11 février 1555 et le 22 décembre 1557. Il se maria en 1557, et eut au moins trois enfants : 1° Simon ; 2° Gabriel, qui suit ; 3° Marguerite, qui, le 5 avril 1627, étant pour lors veuve de Pierre Saulnier, écuyer, S^r de La Mothe-des-Rapes, faisait remise, devant Delaubertière, notaire, à Charles de Beaupoil, écuyer, Sr de Puymarson, son neveu, des sommes dont il pouvait lui être redevable tant à cause du décès de Simon de Beaupoil, son père, que celui de Gabriel de Beaupoil, son oncle.

II. — Gabriel de Beaupoil de Sainte-Aulaire épousa, le 23 novembre 1595, demoiselle Marque Saulnier, dont il eut : 1° Charles, qui suit ; 2° Charlotte, mariée à Daniel Poussard, écuyer, Sr de Saint-Brix-Charente, qui lui donnait procuration, le 1er décembre 1633, devant Arnaud, notaire royal. Elle était veuve le 6 mai 1643, date de son testament en faveur de ses neveux.

III. — Charles de Beaupoil de Sainte-Aulaire, qualifié écuyer, Sr de Tiersac et de Mareuil, faisait une acquisition, le 11 mars 1642, devant Meillot, notaire à Jarnac, de Léonard et Antoine Horric frères, écuyers, S^{grs} des Girardières et de La Vallade, demeurant à la maison noble de La Courade, paroisses de Mareuil et de Courbillac.

Il épousa : 1° par contrat du 21 juillet 1634, Marie de La Serve, dont il eut : 1° Louis, qui suit ; 2° Pierre, écuyer, Sr de Bazoges, qui fut condamné, le 5 avril 1690, par la cour de Jarnac, à être décapité sur la place du dit Jarnac, pour avoir tué sur une pièce de terre située au Mas-des-Fosses, près du bourg de Mareuil, un sieur Jean Blouin, capitaine d'infanterie au régiment de Béarn, dans un duel à la suite d'une dispute qui s'était engagée entre eux le 2 mars précédent ; Gabriel de Beaupoil, écuyer, S^r de La

Serve, son neveu, considéré comme son complice, fut condamné à servir le roi dans ses armées pendant cinq ans. Cet arrêt ne fut point exécuté, et, le 6 mai 1701, devant Roux, notaire royal à Mareuil, Jean Blouin, marchand, demeurant au château de Bâlan, céda à Eutrope de Beaupoil, écuyer, Sr de Mareuil, neveu du condamné, les droits qu'il pouvait avoir contre ce dernier ainsi que contre Gabriel de Beaupoil, en dommages-intérêts, dont il lui avait été fait transport à lui-même, le 21 mars 1697, par-devant Dejarnac, notaire royal, par Pierre Blouin, S^r de La Quarantinière; Jean Guer, Sr de Brandart; Théophile Lechante, et Pierre Martin, frère et beaux-frères de la victime; 3° Alexandre, écuyer, Sr du Maine; 4° Angélique; 5° Gabrielle;

2° Marie Robinet, dont il était veuf, avec des enfants, le 6 mars 1656, qu'il transigeait avec René des Boues, écuyer, Sr du Portal, et Charles de Frétard, écuyer, S^r d'Anvilliers, et Charlotte des Boues, sa femme, demeurant au lieu noble de Bazoges, paroisse de Cressé en Poitou; il demeurait alors au lieu noble de La Baronnière;

3° Éléonore Horric, qu'il laissa veuve, et qui traita, le 12 juin 1660, avec Louis de Beaupoil, agissant tant en son nom qu'en celui de ses frères et sœurs issus du premier lit. Éléonore Horric avait eu d'un premier mariage avec René Decescaud, écuyer, Sr de Font-Palais, trois enfants : Jean, écuyer, S^r de La Baronnière; Madeleine, Hélène. Quand elle resta veuve de Charles de Beaupoil, elle avait un fils mineur, Pierre, écuyer, Sr de Mareuil, Elle était fille d'Aaron, écuyer, S^r de La Baronnière, et de Marie de Ribier. Le contrat de son premier mariage avec René Decescaud, fils de François, écuyer, S^{gr} de Puyrigaud, et de feue Marguerite de Sans, demeurant au château de Saint-Just en Périgord, avait été passé, le 26 juillet 1633, en présence de Jean Horric, écuyer, S^r de La Forge, oncle de la future, et autres, ses parents; d'Etienne Decescaud, écuyer, Sr de Saint-Just, frère aîné du dit René, marié par contrat du 26 novembre 1630, reçu Conste, notaire royal en Angoumois, demeurant à Mansle.

Le 14 septembre 1668, les enfants du premier lit firent procéder à un inventaire par le ministère de Petit, notaire royal, et, le 12 juin 1669, il intervint une transaction devant Gibauld, notaire royal à Angoulême, entre la dite Éléonore Horric, demeurant au lieu noble de La Baronnière, paroisse des Pins, et les enfants de son second mari, demeurant au logis de Mareuil. Le 1er février 1673, ils procédèrent au partage de la succession de leur père, consistant en biens, domaines et héritages, rentes, agriers, dîmes inféodées tant de blé que de vin, terres nobles et non nobles, prés, vignes; le tout situé dans l'étendue des paroisses de Mareuil et de Courbillac. Le 11 avril 1674, ils faisaient un échange devant Boitaud, notaire royal à Jarnac, avec Antoine Chevalier, écuyer, sieur de Bassac.

IV. — Louis de Beaupoil de Sainte-Aulaire épousa, le 10 septembre 1650, Madeleine Decescaud, fille de René, écuyer, sieur de Font-Palais, et d'Éléonore Horric, et sœur de Jean Decescaud, écuyer, S^r de La Baronnière, paroisse des Pins, et d'Hélène Decescaud. Il transigeait avec le dit Jean Decescaud, son beau-frère, le 5 janvier 1685, devant Gibaud, notaire royal, en vertu de la procuration de sa femme, passée à Jarnac le 1er du même mois, devant Boitaud, notaire, et obtint des lettres du conseil du roi le 15 avril 1691. Il fut maintenu dans sa noblesse par jugement de M. d'Aguesseau, intendant de la généralité de Limoges, le..... 1667. Le 30 octobre 1691, il vendait, par acte passé devant Boitaud, à Élie Laisné, écuyer, Sr de Francherville, demeurant au logis de Pondhier, paroisse de Courbillac, des droits d'agriers dans la dite paroisse ; il recevait, le 14 avril 1693, ainsi que sa femme, un abandon de biens par Hélène Decescaud, demeurant à La Baronnière, par acte reçu Broussard, notaire. Il eut pour enfants : 1° Eutrope, écuyer, Sr de Mareuil ; 2° Gabriel, écuyer, Sr de Bazoges; 3° Alexandre, écuyer, Sr du Maine ; 4° Gabrielle, qui épousa Hélie Horric, écuyer, Sgr de Burguet, dont deux fils, Jacques et Philippe, écuyers, Srs du Burguet et de Bellevène, qui étaient en instance, le 5 juin 1709, devant le juge sénéchal d'Angoulême, concurremment avec leurs oncles et tantes maternels, à propos de la succession de feus Louis et Charles de Beaupoil et de Marie de La Serve ; 5° Jeanne ; 6° Madeleine ; 7° Marie, religieuse au couvent des Filles-de-N.-D., à Saintes ; 8° Angélique ; 9° Léonor, mariée, le 13 mai 1694, par contrat reçu Boistaud, notaire à Jarnac, avec Charles de Frétard, écuyer, Sr d'Anvilliers, fils de feu Charles et de Charlotte de Bois, demeurant au lieu noble de Bazoges en Poitou, en présence de Charlotte de Frétard, sœur du futur ; de Gabrielle, Jeanne, Madeleine et Marie de Beaupoil, sœur de la future ; d'Angélique de Beaupoil, sa tante paternelle ; d'Elie Laisné, écuyer, Sr de La Couronne ; d'Hélène Decescaud, sa tante maternelle ; elle reçut, le 23 septembre 1694, une donation de bien de son dit mari, par acte passé à La Baronnière, devant Michel Brion, notaire de la juridiction de Saint-Mary.

Louis de Beaupoil et Madeleine Decescaud, sa femme, agissant tant pour eux que pour Eutrope, Gabriel, Gabrielle, Jeanne, Marie et Madeleine, leurs enfants, transigeaient, le 6 janvier 1701, devant Jacob, notaire de Fontaine-Chalandray, avec haut et puissant seigneur Henri-Joseph de Salagnac (Salignac), comte de Fénelon et de Fontaine, marquis de Magnac, et y demeurant, et haute et puissante dame Marie-Françoise de Monberon, son épouse, auparavant veuve de Pierre, marquis de Laval, héritière de feu Charles de Monberon, comte de Fontaine, son oncle, et recevaient d'eux la maison noble de Bazoges et ses dépendances, en conséquence de la cession qui en avait été faite à ces derniers, par messire de Monberon, seigneur-comte de Fontaine. Par suite de cette transaction, Louis de Beaupoil rétrocéda à Charles Frétard, écuyer, Sr d'Anvilliers, agissant tant pour lui que pour Éléonore de Beaupoil, sa femme, et pour Michel Frétard, écuyer, prieur de Bazoges, Jean-Jacques Frétard, prêtre, curé d'Angeac, et Madeleine Frétard, ses frères et sœur, la dite maison de Bazoges ; il testa, le 12 novembre 1701, devant Veillon, notaire à Jarnac. Le 17 janvier 1702, sa veuve partageait, devant le même notaire, avec Gabriel, écuyer, Sr de La Serve, Gabrielle, Jeanne, Madeleine et Marie, ses enfants puînés, et Eutrope, écuyer, Sgr de Mareuil, son fils aîné ; elle décéda avant le 22 juin 1707, époque à laquelle ses enfants partagèrent ensemble en vertu d'un acte qui énonce toutes les dépendances de la seigneurie de Mareuil, et qui fut suivi d'un autre, le 28 octobre de la même année.

V. — Eutrope de Beaupoil de Sainte-Aulaire, écuyer, Sgr de Mareuil, épousa Marie-Anne Nicollon, fille unique de François, écuyer, Sr des Bretonnières, capitaine au régiment d'infanterie de la reine, et de Claude Duval, et petite-fille de noble homme Pierre Nicollon, écuyer, Sr des Charbonnières, conseiller du roi, contrôleur général en la prévôté de Nantes, et d'Anne Cornu. Le 13 septembre 1702, il partageait devant Veillon, notaire, avec Angélique, sa sœur, les prés qu'ils avaient par moitié entre eux pour les avoir acquis de Pierre de Beaupoil, écuyer, Sr de Bazoges, leur oncle.

De ce mariage sont issus : 1° Louis Eutrope, qui suit; 2° Marie ; 3° Marie-Anne ; 4° Jeanne; 5° Françoise ; demeurées toutes quatre célibataires.

VI. — Louis-Eutrope de Beaupoil de Sainte-Aulaire, écuyer, S^{gr} de Mareuil, épousa demoiselle Anne de Couvidon. Ils acceptaient ensemble une cession qui leur était faite devant J. Boistaud, notaire royal, le 17 décembre 1726, par Élie de Beaupoil de Sainte-Aulaire, chevalier, S^{gr} de Saint-Remi, paroisse de Chenac en Saintonge. De leur mariage sont issus : 1° Louis-Alexandre, qui suit; 2° François-Eutrope; 3° Anne, mariée, par contrat du 22 septembre 1755, passé devant Roux, notaire royal, à Henri de Montalembert, écuyer, S^{gr} de Coulonges, paroisse de Saint-Sulpice, Le Rantin, Orlut, paroisse de Cherves près Cognac, etc., fils de Pierre, écuyer, S^{gr} de Saint-Simon, et de Marie Tisson (d'Argence), dont trois filles. Louis-Eutrope de Beaupoil décéda, sans avoir fait de partage avec ses quatre sœurs, le 1er juillet 1737, et ses enfants partagèrent avec elles.

VII. — Louis-Alexandre de Beaupoil de Sainte-Aulairé, écuyer, S^{gr} de Mareuil, du Petit-Beauvais, etc., épousa : 1° Anne-Honorée de La Cour, fille d'André, écuyer, Sr de Jernaud ; 2° Marie-Louise d'Outreleau, fille de François, écuyer, S^{gr} de Laubue, et de Marie-Louise Pignonneau, et sœur de Marguerite-Louise, épouse de Charles Mesnard de La Tacherie, paroisse de Mons, lieutenant des grenadiers du régiment provincial d'Amiens ; ils partagèrent ensemble, le 3 mars 1780, par sous-seing privé, la succession des dits François d'Outreleau et Marie-Louise Pignonneau, cette dernière décédée, en avril 1777, à La Billardière, paroisse d'Archigny près Montoiron en Poitou, où les scellés furent levés le 29 du dit mois.

Du premier lit, ils eurent : 1° Louis-Alexandre-Aimé, baptisé dans l'église de Notre-Dame de Mareuil, le 19 mai 1760, mort jeune ; 2° Charles-André, gendarme du roi, marié à N... du Vigier de Mirabal, mourut en émigration ; 3° André-Alexandre, dit le chevalier de Sainte-Aulaire-Mareuil, mort à Dampierre en Saintonge. Du second lit est issu : 4° Alexandre-David, qui suit. Louis-Alexandre de Beaupoil décéda le 14 nivôse an VIII (4 janvier 1800) à Mareuil.

VIII. — Alexandre-David de Beaupoil de Sainte-Aulaire, écuyer, S^{gr} de Mareuil, âgé de dix-huit ans en l'an VI (1797-98), épousa Marie-Charlotte-Désirée de Céris, fils de Jean-Alexandre, chevalier, S^{gr} de Chenay, et sœur du lieutenant-général des guerres de la Vendée. Ce fut lui qui vendit le reste de la terre de Mareuil vers 1803.

De ce mariage sont nés : 1° Charles-Clément, qui suit; 2° Alexandre-Victor, qui, né en 1804, entra d'abord dans la marine marchande, et devint capitaine au long cours; il reçut du gouvernement anglais une médaille de première classe pour avoir sauvé un vaisseau de guerre ; il passa ensuite dans la marine royale en qualité d'enseigne de vaisseau, et mourut à Brest peu de temps après, laissant quatre enfants : deux garçons et deux filles ; 3° Charles-Camille, né en 1810, agent comptable de la marine à Toulon, sans postérité actuelle ; 4° Louise, mariée, à Beauvais-sur-Matha, à N... Pelisson, docteur en médecine, dont elle est veuve avec un fils marié à N... de Céris, fille de Benjamin, sa cousine issue de germain.

IX. — Charles-Clément de Beaupoil de Sainte-Aulaire, né, le 21 décembre 1803, aux Gours près Aigre, a épousé, aux Plans, commune de La Faye près Ruffec, le 4 septembre 1833, par contrat reçu Demondion, notaire à Ruffec, Marie-Geneviève-Séraphie de Chergé de Villognon, fille aînée de Charles-Frédéric et de Marie-Geneviève Jacques des Plans.

De ce mariage sont issus : 1° Charles-Frédéric, né aux Plans, le 13 février 1837, sorti de l'école militaire de Saint-Cyr, en 1857, comme sous-lieutenant d'infanterie de marine ; 2° Marie-Geneviève-Aldegonde-Delphine, née le 19 juin 1834, mariée, le 11 février 1852, aux Plans, à Gaspard-Philippe-Joseph de Labouret, dont un fils et une fille (1861). — (F. DE CHERGÉ.)

BÉGOUGNE DE JUNIAC (Jacques), fils d'autre Jacques, né à Limoges le 26 novembre 1762, entra au service, le 12 mai 1779, dans la gendarmerie de la garde dite gendarmerie rouge de Lunéville, où il devint officier. Ce corps étant licencié en 1783, Jacques Bégougne, ne voulant pas attendre d'être replacé, s'engagea comme grenadier dans le régiment de Boulonnais-infanterie (79ᵉ régiment). Nommé caporal le 12 avril 1785, sergent le 1ᵉʳ mai suivant, et sous-lieutenant le 22 mai de la même année 1785, trois jours après cette dernière promotion, il fut chargé de défendre, avec 150 hommes, un pont situé entre Villa-Roca et Sainte-Foix, et que trois compagnies ennemies attaquèrent vivement. Bégougne résista pendant cinquante heures cerné par toute l'armée ; il refusa pourtant de se rendre, et, demeuré seul (ses soldats étaient morts à ses côtés), il reçut une balle dans le corps et plusieurs coups de sabre. L'ennemi l'enleva, fit panser ses blessures, et quatre mois après il fut échangé. Dans cette affaire, il avait tué de sa main onze grenadiers ennemis.

En germinal l'an III (1794), à la tête de quatre compagnies attaquant trois redoutes qui défendaient l'accès du Petit-Saint-Bernard, il sauta le premier dans la plus avancée, tua le capitaine commandant l'artillerie, puis, suivi des siens, s'empara de trois redoutes, de huit canons ou obusiers, et fit 200 prisonniers : aussi les représentants du peuple Dumas et Albette voulaient le nommer adjudant-général (chef de bataillon) ; il aima mieux rester dans la cavalerie, et prendre le grade de capitaine dans les hussards des Alpes (18ᵉ régiment) le 12 pluviôse an III (31 janvier 1795).

Incorporé au 1ᵉʳ régiment de hussards, le 1ᵉʳ prairial an IV, il attaqua, avec cent hommes, dans la vallée de Stura, une troupe d'infanterie qu'il mit en déroute, et dont il tua le commandant. Le général en chef promit de récompenser ce trait de bravoure par le grade de chef d'escadron.

Blessé à la cuisse d'un coup de feu au passage du Pô, Bégougne fut encore dangereusement blessé au bras gauche, d'un coup de biscaïen, le 6 octobre an V (1796), dans une reconnaissance de La Piave, où il s'empara de la tête d'un pont et d'une compagnie de Croates. Le 25 prairial an VIII (14 juin 1800), à Marengo, diverses charges hardies, exécutées avec le détachement de l'avant-garde de la réserve sous les ordres du général Desaix, l'ayant signalé, ce général le recommanda au premier consul et il fut fait enfin chef d'escadron le 29 fructidor an XIII (14 septembre 1804).

A la bataille d'Ulm (20 octobre 1805), il eut trois chevaux tués sous lui, et reçut plusieurs blessures dangereuses ; à Austerlitz (2 décembre 1805), il chargea plusieurs fois l'ennemi à la tête de son régiment (1er de hussards) ; à Iéna (14 octobre 1806), il exécuta encore avec succès diverses charges hardies à la tête du même régiment, dont il fut fait colonel *sur le champ de bataille.*

A Golemin (26 décembre 1806), sa bravoure lui valut d'être fait officier de la Légion d'honneur encore *sur le champ de bataille,* et Murat, général en chef de la cavalerie, lui écrivit à cette occasion, pour le féliciter lui et son régiment. Il fut blessé d'un éclat d'obus à Eylau le 7 février 1807. Lors de l'entrevue d'Erfurth (septembre 1808), l'empereur le désigna pour y venir avec son régiment, et commander la cavalerie du camp. Dans ce même congrès, Alexandre, empereur de Russie, demanda à Napoléon le colonel Bégougne pour l'emmener comme aide-de-camp et feld-maréchal. Bégougne refusa.

Après la dissolution du corps d'Erfurth, il refusa également le grade de général de brigade, préférant accompagner l'empereur en Espagne à la tête de son régiment. Pendant que le maréchal Soult faisait évacuer le Portugal au mois de mai 1809, le colonel Bégougne, se trouvant à l'arrière-garde, eut de nombreuses occasions de signaler sa bravoure. Diverses fois on avait sollicité pour lui le grade de général de brigade : il le refusa constamment afin de ne point se séparer du brave 1er hussards. Il reçut pourtant le titre de général de brigade honoraire. Après l'entrevue d'Erfurth, Napoléon l'avait fait chevalier de la Couronne de fer (3 octobre 1808). Joseph de Bavière le fit chevalier de l'ordre royal de Maximilien, et il fut aussi chevalier de Saint-Louis. J'ai dit déjà qu'il fut fait officier de la Légion d'honneur (5 janvier 1807). Napoléon le fit aussi baron de l'empire. Il avait pour armes : *écartelé au 1er et au 4e d'azur, à une tour crénelée d'or surmontée d'une cigogne d'argent ; au 2e, des barons tirés de l'armée, c'est-à-dire de gueules, à l'épée haute en pal d'argent ; au 3e, de gueules à trois trèfles d'argent, 2 et 1,*

Pour résumer les états de service du colonel Jacques Bégougne de Juniac, il a fait dans l'armée des Alpes les campagnes de 1792, 1793 (an II) ; celles d'Italie, de l'an III à l'an VIII de la République ; à la fin de l'an VIII et en l'an IX, il était chez les Grisons ; l'an XI et l'an XII, sur les côtes de Bretagne ; de l'an XII (1803) à 1806, avec l'armée impériale en Autriche ; en 1807 et 1808, avec l'armée impériale en Prusse et en Pologne ; en 1809 et 1810, à l'armée d'Espagne et de Portugal.

Il est mort en 1841. Il avait épousé..... Brice de Montigny, fille du général de division baron Brice de Montigny, ancien gouverneur des Invalides, mort, en 1811, gouverneur de l'Alsace et du palais impérial de Strasbourg. De ce mariage sont nés : 1° Jacques-Ange-Louis-Eugène, qui suit ; 2° Eugène, qui a été tué en Afrique en 1841.

II. — Jacques-Ange-Louis-Eugène est né, le 20 octobre 1811, à Strasbourg, où commandait son grand-père maternel. Entré à l'école royale et militaire de Saint-Cyr le 1er octobre 1827, nommé sous-lieutenant au 20e de ligne le 1er octobre 1829, Ange de Juniac avait préféré entrer dans l'infanterie pour faire la campagne d'Afrique. Il faisait partie de l'expédition de débarquement en 1830, et fit la guerre pendant les années 1830, 31, 32 et 33 ; il fut cité d'une manière remarquable dans le rapport du général Clauzel pour sa conduite dans les combats des 27, 28 et 29 novembre sous Médéah. Nommé lieutenant en Afrique le 20 juin 1832. Passé au 1er régiment de chasseurs à sa rentrée en France. Envoyé à l'école de cavalerie de Saumur comme officier d'instruction, il fut nommé, à la suite de son concours, capitaine-instructeur au 4e dragons le 27 avril 1838 ; chef d'escadron au 2e chasseurs de France, alors en Afrique, le 17 avril 1848 ; lieutenant-colonel au 3e lanciers le 10 mai 1852 ; colonel du 4e dragons le 29 mars 1856 ; chevalier de la Légion d'honneur le 1er août 1849 ; puis officier de la Légion d'honneur et colonel des lanciers de la garde impériale.

Sources : *Bulletins de la grande armée. — Biographie des hommes illustres.* — Etats de service. — Renseignements particuliers (Roy de Pierrefitte.)

BELLAC. — La ville a pour armes : *d'argent à un château de sable, couvert d'un toit en dos d'âne flanqué de deux tours et donjonné d'une autre tour, pavillonnées et girouettées de même, le tout sur une rivière d'azur, et un chef d'azur chargé de trois fleurs de lis d'or mal ordonnées* (Arm. gén.). M. Traversier blasonne cet écu différemment : *d'argent à une porte de ville flanquée de deux tours, sise sur une rivière d'argent mouvante de la pointe de l'écu, au chef de France*, et M. Girault de Saint-Fargeau : *d'azur à la tour d'argent crénelée, bâtie au milieu des ondes d'argent, et en chef trois fleurs de lis d'or*. Il suffit de lire ces trois descriptions pour s'assurer que la première est la plus exacte. Dans les deux autres, les deux couleurs sont omises en partie. Du reste, toutes les fois que des armoiries sont données comme authentiques par d'Hozier, on peut hardiment les regarder comme telles, car alors il les a décrites d'après les dessins qui lui ont été transmis par les possesseurs de ces armoiries. Il poussait le scrupule héraldique jusqu'au point de créer des blasons imaginaires, même pour les plus grandes familles, quoiqu'il connût d'ailleurs parfaitement leurs vraies armoiries, lorsque le prix d'enregistrement n'était pas accompagné du modèle ou des indications nécessaires.

La communauté des pères doctrinaires porte : *d'argent à un buste de saint Charles-Borromée de carnation posé de profil, vêtu d'un camail de gueules.* (Arm. gén.)

La communauté des prêtres : *de gueules à une cloche d'argent bataillée d'azur et sommée d'une croix pattée et alaisée d'or.* (Arm. gén.)

BELLAY (Jean du), fils de Louis, Sgr de Langey, d'une des plus illustres familles d'Anjou, et de Marguerite de La Tour-Landry, naquit en 1492. Sans employer l'expression triviale de Brantôme, qui l'a calomnié dans sa foi, on doit convenir qu'il abusa de la facilité que son crédit lui donnait pour acquérir des bénéfices, car il eut, ou successivement ou en même temps, les abbayes d'Aniane, de l'Aumône ou du Petit-Cîteaux, de Breteuil, de Barbeaux (en 1543), de Cormery, de Saint-Denis de Reims, de Saint-Gildas, de Saint-Vincent du Mans, de Saint-Martin d'Aumale, de La Trappe, de Lérins, de Longpont, de Saint-Maur-des-Fossés, de Meimac (1545), de Saint-Pierre de Châlons-sur-Saône, de Tiron, de Vaux-de-Cernay, de Pontigny (1543) et de l'Eschalis de 1550 à 1555 ; le prieuré de Saint-Pourçain au diocèse de Clermont en 1550. Il fut de plus évêque de Bayonne (1532), puis de Paris, dont il céda le siége à son cousin Eustache de Bellay, de Limoges, du Mans, et enfin archevêque de Bordeaux 1544-1553. Cédant à la demande de François 1er, qui l'avait envoyé à Rome comme chargé des affaires de France, le pape Paul III l'avait créé, le 12 des calendes de juin 1535, cardinal-prêtre du titre de Sainte-Cécile, qu'il changea ensuite, dit Frizon, pour celui de Saint-Vital. Plus tard, s'étant retiré à Rome, il fut évêque d'Ostie et de Vellettri et doyen du sacré collége. Il mourut, dans cette ville, le 16 février 1560, âgé de soixante-huit ans. On sait qu'en 1536, François 1er l'avait nommé son lieutenant-général. Il eut une grande part à la fondation du collége royal. On a de lui des *Harangues*, une *Apologie pour François Ier*, des *Elégies*, des *Epigrammes* et des *Odes* recueillies en 1 vol. in-8°, chez Robert Estienne, en 1549.

Ce fut le 22 août 1541 qu'il fut nommé à l'évêché de Limoges comme *administrateur perpétuel*, qualification que ses vicaires généraux lui donnent. Il prit possession par procureurs, non pas le 7 octobre ni le 15 septembre, comme dit le P. Bonaventure de Saint-Amable, comme on le lit dans le *Gallia christiana*, mais le 16 septembre, comme le constatent les actes de la cathédrale de Limoges. Le chapitre lui députa d'abord l'archidiacre et Jean Bermondet, chanoine, puis, le 7 janvier suivant, le même archidiacre et Albert Romanet, chanoine. Jean du Bellay répondit à ces politesses par des lettres fort gracieuses. Il garda l'évêché de Limoges jusqu'en 1546 seulement, et non jusqu'en 1547, comme le dit Denis de Sainte-Marthe. Il avait commis pour les fonctions épiscopales trois évêques d'Ébron : Jean, qui donna les ordres en 1543 ; frère Pierre Ravelli, docteur en théologie, et Pierre Benoît en 1546.

Frizon lui donne pour armes : *d'argent à une bande de gueules fuselée, accompagnée de six fleurs de lis d'or, 3 en chef et 3 pointe*, et le P. Ménétrier dit que sa famille porte *d'argent à la bande de fusées accostées et accolées de gueules, accompagnée de six fleurs de lis d'azur en orle*.

Sources : Frizon, *Gallia purpurata* 594-596. — *Gallia christiana nova*, T. II, col. 539, 847 ; T. VI, col. 160. — Fouschery, apud Estiennot, *Fragmenta historiæ Aquitaniæ*, T. II, p. 594. — Bonaventure de Saint-Amable, T. III, p. 770. — Ughel, *Italia sacra*, T. I, col. 96. — Brantome, T. III, p. 116, 120. — Arcère, *Histoire de La Rochelle*, in-4°, T. II, p. 83. — Nadaud, *Mémoires manuscrits*, T. I, p. 127, 176 ; *Pouillé imprimé*, p. 19. — Legros, *Mémoires manuscrits pour servir à l'histoire des évêques de Limoges*, p. 539-540 ; *le Limousin ecclésiastique manuscrit*, p. 66-67. (Roy de Pierrefitte.)

BÉNÉVENT, chef-lieu de canton (Creuse). D'après l'*Armorial général* de d'Hozier, qui les a composées, et d'après Traversier, qui les reproduit, la ville aurait pour armes : *d'or à une bande de sable*.

BENOIT (p. 170). — Nous avons déjà publié dans le *Bulletin de la Société archéologique du Limousin* (T. XXVI, p. 139), une notice sur Pierre Benoit, catéchiste d'Henri IV. Depuis, nous avons étudié le *Livre de raison* de cette famille, qui nous fournit de précieux renseignements depuis l'année 1308, et nous nous proposons de publier plus tard une généalogie historique de cette ancienne famille limousine.

BÉON (p. 177). — Porte : *écartelé au 1er et au 4e, d'azur à deux lions d'or passants l'un sur l'autre ; au 2e et au 3e, d'argent à trois fasces de gueules.* Les armes anciennes étaient : *d'or à deux vaches de gueules accornées, colletées et clarinées d'azur.*

La famille de Béon tire son nom d'une terre ainsi nommée, située en Béarn, au diocèse d'Oléron, dans la vallée d'Orsan. Elle descend de Centule V, vicomte de Béarn, qui, en 1133, donna cette terre en apanage à Arnaud-Guillem de Béon, son troisième fils. Cet Arnaud-Guillem est, dans un acte du 19 novembre 1204, désigné comme oncle de Raymon Roger, comte de Foix. — Aussi, en 1389, un seigneur de Béon fut tuteur de Gaston-Phœbus, comte de Foix, et de Germaine, sa sœur, mariée à Ferdinand le Catholique, roi de Navarre. Dans son *Histoire de Navarre*, Baudoin dit qu'un seigneur de Béon tenait le premier rang parmi ceux qui assistèrent au couronnement d'Alphonse le Grand, roi de Navarre.

Cette famille a donné plusieurs chevaliers de Malte et plusieurs généraux, entre autres, le vicomte de Béon, nommé maréchal-de-camp le 3 janvier 1770, et vivant encore en 1783 ; elle a eu aussi un chevalier du Saint-Esprit, le marquis Bernard de Béon de Mussay, mort avant sa réception.

Les de Béon ont été divisés en quatre principales branches, dont une s'est établie en Saintonge.

La seule qui reste est celles de Béon de Bierre, fief situé au territoire et dans la baronnie de Montesquiou d'Anglas en Armagnac.

En 1647, Bernard de Béon de Mussay, chevalier des ordres du roi, gouverneur de Saintonge, Angoumois et Limousin, mourut, le 16 juin, dans son château de Bouteville, âgé de quatre-vingts ans. Il avait épousé Louise de Luxembourg, la dernière fille de la branche aînée de Luxembourg.

Léonard de Béon, écuyer, Sgr de Bierre et du Châtenet, fut reçu dans les gardes de Louis XVI, compagnie de Luxembourg, et se retira du service avec le grade de chef d'escadron. En 1814, il fut nommé chevalier de Saint-Louis. Il avait épousé, le 9 février 1791, Marie de Louche, qui lui donna plusieurs enfants, dont entre autres : 1° Prosper, mort, en janvier 1859, dans sa propriété de Mouette, paroisse d'Abgeat ou Abyat (Charente). Il avait épousé....., dont il eut : A. — Louise, morte à Florence, où elle était gouvernante des enfants du second mariage de la duchesse de Berry ; B. — Pauline, qui habite le Poitou ; C. — Fabien, qui, en 1859, était maréchal-des-logis au 8e chasseurs ; 2° Félix-Mathieu de Béon, frère de Prosper, est né le 11 juin 1810, a épousé Elisabeth France, fille de..... France, chef d'escadron, officier de la Légion d'honneur, et ancien représentant à l'assemblée nationale. D'eux sont nés : A. — Le 19 juin 1844, Alix ; B. — Le 29 juin 1846, Marie-Louise. Félix-Mathieu de Béon habite, avec sa famille, Mortemart (Haute-Vienne). — (ROY DE PIERREFITTE).

BERMONDET (p. 179). — Ce n'est qu'à la fin du XVe siècle qu'on trouve les Bermondet comme seigneurs du Boucheron et d'Oradour-sur-Vayres (ce qui n'était que la même seigneurie), d'où sont sorties les diverses branches de cette maison. Antérieurement la maison de Rochechouart semble avoir eu des droits sur ces terres. En 1494, dans certaines chartes, on trouve Martial Bermondet comme possesseur de la seigneurie du Boucheron, qui se transmet (avec plusieurs autres), après lui, pendant six générations, aux héritiers de son nom, pour passer ensuite, à la fin du xvii⁰ siècle, dans la maison des Coustin du Masnadaud, dont le chef porte dès lors le titre de comte d'Oradour.

Cette terre et comté d'Oradour-sur-Vayres, dont relevaient plusieurs fiefs, avait haute, moyenne et basse justice, et devait foi et hommage-lige au roi à cause de la tour de Montbergeon de la ville de Poitiers, ainsi que peuvent l'attester plusieurs hommages rendus par les Bermondet et les Coustin.

I. — Martial Bermondet, dont il vient d'être parlé, devait être celui qui présenta une supplique à Charles VII à son passage à Limoges, en 1438. Il était alors lieutenant du roi et l'un des consuls de la ville de Limoges. Il laissa pour héritier Pierre, qui suit.

II. — Pierre Bermondet, héritier du précédent, fut père, entre autres enfants de : 1° Pierre, qui suit ; 2° Jean Bermondet, qui fut chantre et chanoine de l'église cathédrale de Limoges, archiprêtre de Nontron, Sgr de Pennevayres et Fromental. Il est qualifié de noble et vénérable homme, messire, etc., sur l'acte d'acquisition qu'il fit à Laurière, le 8 avril 1552, de la baronnie, terre et seigneurie de Fromental, avec ses appartenances et dépendances, située au comté de Poitou, et relevant du roi à foi et hommage-lige à cause de sa tour de Montbergeon, sise en la ville de Poitiers. L'achat de cette terre était fait pour 14,500 livres tournois, et il était distrait de cette seigneurie certains cens, rentes et revenus appartenant à noble François de Rouffignac, Sgr de Cousages, et autres réserves que se faisait le vendeur, haut et puissant seigneur messire Geoffroy de Pompadour, chevalier, seigneur du dit lieu, vicomte de Comborn, baron de Treignac, Laurière, Fromental, etc.

III. — Pierre Bermondet est qualifié noble homme, Sgr du Boucheron, de La Quintaine et de Saint-Laurent-sur-Gorre. Il était conseiller du roi et lieutenant-général en la sénéchaussée de Limousin ; fut assassiné par les gens du vicomte de Rochechouart en 1513, et enterré dans l'église de Panazol, où il fut fondé deux chapelles afin qu'on priât pour lui. En son honneur, on fonda deux vicairies dans l'église d'Oradour-sur-Vayres, nommées : l'une, du Boucheron ; l'autre, de Saint-Laurent. De son mariage avec dame Anne Petiot, il laissa : 1° Jehan, qui suit ; 2° Gauthier, qui a formé la branche de La Quintaine et Saint-Laurent, dont il sera question ; 3° Jehanne Bermondet, qui fut mariée, par contrat du 29 mai 1530 à Pierre de Saint-Martin, écuyer, de la même famille que la noble maison des Saint-Martin de Bagnac.

IV. — Jehan Bermondet, ailleurs de Bermondet, qualifié noble chevalier, Sgr du Boucheron, etc., en Poitou, eut, de son oncle Jehan, dont il a été parlé, à partager avec son frère Gauthier la seigneurie de Pennevayres, etc., et un tiers de celle de Fromental, ses frère et sœur Gauthier et Jeanne ayant le reste. Il fut reçu conseiller au parlement de Paris le 23 août 1538. Il mourut le 18 décembre 15..., et le lendemain fut enterré à Saint-Etienne-du-Mont. Il avait épousé Isabeau de Selve, fille de Jehan de Selve, successivement premier président des parlements de Bordeaux, de Rouen et de Paris, Sgr de Cromières, de Villiers-le-Castel et de Duysson ; de cette union Jehan laissa : 1° Georges, qui suit ; 2° Jacques, décédé sans postérité ; 3° Renée, veuve, avant le 20 février 1585, de messire Foucaud de Gain, chevalier de l'ordre du roi, Sgr de Linards; 4° Louise, mariée à Gérald de Saint-Mathieu, écuyer, Sgr de Reillac.

V. — Georges de Bermondet, écuyer, Sgr du Boucheron, d'Oradour, etc., de concert avec son cousin germain Jehan de Bermondet, Sgr de Saint-Laurent, vendit, en 1576, la seconde partie de la seigneurie de Pennevayres, située paroisse de Verneuil, à messire Pierre Mauple, receveur particulier des tailles au haut pays de Limousin, pour 7,000 livres. Ce Pierre Mauple avait déjà acheté la première partie de cette seigneurie pour 6,500 livres, en 1575, du même Georges de Bermondet et de sa sœur Renée. Georges de Bermondet avait servi dans les armées du roi, et mourut le 12 mai 1614, laissant de son mariage avec Catherine Arambert, ailleurs d'Arambert, morte avant lui, savoir : 1° Daniel, qui suit; 2° Louis de Bermondet, écuyer, Sr de Saint-Basile, archiprêtre de Nontron et curé d'Oradour; 3° Pierre de Bermondet, écuyer, Sr de Latour; 4° Renée de Bermondet, mariée à Charles de Lapisse, écuyer, Sgr de..... vivait en 1624.

VI. — Daniel de Bermondet, écuyer, qualifié haut et puissant seigneur, baron d'Oradour et du Boucheron, Saint-Basile, etc., épousa Jehanne de Champlais, fille de François et de Jehanne de Beaumont, Sgr et dame de Cerneau. Jehanne de Champlais mourut avant son mari, qui trépassa, en 1628, en revenant du siége de La Rochelle, où il servait; car d'ordinaire il portait les armes pour le service du roi. Les enfants qu'il laissa étaient mineurs, et suivent : 1° Georges, qui suit; 2° Louis de Bermondet, écuyer, Sgr de Saint-Basile, demeurant aux Champs, paroisse de Cussac, et qui doit être l'auteur de la branche de Cromières; 3° Isaac de Bermondet, écuyer, Sgr de La Poumérolie, paroisse d'Oradour; 4° Jehanne de Bermondet, qui épousa, en 1635, à vingt-cinq ans, Léonard Descubes, écuyer, Sgr de La Renaudie, fils de N..... Descubes, Sgr du Breuil, paroisse de Cussac; 5° Catherine de Bermondet, qui épousa Charles du Roussau, écuyer, Sgr de La Vene, paroisse de Saint-Maurice en Angoumois; 6° Gabrielle de Bermondet, entrée le 1er décembre 1635, religieuse au couvent de Sainte-Claire de la ville de Nontron; 7° Madeleine de Bermondet, entrée au même couvent et à la même époque que Gabrielle; 8° Isabeau de Bermondet, religieuse au couvent de Sainte-Claire de Limoges, où elle entra le 7 mai 1640; elle était née au château du Boucheron, paroisse d'Oradour, en 1621; 9° Anne de Bermondet, entrée au même couvent et à la même époque que sa sœur Isabeau.

VII. — Georges de Bermondet, qualifié haut et puissant seigneur, chevalier, Sgr baron, puis comte d'Oradour, baron du Boucheron, Saint-Basile, etc., prit, dès sa jeunesse, le parti des armes. D'abord il servit au régiment du marquis de La Meilleraye, dans lequel il devint capitaine d'une compagnie de gens de pied, dans l'artillerie, où il atteignit un des premiers grades. Par lettre royale donnée à Paris le 10 juillet 1651, Louis XIV lui accorda une pension de 3,000 livres à prendre sur son épargne, chaque année, pour les bons services qu'il avait rendus en diverses occasions, et le qualifia « cher et bien-aimé comte d'Oradour, lieutenant-général de notre artillerie et maréchal de nos camps et armées ». Sur plusieurs titres il est dit « conseiller du roi en ses conseils, lieutenant-général des armées du roi et de l'artillerie de France, demeurant au Grand-Arsenal, à Paris », où il mourut le 20 mars 1679. Le comte d'Oradour laissa, de Françoise Garnier, sa femme, fille de messire Mathieu Garnier, Sgr de Montereau, près Paris, conseiller du roi en ses conseils d'État et privé, trésorier de ses deniers extraordinaires et parties casuelles : 1° Madeleine de Bermondet, mariée à Paris, le 15 janvier 1672, à haut et puissant seigneur Louis de Bourbon, comte de Busset, baron de Châlus, de Vezigneul, etc., qui fut tué au siége de Fribourg en 1677, et était lieutenant-général de l'artillerie de France : son père était Jean-Louis de Bourbon et sa mère Hélène de La Queille ; — 2° Bonne-Madeleine de Bermondet, religieuse en la communauté de Sainte-Geneviève, à Paris, qui, après avoir fait plusieurs legs par testament du 3 février 1694, institua ses héritières les dames de Busset et du Masnadaud, ses deux sœurs; 3° Marie-Anne de Bermondet Dlle de Laubanie, mariée à Oradour, le 15 avril 1687, à haut et puissant seigneur François de Coustin, chevalier, seigneur-marquis du Masnadaud, baron de Blanac, etc., fils de Charles-Antoine, marquis du Masnadaud, baron de Blanac, etc., subdélégué des maréchaux de France, et de Charlotte-Marie de Rilhac.

La terre d'Oradour et ses dépendances fut laissée, par ses droits légitimaires, à la marquise du Masnadaud, par la comtesse de Busset, suivant partage du 19 mai 1694, et estimée 125,000 livres.

Branche de La Quintaine et de Saint-Laurent-sur-Gorre (1).

IV *bis*. — Gaultier de Bermondet, écuyer, auteur de sa branche, second fils de Pierre et d'Anne Petiot, était Sgr de Saint-Laurent-sur-Gorre et de La Quintaine, coseigneur de Fromental et de Pennevayres, conseiller du roi et lieutenant-général en la sénéchaussée de Limousin et président au siége présidial de Limoges. Jean de Lavaud, procureur au présidial, lui dédia une chronique abrégée du Limousin. Par acte du 31 octobre 1549, il fit hommage à Notre-Dame-du-Pont d'un cœur d'or, qu'il voulut être renouvelé en mutation de personnes du fief de La Quintaine. Il avait épousé Françoise Allemand, dont : 1° Gauthier, conseiller du roi et maître des requêtes de son hôtel, mort sans postérité en 1573; 2° Jehan, qui suit; 3° autre Jean, baron d'Oradour, mort sans enfants en 1570; 4° autre Jean, mort sans enfants en 1570; 5° Marguerite, qui épousa messire Jehan Singareau ou de Singareau, Sr de Pressac; 6° Suzanne, mariée à maître Jean, Sr de Mérignac, conseiller au parlement de Bordeaux; 7° Léone, mariée à Jean de Fédeau, Sr de La Motte-Pressac; 8° Françoise, décédée fille, en 1569.

V. — Jehan de Bermondet, écuyer, Sgr de Saint-Laurent et de La Quintaine, épousa, en 1574, Marguerite de La Jaumont, qu'il laissa, en 1585, tutrice de ses enfants, qui suivent : 1° Pierre, qui suit; 2° Anne de Bermondet, qui contracta mariage, en 1603, avec noble Léonard de Seigne, écuyer, Sr d'Epied.

VI. — Pierre de Bermondet, écuyer, Sgr de La Quintaine et de Saint-

---

(1) Saint-Laurent-sur-Gorre et Oradour-sur-Vayres sont deux chefs-lieux de canton dans l'arrondissement de Rochechouart (Haute-Vienne). — La Quintaine, château situé dans la paroisse de Panazol, canton sud de Limoges.

Laurent-sur-Gorre (dont j'ignore s'il y a eu postérité), eut, le 25 juillet 1612, cession et transport de ses biens par sa mère, alors veuve.

Branche de Cromières (1).

VII. — **Louis de Bermondet**, Sgr de Cromières. La terre de Cromières appartenait encore à la maison de Selve vers 1640 : j'ignore la date où elle est passée dans la maison de Bermondet ; mais je pense que c'est Louis, fils de Daniel et de Jehanne de Champlais, qui en a eu le premier possession. Il mourut en 1670 et fut enterré dans l'église d'Oradour. La femme de Louis de Bermondet devait être Anne de Saint-Mathieu, dont il eut :

VIII. — Messire **Jean de Bermondet**, chevalier, seigneur, puis marquis de Cromières, marié, le 26 mars 1695, avec Jeanne de Coustin de Masnadaud, fille de Charles-Antoine de Coustin, marquis de Masnadaud, etc. La lignée des marquis de Cromières se continue ensuite jusqu'à notre époque.

Source principale : Archives du château de Masnadaud. (Henri DE Coustin DU Masnadaud.)

Aymeric Bermundi (1320 ou 1340) devint seigneur de La Bastide-Engraulier. (*Nobil.*, I, 132.)

Martial Bermondet était membre de la confrérie des pauvres à vêtir et du Suaire. (Arch. de la Haute-Vienne. — H, 107. — A, 5469.) — Pierre Bermondet, père de Martial, lequel était notaire public à Limoges en 1417. — Martial épousa, avant 1417, Mariette de La Brosse. (*Nobil.*, III, 4.)

Maître Martial de Bermondet, lieutenant du roi et consul de la ville de Limoges en 1438. Le moine de l'abbaye de Saint-Martial de Limoges, qui raconte le passage de Charles VII dans cette ville en 1438, nous apprend que, le jeudi 3 mars, l'honorable magistrat eut l'honneur de recevoir le monarque à sa table, après lui avoir fait un beau discours qu'on écouta avec plaisir, et dans lequel il exposait les doléances de la ville, entre autres les vexations exercées par les maraudeurs qui s'étaient emparés du château de Chalucet (2).

---

(1) Le château de Cromières, paroisse de Cussac, canton d'Oradour-sur-Vayres. Dans sa *Description des monuments de la Haute-Vienne*, Limoges, 1821, in-4°, p. 338, M. Allou fait remonter à l'ère romaine deux médaillons en marbre blanc qu'on voit sur le mur de la chapelle, et qui figuraient autrefois sur la porte principale du château de Cromières. Ils représentent deux têtes d'empereur « du travail le plus précieux, et antérieurs, d'après la beauté des caractères, aux premiers temps de la décadence de l'art chez les Romains », dit-il. Il est peut-être bon de faire remarquer ici, d'après M. A.-A. Monteil, qu'au XVIIe siècle il était de mode d'orner les maisons de pareils médaillons. Du reste, on en voit encore, entre autres lieux, au château de Vaux, bâti par Fouquet. On ne doit donc pas « s'étonner de la parfaite conservation » de ceux de Cromières, puisqu'ils sont assez récents. (Roy DE Pierrefitte.)

(2) In recessu suo de ecclesia, ipsa die, ante prandium, in domo ubi manebat magister Martialis Bermundeti, locumtenens regius, et consul dicte ville in ipso anno ; multum bene et notabiliter coram rege proposuit et arengam fecit, exponens et dicens publice paupertates, miserias et afflictiones et rauhationes « castri Luceti », et alia que patiebatur omni die patria ; et omnia rex libenter et benigne audivit, et consilium ejus, promittens se appositurum remedium infra breve tempus.

(*Bulletin de la Société Archéologique et Historique du Limousin*, T. V, p. 62.)

Georges de Bermondet du n° VII précédent et Louis de Bermondet, son frère, figurent tous les deux dans la liste de maintenue de la noblesse du Poitou imprimée en 1667.

IX. — Charles-Armand de Bermondet, chevalier, seigneur, marquis de Cromières, Cussac, Moye, Le Mas, La Fougeraye, mourut entre 1748 et 1750. D'après la liste de M. le marquis de Coustin, il prend le n° IX dans la filiation des Bermondet, S^{grs} de Cromières. Il avait épousé, le 15 février 1720, Marie-Anne de Vivonne de La Chataigneraie, fille et héritière de François de Vivonne, S^{gr} de Moycete, et qui mourut, étant veuve, le 23 février 1777, au château de Fougeraie, paroisse de Peyroux, etc. De cette union sont nés : 1° N....., mort capitaine de dragons en 1763, sans laisser d'enfants de Gabrielle de Coigneux, sa femme; 2° Philippe-Armand, qui suit ; 3° François-Charles, appelé l'abbé de Cromières, vicaire général d'Autun, chanoine de Saint-Honoré de Paris, lequel assista, à Poitiers, en 1789, à l'assemblée du clergé pour les états généraux ; 4° Charles-Frédéric-Annet, dit le comte de Bermondet, chevalier de Saint-Louis, colonel de dragons, mort à Paris, sans postérité, vers janvier 1778 ; 5° Antoinette-Amable, veuve, en 1777, de François-Emmanuel de Brun, capitaine au corps royal d'artillerie et chevalier de Saint-Louis, morte le 15 août 1785; 6° Angélique-Anne, mariée à... Poignand des Grois, chevalier de Saint-Louis, morte veuve et âgée de quatre-vingt-quatre ans, le 12 janvier 1811 ; 7° Gabrielle-Henriette; 8° N..... De ces deux dernières filles non mariées en 1777, une avait été élevée à Saint-Cyr.

X. — Philippe-Armand de Bermondet, marquis de Cromières, né au château de Cromières le 27 juillet 1730, mestre de camp de dragons, ancien lieutenant des gardes du corps de Monsieur, frère du roi, fit plusieurs campagnes, et reçut plusieurs blessures, notamment à Fontenoy, où il mérita la croix de Saint-Louis, que, à cause de son jeune âge, il reçut seulement plus tard. Il mourut, le 6 septembre 1806, dans son château de Cromières. Il avait vendu, en 1782, le château et la propriété de La Fougeraye. Il avait épousé, par contrat passé à Paris, et signé à Versailles par Leurs Majestés et la famille royale, le 27 août 1775, et le lendemain à Paris, à l'hôtel des parties contractantes, Marie-Hortense Moreau des Isles, fille de feu Marthe-Jérôme Moreau des Isles, ancien capitaine d'infanterie à Saint-Domingue, et Marie-Nicole Légurie. De ce mariage sont nés : 1° Armand-Philippe-Astolphe-Renaud, qui suit ; 2° Amable-Hortense, née le 20 mai 1780, mariée, en janvier 1813, à Alexis de Gay de Nexon, chevalier de Saint-Louis; 3° Marie, née le 7 septembre 1781, mariée, en mai 1813, à Alexandre d'Arondeau de Chareyroux, chevalier de Saint-Louis ; 4° Louis-Annibal-Charles-Frédéric, né le 6 septembre 1785. Sorti de l'école de Fontainebleau en 1806, il fut fait officier de la Légion d'honneur à Gratz en Styrie. Nommé, à l'âge de vingt-trois ans, capitaine du 84° régiment d'artillerie, il commandait sa compagnie à Gratz (Styrie), où 1,000 hommes en battirent 10,000, ce qui valut à son régiment l'honneur de porter inscrit sur son drapeau : *Un contre dix*. Entre autres campagnes, il a fait celles d'Italie et de Russie. Dans cette dernière campagne, il était aide-de-camp du lieutenant-général d'artillerie Delzons, et il est mort, en 1813, célibataire, âgé de vingt-huit ans, avec le grade de lieutenant-colonel d'artillerie, et proposé pour être colonel; — 5° Frédéric, qui suit au n° XI *bis*.

XI. — Armand-Hippolyte-Astolphe-Renaud, né le 6 juin 1778, à Paris, fut baptisé, le même jour, dans l'église Saint-Paul, inscrit aux gardes du corps en 1789. Entré au service en l'an VII de la République dans l'état-major du général Verdières, il passa ensuite dans celui du général Bernadotte à l'armée de l'Ouest. — Maréchal-des-logis des gardes du corps du roi, il a obtenu depuis le grade de chef d'escadron et la croix de Saint-Louis. Il a épousé, le 22 octobre 1812, Clémentine, fille de M. le comte de Tryon-Montalembert, chambellan de l'empereur, questeur du corps législatif, officier de la Légion d'honneur, et de..... Regnaud de La Soudière. D'eux sont nés : 1°, le 15 août 1813, Marie-Clémence, mariée, le 6 août 1839, à Jean-Baptiste de Galard de Béarn, officier de marine démissionnaire; 2°, le 22 octobre 1814, Marie-Lucie, mariée, le 12 janvier 1835, à Prosper Rousseau de Magnac; 3°, le 23 avril 1817, Marie-Caroline, mariée, le 18 août 1840, à son cousin germain Alexis-Hippolyte de Bermondet de Cromières, fils de Frédéric et de Zélie-Elisabeth Devaux; 4°, le 11 août 1821, Marie-Amabelle, mariée, le 16 février 1846, à Pierre-Louis-René de Brémond d'Ars, fils de Gustave-René-Antoine et d'Anne-Thaïs d'Abzac de Sarrazac.

XI bis. — Frédéric de Bermondet de Cromières, chevalier de Saint-Louis, officier de la Légion d'honneur, décoré de l'ordre de Saint-Ferdinand d'Espagne et de la médaille de Saint-Hélène; né le 24 juillet 1787, il est entré comme volontaire, en 1807, au 24e régiment de chasseurs à cheval, où il est devenu officier. Il a fait les campagnes de Prusse, d'Autriche et de Russie. Dans les affaires de Wagram et d'Essling, il a eu trois chevaux tués sous lui, et il a reçu plusieurs coups de lance. En 1823, il a fait aussi la campagne d'Espagne étant capitaine de gendarmes, grade avec lequel il a passé dans la gendarmerie ayant rang de chef d'escadron ; fait lieutenant-colonel de la garde municipale de Paris en 1834, il est devenu, en 1842, colonel de la 11e légion de gendarmerie. Il a été marié, en 1813, à Zélie-Elisabeth Devaux, morte le 9 juillet 1836, dont Alexis-Hippolyte, qui suit :

XII. — Alexis-Hippolyte de Bermondet de Cromières, marié, le 18 août 1840, à sa cousine germaine Marie-Caroline, fille d'Armand-Hippolyte-Astolphe-Renaud de Bermondet de Cromières et de Clémentine de Tryon-Montalembert. De ce mariage sont nés : 1°, le 17 avril 1843, Renaud ; 2°, le 27 décembre 1847, Thérèse-Clotilde ; 3°, le 15 mai 1850, Prosper-Marc.

Armes : *d'azur à trois mains appaumées d'argent 2 et 1.* Couronne de marquis ; supports, deux lions.

Sources : Beauchet-Filleau, *Dictionnaire historique et généalogique de l'ancien Poitou*, — Renseignements particuliers. — Nous avons ajouté de nouveaux renseignements à cette notice publiée dans la première édition.

BERNARD (page 179). — Ithier de Bernard fonda en partie le monastère de Boubon en 1119. Il prenait le titre de *miles*.

Noble Jacques de Bernard, damoiseau, Sgr de Vieilleville, assistait à la montre de 1470 (Arch. de Pau, E.). Il épousa Dlle Souveraine de Comborn. Dans son testament de 1488, il mentionne Jean et Antoine de Bernard, Léonet de Bernard, chevalier de Malte, Anne de Bernard, qui avait épousé en 1460, noble Jean de Coudert, S_{gr} de Fougeras. (Elle mourut en 1506.) Blanche de Bernard, femme de noble Jean de Mansière, tous frères et beaux-frères, sœurs et belles-sœurs de Jeanne de Bernard et de son mari, Guyon de David, fils d'Etienne de David et de Marguerite de Jounhac. — Antoine de Bernard, chanoine de Sainte-Marie d'Haun, en 1499, est nommé tuteur des enfants mineurs de Guyon de David et de Jeanne de Bernard. (Généal. de David.)

Antoinette de Bernard, dame de Vieilleville et de Puyramond, était une descendante d'Itier ci-dessus. Elle épousa, le 25 juillet 1546, Gabriel d'Abzac de La Douze, dont naquit Jeanne qui épousa, le 1er juillet 1571, François de Lambertie. Henriette, fille de ces derniers, entrait à Boubon, comme religieuse, en 1604. (Généal. Lambertie.)

Noble Antoinette Bernard épousa, le 12 novembre 1528, Louis de Charlus de Laborde, Ier du nom, S^{gr} de Soubreveze, de Mareil, de Laborde, etc., fils de Jean de Charlus de Laborde, baron de Mirambel, etc., et de Marguerite de Abbés. (Génal. Charlus, *apud* Saint-Allais, IV, 208.)

Voir aussi : Jean de Bernard, à l'art. Du Leyris, T. III, p. 531.

BERNARD, demeurant à Angoulême, porte : *d'or à un chêne de sinople tigé et feuillé de même, au chef cousu d'argent, chargé de trois hermines de sable.*

Clément Bernard est reçu pair, sur la résignation de Jean Marougne, le 15 février 1632, puis conseiller sur la démission de Pierre Arnaud, greffier des présentations, le 29 avril 1658. Enregistrement au greffe des élections d'Angoulême et de Cognac de La Mezée, contenant la réception du dit Bernard des 15 juin et 16 décembre 1658.

Louis et autre Louis, ses enfants, l'un lieutenant particulier au présidial, et l'autre procureur du roi en l'élection d'Angoulême. (DES COUTURES.)

Iva, veuve d'Odon Bernard, chevalier, rend un aveu à l'évêque d'Angoulême en 1275. (Arch. de la Charente. — BLANZAC.)

Jeanne Bernard, épousa, le 22 juillet 1647, François de Labadie. (*Nobil.*, III, p. 1.)

BERTEAUD (JEAN-BAPTISTE-PIERRE-LÉONARD), porte : *d'azur à deux bras d'argent qui lancent un filet de même dans une mer de sinople; en chef, un soleil d'or chargé d'un X de sable, et d'où s'échappent des rayons aussi d'or.* Couronne de duc, surmontée du chapeau cardinalice. Devise : *In verbo autem tuo laxabo rete.* Né à Limoges, rue du Collége, le 30 décembre 1798, en terminant ses études de théologie, il fut nommé professeur de philosophie au petit séminaire du Dorat, qu'on venait de fonder. Mais bientôt M. Labiche de Reignefort, chanoine théologal de la cathédrale de Limoges, eut l'inspiration généreuse de céder son canonicat au brillant professeur, afin qu'il ne fût point tenté d'accepter les propositions séduisantes de Mgr de Pins, qui venait de quitter Limoges pour administrer le diocèse de Lyon. Ce dernier avait déjà enlevé au diocèse de Limoges M. l'abbé Baudry, sulpicien, qui était parent de la famille de Saint-François de Sales.

Ainsi devenu lui-même, par la sanction de l'évêque, théologal de Limoges, M. l'abbé Berteaud fut appelé à porter la parole de Dieu à Paris, à

Bordeaux, à Nantes, à Toulouse, à Montauban, à Sens et à Montpellier. En 1840, il fut nommé vicaire général de ce dernier diocèse. Le 21 septembre 1842, il fut sacré évêque de Tulle, dans la cathédrale de Limoges, par notre évêque, Mgr de Tournefort, qu'assistaient les évêques de Clermont et de Poitiers.

La seizième lettre pastorale de Mgr Bertaud est datée du 25 février 1860. Relativement c'est peu pour son long épiscopat ; c'est regrettable surtout, car, dans les polémiques religieuses, les plus forts, comme Mgr Pie et dom Guérenger, aiment à s'appuyer de son témoignage.

L'âge et la maladie ne lui permettant plus de remplir toutes les fonctions du ministère épiscopal, il s'est démis de son siége le 3 septembre 1878, et est mort le 2 mai 1879.

Voici, par ordre chronologique, la liste des fondations faites dans le diocèse de Tulle de 1842 à 1861 : — 1842, sœurs de la Providence de Portieux, à Chamboulive; sœurs du Sauveur, à Vigeois; — 1843, sœurs de Portieux, à Curemonte ; — 1844, fondation des sœurs du Saint-Cœur de Marie, à Treignac ; — 1845, pensionnat des sœurs de Nevers, à Brive; — 1846, sœurs de Portieux, à Altillac; — 1847, frères des éco'es chrétiennes, à Ussel; sœurs de Portieux, à Ussac; — 1849, sœurs de Nevers (Providence) à Brive ; — 1850, frères du Sacré-Cœur du Puy, à Egletons et à Juillac; sœurs de Portieux, à Seilhac; — 1851, sœurs du Saint-Cœur de Marie, à Lubersac; sœurs de Portieux, à Saint-Robert; sœurs de Saint-Vincent-de-Paul (école), à Egletons; — 1852, sœurs de Portieux (école), à Servières ; frères des écoles chretiennes, à Meymac, à Uzerche et à Bort; frères du Sacré-Cœur, à Neuvic; — 1853, sœurs de Saint-Vincent-de-Paul (hospice), à Egletons ; sœurs de Portieux à Naves et à Darnets; frères du Sacré-Cœur, à Lubersac (décembre 1853); — 1854, frères du Puy, à Meyssac ; sœurs de Nevers (école), à Neuvic ; — 1855, sœurs de Nevers (hospice), à Neuvic; sœurs du Saint-Cœur de Marie, à Juillac ; — 1856, frères de Saint-Viateur, à Sexcles; sœurs de Portieux, à Saint-Clément ; — 1857, sœurs de Portieux, à Allassac et à Saint-Salvadour; sœurs de Nevers, à Cornil ; — 1858, sœurs de Nevers, à Corrèze; sœurs de Portieux, à Lagraulière; — 1860, sœurs du Calvaire de Gramat, à Ayen ; sœurs de Portieux, à Salon; à Objat et à Laguenne; sœurs du Saint-Cœur de Marie, à Obasine, où elles établissent : 1º leur congrégation des sœurs institutrices; 2º une providence ou colonie agricole pour les petites filles; 3º une maison de retraite pour les femmes du monde qui voudraient être pensionnaires libres; — 1861, sœurs de Marie-Joseph, à Bort. — Cette même année 1861, la liturgie romaine remplace la liturgie limousine dans le diocèse de Tulle.

Sources : Louis Veuillot, *l'Univers,* 9 octobre 1858 ; *Cà et là,* 1860, T. II, L. XVI, nº VI. — *Galerie des portraits des hommes illustres du Limousin : Biographie de Mgr Berteaud,* par l'abbé Delor. — Dom Pitra, journal *l'Univers,* 24 janvier 1853, et journal *le Monde,* 24 et 25 janvier 1861. — Renseignements particuliers. (Roy de Pierrefitte.)

BERTRAND (p. 181). — Nadaud donne, d'après des Coutures, une généalogie de la famille Bertrand de Saint-Vaulry. Les notes semblables qu'il avait prises, dans le même registre, sur les Bertrand de Goursac et les

Bertrand de Romefort sont déchirées, et il confond ces diverses familles dans les notes isolées qui suivent la filiation des Bertrand de Saint-Vaulry. Je vais donner les articles de des Coutures sur les Bertrand de Goursac et de Romefort. M. de Maussabré signale encore, pour les provinces dont nous parlons, une autre famille Bertrand différente des premières par ses armes, et qui sort du pays de Combraille, petite enclave située entre la Marche et l'Auvergne, et qui fait partie du département de la Creuse. Voici d'abord les observations de M. de Maussabré sur l'article imprimé. (ROY DE PIERRE-FITTE.)

Plusieurs familles étrangères les unes aux autres sont confondues dans cette notice. La première, celle des seigneurs du Peux-Maillot, des Guérennes, de La Villate, de La Barde, de Saint-Vaulry et de Maleval en Marche, semble originaire du Limousin, et s'est éteinte à la fin du XVIIe siècle.

Une seconde, qui a plus marqué que la précédente, nous semble avoir eu pour berceau le pays de Combraille, où son existence se constate dès le XIIe siècle. Elle s'est répandue en Marche et en Berry, et y a possédé les seigneuries du Boueix, de Pallière, du Chassaing, de La Pérouse, de Pouligny, de Tercillac, de La Cellette, de Beaumont, de Richemont, de Villebussière, de Lys-Saint-Georges, etc., etc. Elle a produit un bailli et gouverneur du Berry sous Charles VIII et Louis XII, deux chambellans, un maître d'hôtel, un gentilhomme de la chambre et un panetier du roi, un panetier de la reine de Navarre, un capitaine des archers du roi, un capitaine du château d'Angers, et un grand nombre d'officiers de tous grades. Elle a donné à l'Eglise deux protonaires du saint-siége, un abbé général de l'ordre de Cluny, un abbé de Saint-Wast d'Arras, un abbé du Landais, une abbesse de Charenton, un aumônier du roi, un aumônier de la comtesse d'Artois, trois chanoines-comtes de Lyon, un chanoine-comte de Brioude, une chanoinesse de Remiremont, quinze chevaliers de Malte, dont quatre commandeurs de cet ordre.

Cent dix alliances directes unissent cette famille aux maisons les plus distinguées de la Marche, du Limousin, du Berry et de l'Auvergne.

De ses dix-sept branches, une seule, celle de Beuvron, s'est perpétuée jusqu'à nos jours. Elle réside en Orléanais.

Armes : *losangé d'hermines et de gueules* (F. DE MAUSSABRÉ.)

BERTRAND, Sr de Goursac, paroisse de Chasseneuil, élection d'Angoulême, porte : *parti, au premier, d'azur à trois chevrons d'or; au second, aussi d'azur à un chevron renversé d'or.*

I. — Foulques Bertrand.

II. — Antoine Bertrand, marié, le 3 février 1545, à Phelippe de Fedeau.

III. — Jacques Bertrand, marié par acte sans filiation du 24 janvier 1579, avec Marguerite de Devezeau. Le 14 janvier 1582, transaction entre Jacques comme procureur de la dite Fedeau, sa mère, et Antoine Fedeau.

IV. — François Bertrand, marié, le 15 mai 1614, avec Marie de La Charlonie.

V. — François Bertrand, marié, le 5 août 1646, avec Diane de Fedeau.

(DES COUTURES.)

BERTRAND, Sr de Romefort, paroisse de Saint-Front, élection d'Angoulème, porte : *parti, au premier, d'azur à trois chevrons d'or; au second, aussi d'azur à un chevron renversé d'or.*

I. — Jean Bertrand épousa : 1° Marguerite Masson; 2° Jacquette Paulte.

II. — Foulques Bertrand, marié à Jeanne Dauphin.

Mariage du dit Jean Bertrand avec la dite Paulte ; du dit Foulques, fils du premier lit, avec la dite Dauphin, fille de la dite Paulte, et de Florie Bertrand, avec Jacques Dauphin, du 3 septembre 1547.

III. — Jean Bertrand, marié, le 4 février 1591, avec Marguerite de Surgon.

IV. — Jean Bertrand, marié, le 4 août 1613, avec Marguerite Deschamps.

V. — Charles Bertrand, marié, le 2 août 1667, avec Marie Pécon de Baleran. (DES COUTURES.)

BESSE. — Nadaud avait, à la page 1042, un article sur la famille de Besse de Bellefaye, dont les armes sont : *d'azur au chevron d'or.* Aussi, en renvoyant à cette page, déchirée, Nadaud signale l'alliance de Jacques de Besse avec Almodie Roger, sœur du pape Clément VI, et fille de Guillaume Roger, premier du nom, Sgr de Rosiers, mort avant 1313, et de Guillemette de La Monstre; puis celle de Jean, Sgr de Pierrebuffière et de Châteauneuf, qui, vers 1390, épousa Hyacinthe de Besse, dame de Bellefaye.

Dans son *Nobiliaire d'Auvergne*, M. Bouillet fait remarquer, avec raison, qu'on a confondu à tort la famille de Besse, originaire d'Auvergne avec celle de Bellefaye. Celle-ci a évidemment pour souche Raoul de Besse, qui, en 1219, fut anobli avec ses deux neveux par Raymond IV, vicomte de Turenne, et leur suzerain. Il les trouva de *bonne race* (*ex generosa progenie*).

C'est à cette même famille limousine qu'appartient le cardinal de Besse, dont voici la biographie :

Nicolas de Besse dit Bellefaye, né, dans le diocèse de Limoges, de Guillaume ou Jacques de Besse et d'Almodis (et non Dauphine) Roger, sœur du pape Clément VI, fut, dès son enfance, l'objet d'une affection spéciale de la part de cet oncle, qui l'envoya étudier à Paris, puis à Orléans, comme il le dit lui-même en le créant cardinal : *Ipse nepos noster et filius sororis nostræ...; incepimus eum nutrire et fecimus eum venire Parisiis, et ibi fecimus eum studere. Postea studuit in Aurelianis.* Nicolas de Besse fut chanoine de l'église de Paris et archidiacre de Ponthieu, dans le diocèse d'Amiens. Il était professeur, ou, comme on disait alors par humilité, *lecteur*, à Orléans, lorsque Clément VI l'appela à sa cour. Elevé sur le siége épiscopal de Limoges en septembre 1343, il ne *promit* à la chambre apostolique qu'en 1348, et il ne fut jamais sacré : aussi l'appelait-on évêque *élu* de Limoges jusqu'à ce qu'il fut créé cardinal-diacre du titre de Sainte-Marie *in Via lata* le 27 février 1344. Dès lors on le qualifia de *cardinal de Limoges*. Nous devons noter à sa louange que sa nomination au cardinalat fut arrachée à son oncle par le suffrage unanime des cardinaux, dont quelques-uns refusaient même d'admettre dans le sacré collège Pierre Bertrand, évêque d'Arras, si on n'y admettait pas également Nicolas de Besse.

Avant d'être cardinal (1343), il avait été envoyé à Naples comme légat pour informer du meurtre commis sur André, roi de Hongrie et de Sicile.

Le 14 janvier 1345, il fut témoin, à Avignon, de la soumission que l'empereur Louis XIV fit au pape.

En 1353, il eut le douloureux honneur d'accompagner le char funèbre qui conduisait Clément VI au monastère de La Chaise-Dieu. En 1363, il fut chargé de réconcilier le comte d'Armagnac avec le vicomte de Turenne. En 1366, il fut nommé protecteur de l'ordre des frères mineurs, et, l'année suivante, il assista à leur chapitre général, dans lequel ils élurent pour général frère Thomas de Frignano ou de Farignano. En 1368, il fut d'un grand secours au général des frères prêcheurs pour lui faire obtenir le corps de saint Thomas d'Aquin. Après avoir assisté aux élections d'Innocent VI et d'Urbain V, il suivit, en 1367, ce dernier pape à Rome, où il se trouva à la profession de foi de Jean Paléologue, empereur de Constantinople.

Le cardinal de Besse mourut, à Rome, en l'année 1369, suivant le plus grand nombre le 5 novembre, suivant d'autres le 15 du même mois. Deux nécrologes de l'église de Narbonne fixent sa mort, l'un au 10 septembre, l'autre au 10 juillet. Le nécrologe de la cathédrale de Limoges marque son anniversaire pour le 3 ou le 7 mai, v des nones de mai. Il fut enterré, non pas à Rome, quoiqu'on l'ai dit, mais à Limoges, comme l'attestent Baluze, Denis de Sainte-Marthe et Nadaud. On voyait dans la chapelle Saint-Martial de notre cathédrale son tombeau en marbre blanc (1), sur lequel il était représenté coiffé de la mitre, deux lions soutenant son chapeau de cardinal. Quoiqu'en dise Denis de Sainte-Marthe, il n'y avait point de vers sur ce tombeau (*ejusdem effigies versibus ornata*); on n'y trouvait même la trace d'aucune espèce d'épitaphe. Mais on y voyait ses armes, qui sont : *parti, au premier, d'azur à un chevron d'or, qui est de Bellefaye d'après Justel, ou d'or à un chevron d'azur, et, au second, de Roger, c'est-à-dire d'argent à une bande d'azur accompagnée de six roses de gueules posées en triangle, trois en chef et trois en pointe*. Frison blasonne : *parti à une bande de gueules accompagnée de six roses, et, au second, à un chevron*.

Nicolas de Besse était frère de Pierre, Sgr de Bellefaye et de Payrac, qui vivait en 1382, et de Marie des Allois, abbesse de N.-D. de la Règle à Limoges en 1344. Frison, auteur du *Gallia purpurata*, et quelques autres, en disant qu'il fut archevêque de Rouen, le confondent ainsi avec Nicolas Roger, oncle de Clément VI. Dans son *Histoire des cardinaux de France*, Duchesne dit que notre cardinal fit de grands biens à sa cathédrale, à laquelle il donna son palais d'Avignon, nommé *Lebratin* ou *Lebrata*, avec toutes ses dépendances. Le cardinal d'Arles, un de ses exécuteurs testamentaires, fit faire des réparations à cette maison en 1386. Nicolas avait fondé lui-même, dans cette cathédrale, son anniversaire, à l'occasion duquel on distribuait sur son tombeau 4 livres. Guy de Comborn, son successeur sur le siége de Limoges, et aussi un de ses exécuteurs testamentaires, légua, en 1370, plusieurs biens pour fonder des vicairies en Limou-

---

(1) Ce tombeau, horriblement mutilé, a disparu complètement en 1804, époque où la confrérie des jardiniers, établie dans l'église Saint-Maurice jusqu'à la fin du dernier siècle, s'est fixée dans l'église Saint-Etienne. Alors on a mis à la disposition de cette confrérie la chapelle de Saint-Martial, qui se trouve entre le portail nord et la chapelle de l'Archiconfrérie.

sin; et, en 1382, d'accord avec ses deux autres exécuteurs testamentaires (l'archevêque d'Arles dont nous avons déjà parlé, et Hugues, cardinal-diacre de Sainte-Marie *in Porticu*), il acheta, pour fonder des vicairies au profit de son âme dans la cathédrale de Limoges, *la ville et le territoire de Saint-Maurice* et plusieurs autres terres et rentes dans l'étendue de la baronnie de Peyrat, aujourd'hui canton d'Eymoutiers. Les ornements légués par Nicolas de Besse à la cathédrale avaient été remis, le 23 août 1374, par Guillaume Peyrocha, marchand de Limoges.

SOURCES : BALUZE, *Histoire généalogique de la maison d'Auvergne*, T. I, p. 316; *Vitœ paparum avenionensium*, in-4°, édition de 1693, T. I, col. 249, 289, 301, 874, 875, 927, 1424; *Miscellanea*, in-8', T. II, p. 273. — DUCHESNE, *Histoire des cardinaux français*, T. I, p. 517, 518; T. II, p. 340. — JUSTEL, *Histoire généalogique de la maison d'Auvergne*, p. 113. — FRISON, *Gallia purpurata*, p. 351. — DENIS DE SAINTE-MARTHE, *Gallia christiana nova*, T. II, p. 532. — ESTIENNOT, *Fragmenta historiœ*, T. IX, p. 25. — LABBE, *Bibliotheca nova*, T. II, p. 760. — Les BOLLANDISTES, *Acta sanctorum*, T. I *martii*, p. 728, 729. — BZOVIUS, année 1352, § 25, année 1369, § 2 et 3. — ODORIC-RAYNALD, année 1369, § 3, — WADING, année 1366, § 10; ann. 1367, § 6. — NOSTRADAME, *Histoire de Provence*, p. 412. — *Mémoire de l'Académie des Belles-Lettres*, T. XVII, p. 469. — BONAVENTURE DE SAINT-AMABLE, T. II, p. 236. — NADAUD, *Mémoires manuscrits*, T. III, p, 349. — LEGROS, *Mémoires manuscrits pour servir à l'histoire des évêques de Limoges*, p. 365-368; *le Limousin ecclésiastique*, manuscrit, p. 54, 55; *Mémoires pour servir à l'histoire de l'abbaye de la Règle*, p. 6. (ROY DE PIERREFITTE.)

BETOULAT (p. 182). — Cette famille appartient au Berry. (F. DE MAUSSABRÉ.)

BEUIL, ancienne abbaye de l'ordre de Cîteaux, auquel elle fut unie le 22 avril 1123, était située dans la paroisse de Veyrac, canton de Nieul (Haute-Vienne), portait : *d'azur à trois fasces ondées d'argent, au chef cousu de gueules.* (*Armorial général.*) On possède encore le sceau en usage au XIIIe siècle. Il est rond et à 35 millimètres de diamètre. Il représente la sainte Vierge debout, couronnée, portant l'Enfant-Jésus, et tenant de la main droite une branche qui paraît se terminer par trois fleurs. A droite et à gauche une fleur de lis. Légende : *sigillum conventus abbatiœ sanctœ Mariœ de Bulio.*

BIENCOURT (MARTIN DE) (p. 184). — Famille confondue dans les notes de Nadaud avec celle de Biencourt, porte : *d'azur au lion couronné de laurier d'argent appuyé sur une branche de laurier du même.* Joseph Couturier de Fournoüe a dressé, en 1674, la généalogie de cette famille, dont il remonte la filiation à :

1. — Gervais Martin, écuyer, S[r] des Crosats. Il épousa, le 8 février 1468, Marguerite de La Marche, fille de Denis de La Marche, chevalier, S[gr] de Boisgenest et sœur de Geoffroy de La Marche, S[gr] du même lieu, marié à Françoise d'Aubusson, ainsi qu'il résulte d'un titre du monastère des Célestins des Ternes où elle est qualifiée *Domina Francisca d'Aubusson uxor quondam nobilis viri Gotofredi de Marchia domini de Boscogenete.* Ce

Geoffroy de La Marche n'eut qu'une fille, Françoise de La Marche, mariée à Guy Pot, écuyer, S^{gr} du Noyer, cadet de la maison de Rhodes, ce qui est justifié par le dénombrement qu'elle, étant veuve, rendit pour sa terre et seigneurie de Boisgenest en l'année 1534. De tous leurs enfants il ne resta qu'une fille, Gabrielle Pot, dame de Boisgenest, femme de Gabriel de Biencourt, chevalier, S^{gr} de l'Estang, justifié par acte du 20 janvier 1552. Jacques de Biencourt, leur fils, chevalier, S^{gr} de Boisgenet, épousa Jeanne Menron, fille et petite-fille de deux lieutenants-généraux en la sénéchaussée de la Marche. Isabeau, leur fille, se maria avec Jean de Saint-Yrieix, chevalier, S^{gr} du Mas en l'an 1585, et on lui constitua pour dot, entre autres meubles, une robe de velours, une de damas et une de safras. Charles de Biencourt, chevalier, S^{gr} de Boisgenest et du Noyer, fils de Jacques et de Jeanne Menron, épousa, le 3 février 1592, Françoise de l'Etang, et de ce mariage vint une fille, Honorée de Biencourt, dame de Boigenest, qui épousa Isaac Martin, issu, comme elle, de Denis de La Marche, ainsi qu'on le verra dans cette généalogie. De Gervais Martin et de Marguerite de La Marche vint :

II. — Jean Martin, écuyer, S^r des Crosats, marié à Françoise de Laboreis, dame de Saignevieille, dont : 1° Léonard qui suit ; 2° Gabriel, écuyer, Sr de Saignevieille, marié en 1576 à N..... de Chaussecourte, d'une ancienne famille de la province. Dans une transaction entre son frère et lui, faite le 12 avril 1577, il est qualifié commandant pour le roi ès-villes d'Ahun et de Chénérailles.

III. — Léonard Martin, chevalier, Sr de Neuville, Grandprat et des Crosats, se trouva au siége de La Rochelle du temps d'Henri, duc d'Anjou, depuis roi de Pologne et de France ; fut ensuite, par le moyen du chancelier de Chiverny, récompensé de l'office de lieutenant en la vice-sénéchaussée de la Marche, Montaigu et Combrailles, et étendit sa réputation dans tout le royaume par la vigueur et l'intégrité qui le firent remarquer dans l'exercice de cette charge. Il y en a un témoignage public dans l'épître préliminaire des notes que Nicolas Caillet fit imprimer sur la coutume de la Marche en l'année 1573, où on l'appelle *Leo Martius*. Il épousa, en l'année 1568, Françoise Voisin, de laquelle il eut : 1° Jean, qui suit ; 2° Léonard, qui a fait la branche des Martin de Charsat, sur laquelle nous n'avons aucun renseignement ; 3° Jean, chevalier, Sr de Fleurat, duquel il ne restait qu'un fils, Paul, avocat en la cour, d'où sont descendus les Martin de Guéret, déjà éteints en 1674 ; 4° N....., appelé le chevalier Martin, qui avait fait ses vœux à Malte, et qui est mort à Grand-Prat, en la paroisse de Pionat ; 5° François, duquel est issue demoiselle Marie Martin, mère du Sr de Maurissart (peut-être de la famille de Luchapt dont une branche était seigneur de Maurissart).

IV. — Isaac Martin, chevalier, Sr de Sagnevieille, Grandprat, les Crosats, lieutenant en la vice-sénéchaussée de la Marche, fut marié trois fois : 1° à Catherine Ceysson ; 2° à Louise Fayolles ; 3° à Honorée de Biencourt dame de Boisgenest, dont nous avons donné la généalogie au premier degré de celle-ci. De ces trois mariages vinrent dix enfants. Savoir, du premier lit : 1° Jeanne Martin, née en 1605, mariée d'abord à Antoine Fayolles, dont un fils mort sans postérité, et ensuite à Antoine Couturier de Fournoué, écuyer, S^{gr} de Fournoué, Laprugne, St-Fiel ; 2° Anne Martin, mariée à noble

DU LIMOUSIN.

Pierre Lejeune, conseiller du roi, président en l'élection de la Marche. Ce fut lui qui vendit Boigenest à Jean Dissandes, receveur des consignations à Guéret (1); 3° Antoinette Martin, mariée à Philippe Tournyol;

Du second lit : 4° Jeanne Martin, religieuse, fondatrice du couvent de Bourbon-Lancy;

Du troisième lit : 5° Françoise Martin, mariée à noble Claude Dupic, lieutenant en la vice-sénéchaussée de la Marche, qui n'a pas eu d'enfants; 6° Marie Martin, mariée d'abord à noble François Ceysson, conseiller du roi en la sénéchaussée et siége présidial de la Marche, et ensuite à noble Jacques Garreau, conseiller du roi, président, châtelain d'Aubusson; 7° Nicolas Martin de Biencourt, qui suit; 8° Honorée Martin, religieuse au couvent des Bernardines de Montluçon; 9° Claude Martin de Biencourt, écuyer, Sr de Boisgenest, doyen des conseillers en la sénéchaussée et au présidial de la Marche, marié à Anne Laboreis dont : *a*, Nicolas, jésuite à Limoges. Le 15 janvier 1701, il est dit fils unique dans une donation que lui font son père et sa mère. *b*, Jean qui était déjà mort en 1701. (Arch. de la Creuse.)

Isaac mourut à Paris en 1637, et fut enterré dans l'église paroissiale de Saint-Gervais.

V. — Nicolas Martin de Biencourt, chevalier, Sr de Boisgenest, mort au mois d'avril 1670, avait épousé Jacqueline Ceysson dont : 1° Estienne, qui suit; 2° Hélène mariée à Elie Béraud, écuyer, Sr de Murat, fils d'Annet, écuyer, et d'Ysabeau du Boucheron, dont postérité; 3° Jeanne-Jacqueline Ceysson, devenue veuve, épousa, en secondes noces, Jean Pitault, S^{gr} des Peiroux, paroisse de Saint-Chabrais, conseiller du roi, châtelain de Chénérailles. (Registres paroissiaux de Chénérailles.)

VI. — Etienne-Martin de Biencourt, écuyer, S^{gr} de Boisgenest et de Sagnevieille, est qualifié, dans l'acte de partage fait avec ses sœurs des biens de Nicolas, leur père, de garde du corps du roi dans la compagnie de Luxembourg. Plus tard, il est dit président, châtelain de Chénérailles, conseiller du roi, juge royal civil et criminel de la ville et châtellenie de de Chénérailles. Le 20 mars 1695, il avait épousé Gabrielle Micheau, veuve d'un président châtelain de Chénérailles. (Registres de Chénérailles.) (P. DE CESSAC.)

BLANCHEFORT, page 188, n° IV. — Raymonde de Favars se remaria avec *Pierre David, chevalier,* dont elle eut : *Amaury David, damoiseau,* vivant en 1353.

Etienne de Blanchefort eut de N... de Rignac, sa première femme, Guy, qui suit, et de Raimonde de Favars, sa deuxième femme, Archambaud, mentionné dans la transaction du 12 juin 1353.

C'est à tort qu'on a fait cet Archambaud père de Guy, qui était son frère aîné.

Ibid, n° V et non VI, Guy de Blanchefort, Ier du nom, S^{gr} de Saint-Clément, supprimez ces mots : « après Archambaud, son père ». (F. DE MAUSSABRÉ.)

(1) Archives de la Creuse, série E, n° 191.

BOISSE. — Des enfants de Jacques-Joseph de Boisse du n° XIV (p. 198), François-Joseph, ou son frère André-Charles, obtint une abbaye à Vienne en Dauphiné. Il est mort en 1793. — Antoine-René, vicomte de Boisse, mentionné comme quatrième enfant, a été lieutenant-général, et il est mort en 1818. De ses quatre filles, la première, Antoinette-Françoise-Esprit, est aujourd'hui M™° la comtesse Chapelle de Jumilhac. La quatrième, Adélaïde-Catherine-Elisabeth, a épousé le baron de Viel-Castel, mort, en 1830, laissant un fils. — Charles-Joseph-René, mentionné comme cinquième enfant, et qui a été chevalier de Malte, est mort vers 1810.

XVI. — Stanislas-Adélaïde, marquis de Boisse, né, en 1762, d'Ambroise-François-Joseph-Dulcem du n° XV et de Marguerite de Bassompierre, épousa, vers 1784, Adélaïde de Broglie, fille du maréchal, dont il n'a point eu d'enfants. Il est mort un peu avant 1840. (ROY DE PIERREFITTE.)

BOISSIÈRE (page 200), Sr de Labinaud, paroisse de Boües, élection d'Angoulême, porte : *de gueules à deux lions d'argent affrontés, lampassés de gueules, à deux croissants d'argent et une étoile d'or au milieu en chef.*

I. — Guillaume de Boissière, marié avec Madeleine de Sainte-Maure. (Quittance consentie par le dit Guillaume en faveur de Jacques de Sainte-Maure, son beau-père, du 27 avril 1539.)

II. — Jean de Boissière, marié : 1° avec Françoise Forestier ; 2° avec Marie de Daillon. (Testament du dit Guillaume, par lequel il institue pour héritier son fils né de la dite Sainte-Maure, acte du 2 septembre 1550, ayant un codicile du 18 août 1556. — Mariage du 17 octobre 1578.)

III. — Jean de Boissière, né du précédent et de Françoise Forestier, marié, le 2 janvier 1597, avec Lucrèce de Robinet.

IV. — Pierre de Boissière, marié, le 27 mars 1622, avec Marguerite des Roches. (DES COUTURES.)

BONNESAIGNE, ancienne abbaye de femmes de l'ordre de Saint-Benoît, située paroisse de Combressol, canton de Meymac (Corrèze). Elle existait en 1165. D'Hozier lui a donné pour armes : *d'or à trois chevrons de sable.* (*Armorial général.*)

BONNEVAL (page 202.) — La devise de cette famille était : *Victorioux de tous lous hazars.* — Nous devons à M. A. Doazan la plupart des recherches qui forment ce complément du texte de Nadaud.

I. — Giraut de Bonneval.

II. — Roger épouse Anne de Lestrange.

III (Ier de Nadaud). — Jean épouse Alice d'Aix (page 203).

IV (IIe). — Jean épouse Eude de Tranchelion (page 203).

V (IIIe). — Jean épouse Alix de Brenne (page 204).

VI (IVe). — Jean épouse Dauphine de Montvert (page 205).

VII (V^e). — Bernard épouse Marguerite de Pierrebuffière (page 207).

VIII (VIe). — Antoine épouse Marguerite de Foix (page 208).

IX (VIIe, page 211). — Germain de Bonneval, premier du nom, chevalier, S^{gr} des terres et baronnies de Bonneval, de Blanchefort, Caussac, Appel, Saint-Félix, Agnès, Moraselle, Mervelles, Mouclès, Chef-Bouton, Bury et autres, leurs dépendances; conseiller du roi, chambellan ordinaire de Sa Majesté, gouverneur et sénéchal du Haut et Bas-Limousin, qui fut enfant d'honneur, et échanson du roi Charles VIII, l'un des cent gentilshommes de son hôtel, au lieu de Foucaud de Pierrebuffière. Il l'accompagna à la conquête du royaume de Naples et combattit, auprès de sa personne, à la bataille de Fornoue en 1495. Il était l'un des sept gentilshommes entretenus, vêtus et habillés comme le roi. Il fut en grand honneur, substitua sa succession aux mâles, privativement aux femmes, qui finit dans la maison de Gontaut de Biron, qui s'empara de tous ses biens et titres. Les descendants de la famille de Bonneval réclamèrent et en récupérèrent, par arrêt, une partie. Il transigea avec Gaston, roi de Navarre, sur certains arrêts rendus au Parlement de Grenoble, le 15 avril 1509, contre le roi de Navarre, son cousin, comme vicomte de Bearn, au sujet de la baronnie de Coussac; Jean d'Albret, alors roi de Navarre, ayant pris des lettres de rescision au Parlement de Bordeaux, en 1500, contre les ventes et donations de la baronnie de Coussac, faites aux dits Antoine et Germain de Bonneval père et fils. Ce dernier présenta requête à ce souverain, lui exposant, en son conseil, que lui et son père, lui avaient rendu ainsi qu'à ses prédécesseurs, rois de Navarre, des services signalés pour le maintenir sur le trône navarrin, employé même plus de 100 mille écus pour remettre ce royaume en leur obéissance, sans compter ce que lui-même avait fourni à cet effet, après avoir exposé leurs vies pour pacifier les troubles de leur royaume; aussi leurs prédécesseurs, pour raisons de tant de services, avaient donné leurs paroles par écrit, avec promesse de ne jamais retirer cette baronnie de leurs mains. Cette affaire restée indécise durant les règnes précédents, jusqu'à Henri II, successeur de Jean, Sa Majesté Navarraise fit de nouveau don de la dite baronnie, le 15 septembre 1521, à charge de l'hommage que son cousin de Bonneval lui fit, le 16 septembre 1521. Il suivit François Ier à la malheureuse journée de Pavie, où il fut tué, le 25 février 1524, après avoir eu grand crédit auprès de Charles VIII, Louis XII et François Ier.

Il avait épousé demoiselle Jeanne de Beaumont, le 4 février 1513, laquelle portait : *d'azur à la fasce d'or chargée de trois annelets de sable.* Elle était fille d'Antoine de Beaumont, chevalier, et de dame Marie de Graville, dame de Chef-Bouton et de Bury ; ils eurent de leur mariage : 1º Anne de Bonneval, mariée à Jean de Gontaut, baron de Biron, capitaine de cent hommes d'armes, gentilhomme de la chambre du roi, gouverneur de Saint-Quentin, d'où sont descendus les barons, ducs de Biron, qui portent : *écartelée d'or et de gueules;* 2º Renée de Bonneval, remise à la dame sa mère, par arrêt du Parlement de Bordeaux, du 28 août 1525; depuis dame d'honneur de Renée de France, fille de Louis XII, dont elle était parente par Marguerite de Foix, son aïeule.

IX *bis*. — Jean de Bonneval, dit le Jeune Dutheil, cinquième fils d'Antoine de Bonneval et de Marguerite de Foix, après le décès de ses frères aînés et leurs rameaux en quenouille, ou constitués dans l'état ecclésiastique, fut gouverneur de Lodi, en Italie, capitaine de cinquante lances, fournies des ordonnances du roi, son conseiller et chambellan. Transigea avec la famille de Biron à cause de la substitution du 3 avril 1525, forma sa demande en ouverture d'icelle, par arrêt du 27 mars 1526, rendue au grand consul. Cette affaire fut décidée par arrêt du Parlement de Paris, en 1644, le 12 juillet, en faveur de cette maison, contre celle de Biron.

Il épousa damoiselle Françoise de Varie, veuve de François Brachet, fille de François de Varie, S^{gr} de l'île Savary, et d'Isabeau Frottier, damoiselle, dont il eut : 1° Gabriel, qui suit ; 2° Louise-Marie, mariée à Gilbert de Hautefort.

X. — Gabriel de Bonneval épouse Jeanne d'Anglure, d'où : 1° Horace, qui suit; 2° François, mort sans postérité ; 3° Henri, qui continuera la postérité; 4° Isabeau ; 5° Diane, épouse François de Barthon ; 6° Elisabeth, qui épousa, le 21 février 1592, Gabriel Chauvet, S^{gr} de Fredaygue ; 7° Jeanne, épouse Julien de Freysenguesa (Fresinges).

XI. — Horace de Bonneval épouse, en 1583, Marguerite de Neuville, d'où : Marie de Bonneval qui, en 1599, épousa François de Salagnat.

XI bis. — Henri de Bonneval, fils de Gabriel et de Jeanne d'Anglure, épouse, en 1592, Marie de Pons ; il mourut en 1642. De son mariage il eut : 1° Henri, qui suit ; 2° Charles; 3° Anne, qui, en 1613, épouse René de Lestrange; 4° Isabelle, qui, en 1622, épouse Pierre de Deols ; 5° Marguerite qui, en 1626, épouse Louis du Pery.

XII. — Henri, comte de Bonneval, mort en 1656. Il épouse : 1°, en 1623, Elisabeth de Saint-Mathieu, d'où : 1° Jean François, qui suit ; 2° Pierre, vicomte de Châteaurocher mourut sans enfants; 3° Isabeau épouse, en 1646, Jaques d'Anlezy. Il épouse : 2°, en 1641, Marguerite-Françoise Chabot, d'où : 4° François, comte de Charny, marquis de Bonneval, marié, en 1661, à Charlotte-Françoise de Maigret, d'où une fille, Marie-Anne de Bonneval, mariée, en 1689, à Léonard de La Saigne; 5° Joseph, religieux ; 6° Louis, mort jeune ; 7° Charles, mort jeune ; 8° Anne-Marguerite épouse, en 1657, Nicolas de La Saigne ; 9° Anne épouse Philibert Jousseneau; qui porte : *de gueules à un chef d'or;* 10° Marguerite épouse Jean de Fontanges ; 11° Françoise, religieuse ; 12° Jeanne mariée, en 1672, à Philibert Bonne de Bernard de Montessus.

XIII. — Jean François, marquis de Bonneval, épouse, en 1670, Claude Monceaux, d'où : 1° César-Phœbus, qui suit ; 2° Marc-Antoine, comte de Bonneval, épouse Louise-Françoise de Mondesert et meurt sans enfants ; 3° Claude-Alexandre, chevalier et comte de Bonneval, puis Bonneval-Pacha; il avait épousé, en 1717, Judith-Charlotte de Gontaut-Biron ; il mourut en 1747, à Constantinople, sans enfants légitimes. (Voir, sur ce personnage, la notice biographique au T. VII du *Bulletin de la Société archéologique du Limousin ; la biographie des hommes illustres du Limousin ; les châteaux historiques de France,* par Gustave Eyries, etc.; et la suite de la notice de Nadaud à la page 211.

XIV (XII de Nadaud, page 212). — César-Phœbus, marquis de Bonneval, épouse, en 1700, Marie-Angélique d'Hautefort. D'Hautefort porte : *d'or à trois forces de sable.* De ce mariage : 1° César-Phœbus-François, qui suit ; 2° Marie-Marthe-Françoise mariée, en 1720, avec de Talaru.

XV (XIII de Nadaud, page 214). — César-Phœbus-François, marquis de Bonneval, épouse, en 1724, Marie de Beynac. Il meurt sans enfants, et par son testament en date du 12 mars 1765, se substitue et donne à André de Bonneval, aîné de la branche de Chastain, le titre de marquis et les terres de Bonneval, Blanchefort et La Panthonie.

Branche cadette. — Seigneurs de Montvert et de Magnac.

VII bis. — Guillaume de Bonneval, dit de Montvert, chevalier, seigneur par indivis, des châteaux, lieux et places de Montvert et de Magnac, était fils de Jean, seigneur de Bonneval, de Blanchefort, et de Dauphine de Montvert, sa femme. Il épousa Marguerite de La Garde, fille aînée de Guichard de La Garde, chevalier, S^{gr} de Malleret, et de Catherine de Chaslus, qui porte : *de sable semé d'étoiles d'or à un poisson de même mis en bande à la bordure engrelée de même.*

En faveur de cette alliance, Trouillard de Montvert, son oncle maternel, S^{gr} de Magnac, Aigueperce-sur-Cher et Chastain, lui promit une somme de 500 écus d'or, et lui fit don, pour cela, le 15 janvier 1440, du château et ville de Magnac, avec réserve d'usufruit. Hugues de Bonneval, son frère puîné, ayant épousé la sœur de sa femme, ils transigèrent ensemble pour raison des droits de leurs femmes en présence et du consentement et volonté de leur mère et de Trouillard de Montvert, leur oncle, les 9 mai et 8 juin 1448, et convinrent d'être communs en biens de succession et d'héritage, et même d'acquisitions. Trouillard de Montvert, qui n'avait point d'enfants, en considération de ce qu'à sa prière et à son commandement, Guillaume et Hugues de Bonneval, ses neveux, avaient cédé et abandonné à Bernard de Bonneval, leur frère germain et aîné, toutes leurs prétentions sur les biens de feu leur père, et aussi en faveur des services que les dits frères, ses neveux, lui avaient rendus, et qu'il espérait en recevoir encore à l'avenir, et de ce qu'ils avaient promis et s'étaient obligés en se mariant à porter les noms et armes de Montvert, à la différence que Guillaume devait y ajouter un Lambel du vivant de son oncle et après son décès porter les armes pleines et que Hugues y porterait différence, leur fit, par acte du 3 février 1449, une donation entre vifs et irrévocable, de tous et chacuns de ses biens pour en jouir entre eux par indivis, s'en réservant seulement l'usufruit, sa vie durant. Cette donation fut insinuée le 12 juin 1454. Marie de Chaslus, dite de Chastaing, femme de Trouillard de Montvert, fit en même temps donation, par acte du 7 mars 1449, à Marguerite et Marie de La Garde, ses nièces, en faveur de leur mariage avec les neveux de son mari, des châtels et châtellenies de Mallefort et de Montaigu, et cette dernière donation fut insinuée au baillage de Saint-Pierre-le-Moutier, le 9 avril 1451.

De son mariage, il eut pour enfants : 1° Antoine, chevalier, S^{gr} de Montvert et de Magnac, qui, en qualité de ses père et mère, transigea, le 6 février 1471, avec Jacques de La Garde, S^{gr} de Malleret, d'Outregnac et Maltrouge, son oncle maternel, pour raison d'un procès qui s'était mu entre leurs prédécesseurs réciproques. Il avait épousé Catherine de Lestranges, auparavant veuve de Renaud de Lubertis ; 2° Jean, S^{gr} de Magnac, après la mort de son frère aîné sans enfants, épousa Gabrielle de Lestranges, sœur de la femme de son frère, mais il n'eut pas d'enfants ; 3° Fleurette de Bonneval de Montvert, fut mariée à François Dumont, S^{gr} de La Chassaigne, qui donna quittance de la dot de sa femme, le 7 février 1478 ; 4° Agnette de Bonneval de Montvert, mariée, suivant contrat du 28 octobre 1479, avec Bertrand de

La Chassagne, écuyer, fils de noble homme Pouchot de La Chassagne, écuyer, S^gr de Mardoigne; puis fut marié, par contrat du 13 novembre 1516, avec Guy Lestranges, S^gr de Durat, auquel elle apporta les terres de Montvert, de Magnac et de Montaigut.

Branche des seigneurs de Chastain (1).

VII ter. — Hugues de Bonneval, troisième fils de Jean, S^gr de Bonneval et de Blanchefort, et de Dauphine de Montvert, sa femme.

Il est nommé dans le testament de son père du 9 novembre 1430. Il prit le surnom de Montvert, ainsi que Guillaume de Bonneval, son frère, et fut S^gr par indivis avec lui, de Montvert, de Magnac, d'Aigueperce-sur-Cher, de Malemort, de Montaigut et de Chastain, en vertu des donations qui leur furent faites par Trouillard de Magnac et de Montvert; et de leurs appartenances à Jacques d'Armagnac, comte de La Marche de Perdriac et de Castre, à cause de la châtellenie de Felctin; ils en fournirent le dénombrement les 5 et 6 mars suivant. Lui et son frère Guillaume transigèrent avec Bertrand et Gabriel de Bonneval, leurs frères, pour raison des meubles laissés par Trouillard de Montvert, leur oncle, le 9 juillet 1458. Il avait épousé Marie de La Garde, fille puînée de Guichard et de Catherine de Chalus; ils eurent quatre enfants: 1° Trouillard, qui suit; 2° Louis, écuyer, S^gr du château de Montaigut; 3° Christine, laquelle étant veuve de Jean de La Buxière, écuyer, transigeat avec son frère pour le restant de sa dot, le 28 juin 1494. Buxière porte: *d'azur à la fasce d'argent: en chef un lion issant d'or; en pointe, trois vannets d'or, 2 et 1;* 4° Catherine, mariée avec noble homme Jean d'Aubeyrac, écuyer, suivant leur contrat du 6 janvier 1486.

VIII. — Trouillard de Bonneval, chevalier, S^gr de Chastain en Combrailles, diocèse de Limoges et d'Aigueperce-sur-Cher, était mineur et sous la tutelle de sa mère en 1476. Il fut homme d'armes sous la charge d'Antoine, S^gr de Bonneval, son cousin germain. Il fit une fondation dans l'église paroissiale de Fayole, le 1er mars 1494. Il épousa Marguerite de Césard, ainsi dénommée dans un acte du 28 juin 1494. Ils eurent trois enfants: 1° Jacques; 2° Catherine, mariée avec Antoine de Château-Bodeau, écuyer, S^gr de Chaux, qui assistat au contrat de mariage de son beau-frère en 1507; 3° Guillaume, qui suit.

IX. — Guillaume de Bonneval, écuyer, S^gr de Chastain et de Gaschart, fut marié à Magdeleine de Cézat, fille de Duret de Cezat, chevalier, S^gr de Beausson, et de Marguerite de Merges. Ils eurent quatre enfants: 1° Jean, qui suit; 2° Antoine; 3° Pierre, prieur de Saint-Pierre d'Abbeville, d'Arfeuille et de Chastain; 4° Anne qui, en 1538, était femme d'Antoine Sonade, écuyer.

X. — Jean de Bonneval, écuyer, S^gr de Chastain, obtint des lettres en chancellerie, contre Antoine Sonade, son beau-frère, et la dite dame Anne de Bonneval, son épouse, le 14 septembre 1538. Il épousa Marie de Malleret, fille de René de Malleret, écuyer, S^gr de Lussac. Elle fut veuve,

---

(1) Le château du Chataing, aujourd'hui propriété du comte de La Roche-Aymon, se voit encore dans le bourg d'Arfeuille-Chatain, canton d'Evaux (Creuse).

le 3 octobre 1558, et épousa, en secondes noces, Jacques Iricix, S^{gr} de Damas. Malleret porte : *d'or au sautoir d'azur, en chef, une tête de lion arrachée de gueules.* De ce mariage, Jean de Bonneval eut deux enfants : 1° François, qui suit ; 2° Louis.

XI. — François de Bonneval, chevalier, S^{gr} de Chastain. Il épousa, du consentement de sa mère, par contrat du 3 avril 1584, Marguerite de La Porte, fille de feu noble Pierre de La Porte, écuyer, et de dame Gilberte Legroin, petite-fille de Philippe de La Porte, écuyer, S^{gr} de Jurigny en Berri, paroisse de Saint-Pierre-Dubost et de Saint-Marien. De La Porte, porte : *de gueules au croissant montant, herminé de cinq pièces de sable.* Le dit François de Bonneval assembla, en 1590 une troupe de ses censitaires, et plusieurs gentilshommes, ses vassaux, qu'il commanda en chef pour aller au secours de son roi et servir sa patrie. En se rendant à l'armée il surprit, à son passage, ses ennemis, s'empara des munitions, bleds et meubles renfermés dans le château de Préveranges, près Saint-Sévère en Berri, où il fit la garnison prisonnière, le 18 janvier 1590. Le château de Préveranges, appartenait au seigneur d'Ainay-le-Viel. En exécution des ordres du roi, il présenta requête à Claude de La Chastre, chevalier, conseiller du roi, son chambellan, gouverneur des duchés d'Orléans et de Berri, qui, par son jugement, accorda la confiscation du tout, étant de bonne prise à son profit et à celui de sa troupe, ainsi qu'il résulte de l'ordre du roi, le 25 janvier au dit an 1590. Signé, La Chastre, et contresigné de son secrétaire, avec le scel de ses armes, sur papier simple. La veuve du dit François de Bonneval, renonça à la succession par acte du 6 novembre 1592, fit créer tutelle à ses enfants, fit faire inventaire des titres et effets de son défunt mari, le 18 mars 1599. Elle convola, en secondes noces, avec Annet d'Hairon, écuyer, S^{gr} de Lignières, suivant le contrat en date du 6 août 1606. Elle mourut en 1617. Elle eut, de son premier mariage, trois enfants : 1° François, S^{gr} de Chastain, qui suit ; 2° Jean, S^{gr} de Jurigny, qui forme la branche de ce nom ; 3° Annet, écuyer, S^{gr} de Varenne et Rougeac ; il fut marié deux fois : 1°, suivant le contrat du 13 février 1619, à Euchariste de Mechastain, qui porte : *coupé, en chef d'argent à une molette de gueules, en pointe d'azur à la tête de daim d'or ;* 2°, suivant le contrat du 11 juillet 1634, à Gilberte de Gouzolles ; de ce mariage sont issus : A. — François, qui épousa Charlotte Payenne ; B. — Thomas, qui épousa Charlotte du Perroux, qui porte : *de gueules à trois chevrons d'or, l'un sur l'autre, pallé du même.* De ce mariage sont issus : *aa.* François ; *bb.* Antoine ; *cc.* Gilberte ; *dd.* Anne ; *ee.* Eléonore ; *ff.* Annet ; *gg.* François ; 4° François épousa demoiselle Louise de La Roche, de Monceau et d'Esclennes. Ils moururent tous deux et Mme Françoise Charlotte de Monceau, de La Roche, mère de Messieurs de La Rochelle et d'Esclennes et de La Robinière, hérita, pour ce qui la concernait, et Messieurs de Bonneval, des biens de leur côté. La Roche porte : *d'azur au chevron d'or accompagné de trois trèfles, de même 2 et 1 ;* 5° Gabrielle, mariée avec René Macé, écuyer, S^{gr} de Montaigut, qui est partagé à cause d'elle, le 8 octobre 1621. Cette Gabrielle étant veuve de lui, vendit, par contrat du 31 mai 1643, à Gaspard de Bonneval, son neveu, sa part et portion de la terre de Chastain, qui lui était échue en partage, en 1621 ; 6° Marie, en 1621, femme de Gilbert de L'Estang, écuyer, S^{gr} de Bard et de Boueix, demeurant au dit lieu des Bards, paroisse de Nouault, laquelle étant veuve, transigea avec Jean de Bonneval, Sgr de Jurigny, son frère, pour raison de la succession de son frère, le 24 juin 1625.

XII. — François de Bonneval, chevalier, Sgr de Chastain. En qualité de fils aîné, fit partage avec ses frères, le 16 juin 1618 ; en fit un second avec ses frères et beaux-frères, le 16 octobre 1621. Il épousa demoiselle Desbards de Bourbonnais, laquelle portait : *tiercée et retiercée en fasce, d'or, azur et argent*. Il mourut le 1er février 1621. Ils eurent sept enfants : 1° Gaspard, qui suit ; 2° Gilbert, qui a formé la branche cadette de Langle, qui suit ; 3° François, marié à Françoise des Ages ; 4° Antoine, chevalier, baptisé à Chastain ; 5° Marie, mariée à Louis de Verdalle, présent à l'acte de tutelle de ses beaux-frères et belles-sœurs, en 1642 ; 6° Hélène ; 7° Annette.

XIII. — Gaspard de Bonneval, chevalier, Sgr de Chastain, capitaine d'infanterie en 1639 ; fit son testament, le 18 août 1678, et le 18 mars suivant, satisfit à un legs pieux de 400 livres, que son père n'avait pu accomplir. Il épousa demoiselle Jeanne de La Breuille, fille du Sgr de Langle en Poitou (1), paroisse de Saint-Amand-le-Petit, province de Poitou, diocèse de Limoges, baron de Laron, et de damoiselle Gabrielle de Fontanges, de Chambon, dont : 1° Louis, qui suit ; 2° Melchior de Bonneval, qui a formé la branche de Chastain de Bannegon.

XIV. — Louis de Bonneval, chevalier, Sgr de Chastain. Il vendit Chastain à Melchior, en 1688. Il épousa Antoinette de Fontanges, dont : 1° Hugues-Marien-Gabriel, qui suit ; 2° Jean de Bonneval, qui forme la branche de La Tresne ; 3° une fille non mariée.

XV. — Hugues-Marien-Gabriel de Bonneval épouse Marguerite d'Audebert, d'où : 1° André, qui suit ; 2° Marie de Bonneval, épouse Charles Guimet de Lespinasse.

XVI. — André de Bonneval, Sgr du Chatain, de Langle, marquis de Bonneval par la substitution faite en sa personne, par le testament en date du 12 mars 1765, par César-Phœbus-François, marquis de Bonneval. Il fut capitaine au régiment de Poitou, et mourut en 1802. Il avait épousé, le 12 mars 1760, Marie-Denise de Joubert Nantiac, d'où : 1° Marie, qui épousa Pierre d'Abzac, colonel, écuyer du roi ; 2° Marie-Sophie, épouse Louis-Elisabeth de Calignon ; 3° Louis-César-François, qui suit ; 4° Louis, mort à onze ans.

XVII. — Louis-César-François, marquis de Bonneval, né le 12 avril 1769. Maréchal-de-camp et aide-de-camp du duc de Bourbon, émigra pendant la révolution, épouse, le 9 août 1810, Louise Couturier de Fornoue, d'où : 1° Sophie-Joséphine-Denise, née le 12 décembre 1814, épouse le général d'Ormoy ; 2° Marthe-Gabrielle-Marie-Jeanne, née le 31 mars 1817, épouse N..... de Beaurepaire ; 3° Antoine-Louis-Marie, qui suit.

XVIII. — Antoine-Louis-Marie, marquis de Bonneval, né le 5 septembre 1818, résidant actuellement à Guéret.

---

(1) Langle, fief situé dans l'ancienne paroisse de Saint-Amand-le-Petit, aujourd'hui réunie à celle de Peyrat, canton d'Eymoutiers (Haute-Vienne).

Branche de Jurigny, puînée de celle de Chastain.

XII bis. — Jean de Bonneval, chevalier, S^gr de Jurigny en Berri, second fils de François de Bonneval, S^gr de Chastain et de damoiselle Marguerite de La Porte, dame de Jurigny, épousa damoiselle Françoise Le Groing, fille de François Le Groing, écuyer, et de damoiselle Anne de Vernage, le 14 septembre 1619. Le Groing porte : *d'argent à trois têtes de lions arrachées de gueules, couronnées d'or, 2 et 1*. Il eut de ce mariage : 1° René, qui suit ; 2° Gilbert, chevalier, S^gr de Saint-Marien. Le dit Jean de Bonneval, épousa, en secondes noces, demoiselle Antoinette du Carlier, fille du seigneur de Couture, qui portait : *d'azur à trois amandes pellées d'argent*. Il eut de ce mariage : 3° et 4° Alexandre et Jean, décédés sans postérité ; 5° Jeanne, mariée à Claude Gazeau, écuyer, S^gr de La Tour Gazeau, le 18 mars 1678, devant Pierre Bize, notaire.

XIII. — René de Bonneval, chevalier, S^gr de Jurigny, guidon de la compagnie de gendarmes de monseigneur le duc de Valois, le 22 septembre 1650, épousa demoiselle Marguerite de Laise, fille de Jean de Laise, écuyer, S^gr Duplex d'Ardenay, qui porte : *d'azur à 3 merlettes d'or, 2 et 1*, et de damoiselle Denise de Pregnié, par acte reçu de Bienvenue, notaire royal, le 7 septembre 1634, d'où :

XIV. — Armand de Bonneval, chevalier, baron de Jurigny et du Reau, épousa Claude de Laise, par acte du 18 juillet 1678 ; il obtint dispense du quatrième degré de consanguinité, à cause de la dame sa mère, cousine de la future, dont : 1° Claude, qui suit : 2° Jean, qui a formé la branche du Reau ; 3° Charles, qui a formé la branche de La Roche-Verneuil.

XV. — Claude, baron de Bonneval, chevalier, capitaine des cuirassiers de France, d'abord lieutenant dans le régiment de Rouerge, d'où il fut tiré par César-Phœbus, marquis de Bonneval, chef de leur maison, mestre de camp du régiment des cuirassiers de France, brigadier général des armées du roi, qui le fit passser dans son régiment avec ses deux frères, leur donnant à chacun une lieutenance. Il eut Jurigny. Epousa damoiselle Louise Ducrest, fille de messire Jacques Ducrest, chevalier, S^gr de Ponnay, paroisse de Tazille et Flety alternativement, et de damoiselle Magdeleine de Ponard, dame de Cizière en Marçay, diocèse et généralité de Bourges, par acte de Bienvenue, notaire, passé à Luzy en Nivernais, route d'Autun, le 29 janvier 1715. Ducrest porte : *d'argent, en chef au lion passant de sable, en pointe d'azur, bandés de trois pièces d'argent*. Il mourut vers 1731, laissant : 1° Armand, qui suit ; 2° Jacques-Louis de Bonneval de Cizière, jadis clerc tonsuré, ensuite marié ; veuf sans postérité légitime de son premier mariage, il a épousé, en secondes noces, Marie Marquet de Martilly, qui porte : *d'azur au chevron d'or, accosté de deux croissants montant d'argent, en chef, et une balle d'argent en pointe*.

XVI. — Armand, baron de Bonneval, chevalier, S^gr de Jurigny, de Cizière et autres terres, ancien lieutenant de Poitou. Il épousa damoiselle Marie Martin, fille de Silvain Martin, chevalier, S^gr de Verneix en Berri, ancien officier au régiment de la Sarre, qui portait : *d'argent au lion de gueules, chargé d'une branche de chêne de sinople, posée en barre*, et de dame Marie de Fournoux qui porte : *échiqueté d'argent et de gueules*, par contrat reçu de Jobin, notaire, le 1er mars 1726, dont : 1° Pierre, baron de Bonneval, chevalier, capitaine au régiment de Flandres ; 3° Jacques-François, qui suit ; 3° Marie-Anne, épouse N... de Bridier ; 4° Marie-Henriette, épouse N... du Verney.

XVII. — Jacques-François de Bonneval, chevalier, premier lieutenant de chasseurs au régiment de Bresse, épouse Marie-Rose Ragon des Barres, d'où : 1° Armand-Alexandre-Hippolyte, qui suit ; 2° Charles, comte de Bonneval, lieutenant-colonel de cavalerie, mort au château des Barres, en mars 1851.

XVIII. — Armand-Alexandre-Hippolyte, dit le général, marquis de Bonneval. Il épousa, le 31 décembre 1814, Marie-Séraphine-Nouette d'Andrezel, veuve du comte Dorsenne. Voici ses états de service : né le 24 février 1786, il entra à l'école militaire à Fontainebleau le 13 vendémiaire an XII, et devint sous-lieutenant au 37e régiment le 13 germinal an XIII. Il reçut une blessure au siége de Stralsund en 1807. Nommé lieutenant au choix, le 17 décembre 1807, il fut blessé à la bataille d'Essling, d'un coup de feu qui lui cassa l'épaule, et de nouveau, à la poitrine, le 22 mai 1809. Fait chevalier de la Légion d'honneur après la bataille d'Essling (1809), il devint aide-de-camp du général Dorsenne le 10 juin 1809, puis capitaine en août 1810. Il fit la campagne d'Espagne comme aide-de-camp du général Dorsenne en 1810 et 1811. Il fut attaché à l'état-major du duc de Trévise pendant la campagne de Russie en 1812, fut aide-de-camp du maréchal Duroc, et faisait fonctions d'officier d'ordonnance de l'empereur en 1813. Après la mort du maréchal Duroc, tué à ses côtés, à la bataille de Wurtschen, il fut fait, par l'empereur, chef de bataillon, aide-de-camp du maréchal Soult, en remplacement de M. de Saint-Chamans ; nommé colonel en 1813, il devint officier de la Légion d'honneur la même année. Après la bataille de Toulouse et la rentrée des Bourbons, il passa lieutenant-colonel et officier supérieur des gardes du corps le 1er juillet 1814, et commandeur de la Légion d'honneur au mois d'août. Colonel le 1er juin 1816, il fut fait lieutenant-major, avec rang de maréchal-de-camp, le 3 août 1817. Après l'embarquement de Charles X, qu'il avait suivi jusqu'à Cherbourg, et le licenciement des gardes du corps, le général de Bonneval a refusé le service actif. Il avait pris part à toutes les grandes batailles de l'empire de 1804 à 1814. Il est mort en 1875, au château de Bonneval, qu'il avait acheté, faisant héritier Bertrand-Henri, comte de Bonneval.

Branche de Chastain de Bannegon.

XIV bis. — Melchior de Bonneval, Sgr de Chastain, des Roches, etc., deuxième fils de Gaspard de Bonneval et de Jeanne de La Breuille. Il épousa, en 1680, demoiselle Antoinette de Lacroix, fille de François, chevalier, seigneur de La Cour, de La Chassaigne de Ponnay et de Chevagne, conseiller du roi, président, trésorier général au bureau des finances de la généralité de Moulins, et de dame Elisabeth de Chamborant de La Clavière, par acte du 11 janvier 1680. De ce mariage naquirent : 1° Jean-Louis-Gabriel, chevalier, S^{gr} de Chastain ; fit partage des biens de ses père et mère le 21 avril 1723 ; 2° Gabriel, chevalier ; 3° Catherine, mariée, par acte du 8 octobre 1706, avec Pierre de Saint-Martin, chevalier, S^{gr} de Martinet, Baignac, Sauzay et Villemetant ; 4° Marie épouse, le 30 décembre 1725, Roger Le Borgne, chevalier, S^{gr} du Lac, paroisse de Chatellois, mère-église de la ville d'Hérisson, de La Thourette et Arcomps, paroisse de Bourbonnais, veuf de damoiselle Marguerite du Rioux, de l'ancienne maison Le Borgne en Berri, qui porte : *d'azur à trois trèfles d'or, 2 et 1*.

Un des descendants de Melchior de Bonneval, Louis-César, qualifié de marquis de Bonneval, S^{gr} de Renibi et de Bannegon, épousa la fille du S^{gr} de Bannegon, D^{lle} Marie-Marguerite Frezeau de La Frezilière, d'où : 1° Marie-Rose-Hilarion de Bonneval, épouse N... du Bouchet ; 2° Marie-Anne-Andélaïde, épouse le marquis de Champagne. Leur père avait figuré comme député de la noblesse aux états provinciaux du Berri en 1778.

Branche de la Tresne.

XV ter. — Jean de Bonneval, second fils de Louis de Bonneval, S^{gr} de Chastain, et d'Antoinette de Fontanges, fut officier au régiment de Poitou. Il épousa, en 1740, Rose-Alix d'Aurière, d'où :

XVI. — Gabriel-André de Bonneval, baron de Vaux, capitaine au régiment de Poitou, épousa, en 1768, Marie-Scholastique de Begon-Larouzière, d'où : 1° Gabriel-André II, qui suit ; 2° Marie-Victoire qui épouse, en 1792, Julien-Pierre Urion de Laqueste ; 3° François-Louis, chevalier de Malte, mort en 1795 ; 4° François qui, en 1797, épouse Henriette de Longueil, d'où trois enfants : A. — Gabriel-Alexis-André, qui a épousé Antoinette de Binarville, dont : aa. François-Louis-Gabriel, décédé ; bb. Basile-Gabriel qui a épousé, le 21 octobre 1863, Marianne-Antoinette Gierliez ; B. — Marie-Scholastique-Elisabeth épouse, en 1821, Godefroy de Calignon ; C. — Marie-Anne-Amable-Pauline qui épousa, en 1824, Antoine, comte du Buysson.

XVII. — Gabriel-André II, comte de Bonneval, inspecteur général des haras, après avoir été successivement directeur des haras de Pompadour et du Pin. Il a épousé, en 1803, Rose-Raymonde d'Abadie, d'où :

XVIII. — Bertrand-Henri, comte de Bonneval, résidant à La Tresne, canton de Créon-La-Bastide (Gironde), a dépensé plus de 300,000 francs pour doter sa paroisse d'une église et d'une maison de sœurs de la charité, installées le 24 septembre 1854. Il a épousé : 1°, le 29 octobre 1838, Marie-Constance-Eusébie de Cossé-Brissac, fille de Timoléon de Cossé, duc de Brissac, morte le 31 juillet 1840, dont : 1° Jean-Timoléon-Germain, mort le 29 mai 1855 ; 2°, le 23 septembre 1841, Armantine-Thérèse-Charlotte de Cossé-Brissac, aussi fille du duc de Brissac, dont : 2° Antoine-Augustin-Hippolyte de Bonneval, né le 4 septembre 1843, épouse, en juillet 1875, N... de Boutheller ; 3° Augustin-Victor-Timoléon, né le 26 juillet 1845, épouse, en janvier 1874, Stéphanie de Laizer ; 4° Anna-Armande-Marie-Marguerite, née le 3 décembre 1847, épouse, en janvier 1872, Olivier de La Guère ; 5° Henri-Louis-Roger, né le 19 janvier 1849 ; 6° Elisabeth-Louise, né le 13 novembre 1850 ; 7° Jeanne-Marie, né le 27 août 1852 ; 8° Marie-

Artus, né le 20 décembre 1855, a épousé, le 3 mai 1881, à Paris, dans l'église de Saint-Philippe-du-Roule, Mlle de Belloy.

Branche du Reau, puînée de celle de Jurigny.

XV *bis*. — Jean de Bonneval, fils d'Armand, de la branche de Jurigny et de Claude de Laise, chevalier, S^{gr} du Reau en Marcay, capitaine des cuirassiers de France, épouse damoiselle Perine-Thérèse de Beaufort, damoiselle de Mouchy en Artois et de Lislebourg, fille de haut et puissant S^{gr} messire Albert, comte de Beaufort, S^{gr} de Mouchy et de Lislebourg, et de noble haute et puissante dame, madame Louise de Quenique de Pontigny en Bretagne. Beaufort porte : *d'argent à la bande de gueules accostée en chef d'une etoile de même.* De cette alliance illustre sont issues : 1° Louise ; 2° Charlotte, religieuse fontevriste, décédée à Orsan en Berri ; 3° Marie, décédée célibataire au monastère de Sainte-Marie, à Paris ; 4° Jeanne, pensionnaire aux religieuses d'Hérisson, morte, sans avoir été mariée, à l'âge d'environ soixante ans.

Branche de La Roche-Verneuil, puînée de celle de Jurigny.

XV *ter*. — Charles de Bonneval, troisième fils d'Armand, de la branche de Jurigny et de Claude de Laise, chevalier, S^{gr} de La Roche-Verneuil et La Brille-Bauderie, capitaine des cuirassiers de France, pensionnaire de Sa Majesté pour services militaires, épousa, par contrat reçu Defresse, notaire royal à Sainte-Sévère, le 15 février 1727, damoiselle Marie Bertrand de Pouligny, fille de haut et puissant seigneur Jean Bertrand, chevalier, S^{gr} de Pouligny, et de noble dame Gabrielle d'Aygurande ; de cette alliance naquirent : 1° Gabrielle, morte sans avoir d'enfants ; 2° Armand, qui suit.

XVI. — Messire Armand, baron de Bonneval, chevalier, S^{gr} de La Roche-Verneuil et autres lieux, ancien officier des cuirassiers de France, habitant le château de Farges, près Saint-Amant, diocèse de Bourges, a épousé, par contrat reçu Advenier, notaire royal à Charenton, près Ainay en Bourbonnais, le 29 mai 1769, noble et illustre damoiselle Marie-Anne Brandon de Libersac, qui porte : *d'azur à l'aigle double éployée d'or.* Dont : 1° Philippe-Armand, qui suit ; 2° Nicolas-Joseph, épousa N....., Margat de Crécy, d'où une fille épouse N....., comte de Jauffray ; 3° Aimable-Gaspard.

XVII. — Philippe-Armand, comte de Bonneval, pair de France, épouse, en 1794, Henriette Doulé, d'où :

XVIII. — Armand-Joseph, comte de Bonneval, habitant au château de Thaumier, a épousé Anastasie de La Panouse, dont : 1° Gaston, chef d'escadron au 4e chasseurs, a épousé, à Paris, le 1er octobre 1877, N..... de Coriolis d'Espinouse, fille du marquis de ce nom ; 2° Marthe a épousé Aymar, marquis de Nicolaï ; 3° Fernand a épousé Marie du Quesne, d'où Germaine et Bernard de Bonneval.

Branche des seigneurs de La Roque, Meyssac, Rochebrune et Mimole.

VIII *bis* (VI *bis* de Nadaud, page 214). — Foucaud de Bonneval.

DU LIMOUSIN. 587

IX (VII). — Foucaud de Bonneval, Sgr de Messac, etc., épousa, en 1545, Marie Brachet, fille de Guy, Sgr de Peyrusse et de Catherine d'Aubusson, dont :

X (VIII). — Jean de Bonneval, Sgr de Meyssac, épousa Madeleine Rousseau, dont : 1° Jean, Sgr de Meyssac, mort sans postérité; 2° Madeleine, qui épousa Jean-Michel, Sgr de Boulange.

BONIN. — Voir au T. II, l'article Grammont (BONIN DE).

DE BONY (page 216), marquis de La Vergne, Sgrs de Saint-Priest-Ligoure, comtes de Ladignac et des Egaux, Sgrs de Maisonrouge, La Valade, Montusson, Leyssène, Vouzelas. — Cette famille, d'origine italienne, s'est fixée en Limousin dès le commencement du xiiie siècle. A partir de cette époque on suit, par les pièces authentiques, sa filiation jusqu'à nos jours. — Plusieurs branches ont quitté le Limousin pour s'établir en Poitou, en Berri, en Nivernais, en Bourgogne, en Picardie, en Lorraine et dans le Bordelais.

I. — Raymond de Bony, chevalier, 1218, cède, à Joannes Prator, deux terres au Mas de Leyssène, près Saint-Priest-Ligoure.

II. — Jean de Bony, qualifié *nobilis* et *miles*. Par acte de novembre 1260, fait un don aux prêtres de la communauté de Sainte-Croix de Pierrebuffière. Il épousa Yolande de Vassan ou Vassau.

III. — Pierre de Bony, vivant en 1298.

IV. — Jean de Bony (1341-1359), fut père de : 1° Faucher, qui suit; 2° Hugues, abbé de Solignac.

V. — Faucher de Bony (1344-1409), épousa : 1° Isabeau de La Brosse de La Vergne; 2° le 30 octobre 1401, Helys de Saint-Hilaire, fille de Gouffier de Saint-Hilaire. Ses enfants sont : 1° Jean, qui suit; 2° Marguerite, épouse de Pierre de Périgort, Sr de Chalusset; 3° Agnès, qui épousa, le 13 novembre 1399, Jourdain de Meilhac.

VI (I de Nadaud, page 216). — Jean de Bony (1409-1458), dont : 4° Humbert ou Albert, Sgr de La Vergne, qui épousa, le 9 octobre 1434, Jeanne de Cramaud; 5° Martial, abbé de Solignac; 6° Jean, prieur de l'Artige.

VII (II). — Christophe de Bony, dont : 1° Pierre, qui suit; 2° Jean, prieur de l'Artige; 3° Jeanne, qui épousa, le 19 novembre 1472, Jacques de l'ellet, damoiseau; 4° Aymeric, abbé de Solignac.

VIII (III). — Pierre de Bony, dont : 1° Albert, qui suit; 2° Antoine, prieur de l'Artige; 3° Antoinette, qui épousa, le 26 juillet 1520, Blaise de l'Hermite, Sr de La Rivière.

IX (IV). — Albert de Bony, dont : 2° François (au lieu de Germain), prieur de l'Artige.

X (V). — Germain de Bony épousa Jeanne Daniel du Mureau.

XI (VI). — Jean de Bony, marquis de La Vergne, épousa : 1° au château de Tourdonnet, le 7 janvier 1602, Jeanne de Montagnac, fille de Balthazar, Sgr de Tranchelion, et d'Isabeau de Montroux. Il laissa : 1° Jeanne, dame de Tourdonnet, qui épousa : 1° Gaston de La Marthonie, Sgr de Combas; 2° Jean-François de Gain de Linards, le 21 juillet 1633; 2° Charles, qui suit; 3° Raymond, rapporté après son frère et sa postérité; 4° Julie, qui épousa, le 28 avril 1637, Melchior de David de Ventaux.

XII (VII *ter*, page 218). — Charles de Bony, marquis de La Vergne, épousa : 1°, le 3 octobre 1638, Barbe de Malledent; 2°, le 1er octobre 1645, Marie de Malesset, veuve de Pierre du Vignaud, Sgr des Egaux.

XIII (VII, page 217). — Annet-Fleurant de Bony, marquis de La Vergne, épousa, le 2 mars 1656, Marie-Aimée du Vignaud des Egaux, dont Charlotte, héritière de la branche aînée, mariée à son cousin Nicolas de Bony de La Vergne.

XIII *bis* (VIII, page 217). — François de Bony de La Vergne, qui épousa, le 16 février 1674, Antoinette-Gabrielle du Mosnard. Il mourut, en 1690, laissant : 1° Elisabeth-Thérèse-Marguerite, morte en 1682; 2° Antoinette, morte en 1705; 3° Anne, dame d'honneur de la princesse de Conti.

XII *bis*. — Raymond de Bony de La Vergne, second fils de Jean et d'Anne de Salagnac, épousa, en 1657, Jeanne de Torsi, fille de Georges, Sgr de Barrelative, et d'Anne de Passau. Dont : 1° Nicolas, qui suit; 2° Jean-François, qui s'établit en Allemagne et y épousa Jeanne Schlecht, fille de Georges et de Dlle de Pestelot, le 19 juillet 1687, dont Antoinette, mariée à Ferdinand-Emmanuel de Goujeon, Sgr de Mohimont, grand prévôt de la prévôté de Boulay dans la Lorraine-Allemande; 3° N....., tué à la bataille de Marsaille.

XIII (VIII, page 218). — Nicolas de Bony, devenu marquis de La Vergne par son mariage avec sa cousine, Charlotte de Bony, le 12 novembre 1691. Dont : 1° François-Léonard, qui suit; 2° Joseph-Daniel, qui épousa : 1° Anne-Léonarde du Bois d'Aisy, dont Marie-Françoise, épouse de Georges Buffet, Sgr de Millery ; 2° Marthe-Marie Mondain de Montostre, dont Marie-Marthe, qui épousa, en 1780, son cousin, Paul-Antoine de Chamborant; 3° Pierre, qui épousa Hélène de Cournil; on ignore sa descendance; 4° Léonard-François, tonsuré en 1715.

XIV. — François-Léonard de Bony, marquis de La Vergne, épousa, le 21 décembre 1728, Marie-Louise de Creuzenet, dont : 1° Gratien-Yrieix, mort en 1761 ; 2° Jean, qui suit; 3° Jean-Alexandre, rapporté plus loin ; 4° Jean-Vincent, chanoine ; 5° Pierre-Louis, tué à la bataille de Minden, en 1752 ; 6° Jean-Léandre, rapporté plus loin ; 7° Marie-Charlotte, épouse de Charles (*alias* Léonard) de Grandsaigne, Sgr d'Essevat ; 8° Anne-Flavie qui épousa, en 1762, Jean-François de Guillaume de Hors ; 9° et 10° Anne et Gabrielle, religieuses.

XV. — Jean, marquis de Bony de La Vergne épousa : 1° à Paris, en 1763, Marie-Florimonde de Cleri de Sarans, dont : 1° Marie-Louise, morte sans postérité; il épousa : 2°, Marie-Françoise de La Grange Gourdon de Floirac, dont : 2° Louise, épouse de Gratien-Yrieix, comte de Cardaillac; 3° Jean-Léandre-Claire, qui suit; 4° Joseph-François-Xavier, rapporté plus loin ; 5° Emmanuel, mort sans postérité; 6° Marie-Anne-Pétronille, épouse d'Augustin de Cardaillac; 7° Jean-François, rapporté plus loin ; 8° Marie-Jacquette, épouse de Melchior de Brie de Bosfranc.

XVI. — Jean-Léandre-Claire de Bony, marquis de La Vergne, épousa, le 3 septembre 1806, Marie-Caroline de Plas, dont : 1° Antoine-René-Adrien, mort sans postérité; 2° Marie-Madeleine-Anaïs, qui épousa, le 25 juin 1832, Paul de La Bachellerie; 3° Jeanne-Stéphanie-Amélie, religieuse ; 4° Anne-Pétronille-Louise ; 5° Marie-Alexandrine ; 6° Antoine-Joseph-Charles, qui suit; 7° Jeanne-Honorine ; 8° Marie, qui a épousé le docteur Mazard.

XVII. — Antoine-Joseph-Charles, marquis de Bony de La Vergne, épousa

Pulchérie de La Bachellerie, dont : 1° Jean, né en 1846 ; 2° Marie, née en 1851 ; 3° Valentine née en 1852 ; 4° Gabriel, né en 1859 ; 5° Raymond, né en 1864 ; 6° Pierre, né en 1869.

XI bis (VI bis, page 217). — Jean de Bony de La Vergne épousa, le 14 juillet 1609, Isabeau, d'Andelay.
XII (VII page 218). — François de Bony de La Vergne.
XIII (VIII). — Charles de Bony de La Vergne.
XIV (IX). — Marie de Bony La Vergne.

XI ter (VI ter, page 218). — Charles de Bony de La Vergne épousa Marguerite de Bressolles, dont : 1° Jean, qui suit ; 2° Jeanne épousa : 1° René de La Trémouille, Sgr de La Barre, et 2° Jean Le Berle, Sgr des Voisins ; 3° Pierre, rapporté plus loin.

XII (VII bis, page 218). — Jean de Bony de La Vergne épousa, le 24 septembre 1646, Françoise de Bien, dont : 1° Catherine qui épousa : 1° Silvain de Brossard, et 2° Louis de Marsay ; 2° Jean, qui suit ; 3° Anne, qui épousa, le 6 février 1673, Louis de Boislinard ; 4° Jeanne, épouse de Silvain de Biencourt.

XIII. — Jean de Bony de La Vergne, écuyer, Sgr de Montusson, épousa, le 7 janvier 1686, Marie-Paule-Berthe de Robert de Villemartin, dont : 1° Louise-Marie, qui épousa : 1°, le 27 juillet 1720, François Bertrand du Lys Saint-Georges, et 2° Marc Pingault ; 2° Pierre-Paul épousa Jeanne de Lanet dont il n'eut pas d'enfants ; 3° Pierre, qui suit ; 4° Jean-Pierre, Sgr de La Maison-Rouge, épousa, le 19 février 1718, Silvine Baron, sans enfants ; 5° Marie épousa, le 30 juillet 1720, Jean Dubet de Miran.

XIV. — Pierre de Bony de La Vergne épousa Catherine de Vouhet, dont : 1° François, mort au Canada ; 2° Catherine, épouse de Joseph des Roches ; 3° Marie-Anne, épouse de Henri Chauldron de La Faye.

XV bis. — Jean-Alexandre, comte de Bony de La Vergne, épousa, en 1770, sa cousine Madeleine-Hyacinthe, fille de Ferdinand-Ernest de Goujon ou Goschen, Sgr de Mohimont, dont :

XVI. — Fernand-Ernest-Alexandre, comte de Bony de La Vergne, Sgr de Hatrise en Lorraine, a épousé, en 1797, Anne-Andrienne Blaise de Roscrieulles, dont : 1° Anne-Louise-Reine, qui a épousé Jean-Baptiste-Eugène Auricoste de Lazarque ; 2° Françoise-Adèle, qui a épousé, le 20 mars 1831, Victor-Philippe-Auguste Walburge Joseph, baron d'Huart.

XV bis. — Jean-Léandre de Bony, comte de La Vergne, épousa à Metz, le 13 février 1776, Anne-Marguerite de Beccarie, dont : 1° Benoît, mort sans alliance ; 2° Jean-Léandre, qui suit ; 3° Marguerite-Charlotte, qui a épousé, en 1820, Simon, baron de Faultrier de Corvol ; 4° Marie-Louise-Victoire, mariée, en 1806, à N..... du Tronçay ; 5° Ernestine, morte à Nancy, religieuse du Sacré-Cœur de Marie.

XVI. — Jean-Léandre, comte de Bony de La Vergne, épousa à Metz, le 12 juin 1817, Hedwige-Henriette-Josephine-Amélie-Frédérique-Fernandine, baronne de Ende, dont :

XVII. — Edouard-Henri-Léandre, comte de Bony de Lavergne, épousa à Strasbourg, en 1845, Léopoldine Husson de Bermon, dont :

XVIII. — Léopold, comte de Bony de La Vergne, né à Metz, le 13 janvier 1846, marié à Paris, le 10 mai 1875, à Marie-Bathilde Lory des Landes, dont : 1° Raymond, né en 1876; 2° Léopold, né en 1879; 3° Henri-Thomy-Adrien, né en 1880.

XVI bis. — Joseph-François-Xavier, comte de Bony de La Vergne, a épousé Alexandrine de Maumont, dont : 1° Jean-Alexandre, qui suit; 2° Jean-Marc, rapporté après son frère et sa postérité; 3° Anatole, mort sans postérité; 4° Albert, baron de Bony, a épousé, le 13 juillet 1849, Eugénie-Cécile-Jacqueline de Gourgnes, dont Christian, né en 1859; 5° Joséphine; 6° Mathilde, qui a épousé, le 21 octobre 1845, Gaston, comte de Boysseulh.

XVII. — Jean-Alexandre, comte de Bony de La Vergne, épousa : 1° le 2 janvier 1842, Charlotte de Malezieu, et 2° Félicie d'Esparbes de Lussan. Du premier mariage sont nés : 1° Roger, qui suit; 2° Cécile, religieuse du Sacré-Cœur.

XVIII. — Roger, vicomte de Bony, résidant au château de Juvet en Limousin, épousa, le 4 septembre 1871, Augustine-Héline de Meynard, dont Jean-René, né au château de La Sudrie, près Tulle, le 19 août 1872.

XVII bis. — Jean-Marc, vicomte de Bony, épousa à Lyon, le 12 janvier 1852, Anne-Albertine de Vincent, dont : 1° Gaston, né le 3 décembre 1852, marié à Bourges, le 28 février 1881, à Antoinette Triboudet de Mainbrey; 2° Mathilde, née le 2 septembre 1857; 3° Raoul né le 12 avril 1860.

XVI ter. — Jean-François, vicomte de Bony, épousa Alexandrine de La Celle, dont : 1° Louis, comte de Bony des Egaux en Limousin, résidant au château des Egaux, qui a épousé N..... Delzant, dont : 1° Léon, marié à Saint-Flour, en 1879, à N..... Dessauret d'Auliac; 2° Paul, vicomte de Bony des Egaux, a épousé, à Ussel, N..... Laveix, dont : A. — Joseph; B. — Marie; 3° Antoinette-Luce; 4° Marie; 5° Anne; 6° Annette.

XII bis (VII° de Nadaud, page 218). — Pierre de Bony de La Vergne, Sgr de Boisgrenier, épousa, en Poitou, le 23 février 1654, Françoise de Forges, dont :

XIII. — Pierre de Bony de La Vergne, Sgr de Boisgrenier, épousa, le 15 juin 1678, Marguerite de Forges, dont : 1° Charles, né en 1685, mort avant 1715; 2° Charles, mort avant 1734, avait épousé, le 23 avril 1727, Elisabeth de Boislinard, dont : A. — Jeanne; B. — Marie; 3° Jean, qui suit; 4° François, vivant en 1715; 5° Jean, mort jeune.

XIV. — Jean de Bony de La Vergne, écuyer, Sgr de Boisgrenier et de La Roche, se fixa en Picardie et se maria à Amiens, le 9 juillet 1712, avec Marie-Honorée Becel de Tronville. Il en eut dix enfants dont la postérité est ignorée : 1° Marie-Anne, née en 1713; 2° Marie-Madeleine, née en 1714, admise à Saint-Cyr; 3° Jean-Baptiste-Henri, né en 1715; 4° autre Marie-Madeleine, née en 1715; 5° Marie-Honorée, née en 1716; 6° René, né en 1717, 7° Louis, né en 1721; 8° Marie-Françoise-Honorée, née en 1722; 9° Etienne-Henri, né en 1723; 10° Marie-Jeanne, née en 1725.

BORGOGNONIBUS (César de), (et non Burgundionibus, comme on l'écrit dans le *Gallia christiana nova*), italien de naissance, fut nommé à l'évêché de Limoges, en 1547, par le roi Henri II, qui, possédant alors la Savoie et le Piémont, était fort aise d'y prendre des sujets pour les abbayes et pour les évêchés vacants, afin de se faire des partisans dans ces provinces, comme le fait remarquer Patru. César de Borgognonibus reçut ses bulles pour l'évêché de Limoges le 1er novembre de la même année 1547, et il prit possession, par procureur, le 22 mars suivant. On croit qu'il ne vint jamais dans le diocèse. Divers actes constatent que, en 1550, il demeurait au château de La Mirande ou de La Mirandole, et, en 1555 et 1556, au bourg de Brusac, dans la terre des seigneurs de La Mirande. Nadaud pense qu'il s'agit de La Mirande, capitale du comté d'Astarac en Gascogne ; Legros, ouvrant Vosgien, affirme que c'est, au contraire, La Mirande, ville située entre Mantoue et Modène. Nous acceptons aussi ce dernier sentiment. César fit exercer, dans le diocèse de Limoges, les fonctions épiscopales, en 1551 et en 1556, par Benoît de Rota, professeur d'écriture sainte et évêque de Coron *(Coronotensis)*, et, en 1553, par André Tixeri, évêque de Rose ou Rosen. Ses vicaires généraux étaient deux italiens : Alphonse de Verceil, clerc de Ferrare, qu'il nomma dans le palais de Louis Pic de La Mirande, le 24 septembre 1554, et François Marsupin, noble Florentin. Celui-ci, accusé de crimes infâmes, prit la fuite, et fut condamné à être brûlé en effigie devant la cathédrale de Limoges, où avait été aussi dégradé, le 14 mai 1551, solennellement, un prêtre de Bellac, qui fut livré ensuite au bras séculier, et qui mourut sur la roue, le 16, sur la place des Bancs. Ces faits prouvent, entre mille autres, que le clergé, qui naturellement incline à l'indulgence, sait aussi sévir contre ceux des siens qu'il juge, quand son honneur ou la morale exigent une satisfaction.

Les actes de la visite épiscopale qui fut faite dans l'archiprêtré de Limoges, en 1555, permettent de constater quelques faits de mœurs assez caractéristiques : chaque prêtre recevait, pour assister aux offices du dimanche et des fêtes, *trois deniers,* il fut ordonné aux bailes des âmes du purgatoire d'en priver ceux qui n'assisteraient pas. On défendit aussi aux prêtres de Saint-Pierre-du-Queyroix de dire la messe les dimanches et les jours de fête pendant la messe paroissiale. En imposant comme compensation une aumône qu'elle fixerait elle-même et qu'elle distribuerait aux pauvres, l'évêque visiteur autorisa l'abbesse de la Règle à manger pendant le carême des œufs, du beurre, du fromage et du lait : cela prouve combien les temps sont changés. Enfin on déposa quelques bénéficiers comme incapables.

Le 1er février 1551, on fit imprimer, **par** ordre de César de Borgognonibus, un bréviaire limousin qui eut une seconde édition en 1556. Thiers, parlant de l'exposition du Saint-Sacrement, constate aussi qu'on imprima, en 1555 un rituel de Limoges. Cette même année 1555, par lettres patentes du 23 novembre, le roi mandait à l'évêque de Limoges d'assembler son clergé pour requérir de sa part, en forme de don gratuit, 34,124 livres, équivalant à 4 décimes de revenu annuel. Déjà le clergé du diocèse avait donné 92 livres 9 sous 4 deniers pour sa part des 4,000 livres octroyées par le roi, la présente année, aux chanoines de Térouenne, transplantés à Boulogne, pour leur servir de subvention alimentaire. Hiéronisme de Tedesche, vicaire et procureur général de l'évêque absent, ne pouvant, à cause du bref délai fixé par le roi, réunir tout le clergé, fit assigner simplement les membres principaux du clergé, avec l'assentiment du chapitre de la cathédrale; la somme demandée par le roi fut votée, mais on ne s'entendit pas pour la perception de ces décimes, que tous, le vicaire général excepté, demandaient de faire mettre au rabais, et cela causa un procès, que l'évêque perdit parce que son représentant avait commis d'office pour la levée des décimes. Le 23 mai 1551, Martial Benedicti, archidiacre et chanoine de l'Eglise de Limoges, avait homologué, comme vicaire général de l'évêque, les statuts fort curieux de la confrérie du Précieux-Corps-de-Notre-Seigneur établie dans l'église de Saint-Maurice de la cité de Limoges.

César de Borgognonibus fut nommé, en 1547, année de sa nomination à l'évêché de Limoges, évêque de Béziers, et il obtint ses bulles pour cet évêché, quoiqu'il n'en soit rien dit dans le *Galliana christiana*, car les manuscrits de la cathédrale de Limoges le constatent. Nadaud dit, dans un de ses *Mémoires*, que César de Borgognonibus et un de ses vicaires généraux étaient huguenots, mais que cela ne rompit pas l'unité, et que l'Eglise de Limoges demeura inviolablement attachée à la chaire de Saint-Pierre. Il mourut, le 16 juillet 1558, faisant passer l'évêché de Limoges à Louis Pic de La Mirande, lequel le permuta avec Sébastien de Laubespine, alors évêque de Rennes.

D'après un sceau de l'évêché de Limoges, les armes de César de Borgognonibus étaient : *une croix alaisée ; en chef, une étoile de cinq rais*. — On n'a pas l'émail.

SOURCES : *Gallia christiana nova*, T. II, col. 540 — BONAVENTURE DE SAINT-AMABLE, T. III, p. 772, 776. — FONTANON, T. IV, t. 9, nos 2 et 3. — WICQUEFORT, *Mémoires sur les ambassades*, p. 405, — THIERS, *Exposition du Saint-Sacrement*, T. II, p. 466. — CHENU, *Questions notables*, II, quest. 14. — NADAUD, *Mémoires manuscrits*, T. I, p. 204 ; T. II, p. 294, 295, 416, 417 ; T. IV, p. 113. — LEGROS, *Mémoires pour servir à l'histoire des évêques de Limoges*, p. 447-555. — *Acta capitularia cathedralis Lemovicensis*. (ROY DE PIERREFITTE.)

BORT, chef-lieu de canton (Corrèze). D'Hozier lui donne pour armes : *d'azur à trois bandes ondées d'or*, et Traversier l'a copié.

BORT (page 220). — Cette famille, originaire de la ville de Bort (Corrèze), était une des plus distinguées du Limousin. Elle est connue depuis François de Bort, chevalier de l'ordre du Temple, qualifié visiteur de cet ordre en Auvergne et en Limousin en 1271.

I (Branche de Pierrefitte). — Roger de Bort de Pierrefitte épousa, vers 1345, Marguerite de Châlus. Par son testament de 1379, elle fit un leg à son fils Jean, et institua héritier son autre fils, qui suit.

II. — Franconnet de Bort de Pierrefitte épousa, vers 1370, Dauphine Lestranges, dont : 1º Jean, qui suit ; 2º Hélide ou Adélaïde, mariée à Robert de Chabannes, qui fut tué à la bataille d'Azincourt ; 3º Hugues, qui a fait la branche de Longuevergne. Cette branche porte : *d'azur à un sautoir d'or accompagné d'une étoile en chef*. Etablie au château de Longuevergne, commune d'Anglars, près Mauriac (Cantal) ; elle a subsisté jusqu'à Georges de Bort, époux de Claudine de Beauvoir, mort en 1499, ne laissant qu'une fille : Lucie de Bort, mariée, en 1493, à Bertrand d'Anglars de Saint-Victor, Sgr de Soubrevèze.

III. — Jean de Bort, S⊃gr&/sup; de Pierrefitte épousa, vers 1395, Marguerite de Floyrac, dont : 1° Guillaume, qui suit; 2° Jean.

IV. — Guillaume de Bort, Sgr de Pierrefitte, tué au siége d'Orléans, en 1428, avait épousé Marguerite de La Pécherie, dont :

V (I de Nadaud, page 220). — Charles de Bort.

VI (II). — Antoine de Bort.

VII (III). — Gilbert de Bort.

VIII (IV). — Jean de Bort de Pierrefitte épousa : 1°, le 25 juillet 1585, Louise de Balzac, dont Michel, qui suit; il épousa : 2° Judith de Balluc, dont Antoine, qui a fait la branche de Montegoux.

IX (V). — Michel de Bort de Pierrefitte, laissa : 1° Charles, qui suit; 2° Marie qui épousa, le 15 février 1640, le Sgr de Barnac.

X (VI). — Charles de Bort de Pierrefitte épousa, le 31 juillet 1631, Anne de Monclar, dont :

XI. — Antoine de Bort de Pierrefitte, marié à Marguerite de Lesboulière, dont : 1° Michel, qui suit; 2° Jean, marié à Marie de Fontanges de Chambon.

XII. — Michel de Bort de Pierrefitte, chevalier, épousa, le 10 juin 1680, Marguerite de Gion, dont :

XIII. — Charles de Bort de Pierrefitte épousa, vers 1699, Louise de Murat, dont :

XIV. — Pierre de Bort de Pierrefitte épousa, le 13 juillet 1726, Jeanne de Brun, dont : 1° Joseph, qui suit; 2° François qui a fait la branche de Beaune; 3° Anne qui épousa, en 1739, Jean des Courtilles de Saint-Avit; 4° Marie-Madeleine, mariée au sieur de La Grénerie; 5° N...., mariée au chevalier de La Salle; 6° Denis; 7° Jacques, lieutenant au régiment du Perche, le 20 avril 1734.

XV. — Joseph de Bort de Pierrefitte épousa, le 13 juillet 1757, Marguerite-Susanne, marquise d'Aubery de Saint-Julien, dont : 1° Antoine, qui suit; 2° Octavien, commandeur de l'ordre de Malte, mort célibataire en 1861 ; 3° Pierre, né en 1762; 4° Pierre-Léonard, né à Sarroux, le 21 avril 1764, chevalier de Malte; 5° autre Pierre, né le 17 juin 1767, chevalier de Malte.

XVI. — Antoine de Bort de Pierrefitte épousa N..... de La Salvanie, de Laguenne, près Tulle, dont Marie-Sophie, qui a épousé, en 1800, N..... de Lagrange.

IX bis (Branche de Montégoux, paroisse de Condat (Corrèze). — Antoine de Bort, Sgr de Montégoux, qui eut pour fils le suivant.

X. — N..... de Bort, dont :

XI. — Charles de Bort, chevalier, Sgr de Montégoux, demeurant à Salon, épousa Joséphine du Garreau, dont : 1° Joseph, qui suit; 2° Marie-Françoise, baptisée le 20 mars 1679.

XII. — Joseph de Bort, chevalier, Sgr de Montégoux, né le 9 juillet 1677, épousa Marie-Judith de Comte, fille de Léonard, Sgr de Bessac, et de Louise de La Barre. Elle se remaria, le 23 mai 1702, avec Joseph-Henri de Maussabré, chevalier, Sgr du Puy-Barbeau en Berri, dont elle eut postérité. Du premier mariage était née une fille unique, Marie-Françoise de Bort, dame de Montégoux, qui épousa, le 29 avril 1723, Jean de Maussabré, chevalier, Sgr du Buisson, commandant des milices du Berri dont postérité.

XV bis (Branche de Beaune, paroisse de Saint-Angel (Corrèze). — François de Bort de Pierrefitte, chevalier de Saint-Louis, Sgr du Pench, épousa, en 1767, Jacquette Delestable de Sudour, à Beaune, paroisse, de Saint-Angel, dont : 1° Charlotte, mariée, en 1793, à Antoine de Tournemine de Culines; 2° Joseph, qui suit; 3° Jean-Baptiste.

XVI. — Joseph de Bort de Beaune, chevalier, épousa, en 1787, Gabrielle-Marguerite de Tournemine de Culines, dont : 1° Joseph qu'on croit mort dans les dernières guerres de l'empire; 2° Antoine, qui suit; 3° Jacques-Philippe, qui suit après son frère; 4° Françoise, mariée à N..... Fronze, de Trevoux, près Lyon; 5° Rose-Antoinette, mariée à N..... Hervouet, de la Vendée; 6° Marie, mariée à Jean Marche, de Bort.

XVII. — Antoine, *alias* Marc-Antoine de Bort de Beaune, épousa Sophie de Villatel, dont : 1° Hortense, mariée à N..... Meginiac; 2° Antoine-Germain, marié à Marie Lébraly, d'Ussel, dont Antonin, qui épousa Thérèse Chabannes; 3° Florac, marié à N..... André; 4° Jean, marié à N.....; 5° Charles.

XVII bis. — Jacques-Philippe, nommé quelquefois Charles, épousa, en 1826, au château du Pilar, commune de Chirac, Marie Sauty, dont : 1° Jean-Joseph, qui suit; 2° Antoine, père de Marie et Françoise; 3° Hippolyte, sans enfants.

XVIII. — Jean-Joseph a épousé, en 1852, Marie-Catherine Laubie de La Neix, dont : 1° Jacques-Philippe, mort en bas-âge; 2° Michel-Henri, né le 23 mars 1856; 3° Emile.

BOSLINARD (page 222), Sr du dit lieu, paroisse de Rancon, élection de Limoges, porte : *d'argent à un arbre de sinople à la bordure denchée de gueules.*

I. — Joachim de Boslinard, capitaine du Dorat et de Rancon, marié avec Gabrielle du Murault. (Lettre de la charge du capitaine du Dorat, accordée au dit Joachim par Charles, fils de France, le 9 juillet 1541. — Hommage rendu au roi le 17 avril 1545.)

II. — François de Boslinard, marié, par acte du 21 janvier 1659, avec Françoise de Lagarde.

III. — François de Boslinard, marié avec Renée de Blond.

IV. — Jacques de Boslinard, marié avec Marie de Monbel.

V. — Léonard de Boslinard. (Des Coutures.)

Le nom primitif de cette famille, originaire de Rancon en Basse-Marche, était *Vernhaud* ou *Vergnaud*. Elle a emprunté celui de Boislinard (anciennement Bostlinard et Boslinard, en latin *de Bosco linart*) à un fief situé dans la paroisse de Rancon, possédé par elle depuis le commencement du xv° siècle jusqu'au xix°. Elle nous est connue depuis Pierre Vergnaud, vivant en 1306. Sa postérité s'est divisée en un grand nombre de branches, dont plusieurs existaient encore au xviii° siècle, sous le nom de Vergnaud, en Limousin, en Touraine et en Poitou.

La Branche de Boislinard, restée fidèle à son berceau jusqu'à son extinction, a elle-même projeté de nombreux rameaux, la plupart transplantés en Berri, aux environs de Saint-Gaultier. Dix-huit nous sont connus, tous éteints, à l'exception de deux. Celui de Margoux a produit, au xviii° siècle, un bailli, grand'croix de l'orde de Malte. — Services militaires. — Bonnes alliances.

Armes : Vergnaud, en Touraine : *d'or à un vergne terrassé de sinople.*

Vergnaud de Boislinard : *d'argent au vergne terrassé de sinople, à la bordure denchée de gueules.* (F. DE MAUSSABRÉ.)

BOTINAND (BERTRAND DE) portait : *d'azur à trois besans d'or chargés d'un cercle de sable, et posés 2 et 1.* Né à Saint-Germain, près Pierrebuffière (aujourd'hui Haute-Vienne), il était, depuis le 25 avril 1376, chanoine de Saint-Martin de Tours, avec le titre de prévôt de Saint-Espain, et auditeur en la cour de Rome, lorsqu'il fut élu évêque de Tulle, l'an 1408. L'année suivante, il assista, en cette qualité, au concile de Pise, et il mourut en 1416. (ROY DE PIERREFITTE.)

BOUCHAUD (page 223). — *D'or au lion d'azur, lampassé et couronné de gueules sur une terrasse de sinople mouvant de la pointe.*

I. — Noble Martial Bouchaud, écuyer, Sr de Moulin-Bâtie, habitant la paroisse de Bussière-Galant, testa, le 16 novembre 1576, devant Johaneaut, notaire royal. Dans ce testament sont mentionnés : 1° Pierre, qui suit ; 2° André ; 3° André-François ; 4° Mérigot ; 5° Louise ; 6° Isabeau.

II. — Noble Pierre Bouchaud, écuyer, Sr du Mas-du-Champ et de Moulin-Bâtie, faisait un accord, le 26 juin 1601, conjointement avec François, son fils aîné, et Pierre Expert et Isabeau Bouchaud, sa femme, pour des cens, rentes et droits seigneuriaux, haute, basse et moyenne justice donnés au dit Expert, par son contrat de mariage avec la dite Isabeau. Ses enfants sont : 1° François, qui suit ; 2° Isabeau, qui épousa Pierre Expert.

III. — François Bouchaud, écuyer, Sr de Charbonnier, de Moulin-Bâtie, épousa : 1°, avant 1596, Marguerite Expert, fille de Pierre, écuyer, Sr de Vallade ; 2°, avant 1618, Louise de La Bastide, qui, le 23 juillet 1618, fit un partage avec D^{lle} Marguerite de La Bastide, sa sœur, épouse de noble Jean Beron, écuyer, S^r du dit lieu, des biens qu'elles avaient en commun comme leur ayant été donnés par noble Jean Plaisaux de Boucheux (il faut probablement lire Plaisant de Bouchiac), écuyer, S^r du dit lieu et autres places, leur beau-frère, d'où il résulte que Louise de La Bastide reçut la métairie qu'elle avait au village d'Arsas, avec tous les droits de rente foncière et directe du dit village, François rendit foi et hommage au roi, le 1er juin 1625, à cause du château, châtellenie et seigneurie de Moulin-Bastie, avec tous droits de justice haute, moyenne et basse. Il avait eu une quittance, le 4 juillet 1624, d'Etienne de Gonte, conseiller aux conseils d'Etat et privé du roi, de la somme de 266 livres 12 sols 8 deniers, qu'il paya pour les lods et rentes de l'acquisition par lui faite de Sa Majesté, de la haute, moyenne et basse justice, de Moulin-Bâtie, par contrat du 15 mai 1585. Il fit un bail pour les biens qu'il avait au village de Courtauligne, au profit de Pierre Judet, le 19 janvier 1631 ; Louise Bastide est dite veuve le 15 juillet 1642. Du second mariage sont nés : 1° Etienne, qui suit ; 2° André, qui a formé la branche du Mazeaubrun ; 3° André, vivant en 1651 ; 4° Louise, qui épousa, par contrat du 20 février 1621, Etienne Roussaud.

IV. — Etienne Bouschaud, écuyer, Sr de Moulin-Bâtie, vivait, ainsi que ses deux frères et leur mère, en 1651. Il avait épousé Marguerite de Jarrige, dont : A. — Antoine ; B. — François, S^r de La Goudonnie, qui épousa Marguerite de Fornel, et n'eut qu'une fille unique.

IV bis. — André Bouchaud, écuyer, Sr du Mazeaubrun, épousa, par contrat du 26 novembre 1624, D^lle Anne Haultier, demoiselle du Mans, fille de Gabriel, écuyer, S^gr du dit lieu de La Bastide, et de feue D^lle Jeanne de Vincens. André reçut, de son père, le repaire noble du Mazeaubrun, et quelques autres propriétés. Anne, assistée de son père et d'Antoine Hautier, son frère, eut une somme de 4,000 livres avec les habits nuptiaux. De leur mariage naquit :

V. — Henri Bouchaud, écuyer, S^gr du Mazeaubrun, épousa Thérèse de La Pisse, dont : 1° Paule ; 2° Elisabeth ; 3° Pierre, qui suit ; 4° Annet, écuyer, S^r de La Motte, fut fait chevalier de Saint-Louis, le 8 août 1724, testa le 4 février 1736 et mourut le 9 du même mois ; 5° Marguerite, qui épousa François Laisné, Sr de Geraine.

V. — Pierre Bouschaud, écuyer, Sr du Mazeaubrun, était veuf de Marguerite du Roussaud, lorsqu'il transigea, le 26 janvier 1701, avec Yrieix du Roussaud, écuyer, S^gr de l'Auvergne, fils de François du Roussaud, écuyer, Sr de Puyrichard et de Françoise du Fraisse, sur la dot de sa défunte épouse. Il testa, le 8 août 1724, et déclare avoir été marié : 1° avec Marguerite du Roussaud, fille de François, écuyer, Sr de Puyrichard, un des 200 chevau-légers de la garde ordinaire de Sa Majesté, et de Françoise du Fressaye ; 2° avec Catherine Dorat, dont il n'eut pas d'enfants. Du premier lit, sont nés : 1° Yrieix, qui suit ; 2° François, S^r de La Motte.

VI. — Yrieix Bouchaud, Sr du Chalard, épousa : 1°, par contrat passé le 19 février 1703, devant Chassaud, notaire à Châlus, D^lle Jeanne Cogniasse, fille de feu Grégoire Cogniasse, Sr du Carrier, de la ville de Limoges, et de Catherine Dorat ; il épousa : 2° N.... Il était mort le 4 février 1736, lorsque son oncle, Annet Bouchaud, S^r de La Motte, légua, par testament, une somme de 300 livres à Catherine, sa fille. Ses enfants furent : du premier lit : 1° Pierre, qui suit ; 2° Valérie-Marie ; du second lit : 3° Catherine, qui fut légataire d'une somme de 300 livres, par le testament de son grand'oncle, Annet Bouchaud.

VII. — Pierre Bouchaud, écuyer, Sr du Repaire, du Mazeaubrun, obtint, le 2 octobre 1745, une sentence en l'élection de Limoges, contre Jean-Louis Brun, syndic de la paroisse du Bas-Châlus, par laquelle et sur la production qu'il fit de ses titres, il fut déchargé de la nomination faite de sa personne pour collection de la dite paroisse du Bas-Châlus, pour l'année 1746, avec défense aux habitants de la dite paroisse de le nommer à l'avenir. Il obtint aussi, le 23 août 1756, un arrêt de la cour des aides de Clermont-Ferrand, contre Pierre Lescure, syndic de la paroisse de Pageas, etc. Il épousa Pétronille Combrouse, dont : 1° Marie, qui fut baptisée le 17 décembre 1739 ; 2° Léonarde, baptisée le 9 février 1736 ; 3° Thomas, qui suit ; 4° Antoine, né à Châlus, le 17 mars 1755, est nommé dans le contrat de mariage de son neveu Jean-Baptiste, le 28 décembre 1788. Il fut curé de Chalusset, paroisse jadis du diocèse de Périgueux, puis de celui d'Angoulême ; pendant la révolution, il fut déporté à l'étranger ; au commencement de ce siècle, était curé du Jumilhac.

VIII. — Thomas Bouchaud, écuyer, Sr du Mazeaubrun, fut judiciairement émancipé ; il obtint, le 28 septembre 1771, une sentence en l'élection de Limoges, qui fait défense aux collecteurs de la paroisse de Pageas, pour l'année 1772 et autres, de cotiser directement ni indirectement sur leurs rolles les héritages énoncés dans la dite sentence, tant et si longuement qu'ils seront exploités par valet de la qualité requise et que le dit Thomas ne fera acte de derrogeance. Il épousa, à Saint-Jean de Limoges, le 30 juillet 1759, Anne de Roffignac de Grimodie, fille de Claude et d'Anne de Coustin, dont : 1° Jean-Baptiste, qui suit ; 2° Antoine, qui, le 12 mars 1786, obtint de plusieurs gentilshommes du Limousin, un certificat portant qu'il était d'une ancienne noblesse.

IX. — Jean-Baptiste Bouchaud, écuyer, S^gr du Mazeaubrun, né à Saint-Pardoux-Rancon, le 5 octobre 1760, épousa, par contrat du 28 décembre 1788, passé par Thomas, notaire à Limoges, D^lle Aubine-Marie de Romagère, fille d'Antoine, écuyer, S^gr de La Chauvière, Le Treuil, et de Jeanne de Combrouse du Bouillet, demeurant à Saint-Yrieix. De ce mariage sont nés douze enfants, mais six seulement ont fait âge d'homme, ce sont : 1° Thomas-Justin, qui suit ; 2° Ferdinand, né en 1792 ; 3° Anne-Meysie, née en 1796 ; 4° Antoine-Achille, né en 1803 ; 5° Jean, né en septembre 1805, mort curé de Champagnac, le 10 décembre 1877 ; 6° Jean-Baptiste-Victor, né en 1807.

X. — Thomas-Justin Bouchaud du Mazeaubrun, né en 1790, mourut fin de novembre 1835. Il avait épousé, le 2 juillet 1822, Marie-Thérèse Jude de La Rivière et a laissé : 1° Marie-Céline, né le 5 avril 1823, qui a épousé N... des Roches ; 2° Léonard-Léon, qui suit ; 3° Antoine, né le 14 juillet 1835, a épousé le ....., N.... Garrigou du Masveraud, dont une fille, N.....

XI. — Léonard-Léon du Bouchaud du Mazeaubrun, né le 13 juillet 1824, a épousé, le 20 avril 1852, Marie-Valérie-Amélie de Lapisse, dont : 1° Marie-Thérèse, née le 21 janvier 1854, a épousé, le ..... 187.., N... Joyet de Maubec, notaire à Châlus ; 2° Antoine, né le 3 août 1855 ; 3° Marie-Céline-Susanne, née le 7 mai 1858, morte le 1er novembre 1861 ; 4° Antoine-Albéric-Henri, né le 18 janvier 1863 ; 5° Jean-Baptiste-Joseph, né le 11 mai 1866.

Notes isolées.

Jean Bouchaud, S^gr de Ballenay, gentilhomme du Haut-Limousin, figure à la montre de 1470, faite à Limoges, par Mathieu Brachet.

La maison noble des Estangs, possédée par la famille Bouchaud, fut pillée par les rebelles et les titres emportés en 1652. (Certificat cité dans la généalogie ci-dessus.)

Jean Bouchaud, écuyer, S^gr des Roches et des Estangs, épousa Marie d'Abzac, dont Renée, D^lle de Beauregard, qui épousa, par contrat du 22 juin, et dans l'église de Dournazac, le 13 juillet 1685, Florent-François de David, S^gr de Ventaux, fils de François et de Charlotte d'Abzac ; François-Florent transigea, le 21 juillet 1688, au sujet d'un procès pendant en cour de Parlement de Guienne, entre Renée du Bouchaud et autre Renée du Bouchaud, veuve d'Heli Chouly. (*Nobiliaire,* II, 45.)

François Bouchaud, écuyer, S^gr du Mazeaubrun, habitait, en 1776, le lieu noble du Chalier, paroisse de Burgnac. Il avait pour mère Françoise Chantois, morte avant le 20 juillet 1754, fille unique de Jean Chantois, Sr du Chalier. (Acte original.)

Sources : Généalogie sur vélin, donnée le 12 mars 1817, signée du Prat-Taxis, garde des archives et ancien généalogiste au cabinet des ordres du roi. — Registres paroissiaux et de l'état civil, etc.

BOUEX (p. 225). — Famille distinguée, originaire des confins du Berri et de la Marche. Son nom, en latin *de Bosco*, est le même que celui de *du Bois*.

Elle est connue depuis le milieu du xve siècle. — Branches de Richemont, près Aigurande, de Villemort, près Le Blanc, de La Courcelle, près Malval, toutes éteintes, la seconde récemment.

Services militaires ; alliances distinguées. A produit plusieurs chevaliers de Malte, des chevaliers de l'ordre du roi, des gentilshommes de la chambre, un gouverneur de Saulx-le-Duc, un gouverneur d'Ardres et du comté de Guines, un maréchal des camps et armées du roi, des colonels d'infanterie, un lieutenant en Berri du maréchal de la Châtre, gouverneur de cette province ; un lieutenant-général pour le roi en Orléanais, pays Blaisois et Chartrain, etc.

Armes : *d'argent à deux fasces de gueules.* (F. DE MAUSSABRÉ.)

BOUQUET (p. 225), Sr de Boismorin, paroisse de Villefaignan, élection d'Angoulême, porte : *de gueules à un licorne d'argent.*

I. — Daniel Bouquet. — Lettres d'anoblissement accordées au dit Bouquet en novembre 1651, vérifiées au parlement, chambre des comptes et cour des aides de Paris. Brevet de retenue accordé au dit Bouquet le 5 avril 1665. (DES COUTURES.)

BOURBON-BUSSET (p. 225). — Louis de Bourbon, cinquième fils de Charles Ier, duc de Bourbon, fut élu évêque de Liége, c'est-à-dire plutôt prince souverain de Liége, en 1456, n'ayant encore que dix-huit ans, et partant n'étant point dans les ordres sacrés, qu'il reçut seulement en 1466. C'est dans cet intervalle entre sa nomination à Liége et la réception du sous-diaconat, qui oblige à la chasteté, qu'il eut d'une princesse d'Egmond-Gueldre, Pierre de Bourbon. Celui-ci épousa Marguerite d'Alègre, dame de Busset, de Puysagut et de Saint-Priest, et fut gouverneur des vicomtés de Carlat et de Murat en 1511. Il mourut en 1529, et son fils, Philippe de Bourbon (du n° III) épousa, le 3 février 1530, Louise de Borgia, veuve de Louis de La Trémouille (page 226).

Le représentant actuel des Bourbon-Busset, M. de Bourbon, comte de Châlus, capitaine d'état-major de l'armée pontificale organisée par le général Lamoricière, et l'un des héros de Castelfidardo (1860), tient à continuer les rapports de sa famille avec le Limousin. Il a fait restaurer son château de Châlus, démantelé par la révolution, et il y a installé, le 16 février 1854, des religieuses de l'Instruction-de-l'Enfant-Jésus. Cette année même (1861), il vient d'ordonner la reconstruction d'une des tours qui tient au corps de logis, et qui menace ruine. — (ROY DE PIERREFITTE). — Il est mort au château de Busset (Allier) en novembre 1871).

BOURDEAU, *alias* Bordeau (page 228) : *d'azur à un château d'argent, flanqué de quatre tours rondes pavillonnées et girouettées de même, posé sur une rivière aussi d'argent ondée de sable ; le château sommé d'un clocher garni de sa cloche d'argent surmonté d'un léopard.* Ces armes, dont nous avons vu l'authentique signé par d'Hozier, sont composées des

DU LIMOUSIN.

mêmes pièces que celle de la ville de Bordeaux, pendant que des familles du même nom appartenant à la Normandie et à l'Ile de France portent des armes toutes différentes.

I. — Jean-Baptiste Bourdeau, né en 1664, était consul de la ville de Limoges en 1708; épousa, en 1690, Marguerite Sénamaud, dont : 1" Pierre, qui suit; 2° autre Pierre, né en 1720, épousa Marie Hecquet de Bérenger dont il eut : A. — Etienne-Augustin, qui épousa E. Horeaux. Il fut député à l'Assemblée nationale de 1789, dit une généalogie, mais nous ne trouvons pas son nom parmi ceux des députés du Limousin ; B. — Nicolas-Alexandre, qui mourut en 1819 ; ces deux frères n'ont pas aujourd'hui de descendants ; 3° Jean-Baptiste. Il épousa Catherine Hecquet de Bérenger, dont une fille, qui épousa M. Pierre-Félix de Montry. D'après la feuille hebdomadaire de Limoges (1778, p. 170), Jean-Baptiste Bourdeau, conseiller du roi, greffier garde-minute à la chancellerie près le présidal de Limoges, est mort le 10 octobre 1778, âgé de soixante-huit ans.

II. — Pierre Bourdeau du Mas, né en 1694, fut secrétaire du roi le 13 janvier 1762. D'après la feuille hebdomadaire de Limoges (1775, p. 12), un Jean-Baptiste Bourdeau du Mas, secrétaire du roi, mourut le 10 juin 1775, à l'âge de quatre-vingt-deux ans. Pierre épousa, en 1713, Madeleine Dorat, dont il eut : 1° Léonard, qui suit; 2° Martial, qui a fait la branche de Vaseix.

III. — Léonard Bourdeaux Lajudie (1), écuyer, Sgr de Lajudie, Villoutreix, Saint-Martin, Linards, Les Salles, naquit en 1724. Il acheta la terre de Linards de la famille de Gain, représenta son fils, Jean-Baptiste-Pierre-Paul, à l'Assemblée générale de la noblesse du Limousin en 1789, et mourut en décembre 1809, âgé de quatre-vingt-cinq ans, avait épousé, en 1748, Françoise Mauduit, dont : 1°, le 22 février 1749, Anne-Françoise, qui épousa messire Simon Colomb, écuyer ; 2° Jean-Baptiste-Pierre-Paul, qui suit : 3°, en 1752, Madeleine-Pétronille, qui épousa messire François Pouyat, écuyer ; 4° Martial-Jean-Baptiste Bourdeaux de Juillac (2), écuyer, né le 14 septembre 1754, mort le 14 janvier 1848, avait épousé, en 1778, Marie Boutet, fille du directeur et receveur général des domaines à Limoges, n'a pas laissé d'enfants; 5°, en 1755, Marie, qui épousa messire François-Pierre Romanet du Caillaud, écuyer, lequel se remaria avec Agathe Moreau de Saint-Martial ; 6°, en 1757, Anne-Françoise, qui épousa messire Ambroise Périgord de Beaulieu, écuyer.

IV. — Jean-Baptiste-Pierre-Paul Bourdeau de Lajudie, écuyer, seigneur de Feurat, né en 1750, épousa, le 16 mai 1779, Françoise-Guillelmine-Julie Tandeau de Marsac, née le 12 novembre 1763, fille de Grégoire Tandeau, trésorier de France au bureau de Limoges, et de Anne-Marie de Sauzet, dont sont nés : 1° Jeanne-Julie, née en 1780, et mariée à Mathieu-Siméon Romanet du Caillaud, fils de Pierre-François ; 2° Léonard-Jules, né le 13 août 1782, mort en 1804 ; 3° Françoise, née en 1783, morte la même année ; 4° Adélaïde-Françoise-Marguerite, née en 1785, mourut en 1835; elle avait épousé Pierre Disnematin des Salles ; 5° Gabriel-Grégoire, qui suit ; 6° Nancy, née en 1789, morte le 27 avril 1797 ; 7° Jean-Baptiste-Félix, né en 1790, mort capitaine de cavalerie en 1816.

---

(1) Lajudie, commune de Saint-Martin-le-Vieux, canton d'Aixe, arrondissement de Limoges (Haute-Vienne).

(2) Juillac est à l'extrémité Nord-Est de la commune de Limoges.

V. — Gabriel-Grégoire Bourdeau de Lajudie, né le 11 janvier 1788, mort à Limoges le 8 octobre 1877, avait été député de la Haute-Vienne, en 1830. Il avait épousé, en 1813, Alexandrine Giraud, dont :

VI. — Ludovic-Georges Bourdeau de Lajudie, né en 1814, décédé en janvier 1881, a épousé, en avril 1855, Marie-Joséphine Rivet, fille aînée du baron Charles Rivet et de N..... Barbou, dont ; 1° Marie-Marguerite, née en 1856, a épousé, en 1877, Théodore de Cathou ; 2° André-Jean-Gabriel, né à Limoges, en octobre 1859, sous-lieutenant au 50° de ligne par décret du 27 septembre 1880.

III *bis* (Branche des Vazeix, commune de Verneuil-sur-Vienne). — Martial Bourdeau des Vazeix épousa D^{lle} Marie Barbou-Leymarie, dont : 1° Pierre-Jean-Baptiste, qui suit ; 2° Jeanne-Marie, qui a épousé Nicolas Texandier ; 3° Marie, qui a épousé, le 18 pluviôse an IV, Gabrielle Grellet de Fleurelle ; 4° Anne-Françoise-Marie, qui a épousé Joseph de Lescure, juge au tribunal de Brive ; 5° Joseph, qui a fait la branche de Brejoux, paroisse du Vigen. Il a épousé N..... Rossignon, dont : A. — Camille Bourdeau de Brejoux, garde du corps, mort sans postérité ; B. — François-Alphonse Bourdeau-Bréjoux, né le 30 août 1795, sans enfants ; C. — Alexandre ; D. — Clémence, qui épousa, N..... Jayac de Lagarde ; E. — Olympe, qui a épousé N..... Chatard ; F. — Herminie.

IV. — Pierre-Jean-Baptiste Bourdeau des Vazeix, né le 4 janvier 1760, a partagé avec ses frères, le 25 mars, et ont vendu, le 9 avril 1817, la terre des Vascix à M. Pierre Lezaud, avocat (Le fils de ce dernier, Hippolyte Lezaud, premier président, a construit, en 1860, le château actuel des Vaseix.), épousa, N..... Michel du Cluseau, dont : 1° Marie, qui a épousé Jean-Jacques Maillard de La Couture, fils de Léonard-Louis et de Marie Ardent ; 2° Henriette, qui a épousé Jean-Baptiste Truol de Beaulieu ; 3° Eulalie, qui a épousé à Limoges, en 1824, François-Timoléon, comte de Grave, capitaine de cavalerie, à Limoges, né à Saint-Laurent de La Cabrerrisse (Aude), en 1794, fils de Hyacinthe, marquis de Grave, et de Françoise-Renée de Pierre de Bernis. De Grave porte : *d'azur à trois faces ondées d'argent*, qui est de Grave, *écartelé d'or à cinq merlettes de sable mises en sautoir*, qui est de Merly. De ce mariage est né, à Limoges, le 2 juin 1825, René-Hyacinthe-Marie-Joseph, comte de Grave, mariée, à Verneuil, le 28 juin 1847, à Amélie-Eléonore Truol de Beaulieu, née à Limoges le 13 avril 1827, fille de Jean-Baptiste Truol de Beaulieu et de Henriette Cantillon de La Couture. De ce dernier mariage sont nées : A. — A Limoges, le 24 avril 1848, Françoise-Eléonore-Marie de Grave, qui a épousé, à Verneuil, le 28 août 1867, Gaston-Henri Denis de Senneville, né à Paris, le 11 mars 1839, conseiller référendaire à la cour des comptes, fils de Pierre-Alexandre Denis de Senneville et de Amélie-Agathe Huet ; B. — Marguerite-Marie de Grave, née à Limoges, le 3 septembre 1850, à épousé, à Verneuil, le 5 mai 1874, Rodolphe-Ernest, vicomte du Plessis de Grénédan, lieutenant de vaisseau, né le 9 janvier 1844, fils de René, comte du Plessis de Grénédan et d'Elise Le Gentil de Rosmorduc.

I. — Jean Bourdeau épousa Barbe Maumy, et fut père de :

II. — Pierre Bourdeau, garde du corps du roi de 1680 à 1697, épousa Anne, *alias*, Françoise d'Albiac de Mardaloux (1), dont : 1° N....., qui suit ;

---

(1) Mardaloux, commune de Saint-Martin-le-Vieux, canton d'Aixe, arrondissement de Limoges (Haute-Vienne).

2º Jean, né à Aixe, le 13 mai 1699; 3º François, né à Aixe, le 18 juillet 1715. (Registres paroissiaux d'Aixe. — Généalogie de Verneilh.)

III. — N..... Bourdeau, chevalier de Saint-Louis, eut pour enfants : 1º Alpinien Bertrand, qui suit; 2º N....., chanoine régulier de Chancelade, nommé curé de La Geneytouse, en 1766 ; 3º Jean-Baptiste-Joseph, né à Rochechouart, le 10 octobre 1736, fut nommé curé de Saint-Barthelémy de Villechalane, en 1771, résidait à Rochechouart après la Révolution, était mort en 1819. (Pouillé de Mgr d'Argentré. — LEGROS, *Catalogue des prêtres*); 4º Marie, qui épousa N..... Brun. (D. VERNEILH, *Mes souvenirs de soixante-quinze ans*.)

IV. — Alpinien-Bertrand Bourdeau, chevalier de Saint-Louis, avocat consultant à Rochechouart, puis avocat en parlement, épousa Marie-Marthe Baillot, dont : 1º Pierre-Alpinien-Bertrand, né à Rochechouart, le 18 mars 1770, garde des sceaux en mai 1829, pair de France, mort à Limoges, le 12 juillet 1845, inhumé dans sa terre de Cognac, près Rochechouart. (Voir, *Biographie des Hommes illustres du Limousin*, p. 82); 2º Jean-Baptiste-Joseph, qui suit.

V. — Jean-Baptiste-Joseph Bourdeau, né le 12 août 1773, sous-préfet de Rochechouart, démissionnaire en 1830, épousa Mathurine-Hélène de Verneilh, veuve d'Antoine Pabot du Chatelard, qu'elle avait épousé en 1805, fille de Jean-Joseph, baron de Verneilh-Puyraseau, et de Christine de La Valade, dont sont nés : 1º Alpinien, qui suit; 2º Henri, qui a épousé N..... dont il a eu un fils, habite Toulouse ; 3º Louis, célibataire.

VI. — Alpinien Bourdeau, qui hérita de son oncle, le pair de France, a épousé N..... Lagrange, dont Jean, qui suit.

VII. — Jean Bourdeau, qui a épousé : 1º N..... Carro, fille de N..... Carro, membre de l'Académie française ; 2º, en 1881, N.....

Notes isolées.

Jean Bordeau, d'Aixe (Johannis Bordeau de Axia), est témoin dans un acte du 31 mai 1432. (Acte original sur parchemin.)

Jean Bourdeau, chanoine de Saint-Martial de Limoges en 1545. (Archives de la Haute-Vienne, A, 7985.)

Marguerite Bourdeau, en 1767, était épouse de Léonard Brunier. (*Nobil.*, IV, 473.)

Anne Bourdeau, née à Rochechouart, religieuse Clairette à Limoges, mourut dans la maison de réclusion de la Visitation, le 9 vendémiaire an III. (Registre de l'état civil de Limoges.)

Jean-Baptiste Bourdeau, né à Limoges le 15 août 1746, nommé curé de Saint-Augustin (Corrèze), en 1781, fut déporté pendant la révolution. En 1802, desservait son ancienne paroisse avec celle de Mérignat-l'Eglise. Il refusa la cure de Corrèze par attachement pour ses paroissiens, et était mort en 1819. (LEGROS, *Catalogue des prêtres*.)

Parmi les présidents à la Bourse de Limoges, nous trouvons : en 1737, Martial Bourdeau; 1742, Jean-Baptiste Bourdeau; 1759, Jean-Baptiste-Martial Bourdeau; 1767, Bourdeau du Mas, écuyer; 1772, Bourdeau jeune,

Martial, écuyer; de 1811 à 1813, Jean-Baptiste-Pierre-Paul Bourdeau de Lajudie.

Dans l'inventaire des archives de Montignac, dressé en 1513, se trouve l'hommage rendu au roi de Navarre, par Jean Bourdeau, pour ce qu'il tenait dans la châtellenie de Clisson. (Archives de Pau, IV, p. 166.)

Jean Bourdeau rend hommage au connétable de Clisson à la fin du XIVᵉ siècle. (Archives de Pau, IV. p. 175.)

BOURDEILLES (Henri-Joseph-Claude de), né le 7 décembre 1722, au diocèse de Saintes, était abbé de la Trinité de Vendôme depuis 1753, et vicaire général de l'évêque de Périgueux, lorsqu'il fut nommé à l'évêché de Tulle au mois de mai 1762. Il fut sacré le 12 décembre de la même année, et fut transféré à l'évêché de Soissons au mois d'août 1764.

Armes : *d'or à deux pattes de faucon de gueules superposées, et armées de sable.* (Roy de Pierrefitte).

BOURG (Marie-Jean-Philippe du), porte : *d'azur à trois tiges d'épine d'argent, 2 et 1.* Couronne de marquis; devise : *Lilium inter spinas.* La pointe de l'écu figure un coquillage chargé, dans le lobe inférieur, d'*une fleur de lis.* Jusqu'à la restauration il prit seulement un écusson chargé du monogramme D. B., et surmonté du chapeau cardinalice. Né à Toulouse, le 23 août 1751, de Valentin, conseiller au parlement de cette ville; il obtint un canonicat dans l'église métropolitaine de sa ville natale dès qu'il eut terminé ses études théologiques. Le zèle apostoliques qu'il montra dans ce premier poste lui valut non-seulement l'honneur de recevoir de son archevêque le titre de vicaire général pendant la Révolution, mais encore celui de recevoir juridiction dans dix autres diocèses pendant ces temps difficiles, qu'il traversa courageusement et saintement sans quitter la France. Naturellement le chanoine du Bourg devait être choisi pour un évêché : on le nomma, le 30 avril 1802, à celui de Limoges, qui, pendant son épiscopat, comprit aussi le diocèse de Tulle, c'est-à-dire les trois départements de la Haute-Vienne, de la Creuse et de la Corrèze. Il fut sacré, à Paris, le 7 juin 1802, dans l'église des Carmes, et il prit possession le 11 juillet suivant. Il est mort le 31 janvier 1822.

Étant chanoine à Toulouse, il avait fondé, sous le nom du *Bon Jésus,* une maison de refuge pour les filles repenties, et alors il composa pour elles un roman pieux.

Malgré les travaux extraordinaires que lui occasionnèrent les événements politiques, qu'il crut devoir célébrer par des mandements, il put réoganiser des œuvres pieuses de son immense diocèse, qu'il visita fréquemment.

Voici la date de ses ordonnances à ce sujet : 22 pluviôse an XI (11 février 1803), décret pour la circonscription et l'organisation du diocèse. — 22 pluviôse an XI (11 février 1803) : ordonnance pour la circonscription des paroisses de la Haute-Vienne; 22 ventôse an XI (13 mars 1803) pour celles de la Creuse, et 3 floréal an XI (23 avril 1803) pour celles de la Corrèze. — 30 germinal an XI (20 avril 1803) : ordonnance pour la réorganisation du diocèse, confirmant le décret et y suppléant : il établit dix canonicats, quatre-vingts cures inamovibles, dont vingt-six dans la Haute-Vienne, vingt-neuf dans la Corrèze et vingt-cinq dans la Creuse. — 1ᵉʳ brumaire an XII (24 octobre 1803) : ordonnance qui taxe les fonctions ecclésiastiques dans le diocèse. — 21 nivôse an XII (15 janvier 1804) : règlement pour l'établissement des fabriques dans le diocèse. — 13 décembre 1805 : ordonnance pour les chapelles domestiques. — 13 avril 1806 : établissement d'un séminaire diocésain dans l'ancienne maison des religieuses des Allois. — 15 mars 1807 : règlement pour les compagnies des pénitents et autres confréries du diocèse.

Voici maintenant la liste des fondations faites sous son épiscopat : en 1802, les sœurs de Nevers s'établirent à Tulle. — Le 1er décembre 1802, la communauté des sœurs de Saint-Roch fut fondée à Felletin ; elle fut approuvée en 1807, et une colonie de cette maison alla s'établir à l'hôpital d'Aubusson en 1818. — Le 11 mai 1807, les sœurs de la Croix se réinstallèrent à Guéret, et, par un décret du 16 septembre 1808, à Aubusson ; elles revinrent le 31 mai 1819 à Limoges, où elles avaient été fondées en août 1687. — En 1808, les ursulines sont rétablies à Brive, et on fonde le petit séminaire de Servières. — Les religieuses du Verbe-Incarné s'établirent à Azerables le 3 juillet 1811. — Les filles de Sainte-Claire revinrent, en 1813, à Limoges, où elles avaient été établies en 1659. — Le 20 mai 1813, les sœurs de la Visitation rentrèrent dans la ville épiscopale, où elles s'étaient établies, le 29 décembre 1643. — Les filles de Notre-Dame, établies dans la même ville en 1634, y revinrent en 1816. — En 1818, les frères des écoles chrétiennes furent appelés à Limoges. — Les sœurs de la Sagesse, établies au Dorat le 25 février 1775, s'y réinstallèrent en 18..., et elles furent chargées de l'hôpital de Bellac en 1819. — Cette même année 1819, fondation du petit séminaire d'Ajain. — Le 31 octobre 1819, on ouvre le petit séminaire du Dorat. — Enfin le 19 mars 1821, Philippe du Bourg posa et bénit la première pierre du grand séminaire actuel, pour lequel on a conservé le corps de logis principal de l'ancienne abbaye de la Règle. (ROY DE PIERREFITTE.)

BOURGANEUF, chef-lieu d'arrondissement (Creuse). — D'Hozier lui a donné pour armes : *de sable à trois chevrons ondés d'argent*, et Traversier l'a copié. — Cette ville, formée autour du château qui appartenait aux templiers, et qui passa aux chevaliers de Malte, devint chef-lieu de la langue d'Auvergne. Vraisemblablement elle n'eut d'autres armes que celles de Malte.

BOUSQUET (DU) (p. 230), Sgr du dit lieu et de Saint-Pardoux, paroisse de Saint-Pardoux-l'Ortigier, près Donzenac, porte : *écartelé aux 1er et 4e de gueules au chef cousu d'azur chargé de trois molettes d'éperon d'or*, qui est du Bousquet, *et aux 2e et 3e d'azur à la bande d'or accompagnée de trois étoiles de même en chef, et autres trois en pointe mises en bande*, qui est de Lajaumont, dont ils sortent.

Les titres indiqués aux sources m'ont permis de rétablir comme il suit la généalogie des du Bousquet :

I. — Marguerite, sœur d'Etienne et de Pierre du Bousquet, épousa, le 19 mars 1520, par contrat reçu de Vincent, notaire à Donzenac, noble Pierre de Lajaumont, écuyer, de la paroisse de Linards, près Saint-Germain (aujourd'hui Haute-Vienne), lequel consentit, dans ce contrat, à porter à l'avenir le nom de du Bousquet, qu'il a transmis à sa postérité, se réservant de garder les armes de sa maison. Fut présent noble Jehan de Lajaumont, Sgr du dit lieu et de Begoyne, son frère, qui a continué la branche aînée de cette famille (V. LAJAUMONT). De ce mariage naquit :

II. — Noble Jean du Bousquet, écuyer, qui accompagna M. Errault, Sr de Chamans, garde des sceaux du roi de France, vers l'empereur Charles-Quint pour traiter de la paix en 1544. Il épousa, le 15 juin 1542, par contrat reçu Vivenez, Gabrielle du Autier, en présence de noble Jehan de Lajaumont, son oncle, fondé de procuration de sa mère, veuve alors. De ce mariage naquit : 1° Marguerite, mariée, en 1560, à Richard de Gourdon, Sgr de Clermont, dont elle n'eut point d'enfants ; 2° Etienne, qui suit :

III. — Etienne du Bousquet, écuyer, Sgr du dit lieu, capitaine dans la compagnie de Byron, 1588, puis dans celle des chevau-légers du Sr Charles de Pierrebuffière et Comborn, auquel il acheta, par contrat du 1er septembre 1601, reçu par Montentes, notaire à Châteauneuf, la seigneurie de Saint-Pardoux. Il épousa, le 29 janvier 1600, par contrat reçu Lagrange, Gabrielle de La Pomélie, dont il eut : 1° François-Philibert, qui suit ; 2° Judith, mariée, le 2 septembre 1618, à Melchior de La Tour-la-Nouillas, gouverneur de Porto-Longone en 1646, mestre de camp en 1649.

IV. — François-Philibert du Bousquet, écuyer, Sgr de Saint-Pardoux et du Bousquet, qui porte le n° II dans les notes de Nadaud, entré chevau-léger au régiment de Soissons, l'un des gentilshommes servants du roi Louis XIII, pourvu, le 15 août 1627, capitaine au régiment de Noaillas en 1649, fut appelé à l'arrière-ban avec la noblesse du Limousin en 1639 puis en 1649. Il épousa, le 10 février 1626, par contrat reçu Montentes, Isabelle de La Tour-Neuvillars, dont il eut : 1° Charles, qui suit ; 2° Antoine-Julien, capitaine au régiment de Cognac, qui épousa, en 1677, Catherine de Lachaud, dont il eut un fils, mort en 1723, sans postérité ; 3° François, qui fut curé de Salagnac, puis prieur de Mauremont en 1661, et qu'on inhuma dans l'église de Saint-Pardoux le 7 février 1685 ; 4° Antoine, chanoine d'Eymoutiers, mort en 1699.

V. — Noble Charles du Bousquet, écuyer, Sgr de Saint-Pardoux, chevau-léger au régiment de Chamberet en 1642, capitaine, en 1649, dans le régiment du Sr de Noaillas, qu'il accompagna à Porto-Longone et à Piombino, se distingua au siége de Bergerac en 1661. Il épousa, le 28 juin 1661, par contrat reçu de Meynars, Jeanne de Fontanges, dont il eut : 1° Hugues ; 2° Antoine ; 3° Joseph, qui suit, né le 9 juin 1666 ; 4° Charles ; 5° Juliette, mentionnés par Nadaud.

VI. — Joseph du Bousquet, Sgr de Saint-Pardoux, Le Bousquet, Lachaud, page du roi en 1681, capitaine de dragons au régiment de la reine, 1692 ; chevalier de Saint-Louis, le 12 mai 1705, fonda une vicairie dans le bourg de Saint-Pardoux, par contrat du 22 avril 1707. Il épousa, par contrat du 15 avril 1706, reçu de Mons, Jeanne de La Saigne de Saint-Georges, dont il eut : 1° Jeanne ; 2° Catherine-Charlotte ; 3° Josèphe, qui fut reçue, avec sa sœur Catherine, dame de chœur de justice dans le couvent de Saint-Marc de Montel, de l'ordre de Malte, sur les preuves faites par elles les 11 et 12 décembre 1730 ; 4° Jean-Julien ; 5° Jean-Joseph, qui suit, baptisé le 16 août 1714 ; 6° Antoine ; 7° autre Catherine ; 8° Joseph.

VII. — Jean-Joseph du Bousquet, Sgr de Saint-Pardoux, Le Bousquet,

Lachaud, etc., prend le titre de marquis dans le contrat de mariage de Jean, son fils, en 1779. Il épousa, le 25 février 1748, par contrat reçu Échapasse et Lacoste, notaires à Brive, Louise de Cosnac, dont il eut : 1º Jeanne; 2º Françoise; 3º Marianne; 4º Jean, qui suit, baptisé le 9 septembre 1753; 5º Antoine; 6º Daniel, prêtre et chanoine de Saint-Denis; 7º Françoise-Henriette; 8º François-Emmanuel, baptisé le 1er août 1760, qui suit au nº VIII bis. — Jean-Joseph fut inhumé, le 16 mai 1783, dans l'église de Saint-Pardoux.

VIII. — Jean, IIe du nom, du Bousquet, comte de Saint-Pardoux, chevau-léger en 1771, vota à l'élection des états généraux en 1789, fut capitaine de cavalerie noble au régiment d'Angoulême, armée de Condé en 1792, chevalier de Saint-Louis le 10 février 1797. Il épousa, par contrat du 22 mai 1779, reçu Fournier, notaire à Limoges, Thérèse de La Celle, dont il eut : 1º Sophie, mariée, le 14 mars 1806, à Jean-Baptiste de Meyvières d'Artois ; 2º Louis, qui suit :

IX. — Louis du Bousquet, comte de Saint-Pardoux, épousa, le 23 juillet 1811, par contrat reçu Gouyon, Amélie de Laurencin, dont il eut : 1º Maurice, né en août 1812, qui a épousé, le 6 novembre 1837, par contrat reçu Deschets, Marie de Foucauld, dont : 1º Thérèse, née en mars 1840; 2º Joseph, né le 27 décembre 1814, qui a épousé, le 25 juin 1842, par contrat reçu Merlant, Isabelle de Santo-Domingo, dont il a Emmanuel, né le 2 février 1851.

VIII bis. — François-Emmanuel, vicomte de Saint-Pardoux, nommé page du roi le 29 décembre 1776, écuyer de madame Elisabeth, le 6 novembre 1780, fut du nombre de ceux qui accompagnèrent le roi Louis XVI jusqu'à la porte du Temple; écuyer du roi Louis XVIII le 30 décembre 1814, chevalier de Saint-Louis le 30 septembre 1814, lieutenant-colonel de cavalerie le 16 octobre 1816. Il épousa, par contrat du 28 mars 1796, reçu Meunier, Henriette de Vaugiraud, dont il eut : 1re Elisabeth, mariée à Henri de Chamaillard; 2º Henri, écuyer du roi Charles X le 3 janvier 1821, chevalier de l'ordre royal des Deux-Siciles le 6 mars 1819, qui a épousé, par contrat du 10 janvier 1822, reçu Croslier, notaire à Paris, et signé par le roi et les princes, Anna de Brillon, dont il a : 1º Berthe ; 2º Marthe.

Cette famille produisit, à la réformation ordonnée par le roi Louis XIV, ses titres de noblesse, qui furent d'abord trouvés suffisants; néanmoins la maintenue leur fut refusée par jugement du 30 avril 1665, rendu par d'Aguesseau, intendant de la généralité de Limoges, « par rapport à la dérogeance commise par Jean du Bousquet en exerçant un greffe qu'il avait pris et affermé, après la paix, en 1544. Charles et Antoine-Julien, son frère, adressèrent au roi une requête contre ce jugement, qui fut cassé, par arrêt du roi en son conseil, daté de Saint-Germain-en-Laye le 26 septembre 1668, enregistré à Clermont le 7 mars 1669, par lequel les dits sieurs du Bousquet de Saint-Pardoux sont maintenus dans leurs noblesse et prérogatives d'icelle, nonobstant la dérogeance faite par Jean, leur bisaïeul, en considération de leurs services, et sans tirer à conséquence ».

Sources : Preuves, pour les chevau-légers, devant Chérin, en 1771, et pour les pages, en 1681, puis devant d'Hozier en 1776, conservées dans les manuscrits de la bibliothèque impériale, vol. 9, fol. 241 et suiv., et vol. 15, fol. 641 et suiv. — Papiers de famille. — *Nobiliaires.* — *Mémoires du temps.* — (Roy de Pierrefitte.)

BOUSSAC (ville), chef-lieu d'arrondissement (Creuse). Les historiens du Berry et Malte-Brun lui donnent pour armes : *d'azur à trois brosses d'or, 2 et 1,* d'après un écusson qu'on voit encore sur la porte d'une salle du château de Boussac. Ce sont les armes de la famille de Brosse, qui eut la seigneurie de cette ville : aussi d'Hozier n'en parle pas. Suivant quelques auteurs, ces armes seraient : *d'azur à trois gerbes d'or, 2 et 1,* variante aussi des armes de Brosse.

BOYER (Alexis), né le 1er mars 1757, à Uzerche en Bas-Limousin, d'où il partit pour Paris, pauvre et presque sans instruction, en 1776. Là, par un travail opiniâtre, et grâce à des dispositions spéciales pour les études chirurgicales, il sut compléter son éducation, et obtenir les titres nécessaires pour enseigner d'abord l'anatomie et la physiologie, puis, en 1795, la chaire de clinique chirurgicale, qu'il a gardée jusqu'à sa mort, et dans laquelle il remplaçait Desault, le jeune et brillant professeur, qui avait su le distinguer presque à son arrivée à Paris, et qui alors en avait fait son aide pour l'enseignement de l'anatomie. Il eut bien d'autres honneurs. D'abord chirurgien du premier consul, il devint bientôt premier chirurgien du nouvel empereur (18 mai 1804), et en cette qualité il accompagna Napoléon dans ses campagnes de 1806 et 1807. Boyer devint chevalier de la Légion d'honneur ; il fut fait aussi officier de la maison de l'empereur, puis baron de l'empire avec majorat en Illyrie, par décret du 15 août 1809. Nommé chirurgien en chef de l'hôpital de la Charité de Paris et membre de l'Académie des Sciences en 1825, il a été aussi chirurgien consultant de Louis XVIII, de Charles X et de Louis-Philippe. Il est mort, le 25 novembre 1833, âgé de soixante-dix-sept ans. On a de lui divers ouvrages d'anatomie et de chirurgie. Marié, en 1787, à Adélaïde Tripol, morte en 1832, il a eu d'elle : 1o Adélaïde, née en 1791, mariée à Joseph-Philibert Roux, chirurgien célèbre, professeur à la Faculté de Médecine, etc., tous deux décédés laissant un fils, Anatole, ancien auditeur au conseil d'État, et une fille mariée à N..... Danyau, médecin ; 2o Gabrielle-Angélique, née en 1793, mariée, le 22 décembre 1813, à Raymond-Jean-François-Marie Lacave-Laplagne-Barris, pair de France, président à la cour de cassation, décédé le 14 octobre 1857 : de ce mariage huit enfants, tous mariés ; 3o Philippe, qui suit :

II. — Philippe Boyer, né en 1799, chirurgien en chef de la Charité, auteur de plusieurs travaux de médecine, dont un petit nombre publié, et surtout d'une édition considérablement annotée du grand ouvrage de son père. Marié, en 1838, à Eugénie-Joséphine Maudrou de Vilneuve, Philippe Boyer est décédé, le 8 avril 1858, à Paris. De ce mariage est né Raymond-Guillaume, qui suit :

III. — Raymond-Guillaume baron Boyer, né le 25 décembre 1838, encore sans alliance (1861).

Armes : *écartelé, au premier d'azur à une main ouverte d'or ; au deuxième, de gueules à une porte d'argent surmontée d'un fronton et accostée des lettres* D *et* A *de même ; au troisième de gueules au caducée d'argent ; au quatrième, d'azur à un coq d'argent crêté de gueules.*

SOURCES : *Galerie des portraits des hommes célèbres du Limousin,* article du docteur Bardinet. — *Biographie des hommes illustres du Limousin,* article d'Auguste du Boys. — Renseignements particuliers. — (ROY DE PIERREFITTE.)

BRACHET (page 234). — Cette famille était une des plus illustres de la Marche. Les chartes du monastère de Bénévent constatent son existence dès le XIIe siècle. Un de ses membres prit part à la septième croisade.

Sa filiation est établie depuis Aimeric dit Mérigot Brachet, S[gr] du Monteil en la paroisse d'Arnac-la-Poste en 1387. Son fils, Jean Brachet, héritier de Jeanne de Naillac, dame de Peyrusse, Salaignac, Montaigu et Saint-Vaulry en partie, épousa, vers 1400, Marie de Vendôme, dame de Charost, de Fontmoreau et de Reblay en Berri, parente de Catherine de Vendôme, femme de Jean de Bourbon, comte de la Marche.

Les principales alliances directes de la maison de Brachet sont, avec celles de La Porte (en Marche), de Vendôme, de Rochechouart, de Saintrailles, de Stuer, de Seuly, de Crevant, de Saint-Julien, d'Alègre, Faulcon de Saint-Pardoux, de Tranchelion de Palluau, du Bois de Chabenet, de Blanchefort, de Conigan, de Prie, de La Grange, de Choiseul, d'Aubusson, de Bonneval, de Lestrange, de Maillé, de Levis, d'Escodéca de Boisse, de Villequier, de Varie, etc.

Elle a produit quatre chambellans et un maître d'hôtel du roi, deux gentilshommes de sa chambre, trois chevaliers de l'ordre de Saint-Michel, un lieutenant de cinquante hommes d'armes, plusieurs lieutenants-généraux au gouvernement de la Haute et Basse-Marche, un sénéchal du Limousin, un sénéchal du Rouergue, un bailli de Troyes, plusieurs chevaliers de Malte, etc.

Elle a formé les branches : 1° de Magnac et de Palluau ; 2° de Peyrusse ; 3° du Mas-Laurent ; 4° de Poussanges ; 5° de La Jalésie ; 6° de La Bastide ; 7° de Montaigu ; 8° de Séguières ; 9° des Saulzettes.

Plusieurs existaient encore en 1789. (F. DE MAUSSABRÉ.)

— Le dernier propriétaire du château du Mas-Laurent, était Claude-Joseph-Alexandre, marquis de Brachet de Peyrusse de Floressac, chevalier de Saint-Louis ; il est mort à Paris, le 10 septembre 1859, à l'âge de quatre-vingt-quinze ans. Le château appartient aujourd'hui à la famille Chaumanet.

— Louis de Brachet, chevalier de Saint-Louis et S[gr] de La Bastide et de La Faye, qui a voté aux états généraux de 1789 pour l'ordre de la noblesse dans la sénéchaussée de Limoges, appartient à une autre branche de la famille de Brachet. Il avait épousé, à Limoges, en 1759, Marguerite Colomb, fille de Pierre, secrétaire du roi, et de Marie-Anne Garat, dont il a eu plusieurs enfants. Deux d'entre eux seulement ont laissé postérité, et ce sont deux filles : 1° Élisabeth, mariée à N..... de Curbin, dont les enfants habitent Lubersac (Corrèze) ; 2° Anne-Louise, mariée à N..... Bugeaud de La Bastide, dont l'un des trois enfants qui était membre du conseil général de la Haute-Vienne et maire de Coussac-Bonneval, mourut en 1873.

BRADE (DE) (p. 237). — La famille de Brade tirait son nom d'un fief situé dans la paroisse de Genouillac en Marche. Elle est connue depuis l'an 1338, et sa filiation remonte à 1533. Alliances avec les maisons d'Oradour, des Moulins, de La Roche-Aimon, de La Croix, de Salignac, de Fricon, de Rigaud, d'Oiron, de La Chapelle, de Bertrand, de Mornay, etc.

Cette famille s'est éteinte, vers 1810, en la personne de Jean-Baptiste comte de Brade, Sgr de Mornay, Bonnat, Bastisse, ancien lieutenant des maréchaux de France en Marche, décédé sans postérité de Marie-Solange-Ursule Peyrot de Bastisse. (Vte DE MAUSSABRÉ.)

BRANDON (page 238). — Noble Guillaume Brandon, chevalier, Sgr de Lussac, près Montluçon et de La Chaume, appartenait à une ancienne famille originaire des environs de Montluçon, et connue depuis le commencement du xiiie siècle. Alliances avec les maisons de Saint-Dommet, Lambert, de Bridiers, de Malleret, de Biottière, de Meung de La Ferté, de Magnac, de Guéret, de Blanchefort, du Puy, de Boisay, de Vegny d'Arbouse, de La Roche-Aimon, de Chaussecourte, de Villelume.

Branches de Lussac et de Gouzon, de Gouttière, de Fressineau, du Chiron.

Porte : *de sable à l'aigle d'or;* alias *d'argent becquée et membrée de gueules;* alias *d'azur à l'aigle d'or; et parti de sable et d'azur, à l'aigle éployée partie d'or et d'argent, armée et couronnée de gueules.* (Vicomte DE MAUSSABRÉ.)

BRÉ (page 239). — Guy de Bré, fut tué auprès de Pompadour par Bertrand de Chameyrat et enterré à Vigeois, vers 1180. (BONAV., III, 515.)

Alixe de Bré, *de Brenno,* épouse de Jean III de Bonneval. (*Nobil.,* I, 204.)

Les du Autier, ont été seigneurs de Bré; ainsi que les Chazeron.

Aujourd'hui il reste à peine quelques débris de l'ancienne forteresse de ce nom, prise et démolie par Guy IV, vicomte de Limoges, en octobre 1242. (*Ann. msc.,* p. 195.)

BRÉMOND (page 240). — Cette ancienne maison de chevalerie a toujours été regardée comme une des plus illustres familles de nos provinces de l'Ouest, où ses nombreuses branches se sont établies dès la fin du xe siècle.

Léon de Beaumont, évêque de Saintes et sous-précepteur du duc de Bourgogne, à qui l'on doit la conservation des manuscrits de Fénelon, son oncle, avait entrepris d'écrire l'histoire des principales maisons de Saintonge. Il ne pouvait oublier la maison de Brémond qui lui était alliée; et c'est ce travail, composé en 1704, que le père Loys, gardien des cordeliers de Saintes, a continué jusqu'en 1779. Un abrégé de cette volumineuse histoire généalogique publié, à Jonzac de 1861 à 1874, est la source où nous puisons le génealogie suivante :

Le nom patronymique de Bermond ou Bremond, en latin *Bermundus* ou *Bremundus,* fut adopté par la plupart des rameaux sortis d'un auteur commun, Guillaume Bermond ou Bremond, *Wilhelmus Bermundi,* qui paraît être venu le premier s'établir du Languedoc en Angoumois et sur les confins du Périgord, où ses descendants se sont perpétués jusqu'à nos jours. Il y vint probablement à la suite de Frotaire, évêque de Périgueux, issu lui-même des vicomtes de Nîmes et d'Albi : les évêques, au moyen âge, étaient presque toujours suivis dans leur diocèse par quelque membre de leur famille. Cette tradition confirme celle qui donne à ce Guillaume Bermond une communauté d'origine avec les sires ou princes d'Anduze, qui adoptèrent également, mais bien plus tard, le nom patronymique de Bermond, et qui se disaient aussi issus des vicomtes de Nîmes de la première race.

On trouve un comte Bremond ou Bermond, *Berthmundus,* fait gouverneur d'Auvergne par Charlemagne en 774, un autre comte Brémond, gouverneur de Lyon en 818, et un leude du même nom, témoin en 910 du testament du duc d'Aquitaine. Mais il est certain que ce nom, d'origine gothique, ne figure point en Périgord, ni en Angoumois, avant Guillaume Bermond, et qu'on ne le rencontre alors que dans les diverses branches de la puissante famille des ducs de Septimanie. Ajoutons que, si dans le midi il est très répandu, c'est que, porté primitivement comme nom de baptême en mémoire de Saint-Vérémond ou Bermond, abbé de Sainte-Marie d'Yrache, en Navarre, il est devenu par la suite le nom patronymique d'une foule de familles de toutes les conditions. Cette maison a formé onze ou douze branches principales qui se répandirent en Angoumois, Périgord, Saintonge, Aunis, Limousin, Touraine, Anjou et Poitou, dont cinq subsistent de nos jours. Nous donnons la filiation des suivantes, d'après le travail de l'évêque de Saintes, et *l'Annuaire de la noblesse* de 1880, ne pouvant citer tous les noms isolés qui n'entrent pas dans cette filiation, les faits saillants de l'histoire où les membres de cette famille se sont distingués et la nomenclature de ses possessions qui s'étendirent sur plus de deux cent soixante-dix fiefs ou paroisses.

§ I.

I. — Guillaume Bermond était possessionné à Palluaud, canton de Montmoreau (Charente), dès la fin du Xe siècle. (Cart. de Saint-Cybard, procès terminé en 1018.)

II. — Ithier de Brémond, vivant en 1077. (Cart. de Baigne.)

III. — Pierre de Brémond figure, en 1143, dans un acte de transaction au sujet de cette même seigneurie de Palluaud.

IV. — Pierre de Brémond, ambassadeur du roi d'Angleterre à Rome en 1183.

V. — Pierre de Brémond, chevalier, qui, le jour de Pâques 1232, est garant pour mille sols de Gaston de Gontaut, chevalier, S^{gr} de Biron. Il accompagna, suivant une tradition, saint Louis à la croisade, en 1248, et, selon toutes probabilités, mourut en Palestine. Il avait été garant de la trêve en 1247.

VI. — Pierre de Brémond, IVe du nom, était en 1267 gouverneur châtelain de la ville de Cognac, pour Guy de Lusignan, frère de Hugues XI, comte d'Angoulême. Il fut choisi, ainsi que son neveu, Bernard de Brémond, en 1281, par Guy de Lusignan, sire de Cognac et de Merpins pour être l'un de ses exécuteurs testamentaires. Pierre avait plusieurs frères qui demeurèrent en possession de la terre de Sainte-Aulaye.

VII. — Pierre de Brémond, V^e du nom, chevalier, S^{gr} de Jazennes, près Pons, fils aîné du précédent, naquit en 1270. On lui donne pour femme Marie Caraffe qu'il aurait épousée, en Italie, le 13 janvier 1298.

VIII. — Guillaume de Brémond, IIIe du nom, chevalier, S^{gr} de Jazennes et d'Échillais, fut tué à Crécy, le 25 août 1346. Il avait épousé, en 1340, Jeanne d'Ars-Balanzac, fille et héritière de Gombaud III, chevalier, Sgr d'Ars, etc. Depuis cette alliance, la terre d'Ars est restée en possession de la maison de Brémond. Cette châtellenie, démembrement de la principauté de Cognac, qui formait le domaine privé des anciens comtes d'Angoulême, et dont le manoir primitif paraît avoir été construit sur l'emplacement d'une station romaine reliée au camp de Merpins (*Arœ*, citadelle), relevait directement du roi, ainsi que la terre de Balanzac.

IX (I de Nadaud, page 240). — Guillaume de Brémond d'Ars, IVe du nom, chevalier, Sgr d'Ars, de Balanzac, d'Échillais, de Jazennes, de La Mothe-Meursac, de Puyvidal, de Rouffiac, fils aîné du précédent, combattit, comme lui, contre les Anglais, jusqu'à sa mort. Il tomba à la funeste bataille d'Azincourt en 1415. Il épousa Marquise Chaffrais, fille unique de Simon Chaffrais, chevalier, Sgr de Puyvidal, et d'Helène de Dompinon. Au mois de novembre 1414, elle avait reçu de son mari une procuration datée du camp de l'armée de Flandres pour marier ses filles. L'une épousa, par contrat du 18 novembre 1414, Ithier de Villebois, chevalier; l'autre, Anne de Brémond d'Ars s'allia à Gadras de Vaux.

X (II). — Pierre de Brémond d'Ars, VIe du nom, fils aîné du précédent, fut l'un des seigneurs d'Angoumois et de Saintonge qui contribuèrent le plus activement à chasser les Anglais de ces provinces. Il fut aussi du petit nombre des fidèles gentilshommes qui proclamèrent le roi Charles VII à Poitiers, et accompagnèrent Jeanne d'Arc au siége d'Orléans. En récompense de sa valeur, Charles, duc d'Orléans, lui donna par lettres datées de Cognac, le 19 juin 1442, le collier de son ordre du Camail ou Porc-Epic. Il épousa Jeanne de Livron, fille de Foucauld de Livron, et en eut : 1° Jean, qui suit; 2° Jean, qui a fait la branche de Balanzac et de Vaudoré, rapportée § II; 3° Agnès, mariée à son cousin, Jacques de Livron, à qui elle porta la terre de Puyvidal, que le marquis de Livron, son descendant direct, possédait en 1828, et qui appartient aujourd'hui à M. le comte de Magnac, gendre de M. le marquis de Livron; 4° Marguerite, femme d'Arnaud de Gua, chevalier, Sgr de Chastelars, de l'ancienne maison de ce nom en Saintonge, aujourd'hui éteinte; 5° Julienne, femme de Lancelot Corgnol, chevalier, Sgr de Villefréart; 6° Anne, doyenne de l'abbaye de Notre-Dame-de-Saintes en 1478; 7° et 8° Pierre et Aymar, servant au ban d'Angoumois de 1467; 9° Anne, mariée à Pierre Vigier, chevalier, Sgr de Massac, etc. Leur fils, Jean Vigier, épousa Marguerite de Lusignan Saint-Gelais.

XI (III). — Jean de Brémond d'Ars, chevalier, Sgr d'Ars, de Gimeux, de La Motte-Meursac, etc., épousa, par contrat du 22 janvier 1468, Marguerite Corgnol, fille de Louis Corgnol, chevalier, Sgr du Vivier, près Ruffec, et de Marguerite Janvre de La Bouchetière, dont : 1° Charles, qui suit; 2° Georges, qui épousa, par contrat passé au château de Balanzac, le 26 janvier 1527, Aliénor de Vivonne, sœur d'Artus de Vivonne, Sgr de Pisany, mari de Catherine de Brémond.

XII (IV). — Charles de Brémond d'Ars, 1er du nom, épousa, le 26 août 1501, Marguerite Foreau de Tesson, fille unique et héritière d'Etienne Foreau, Sgr de Tesson en Saintonge, et de Catherine Gombaud, dont : 1° François, qui suit; 2° Catherine, femme de Jean de Rabayne, chevalier, Sgr de Jazennes, fille d'Yvon de Rabayne et de Marie de Sansac.

XIII (V). — François de Brémond d'Ars, chevalier, Sgr d'Ars, de Tesson, etc., épousa : 1° par contrat, passé à Pons, le 8 novembre 1532, Antoinette de Saint-Mauris, fille de René, chevalier, Sgr de La Vexpière, et de Françoise de Rabayne, et nièce de Galiot de Genouillac. Elle mourut en 1538. Il épousa : 2°, le 10 avril 1540, Marguerite de Beaumont, fille de feu François de Beaumont, chevalier, Sgr de Rioux en Saintonge, et de Catherine de Souza-Portugal. Du premier lit vint Charles, qui suit, et du second, René de Brémond, chevalier, Sgr de Tesson, de Beaurepaire, etc., qui épousa Bonaventure de Montgaillard, dame de Beaurepaire, dont entre autres enfants : Jean de Brémond, Sgr de Tesson, marié à Marie de Guinot. Leur fille, Charlotte de Brémond, dame de Tesson, épousa : 1° Jean de Tizon ; 2°, par contrat du 26 février 1623, Gilles de Guinot, son cousin germain.

XIV (VI). — Charles de Brémond d'Ars, baron d'Ars et du Chastellier, né en 1538, fut lieutenant-général commandant pour le roi ès-pays d'Angoumois, Saintonge et Aunis, et plus tard gouverneur des mêmes provinces. Il épousa : 1°, par contrat passé au château de Comporté, le 8 mars 1559, Louise d'Albin de Valsergues de Céré, fille de feu Louis et de Renée de Chabanais, dame de Comporté-sur-Charente. Elle mourut en 1587. Charles épousa : 2°, par contrat passé au château de Roissac en Angoumois, le 1er février 1589, Jeanne Bouchard d'Aubeterre, veuve de Louis de La Rochefoucauld, fille de Louis Bouchard d'Aubeterre, chevalier, Sgr de Saint-Martin de La Coudre, et de Jeanne Hamon. Du premier lit sont issus : 1° Josias, qui suit ; 2° Philippe, qui a fait une branche rapportée § III ; 3° Florence, mariée, par contrat du 10 octobre 1588, à Lancelot de Donnissan, chevalier, Sgr de Citran. Elle était veuve de Frédéric de Beaumont.

XV (VII). — Josias de Brémond d'Ars, Ier du nom, chevalier, Sgr et baron d'Ars, du Chastellier et de Dompierre-sur-Charente, marquis de Migré, Sgr de Luçay, de Gimeux, etc., maréchal-de-camp, chevalier de l'ordre du roi, commandant-général du ban et arrière-ban d'Angoumois, député de la noblesse de cette province aux états généraux de 1614, etc. Il rebâtit le château d'Ars sur un plan moderne. Il épousa, par contrat passé au château de Montguyon en Saintonge, le 3 novembre 1600, Marie de La Rochefoucauld, fille de feu messire François de La Rochefoucauld, chevalier, Sgr et baron de Montendre et de Montguyon, et de feue Hélène de Goulard, dont : 1° François de Brémond d'Ars, baron du Chastellier, tué au siége de Saint-Jean-d'Angely, le 1er juin 1621 ; 2° N....., mort vers la même époque ; 3° Jean-Louis, qui suit ; 4° Charlotte, qui épousa : 1°, le 23 juillet 1619, Jean Green de Saint-Marsault, chevalier, Sgr de Nieul et de Mazotte ; 2°, par contrat passé au château de Laumont, le 14 mai 1629, Jean de Livenne, fils d'autre Jean et de Jeanne de La Faye ; 5° Louise, mariée, par contrat passé au château d'Ars, le 20 janvier 1628, à Pierre de Nossay, chevalier, Sgr de La Forge, fils de René et de Jeanne Helyes de La Rochesnard ; 6° Gabrielle, mariée, par contrat du 5 mars 1629, à Gabrielle Gombaud de Champfleury, chevalier, Sgr du dit lieu, fils d'Henri et d'Elisabeth Herbert.

XVI (VIII). — Jean-Louis de Brémond d'Ars, Ier du nom, chevalier, marquis d'Ars Ier et de Migré, baron du Chastellier, etc., né en 1606. Il épousa, par contrat passé au château d'Orlac en Saintonge, le

30 décembre 1630, Marie-Guillemette de Verdelin, dame d'Orlac, née à Cognac en 1606, fille de Jacques et de Jeanne Vinsonneau de La Péruse, dont : 1° Josias, II° du nom, périt, en 1662, à l'attaque de Montenceys en Périgord ; 2° Pierre, marquis de Migré, né le 24 août 1634, mort en 1663 ; 3° Louise, née le 14 février 1636, épousa, le 8 juin 1654, Jacques d'Abzac, Sgr de Mayac, de Villautrange et de Limeyrac, veuf d'Anne de Rabayne, et fils d'Isaac et de Marie de Couraudin de Villautrange ; 4° Jacques, qui suit ; 5° Jean-Louis, qui a fait la branche d'Orlac, rapportée § IV ; 6° Pierre, appelé M. de Lussay, né au château d'Ars, le 10 mai 1642, mourut en 1660 ; 7° Françoise-Angélique, née le 26 avril 1643, fit profession au couvent des Ursulines, à Loudun, en 1660 ; 8° Gabrielle, fut religieuse carmélite au couvent de Saintes.

XVII (IX). — Jacques de Brémond d'Ars, chevaliers, Sgr et marquis d'Ars, Sgr de Gimeux, de Coulonges, du Solançon, etc., naquit au château d'Orlac le 22 juin 1637, fut baptisé, le 7 juillet 1639, en présence de François de La Fayette, évêque de Limoges ; de l'évêque de Saint-Papoul, et de Jacques Raoul, évêque de Saintes, qui fut son parrain avec Claire de Bauffremont. Il eut une maintenue de noblesse le 3 septembre 1667. Il mourut le 26 janvier 1676, et fut inhumé le lendemain dans l'église d'Ars, au tombeau de ses ancêtres, en présence de plus de trente prêtres des environs. Il avait épousé, par contrat passé à Cognac, le 20 février 1662, Marie de La Tour-Saint-Fort, fille de René de La Tour, chevalier, Sgr et baron de Saint-Fort-sur-Né, et de Marie Vinsonneau de La Péruse. Elle mourut, à Cognac, le 5 novembre 1693. De ce mariage sont issus : 1° Louis, né en 1663, mort sans alliance en 1692 ; 2° Jean-Louis, qui suit ; 3° Marie-Thérèse, née jumelle à Ars, le 23 octobre 1670, mariée, le 27 juin 1695, à Léon de Pontac, fils de François ; 4° Marie-Rosalie-Ursule, née jumelle, le 23 octobre 1670, religieuse ursuline de Saint-Jean-d'Angely, mourut en 1694 ; 5° Jacques, né le 12 février 1672, mort jeune.

XVIII. — Jean-Louis de Brémond d'Ars, II° du nom, capitaine de vaisseau, né au château d'Ars, le 15 août 1669, épousa, à Cognac, le 25 février 1692, Judith-Hubertine de Sainte-Maure-Montausier-Jonzac, née le 19 octobre 1673, fille d'Alexis et de Suzanne de Catelan. Elle mourut le 15 mars 1739, ayant eut sept enfants : 1° François-Philippe, né à Ars, le 25 juillet 1694, mort jeune ; 2° Charles, qui suit ; 3° Josias, mort jeune ; 4° Jacques, mort en bas-âge ; 5° Louise, morte sans alliance ; 6° Marie-Louise-Gabrielle, mariée à François-Louis de La Cassaigne, chevalier, marquis de Saint-Laurent ; 7° Louis-Alexis, appelé le vicomte d'Ars, né à Cognac, le 17 janvier 1697, épousa, par contrat passé le 12 septembre 1736, à Fort-Royal (Martinique), Louise Faure de Fayolle, d'une famille noble originaire de l'Angoumois. Elle est morte au château du Coudret, paroisse de Cherves, le 6 décembre 1769, laissant une fille unique, Marie-Judith-Huberte de Brémond d'Ars, mariée au marquis d'Ars, son cousin germain, le 25 juin 1764.

XIX. — Charles de Brémond d'Ars, chevalier, Sgr marquis d'Ars, etc., né à Cognac, le 7 juillet 1695, mort le 22 décembre 1765, avait épousé, le 28 février 1726, Marie-Scolastique-Antoinette-Suzanne-Adélaïde-Gabrielle de Brémond de Dompierre-sur-Charente, fille de Jean-Louis et de Marie-Madeleine de Montalembert, qui mourut, à Cognac, le 28 avril 1742. Elle avait eu neuf enfants : 1° Marie-Madeleine, née à Cognac, le 2 avril 1728, qui épousa, le 21 avril 1750, son parent, Bernard de Verdelin, marquis de Verdelin, S^{gr} de Cabanac et de Jaunac, fils de François et de Françoise-Eugénie de Mélignan de Trignan; 2° Jean-Louis-Hubert, marquis d'Ars, né à Ars, le 16 septembre 1729, mourut à Paris, le 16 septembre 1753; 3° Léon-Henri, mort en bas-âge; 4° Marie-Suzanne, née à Cognac, le 25 mars 1732, mourut doyenne du chapitre royal et séculier de Saint-Louis de Metz, le 24 mai 1807; 5° Marie-Léontine, appelée Mlle de La Garde, née à Ars, le 16 septembre 1733, mourut sans alliance, le 14 septembre 1759; 6° Jeanne-Julie, appelée Mlle de Saint-Fort, née à Cognac, le 16 juillet 1735, morte à Saintes, sans alliance, le 1er avril 1807; 7° Charles, marquis d'Ars, né à Cognac, le 9 janvier 1737, tué dans un combat maritime, le 10 janvier 1761; 8° Henri-Charles-Jacob, qui suit; 9° Annibal, mort en bas-âge.

XX. — Henri-Charles-Jacob de Brémond d'Ars, chevalier, S^{gr} et marquis d'Ars, etc., né à Cognac, le 21 juillet 1738, épousa, le 25 juin 1764, sa cousine germaine, Marie-Judith-Huberte de Brémond d'Ars. Il mourut, le 4 juillet 1772, et sa femme, le 6 décembre 1780. Dont trois enfants : 1° Marie-Louise-Charlotte, née le 15 avril 1765, morte à Ars, le 1er juin 1768; 2° Léon-Louis-Marie-Josias, né à Ars, le 1er mai 1768, mort en bas-âge; 3° Marie-Suzanne-Sophie-Rosalie, née à Ars, le 6 juin 1768, décédée à Saintes, le 24 août 1779.

§ II. — *Branche de Balanzac et de Vaudoré.*

XI *bis*. — Jean de Brémond, chevalier, S^{gr} de Balanzac, de Bardenac, de La Boulidière, de Brossac, de Châtignac, de Durfort, de Guizengeard, de Javrezac, de La Magdelène, d'Orthe, de Passirac, de Saint-Cyprien, de Saint-Vallier, de Sainte-Souline, de Sonneville et d'Yviers, capitaine et gouverneur des ville et château de Cognac, grand sénéchal d'Angoumois, etc., épousa, par contrat passé à Cognac, le 29 octobre 1492, Marguerite de La Magdelène de Durfort, fille de Jacques et de Marie de Céris, dont : 1° Charles, qui suit; 2° Catherine, dame de La Boulidière, mariée, le 10 janvier 1519, à Arthus de Vivonne, chevalier, S^{gr} de Saint-Gouard et de Pisany; 3° Claude, qui était filleule de Mme Claude de France, fille de Louis XII. Cette dernière étant devenue reine, en 1515, l'attacha à sa cour et la dota de « mille écus d'or soleil, » en la mariant, le 30 juillet 1523, à Bertrand Hélyes de Pompadour La Rochesnard.

XII. — Charles de Brémond, chevalier, S^{gr} de Balanzac, de La Magdelène, de Durfort, etc., premier panetier de François Ier, épousa, par contrat passé à Varèze en Saintonge, le 28 janvier 1532, Françoise de La Rochebeaucourt, fille de François et de Bonaventure de La Personne.

XIII. — François de Brémond, également panetier du roi, fut élevé par sa mère dans la religion calviniste, épousa : 1°, le 20 avril 1554, Dauphine de Voulons, d'une ancienne famille du Poitou, éteinte aujourd'hui; 2°, le 26 janvier 1559, Louise de La Forest-sur-Sèvre-Vaudoré, fille de Guy et de Marguerite de Montberon. Du premier lit : 1° Marie, femme de Louis de Vasselot, chevalier, S^{gr} de La Chambaudière; du second lit : 2° Salomon, qui suit; 3° Suzanne, mariée, le 28 avril 1592, à Nicolas Pasquier, écuyer, S^{gr} de Mainxe. Elle mourut le 3 août 1597, et son mari épousa, en secondes noces,

Louise Mangot; 4° Elisabeth, mariée, le 8 août 1591, à Louis de Saint-Georges-Verac, chevalier, Sgr de Loubigny, veuf de Louise de Vivonne, et fils d'André et de Paule de Puyguyon.

XIV. — Salomon-François de Brémond, chevalier, Sgr de Balanzac, Vaudoré, etc., abjura la religion calviniste, le 20 juillet 1593, dans l'église de Saint-Denis, entre les mains du cardinal du Perron ; il mourut en 1620. Il avait épousé, par contrat passé au château de La Cressonnière en Poitou, le 26 septembre 1594, Marie de Bastard de La Cressonnière, fille ainée de René, dont il eut entre autres enfants :

XV. — Salomon de Brémond, II° du nom, gouverneur de Parthenay etc., mourut le 17 juillet 1657. Il s'était marié : 1°, le 31 juillet 1633, à Gasparde de La Longraire, fille de René et d'Hélène Paillard ; 2°, par contrat du 21 avril 1644, à Louise-Anne-Marie des Cars, fille de Louis et de Suzanne Chapelain de Puire-Dandole. Du premier lit ne vinrent que des filles. Du second sont descendus les autres seigneurs et barons de Vaudoré, dont le dernier, Alexis-Charles-François, périt massacré dans les prisons de Saumur, où il avait été enfermé durant la Terreur (1794). En lui s'éteignit la branche des seigneurs de Balanzac et de Vaudoré.

Les autres alliances des barons de Vaudoré, depuis Salomon, ont été avec les familles de Jousserand, de Gauvin, de Marigny, d'Hector, de Réorteau, de Goulard, de Gourjault, de Mouillebert, de Rangot de Luzay, etc.

§ III.

XV bis. — Philippe de Brémond, chevalier, Sgr de Céré, capitaine au régiment de Champagne, appelé M. de Céré, naquit au château d'Ars, mourut en 1621. Il avait épousé, par contrat passé au château de Touvenac, le 9 août 1598, Françoise Gérault dame de Frégenoux et de Voulgezac en Angoumois, de Touvenac en Saintonge, etc., fille de Guy et de Jeanne Green de Saint-Marsault-Chastelaillon. Dont : 1° François-Galiot, qui suit ; 2° Louise, mariée, en 1649, à Jean de La Cassaigne.

XVI. — François-Galiot de Brémon, chevalier, appelé M. de Vernoux, faisait partie du ban d'Angoumois en 1635 ; il était mort le 5 mars 1670, date du partage de sa succession. Il avait épousé, à Cognac, le 27 décembre 1626, Jacquette de La Gourgue. Elle était morte en 1670, laissant : 1° François, Sgr de Céré, mort sans postérité ; 2° Jacques, qui suit.

XVII. — Jacques de Brémond, chevalier de Saint-Louis, mestre de camp de cavalerie, tué à Carpi en 1701, Sgr de Céré, de Vernoux, etc., épousa, le 25 janvier 1676, Marie-Henriette Le Mercier de Hautefaye, de Lusseray, dont : 1° Jacques, qui suit ; 2° Angélique, mariée à Jean-César Pascauld de Pauléon ; 3° Marie, religieuse au couvent des Ursulines de Saint-Jean-d'Angely.

XVIII. — Jacques de Brémond, II° du nom, né au château de Vernoux, le 30 juin 1687, épousa, par contrat du 9 février 1720, Suzanne-Marguerite Aymer, dame de Breuilbon, fille de René et de Marguerite de Saint-Quintin de Blet. Dont : 1° Charles-Jacques-Alexandre, qui suit ; 2° et 3° Angélique-Suzanne (Mlle de Breuilbon) et Marie-Bénigne-Henriette (Mlle de Brémond), mortes à Niort, sans alliance ; 4° Henriette-Thérèse, qui épousa, le 2 juillet

1748, Jacques-Joseph-Louis de Liniers, chevalier, S^{gr} du Grand-Breuil ; 4° Jacques, né le 26 juin 1726, commandeur d'Amboise, procureur général de l'ordre de Saint-Jean de Jérusalem, etc., mort à Niort, le 26 novembre 1806.

XIX. — Charles-Jacques-Alexandre de Brémond, Ier du nom, chevalier, marquis de Brémond, etc., né le 2 mars 1722, mort le 23 octobre 1810, avait épousé, par contrat du 14 novembre 1758, Marie-Charlotte-Hélène-Sophie-Philippine de La Lande-Cimbré, dame et vicomtesse de Tiercé et de Cimbré en Anjou, et de Catherine-Hélène-Sophie de Dolon de La Goupillière. Dont : 1° Marie-Philippine-Alexandrine, morte sans alliance ; 2° Charles Jacques-Alexandre, qui suit ; 3° Marie-Augustin-Josias, mort en bas-âge.

XX. — Charles-Jacques-Alexandre, marquis de Brémond, né le 6 août 1761, mort le 16 mars 1827, avait épousé : 1°, le 12 octobre 1786, Charlotte-Marguerite de Villedon-Gournay, fille de Charles-Joseph-François et de Marie-Louise Guiot de La Rochebaucourt. Elle mourut le 12 septembre 1795. Il épousa : 2°, par contrat du 6 juillet 1802, Louise-Marguerite-Lucie des Francs, fille de Michel-Henri et de Louise-Julie de Chantreau. Du premier lit sont nés : 1° Sophie-Louise-Emmanuelle, née à Genève, mariée, en 1826, à Léon-Honoré de Guiton, marquis de Maulevrier ; 2° Adolphe-Joseph-Alexandre-Théodule-Maurice, chevalier de Saint-Louis, marquis de Brémond, né le 3 septembre 1795, épousa Marie-Amélie de Pont-Jarno, le 26 août 1828. Du second lit vinrent : 3° Pierre-Augustin-Claude-Arthur, qui suit ; 4° Augustine-Alix, religieuse du Sacré-Cœur, décédée à Niort, le 17 juillet 1861 ; 5° Louise-Alexandrine-Appolline, née le 9 septembre 1811, épousa, le 28 avril 1830, Jean-Augustin du Chesne de Vauvert.

XXI. — Pierre-Augustin-Claude-Arthur de Brémond, né le 20 mars 1804, marié, le 3 avril 1830, à Louise-Claudine-Eugénie-Delphine-Philogone de Panisse, veuve le 22 octobre 1862. Dont : Henriette de Brémond, née le 14 janvier 1831.

§ IV.

XVII bis. — Jean-Louis de Brémond d'Ars, chevalier, S^{gr} et baron de Dompierre-sur-Charente, d'Orlac, de Saint-Fort-sur-Né, S^{gr} d'Angéliers, de La Magdelène, de Javrezac, etc., né au château d'Ars, le 10 janvier 1641. Il épousa, le 28 juillet 1668, Marie-Antoinette de Verdelin, sa cousine germaine, fille de Jean-Louis et de Marie de La Tour-Saint-Fort. De ce mariage sont nés treize enfants, parmi lesquels : 1° Louis, sourd et muet, né au château du Solançon, mort à Saintes, le 24 août 1762 ; 2° Jean-Louis, appelé le chevalier d'Angéliers, mort le 8 mars 1735, avait épousé Marie-Madeleine de Montalembert, fille de Pierre et de Marie Desmier de La Croix, dont : A. — Scolastique-Marie-Antoinette-Suzanne-Gabrielle-Adélaïde, née le 17 mars 1705, mariée le 19 décembre 1725, à Charles de Brémond d'Ars, son cousin ; B. — Marie-Angélique, née le 26 décembre 1713, morte sans alliance ; 3° Jean-François, mort sans alliance, le 10 octobre 1740 ; 4° Jacques-René, qui suit ; 5° Jean-Louis, tué à Malaga, le 24 août 1704 ; 6° Jean-Louis, tué au siége de Gibraltar en 1705 ; 7° Henri-Auguste, mort en 1703 ; 8° Jacques-Josias, tué à Blaye en 1719. Les autres enfants sont morts en bas-âge.

XIX. — Jacques-René de Brémond d'Ars, né au château d'Orlac, le 24 octobre 1678, mourut à Saintes le 10 mars 1757. Avait épousé, par contrat du 24 mai 1700, Marguerite-Mélanie du Bourg, fille de Pierre et de Mélanie de Meaux. De ce mariage naquirent seize enfants : 1° Marie-Claire-Antoinette, née le 21 novembre 1701, morte le 21 août 1788 ; 2° Pierre, qui suit ; 3° Marie-Eustelle-Mélanie, morte en bas-âge ; 4° Jean-Louis, mort à Saintes, le 12 mai 1717, âgé de dix ans ; 5° Pierre-René, né le 23 novembre 1708, mort lieutenant-colonel, le 5 mars 1780 ; 6° Marie-Mélanie, née le 6 janvier 1710, morte le 2 janvier 1756 ; 7° Etienne, né le 11 février 1711, mort en bas-âge ; 8° Jeanne-Marguerite, née le 18 février 1712, épousa, en 1736, Pierre-Paul-Alexandre de Pagave, et, en 1739, Jean-François de Boyer ; 9° Marie-Mélanie-Thérèse, née le 11 juin 1714, morte, en 1763, religieuse à l'abbaye de Notre-Dame-de-Saintes ; 10° Jean-Louis, né le 21 juin 1715, fut convoqué à l'Assemblée générale de l'Angoumois en 1789, et mourut le 21 juillet de la même année ; 11° Marie-Henriette-Mélanie, née le 3 octobre 1716, mariée, en 1741, à Louis de Siorac, Sgr de La Guyonie en Périgord, fils de François et de Béatrix de Laval ; 12° Pierre-Josias ; 13° Marie-Thérèse-Charlotte ; 14° Marie-Suzanne ; 15° Thérèse, ces quatre derniers morts en bas-âge ; 16° Marguerite-Claire-Sophie, née le 26 août 1725, épousa, le 16 novembre 1758, François-Armand de Manes, fils de Clément et d'Anne-Marie-Henriette de Sainte-Hermine.

XX. — Pierre de Brémond d'Ars, VIe du nom, chevalier, comte et marquis de Brémond d'Ars, etc., né à Dompierre-sur-Charente, le 5 mars 1703, mourut à Saintes le 11 octobre 1779. Il avait épousé, le 6 novembre 1758, dans la chapelle du palais épiscopal de Saintes, Catherine de La Loue du Masgelier, fille de Marc-Antoine, chevalier, Sgr et marquis du Masgelier et de La Villeneuve en Limousin, et de Jeanne-Renée du Pouget de Nadaillac. Dont : 1° Pierre-René-Auguste, qui suit ; 2° Pierre-Charles-Auguste, rapporté § V ; 3° Marie-Suzanne-Françoise-Mélanie-Sophie, née le 17 novembre 1762, chanoinesse de Saint-Louis de Metz, le 11 octobre 1782, passa le temps de la révolution dans les cachots de Brouage, et est morte à Saintes, le 30 mars 1833.

XXI. — Pierre-René-Auguste, député de la noblesse de Saintonge aux États généraux, marquis de Brémond d'Ars, chevalier, Sgr et baron de Dompierre-sur-Charente, etc., né le 16 décembre 1759, émigra ; est mort le 25 février 1842. Il avait épousé, le 20 janvier 1785, Jeanne-Marie-Elisabeth de La Taste, dont : 1° Josias, qui suit ; 2° Théophile-Charles, qui suit après son frère et sa postérité ; 3° Jules-Alexis, rapporté après ses deux frères ; 4° Marie-Théodat-Adolphe, né à Saintes le 31 août 1792, mort le 6 mars 1794, dans la prison où sa mère fut enfermée pendant la Terreur.

XXII. — Josias de Brémond d'Ars, marquis de Brémond d'Ars, né le 20 novembre 1785, mort le 31 janvier 1870, avait épousé Françoise-Charlotte-Adélaïde de Bigot de Baulon, dont : 1° Guillaume, qui suit ; 2° Marie-Elisabeth, veuve de Louis-Auguste Dumorisson ; 3° Pierre-Marie-Edmond, né le 8 décembre 1812, ancien chef d'escadron, marié le 13 avril 1852, à Rose-Raymonde-Caroline-Louise Compagnon de Thézac, dont : Pierre-Charles-Josias, né le 8 octobre 1853 ; 4° Josias-Amable, né le 3 mai 1820 ; 5° Marie-Théonie, mariée à Victor-César Urvoy, comte de Closmadeuc.

XXIII. — Guillaume, marquis de Brémond d'Ars, grand-officier de la Légion d'honneur, général de division, élu sénateur de la Charente, le 16 février 1879, etc., né le 19 mars 1810, marié en 1840, à Marie-Laure-Aline-Valérie de Saint-Brice, dont: 1° Jeanne; 2° Ferdinande, décédée en 1871, mariée au comte Arthur du Pontavice; 3° Marie-Laure-Thérèse, veuve, le 31 mai 1871, d'Auguste-Marie-Jules des Azars; 4° Guillaume-Josias-René, comte de Brémond d'Ars, né le 29 janvier 1852, a épousé, le 15 octobre 1879, Marie-Antonia-Elisa Alberti, dont un fils, Maurice, né le

XXII *bis*. — Théophile-Charles, vicomte de Brémond d'Ars, marquis de Migré, général, commandeur de la Légion d'honneur, chevalier de Saint-Louis; né à Saintes le 24 novembre 1787, mort le 12 mars 1875, épousa Marie-Anne-Claire de Guitard de La Borie de Rioux, dont: 1° Anatole-Marie-Joseph, qui suit; 2° Marie-Renée, mariée, le 24 mai 1848, à Marie-Gratien-Stanislas de Baderon de Thésan, baron de Maussac, marquis de Saint-Geniez; 3° Elisabeth-Adélaïde, morte le 20 avril 1880, avait épousé Louis-Charles de Coëffard de Mazerolles; 4° Gaston-Josias, lieutenant-colonel, né le 29 janvier 1830, épousa, le 11 octobre 1866, Marie-Alexandrine de Lur-Saluces, fille du sénateur de la Gironde, dont: A.— François-Marie-Léon-Théophile, né le 18 décembre 1867; B.— Henri-Marie-Joseph, né le 12 janvier 1870; C. — Sidonie-Marie-Eugénie-Joséphine, née le 10 mars 1872.

XXIII. — Anatole-Marie-Joseph, vicomte de Brémond d'Ars, marquis de Migré, conseiller général du Finistère, chevalier de la Légion d'honneur, ancien sous-préfet, etc., etc.; a épousé, le 9 décembre 1862, Marie-Aglaé-Elisabeth Arnaud, dont : 1° Hélie-Marie-Joseph-Charles-Josias-Alon-Guillaume, né le 8 décembre 1866, mort le 3 octobre 1871; 2° Josias-Marie-Joseph-Théophile-Pierre, né le 19 mars 1869; 3° Anatole-Anne-Marie-Joseph Alon-Josias-Hélie, né à Nantes le 22 juillet 1872.

XXII *ter*. — Jules-Alexis de Brémond d'Ars, vicomte de Brémond d'Ars, baron de Saint-Fort-sur-Né, naquit à Saintes, le 10 mars 1790, y est mort le 24 mai 1838. Il avait épousé Marie-Eutrope-Mélanie de Sartre, d'une famille originaire du Languedoc, et veuve de Joseph-Louis de Gaigneron de Morin, dont : 1° Charles-René-Marie, qui suit ; 2° Marie-Louise-Béatrix, morte sans alliance; 3° Théophile-Jean-Louis, né le 21 avril 1818 ; 4° Marie-Isaure épousa, le 28 mai 1845, Louis, marquis de Goullard d'Arsay, qui mourut le 21 novembre 1870 ; elle est morte à Niort le 22 novembre 1879 ; 5° Eusèbe-François, né le 27 mars 1820, épousa à Paris, le 17 août 1854, Jeanne-Louise-Marie-Henriette-Berthe-Isabelle de Mongis, fille de Jean-Antoine. Il mourut le 15 janvier 1878, laissant : A.— Marie-Eutrope-Henri-Charles-Jean-Guy, né le 29 septembre 1856 ; B.— Marie-Mélanie-Catherine-Jeanne-Berthe, mariée, le 2 mai 1881, à Henri Le Caruyer de Beauvais ; C.— Marie-Joseph-Henri-Edme-Jean ; D. —Marie-Joseph-Ernestine-Louise-Madeleine.

XXIII. — Charles-René-Marie de Brémond d'Ars, vicomte de Brémond d'Ars, né le 12 décembre 1815, a épousé, le 16 août 1870, Louise de Goullard d'Arsay, sœur de son beau-frère, fille d'Amateur-Gabriel et de Renée-Eulalie-Solange de La Rochebrochard.

§ V.

XXI *bis*. — Pierre-Charles-Auguste de Brémond d'Ars, vicomte de Brémond, S^{gr} de Brézillas, du Brandet, du Gua et du Fouilloux en Arvert, marquis du Masgelier en Limousin (du chef de sa femme), membre du conseil général de la Creuse sous la Restauration, né à Saintes, le 29 janvier 1761, fut enfermé à Brouage, avec sa femme et sa sœur, pendant la Terreur, est mort au château du Masgelier, le 26 avril 1816. Il avait épousé le 14 septembre 1788, sa cousine germaine, Angélique de La Loue, dont : 1° Gustave-René-Antoine, qui suit ; 2° N..... décédée sans alliance ; 3° N..... décédée sans alliance.

XXII. — Gustave-René-Antoine de Brémond d'Ars, comte de Brémond, marquis de Masgelier, mort le 18 juin 1849, avait épousé Anne-Thaïs d'Abzac de Sarrazac, dont : 1° Pierre-Louis-René, qui a épousé, le 16 février 1846, Hortense-Amabelle de Bermondet de Cromières, fille du marquis Armand-Hippolyte-Astolphe-Renaud et de Clémentine Tryon de Montalembert ; 2° Ferdinand-Hyacinthe, qui suit ; 3° Michel-Etienne-Séraphin, né le 8 octobre 1816 ; 4° Marie-Elisabeth-Angélique, mariée le 26 octobre 1840 à Isidore-Joseph-Jacques, comte du Rieu du Pradel, mort le 3 avril 1880.

XXIII. — Ferdinand-Hyacinthe de Brémond d'Ars, mort en 1868, avait épousé, le 19 avril 1847, Anne-Bonne-Eugénie d'Oiron. De ce mariage sont nés trois garçons et trois filles.

Armes : d'azur à l'aigle à deux têtes éployée d'or, au vol abaissé, languée de gueules. — Devise : *In Fortuna virtutem.*

BRETTES (p. 240). — Cette famille paraît tirer son nom de la terre de Brettes, située en Angoumois, à trois lieues de Ruffec.

Les preuves qu'elle a faites, en 1667, devant M. d'Aguesseau, intendant en Limousin, et subséquemment par l'admission de quatre pages du roi **pour la maison royale de Saint-Cyr, le service militaire et l'ordre de Saint-Jean de Jérusalem,** établissent sa filiation depuis Jeannet de Brettes du n° I.

Gédéon de Brettes du n° IV avait épousé : 1° le 19 avril 1612, Marguerite de Douhet ; 2°, le 10 décembre 1642, Claude Dreux, fille de feu messire Simon Dreux, chevalier, baron de Montrollet en Angoumois, conseiller au grand-conseil et au conseil d'Etat ; 3° Gabrielle-Thérèse d'Allemagne, des seigneurs de Bonneau.

Gédéon de Brettes fit son testament devant Joachim Routier, notaire à Paris, le 28 avril 1672, fonda une messe de *Requiem* à Cieux, et institua Jacques-François, son fils, son héritier universel. Il avait eu du premier lit : 1° Catherine de Brettes, mariée avec Guy d'Aloigny, chevalier, S^{gr} de Boismoraud, qui fit son testament le 6 novembre 1695 ; — du deuxième lit : 2° Jacques-François, qui a continué la descendance ; — 3° Catherine ; 4° Françoise ; 5° Anne ; 6° Marie ; — du troisième lit : 7° Anne-Gabrielle de Brettes, mariée, vers 1680, avec messire François de Cognac, chevalier, S^{gr} de Pairé en Angoumois.

V. — Jacques-François de Brettes, chevalier, S^{gr} du Cros de Cieux, du Masrocher, etc., capitaine dans les chevau-légers de la garde du roi, par commission du 7 janvier 1674, commanda le ban de la noblesse du Limousin en 1694. Il avait épousé, par contrat du 28 avril 1675, Anne Robin, fille de N... Robin, sénéchal de la vicomté de Brigueil en Poitou. De ce mariage est issu Pierre de Brettes, qui suit :

VI. — Pierre de Brettes, écuyer, S^{gr} du Cros et de Cieux, reçu page du roi en la grande écurie en 1707, mourut en 1729. Il avait épousé, par contrat du 20 août 1714, Suzanne Petiot, fille de Jacques Petiot, écuyer, S^{gr} de La Motte, et de..... Catherine Roger. D'Hozier le mentionne dans la première partie de son premier registre (page 95) ; il mentionne aussi son fils Joseph-Martial, qui suit, et qui ne vint pas seul de ce mariage.

VII. — Joseph-Martial de Brettes, 1er du nom, S^{gr} marquis du Cros, né le 22 juin 1716. Il fut page du roi en la grande écurie le 15 décembre 1731. Du mariage qu'il contracta, le 26 février 1734, avec Placide-Anne de Cognac fille de Charles-René de Cognac, S^{gr} de Naliers, et d'Anne-Placide de Bonhier de Roche-Guillaume, sont issus : 1° Jean-Baptiste, dont l'article suit ; 2° Joseph-Martial, IIe du nom, rapporté plus loin ; 3° Anne-Placide de Brettes, née à Bellac, le 4 août 1741 ; 4° Marie-Marguerite de Brettes, née à Cieux le 11 janvier 1743. Ces deux sœurs, religieuses, ont été élevées dans la maison royale de Saint-Cyr. Anne-Placide de Cognac, dame de Brettes, est morte le 17 septembre 1752.

VIII. — Jean-Baptiste de Brettes, marquis du Cros, comte de Cieux, baptisé le 12 septembre 1744, reçu page du roi en sa grande écurie au mois de juillet 1762, marié, par contrat passé le 24 mai 1780, au château de La Mothe-Barentin, avec Louise-Madeleine de Barentin de Montchal, fille de Charles-Paul-Nicolas de Barentin, vicomte de Montchal, et de Jeanne-Marie-Dorothée de Combres de Bressoles, dont : 1° Joseph-Martial-Armand de Brettes, qui suit, et 2° Lucie de Brettes, qui épousa le comte de Villermont. Jean-Baptiste est mort, à Paris, colonel en retraite, chevalier de Saint-Louis, le 9 février 1824. Sa femme était morte au château du Cros, paroisse de Cieux, le 6 mars 1787.

IX. — Joseph-Martial-Armand de Brettes, né le 5 juillet 1781, au château du Cros, paroisse de Cieux, a eu, par son mariage (janvier 1812) avec Marie-Elisabeth comtesse d'Hamal, veuve du comte de Bussy : 1° Jean-Baptiste-Charles-Armand de Brettes, qui suit ; 2° Jeanne-Marie-Josèphe-Ernestine de Brettes, née le 5 juillet 1814 ; 3° Théodore-Charles-François-Ghislain, comte de Brettes, né le 14 février 1816, marié en septembre 1853, avec Elisa de Corbier ; 4° Eugénie-Valérie, née le 16 décembre 1817, mariée, en mai 1853, à Adolphe-Athanase de Beaulieu, dont Henri, né en avril 1855.

X. — Jean-Baptiste-Armand, marquis de Brettes, né le 16 juillet 1813, a eu, par son mariage (18 juillet 1841) avec Louise Litardière : 1° Marcel-Anatole, né le 13 septembre 1842 ; 2° Marie-Elisabeth, née le 11 avril 1846.

VIII bis. — Jean-Martial de Brettes, IIe de nom, épousa Louise de La Celle, dont : 1° Frédéric, qui suit ; 2° François-Théodore, rapporté plus loin ; 3° Victor ; 4° N..... mort en bas-âge ; 5° Sylvie-Anne, chanoinesse de l'ordre de Malte et archidiaconnesse de l'ordre des Quatre-Empereurs,

IX. — Frédéric de Brettes eut pour enfants : 1° Henri, qui suit ; 2° Pauline, qui épousa N..... de Montbrun de La Valette.

X. — Henri-Séverin de Brettes a épousé, le 19 mars 1860, Marguerite-Hélène du Breuil-Hélion de La Guéronnière, dont : 1° Joseph ; 2° Angèle ; 3° Marie-Joseph-Gédéon.

IX bis. — François-Théodore, comte de Brettes, épousa Marie-Louise-Reine Laguiocherie, dont : 1° Charles, qui suit ; 2° Louis-Marie, qui a épousé Amélie Latouche, 3° Rose-Marie-Severine, qui a épousé Etienne-

Henri-Psalmet-Gauthier du Marache ; 4° Marie-Aymée, dite Sylvie-Anne, qui a épousé, le 11 juin 1833, le comte Pierre-Marie-Alfred du Breuil-Hélion de La Guéronnière ; 5° Sévère-Martial, qui a épousé Marie-Sylvie de Brettes, sa cousine germaine, dont : A.— Jean-Joseph-Martial ; B.— Marie-Louise ; C.— Jean-Joseph-Henri ; D.— Jeanne-Marie ; E.— Marie-Charles ; 6° Marie-Françoise-Zoé, religieuse de la Visitation à Poitiers.

X. — Charles de Brettes a épousé Erzili de Laubingue.

DU BREUIL (page 242). — *D'argent, à la fasce vivrée de gueules, bordée de sable et accompagnée de deux jumelles aussi de gueules bordées de sable.*

I. — Jean du Breuil, surnommé Troulhard, écuyer, Sgr du Breuil, paroisse de Baraize, canton d'Eguzon (Indre), et de Fontgouin, paroisse de Tendu, canton d'Argenton (Indre), était fils d'autre Troulhard, Sgr des mêmes lieux, qui lui-même est dit fils d'un autre seigneur du même nom. Il épousa, vers 1450, Jacquette de Foucher ou Fouchier, dont : 1° Jean, qui suit ; 2° François, religieux en 1480 ; 3° Jacques, rapporté plus loin.

II. — Jean du Breuil, époux, en 1480, de Marguerite de Villedon, fut père de :

III. — Jacques du Breuil, qui épousa : 1° N....... ; 2°, le 17 décembre 1517, Gilberte d'Aigurande, veuve de Jean du Genest. Du premier lit sont nés : 1° Jean, qui suit ; 2° Gildas, qui épousa Marie du Genest, fille de Jean ci-dessus, dont Renée, qui épousa, le 22 octobre 1571, Claude de Boislinard ; 3° Troulhard, vivant en 1530 ; 4° Antoine, prêtre ; 5° Pierre, chevalier de Malte, 1527. Du second lit : 6° Gilbert, rapporté plus loin ; 7° Joachim, abbé de Saint-Cyran, 1563 ; 8° Charles, chanoine ; 9° Etiennette, épouse de N..... de Pasquier ; 10° Gabrielle, épouse de François de La Châtre ; 11° Jean, abbé de Méobec, 1572.

IV. — Jean du Breuil, écuyer, épousa, le 17 décembre 1517, Gabrielle du Genest, dont : 1° Jean, qui suit ; 2° Antoine, rapporté plus loin.

V. — Jean du Breuil, écuyer, Sgr de Fontgouin, épousa Catherine de Forges, dont :

VI. — Marc du Breuil, écuyer, Sgr de Fontgouin, épousa : 1° Renée du Mont ; 2° Madeleine des Marquets ; 3° Julienne Cujas. Il est mort sans enfants en 1589.

II *bis* (Branche de Villenoir). — Jacques du Breuil, écuyer, Sgr de Villenoir, vivait en 1492, épousa Souveraine de Maillé, dame de Villenoir, près Ecueillé en Berri. Dont : 1° Antoine, qui suit ; 2° Philippe ; 3° Anne.

III. — Antoine du Breuil, écuyer, Sgr de Villenoir, épousa Anne de Preville. Dont : 1° Jean, qui suit ; 2° Jeanne, qui épousa, le 10 mai 1562, Charles de Mailloche.

IV. — Jean du Breuil épousa, le 24 avril 1568, Jeanne de Maumaichin, dont : 1° Jacques, qui suit ; 2° Antoinette.

V. — Jacques du Breuil, écuyer, Sgr de Villenoir, Courqueil et Coufaudière, épousa, le 7 mai 1597, Charlotte Le Vaillant. Dont : 1° Louis, qui suit ; 2° Jeanne, mariée à François Sigogne, écuyer.

VI. — Louis du Breuil, chevalier, épousa, le 25 février 1648, Marguerite de Baillou. Dont : 1° Louis, mort jeune ; 2° Marguerite, morte en bas-âge ; 3° Noël, gendarme de la garde du roi, mort en 1679.

DU LIMOUSIN. 621

V *bis* (Branche du Viviers). — Antoine du Breuil, écuyer, S^{gr} du Viviers, 1540 à 1565, eut pour fils :

VI. — Jean du Breuil, écuyer, S^{gr} du Viviers, et en partie de Margoux, eut une fille unique, Marguerite, qui épousa, le 4 mai 1590, Jean de Vérines, écuyer, S^{gr} de Saint-Martin-le-Mault. Leurs enfants se partagèrent le Viviers, le 20 décembre 1619.

IV *bis* (Branche du Breuil de Baraize). — Gilbert du Breuil, S^{gr} du Breuil, de Baraize et de Puigruault, épousa, le 14 septembre 1551, Anne de Coigne, dont : 1° Jean, qui suit ; 2° Marie, qui a épousé, le 22 juillet 1585, Joachim de Boislinard.

V. — Jean du Breuil épousa : 1° Françoise d'Alougny, sa cousine ; 2°, le 10 juillet 1604, Jeanne de La Chapelle d'Asnières, veuve d'Edme de Bethoulat. Du premier lit vinrent : 1° Jean, qui suit ; 2° Marguerite ; du second : 3° Françoise, mariée à Jean de Tronchet, écuyer, S^{gr} de Bois-Rondet ; 4° N....., qui épousa N..... d'Ayda, écuyer, S^{gr} de Bellestre.

VI. — Jean du Breuil épousa, le 3 juin 1613, Marie de Bethoulat, dont : 1° François, mort sans alliance ; 2° Sébastien, qui suit ; 3° Catherine, mariée, le 30 septembre 1658, à Louis La Berthe ; 4° Marguerite, qui épousa Jacques Bonnin, écuyer, S^{gr} de Mignançay ; 5° Gabrielle, mariée, en 1662, à Michel Bonnin, écuyer, S^{gr} de Layzaud ; 6° Silvaine.

VII. — Sébastien du Breuil, écuyer, S^{gr} du Breuil, Baraize et Ruzai, épousa, le 26 septembre 1639, Marie Lavaudrier, dont : 1° Silvain, qui suit ; 2° Charles, S^{gr} de Goux ; 3° Léonard, vivant en 1673 ; 4° Gabrielle, mariée à Jean du Pertuis, écuyer, S^{gr} de La Maisonneuve ; 5° Marie, épouse de Louis Galland, écuyer, S^{gr} d'Argentière.

VIII. — Silvain du Breuil épousa, le 13 novembre 1673, Marthe Igonin, dont : 1° Silvain, qui suit ; 2° Charles, rapporté plus loin ; 3° Silvain, dit le Jeune, écuyer, S^{gr} de Chezeau-Gauthier, mort en 1759 ; 4° Gabrielle, mariée, le 4 juillet 1701, à Philippe de Boislinard, écuyer, S^{gr} de La Sallenache.

IX. — Silvain du Breuil épousa, le 25 mai 1702, Sylvie-Marguerite de Valencienne, dont : 1° Bertrand, S^{gr} de Ruzai en 1731, mort sans postérité ; 2° Anne, qui épousa Louis d'Areau.

IX *bis* (Branche du Breuil de Souvolle). — Charles du Breuil, chevalier, S^{gr} de Beurré, Souvolle et autres lieux, né le 29 octobre 1680, épousa, le 6 novembre 1708, Anne de La Celle, fille de Claude, S^{gr} de Souvolle, dont : 1° et 2° François, qui suit, et Anne, frères jumeaux ; 3° Marie ; 4° Jean ; 5° Marie.

X. — François du Breuil de Souvolle, chevalier, S^{gr} de Souvolle, épousa, le 13 mars 1734, Catherine de Villiers, dont : 1° Marie-Catherine ; 2° Philippe-Frédéric, tué à l'affaire de Munster, le 11 juillet 1759 ; 3° Joseph, décédé sans postérité ; 4° Thérèse, morte sans alliance ; 5° Marguerite ; 6° François ; 7° Léobon ; 8° Sylvie ; 9° Philippe-François, qui suit ; 10° Geneviève ; 11° Silvain.

XI. — Philippe-François du Breuil, chevalier, S^{gr} de Souvolle, épousa, le 23 janvier 1769, Marie-Jeanne-Gabrielle de La Marche, dont : 1° Marie-Catherine, sans alliance ; 2° Gabriel-François, qui suit ; 3° Marguerite, sans alliance ; 4° autre Marguerite, mariée à François de La Celle, vicomte de Château-Clos ; 5° Pierre-Jean, sans alliance.

XII. — Gabriel-François du Breuil de Souvolle épousa, le 24 octobre 1826, Catherine de Maillasson, dont :

XIII. — Pierre du Breuil de Souvolle, qui épousa, le 23 octobre 1842, Renée-Julie-Aolézia de Fénieux de Plaisance, dont : 1° Pierre-François-Alexandre, ordonné prêtre le 22 décembre 1866; 2° Olivier-François-Henri, qui suit; 3° Henri-Charles-Ferdinand; 4° Ferdinande-Marie-Dieudonnée; 5° Louise-Marie-Thérèse.

XIV. — Olivier-François-Henri du Breuil de Souvolle a épousé, le 30 avril 1872, Marie-Céline-Armande Brody de La Motte, dont : 1° Henri-Pierre-Marie, né le 22 février 1873 ; 2° Maxime-René-Marie, né le 4 novembre 1877.

BRIDIERS (p. 244). — La vicomté de Bridiers est située près de La Souterraine (Creuse), le château, aujourd'hui en ruines, appartenait, en 1770, au vicomte de Rochechouart, qui ne l'habitait pas. L'ancienne famille de ce nom avait pour armes : *de gueules à la bande d'or*. Elle remontait, comme les d'Aubusson, les de Brosse, de Comborn, de Rochechouart et de Ségur, à l'un de ces puissants seigneurs du Limousin, qui reçurent, vers la fin du IX° siècle, à cause des fonctions qu'ils exerçaient au nom du roi, le titre de *vicomte,* qu'ils attachèrent à leurs terres. On lit dans l'*Histoire des comtes de Poitou et ducs de Guyenne,* par Besly (folio 388), que Pierre de Bridiers fut présent, avec Aldebert, comte de la Marche, Engelilme de Mortemart et quelques autres, le 6 des ides (10) de juillet 1083, quand Isambert, évêque de Poitiers, fit don, par une charte, au monastère neuf de Poitiers de l'église de Saint-Paul de cette ville et de trois autres églises qui dépendaient de celle-ci.

D'après M. Lainé, les vicomtes de Bridiers se sont éteints au commencement du XIV° siècle. Une branche cadette, établie dans la Marche et le Berri, existait encore en 1700.

Nadaud mentionne, en effet, en dehors des pages déchirées, Jordain Deymier, chevalier, demeurant à Bellac en 1382, et fils de Marguerite de Bridiers.

Antoinette de Bridiers, fille de noble Jacques de Bridiers, Sr du Gué, laquelle, le 18 mai 1512, étant veuve de noble Jean Prinsaud, Sr de Pleux, transigea pour ses enfants avec Isabeau de Mannac.

André de Bridiers, dont la veuve, Catherine de Montmorency, épousa Jean de Moras, Sgr de Chamborant, de la paroisse de ce nom, aujourd'hui canton du Grand-Bourg (Creuse). (Roy de Pierrefitte).

Marguerite de Bridiers, dame de Nouzerines, épousa, le 5 février 1645, Jacques de Ligondès, chevalier, Sgr de Chézaud, de Fortunier, etc. (Généal. Ligondès).

Le premier seigneur de Bridiers qui nous soit connu, d'après la chronique de Geoffroi, prieur du Vigeois, est Géraud de Crozant, qui fit don de la ville de La Souterraine aux moines de Saint-Martial de Limoges sous le règne de Robert (de 996 à 1031).

Son arrière-petit-fils Béraud II, vicomte de Bridiers (nommé parfois Bernard), mourut au mois de septembre 1137, et fut inhumé dans le chapitre de La Souterraine. Il avait appelé près de lui, avant de mourir, son cousin Géraud, fils de Bernard, vicomte de Brosse, et lui avait transmis sa terre à titre successif, attendu qu'il n'avait ni enfants ni neveux, bien qu'il eût été marié.

Bernard et Foulques, vicomtes de Brosse, fils de Géraud, obtinrent du roi la délivrance du château de Bridiers vers l'an 1167.

Après un intervalle d'un siècle, nous retrouvons la vicomté de Bridiers possédée par la maison de Thouars en 1265. Elle lui appartenait encore en 1350. Elle passa ensuite à celle de Sainte-Maur, puis, en partie, à celle de Maulmont.

Dès l'an 1395, elle figure parmi les possessions de la puissante maison de Naillac. Depuis lors la série de ses seigneurs n'éprouve guère d'interruption, et nous offre successivement les noms de Brosse, de La Barre, des Lignières, de Varie, de Couhé, de Pot de Rhodes, de Bouthillier, de La Roche et de Rochechouart,

Quant à la famille de Bridiers, rien jusqu'ici ne prouve qu'elle tire son extraction des anciens vicomtes de cette terre, c'est-à-dire de la maison de Crozant. La présomption contraire se justifierait peut-être plus aisément. Elle n'en est pas moins l'une des plus anciennes et des plus considérables de la province de Marche, où son existence se constate, dès le commencement du xie siècle et dans le cours des suivants, par de nombreuses chartes, fournies la plupart par le cartulaire de Bénévent.

La filiation des branches de Gartempe et de Béthenet (encore existante), de Fournoulx, de Nouzerines (représentée par deux filles, Mmes de Bardonnet et du Vernay) et du Theil, remonte à l'année 1361 ;

Celles des branches du Guay, du Solier et des Romarins en Berri, en l'année 1425 ;

Celle des seigneurs de Vaulx en Orléanais, au commencement du xve siècle.

La famille de Bridiers a produit : un échanson du duc d'Aquitaine au xie siècle, un chambellan et deux gentilshommes de la chambre du roi, trois chevaliers de l'ordre de Saint-Michel, un gouverneur du château de Decize, un autre de celui de Boussac, plusieurs chevaliers et commandeurs de l'ordre de Malte, une abbesse de Saint-Rémy-des-Landes, etc.

Elle s'est alliée directement aux maisons de Foucault de Saint-Germain, de Guiçay, de Vouhet, de Brandon, de Faulcon-de-Saint-Pardoux, de Montbel, de La Celle, de Bertrand, de Gontaut, de La Vallette, de Brillac, de Barthon de Montbas, de Barbançois, de Naillac, Esmoing, Pot de Piégu, de Montmorency-Châteaubrun, du Rieu de Villepreau, de Salignac, de Saint-Julien, de Maguac, de Coigne, de La Chapelle, de Noblet de Tercillac, de Boisbertrand, de Menou, de Ligondès, de Sorbiers, du Clozel, de Maussabré, d'Augustin, de La Faye, de Layron, de Crevant, de Cluis, de Savignac, de Chauvelon, de Chamborant, de Malvin, de Saint-Viance, de Saint-Phal, Picot de Dampierre, etc. — Armes : *d'or à la bande de gueules.* (F. DE MAUSSABRÉ).

BRIDIEU (p. 244). — Cette famille était de Saint-Yrieix-la-Perche.

D'après Moréri, édition de 1759, un cadet de cette maison, Louis de Bridieu, gouverneur de Guise, et mestre de camp des armées du roi, défendit Guise, pendant la minorité de Louis XIV, contre deux armées considérables : l'une d'Espagnols et l'autre de Français, ligués contre ce prince, et qui l'assiégèrent en 1650. Il refusa toute capitulation, et fit lever le siége. Par reconnaissance, le roi le fit chevalier de l'ordre du Saint-Esprit, lieutenant-général de ses armées et lui donna à vie la jouissance de ses domaines de la ville de Guise. (Roy de Pierrefitte).

BRILLAC (Clémence de) portrait : *d'azur à trois fleurs de lis d'argent, 2 et 1*. Fils de Guy, Sgr de Brillac, et de Marthe de Pompadour et d'abord curé de Brillac (Charente), il fut premier prieur commendataire d'Aureil du 28 septembre 1492 jusqu'en 1494, époque où il résigna ce prieuré. Déjà il était évêque de Saint-Papoul, d'où il passa sur le siége de Tulle en 1495. A la demande des moines de Tulle et du syndic des habitants de cette ville, autorisés par le roi, le pape Léon X sécularisa le chapitre de sa cathédrale par une bulle. du 26 septembre 1514, que fulminèrent, le 2 novembre 1516, l'évêque de Saint-Flour, l'abbé de Meymac et l'archidiacre de Lectoure. Le chapitre fut composé de quatre dignitaires : un doyen électif et gratifié d'une double prébende, un prévôt, un trésorier ou sacristain et un chantre, puis de douze autres chanoines jouissant chacun d'une prébende. Enfin le doyen et le chapitre reçurent le pouvoir de rédiger eux-mêmes, conformément aux canons, leurs statuts, et de s'adjoindre douze chapelains ou vicaires perpétuels. Mais déjà Clément de Brillac, qui avait rebâti le palais épiscopal de Tulle, était mort le 21 septembre 1514, dit Baluze, et on l'enterra à Lesterps (Charente), dont il était abbé commendataire. Le siége de Tulle était vacant le 23 février 1517, d'après l'année limousine, qui commençait seulement le 25 février, fête de l'Annonciation, en 1580, d'après notre manière de compter. (Roy de Pierrefitte).

BRIVE, chef-lieu d'arrondissement (Corrèze), porte : *d'azur à neuf épis de blé d'or disposés en trois fleurs de lis, et posés 2 et 1*. (*Armorial général*, Traversier et Géraud de Saint-Fargeau.)

BROSSE (page 246). — La filiation de cette famille n'est exacte qu'à partir de Roger de Brosse, Sgr de Sainte-Sévère, mort avant 1287. Il était fils de Hugues Ier, vicomte de Brosse, et de Guiburge. (Vicomte de Maussabré.)
Le *Nobiliaire de Saint-Allais* contient une généalogie de cette famille.

BRUCHARD (page 255). — La première des notes isolées fournies par Nadaud montre que la famille de Bruchard remonte aux temps de chevalerie. Ce fait et d'ailleurs constaté par un acte de notoriété confirmé par arrêt du Parlement de Bordeaux, qui, en vertu de lettres expresses du roi Henri II, datées de 1563, avait ordonné une enquête afin de rétablir les titres de rentes de la famille Bruchard, ces titres ayant péri dans un incendie du château de Montmady, allumé par des bandes de pillards. Cet acte officiel nous a été communiqué, et il établit que les Bruchard, originaires du Périgord, sont d'ancienne noblesse. Pierre Bruchard, Sgr de Monmany et de Margnac, qui habitait, en 1666, la paroisse de Saint-Paul, près Limoges, fit alors preuve de noblesse, conjointement avec ses cousins germains, Isaac, Pierre et Guillaume Bruchard, écuyers. La filiation, suivie, empruntée par Nadaud au registre de des Coutures, donne les preuves qu'ils fournirent. Mais des titres découverts depuis ont permis d'établir neuf degrés antérieurs. Parmi ces ascendants nous citerons :

DU LIMOUSIN.

Étienne Bruchard, chevalier, S^{gr} de Saint-Yrieix (du n° I). Il fit, en 1180, à l'abbaye d'Uzerche, une donation ratifiée par ses quatre enfants : Pierre, Géraud, Audouin et Hélie.

Pierre Bruchard, Ier du nom (du n° II), chevalier, ayant fait prisonnier devant Niort Jacques Bethowel, lui donna, en 1225, quittance de 160 livres, prix de sa rançon. Pierre Bruchard fit la guerre contre les Albigeois.

Hélie Bruchard (du n° IV), chevalier, Sr de Saint-Yrieix, de Jumilhac, etc., fit la guerre contre les Anglais, et reçut, en 1295, un sauf-conduit de Raoul, comte de Clermont.

Guillaume du deuxième alinéa des notes isolées de Nadaud forme le cinquième degré de cette généalogie : ce fut en 1335 qu'il épousa Gaillarde de Noailles, dont il eut trois fils.

Pierre Bruchard, coseigneur de Jumilhac-le-Grand est nommé un des exécuteurs testamentaires de Bernard Bastenc, damoiseau du Repaire del Chalard, paroisse de Saint-Paul-la-Roche, le samedi avant la Toussaint 1350. (*Bull. soc. arch.* de Périgueux, V, 423.)

Jean Bruchard (du n° VII), Ier du nom, chevalier, S^{gr} de Monmady, figura au ban de la noblesse du Périgord en 1402.

Jean Bruchard (du n° IX), IIe du nom, chevalier, S^{gr} de Monmady, était, en 1485, au ban de la noblesse du Périgord. Il fut capitaine de cinquante hommes d'armes d'après une montre qu'il fit à Bellac, le 14 mai 1497. François, qui porte le n° I dans la généalogie donnée par Nadaud, était né de lui et de Marie Ayts, qui lui donna également Antoine, chanoine de Saint-Yrieix en Limousin, et Françoise, mariée en 1530, à Antoine Authier, S^r de La Bastide. François de Bruchard et sa femme, Louise de Saint-Chamans, étaient mort lorsque leur seconde fille épousa Bertrand Doyna, S^r d'Andalay, par contrat du 6 juillet 1556.

Les n^{os} V et IV *bis* de la généalogie dressée par des Coutures, et citée par Nadaud, correspondent aux n°s XIV et XIII de la généalogie complétée, et sont la tige des deux branches principales : les Bruchard de La Pomélie et les Bruchard du Chalard, dont nous allons parler.

V et XIV *(Branche des seigneurs de La Pomélie)*. — Pierre Bruchard, Sr de Monmady et de Margnac, eut Jean, qui suit, de Jeanne de La Pomélie, veuve de Jacques-François de Royère, S^{gr} de Brignac, près Saint-Léonard, et dame de La Pomélie, qui est située paroisse de Saint-Paul (Haute-Vienne). Il épousa, en secondes noces, Gabrielle du Bousquet, dont il eut : 1° Joséphine-Françoise, qui épousa Robert d'Oiron, écuyer, S^{gr} de Chargnac; 2° Jeanne, dite demoiselle de Monmady. Pierre Bruchard de La Pomélie de Monmady fut chargé, le 15 juin 1691, de commander le ban et l'arrière-ban du Limousin. Il testa le 6 mars 1695.

XV. — Jean de Bruchard, chevalier, S^{gr} de Monmady, Margnac et La Pomélie, épousa, par contrat du dernier août 1678, Marie de La Pomélie, fille de François, écuyer, et d'Isabeau du Garraud ; étant veuve, elle testa le 7 juin 1716. D'eux naquirent : 1° Jean, qui suit ; 2° Léonard, baptisé le 12 mai 1693 ; 3° Jean, le 9 février 1696 ; 4° autre Jean, le 23 février 1697, devenu capitaine de grenadiers dans le régiment de Conty : il fut chargé de commander la ville de Niort par brevet du 31 mars 1759; il fut aussi chevalier de Saint-Louis ; 5° Antoine, baptisé le 15 mai 1699 ; 6° François ; 7° Pierre, né le 27 août 1701 ; 8° Melchior-Joseph ; 9° Isabeau, baptisée le 8 février 1689, 10° Jeanne, le 20 juillet 1694; 11° Barbe, née le 2 mai 1703.

XVI. — Jean de Bruchard, IV° du nom, chevalier, Sgr de Monmady et Margnac, épousa, par contrat du 21 janvier 1712, Éléonore de L'Estrade de La Cousse, fille de N..... et de Marguerite de Bony. D'eux naquirent : 1° François, qui suit; 2° Pierre, capitaine d'infanterie, chevalier de Saint-Louis, marié à Marie-Angélique-Josèphe Demaude, dont il eut, entre autres enfants, Philippine-Angélique-Victoire de Bruchard de La Pomélie, qui fut reçue à Saint-Cyr; 3° Jeanne, qui épousa Raymond de Beausoleil.

XVII. — François-Philibert de Bruchard, baptisé le 24 octobre 1712, épousa, par contrat du 1er février 1749, Françoise de Léonard, fille du trésorier général de France à Limoges, et de Marie Chaud. D'eux naquirent : 1° Jacques, qui suit; 2° Jean-Jacques-Charles, le 3 septembre 1759; 3° Marie-Thérèse, reçue à Saint-Cyr.

XVIII. — Jacques-Jean de Bruchard, écuyer, Sgr de La Pomélie, baptisé le 27 décembre 1751, officier d'infanterie, épousa, par contrat du 12 février 1774, Élisabeth de Colomb, fille de Pierre, écuyer, et de Marguerite des Cordes de Félis. Elle était veuve en 1789, et fut convoquée à l'assemblée générale de la noblesse. D'eux naquirent : 1° Jean, qui suit; 2° Charles, né le 5 août 1777, dit le chevalier, marié, en 1810, à Charlotte Desbordes, veuve de N..... Reboul; 3° Siméon, juge au tribunal de Limoges, né en 1781, marié, en 1818, à Joséphine Chicou, dont Marie-Élisabeth-Hermine, et mort le 26 décembre 1843; 4° Xavier, né en 1784, marié, le 20 octobre 1820, à Marie Petit, domicilié, ainsi que son frère Charles, à Limoges; 5° Euphrosine, mariée à Grégoire de Roulhac; 6° Jeanne, élevée à Saint-Cyr, mariée à N..... de Mallevault.

XIX. — Jean de Bruchard, écuyer, élève de l'école royale de Sorèze, épousa Antoinette-Claire Estienne de La Rivière, fille de Louis-Joseph Estienne, dont il a eu : 1° Joseph-Adolphe, qui suit; 2° Hippolyte-Jean-Baptiste, conservateur des forêts, né à Limoges en mai 1808, marié, le 29 janvier 1839, à Élisabeth-Hermine de Bruchard, sa cousine germaine, morte au château de La Pomélie, le 5 juillet 1878. Dont : 1° Siméon, né en 1840, à Limoges; 2° Marie-Joséphine-Albertine, née à Rambouillet le 11 mai 1851; 3° Jean, domicilié au Breuil, paroisse de Peyrilhac (Haute-Vienne), né à Limoges le 25 octobre 1809, élève de Saint-Cyr, lieutenant démissionnaire, marié, le 7 novembre 1843, à Marie-Geneviève-Noémi, fille de Pierre-Jean-Baptiste-Hector Le Borlhe de Juniat et de Marie-Esther Prévost de Gagemont, dont : A. — Armand, né le 22 août 1844; B. — Pierre-Bardon-Gustave, né le 9 mai 1846; C. — Marie-Élisabeth-Claire-Esther, née le 8 octobre 1852; 4° Françoise-Pauline-Fanny de Bruchard, née le 22 avril 1814, mariée, en août 1835, à Léonard-Benoît-Léonce de Voyon.

XX. — Joseph-Adolphe-Ambroise, chevalier de la Légion d'honneur, directeur de la ferme-école de Chavaignac, paroisse de Peyrilhac (Haute-Vienne), né à Limoges, le 8 mars 1800, mort à Chavaignac, le 21 mars 1881, marié, le 10 décembre 1833, à Adélaïde, fille de Jacques Des Cubes du Châtenet et d'Alexandrine Barton de Montbas. D'eux sont nés : 1° Jean-Baptiste-Anatole, le 3 novembre 1834; 2° Jacques-Antoine-Émile, en août 1837, était capitaine au 71e des mobiles de la Haute-Vienne, a été nommé chevalier de la Légion d'honneur en juillet 1871; 3° Marie-Mathilde, née en juin 1842, morte à Chavaignac, le 14 janvier 1869; 4° Marie-Alexandrine-Alix, le 22 septembre 1844.

(Branche des seigneurs du Chalard) (1). — Charles du n° IV *bis* de Nadaud est la tige des Bruchard S^{grs} du Chalard. Il eut aussi une fille nommée Catherine. J'indique seulement la chaîne qui l'unit aux représentants actuels de cette branche.

XIV. — Pierre, fils de Charles et de Catherine du Saillant, épousa, le 6 janvier 1632, Jeanne de Lacosse, dont :

XV. — Isaac, qui épousa Catherine de Veyssière, dont :

XVI. — Étienne, qui épousa, le 12 décembre 1746, Marie Duboys, dont :

XVII. — Jean-Louis, né le 26 février 1751, chevalier de Saint-Louis, lieutenant aux gardes françaises, qui épousa N..... du Roys de Chaumareix, dont :

XVIII. — Charles-Mathieu, qui épousa Claudine Forest de Faye, dont : 1° Jean-Louis de Bruchard, né le 11 janvier 1811, à Allassac (Corrèze), entré au service en 1829, sous-lieutenant au 3° chasseurs d'Afrique en 1837, lieutenant dans le même régiment en 1843, capitaine au 3° spahis en 1845, chef d'escadron au 2° chasseurs en 1851, lieutenant-colonel du 5° cuirassiers en 1855, et colonel du 3° cuirassiers le 4 juin 1859, chevalier de la Légion d'honneur en 1840, officier en 1854 et commandeur le 12 août 1861, grand-officier par décret du 31 décembre en 1872, a aussi été général de brigade et nommé pour commander la subdivision de Limoges en avril 1871, marié, le 8 juin 1852, à Odile Guerry de La Barre. Il a fait les campagnes d'Afrique de 1835 à 1849 et a été blessé deux fois en 1840, mort à Limoges, le 9 juin 1875; 2° Jean-Baptiste de Bruchard, né à Allassac en février 1814, entré au service en 1832, sous-lieutenant au 2° chasseurs d'Afrique en 1841, lieutenant aux guides en 1848, capitaine au 3° chasseurs d'Afrique en 1851, chef d'escadron de gendarmerie le 14 mars 1859, chevalier de la Légion d'honneur en 1843, nommé général de brigade par décret du 14 janvier 1871, a épousé, le 9 février 1854, Génorie Mellet, dont Jeanne, née le 9 novembre 1854, mariée à Lodève, le 3 janvier 1877, avec Eugène Conneau, capitaine de frégate. Il a été en Afrique de 1836 à 1848 et de 1850 à 1852. Blessé deux fois en 1843, il a eu plusieurs chevaux tués sous lui, et a mérité d'être cité à l'ordre du jour de l'armée; 3° Jean-Hugues-Édouard, né à Allassac le 12 mars 1815, entré au service en 1833, sous-lieutenant au 3° chasseurs d'Afrique en 1840, lieutenant au même régiment en 1843, capitaine au même en 1848, chef d'escadron au 12° régiment de dragons en 1854, chef d'escadron au cuirassiers de la garde en 1856, lieutenant-colonel du 2° chasseurs le 14 mars 1860, chevalier de la Légion d'honneur le 30 août 1842, officier le 30 décembre 1858, mort à Limoges, le 18 novembre 1880, marié, le 15 janvier 1854, à Marie Guerry de La Barre, sœur d'Odile, dont :

A. — Claudine-Jeanne-Marie, née à Colmar, le 20 mars 1856, a épousé, à Limoges, le 8 mai 1878, Jules-Charles de Bletterie, substitut du procureur de la République à Brive, fils de François-Arnaud et d'Augustine Lobligeois;

B. — Marie-Jeanne-Radegonde, née le 26 mai 1859, a épousé, le 8 mai 1878,

---

(1) Le Chalard, fief situé paroisse de Mansac, canton de Larche (Corrèze).

André du Barret de Limé, fils du colonel de ce nom, chef de la 16e légion de gendarmerie à Limoges. Il a été en Afrique de 1836 à 1852, et blessé en 1842; C. — Georges, né en 1866; D. — Madeleine, née en 1868; 4° Charles-Martial, né, le 17 juin 1817, à Allassac, entré au service en 1835, sous-lieutenant au 3e chasseurs d'Afrique en 1843, lieutenant au même régiment en 1849, capitaine au même en 1851, capitaine aux chasseurs de la garde impériale en 1856, chef d'escadron au 5e cuirassiers en 1858, chevalier de la Légion d'honneur en 1849, décoré du Médjidié de 5e classe et de la médaille de Crimée, était colonel du 5e dragons lorsqu'il a été nommé commandeur de la Légion d'honneur, mai 1873, marié, le 29 janvier 1861, à Corinne-Herminie Lejeune. Il a fait les campagnes d'Afrique de 1842 à 1854, et celles de Crimée de 1854 à 1856; il a été blessé en 1843; 5° Jean-Hugues de Bruchard, né, en 1825, au Lonzac (Corrèze), négociant, marié, en mars 1857, à Antoinette Sage, dont Jean-Louis de Bruchard, né le 12 octobre 1858; 6° Marie de Bruchard, née à Allassac en 1820, mariée, en 1840, à Auguste Manière, propriétaire; 7° Louise de Bruchard, née en 1822, à Allassac; religieuse, en 1843, à la Providence de Limoges.

L'*Armorial du Périgord* donne les armes de cette famille : *d'azur à trois fasces d'or, au pal d'argent brochant sur le tout.*

BRUGIÈRE (page 256). — Porte : *d'azur à trois abeilles d'argent posées 2 et 1.* D'après les papiers qui m'ont été communiqués, j'ai pu établir la généalogie suivante :

I. — Blaise Brugière fut capitoul de Toulouse en 1650, comme le constate un certificat de noblesse délivré à ses héritiers, le 28 juin 1688, par les capitouls, qui le qualifient de seigneur et baron de Goyrans, ce titre, déjà mentionné dans un arrêt du conseil d'État, daté de Fontainebleau, le 12 juillet 1660, et rendu en faveur des capitouls sur la requête du dit Blaise de Brugière, l'est également dans l'édit royal daté du même jour pour confirmer cet arrêt. Blaise de Brugière avait épousé Anne Dalesme, dont il eut : 1° Jean, qui suit; 2° Henri, nommé, le 21 mai 1661, lieutenant-général à Limoges, Nicolas de La Reynie ayant résigné en sa faveur, il fut installé le 14 août de la même année.

II. — Jean Brugière épousa, par acte du 12 février 1647, Isabeau Decordes, fille de feu Jehan Decordes, lieutenant-général à Limoges, et de Gabrielle de Chastenet. D'eux naquirent : 1° Jean, qui suit; 2° Étienne, qui reçut, le 30 janvier 1691, un congé fort honorable comme garde du corps, et fit preuve de noblesse devant l'intendant de Limoges, en 1705. Dans le certificat qu'il reçut, il est qualifié Sr de Goyrans; il est le premier de la famille dont Nadaud parle (page 256); 3° Jean-Baptiste, écuyer, lieutenant au régiment de Castres; 4° Antoinette, dame de Farsat, qui épousa Martial Des Cordes, Sgr de Gris, et receveur des décimes au diocèse de Limoges.

III. — Jean II Brugière, écuyer, Sr de Goyrans, né le 21 octobre 1661, épousa, par contrat du 19 octobre 1704, reçu Cusson, notaire à Limoges, Catherine Baignol, veuve de Jean Gadault de Frégefont, fille de feu Barthélemy Baignol, Sr de Lavaud, et de Marie Londeix. De ce mariage naquit :

IV — Étienne-Joseph de Brugière de Goyrans, écuyer, Sgr de Farsac (1)

---

(1) Le château de Farsac est sur le territoire de l'ancienne paroisse de Bussy-Varache, unie depuis la réorganisation du culte à la paroisse d'Eymoutiers (Haute-Vienne). — La Serre, paroisse de Villeneuve-de-Rivière (Haute-Garonne).

et de La Serre, mentionné page 256, naquit à Limoges le 20 octobre 1706 ; il épousa, par contrat du 11 juillet 1729, Barbe-Thérèse Varachaud des Herses, dont il eut : 1° Jean-François, qui suit, et dans l'acte de mariage duquel il est dit chevalier, Sgr de Farsac ; 2° Charles, ecclésiastique.

V. — Jean-François de Brugière, chevalier, épousa, par contrat du 27 mars 1759, reçu Tramonteil, Geneviève des Maisons du Palland, fille de feu messire Annet-Guillaume des Maisons, chevalier, Sgr du Palland, capitaine de dragons, et de Marguerite-Thérèse Faulte, baronne de Peyrat. Dans le contrat et dans l'acte de mariage de Charles-Borromée, son fils, qui suit, Jean-François est qualifié de chevalier, baron de Brugière. Ce Jean-François est également mentionné par Nadaud.

VI. — Charles-Borromée de Brugière de Serre, étant cadet gentilhomme au régiment d'Agénois en garnison à Saintes, épousa, dans l'église de Sainte-Colombe de cette ville, le 12 octobre 1790, Catherine-Marie-Louise Leberthon, fille de feu messire Blaise-Marc-Alexandre Leberthon, chevalier, seigneur-baron de Bonnemie, et de feue Marie Cauderan. Le 26 février 1792, il fut nommé, à Coblentz, sous-brigadier de la compagnie des anciens gardes de la porte du roi. De son mariage est né :

VII. — Jérôme-Marc de Brugière, né, le 26 août 1791, au château de Farsac, a épousé, à Saint-Benoît-du-Sault, le 13 mars 1813, Victoire Courcier, dont : 1° Laure, née en 1815, à Saint-Benoît-du-Sault (Indre), et mariée, en 1836, à Alexandre Coudert de La Villatte ; 2° Charles, né, le 17 mars 1828, à Saint-Benoît-du-Sault (Indre), juge suppléant au tribunal de Limoges en 1861, a épousé, en 186.. N... de Luzy. —(Roy de Pierrefitte.)

BUGEAUD DE LA PICONNERIE, duc d'Isly, porte : *parti, au premier, d'azur au chevron d'or, accompagné en pointe d'une étoile de même, au chef de gueules chargé de trois étoiles aussi d'or* (anciennes armoiries de la famille); *au second, coupé d'or, à l'épée haute de sable, et de sable au soc de charrue d'or.* Il a pour devise : *Ense et arato.*

I. — Messire Simon Bugeaud de la Ribeyrolie, Sgr de La Piconnerie, La Durantie, Les Places et autres lieux, épousa Marie d'Alesme, dont : 1° Jean-Ambroise, qui suit; 2° Jean-Ambroise Bugeaud de La Piconnerie, prêtre prieur de Sainte-Eulalie, qui assistait au contrat de mariage de son frère aîné Jean-Ambroise, le 8 avril 1771.

II. — Messire Jean-Ambroise Bugeaud, marquis de La Ribeyrolie, chevalier, Sgr de La Piconnerie, épousa (demeurant avec ses parents au château de La Durantie, paroisse de La Noaille en Périgord), par contrat passé le 8 avril 1771, par M. Blacque et son collègue, conseillers du roi, notaires au châtelet de Paris, Françoise Sutton de Clonard, fille de messire Thomas Sutton, comte de Clonard, et de dame Phillis Masterson de Castletown, dont entre autres : 1° Patrice, officier émigré, marié à Dlle d'Auberoche, dont une fille, mariée à un autre Patrice de La Piconnerie, desquels sont provenus deux fils ; 2° Ambroise, officier de marine, mort dans l'expédition de Lapeyrouse, où il avait un commandement ; 3° Thomassine, qui a épousé le vicomte d'Orthez ; 4° Pilis, mariée à M. de Lignac de Puissegeneis, dont une fille ; 5° Hélène, qui a épousé M. Sermensan, dont un fils, qui, par son mariage avec sa cousine, Mlle de Lignac de Puissegeneis, a donné le jour au colonel du 50e régiment de ligne, M. Sermenson ; 6° Antoinette, qui a épousé M. de Saint-Germain; 7° Thomas-Robert, qui suit. (*Bul. soc. arch. de Périgueux*, IV, p. 408.)

III. — Thomas-Robert Bugeaud naquit à Limoges, rue Cruche-d'Or, le 15 octobre 1784. Il fit avec succès ses études au collége de Limoges. Entré au service militaire au mois de juin 1804, il fut fait *caporal* dans la garde impériale à la bataille d'Austerlitz, et, n'étant encore que lieutenant-colonel en 1813, il obtint, sur la recommandation du maréchal Suchet, de commander le 14ᵉ de ligne, dont Louis XVIII le fit colonel à la première restauration. Quand l'armée fut licenciée, à la seconde restauration, il n'avait que trente-un ans, et il se retira dans sa campagne près Excideuil pour s'y livrer à l'agriculture. Nommé colonel du 56ᵉ de ligne en 1830, l'année suivante le trouva maréchal-de-camp et député. Envoyé combattre Abd-el-Kader le 6 juin 1836, le 26 août suivant il fut fait lieutenant-général, puis, en 1837, commandant supérieur de la province d'Oran; en 1841, gouverneur général de l'Algérie; le 9 avril 1843, grand'croix de la Légion d'honneur, et, le 31 juillet suivant, maréchal de France. Le 14 août 1844, il remportait la victoire d'Isly, qui lui valut d'être créé duc d'Isly, par lettres patentes du 16 septembre de la même année. Il venait d'être nommé commandant en chef de l'armée des Alpes lorsqu'il mourut du choléra, à Paris, le 10 juin 1849; il fut inhumé aux Invalides.

Marié à Elisabeth Jouffre-Lafaye, qui est morte à Excideuil, son pays natal, à l'âge de soixante-seize ans, en avril 1874, le maréchal Bugeaud a eu d'elle : 1° Marie-Emma, mariée à Antoine Gasson, receveur général ; 2° Hélène-Éléonore, mariée, le 7 juillet 1846, à Henri-Louis Feray, commandant la 12ᵉ division militaire à Toulouse ; 3° Charles-Ambroise, qui suit.

IV. — Charles-Ambroise Bugeaud, né en 1833, fut nommé membre du conseil général de la Dordogne, et consul de France à Stettin. Il est mort à Paris le 26 octobre 1868, sans laisser d'enfants. Il avait été marié, le 24 avril 1860, à Valentine, fille d'Adrien-Charles Calley-Saint-Paul, député de la Haute-Vienne, enterré à Paris en avril 1873, et de Joséphine-Eléonore Gay-Lussac.

De la branche aînée des Bugeaud de La Piconnerie il reste deux frères, neveux du maréchal : Gustave, domicilié à Magnac-Bourg (Haute-Vienne), et Ambroise, domicilié à Limoges. — (Roy de Pierrefitte.)

Trois membres de la famille Bugeaud dans les branches de Redon, Laporte et des Places, figurent sur la listes des émigrés du district d'Excideuil, avec la qualité de ci-devant nobles.

La branche de Bugeaud de Redon existe encore et l'un de ses membres a été, en 1871, commandant de l'un des bataillons des mobiles de la Dordogne. Il y a aussi celle des Bugeaud de Juvénie. (*Bul. soc. arch. de Périgueux*, IV, 282.)

BUISSAS (Bernard), porte : *d'azur à un agneau d'argent passant, et tenant avec la patte droite de devant une houlette d'or.* Devise : *Animam pro ovibus.* — Couronne de duc. — Né à Toulouse le 25 novembre 1796 (et non 1797, quoiqu'on l'ai dit dans les *ordo* imprimés sous l'administration de cet évêque), il était archiprêtre de la cathédrale de cette ville lorsqu'il fut nommé évêque de Limoges. Sacré à Toulouse le 4 août 1844, il fit son entrée solennelle dans sa ville épiscopale le 13 août suivant.

Nommé comte romain dans son voyage à Rome (1852), il est mort le 24 décembre 1856. Huit de ses mandements sont imprimés dans la collection des *Orateurs sacrés* de Migne, T. XVI° de la seconde série, LXXXIII° de la collection entière. Pendant le synode qui fut ouvert le 18 octobre 1853, Bernard Buissas a publié des statuts (Limoges, Barbou, in-12), qui sont en vigueur dans ce diocèse depuis le 1er janvier 1854. Il a introduit la liturgie romaine, inaugurée le 4 juin 1854, fête de la Pentecôte. Il obtint des sommes considérables pour la restauration de la cathédrale de Limoges, déjà projetée par son précédécesseur. Cette restauration a eu lieu de 1846 à 1854.

Voici la liste des fondations faites pendant son épiscopat, et celles des églises et des chapelles bâties sous son administration :

Frères des écoles chrétiennes : Bellac, 1844; Felletin, 6 janvier 1846; Bourganeuf, 14 mars 1846; Saint-Yrieix, 13 avril 1853; Saint-Léonard, 3 novembre 1853; Eymoutiers, 20 novembre 1854. — Sœurs de Nevers : Limoges (hospices des aliénés), 3 octobre 1844; (maison d'éducation), 1855. — Maîtrise de la cathédrale, 1er décembre 1844 : on y a annexé l'école Saint-Martial le 1er octobre 1853.

Sœurs de la Charité de Bourges : Evaux, 3 décembre 1844. — Sœurs du Sauveur, dont la maison-mère est à La Souterraine : Rancon, mai 1845; Ambazac, septembre 1845; Chambon, février 1846; Châteauponsac, octobre 1847; Peyrat, près Bellac, novembre 1848; Auzances, octobre 1850; Ahun, juillet 1851; Saint-Sulpice-Laurière, octobre 1853; Arnac-la-Poste, mars 1856. — Sœurs de la Charité de la Présentation de Tours : Saint-Yrieix, novembre 1847; Saint-Priest-Ligoure, octobre 1855. — Sœurs de Saint-Roch, dont la maison-mère est à Felletin (Creuse) : Crocq, 1849; Chénérailles, 1852; Monteil-au-Vicomte, 1852; Coussac-Bonneval, 1855; Jarnages, 1856. — Religieuses de l'Instruction de l'Enfant-Jésus : Blond, 24 novembre 1850; Nexon 1er novembre 1851; La Meyze, octobre 1853; Châlus, 16 février 1854; Jourgnac, 1er novembre 1854; Saint-Denis-des-Murs, 25 novembre 1854. — Communauté des sœurs de la Présentation du bourg de Saint-Andéol : Saint-Pardoux-d'Arnet, novembre 1851. — Sœurs de la Croix, dont la maison-mère est à Limoges : Rougnat, 22 novembre 1850; La Courtine, 11 novembre 1852; Darnac, 4 décembre 1852; Bonnat (Haute-Vienne), 28 décembre 1852; Pierrebuffière, 1er octobre 1853; Magnac-Bourg, 10 octobre 1853; Roussac, 4 octobre 1853; Saint-Sulpice-le-Guérétois, 22 octobre 1854; Saint-Paul, 5 novembre 1855; La Jonchère, 22 octobre 1855; Vallières, 5 octobre 1856. — Sœurs de la Charité de Saint-Vincent-de-Paul : Aubusson, 3 décembre 1852; Rochechouart, 30 avril 1856. — Petites sœurs du Sauveur et de la Sainte-Vierge (tiers-ordre des sœurs du Sauveur de La Souterraine, ayant pour but de fournir des institutrices aux campagnes) : Thiat, novembre 1853; Saint-Sornin-Leulac, octobre 1854; Balledent, septembre 1855; Saint-Sylvestre, octobre 1856. — Aumônerie des dernières prières : Limoges, 1er janvier 1853, confiée aux RR. PP. franciscains, qui se sont installés le 20 avril 1854. — Frères de Saint-Joseph du Mans : Le Dorat, 5 septembre 1853; Châlus, 1er novembre 1853; Dun, 1er septembre 1854; Mainsat, octobre 1855; La Souterraine où est un noviciat, 1856. — Carmélites : Le Dorat, 13 juillet 1856.

En 1848, Mgr Buissas a confié aux pères Oblats de Marie la maison des prêtres auxiliaires fondée par son prédécesseurs. — Le 3 juillet 1853, il a posé la première pierre de l'église Saint-Martial-Saint-Bernard, centre d'une cinquième paroisse fondée dans la commune de Limoges, et sur le territoire rural de la paroisse de Saint-Michel-des-Lions. — Par ordonnance du 14 octobre 1856, il a fondé une caisse de retraite pour les prêtres du diocèse.

La chapelle du château de Peyrudette, paroisse de Champagnac (Creuse), a été bénite le 15 janvier 1845. — Celle de Notre-Dame-des-Roches, paroisse de La Meyze (Haute-Vienne), bénite le 18 avril 1846. — Celle des Chapelles, paroisse de Janaillac (Haute-Vienne), dont le patron est saint Antoine de Padoue, bénite le 20 juin 1847. — Celle des sœurs de la Charité de la paroisse de Saint-Pierre de Limoges, dont la fête est la Présentation de la sainte Vierge, en 1847. — Celle de Bellegarde, paroisse de Boisseuil (Haute-Vienne), le 26 octobre 1847. — Celle de la villa Sussac, paroisse de Sussac (Haute-Vienne), 6 septembre 1848. — L'église paroissiale de Crocq (Creuse), bâtie sous le patronage de saint Eloi, bénite le 18 décembre 1848, et consacrée le 19 août 1852. — La chapelle de la prison de Rochechouart, dont le patron est saint Vincent-de-Paul, le 27 avril 1851. — La chapelle de Chaufailles, paroisse de Coussac-Bonneval (Haute-Vienne), consacrée le 28 juillet 1851. — L'église paroissiale de Saint-Sulpice-les-Feuilles (Haute-Vienne), consacrée le 20 août 1851. — L'église paroissiale de Villefavard (Haute-Vienne), 1851. — L'église paroissiale de Chamboret, dont le patron est saint Antoine, ermite, le 18 janvier 1852. — La chapelle de La Vaublanche, paroisse de Compas (Creuse), dont les patrons sont la sainte Vierge (fêtée dans sa Présentation au Temple) et saint Jean-Baptiste, bénite le 20 octobre 1852. — La chapelle de La Petite-Mazelle, paroisse de Saint-Pierre de Limoges, bénite le 18 août 1853, sous le patronage de saint Vincent-de-Paul. — La chapelle des sœurs de Marie-Thérèse, dites du Bon-Pasteur, le 22 avril 1855. — La chapelle des religieuses de la paroisse de Sainte-Marie de Limoges, le 21 novembre 1855. — (ROY DE PIERREFITTE.)

Monseigneur Bernard Buissas est mort à Limoges, le 24 décembre 1856; il a été enseveli dans la cathédrale, dans la crypte qui est au-dessous du grand autel. On y trouve, avec ses armoiries, l'inscription suivante : « *Hic quiescit in Domino Ill. ac Rev. in Xto pater Bernardus Buissas, eppus Lemovic. pontificio solio assistens, natus Tolosæ M DCC XCVI. obiit Lemovicis M DCCC LVI. — R. I. P. A.* »

BURGUET (page 273). — Jean-Baptiste du Burguet de Chaufailles était curé de Saint-Priest-Ligoure avant 1762. Il mourut en janvier 1777. — (LEGROS, Nécrologe.)

Le fils de François de Burguet de Chaufailles et de Marie Touzac, désigné par Legros, à la page 273, comme âgé d'environ dix ans en 1790, est Bernard-Auguste, qui, âgé de soixante-neuf ans en 1848, a fait bâtir, cette même année, à Chaufailles, paroisse de Coussac-Bonneval (Haute-Vienne), une chapelle dans le style du XIIIe siècle, et dont l'abbé Texier, qui en avait fourni les plans, parle dans son *Manuel d'épigraphie* (p. 342-343).

La fille unique de Bernard-Auguste du Burguet a épousé Auguste Cheyrade de Montbron. — (ROY DE PIERREFITTE.)

Supplément a la lettre C.

« CARBONEL DE CANISY (François de), fils de Hervé, marquis de Canisy au diocèse de Coutances, qui, à la suite de plusieurs de ses ancêtres, était gouverneur des villes et château d'Avranches, y fut baptisé ; étudia à Paris, et y fut bachelier de Sorbonne, puis ensuite doyen d'Avranches, grand-chantre et vicaire général de Lisieux. Il fut élu (*Gall. christ. nov.*, T II, col. 509) doyen de la cathédrale d'Avranches en 1680, nommé à l'évêché de Limoges (*ibid.*, T. II, col. 544) le 8 septembre 1695, préconisé à Rome le 14 novembre suivant, prit possession par procureur, le 1er mars 1696, fut sacré le 25 par l'archevêque de Bourges, assisté des évêques de Tulle et de Perpignan, dans la chapelle du séminaire de Saint-Sulpice de Paris ; le 31 (*Gazette*) il prêta le serment dans la chapelle du château de Versailles entre les mains du roi, arriva à Limoges le 19 mai (non pas le 24 comme on dit dans le *Gall. christ. nov., ibid.*). On envoya au-devant de lui quatre chanoines, et, le lendemain, le doyen et trois chanoines, pour le complimenter au séminaire, où il devait mettre pied à terre. Toutes les compagnies furent convoquées pour se rendre à la cathédrale le 24, et assister processionnellement à la prise de possession, à deux-heures après-midi. Il fit son entrée solennelle le 24 mai, ou plutôt le 16, suivant un manuscrit de M. Leduc, curé de Saint-Maurice de Limoges, son frère de lait, et qui est au séminaire de cette ville. Cette cérémonie y est détaillée, et on y ajoute que le prélat fut intronisé le 26. Dans le mémoire qu'il envoya à ses visiteurs au commencement de son pontificat, ils ont ordre de s'informer s'il y a un pavillon ou dais sur le tabernacle ; si on renouvelle les saintes hosties au moins tous les quinze jours ; on ne doit pas tenir exposées les saintes reliques en tout temps, mais seulement en la fête du saint ou aux autres jours solennels ; s'il n'y a point d'armoires sous l'autel, si, dans le sanctuaire, il n'y a point pour les laïques de bancs qui empêche de faire les cérémonies, et de donner la sainte communion ; si tous les prêtres de la paroisse assistent à la messe paroissiale en soutane, surplis et bonnet carré.

» En 1696, le 1er août, mandement daté du séminaire, qui ordonne l'observation des statuts synodaux qui ont été faits dans les assemblées synodales par forme de statuts ; défense à tous les ecclésiastiques de quitter leur habit pour se revêtir des sacs de pénitents, ce qu'ils faisaient ci-devant dans les jours de cérémonies ou de processions de ces confréries ou congrégations.

» Dès le 24 juin 1695, Pierre Baillot, curé de Saint-Michel-des-Lions, commit des excès sur la personne de Pierre Leymarie, prêtre habitué de cette paroisse. Le vice-gérant de l'officialité, Pierre Juge, curé de Saint-Pierre, jugea ces violences et outrages atroces, pour raison desquels *il déclara que Baillot avait encouru, par ce seul fait, l'excommunication majeure*, etc. Par sentence du 13 octobre 1696. Pendant les vêpres, Leymarie, revêtu du surplis, et assistant au chœur, n'avait pas voulu laisser vide une place que le curé prétend avoir de droit entre lui et le prêtre le plus proche de son côté. *Baillot le tira par son surplis.* L'official primatial déclara nulle la sentence du vice-gérant.

» En 1697 (*Gall. christ. nov.*, T. II, col. 544), tout le Limousin fut désolé d'une famine cruelle, ce qui engagea le pieux prélat à aller à Paris ramasser des aumônes pour nourrir les pauvres. C. de Beaumont, écuyer, lui fit, dans la suite, un compliment en vers élégiaques sur le recouvrement de sa santé. C'était au mois de juillet, et on était surpris des pluies continuelles et du froid qu'il faisait dans cette saison. Par son crédit, et par le zèle ardent qu'il fit paraître pour les pauvres de son diocèse, il obtint du roi de quoi les soulager, dans le temps où il y avait une grande disette de blés dans cette province. Nous parlerons plus bas des éloges que d'autres ont donnés à sa charité. Par mandement du 3 mars 1698, pour éviter les scandales et les irrévérences dans les églises, et les empêcher d'être volées, ordre que toutes celles où il y a des pénitents établis seront fermées à sept heures du soir le jour du Jeudi-Saint, et que ces pénitents commenceront leurs processions de si bonne heure qu'elles soient finies à celle qui vient d'être marquée.

» La même année on imprima, par son ordre, le rituel, revu et corrigé, mais non assez ample ni assez exact: un catéchisme revu, corrigé et augmenté, dont une seconde impression en 1701. Le 29 décembre 1698, il approuva les constitutions des religieuses déchaussées de Sainte-Claire du petit couvent de Limoges, appelées *Clairettes*. En 1699, Pierre de Madot, official de Guéret, déclara l'Hardi, curé de La Cellette en Berri, excommunié parce qu'il avait fait deux mariages clandestinement à prix d'argent.

» Le 28 juillet, en l'assemblée provinciale de Bourges (*Mémoires du clergé*, T. I, p. 541), pour la condamnation des *Maximes des saints* de M. de Fénelon, se présenta le susdit Pierre Juge, qui remontra que l'évêque étant retenu à Paris pour les affaires de son diocèse, n'avait pu se rendre, mais qu'il l'avait chargé de sa procuration en date du 22 juin. Le 14 août suivant (*Gall. christ. nov.*, T. II, col. 544 et 930), il fut nommé à la commende de l'abbaye de Montebourg, ordre de Saint-Benoît, diocèse de Coutances, où depuis il fonda un hôpital, un séminaire, et fit d'autres biens. En conséquence de la constitution du pape et de l'assemblée provinciale de Bourges ci-dessus, Michel Bourdon, docteur de Sorbonne et vicaire général, condamna, le 28 septembre, la lecture, etc., du livre de M. de Fénelon sous peine d'excommunication, encourue par ce seul fait. Le 28 janvier 1700, le même vicaire général fit publier la bulle qui suspendait, pour cette année de jubilé, toute sorte d'indulgences. Cette même année, les clercs appelés *barnabites* furent admis et établis à Guéret. (*Gall. christ. nov.*, T. II, col. 544.) Le 22 avril, au synode d'après Pâques, le prélat renouvela les anciennes ordonnances pour le respect dû aux églises et au service divin, et touchant la sanctification des jours de fête. Le 14 juin, en conséquence d'une lettre du roi, est ordonnée la procession du jour de Notre-Dame-d'Août après en avoir amiablement conféré avec nos vénérables frères les chanoines de notre église cathédrale, dans laquelle se doit commencer et finir cette procession en la ville épiscopale.

» Le 13 mai 1701, mandement pour le jubilé, après en avoir conféré amiablement avec les vénérables doyens et chanoines de la cathédrale, dans laquelle on doit faire l'ouverture le premier lundi après la Trinité, 23 du mois ; il devait durer jusqu'au 5 juin ; les paroisses de la campagne avaient jusqu'au 1er janvier. L'abbé Coignasse du Carrier lui dédia, la même année 1701, ses *Morales sur la Genèse,* où il lui dit : « Le Ciel a formé en vous un cœur grand, noble, bienfaisant, généreux, chrétien, digne de la noblesse de votre sang ;.... charité douce et affable, qui vous fait descendre jusqu'aux plus petits, avec dignité à la vérité et sans vous avilir, mais aussi avec bonté et sans les rébuter ; charité tendre et compatissante, qui, dans un temps calamiteux, vous a attendri sur la misère d'un grand peuple, en faveur duquel vous avez sollicité avec ardeur la bonté du roi, qui, après vous avoir accordé de puissants secours, qui ont sauvé la vie à une infinité de malheureux, a marqué la distinction particulière qu'il faisait de votre mérite et de votre zèle en vous comblant vous-même de nouveaux bienfaits..... charité vigilante, qui, jointe à la pénétration de votre esprit et à la justesse de votre discernement, ne vous laisse rien ignorer des besoins de votre diocèse ;... charité chrétienne, qui ne cherche point à nous affliger par humeur et par chagrin, mais à nous corriger par zèle et par bonté..... Elle fait régner partout l'ordre, et la piété, et la discipline que nous admirons dans tout ce vaste diocèse. » Voyez dans l'auteur lui-même le reste de cette épître dédicatoire.

» En 1702, il fit imprimer le 3e tome du *Pastoral du diocèse* : il traite de l'administration des sacrements et de la sainte messe. Ce livre n'est pas estimé, dit M. Nadaud. En 1703, il fit réimprimer, chez Pierre Barbou la *Manière de bien faire la confession générale,* seconde édition, revue, corrigée et augmentée. (Voyez l'*Histoire manuscrite de l'abbaye de Saint-Martial,* p. 78.)

» Le 13 avril 1703, mandement pour le jubilé, après en avoir conféré amiablement avec les vénérables doyens et chanoines de l'église cathédrale. Le 12 mai, le syndic du clergé donna avis du rôle des taxes imposées sur les biens d'église aliénés pour ceux qui désiraient les retirer.

» Le 14 mars 1705, M. Bourdon, vicaire général, pour obéir aux ordres du roi, demande un état des fabriques et confréries et de leurs revenus. Celles de la généralité de Limoges étaient taxées à 3,250 livres et les deux sous pour livres ; il finit sa lettre circulaire : « Je suis parfaitement, Monsieur, votre, etc. » ; et à côté : « Est pour M. le curé, etc. » On ne se piquait pas d'étaler de grandes assurances de compliments. Ardilier, commis au greffe des insinuations ecclésiastiques, termine sa lettre circulaire du 7 septembre : « Je suis votre très affectionné serviteur ». Il approuvait le tarif du contrôle des registres. Le 15 mars 1706, MM. Le Maître, R. Marlot, J.-Ch. de Taillefer de Barrière, abbé de Saint-Martial, vicaires généraux, ordonnèrent la publication de la bulle *Vineam Domini* contre le jansénisme : « Nous » avons, disent-ils, lieu d'espérer de la protection singulière de Dieu sur » ce diocèse qu'il y conserva la pureté de la foi et la paix profonde qui y » ont régné jusqu'à présent ».

» Le 6 avril 1706 (*Gall. christ. nov.,* T, I, col. 267), il fut nommé à l'abbaye du Loc-Dieu, ordre de Cîteaux, diocèse de Rodez ; peu après, il s'en démit volontairement (*ibid.,* T. III, addit.), et, le 16 août suivant (T. II, col. 544 ; T. IX, col. 326), on lui donna celle de Belval, diocèse de Reims, ordre de Prémontré. (*Gall. christ. nov.,* T. II, col. 544.)

» Il gouverna notre diocèse avec beaucoup de piété et de charité tant que la santé le lui permit ; mais, craignant que ses infirmités ne le fissent manquer à quelque fonction de sa charge, il aima mieux se démettre, ce qu'il fit au mois d'avril 1706. La cathédrale nomma des vicaires généraux, le siége épiscopal vaquant, le 15 octobre 1706. Il mourut (*Journal de Verdun*) à l'âge de soixante-dix-sept ans (ou soixante-dix suivant la *Gazette*), le 28 octobre 1723, à Paris, où il est enterré dans l'église paroissiale de Saint-Sulpice.

» Il portait : *coupé de gueules sur azur à 3 tourteaux d'hermine, deux sur gueules et un sur azur.* » — Ces détails, intéressants pour l'histoire du diocèse de Limoges, sont extraits des *Mémoires manuscrits de Nadaud pour servir à l'histoire du diocèse*, T. II, p. 97 et suivantes. — d'après la copie de Legros : *Mémoires pour servir à l'histoire des évêques de Limoges* (p. 635-610). — (Roy de Pierrefitte.)

CARBONNIÈRES (p. 279). — Les armes de cette famille sont : *bandé d'argent et d'azur de huit pièces à huit charbons de sable allumés de gueules, posés 1, 3, 3 et 1 sur les bandes d'argent*, d'après M. Borel de Hauterive, et se voient à Versailles dans la quatrième salle carrée, parce que, en 1248, Hugues de Carbonnières, Sgr limousin, se trouvant à la première croisade de saint Louis, fit un emprunt à des marchands italiens. D'Hozier blasonne : *d'argent à 3 bandes d'azur, accompagné de huit charbons de sable allumés de gueules, posées entre les bandes 1, 3, 3, 1*, ce qui revient à la première manière. M. Lainé (*Archives généalogiques de la noblesse de France*) et M. Bouillet (*Nobiliaire d'Auvergne*) décrivent les armes à l'inverse : *d'azur à 3 bandes d'argent, chargées de six charbons ardents de gueules ;* M. Bouillet met sept charbons. Ces variantes ont peu d'importance.

J'emprunte au *Nobiliaire d'Auvergne* les notes suivantes, moins celle sur Guillaume de Carbonnières, que Baluze me fournit (*Historia Tutelensis*, T. III, p. 126). M. Bouillet place le berceau de cette famille à Carbonnières, sur l'extrême limite sud du Bas-Limousin, près de Roc-Brou. Baluze, ayant à parler de Guillaume de Carbonnières, abbé de Tulle, et le plus ancien représentant connu de cette famille, est fort embarrassé pour trouver ce berceau, attendu qu'en Limousin se trouvent plusieurs localités de ce nom, et il fait remarquer que cette famille distinguée résidait anciennement dans la paroisse des Angles, près Tulle. C'est là qu'il fait naître l'abbé Guillaume de Carbonnières, dont le père, Rigauld de Carbonnières, aurait épousé Unia, fille d'Archambaud II, vicomte de Comborn, et de Rotberge de Rochechouart. Guillaume de Carbonnières fut offert à Dieu le 21 mars 1070, dimanche de la Passion, dans le monastère de Tulle, étant accompagné de sa mère et de ses deux frères Girbert et Bernard de Carbonnières, d'Archambaud, vicomte de Comborn, Éble de Comborn, souche des seigneurs de Ventadour, et Bernard, leur frère, qui devint plus tard vicomte de Comborn. Guillaume, élu abbé de ce même monastère en 1092, obtint à Uzerche, en 1095, que le pape Urbain II, revenant du concile de Clermont, et se rendant à Limoges, prit le monastère de Tulle sous sa protection spéciale, et aussi en 1105, du pape Pascal II, une autre bulle qui confirmait la première.

DU LIMOUSIN.

Le 3 des ides de juin 1103, il commença, en partie à ses frais, la reconstruction du monastère de Tulle, qui aurait été précédemment détruit par un incendie. D'après Baluze, il doit être ce Guillaume de Carbonnières que Geoffroy de Vigeois cite comme ayant été nommé, en 1104, vicaire général du diocèse de Limoges quand l'évêque Pierre Viroald se retira pour cause d'infirmité, et à cause des guerres dont notre province souffrait alors beaucoup. D'après Baluze, Guillaume de Carbonnières mourut le 2 octobre 1111. — (ROY DE PIERREFITTE.)

La Chenaye des Bois a publié une généalogie de cette famille, le manque d'espace nous empêche de la donner ici, en voici la filiation que nous complétons avec de nouveaux documents :

I. — Rigald de Carbonnières épousa Unie de Comborn. — II. — Gilbert de Carbonnières, vivant en 1092. — III. — Mathelin de Carbonnières, qui signe un acte de donation en 1094. — IV. — N..... de Carbonnières. — V. — Rigald de Carbonnières, IIe du nom, 1254. — VI. — Hugues, épousa Agnès de Givilly. — VII. — Rigald, IIIe du nom, 1319, épousa Delphine d'Escorailles. — VIII. — Jean, qui épousa, en 1364 Garine de Pestels. — IX. — Jean, IIe du nom, épousa : 1° en 1417, Jeanne de Salignac, dame de Pelvezy ; 2° Hélène d'Aubepeyre. — X. — Jean, IIIe du nom, épousa, en 1444, Catherine de Guerre. — XI. — Jean, IVe du nom, épousa en 1480, Soubirane de Comborn. — XII. — Bertrand, épousa, en 1506, Françoise de La Cropte. — XIII. — Charles, épousa, en 1538, Marguerite de Prohet. — XIV. — Jean, V^e du nom, épousa, en 1597, Rachel de Larmandie-de-Longa. — XV. — François, épousa, en 1635, Valérie d'Olier. — XVI. — Henri épousa, en 1674, Louise de La Porte. — XVII. — Louis épousa, en 1748, Marguerite de Vassal. — XVI bis (Branche de Mayac). — Henri épousa, en 1657, Jeanne de Burg. — XVII. — François épousa, en 1682, Marguerite de Gimel. — XVIII. — Jean épousa, en 1713, Marie du Poutet. — XIX. — Jean-Maximin épousa, en 1750, N..... de Maubuisson de La Boissière. — XII bis (Branche de Saint-Brice). — Elie ou Hugues épousa, en 1499, Isabeau de Chapt. — XIII. — François épousa : 1° Anne Guyot; 2° Françoise de La Bastide. — XIV. — Christophe épousa, en 1587, Gillone Pot. — XV. — Annet épousa, en 1625, Françoise des Monstiers. — XVI. — Melchior épousa, en 1657, Anne-Marie de Bessay. — XVII. — François épousa, en 1693, Françoise de La Tour d'Aisnay. — XVIII. — Melchior épousa, en 1713, Françoise de La Breuille. — XIX. — François-Jean (alias, J.-B.) épousa, en 1730, Françoise-Armande de Rilhac. — XX. — Charles-Henri épousa, en 1768, Marie-Anne du Carteron de La Péruse. — XXI. — Antoine-Paul, qui épousa, vers 1805, Marie-Henriette de Bosredon. — XXII. — Hugues-Stéphane, mort sans postérité en 1855. — XXI bis. — René-Charles-Henri épousa Henriette de Carbonnières. — XXII. — Louis, épousa Zoé d'Anglars. — XXII bis. — Christophe, épousa Charlotte Lanolie, dont postérité. — X bis (Branche de La Chapelle-Biron). — Antoine de Carbonnières épousa : 1° en 1468, Jeanne d'Abzac ; 2° en 1479, Jeanne de La Tour de Neuvillars. — XI. — Alain épousa : 1°, en 1496, Gabrielle de Gontaut-Saint-Genier ; 2°, en 1501, Marguerite de Gontaut-Biron. — XII. — Charles épousa : 1° Marie Funel-Mont-Ségur ; 2°, en 1556, Françoise du Fraisse. — XIII. — Jean-Charles épousa, en 1590, Suzanne de Pompadour. — XIV. — Jean épousa : 1°, en 1625, Françoise du Maine du

Bourg; 2°, en 1632, Henriette d'Estrades. — XV. — Philibert épousa, en 1659, Lucrèce de La Beaume de Farsac. — XVI. — François-Gaston épousa, en 1725, Anne de Miran-Verdussan, mort sans enfants.

Au xviie siècle, il existait une autre branche de cette famille, qui s'était fixée en Auvergne.

CARS (page 281, ligne 1). — « Luce, dame de Pérusse, épousa, entre 1171 en 1216, Aimeric VI, vicomte de Rochechouart, auquel elle porta en dot la terre de Pérusse. » Aimeric IX, vicomte de Rochechouart, leur arrière-petit-fils, acquit de son neveu, Guillaume de Rochechouart, seigneur de Mortemar, la ville et châtellenie de Pérusse, moyennant 5,000 sous de rente, peu après l'année 1264. Agnès de Rochechouart, fille d'Aimeric IX, épousa Pierre de Naillac, auquel elle apporta Salaignac, Montaigu et 50 livres de rente sur Pérusse, dont son frère Guy de Rochechouart était seigneur. Jeanne de Naillac, leur petite-fille, dame de Pérusse, Salaignac et de Montaigu, fut mariée à Guichard de Comborn, seigneur de Treignac, dont elle n'eut pas d'enfants. Jean Brachet, son plus proche héritier, lui succéda en 1391. La terre de Pérusse fut possédée, pendant plus de deux siècles, par sa postérité. Isabeau Brachet, issue de Jean au septième degré, et baronne de Pérusse et de Montaigu, épousa, en 1611, François d'Aubusson, S[gr] de La Feuillade.

D'après l'exposé qui précède, il est difficile de s'expliquer la qualification de vicomte de Pérusse attribuée successivement par Nadaud à Louis, à Jean, à Charles, à Jacques et à Gauthier de Pérusse, et comment ce dernier, n'ayant laissé que deux filles mariées, la vicomté du Pérusse serait tombée dans la maison de Comborn (page 280, ligne 31). Nous avons vu que Guichard de Comborn n'était devenu seigneur de Pérusse que par son mariage avec Jeanne de Naillac, décédée sans postérité.

(Page 282, ligne 7). — Dauphine de Pérusse, femme de Régnier de Saint-Julien, est dite, dans d'autres documents, fille d'Audouin de Pérusse, S[gr] de Saint-Bonnet, Saint-Ibars, et capitaine de deux cents lances, et d'Hélène de Roquefeuil.

(Page 283, ligne 23). — Jacqueline de Sainte-Marie était veuve de *Louis* de Saint-Julien.

(Page 308, ligne 1). — Le fils du seigneur de Pérusse, sénéchal du Limousin, qui épousa Marie de Sully, fille de Geoffroy, S[gr] de Beaujeu en Berri, et Belleassez de Magnac (non de Catherine de Veaulce), était étranger à la famille de Pérusse des Cars, et se nommait Jacques Brachet. Il était fils de Jean Brachet, héritier de Pérusse du chef de Jeanne de Naillac. — (Vicomte DE MAUSSABRÉ.)

(Page 281). — Geoffroy, deuxième fils d'Arnoul de Pérusse des Cars et de Souveraine de Pompadour, paraît avoir été celui qui, d'après Bermondeti, notaire à Limoges, cité par Nadaud (*Mém. pour servir à l'hist. du diocèse de Lim.*, T. I, p. 105), étant chanoine de la cathédrale de Limoges, en avait été nommé évêque par le chapitre, le 6 décembre 1403, en présence du patriarche Simond de Cramaud, mais aurait été rejeté, on ne sait pourquoi, par le pape, qui le nomma, en 1411, évêque de Saintes. (MARTÈNE, *Anecdot.*, T. II, col. 1433.) Mais est-ce bien positivement le même qui aurait aussi été nommé, avec Hugues de Magnac, évêque de Limoges, en présence du chancelier de France, le 10 novembre 1408, pour assister au concile de Pise ? (MARTÈNE, *Veterum scriptor.*, T. VII., col. 885.)

(Page 382). — Avec Ramnulphe de Pérusse, qui avait les armes pleines de la maison de Pérusse des Cars, le siége de Limoges donne le spectacle d'une confusion que n'ont su expliquer ni Nadaud ni l'abbé Texier, qui ont inscrit dans leur liste d'évêques les trois compétiteurs dont les noms sont au contraire retranchés sur la liste officielle, ainsi qu'on peut le voir par l'*Ordo* du diocèse. Voici les faits d'après Bonaventure de Saint-Amable (T. III, p. 687-688); les auteurs du *Gall. christ. nov.*, T. I, col. 102, T. II, 534, 535; T. III, *additions*, et Nadaud *(Mém. pour servir à l'hist. du diocèse de Lim.*, T. I, p. 107-109; T. II, p. 7; T. IV, p. 242) : Un manuscrit de l'évêché de Limoges nous apprend que sitôt qu'on sut la mort de l'évêque Hugues de Magnac, les chanoines de la cathédrale de Limoges, qui étaient dans les ordres, élurent unanimement (12 novembre 1412) pour évêque *très noble et très puissant maître Ramnulphe ou Raymond de Pérusse, licencié en droit, bachelier ès-lois, archidiacre de Tours, conseiller au conseil privé et frère du seigneur des Cars en Limousin.* Nadaud conclut de ce témoignage authentique que Denis de Sainte-Marthe s'est appuyé sur des documents *fautifs* en reculant l'élection jusqu'au 25 juin 1414. D'ailleurs, d'après la *liève générale des archives des vicairies fondées à Saint-Martial* de Limoges (p. 193), dès le 29 novembre de la même année 1412, les chanoines donnèrent procuration pour demander que l'élection de ce *vénérable et circonspect* personnage fût confirmée par lui. Ils la demandèrent vainement *plusieurs fois*, appuyés par l'abbé et les moines d'Uzerche, et faisant remarquer au pape que Ramnulphe, *agréable à tout le monde, étoit très capable*, grâce à son mérite, de relever leur église désolée depuis soixante ans par les guerres. D'autre part, plusieurs abbés et ecclésiastiques du diocèse, ainsi que l'abbesse et les religieuses du monastère de la Règle de Limoges, et même, qui le croirait? Geoffroy de Pérusse, évêque de Saintes, que nous croyons frère de Ramnulphe, mais qui du moins devait être son près parent, lui faisaient opposition le 18 avril 1414. Comme le pape, l'archevêque de Bourges refusa de confirmer l'élection de Ramnulphe; mais, d'après le manuscrit de l'évêché de Limoges déjà cité, le vice-gérant de la province de Bourges se crut en droit, après une procédure juridique, de reconnaître Ramnulphe, que l'on dit *élu et confirmé* évêque de Limoges dans une note du 27 novembre 1417. Déjà Ramnulphe avait eu l'habileté de s'emparer des châteaux et des revenus du diocèse. A son entrée, il fut reçu avec joie, dit-on ; personne ne s'opposa à sa prise de possession, et il fit payer son droit de joyeux avènement; puis, dès qu'il fut sacré, il exerça ses fonctions au grand contentement de tout le monde. On a le procès-verbal de la visite qu'il fit de son diocèse, en 1419, pour la solde des droits de procuration. — Mais ce n'est là qu'une partie de son histoire. Pendant que le chapitre insistait pour obtenir l'installation canonique de Ramnulphe de Pérusse, maître Nicolas VEAU ou VIAUDI, conseiller du duc de Berri, fut fait évêque de Limoges par la renonciation de la commende qu'avait le cardinal de Saint-Chrisogone, et que fit le cardinal de Saint-Marc le 7 août 1413 (1), et, comme le constatent les re-

(1) Denis de Sainte-Marthe (*Gall. christ. nov.*, T. II, col. 535) se trompe en faisant remonter jusqu'au mois d'octobre 1412 l'élection de Véau, car alors Hugues de Magnac n'était pas mort; puis, en 1413, et même en 1415, on employait dans les actes la formule : « Le Siége épiscopal vaquant. »

gistres de Bermondeti, notaire à Limoges, le mercredi 17 octobre 1414, Véau, nommé par le pape Jean XXIII, fut reconnu évêque de Limoges par une partie des chanoines de la cathédrale, par les abbés de Saint-Martial, de Saint-Martin lez-Limoges, etc., pendant que d'autres chanoines faisaient opposition à cette prise de possession, en appelant au pape (lequel? sans doute l'antipape Benoît XXIII) et au concile général qui devait se tenir à Constance. Le procureur de Nicolas Véau avait été reçu seulement dans le réfectoire du monastère de Saint-Martial, Ramnulphe de Pérusse, que l'on craignait, tenant à l'évêché une forte garnison de gens d'armes. L'évêque Véau donné par Jean XXIII fut pourtant maintenu par arrêt du parlement, et il avait encore pour vicaire général, en 1416, Jean de Mathieu, abbé de Saint-Martin-lez-Limoges ; mais son puissant compétiteur ne le laissa jouir d'aucun revenu, et il mourut, peu avant le 8 août 1419, à Paris, où il était conseiller au Parlement. Il paraît que Véau avait résigné son évêché à frère HUGUES DE ROFFINHAC, prieur de Saint-Jean de La Faye au diocèse de Limoges, moine bénédictin, conseiller du roi et *collateralis principus*(?) Celui-ci demanda au pape Martin V l'évêché de Limoges comme vacant. — (On se souvient que Ramnulphe de Pérusse, refusé par le pape, avait été agréé par le vice-régent de la province de Bourges en 1417 ; mais cette confirmation était-elle valable ou non à cause du schisme?) Martin V lui accorda notre évêché le 16 mars 1418, et il prêta serment aux chanoines le 18 octobre de la même année, dit un manuscrit de l'évêché de Limoges, et seulement le 20 juin 1422, d'après dom Martène (*Anecdot.*, T. I, col. 1761). Sa prise de possession fut maintenue par arrêt du Parlement de Paris, et y il fit quelques fonctions épiscopales ; puis, grâce au concours de sa famille, qui était très puissante dans la Marche et en Poitou, il s'empara des biens qui dépendaient de l'évêque de Limoges dans ces deux provinces. Et, pendant neuf ans que dura ce malheureux schisme dans notre diocèse, les partisans de Roffinhac désolaient le Limousin pour le soutenir, tandis que ceux de Pérusse, installés à Limoges, y dominaient par l'intimidation, surtout dans la partie de la ville voisine de l'évêché, la Cité. Nadaud fait remarquer que, *soit crédit, soit vrai mérite, Ramnulphe l'emportait cependant sur Rouffinhac par la confiance et l'estime que le diocèse lui témoigna.* Aussi, le 15 mai 1426, les États du Haut-Limousin l'envoyèrent à la cour pour les affaires de la province, et lui votèrent 200 livres pour frais de voyage. Un peu auparavant, le roi Charles VII, envoyant au pape des ambassadeurs, les chargeait de demander un évêché pour Hugues de Roffinhac (mal nommé de Rossinhac) et la jouissance paisible de celui de Limoges pour R. de Pérusse, qui, avec sa famille, était toujours resté au nombre de ses fidèles serviteurs. Avec le consentement du roi, et *sur la démission des deux évêques*. — (Martin V pensait-il que Ramnulphe eût été légitimement nommé? nonobstant il avait pourtant mis à Limoges Hugues de Roffinhac : en tout cas, la solution était honorable pour tous et sûre), — Martin V, nommant à Limoges Pierre de Montbrun, mit sur le siège de Mende, cette même année 1426 (et non, comme on l'a dit, en 1422 ni 1424), Ramnulphe de Pérusse, qui y siégeait encore en 1442, et qui se brouilla avec les trois ordres de cette province, dans laquelle il reçut, on ne sait pourquoi, le surnom de *Arrachegenet*. Hugues de Roffinhac fut pourvu de l'évêché de Rieux en Languedoc la dixième année de Martin V, c'est-à-dire seulement en 1427, et il mourut en odeur de sainteté à Sarlat, vers 1460, s'étant démis entre les mains du pape Pie II de son évêché de Rieux.

On a cru à tort que Germain Paillard d'Urfé, qui se démit de sa charge de conseiller au Parlement de Paris, en 1407, lorsqu'il devint évêque de Luçon, avait pris dans son testament, en 1418, la qualification d'évêque de Limoges, ce qu'on voudrait expliquer par une première résignation de Véau en sa faveur. Dans ce testament, il est dit évêque, non de Limoges, mais de Luçon. — (Roy de Pierrefitte).

XXI bis (page 296). *(Fin de la généalogie de la maison de Pérusse des Cars.)* — Louis Nicolas de Pérusse d'Escars, né le 8 juin 1724, de Louis-François de Pérusse d'Escars et de Françoise-Marie-Victoire de Verthamont, épousa, le 1er septembre 1750, Marie-Victoire La Hette d'Artaguette, fille de Jean-Baptiste-Martin d'Artaguette, marquis de La Mothe-Saint-Héraye, et de dame Marie-Victoire Guilbard de La Vacherie. De cette union.

XXII. — François-Nicolas-René, comte d'Escars, naquit, au château de Monthoiron en Poitou, le 13 ou le 14 mars 1759; entra au service en 1772, et fut nommé mestre de camp lieutenant du régiment d'Artois en 1779. Dès l'année 1774 il avait été attaché à la personne du comte d'Artois en qualité de gentilhomme d'honneur. Député de la noblesse de Châtellerault aux États du royaume en 1789, il signa toutes les protestations de la minorité, et, à la fin de 1790, il se rendit à Turin auprès du comte d'Artois, dont il fut nommé capitaine des gardes. Le comte d'Escars accompagna ensuite le même prince en Allemagne, à Pétersbourg, en Angleterre. Il rentra en France avec Monsieur en 1814, fut nommé successivement, commandant de la brigade des carabiniers, lieutenant-général des armées, commandeur de l'ordre de Saint-Louis en mai, juin et août de la dite année 1814; il accompagna le roi à Gand en 1815, fut nommé pair le 17 août de la même année, reçut le collier des ordres du roi le 20 septembre 1820, et mourut à Paris, le 30 septembre 1822. Il avait épousé, le 6 août 1780, Etiennette-Charlotte-Dorothée de Ligny, fille de Charles-Adrien de Ligny et d'Élisabeth-Jeanne de La Roche-Fontenille, dont :

XXIII. — Amédée-François-Régis, né à Chambéry le 30 septembre 1790. Il fut nommé colonel aide-de-camp et gentilhomme d'honneur du duc d'Angoulême en 1814, chevalier de Saint-Louis la même année, et fut employé dans le Midi, en 1815, sous les ordres du prince; il commanda l'avant-garde qui repoussa les troupes impériales au pont de la Drôme. Ce succès fut de courte durée. Après la capitulation, il suivit le duc d'Angoulême en Espagne et rentra avec lui en France après les Cent-Jours. Le 30 septembre 1822, il succéda à la pairie de son père et au titre de comte. Employé à l'armée d'Espagne en 1823, il commanda avec une grande distinction la 2e colonne d'attaque à la prise du Trocadéro, le 31 août. Il a été créé successivement grand-officier de la Légion-d'Honneur, commandeur de l'ordre de Saint-Louis et lieutenant-général des armées du roi. Le titre de duc a été attaché héréditairement à sa pairie par ordonnance du roi Charles X du 30 mai 1825. Le duc d'Escars fut déchu de la pairie et de ses grades militaires pour refus de serment en 1830. Il est mort à Cannes en janvier 1868. Il avait épousé, le 25 juin 1817, Augustine-Frédéric-Joséphine de Bouchet de Sourches-Tourzel, fille de Charles-Louis-Yves de Bouchet de Sourches, marquis de

Tourzel en Auvergne, et d'Augustine-Éléonore de Pons. De ce mariage sont nés cinq enfants, : 1° François-Joseph de Pérusse des Cars, comte des Cars, né le 7 mars 1819, marié, le 18 juillet 1844, à Elisabeth de Bastard de l'Estang, fille du vice-président de la chambre des pairs, dont : A. — Louis né en 1848; B. — Marie-Thérèse, née le 15 octobre 1845 ; C. — Antoinette, née en juillet 1851 ; 2° Amédée-Joseph, né le 1ᵉʳ avril 1820 ; marié, le 9 mai 1843, à Mathilde-Louise de Cossé-Brissac, de laquelle sont nés : A. — Auguste, né en 1848 ; B. — Elisabeth-Gabrielle-Marie, née le 23 février 1844 ; C. — Hélène-Aldegonde-Marie, née le 7 août 1847 ; 3° Jean-Augustin, né le 22 juin 1821, marié, le 11 mai 1852 à Alexandrine, fille du comte de Lebzeltern, veuve le 9 septembre 1860 ; elle est demeurée mère des suivants : A. — Charles, né le 2 mars 1856 ; B. — deux autres enfants dont on n'indique pas les noms, et qui probablement n'ont pas vécu ; C. — Jeanne, née en octobre 1860 ; 4° Henriette-Radegonde, née le 28 octobre 1833, mariée, le 15 mai 1855, au marquis de Mac-Mahon, neveu du maréchal ; 5° Pauline-Geneviève, née le 2 juillet 1836, mariée, le 27 mai 1857, au duc de Vallombrosa. (*Voyez l'Ann. de la noblesse*, 1862)

Sources : *Hist. des pairs*, par M. de Courcelles, T. VIII, et *l'Annuaire de la noblesse de 1862*. (Baron de Sartiges d'Angles.)

CARTAUD (p. 310). — François Cartaud, tonsuré en 1724, après avoir fini ses études littéraires chez les Jésuites de Limoges, obtint qu'un chanoine d'Aubusson se démit en sa faveur en 1731, et lui-même il résigna ce canonicat cinq ans après. Mort, à Paris, en 1736, il y fut enterré à Saint-Benoit. On a de lui deux volumes in-12 : 1° *Pensées critiques sur les mathématiques, où l'on propose divers préjugés contre ces sciences, à dessein d'en ébranler la certitude, et de prouver qu'elles ont peu contribué à la perfection des beaux-arts* : Paris, Osmont et Clousier, 1733 ; la dédicace est signée Cartaud ; — 2° *Essai historique et philosophique sur le goût, par M. Cartaud de La Villatte* : Paris, de Mauduyt, 1736. Ces deux ouvrages révèlent dans le chanoine Cartaud un de ces beaux-esprits aimant le paradoxe, et trouvant, comme il le dit dans la préface de son *Essai sur le goût*, « quelque importance à amuser ces lecteurs distraits et peu sérieux « qui aiment à voltiger sur divers sujets sans trop les approfondir ». Aussi plus loin il fait remarquer en s'excusant que, « s'il parle de morale et de politique, ce n'est qu'autant que l'une et l'autre influent sur le sentiment, et, par conséquent, qu'autant qu'elles ont du rapport au goût ». Cet ecclésiastique paraît en effet avoir eu plus de goût pour la lecture des philosophes de son temps que pour celle des saints Pères et des théologiens.

Cartaud, dont parle Nadaud, dut évidemment sa qualification de *noble* à une charge ; car il appartenait à une famille de bourgeois de la ville d'Aubusson, où l'on trouve : Nicolas Cartaud, consul et tapissier en 1578 ; Cartaud, tapissier en 1665, dont on voit encore au musée de Vannes une tapisserie qu'il fabriqua, en 1671, pour le présidial de cette ville ; maître Pierre Cartaud, avocat au parlement, consul à Aubusson en 1699. Le dernier des Cartaud de La Villatte connu à Aubusson est mort perruquier, vers 1825, très fier de la valeur de ses ancêtres. — (Roy de Pierrefitte.)

Jean Carteaud, écuyer, Sgr de Traslebost, époux de dame Catherine Maillot, vivait en avril 1775, (*Feuille hebd. de Limoges*, 1775. p. 14.)

CERIS (p. 311), S^{gr} de Chateaucouvert, paroisse de Migron, élection de Saint-Jean-d'Angély, et de Javersat de la Forest et de Maseluzeau, paroisse de Boys, élection d'Angoulême, portent: *d'azur à une croix alaisée d'argent.*

I. — Hélie de Ceris fit, le 6 juillet 1525, une transaction avec Christophe de La Chambre, mari de Guillemette de Ceris, sa sœur. Il épousa Jeanne de Saint-Gelays.

II. — Hilaire épousa, le 19 juillet 1564, Jeanne de Couchaud.

III. — Jean épousa, le 26 avril 1593, Jeanne de Puyvert, dont il eut : 1º Alexandre, qui suit ; 2º Abraham, qui a fait une branche. Ces deux enfants partagèrent, le 10 juin 1628, la succession de leurs père et mère.

IV. — Alexandre épousa, le 3 juin 1617, Madeleine de Royer.

V. — Alexandre, Sr de Chateaucouvert, épousa, le 5 mai 1658, Marguerite de Puyvert.

IV bis. — Abraham épousa Renée de La Couture-Renon, dont il eut : 1º François-Marie, Sr de Javerzat; 2º Alexandre, Sr de Laforest; 3º Pierre, Sr de Maseluzeau. La descendance de ces trois enfants est constatée par un acte du 30 mai 1664, qui les met sous la tutelle de Pierre de La Couture-Renon. Cet acte fut passé devant le juge de Ruffec. — (Des Coutures).

On trouve dans le compte-rendu des travaux de la Société du Berry (ann. 1856-1857) une notice détaillée sur les différentes familles du nom de Ceris. — (Vicomte de Maussabré.)

CERTAIN (page 311). — Pierre Certain, S^{gr} de La Chassaigne, avait pour fille Marie, qui épousa, par contrat du 4 février 1706, Hugues-Joseph Damarzit-Sahuguet, S^{gr} du Vialard, etc., président au présidial de Brive; il se remaria, en 1720, avec Catherine Dubois, nièce du cardinal Dubois. (*Nobil.*, I, p. 29.)

Gédéon Certain, né à Turenne, le 31 janvier 1744, vicaire de Saint-Martial de Limoges, puis de Lissac, près Brive, et enfin prieur du chapitre de Turenne. Vivait à Turenne en 1802.

Pierre Certain, curé de Chenailler de 1772 à 1787, résidait à Beaulieu en 1802.

Raymond-Paul Certain, neveu du précédent, né le 3 juillet 1760, curé de Concèze en 1785, puis de Chenailler où il fut nommé, de nouveau, en 1803. (Pouillé de Mgr d'Argentré. — Legros, *Catal. des Prêtres*.)

N..... Certain de La Coste signa le cahier des doléances, en mars 1789.

Le maréchal Certain de Canrobert est né, en 1809, à Saint-Céré.

CERZÉ (p. 311), Sr de Parfoucaud, paroisse de Coulonges, élection de Cognac, porte : *d'argent à un chevron de gueules accompagné de trois canettes d'azur membrées de gueules.*

I. — Pierre de Cersé épousa, par contrat du 23 mai 1528, Anne Goulard.

II. — Charles épousa, par contrat sans filiation du 24 novembre 1560, Marguerite Bourdeaux. Il partagea, le 2 avril 1557, avec sa sœur Guillemine, les successions de leurs père et mère.

III. — Jacques épousa, par contrat du 16 janvier 1586, Sarra de Livènes.

IV. — Philippe épousa, par contrat du 8 septembre 1617, Paule de Livènes.

V. — Charles épousa, par contrat du 4 janvier 1656, Catherine de Moussier. — (Des Coutures.)

CHABANNES (p. 311). — Nadaud a suivi pour cette famille, en y rattachant tout ce qu'il a trouvé dans les mémoires historiques de l'époque; la généalogie publiée dans le Moréri de 1759. Le manuscrit ayant été lacéré, nous avons dû prendre à l'année 1509 Jacques II de Chabannes ; maintenant il faut rétablir la filiation. Commençons par un aperçu général emprunté à M. Borel d'Hauterive. (*Annuaire de la noblesse,* 1843, p. 268) :

« Cette maison descend des comtes d'Angoulême de la première race, dont l'origine remonte au xe siècle. Elle doit aux grandes alliances qu'elle a contractées dès les temps les plus reculés avec plusieurs maisons souveraines de l'Europe, et à cinq alliances directes avec la maison de France, l'honneur de jouir, depuis près de quatre cents ans, du titre de cousins du roi. Ses autres alliances principales ont été prises dans les maisons d'Armagnac, de Bart, de Coligny, de Crussol, de Foix, d'Hautefort, de Lévis, de Lenoncourt, de Melun, de Mendoze, de Montboissiers-Canillac, de Pompadour, de Prie, de La Rochefoucauld, de Roquefeuille, de Talleyrand-Périgord, de La Tour d'Auvergne, de La Trémoille, de Ventadour, de Vienne, etc. Elle a fourni des grands-officiers de la couronne, trois grands-maîtres et un maréchal de France, dont la gloire est devenue populaire sous le nom de La Palice. Le nom et les armes de Chabannes figurent à la salle des Croisades du musée de Versailles, en vertu du titre original et authentique, déposé à la Bibliothèque royale, par lequel Gui de Chabannes donne, avec d'autres chevaliers, quittance d'une somme de 250 livres qu'ils avaient empruntée sous la garantie du comte de Poitiers, pour accompagner saint Louis à la croisade, en 1248. »

Les armes de Chabannes sont : *de gueules au lion d'hermine, lampassé, armé et couronné d'or.* La branche de cette famille connue sous le nom de Dammartin portait : *écartelé, aux 1er et 4e, de* Chabannes; *aux 2e et 3e, fuselés d'azur et d'argent; à la bordure de gueules, qui est de* Dammartin; *sur le tout de gueules à trois pals de vair, au chef d'or, qui est de* Chatillon. Les anciens princes de Chabannais portaient : *d'azur à deux lions léopardés de gueules,* dit M. Lainé.

La personne la plus capable d'écrire l'histoire de la famille de Chabannes, dit-on, et à qui sa modestie et sa pudeur de grande dame ont fait garder l'anonyme, nous fournit les plus anciens renseignements sur la famille de Chabannes par un très intéressant et savant article, intitulé MADIC, et publié, en 1856, dans le *Dictionnaire satirique et historique du Cantal.* (T. IV, p. 49-89.)

Guillaume de Mathas, issu des anciens comtes d'Angoulême de la première race, épousa, vers 1130, Amélie de Chabanais ou Chabanez (nom corrompu par la suite en celui de Chabannes) (1), fille unique et héritière

(1) « Il est difficile de préciser l'époque où l'orthographe et la prononciation du nom se sont altérées : dans les chartes les plus anciennes, les noms de *Chabanas,* de *Chabanis,* de *Cabanis,* et de *Cabanesio* sont employés indifféremment. Il est à remarquer cependant que c'est seulement depuis le temps de l'établissement de la maison de Chabannes en Auvergne, que le nom a été écrit avec deux *n,* et que la prononciation de Chabanais a été modifiée. » (*Nobiliaire d'Auvergne,* T. II, p. 59.)

d'Eschivat Jourdain, sire ou prince de Chabanais et de Confolens. « Leurs enfants en relevèrent le nom et les armes. La branche aînée des sires de Chabanais et de Confolens, princes de Bigorre, s'est éteinte en 1283. Le mariage d'Eschivat de Chabanais, deuxième fils de Guillaume de Mathas et d'Amélie de Chabanais, avec Matabrune de Ventadour, fille d'Èbles IV, vicomte de Ventadour, et de Marguerite de Turenne, sa seconde femme, eut lieu en 1171, et fixa leurs descendants en Limousin », à Charlus-le-Pailloux, paroisse de Saint-Exupéry, aujourd'hui canton d'Ussel (Corrèze), seigneurie qui fut longtemps l'unique patrimoine de sa maison (1). Ce même Eschivat, entré, en 1176, dans la ligue formée par le comte d'Angoulême contre le roi d'Angleterre, fut du nombre des seigneurs de parti qui commirent à main armée divers excès dans l'Aquitaine. De son mariage avec Matebrune de Ventadour vint : Èbles Ier de Chabannes, coseigneur de Charlus-le-Pailloux. Il fut un des huit chevaliers de la vicomté de Ventadour qui se rendirent garants d'un acte de vente consenti par Raymond, vicomte de Ventadour, au profit de Hugues de Lusignan, comte de la Marche et d'Angoulême, le jour de la fête des apôtres Pierre et Paul, 1226.

Èbles II de Chabannes, chevalier, fils du précédent, fut coseigneur de Charlus-le-Pailloux et seigneur de La Force près de Saint-Exupéry et d'Ussel. Il est connu par plusieurs actes importants passés dans l'intervalle de 1215 à 1255. Il laissa : Èbles III de Chabannes, chevalier, coseigneur de Charlus-le-Pailloux et de La Force, lequel vivait de 1261 à 1269. On lui donne pour femme une fille de N..... de Gouzon, Sgr de La Roche-Guillebaud, de Saint-Palais et de Maleret, dont : 1° André de Chabannes, qui suit ; 2° Èbles de Chabannes, damoiseau, auteur d'une branche connue sous le nom de La Force, éteinte au troisième degré en la personne de Marguerite de La Force, fille de Pierre de La Force, chevalier, mariée, avant 1374, avec Georges de Sartiges, damoiseau, coseigneur de Sartiges et de Lavandès en Auvergne.

André de Chabannes, chevalier, coseigneur de Charlus-le-Pailloux, est connu par de nombreux actes portant les dates de 1292, 1300, 1309, 1311 et 1325. Le nom de sa femme n'est pas connu ; mais on sait qu'il laissa, entre autres enfants :

Èbles IV de Chabannes, chevalier, coseigneur de Charlus-le-Pailloux, qui vivait de 1323 à 1349. Il épousa une fille de la maison de Lestranges, de laquelle il eut deux fils, savoir : Hugues, qui suit, et Bernard, chanoine-comte de Brioude.

Hugues de Chabannes, chevalier, coseigneur de Charlus, né vers 1320, qui épousa, au mois d'août 1352, Gaillarde de Madic (2), et dont un descen-

---

(1) Le château de Charlus, bâti, en 1289, par Ebles de Chabannes, était très fort, comme l'indique le mot *Pailloux*, qui, en patois limousin, signifie palissade ou fortification. En 1379, il était au pouvoir des partisans anglais, dont il fut délivré, en 1385, par le duc de Bourbon, qui fit, dans ce but, le siége du château.

(2) Madic, paroisse, canton de Saignes, arrondissement de Mauriac. On voit encore les ruines imposantes du château sur un monticule taillé à pic du côté de la Dordogne, et doucement incliné au midi, où il domine un lac d'environ douze hectares. Ces ruines sont celles de la reconstruction entreprise en 1470. Ce château pouvait recevoir une garnison de 1,000 à 1,200 hommes. Avec celui de Rochefort, qui appartenait à la même famille, il était la clef du haut pays d'Auvergne, et commandait la route de Clermont à Mauriac.

dant, Jacques de Chabannes, hérita de cette terre en février 1452, était descendant d'Eschivat de Chabanais et de Matabrune de Ventadour au sixième degré.

I. — Ce même Hugues, qui porte le n° I dans la généalogie donnée dans le Moréri de 1759, mourut en 1401, laissant trois fils : Robert, qui suit, et deux autres, qui furent prieurs de Bort (aujourd'hui canton, Corrèze) et de Saint-Angel (canton d'Ussel, Corrèze).

II. — Robert, S^{gr} de Charlus-le-Pailloux, était un chevalier fort renommé, cité avec éloge par Monstrelet et Juvénal des Ursins. Il accompagna le duc d'Orléans dans son expédition de Guyenne, qui se termina, en 1406, par la levée du siége de Blaye. Robert de Charlus « étoit moult déplaisant de ce qu'on s'en alloit sans rien faire », et, pour faire quelque prouesse avant de s'en retourner, il réunit plusieurs *gentils compagnons,* et les conduisit assiéger la ville de Lourde en Bigorre, qui passait alors pour être forte et même imprenable. La place se rendit, mais après un siége difficile et pénible, qui dura une année entière. Il ne se comporta pas moins vaillamment à la malheureuse journée d'Azincourt, en 1415, où il mourut glorieusement. « Plût à Dieu, dit le vieil historien de Charles VII, que tous les chevaliers françois eussent fait leur devoir comme ce S^{gr} de Charlus ! » Par son testament, daté du 17 août 1410, Robert demanda d'être enterré dans l'église de Saint-Exupéry, où étaient les tombeaux de ses ancêtres.

Il avait épousé, vers 1390, Alix de Bort de Pierrefitte, dont il eut : 1° Étienne, capitaine d'une compagnie de gendarmes, tué, le 17 août 1423, à la bataille de Crévant-sur-Yonne ; 2° Jacques, qui suit ; 3° Antoine, *qui a fait la branche des seigneurs de Dammartin ;* — 4° Dauphine, que l'évêque de Limoges bénit comme abbesse de Bonnesaigne (aujourd'hui paroisse de Combressol, Corrèze) le 10 janvier 1435 ; elle y garda ce titre jusqu'au 24 mars ou mai 1469, jour de sa mort ; elle avait aussi été nommée abbesse de Farmoutiers, au diocèse de Meaux, et le 31 décembre 1454, elle demandait la permission de s'y rendre ; en 1456, elle possédait les deux abbayes ; — 5° Jeanne, qui épousa Jean de Balsac, S^{gr} d'Entragues ; 6° N... de Chabannes, mariée à Balthazar de Neuville, S^{gr} de Magnac.

III. — Jacques, Ier du nom, S^{gr} de Charlus, qui succéda à son frère Étienne dans le commandement de sa compagnie de gens d'armes, acheta, le 18 mars 1430, pour 6,000 écus d'or, la terre de La Palice en Bourbonnais à Charles, duc de Bourbon. En 1552, à la mort de Charles de Chabannes, fils du maréchal de France, et le dernier mâle de sa branche, cette même terre de La Palice sortit de la famille, et, après avoir passé dans les maisons de Tournon et de La Guiche, elle fut achetée en 1731 seulement par François-Antoine de Chabannes, dont le neveu, le comte de Pionsat, marquis de Chabannes, dernier mâle de la branche de Pionsat, a fait cession, en 1782, au second fils du comte de Chabannes, marquis de Curton et du Palais, chef de la famille.

Jacques, S^{gr} de Chabannes, était aussi S^{gr} de Montaigu-le-Blin en Bourbonnais, dont la forteresse, située sur un monticule qui domine la plaine de la Loire, gardait la frontière du Bourbonnais, de ce côté, vers la Bourgogne. Dans ce château se trouvait un jour, en pleine paix et sans défiance, avec d'autres enfants nobles, Geoffroy, qui suit, fils de Jacques Ier, lorsqu'un seigneur voisin, escaladant *d'échelle et par nuit,* prit le château, enleva les meubles, et fit prisonniers ces enfants, qui ne furent rendus que par l'intercession de la duchesse de Bourgogne, Isabelle de Portugal. *(Mémoires d'Olivier de La Marche.)* Jacques I*er* de Chabannes se trouvait, avec son frère Antoine, au siége d'Orléans en 1428 ; en 1429, il était au combat de Rouvrai, et à la prise de Compiègne en 1430 ; en 1432, parti de Corbeil, où était sa garnison, il s'empara du château de Vincennes, qui lui fut racheté 20,000 écus dix ans après. Accompagnant à Limoges Charles VII et le dauphin en 1438, il eut l'honneur de leur présenter, le 3 mars, lendemain de leur arrivée, l'abbé de Saint-Martial et ses religieux ; il était alors sénéchal de Toulouse. Il acheta, le 31 octobre 1444, la terre de La Dailhe en Auvergne, terre dont la justice était fort étendue : elle comprenait trente-deux mas ou villages. Au commencement de 1445, il était dans sa terre de Charlus. Charles VII le nomma, le 7 octobre 1447, à Bourges, conseiller d'État, et, ce même jour, il le reçut comme son chambellan. (C'est donc à tort que le P. Honoré lui attribue cette dernière charge depuis le 14 février 1425.) Le 31 mars 1450, il remplaça, à Tours, Louis de Culant comme grand-maître de France, et, le 4 juin 1451, il fut gratifié par le roi de la terre de Curton près de Brannes, entre Bordeaux et Castillon, « en considération des louables et profitables services qu'il avoit rendus contre les Anglais ». En 1451, il était aux siéges de Bordeaux et de Bayonne. Au siége de Castillon, 1453, il eut l'honneur de la déroute des Anglais et de la mort de Talbot (17 juillet), dont il envoya le hausse-col au roi, et dont il prit l'épée, conservée jusqu'à la révolution au château de Madic. Mort à Bordeaux, le 20 octobre 1457, d'une blessure reçue à Chatillon, « il fut moult plaint, dit Jacques Leclerq, car il étoit vaillant chevalier ». On l'enterra chez les cordeliers de Riom en Gascogne, mais plus tard il fut porté à La Palice, où l'on voit encore son tombeau.

Il avait épousé : 1° Anne de Launai, dame de Fontraille, dont il n'eut point d'enfants, et 2°, en 1435, Anne de Lavieu de Fougerolles, dont il eut : 1° Geoffroy, qui suit ; 2° Gilbert, *qui a fait la branche des seigneurs de Curton.*

IV. — Geoffroy, S*gr* de La Palice, Charlus, etc., « conseiller et chambellan du roi, sénéchal de Rouergue, lieutenant-général en Languedoc, capitaine général de l'Auvergne et provinces adjacentes, avait mérité d'être armé chevalier par Gaston, comte de Foix, au siége de Bayonne en 1451. *Il a commencé la branche de La Palice. »* (*Nobiliaire d'Auvergne,* T. II, p. 61.) Il vivait encore en 1494. En 1462, avait épousé Charlotte de Prie, fille d'Antoine, S*gr* de Buzançais, et grand-queux de France, et de Madeleine d'Amboise. D'eux naquirent : 1° Jacques II, qui suit ; 2° Jean, tué à la traite de Rebec en Italie avec le chevalier Bayard (avril 1524), et sans laisser d'enfants de Claude de Viste, sa femme ; 3° Antoine, évêque du Puy-en-Velay et prieur de Saint-Martin d'Ambert ; 4° N..... Pierre de Poissy ; 5° N....., abbesse de La Ferté ; 6° Jeanne, mariée à Yves II, S*gr* d'Allègre, qui fut tué à la bataille de Ravenne en 1512.

V.—Jacques II, S*gr* de La Palice, etc., maréchal et grand-maître de France, gouverneur de l'Auvergne, du Bourbonnais, du Forest et du Lyonnais, a été l'un des grands capitaines de son temps. Il avait paru à la cour vers la fin du règne de Louis XI, et sa bonne mine et son esprit l'y firent remarquer, particulièrement du dauphin, qui fut Charles VIII. En 1495, il suivit ce prince à la conquête de Naples, où il se signala pour son courage. En 1500, il servit beaucoup au roi Louis XII pour le recouvrement du duché de Milan. En 1501, il assistait aux combats livrés dans la Pouille et l'Abruzze, et il y fut fait prisonnier en défendant Rouvré. Il se distingua à la bataille de Cérignols (1503), à la prise de Boulogne (1506), à celle de Gênes (1507), où il fut blessé, et à la bataille d'Aguadel (14 mai 1509). Le manuscrit de Nadaud nous le montre défendant Véronne contre les Vénitiens quand Louis XII fut rentré en France, cette même année 1509. Dès ce moment, son histoire se trouve continuée avec détail. (V. p. 311.) — Roy de Pierrefitte.)

Les notes qui suivent, tirées presque toutes des fonds de la seigneurie de Boislamy, aux archives de la Creuse, sont exclusivement relatives à la branche des comtes de Saignes, la seule qui ait eu son établissement dans l'étendue du diocèse de Limoges, et que nous appellerons branche de *Chabannes-Blanchefort* d'après les titres que nous avons eus entre mains. La généalogie de cette branche donnée par Nadaud (p. 336), qui s'est contenté de reproduire Moréri presque textuellement, du moins pour cette partie, est généralement exacte. Nous ajouterons donc seulement quelques renseignements à ceux qui sont donnés plus haut.

I. — Par contrat du 6 février 1497, Jean de Chabannes, chevalier, Sgr et baron de Curton, Rochefort, Madic, Aurière et des *comtauries* de Saignes, Charlus, La Roche-Marchalin, La Daille, Nébouzac, Chaumont, La Gasne et Touve en partie, épousa la fille unique de feu Antoine de Blanchefort, chevalier, Sgr de Boislamy et autres places, Françoise, dame de Boislamy, Nouzerolles, Les Forges et autres places qui se constituait en dot, entre autres choses 321 marcs de vaisselle d'argent. Il fut stipulé dans l'acte que l'aîné des fils qui proviendraient de ce mariage continuerait la maison de Chabannes, et le puîné celle de Blanchefort, dont il prendrait le nom et les armes, et dont il posséderait les biens, c'est-à-dire Boislamy, Nouzerolles, Les Forges et Chéniers. A défaut d'enfants mâles issus de cette union, la succession de Françoise de Blanchefort devait revenir à son cousin-germain François de Blanchefort, Sgr de Saint-Janvrin, Saint-Clément et La Creste.

II. — Joachim, demeuré le seul fils des précédents, recueillit toute leur succession territoriale; mais, observant les conditions du contrat de mariage de sa mère, il voulut que son fils puîné relevât le nom et les armes de Blanchefort. Par suite du décès d'un premier fils, tué à la bataille de Renty, ce rang de puîné échut à François de Chabannes, enfant de la quatrième femme de Joachim, Charlotte de Vienne, qui fut aussi mère de Gabriel, souche du rameau de *Chabannes-Savigny*. Cependant, à la mort de Joachim, arrivée au mois d'août 1559 et non 1569, les biens de la maison de Blanchefort furent partagés entre les deux fils du quatrième lit. François, comme l'aîné, garda le principal manoir, celui du Boislamy, et Gabriel eut avec les terres du Préau et de Savigny, celles de Nouzerolles et de Chéniers, qu'il vendit, la première, à Léonard ou Fiacre Nadaud, Sr des Ecures, pour le prix de 12,000 livres, le 12 février 1575, et la seconde, à Yves Bertrand, baron de Malval.

III. — François Ier de Chabannes-Blanchefort, chevalier de l'ordre du roi, gentilhomme ordinaire de sa chambre et de celle de monseigneur, chambellan du roi de Navarre, comte de Saignes, baron de Charlus, Trussy-l'Orgueilleux, d'Armes, de Chabroche, Saint-Morris et du Vergier en partie, vicomte de Clamecy et d'Aultrainct, S^gr de Boislamy, fait dresser le terrier de cette dernière seigneurie au mois d'avril 1571. Il vivait encore en 1615.

IV. — François II, fils du précédent, qui avait des créances à répéter sur la succession de Gabriel de Chabannes, vicomte de Savigny, son oncle, se fit adjuger en paiement la terre de Nouzerolles, précédemment vendue à Léonard Nadaud, et la fit rentrer ainsi dans sa maison (20 mars 1617). En 1624 et 1628, il se qualifiait comte de Saignes, vicomte de Nouzerolles, S^gr du Boislamy et de Marjol, de cette dernière terre par sa seconde femme, Hélène de Daillon, qui la lui avait apportée en dot ; conseiller d'État, chevalier des deux ordres du roi, gentilhomme ordinaire de sa chambre. Il mourut en 1645 ou 1647, laissant deux fils, François, qui suit, et Anselme, dont le fils continua la branche de Chabannes–Blanchefort.

V. — François III de Chabannes-Blanchefort, chevalier, S^gr comte de Saignes, Blanchefort, Nouzerolles, Chéniers et Marjol, gentilhomme ordinaire de la chambre du roi en 1668, figure comme parrain, dans un acte de baptême de la paroisse de Genouillat, le 19 mai 1650. De sa seconde femme, Marie de Cluis, il eut un fils.

VI. — Joseph, qui mourut après son père en 1688, étant encore mineur et sous la tutelle de sa mère. Joseph eut pour héritiers son cousin-germain Annet-Marie, qui suit, pour les deux tiers, et sa mère, Marie de Cluis, pour l'autre tiers. Dans un acte des registres de la paroisse de Genouilhac, à la date du 10 septembre 1675, il est qualifié chevalier, marquis de Blanchefort, de Boislamy et autres places.

VI bis. — Annet-Marie de Chabannes-Blanchefort, second fils d'Anselme, devint S^gr, pour les deux tiers, de Boislamy et Chéniers, comme héritier de son cousin Joseph, tandis que la terre de Nouzerolles, qui était échue à Anselme, restait à François de Chabannes, fils aîné de celui-ci. Les 15 février 1698 et 22 avril 1699, il déposait au greffe de la sénéchaussée de la Marche le partage en trois lots de la seigneurie de Boislamy, jusqu'alors indivise entre lui et sa cohéritière Marie de Cluis. A la première de ces deux dates, la terre de Boislamy se composait d'un château formé d'un corps de logis et d'une grosse tour, le tout bâti sur pilotis au milieu d'un étang qui servait de fossé ; d'une maison, appelée de Boislamy, située à Chéniers ; des trois moulins des Forges, paroisse de Moûtier-Malcard ; de Crachepot, paroisse de Lourdoueix-Saint-Pierre ; de La Tourette, paroisse de Bonnat ; de trois métairies et d'importantes redevances en dîmes, cens ou rentes assises dans les paroisses de Moûtier-Malcard, Genouillat, Bonnat, Mortroux, Chéniers, Hem, Anzême, Roche, Linards et Crozon. Les immeubles et les rentes, la justice même, qui s'étendait sur quatre paroisses, furent partagés entre les cohéritiers ; mais les dîmes, le château, le prétoire de la justice, les chapelles seigneuriales de Boislamy et du Moûtier-Malcard, ainsi que le droit de sépulture dans l'église de Boisféru demeurèrent indivis. Annet-Marie mourut, au mois de juin 1704, laissant plusieurs enfants, et entre autre : 1° Gilbert-Honoré, l'aîné des fils, exempt des gardes-du-corps, capitaine au régiment de Grandville, seigneur du Boislamy, pour les deux tiers, rendit hommage, le 13 juillet 1712, au S^gr de Sainte-Sévère pour son fief de Boislamy, qui relevait de la grosse tour de Sainte-Sévère. Il dut mourir peu de temps après cette époque ; 2° Henri de Chabannes, son frère et probablement son héritier (non mentionné dans Nadaud), renouvelait, au mois de septembre suivant, la foi et l'hommage pour sa portion de la seigneurie de Boislamy, comme cela se pratiquait à l'avènement de tout nouveau propriétaire de fief. Marie de Cluis, dame de l'autre tiers du Boislamy, figurait dans l'acte d'hommage pour sa portion ; 3° Joseph de Chabannes, enseigne du *Boisfranc*, vaisseau du roi, en 1725, était Sgr des deux tiers du Boislamy au moins depuis 1731. Au mois de juillet 1733, il acquit de l'héritier de Marie de Cluis, Alexandre de Fricon, chevalier, Sgr de La Coste, La Dauge et Ladapeyre, qui se qualifiait aussi Sgr de Boislamy, le moulin de la Tourette, qui dépendait autrefois de la terre du Boislamy. Enfin, en 1738, Jacques de Fricon, fils du précédent, lui vendit tous les droits qu'il possédait encore sur cette seigneurie, qui cessa dès lors d'être morcelée. Les registres de la paroisse du Moutier-Malcard nous ont conservé l'acte de sépulture de Joseph de Chabannes. Il est ainsi conçu : « Le 6 février 1744, décéda Joseph de Chabannes, capitaine de vaisseau, écuyer, chevalier, comte de Boislamy et de Marjol. Il fut inhumé le lendemain dans le charnier de la chapelle de Boislamy, en l'église de Moutier-Malcard, en présence de messire Louis de Chabannes, chevalier, comte de Nouzerolles. » 4° Henriette de Chabannes, héritière de son frère Joseph, porta en dot la terre de Boislamy à son mari, François Feydeau, Sgr de Marcellange, et la laissa plus tard à sa fille, Marguerite Feydeau, dont le mari, Claude-Robert Dugon, comte de La Rochette, Sgr de Mouché, devint ainsi Sgr de Boislamy. En cette qualité, le comte de La Rochette fournit, au mois de mai 1751, l'aveu et dénombrement de son fief de Boislamy à Germain-Christophe de Flesselles, marquis de Brégy, baron de Sainte-Sevère, Sgr de Cluis-Dessous, Aigurande, Aigurandette et autres lieux, chevalier de Saint-Louis, mestre de camp de cavalerie comme Sgr d'Aigurande. Le 20 septembre 1769, après la mort de sa femme, il vendait cette terre à François Tournyol, Sr du Râteau, qui, les 30 avril 1780 et 16 mai 1782, recevait la ratification des fils du vendeur devenus majeurs : Henri-Charles-Louis Dugon de La Rochette, lieutenant au régiment de Bourdonnais, et François-Bénigne, prêtre, chanoine et comte de Saint-Pierre de Macon. Aujourd'hui encore Le Boislamy est la propriété de la famille Tournyol.

Armes de Chabannes : *de gueules au lion d'hermine, armé, lampassé et couronné d'or.* — Armes de Blanchefort : *d'or à deux lions passants de gueules.* (Galeries hist. du palais de Versailles, T. VI, IIe partie, p. 335, 497.) — (A. Bosvieux.)

XI *bis* (p. 336). *(Suite de la branche actuelle de La Palisse ou La Palice, issue de celle des marquis de Curton,)* — Jean, ou plutôt Jean-Baptiste de Chabannes, troisième fils de Henri de Chabannes, marquis de Curton, et de Gabrielle de Montlezun, major au régiment Royal-Cravate, fille de Jean-Gabrielle, marquis de Roquefeuil, épousa, par contrat du 15 novembre 1731, Claire-Élisabeth de Roquefeuil, chevalier de Saint-Louis, et de Marie-Anne de Croix-de-Wasquchal, de laquelle il eut trois enfants : 1° Pierre de Chabannes, capitaine au régiment d'Apchon, tué à l'armée d'Allemagne en 1758 ; 2° Jacques-Charles, qui suit ; 3° Jeanne-Françoise de Chabannes, mariée deux fois : d'abord à Jean Boschart, marquis de Sainte-Marie en Amérique, puis, en 1763, à Louis-Honoré, marquis de Montillet.

XII. — Jacques-Charles, comte de Chabannes, de Rochefort, de Paulagnac, marquis de Curton et du Palais, maréchal-de-camp, etc., etc. Il épousa, le 20 février 1759, Marie-Élisabeth de Talleyrand-Périgord, fille de Daniel-Marie-Anne, marquis de Talleyrand-Périgord, comte de Grignols, et de Marie-Élisabeth Chamillart, de laquelle il eut deux fils 1° Jacques-Charles-Gilbert de Chabannes, marquis de La Palisse, mort à Saint-Domingue en 1789; 2° Jean-Frédéric de Chabannes, qui continua la descendance.

XIII. — Jean-Frédéric, marquis de Chabannes-La-Palisse, né le 17 décembre 1762, colonel de cavalerie, chevalier de Saint-Louis, émigra en 1791, fit la campagne des princes l'année suivante, puis celle de Quiberon en 1795. Il épousa, en premières noces, Constance de Voyer d'Argenson, morte sans enfants; 2°, le 10 mai 1787, Anne Van Lannep, d'une famille hollandaise. De ce mariage sont issus dix enfants, dont trois fils qui ont fait branche, savoir :

XIV. — Hugues-Jean-Jacques-Gilbert-Frédéric, marquis de Chabannes de La Palisse, maréchal-de-camp, colonel des lanciers de la garde avant 1830, marié, le 16 août 1827, à Mathilde Daweson, morte en 1854. De ce mariage sont nés : 1° Jacques-Charles-Frédéric, né le 7 mars 1845, non marié; 2° Octavie de Chabannes, mariée, le 21 mars 1855 avec le baron de Rochefort-Sirieyx; 3° Caroline de Chabannes, mariée, le 12 janvier 1858, au marquis de Saint-Genys; 4° Blanche de Chabannes, mariée le 9 août 1862, avec Aimeric de Cordevac d'Havrincourt, fils du marquis de ce nom.

XIV bis. — Alfred-Jean-Édouard, comte de Chabannes-la-Palisse, maréchal-de-camp, ancien aide-de-camp du roi Louis-Philippe, marié, en 1826, avec Antonnella Ellis : c'est elle qui est l'auteur de la notice sur Madic. D'elle sont nés deux fils : 1° Charles-Frédéric de Chabannes, mort jeune; 2° Antoine-Édouard, comte de Chabannes, mort à Alger le 18 avril 1873, étant chef d'escadron d'état-major. Il laisse des enfants. Il s'était marié, le 11 février 1860, à Marie de Cordevac-d'Havrincourt, petite-fille, par sa mère, du duc de Mortemart, et sœur d'Améric d'Havrincourt, époux de Blanche de Chabannes, mentionnés ci-contre.

XIV ter. — Antoine-Pierre-Octave, vicomte de Chabannes, vice-amiral, commandant à Cherbourg. Il a épousé, en 1839, D^{lle} Grâce Maitland, anglaise, de laquelle est né, en 1840, Albert de Chabannes. — (Voyez, pour les autres enfants de Jean-Frédéric et d'Anne Van Lannep, les *Annuaires de la noblesse,* de 1848 et 1852.)

XII (p. 539). *(Suite de la branche des seigneurs du Verger, établie en Nivernais depuis 1570.)* — Claude-François de Chabannes, marquis de Chabannes du Verger, troisième fils de Paul, comte de Chabannes du Verger, et de Marie-Madeleine Sallonnyer, naquit, suivant la dernière généalogie, le 29 novembre 1719; il fut capitaine de cavalerie au régiment de Broglie et chevalier de Saint-Louis. Il fit les campagnes de la guerre de sept ans, et fut fait prisonnier, le 16 juillet 1759, à la défense du village de Holtshausen, attaqué par les alliés. Claude-François a hérité, à l'extinction de la branche de Pionsat, du titre de *cousin du roi,* dont la maison de Chabannes jouissait depuis le xve siècle. Il épousa, par contrat du 26 janvier 1764, Marie-Henriette de Fourvières de Quincy, fille de Jacques-Gabriel de Fourvières, baron de Quincy. De ce mariage sont issus : 1° Jean-Baptiste-Marie de Chabannes, qui suit; 2° Louis-Jacques-Henri de Chabannes, père de plusieurs enfants, entre autres de *Louis-Henri-Victor* de Chabannes, dont la postérité est rapportée dans l'*Annuaire de la noblesse* de 1848, p. 191, ainsi que dans l'*Annuaire* de 1852, p. 195 ; 3° Henriette-Suzanne de Chabannes, mariée, en premières noces, avec Joseph-Henri-Camille de Fourvières, vicomte d'Armes, et, en secondes noces, avec Eusèbe-Hélion, marquis de Barbançois-Sarzay ; 4° Louise-Suzanne de Chabannes, mariée, par contrat du 9 octobre 1803, avec Antoine-François-Gilbert, comte de Sartiges et de Sourniac, fils de François, comte de Sartiges de Sourniac, ancien capitaine au régiment Royal-Comtois, et de dame Marie-Gilberte de Talemandier de Guéry. Les deux comtes de Sartiges père et fils étaient l'un et l'autre chevaliers de Saint-Louis, le père depuis 1771, le fils en 1814. Ce dernier, resté veuf en 1837, a survécu à sa femme jusqu'en mai 1850. (*Nobiliaire d'Auvergne.*)

XIII. — Jean-Baptiste-Marie, marquis de Chabannes, né le 27 décembre 1770, servit en qualité de capitaine au régiment Royal-Normandie en 1788, et reçut la croix de Saint-Louis en 1815. Le roi Louis XVIII le nomma pair de France le 17 août de la même année. Il avait épousé, par contrat du 20 février 1787, Cornélie-Zoé-Vitaline de Boisgelin, dame-comtesse du chapitre noble de Remiremont, fille de Charles-Eugène, comte de Boisgelin, vicomte de Pléhedel, capitaine de vaisseau, gouverneur de Saint-Brieuc, et de dame Sainte de Boisgelin-de-Cucé. A ce contrat assista Jean Frédéric de Chabannes-Curton, marquis de La Palisse, son cousin. Jean-Baptiste a eu pour enfants : 1° Eugène-Henri-François, comte de Chabannes, ancien sous-lieutenant des gardes-du-corps du roi, compagnie de Grammont, a épousé, le 29 décembre 1819, Gabrielle-Lucrèce-Zoé de La Tour-Vidaud, fille d'Anne-Marie-Joseph-Gabriel-Jean-Jacques de La Tour-Vidaud et de dame Louise-Françoise de Planelly de La Valette, de laquelle il a eu six enfants, indiqués dans l'*Annuaire de la noblesse* de 1848 (p. 190) et dans celui de 1852 (p. 194-195); 2° Isaure-Eugénie-Anne, mariée, le 11 août 1811, à Henri-Amable, comte de Dreuille; 3° Louise-Henriette-Pauline, épouse du comte de Saint-Phalle. — (Baron DE SARTIGES D'ANGLES.)

CHABANNES-PASCAUD. — Nadaud (*notes isolées*, p. 339) a compris à tort parmi les membres de la grande famille de Chabannes deux seigneurs de Chabannes-au-Brun, Sazeirat et L'Age-au-Seigneur, qui appartenaient à une maison toute différente, ainsi que leurs armes, qu'on voyait avant 1789 sur la litre de l'église d'Arènes, en font foi. Nous ne connaissons que deux personnages de cette famille : Noble François de Chabannes-Pascaud, écuyer, Sgr du dit lieu, paroisse de Saint-Sulpice-de-Laurière, et de Sazeirat, où il faisait sa résidence, paroisse d'Arènes (Creuse), époux de Guilhemine de Ricoux, et vénérable Me Jehan de Chabannes, prêtre, prieur de Marsac (Creuse), frères, qui figurent dans un acte du 1er juin 1545, registre du notaire Jehan Guérin, conservé aux archives de la Creuse. Armes : d'après un renseignement fourni par M. Henri de Coustin, propriétaire du château de Sazeirat : *d'argent à trois fleurs de lis de sable*. — (A. BOSVIEUX).

CHABOT (p. 341). — Cette famille, originaire du Poitou, n'a pas un intérêt spécial pour le Limousin (on peut voir sa généalogie dans le Père Anselme, dans le Moréri de 1759, et surtout dans le *Dictionnaire généa-*

logique des familles de l'ancien Poitou, par M. BEAUCHET-FILLEAU, T. Ier). Pourtant je dois quelques lignes à Sébrand Chabot, évêque de Limoges de 1178 à 1198, et qui avait les armes de sa famille : *d'or à trois à chabots en pal de gueules,* 2 et 1. Un texte assez curieux du calendrier de la cathédrale de Limoges nous donne les noms du père et de la mère de notre évêque Sébrand, pour l'anniversaire desquels l'église de Saint-Séverin-de-Vallière (aujourd'hui Creuse), détruite depuis quelques années, devait, je ne sais à quel titre, une rente annuelle de 25 sous (1). Notre évêque Sébrand était fils de Sébrand, sire de Vouvent et Mervant, qui accompagna, en 1147, le roi Louis le Jeune à la croisade, et d'Agnès Chalossa, dame de La Roche-Servière et de La Grève. Lui-même, d'abord écolâtre de l'église de Cambrai (1146), était archidiacre de Thouars au diocèse de Poitiers lorsqu'il fut élu évêque de Limoges (1178). Cette élection fut faite cent vingt-cinq jours après la mort de l'évêque Gérald du Cher très secrètement, parce qu'on savait qu'elle allait déplaire à Henri II, roi d'Angleterre, ennemi de la maison Chabot. Aussi ce fut dans l'abbaye de Solignac, près Limoges que, le 1er décembre 1178, quelques chanoines installèrent à la hâte et sans pompe le nouvel élu, s'empressant de se séparer ensuite. Ils connaissaient bien Henri II. Celui-ci, en effet, pour punir les chanoines, *confisqua leurs biens, fit renverser leurs maisons et couper leurs vignes;* injures pour lesquelles le pape chargea l'évêque de Bourges d'obtenir réparation. Cependant la colère du roi empêcha ces mêmes chanoines de faire aucun office à la cathédrale pendant un an et neuf mois. Après avoir été sacré par l'évêque de Bourges, malgré l'opposition d'Isambert, abbé de Saint-Martial de Limoges et de quelques autres abbés, Sébrand Chabot partit pour Rome, et s'y trouva au concile célébré dans l'église de Latran en 1179. Ce fut seulement le 20 juillet 1180 qu'il put chanter pour la première fois la messe dans sa cathédrale. Le 24 août suivant, il visitait les frères de La Couronne, que Aimeric Bruni venait d'établir à Aultevaux, paroisse de Dournazac (Haute-Vienne). Associé de Gérald, évêque de Cahors, le 5 des calendes de novembre de la même année, il bénit les nouvelles constructions du monastère de Saint-Augustin-lez-Limoges, et, ce même jour, il consacra l'église du monastère de Saint-Gérald de la même ville.

L'intervention de divers amis avait déjà calmé l'animosité de Henri II contre l'évêque Sébrand. Celui-ci, usant d'une défiance prudente, ne s'était pourtant pas fixé à Limoges, où son entrée vraiment solennelle ne se fit qu'en 1181, sous le bon plaisir du roi d'Angleterre et du duc d'Aquitaine, son fils. C'est dans l'abbaye de Grandmont que ces princes et notre évêque se réconcilièrent pendant le carême de la même année. Deux ans plus tard (1183), le mardi 14 juin, celui-ci se trouvait encore avec Jean, évêque de Nevers, Bertrand, évêque d'Agen, et Théobald, abbé de Cluny, à Grandmont, où se fit la cérémonie funèbre de Henri le Jeune, fils d'Henri II, roi d'Angleterre, mort à Martel et enseveli ensuite à Rouen. L'évêque de Limoges fit remarquer que le prince ne méritait point les prières de

---

(1) « Eodem die (16 cal. aprilis), obiit Sebrandus Chabot, pater Sebrandi, Lemovicensis episcopi, et mater ejus Agnes Chalossa, et Theobaudus, frater dicti episcopi, ad quorum anniversarium debentur 25 solidi de ecclesia S. Severini de Valyeyra, et debent reddi in synodo S. Lucae. »

l'Eglise, étant excommunié à cause de ses vols sacrilèges dans les édifices consacrés à la religion. Guillaume, prieur du monastère, obtint pourtant qu'on lui rendît ces honneurs, et promit de faire réparer, par Henri II, toutes les rapines de ce fils révolté, faisant remarquer que, en mourant, ce malheureux avait demandé qu'on laissât devant les reliques de Saint-Martial ses entrailles, ses yeux et son cerveau jusqu'à ce que son père eût satisfait pour lui.

Sébrand Chabot avait tenu un synode dans la semaine de la Pentecôte de 1181, et, à cette occasion, les chanoines de sa cathédrale lui ayant fait opposition, pour les en punir, en un seul il avait fait vingt-trois nouveaux chanoines; il tint un nouveau synode le jour de l'octave de la Toussaint de l'année 1183. Au commencement du carême de l'année précédente (1182), Henri, légat du pape et évêque d'Albe, avait tenu à Limoges, d'après Geoffroy de Vigeois, un concile, composé d'évêques et d'abbés. Le 17 mai, dimanche après les Rogations (Geoffroy de Vigeois n'indique pas l'année), assisté de Guillaume, abbé de Vigeois, d'Odo, abbé de Brantôme, d'Étienne, abbé de Chastre, de Barthélemy, prieur du Chalard, près Saint-Yrieix, et du prieur de L'Artige, près Saint-Léonard, Sébrand fit enlever de son tombeau le corps de saint Yrieix, parce que l'on craignait la chute des nouveaux murs de l'église dédiée à ce saint. Le 28 août 1189, il se trouvait à Grandmont pour l'invention des reliques de saint Étienne de Muret. Il se rendit encore dans le même monastère pour recevoir et vénérer les reliques des vierges de Cologne, qu'on y porta. Le 5 janvier 1194, il était à Spire, et, cette même année, par ordre du pape Célestin III, il exposa à la vénération des fidèles les reliques de saint Gaucher, fondateur des monastères d'Aureil et du Bost-les-Monges, situés entre Limoges et Eymoutiers. Comme son prédécesseur, il crut devoir accompagner le vicomte de Limoges, les gentilshommes et les gens du peuple réunis pour poursuivre et chasser six mille pillards brabançons, devenus la terreur et le fléau du Limousin. On en extermina le plus grand nombre, et on les poursuivit vers l'Auvergne, jusque par-delà la Marche, dans le pays de Combraille. Sébrand mourut, non pas le 31 mai comme le dit le Rituel de Limoges de 1774, mais bien le 31 mars 1198, comme on le voit dans le calendrier de Labbe, p. 760, dans les nécrologes de L'Artige et de La Courtine de Limoges, et dans le calendrier de la cathédrale de Limoges, d'après lequel l'église de Troche, aujourd'hui canton de Vigeois (Corrèze), devait annuellement trente-cinq sous pour son anniversaire : « II kalendas aprilis, obiit Sebrandus, episcopus Lemovicensis, ad cujus anniversarium debentur XXXV solidi in ecclesia de Trocha annuatim ». Comme ses deux prédécesseurs, il fut enterré dans le monastère de Saint-Augustin-lez-Limoges. — (Roy de Pierrefitte.)

CHALAS DE FRAISSENJAS (Ithier de), d'une grande noblesse *(vir nobilissimus)*, et qui serait de la famille Chabot d'après Bernard Guidonis, que Denis de Sainte-Marthe a suivi dans son *Gallia christiana*. On croit qu'il était veuf, et il fut élu évêque de Limoges, le 4 janvier 1052, en présence de l'archevêque de Bourges et de cinq autres évêques, pour succéder à Jourdain de Laron, après la mort duquel (29 octobre 1051) des divisions scandaleuses troublèrent l'Église de Limoges *(multis quassata est tempestatibus)*. Il assista, en 1060, au sacre de Philippe Ier, roi de France, et, l'année suivante, ou plutôt en 1062, il souscrivit la charte par laquelle le vicomte Adhémar cédait le monastère de Saint-Martial de Limoges à l'ordre de Cluny. En 1068, il se rendit au synode de Bordeaux, présidé par Étienne, légat du saint-siége. Avec son agrément, vers 1070, Rainald d'Aubusson céda Moutier-Rozeille au monastère de Saint-Yrieix. Il assistait au concile de Bourges tenu par le pape Alexandre II, on ne sait en quelle année. Les Frères de Sainte-Marthe *(Gallia christiana vetus)* disent qu'il fit démolir le château de Franchenas *(erat quippe frater principis hujus castelli)* pour bâtir celui de Châlus. (Legitur transtulisse *castrum de Chaslus ex loco vocato* Franchenas *in eum ubi nunc visitur)* (1). En 1062, il avait fait son testament, que le Père Estiennot trouva chez un notaire de Saint-Léonard, près Limoges. Il mourut le 9 juillet 1073, et fut inhumé à Saint-Augustin-lez-Limoges.

Sources : Bernard Guidonis, *apud* Labbe, T. II, p. 269. — Bonav. de Saint-Amable, T. III, p. 406-407. — Denis de Sainte-Marthe, *Gall. christ. nova*, T. II, col. 515-517. — Nadaud : Pouillé. — (Roy de Pierrefitte).

CHAMBON EN COMBRAILLES (p. 343). — Amélius, fils de Guillaume de Chambon, fait donation à l'abbaye de Bonlieu, par une charte non datée, et qui a pour témoins son oncle Archambaud de Chambon *(de Cambonio)*, des deux mas et des deux borderies de Montmoreau (commune de Saint-Priest, arrondissement d'Aubusson, Creuse).

En 1174, Hugues, fils du précédent, confirme la donation de son père en présence de celui-ci, et l'augmente de son chef pour indemniser l'abbaye des ravages qu'elle avait eu à souffrir de la part des Allemands, qu'il avait dirigés lui-même dans cette expédition : « *Post invasionem et damnum quod intulerunt fratribus Boniloci Theutonici sub ducatu meo.* »

Le 31 octobre 1310, Jean de Chambon *(de Cambonio)*, damoiseau, fils de feu Étienne de Chambon, chevalier, prend à ferme de l'abbaye de Bonlieu, le domaine de Modard (commune de Nouhant, arrondissement de Boussac, Creuse). L'acte est passé devant un notaire de la chancellerie de Combrailles.

Vertot cite un chevalier de Malte, de la province de Combrailles, nommé Jean de Chambon des Ternes, qui fut reçu, le 29 novembre 1647, dans la langue d'Auvergne, et qui portait : *coupé, en chef, d'or à la fasce de gueules, accompagné, en chef, de deux merlettes, et en pointe, de sable à trois chevrons d'hermine.* — La Chesnay donne à la famille de Chambon en Bourbonnais : *d'or à la fasce de gueules, surmontée de deux merlettes de sable à trois chevrons d'hermine, l'un au-dessus de l'autre.*

Sources : Fond de l'abbaye de Bonlieu aux arch. de la Creuse. — Vertot, *Hist. de Malte*, édit. in-12, 1761, T. VII, p. 147. — (A. Bosvieux.)

CHAMBON (la ville), chef-lieu de canton (Creuse). — *D'argent à quatre champignons de gueules posés 2 et 2. (Arm. gén.* — Traversier).

---

(1) Au sud-ouest de Châlus, mais dans le département de la Dordogne, se trouve la commune de Saint-Martin de Fraissenjas.

CHAMBORAND (p. 344). — En l'année M. DCC. LXXXIII, M. le chevalier de Chamborand de Droux, chevalier de Saint-Louis, capitaine d'infanterie, gentilhomme de S. A. S. monseigneur le prince de Condé, chevalier conservé aux honneurs de Malte, a dressé et fait imprimer à Paris, chez P.-G. Simon et N.-H. Nyon, imprimeurs du parlement, rue Mignon-Saint-André-des-Arts, une généalogie très étendue ayant pour titre : « Inventaire des titres originaux généalogiques conservés jusqu'à ce jour des branches existantes de la maison de Chamborant en Basse-Marche, Champagne, Angoumois et Orléanois, extraits et rapportés sur chacun de leurs degrés successifs, avec l'historique de cette ancienne maison, constaté par ces mêmes titres, la tradition la plus constante et les historiens les plus dignes de foi ».

I. — Aimoins de Chamboran naquit vers l'an 1015 ; avait pour frère Humbert, chanoine de Saint-Etienne-de-Salagnac, église réunie à celle des chanoines de la cathédrale de Saint-Etienne de Limoges. Il eut pour fils :

II. — Geoffroy de Chamboran naquit vers l'an 1040 ou 1045, donna une partie des dîmes de la paroisse de Chamborant à l'église et aux religieux de Saint-Barthélemy de Bénévent au diocèse de Limoges. Il eut pour fils :

III. — Geoffroy de Chamboran naquit vers l'an 1070 ; ses enfants furent : Ainard, qui suit ; Geoffroi, qui eut un fils nommé comme lui, mort sans postérité,

IV. — Ainard de Chamboran, chevalier, seigneur de Chamborant, naquit de l'an 1100, à l'an 1110, et eut pour enfants Ainard, qui suit ; Guillaume.

V. — Ainard naquit vers l'an 1145 ; il eut pour enfants Bertrand, qui suit ; Bernard, dont le sort est resté inconnu ; Amicie, épouse de Admard Gaham (de Gains), fit une donation pieuse en 1240.

VI. — Bertrand fut père de :

VII. — Guillaume naquit en l'an 1210. On voit dans les plaintes portées au roi saint Louis contre Thibaud de Neuvis, sénéchal du Poitou, en l'an 1263, par la comtesse de La Marche, que Guillaume eut pour fils :

VIII. — Geoffroy, châtelain, né vers l'an 1235, qualifié comme son père, de monseignor, titre qui n'était donné qu'aux chevaliers. Il fut père de Geoffroy, qui suit ; Humbert, tué à la bataille de Poitiers en 1356, avec l'élite de presque toute la noblesse de France ; Guillot 4° des écuyers de la montre du comte d'Alençon, lieutenant du roi en Normandie le 1er avril 1370.

IX. — Geoffroy naquit environ l'an 1275, chevalier, épousa damoiselle Denise Guazeau, dite Guazelle, dont il eut Pierre, qui suit ; Guillaume, baron, sire d'Annebec et de Ranne en Normandie, conseiller et écuyer du corps du roi, ambassadeur de Sa Majesté près le duc de Bretagne, et deux filles, mentionnées dans le testament de Guillaume, leur frère, du 1er mars 1401.

X. — Pierre, chevalier, seigneur de Chamborant, sire d'Orsaine et des Marches, seigneur de Droux, La Clavière, Vauzelle, La Mazerolle, etc., naquit en 1330, épousa dame Marguerite de Forge, dame des terres de Droux, La Clavière, Vauzelle et La Mazerolle, fille de Guillaume, seigneur de La Clavière, et de Philippe de Droux, dame du dit lieu. De ce mariage sont issus : Foucaut, qui suit ; Guy, chambellan et écuyer du corps du roi, décéda le 26 mai 1404, et fut enterré en l'abbaye d'Ahun.

DU LIMOUSIN.

XI. — Foucaut, écuyer, naquit environ l'an 1350 ou 1355, puisqu'il servait le roi Charles VI en mars 1386, et se maria peu après, 1370. Il épousa damoiselle N... de Maumont, sœur de l'évêque de Tulle (Bertrand). Il en eut Foucaut, qui suit; Pierre, chevalier, seigneur de Droux et de La Clavière, épousa, longtemps avant 1422, dame marquise du Breuil, qu'il laissa veuve et sans enfants quelques années avant cette époque, et qui se remaria avec noble homme Guillaume de Montjouant, fils de noble André.

XII. — Foucaut, chevalier, haut et puissant seigneur de Chamborant, Droux, La Clavière-des-Marches, Vauzelle, Orsaine, Courtaillet, La Mazerolle, Jonnoulx-l'Aumône, Montichevrier, Brins, Saint-Priest-le-Betou, né vers l'an 1370 ou 1372, se disait vieux et décrépit en 1453. Il servait, sous Charles VI, en qualité de chevalier-bachelier, avec seize écuyers de sa chambre, en 1418. Il eut pour femme noble Jacquette de Cluys, damoiselle, vivante 1409, sœur de Jean, évêque de Tulle en 1428. De ce mariage vinrent : Guy, noble et puissant homme, chevalier, seigneur de Chamborant, Orsaine, Les Marches, Montichevrier, Courtaillet, Vauzelle, L'Omone, Saint-Priest-le Betou, La Borne-Longue, La Vareille, La Chassagne, Dompierre, etc., conseiller et chambellan du roi Louis XI, épousa noble Brunissante de Maleret, damoiselle, fille de noble et puissant messire Philibert, chevalier, seigneur de la Roche-Guillebau et de Lussac; Jacques, qui suit; Gilbert, abbé de Massay au diocèse de Bourges, prévôt-commendataire de Nave au diocèse de Tulle; Jacquette, femme de noble et puissant homme messire Jean de Menou, chevalier, seigneur de La Ferté près Issoudun en Berri, et de Forge, paroisse de Preuilly en Touraine; Marie, femme, par contrat du 10 avril 1445, de noble homme messire Guillaume du Quartier, écuyer, seigneurs de La Borde en Sologne près Romorantin.

XIII. — Jacques, noble homme et puissant seigneur, seigneur de Droux, La Clavière et du Puy-Bernard, naquit en 1412, servit sous Charles VII, et était, le 2 avril 1450, le 6ᵉ homme d'armes de la compagnie des ordonnances du roi. Il épousa, par contrat du 28 mars 1452, passé à Sannat, Marguerite Chauvet, damoiselle, fille de noble homme Jean, écuyer, seigneur de Sannat, paroisse de Saint-Junien-les-Combes, diocèse de Limoges, et de Catherine Pot. Ils furent père et mère de : 1ᵒ Brangon, haut et puissant seigneur, chevalier, seigneur de Chamborant, Matrange, Orsaine et Les Marches, écuyer ès-écuries du roi Louis XI, qui, en récompense de ses bons, grands, louables et recommandables services, lui accorda, par lettres du 4 février 1481, quatre foires par an en son bourg et terre d'Orsaine. Il épousa, en mars 1473, noble damoiselle Anne de Pierrebuffière, fille de noble et puissant seigneur messire Louis, chevalier, seigneur de Châteauneuf et de Peyrat. De ce mariage vinrent : A. — Guiot, damoiseau, paraît dans la montre faite à Cazalle le 9 octobre 1504, comme employé au nombre des hommes d'armes de la compagnie du marquis de Montferrat : il ne se maria pas; B. — Souveraine, femme, peu avant 1514, de noble homme messire Philippe Chauvet, écuyer, seigneur de La Villate, lieutenant de la compagnie de M. de Burry; C. — Madeleine, épousa François de Betz, seigneur de Meck, dont elle n'eut pas d'enfants, et se remaria, avant le 13 avril 1541, à Charles de Bièvre, chevalier, seigneur de La Vallade; D. — Marie, épousa un seigneur de Grossolles; 2ᵒ Guy, qui continue la filiation; 3ᵒ Bertrand, abbé de Massey en Berri, le 3 mars 1482 (Voir

Gallia christiana) ; 4° Philippe, prieur commendataire de Semur, chanoine du Dorat près Droux en Basse-Marche ; 5° Christophe, chevalier de l'ordre de Saint-Jean-de-Jérusalem en 1492 ; 6° Souveraine, femme, par contrat du 21 août 1481, de noble messire Pierre de Chamborant, écuyer, seigneur de Terraille, Bonneveau et des Portes ; 7° Marie, femme de Galéas de Malleret, écuyer, seigneur des Maisons en Haute-Marche, mourut sans enfants.

XIV. — Guiot ou Guy, noble et puissant chevalier, seigneur de Droux, La Clavière et de l'Age-Meillot, née environ l'an 1455, servit sous les rois Louis XI, Charles VIII et Louis XII, et fut fait chevalier par ce dernier, sur le champ de bataille d'Agnadel, après la victoire remportée sur les Vénitiens (14 mai 1509). Il épousa noble damoiselle Françoise de Salaignac (Salignac), par contrat du 29 janvier 1491, fille de noble et puissant seigneur Jean, chevalier, seigneur de Magnac, Le Chapdeuil, Verteillac, Jumillac et Concors, et de noble et puissante dame Louise de Pierre-Buffière, petite fille d'Antoine de Salaignac, maître-visiteur et général-réformateur de l'artillerie de France, charge dite depuis grand-maître de l'artillerie.

De ce mariage sont issus : 1° Christophe, chanoine du Dorat et prieur de Chinon ; 2° Pierre, qui continue la filiation ; 3° Gaspard, rapporté § 5 ; 4° Jean, seigneur de La Roche-Servières, servit dans la compagnie d'ordonnance de M. de Maugiron, revue à Macon le 19 juin 1541, et à Perpignan en 1542 ; 5° Françoise, femme, par contrat du 20 septembre 1529, de noble homme Martial de Lavau, écuyer, seigneur de Drouilles, Rochelidou, Châteauneuf et Leschoisiers, fils de noble Guillaume, conseiller du roi en la cour du parlement de Bordeaux, et de Léonarde de Jovion ; 6° Jacquette, femme de messire Pierre de Rance, chevalier, seigneur de Pisseloup, La Bertaudière et de Muney.

XV. (*Seigneurs de Droux.*) — Pierre, haut et puissant chevalier, seigneur de Droux, La Clavière, etc., né vers l'an 1494, épousa noble demoiselle Philippe de Loubes, par contrat du 17 avril 1534, fille de noble messire Jean, écuyer, seigneur de Régniers, et de N... Diliers. De ce mariage vinrent : 1° Jean qui continue la filiation ; 2° autre Jean, mort célibataire ; 3° Pierre, haut et puissant seigneur, chevalier, seigneur de Droux, de La Beausse, de Montgivray, de La Pouzerie, du Coulombrail, baron d'Ars et de Neuvy-Saint-Sépulcre, chevalier de l'ordre du roi, sous-gouverneur de la grosse tour de Bourges, conseiller-chambellan et colonel de la garde suisse de François de France, duc d'Alençon, frère du roi et son lieutenant-général au gouvernement du Berry, naquit en 1545, et épousa noble damoiselle Anne de la Forêt, fille du baron d'Ars et de Claude de Chenevelles, dame de Neuvy-Saint-Sépulcre en Berri près La Chastre ; il en eut Louis, baron de Neuvy et d'Ars, seigneur de La Bauce, etc., gentilhomme ordinaire de la bouche de l'archiduc Albert, prince des Pays-Bas, et maître de camp au service de ce prince, et Marguerite, damoiselle d'honneur de la reine Marie de Médicis jusqu'à l'époque où elle se maria avec messire René Isoré, chevalier, seigneur, baron d'Hervault, gentilhomme ordinaire de la chambre du roi, fils de feu haut et puissant seigneur messire Honorat, chevalier de l'ordre du roi, capitaine de 50 hommes d'armes de ses ordonnances, vice-amiral en Guienne, gouverneur de Blaye, baron d'Hervault, châtelain de Plumartin, Oiron, etc., et de noble et puissante dame Madeleine Babou ; 4°

Françoise, femme, par contrat du 13 janvier 1555, de messire Léonard Martin, fils de noble messire Jean, écuyer, seigneur de Goutte-Bernard ; 5° Charlotte, femme de Jean de Fougère, seigneur de Forge et de Clous, fils de noble homme André et d'Isabeau de Lussat (29 mai 1561), se remaria avec N... Seguier, dont elle eut des enfants ; 6° et 7° Claude et Léonarde, religieuses au couvent de Longefont, ordre de Fontevrault.

XVI. — Jean, haut et puissant seigneur, chevalier de l'ordre du roi, seigneur de Droux et de l'Age-Meillot, né vers 1536, commença à servir, en 1551, sous Henri II. Il eut pour première femme noble Madeleine de La Beraudière, veuve de messire Mathurin Ripousson, chevalier, seigneur d'Artron et de La Mayre, et sœur de haut et puissant seigneur François de La Beraudière, chevalier de l'ordre du roi, marquis de l'Isle-Jourdain ; il épousa ensuite, étant resté veuf sans enfants, Catherine de Château-Vieux, par contrat du 31 juillet 1575, fille de haut et puissant seigneur messire Claude de Château-Vieux, chevalier, seigneur du dit lieu, baron de Fromente, Verjon, etc., maitre d'hôtel ordinaire du roi François Ier, et son bailli en Bresse, et de haute et puissante dame Marie de Montchenu, dame de La Villatte, La Grand'Côte, d'Oradour, Vaires, La Chastres, etc., fille de Marin, baron de Montchenu, chevalier, seigneur de Chaumont en Agenois, La Vulpillère, Estamblières, Chastenay, etc., conseiller et premier maître d'hôtel du roi, gouverneur et sénéchal du Limousin, bailli de Nivernais et Bugey, sénéchal de la Basse-Marche, et de dame Antoinette de Pontbriant, dame de La Villatte en Angoumois et de Nieulles en Limousin. De cette deuxième alliance sont issus : 1° Gaspard, qui suit ; 2° Joachim, qui a formé la branche des seigneurs de Villevert, § 1er ; 3° Marie ; 4° Anne ; 5° Catherine, destinées à l'état religieux.

XVII. — Gaspard, haut et puissant seigneur, chevalier, seigneur de Droux, naquit vers l'an 1576, et servit le roi Louis XIII. Il épousa damoiselle Françoise Courault, par contrat du 28 février 1606, fille de messire Pierre, chevalier, seigneur de La Rochechevreux, La Lande, Montcouart, Les Granges et Riadoux, chevalier de l'ordre du roi, et de dame Jeanne de Rechignevoisin. Ils eurent pour enfants : 1° Pierre, qui suit ; 2° Rigal, dit le chevalier de Droux, capitaine, mort assassiné par son valet de chambre en 1663 ; 3° Henri, dit M. de Champagnac, capitaine au régiment de Brouage, testa le 19 mars 1650, et mourut peu après à Saint-Martin de l'île de Ré ; 4° Françoise, femme de messire Jean du Mouraud, écuyer, seigneur de La Thibardière, paroisse de Magnac, près Droux, fils de Jean (19 septembre 1638) ; 5° Marthe, femme, par contrat du 26 février 1640, de noble Simon de Buat, écuyer, seigneur de Puyrobin ; 6° Gasparde, morte célibataire avant 1673 ; 7° Jeanne, épousa Pierre Papon du Breuil, écuyer, seigneur de La Grange-Blanche.

XVIII. — Pierre, chevalier, seigneur de Droux, né vers la fin du règne de Henri le Grand, mort en 1610, capitaine d'une compagnie de 100 hommes de guerre, épousa damoiselle Anne de Galliot, par contrat du 4 juillet 1636, fille de Jacques, chevalier, seigneur de La Sollaye-Baraton, du Groschef et de La Beaubinière en Poitou, gentilhomme ordinaire de la maison du roi, et de Françoise de Montauzier-la-Charouillère, dame d'Isernay. Ils eurent pour enfants : 1° Pierre-Joseph, qui suit ; 2° autre Pierre-Joseph, né au château de Droux, le 24 septembre 1644, mort célibataire, et inhumé, le 19 mai 1669, dans l'église de Droux, au tombeau de ses aïeux ; 3° Françoise. née au château de Droux le 20 janvier 1641.

XIX. — Pierre-Joseph, chevalier, seigneur de Droux, né au château de Droux le 20 mai 1639, épousa damoiselle Marie-Anne de Légalis, par contrat du 6 juillet 1683, fille de noble homme Gilles, chevalier, trésorier de France en la généralité de Poitiers, et de dame Marie Serland. Dont : 1° Antoine-Gilles dit M. d'Armentis, capitaine au régiment de Beaujolais, naquit au château de Droux le 3 juillet 1686, et fut tué, à l'âge de vingt-trois ans, en Italie, sans avoir été marié ; 2° Marie-Françoise, née le 20 juillet 1687, mariée, le 31 janvier 1713, à messire Louis Pot, chevalier, seigneur de Piedgu, fils aîné de haut et puissant seigneur messire Roland, chevalier, seigneur de Piedgu, et de haute et puissante dame Marie de Roffignac, dont postérité ; 3° Marie-Anne, née le 28 décembre 1689, épousa : 1° François de Mondin, chevalier, seigneur de Montostres, Rechignevoisin, La Barde, La Rue et Bouqueville, lieutenant-colonel du régiment d'infanterie de Saint-Germain-Beaupré, chevalier de l'ordre militaire et hospitalier de Saint-Lazare ; 2° Jean de Chamborant, chevalier de La Grange-Pastoureau ; 4° Pierre-Grégoire, né le 17 novembre 1691, mort au berceau ; 5° Pierre-Gilles, mort enfant.

XVII bis. (§ 1er. — *Seigneur de Villevert.*) — Joachim, chevalier, Sgr en partie de Droux, Sgr de Villevert, Le Petit-Neuville, baron de La Chastre, premier écuyer de Madame, sœur du roi, naquit en 1578, épousa : 1° Catherine Desvaux, damoiselle, par contrat du 16 octobre 1611, fille unique de messire Jean, écuyer, Sgr de Villevert, Le Petit-Runville, La Grange-Pastoureau, La Boissonnie, Le Boucheron, Perissat, La Ribière et Le Vignant, et de dame Françoise Dupin, sa seconde femme ; 2° Anne de Labarde, dont il eut au moins cinq enfants : trois morts avant l'âge de puberté ; une des filles fut mariée à messire Guiot, chevalier, Sgr du Puy-Catelin. Les enfants du premier lit furent : 1° Jean, qui continue la filiation ; 2° Maria, dont l'article viendra § 2e ; 3° Gilbert, rapporté § 3e ; 4° Jean, Sgr de Boucheron, d'abord destiné à l'ordre de Malte, préféra se marier. Il fut capitaine de cavalerie au régiment du marquis de Villevert, son frère, et sa valeur était telle qu'elle passa en proverbe. Il fut tué en Candie en 1669, et son corps, rapporté en France, fut inhumé dans l'église d'Esse, au tombeau de ses aïeux. Il eut pour femme damoiselle Marthe Pinot, dame du Mas et de Vérinas (paroisse de Lesterps), fille de Guillaume, écuyer, Sgr des dits lieux, de laquelle il n'eut qu'une fille, mariée à Étienne Lecler, écuyer, Sgr de La Jarodie et de La Touraille, paroisse de Brigueil en Poitou, lesquels n'eurent encore qu'une fille, mariée à Jacques de Ferré, écuyer, Sgr de La Frédière, en 1710, dont postérité ; 5° Guillaume, mort au service du roi sans postérité ; 6° Marthe, femme de messire Jacob de Mascureau, écuyer, Sgr de Millac, dont elle n'eut qu'une fille, mariée à Charles de Lageard, chevalier, Sgr des Beauries, lieutenant du roi des châteaux et ville d'Angoulême, qu'elle laissa veuf sans enfants avant le 8 juillet 1684 ; 7° Andrée, femme de Jean de Guimard, écuyer, Sgr de Jallays et du Bouchet, conseiller du roi et son conseiller en la sénéchaussée et siège présidial d'Angoumois, fils de Jean, écuyer, Sgr de La Vigne, secrétaire et conseiller de la reine régente, gouverneur du comté de Confolens. MM. Dassier, Sgrs marquis des Brosses, sont issus, par une fille, de cette union, et une demoiselle Dassier s'est alliée dans la maison de Barbarin, dont descendent MM. de Barbarin de La Mothe, S^{grs} de La Borderie, paroisse de Saint-Maurice.

XVIII. — Jean, marquis de Villevert, S^{gr} de Villevert, Le Petit-Neuville, Puygrelier, etc., mestre de camp d'un régiment de cavalerie de son nom, maréchal de bataille des armées du roi, naquit en 1513, et commença à servir sous le règne de Louis XIII. Sa valeur et sa bravoure étaient telles qu'on ne l'appelait jamais que le brave, le fameux Villevert. Il épousa : 1º, par contrat du 15 juin 1636, damoiselle Gabrielle de Couhé, fille de François, chevalier, S^{gr} de l'Étang-du-Mas et de Mazière, et de dame Françoise de Javerlhac, dont il eut Jean-Richard, chevalier, S^{gr} de Villevert et du Petit-Neuville, qui épousa damoiselle Élisabeth de Coustin, de la branche du Puy-Martin, de la maison des marquis de Masnadeau, dont *Ricard* de Chamborant, S^{gr} de Villevert et du Petit-Neuville, capitaine au régiment de Rozière-infanterie, qui épousa sa cousine germaine, Marguerite de Chamborant, fille de Charles, S^{gr} de La Grange-Pastoureau, du Chesne-Pignier et de L'Age-Berland, et d'Anne de Tisseuil, dont il n'eut pas d'enfants; *Isabelle* de Chamborant, mariée à son cousin issu de germain, Pierre de Chamborant, chevalier, S^{gr} de La Boissonnie et en partie du Vignaud, fils de Jean, chevalier, S^{gr} du Vignaud, et de Marie de Rolland (cette union ne produisit pas de descendance), et *Anne* de Chamborant, mariée à Philippe de Voluire, chevalier, S^{gr} de Saint-Vincent, près Chasseneuil en Angoumois, dont vint Élisabeth de Voluire, dame de Saint-Vincent, Villevert et Le Petit-Neuville, mariée à son cousin au troisième degré, Jean de James, chevalier, S^{gr} de Longeville, chevalier de l'ordre royal et militaire de Saint-Louis, ancien brigadier des gardes du corps du roi, fils de François, chevalier, S^{gr} de Boistison, et de Marie de Chamborant du Vignaud; François, chevalier, S^{gr} de Fau, et, par son mariage, baron de Saint-Junien, épousa damoiselle Gabrielle du Lau, fille de Philippe, chevalier, S^{gr} du Chambon, Cellettes, baron de Saint-Junien, et de dame Anne de Rieublanc, dame de Saint-Junien, dont *Armand* de Chamborant, baron de Saint-Junien, capitaine au régiment de Limoges, mort célibataire : *François* de Chamborant, S^{gr} de Faut et de Chelebi, épousa Élisabeth Guiot, fille de Paul, chevalier, S^{gr} de Saint-Paul et du Dognon, et de dame Catherine d'Argens, dont Étienne-Anne de Chamborant, seigneur de Faut, Chelebi, Villevert, Le Petit-Neuville, qui épousa Louise de James, fille de Jean, S^{gr} de Saint-Vincent, Longeville, etc., chevalier de Saint-Louis, capitaine de cavalerie, et d'Élisabeth de Voluire, dame de Saint-Vincent, Villevert et Le Petit-Neuville, dont une fille, Louise-Sylvine de Chamborant; 2º, par contrat du 29 avril 1655, damoiselle Susanne de Saulnier, fille de feu Étienne, écuyer, S^{gr} de Plessac, du Breuil et de Combaronie en Périgord, et de dame Anne d'Orfeuille, fille de haut et puissant seigneur messire Pierre d'Orfeuille, chevalier, S^{gr} d'Opuisant et de Foucault, lieutenant du roi en Poitou, gouverneur de Châtellerault, et de dame Elisabeth d'Aloüe. Les enfants de ce second mariage sont : Jean, S^{gr} du Puygrelier, qui, le 13 février 1684, épousa damoiselle Marie du Tiers, dont deux fils et une fille, celle-ci appelée Marie, morte célibataire; le second fils, mort prêtre, docteur en théologie; l'aîné, appelé Jean, S^{gr} de Puygrelier, épousa, le 8 mars 1711, Marie de Bec-Oiseau, dont naquirent François et Jean de

Chamborant, morts sans postérité, et deux filles, dont l'aînée, appelée Madeleine, avait épousé messire Honoré de La Grésille, chevalier de Saint-Louis, S^gr du Rocher, desquels sont nées deux filles, dont l'aînée a épousé messire N... du Tillet, dont postérité, et la cadette, mariée, le 13 août 1776, à messire Paul-Antoine de Chamborant de Périssat, son cousin au 5e degré, qu'elle a laissé veuf sans enfants en 1778; Jacques, S^gr du Boucheron, épousa Anne Guiot de La Mirande, dont un fils mort à Saint-Domingue au service du roi, officier dans les milices de cette colonie, et deux filles : l'aînée, Anne, reçue à Saint-Cyr en 1702, épousa, au sortir de cette maison : 1° messire N... de Couhé, chevalier, S^gr de La Saludie, paroisse de Verneuil, près Montembœuf, dont est née une fille unique, mariée, environ l'an 1735, à N... de Marron, chevalier, S^gr de Cerzé, fils du marquis de Villesèche, dont postérité, vivant au château de La Bonnardelière, sur les bords de la Charente, près Civray; la cadette, Gabrielle, épousa en premières noces N..... de Grivelle, lieutenant-colonel des milices de la colonie de Saint-Domingue, et, en secondes noces, à N... Le Mayre de Grandpré, dont elle n'eut qu'une fille, appelée Agnès, femme de messire Charles Guiot de La Mirande, lieutenant pour le roi à Saint-Domingue, son cousin germain, dont vint une fille, Marie-Claire-Françoise, mariée, par contrat du 12 juin 1732, à messire Joseph-Hyacinthe de Rigaud, marquis de Vaudreuil, capitaine de vaisseau, desquels est né entre autres enfants Joseph-Hyacinthe-François, marquis de Vaudreuil, maréchal des camps et armées du roi, nommé le 8 juin 1783 chevalier des ordres, pour être reçu, à la Chandeleur 1784, grand fauconnier de France; — Charles, dont la descendance suit, et se continue par les aînés de cette maison; — Marie, morte en 1677 sans avoir été mariée.

XIX. — Charles, S^gr de La Grange-Pastoureau, du Chesne-Pignier et de L'Age-Berland, né, le 16 septembre 1663, au château de Villevert, paroisse d'Esse en Angoumois, entra au service du roi, comme ses prédécesseurs, mourut, à l'âge de trente ans moins un mois et huit jours, au Chesne-Pignier, paroisse de Javerdat, et fut transporté dans l'église d'Esse, où il fut enterré dans le tombeau de ses ancêtres. C'était un des plus beaux hommes de son temps. Il épousa damoiselle Anne de Tisseuil, par contrat du 17 janvier 1681, fille de messire Luc, écuyer, S^gr d'Anvaux et de Manette, et de dame Anne de Valentin, sa veuve, remariée pour lors à messire Robert d'Asnières, chevalier, S^gr de Maisonnais et de Saint-Palis, fille de messire François de Valentin, écuyer, S^gr de Villeneuve et de Montbrun, et de Susanne d'Aloüe. De ce mariage sont issus : 1° Jean, qui suit; 2° Anne-Henriette, épouse de messire François de Pin, chevalier, S^gr de La Gazonnie, décédée sans enfants; 3° Anne, dite mademoiselle des Essarts, morte fille; 4° Marguerite, femme de Ricard de Chamborant, chevalier, S^gr de Villevert, capitaine au régiment de Rozière-infanterie, son cousin issu de germain, fils de Jean Ricard et d'Élisabeth de Coustin de Puymartin, morts sans postérité.

XX. — Jean, S^gr de La Grange-Pastoureau, et par son mariage baron de Droux, capitaine au régiment de Rozière-infanterie, ensuite chevau-léger de la garde du roi, naquit en 1684, commença à servir, en 1702, sous Louis XIV, par une lieutenance au régiment de Toulouse-infanterie; mais il quitta ce régiment en 1707 pour prendre une compagnie dans celui de nouvelle création de Rozière, dont était lieutenant-colonel le seigneur de Tisseuil d'Anvaux, son oncle maternel, et y resta jusqu'à la paix, en 1714, époque à laquelle ces régiments de nouvelle levée furent réformés, et entra aux chevau-légers de la garde du roi, où il continua de servir jusqu'en 1729, trois ans après son mariage avec dame Marie-Anne de Chamborant, dame de Droux, veuve de messire François de Mondin, chevalier Sgr de Montostre, etc., chevalier des ordres royaux et hospitaliers de Saint-Lazare et de Notre-Dame-du-Mont-Carmel, lieutenant-colonel au régiment de Saint-Germain-Beaupré, fille de messire Pierre de Chamborant, baron de Droux, et de dame Marie-Anne de Légalis, par contrat passé au château de Droux, devant Crouzeaux, notaire, le 28 octobre 1726. De ce mariage sont issus : 1º Paul-Jean, qui suit ; 2º Barthélemy, appelé le chevalier de Droux, né au château de Droux le 23 janvier 1730, entra, par lettres de février 1747, lieutenant au régiment d'infanterie de Bourgogne, qui faisait alors la campagne d'Italie ; mais il ne rejoignit pas, et s'incorpora dans la gendarmerie, où servaient les marquis de Murinais et de Custine, ses parents, et un autre du même nom que lui, maréchal-des-logis des gens d'armes de la reine, sous-aide-major de la seconde division de ce corps, dans lequel il fut reçu, compagnie des gens d'armes de la reine, le 11 mars 1748, et y servit jusqu'après la bataille de Minden, en 1759, où il eut son cheval tué sous lui ; il entra ensuite lieutenant d'infanterie sous les ordres du marquis de Chamborant-la-Clavière, son parent, colonel du régiment de S. A. Sérénissime le comte de La Marche ; il fut fait capitaine le 17 juin 1770, son régiment servant pour lors en Corse. Ayant produit ses preuves de noblesse le 25 octobre de la même année, il fut reçu chevalier de Malte au grand-prieuré d'Auvergne. Dès l'année 1769, il avait été nommé gentilhomme de Son Altesse Sérénissime Mgr prince de Condé, qui lui obtint une compagnie au régiment provincial de Senlis. Le grand-maître de Malte lui ayant permis de réunir la croix de Saint-Louis à celle de son ordre, sur l'exposé de ses services, le roi la lui accorda le 4 février 1777, et ce fut le prince de Condé qui le fit chevalier de Saint-Louis.

XXI. — Paul-Jean, chef du nom et armes de la maison de Chamborant, Sgr de La Grange-Pastoureau, Murat, Saint-Martial et Macloux, baron de Droux et de Fontbuffaut, chevalier de l'ordre royal et militaire de Saint-Louis, lieutenant de MM. les maréchaux de France, ci-devant capitaine au régiment de Bourgogne-infanterie, né au château de Droux le 6 janvier 1728, commença à servir en Italie comme lieutenant au régiment de Bourgogne dès 1747, puis s'embarqua au moment de passer capitaine, et passa à Louisbourg en Canada, en 1755, avec le second bataillon du régiment de Bourgogne, qui fut assiégé dans cette place en 1758, et conduit prisonnier de guerre en Angleterre. Rentré en France après un échange, il fut, en 1759, dans les troupes détachées et embarquées sur l'escadre du capitaine Thurot, sur laquelle, par la saison la plus rigoureuse de l'hiver, pour éviter en mer l'ennemi, supérieur en nombre, on parcourut les mers du Nord pour revenir ensuite aborder les côtes de l'Irlande, attaquer et prendre Califerlucs, où peu de jours après finirent les travaux militaires par un combat meurtrier et opiniâtre dans lequel périt Thurot et un grand nombre d'autres, et tout le reste fut fait prisonnier. Conduit à Belfast en Irlande, il n'en revint que vers la fin de l'année, fut fait capitaine le 4 janvier 1760, avec ordre du roi à prendre rang du 1er septembre 1755. La paix ayant été conclue en 1762, il fut réformé en 1763, puis nommé, en 1773, lieutenant de MM. les maréchaux de France et chevalier de Saint-Louis en 1777. En 1780, par la mort d'Étienne-Anne de Chamborant, baron de Saint-Junien, S^{gr} de Villevert, sans enfants mâles, il devint chef du nom et des armes de sa maison.

Il épousa damoiselle Louise-Sylvine de Robert de Villemartin, dame de Fonbuffaut, Murat, Saint-Martial et Maclou, par contrat du 18 octobre 1763, fille de messire Pierre, chevalier, S^{gr} de Villemartin, Fontbuffaut, Murat, Saint-Martial et Maclou, et de Marie de Joyet, dame de Boisseuil. Louise-Sylvine de Robert avait pour sœur puînée Marie-Sylvine, femme d'Antoine-Amable du Breuil-Hélion, chevalier, S^{gr} de La Guérounière, Combes, Villaigre et Lusigny, ancien capitaine au régiment de Picardie, fils aîné de Louis Bernard et de Madeleine Vidard de Saint-Clair. Du mariage de Paul-Jean de Chamborant et de Louise-Sylvine de Robert sont issus : 1° Charles, qui suit ; 2° François, né au château de Droux le 5 juillet 1769, baptisé le lendemain, fut reçu au berceau chevalier de Malte en la vénérable langue et grand-prieuré d'Auvergne, le 2 janvier 1670, par bref de minorité ; 3° Marie-Sylvine, destinée à être chanoinesse, et décédée avant d'avoir produit ses preuves ; 4° une autre fille, morte au berceau.

XXII. — **Charles**, appelé le baron de Chamborant, entra sous-lieutenant de dragons au régiment de Bourbon ; il était né au château de Droux le 3 décembre 1764 ; il a été page, en 1776, de S. A. Sérénissime Mgr le prince de Condé jusqu'au 15 avril 1781 qu'il passa lieutenant aux dragons, y ayant été nommé dès 1780.

XVIII bis. (§ 2. — *Seigneurs du Vignaud, de La Boissonnie et Le Mastoureau*.) — **Maria**, seigneur du Vignaud et Le Mastoureau, paroisse de Brillac en Basse-Marche, et du fief de La Boissonnie, paroisse d'Esse, 2e fils du 1er lit de Joachim et de Catherine des Vaux, dame de Villevert, naquit vers l'an 1614, épousa, par contrat du 29 juillet 1649, damoiselle Marie Chevalier, fille de feu Jacques, chevalier, seigneur de La Frapinière et d'Availles (en Poitou), et de Catherine de Linax. Ils eurent pour enfants : *Jean*, né vers le commencement de 1651, transigea, comme majeur de plusieurs années, avec sa mère, le 8 avril 1684, et épousa peu après damoiselle Marie Rolland, dont il eu un fils ; Pierre, chevalier, seigneur du Vignaud et de La Boissonnie, qui épousa sa cousine germaine, damoiselle Élisabeth de Chamborant, fille de Jean-Ricard, chevalier, seigneur de Villevert et d'Elisabeth de Coustin de Puymartin, qu'il laissa veuve sans enfants ; Marie, femme de Jean de Couhé, chevalier, seigneur de Comerça, Le Vignaud et La Boissonnie, dont elle eut deux filles, dont la cadette a été religieuse, et l'aînée, Elisabeth, a épousé Louis de Saint-Georges, chevalier, S^{gr} de Saint-Georges et de Perissey ; ils ont eu pour fils aîné N..... de Saint-Georges, chevalier, seigneur de Reignier, Comerça et Le Vignaud, lieutenant de dragons au régiment d'Apchon, qui épousa N...., dont il eut deux filles : l'aînée, marié à N..... de La Salle, chevalier seigneur du Poiron, officier ; *François*, mort au service du roi avant le 18 février 1693 ; *Jean*, qui suit ; *François*, seigneur de Chambon, épousa, étant au service du roi, damoiselle Anne de Rivaret, dont plusieurs enfants, tous morts jeunes, à l'exception de N....., chevalier de Saint-Louis, capitaine de cavalerie, maréchal-des-logis de gendarmes de la reine, qui se retira du service en 1745, après avoir épousé damoiselle N.... de Fleury de Lhoumède, fille de Pierre, écuyer, et de Marguerite Jourdain, dont il n'a point eu d'enfants, et est mort à Aloüe vers 1759 ; *Joachim*, mineur en 1684, est mort au service du roi sans avoir été marié ; *Marthe* épousa, avant le 18 février 1693, son neveu à la mode de Bretagne, Jean de Chamborant de Périssat, seigneur de La Faigne, veuf de damoiselle Françoise de Barbarin, dont il n'avait pas d'enfants : il n'en vint pas non plus de ce second mariage ; *Susanne*, morte célibataire, *Marie* épousa messire François de James, écuyer, seigneur de Boistison.

XIX. — Jean, écuyer, seigneur du Vignaud, La Boissonnie et Le Mastoureau, fils de Maria, capitaine de cavalerie au régiment de Villevert, né vers 1669, devint aveugle au service du roi, ce qui l'obligea à se retirer. Il épousa, par contrat du 8 avril 1695, damoiselle Anne de La Bioche, fille de Jean, seigneur de Rivalex et d'Anne d'Essec. Leurs enfants furent : *Jean*, qui suit ; *Joachim*, dit le chevalier de Villevert, lieutenant de cavalerie, homme d'armes dans la compagnie des ordonnances du roi, sous le titre de la Reine, mourut à Laon en 1740, âgé d'environ trente-sept ans.

XX. — Jean, appelé de Villevert, chevalier de Saint-Louis, lieutenant-colonel de cavalerie, sous-aide-major de la 2e division du corps de la gendarmerie, maréchal-des-logis commandant l'escadron des gendarmes de la Reine, né à La Boissonnie le 12 septembre 1696, commença le service comme volontaire au 2e bataillon du régiment d'infanterie de Périgord, et le quitta en avril 1758, parce que son obésité ne lui permettait plus de monter à cheval. Il épousa, par contrat du 7 octobre 1739, à Altigny, où il était en garnison, damoiselle Élisabeth-Catherine Le Tanneur, veuve du sieur Haubert Chanvallon, fille de Jean-François-Gabriel, lieutenant en la prévôté d'Altigny, et de Jeanne de Balardelle. De ce mariage sont issus : *Jean-Baptiste*, qui suit ; *Jean-Joachim*, appelé le chevalier de Chamborant. né à Altigny en Champagne, diocèse de Reims, en juillet 1745 ; entra à l'école royale militaire en 1754, chevalier de l'ordre militaire et hospitalier de Saint-Lazare et de N.-D.-du-Mont-Carmel en 1761 ; enseigne au régiment d'infanterie du comte de La Marche par lettre du 20 décembre même année ; lieutenant de la compagnie de La Chaise le 16 mars 1762 ; redevenu par la réforme de l'année suivante sous-lieutenant, il reçut ordre du roi, le 29 janvier 1764, de passer en cette qualité à la compagnie des grenadiers de ce régiment ; mort à Sainte-Menehould le 29 avril 1784 ; *Christine-Élisabeth*, née à Altigny le 2 janvier 1742, reçue demoiselle de la maison royale de Saint-Louis à Saint-Cyr, en sortit en 1772.

XXI. — Jean-Baptiste, chevalier de Saint-Louis, capitaine de cavalerie, maréchal-des-logis de la compagnie d'hommes d'armes des ordonnances du roi sous le titre de la Reine, né à Altigny le 3 septembre 1740, entra au service en 1758. Il épousa, à Mouzon, damoiselle Scholastique Lyon.

XVIII ter. (§ 3. — *Seigneurs de Périssat*.) — Gilbert, appelé de Droux, seigneur de Périssat, paroisse d'Esse en Augoumois, 3e fils de Joachim et de Catherine des Vaux, né vers l'an 1615, mort le 26 mai 1642, et enterré dans le tombeau des des Vaux, ses ancêtres maternels, anciens seigneurs de Villevert, dans l'église paroissiale de Saint-Étienne d'Esse. Il épousa, par contrat post-nuptial du 25 avril 1642, damoiselle Marthe Neaulme, fille de Guillaume, seigneur de la Faigne, et de Françoise Dubois, de la ville de Confolens, qu'il laissa veuve un mois après, étant grosse de *Joachim*, qui suit :

XIX. — Joachim, seigneur de Périssat, paroisse d'Esse, et de La Faigne dans celle de Lesterps, né à Confolens le 20 octobre 1642, mourut, âgé d'environ vingt-huit à vingt-neuf ans, laissant veuve damoiselle Marguerite du Pin, qu'il avait épousé par contrat du 4 janvier 1660, fille de messire Jacques, écuyer, seigneur de Joncherolles et des Picardies, et de feue Marguerite Hugonneau. Ils eurent pour enfants : *Jacques*, qui suit ; *Jean*, appelé de Périssat, était le 18 octobre 1690, mari de damoiselle Françoise de Barbarin, dont il resta veuf sans enfants, et épousa, en deuxièmes noces, sa cousine du 2e au 3e degré, damoiselle Marthe de Chamborant, fille de Maria et de Marie Chevalier ; ils moururent sans enfants postérieurement au 11 juillet 1706 qu'il fut convoqué au ban de la province d'Angoumois pour le service du roi, pour s'assembler à Angoulême, et de là se rendre à Libourne aux ordres de M. le maréchal de Montrevel ; autre *Jean*, qui a, par son mariage, formé la branche des seigneurs de Maillat, Belair et de Chambaud, rapporté au § 4 ; *François*, mort avant 1690, non marié ; *Anne*, morte sans alliance avant le partage de sa succession et de celle de François entre ses autres frères en 1690.

XX. — Jacques, appelé de Droux, seigneur de Périssat, La Ribière et Villemendy, né en 1662, marié, par contrat du 18 mai 1700, avec demoiselle Françoise du Pin, fille d'Antoine, écuyer, seigneur des Roches et de Chez-Pabot, et de Jeanne Dumoulin, qu'il laissa veuve, et qui mourut longtemps après lui, fort âgée, vers 1760. Leurs enfants furent : *Antoine*, qui suit ; *Anne*, femme (vers 1735) de N.... de Charon, écuyer, seigneur de Puygrenier, paroisse d'Abzac-sur-Vienne, dont plusieurs enfants.

XXI. — Antoine, seigneur de Périssat, La Rivière, Le Boucheron, La Boissonnie et des Pras, épousa, par contrat du 15 février 1730, demoiselle Catherine Legoust, fille de Pierre, seigneur des Pras, et de Marguerite d'Ardillac, de la ville de Confolens, et mourut, âgé de soixante-cinq ans, le 4 décembre 1766. Il fut enterré dans l'église de Saint-Maxine de Confolens. Enfants : *Jacques-Alexis*, seigneur de Périssat, etc., chevalier de Saint-Louis, capitaine au 2e régiment des chasseurs à cheval, né le 2 octobre 1631, commença à servir en 1754 comme volontaire au régiment de la Marche-Prince ; *Pierre*, appelé le chevalier de Chamborant, officier au bataillon de l'Inde, mort à Confolens, le 1er janvier 1766, à l'âge de trente et un ans, fut inhumé dans l'église de Saint-Maxime ; *Louis-Antoine*, appelé le chevalier de Beaumoreau, servit avec son frère au bataillon de l'Inde, où il fut aide-major-général de la cavalerie, et mourut à Pondichéry, âgé d'environ trente ans, le 31 mars 1766 ; *Paul-Antoine*, qui suit ; *Philippe*, abbé de Chamborant, docteur en droit, vicaire général au diocèse de Clermont, né à Confolens le 16 novembre 1751, prêtre en 1776 ; *Marie-Catherine*, née à Confolens le 1er juin 1735, fut religieuse carmélite à Saint-Denis ; *Anne*, née et baptisée à Confolens le 24 octobre 1737, religieuse aux filles Sainte-Marie de la Visitation, rue du Bac, à Paris ; *Marie-Rose*, née le 5 août 1741, marié en 1777 à haut et puissant seigneur messire François du Plessis, chevalier, seigneur de La Merlière, près Cellefrouin, chevalier de Saint-Louis, ancien capitaine de cavalerie ; *Marie-Anne*, née le 18 janvier 1746 ; *Anne*, née le 20 septembre 1753, mariée en 1778 à haut et puissant seigneur messire François de Voluire, chevalier, seigneur de La Grange, de Ruffec, Brassac et autres lieux, ancien officier d'infanterie. Il y a eu encore neuf autres enfants, morts au berceau ou n'ayant pas passé l'âge de douze ans.

XXII. — Paul-Antoine, appelé le chevalier de Chamborant de Périssat, seigneur de La Ribière et Le Boucheron, ancien lieutenant aux volontaires de Flandre, né à Confolens le 14 février 1739, épousa : 1° Catherine-Thérèse de Lagresille, par contrat du 12 août 1776, fille de messire Honoré de Lagresille, écuyer, S^{gr} du Rocher et Puygrelier, chevalier de Saint-Louis, et de Madeleine de Chamborant, dont il resta veuf sans enfants ; 2° Marie-Marthe de Boni, par contrat du 6 février 1780, fille de haut et puissant messire Joseph de Boni de Lavergne, chevalier, S^{gr} de Montostre, Rechignevoisin, comte de Ladignac, ancien capitaine au régiment de Dauphin-infanterie, et de haute et puissante dame Marie-Marthe de Mondin de Montostre, comtesse de Ladignac, dame de Montrostre, Rechignevoisin, La Barde et Bouqueville. De ce second mariage sont issus : *Alexis-Marie-Paul*, né et baptisé à Confolens le 9 décembre 1680 ; *Rose-Hélène*, née et baptisée à Confolens le 31 janvier 1782.

Cette branche de Chamborant n'est plus représentée à Confolens que par un bâtard, reconnu et adopté par Alexis-Marie-Paul, qui en a fait son héritier universel. Il était né adultérin, son père étant marié avec une Corderoy de Malubert, dont il n'a pas eu d'enfants, et cette dernière lui a même légué aussi elle une partie de sa fortune. Il est marié à Paris avec Mlle Curmer, fille du célèbre éditeur, et est possesseur d'une grande fortune ; il a tenté plusieurs fois de se faire élire à la députation par l'arrondissement de Confolens. Il a racheté l'ancien manoir de Villevert, qui avait appartenu longtemps à la famille. Il avait pris le titre de comte de Chamborant ; mais il a été contraint de le supprimer par jugement du tribunal de Confolens, confirmé par arrêt de la Cour de Bordeaux, et de s'appeler désormais Gourseau (nom de sa mère) de Chamborant.

Un fils unique, issu de son mariage, *Albert-Marie-Paul*, est sous-lieutenant depuis le 2 octobre 1858 au 2e régiment des hussards, où il est entré par permutation, sans doute parce que ce même régiment est la continuation de celui qui s'appelait autrefois Hussards de Chamborant, du nom de son colonel.

XX. bis. (§ 4. — *Seigneurs de Maillat, Belair et Chambau.*) — Jean, S^{gr} de Maillat, 3e fils de Joachim, chevalier, S^{gr} de Périssat, La Ribière et de La Faigne, et de dame Marguerite du Pin de Joncherolles, né vers 1665, devint par son mariage S^{gr} de Chambau. Il épousa, par contrat du 29 novembre 1691, demoiselle Catherine Vidaud, dame de Chambau, fille mineure de messire Pierre, écuyer, S^{gr} de Chambau, et de Jeanne d'Asnières d'Aisenay, sa veuve. De ce mariage sont issus : *Jacques*, qui suit ; autre *Jacques*, écuyer, S^{gr} de Chambeau, après avoir servi plusieurs années au régiment d'infanterie de Beauce, se maria, en premières noces, le 3 mai 1735, à demoiselle Anne Pinot de Chadeuil, dont il n'eut point d'enfants ; et en deuxièmes noces, le 14 juin 1764, à demoiselle Valérie de Barbarin de Puyfraignoux, fille de Jean, écuyer, S^{gr} du Montet et de Puyfraignoux, et de feue dame Marie de Salignac, dont est venue une fille appelée mademoiselle de Chambau, mariée en 1778, à messire N...

de Livron, morte l'année d'après sans enfants ; *Françoise,* appelée mademoiselle de Maillat, morte sans alliance.

XXI. — Jacques, Sgr de Maillat. Belair et Chambau, né vers 1693, épousa : 1° Dlle Marguerite de Plument, dont il eut trois enfants, qui moururent très jeunes, et qui le laissa veuf ; 2° Dlle Madeleine du Pin de la Gazonnie, par contrat sous seing-privé du 27 mai 1729, mariage célébré le 3 juin suivant dans l'église de Saint-Genest de Sangon, diocèse de Limoges, fille de messire François, écuyer, Sgr de La Gazonnie, et de Jeanne de L'Épine. De ce second mariage sont nés : *Jacques,* qui suit ; autre *Jacques,* appelé le chevalier de Maillat, mort en 1764, sans alliance, étant garde du corps du roi, compagnie de Beauveau.

XXII. — Jacques, Sgr de Belair, paroisse d'Etagnac et de Maillat, et, depuis 1779, de Chambau, par la mort sans enfants de sa nièce à la mode de Bretagne, N... de Chamborant, dame de Livron, naquit vers 1731. Il épousa, par contrat du 13 mai 1748, demoiselle Marie de La Couture-Renon, fille de messire Antoine, écuyer, Sgr de Béreix, paroisse de Blond, diocèse de Limoges, et de feue Marie Mondot. D'eux naquirent : *Jacques,* le 11 août 1749, mort peu après ; *Martial,* le 5 juin 1757, épousa, après avoir été quelques années volontaire au régiment d'Artois, par contrat du 9 juillet 1782, demoiselle Catherine de Limaigne de Villepaneix, fille de Pierre et de Jeanne des Voisins, dont est venue au moins une fille ; *François,* appelé le chevalier de Maillat, né le 24 septembre 1762, se destina d'abord à l'état ecclésiastique, et entra ensuite au service du roi comme volontaire au régiment de Médoc-infanterie ; *Françoise,* née le 7 janvier 1754, religieuse cordelière au couvent de la rue de l'Oursine, à Paris ; *Marie Madeleine,* née le 14 mai 1759, religieuse à l'abbaye royale des Allois de Limoges.

XXIII. — François, Sgr de Chambau, né le 2 janvier 1750, épousa, par acte de célébration de mariage du 17 avril 1775, qui avait été ci-devant fait le 17 janvier de la même année, sans connaissance de parenté, Marie de Plument, fille de feu messire Jacques, écuyer, et de feue Marie du Theil. De cette union sont issus : *François,* né à Bouchefant, paroisse d'Étagnac, le 22 juillet 1776 ; *Madeleine,* née à Chambau, paroisse de Saint-Maurice-des-Lions, le 29 avril 1779.

La branche de Maillat est actuellement représentée par François de Chamborant, veuf sans enfants, et par François-Auguste de Chamborant, fils unique de Martial et de Catherine de Limagne, mariée à Marie-Rose Sicamois, dont un fils unique, qui a deux filles issues de son mariage avec Marguerite Sudre ; ils habitent Saint-Maurice et Confolens.

XV bis. (§ 5. — *Seigneurs de La Clavière.*) — Gaspard, Sgr de La Clavière dans la Haute-Marche, diocèse de Bourges, et, par son mariage, baron d'Azay-le-Féron en Touraine, gentilhomme ordinaire de la maison du roi, naquit vers 1506, épousa, vers 1539, demoiselle Louise de Reillac, dame baronne d'Azay, veuve de Jean Frotier, baron de Reuilly et du Blanc en Berri, fille de Bertrand, chevalier, vicomte de Brigueil et de Mérinville, premier échanson du roi Louis XI, et de Renée de Brillac d'Argy. Leurs enfants furent : *Jean,* qui suit ; *François,* qui mourut sans postérité avant l'an 1561 ; *Gabrielle,* femme, par contrat du 3 février 1558, de messire François Faulcon, chevalier, Sgr de Touron ; *Françoise,* femme, par contrat du 12 février 1568, de messire Gabriel de Pouyennes, écuyer, Sgr de Monlevis en Berri; *Aimée,* dont on ignore le sort.

XVI. — Jean qualifié haut et puissant seigneur de La Clavière et de La Bertaudière en Marche et de Chaume en Touraine, chevalier de l'ordre du roi, naquit vers 1540 ou 1541, et épousa demoiselle Anne de Rases, veuve d'Audibert de Magnac, Sgr du Repaire, fille de messire Antoine, écuyer, Sgr d'Orsaine, des Lignes et des Marches, et de Marie de Jovion. De ce mariage sont issus : *Pierre,* qui continue la descendance; autre *Pierre,* Sgr du Plaix et de Reignier, épousa Jeanne de La Mothe, veuve de Jean de Saint-Hyrier, Sgr de Monvid en Bourbonnais, fille de Pierre, Sgr d'Apremont et de La Chastre, l'un des cent gentilshommes de la maison du roi et d'Anne d'Aymey, par contrat du 26 avril 1598, et qu'il laissa veuve avant le 16 février 1628 avec un fils, Jacques de Chamborant, Sgr de Chamblet et du Plaix, qui avait épousé Catherine Billard, fille de noble homme Pierre, écuyer, Sgr de Nantillat, capitaine de la châtellenie royale de Verneuil, et de Charlotte Constant. (V., pour ce Constant, *l'Histoire de Touraine* par L'HERMITE-SOULIERS, page 140.) Il laissa pour héritière, étant mort en 1636, Élisabeth, femme, en premières noces, par contrat du 30 avril 1640, de François de La Croix, Sgr de Poumay, écuyer ordinaire du roi en 1633, dont vint Françoise de La Croix, femme de messire Jean-Baptiste Chaumel, chambellan de M le duc d'Orléans, et d'Antoinette de La Croix, mariée à N..... de Bonneval des Roches. Élisabeth épousa, en deuxièmes noces, Louis Mareschal, écuyer, Sgr de La Franchette, brigadier, des gendarmes de la garde ordinaire du roi, et mourut subitement à Paris au mois de juillet 1699; — *Jean,* Sgr du Montel; *Marguerite.*

XVII. — Pierre, chevalier, Sgr de La Clavière, de La Chaume, de Lavy, etc., lieutenant des cent gentilshommes de la maison du roi, lieutenant pour Sa Majesté au gouvernement de la ville et fort de Ham en Picardie, épousa : 1°, par contrat du 29 décembre 1636, demoiselle Diane de Gentils, fille de Charles, chevalier, Sgr de Lavi, Montechery et de Braconneau en Touraine, et d'Artuze Commacre ; de ce mariage sont issus : *Etienne,* qui continue la postérité; *Claude,* prêtre, abbé de l'abbaye d'Assertal en Alsace, près Landau, prieur de N.-D.-d'Iseure en Berri; *Françoise,* femme de Claude de La Marche, chevalier, Sgr de Parnac, par contrat du 1er mai 1627; *Isabelle,* femme, par contrat du 26 juillet 1637, de messire Jean-Bertrand, écuyer, Sgr de Beaumont, fils de messire Georges, écuyer, Sgr de Boisvert, et de demoiselle Françoise Ajasson ; 2°, par contrat du 13 janvier 1659, demoiselle Renée de La Chastre, fille de haut et puissant Sgr messire Silvain, chevalier, Sgr de Parey et de Neupoix, et de haute et puissante dame Gabrielle Pot ; il la laissa veuve peu de temps après, et sans enfants d'elle.

XVIII. — Étienne, Sgr de La Clavière, Aiguson, Puy-Laurent, Lavis et Le Noyers, maréchal des camps et armées du roi, conseiller du roi en ses privés conseils, gouverneur de Philisbourg et pays adjacents, lieutenant des cent gentilshommes ordinaires de la maison du roi, mestre de camp de deux régiments, l'un de cavalerie, l'autre d'infanterie, naquit vers 1597, épousa, par contrat du 28 mai 1639, demoiselle Marie-Philippes, fille de noble homme Fiacre, écuyer, Sgr de Grand-Maison, conseiller du roi, trésorier général de ses finances en la généralité de Soissons, et de Marie

Germain. De ce mariage sont issus : *Pierre,* qui suit; *Marie,* femme, par contrat du 18 octobre 1660, de François de Barbançois, fils aîné de haut et puissant Sgr messire Silvain, et de Marguerite de Bridiers ; *Isabelle,* accordée en mariage, le 18 décembre 1668, à haut et puissant seigneur messire Jean de La Châtre, chevalier, Sgr de Brillebaud, Brientes, Fontancier et Les Coults; mais elle ne l'épousa pas, et devint peu de temps après femme de haut et puissant seigneur messire Paul de Bridiers, chevalier, seigneur, baron de Saint-Julien; *Madeleine, Élisabeth, Marguerite,* ces trois dernières religieuses à Longefort, ordre de Fontevault.

XIX. — Pierre, appelé le marquis de La Clavière, chevalier, Sgr du dit lieu et de Puylaurens, Aiguson, Villemandeur, capitaine de cavalerie au régiment de Rorthais, né au château de La Clavière (Haute-Marche) le 3 août 1655, fut en 1670 page de Louis XIV en sa grande écurie, et en 1675 cornette de cavalerie au régiment de Calvo, fut fait capitaine d'une compagnie de cavalerie au régiment de Rorthais, à la tête de laquelle il fit toutes les campagnes de guerre d'alors jusqu'à la paix de 1714. Il épousa, par acte de célébration de mariage du 6 avril 1683, demoiselle Marie-Anne Lefort de Villemandeur, fille de messire Georges, chevalier, baron de Cernois, Sgr de Villemandeur, et d'Anne de La Lande en Orléanais. Leurs enfants furent : *Alexandre-Étienne,* appelé le marquis de Puylaurens, paroisse de Saint-Georges-des-Landes, ressort de Montmorillon, chevalier de Saint-Louis, lieutenant des vaisseaux du roi, l'un des écuyers de main de la feue reine, naquit au château de La Clavière le 25 novembre 1685; *Claude,* qui suit; *Henri,* reçu chevalier de Malte en la vénérable langue du grand-prieuré de France, par bref de minorité, et mort au château de Looze en Champagne, âgé de six ans, le 1er janvier 1705; *Marie-Anne,* femme, par contrat du 14 novembre 1721, de messire André Hébert, Sgr de Pallière, de Saint-Allyre, baron de Châteldan et vicomte de Ferrières, introducteur des ambassadeurs et princes étrangers près Sa Majesté, fils de N......, gouverneur de Pondichéry, et avait pour frère l'évêque d'Agen.

XX. — Claude, Sgr de La Clavière, Aiguson, Villemandeur, etc., appelé le comte de La Clavière, chevalier de Saint-Louis, lieutenant-général des armées du roi, gouverneur de Montmédy, du Pont-d'Arlos en Bugey, et en même temps de la personne de Louis-François-Joseph de Bourbon, comte de la Marche, prince du sang, puis premier gentilhomme de ce prince lors de son mariage, naquit le 3 juillet 1688. Il épousa demoiselle Marie-Anne Moret de Bournonville, par contrat du 18 juin 1728, fille de messire Louis, chevalier, Sgr de Bournonville, colonel du régiment, colonel-général des dragons de France, et de Catherine Duret de Saint-Christ. De ce mariage sont issus : *Louis,* né et baptisé le 7 mars 1729, mort à l'âge de quatre ans; — *André-Claude,* qui suit; *Marie-Anne-Thérèse,* née le 4 septembre 1731, première dame d'honneur de S. A. S. madame la princesse de Conti, avait épousé haut et puissant seigneur messire François-Jean de La Myre, comte de Maury, mestre de camp, de cavalerie, capitaine des gardes de S. A. S. monseigneur le prince de Conti : *Aglaé-Félicité,* née le 17 décembre 1738, morte le 2 avril 1746, pensionnaire au couvent de la Visitation de Sainte-Marie de Montargis.

XXI. — André-Claude, Sgr de Villemandeur, Burron, La Picardière, etc., chevalier de Saint-Louis, maréchal des camps et armées du roi, gouverneur du Pont-d'Arlos, commandant pour Sa Majesté dans la Lorraine allemande, grand bailli d'Allemagne, séant à Sarreguemines, mestre de camp, propriétaire d'un régiment de cavalerie hongroise de son nom, ci-devant colonel-lieutenant de celui d'infanterie de M. le comte de la Marche, et inspecteur général de la cavalerie hongroise, premier écuyer de Louis-Joseph de Bourbon-Condé, prince du sang, naquit le 3 février 1732 à Paris, et fut baptisé dans l'église de Saint-Roch, entra le 11 décembre 1742, surnuméraire dans la seconde compagnie des mousquetaires de la garde ordinaire du roi, et passa page du roi en sa petite écurie en avril 1745, etc., etc. Il épousa : 1°, par contrat du 26 février 1759, signé de Leurs Majestés et de la famille royale, demoiselle Marie-Louise-Perrine Richard de Fondville, fille de Pierre-Denis-Claude, écuyer, et de Louise-Marie Bailly de Saint-Marc. Elle est morte à Paris, et a été inhumée dans l'église de la Madeleine, sa paroisse, en 1762, laissant une fille des deux qu'elle avait eues, à savoir : *Balzamie-Marie*, née le 25 novembre 1761, morte au Mans, dans sa onzième année, en 1771 ; *Alexandrine*, née à Paris, baptisée le 13 décembre 1762, morte peu après sa naissance ; 2° par contrat du 3 février 1770, signé du roi et de la famille royale, demoiselle Marie-Julie Vassal, fille de messire Jean, écuyer, et de Julie de Veil, qui mourut de la petite vérole à Sarreguemines dans la Lorraine allemande, en avril 1781, laissant son mari veuf avec trois filles : *Jeanne-Julie-Thérèse*, née à Paris, hôtel de Condé, le 7 novembre 1770, reçue chanoinesse du chapitre noble de Neuville par brevet du 8 février 1777 ; *Justine-Rose*, née au même hôtel le 27 août 1772, reçue dame chanoinesse, comtesse de Neuville, le même jour que sa sœur ; *Gabrielle-Adélaïde*, née le 5 mai 1774, baptisée le 7 dans l'église de Saint-Roch, morte à Sarreguemines en 1776.

IX bis. (§ 6. — *Seigneurs de Lavaux*.) — Guillot, présumé fils de Geoffroy, III° du nom, dont il est fait mention aux plaintes que la comtesse de la Marche porta, en 1263, au roi saint Louis, contre Thibault de Neuvy : on croit que c'est ce Guillot-ci qui servait sous Claudin d'Arenviller, maréchal de Normandie, en 1367, et en avril 1370 sous Pierre d'Alençon, double banneret en Normandie, qui fut père de Guillaume, qui suit.

X. — Guillaume, écuyer du corps du roi, est présumé père d'autre Guillaume, qui suit :

XI. — Guillaume, qualifié de noble et puissant homme, chevalier, Sgr de Lavaux, qu'on croit fils du précédent, et qui naquit vers 1335, épousa Enord de Saint-Maur, fille de Gui, chevalier, et de Marguerite de Montauzier, qui le rendit père de : *Hélion*, qui suit ; *Guillaume*, auteur de la branche du Terrail, rapportée ci-après ; *Héliette*, femme de noble homme Jean Le Grouing, damoiseau, Sgr de La Mothe-au-Grouing. (V. T. VIII, page 142 de *l'Histoire des grands-officiers de la couronne*, art. GROUING.)

XII. — Hélion, qualifié de noble et puissant homme, chevalier, Sgr de Lavaux, épousa noble Enord Pot, dame de Vaux et de Varenne, fille de Guillaume, II° du nom, chevalier, Sgr de La Prugne, Le Balaffier, Champrois et de Piégu, et de Blanche de La Trémoille, sa première femme ; il fut père de *Guillaume*, qui suit :

XIII. — Guillaume, écuyer, Sgr de Lavaux et de Varennes, eut de N....., sa femme : *Hugues*, qui suit ; *André*, dont on ne connaît pas le sort.

XIV. — Hugues ou Huguet, qualifié noble et puissant homme, messire et chevalier, conseiller et chambellan du roi, chevalier, S^{gr} de Lavaux, La Mothe-Feuilly, La Ferté-sous-Reuilly, etc., né vers 1420 ou 1425, servit sous les règnes de Charles VII et Louis XI, épousa noble demoiselle Catherine de Voudeny, fille de messire Drouin, chevalier, S^{gr} de Menetou-sur-Cher, de La Mothe-Feuilly et de La Ferté-Gilbert, et de dame Lignières. De ce mariage vinrent : *François*, qui suit ; *Jeanne*, femme de magnifique et puissant homme Antoine de Levy, comte de Villars, S^{gr} de Sury-le-Comtal, Saint-Marcelin et de Châtelard, fils d'Antoine, comte de Veyland, vicomte de Lautrec, baron de La Roche et d'Annonay, et d'Isabelle de Chartres, dame d'Onsambray ; *Louise*; *Catherine*; le sort de ces deux dernières est inconnu.

XV. — François, qualifié noble homme, écuyer, S^{gr} de Lavaux, de Mêne, La Mothe-Feuilly, etc., écuyer de l'écurie du roi, naquit vers 1440 ou 1445, et commença à servir sous le règne de Louis XI, et continua sous celui de Charles VIII. Il épousa noble demoiselle Dauphine d'Aubusson, fille de noble et puissant seigneur messire Jean, chevalier, S^{gr} de La Borne et du Dognon, conseiller, chambellan du roi, et de haute et puissante dame Agnette de Saint-Georges-Vérac, dame de Champignelle, dont il eut : *Jean*, qui suit ; *Pierre*, né vers 1445 (date fausse), présumé père d'Adrien, qualifié noble homme, écuyer, S^{gr} de La Faye, qui vivait le 26 août 1544. Cet Adrien épousa demoiselle Jeanne Ajasson, fille de messire Guiot, chevalier, S^{gr} de Vot, et de Grandsaigne; et de Jacqueline de Barbançois de Sarsay; il était S^{gr} de La Faye et de Montlevie. Il fut père des deux enfants ci-après : 1° Arthus, qualifié noble homme, écuyer, S^{gr} de La Faye; 2° Gilbert, qui épousa Madeleine Le Bègue, testa le 28 mars 1580, et laissa ses biens à Gabriel, son fils, écuyer, S^{gr} de Beauregard, qui, le 17 janvier 1588, vendit conjointement avec sa femme, Elisée de Chauvigny, à Jean de Chamborant, S^{gr} de La Clavière, quelques dîmes sises en la paroisse d'Argenton. Arthus eut pour enfants : Charles, écuyer, S^{gr} de La Faye et de Montlevy, qui épousa une femme dont le nom est inconnu, et qui le rendit père d'au moins une fille : *Marie*, alliée, par contrat du 25 avril 1599, avec noble homme Claude André, où elle est dite fille de feu Charles de Chamborant, S^{gr} de Montlevy; autre Charles, qualifié noble et scientifique personne, religieux de l'abbaye de D.ols, S^{gr} de Magny. Les enfants de Gabriel de Chamborant et d'Élisée de Chauvigny furent : *François*, *Élisée*, *Pierre*, religieux chambrier de l'abbaye de Deols, et prieur des prieurés de Magny, Surins et de Genouillac. Gabriel, devenu veuf se remaria avec demoiselle Lucrèce de La Tousche, qui à son tour demeura veuve avant le 25 avril 1616, jour auquel elle vendit la métairie de Fraigne, paroisse de Sarsay; elle avait une fille appelée Marguerite.

XVI. — Jean, écuyer, S^{gr} de Lavaux, de Mêne, naquit vers 1461, eut pour enfants : *Gabriel*, qui suit ; *François*, qui, le 17 décembre...., était curateur de Joachim et de Louis de Chamborant, enfants de Louis, son frère.

XVII. — Gabriel, chevalier, S^{gr} de Lavaux, de Mêne, naquit vers 1493, servit sous François 1er, était le premier homme d'armes, le 18 juillet 1525, dans la compagnie d'ordonnance de Louis d'Ars, duc de Terme, composé de 50 hommes d'armes et de 113 archers. Il épousa demoiselle Louise de Saint-Maure ou Saint-Mort, dont il eu sept enfants, rapportés dans un partage provisionnel du 20 juillet 1546 : *Gabriel*, chevalier, Sgr de Lavaux, de Mêne et de Betoulades, servit longtemps soit dans la compagnie du marquis de Villard, grand amiral de France, soit dans celle de François de France, duc d'Alençon, frère du roi, duquel il fut écuyer d'écurie ; faisait partie de la maison de madame Élisabeth de France, fille de Henri II, en qualité de maréchal-des-logis de cette princesse lorsqu'elle se maria avec Philippe II, roi d'Espagne, en 1549 ; il épousa Radegonde de Lezay, fille de René, chevalier de l'ordre du roi, Sgr de Marais-Saint-Etienne, Lemont, Saint-Genard, Lalande, Ravestisson, du Viviers et du Chesne, et de Françoise d'Allery ; *Léon*, qui suit ; *Joachim* servit dans la compagnie de M. de Coucy, Sgr de Buire, depuis le 30 avril 1551 jusqu'au 20 août 1555 ; *Louis*, dont on ignore le sort ; *Marie*, marié, le 29 novembre 1568, à messire François Leclerc, écuyer, lesquels eurent pour fille unique : *Jeanne*, femme de messire Pierre d'Argières, écuyer, Sgr du Breuil ; *Marguerite*, femme de messire François de Magnac, écuyer, dont une fille unique appelée *Didière*, mariée à messire André de Riffault, écuyer, Sgr de Beauregard ; N... fille, religieuse.

XVIII. — *Léon*, écuyer, Sgr en partie de Lavaux, de Mêne et du Pleix-Goulard, né vers l'an 1530, était homme d'armes, en 1557, dans la compagnie d'ordonnance du prince de Condé. Il épousa : 1º demoiselle Françoise de Rance, fille de messire Léon, chevalier, Sgr de La Chapelle-Barejou et du Chastellie en Berri, capitaine de Crozan, et de feue Marie de Magnac, par contrat du 12 février 1555, dont : *Jean*, qui suit ; *Renée*, marié à messire Gabriel de Mondain, écuyer, Sgr de Montostre, dont est descendu *François*, qui avait épousé Marie-Anne de Chamborant, de la branche de Droux ; 2º demoiselle Charlotte Augustin, de la Courbat, dont il eut : *Martine*, femme de Robert de Forges, écuyer, fils de messire Louis, Sgr de Bois-Garnier et de Renée Descolard, par contrat passé au château du Pleix, paroisse de Mêne, le 15 février 1599.

XIX. — *Jean*, écuyer, Sgr du Pleix-Goulard et de Mêne, né sous le règne de François II, mort en 1560, eut pour femme demoiselle Marie de Tiercelin, et fut père de *Silvaine*, femme, par contrat du 16 février 1607, de messire François de La Selle, écuyer, fils de Louis, écuyer, Sgr de Bouairy, Lagarde-Montgalbrun, vicomte de Châteaucloud, et de Marguerite de Bridiers ; *Gabrielle*, marié, peu de temps après sa sœur, à messire Jean de Chamborant, Sgr du Montet, troisième fils de Jean, chevalier, Sgr de La Clavière, de La Chaume et de La Berthaudière, chevalier de l'ordre du roi, et d'Anne de Razès.

XII. bis. (§ 7. — *Seigneurs du Terrail et de Jouillac*) — Guillaume, damoiseau, deuxième fils de noble homme Guillaume, chevalier, Sgr de Lavaux et d'Aénord de Sainte-Maure, naquit vers 1387 ou 1388, et épousa noble dame Agnès de La Chapelle, dame du Terrail, terre qu'elle lui porta. Ils eurent pour enfants : N... qui suit ; *Imbert*, écuyer, Sgr de Jouillac, qui resta célibataire, ou tout au moins ne laissa pas d'enfants, puisqu'il donna à Jean de Chamborant, écuyer, Sgr du Terrail, présumé son neveu, la seigneurie de Jouillac.

XIII. — N... fut père de *Jean*, qui suit :

XIV. — *Jean*, écuyer, Sgr du Terrail et de Jouillac, fut père de *Pierre*, quit suit ; *Jacques,* pitancier de l'abbaye de Massay, diocèse de Bourges, le 8 octobre 1484.

XV. — Pierre, qualifié noble homme, écuyer, S^{gr} du Terrail, Bonneval, Jouillac et des Portes, eut pour femme demoiselle Souveraine de Chamborant, par contrat du 21 août 1481, fille de noble et puissant messire Jacques, chevalier, S^{gr} de Droux et de La Clavière, et de haute et puissante dame Marguerite Chauvet. Leurs enfants furent : *Martin,* qui suit ; *Pierre,* dont le sort est inconnu.

XVI. — Martin, qualifié noble homme, écuyer, S^{gr} du Terrail, Jouillac et de Pionnat, naquit vers l'an 1482, servait encore le roi Louis XII le 25 mai 1513, homme d'armes de la compagnie de M. de La Trémoille, prince de Talmon, et continua dans la même compagnie sous le règne de François 1er, au moins jusqu'en 1522. Il se maria deux fois : 1° à Honorée Bertrand, dont il eut une fille unique, *Catherine,* femme, par contrat du 24 octobre 1546, de messire Gilbert de Peyroux, chevalier, S^{gr} de Saint-Hilaire en Auvergne ; 2° à demoiselle Madeleine d'Aubusson, fille de haut et puissant S^{gr} messire Jean, chevalier, seigneur de La Feuillade, laquelle resta sa veuve, et épousa en deuxièmes noces Claude de La Trémoille, écuyer, S^{gr} de Fontmorand. Les enfants du second mariage de Martin de Chamborant furent : *Jean* qui suit ; *César* dont le sort est inconnu.

XVII. — Jean, S^{gr} du Terrail, servit le roi François Ier comme homme d'armes dans la compagnie d'ordonnance de M. de Maugiron, suivant la revue faite à Perpignan le 15 septembre 1542, épousa demoiselle Louise de Châteaubodeau, fille de Jean, chevalier, S^{gr} de Champ, de Malleret, Saint-Fériole, Quinsaine, et de Marguerite de Cor-de-Bœuf, dame de Beauverger, par contrat du 27 janvier 1334. Ils eurent pour enfants : *François,* dont le sort est inconnu ; *Marguerite,* femme de messire Étienne Fort, S^{gr} de La Chassaigne et des Mouneyroux en Marche, par contrat du 21 septembre 1586.

On trouve encore un Jean de Chamborant dans cette branche ; mais il ne peut être que le fils du précédent, et n'a dû naître que vers l'an 1540, puisque, dans le procès-verbal des preuves testimoniales de la noblesse de Jacques du Mosnard, pour sa réception dans l'ordre de Malte, en date du 16 mars 1600, il ne se dit alors âgé que de cinquante-neuf ans : c'est tout ce qu'on sait de lui. — (Frédéric de Chergé.)

CHANAC (p. 352). — Les notes suivantes sont extraites de l'inventaire des titres du château de Pompadour :

1271. — Donation faite par noble dame Alamande, femme de noble Élie de Castella, chevalier, à sa fille Valérie, du Mas-de-las-Chaucas, paroisse de Sainte-Fortunée, et de celui de La Rogeyrie, paroisse de Saint-Hilaire ; et, en cas de défaut de postérité de la part de la dite demoiselle, sa fille, elle lègue les dits biens et tous autres à elle appartenant à son frère, Pierre de Chanac, damoiseau, et aux siens. Cet acte est scellé de quatre sceaux entiers. Guillaume Forcherii et Hélie de Castella, damoiseaux, sont témoins.

1283. — L'inventaire mentionne une donation à Pierre de Chanac par Aloïde de Chanac, sa sœur. Ce doit être la religieuse des Allois citée sans son prénom dans les *Études hist. sur les monastères du Lim.,* n° XIV.

1284. — Donation à Pierre de Chanac par noble dame Almodie, sa sœur, femme de noble Pierre *Regnaldi*, damoiseau ; — sans doute le Pierre Arnaud du n° VII.

1285. — Quittance de la dot de damoiselle *Adélaïde de Chanac*, mariée à noble Pierre de La Tour, damoiseau. La dite quittance, qui consiste en 1,000 sous d'or une fois payés, et 200 sous de rentes, donnée par la dite demoiselle à Pierre de Chanac, son père, en présence de Guillaume de Moneirols, Guillaume de La Cour, Guillaume Escharpat, et Bernard Laporte, damoiseaux.

1311. — Deux quittances, desquelles il résulte que Dulcie de Chanac, citée au n° VIII, était mariée à noble Robert d'Anglars, fils de Hugues, chevalier. — Son frère, Gui de Chanac, est qualifié *damoiseau*, dans deux actes de 1310.

1327. — Partage entre *magne nobilitatis potencie et discretionis* Guillaume de Chanac, archidiacre de l'église métropolitaine de Paris, et de noble Guy de Chanac, chevalier, son neveu...... Le dit seigneur Guy promet de faire ratifier le présent partage par nobles dames Dauphine, sa mère, Isabeau, sa femme, Eustachie, sa belle-sœur, et par tous ses frères et parents non nommés. Les quatre frères dont il est parlé au n° VIII étaient trois moines et un évêque. Nous ne savons quel autre frère aurait pour femme Eustachie. 1332. — Gilbert, l'un des dits frères, est qualifié moine d'Uzerche dans un acte de 1332.

1339. — Un acte de fondation de quatre chapelains à Alassac par *Guillaume* de Chanac, évêque de Paris, pour le repos de son âme et de celle de noble Pierre de Chanac, chevalier, son *frère*, qui avait déjà fondé une chapellenie au même endroit par son testament, que le dit seigneur évêque ordonne et prétend être exécuté. 1340. — Ratification de cette fondation par noble Guy de Chanac, chevalier, et Hélie, son fils. — (Joseph Brunet.)

On trouve dans *l'Hermite de Soulier* que, au commencement du XVIe siècle, Valérie de Chanac, épousa Léonard, Sr de Genouilhac, dont elle eut Léonarde de Genouillac, mariée, en 1540, à Pierre du Verdier, Sgr de La Congère. La filiation se poursuit dans la famille du Verdier de Genouillac, mmédiatement pourvue ainsi de la seigneurie de Chanac, et dont les représentants sont aujourd'hui fixés en Anjou et en Bretagne. — (Roy de Pierrefitte.)

CHAPELLE DE JUMILHAC (p. 357.) — I. — Léonard de Jumilhac, écuyer, Sgr de Peuvinaud (1), 1709, 1733, et de Contéri, 1717, avait épousé Jeanne de Colas, dont il eut : 1° Marie-Jeanne, baptisée le 26 juin 1711, mariée au mois d'août 1733, avec Jacques Larte du Leyris, de la paroisse de Royère, en présence de Françoise de Jumilhac et de Louis de Colas, ses parents ; 2° Louise, baptisée le 20 août 1717, encore fille le 27 septembre 1749.

II. — François Chapelle de Jumilhac, écuyer, Sgr de Puivinaud, probablement fils de Léonard, fut marié à Anne Mondain de La Maison-Rouge, dont : 1° Jeanne, baptisée le 22 octobre 1738; 2° Anne, mariée le 29 septembre 1766, à l'âge de vingt-cinq ans, avec messire Jacques-

---

(1) Commune de Saint-Aignan-de-Versillat, canton de La Souterraine (Creuse).

Urbain Dalesme, Sgr de Vouhet et du Breuil, âgé de vingt-huit ans, fils de feu messire Léonard Dalesme, écuyer, Sgr du Breuil, et de dame Marie-Anne Ribière, de la ville de La Souterraine. — (Regist. de Saint-Aignan-de-Versillat.)

Messire Louis Chapelle de Puivinaud, 1er juin 1758. — *(Idem.)*

François de Jumilhac, du diocèse de Limoges, desservit d'abord par commission la paroisse d'Azerable, du 22 septembre 1712 au 27 février 1713, et fut ensuite curé en juillet 1714 jusqu'à sa mort, arrivée le 25 janvier 1738. Il fut inhumé dans son église. — (Registres d'Azerables.)

Philibert de Jumilhac, chevalier, baron de Montaigut-le-Blanc (1), en 1654, eut pour héritiers Jean-François de Jumilhac, baron de Langoyran, Sgr d'Arfeuille, dont Marie d'Esparbès de Lussan était veuve en 1727, et messire Joseph de Jumilhac, lieutenant du roi en Périgord au département de Sarlat, et enseigne de la première compagnie des mousquetaires du roi. — (Archives de la Creuse. — Montaigut-le-Blanc.)

Armes : *d'azur à une chapelle d'or* d'après Vertot et La Chesnaye, ou de *sinople* d'après Laîné, *au Nobil. de la génér. de Lim.* — (A. BOSVIEUX.)

En 1821, à la mort du duc de Richelieu, le roi ne voulant pas qu'un si beau nom, auquel se rattachent tant de glorieux souvenirs, fut éteint, l'a transmis, avec la pairie, à M. Odet de Jumilhac, l'un des neveux de cet homme célèbre.

CHAPITEAU (p. 361). — Nous possédons une généalogie de cette famille, dressée sur actes authentiques. En voici la filiation : I. — Pierre, Sgr de Rémondias, 1570, épousa Isambeau Lambert. — II. — Denis épousa : 1° Marguerite De Lâge; 2° en 1599, Favienne Guy. — III. — Salomon épousa, en 1647, Isabeau Chauvet. — IV. — Gui épousa, en 1681, Charlotte Lurat. — V. — Salomon épousa, en 1709, Marie-Guillemine des Farges. — VI. — Pierre-Jean épousa, en 1732, Marie-Anne Hastelet. — VII. — Salomon épousa, en 1763, Thérèse Du Rousseau de Chabrot. — VIII. — Charles épousa, en 1786, Marie Guyot d'Asnières. — IX. — Salomon-Charles épousa, en 1819, Jeanne-Marie Bloin. — XI. — Charles-Marie épousa, en 1860, Marie Félicité du Buc de Marcussy, dont Charles-Edmond-Marie Gérard, né en 1862. — II bis. *(Branche de Guissale)*. — Antoine épousa Romaine de Bord. — III. — Léonard épousa, en 1643, Gabrielle Ithier. — IV. — Salomon. — V. — Pierre. — VI. — Antoine, vivait en 1720. — N... Chapiteau, Sgr de Guissale, est au ban de la noblesse en 1758. — Salomon Chapiteau, Sgr de Guissale, est à l'assemblée de la noblesse de 1789.

CHAPT DE RASTIGNAC (p. 362). — Louis-Jacques, deuxième fils de François du n° XI, fut, le 29 décembre 1720, nommé évêque de Tulle par la démission de son prédécesseur André-Daniel de Sainte-Aulaire, il fut sacré, dans l'église des jésuites de Luçon, le 1er janvier 1720. Ses armes étaient : *d'azur à un lion d'argent armé, couronné et lampassé de gueules*. Cette famille a sa généalogie dans le *Nobiliaire* de Saint-Allais, ainsi que dans celui d'Auvergne. D'après ces derniers, le lion de ses armes est *armé, lampassé et couronné d'or*.

---

(1) Commune du canton de Saint-Vaury, arrondissement de Guéret (Creuse).

CHARDEBŒUF (p. 363). — Demoiselle Marguerite de Chardebœuf de Pradel, de la ville et paroisse de Magnac (Laval), marraine de deux des filles de Louis qui suit, les 15 janvier 1705 et 4 octobre 1720.

Demoiselle Marie de Chardebœuf, est marraine le 1er août 1683.

Louis de Chardebœuf, le cinquième enfant de Jean et d'Hélène de La Chassaigne, baptisé le 9 novembre 1666 (V. supra, p. 364), fut seigneur de Pradel et d'Étruchat par son père, du Genest (1) et de Montjouan (2) par sa mère. Qualifié d'abord seulement écuyer, il prend, dans un acte du 20 août 1717, le titre d'*écuyer-chevalier*, qu'on trouve assez souvent employé à cette époque. Le 4 novembre 1724, il était déjà ancien capitaine au régiment de la marine, et pensionnaire du roi. Il mourut, le 10 décembre 1755, à l'âge de quatre-vingt-dix ans. Il avait épousé Marguerite de Trevay, décédée, le 25 juillet 1722, à l'âge de quarante ans, et inhumée aux tombeaux de Montjouan, dans l'église d'Azerables, devant l'autel de Notre-Dame. De ce mariage vinrent : 1° Marie, mariée, le 4 novembre 1724, avant l'aurore, à messire Jean-Claude de La Cour, chevalier, Sgr des Bordes et autres lieux, chevalier de Saint-Louis, capitaine de dragons au régiment de Lépinay, et un des capitaines des chasses de S. A. S. Mgr le duc de Bourbon, veuf de dame Marie-Gabrielle de Vignolle, de la paroisse de Puiferrant; 2° Marguerite, baptisée le 15 janvier 1705; 3° Jean, baptisé le 14 juin 1709, qui figure comme parrain dans un acte du 4 octobre 1720; 4° Louis, baptisé le 11 novembre 1706; 5° Louis-Claude, décédé à l'âge de seize ans, le 19 mars 1734, et inhumé dans l'église d'Azerables, devant l'autel de Notre-Dame; 6° autre Marguerite, baptisée le 4 octobre 1720. — (Archives de la Creuse. — Registres d'Azerables, de Saint-Aignan Versillat.)

Les armes de Chardebœuf, telles que les donne Nadaud, sont enregistrées à l'*Armorial général* de 1697. — (A. BOSVIEUX.)

Héliot Chardebœuf, Sgr de Vareilles, figure, en 1470, à la montre de la noblesse de la Marche. (Archives de Pau, E 651.)

V. — Louis, époux de Marie de Vérines, eut : 3° Jean, né à La Grand-Roche le 18 et baptisé à Magnac-Laval le 22 septembre 1681.(Registres de Magnac-Laval.)

Jean-Baptiste, marquis de Pradel (p. 366, ligne 6.) fut capitaine d'une compagnie de carabiniers en 1742. — (VICOMTE DE MAUSSABRÉ.)

Eutrope-Aléxis, dit *l'abbé de Pradel*, abbé commendataire d'Evron, déporté pendant la révolution, fut ensuite archidiacre et vicaire général, puis chanoine titulaire de Poitiers. — (LEGROS. — *Catalogue des prêtres*.)

CHARDON (p. 366). — Le nom unique de cette famille est Chardon. Elle est originaire des confins du Berry et du Poitou, où l'on constate son existence dès la fin du XIIe siècle. Ses armes sont *d'argent au lion de gueules*, alias *de gueules au lion d'argent, lampassé et armé d'or*. — (VICOMTE DE MAUSSABRÉ.)

Françoise de Chardon, héritière d'autre Françoise, sa sœur, apporta la terre de La Fortillesse, paroisse de Bonneuil (Indre), dans la famille de Biencourt, par son mariage avec Gabriel de Biencourt, écuyer, Sgr de Peyzat, paroisse de Genouilhac (Creuse). Elle était déjà mère de plusieurs

(1-2) Commune d'Azerables, canton de La Souterraine (Creuse).

enfants en 1657 et 1663 ; veuve en 1668. (Titres de la famille de Biencourt, aux archives de la Creuse). — (A. Bosvieux.)

CHARPIN DE GENÉTINE (Antoine de), né à Suse en Piémont, chanoine-comte de Lyon et vicaire général de l'évêque de Saint-Flour Joachim-Joseph d'Estaing, fut nommé évêque de Limoges pour succéder à François de Carbonel, qui s'était démis librement au mois d'avril 1706. Charpin de Genétines fut sacré à Lyon par l'archevêque de cette ville, assisté des évêques de Saint-Flour et de Bellay, le 23 janvier 1707. Peu après, il prit possession de son évêché, et, le 26 mai de la même année, de l'abbaye de Pébrac, de l'ordre de Saint-Augustin, au diocèse de Saint-Flour. En 1711, il assistait à l'assemblé générale du clergé de France. Ce fut sous son épiscopat, le 24 septembre 1720, qu'un paysan ayant touvé une statue de la sainte Vierge en bois de noyer dans un pré voisin du bourg d'Aigurande, qui était alors de l'ancien archiprêtré de Chirouse, et du diocèse de Limoges, on bâtit, près de l'église paroissiale du lieu, une chapelle qui fut bénite le 5 avril 1723, et qui, connue sous le nom de *Notre-Dame d'Aigurande*, est devenue célèbre, dans les provinces d'alentour, par de nombreuses guérisons miraculeuses. Les armes de cet évêque étaient : *d'argent à la croix ancrée de gueules alaisée ; au franc quartier d'azur chargé d'une étoile d'or. Couronne de comte.* — (Roy de Pierrefitte.)

CHASTAIGNAT (p. 368). — Le 12 mars 1720, fut inhumé, dans l'église de Pontarion, aux tombeaux des seigneurs du lieu, le corps de messire Pierre de Chastaignat, chevalier, Sgr de La Tour, ci-devant colonel du régiment de Charost, chevalier de Saint-Louis, décédé à l'âge de soixante-un ans. Assistèrent à l'enterrement : Charles de Chastaignat, Sgr de Masléon et de Pontarion, grand-prévôt du Limousin, frère du défunt, et Joseph de Chastaignat, capitaine au régiment de Blésois, neveu du défunt et fils de Charles.

Jean, écuyer, Sgr de Neuvy et de Pontarion, était fils de Charles et frère de Joseph qui précèdent ; il avait epousé Jeanne Croisier, qui décéda au château de Pontarion, le 11 juillet 1743, à l'âge de soixante-trois ans. Il mourut lui-même, le 2 avril 1745, âgé de soixante-un ans, et fut inhumé dans l'église de Pontarion, alors interdite. De son mariage naquirent : 1° Joseph, baptisé le 6 avril 1724, qui eut pour parrain son oncle, capitaine au régiment de Blésois, et qui mourut jeune et sans enfants, puisqu'il n'assistait pas au mariage de sa sœur, célébré en 1743, et que celle-ci apporta en dot à son mari les seigneuries paternelles ; 2° Marie, baptisée, d'après Nadaud, le 1er septembre 1714, et mariée, le 10 mars 1743, à Michel de Corbier, qui devint par elle baron de Pontarion.

Marie-Thérèse, épouse d'Etienne de Corbier, écuyer, Sgr de Corbier, qui mourut le 18 avril 1771, au château de Pontarion, était vraisemblablement la sœur de Charles, de Pierre et de Jean de Chastaignat.

Sources : Registres de la paroisse de Thauron et Pontarion, son annexe, aux archives de la commune de Thauron (Creuse). — (A. Bosvieux.)

CHASTEL (Pierre du), 23e évêque de Tulle, portait : *d'argent à une croix de gueules ancrée, cousue de sable à la partie qui forme ancre.* Baluze le déclare très illustre et très savant (*vir clarissimus et doctissimus*). Voici l'article que Nadaud lui consacre dans sa liste des évêques de Tulle : j'y ajouterai seulement, d'après Baluze, que Pierre du Chastel fut nommé *prévôt d'Évaux* (aujourd'hui Creuse) peu avant d'être fait évêque de Tulle, et que ce fut en 1551 qu'il fut transféré à Orléans. — « Pierre du Chastel naquit à Arc-en-Barois (et non pas à Archy, comme le disent les biographes) en Bourgogne, d'une famille noble. Après avoir étudié et régenté à Dijon, il voyagea en Allemagne, et s'arrêta à Bâle, où il se concilia l'estime et l'amitié d'Érasme, qui le fit correcteur de l'imprimerie du célèbre Froben : quoique digne, par sa capacité, d'un emploi très honorable alors, il ne le conserva pas longtemps, et revint en France. Le désir d'étendre ses connaissances le conduisit en Italie et dans la Grèce. Partout il parut en savant, et s'acquit une grande réputation. Aussi recommandable par sa probité que par son érudition, il mérita de parvenir aux premières dignités de l'Église. François Ier le fit d'abord son lecteur et son bibliothécaire, chanoine de la Sainte-Chapelle de Paris, puis évêque de Tulle en 1539. Il fut pourvu de l'évêché de Mâcon en 1544, devint grand-aumônier de France en 1548, passa au siège d'Orléans, et mourut(1), dans cette dernière ville, le 3 février 1552, d'une attaque d'apoplexie qu'il avait eue la veille en prêchant la parole de Dieu. Le chancelier de L'hôpital a célébré une mort si glorieuse. On peut dire à son occasion : *Decet stantem imperatorem mori.* Pierre du Chastel était très versé dans les langues orientales, et prêchait avec éloquence. On a de lui quelques ouvrages, et, entre autres, deux oraisons funèbres de François Ier. Baluze les a publiées en 1674, avec la vie de ce docte prélat, composée par Pierre Galand. — (Roy de Pierrefitte).

CHASTENET (p. 369). — Au mois de février 1662, Pierre de Chastenet, écuyer, Sgr de Mérignac (2), émancipé d'âge, procédant sous l'autorité de son curateur, et en présence et de l'avis de ses oncles maternels, François de Montholon, conseiller du roi, avocat en parlement, et Claude de Sainte-Marthe, prêtre, donne procuration pour traiter de la dot de ses sœurs, Hyacinthe et Ysabeau de Chastenet, qui se préparaient à entrer en religion au couvent de Blessac. — (Archives de la Creuse. — Blessac.)

François, Sgr de Soubrebost, le 20 décembre 1713, était probablement marié à Françoise de Malleret, qui se qualifiait dame de Soubrebost dans un acte du 12 janvier 1718.

Jeanne, épouse de Léonard Rouchon, figure dans un acte du 12 janvier 1718. — (Registres de Pontarion.)

Léonard et François, cités par Nadaud, assistent comme témoins au contrat de mariage d'Emmanuel Doumy, sieur de Mansat, et de Gabrielle de Bridier, en date du 19 août 1619, et sont qualifiés : le premier, conseiller du roi, lieutenant-général en la sénéchaussée du haut pays du Limousin à Limoges ; le second, écuyer, Sgr du Liége. — (Titres de M. Adrien de Gartempes, avocat à Guéret.) — (A. Bosvieux.)

---

(1) Il ne mourut pas en prêchant, comme le disent aussi les biographes et Denis de Sainte-Marthe.

(2) Mérignac et Soubrebost, paroisses du canton de Bourganeuf (Creuse). — Liége, commune de Saint-Hilaire-le-Château (Creuse).

CHATEAUBODEAU (p. 374) *porte d'azur au chevron d'or, accompagné de 3 quintefeuilles de même, 2 en chef et 1 en pointe; celle-ci surmontée d'un croissant d'argent.* M. A. Tardieu donne une généalogie de cette famille dans son *Histoire généalogique de la maison de Bosredon* (p. 255).

CHATAUNEUF (p. 374.) — S^{grs} du Chalard (1), de La Villatte, de Bellabre.

François de Châteauneuf, écuyer, sieur de La Chaud, demeurant au bourg de Beaulieu, 25 mars 1670 — (A.)

Gabrielle de Châteauneuf, demeurant au Chezaud, paroisse de Saint-Éloi, 25 mars 1670, mariée, le 18 avril 1672, dans l'annexe de Drouilles, paroisse de Saint-Éloi, à Pierre des Vergnes, écuyer, S^{gr} de Saint-Géry, paroisse de Nantiat en Limousin, est peut-être la sœur de Jeanne, épouse de Léonard Esmoing, écuyer, S^{gr} du Chezaud, 1670-1673, puis de La Grillière, où elle demeurait le 24 octobre 1678. — (A. B.)

I. — Emmanuel, écuyer, S^{gr} du Chalard, 17 juin 1671, 21 janvier 1732, assistait, le 21 février 1708, au mariage de François Esmoing avec Catherine de Pichard. — (B. C. D.)

II. — Philippe, peut-être fils du précédent, écuyer, S^{gr} du Chalard, Beaume et Bellabre, époux de Marie de La Saigne, vivant encore en 1754, et déjà veuf en 1758, fut père d'Antoine, qui suit, et de Thérèse, mariée, le 13 janvier 1738, dans l'église de Charrières, avec Léonard de Lafont, S^{gr} des Bordes, fils de feu François, S^{gr} du Puy-Renaud, et de demoiselle Catherine de La Court. — (B. C.)

III. — Antoine, écuyer, S^{gr} de La Villate par sa femme, épousa, le 30 novembre 1754, dans l'église de Saint-Junien-la-Bregère, Catherine de David, veuve de Mess. François Esmoing, écuyer, S^{gr} de l'Age, et fille de Charles-François de David, chevalier, S^{gr} de La Villatte, et de Marie-Madeleine de La Roche-Aymon. Catherine décéda, le 7 janvier 1762, au château de La Villate, âgée de trente-trois ans, et fut inhumée dans la chapelle du Rosaire, en l'église de Saint-Junien-la-Bregère. De ce mariage : 1º Jean-Emmanuel, baptisé le 26 mai 1757, clerc, tonsuré et étudiant à Paris, 19 octobre 1774, 18 novembre 1778, prêtre 11 janvier 1786; 2º Joseph, baptisé le 8 janvier 1759, qui s'intitulait chevalier S^{gr} de La Chaise, 18 novembre 1778, 6 avril 1780; 3º Thérèse-Marie-Madeleine, baptisée le 18 décembre 1759. — (A. B.)

Catherine de Châteauneuf, femme de Charles de Pichard de L'Église-au-Bois, S^{gr} de Villemonteix, paroisse de Châtelus-le-Marcheix, en 1732, 1738, 1741, morte, âgée de trente-trois ans, au château de Villemonteix, le 24 avril 1743, laissant plusieurs enfants de son mariage. — (D. E.)

Sources : A : registres de Saint-Éloi (Creuse); B : Saint-Junien-la-Bregère (Creuse); — C Charrières aux archives de la commune de Saint-Moreil (Creuse); — D : Montboucher (Creuse); — E : Châtelus-le-Marcheix (Creuse). — (A. Bosvieux.)

CHATEAU-PONSAC, chef-lieu de canton, arrondissement de Bellac (Haute-Vienne). — La ville porte : *d'azur à une fasce d'argent* (Arm. gén.,

---

(1) Le Chalard, commune de Peyrat-le-Château (Haute-Vienne). — La Villatte, commune de Saint-Junien-la-Bregère (Creuse).

Traversier). — La communauté des prêtres : *d'argent à 3 fasces d'azur* (Arm. gén.)

CHATI DE LA JAUCHAT (1) (Aimeric). — La biographie de cet évêque, écrite par Nadaud d'après les sources qu'il indique à chaque fait, est trop intéressante par les faits d'histoire locale et par les traits de mœurs qu'elle renferme pour que je me permette de la tronquer en l'abrégeant. J'emprunte la citation suivante aux *Mémoires pour servir à l'histoire des évêques de Limoges* (p. 389-399). C'est la copie faite par Legros sur les *Mémoires pour servir à l'histoire du diocèse de Limoges* de Nadaud (T. I, p. 100 et suivantes, et 138; T. II, p. 1). — (Roy de Pierrefitte.)

« Le pape Grégoire XI ayant créé cardinal, le 6 juin 1371, Jean de Cros, évêque de Limoges, lui donna pour successeur *Aimeric Chat* ou *Chati* et non pas *Cathi* (Robert, *Gall. christ.*, p. 349, et *Gall. christ. nova*, T. II, col. 533), ni *Chiati* (Ughel, *Ital. sacr.*, T. I, col. 373, *in append.*) : celui-ci, sorti du lieu de La Jauchat près la ville de Saint-Yrieix en Limousin, et fils de *Guichart Chat*, chevalier, coseigneur de *Maussac*, fut d'abord trésorier de l'Eglise romaine (*Généal. de MM. Chat*), puis pourvu de l'évêché de *Volterra*. Mais, en 1359 et 1361, il n'est appelé qu'élu. Ughel (*ubi supra*) l'appelle mal *Chiati*, mais mieux (*ibid.*, T. II, col. 31.) *Chattus*. Il était gouverneur de Bologne au nom du pape Innocent VI lorsque celui-ci l'éleva sur le siége de cette dernière église le 21 octobre 1361, et Chati commença à la gouverner le jour de la fête de Tous les Saints suivante. En 1365, il obtint de l'empereur Charles IV la confirmation de tous ses priviléges, dans laquelle il est décoré du titre de prince de l'empire.

» Ce prélat tira les chanoines réguliers de l'église de Saint Michel-au-Bois, et la donna aux moines du mont d'Olivet. Il introduisit à Bologne les Camaldules et les Célestins, et, par respect pour saint Bernard, il fit quelque plaisir à un monastère de l'ordre de Cîteaux. Il fit bâtir hors de Bologne une partie considérable de la chartreuse, et l'on voit sur le mur les armes de sa maison, où Ughel met deux lions et cette inscription sur le marbre (Ughel, *ibid.*, col. 32) :

> Hoc opus fecit fieri dominus
> Aymericus Chiati *Dei gratia Bononi epus*
> Et princeps imperii sub anno Domini 1367,
> Indictione quinta, et fuit ab ipso
> Capella consecrata dicta die.

» Etant (*Acta Sanctorum*, T. II januar., p. 1022) chancelier de l'université de Bologne, il fit, suivant le décret du pape Innocent II, venir de toutes les parties du monde les hommes les plus savants qu'il put trouver pour établir la faculté de théologie. Il gouverna cette église jusqu'en 1371, et s'en démit lorsqu'il retourna en France.

» Aimeric Chati (*Registr. Joann. Finerii, notar. Lemovic.*) était à Avignon depuis l'octave de la Pentecôte 1371, et y avait apporté beaucoup d'argent pour payer (*Gall. christ, nova*, T. II, col. 533) les sommes consi-

(1) La véritable ortographe de ce nom est L'Age-au-Chat, du latin *Agia Cati*.

dérables qu'il devait au collège des cardinaux ; mais, le pape l'ayant transféré à l'évêché de Limoges, et cela avec grand plaisir de la part d'Aimeric, le pape, dis-je, voulut qu'il employât cet argent à réparer les dommages qu'avait soufferts cette Église (de Limoges). Sans livres, sans ornements, sans joyaux, ses reliques vendues et enlevées, dépouillée de tout par la fureur des guerres, et même de ses ministres, elle n'était servie que par quatre chanoines, qui se ressentaient de toute sa pauvreté. Chati promit sans doute de l'en relever, mais il négligea de le faire, et se borna à rétablir le clocher dix-huit ans après, c'est-à-dire en 1389.

» Étant à Avignon, il y nomma, peu après sa promotion, trois vicaires généraux, savoir : *Étienne Benoist*, prieur de Noblac, *Guillaume Gaufridi*, prévôt de La Souterraine, et *Pierre de Chastres*, curé de Chamboulive (1). Le 3 (ailleurs le 7, *Éloge de Jean Dorat*, par VITRAC, p. 13, dans les notes) septembre 1371, ils prirent possession de l'évêche de Limoges. Le lendemain, ils firent lire et notifier les bulles du prélat dans le cimetière de Saint-Pierre-du-Queyroix, où la cour se tenait avec beaucoup de solennité, et nommèrent pour son juge M. Étienne Dorat, nom connu dès lors à Limoges, sans métamorphose, et encore plus deux siècles après, par le fameux poète Jean Dorat. (V. VITRAC, *Éloge de Jean Dorat*, p. 13, dans les notes.) Cependant, comme on avait manqué à quelques formalités à l'égard de la cathédrale, elle mit pendant quelque temps dans ses actes : « Le siége épiscopal de Limoges étant vacant ».

» Le 6 janvier 1371 (1372) (Dom VAISSETTE, *Hist. Languedl.*, T. IV, p. 349), le duc d'Anjou, en qualité de lieutenant de roi ez parties du Languedoc, l'institua gouverneur et réformateur général et souverain (*Ordonn.*, T. V. p. 719) pour et au nom du roi et du sien ez cités villes et évêchés de Limoges et de Tulle et en toute la vicomté de Limoges, d'où et d'un acte de l'an 1318 le P. Vaissette (*ibid.*, T. IV, p. 541), croit devoir inférer que la ville de Limoges était alors comprise dans la langue

---

(1) Die 3ª mensis septembris, anno 1371, regnante D. Edwardo, principe Aquitaniæ, Aymericus Chati, divina miseratione Lemovicensis episcopus electus, misit bullas lemovicas pro adipiscendo nomine ipsius. D. episcopi possessionem episcopatus Lemovicensis, et instituerat vicarios suos in spiritualibus et temporalibus discretos viros DD. Stephanum Benedicti, priorem de Nobiliaco, Guillelmum Gaufridi, prepositum de Subterranea, et Petrum de Chastres, capellanum de Camboliva, qui quidem vicarii et procuratores dictam possessionem acceperunt in civitate et ecclesia Lemovicensi, et die crastina immediate fuerunt bullae, lectae et notificatae per dictos. DD. vicarios publice in curia Lemovicenci, quæ tenebatur tunc in cimiterio Sancti Petri de Quadruvio Lemovicensis cum magna solemnitate, et dicti DD. vicarii instituerunt et substituerunt judicem curiæ videlicet magistrum Stephanum Daurati, jurisperitum, tamen non vocatus fuit officialis, sed incepimus intitulare (*sic*) : « Vicarii generales in spiritualibus et temporalibus R. in Christo P. et DD. Aymerici, divina miseratione Lemovic. episcopi in remotis absentis, etc. ». Dicto D. Episcopo adhuc extante, Avenioni antea ab ultimis octavis Pentecostes usque huc, et dixerunt officiales decani et capituli, Lemovicensis sede vacante. (*Registr. Simonis Botinelli, notarii.*)

Die 28 mensis aprilis, anno Domini 1372, venit dominus Ludovicus de Sancerre, mareschallus Francie, Lemovicas....., et, die secunda maii sequentis, Marotus Audeberti reddidit locum de Insula quem pro domino principe (Aquitaniæ) tenebat *stabilitum* (garnison, *stabilita*). Tamen habuit duo mille francos auri, et fuit in manibus gallicorum et gentium D. episcopi traditus. (*Registr. Simonis Botinelli, notarii. Lemovic.*)

d'Oc, mais il ne rapporte point cet acte de 1318, et, dans les provisions de l'évêque Aymeric, le duc d'Anjou le nomma, au nom du roi, seigneur suzerain du Languedoc et du Limousin.

» Étienne Benedicti, prieur de Saint-Léonard-de-Noblac, et Bernard de Sendelis, cellerier du monastère de Saint-Martial, vicaires généraux d'Aymeric, évêque de Limoges, alors absent, et Perrin de Billy, son écuyer, empruntèrent cinq cents deniers d'or appelés francs pour les payer à *Marot Audebert* pour l'expédition de la délivrance du lieu d'Isle, que le dit Marot détenait le 27 avril 1372. Signé Bermondeti.

» Le 29 août 1372, il promit à la chambre apostolique. *(Registres Vatic.)*

» Le prélat vint à Limoges, et prêta le serment (BONAV., T. III, p. 664) le 21 novembre de l'an 1373. A son entré dans la cité de Limoges, il y eut un procès entre deux particuliers pour le droit de conduire sa mule par la bride, etc. (V. mon *Recueil d'antiquités manuscrites de la ville de Limoges*, p. 317 et suiv.) Il trouva la cathédrale dans toute la désolation que j'ai dit. La même année, il fit publier un monitoire contre les chanoines et chapitre de cet église; il le révoqua, en disant que son intention n'avait pas été de prétendre de juridiction sur eux ni de déroger à leurs droits. C'était entrer par la porte des tracasseries; car le temporel de l'évêché *(Manuscrit de l'évêché de Limoges)* était arrêté, et la saisie ne fut levée par ordre du roi qu'en 1376, au mois de juin, à la fête de la Madeleine suivante, toujours 1373. Le prélat fut mandé pour se trouver à Confolens devant le maréchal de France, peut-être pour concerter les moyens de chasser les Anglais de son diocèse. Ces ennemis acharnés y occupaient les châteaux de Chalucet, Corbefi, *Bessos* (apparemment Aubusson, car les paysans disent encore *Le Busson*). Leurs garnisons se ruaient sur tous les passants, les mettaient aux fers, les rançonnaient, et enlevaient toutes les voitures. Faisaient-elles des sorties, tout était au pillage; les maisons fortes dont ils s'emparaient étaient comme de nouvelles ruches pour retirer ces essaims. L'évêque le craignait avec trop de raison pour son hôtel : l'année précédente, il en avait fait enlever et transporter les portes dans le Château, c'est-à-dire dans la ville de Limoges. La même année 1375 (BONAV., p. 667), le pape lui écrivit pour qu'il fît chasser ces brigands. En conséquence, le prélat imposa des taxes sur les ecclésiastiques; il excommunia même ceux qui refusèrent de payer. Le cardinal Jean, peut-être surnommé *de Cros,* étant venu à Limoges, annula toutes ces censures. La cathédrale était dans le cas : on ne l'avait pas consultée, et elle refusa de payer l'imposition, ce qui occasionna de la mésintelligence entre le chef et les membres. Le jour de la fête de Tous les Saints de la même année *(Manuscript. episcopat. lemovic.)* il ne leur fit point la livrée, *librata :* elle fut différée jusqu'à celui de sainte Luce. Cependant cet objet était de bien petite conséquence : il s'agissait de 33 sous d'un côté, 18 de l'autre et 10 deniers pour le vin; mais l'argent était extrêmement rare. Ainsi on est surpris de voir payer au capitaine d'Aixe deux marcs d'argent pour se marier en temps prohibé. Peut-être taxait-on la qualité. Ces dispenses devaient former un produit considérable, car on en donnait qui paraîtraient aujourd'hui des dissipations : par exemple, de célébrer deux fois dans le jour; surtout aux curés pour ne pas résider dans leurs bénéfices. Par une suite nécessaire de cet abus (cet abus a eu lieu jusqu'au milieu du xviie siècle), ils louaient, par-devant notaire, des prêtres qui se chargeaient du soin des âmes, de la levée des revenus, et de rendre, à la fin de leur service, les noms et rôles de excommuniés de l'église qu'ils desservaient, et les arrérages des confessions. Se trouvait-il des ecclésiastiques vicieux, ou ne croyait les punir plus sévèrement que par des amendes pécuniaires : c'était leur ôter la source du crime. Les religieux même étaient soumis à cette peine. Un prieur des carmes qui avait donné les mains pour l'assassinat d'un de ses confrères ne sortit des prisons de Malemort qu'à la faveur de cautions solvables. Ceux qui n'en pouvaient trouver subissaient des peines plus salutaires : un augustin qui avait frappé ses supérieurs et volé un calice, fut condamné à cinq ans de cachot, au pain et à l'eau. Un bigame, qui se trouvait sans doute dans l'indigence comme ce dernier religieux, fut coiffé d'une mitre de papier, et rasé : car c'est ce que m'a semblé signifier le mot *incalatus* pour *incalvatus*.

» Notre prélat se trouva (TILLET, *Mém. hist. Bretagn.*, T. I, p. 361, — LOBINEAU, *Hist. de la ville de Paris*, T. II, p. 685., le 9 décembre 1378, au lit de justice que le roi Charles V tint à Paris. Son successeur Charles VI lui témoigna, vers l'an 1387, une estime particulière (MARTÈNE, *Vet. script.*, T. I, col. 1533) : réformant alors les généraux de ses finances, il en supprima deux de cinq qu'ils étaient; mais l'évêque de Limoges fut un des trois qu'il conserva.

» Dans un livret de prières en patois à l'usage de l'église de Saint-Pierre-du-Queyroix (chez M. Juge de Saint-Martin, conseiller au présidial de Limoges (1), où sont les ordonnances qu'on doit dénoncer au peuple l'an 1379, on prie au prône d'abord pour la paix, puis pour le religieux frère qui a prêché ce jour dans l'église, ce qui ne supposait pas de grands talents dans les ecclésiastiques. A l'article des *cas réservés*, on oblige ceux qui ont enlevé le bien d'autrui de le restituer avant l'absolution. Ceux qui exposent ou qui font exposer leurs propres enfants; ceux qui emploient l'Eucharistie à de mauvais usages; ceux qui ajoutent foi à la magie : *si quis confiteatur se credere beticam pravitatem*. On déclare excommuniés ceux qui demeurent plus de trois dimanches consécutifs sans venir à l'église paroissiale.

» En 1386, l'évêque de Limoges avait pour commissaire générale Raymond, abbé de Dalon.

» En 1387, l'évêque assista en aumusse et surplis, comme chanoine, à un acte capitulaire de sa cathédrale, par lequel lui et cet Eglise s'opposèrent au paiement d'une somme à laquelle le pape les avait condamnés en faveur de l'archevêque de Bourges.

» En 1388, il donna, pour un certain temps, à son chapitre, pour les réparations du clocher, qui menaçait ruine, tous les émoluments et oblations de l'autel de Saint-Léonard Il vint du château d'Isle tenir son synode à Limoges, la semaine de la Pentecôte en 1389 Le prieur des frères prêcheurs (*Mss fr. Pr. Lemov.*), accompagné de frère *Jean de Puy de Noix*, saisit cette occasion pour le prier de nouveau de sacrer leur église, bâtie,

---

(1) Ce livre manuscrit appartient aujourd'hui à MM. les directeurs du grand-séminaire de Limoges.

au moins en partie, depuis cent trente-trois ans. Il avait refusé plusieurs fois, soit par la crainte de quelque incursion des Anglais, qui étaient si près de la ville qu'on n'osait en cultiver les champs, soit à cause de la longueur et de la fatigue de la cérémonie, qui ne devaient guère agréer à un évêque extrêmement gros et pesant comme il l'était. Il promit toutefois pour le dimanche onzième de juillet : à cet effet, il fit inviter par le prieur du Chalard les abbés de Saint-Martial et de Saint-Martin, les chanoines de la cathédrale, le prieur de Saint-Gérard et même le curé de La Drouille-Blanche, qu'on remarque expressément. De leur côté, les religieux prièrent noble Louis de Saint-Marc, chanoine de la cathédrale, et doyen du chapitre de La Chapelle-Taillefer, d'être parrain. Il l'accepta, et paya le compliment d'une *bonne aumône*.

» Le prélat vint donc le 9 juillet du château d'Isle, escorté de gens armés que les frères prêcheurs lui avaient envoyés. Il coucha dans leur couvent, et, le lendemain, à l'heure de vêpres, accompagné honorablement, il fit les préparatifs qui sont prescrits pour cette cérémonie. Il la commença le dimanche de grand matin. Ses chantres, ceux du couvent, de la cathédrale et du monastère de Saint-Martial, chantèrent la messe avec l'orgue. Le prieur de la maison prêcha. On avait invité les abbés, plusieurs ecclésiastiques et religieux mendiants, et les plus apparents de la ville : mais les convives se trouvèrent en si grand nombre qu'on ne put les placer tous dans la salle basse où était le prélat : on en mit au réfectoire. Tous furent servis abondamment en gras, à l'exception des religieux de la maison, qui firent maigre.

» Comme ils étaient extrêmement pauvres, sans blé, sans vin, mais non sans dettes considérables, le prélat leur donna dix livres tournois. Par reconnaissance, ils s'engagèrent à faire un anniversaire pour ses parents le premier jour libre après l'octave de la Dédicace ; il leur donna encore une belle chasuble de *diaspre* violette, dont on fit la chappe pour les processions (on serait surpris aujourd'hui de voir faire une chappe d'une chasuble, dont la matière ne serait certainement pas suffisante pour cela ; mais il faut se rappeler que, dans ce temps-là, une chasuble était plus que suffisante pour faire une chappe : celle qui sert encore à la cathédrale les jours de fêtes annuelles mineures en est une preuve). Il demeura encore deux jours dans le couvent, et y sacra deux petits autels.

» Le 5 août 1389, il reconnut que lui, son Église et son diocèse étaient sous la métropole de Bourges. Il mourut *(Registr. Fremerii)* à l'heure de prime, dans la tour d'Isle, l'an 1390, non pas le 10 novembre *(Gall. christ. nov., T. II, col. 533)*, mais le mardi après la fête de saint Léonard. Cette année elle tombait un dimanche, la lettre dominicale étant le B. Ainsi il mourut le 8 novembre. On le porta dans la salle du château, et on l'y garda tout le jour et la nuit suivante. Le lendemain les paysans de cet endroit le portèrent dans l'église des Carmes. Là commencèrent les honneurs funèbres. Quantité de torches brûlaient autour du corps pendant qu'on chanta deux messes. Ces mêmes paysans le portèrent ensuite à la cathédrale, où, après les vigiles chantées, il fut enterré dans la chapelle de Sainte-Madeleine. Le jeudi suivant, qui était le 10 du mois, on y fit l'office solennellement. L'abbé de Saint-Martial officia.

» M. L'Avocat *(Dictionnaire)* dit qu'il avait été nommé gouverneur de toute la vicomté de Limoges, ce que je ne trouve point ailleurs que dans le *Dict. hist. portatif,* édit. de 1779, T. II, p. 183. Ce prélat, également recommandable par les qualités qui font le citoyen, par les vertus d'un évêque et par le caractère libéral d'un prince, fut pleuré comme un père. Protecteur des savants, et savant lui-même, il répandit ses bienfaits sur les gens de lettres. (*Dict. hist. portat.*, 1766, T. I, p. 507, et aussi édit. de 1779, T. II, p. 183.)

» Il avait fait quelque bien à son Église. Il avait retiré l'image de saint Étienne pour la somme de 4 livres. Il donna sa navette d'argent, sa croix et sa mitre; mais quoiqu'on l'assure (BONAV., p. 675), le tout ne pouvait peser 116 livres. Il institua son héritier *Aymeric Chati,* damoiseau, S^r de La Jauchat, son neveu.

» Il portait pour armes 2 *lions passants,* ainsi qu'on le voit dans un sceau de 1390. Les maisons de Lassion et de Rastignac en Périgord peuvent sortir de celle de notre évêque. (*V. Arm. génér. de France,* 1752, registres 3 et 4; — *Hist. manuscr. de l'abb. de Saint-Martial,* p. 55.)

» Après sa mort (1), le doyen et le chapitre de la cathédrale (*Preuv. liberté de l'Egl. gallic.,* ch. IX, n° 3) en haine de ce que le roi Charles VI, ayant écrit à son sénéchal de Limousin le 13 avril 1391 (*Regist. du parlement de Paris: apud. Gall. christ. nov.,* T. II, col. 533), s'était attribué le droit de régale, qu'il prétendait lui appartenir de tous temps, firent appel au pape et à son caudataire à Avignon. Ils y ajournèrent le lieutenant du roi, qui agissait pour les droits de la couronne; mais, par arrêt du parlement de Paris du 13 avril 1391, ils furent déboutés de leur appel.

Le cardinal Hugues Roger de Beaufort, frère du pape Clément VI, avait fondé, par son testament, un chapitre ou collége de chanoines séculiers dans son hôtel à Villeneuve-d'Avignon, ses exécuteurs testamentaires fixèrent ce chapitre, jusqu'alors vague, dans l'église paroissiale de Saint-Germain-de-Masseret en Limousin : l'acte est du 31 décembre 1384. L'évêque de Limoges, suivant la dévotion du temps, voulut bien céder le patronage de la cure, qui était à sa pleine collation, et ses successeurs eurent le désagrément de voir ce chapitre y nommer *pleno jure.* » (*V.* BALUZE, *Historia Tutelensis,* p. 196, et *Vitæ papar. Avenion.*, T. II, col. 762.)

CHAUMAREZ ou CHAUMAREIX (p. 377). — Ce nom rapelle l'inexpérimenté et malheureux capitaine de *la Méduse* (naufrage du 2 au 6 juil-

---

(1) Obiit reverendus in Christo Pater dominus *Aymericus Chati,* episcopus Lemovicensis in turre de Insula, octava die mensi novembris, quae fuit die martis, post festum beati Leonardi, hora primae. Fuit portatus et delatus in medio aulae dicti loci, et ibi stetit per totam diem et noctem, et, die crastina, quae fuit dies nona dicti mensis, fuit delatus per homines suos laboratores de Insula usque ad conventum beatæ Mariæ de Carmelo, et positus in ecclesia, et ibidem stetit usque ad meridiem cum multitudine torcharum, et fuerunt celebratæ ibidem duae missae defunctorum alta voce. Paulo post fuit delatus per dictos homines ad Sanctum Stephanum, et........ et latum in choro, et indilate finita vigilia sepultum in capella beatæ Mariæ Magdalenæ, recte ante altare. Die jovis sequenti, fuit factum officium solemniter et honorabiliter per dominum abbatem Sti Martialis, anno Domini 1390. » (*Registr. Joann. Fremerii, notarii.*)

let 1816), mort au château de Lachenaud (bâti par une demoiselle de Verthamont au dernier siècle), près du bourg de Bussière-Boffy (Haute-Vienne). Pendant l'émigration, le futur capitaine de *la Méduse* avait épousé, en Allemagne, la fille du général d'Azinkampf, dont il a eu deux fils : l'un mort célibataire, l'autre mort aussi à Bussière-Boffy, en 1844, laissant de sa femme, Euphémie du Garreau, trois filles : Marie, Berthe et Fernande, et un fils, Augustin, celui-ci célibataire, retiré à Brive, où est mort, il y a peu d'années, un de ses parents, connu sous le nom de chevalier de Chaumareix. — (Roy de Pierrefitte.)

Suzanne Le Roi de Chaumareix, épouse de Bertrand des Cars, mourut en 1698 (*Nobil.* I, 386.)

CHAUSSECOURTE (p. 377). — S^{grs} de Cherdon (1), Montfloux, Pradinas, La Jarrige, Le Pugaud, Le Cher, La Bastide, La Vaud-de-Sermur, La Tour-Saint-Austrille, Champagnolle, Lépinas, Gartempe, La Chassaigne, Soullier, Le Pradeau, Le Breuil, Le Garreau, La Lande-Chevrier.

Radulfus Chaussacorta, témoin d'une donation faite à l'abbaye de Bonlieu le 16 août 1195.

Gaufridus Chaussacorta, témoin de deux donations faites à la même abbaye les 16 août 1195 et 29 septembre 1206. — (A.)

Le vendredi jour de Saint-Michel de l'an 1396, noble homme Jean de Chaussecourte *(Callige curte)*, damoiseau, S^{gr} des Farges et de Cherdon *(de Fargiis et de Carro Rotundo)*, donne quittance à Jean Potet *(Poteti)*, damoiseau, S^{gr} d'Estansannes *(de Stanguissanis)*, d'une somme de 189 francs d'or à-compte sur plus forte somme à lui due par le dit Potet à raison de la dot *(ex causa dotis seu chancire)* promise à Catherine Potet *(Poteta)*, damoiselle, fille de feu Perrin Potet, en son vivant S^{gr} d'Estansannes, et femme du dit Chaussecourte. — (B.)

Le 9 juillet 1557, noble homme Jacques de Chaussecourte, écuyer, S^{gr} du Garreau en la paroisse de Jourgnac, diocèse de Limoges, époux de Jeanne de Fournoux, donne quittance à Claude Granchier, notaire de la ville de Felletin, d'une partie du prix que celui-ci devait pour l'acquisition de plusieurs cens et rentes situés dans la paroisse de Saint-Quentin, qui lui avaient été vendus par la dite Jeanne de Fournoux et Lyonnet de Fournoux, son frère. — (C.)

Dans un acte du 11 décembre 1557 figurent noble homme Antoine de Chaussecourte, écuyer, S^{gr} de Chier-Redon en la paroisse du Mas, époux de Marguerite de Moussy, et Jacques de Chaussecourte, son frère, écuyer, S^{gr} de La Lande-Chevrier, paroisse de Saint-Christophe-le-Chandry au diocèse de Bourges, époux d'Anne de Moussy. — (C.)

Noble homme Antoine de Chaussecourte, écuyer, S^{gr} de Monfloux

---

(1) Cherdon, commune des Mars. — Montfloux et Pradinas, commune de Tardes. — La Jarrige, commune de Saint-Loup-les-Landes. — Le Payaud, Le Cher, La Bastide, commune de Lussac. — Lavaud-de-Sermur, commune de Sermur. — La Tour-Saint-Austrille et Champagnolle, commune de Saint-Dizier-la-Tour. — Lépinas et Gartempe, chefs-lieux de commune des cantons d'Ahun et de Saint-Vaulry. — La Chassaigne, commune de Gartempe. — Soullier, commune de Janailhac : toutes ces communes appartiennent à la Creuse. — Le Pradeau, Le Breuil, Le Garreau et La Lande-Chevrier, commune de Jourgnac (Haute-Vienne).

le 6 juillet 1561 (A). est peut-être le même que celui qui paraît dans l'acte du 11 décembre 1557.

I. — Ursin, écuyer. Sgr du Chier, 4 octobre 1656. (E). Sgr de La Jarrige, y demeurant, 10 août 1677, 14 septembre 1679. En 1669, il fit aveu au roi pour son fief de La Jarrige, dépendant du comté de la Marche (K.). De Jeanne de Montaignac, sa femme, qui était veuve le 31 août 1688, il eut : 1° Godefroy, écuyer Sgr de La Jarrige, 1er avril 1679, 31 août 1688, qui épousa, le 11 avril 1695, Madelaine de La Plain, veuve de Jean Belyer, docteur et professeur en droit à l'université de Bourges, lequel était décédé dans la paroisse de Fayolle, annexe de Sannat (F.). Madeleine était déjà veuve le 10 décembre 1701 : on la retrouve dans un acte du 26 septembre 1702 (G.); — 2° De Thoinon, qui est dit fils d'Ursin dans un acte du 14 septembre 1679, et qui doit être le même qu'Antoine, écuyer, Sgr du Cher, qui assista, le 5 mai 1699, au mariage de son frère Sébastien (F.); — 3° Sébastien, que nous avons compris parmi les enfants d'Ursin par la seule raison qu'il est dit frère d'Antoine qui précède.

II. — Sébastien, écuyer, Sgr de La Jarrige. 23 juin 1686, du Breuil, 1699, de La Tour-Saint-Austrille, 26 septembre 1702, demeurant au château de La Jarrige, épousa, le 5 mai 1699, dans l'église de Saint-Loup-de-Landes, Rosalie de Mousebrot, fille de feu Pierre et de feue Jeanne de La Plain, de la paroisse de Cornusse au diocèse de Bourges. L'un et l'autre avaient cessé de vivre en 1747. De leur mariage naquirent : 1° Paul, qui suit; 2° Jeanne, née au château de La Jarrige, baptisée le 5 septembre 1701, et qui eut pour parrain Léonard de Chaussecourte, écuyer, Sgr de Montfeloux; 3° Madelaine, née au château de La Jarrige, baptisée le 26 septembre 1702, et qui eut pour parrain son oncle, Antoine de Chaussecourte. — (F.)

III. — Paul, écuyer, Sgr du Breuil, Champagnolle, La Prugne et Chaux, chevalier de Saint-Louis, capitaine au régiment de Normandie, paroissien de La Tour-Saint-Austrille, épousa, le 23 janvier 1747, dans l'église de Lussac-les-Nones, Marie du Peyroux, de la paroisse de Lussac, fille de feu François du Peyroux, *écuyer-chevalier*, Sgr de Puyaud, et de dame Michelle de Verdalle. Encore capitaine en 1751, il était qualifié ancien capitaine dès 1752. Il mourut avant sa femme, qui décéda à Gouzon, le 17 décembre 1776, et fut inhumée dans l'église de Lussac. De ce mariage (H.): 1° Jeanne-Michelle, baptisée le 15 août 1748, et mariée, le 22 octobre 1763, à Timoléon de Chalus, officier au régiment de Belsunce, fils de François, chevalier, Sgr de Saint-Farjol et autres places, et de feue Marie Meillet, de la paroisse de Saint-Farjol au diocèse de Clermont; 2° Louis, baptisé le 28 novembre 1749, qui fut parrain le 8 août 1762, et qui est qualifié *écuyer-chevalier*, Sgr de Puyaud, le 13 décembre 1786; 3° Pierre, né le 21 février 1751, baptisé le 29 mars suivant, qui eut pour marraine dlle Madeleine de Chaussecourte, représentée par dlle Gabrielle de Chaussecourte; 4° et 5° Françoise-Amable et Marie-Anne, sœurs jumelles, nées le 12 avril 1752 : nous retrouvons la seconde marraine dans un acte du 20 février 1764; 6° Rosalie, baptisée le 21 juillet 1753; 7° Jean-Louis, baptisé le 22 janvier 1755, qui eut pour marraine dlle Susanne de Chaussecourte ; 8° Pierre-Henri, né le 27 avril 1759 (H), inhumé, le 2 mars 1773, dans l'église de Gouzon, à l'âge de quatorze ans (J); 9° Louis-François, né le 8 août 1762, que nous croyons être le même que Louis-Paul, prêtre, vicaire de Cressac le 19 juillet 1783 (H); 10° Marthe, née le 24 novembre 1766, qui figure comme marraine dans un acte du 5 octobre 1776. — (H.)

Bernard, écuyer, S^r de La Jarrige, 10 février 1642, père de : 1° Jean, écuyer, Sr du Cher; 2° Hélène, qui épousa, le 4 août 1676, étant majeure, Jacques de Montagnac, écuyer, S^{gr} de La Cour, paroisse de Bord-Saint-Georges, en présence de Jean, son frère, et de Symphorien de Chaussecourte, écuyer, Sr de Montfelour, son cousin paternel au deuxième degré. — (F.)

Noël, S^{gr} de Puyaux, 30 novembre 1751, et de Réville, 1er décembre 1771, 20 août 1773. — (J.)

Symphorien, Sr de Montfloux, que nous avons vu parrain de sa cousine Hélène le 4 août 1676, fit aveu au roi, pour son fief de Pradeau, dépendant du comté de la Marche, le 15 mars 1669. — (K.)

Pierre, écuyer, fait aveu au duc d'Orléans, pour son fief de Montfloux, paroisse de Tarde, relevant de la baronnie de Combraille, le 8 novembre 1726. — (K.) C'est peut-être le même qui est appelé M. de Chaussecourte, S^{gr} de Montfelour, capitaine au régiment de Normandie, dans un acte du 2 février 1744. — (H.)

Noble Jérôme de Chaussecourte, S^{gr} de Cheux-Redon, paroisse des Mars, 30 mars 1686, appelé Jean-Jérôme dans un autre acte du 2 juin 1696. — (L.)

Demoiselle Françoise de Chaussecourte, fille de feu Charles, chevalier, S^{gr} de Cheux-Redon, et de Madeleine de Salers, demeurant au lieu de La Marche, paroisse de Chard, épousa, le 6 novembre 1714, François Marlot, Sr du Mazeau, fils de feu Léon et de Marie Baudeau, en présence de Gabriel de Chaussecourte, S^{gr} d'Orsange. — (L.)

Marie-Angélique de Bosredon, dame de Cheux-Redon, le 29 août 1715 et le 25 novembre 1717, était femme de N... de Chaussecourte, S^{gr} de Cheux-Redon, et probablement mère de

Marie-Sylvie de Chaussecourte de Cheux-Redon, épouse de Joseph de Vauchaussade, écuyer, S^{gr} du Compas, dont elle avait des enfants dès le mois d'août 1715, et qui, étant morte le 2 novembre 1761, à l'âge de soixante-quinze ans, fut inhumée dans la chapelle de l'église du Compas. — (M.)

Charles, parrain d'un enfant de Marie-Sylvie le 16 septembre 1717. — (M.)

Marie-Etiennette, dame de Brousse, marraine d'un enfant de Marie-Sylvie, le 11 avril 1720, était probablement la femme de François de Vauchaussade, écuyer, S^{gr} de Brousse, le 25 juin 1724. — (M.)

Marguerite de Chaussecourte, dame du Bosk, 25 juin 1724. — (M.)

Dame Madeleine de Chaussecourte, 6 mai 1726. — (M.)

Messire Jean-Louis, chevalier, S^{gr} de Montflour, La Jarrige, Lavaud-de-Sermur et autres lieux, ancien officier au régiment d'Orléans, fils de feu Gaspard, chevalier, S^{gr} de Montflour et La Jarrige, et de feue Jeanne d'Audebrand, âgé de vingt-cinq ans, épousa, le 31 mai 1785, dans l'église du Compas, demoiselle Jeanne-Françoise de Vauchaussade, fille majeure de feu messire Jean-François de Vauchaussade, chevalier, S^{gr} du Compas, Les Mars, Les Fargettes et autres places, et de Françoise Bandy de La Roche. — (M.)

I. — René de Chaussecourte, chevalier, S^{gr} de Lépinas, y demeurant, 4 août 1635, fut père de : 1° Louis, qui suit; 2° François, écuyer, S^{gr} de La Chassaigne, 4 août 1635; 3° Jeanne, qui entra en religion à Blessac au mois d'octobre 1649 ; 4° et peut-être aussi de René, écuyer, S' de Prasdinas, qui, au mois de février 1671, fut tuteur des enfants de Louis. — (N.)

II. — Louis, chevalier, Sgr de Souliers et de La Chassaigne, en octobre 1649, plus tard Sgr de Lépinas, Gartempe et Fontanel, avait épousé Jeanne Doumy de Mansat, qui devint veuve postérieurement à 1664, et l était déjà en 1671. Elle fut inhumée, le 29 août 1685, dans l'église de Gartempe. — (O.) De ce mariage naquirent : 1° Godefroy, qui suit (N.) ; 2° Jeanne, demeurant à Gartempe le 16 novembre 1679, dame de Souliers, épouse du Sr des Landes au mois d'avril 1689. Serait-ce la même que la sœur de Godefroy qui était mariée au mois d'août 1685 avec le seigneur de Vaureille? (N, O, R.); 3° et peut-être encore Louis, reçu chevalier de Malte dans la langue d'Auvergne le 3 décembre 1660 (P.), qui demeurait à La Conche, paroisse de Lépinas, au mois d'octobre 1668 (N.), qui fut commandeur de Blaudeix, et qui mourut le 25 septembre 1697. — (V. le prés. vol., p. 448.)

III. — Godefroy, seigneur-comte de Lépinas et de Gartempe, qui mourut le 29 mai 1709, à l'âge de cinquante ans, et fut inhumé dans l'église de Gartempe, eut de sa femme, Marie-Geneviève de Tronchet de Vayres : 1° Marie-Geneviève, baptisée le 3 janvier 1698, et morte le 13 décembre 1699 ; 2° Louis, baptisé le 16 mars 1704. — (O.)

Nommons encore : Anne-Gabrielle de Chaussecourte, dlle de Thiolet, paroisse de La Celle-sous-Gouzon, qui fut inhumée, le 8 mars 1663, dans l'église de La Celle : c'est peut-être la même qui est appelée Gabrielle dans un acte du 15 novembre 1655. — (J, H.)

Sébastien de Chaussecourte, Sgr de Prasdinas, 18 novembre 1637. — (E.)

Autre Sébastien, écuyer, Sgr de La Bastide, 13 juillet 1668. — (H.)

Dlle Hélène de Chaussecourte, femme de noble Antoine de Luchat, écuyer, Sgr d'Hauteribe, paroisse de Lussac, et de Prasdinas, les 27 juillet 1651 et 20 novembre 1653. — (H.)

Anne, dlle de Saint-Priest, 10 juin 1691, 2 juin 1696. — (L.)

Demoiselle Rosalie de Chaussecourte, qui décéda, le 19 juillet 1783, au château de Pugaud, âgée de soixante quinze ans. — (H.)

Enfin Léonard, Louis et Jacques de Chaussecourte, reçus chevaliers de Saint-Jean-de-Jérusalem dans la langue d'Auvergne le 17 août 1617. — (P.)

Armes : *Parti emmanché d'azur et d'argent.* — (P.)

Sources : A : fonds de l'abbaye de Bonlieu, aux arch. de la Creuse ; — B : recueil de D. Col, à la Biblioth. nat. de Paris, mss, cart. 135 ; — C : fonds des dîmes inféodées, aux arch. de la Creuse ; — N : arch. de M. Adrien de Gartempe, avocat à Guéret ; — P : Vertot, *Hist. de Malte*, édit. in-12, 1761 ; T. VII, p. 133, 153 ; — K : registres des aveux rendus au roi et au duc d'Orléans, aux arch. de la Creuse ; — registres des paroisses de : E, Chénérailles ; F, Saint-Loup-des-Landes ; G, Saint-Julien-le-Châtel ; H, Lussat ; J, Gouzon ; L, Chard ; M, Le Compas ; O, Gartempe ; R, Parsac. — (A. Bosvieux.)

CHAUVERON (p. 379). — Porte : *d'argent au pal bandé d'or et de sable.*

I. — N..... de Chauveron eut pour fils : 1° Audouin ; 2° Jean.

II. — Audouin de Chauveron, docteur ès-lois, conseiller du roi Sgr des châteaux et châtellenie de Laurière, du Dognon, de La Mothe, etc., fut prévôt de Paris, le 30 mai 1361, et gouverna la dite prévôté jusqu'au lundi 20 janvier 1388 ; il était mort le 19 octobre 1400. Avait épousé Gailhane de Vigier, dont Marguerite, épouse de noble et puissant homme Jean d'Aubusson, chevalier, Sgr de La Borne. Elle fit une transaction, avec son oncle, Jean de Chauveron, le 19 octobre 1400, concernant la succession de son père.

II *bis*. — Jean de Chauveron, chevalier, Sgr du Ris, fit une transaction, passée en la ville de Saint-Mexan, et signée David et Bonin, le 19 octobre 1400. Il épousa Marie Vigier, fille de Geoffroy Vigier, dont :

III. — Pierre de Chauveron, damoiseau, puis chevalier, Sgr de Dussac et de Parthenie, épousa, par contrat du 5 juillet 1440, signé Ganely et Phibolte, Isabelle de Pierrebuffière. Il figure à la montre des nobles du Haut-Limousin en 1470.

IV. — Robert, écuyer, Sgr de Dussac, Parthenie, Maudrezac, testa, le 27 septembre 1499, avait épousé, par contrat du 6 janvier 1476, signé de Fontes Durandus, demoiselle Marguerite de Gontaud, fille de noble et puissant Sgr Mre de Biron Peybeton, dont : 1º Poncet, mort avant le 22 juin 1517 ; 2º Arnaud, mort aussi avant 1517 ; 3º Jean, qui épousa Jeanne de Tournemire, dont une fille : Antoinette de Chauveron, Jean était mort avant le 22 juin 1517, lorsque sa veuve et sa fille faisaient une transaction avec ses frères ; 4º Jean ; 5º Pierre, qui suit.

V. — Pierre, écuyer, Sgr de Dussac, Journiac, qui, le 4 septembre 1522, eut une exemption du ban et arrière-ban en Limousin, à la charge de ses biens en Périgord, où il faisait sa résidence, signée Charles de Maumont, Sgr du dit lieu. Le 20 juin 1520, il faisait un contrat signé de Bordias, à Jourgnac, avec Jean de La Chaize. Il testa, le 5 novembre 1558, remettant à Antoine, son fils aîné, l'hérédité de sa mère, Dauphine de Journac, faisant des legs à ses autres enfants et nommant sa seconde femme Isabeau de Ségur, et institue son légataire universel Bernard de Chauveron. Il épousa : 1º noble Dauphine de Journiac, qui testa le 21 juillet 1520, laissant à son mari l'usufruit de ses biens, avec pouvoir de nommer héritier celui de leurs enfants que bon lui semblera ; 2º Isabeau de Segur. Du premier lit sont nés : 1º Antoine, qui suit ; 2º Roland, qui suit après son frère ; 3º Foucaud. Du deuxième lit ; 4º Marie, qui épousa, par contrat passé à Dussac, le 10 septembre 1567, signé Buelly, Jean Hugot, Sgr de Farge, conseiller du roi, lieutenant criminel au siége de Limoges.

VI. — Antoine, chevalier de l'ordre du roi, Sgr de Journiac, fut député par la noblesse du Haut-Limousin aux États généraux de Blois en 1576. Il épousa Jacquette d'Espinet ; testa à Limoges, le 21 octobre 1596, signé Vouneyr, not. royal, par lequel il institue, pour son héritier, Jacques de Chauveron, son neveu, fils de Roland de Chauveron, baron de Benquet, son frère, et fait légat à Marie de Chauveron, sa sœur.

VI *bis*. — Roland, écuyer, Sgr de Benquet, à qui son père avait donné procuration pour acheter du roi de Navarre la justice de Dussac. (Archiv. de Pau, IV. p. 197.) Testa au château noble de Benquet, le 16 octobre 1589, faisant légat à ses enfants de la moitié de la terre et seigneurie de Benquet. Epousa, par contrat du dernier novembre 1578, signé Ducroix, Anne de Benquet, fille de Georges de Benquet, écuyer, Sgr du dit lieu, Darblade, Brassal, gouverneur au Bas-Limousin, comté d'Armagnac, pour le roi de Navarre. Ses enfants furent : 1º Jacques ; 2º Daniel.

VII. — Jacques, écuyer, Sgr de Jourgniac, étant dûment autorisé par

Jean Hugot, écuyer, S#gr# des Farges, de Bosvigel, épousa, par contrat du 5 mars 1606, passé à Lajonchapt, et signé Bouchaud, notaire, Galliane de Gentil, fille de feu Yrieix de Gentil, écuyer, S#gr# de Lajonchapt et de la prévôté de Saint-Yrieix, et de Hélène de Rilhac. Etant veuve, elle fit à Jourgnac, le 8 mai 1632, un acte signé Tranchand, par lequel elle nomme Philippe de Chauveron, son fils aîné, pour recevoir la donation de feu Jacques de Chauveron.

VIII. — Philippe, S#gr# de Jourgniac, épousa, par contrat passé à Jourgniac, le 9 janvier 1640, signé Dupuy, D#lle# Jeanne de Maignac, fille de feu Joachim de Maignac, écuyer, S#gr# du Chatelard.

IX. — François, capitaine des grenadiers royaux, épousa, le 31 mars 1716, Henriette-Françoise de Ribeyreix; elle était veuve le 10 juillet 1754.

X. — Simon-François, garde du corps, épousa, Jeanne de La Gorce. Etant veuve, elle fait rectifier, le 24 mai 1810, l'acte de naissance de son fils Louis-Philibert, qui était né en 1791. (*Ann. de la Haute-Vienne 1810.*)

XI. — Louis-Philibert, né le 14 juin 1791, épousa, par contrat du 30 avril 1811, Françoise-Charlotte de Guillaume du Chalard, dont :

XII. — Emmanuel de Chauveron, né le 26 juillet 1812, a épousé, par contrat du 12 février 1838, Justine Blanc-Champagnac, dont :

XIII. — Audouin de Chauveron. — (DES COUTURES. — Actes originaux.)

Marguerite Chauveronne, dame du Doignon, paroisse du Châtenet, fille de noble Audoin Chauveron, prévôt de Paris, et de Guillelmine Vigier, épousa, par contrat du 27 octobre 1394, Jean d'Aubusson, II#e# du nom, chevalier, S#gr# de La Borne. — (NADAUD.)

Marguerite Chauveron épousa, le 13 juin 1487, Jean de Pompadour, et lui porta les terres du Ris et de Laurière. (*Nobil.* II, p. 413.)

Anne de Chauveron, mariée à Léonard Descubes, écuyer, S#r# de La Laurencie, paroisse de Saint-Auvent, eut de lui : 1° Anne, qui, étant âgée de vingt-quatre ans, épousa, après la mort de son père et de sa mère, par contrat du 4 avril 1671, et dans l'église de Pluviers, le 25 août suivant, Pierre Fornel, écuyer, S#r# de La Faucherie, paroisse de Saint-Mari au diocèse d'Angoulême; 2° Jean, qui épousa, le 16 août 1678, par contrat passé aux Bâtiments, paroisse de Biennac, Jeanne, fille de Charles de Vautière, écuyer du bourg des Cars, et d'Anne de Botineau, demeurant alors au dit lieu des Bâtiments. — (NADAUD.)

CHAVAILLES (p. 381). — Antoinette Descordes, épouse séparée de biens de messire François de Chavailles, chevalier, S#gr# de Fougeras, conseiller au parlement de Bordeaux, vendit, le 21 décembre 1687, à Barthélemy Moulinier, écuyer, S#gr# d'Aubias et de La Valette, procureur du roi au bureau des finances de la généralité de Limoges, la terre et seigneurerie de Beauvais et La Chaume, située dans les paroisses de Saint-Amand-en-Jartoudeix et Saint-Priest-à-Palus en Poitou, pour le prix de 22,500 livres en capital, et 500 livres en rente viagère. — (Archives de la Creuse).

Etienne de Chavailles, doyen de l'église cathédrale de Limoges, fit enregistrer à l'*Arm. gén.*, sous la date du 3 avril 1698, des armes, qui étaient : *écartelé d'azur à une étoile d'argent accompagnée de trois cœurs d'or, et de gueules à un lion d'argent couronné d'or, accompagné de treize besans d'argent posés en bordure.* — Arm. génér. — (A. BOSVIEUX).

Barbe de Chavaille épousa François Brunet, trésorier de France à Limoges. Leurs enfants furent baptisés en 1655 et 1656 *(Nobil.* I. 1re édit. p. 273.)

Martial d'Aubusson, chevalier, Sgr du Vergier, trésorier de France, épousa 1º en 1645, Jeanne de Douhet; 2º Anne de Chavaille.

François de Chavaille épousa, en 1664, Catherine de Castaigne, dont N.... qui épousa, en 1695, messire Joseph de Puget, grand président au parlement de Toulouse. (Invent., archiv. de la Corrèze, T. I, p. 4.)

Etienne de Chavailles (I. 585, 1re édit.), pris possession du doyenné de l'église de Limoges en 1696. Il avait succédé à son oncle, autre Etienne, qui avait lui-même succédé à son oncle, François de Verthamont, en 1630. Il occupa le poste de doyen pendant soixante-six ans (1630-1695). (*Gall. Christiana.*, II, 546.)

En 1730 N..... de Chavaille était vicaire général capitulaire du diocèse de Limoges. (Ordonnance du 7 septembre 1730.)

CHÉNÉRAILLES, chef-lieu de canton (Creuse). — La ville : *de gueules à 3 chaînes d'or posées en bande* (*Arm. gén.*); M. Traversier dit *en barre*, mais c'est une erreur. Il a mal copié d'Hozier,

CHER (Gérald-Hector de ou du), neveu de l'évêque Eustorge, son prédécesseur et doyen de Saint-Yrieix, nommé, en 1137, évêque de Limoges par une fraction des ecclésiastiques, fut maintenu sur le siège de Limoges par le pape lui-même, qui le sacra, et il y est resté jusqu'au 7 octobre 1177, jour de sa mort. Amblard, abbé de Saint-Martial de Limoges, *homme d'une grande religion et honnêteté,* avait été nommé évêque en même temps ; mais sa cause fut compromise parce qu'un de ses serviteurs frappa, avec effusion de sang, Pierre Laurez, curé de Saint-Pierre-du-Queyroix de Limoges, homme d'une grande influence, qui, accompagné de nombreux amis, était venu défendre à l'abbé, au nom du pape, de prendre possession du trône épiscopal. Le curé blessé n'avait point manqué de recueillir son sang pour le présenter au Saint-Père comme un témoignage de l'indignité d'Amblard, qui du reste se désista. L'oncle d'Hector, l'évêque Eustorge, avait confié son éducation aux moines d'Uzerche. Quand il revint de Rome, après sa consécration, au lieu d'aller à Limoges, il revint à Uzerche, où il tint son premier synode, parce qu'il craignait le ressentiment du comte de Poitiers. Il craignait de même le roi de France, Louis le Jeune, qui venait d'épouser Éléonore d'Aquitaine ; mais l'abbé d'Uzerche le réconcilia avec ce monarque. En 1141, le 26 octobre, Gérald-Hector du Cher bénit le cimetière de l'abbaye de Bonlieu, y tint une assemblée, consacra l'autel, et y installa l'abbé et ses religieux. L'année précédente (1140), il avait été honoré d'une lettre de saint Bernard relativement à certaines commissions que notre évêque avait reçues du pape. Ses dons généreux permirent à Hélie de Horto, prieur de L'Artige-Vieille, de transporter son monastère au lieu où l'on en voit encore les ruines. En 1174, il confirma diverses donations faites à l'abbaye d'Aubepierre. L'année de sa mort, quoique aveugle et retiré au monastère de Grandmont, il eut le courage de se joindre aux troupes levées en Limousin pour chasser de la province les brigands connus sous le nom de *Brabançons,* qu'Henri II, roi d'Angleterre, avait appelés en Aquitaine pour le secourir contre le roi de France. Les exhortations de notre évêque ne furent pas sans fruit; on extermina ces misérables aventuriers (avril 1177) au château de Beaufort en Bas-Limousin, qui dès lors fut nommé Malemort à cause de l'horrible carnage qu'on en fit. — (Roy de Pierrefitte.)

CHESNEAU (p. 384), Sr de La Rousselière, paroisse de Dussaud, élection de Saint-Jean-d'Angely, porte : *d'argent à 3 chiens de sable, 2 et 1 ; au chef cousu d'or chargé d'une croix de Jérusalem de gueules,*

I. — En mars 1566, le roi Charles IX accorda des lettres d'anoblissement, qui furent dûment vérifiées, à Jean de Chesneau, lequel épousa Catherine de Puizelay, et fut maître d'hôtel de Mme la duchesse de Chartres, tante de Charles IX.

II. — Olivier épousa, le 3 septembre 1596, Élisabeth de Marreau.

III. — Jérôme épousa, le 8 janvier 1645, Renée Raymond. — (Des Coutures.)

Barbe de Chesnau, fille de Sgr de Meilhac, testa, le 7 février 1596 ; elle avait épousé Martial de Gay, écuyer, Sgr de Nexon et de Campagne, lieutenant-général en Limousin, fils de Pierre de Gay. *(Nobil.,* art. Gay.)

CHESNEL (p. 384), Sr de Château-Chesnel, paroisse de Chervi, élection de Cognac, porte : *d'argent à 3 branches de sinople.*

I. — Jean Chesnel fit, le 27 mai 1513, une transaction avec Henri de La Roche.

II. — Jacques épousa, par contrat du 9 septembre 1145, Placide Dauthon. Il y eut, entre lui et son frère François, le 10 juin 1561, une transaction sur la succession de Jean, leur père.

III. — François épousa, par contrat du 30 juin 1573, Renée de Puyrigaud.

IV. — Charles épousa, par contrat du 3 novembre 1602, Louise de Saint-Georges.

V. — Josias épousa, par contrat du 4 juin 1635, Marie de Polignac.

VI. — Louis épousa, par contrat du 15 octobre 1663, Marie-Isabelle. Joanni de Bellebrune. — (Des Coutures.)

Jeanne de Chesnel, épousa, par contrat du 19 juillet 1650, François de Caillères, fils de Jean et de Renée de L'Aigle. *(Nobil.,* art. Caillères.)

CHEVREUSE (p. 386), Sr des Vallons, paroisse de Seuras, élection d'Angoulême, porte : *de gueules à un sautoir d'argent accompagné de quatre molettes d'éperon de même ; au lambel à 3 pièces, aussi d'argent*

I. — Antoine de Chevreuse épousa, Anne de Beluzier, dont il eut : 1° Martial, qui suit ; 2° Jean, qui partagèrent la succession de leurs père et mère le 14 octobre 1518.

II. — Martial épousa, par contrat du 9 février 1506, Françoise de Chemison, dont il eut : 1° Cristophe ; 2° Jean ; 3° autre Jean, en faveur desquelles il fit son testament le 2 décembre 1548.

III. — Jean épousa, par contrat du 21 mai 1561, Paule Desplats, dont il eut : 1° Martial ; 2° Jean ; 3° Pierre, qui suit, en faveur desquels le dit Jean et la dite Desplats firent leur testament le 20 avril 1588.

IV. — Pierre épousa, par contrat du 7 mai 1607, Susanne de Chevreuse.

V. — Jean épousa, par contrat du 3 mai 1638, Jeanne de Lubersac. — (Des Coutures.)

Jean de Chevreuse épousa, en 1736, Marguerite, fille de Pierre Sardaing, écuyer, Sr du Repaire. (*Nobil.* IV, 145.)

CHORLLON (p. 389). — Isaac Chorllon de Saint-Léger, fils de Jean-Baptiste, épousa, à l'âge de quarante ans, Jeanne de Lépine, âgée de quarante-quatre ans, fille d'Etienne et d'Anne Romanet.

Jean Chorllon rend aveu au roi pour le fief des Rioux (1) le 3 mars 1669. — (Arch. de la Creuse).

Isaac Chorllon fournit aveu au roi pour le fief de Cherdemont, relevant du comté de la Marche, en 1669. — Il était fabricien de l'église de Guéret en 1660.

Jean-Baptiste-Alexis Chorllon, Sr de Cherdemont, acheta, en 1664, sa charge de président au présidial de Guéret. Il fut d'abord second président jusqu'en 1697, puis premier président de 1699 à 1723 au moins. Il fournit aveu au roi pour ses fiefs de Rioux et de Cherdemont, les 26 avril 1685 et 5 mai 1717. Il avait épousé Catherine Rondeau, fille unique et seule héritière de Jacques Rondeau, Sr de Las Camps et de Montcougoux, lieutenant en la châtellenie d'Ahun, laquelle était veuve au mois de mars 1730, et vivait encore en septembre 1743. — (Arch. de la Creuse.) Ce fut lui qui fit enregistrer à l'*Armorial général* de 1697 ses armes, qui étaient : *d'azur à un lion d'or rampant contre une branche de laurier de même, surmontée d'une flamme aussi d'or*. — (A. BOSVIEUX.)

Léonard Chorllon, receveur du taillon était fabricien de l'église de Guéret en 1654. Anne Chorllon était veuve de Jean Guillon, Sr du Breuil, en 1719. (*Nobil.*, II. 399.)

Valerie Chorllon de Cherdemont, avait épousé Etienne Bonnet, président au siége présidial de la Marche vers 1750. (Invent. des arch. de la Creuse, E, 88.)

Le buste reliquaire de Saint-Pardoux, exécuté en 1510, et conservé au musée de Guéret, porte les armoiries de cette famille.

CHOULY (p. 389). Sgr de Permangle (2), Montchasty, Brie, Puy-Moureau, Les Champs, Bourbon, Champagnat, La Prunie, Vialle, — famille originaire de la ville de Saint-Yrieix, dont les preuves de noblesse sont aujourd'hui déposées au cabinet des titres de la Bibliothèque nationale, à Paris. L'*Indicateur nobiliaire*, publié en 1823, par le président d'Hozier, cite cette famille au nombre de celles qui, ayant prouvé légalement leur noblesse, étaient susceptibles d'être enregistrées dans l'*Armorial général* de France, dont une nouvelle édition, avec suppléments, était alors annoncée. Lors de la recherche de la noblesse, en 1666, M. d'Aguesseau, intendant de la généralité de Limoges, avait rendu un jugement de maintenue en faveur de cette famille, sur une preuve de six générations. — (E.)

(1) Rioux, commune de Saint-Christophe. — Cherdemont, commune de Guéret. — Las Champs, commune d'Ahun. — Montcougoux, commune du Moûtier-d'Ahun (Creuse).

(2) Permangle, commune de Saint-Yrieix. — Montchasty, commune de Dournazac. Brie, Vialle, commune de Champagnat. — Puy-Moreau, commune d'Oradour-sur-Vayres. — Les Champs et Boubon, commune de Coussac.

Yrieix de Chouly, S^{gr} de Montchasti, élu pour le roi en l'élection de Limousin, fut le premier maire de la ville de Saint-Yrieix, en 1565. — (A.)

I. — **Paul de Chouly**, écuyer, S^{gr} de Permangle et de Montchasty, vivait le 1er février 1617. De sa femme, Françoise de Gentils, il eut : 1° Yrieix, qui suit ; 2° Jean, écuyer, Sr de Vialle, élu en l'élection de Limoges, déjà mort le 12 juin 1655 ; 3° Jacques, écuyer, 1655-1664, puis chevalier, 1678, S^{gr} de La Prunie seulement en 1655, de Montchasty à partir de 1656, des Champs en 1664, s'intitulait, dans le contrat de mariage de son fils, du 16 janvier 1678, chevalier, S^{gr} de Montchasty, Permangle, Les Champs, Boubon et autres lieux. En 1655, il était déjà capitaine des gardes de Mgr le duc de Nemours et premier gentilhomme de sa chambre, conseiller, maître d'hôtel ordinaire de Sa Majesté et gouverneur pour le roi de la ville et château de Château-Landon en Gâtinais. Possédait encore ces deux dernières charges en 1678, et figure, en 1664, comme l'un des deux cents chevau-légers de Sa Majesté. Habitait ordinairement son château des Champs, paroisse de Boubon-les-Cussac en Poitou. De sa femme, Isabeau Roux de Lusson, il eut : A. — Yrieix-Julien, qui suit sous le n° III. B. — Anne-Thérèse, mariée, par contrat passé au château de Brie le 16 janvier 1678, avec messire Charles-Joseph de Ferrières, chevalier, marquis de Sauvebœuf, S^{gr} de Pierrebuffière (1), Aigueperse, Chérompnat et autres places, premier baron du Limousin, fils de défunt Charles-Antoine de Ferrières, marquis de Sauvebœuf, S^{gr} de Pontbreton, Saint-Michel et autres places, conseiller du roi en ses conseils, lieutenant-général de ses armées, et de défunte dame Claude des Rosiers de Chérompnat, demeurant ordinairement en son château de Chérompnat, province de Poitou, lequel futur époux avait perdu un frère, Louis-Jules de Ferrières, marquis de Sauvebœuf, colonel du régiment des dragons de Mgr le Dauphin. Les témoins du contrat furent, du côté de l'époux, messire Charles de Gain, chevalier, seigneur-marquis de Linards, et dame Marie-Anne de Ferrières de Sauvebœuf, beau-frère et sœur, demeurant en leur château de Linards en Limousin ; et, du côté de l'épouse, ses oncles et tante Yrieix de Chouly, n° II, et Anne de Saint-Mathieu, et son frère, Yrieix-Julien de Chouly, n° III ; 4° Françoise, mère, le 3 mai 1656, et Jean du Garreau, écuyer, Sr de Puyrambert ; 5° Anne, demoiselle de Saint-Trie, mariée à maître Léonard de La Rue, juge de la juridiction de Boysseulh, à laquelle son frère Yrieix paie, le 1er janvier 1656, une somme de 4,000 livres pour ses droits dans les successions de Françoise de Gentils et de Jean de Chouly, Sr de Vialle, leurs mère et frère ; 6°? peut-être aussi Hélène, à laquelle Yrieix délègue une somme de 2,000 livres le 2 juillet 1658. A cette date Hélène était supérieure du monastère des religieuses de Sainte-Claire à Saint-Yrieix, comme aussi au 26 septembre 1670. Elle n'était plus que sœur discrète le 17 mars 1660.

II. — **Yrieix de Chouly**, chevalier, S^{gr} de Montchasty et Permangle de son chef, Puymoreau par sa femme, Brie et Champagnac par acquisition, était, dès 1655, maréchal-des-logis de la compagnie de deux cents chevau-légers de la garde ordinaire de Sa Majesté, aide-des-camps et armées du roi,

---

(1) Pierrebuffière, chef-lieu du département de la Haute-Vienne. — Aigueperse, commune de Saint-Bonnet-la-Rivière. — Chéronnac, commune du canton de Rochechouart.

et son conseiller et maître d'hôtel ordinaire. (B.) Il fut nommé gouverneur de la ville, cité et faubourgs de Limoges par lettres patentes du 2 janvier 1676, enregistrées en la chambre des comptes le 31 du même mois. Il mourut au commencement de l'année 1679. Le P. Séraphin Avril, prieur des Augustins de Limoges, prononça son oraison funèbre, le 11 février suivant, dans l'église de Saint-Pierre-du-Queyroix. Le P. Bonaventure lui consacre un assez long article au T. III de ses Annales, où il mentionne ses services dans les guerres de Hollande et de La Fronde. — (C.) Le 1er janvier 1656, Yrieix vendit à messire Claude de Bar, écuyer, Sr du Cluseau, paroisse de Perpezac, une vigne située au dit Perpezac. Le 3 mai suivant, il donnait procuration à sa femme pour vendre la charge d'élu qui avait appartenu à Jean de Chouly, Sr de Vialle, son frère. Cette charge fut acquise, le 27 juillet de la même année, pour le prix de 9,300 livres, par Jean de Lafont, Sr de Moissac, avocat en la cour de parlement de Bordeaux, habitant de la ville de Saint-Yrieix, représenté par son père, Yrieix de Lafont, lieutenant de la justice de Château-Bouchet. Vers 1656, Yrieix et sa femme achetèrent la seigneurie de Brie de messire Henri de Meilhardz, seigneur marquis du dit lieu, Cursat, La Crozille et autres places, qui leur donna quittance de diverses sommes les 22 et 27 juin 1656 et leur fit remise des titres de propriété en février 1658. Ils quittèrent alors le château Montchasty, pour venir habiter le château de Brie. Enfin, le 28 mars 1658, les deux époux acquéraient encore de haut et puissant Sgr messire François de Lambertie, chevalier, seigneur-comte de Lambertie, Miallet, Pansoux et baron de Montbrun, plusieurs cens et rentes assis sur les villes haute et basse de Châlus pour le prix de 3,200 livres, qu'ils s'engageaient à payer au frère du vendeur, messire Jean de Lambertie, chevalier, gouverneur de Longwy, lieutenant du roi au gouvernement de la ville de Nancy. Yrieix était marié à Anne de Saint-Mathieu, qui lui survécut. Il est probable qu'il n'en eut pas d'enfants, car nous voyons, après sa mort, son neveu Yrieix-Julien propriétaire de toutes ses seigneuries. — (B.)

III. — Yrieix-Julien de Chouly de Permangle, neveu du précédent, et fils de Jacques et d'Isabeau Roux du Lusson, figure avec le simple titre de chevalier au contrat de mariage de sa sœur, Anne-Thérèse, le 16 janvier 1678. Le 12 avril 1698, il s'intitule seigneur-marquis de Permangle, Sgr de Brie, Montchasty, Boubon et autres places. Il faisait alors sa résidence au château de Montchasty. — (B.)

Filiation incertaine. — Pierre Chouly, Sr de La Farge, habitant de Saint-Yrieix, paie, le 2 juillet 1658, à Yrieix de Chouly, n° II, une somme de 12,500 livres comme prix d'acquisition des métairies de Champs et de Puy-la-Chave, paroisse de Saint-Yrieix, à lui vendues par le dit Yrieix. — (B.)

Le 10 juillet 1781, est célébré, dans l'église de Faux-Mazuras, le mariage de Jean-Baptiste Chouly, chevalier de Permangle, fils de feu messire Louis de Chouly, marquis de Permangle, et de Marie de Permangle, du lieu de *Leibradie?* paroisse de Jourgnac, avec demoiselle N... Larte de Langladure, fille de Jean-Jacques Larte de Langladure, de la ville de Peyrat-le-Château. — (D.)

Au T. II des *Mémoires relatifs à la succession d'Espagne,* il est parlé de M. de Permangle, qui, dans la campagne de Flandre de l'année 1702, fut fait prisonnier après la prise du fort Saint-Michel, en face de Vanloo, dont il était gouverneur.

Sources A : registre consulaire de Saint-Yrieix; — *Bull. Soc. Arch.*, T. III, p. 155; — B : Minutes de Desjardins et Thouron, notaires à Saint-Yrieix; — C : Bonav. de Saint-Amable. *Ann. du Lim.*, p. 869-870; — D : registres de Faux-Mazuras. — (A. Bosvieux.)

CHOULY, Sʳ de Permangle, de Montchasty et de Béchadie, paroisses de Dournazac et de Jourgnac, élection de Limoges, porte : *d'azur à une fasce d'argent surmontée de trois fleurs de pavot de même et une feuille de châtaignier d'or en pointe.*

I. — Paul de Chouly épousa Françoise de Gentil.

II. — Yrieix épousa, le 7 novembre 1551, Françoise de Prouhet, dont il eut Jean, qui suit ; il épousa : 2° Marguerite de Palvel, dont il eut Paul, qui a fait une branche. Le dit Yrieix fit, le 10 mars 1599, son testament portant légat en faveur de Paul, son fils du second lit, et instituant héritier Jean de Prouhet-Chouly, son fils du premier lit.

III. — Jean épousa Isabeau Magnanat. Les articles du mariage sont du 25 septembre 1584 ; la dite de Magnanat, étant veuve de Jean, nomma, le 3 août 1646, Philippe, son fils, pour recueillir l'effet de la donation portée par le contrat de mariage du dit Jean, son père.

IV. — Philippe de Prouhet de Chouly, Sʳ de Béchadie, épousa, par contrat sans filiation du 4 février 1639, Catherine de Chaumeix.

III *bis.* — Paul de Chouly, fils d'Yrieix de Chouly et de Marguerite de Palvel, épousa, par contrat du 4 octobre 1595, Françoise de Gentil, dont il eut : 1° Yrieix Chouly, Sʳ de Permangle, qui épousa, par contrat du 11 janvier 1639, Anne de Saint-Mathieu; 2° Jacques Chouly, Sʳ de Montchasty, qui épousa, par contrat du 13 juin 1655, Isabeau Roux. — (Des Coutures.)

N... Choly de Permangle, chanoine de Saint-Yrieix, curé de Marval fonde une chapelle dans l'église du Haut-Châlus, après 1400. (Pouillé de Nadaud.)

Le 21 avril 1567, Léonard Chouly (fils de Paul et de Françoise de Gentils) tua Raymond Gentils, fils de Jacques, Sᵍʳ de Lajonchat. (*Journal de Pierre Jarrige.*)

Yrieix de Chouly, Sʳ de Permangle, élu au pays de Haut-Limousin, épousa Marguerite de Gimel-Paluel, dont Catherine qui épousa, le 29 septembre 1581, Pierre de Jarrige. — Il portait : *d'azur à la fasce d'argent accompagnée en chef de trois lis au naturel, et en pointe d'une fleur de lis d'or.* — (De Montaigut. — *Journal de P. Jarrige.*)

Permangle de La Vigerie et Permangle des Farges sont témoins, en 1698, au mariage de Jean du Repaire et de Marie de Lambertie. (Registres de Boubon.)

Louis de Chouly et sa femme Marie de Chouly de Béchadie étaient morts le 24 novembre 1778, lorsque leur fils Philippe-Claude-Auguste, marquis de Permangle, épousa, à Limoges, dans l'église de Montjovis, Marie-Thérèse de Launoy, fille de feu Gabrielle-Alexandre-François, comte de Launoy et de Marie-Victoire de Josty. (*Feuille hebd.*, 1778.)

CHRESTIEN (p. 389), Sʳ de Langlade, paroisse de Meux, élection de Saintes, porte : *d'azur à 3 besans d'argent, 2 et 1.*

DU LIMOUSIN. 699

I. — Jacques Chrestien épousa Jeanne Eschalard.

II. — Charles épousa, par contrat du 23 novembre 1535, Jeanne de Saint-Laurent.

III. — François épousa, par contrat du 21 décembre 1567, Jacquette de Milly.

IV. — Jacques épousa, par contrat du 8 janvier 1610, Marie Chrestien.

V. — Philippe épousa, par contrat du 7 janvier 1648, Charlotte Goulard. — (Des Coutures).

Françoise Chrestien épousa, en 1635, René Dexmier. (Art. Dexmier.)

CLERC (p. 391). — Au lieu de « Clerc », *lisez :* « de *ou* du Cleré ». La date du 19 juin 1518 est celle du contrat de mariage d'Antoine du Cleré, fils d'Etienne, avec Antoinette de Forestin, sa première femme. La seconde se nommait du Cher, et non Duché. Il eut de la première Pierre, qui continua la postérité ; de la seconde, Clément. — (Vicomte de Maussabré.)

CLERMONT (Arnaud de), deuxième évêque de Tulle, portait : *de gueules à deux clefs d'argent adossées en sautoir, le panneton en haut.* Baluze le croit parent de Bertrand de Clermont, chanoine de Périgueux, qui se trouvait à Tulle avec lui le 25 septembre 1336, et aussi d'autre Bertrand de Clermont, de l'ordre des frères prêcheurs, et qui, mort en 1312, avait été inquisiteur à Toulouse. Arnaud était religieux chez les frères mineurs, et étudiait la théologie à Paris lorsqu'il fut placé sur le siége de Tulle, le 4 des ides de septembre 1333, par le pape lui-même, qui l'autorisa à retarder de trois mois sa consécration, parce qu'il n'avait pas encore l'âge canonique, et aussi à se faire recevoir maître en théologie dans la même université avant sa consécration, contrairement aux statuts, car il n'était encore que bachelier. Vers ce même temps, il adressa une lettre respectueuse pour exposer sa doctrine sur la vision béatifique à Jean XXII, dont la doctrine sur ce sujet avait été attaquée par l'université de Paris. Au mois d'octobre 1336, il assistait au concile de Bourges comme évêque de Tulle, et, cette même année, il fit en synode d'excellents statuts pour la discipline de son diocèse. Il mourut le 28 juin 1337 ; après lui, le siége fut vacant trois années et vingt-un jours. — (Roy de Pierrefitte.)

CLOU (p. 391). — M. le vicomte de Maussabré, dont la compétence dans l'art héraldique est incontestable, nous fait remarquer que les du Clou, Sgrs d'Ardant et de Chastaing, originaires de Nantiat (Haute-Vienne), appartiennent à une famille différente de celle qui précède. Des papiers de famille mis à ma disposition, notamment ceux relatifs à un procès de famille jugé par arrêts du parlement de Bordeaux des 28 mars 1670, 22 mars et 29 juillet 1678, constatent que les du Clou, Sgrs de Lavoux et de La Barde (lieu noble de la paroisse du Bois en Saintonge), d'Ardant (lieu noble de la paroisse de Rancon) et de La Lande, ainsi que ceux de Fianax, étaient parents. Leurs descendants, Sgrs du Teillol, paroisse de Chaptelat (Haute-Vienne), s'étant livrés au commerce, sont tombés dans la bourgeoisie, et ont cessé d'écrire leur nom en séparant la particule.

Le savant bénédictin dom Joseph Duclou, qui a concouru à la rédaction des premiers volumes du *Galliana christiana,* entrepris par Denis de

Sainte-Marthe (c'est-à-dire la dernière édition), et à celle de *l'Histoire littéraire de la France,* entreprise par dom Rivet, Joseph Duclou, mort le 31 avril 1755, dis-je, ainsi que son neveu Léonard Duclou, mort chez les bénédictins de Solignac vers 1790, laissant manuscrit un dictionnaire de la langue limousine, appartiennent aux Duclou du Teillol, représentés aujourd'hui par les enfants de Gabriel-Léonard, soldat volontaire, en 1805, dans le régiment de La Tour d'Auvergne, capitaine d'état-major du 14e corps de la grande armée, le 7 août 1813, aide-de-camp du général baron d'Alméras le 18 avril 1828; chef de bataillon au corps royal d'état-major le 17 juillet 1831 ; aide-de-camp du maréchal Soult en 1832; fait chevalier de la Légion d'honneur le 29 juillet 1813, et de Saint-Louis le 20 août 1824; mort vers 1850. Ses enfants sont : 1° Eugène-Léonard, élève de Saumur et des mines, actuellement directeur de l'usine à gaz de Limoges ; 2° Jean-Baptiste-Gabriel, officier comptable d'administration, chevalier de la Légion d'honneur (1855) et du Medjidié; 3° Marie-Victoire, mariée à M. Lussat, notaire ; 4° Marie-Eugène, sergent au 2e zouaves, ayant fait les campagnes d'Italie (1859) et celles d'Algérie depuis 1855, notamment celle de Kabylie et du Maroc, actuellement au Mexique ; 5° Gabrielle-Anna-Marguerite ; 6° Gabrielle-Anna-Emilie. — (Roy de Pierrefitte.)

CLUSEL (Guy de) *de Cancellis,* mais mieux *de Clausellis,* comme disent les chanoines de Limoges, demandant à l'archevêque de Bourges de confirmer son élection, ou *de Clausello,* terme employé par Bernard Guidonis, mais nullement *de Comborn,* comme l'ont appelé par erreur les auteurs du *Gallia christiana vetus* et aussi un moine de Grandmont, très souvent en défaut d'après Nadaud, et qui confond ce Guy de Clusel avec Guy de Comborn, qui, en 1446, de l'évêché de Limoges, où il était resté deux ans, passa à celui de Noyon.

Guy de Clusel, d'abord curé de Nieul, près Limoges, puis doyen du chapitre de Saint-Yrieix en Limousin, et archidiacre de l'église de Limoges lors de son élévation à l'épiscopat, exerçait déjà, simple prêtre, une grande influence en Limousin, si bien que, en 1220, il avait pu procurer aux Pères de l'ordre de Saint-Dominique toutes les choses nécessaires pour leur installation à Limoges. (V. *Études hist. sur les monast. du Lim. et de la Marche,* T. I, n° XX, p. 2-5.) Encore comme archidiacre, il signa, avec Simon, archevêque de Bourges, et Bernard de Savène, évêque de Limoges, la bulle fulminée par celui-ci à Grandmont le dimanche 10 septembre 1223, bulle qui autorisait les moines de cet ordre à posséder des biens hors de leur enclos.

Après une vacance de plus de trois mois du siége de Limoges, occasionnée par la mort de Bernard de Savène, tué au siége d'Avignon en 1226, et sur le refus d'Albéric Cornut, Guy de Clusel fut élu dans l'octave de Saint-Luc de la même année 1226. L'archevêque de Bourges confirma sa nomination, et il fut sacré dans l'octave de Saint-Martin toujours de la même année, et non de 1228, comme on le lit dans la chronique d'Albéric, religieux du monastère de Trois-Fontaines. Guy de Clusel était déjà vieux, d'après Maleu, *vir multum senex,* quand il fit son entrée solennelle dans sa ville épiscopale, après s'être préparé par une retraite faite dans le monastère de Saint-Martin-lez-Limoges, suivant l'usage de ses prédécesseurs.

Le clergé et le peuple l'accueillirent avec une grande joie. Ses biographes font remarquer qu'il était très généreux ; la fondation des dominicains à Limoges le prouve ; il donna aussi dix livres aux chartreux récemment établis à Glandiers.

En 1230, il leva de terre, pour le placer dans un reliquaire, le corps de saint Auvent *(Audentius),* dans le lieu qui est devenu depuis centre d'une paroisse (canton de Saint-Laurent-sur-Gorre, (Haute-Vienne), et non celui de Saint-Ouen, évêque de Rouen, comme l'a dit, on ne sait par quelle inadvertance, Bernard Guidonis, et comme le répète, d'après celui-ci, Bonaventure de Saint-Amable. Le 24 août 1231, il assistait à la dédicace de l'église de La Seauve-Majoure, monastère de l'ordre de Saint-Benoît situé au diocèse de Bordeaux. Il mourut en 1235, et le 22, le 23, le 24, le 25 ou 26 janvier, car les divers nécrologes de Glandiers, de L'Artige, de Saint-Martial, de La Courtine et de la cathédrale de Limoges indiquent chacun un de ces jours. Guy de Clusel était alors dans la neuvième année de son épiscopat. On l'enterra dans l'église du monastère de Saint-Martial de Limoges, à l'entrée du chœur, un peu à gauche. Il se vantait, dit-on, d'avoir cent quarante ans. Nadaud fait remarquer, avec raison ce semble, qu'il vaudrait mieux dire cent quatre ans, les chiffres permettant une erreur facile au copiste : CXL, CIV.

SOURCES : DUCHESNE, *Hist. Franc. script.,* T. V, p. 676 ; — BERNARD GUIDONIS *apud* LABBE, T. I, p. 634 ; T. II, p. 270 ; — MARTÈNE, *Anecd.,* T. I, col. 907 ; *Amplis. coll.,* T. VI, col. 463, 464 ; — ESTIENNOT, *Frag. hist.,* T. IX, p. 241 ; — *Gall. christ. vetus,* T. II, p. 635 ; — *Gall. christ. nova,* T. II, col. 528 ; — LES BOLLANDISTES, *Acta. Sanct.,* T. IV, *augusti*, p. 800 ; — JUSTEL, *Hist. généal. de Turenne,* preuves, p. 24 ; — BONAV. DE SAINT-AMABLE. T. III, p. 553, col. 2 ; — MALEU, édition de M. Arbellot, p. 65 ; — NADAUD, *Mém.,* T. I, p. 44, 45, 97 ; T. III, p. 99, — LEGROS, *Mém. pour servir à l'hist. des évêq. de Lim.,* p. 289-293. — (ROY DE PIERREFITTE.)

CLUY (p. 392). — Au lieu de « Cluy », *lisez* : « Cluys ou Cluis ». — Au lieu de « Biantes », *lisez* : « Briante ». — (P. 393, ligne 3), au lieu de « Bastis », *lisez* : « Bastisse ». — Ligne 8, au lieu de « Jonion », *lisez* : Jovion ou Jouvion ». — Ligne 13, Gabriel de Cluis, Sgr de Bastisse et d'Estalles, près Boussac, épousa Marguerite de Douhault, dame du Bois-Douhault, et de Boudan, près Buzançais, veuve de Charles de Maussabré, chevalier, Sgr des Genêts et de La Sabardière.

La famille de Cluis, connue dès le commencement du XIe siècle, tirait son origine de la ville de Cluis en Berry. Elle s'est illustrée, dans l'ordre de Saint-Jean de Jérusalem, par deux grands-prieurs de France. — (Vicomte A. DE MAUSSABRÉ).

François de Cluis, écuyer, fut seigneur-baron de Gouzon (1) par sa première femme, Marguerite de Durat, fille de noble François de Durat, écuyer seigneur-baron de Gouzon, laquelle mourut le 13 septembre 1636, laissant

---

(1) Gouzon, commune du canton de Jarnages (Creuse). — Bastisse, commune de Clugnat, canton de Châtelus (Creuse). — Farges, commune d'Auzances, canton d'Aubusson. — La Coste, commune de Ladapeyre (Creuse). — Genouillac, commune du canton de Châtelus (Creuse).

deux filles de son mariage : 1° Anne, baptisée le 8 janvier 1634, mariée, le 11 janvier 1654, à Tous-d'Oiron, écuyer, S^{gr} de La Barre, auquel elle apporta en dot la plus grande partie de la baronnie de Gouzon, et morte, à l'âge de soixante-quinze ans, le 26 juillet 1708; 2° Françoise, baptisée le 23 avril 1636.

François de Cluis épousa, en secondes noces, Marguerite d'Oiron, qui fut inhumée, le 7 mai 1659, dans la chapelle de Notre-Dame de Gouzon, et à laquelle il survécut. — (A.)

Claude de Cluis, écuyer, S^{gr} de Bastisse, le 18 mai 1631, 20 février 1647 (A, B), est peut-être le même que Claude de Cluis, chevalier, S^{gr} de Vielhe-Vigne, 8 janvier 1634. — (A.).

Gabriel de Cluis, écuyer, S^{gr} de Bastisse, 5 avril 1668, probablement fils du précédent. — (C.)

Françoise de Cluis, femme de François Mouret, S^{gr} des Farges, bailli d'Auzances, 16 juillet 1629. — (D.)

Jehan de Cluis, écuyer, S^r de La Coste, mari de Louise de Fricon, 13 novembre 1634, 23 février 1642. — (C.)

Antoinette de Cluis (V. *supra*, p. 393), femme de François de Ligondès, écuyer, S^{gr} de Genouillac, 5 décembre 1663, veuve 6 août 1669, 21 septembre 1705. — (C.)

Marie de Cluis, femme de François III de Chabannes, comte de Saignes, S^{gr} de Boislamy (1), etc. (V. *supra*, p. 337), remariée, le 21 septembre 1678, à Guillaume de Bouilly, écuyer, Sr de Tribery. — (E.)

Gabrielle de Cluis, veuve de Gilbert des Rigaud, écuyer, S^{gr} du Teys, 31 mai 1673. — (A.)

Françoise de Cluis, épouse de messire Sylvain de Bridiers, écuyer, S^{gr} des Guérins, 31 octobre 1738. — (F.)

François de Cluis, chevalier, S^{gr} de Nouizat, 10 mai 1742, 30 mars 1742, probablement frère de

Sylvain de Cluis, 10 mai 1742, écuyer, S^{gr} de Noisat et de Servières, 26 octobre 1745, de cette dernière seigneurie par sa femme, Jeanne de La Chapelle, qui se remaria, le 26 mars 1764, avec Henri de Fricon, écuyer, S^{gr} de L'Arfouillouse, fils majeur de feu Gabriel de Fricon, écuyer, S^{gr} de Nouzerolle, et de feue Marie des Ages, de la paroisse de Nouziers. — (A, G.)

Joseph de Cluis, écuyer, S^{gr} de La Motte-au-Groing, époux de Jeanne de Bressolles, qui mourut le 17 septembre 1701, à l'âge de soixante-huit ans, et qui fut inhumée dans l'église de Leyrat, fut père : 1° de Joseph, baptisé le 7 février 1671, et qui est qualifié, dans un acte du 4 juillet 1719, écuyer, S^{gr} de La Villatte concurremment avec Isaac de Cluis; 2° de Marie, qui figure comme marraine dans un acte du 30 octobre 1675; 3° de Jeanne, mariée, le 1er juin 1711, à Pierre Samson, écuyer, Sr de Valic et des Ouches, veuf de Françoise Piaud, de la paroisse de Theneuille ; 4° et probablement aussi d'Isaac, qui est qualifié gendarme du roi, S^{gr} de La Mothe et de La Villatte, dans deux actes des 5 janvier 1726 et 16 avril 1729, qui décéda, le 28 fé-

---

(1) Boislamy, commune de Moûtier-Malcard. — Guérins, commune de Nouzerines. — Servières, commune de Domerot. — Nouzerolle, commune du canton de Bonnat. — Nouziers, commune du canton de Châtelus. — La Motte-au-Groing, La Villatte, commune de Leyrat, canton et arrondissement de Boussac (le tout dans la Creuse).

vrier 1733, âgé de soixante-dix ans. au château de La Villatte, et qui fut inhumé dans la chapelle de La Villatte, en l'église de Leyrat.

Armes : *d'argent au lion d'azur.*

Sources : Registres des paroisses : A, de Gouzon ; B, de Chatelus ; C, de Genouillat ; D, de Dontreix ; F, de Bussière-Saint-Georges ; G, de Blaudeix ; H, de Leyrat ; E, fonds de la seigneurie de Boislamy, aux arch. de la Creuse ; — J, Vertot, *Hist. de Malte*, édit. in-12, 1761, T. VII, p. 328. — (A. Bosvieux.)

CLUYS (Jean de), né en Berry, parent et vicaire général de Bertrand de Maumont, son prédécesseur, mort le 25 juillet 1425, lui succéda à l'évêché de Tulle. Il avait pour armes : *d'argent à un lion d'azur rampant*. Le 26 juin 1428, Charles VII le chargea d'aller, avec Guillaume de Quiesdeville, demander pour lui au roi de Castille des secours contre les Anglais, auxquels le duc de Bretagne s'était traîtreusement uni. En 1429, il régla avec son chapitre des différends relatifs à des affaires temporelles ; le 16 juin 1431, il fit une transaction avec les habitants de Tulle pour ses droits épiscopaux comme Sgr de la ville. En 1432, il acheva son palais épiscopal, et, l'année suivante, il eut l'honneur de recevoir le roi Charles VII, qui, revenant de Toulouse vers la fin d'avril, passa à Tulle les fêtes de Pâques. Il mourut le 9 juin 1444, et fut enterré dans le chœur de sa cathédrale. — (Roy de Pierrefitte.)

COETLOSQUET (Jean-Gilles du), fils de messire Alain-François du Coetlosquet et de Gilberte de Kergus, Sgr et dame des Isles, naquit au château de Kérigou, paroisse de Trégondern, près Saint-Pol de Léon (canton dans l'arrondissement de Morlaix, Finistère), le 15 septembre 1700, et fut baptisé le 22 suivant. D'abord infirmier ou sacristain de la cathédrale de Tulle, bénéfice qui fut uni de son temps à cette église, licencié et prieur de Sorbonne, puis vicaire général de l'évêque de Tulle et ensuite de l'archevêque de Bourges, le cardinal de La Rochefoucauld, près duquel il passa dix ans à Bourges, honoré encore des dignités d'archidiacre de Châteauroux, de chancelier de l'église et université de Bourges, et d'abbé de Puyferrand (1730), au même diocèse et de l'ordre de Saint-Benoît. (*Gall. Christ. nova*, t. V. aux add., col. XXXVII.)

Au commencement de l'année 1739, passant à Limoges avec le cardinal de La Rochefoucaud, il lui aurait dit : *Je plains d'avance le successeur de M. de l'Isle du Gast, car il sera bien mal logé* (il parlait du palais épiscopal remplacé à la fin du dernier siècle). Six mois après, le 23 septembre 1739, il fut nommé lui-même à l'évêché de Limoges. Sa nomination fut accueillie avec faveur, puisque les vicaires capitulaires le nommèrent vicaire général le 2 octobre suivant. Proclamé à Rome au mois de novembre, il reçut ses bulles le 15 décembre, et fut sacré, le 7 février 1740, à Paris, dans la chapelle du séminaire de Saint-Sulpice, par l'archevêque de Bourges, assisté des évêques de Tulle et de Tréguier. Arrivé à Limoges le 7 mars, il mit pied à terre au grand séminaire où il demeura jusqu'au 13, jour de son entrée solennelle et de sa prise de possession (1740).

Député de la province de Bourges à l'assemblée du clergé de France, en 1740, il fut nommé à l'abbaye de Tournus, du diocèse de Châlons-sur-Saône, en 1745, et, en septembre 1756, il refusa l'archevêché de Tours. En 1758, il se démit de l'évêché de Limoges pour devenir précepteur des enfants de France, qu'il sut former à la vertu. Legros a publié, dans la *Feuille hebdomadaire de Limoges* du 7 avril 1784, la lettre flatteuse et pieuse aussi que lui écrivit de Versailles, le 23 janvier 1758, le Dauphin, père de Louis XVI, pour l'engager à accepter ce dernier poste. En 1759, il fut nommé abbé de Saint-Paul de Verdun, et, en 1761, il fut reçu membre de l'Académie française. Il mourut à Paris, le 21 ou le 22 mars 1784, dans l'abbaye de Saint-Victor, où il s'était retiré depuis plusieurs années; on l'y enterra dans le cloître. Le *Dictionnaire historique* de Chaudon et Delandine (1804), lui rend ce témoignage : « Il était bienfaisant sans ostentation, pieux sans aigreur; la bonté, la modestie et la modération furent la base de son caractère. Il fut inaccessible à l'ambition comme à l'esprit de parti, et, dans les disputes qui agitèrent l'Église de France, il se contenta de prier pour la paix... Si son savoir ne fut pas plus remarqué, c'est qu'il fut sans faste comme sa vertu. » Je ne voudrais enlever à notre évêque rien d'un si beau témoignage : j'avoue pourtant que je m'explique peu par quel malheur unique des ordonnances d'interdit et de démolition de cinquante-six églises ou chapelles, ont marqué son administration dans le diocèse de Limoges. (V. le Pouillé du diocèse de Limoges, par l'abbé Nadaud, édition de l'abbé Texier, p. 2.) Et si rapprochant de ces faits le témoignage assez flatteur qu'il rendait, dit-on, même pour leur *bonne morale*, aux ouvrages de d'Alembert qu'il *relisait* souvent (V. le *Dictionnaire historique* déjà cité) et dont l'esprit anticatholique n'avait pu lui échapper, il faut ranger cet évêque parmi ceux qui, de son temps, furent imbus de l'esprit philosophique. Du moins, mérite-t-il le reproche adressé par le Prophète aux pasteurs de tous les temps qui, par une indulgence coupable, se taisent quand on attaque la vérité : *Canes muti non valentes latrare* (Isaïe, c. 56, v. 10).

Les armes de cet évêque sont celles de sa famille : *de sable, semé de billettes d'argent, au lion morné aussi d'argent, brochant sur le tout.* — (Roy de Pierrefitte.)

COMBAREL (p. 394, ligne 13). — François de Combarel, neveu de Hugues de Combarel, évêque de Poitiers, chevalier, S^{gr} de Noaillé en Haut-Limousin et de Rigualt en Bas-Limousin, capitaine de Chauvigny et de Bellac, en 1444, avait épousé Jacquette de Mons, dame de La Chèze, près Bellac, de Puy-Martin et de Jarrie, fille de Jean de Mons, S^{gr} de La Chèze, et de Jeanne de Bournoiseau. Le dit Jean de Mons, était fils de Guillaume de Mons, chevalier, et de N... de Touvezac. Guillaume de Mons et son frère Aimery, mort évêque de Poitiers en 1370, étaient probablement fils de Billaud de Mons, damoiseau, auquel Aimeri du Breuil, *alias* de La Chèze, damoiseau, fit donation de la terre de La Chèze, par acte sans date, passé sous le sceau de Bellac, Rancon et Champagnac, pour madame la comtesse de Saint-Paul, comtesse de Pembrock (Marie de Chastillon, comtesse de Saint-Paul, veuve d'Aimar de Lusignan, dit de Valence, comte de Pembrock), vers l'an 1330. Cette donation ne fut pas entièrement gratuite, car nous trouvons, à la date de 1334, une quittance donnée par Aimery du Breuil à Billaud de Mons pour 50 livres, *restant du paiement de la vente de La Chèze*. Billaud de Mons semble avoir été fils de Guyot de Mons et d'Agnès, sœur présumée de Geoffroy du Breuil de Villars, en 1303. Quoi qu'il en soit, François de Combarel eut de son mariage avec Jacquette de Mons, dame de La Chèze, Jeanne de Combarel, qui était mariée, en 1462, avec Jean Ysoré, V⁰ du nom, chevalier, S^gr de Pleumartin, La Tour-Ysoré, La Varenne, Baussay, Vernon, etc., conseiller et chambellan de Louis XI, qui lui donna, en 1471, les châtellenies de Rancon et de Champagnac. Il les échangea, l'année suivante, avec Pierre de Bourbon, comte de Clermont. Jean Ysoré et Jeanne de Combarel, sa femme, vendirent à Jean Tacquenet, écuyer, la terre de La Chèze et divers biens situés aux environs de Bellac. Jeanne Ysoré, leur fille, en exerçait le retrait en 1498.

(P. 396, ligne 37.) — C'est en 1449 que Jean Ysoré fut fait chevalier. — (Vicomte de Maussabré.)

(P. 396, ligne 5.) — Annet était frère de Susanne, mariée, en 1630, à Jean d'Autressal, S^gr de L'Artige, et veuf, en premières noces, d'Antoinette de Sartiges de Lavandès, lequel descendait au 6e degré d'Hugues d'Autressal, damoiseau, et d'Hélis de Sartiges, héritière de sa branche (1405). — (V. le *Nobil. d'Auverg.*, T. I, p. 117).

(P. 396, ligne 17), ajoutez pour Pierre-Marie de Combarel : se maria, le 8 janvier 1746, à Jeanne Coustard-Montchevreil, dont il eut Jean-Baptiste-Paul de Combarel de Gibanel, S^gr de Vernège, qui épousa, le 19 décembre 1791, Madeleine-Louise Boutin, dont naquit, le 14 octobre 1792, Charles-Marie-Louis-Paul (*Généal. manus.*, à la bibliothèque nationale), ajoutez ce qui suit :

X. — François, deuxième fils de Louis-Charles de Combarel du Gibanel, mort au château de La Ribeyrotte le 10 novembre 1774, et d'Antoinette de Sartiges de Lavandès, revendit avec son père la seigneurie de Sartiges au comte François de Sartiges de Sourniac, descendant de ses premiers maîtres, et le dernier terme du prix de vente en fut payé le 29 février 1772. Déjà François de Combarel et son père avaient vendu le fief du Bouix au baron de Montclar-Montbrun. François de Combarel-Gibanel épousa, à la fin de 1767 ou au commencement de 1768, N... Cellin de La Reynerie, fille de N... Cellin, S^gr de La Reynerie et de Trezin, près d'Issoire. De ce mariage sont nés : 1° Hippolyte, qui suit ; 2° Jean-Louis, qui a épousé, en 1813, Marie-Anne-Julie, fille du comte de Cornudet des Chomettes, sénateur, dont il eut trois fils morts sans alliance.

XI. — Hippolyte de Combarel, propriétaire de La Reynerie, a épousé N..., fille de M. Dauphin de Leyval, longtemps député du Puy-de-Dôme, et d'une fille de l'illustre maison de Dienne. D'eux sont nés : 1° Jean-Louis, comte de Combarel de Leyval, ancien député du Puy-de-Dôme. Il a épousé successivement deux sœurs du nom d'Aubertot, filles d'une riche maison de commerce de Paris, qui a pris le nom de Coulanges ; — 2° N..., mariée au comte de Murat-Sistrières, dont elle a eu un fils et deux filles ; — 3° N..., mariée à N... de Boschatel, tous les deux morts sans enfants.

(P. 396, deuxième note.) — Après la mort de Bertrand Botinandi (1416), une partie des chanoines de Tulle, qui avaient alors le droit d'élire leur évêque, portèrent leur choix sur Martin de Saint-Sauveur, prieur de Lisseau, que l'archevêque de Bourges confirma ; les autres chanoines élurent Hugues de Combarel, d'abord conseiller à la cour des aides, et qui passa cinq mois à Gênes, en 1415, pour y recruter, au nom du roi, des troupes destinées à combattre les Anglais. Cette élection occasionna un long procès devant le Parlement de Paris, qui prononça, le 12 juillet 1421, un arrêt en faveur de Combarel, auquel il fit rendre les revenus de l'évêché, perçus jusque-là par son compétiteur. Pendant le débat, d'après Baluze (*Hist. Tutel.*, p. 214), le roi se permit d'imposer au diocèse, comme vicaire général, Jacques Deschamps (*de Campis*), prévôt de Naves. Sans doute Hugues de Combarel ne se sentait pas à l'aise à Tulle, car il permuta avec Bertrand de Maumont, évêque de Béziers, permutation ratifiée par le pape Martin V, la veille des ides de janvier de l'année 1422. De l'évêché de Béziers, le même pape le transféra, le 16 des calendes de mars 1424, à celui de Poitiers, où il siégea jusqu'en 1434. (*Gall. christ. nova*, T. II, p. 671, 1198-1199.) Quoique Baluze fasse naître Hugues de Combarel de la famille de ce nom, à laquelle je le rapporte (*ex veteri nobilitate urbis nostrae quae etiam nunc durat*), ce qui paraît évident, toutefois le catalogue des armes des évêques de Tulle, conservé à l'évêché de ce nom, et reproduisant celles de l'église de Saint-Pierre de Tulle, ne lui donne pas les armes de sa famille, mais : *d'or à un sabre de gueules anché, garni d'azur, et posé en pal la pointe en haut.*

Isabelle de Combarel épousa Guillaume de Montalembert, IIIe du nom, S^{gr} de Ferrières en Poitou, qui accompagna le comte de Nevers en Bulgarie, et se trouva à la bataille de Nicopolis le 28 septembre 1396.

Jean de Combarel-Gibanel, fils d'Antoine et de Marie de Scorailles, épousa, le 18 mai 1588, Gabrielle de Pestels, fille de Claude de Pestels et d'Hélène de Rilhac. (Le comte de Waroquier, T. III, p. 236.)

Jeanne de Combarel, épouse de Raymond de Chalons, S^{gr} de La Chapelle-aux-Plas en Limousin, fut mère de Françoise de Chalons de La Chapelle-aux-Plas, mariée, le 11 juillet 1613, à Jean-Claude de Pestel. (*Id.*, p. 242.)

De Combarel, de Vernège, aide-major aux gendarmes de la garde du roi, brigadier d'armée en 1759, maréchal-de-camp en 1767. (*France milit.*, T. II, p. 83-169.)

De Combarel, officier aux chevau-légers de la garde du roi. (*Ann. milit.* de 1761, p. 166.)

Louis-Charles de Combarel-Gibanel, baron de Sartiges, grand-sénéchal en Limousin et lieutenant des maréchaux de France à Tulle, mort au château de La Ribeyrote, âgé de quatre-vingt-deux ans, le 10 novembre 1774. (*Gazette de France* du 5 décembre suivant, p. 871.) — (Roy de Pierrefitte.)

COMBORN (p. 408, ligne 29). — Guy de Comborn, chanoine d'Autun, successeur de Nicolas de Besse, mort en 1369, ne fut pas seulement *élu* évêque de Limoges, comme Legros a tort de l'ajouter dans le manuscrit de Nadaud. Il affirme lui-même qu'il fut *élu et confirmé* évêque de Limoges par la grâce de Dieu et du siège apostolique dans un acte qu'il signa le 11 avril 1344 à Avignon. Le 1er juin 1344, il accorda aussi, comme évêque, pour aider à bâtir la cathédrale de Limoges, le même revenu que lui avait accordé Hélie de Taleyran, un de ses prédécesseurs. Il s'était reconnu, le 1er mars de la même année 1344, débiteur de la chambre apostolique, envers laquelle il se libéra le 22 avril 1346. Ainsi il paraît y avoir une très longue vacance entre Nicolas de Besse et lui; mais on se trompe dans le

Moréri de 1759 en lui refusant les titres d'évêque de Limoges et de Noyon. Enfin les actes consistoriaux du 22 avril 1346 le qualifient *évêque de Limoges*. (*Gall. christ. nova*, T. II, col 533.)

Nadaud dit (*Mém.*, T. I, p. 20) avoir vu dans les archives de l'évêché de Limoges qu'il siégeait, mais était *de remotis* le 3 mai 1346 et même le 3 avril 1347. Que signifie cela? Etait-il en suspicion? Il n'était pas indigne, car il fut fait évêque de Noyon en 1346. (*Gall. christ. nova*, T. IX, col. 1016.) Il gouverna peu ce dernier diocèse, où son successeur fut nommé le 23 janvier 1350. C'est à tort que, dans le rituel de 1774, on l'appelle *Jean de Comborn*. — (Roy de Pierrefitte.)

(P. 408, ligne 30). — Au sujet de Matha de Comborn, qui avait épousé Brun de Claviers, de la province d'Auvergne, il est dit qu'elle eut de ce second mari *deux enfants*. J'avoue que je ne crois pas à l'exactitude de cette assertion : il est vrai que, dans deux endroits de son testament de 1367, cette dame appelle Brun et Lucie de Claviers ses enfants (*filiis meis*) ; mais c'est là une qualification dont peut se servir une belle-mère, et d'ailleurs usitée en tout temps par les femmes d'un second lit à l'égard des enfants nés d'un premier mariage de l'époux. Mais, si Matha donne ce titre d'enfants à Brun et à Lucie de Claviers dans une ou deux clauses de son testament, il est à remarquer que plus loin elle se contente de les désigner sous la simple dénomination d'*héritiers du seigneur de Claviers* (*heredes dicti domini Bruni suprascripti*). Mais ce qui vient surtout à l'appui de mon opinion, c'est que Matha de Comborn ne fait que des legs à Brun et Lucie de Claviers, tandis qu'elle désigne *pour son héritier universel Guichard de Comborn, son neveu*, et qu'elle fait de nombreux legs à d'autres parents de son nom. Peut-on supposer que Matha eût agi ainsi si Brun et Lucie de Claviers avaient été ses véritables enfants? Je ne le crois pas : les lois d'ailleurs s'y seraient opposées. Il me semble donc plus naturel de penser que Matha ne fut que la seconde femme du S^{gr} de Claviers, et que celui-ci avait eu d'un premier mariage Brun et Lucie de Claviers, auxquels Matha donnait une marque d'intérêt en les faisant ses légataires, marque d'intérêt de peu de valeur du reste, eu égard aux grands biens dont elle disposait.

Brun de Claviers appartenait à une antique maison de Haute-Auvergne, (*V. le Nobil. d'Auv.*, T. II, p. 216 et suiv.) Pendant la guerre contre les Anglais, il fut un instant entraîné dans le parti du prince de Galles, qui dominait en Limousin, tandis que l'Auvergne restait attachée au drapeau de la France. — (Baron de Sartiges d'Angles.)

(P. 410.) — Comborn (Pierre), troisième enfant de Guichard V du n° XIII. Ne serait-il pas ce Pierre de Comborn de la branche des Srs de Treignac qui, d'après Baluze, nommé sans doute par le pape, après la mort de Jean de Cluys, contrairement à quelque article de la pragmatique sanction, ne fut pas maintenu évêque de Tulle et céda le siège à Hugues d'Aubusson, mais qui néanmoins, sous le nom de Pierre de Treignac, évêque de Tulle, se trouvait à Tours au mois de février 1453, à la translation solennelle des reliques de saint Martin. Si ce même Pierre de Treignac, jadis religieux de l'ordre des frères prêcheurs et confesseur du roi, devint évêque de Senlis, comme l'ont dit quelques auteurs, ce fut sans doute, ainsi que le fait remarquer Baluze, parce que le pape tint à le dédommager de ce qu'il n'avait pas été maintenu à Tulle. Le même Baluze ajoute qu'il trouve bien un Pierre de

Treignac évêque de Senlis, mais à une époque antérieure, puisqu'il mourut au mois d'avril 1356. (*V. Hist. Tutel.*, p. 219). — Roy de Pierrefitte.)

Noble et puissant Sgr Jean de Combort, Sgr de Val, paroisse de Chamberet, diocèse de Limoges, vend, en sont nom et au nom de son fils noble François de Combort, la totalité de la dîme des laines et agneaux de la paroisse de Royère à la communauté des prêtres de ce lieu pour le prix de 20 livres tournois. (Titre latin du 3 juillet 1518.)

Haut et puissant Sgr Charles de Combort, vicomte du dit lieu, seigneur-baron de Châteauneuf et de Peyrat, reçoit du nouveau propriétaire de la seigneurie de Mérignac (1), noble Jehan de Saint-Georges, le dénombrement de cette seigneurie, qui était tenue à foi et hommage de la baronnie de Peyrat, le 4 mai 1574. — (Arch. de la Creuse). — (A. Bosvieux.)

Louis de Combort était à la montre de la noblesse du Bas-Limousin en 1470. (Arch. de Pau. E. 651.)

Isabeau de Combort épousa, vers 1549 François Couraudin, (*Nobil.*, art. Couraudin.)

COMTE (p. 419) porte : *d'argent à un arbre de sinople sommé d'une colombe d'argent.*

Marie-Judith de Comte, fille de Léonard de Comte, écuyer, Sgr de Beyssac, et de Louise de La Barre, épousa : 1° Joseph de Bort, chevalier, Sgr de Montégoux en Limousin ; 2°, par contrat du 23 mai 1702, Joseph-Henry de Maussabré, chevalier, Sgr du Puy-Barbeau en Berry, dont postérité. Le premier mariage ne donna naissance qu'à une fille, Marie-Françoise de Bort, dame de Montégoux, qui épousa, le 29 avril 1723, Jean de Maussabré, frère puîné de Joseph-Henry.

Anne de Beyssac, de cette famille, veuve de Louis-Marie de Lentilhac, marquis de Séclières, se remaria, le 19 février 1730, à Bertrand de Lentilhac, baron de Felzin. — (Vicomte de Maussabré.)

CONSTANT (p. 424), porte : *d'azur au chevron d'or accompagné de 3 molettes de même, 2 et 1.* — (Roy de Pierrefitte.)

Etienne Constant, damoiseau, témoin dans un acte du 10 février 1387 (manuscrit de M. le chanoine Tandeau).

Les Constant étaient consuls de la ville de Limoges en 1597, 1613, 24, 50, 51, 82, 91, 93.

CORAL (p. 424). — Baluze (*Hist. Tutel.*, p. 174) rattache à cette famille Pierre Coral, moine, puis prieur du monastère de Saint-Martin-lez-Limoges, dont il fut élu abbé en 1247 (et non 1248 comme le dit Vitrac dans la *Feuille hebdomadaire* de 1782). Élu abbé de Tulle le jour de la fête de saint Augustin (28 août) 1276, il gouverna ce monastère jusqu'en 1285. Des actes de son administration établissent qu'il était parent de la famille de Malemor; il était aussi frère d'Hélie Coral, chanoine, grand-chantre de la cathédrale de Limoges. Sa chronique manuscrite du monastère de Saint-Martin-lez-Limoges, où on trouve aussi une liste des abbés de Tulle jusqu'à lui et beaucoup de faits relatifs à l'histoire du Limousin, vient d'être imprimée

---

(1) Mérignac, commune du canton de Bourganeuf (Creuse).

sous ce titre : « *Majus Chronicon lemovicense a Petro Coral et aliis conscriptum, etc.*, » — (Roy de Pierrefitte.)

Jean Coral est à la montre des nobles du Haut-Limousin faite à Limoges en 1470. (Arch. de Pau. E. 651.)

Gauthier Coral, damoiseau, est témoin, le 27 janvier vers 1444. (*Nobil.*, art. Cossac.)

Marguerite Coral épousa Seguin de Champanhas, damoiseau, vivant en 1441. (*Nobil.*, art. Champagnac.)

CORBIER (p. 427). — Etienne de Corbier, écuyer, Sgr du dit lieu, même paroisse en Limousin, eut de Marie-Thérèse de Chastaignac, sa femme, morte le 18 avril 1771, plusieurs enfants et entre autres Michel ou Jean-Michel, d'après Nadaud (*sup.*, p. 430), Sgr de Chassain, qui épousa, le 10 mai 1743, dans l'église de Pontarion, Marie de Chastaignac, sa cousine, fille de Jean de Chastaignac, écuyer, Sr de Neuvy et de Pontarion, et de Jeanne Croisier, en présence de Louis de Corbier, son frère, et de messire François de Coux, Sgr du Châtenet, son parent. Marie de Chastaignac lui apporta en dot la baronnie de Pontarion : aussi s'intitule-t-il déjà en 1753, chevalier, baron de Pontarion, Sgr de Corbier, Le Repaire et autres places. Il eut de ce mariage : 1° Marie, qui obtint, le 1er juin 1764, congé du curé de Thauron, sa paroisse, pour épouser, dans la paroisse de Corbier, messire Charles-Roch de Coux, chevalier, Sgr du Châtenet, La Penchenerie, Peymaud et autres lieux, fils de feu messire François de Coux et de défunte Marguerite Moulinier, habitant en son château du Châtenet, paroisse de Lubersac ; 2° Jean de Corbier, qui, le 7 janvier 1784, était qualifié de chevalier de Saint-Louis, major du régiment Royal-Lorraine-cavalerie, et obtenait congé pour épouser, en la paroisse de Saint-Amand-de-Toul, dame Jeanne-Marie de Baillivy, dame vouée de Toul et Dongermain en partie, fille majeure de feu haut et puissant Sgr messire François-Léopold de Baillivy, chevalier, Sgr de Valleroy, Madecourt et Agecourt, et de dame Marie Barbier de Moutarde, la future épouse veuve de haut et puissant Sgr messire François Labbé, comte de Coussé, chevalier, baron de Besonvaux, et demeurant en la ville et évêché de Toul. Jean de Corbier figure, dans un acte du 12 juin 1791, avec les titres de lieutenant-colonel du 10e régiment de cavalerie, ci-devant Royal-Lorraine, et de *ci-devant* haut et puissant Sgr de Corbier, baron de Pontarion et autres lieux. De son mariage provinrent : A. — Marie-Susanne, décédée au château de Pontarion le 10 avril 1790, à l'âge de huit mois ; B. — Louise-Léopolde-Dorothée, née le 13 février 1791, qui eut pour parrain Louis de Corbier, chevalier, capitaine du régiment Rose-infanterie, probablement son grand-oncle paternel. (Regist. de Thauron et Pontarion). — (A. Bosvieux.)

(Page 429, ligne 11.) — René Isoré, Sr de Pleumartin, épousa, non pas Jeanne de Corbier, mais bien Françoise de Sorbier, d'une ancienne maison du Berry et de Touraine, qui n'avait rien de commun avec celle de Corbier. — (Vicomte de Maussabre.)

CORNU (p. 132). — Est ce à cette famille limousine ou à celle de Picardie, dont les armes sont *de gueules à l'orle d'argent*, qu'il faut rattacher Albéric Cornu, qui refusa l'évêché de Limoges après la mort de Bernard de

Savène, tué dans le camp du roi Louis VIII, au siége d'Avignon en 1226. (*Gall. christ. vetus*, T. II, p. 491; — *Gall. christ., nova*, T. VIII, col. 1159.) Cet Abéric, f ère de Gautier, archevêque de Sens, me paraît étranger à notre pays : élevé dans l'église de Paris, où il professa ensuite l'un et l'autre droit, il fut chano ne de Sens, de Chartres, de Paris et doyen de Saint-Martin de Tours, puis élu deux fois, dit-on, à l'archevêché de Bourges, mais en vain, car Grégoire IX lui refusa son adhésion ; enfin devenu évêque de Chartres, il mourut saintement, le 8 octobre 1243, à La Primeraye, château de l'évêque de Nevers, qui le fit enterrer dans sa cathédrale. — (Roy de Pierrefitte.)

CORNUDET DES CHOMETTES. 1. — Joseph Cornudet des Chomettes naquit à Crocq (Creuse), le 15 septembre 1755, d'une famille originaire du pays de Combraille où elle avait occupé diverses charges de magistrature : ainsi, dans un contrat de mariage, vers la fin du xvii° siècle, Renaud Cornudet est qualifié de conseiller de Son Altesse Royale MADEMOISELLE. Au moment de la Révolution, Joseph Cornudet était lieutenant-général au bailliage de Montaigu en Auvergne. Envoyé par le département de la Creuse à l'Assemblée législative (1791), il y défendit avec fermeté les principes constitutionnels, et, quand vinrent les mauvais jours de la Convention, il se retira dans sa famille où il eut peine à échapper aux persécutions des Terroristes. Un peu plus tard, il fut élu membre du conseil des Anciens, et il prit une part active aux travaux de cette assemblée. Il y soutint, notamment dans l'affaire des naufragés de Calais, avec une persistance qui ne se démentit jamais, les principes d'ordre et de justice qu'alors les partis foulaient aux pieds sans scrupule. A la fin de 1799, il fut l'un des principaux coopérateurs de la journée du 18 brumaire (9 novembre) qui porta le général Bonaparte au pouvoir. Nommé dès l'origine (13 décembre 1799) membre du Sénat, il s'y fit une position considérable. Dans les années suivantes, titulaire de la sénatorerie de Rennes (les sénatoreries furent créées le 4 janvier 1803), comte de l'Empire (1808), et grand-officier de la Légion d'honneur (1811); il présida plusieurs fois le collége électoral de la Creuse. En 1811, il fut désigné pour procéder à l'installation de la Cour impériale de Rennes. En 1813, au moment où les départements du Midi allaient être envahis par l'armée anglaise, il fut nommé commissaire extraordinaire de l'Empereur dans la onzième division militaire. Là, au milieu des circonstances les plus difficiles, il sut faire son devoir avec cet esprit de modération et de fermeté qui le caractérisèrent toujours. Il ne rentra à Paris que vers le 15 avril 1814, et, par conséquent, il n'eut aucune part à la déchéance du gouvernement impérial. Nommé pair de France par l'ordonnance du 4 juin 1814, il eut, dès l'abord, dans la chambre un rôle actif et considérable. Appelé au commencement de juin 1815 à faire partie de la chambre des Cent Jours, il fit entendre dans cette assemblée, au milieu de la discussion orageuse soulevée à propos de la proclamation des droits de Napoléon II, des paroles de sagesse et de conciliation qui ne furent pas sans influence sur la décision de la chambre. Exclu de la pairie par l'ordonnance du 24 juillet 1815, il n'y reprit son siége que le 5 mars 1819. A partir de ce moment et jusqu'à la fin de sa vie, son nom est honorablement mêlé à toutes les grandes discussions qui ont jeté tant d'éclat sur la chambre des pairs et l'avaient placé si haut dans l'opinion publique. En 1830, pendant le procès des ministres, déjà affaibli par l'âge et la maladie, il se fit en quelque sorte porter à son banc, et sut encore résister au déchaînement des passions populaires. Il est mort à Paris le 13 septembre 1834. Le comte Cornudet avait épousé, en 1787, Jeanne Cellin du Montel, fille du chevalier du Montel, capitaine au régiment de Royal-marine, qui appartenait à une famille ancienne et considérable de la province d'Auvergne. — Jeanne Cellin du Montel est morte à Nancy le 30 mai 1846. De ce mariage sont issus : 1°, Jeanne-Joséphine, née en 1790, mariée, en 1810, à Joseph-Charles Aubusson de Soubrebost qui, ayant été président de chambre à la Cour de Limoges et membre de la chambre des députés, est mort en 1823. Jeanne-Joséphine est morte à Paris le 1er mai 1862 ; — 2°, Marie-Anne-Julie, née en 1793, mariée, en 1813, au vicomte Jean-Louis de Combarel, et morte en 1855 ; — 3°, Etienne-Emile, qui suit ; — 4°, Marie-Adèle, née en octobre 1796, mariée à Lucien Arnault, préfet de la Meurthe, et commandeur de la Légion d'honneur.

II. — Etienne-Emile Cornudet de Chomettes, né le 10 février 1795, a été nommé auditeur au conseil d'Etat en 1813, et, en cette qualité, attaché, dans la onzième division militaire, au commissaire extraordinaire de l'Empereur (c'était le comte Cornudet son père). Le conseil d'Etat ayant été reconstitué sur de nouvelles bases par la première Restauration, M. Emile Cornudet, trop jeune pour y être admis, entra, en 1814, dans la deuxième compagnie des mousquetaires, et ne la quitta qu'au licenciement et à la fin de 1815. Après avoir employé les années suivantes à compléter ses études de droit, il fut appelé, en 1819, à la sous-préfecture d'Issoudun (Indre), d'où il passa, à la fin de 1820, à celle de Figeac (Lot). Quelque temps après son mariage, des convenances de famille le déterminèrent à quitter une carrière qui l'eût tenu constamment éloigné de Paris. En 1830, il fut nommé membre du conseil général de la Creuse et y remplit les fonctions de secrétaire. En 1831, il fut élu, par l'arrondissement d'Aubusson, membre de la chambre des députés. Réélu à de fortes majorités, en 1834, 1837, 1839 et 1842, il a siégé dans cette chambre, sans interruption, jusqu'en 1846. Convaincu que l'ordre était plus menacé que la liberté, les événements l'on bien prouvé depuis, il a voté, sauf de rares exceptions, avec la majorité de cette assemblée. En 1846, le comte Emile Cornudet a été appelé à la chambre des pairs où les honorables souvenirs que son père y avait laissés lui assuraient un favorable accueil. De 1831 à 1848, il a été plusieurs fois élu à l'unanimité membre du conseil général de la Creuse qu'il a présidé en 1846, chevalier de la Légion d'honneur en 1838, il a été nommé officier du même ordre en 1843. En 1848, quoique absent, il a été maintenu par le suffrage universel, comme maire d'Eragny (Seine-et-Oise), fonctions modestes qu'il remplit depuis plus de trente ans. Retiré des affaires publiques depuis la Révolution de février, M. le comte Cornudet a trouvé un utile emploi de ses loisirs dans des améliorations agricoles. En 1821, il a épousé Églé Eugénie Vanlerberghe, fille de Joseph Vanlerberghe, très connu par les grandes opérations financières qu'il a dirigées au commencement de ce siècle. Il est mort à Crocq le 3 novembre 1870. De son mariage sont issus : 1° Joseph-Alfred, qui suit ; 2° Jeanne-Valérie, née le 22 novembre 1827, morte le 5 avril 1832.

III. — Joseph-Alfred Cornudet des Chomettes, né le 30 mars 1825, après avoir fait de brillantes études, est entré, en 1845, comme attaché au cabinet du ministre des affaires étrangères. A la fin de 1847, il a été envoyé à Rome, puis à Naples où il était encore à la Révolution de février. Depuis, toujours occupé d'études sérieuses, il a publié divers articles de journaux et des Mémoires sur des questions d'économie agricole ou de législation. Élu deux fois, à la presque unanimité, membre du conseil général de la Creuse par le canton de Crocq, il a fait partie du jury à l'exposition de Limoges, puis dans plusieurs concours régionaux, et aussi à l'exposition générale de Paris en 1860. Le vicomte Alfred Cornudet a épousé, le 25 février 1854, Mlle Valentine Mathieu de La Redorte, petite-fille du maréchal Suchet, duc d'Albuféra, et du comte Maurice Mathieu de La Redorte, lieutenant-général et pair de France; fille du comte Joseph de La Redorte, député de l'Aude, puis pair de France; arrière-petite-fille de la reine Désirée, femme de Charles-Jean XIV, roi de Suède, et de la reine Julie, femme de Joseph Bonaparte. De ce mariage sont nés : 1° Louis-Joseph-Emile, né le 19 février 1855; — 2° Jeanne-Marie-Eglé, née le 3 août 1859; — 3° Honoré-François-Joseph, né le 21 mars 1861.

Armes : *coupé; au 1er d'azur chargé, à dextre, d'un miroir accolé d'un serpent d'argent; à senestre, d'un lion d'or passant, au 2e de gueules à la fasce d'or.*

M. Léon Cornudet, conseiller d'Etat et officier de la Légion d'honneur, appartient à une branche de cette famille établie en Bourgogne; il est cousin issu de germain du comte Emile de Cornudet, ancien pair de France.

SOURCES : — THIERS : *Hist. de la Révol. franç.*, T. X, p. 502; *Hist. du Consul. et de l'Emp.*, T. V, p. 167. — Duc DE CHOISEUL : *Mém.*, 1824, p. 183. — VIEIL-CASTEL : *Hist. de la Restaur.*, T. II, p. 31; T. III, p. 261. — VILLEMAIN : *Souvenirs comtemporains*, T. II, p. 340. — Le *Moniteur*, passim et l'article nécrologique de la fin de septembre 1831. — Renseignements particuliers. — (ROY DE PIERREFITTE.)

CORRÈZE, ville, chef-lieu de canton, arrondissement de Tulle, a pour armes, d'après l'*Armorial général* de Traversier : *d'argent à trois bandes ondées de sinople.*

CORS (p. 433). — Mathe de Pons, dame de Cors en Berry, était mariée avec Gilbert, Sgr de Dosme en Périgord. — (Vicomte DE MAUSSABRÉ.)

COSNAC (p. 433). — Cette famille a pour devise : *Neque auro, neque argento, sed honore.* Afin de donner à la devise un caractère plus chrétien, les membres de la famille qui furent évêques la modifièrent ainsi : *Neque aurum honora, neque argentum. Supports* · *deux sauvages à la ceinture feuillée de sinople, appuyés sur des massues.* Couronne de marquis ayant pour cimier *un lion issant de sable.*

La terre de Cosnac, qui appartient à cette famille depuis un temps immémorial et qui n'en est jamais sortie, possédait les droits de haute, moyenne et basse justice.

Le premier dont il soit fait mention dans les anciens titres est Israël de

Cosnac qui fit avec Guinarde, sa femme, des dons à l'abbaye d'Uzerche en l'an 1000. Nadaud ne fait point mention d'Elie de Cosnac, dont le nom et les armes se trouvent au château de Versailles, dans la salle des Croisades. Sa présence à la troisième croisade est constatée par un acte d'emprunt fait à Saint-Jean-d'Acre, en l'année 1191, d'un marchand génois, voici l'acte dont l'original est possédé par M. le comte de Cosnac (Gabriel Jules).

« In presentia testium subscriptorum, nobilis Elias de Cosnaco, confessus est motuo recepisse a me, Martino Dominici, Jauvensi cive, pros sociis meis agente, XXX marcas argenti pro parte sua L marcarum argenti, cum unio socio in solidem recepturum, et ad festum omnium sanctorum ex proximo venturum in annum reddendarum. Quarum XXX marcarum de X contentus est, et reliquas habebit quando litteras suas patentes sigillatas cum gerrandia nobilis domini Elie de Noaillis mihi dederit. In cujus rei testimonium, signo suo se subscripsit. » Ici est le seing d'Elie de Cosnac, figuré par une croix en forme de la lettre , c'est-à-dire presque en sautoir avec la branche verticale recourbée à chaque extrémité : « estes sunt domini R. de Sodalis G. de Baolio. Philippus Oliva. Christophorus Alberti. Actum Accon, Anno Domini M° C° XC° I., mense augusti. »

Garantie d'Elie de Noailles, chevalier, pour le susdit emprunt, contracté solidairement par Elie de Cosnac et un autre croisé, à Saint-Jean-d'Acre, en août 1191.

« Ego Elias de Noalhas, miles, notam facio universis ad quos littere presentes pervenerint quod ego erga Petrum Guillelmi, Martinum Dominici, et eorum socio, Jauvenses cives constitui me plegium in quinquaginta marchas argenti pro karissimis domnis Elias de Cosnaco et Gaufrido de Brilaco, ita quod si dicti domini a conventionibus cum prefatis civibus per proprias litteras suas habitis resilirent, ego eisdem civibus predictas quinquaginta marchas reddere et complere tenerer infra mensam postquam essem super hoc requisitus, et ad solutionem ipsam bona meo obligo In cujus rei testimonium presentes litteras feci sigillo meo sigillari. Actum apud Accon, anno Domini nonagesimo primo, mensi augusti. » Ce second acte, dans lequel interviennent les garants de l'emprunt contracté par Elie de Cosnac, appartient aujourd'hui à M. de Noailles, duc de Mouchy.

(Page 434). — Guillaume, Sgr de Cosnac, chevalier, accompagna le roi Louis VIII, en 1223, dans la croisade contre les Albigeois. Fait constaté dans une vieille généalogie de la maison de Cosnac provenant du cabinet de d'Hozier. Ce document est actuellement possédé par M. le comte de Cosnac (Gabriel-Jules). Ce fait est également mentionné dans le dossier des titres généalogiques de la maison de Cosnac conservé à la *Bibliothèque nationale*, à Paris.

Nadaud ne fait pas mention d'Hélie Gombaud de Cosnac, l'un des commissaires de la trêve de cinq années, conclue le 7 avril 1243, à la suite de la victoire de Taillebourg, entre Saint-Louis, roi de France, et Henri III, roi d'Angleterre. Il est nommé en cette qualité de commissaire de la trêve dans ce traité dont l'original est conservé aux Archives nationales, à Paris, où il est inscrit au Catalogue intitulé : *Layettes du Trésor des Chartes*, T. II, n° 3,073, p. 506 a.

(Page 436, ligne 3.) Bertrand de Cosnac, entré jeune chez les chanoines réguliers de Saint-Augustin, à Brive, fut reçu docteur en droit à Toulouse. Il devint prieur de Brive, en 1341, évêque de Comminges en 1354 (Claude Robert dans *Gall. christ.*, et quelques autres auteurs le nomment à tort de Chanac, par une confusion avec Guillaume de Chanac, religieux de

Saint-Martial de Limoges, évêque de Chartres et de Mende, puis de Tusculane, cardinal-prêtre du titre de Saint-Victor; voyez dans *l'Histoire des cardinaux français* par Duchêne la rectification de cette confusion, avec le portrait gravé de Bertrand de Cosnac). Bertrand de Cosnac fut un saint évêque et un diplomate habile. En l'année 1356, sous le pontificat d'Innocent VI, il ménagea une transaction sur les difficultés existantes entre le chapitre de l'église cathédrale d'Avignon et les habitants de la ville de Tarascon. A la fin de cette même année, envoyé en Espagne en qualité de nonce du Saint-Siége, il en revint en 1364, et assista, en 1368, au concile de Lavaur. En 1370, le pape Urbain V le renvoya nonce en Espagne. L'année suivante, le pape Grégoire XI lui conféra la pourpre romaine. Bien que l'usage soit que le pape ne remette le chapeau que de sa propre main, par une exception qui fut remarquée ainsi que l'observe Baluze (*Notes sur les conciles de la Gaule narbonnaise*), le souverain Pontife le lui envoya en Espagne par Arnaud André, sous-diacre de l'église de Bordeaux. On l'appela dès lors le cardinal de Comminges. Dans le cours de cette légation, il accomplit deux missions d'une haute importance : il pacifia les graves différends qui divisaient les rois de Castille et d'Aragon ; ensuite il aplanit les difficultés sérieuses et délicates qui s'étaient élevées entre Pierre, roi d'Aragon, et le clergé de Catalogne. L'archevêque de Tarragone et les autres prélats de cette province accusaient le roi de violer leurs immunités. Un concordat fut signé à Barcelonne, en 1372, entre le cardinal de Cosnac et la reine Élénore, fondée de pouvoirs de son époux. L'autorité de cet acte fut si grande et si durable que Baluze dit qu'il était encore observé dans le temps où il écrivait, en 1693, et que traduit du latin en espagnol, il faisait partie du droit municipal de cette province. Après avoir conduit à une si heureuse fin et d'une manière si remarquable, les négociations dont il avait été chargé, Bertrand de Cosnac reprit, en la même année 1372, le chemin d'Avignon. Grégoire XI lui conféra le titre de l'église de Saint-Marcel, vacant par la mort de Jean Fabri, autre cardinal limousin. Le cardinal Hugues Rogier, neveu du pape Clément VI et oncle de Pierre Rogier, cardinal de Beaufort, qui devint pape sous le nom de Grégoire XI, désigna Bertrand de Cosnac comme l'un de ses exécuteurs testamentaires. Les dispositions de son testament portaient entre autres legs pieux la fondation d'une église collégiale à Saint-Germain, près de Masseret en Limousin. Le cardinal Bertrand de Cosnac mourut à Avignon, en 1374; il y fut enterré dans l'église des Dominicains. Baluze, dans son *Histoire des papes d'Avignon*, lui a consacré un chapitre intitulé : *Bertrandus de Cosnaco, cardinalis*.

(Page 436, lignes 39 et 40). — Bertrand et Pierre de Cosnac, neveux du cardinal Bertrand de Cosnac, se succédèrent comme évêques sur le siége de Tulle; le premier l'occupa de l'année 1371 à l'année 1376 ; le second, de l'année 1376 à l'année 1402; peut-être même ne mourut-il qu'en 1408, car à cette date seulement, Bertrand de Rotinaud lui succéda sur le siége de Tulle. Pierre de Cosnac fut l'exécuteur testamentaire de son oncle le cardinal Bertrand de Cosnac.

(Page 437, ligne 6). — Raymond de Cosnac, archidiacre d'Aure, dans le diocèse de Comminges, était né du second mariage de Hugues de Cosnac avec Guine de Faydit. Savant jurisconsulte en droit canon, il fut choisi comme procureur, par son frère Pierre de Cosnac, évêque de Tulle, pour le représenter, à l'assemblée de l'église gallicane en 1398 pour la déposition de l'anti pape Benoît XIII. Baluze, dans son *Hist. de Tulle*, nous a conservé le discours qu'il prononça dans cette assemblée dont il détermina les suffrages.

Une erreur probable a été commise par Baluze dans son chapitre *Cosnacorum genealogia*, inséré dans son ouvrage *Vitæ pap. Avenio*, erreur reproduite par la plupart des généalogistes, particulièrement par Saint-Alais. Baluze, à l'article de Pierre de Cosnac, évêque de Tulle, dit qu'il se fit représenter en 1398, au concile de Paris, dont le but était de mettre fin au schisme produit dans l'église par la compétition de deux papes, par Raymond de Cosnac, son neveu, qui prononça un remarquable discours. Il ajoute que Raymond, qui n'était pas encore dans les ordres et qui était incertain de sa vocation, se maria plus tard, et, par son mariage avec Claude de Beynac, devint le continuateur de sa maison. Il est probable que la similitude des prénoms a fait commettre à Baluze une confusion et que celui qui remplit cette importante mission est Raymond de Cosnac, licencié ès lois, archidiacre d'Aure, porté au nécrologe du chapitre de Toulouse au nombre des chanoines de cette église, frère consanguin de Pierre de Cosnac, évêque de Tulle. Il était issu du second mariage de son père Hugues de Cosnac avec Gnine de Faydit. Il était tout naturel que l'évêque de Tulle choisit pour son mandataire un frère qui avait tous les titres ecclésiastiques nécessaires, tandis qu'il est très invraisemblable qu'il eut choisi son neveu qui en était dépourvu.

(Page 437, ligne 37). — Nadaud, en émettant quelques doutes cependant, a reproduit cette confusion. Nous la rectifions sur l'acte authentique des *Preuves de Noblesse* fournies par Daniel de Cosnac pour sa promotion dans l'Ordre du Saint-Esprit.

(Page 438, ligne 13). — Hélie de Cosnac épousa Louise de Gimel. Louise avait deux sœurs cadettes : Blanche, la seconde, épousa Rogier de Beaufort, vicomte de Turenne ; Jeanne, la troisième, épousa Jean, Sgr de Noailles, en 1439. Le vicomte de Turenne aurait pu, ainsi que le remarque Baluze dans son *Hist. de la mais. d'Auv.*, prétendre à un parti bien autrement considérable ; Daniel de Cosnac, archevêque d'Aix, racontait de son temps cette tradition de famille : c'est au château de Cosnac, où il se trouvait en visite, que le vicomte de Turenne avait été frappé de la beauté de Blanche de Gimel, et cette vive impression avait déterminé son mariage. Dans cette même *Hist. de la mais. d'Auv.*, Baluze commet l'erreur de dire que Louise de Gimel, l'aînée des trois sœurs, fut mariée dans la maison de Budes ; du reste, il rectifie lui-même cette erreur dans son autre ouvrage : *Vitæ pap. Aven.*, à l'article intitulé : *Cosnacorum genealogia*.

(Page 438, ligne 29). — Pendant les soixante-seize années de la durée du procès de succession entre les maisons de Noailles et de Cosnac, comme les Noailles avaient cessé de posséder la terre de Noailles, ils ne portèrent que le titre de Sgrs de Montclar, le titre de Sgr de Noailles se trouvant appartenir à la maison de Cosnac, dans laquelle s'était éteinte la branche aînée de la maison de Noailles par le mariage de Louise de Noailles.

(Page 439, ligne 23). — Le contrat de mariage de Marguerite de Cosnac avec Pierre Robert, Sgr de Lignerac, du 8 octobre 1508, est conservé aux Archives nationales. Par ce contrat, le château et la seigneurie de Noailles lui sont constitués en dot, en vertu de la donation de François de Noailles, son aïeul maternel.

(Page 439, ligne 30). — Le procès-verbal de la célébration du mariage du roi François Ier avec Eléonore d'Autriche se termine ainsi : ..... et avec ce, pour plus grande approbation. iceluy seigneur ambassadeur et la dite dame reyne ont signé celles et scellé de leurs seels, présents lesdits révérend évesque de Mondonedo, le licenciado Palamo, dom Pedro de Courdouza, Jean de Maumont, S^{gr} et baron dudit lieu, Louys de Cosnac, Antoine de Noailles, gentilshommes dudit seigneur roi très chrétien, ledit seigneur Clavers, Antoine de Latre, S^{gr} de la Cornoye, bailly de l'Isle et maistre de l'hôtel de ladite dame reyne, Estienne de Silly, escuyer des escuries de ladite dame et plusieurs autres tesmoings à ce appelés et spécialement requis. (*Hist. de la mais. d'Auverg.*, par BALUZE.)

(Page 440, n° XI *bis*). — Galiot de Cosnac, second fils de Louis et de Claude de Beynac, écuyer, S^{gr} de Cosnac, Linoire, Cresse, etc., était fort jeune lorsqu'il perdit son père, suivant l'acte de sa tutelle du 11 octobre 1532, dans lequel celui-ci est décédé depuis trois mois. Il vivait encore le 18 octobre 1582, suivant le contrat de mariage d'Annet, son fils aîné, et avait épousé, par contrat passé au château de Plas, paroisse de Curemonte (Corrèze), Antoinette de Plas, fille de noble Annet, écuyer, S^{gr} de Plas, coseigneur de Curemonte, de La Chapelle-aux-Peus, Vegennes, Fossas et Floriac, S^{gr} du Puy-d'Arnac et de Savinon, et de dame Marie d'Estampes-Valancey, sœur de Léodegard d'Estampes, évêque de Lectoure. De ce mariage sont issus : 1° Annet, qui suit ; — 2° François, prévôt de Gumont ; — 3° Armand marié à Françoise de Lugan, héritière de Saint-Jal, nommée dans quelques actes Françoise de Gimel ; — 4°. Claude, mort sans alliance ; — 5° Jean, tué à la guerre ; — 6° Clément, écuyer, S^{gr} d'Acy ou Assy, gentilhomme ordinaire de la chambre du roi, capitaine d'une compagnie de chevau-légers, lieutenant du roi au gouvernement de Soissons. Insulté par Montrevel, il lui avait froidement adressé ce vers :

« Pour une moindre injure on passe l'Achéron. »

Ils mirent l'épée à la main sur la place Royale, à Paris, Clément fut atteint d'une mortelle blessure à laquelle il succomba au bout de peu de jours, après avoir donné les preuves d'un pieux repentir. Il fut enterré au couvent des Grands-Cordeliers, à Paris; on voyait encore dans le cloître, avant la révolution, les armes de la maison de Cosnac que les religieux y avaient placées en reconnaissance des dons qu'il leur fit en mourant. Ce duel malheureux, résultat d'un invincible préjugé du temps, est cité par Tallemant des des Réaux, dans ses *Mémoires*, au nombre des duels célèbres. Clément avait épousé : 1° Philippe du Prat, dame d'Assy ou d'Acy, près Crépy-en-Valois, morte en 1628, fille de François du Prat, baron de Thiers en Auvergne et d'Anne Séguier, fille de Pierre, lieutenant-criminel à Paris; 2° Blanche de Molinary ou Moulinary, fille de Pierre de Molinary, chevalier de l'ordre du roi, gouverneur de La Chapelle. Clément de Cosnac eut pour enfants : A. — Josias, chevalier, S^{gr} et baron d'Acy, qui transigea, le 31 mars 1623, avec Marie, dame de Saint-Martial de Conros, sa sœur; B. — Anne, morte jeune, en 1596; C. — Anne, morte en 1605; D. — Marie qui épousa, en 1615, Henri de Saint-Martial de Puydeval, baron de Conros; E. — Diane, morte en 1604 ; 7° Clémence, mariée au Sgr de Cathus; 8° Marguerite qui épousa le Sgr de La Caraulie; 9° Jeanne, mariée au Sgr d'Espadaillac; 10° Philippe, mariée au Sgr de Cardaillac; 11° Marguerite, abbesse de Coiroux, en 1570, suivant une généalogie manuscrite qui est à la Bibliothèque nationale.

XII. — Annet ou Agnet de Cosnac, écuyer, Sgr de Cosnac, de Linoire et en partie de Creisse, fit son testament au château de Cosnac, le 24 mars 1598, par lequel il ordonne que son corps soit enterré au tombeau de ses prédécesseurs, fait des legs à Antoinette de Plas, sa mère, à ses fils et filles, constitue sa femme son héritière universelle, et si elle se remarie ou décède sans tester, donne la moitié de ses biens à François, son fils aîné, avec substitution de mâle en mâle, l'ordre de primogéniture gardé. A défaut de ses fils, il appelait ses filles à la substitution par ordre de primogéniture, imposant le nom et les armes de Cosnac à celui de leurs héritiers qu'elles nommeraient. Il avait épousé, du vivant de son père, le 18 octobre 1582, au château d'Enval, Jeanne de Juyé, etc. (Page 440, ligne 12.)

(Page 440, n° XIII). — François de Cosnac écrivit divers ouvrages de piété : 1° *Les Vérités eucharistiques enseignées par N.-S. J-C.*; 2° un in-18 imprimé en 1656, à Brive, par A. ALVITRE, intitulé : *Défense du livre des Vérités eucharistiques enseignées par N.-S. Jésus-Christ, contre la lettre sur sieur Boutin, ministre de Turenne, par le seigneur de Cosnac.* Ce qui recommande surtout ces ouvrages, c'est le zèle pieux d'un vieillard, gentilhomme et soldat, qui lutte pour défendre sa foi ; il se révèle tout entier dans ce début de la préface de son second ouvrage :

« AU LECTEUR,

» Mon cher lecteur, vous trouverez estrange qu'une personne de ma condition, qui doit avoir plus de commerce avec les armes qu'avec les livres, et à qui la plume est mieux séante au chapeau qu'à la main, oze néantmoins entreprendre d'escrire des controverses sur le plus haut et le plus auguste de nos Sacrements... »

Eléonore de Talleyrand, sa première femme, était sœur du célèbre et malheureux comte de Chalais, décapité pour avoir conspiré contre le cardinal de Richelieu.

(Page 441, n° XIV). — Armand, marquis de Cosnac, fut mestre de camp d'un régiment d'infanterie de son nom, à la tête duquel il fit la campagne d'Italie, en 1656. Le régiment fut licencié après la paix des Pyrénées, il a fait l'objet de trois lettres adressées par Louis XIV, le 10 décembre 1658, au duc de Navailles, au marquis de Cosnac et au comte d'Aubeterre. Ces trois lettres sont conservées aux *Archives du Ministère de la Guerre*, vol. 154; elles ont été publiées en 1876, par M. le comte de Cosnac (Gabriel Jules), dans un deuxième supplément qu'il a donné aux *Mémoires de Daniel de Cosnac* dans le *Bull. de la Soc. de l'Histoire de France.*

(Page 441, ligne 21). — Clément de Cosnac, enseigne des gendarmes du prince de Conti. Il tint une brillante conduite au combat de Solsonne, en Catalogne; *la Gazette* qui l'appelle le marquis de Cosnac, bien qu'il fût le frère cadet d'Armand, parle deux fois de lui en ces termes : « Le marquis de Cosnac, entre les gens d'armes du prince de Conti fut dangereusement blessé d'un coup de pistolet dans le col. » (Numéro du 15 septembre 1653.)

Dans le numéro suivant, elle cite comme s'étant particulièrement distingué : « Le marquis de Cosnac, enseigne des gens d'armes du prince de Conti, lequel eut aussi un cheval tué sous lui. » (Numéro du 30 septembre 1653.)

(Page 441, ligne 23). — Daniel de Cosnac, né le 18 janvier 1628, après avoir commencé ses études à Brive, les avoir continuées à Périgueux, fut envoyé par ses parents, en 1644, au collège de Navarre, l'un des plus renommés de l'Université de Paris. après avoir pris le degré de maître-ès-arts, c'est-à-dire maître dans les sept arts libéraux, il fut reçu bachelier en 1648, et licencié en 1650. Il prit aussi le degré de bachelier en Sorbonne. Le duc de Bouillon, son parent, le fit attacher à la personne du prince de Conti, auquel sa présentation fut faite par le duc de La Rochefoucauld, le célèbre auteur des *Maximes*. Le jeune prince de Conti, bien que n'étant pas entré encore dans les ordres, était considéré comme prince ecclésiastique, il était pourvu de nombreux bénéfices, et destiné au cardinalat. En réalité sa vocation le poussait à la guerre civile et plus tard au mariage. Daniel de Cosnac se trouva donc engagé pour son début dans les troubles et dans les guerres de la Fronde. Devenu bientôt premier gentilhomme de la chambre du prince de Conti, il usa de son influence sur ce prince pour lui faire conclure le traité de paix de Bordeaux du 24 juillet 1653, qui termina la Fronde, et dont il dressa les articles de sa main. A la suite de cette paix, la main de Marie Martinozi, nièce du cardinal Mazarin, fut destinée au prince de Conti, et un évêché à son premier gentilhomme de la Chambre. Le prince de Conti se maria le 22 février 1654, et Daniel de Cosnac fut nommé évêque et comte de Valence et de Die, prince de Soyons, le 24 juin 1654, à la suite d'un sermon éloquent prononcé à Réthel, devant la Cour. A sa descente de chaire, le cardinal Mazarin lui annonça sa nomination en lui disant : « Recevoir le brevet d'un évêché après un semblable discours, c'est recevoir le bâton de maréchal de France sur la brèche. » Il prit aussitôt après les ordres majeurs qu'il n'avait pas encore. Le 22 juillet 1654, il reçut le brevet de conseiller d'État. Jusques à l'année 1657, il continua à s'occuper, dans une certaine mesure, des intérêts du prince de Conti et remplit plusieurs missions périlleuses à l'armée de Catalogne que commandait ce prince. En 1658, il fut nommé premier aumônier de Monsieur, duc d'Orléans, frère du roi. En cette qualité, il accompagna la cour dans son voyage aux Pyrénées en 1660, pour le mariage de Louis XIV avec l'Infante d'Espagne. Les 30 et 31 mars 1661, il célébra lui-même, dans la chapelle du Palais-Royal, les fiançailles et le mariage du duc d'Orléans avec la princesse Henriette d'Angleterre. En 1664, il reçut à Valence le cardinal Chigi venant apporter au roi des excuses à l'occasion de la célèbre affaire de la garde corse. En 1667, il accompagna à la guerre le duc d'Orléans et le conduisit lui-même à la tranchée au siège de Tournai. En 1668, impliqué dans la mésintelligence qui existait entre le duc et la duchesse d'Orléans, il se défit de sa charge et fut exilé dans son diocèse. En 1670, la duchesse d'Orléans, au moment de partir pour l'Angleterre, où elle allait remplir l'importante mission d'établir une étroite alliance entre Louis XIV et Charles II, son frère, et préparer le retour de l'Angleterre au catholicisme, fit appeler secrètement l'évêque de Valence à Paris; il y fut découvert, arrêté et exilé à l'Isle-Jourdain en Languedoc, où il resta deux années avant de pouvoir être autorisé à retourner dans son diocèse. Sur ces entrefaites, la mort inopinée et mystérieuse de la duchesse d'Orléans était venue compléter sa disgrâce et lui faire perdre l'espoir du chapeau de cardinal à la nomination du roi d'Angleterre, que cette princesse était convenue avec le roi, son frère, de lui faire donner. En 1687, il fut promu, malgré lui, à l'archevêché d'Aix, diocèse difficile, et fut appelé, en cette qualité, à la présidence annuelle des États provinciaux composés des trois ordres. Le roi lui avait donné les abbayes de Saint-Riquier et de Saint-Taurin d'Evreux; en 1701, par une insigne faveur, il le nomma commandeur de l'ordre du Saint-Esprit (1). Les diverses assemblées du clergé de France auxquelles Daniel de Cosnac fut nommé député, sont celles de 1655-1657, de 1665-1666, de 1682, de 1685, de 1690, de 1695, de 1701 et de 1707. Il combattit avec zèle le protestantisme, mais préféra toujours les voies de la douceur à celles que mettait à sa disposition la révocation de l'édit de Nantes. Dans les dernières années de sa vie, il fut le conseil le plus écouté de la princesse des Ursins, sa parente, pour les affaires d'Espagne. Il mourut à Aix le 18 janvier 1708, étant alors le plus ancien évêque de France. Il laissait des legs à son séminaire et aux deux hôpitaux de la ville. Il a publié des *Ordonnances synodales* et laissé des *Mémoires* manuscrits publiés pour la première fois, en 1852, par M. le comte de Cosnac (Gabriel-Jules).

Voyez sur lui les *Lettres* de la marquise de Sévigné qui admirait la vivacité de son esprit; les *Mémoires* de l'abbé de Choisy, les *Mémoires* du duc de Saint-Simon, les *Larmes de Jacques Pineton de Chambrun*, ministre protestant, une *Apologie* en vers, 2 vol. in-12, Aix, 1693, publiée sous ce titre : *La vérité découverte par le Mercure d'Aix malgré les ténèbres obscurs des médisans sacrilèges; la Gazette, le Mercure de France*, et la plupart des *Mémoires* contemporains; depuis, les œuvres de MM. de Barante, Sainte-Beuve, Cuvillier-Fleury, les *Nièces de Mazarin*, par Amédée Renée, enfin les *Souvenirs du règne de Louis XIV*, par le comte de Cosnac (Gabriel-Jules).

(Page 441, ligne 43). — Gabriel de Cosnac, neveu de Daniel de Cosnac, fut successivement abbé du Bourg, à Valence en Dauphiné, prévôt, en 1690, de l'église métropolitaine de Saint-Sauveur, à Aix, et vicaire-général du diocèse; il fut nommé, le 13 janvier 1700, agent général du clergé de France, et fut, le 24 décembre 1701, nommé évêque et comte de Die. En 1276, après la mort d'Amédée de Genève, l'évêché de Die avait été réuni à celui de Valence, et il en avait été séparé de nouveau, en 1687, lorsque Daniel de Cosnac avait été promu à l'archevêché d'Aix. Entre les années 1687 et 1701, deux évêques, Armand de Montmorin et Séraphin de Pajot de Plouy, s'étaient déjà succédé sur le siège de Die. En même temps que l'évêché de Die, Gabriel de Cosnac reçut, par la démission volontaire de l'archevêque d'Aix, l'abbaye de Saint-Jean d'Orbestier. Son oncle, l'archevêque d'Aix, le sacra le 23 juillet 1702, dans l'église du Noviciat des Jésuites, à

---

(1) M. le comte de Cosnac (Gabriel-Jules) possède le titre original signé par le duc de Foix de Candale, par le marquis de Dangeau, commissaires nommés, et par Clairembault, généalogiste des ordres du roi, des preuves de noblesse fournies par Daniel de Cosnac pour cette promotion. Ce magnifique titre, sur parchemin, porte en marge les écussons coloriés de toutes les alliances. Une copie authentique de ce document est conservée au cabinet des manuscrits de la Bibliothèque nationale.

Paris, étant assisté des évêques de Viviers et de Riez. Gabriel de Cosnac fut député par la province de Vienne aux assemblées générales du clergé, tenues à Paris en 1705 et en 1725; il fut l'un des présidents de cette dernière assemblée. Après avoir gouverné son diocèse environ trente-deux ans, il se démit, en 1734, en faveur de Daniel-Joseph de Cosnac, son cousin au troisième et quatrième degré, doyen de Saint-Germain l'Auxerrois, vicaire général de Paris, maître de l'Oratoire du roi. Gabriel de Cosnac ne s'était réservé qu'une pension de 3,000 livres; il mourut à Die, le 1er novembre 1739, âgé de quatre-vingt-six ans.

(Page 442. ligne 8). — Lorsque le mariage d'Angélique de Cosnac eut été annoncé, Louis XIV, d'après les *Mémoires* du duc de Saint-Simon, dit au comte d'Egmont qu'il lui aurait été bien difficile de trouver une autre personne dans sa cour pouvant comme elle établir la preuve des seize quartiers de noblesse. (Le tableau de la filiation des seize quartiers de noblesse d'Angélique de Cosnac est conservé au cabinet des manuscrits de la Bibliothèque nationale.) Voici la nomenclature des noms et titres de son mari : Monseigneur Procope-François, comte d'Egmont, duc de Gueldres de Juliers, de Berghes comte de Zuphen, souverain du pays d'Arkel, prince de Gaure et du Saint-Empire, grand d'Espagne, marquis de Ranty, fils de haut et puissant prince Monseigneur Philippe, comte d'Egmont, duc de Gueldres, de Juliers et de Berghes, comte de Zuphen, Mœurs et Horn, souverain du pays d'Arkel, prince de Gaure et du Saint-Empire, grand d'Espagne, chevalier de la Toison d'or, vice-roi de Sardaigne, et de haute et puissante princesse Madame Ferdinante de Croy, marquise de Ranty, princesse du Saint Empire. Angélique de Cosnac avait été élevé par la princesse des Ursins, sa parente. Après son mariage, la comtesse d'Egmont logeait dans son hôtel, rue Taranne, à Paris, la princesse des Ursins, lorsque celle-ci n'était pas en Espagne. Voyez sur Angélique de Cosnac, comtesse d'Egmont, les *Mémoires* de Daniel de Cosnac, les *Mémoires* du duc de Saint-Simon, et les *Lettres de la princesse des Ursins à la duchesse Lanti*, sa sœur, publiées par M. Geffroy.

XV (p. 443). — Jean de Cosnac. Ce fut lui qui reçut de Gabriel de Cosnac, évêque et comte de Die, la transmission des biens de la branche aînée de sa famille, conformément aux dispositions testamentaires d'Angélique de Cosnac, dernière héritière de la branche aînée qui n'avait pas eu d'enfants de son mariage avec le comte d'Egmont. Jean prit dès lors les qualifications de marquis de Cosnac, Sgr d'Espeyruc, La Gueslе, Le Chariol, Dampniac et Enval. Son père, Claude de Cosnac, Sgr d'Espeyruc et de Genouillac, capitaine dans le régiment du marquis de Cosnac, son cousin germain, avait été maintenu dans sa noblesse avec son même cousin, par jugement de M. d'Aguesseau, intendant du Limousin, rendu en 1667. Le contrat de mariage de Jean de Cosnac avec Gabrielle-Thérèse de La Jugie-Faucon, du 22 février 1715, est conservé aux *Archives nationales*.

(Page 443, ligne 14). — Daniel-Joseph de Cosnac, évêque et comte de Die. Il succéda à son oncle : il était docteur en théologie de la Faculté de Paris, de la maison et société royale de Navarre, pourvu de l'abbaye de Saint-Jean d'Orbestier par la démission de Gabriel de Cosnac, évêque et comte de Die, au mois de juin 1719, vicaire général de Die le 22 février 1723, chanoine honoraire de la cathédrale de Die le 26 du même mois, député le

2 mars 1723 de la province ecclésiastique de Vienne à l'assemblée générale du clergé de France, où il fut chargé des procurations du premier et du second ordre. Appelé dans le diocèse d'Aix par l'archevêque, Charles-Gaspard-Guillaume de Vintimille du Luc, il fut nommé prévôt de l'église d'Aix le 3 novembre et vicaire général du diocèse le 28 décembre 1724, député aux assemblées générales du clergé de France tenues en 1725, 1726 et 1730, pour les provinces de Vienne, d'Aix et de Paris, official métropolitain d'Aix, le 2 septembre 1727 et peu de jours après syndic général du clergé de Provence, nommé, en 1728, chef d'un des huit bureaux établis pour procéder à un nouvel affouagement général, vice-chancelier de l'université d'Aix le 3 mars 1729, et, chancelier quelques mois après. La même année, il fut institué vicaire et official général du chapitre d'Aix, avec pouvoir de nommer tels vice-gérants qu'il trouverait bon. Mgr de Vintimille du Luc venait d'être transféré du diocèse d'Aix au diocèse de Paris; il appela Daniel-Joseph de Cosnac dans son nouveau diocèse et le nomma vicaire général de Paris, le 10 septembre 1729, doyen de Saint-Germain-l'Auxerrois, le 9 décembre suivant; le roi le nomma maître de son oratoire le 1er juillet 1732. Il fut nommé évêque de Die le 24 octobre 1734, le roi lui donna en même temps l'abbaye de Saint-Benoît sur-Loire. Il fut sacré dans la chapelle du séminaire de Saint-Sulpice, à Paris, par l'archevêque de Vienne, son métropolitain, assisté des évêques d'Arras et d'Orléans. Il fit à Die une entrée solennelle dont la description se trouve dans le *Mercure de France* du mois de mars 1635. Il fut député de la province de Vienne à l'assemblée générale du clergé de 1740. Il mourut en 1741, âgé d'environ quarante-cinq ans, se trouvant à Vienne chez l'archevêque cardinal de la Tour-d'Auvergne. Il avait publié pour son diocèse un *Catéchisme ou abrégé de la doctrine chrétienne pour le sacrement de confirmation*, imprimé à Grenoble en 1735. Il possédait une très importante bibliothèque dont M. le comte de Cosnac (Gabriel-Jules) conserve le catalogue.

XVII (page 443). — Le contrat de mariage du 11 février 1751, passé au château de Sainte-Alvère en Périgord, entre haut et puissant Sgr Daniel-Joseph, marquis de Cosnac et Marie-Anne de Lostanges, fille de haut et puissant Sgr Arnaud Louis-Claude-Simon de Lostanges, marquis de Sainte-Alvère et de Montpezat, baron de Lostanges, du Vigan, de Limeuil, etc., grand sénéchal et gouverneur de la province du Quercy, et de Marie-Françoise de Larmandie de Longa, est conservé aux *Archives nationales*. Leurs enfants sont : 1° Gabriel Honoré-Elisabeth-Henri, qui suit; 2° Gabriel-Joseph, baron de Cosnac, né le 26 juillet 1755, successivement premier page de Monsieur, frère du roi (1), sous-lieutenant dans le régiment de dragons du même prince avec rang de capitaine dans les troupes de dragons, sous-lieutenant des gardes du corps, compagnie écossaise, en 1787, chevalier de Saint-Louis, la même année, fit partie de l'armée de Condé, mort en 1794 dans l'émigration, sans alliance; 3° Christophe, vicomte de Cosnac, né le 18 novembre 1762, capitaine de cavalerie en 1786, chevalier de Saint-Louis, fit partie de l'armée de Condé, mort sans

(1) M. le comte de Cosnac (Gabriel-Jules) possède le certificat authentique de noblesse du 22 décembre 1777, signé d'Hozier, pour son admission aux pages de Monsieur.

alliance au château de Cosnac, en 1829 ; 4° Jean-Joseph-Marie-Victoire, né au château de Cosnac, le 24 mars 1764, vicaire général à Beauvais lorsque la révolution éclata ; il échappa au massacre dont son évêque fut victime et se réfugia en Angleterre, où il dût se faire pendant quelque temps gâcheur de mortier, à ce qu'il racontait lui-même ; il passa en Hollande et rentra en France dès que les circonstances le permirent. Il exerçait secrètement à Brive le saint ministère, lorsqu'à la réorganisation du culte il fut nommé curé de cette ville, le 9 août 1803, à la demande des habitants. On garde à Brive le souvenir de son zèle apostolique et de sa charité ; il se signala en aidant à transporter à l'hospice et en soignant lui-même des soldats espagnols internés atteints d'une maladie contagieuse. Il reçut à Brive le cardinal Pacca qui parle de lui avec éloge dans ses *Mémoires,* et eut l'honneur de célébrer la messe devant Pie VII. En 1817, il fut nommé à l'évêché de Noyon ; mais ce siège n'ayant pas été rétabli, on le fit passer, en 1819, sur celui de Meaux. Il fut présenté, le 27 septembre 1819, sacré à Paris, dans l'église de Saint-Roch, par l'archevêque de Reims (Mgr de Coucy-Poillecourt), assisté des évêques de Chartres et d'Autun (Mgrs de Latil et de Vichy). Mgr de Coucy n'était en réalité qu'archevêque titulaire de Reims, ce siège, supprimé par le concordat, n'ayant été régulièrement rétabli qu'en 1821. En même temps que son diocèse de Meaux, Mgr de Cosnac administra jusqu'en 1821 le diocèse de Reims, et en 1820, il a établi à Reims un petit séminaire. Dans son diocèse de Meaux, dès le commencement de son épiscopat, il fit faire, par de zélés prédicateurs, plusieurs missions importantes qui eurent un plein succès. En 1822, il publia un nouveau catéchisme à l'usage du diocèse de Meaux. En 1823, il fonda un second petit séminaire à Avon, près Fontainebleau, dans l'ancienne maison des frères de la charité. Le 4 mars 1824, il promulgua des instructions et des ordonnances pour l'administration de son diocèse. En 1825, il reçut une invitation spéciale pour assister à Reims au sacre du roi Charles X. En 1828, il prit une part active à la reconstruction du collège de Sully. Le 31 août 1828, il reçut, dans son palais épiscopal, Charles X, accompagné du Dauphin ; il logeait le Souverain dans la chambre dite *du roi,* qui avait abrité Louis XI, Louis XII, Henri II, Henri IV, Louis XIII, Louis XIV (1). Le 13 avril 1830, il fut nommé archevêque de Sens. La duchesse d'Angoulême l'empêcha de suivre Charles X en exil ; il fut le premier prélat qui prêta serment à Louis-Philippe, mais il avait préalablement consulté le pape. Installé archevêque de Sens le 4 novembre 1830, il s'occupa beaucoup de l'administration de son diocèse, il a fondé à Sens une maison de religieuses du Bon-Pasteur, une des frères des écoles chrétiennes, une de missionnaires diocésains, installée dans l'ancienne abbaye de Pontigny, dont il acheta ce qui restait encore debout. Il est mort le 24 octobre 1843, au château de Cosnac, où le mauvais état de sa santé l'avait obligé de chercher un repos momentané et de respirer l'air natal ; son corps fut transporté à Sens et inhumé dans le caveau des archevêques, à la cathédrale ; suivant son désir, son cœur fut conservé au château de Cosnac, où on l'a scellé dans le mur, en face de la tribune du château qui

---

(1) Voir : *Notice héraldique, sigillographique et numismatique sur les évêques de Meaux,* par le comte de LONGPÉRIER-GRIMOARD. — Édition de Meaux, 1876.

donne dans l'église paroissia'e ; 5° Louis-Martial, chef d'escadron de cavalerie, chevalier de Saint-Louis et de la Légion d'honneur, fit partie de l'armée de Condé, mort sans alliance à Cosnac, en décembre 1830 ; 6° Louis, chevalier de Saint-Jean de Jérusalem de minorité, fit partie aussi de l'armée de Condé ; il est mort sans alliance, à Saint-Pantaléon, près Brive, en 1844 ; 7° Françoise-Henriette, mariée, par contrat du 27 décembre 1778, à Dominique de Lansade, chevalier, Sgr d'Ardinéalie, l'Augerie, etc., capitaine de cavalerie et chevalier de Saint-Louis, fils de François de Lansade, écuyer, Sgr de Saint-Bonnet, Chanac et en partie de la ville et pariage d'Allassac, et de feue Marie Teyssier de Cadillac ; 8° Pauline, morte sans alliance ; 9° Françoise-Henriette mariée à M. de Lavergne de Juillac ; 10° Valérie, mariée à Mathieu de Cournil de La Vergne.

XVIII. — Gabriel-Honoré-Elisabeth-Henri, chevalier, Sgr et comte de Cosnac, etc., sous-lieutenant des gendarmes du roi, avec rang de colonel, mort, en 1794, dans l'émigration, épousa, par contrat passé les 23 et 24 février 1783, de l'agrément du roi, de la reine et de la famille royale, Marie-Agathe Guillaume de Chavaudon, fille mineure de feu haut et puissant Sgr Louis-Marie-Nicolas-Guillaume de Chavaudon, conseiller au Parlement de Paris, et de haute et puissante dame Marie-Elisabeth de Frémont du Mazy, épouse, en secondes noces, de très haut et très puissant Sgr Alexandre-François de La Rochefoucauld-Bayers ; de ce mariage est issu Alexandre, qui suit. Le comte de Cosnac épousa, en secondes noces, par contrat passé à Paris, le 5 juillet 1732, haute et puissante dame Marie-Anne Ponserot de Richebourg, veuve de messire François Durey, chevalier, président honoraire au Grand-Conseil. Entre autre biens elle possédait un hôtel, rue de l'Université, à Paris. M. le comte de Cosnac (Gabriel-Jules) possède la minute originale de ce contrat. Aucun enfant n'est issu de ce second mariage.

XIX. — Alexandre, marquis de Cosnac, officier de la Légion d'honneur, entré sous-lieutenant dans le 11e régiment de dragons le 11 décembre 1809, a fait les campagnes de 1810, 11, 12, 13 et 14, en Espagne et à la grande armée, et de nouveau celle de 1823, en Espagne, comme capitaine des chasseurs du Gard. Retiré du service, en 1828, il est le premier qui ait introduit en Limousin la culture du mûrier et de l'éducation des vers à soie. Le 12 janvier 1830, son oncle, l'évêque de Meaux, devenu quelques mois après archevêque de Sens, bénit son mariage avec sa cousine, Marie-Françoise-Henriette Gabrielle, fille de Joseph du Griffolet et de Catherine de Lansade Il est mort, sans postérité, le 23 mars 1855, instituant son héritier son cousin du côté paternel et son neveu du côté de sa femme Jean-Emmanuel-Henri de Cosnac, de la branche dite du Griffolet, qui porte actuellement le titre de marquis de Cosnac Les journeaux de la Corrèze ont consacré à Alexandre, marquis de Cosnac, deux articles d'éloges signés E. Crauffon et Edmond Lavergne.

XI (Page 440). — *(Branche de Saint-Michel, dite plus tard d'Ussel)* (1). — François de Cosnac eut de son mariage avec noble Sarète de Saint-Michel de Bagnères :

---

(1) La généalogie de cette branche fait partie des titres de la maison de Cosnac conservés au cabinet des manuscrits de la Bibliothèque nationale.

XII. — Guillaume de Cosnac, S^{gr} de Saint-Michel, marié à Françoise de Reilhac, dont est issu :

XIII. — Henry de Cosnac, S^{gr} de Saint-Michel, Lascombes, Teilhet, Saint-Félis, coseigneur de Curemonte et autres places, marié à Françoise de Sainte-Aulaire, fille de messire Germain de Sainte-Aulaire, chevalier de l'ordre du roi, gentilhomme ordinaire de sa chambre, S^{gr} de Sainte-Aulaire, Ténat, La Grénerie, et de puissante dame Judith de Carbonnière. Le contrat de mariage fut passé au château de Sainte-Aulaire, le 10 janvier 1609. Henry de Cosnac fit son testament au château de La Grénerie, le 7 août 1669, acte reçu Montagnac, notaire royal à Salon. Cet acte est reproduit au cabinet des manuscrits de la Bibliothèque nationale par une expédition datée du 7 août 1769, délivrée par Me Lachaud, notaire royal. Henry de Cosnac nomme dans son testament ses enfants : 1º Alexandre, qui suit; 2º Henri-Foucaud ; 3º Daniel, écuyer, marié à Marguerite de Gaubert; 4º Judith; 5º Suzanne.

XIV. — Alexandre de Cosnac, S^{gr} de Saint-Michel, marié à Judith de Goutaud de Saint-Geniès, dont :

XV. — Jean de Cosnac, S^{gr} de Saint-Michel, marié à Marie de Jouvenel, dont :

XVI. — Pierre de Cosnac, écuyer, marié le 29 novembre 1697 à Toinette Texier, dame d'Arsac, du Frayssé, de La Maison-Neuve. Il nomme, dans son testament du 29 décembre 1713. ses enfants : 1º Jean-Baptiste, clerc tonsuré; 2º Jean ; 3º Pierre; 4º Joseph-Mathieu qui suit; 5º Marie-Antoinette.

XVII. — Joseph-Mathieu de Cosnac, habitant de la ville d'Ussel, écuyer, S^{gr} du Titlet et d'Arsac, épousa, par contrat passé au lieu de Peyrou, paroisse de Lignac, le 20 novembre 1757, Marie de Bonnet, fille de Jean-François de Bonnet, écuyer, capitaine au régiment de Nicolay, dont :

XVIII. — Jean-Baptiste Joseph, titré marquis de Cosnac, agréé pour être élevé page de S. A. Monseigneur le duc de Penthièvre, certificat du 29 mai 1772, nommé major de cavalerie par ordonnance du 4 février 1815, a épousé Louise-Marie d'Ussel, dont :

XIX. — Charles, titré marquis de Cosnac, propriétaire du château de Flayat (Creuse), ancien garde du corps du roi Louis XVIII. De son mariage avec Mlle d'Aigrepont sont nés plusieurs enfants dont il n'a survécu qu'une fille mariée à M. le baron de Brinon, en Bourbonnais.

XVII bis. — (*Branche dite de Turenne, puis du Griffolet*) (1). — Gabriel-Annet de Cosnac, chevalier, vicomte de Cosnac; quatrième fils de Gabriel-Honoré de Cosnac et de Marie-Anne-Judith de Cosnac de La Marque, capitaine au régiment de N..., né le 12 mai 1729, fut légataire, par le testament de son père, le 10 novembre 1755. Par testament fait sur son lit de mort, il déclare laisser quatre enfants mineurs, et institue son légataire universel son frère aîné Daniel Joseph de Cosnac, chevalier, marquis de Cosnac. Il avait épousé Françoise d'Arnal de Négelle. Ses enfants sont : 1º Jean-Baptiste, qui suit ; 2º Gabriel de Cosnac, chevalier, qui a émigré et a été tué en Hollande en 1794 : il faisait partie de l'armée de Condé; 3º Toinette de Cosnac, mariée, pendant la révolution, à N... de La Porte; 4º Madeleine de Cosnac, élevée à Saint-Cyr, morte en 1803, sans alliance.

(1) Le Griffolet, paroisse d'Ussac, près Brive (Corrèze).

XVIII. — Jean-Baptiste, vicomte de Cosnac, né à Brive le 27 juin 1769, était lieutenant au régiment de Normandie, et se trouvait à Saint-Domingue lorsque la révolution éclata en France. Il fut transporté en France et enfermé pendant quelque temps dans une maison d'arrêt. Une ordonnance, du 8 mars 1793, fit lever le séquestre mis sur ses biens, et lui en restitua une partie. Mort en 1840, il avait épousé Marguerite-Radegonde de Vassal du Marais, dont : 1° Louis de Cosnac, qui suit; 2° Marie de Cosnac, née au mois d'août 1808, morte en bas-âge.

XIX. — Louis, d'abord vicomte de Cosnac, ensuite marquis de Cosnac, après la mort d'Alexandre, marquis de Cosnac, en qui s'est éteinte la branche aînée, naquit le 5 juin 1807, décéda au château du Griffolet, le 12 octobre 1867. Il avait épousé, le 12 janvier 1830, Marie-Suzanne du Griffolet, deuxième fille de Joseph du Griffolet et de Catherine de Lansade. Ce mariage a été béni par Jean-Joseph Marie-Victoire de Cosnac, alors évêque de Meaux. Ses enfants sont : 1° Jean-Emmanuel-Henri, qui suit; 2° Antoine-Médéric, né le 5 avril 1834, ordonné prêtre à Tulle le 19 décembre 1857; il avait reçu les autres ordres des mains de Mgr Mellon-Jolly, archevêque de Sens, successeur de son grand-oncle. Après avoir été vicaire de la cathédrale de Tulle, il est aujourd'hui vicaire de l'église de Saint-Louis, à Moscou, en Russie; 4° Pierre-Olivier, né le 9 juin 1835, ancien militaire, marié à Mlle de Bouschiat, sans enfants; 5° Ernest, né le 31 décembre 1837, mort le 12 janvier 1840; 6° Daniel-Henri-Albert, né le 15 novembre 1839, magistrat, marié en 1868, à Joséphine Rivet, fille d'Edouard Rivet, président du tribunal de Brive, et de Elvire de Jugeal. De ce mariage est née une fille; 7° Antoine-Paul, né le 14 décembre 1846, marié à Mlle de La Chapelle-Caraman, de ce mariage est née une fille; 8° Marie, née le 25 juillet 1836, sans alliance.

XX. — Jean-Emmanuel-Henri marquis de Cosnac, né le 25 décembre 1830, a quitté la carrière militaire en 1855, à la mort d'Alexandre, marquis de Cosnac, qui l'instituait son légataire universel. Il a épousé, le 5 janvier 1857, dans la chapelle de l'évêché de Tulle, Marie-Françoise-Annette-Berthe Fénis de Laprade, fille d'Ernest de Laprade et d'Angèle Coudert de Saint-Chamans. De ce mariage sont issus : 1° Marie-Gabrielle, née au château de Cosnac, le 12 octobre 1857, a épousé, le 27 avril 1880, Anatole-Marie d'Horric de La Motte, docteur en droit, capitaine adjudant-major aux mobiles de la Charente en 1870-1871, officier de réserve, fils d'Armand-Joseph-Gustave, marquis d'Horric de La Motte Saint-Genis, et de Stéphanie Babinet de La Cour; 2° Marie-Angèle, née le 22 juillet 1862.

XVI bis (page 443). — *(Branche de Beynac (1) appelée aujourd'hui du Pin)* — Gabriel-Anne, vicomte de Cosnac, quatrième fils de Jean, marquis de Cosnac, et de Marie-Gabrielle-Thérèse de La Juge-Faucon (2), né le 31 oc-

---

(1) La seigneurie de Beynac, avait son château principal au centre du bourg de ce nom, et un second château, celui de Sabeau, à quelque distance.

(2) Nous rétablissons d'après Saint-Alais et d'après les titres de famille, la liste exacte des neufs enfants issus de ce mariage inexactement rapportée par Nadaud : 1° Gabriel-Honoré, marquis de Cosnac ; 2° Daniel-Joseph de Cosnac, évêque et comte de Die, né le 30 octobre 1700 ; 3° Gabriel-Anne, né le 13 décembre 1701, mort en bas-âge ; 4° Gabriel-Anne, né le 31 octobre 1703, chef de la branche d'Espeyruc ; 5° Marie-Félicie, née le 13

tobre 1705, chevalier de Saint-Louis, officier aux mousquetaires du roi, épousa, le 19 septembre 1746, sa nièce, Jeanne-Louise de Geoffre de Chabrignac, fille de messire Mathieu de Geoffre de Chabrignac, baron de Beynac, Sgr de Sabeau, chevalier de Saint-Louis, major de Saint-Omer, signalé par de brillants services militaires, et de Marie-Anne de Cosnac. Avant d'épouser son oncle, elle avait dû épouser son cousin Jean, marquis de Cosnac, né le 3 janvier 1722, officier aux gardes françaises, tué au siége de Fribourg, fils aîné de Gabriel-Honoré, comte de Cosnac, et de Marie-Antoinette de Cosnac. Le contrat de ce mariage, qui ne put avoir lieu, avait été dressé le 24 juillet 1738, la minute est conservée aux *Archives nationales*. Du mariage du vicomte de Cosnac avec Jeanne-Louise de Geoffre de Chabrignac, sont issus : 1° Marie-Suzanne, née le 6 juillet 1747, morte sans alliance; 2° Marie-Anne-Françoise, née le 25 juillet 1751, morte sans alliance; 3° Marie-Madeleine, née le 23 juillet 1752, religieuse à l'abbaye de la Règle, à Limoges; 4° Joseph-Mathieu-Marie, qui suit; 5° Jean-Félix-Louis-Marie, né le 20 mars 1755, reçu élève à l'école militaire suivant les preuves de noblesse du 8 novembre 1766, signées d'Hozier de Sérigny, dont la minute est conservée au cabinet des manuscrits de la *Bibliothèque nationale*, capitaine au régiment de La Fère.

XVII. — Joseph-Mathieu-Marie, vicomte de Cosnac, baron de Beynac, Sgr de Sabeau, né le 23 septembre 1753, au château de Sabeau, reçu élève de l'école royale militaire, suivant preuves de noblesse signées d'Hozier de Sérigny, dont la minute est conservée au cabinet des manuscrits de la *Bibliothèque nationale*; le jugement de maintenue, du 23 juillet 1766, y est mentionné: capitaine au régiment du Roi-cavalerie, chevalier de Saint-Louis, épousa, par contrat du 17 avril 1789, Marie-Marthe du Champ, fille de Gabriel-Noël du Champ, chevalier de Saint-Louis, Sgr de Sérillac, de Laborde ie, du Repaire, etc., et d'Antoinette de Charlanes. De ce mariage sont issus : 1° Louise, née en février 1790, morte en bas âge; elle eut pour parrain Mgr le duc de Penthièvre; M. le comte de Cosnac possède le titre original de la procuration donnée par le prince à cet effet, et deux lettres adressées par le même prince au vicomte de Cosnac, père de l'enfant ; 2° Gabriel Noël Auguste, qui suit; 3° Christophe, vicomte de Cosnac, maire de Beynac, élu conseiller général en 1870.

XVIII. — Gabriel-Noël-Auguste, comte de Cosnac, baron de Beynac, né le 27 septembre 1791, mousquetaire du roi en 1814 et 1815, puis aide-de-camp du général marquis de Guillaumanches du Boscage, conseiller général de la Corrèze pour le canton de Beynac, a acquis, en 1843, la belle terre du Pin, où il a accompli des travaux importants d'agriculture, décédé au château du Pin (1), le 24 mai 1857. Il avait épousé, le 6 novembre 1817, Ernestine-Pauline-Sophie de Guillaumanches du Boscage, d'une ancienne

---

février 1714, mariée à messire Godefroi de Miremont; 6° Françoise-Henriette, abbesse de la Règle, à Limoges; 7° Marie-Anne, mariée à messire Mathieu de Geoffre de Chabrignac, seigneur de Beynac; 8° Marie-Suzanne, mariée à messire Antoine de La Vergne, seigneur de Jaillac; 9° Marie-Angélique, mariée à messire François du Griffolet.

(1) Cette terre avait appartenu, avant la révolution, à la maison de Carbonnières, marquis de La Capelle-Biron, seigneurs du Pin, de Salon, du Freysset, du Breuil, barons de Masseret; elle avait été acquise en 1787, par M. de Bouilhac, fermier général.

famille d'Auvergne, alliée aux Bouillé, aux Sirv, aux Breteuil, aux Choiseuil-Praslin, etc., fille unique de Gabriel-Pierre-Isidore, marquis de Guillaumanches du Boscage, ancien page du roi Louis XVI, ancien officier supérieur des gardes du corps, lieutenant-général des armées du roi, chevalier de Saint-Louis, commandeur de la Légion d'honneur (1), etc., et de Elisabeth-Victoire-Armande de Lostanges, dame du palais de Madame Adélaïde de France, en survivance de sa mère, fille d'Arnault, Louis-Marie-Stanislas, marquis de Lostanges-Sainte-Alvère, chevalier de Saint-Louis, maréchal de camp des armées du roi, premier écuyer de Madame Adélaïde de France, et de très haute et très puissante dame Elisabeth-Charlotte-Pauline Gallucio de l'Hôpital, fille aînée de M#r# Paul-Gallucio de l'Hôpital-Vitry, marquis de l'Hôpital et de Châteauneuf-sur-Cher, ancien ambassadeur en Turquie et en Russie, lieutenant-général des armées du roi, de la famille des deux maréchaux de France de l'Hôpital, ducs de Vitry. M. le comte de Cosnac (Gabriel-Jules) possède une expédition authentique du contrat de mariage du comte de Cosnac avec M#lle# de Guillaumanches du Boscage, son père et sa mère, signée par le roi Louis XVIII, le comte d'Artois, M#gr# le duc et Madame la duchesse d'Angoulême, M#gr# le duc et Madame la duchesse de Berry. Le roi avait constitué à Madame la comtesse de Cosnac, à l'occasion de son mariage, une pension de trois mille francs sur la liste civile. Madame la comtesse de Cosnac est décédée à Bordeaux, le 12 septembre 1863. De ce mariage sont issus : 1° Gabriel-Jules, qui suit; 2° Marie-Charlotte-Octavie de Cosnac, née le 20 novembre 1821, décédée à Paris le 26 octobre 1860, sans enfants de son mariage avec Evariste d'Hugoneau, vicomte du Chastenet, beau-fils du général marquis de Bonneval; 3° Daniel-Louis-Fernand, vicomte de Cosnac, baron de Beynac, né le 17 novembre 1830, décédé le 3 novembre 1869. Il avait acheté le château de Vaugoubert en Périgord, et l'avait magnifiquement restauré. Il a été maire de la commune de Quinsac, dans laquelle est situé, ce château; il y a laissé les traces d'une administration féconde. Il avait épousé, le 12 juillet 1859, Eugénie-Gersinde-Louise-Marie de Sabran-Pontevès, fille de Louis-Léonide, comte de Sabran-Pontevès, ancien garde du corps, frère jumeau du duc de Sabran-Pontevès, et d'Adélaïde-Gabrielle-Bonne de Pont. De ce mariage sont nées quatre filles : A. — Marie Léonide-Elisabeth-Augustine, née à Paris, le 5 mai 1860, a épousé, à Quinsac, le 15 décembre 1879, Gabriel de Lestang, comte d'Hust et du Saint-Empire (armoiries : *d'argent losangé d'azur*), fils de Jean-Théodore et de Julie-Hélène de la Broue de Vareilles; B. — Gabrielle-Marie-Marguerite, née au château de Vaugoubert, le 16 août 1861, a épousé, dans la chapelle du château de Vaugoubert, le 1#er# juin 1881, le marquis Georges d'Isoard de Chénerilles; C. — Marie-Thérèse-Ernestine, née au château de Vaugoubert, le 18 août 1862; D. — Bonne-Marie-Angèle, née au château de Vaugoubert, le 16 décembre 1864.

XIX. — Gabriel-Jules, comte de Cosnac, marquis de Guillaumanches du Boscage, baron du Pin et de Masseret, né à Clermont-Ferrand, le 13 avril

---

(1) Pendant l'émigration, le marquis de Guillaumanches avait servi en Russie ; il a fait la campagne contre les Turcs en qualité d'aide-de-camp du célèbre feld-maréchal Souvarow, dont il a écrit la vie.

1819, chevalier de la Légion d'honneur et de la couronne de chêne (Pays-Bas). Bachelier à seize ans, il acheva son éducation par un voyage en Italie. A son retour, il suivit les cours de la Faculté de droit de Paris et fut reçu licencié en 1840. Capitaine de la garde nationale de Paris, il a été décoré en 1862. Agriculteur, il a obtenu la médaille d'or, grand module, en 1854, et la prime d'honneur, en 1872, pour les améliorations agricoles de sa terre du Pin. Ecrivain, il a publié les ouvrages suivants : *Mémoire sur la décentralisation administrative* (1844) ; Questions du jour : *République, Socialisme et Pouvoir* (1849) ; *Mémoires de Daniel de Cosnac, archevêque d'Aix, commandeur de l'Ordre du Saint-Esprit*, 2 vol. (1852) ; *Question Romaine, Croisade* (1860) ; *Midas, le roi Midas a des oreilles d'âne!* (1873). Il a commencé, en 1866, la publication d'un important ouvrage sous ce titre : *Souvenirs du règne de Louis XIV*; le 8e volume a paru en 1882 ; en 1882, les *Mémoires du marquis de Sourches*. Il a été nommé membre du conseil général de la Corrèze par le canton d'Uzerche, en 1867; de la commission extra-parlementaire de décentralisation qui a siégé trois mois au conseil d'État, en 1870; il y a prononcé un discours qui a été publié. Candidat à la députation dans la Corrèze, en 1871, il a réuni une minorité de quatorze mille suffrages. Le conseil municipal de la commune de Salon, dans laquelle est situé sa terre du Pin, l'a nommé maire, en 1876 et réélu en 1878. Il est, membre à Paris, du conseil de la Société de l'histoire de France. Il a épousé, à Paris, le 31 mars 1846, Marie-Aline d'Arnouville, fille de M. René-Paul Choppin, baron d'Arnouville, ancien maître des requêtes au conseil d'État, d'une ancienne famille du Parlement de Paris, et de Catherine-Delphine de Pommereau, dont le frère était gendre de M. le comte de Chabrol, ministre de la marine sous la restauration. De ce mariage sont issus : 1° Armande-Pauline-Marie de Cosnac, née à Paris, le 3 mai 1847, religieuse ; ses vœux, au couvent de la Visitation de Paris, ont été reçus en 1871, par Mgr Chigi, nonce du Saint-Siége, aujourd'hui cardinal ; 2° Clément-Gabriel-Elie de Cosnac, né au château du Pin, le 19 avril 1848, décédé à Paris, le 1er mai 1864 ; 3° Octave-Ernest-Adhémar de Cosnac, né au château d'Arnouville (Eure-et-Loir), le 18 juillet 1849, élève de l'école militaire de Saint-Cyr, actuellement capitaine instructeur au 12e régiment de hussards, a épousé, à Paris, le 5 juin 1880, Marie-Adèle-Henriette de Chasseval, née au château de Louvigny (Sarthe), le 29 octobre 1857 (Armoiries : *de gueules à la fasce d'or chargée d'un grand duc de sable*), fille d'Augustin-Henri Duchemin de Chasseval et de Henriette-Léonie-Marie de Bouvet de Louvigny ; 4° Elie-Ernest de Cosnac, né au château d'Arnouville, le 17 juillet 1865.

(Page 414). — Aux sources indiquées par Nadaud, nous ajoutons : les *Mémoires* du duc de Saint-Simon, du marquis de Dangeau, de Gourville, de l'abbé de Choisy, etc., les *Lettres* de la marquise de Sévigné, le dépôt des *Archives nationales*, le dépôt des *Archives des Ministères de la guerre et des affaires étrangères*; le *Cabinet des manuscrits* de la Bibliothèque nationale.

COTET (p. 443), Sgrs de Laron, paroisse de Saint-Julien-le-Petit (1) et des Biars, paroisse de Saint-Yrieix.

(1) Saint-Julien-le-Petit, canton d'Eymoutiers (Haute-Vienne). — Saint-Yrieix, chef-lieu d'arrondissement (Haute-Vienne).

Étienne Coteti, damoiseau, prévôt de Ségur, octobre 1278; chevalier de Ségur, procureur des religieux de Glandiers, 4 des nones de janvier 1292 (2 janvier 1293). — Étienne et sa femme Amodie font donation de sept livres de rente à la chartreuse de Glandiers, 1295. — (A.)

Hélie Cotheti, damoiseau, 1315 (A), Son testament, daté du 7 des ides de mars 1331 (V. p. 446, ligne 8), est conservé en original aux archives de la Haute-Vienne sous la cote A, 4364.

Jean Cotetti, damoiseau, est témoin du testament de Pierre de Royère, damoiseau, passé le 11 juillet 1399, en la demeure du testateur, au lieu de La Chaise, paroisse de Saint-Amand-le Petit, près Peyrat-le-Château. Le 18 septembre suivant, il consent une vente en qualité d'exécuteur testamentaire de défunt Pierre de Royère. A cette vente figure comme témoin Bernard Coteti. — (B.)

Jean Cothet, grand-prieur d'Auvergne, 1470, 1473. — (C.)

Françoise Coteti, femme de messire Pierre de Combarel, chevalier, Sgr de l'Isle-Jourdain, 21 mai 1479. — (A.)

François Cotet, Sgr des Biars, mari de Souveraine de Salagnac, père de Françoise, héritière de la terre des Biars, qui fut la seconde femme de Jean de Narbonne, Sgr de Salelles, capitaine de mille hommes légionnaires, mort à Cambebonnet en 1557. Elle vivait encore en 1578. De son mariage provinrent plusieurs enfants, et entre autres : Catherine de Narbonne, l'aînée des filles, baronne de Laron et des Biars, qui épousa, par contrat du 3 juin 1539, Jacques-Mathieu d'Espagne, Sgr de Panassac, dont elle eut : Jeanne-Germaine d'Espagne, mariée, par contrat du 22 juin 1578, à Henri de Noailles, comte d'Ayen, auquel elle apporta en dot la terre des Biars. — (B.) Cette terre passa, vers la fin du XVIIe siècle, dans la famille de Jarrige, qui la conserva jusqu'aux approches de la révolution. Elle est aujourd'hui la propriété de M. le conseiller David.

Armes des Cotet : le sceau d'Étienne Cotet, dessiné d'après l'original appendu à l'acte du 2 janvier 1293, cité plus haut, représentait *3 lions rampants, posés 2 et 1, dans un écu entouré d'une bordure chargée de 8 besans ou annelets* — (A). On voit encore dans les jardins du château des Biars la clé de voûte de l'ancienne chapelle, sur laquelle est sculpté un écusson chargé de trois lions, mais sans bordure.

SOURCES : A : coll. Gaignières, à la Biblioth. nat. T. CLXXXVI, p. 120, 269, 303, 310, 273; — B : Cartul. des Ternes, aux arch. de la Creuse; — C : article anonyme, mais probablement de l'abbé LEGROS, n° du 16 mars 1811 du *Mémorial administratif* du départ. de la Creuse; — D : le P. ANSELME, *Hist. des grands-officiers de la couronne*, T. II, p. 655; T. VII, p. 777. — (A. LOSVIEUX).

Etienne Cotet sénéchal de Limoges au XIIIe siècle. (Arch. des Basses-Pyrénées, T. I, p. 203.) Olivier du Guesclin paya, en 1345, à Guillaume Cotet, capitaine, les frais de la garde du château de Ségur. (*Idem*, p. 223.)

COUDERT (p. 446). — François Coudert, marchand de Guéret, époux de Marie Voisin, était mort à l'époque du mariage de son fils François, Sr des Varennes, qui épousa, le 17 février 1676, Anne de Madot, fille de noble Silvain de Madot, lieutenant-général en la sénéchaussée de la Marche, et d'Anne Reydier — (A). Il était conseiller honoraire du roi au présidial de

Guéret lorsqu'il fit enregistrer ses armes à l'*Armorial général* en 1698. A la même époque, autre François Coudert, procureur du roi en l'hôtel-de-ville de Guéret, faisait aussi enregistrer les siennes, qui présentent une légère différence avec celles de son homonyme.

Silvain Coudert, Sr de La Vergne, écuyer, archidiacre de la cathédrale de Châlons sur Saône, official et vicaire général du diocèse, conseiller-clerc au Parlement de Dombes à Trévoux en août 1745. — (B.)

Antoine-François-Sylvain Coudert, chevalier, Sgr de Sardent (1), Saint-Éloi, Lavaublanche et autres lieux, lieutenant-général de la sénéchaussée de la Marche, 20 septembre 1781 — 24 septembre 1789.

Armes : *d'azur à un chevron d'or accompagné en pointe d'un agneau paissant d'argent, au chef d'argent, chargé de trois flammes de gueules*. Telles sont les armes du Sr des Vareines; l'écusson du procureur en l'hôtel-de-ville a *un chef cousu de gueules, chargé de trois roses d'argent*.

Sources : A : registres de la paroisse de Guéret ; — B : fonds de la cure de Guéret, aux archives de la Creuse. — (A. Bosvieux.)

Nous possédons une généalogie des Coudert, Srs des Fougères, que le manque d'espace nous empêche de publier. Leurs armes sont : *échiquetées d'or et d'azur, à la bande d'argent*.

COUHÉ (p. 447), Sr de L'Estang, paroisse de Mézières, élection de Limoges, porte : *écartelé d'or et d'azur à une merlette ni pattée, ni becquée, de l'un à l'autre*.

I. — Guillaume de Couhé épousa Jeanne de Mosnard, qui, étant veuve de Guillaume, fit son testament, le 4 septembre 1483, en faveur de Jean, son fils aîné.

II. — Jean rendit aveu au Sgr de Mortemar le 10 mars 1496. Il épousa Charlotte Desprès, qui, étant veuve de Jean, fit, le 23 octobre 1507, son testament en faveur de François, son fils.

III. — François épousa Antoinette Ambasmard. Ils firent entre eux une transaction le 31 décembre 1524.

IV. — François épousa Denise de La Roche, pour la dot de laquelle Antoinette Ambasmard fit, le 1er mars 1544, une reconnaissance à François, son fils. Le 13 mars 1545, François de Couhé, fils d'autres François, rendit un dénombrement au Sgr de Mortemar.

V. — François épousa, par contrat du 1er novembre 1573, Françoise Izoré.

VI. — François épousa, par contrat du 26 mars 1615, Françoise de Javerlhac, dont il eut : 1° Henri qui épousa, par contrat du 27 février 1650, Catherine de la Barre ; 2° Charles; 3° Jacques; 4° Paul; 5° Jean, qui partagèrent la succession de leurs père et mère le 14 juillet 1651. — (Des Coutures.)

COUHÉ, Sr de La Touche, paroisse de Sèvres, élection d'Angoulême, porte : *écartelé d'argent et de sable, cantonné d'une merlette ni pattée, ni becquée, de l'un à l'autre*.

---

(1) Sardent et Saint-Éloi, communes du canton de Pontarion (Creuse). — Lavaublanche, commune de Saint-Éloi (Creuse).

I. — Jacques de Couhé épousa Isabeau Courdeau, à laquelle son frère Vincent Courdeau fit une cess on le 8 mai 1545, le dit Jacques de Couhé présent et autorisant sa femme. Ce Jacques de Couhé acquit certains héritages le 7 mars 1555.

II. — Jacques épousa, par contrat du 17 janvier 1594, Léonarde de La Quintinie, et le 13 février 1625, ils firent un testament mutuel, par lequel ils instituent héritiers leurs enfants : 1º Jacques, qui épousa Isabeau de Veyrinaud; 2º Pierre, qui épousa Jeanne de Mascureau. — (DES COUTURES.) Le contrat de mariage d'un de ces deux enfants fut passé le 12 novembre 1651. Henri de Couhé, sieur de Fayolles, qui mourut en 1714, avait épousé Marie de Chamborand de Villevert, et Gabrielle de Couhé épousa, en 1637, Jean de Chamborant de Villevert. (Art. Chamborant.)

COUILLAUD (p. 447). — *Voyez* HAUTECLAIRE.

COURAUD (p. 447). — Des Coutures donne, dans sa table, à Couraud, Sʳ de Birat, les armes que Nadaud a copiées; mais dans son registre, p. 559, en tête de la généalogie, ou les a coloriées *pallé de gueules et d'argent de six pièces.* — R.-P.

COURAULT (p. 418, ligne 3). — Catherine Courault était femme et non fille de Jacques de Veyrinas. Elle habitait au bourg de Mouhet, et non de Nouhet. — (Vicomte DE MAUSSABRÉ)

Marguerite Galland, veuve de Gui Couraut, écuyer, Sgʳ de Montlouis et d'Espagne, 7 mai 1665, 1666. — (A.)

Honoré Couraut, écuyer, Sgʳ d'Espagne (1), 30 juin 1664, 28 juillet 1669, eut de Jeanne Nadaud une fille naturelle, Sylvine, baptisée le 26 février 1668. — (A.)

Gabriel Couraud de La Roche-Chevreux, parrain d'une fille de Louis de Chardebœuf, Sgʳ du Genest, 15 janvier 1705. — (B.)

Henri Couraut, clerc tonsuré, chanoine de La Chapelle-Taillefer, 12 septembre 1707, curé de Lafa, 4 juin 1736. — (B-C.)

Silvain Couraut, Sgʳ de Puirajat (2), 10 février 1741. – (C.)

Jean-Louis Couraut fait aveu au roi pour son fief d'Espagne, situé dans la châtellenie de Crozant, vers 1775. — (D.)

Armes : *de sable à une croix d'argent et une bordure de gueules* (E). D'après l'*Annuaire de la noblesse,* la croix serait *aluisée.*

SOURCES : A. B, C : regist. de Crozant, Azerables et Bazelat. — D : regist. des aveux et dénombrements rendus au roi à cause de son comté de la Marche, arch. de la Creuse. — V. aussi la généalogie de la maison de Couraud de La Roche-Chevreux, insérée dans l'*Ann. de la nobl.*, 1859, p. 172. — (A. BOSVIEUX.)

COURTILLE (p. 450), qu'on trouve aussi écrit COURTILHE et COURTHILLE dans les divers titres de famille à l'aide desquels j'ai rédigé la pré-

---

(1) Espagne, commune de Crozant (Creuse).
(2) Puirajat, commune de La Chapelle-Baloue (Creuse).

sente notice, porte : *d'argent à un chevron de gueules accompagné de neuf merlettes de sable, posées* 4, 2, 1 et 2.

I. — Pierre de Courtille, écuyer, rendit foi et hommage au comte de la Marche le 23 octobre 1436.

II. — Antoine de Courtilhe, écuyer, Sr de La Foulaige, donna une procuration, signée Daffis, notaire, le 20 mars 1484. Il avait épousé N..., dont il eut : 1º Gilbert, qui suit; 2º Louis, au profit duquel fut consentie une vente le 30 juin 1530, reçue Bernard, notaire, par Gervais, fils de Gilbert; 3º probablement aussi Jean de Courtilhe, écuyer, auquel fut consenti, le 4 mai 1507, un acte reçu Daffis, notaire royal, constatant que cer ains cens étaient dus à la seigneurie de Courtilhe, située en la paroisse de Moureuilly, près Montégut en Combrailhe.

III. — Gilbert de Courtilhe, écuyer, Sgr du dit Courtilhe, eut pour fils : 1º Louis, qui suit; 2º Gervais, qui fit un partage et une vente de cens, rentes et dîmes en faveur de son oncle, par acte du 30 juin 1530, reçu Bernard, notaire.

IV. — Louis de Courtille, écuyer, Sr du dit lieu, mentionné dans des actes de 1549 et 1571. Dans un acte du 22 décembre 1544, passé à Montaign, et dans un autre du 12 juin 1565, il est désigné comme père de :

V. — Michel de Courtilhe, écuyer, consentit des actes de ratification des 23 octobre 1548 et 14 novembre 1549. Il épousa N..., dont :

VI. — Noble Antoine de Courtilhe, écuyer, Sgr du dit lieu, figure dans un acte du 8 janvier 1562. Servit comme homme d'armes dans la compagnie du comte de La Vauguyon. Reçut, pour le service du roi, des commissions signées Pyton, le 18 juin 1574 et le 4 décembre 1581. Une donation fut faite en sa faveur le 27 juin 1581. Le 17 novembre 1589, Henri IV chargea ce *cher et bon ami* Antoine de Courtilhe, comme *bon, vaillant et expérimenté personnage*, de lever pour son service deux cents hommes dont il serait capitaine, et, par brevet du 29 août 1589, donné au camp devant Paris, il fut chargé de garder la ville et le château de Huriel en Bourbonnais. Il avait épousé, par contrat du 10 septembre 1569, Marguerite Lamaille, dont il vendit quelques biens patrimoniaux : 1º par acte du 7 juillet 1570, et 2º du 30 juillet de la même année, à Germain (ou Gilbert) de Ligondet, écuyer, Sgr de Bonnafous; cette dernière vente ratifiée le 1er janvier 1571, par la dite Marguerite de Lamaille. Un acte du 9 juillet 1591, provoqué par Marguerite de Lamaille, devenue veuve, fit établir tuteur de ses enfants mineurs Pierre de Courtille, leur parent : ces enfants, nommés dans l'acte, sont : 1º Antoine; 2º Claude; 3º Gilbert. 4º Jean, qui servit avec honneur sous les maréchaux de Chatillon et de La Meilleraye, d'après un certificat de 1639; 5º Gaspard, qui suit; 6º Isabelle.

VII. — Gaspard de Courtilhe, écuyer, Sr du dit lieu, de Tronzier et de Segondat, rendit hommage le 23 juin 1618. Par sentences rendues en l'élection de Montluçon, le 15 janvier 1624 et le 28 juin 1634, son frère Jean et lui furent reconnus nobles. Il épousa, par contrat passé en la ville de Huriel, le 25 août 1626, Jeanne de Laage du Breudieu, fille de feu Gaspard de Laage, écuyer, Sgr et baron de Giat et de Feydet en Auvergne, et de Charlotte de La Faye, alors femme de messire Gilbert de Chaslus, chevalier, baron de Courdas et d'Ortinal. Un acte de partage du 31 août 1673, reçu par Diverneresse, notaire royal à Felletin, constate que de ce mariage vinrent : 1° Marien, S^{gr} de Saint-Avit, qui suit; 2° Jean, S^{gr} de Feydet, de Segondat et de Fressineau, qui est paroisse de Nouhant, auquel son frère Marien céda, le 26 janvier 1675, tous ses droits à diverses successions; 3° Jacques, Sr de Tronges, habitant la maison noble de Feydet, paroisse de Giat, se trouvait au ban d'Auvergne en 1674; 4° Gaspard, S^{gr} du Brudieu, tous qualifiés d'écuyers; 5° Catherine; 6° Hélène. — Gaspard, Sr de Courtilhe, de Brudieu et de Feydet, servait aussi au même ban pour ses *deux* frères et ses deux sœurs, d'après un certificat de Claude-d'Alègre, grand-sénéchal d'Auvergne. Il fut également convoqué au ban de 1693; mais il fut remplacé par Gabriel de Chaussecourte, Sr de Chardon.

VIII. — Marien de Courtilhe, écuyer, S^{gr} de Saint-Avit, du Trongis ou Trouzier, de Giat, etc. Il avait épousé, le 11 juillet 1672, et par contrat du 7 juillet précédent, Anne Meunier, veuve de noble Nicolas Tixier, fille de noble Jean Meusnier de Fressanges, lieutenant civil et criminel de la châtellenie de Felletin, et de Louise Chaussard. Anne, étant veuve avait été condamnée par les officiers de l'élection de Guéret, le 12 octobre 1697, à payer la taille pour son château et autres propriétés situés en la paroisse de Saint-Avit-le-Pauvre; mais elle obtint, le 29 mai 1699, un arrêt de la cour des aides de Clermont-Ferrand qui maintenait ses droits, et ordonnait de lui rembourser les impositions indûment perçues en reprenant sur les habitants de la dite paroisse; alors elle était tutrice de ses enfants, qui, après sa mort, partagèrent les biens paternels et maternels, le 22 juillet 1703, en portions égales, réserve faite des avantages de l'aîné, Claude, stipulés dans son contrat de mariage. Voici, d'après cet acte, les noms des enfants : 1° Claude, qui suit; — 2° Gabriel, baptisé à Saint-Avit le 25 janvier 1678 : il se trouvait, en 1694, au ban de la province de la Marche; — 3° Anne, aussi majeure en 1703; — 4° Gaspard, Sr de Feydet, que l'intendant d'Auvergne maintint dans sa noblesse le 13 juin 1706; — 5° Jacques, docteur en théologie et mentionné par Nadaud : il fut curé de Saint-Avit-le-Pauvre du mois de février 1730 jusqu'au 24 décembre 1747, jour de sa mort; — 6 Hélène; — 7° Marie, baptisée le 1 décembre 1679; — 8° Jeanne, morte le 10 avril 1714, étant veuve de Léonard Bataille. Divers certificats attestent que, en 1690, la veuve du sieur de Saint-Avit avait payé 150 livres pour le ban de la province de la Marche, et qu'un sieur de Saint-Avit servit au ban de la même province, en 1692, puis dans une seconde campagne de 1694. Ce doit être Claude, le fils aîné, Gabriel n'ayant que quatorze ans en 1692.

IX. — Claude de Courtille, baptisé à Giat le 4 mai 1673, et mort à Saint-Avit-le-Pauvre, le 28 décembre 1736, épousa, par contrat du 28 novembre 1709, reçu de Salles, notaire à Felletin, Marie-Anne de Brachet de Pérusse, fille de messire Léonard Brachet, écuyer, Sr de Larfeuille, et de Marie-Germain Lespine, habitant la ville de Felletin. Marie-Anne était morte le 27 juillet 1728, jour où, par acte signé Dessales, notaire à Felletin, Claude de Courtille dut, comme tuteur de ses enfants, régler, pour la dot de sa femme, avec messire Antoine-Dominique Brachet, écuyer, chevalier, S^{gr} du Rebeyreix, *abbé*, prieur-commendataire du prieuré de Baissat, demeurant en son château du Rebeyreix, paroisse de Poussanges, et messire Joseph Brachet, chevalier, S^{gr} de Poussanges. De Claude de Courtille et de Marie-Anne de Brachet vinrent : 1° Marie, morte le 23 février 1739; 2° Joseph, qui suit; 3° probablement aussi Louise, morte à Saint-Avit, le 19 juillet 1776, âgée d'environ soixante ans.

X. — Joseph de Courthille, chevalier, Sgr de Saint-Avit, Fransèches, Saint-Sulpice-les-Champs, Segondat, etc., né au dit Saint-Avit le 21 mars 1716, et mort au même lieu le 19 avril 1758. Il avait épousé, par contrat du 7 avril 1739, Marie-Anne de Bort, fille de messire Pierre de Bort, chevalier, Sgr de Pierrefitte, qui est paroisse de Sarron, près Bort en Limousin, de Lachassarie, de La Védrine, du Peux, et de feue Jeanne Brun. Elle mourut à Saint-Avit-le-Pauvre le 3 décembre 1760. Étant veuve et tutrice, pour faire liquider ses droits, elle avait obtenu, le 15 juillet 1758, une sentence de curatelle pour ses enfants mineurs, qui étaient : 1° Pierre, qui suit ; 2° François du XI bis; 3° Marguerite, née le 5 mars 1745, qui, s'étant retirée comme pensionnaire au monastère de Blessac, près Aubusson, y fit, le 18 novembre 1765, en faveur de son frère Pierre, son testament reçu par Legras, notaire à Aubusson. Cette Marguerite, s'étant faite religieuse à Blessac, en a été la dernière prieure, et elle a été la première supérieure des sœurs hospitalières de Saint-Roch, fondées à Felletin (Creuse), où elle est morte le 12 mai 1821. (V. Études hist. sur les monastères du Lim., n° IX.) — 4° Marie-Madeleine, baptisée le 4 février 1742, et 5° Jacques, baptisé le 16 septembre 1752, et mort le 4 mars suivant.

XI. — Messire Pierre de Courthille, chevalier, Sgr de Saint-Avit, Fransèche, etc., demeurant au château du dit Saint-Avit, né au dit Saint-Avit le 8 novembre 1740, et mort le 22 mars 1827, au château de La Vaureille, paroisse de Peyrat-la-Nonière (Creuse), étant émancipé d'âge par lettres de la chancellerie, et assisté par son curateur Amable Michelet, bourgeois, demeurant au bourg paroissial de Chavanat. épousa, par contrat passé à Felletin le 13 avril 1762, et signé Seiglière, notaire royal, Louise-Agnès de Sarrazin, fille de feu messire Ives-Louis de Sarrazin, chevalier, Sgr de Gioux, Ronteix, etc., et de haute et puissante dame Jeanne-Marie de Chalus. — Pierre de Courthille servit dans la compagnie des gendarmes de la garde du roi depuis le 9 mai 1756 jusqu'au 23 mai 1776. D'eux vinrent : 1° François-Jean, qui suit ; 2° Louise-Agnès, morte le 14 janvier 1767, âgée de deux ans ; 3° Claire, née à Felletin le 30 novembre 1765 ; 4° Jeanne-Marie, née et baptisée à Felletin le 8 avril 1767 ; 5° Alexandre, né et baptisé à Felletin le 1er mars 1769, et mort curé de Peyrat-la-Nonière le 3 octobre 1833 ; 6° Gilberte-Françoise-Catherine, née et baptisée à Felletin le 20 octobre 1771 ; 7° Claire-Charlotte, née et baptisée à Saint-Avit le 29 janvier 1773 ; 8° Claire-Claudine, baptisée à Saint-Avit le 24 décembre 1773 ; 9° Jean-François, né le 22 et baptisé le 23 avril 1776, mort le 20 avril 1780 ; 10° Alexandre, né le 23 avril 1778. Le 30 septembre 1788, Chérin délivra un certificat attestant que le dit Alexandre de Courthille de Saint-Avit avait la noblesse requise pour être sous-lieutenant dans les armées du roi ; plus tard il se fit prêtre, et devint curé de Peyrat-la-Nonière ; — 11° François-Marie, né le 9 juillet 1780 ; — 12° Gilbert-Annet-Louis-Antoine, né le 11 mai 1783 ; — 13° François-Marie-Madeleine, né le 12 décembre 1786, et mort le 16 du même mois.

XII. — François-Jean de Courthille de Saint-Avit, né à Felletin le 8 mars 1763, servit dans la maison du roi. Ayant émigré avec son père, il fit toutes les campagnes de l'armée de Condé, et fut fait chevalier de Saint-Louis, brigadier dans la quatrième compagnie des gardes du corps ; il fut nommé chef d'escadron le 3 septembre 1814, et. dans son brevet signé par le roi, ainsi que dans celui de colonel, qu'il obtint lors de sa retraite, il est qualifié de *marquis* de Courthille de Saint-Avit ; il est mort au château de La Voreille, paroisse de Peyrat-la-Nonière, le 19 mars 1830. Il avait épousé Gilberte-Anne Tallandat de La Maisonneuve, fille de Constantin, ancien procureur général à Riom et député aux états généraux pour la province d'Auvergne. D'eux sont nés : 1° Charles-Constantin, qui suit ; 2° Clémentine, mariée à Alphonse du Repaire en Périgord ; 3° Constance, mariée à son cousin issu de germain Louis de Courthille, actuellement (janvier 1863) sous-préfet à Montfort (Ille-et-Vilaine).

XIII. — Charles-Constantin, marquis de Courthille, né le 11 juin 1811, a épousé, en 1834, Marie-Antoinette, fille de M. Gerbaud, député du grand-collége électoral de la Creuse en 1815. Ils habitent le château de La Voreille, paroisse de Peyrat-la-Nonière (Creuse), et n'ont point d'enfants.

XI *bis*. — François, baptisé le 26 février 1747, fils de Joseph, Sgr, baron de Saint-Avit, et de Marie de Bord, chevalier et garde du corps de Sa Majesté, capitaine de cavalerie, épousa, par contrat passé le 7 décembre 1778, au château de Villefort, paroisse de Sainte-Feyre-la-Montagne, et signé Sandon, notaire royal gradué, et à la résidence de Felletin, Marie-Geneviève Bandy, fille de feu noble Jacques Bandy et de Louise Degas, de la ville de Felletin. De ce mariage sont nés : 1° Pierre, qui suit ; — 2° Charles-Alexis-Amédée de Courthille, né en 1791, capitaine de cavalerie, marié, en 1831, à Aména, fille de M. Mazeron du Pradet, président du tribunal d'Aubusson, dont il a eu, le 15 décembre 1833, Françoise-Marie-Alfrédine, qui a épousé, le 15 octobre 1854, le marquis André-Achille de Brinon, dont elle a eu : Marie-Amédée-Fernand, né le 17 juin 1855 ; François-Sigismond-Robert, né le 13 novembre 1857.

XII. — Pierre de Courthille épousa Amable-Félicité de Lestoile, petite-fille d'une Bourbon-Penthièvre. D'eux sont nés : 1° Marc, officier supérieur de cavalerie, chevalier de la Légion d'honneur et officier du Medidjié ; 2° Louis, chevalier de la Légion d'honneur et sous-préfet de Montfort (Ille-et-Vilaine), marié à sa cousine Constance, fille de François-Jean de Courthille (du n° XII), dont il a eu pour fils aîné Edgard, jeune aspirant de marine. Attaché, dans l'expédition de Chine, à l'état-major de l'amiral Protet, et, au moment où le brave amiral était tué sous les murs de Ning-Po, Edgard de Courthille, déjà blessé dans une rencontre précédente, était lui-même atteint d'une balle à la tête. Ce jeune officier, âgé de vingt-deux ans, a été fait chevalier de la Légion d'honneur (19 juillet 1862). — (Roy de Pierrefitte.)

Jean de Courtilhe, écuyer, épousa Catherine de Rivières, dont il eut Louis, comme il est constaté par le terrier de la baronnie de Montaigut en Combraille, mais sans indication de date ; l'attestation en fut donnée, le 8 mai 1786, à messire de Courtille, Sgr, baron de la baronnie de Giat, habitant son château de Faidet, paroisse de Giat.

Demoiselles Hélène et Catherine de Courtilhe, demeurant au château de Saint-Avit, 1670, 12 avril 1671.

Etienne de Courthile, écuyer, 7 septembre 1737, 1er septembre 1738.

Louise de Courtilhe de Fransèches, demoiselle de Saint-Avit, 7 septembre 1737, morte fille le 19 juillet 1776, à l'âge de soixante-un ans.

Gaspard de Courtilhe, chevalier, Sgr, baron de Giat, Feydet et autres places, assista, le 19 avril 1762, au mariage de Pierre, son parent (du n° XI). Il devait être fils d'un enfant de Marien de Courtilhe, qui avait hérité des seigneuries de Giat et de Feydet, et avait formé une branche latérale.

Demoiselle Louise-Agnès de Courtilhe de Fransèches, 8 mars 1771. — (A.)

SOURCES. A, B : regist. de Saint-Avit-le-Pauvre et de Saint-Michel-de-Vesse. — (A. BOSVIEUX.)

COUSTIN (p. 450). — Claude Coustain, varlet tranchant du roi Louis XI, remplit ces fonctions jusqu'au dernier juillet 1482.

La filiation de cette famille remonte à noble homme Jean Coustin, damoiseau, Sgr du Chassaing, qui transigea avec Adémar Rudier, marchand, le pénultième de mars 1424, et fit une acquisition de noble Jean de La Gorse, *alias* de La Saigne-Châteauneuf, damoiseau, le 10 avril 1434. Il est l'auteur des trois branches du Chassaing, du Mas-Nadaud *(de Manso-Nathalis)* et de Bourzollas.

Pierre Coustin, Sgr de La Floyère et d'Avignac, fils du dit Jean, Sgr du Chassaing, épousa, en 1458, Matheline du Bosc, dame de Bourzolles en Quercy D'eux sont issus des Sgrs de Bourzolles, vicomtes de Carlus, barons de Berbignères, alliés directement aux maisons d'Auriolles, d'Archiac, de Jaucourt, de Lart, de Goulard, d'Anglards, de Pierrebuffière, d'Escodéca, de Boisse, de Blois, de Roussillon, de Caumont, de Vienne, de Souillac, de Rochefort, de Saint Angel, de Beaumont, de Saint-Julien, d'Orléans, de Gaing, de Montaignac. On trouve parmi eux deux chevaliers de l'ordre du roi (Saint-Michel); un gouverneur de Montfaucon en Piémont; un gouverneur de Toul et de Verdun; un gouverneur de Lintal, Montfort et Lenquais; un lieutenant des cent gentilshommes de l'hôtel du roi (François Ier); un lieutenant de la compagnie d'ordonnance du maréchal de Tavannes ; un lieutenant de celle du maréchal de Bouillon; un abbé de Souillac et du Mont-Saint-Quentin.

Bérande de Jaucourt, femme de Jean de Coustin de Bourzolles, était dame d'atours de la reine Claude. — (Vicomte DE MAUSSABRÉ).

La branche aînée de la famille de Coustin s'est éteinte, en 1841, à la mort du comte de Coustin, chevalier de Saint-Louis, qui avait fait les campagnes de l'armée de Condé, et dont la fille unique a épousé le marquis de Ruffignac, de Sannat, paroisse de Saint-Junien-les-Combes (Haute-Vienne). — Dès 1622, la branche des seigneurs de Nerg en Bas-Limousin s'éteignait, Jeanne de Coustin, dernière héritière de cette branche, épousant, cette même année, Jean de La Rochechouvel. — La branche de Bourzolles, qui a possédé la terre de Bourzolles, le comté de Carlus, la baronnie de Berbières, etc., en Quercy et en Périgord, s'est éteinte il y a quelques années, et, le 3 mars 1862, la vicomtesse de Bourzolles née de Chevigné, et veuve du dernier représentant d'un rameau de cette branche, est morte, âgée de soixante-dix-huit ans, au château de Berbières (Dordogne). L'héritière d'une branche des Caumont ayant épousé, vers la fin du XVIe siècle, un Coustin de Bourzolles, depuis, dans cette branche, ont eut pour armes : *parti, au premier, de Coustin; au second, de Caumont, qui est d'azur à trois léopards d'or, l'un sur l'autre, armés, lampassés et couronnés de gueules.*

La branche des Coustin du Masnadaud, dont Nadaud s'occupe dans sa filiation suivie, est la moins ancienne. Foucaud, son auteur, était fils puîné de Gonin, et ce Gonin, fils de Jean, le premier désigné dans les notes isolées. A l'aide des papiers de famille qui m'ont été communiqués, je vais rectifier et compléter la généalogie de cette branche.

Les armes de cette famille se voient à Versailles, au-dessus de la porte de sortie de la quatrième des nouvelles salles des croisades, Robert de Coustin accompagna, en effet, saint Louis à la croisade, comme le constate un acte d'emprunt fait en son nom, en 1248, dans la ville d'Acre, sous la garantie d'Alphonse, comte de Poitiers, et frère de saint Louis.

(P. 450), pour le lion des armes *ajouter* : « *et couronné de gueules* »; devise : *Dulciter et fortiter*. — Ce n'est pas le 3 novembre, mais le 16 avril 1551, que Louis du n° II fit son testament. Ce n'est pas non plus le 6 août, mais le 6 juillet 1533, que fut passé son contrat de mariage, mariage célébré le 5 août, et duquel vinrent d'autres enfants que ceux mentionnés par Nadaud, et entre autres Jacques, Sr de Bramefort, époux de Marquise Audet, inscrit dans les notes isolées, p. 454, ligne 29.

(P. 451, n° III). — L'époux de Marie, deuxième enfant de Jean et de Françoise de Jussac *d'Amblecille,* est mal désigné par Nadaud. Dans divers actes, il est nommé *Antoine d'Arlot, Sgr de Frugie de La Vallouze*. Isaac, que Nadaud dit quatrième enfant de Jean (ligne 19), doit être effacé ici, et reporté à la génération suivante, car il est dit fils de François du n° IV dans les preuves qu'il en fit, en 1652, pour l'ordre de Malte.

(P. 451, n° IV), il faut inscrire comme fille de François et de Renée de Ferrières de Sauvebœuf Anne, demoiselle du Masnadaud, qui épousa, *par contrat du 10 juin 1663,* Jean de Royère, chevalier, marquis de Peyraux Badefol, Lons et La Jarousse. Nadaud l'inscrit à tort comme fille de François du n° VI et de Marie-Anne de Bermondet. L'erreur est évidente, le père que Nadaud lui donne n'étant né qu'en 1656. — A partir du n° IV, dans presque tous les actes de la famille Coustin, on trouve le nom patronymique précédé de la particule, quoiqu'il n'en soit pas tenu compte dans la maintenue de noblesse de 1666 ni dans la généalogie de Nadaud.

(P. 452, n° V). — Antoine-Charles de Coustin est le premier de sa branche auquel on trouve la qualification de *marquis du Masnadaud*. Pour le nom de sa femme, au lieu de « Reilhac », *lises* : « Rilhac ». Pour sa septième fille Marie-Charlotte, son contrat de mariage est de 1681.

(Ligne 25), *lises* : « fils de feu *François*, chevalier, etc. Déjà j'ai fait remarquer que Anne, doit être effacée ici, et reportée au n° IV.

La liste des enfants de François-Annet de Coustin du n° VII (p. 452) doit être rectifiée ainsi qu'il suit : 1° Marie-Françoise-Louise, née le 28 *novembre* 1721, mariée à Jean-*François* de Brie, fils d'Isaac; 2° Thérèse-Henriette; 3° Armand-François-Marie, mort âgé de treize ans; 4° Alexandre, qui suit, *baptisé le 21 octobre 1726*. C'est à un autre Alexandre que se rapporte la date de naissance du 4 octobre 1731 : celui-ci fut baptisé le 25 février 1732, servit dans le régiment de Royal-Picardie cavalerie, et mourut le 29 mars 1779. Si la date de naissance donnée par Nadaud à Alexandre de Coustin l'aîné était exacte, il n'aurait eut que huit ans en 1739, époque où il servait dans le régiment du roi, et, marié par contrat du 11 septembre 1746, il se serait marié ayant moins de quinze ans, et eût été père à seize ans;

5° Adrien-Louis-Marie-Charles, né le 3 novembre 1726 *au lieu de* 1727 : il devint colonel d'infanterie, et fut tué au service du roi ; 6° Jean-Adrien, S.r de Saint-Hubert : Nadaud n'en a fait qu'un avec le précédent ; 7° Marie-Anne-Armande, née le *vingt-sept* novembre 1729 ; 8° autre Alexandre, né le 4 octobre 1731, mort en 1779, comme je l'ai dit à l'occasion de son frère Alexandre l'aîné ; 9° Catherine-Françoise, née le 3 octobre 1732 ; 10° Marie, demoiselle de Saint-Bazile, dont l'époux eut pour mère Charlotte *Montel de La Mourelière*, au lieu de Morrelet ; 11° *Françoise-Catherine, mariée, par contrat du 7 octobre 1760, à Jean-Marc de Beauroyre,* et que par conséquent Nadaud a tort de dire née en 1752, et de regarder comme fille d'Alexandre du n° VIII, qui est son frère ; 12° Marie-Anne, née le 12 mars 1735 ; 13° Jean-Charles-Armand, qui fut chanoine de Nancy, vicaire général de l'évêque de Saint-Brieuc, puis abbé de Saint-Vilmer de Boulogne, en sorte qu'il ne fait qu'un avec son prétendu frère dit par Nadaud de Coustin *le Gros ;* 14° Martial-François, qui fut colonel, gentilhomme de la chambre de Monsieur, aide-major général à La Guadeloupe, etc., et qui épousa, en 1767, Marie-Madeleine *Laëut,* de la paroisse de *Saint-Étienne-des-Tonneliers,* de la ville de Rouen.

(P. 452). — La liste des enfants d'Alexandre de Coustin du n° VIII, marié, par contrat du 12 septembre 1746, à Louise *de Ravard de Méxieux,* a besoin d'être reprise ainsi : 1° François-Annet, qui suit ; — 2° Rose, morte le 30 octobre 1751 ; — 3° Marie, née le 8 décembre 1749, morte le 10 juillet 1752 ; — 4° autre Marie, née le 18 et baptisée le 19 décembre 1750, morte en 1753 ; — 5° Françoise-Catherine, née le 17 septembre 1752, religieuse à Boubon, de l'ordre de Fontevraud, paroisse de Cussac (Haute-Vienne) : *c'est à tort que Nadaud la fait marier à Jean-Marc de Beauroyre,* la confondant ainsi avec une tante de même nom dont j'ai parlé ; — 6° François-Louis-Antoine-Marie, né le 25 septembre 1753 : il fit ses preuves de noblesse en 1782, et fut admis comme chanoine-comte de Saint-Claude en Franche-Comté. Il est mort, en 1829, au château de Sazeirat, près Bénévent (Creuse) : *il n'a point été marié : c'est son frère aîné, qui suit,* et non lui, *qui a épousé Marie-Anne de Saint-Viance ;* — 7° Charles-Adrien, né le 1er mars 1755, chevalier de Malte en 1783 ; — 8° Marie-Anne, née le 29 et baptisée le 30 mars 1756, morte le 27 mars 1759 ; — 9° Jean-Charles-Armand, né le 17 mars 1758, aussi reçu chevalier de Malte en 1783 ; — 10° Annet-François, né le 28 mars 1760 : il était au service quand la révolution éclata : revenu de l'émigration, il eut, par arrangement de famille, la terre du Mas-Nadaud, qu'il laissa, en mourant, en 1837, à sa veuve, Jeanne de Maranda du Cousset : la restauration le fit chevalier de Saint-Louis et lieutenant-colonel ; — 11° autre Françoise-Catherine, née le 18 juillet 1762, fit preuve de noblesse en 1771 pour entrer dans la maison royale de l'Enfant-Jésus, à Paris ; — 12° Antoine-Paul-Jacques, né le 5 mai 1765, mort en 1766.

IX. — François-Annet de Coustin, comte d'Oradour, né le 11 septembre et baptisé le 25 octobre 1747, successivement page de Louis XV en sa petite écurie et gouverneur des pages pendant le séjour de la cour de Compiègne, officier au régiment Dauphin-infanterie, exempt des gardes du corps de Monsieur, comte de Provence, puis gentilhomme ordinaire de la chambre du même prince en remplacement de son oncle le comte de Masnadaud ;

lieutenant-colonel de cavalerie et chevalier de Saint-Louis. Ayant émigré, il commanda la coalition limousine à l'armée des princes depuis sa formation jusqu'à sa dissolution. En 1769, il avait fait la campagne de Corse; en 1793, il prit part à la défense de Maestricht, et il mourut dans le Luxembourg pendant son émigration. En 1772, il avait épousé Marie-Anne de Philip de Saint-Viance, dame d'Arrênes (paroisse du canton de Bénévent, Creuse), fille de Claude et de Sylvie de La Celle. C'est cette Marie-Anne que Nadaud fait à tort épouser par son frère François-Louis-Antoine-Marie, comme déjà je l'ai fait remarquer. De ce mariage vinrent plusieurs enfants morts jeunes, et Charles-Claude, qui suit.

X. — Charles-Claude de Coustin, marquis du Masnadaud et comte d'Oradour, membre du conseil général de la Creuse sous la restauration, est né le 13 février 1779, et mort, en 1852, dans sa terre de Sazeirat, paroisse d'Arrênes, la seule que la révolution lui eût laissée. En 1799, il avait épousé Marie-Anne du Rieux de Villepreaux, dont il a eu : 1° Alexandre-Marie-Léonard, qui suit; 2° Joseph-Sylvain, connu sous le nom de Frédéric, domicilié au château de Saint-Jory-Lasblou (Dordogne), marié, en 1838, à Gabrielle de Sanzillon.

XI. — Alexandre-Marie-Léonard de Coustin, marquis de Masnadaud et comte d'Oradour-sur-Vayres, chef de nom et d'armes de sa maison, né en 1800, a fait l'expédition d'Espagne de 1823 dans un régiment de chasseurs, d'où il passa ensuite au premier régiment des cuirassiers de la garde royale ; il s'est marié, à Paris, en 1827, à Cécile Noualhier, qui est morte à Limoges le 8 février 1881; il en a eu : 1° Henri-Marie, qui suit; 2° Françoise-Caroline, dite Fanny, mariée, le 5 février 1861, à Jules Le Féron d'Eterpigny, capitaine de chasseurs à cheval et chevalier de la Légion d'honneur, décédée le 6 octobre de la même année; 3° Marie; 4° Caroline, mariées, en 1866, à Jules et à Ludovic de Luret de Feix, demeurant ensemble au château d'Hélyas, commune de Saint-Priest-Ligoure.

XII. — Henri-Marie, né le 5 décembre 1831. En 1859, il a acheté des héritiers de son arrière-grand-oncle le château du Masnadaud. Il s'est marié, le 9 décembre 1862, dans la chapelle du château de Courcelles-la-Suze (Sarthe), avec Marie de Félix du Muy, fille de N......, marquis de Muy et de N...... de Chamillard de La Suze, dont : 1° Marie; 2° Thérèse; 3° Jeanne; 4° Marguerite; 5° Henriette; 6° N........; 7° Louis-Marie, né au château de Sazeirat le 15 août 1879.

COURJAT (p. 449.) paroisse de Roches, canton de Châtelus-Malvaleix (Creuse), château détruit, suivant la tradition, sous Louis XIV.

Gilbert de Courjat, marié à Marguerite de Saint-Julien, fille de Jean et de Jacquette de Ligondeix. Marguerite de Saint-Julien, étant veuve, se remaria, en 1563, à Nicolas Boudet.

Louis de Courgeac, écuyer, Sgr de Baleste, paroisse de Pionat et de Lavillatte, marié à Gabrielle de Montagnac, dont : 1° Marie, mariée à Pierre Rochon, écuyer, Sr de Fournoux, paroisse de Vidaillat (1) et d'Etansannes, paroisse de Saint-Chabrais, fils de Léonet, morte sans enfants; 2° Gabrielle,

---

(1) Vidaillat, canton de Pontarion (Creuse). — Saint-Chabrais, canton de Chénérailles (Creuse).

femme d'autre Pierre Rochon, Sr de Fournoux, frère du précédent, dont postérité ; 3° Marguerite, femme de noble Sylvain Pasajou, écuyer, Sr du Chauchier. En 1610, par acte passé devant Roussy, notaire royal, damoiselle Gabrielle de Montaignac, veuve de feu Louys de Courjac, écuyer, Sr de Baleste, cède les droits par elle prétendus sur la seigneurie d'Etansannes, baillée par juste cession à noble Sylvain Pasajon, Sr du Chauchier, et Pierre Rochon, Sr de Fournoux, ses gendres, moyennant la somme de seize cents livres par eux payés à la dite de Montaignac ; 4° Barbe, mariée à Antoine Boiron, procureur du roi en la châtellenie d'Ahun. Antoine Boiron est qualifié de honorable homme en 1601, et de noble Antoine Boiron en 1616.

Sources : *Ann. de la nob.* de 1848, p. 243, et arch. du château de Fournoux, comm. de Vidaillat (Creuse). — (P. de Cessac).

COUTURES (page 455). — (De *Las Cousturas*, en langue limousine, d'après des documents de 1510-1517), sieur de Bort, de Lafon (La Tentholie) de Landouge, de Laudoynas, de Loyat (Louyat), du Raynou (le Raynaud), du Terrier, porte : *d'azur, au sautoir d'or accompagné de quatre épis de blé de même.*

Jehan de Las Cousturas, *alias* Coustures, épousa damoyselle Catherine Guilher, qui, devenue veuve, se fit Dompnas (dame), recluse des Carmes, à Limoges en 1517. La curieuse relation de la cérémonie religieuse est au *Premier Registre consulaire de Limoges.*

Symon I Coustures *alias* des Coustures, épousa d^{lle} Martialle Nogier, de la paroisse de Nieul. Le juge de Nieul rendit une sentence, le 27 avril 1531, pour le S^{gr} évêque de Limoges, contre Guilhem Forsat, métayer de maistre Symon des Coustures. Le 15 mars 1535, Symon des Coustures fit aux droits de son épouse, de Guilhaume son frère, de Benigne sa sœur, la vente du moulin situé au-dessous du château de Nieul, au prix de 2,000 livres, à M. Marin de Montchenu, chevalier, S^{gr} baron de Nieul, premier maître d'hôtel du roi, gouverneur sénéchal du Limousin (acte signé Jupile, notaire). Le 4 et le 8 avril 1538, le juge de Nieul demande à celui de Limoges qu'il fasse assigner à Nieul, noble Marin de Montchenu, la veuve et les hoirs de Symon des Coustures contre qui le S^{gr} évêque veut plaider.

Pierre des Coustures habitait, en 1510, au lieu de La Jonchère, la maison dite des Coustures, dont le jardin s'étendait au devant de la fontaine, et qu'habitait aussi son fils, en 1563. Pierre reçut, en 1525, pour et au nom du S^{gr} évêque, quittance de M. Mathurin de La Bernarde, chanoine, receveur du chapitre de la cathédrale, pour une vente paroisse de Saint-Jouvent.

Jacques Costuras, *alias* des Coustures, consul de Limoges en 1523, et, en 1529, était présent, en cette qualité, à la réception de Henri d'Albret, roi de Navarre, vicomte de Limoges. Il assistait à la transaction entre les consuls et la dame de Gaing de Linards, touchant la justice du repaire noble de Bort. Il offrit, par lettre signée des Coustures, en 1562, de faire hommage et serment de fidélité à l'évêque de Limoges pour les fiefs et métayries de La Tentholie (Lafon), des Daugles, de La Chevalière, pour les biens possédé par Maurice des Coustures, pour le fief de Ribyerre-Rendaux que tenaient les hoirs de feu Jehan des Coulx et leur oncle Étienne.

Symon II des Costures, *alias* de Culturis et des Coustures, juge et garde du sceau de la Baillivie royale, consul de Limoges en 1535, 1544, 1548, figure, le janvier 1555 au « rôle d'aucuns particuliers de la ville de Limoges qui ont forny deniers au Roy, soubs condition de rente au denier douze, pour la somme de quarante écus ». Il fit, avec son collègue Lucas de Lavillereynier, un don d'artillerie au consulat. Il fu député à Paris pour soutenir le procès de la ville contre le roi de Navarre. Après plusieurs insuccès, les consuls de Limoges le députèrent seul au roi de France Henri II; il obtint enfin, et non sans peine, dit le *Registre consulaire*, de ce monarque, comme il appert de lettres en forme de chartes, données à Fontainebleau, en mars 1547, la confirmation des privilèges que le roi Charles VI et le dauphin avaient octroyés aux consuls et à la ville de Limoges, à cause des grands sacrifices et des efforts efficaces qu'ils avaient faits pour repousser l'Anglais de France. Confirmées par tous les rois de France, non sans altérations, ces chartes furent abolies par Louis XIV en 1704; elles furent détruites ou perdues en 1793. M. Marvaux, dans son *Histoire de la vicomté de Limoges*, donne celle-ci, dont l'original est aux archives de Pau : « *Concédons aux consuls présents, passés et à venir l'augmentation du consulat, et au lieu de Bourgeois en faveur de ceux qui habitent en ce lieu, que comme étant relevés d'une marque de noblesse que nous leur laissons, tous ceux du château qui ont été, sont ou seront honorés du consulat, pour acquérir toutes sortes de fiefs nobles et les posséder et tenir comme noble librement et sans reproches, afin que par l'action de cette charge, ces prérogatives soient aussitôt conférées, sans aucun titre; et qu'en tout temps et à perpétuité ils en jouissent, laquelle concession nous déclarons s'étendre à tous les fiefs qu'ils ont déjà acquis et pourront acquérir.* (En note) *Château de Limoges du mois de jancier 1127.* » Le 12 janvier, la ville de Limoges, députa à Vertheuil Symon des Coustures, Martial Grégoire et Aymery Veyrier, près du roi, de la reine de Navarre et de leur gendre le duc de Vendôme, à cause des troubles qui avaient éclaté à Limoges et en Guyenne, au sujet des gabelles. Les impôts sur le sel furent supprimés, au moyen d'une somme de douze cent mille livres que le roi accepta. Symon des Coustures avait été député par les consuls de Limoges aux états de Poitou, Saintonge, Haut et Bas-Limousin, qui préparèrent cette transaction, à Poitiers, en 1549.

Joseph des Coustures, acheta le greffe des Appeaux (appels volages) de la sénéchaussée du Limousin (siège à Ségur). Le 21 juillet 1584, il fit vente de biens confrontants à ceux que possédait Joachim des Coustures, paroisse de La Jonchère, à sire André Lacheny, de la ville de Grandmont, au prix de 2,200 livres.

Maureilh des Coustures était veuve de sire Jehan Vigier en 1607; elle épousa, en secondes noces, M° Malignaud, S' de Puyparlier, dont Joseph, baptisé à Saint-Jean de Limoges, le 25 août 1625.

Benigne des Coustures épousa M° Mousnier, dont un enfant né en 1604.

Madeleine des Coustures épousa sire Martial-Jehan Noailher, dont un enfant né en 1604.

Hantoyne des Coustures, consul de Limoges, en 1599, épousa demoiselle N........ Bruman (G. Bruman est consul en 1260), dont : 1° Pauly; 2° Joseph qui suit; 3° Ruben........ ; 4° Françoise, baptisé à Saint-Pierre-du-Queyroix, le 1ᵉʳ janvier 1588, qui épousa, le 9 février 1609 sire Nicolas Texandier, dont postérité.

Joseph des Coustures épousa demoiselle Madeleine d'Apuril (*alias* d'Avril) dont : 1° Pierre, baptisé à Saint-Maurice le 29 mars 1604 ; 2° Narde (Léonarde), baptisée à Saint-Maurice le 27 juillet 1605, qui épousa, le 20 septembre 1621 sire Pierre Brigueil, de la cité de Limoges, dont postérité ; 3° Jehan, baptisé à Saint-Maurice le 11 janvier 1607.

Catherine épousa Jacques David, Sᵍʳ de Laplaignes, prévost des consuls en 1630 et 1632, dont un enfant né le 3 septembre 1606.

Narde épousa Lazare David, dont le premier enfant naquit le 12 février 1636.

Marie-Judith épousa Mᵉ Pierre des Cordes, conseiller au présidial, dont postérité. Elle mourut en 1710.

Catherine, veuve de N....... Boffi ou Roffi, décéda le 20 avril 1669.

Catherine des Coustures (de Ceretures), fille dévote, décéda le 11 janvier 1670.

Marie était veuve de M. François Dutheuil en 1671.

Marie, épouse de M. Mathurin Raby, juge sénéchal de Grammont, était veuve le 4 mars 1671, dont postérité.

Léonarde, épousa, le 17 février 1686 M. Louis du Boys de Payramond ou de Puyremond, Sʳ de Lage, dont postérité.

Marguerite était veuve de André Marchandon de Lafaye en 1696.

Marie avait épousé Jehan Nycot de Limoges, dont un enfant né le 8 août 1722.

Anne-Jehanne épousa M. Etienne Nantiac, dont un enfant né en 1618.

Demoiselle N..... des Coutures de Lafon épousa, le 5 juin 1740, M. du Leris qui fut tué en 1740, par un paysan.

Hélène, veuve de M. Jehan Colomb, décéda le 28 avril 1710.

I. — Joachim des Coustures, Sʳ de Lafon, épousa Marguerite des Coulx, dont : 1° Jehan, qui suit ; 2° autre Jehan (dit Byays), qui suivra ; 3° François ; 4° Marie qui épousa : 1° Jehan de Lignières, qui testa, en 1598 ; elle épousa : 2° Jehan Marsat, de la paroisse de Bersac. Elle eut postérité de ces deux mariages ; veuve deux fois, elle fit un testament, signé de Villemonteix, le 30 décembre 1616.

II. — Jehan des Coustures, l'aîné, laissa pour enfants : 1° Joseph, qui suit ; 2° Mathias, qui suivra après son frère et sa postérité.

III. — Joseph des Coustures, Sʳ de Bort, consul de Limoges en 1647 et 1648, conseiller du roi, son avocat, puis juge au siége présidial, souscrivit à la fondation du collége de Limoges, en 1598, pour 20 écus ; il fit l'instruction de l'affaire du rapt de Anne-Marie de Malden, fille de Pierre de Malden de Meilhac, conseiller au Parlement de Guyenne et de Marie de Goy de La Bayne, de la famille du célèbre Montaigne, contre Mˡ Jʰ Dᵗ baron de Tⁿ. Il épousa : 1° N...., dont : 1° Symon, qui suit ; il épousa : 2° demoiselle Léonarde de Cassaignes, née le 24 juillet 1610, fille de sire Bertrand Cassaignes, consul en 1613-1618, et de demoiselle Catherine-Marguerite Roard, dont : 2° Jehan, baptisé à Saint-Michel-des-Lions le 4 janvier 1636 ; par permission de l'Echoysier, vicaire à Saint-Michel, il célébra le mariage de François-Xavier, son frère, le 7 décembre 1668, 3° Léonarde, épouse de Martial Blanchon, sieur de Pagniat, conseiller du roi en 1672, dont postérité ;

4° Edouard des Coustures, conseiller du roi, son avocat au présidial, remplaça feu Joseph, son père, au mariage de Jehanne, sa sœur, en 1673 ; 5° Joseph des Coustures, chevalier de Malte, parrain de Jeanne, sa sœur, et aussi en 1653, d'un fils de Jehanne sa sœur, et de Pierre Disnematin ; 6° Anne-Françoise, épouse de Pierre de Maleden, de Hardy, de Chardes, de La Borie, etc., président trésorier-général de France, au bureau des finances, dont postérité. En 1734 elle était veuve et signait dame de Puytison et de Bort ; 7° Catherine épousa M. Jehan de Favars, conseiller du roi, dont postérité, le 19 juillet 1656. Elle était veuve en 1690, et décéda le 8 août 1727, âgée de quatre-vingt-quatre ans ; 8° François-Xavier des Coutures, conseiller du roi, juge civil et de police, consul de Limoges en 1677, capitaine de la bannière de Lansecot (milice de Limoges) en 1680, épousa le 1ᵉʳ décembre 1668, demoiselle Louise Lapisse de Riaubrune, *alias* Vaubrune, fille du sieur de Riaubrune et de demoiselle Louise Maury ; 9° Jehanne, baptisée à Saint-Michel-des-Lions le 18 février 1653, épousa : 1° le 20 août 1673, à Saint-Maurice, Pierre Disnematin, fils de Jehan Disnematin et de Dᵐˡˡᵉ Valerie Dutheil, dont postérité ; elle épousa : 2°, le 8 janvier 1686, avec dispense de parenté, Jehan Disnematin cousin germain de son premier mari, dont postérité.

IV. — Symon IV des Coutures, Sᵍʳ de Bort, baptisé à Saint-Michel-des-Lions le 27 juillet 1609, consul de Limoges en 1678 et 1697, conseiller du roi, son premier avocat au siége présidial, subdélégué pendant trente-cinq ans de dix intendants qui se succédèrent en Limousin durant cette période, chargé par l'intendant d'Aguesseau, père de l'illustre chancelier, en 1666, de la vérification des titres de la noblesse de la généralité de Limoges. Il a laissé un manuscrit contenant le résumé de cette vérification, manuscrit qu'a copié Nadaud et qui est aujourd'hui la propriété de M. Maurice de Coux, descendant de Symon des Coutures par les familles Rogier de Beaune et de Roulhac. Symon des Coustures est mort le 23 octobre 1707, âgé de quatre-vingt-dix-huit ans, et fut inhumé chez les RR. PP. Cordeliers. *La Biographies des Hommes illustres du Limousin*, p. 179, est dans l'erreur en le disant âgé de soixante-seize ans. Un mémoire manuscrit sur la généralité de Limoges, dressé par les soins de M. l'intendant Louis de Bernage, contient cette note : « Le sieur de Bort (Symon des Coutures), premier avocat du roi, est celui de tous les officiers de ce siège sur qui on peut compter le plus solidement, soit pour l'habileté aux affaires, soit pour sa sagesse et sa probité. M. d'Aguesseau et plusieurs intendants ont eu confiance en lui et il s'acquitte des soins dont M. de Bernage le charge, en qualité de subdélégué, avec une application, une affection et un désintéressement digne de tout louange. C'est dommage qu'il devienne vieux ; il a considérablement de bien. » Il avait épousé, à l'âge de cinquante ans, Anne-Jeanne de Verneilh, dame de Lage, coseigneur de Nexon, fille de François de Verneilh, Sʳ de Lage. Elle décéda, le 16 janvier 1713, à l'âge de soixante-seize ans. Leurs enfants furent :

1° Anne-Françoise des Coustures, qui épousa, par contrat du 6 octobre 1674, Pierre de Maleden d'Hardy, écuyer, Sᵍʳ de Puytison, conseiller du roi, président trésorier-général de France au bureau de la généralité, fils de Martial de Maleden, écuyer, Sᵍʳ de La Borie, conseiller du roi, président trésorier-général de France au bureau des finances de la généralité, et de Martiale

Cibot; 2° Léouarde-Françoise des Coustures, qui fut baptisée à Saint-Michel-des-Lions le 8 janvier 1666; elle décéda, le 30 août 1748, à l'âge de quatre-vingt-trois ans. Elle avait épousé Jean-Mathias Rogier, S⁼ʳ des Essarts, Beaune, Bonelie, Le Buisson, Leyraud, Mayeras et autres places, conseiller secrétaire du roi, lieutenant-général civil et de police au siège présidial, à la suite de son beau-père. Cette dernière était veuve, lorsque le 8 juin 1715, elle partagea avec sa sœur, la succession de leurs père et mère. Anne-Françoise, dame du Puytison, eut le château, fief et repaire noble de Bort, et Léonarde-Françoise, dame des Essarts, la maison noble de Nexon. La postérité masculine Rogier des Essarts et de Nexon s'est éteinte pendant l'émigration, dans la personne d'un officier d'artillerie, qui avait pris du service en Espagne. Il existe une branche de cette famille, tout aussi ancienne en Poitou, où elle réside : Rogier, chevalier, S⁼ʳ de Thieurs, Roully, Volbrin, etc. Rogier, écuyer, S⁼ʳ de Rhotemon porte les mêmes armes, *d'azur, à trois roses d'or posées 2 et 1*. Elles sont aussi gravées sur les pièces d'orfévrerie que M. Maurice du Coux tient de la famille Rogier de Nexon.

III bis. — Mathias, *alias* Mathieu des Coustures, fils de Jehan, aîné, épousa demoiselle Catherine David, dont : 1° Jehanne, *alias* Jehannette, baptisée à Saint-Michel-des-Lions le 4 avril 1618; 2° Lazarre, *alias* Léonard, S⁼ʳ du Raynou, conseiller du roi, juge au siége présidial, capitaine de la bannière de Lansecot (milice de Limoges), consul en 1667. Il avait été baptisé à Saint-Michel-des-Lions le 26 octobre 1623; fut inhumé aux Cordeliers, en présence de N..... des Coustures, chanoine, le 28 juin 1676.

II bis. — Jehan des Coustures (dit Byays), deuxième fils de Joachim, épousa demoiselle Judith Chaussade, fille de Hugues Chaussade. Il fit un testament, le 10 juillet 1597, instituant Jehan, l'aîné, tuteur de son fils Gaspard, qui avait sept ans. Ce dernier vendit à M. Gérardin la maison de son père, dite de la couronne, qui, d'après certaine chronique, aurait été le logis du gouverneur du roi avant le sac et la destruction de la ville de La Jonchère par les Anglais. C'est par suite de cette vente que le testament de Jehan (dit Byays), est dans les archives de M. Hy. Gérardin. Gaspard des Coustures épousa demoiselle N..... Raby, qui était veuve en 1663. Leur fils Bernard des Coustures, juge de Montcocu, épousa demoiselle Judith Boyer.

II ter. — François des Coustures, troisième fils de Joachim, laissa pour enfants : 1° Jehan, qui suit; 2° Symon, qui suivra après son frère et sa postérité.

III. — Jehan des Coustures, procureur fiscal de la justice de La Jonchère, épousa demoiselle Françoise Raby, qui était veuve en 1673, dont : 1° Jehan, qui suit; 2° Mathurin, Sʳ de Lafon, qui suivra aussi; 3° Barbe, épouse, en 1645 de M. Gérald de Jayac, Sʳ de Montgumbert, avocat du roi au présidial, consul en 1596, dont postérité; 4° Marguerite, épouse, en 1608, de Léonard du Clou, de la paroisse de Compreignac, dont postérité; 5° Marie, qui épousa, par contrat du 3 février 1647, Léon de Savignac, écuyer, Sʳ de Vaux et de La Maison-Rouge.

IV. — Jean des Coustures épousa D⁼ˡˡᵉ Jehanne Perichon, fille de N... Perichon de Sauvagnac, paroisse de Saint-Léger-la-Montagne, dont Marie, baptisée à La Jonchère, le 3 octobre 1675.

IV bis. — Mathurin des Coustures, Sʳ de Lafon, avocat au Parlement, juge sénéchal d'Ambazac, épousa : 1° D^lle François Byays, fille de maître Jehan Byays, S^gr de Nouastre, conseiller au présidial de Limoges, et de Mlle Marie du Clou, dont : 1° Pierre-Joseph des Coustures, avocat à la cour de Limoges, baptisé à Saint-Michel-des-Lions, le 5 décembre 1666, décédé le 11 janvier 1693; 2° Catherine, baptisée à Saint-Michel-des-Lions le 28 décembre 1667, épousa N... Moreau (du lieu de Bénévent), avocat, dont postérité; décéda aux Marnis, paroisse de La Jonchère, le 27 juillet 1693; 3° Françoise, baptisée à Saint-Michel-des-Lions le 29 juillet 1669; étant veuve de Jehan de La Cour, de Jabreilles, elle épousa, en secondes noces, à Saint-Michel-des-Lions, le 18 août 1722, Jehan des Vergnes; 4° Thérèse, baptisée à Saint-Michel-des-Lions le 9 octobre 1670; elle était veuve de N... de Vallador en 1710; 5° Marie, *alias* Judith, baptisée à Saint-Michel-des-Lions le 12 novembre 1671, épousa M. Estienne Tranchant, S^r de La Borderie, dont postérité; elle était veuve lorsqu'elle décéda, le 24 mars 1712; 6° et 7° Jehan, juge de La Jonchère, et Joseph, jumeaux baptisés à Saint-Michel-des-Lions le 20 mars 1673. Joseph était préfet dans la compagnie de Jésus, et habita successivement Vienne, Milan, Rome, Cadix. La liasse des Coustures, aux archives du département, contient de lui un testament mystique et une bulle d'indulgence *in articulo mortis* que lui accorda Sa Sainteté le pape Benoît XIII; 8° Thérèse, baptisée à Saint-Michel-des-Lions, le 20 novembre 1674, qui décéda, le 9 mars 1759, étant veuve de Pierre Fougeron des Vergnes, dont postérité; 9° Alexis, baptisé à Saint-Michel-des-Lions le 25 juin 1680; 10° Anne, baptisée à Saint-Michel-des-Lions le 25 juin 1682, épousa, le 20 janvier 1706, N... d'Alesme, S^gr de La Prouch, *alias* de La Pouge, dont postérité; 11° Marie, baptisée à Saint-Michel-des-Lions le 25 novembre 1683, épousa Symon de Manant, dont postérité. — Mathurin des Coustures, S^gr de Lafon, épousa : 2e D^lle Catherine Dantreyguas, fille de Symon Dantreyguas et de D^lle Philippe Rebiere, dont : 12° Marie, baptisée à La Jonchère le 16 décembre 1689.

III *bis*. — Symon IIIe des Coustures, Sr de Lafon, du Terrier (deuxième fils de François), « d'une famille noble et déjà distinguée dans la magistrature » d'après *la Biographie des Hommes illustres du Limousin*, fut conseiller du roi, son advocat au présidial, consul en 1598, 1616, 1637 et 1646; souscrivit pour 20 écus à la fondation du collège de Limoges en 1598. Il est auteur d'un ouvrage transcrit en partie aux *Registres consulaires*, intitulé : *Discours sur la fondation et les antiques origines historiques de la ville de Limoges, et entrée en icelle de Sa Majesté très chrétienne Henry IV, roy de France et de Navarre, vicomte de Limoges*, imprimé chez Bureau, à Limoges, en 1605. La préface est ornée d'une pièce de vers que M. Jehan Martin, avocat et consul, adressa à l'auteur, M. Pierre Laforest, dans son ouvrage sur *Limoges au* XVIIe *siècle*, p. 64, dit « Symon des Coustures, auteur de cette belle relation, mourut en 1644. Je doute qu'il existe de la même époque, aucune pièce analogue et comparable à celle-ci ». La nouvelle de l'assassinat du roi Henri IV fut connue officiellement à Limoges, le 19 mars 1610. Symon des Coustures porta la parole dans l'assemblée de tous les concitoyens convoqués par les consuls, pour prendre des mesures en vue des troubles que cette catastrophe présageait. Après les délibérations dans la forme consulaire usuelle, elle résolut de députer une personne de qualité, pour porter au jeune roi Louis XIII, qu'elle venait d'acclamer, et à la reine mère, le serment d'hommage et de fidélité de la ville. Symon des Coustures fut désigné et s'adjoignit Pierre du Boys du Boucheron, consul, « le lendemain 20 mai, jour de l'Ascension, ils partaient avec leurs serviteurs et arrivaient le quatrième jour à Paris. Après deux heures de repos, Symon des Coustures se rendit au Louvre, et le duc d'Epernon, gouverneur du Limousin, le présentait, à l'instant même, à la reine-mère Marie de Médicis. Sa Majesté, qu'entouraient les princes du sang et les officiers de la couronne, écouta avec un vif intérêt les paroles de Symon des Coustures, prenant le papier qui contenait la délibération de la ville, elle lut cette pièce et la fit lire publiquement, et d'une voix émue déclara avoir très agréable un témoignage d'obéissance sitôt venu d'une ville tant éloignée, remerciant grandement les habitants de Limoges ». Ce jour-là, ni les deux ou trois jours suivants, le député de Limoges ne put voir le roi à cause de l'exécution du régicide Ravailhac, qui eut lieu le 27 mai 1610 ; mais il fut présenté au roi, le 29 mai, par le duc d'Epernon et le maréchal de Schomberg, gouverneur de Guyenne. « Le prince, debout sur un carreau de velour, avec une prestance et une gravité extraordinaire, écouta attentivement tout ce que Symon des Coustures lui voulut dire de l'obéissance de sa fidèle ville de Limoges et répondit avec une sagesse au-dessus de son âge. Charmés de la présence d'esprit du jeune monarque, les princes et seigneurs embrassèrent Sa Majesté, la complimentèrent d'avoir fait d'elle-même une si belle et si éloquente réponse, et quelques-uns d'entre eux allèrent féliciter la reine qui se tenait dans un appartement voisin. Le marquis de Souvray, gouverneur du roi, reconduisit Symon des Coustures et lui dit en le quittant, qu'il avait lieu d'être bien content, ayant reçu la première harangue que Sa Majesté eut jamais faite à personne. » Louis XIII, né à Fontainebleau, le 13 septembre 1601, était alors dans la dixième année de son âge. Symon des Coustures fut chargé de remettre à ses collègues des lettres de remerciement de la reine-mère, du jeune roi, du maréchal de Schomberg, du duc d'Epernon ; elles furent transcrites aux *Registres consulaires* : « Messieurs, je vous assureray par cette cy du contentement et satisfaction que le roi, monsieur mon fils, a reçu d'avoir veu par les lettres que vous luy avez escrites et qui lui ont été présentées par le S^r des Coustures, son advocat au siège présidial de Limoges, le bon debvoir que vous avez apporté de vostre part sur la nouvelle du malheureux accident survenu au feu roi, Monseigneur, pour contenir la dicte ville en repos et soulz son obéissance, vous ne pouviez, en meilleur occasion, lui rendre témoignage de votre affection et fidélité, à laquelle je vous exhorte de continuer et espérer que comme vous l'avez recogneu pour vostre roi, comme tel, il vous départira toujours les faveurs de votre bonne grâce, en toutes les occasions que vous lui en donnerez et qui s'offriront pour le bien de sa dicte ville et le vostre particulier, à quoi vous pouvez aussi vous assurer de mon intercession et assistance, ainsi que vous dira plus particulièrement le dict sieur des Coustures, sur ce, je prie Dieu, Messieurs, vous avoir en sa sainte garde. Escrit à Paris, ce second jour de juin 1610, signé Marie, plus bas Philippot. » « De par le roi, très chers et bien aimés, nous avons receus beaucoup de plaisirs d'avoir veu par vos lettres, que le sieur des Coustures, notre advocat en votre présidial de Limoges, nous a apportées et sceu par lui-même le bon debvoir que vous avez faicts en nostre dite ville, sur la nouvelle du décès du feu roi, notre très honoré seigneur et père, pour y contenir toutes choses en l'ordre accoustumé, et la recognaiscance et obéyssance qui nous y a été unanimement rendu, dont nous vous savons fort bon gré. Vous pouvez demeurer assurés que, continuant en cette affection et fidélité, vous augmenterez toujours en nous la bonne volonté que nous avons pour le bien et advantage de nostre dicte ville de Limoges, comme vous entendrez plus particulièrement par le dict sieur des Coustures, que nous renvoyons par delà, auquel nous en remettant, nous ne vous en ferons cette ci plus longue. Donné à Paris, le segond jour de juin 1610. Signé Loys, plus bas Philippot. » — La peste et la famine éclatèrent à Limoges et devinrent désastreuses en 1631. La chronique accuse vingt mille morts dans la seule ville de Limoges. Le prévost des consuls Jacques David, S^{gr} de La Plaignes, ses collègues Gaspard Benoît, Jehan Rougier, Léonard de Cordes, David Romanet, Albiac, le lieutenant-général Jehan de Cordes, Jehan Dubourg, chanoine, prieur de Saint-Gérald, Antoine Veyrier, chanoine, maistres Jehan Vidaud et Symon des Coustures, avocat du roi, Jean Periere, Guillaume Verthamond et Jehan de Voyon, maistre Jehan, Recules et Antoine de Malden, Chastaigner et de Malden, Jehan de Jayac et Jacques Martin, Sr du Teilloux, formèrent la commission qui entra en fonctions, le 24 avril 1631, au milieu d'une population décimée par le fléau et l'émigration : « Fermes, inébranlables à leur postes, supérieurs à la crainte, il prirent avec intelligence toutes les mesures que comportait la situation. » Symon des Coustures épousa D^{lle} Madeleine Martin, fille du président et doyen au présidial, Michel Martin, le troisième de cette famille qui occupait ces fonctions, et ancêtre des familles Martin de Tirac, comte de Marcellus et Martin de La Bastide. (Barny de Romanet, p. 477.) Parmi leurs enfants on trouve : 1° Michel, baptisé à Saint-Michel-des-Lions le 24 avril 1614, chanoine de Saint-Etienne; 2° Léonard, baptisé à Saint-Michel-des-Lions le 24 avril 1616; 3 Martial, baptisé à Saint-Michel-des-Lions le 26 avril 1617, chanoine de Saint-Etienne; 4° Pierre, qui suit; 5° Catherine, baptisée à Saint-Michel-des-Lions le 25 novembre 1622; elle épousa M. Martin, Sr du Moulin-Blanc, dont postérité.

IV. — Pierre des Coustures, Sr de Lafon, du Terrier, baptisé à Saint-Michel-des-Lions le 6 mars 1620, fut avocat à la cour de Limoges, consul en 1668, inhumé aux Cordeliers le 4 janvier 1680. Il épousa D^{lle} Gallianne du Boys, fille de Martial du Boys, Sr de Chambourzac, dont : 1° Martial, qui suit; 2° Joseph, qui suivra après son frère et sa postérité; 3° Pierre des Coustures, Sr du Terrier, épousa D^{lle} Catherine Gérardin, dont : A. — Pierre, baptisé à La Jonchère le 3 janvier 1675; épousa, le 27 avril 1706, avec dispense de parenté, Madeleine-Louise Rousseau, de la paroisse de Saint-Michel-des-Lions, fille de Pierre Rousseau, qui lui-même, était fils de François et de Marguerite des Coustures; B. — Marguerite-Louise, baptisée à La Jonchère le 2 mars 1677, qui épousa M. Jehan de Valeyze, fils de Pierre de Valeyze, procureur fiscal en la justice de Chatelus, dont postérité; 4° Anne-Léonarde, décédée le 13 août 1710, veuve de Symon Blondeau, Sr de Bosselon, dont postérité; 5° Louis, qui a continué la branche du Terrier; 6° Léonarde, baptisée à Saint-Michel-des-Lions le 9 août 1663, décédée en juillet 1671; 7° Marie, baptisée à Saint-Michel-des-Lions, le 10 mai 1664; 8° Jean, décédé le 9 juillet 1672.

V. — Martial des Coustures, Sr de Landouge, avocat au Parlement, baptisé à Saint-Michel-des-Lions le 27 juillet 1647; reçut, en 1700, quittance de la dot de Madeleine des Coustures qui ne se trouve pas aux registres paroissiaux. Il épousa Dlle Catherine Dupré, fille de M. Mathurin Dupré, procureur royal au présidial, et de Dlle Claudine Nycolas, dont : 1° Jehan des Coustures, Sr de Landouge, qui épousa, à Saint-Michel-des-Lions, le 1er juillet 1682, avec dispense de parenté, Dlle Claude (Claudine) Nycolas, fille de Pierre Nycolas, Sr de Masgardeau, dont : A. — Pierre, baptisé à Saint-Michel-des-Lions le 7 novembre 1683; B. — Marie, baptisée à Saint-Michel-des-Lions le 13 septembre 1685; C. — Symon V, baptisée à Saint-Michel-des-Lions le 7 décembre 1686; 2° Henry, qui suit; 3° Louis, chanoine de Saint-Etienne, grand vicaire, décédé le 22 avril 1762, à l'âge de soixante-douze ans; 4° Catherine, baptisée à Saint-Michel-des-Lions, le 14 mars 1692, décédée le 6 novembre 1752, âgée de soixante-un ans.

VI. — Henry des Coustures, Sr de Loyat (Louyat), épousa Dlle Anne du Faure, fille de M. François du Faure, dont il eut : 1° François, baptisé à Saint-Michel-des-Lions le 12 mai 1692; 2° et 3° Symon VI, qui suit, et Léonard, prêtre et prieur, jumeaux, baptisés à Saint-Michel-des-Lions le 30 novembre 1695; 4° Michel, baptisé à Saint-Michel-des-Lions le 8 janvier 1698.

VII. — Symon VI des Coustures, Sr de Loyat, épousa Dlle Anne de Canolle, de Bordenave (*alias* Cnolle ou Knolle, famille d'origine anglaise, dont une branche s'est perpétuée en Guyenne, Bordelais et Périgord), dont : 1° Marie, baptisée à Saint-Michel-des-Lions le 3 septembre 1720; 2° Jacques, baptisé à Saint-Michel-des-Lions le 18 décembre 1721; 3° Pierre, baptisé à Saint-Michel-des-Lions le 30 mars 1724.

VIII. — Jacques des Coustures, Sr de Loyac, baptisé en 1721 et décédé à Loyac le 13 février 1774, épousa, à Saint-Félicité, le 11 août 1753, à l'âge de trente-deux ans, Dlle Jehanne Ruaud, fille de M. Jacques Ruaud, officier de la monnaie, et de défunte Dlle Gavaret, dont : 1° Nycolas, baptisé le 27 novembre 1754, décédé le 17 janvier 1762, âgé de sept ans; 2° Gilbert, baptisé à Saint-Michel-des-Lions, le 17 novembre 1757, décédé le 5 janvier 1762 à l'âge de cinq ans; 3° Marcelle, baptisée à Saint-Michel-des-Lions, le 17 août 1760, qui fut religieuse; 4° François, qui fut baptisé en 1762, servit la Hollande, à Batavia, officier dans la légion Waldoner, y décéda en 1810. Le gouvernement anglais s'empara de la fortune importante qu'il avait réalisée aux Indes; les héritiers collatéraux de François ne purent vaincre les difficultés qu'il leur suscita; la diversité de l'orthographe des signatures était l'une des moindres objections, le nom originairement des Coustures était devenu de Couture de Louyat dans la branche de François, des Coustures ou Descoutures dans la branche de Pierre-Louis. En quittant la France, François des Coustures, Sr de Louyat, afferma le domaine et le manoir de Louyat à son oncle maternel, Jehan-Baptiste Ruaud, à la charge d'éteindre certaines dettes, qu'il donna procuration de régler à M. Jehan-Baptiste Raby-Bordier. Il fit, en outre, un testament en faveur de Ruaud, Marcelle, sa sœur, expulsée du couvent par la révolution, l'attaqua et gagna en partie le procès, devant une commission de juges arbitres, composée de François Talabot aîné, Denis, Lajugie-Dumaine, François David et Pierre Plainemaison (enregistré à Limoges, le 19 germinal an IX). — Le manoir de Louyat était situé aux lieux où est actuellement le cimetière de la ville de Limoges.

V bis. — Joseph des Coustures, Sʳ de Lafon, baptisé à Saint-Michel-des-Lions le 26 juillet 1648, avocat au parlement, juge-sénéchal des Billanges, conseiller du roi et directeur des correspondances et domaines du roi, (l'acte qui contient cette dernière mention, ne désigne ni la ville, ni la province). Il épousa Dˡˡᵉ Marie de Nantiat, baptisée à Saint-Michel-des-Lions le 14 janvier 1668, décédée à La Jonchère le 4 avril 1710, fille de Jehan de Nantiat, Sʳ de Laroche, avocat au parlement et de Dˡˡᵉ Françoise de Mauplo, Sʳ de Plainevayres, de la paroisse de Saint-Michel-des-Lions, dont : 1⁰ Mathurin, qui suit ; 2⁰ Suzanne, baptisée à La Jonchère le 17 novembre 1697, testa le 5 novembre 1751, et mourut à La Tentholie, commune de La Jonchère, aussi en novembre 1751 ; elle avait épousé, le 26 juillet 1730, avec dispense de parenté au troisième degré de consanguinité, Joseph-Michel Raby, Sʳ du Chyron, commune de La Jonchère, fils de Jean-Léonard-Bernard Raby, Sʳ du Syrieix, successivement lieutenant de Chatelus, du Dognon, de La Jonchère et de Grammont, et de Dˡˡᵉ Andrée-Jupile (Bernard Raby était le deuxième fils de Mᵉ Mathurin Raby, Sʳ des Bastilles, lieutenant sénéchal de Grammont et de Dˡˡᵉ Marie des Coustures), dont postérité ; 3⁰ Mathias, *alias* Mathieu des Coustures, Sʳ de Lafon, directeur des correspondances et domaines du roi, à Rennes, province de Bretagne, fut baptisé à La Jonchère le 1ᵉʳ mars 1700, et décéda, célibataire, à Limoges, chez son neveu Pierre-Louis, le 14 novembre 1786, agé d'environ quatre vingt-sept ans.

VI. — Mathurin des Coustures, Sʳ de Lafon, baptisé à La Jonchère le 16 décembre 1696, fut avocat au parlement, directeur des correspondances et domaines du roi, à Riom, province d'Auvergne, où il décéda le 15 juin 1759, d'une attaque d'apoplexie. Il avait épousé, à Aurillac, en 1734, Dˡˡᵉ Marguerite Brëu. Etant veuve, elle fit l'acquisition de la Tentholie, paroisse de La Jonchère, des héritiers de Suzanne, sa belle-sœur, du Petit-Marnis, de M. Loriol, curé de Séreilhac, héritier de Marie de Manant, de son beau-frère, Mathias des Coustures, d'une maison située à Limoges, rue Croix-Neuve. La même année 1761, elle démolit l'habitation de la famille des Coustures à La Jonchère, et n'en conserva qu'un pavillon. Elle mourut le 30 avril 1768. Leurs enfants furent : 1⁰ Jean-Baptiste des Coustures, né à Aurillac en 1741, décédé le 19 mars 1748, à Limoges, où il était venu demeurer en 1741 ; 2⁰ Pierre-Louis des Coustures, qui suit.

VII. — Pierre-Louis des Coustures, Sʳ de Lafon, né à Aurillac, décédé à Limoges le 1ᵉʳ ventôse an IX. Il épousa, le 27 septembre 1778, par contrat signé Cheyroux, notaire royal à Aixe, Dˡˡᵉ Camille-Rose Damem de La Vergne, qui décéda le 28 mars 1793, fille de Gaucher Damem de La Vergne, écuyer, Sʳ de Marginié, Puy-de-Cussac, Grafeuille, Le Breuil, La Guyonnie et autres places, chevalier de l'ordre royal et militaire de Saint-Louis, capitaine au régiment de Lafère-infanterie, et de dame Anne-Elisabeth de La Biche de Reignefort, dont survécurent : 1⁰ Louis-Michel des Coustures, baptisé à Saint-Michel-des-Lions le 28 septembre 1780, conseiller, secrétaire général de la préfecture de la Haute-Vienne, qui épousa Dˡˡᵉ Philippine Girodias, sœur utérine de M. de Roulhac, président de chambre à la cour royale de Bourges, officier de La légion d'honneur, dont : Marie-Agathe des Coutures, née à Limoges en 1812, qui épousa, en 1829, M. Guillaume-Aimé Brigueil, président du tribunal de commerce de Limoges, fils de M. François Brigueil, maire de la cité de Limoges en 1777, et de Dˡˡᵉ Vignes, de la ville de Toulouse. Louis Brigueil, leur fils, né en 1830, président du tribunal de première instance à Lyon, chevalier de la Légion d'honneur, a épousé Léonie Tarnaud ; 2° Joseph-Mathias des Coustures, baptisé à Saint-Michel-des-Lions le 29 juin 1782, n'a pas eu de postérité ; 3° Gaucher–Joseph, qui suit ;

VIII. — Gaucher-Joseph des Coustures, baptisé à Saint-Michel-des-Lions le 19 mars 1787, conseiller à la cour royale d'appel de Limoges, épousa, le 28 septembre 1817, par contrat signé Guérin-Lézé, à Limoges, D^{lle} Marie Chastenet, fille de Jean Chastenet, écuyer, Sr du Mas la-Roche, paroisse de Compreignac, chevalier du lys par brevet de 1814, et de D^{lle} Julie-Ursule-Léonarde Fournier de Verthamon, dont : 1° Joseph-Eugène des Coustures, né à Limoges le 29 octobre 1818, conseiller à la cour de cassation, officier de la Légion d'honneur, capitaine commissionné à l'état-major du général de division Caillé, commandant le deuxième secteur (siége de Paris, guerre franco-allemande 1870-1871). Il épousa : 1°, en février 1848, demoiselle Céline Leyraud, fille de M. André Leyraud, député, président du conseil général de la Creuse, ancien secrétaire général au ministère de la justice, officier de la Légion d'honneur, et de D^{lle} Antoinette Carteron de Ruffec, dont, le 1er juin 1850, Marie, née à Paris, qui a épousé, le 3 février 1868, M. Raoul Richard, procureur de la République à Melun, officier d'académie. Joseph-Eugène des Coustures épousa : 2° D^{lle} Laurence Drouillard de La Marre, veuve de M. le marquis Albéric de Roffignac, conseiller général de la Haute-Vienne ; 2° Gaucher-Mathieu-Louis-Michel, qui suit.

IX. — Gaucher-Mathieu-Louis-Michel des Coustures, né le 9 juillet 1824, habite actuellement le château de Chaulnes, département de la Somme, ancien maire de la commune de Saint-Priest-sous-Aixe (Haute-Vienne), capitaine commissionné et engagé volontaire au 71e régiment d'infanterie de la garde mobile en 1870-1871, fit la campagne de la Loire avec ce régiment, fut interné comme prisonnier de guerre à Bayereuth, Bavière, en décembre 1870, rentra en France le 18 mars 1871, est chef de bataillon au 89e régiment territorial d'infanterie, chevalier de La légion d'honneur, officier de l'ordre impérial de Perse, le Lion et le Soleil, officier de l'ordre impérial ottoman du Medjidié. Il a épousé, à Paris, le 27 août 1853, Elisabeth-Gabriel-Noémie Fayolle, fille de M. Jean Fayolle et de D^{lle} Françoise-Clarisse du Moustier, de Vrilly et de Russay, baptisée à Saint-Roch en 1832, elle eut pour parrain le comte Bertrand Clauzel, son oncle, maréchal de France, gouverneur général de l'Algérie, député des Ardennes, grand-croix de la Légion d'honneur, et pour marraine, sa grand'mère, D^{lle} Ninon Adam de Mondrageon (de l'île de Saint-Domingue) dont : Jean-Louis-Marie-Joseph des Coustures, né à Paris le 21 janvier 1857.

V. bis. — (Branche du Terrier). — Louis des Coustures, Sr du Terrier, fils d'autre Pierre, Sr de Lafon et du Terrier, avocat au parlement, juge sénéchal d'Aixe, épousa, le 28 avril 1687, à Saint-Michel-des-Lions, demoiselle Catherine d'Albiac, fille de François d'Albiac, Sr de Mardaloux, et de Catherine Croizier d'Aubiat, dont : 1° Martial, baptisé à Saint-Michel-des-Lions le 28 juin 1689 ; il fut prieur de Sainte-Croix d'Aixe et aumônier de l'hospice, où il reçut la sépulture le 2 juin 1753, âgé de soixante-quatre ans ; 2° François, baptisé à Sainte-Croix d'Aixe le 16 janvier 1691 ; 3° Martial, qui suit ; 4° Marie, baptisée à Sainte-Croix le 15 mai 1699 ; 5° Pierre, baptisé à Sainte-Croix le 9 septembre 1700 ; 6° Joseph, qui décéda le 10 février

1705, âgé de quatre ans; 7° Catherine, baptisée à Sainte-Croix le 23 septembre 1703, elle épousa M. Jacques Tranchant, dont postérité; 8° Anne, baptisée à Sainte-Croix le 3 août 1709.

VI. — Martial des Coustures, Sʳ du Terrier, avocat au parlement, juge sénéchal de la ville d'Aixe, avait été baptisé à Sainte-Croix d'Aixe le 2 février 1696. Il épousa, le 11 septembre 1723, à Sainte-Croix d'Aixe, Dˡˡᵉ Marcelle Tranchant, fille de M. Jacques Tranchant, Sʳ de Puy-Chatain, et de Françoise-Antoinette Chantois; elle mourut au Terrier, en 1794, âgée de quatre-vingts ans. Leurs enfants furent : 1° Jean-Baptiste-Louis, baptisé à Sainte-Croix le 14 juin 1724, religieux carme; 2° Marie-Catherine, baptisée à Sainte-Croix le 28 août 1725; elle épousa, à Saint-Martin de Vicq, le 16 octobre 1753, M. Michel Juge, fils d'autre Michel Juge, et de Dˡˡᵉ Rednage, de la ville de Lubersac; 3° Louis, baptisé à Sainte-Croix le 15 août 1728, religieux carme; 4° Marie, baptisé à Sainte-Croix le 7 octobre 1729; 5° Jacques, qui suit; 6° Pierre, baptisé à Sainte-Croix le 16 août 1733; 7° Léonarde, baptisée à Sainte-Croix en 1734; 8° Joseph, baptisé à Sainte-Croix le 2 septembre 1735; 9° Jeanne-Marie, baptisée à Sainte-Croix le 9 janvier 1739; 10° André, baptisé à Sainte-Croix le 31 mars 1740, épousa, à Saint-Michel-des-Lions, le 15 décembre 1772, Dˡˡᵉ Marcelle Regaudie, fille de François Regaudie et de Dˡˡᵉ Gabrielle Besoule, de la paroisse de La Meyze, dont : A. — Antoinette, baptisée à Saint-Michel-des-Lions, le 13 novembre 1773; B. — Marie, baptisée à Saint-Michel-des-Lions, 11° Catherine, baptisée à Sainte-Croix le 23 juillet 1741.

VII. — Jacques des Coustures, Sʳ du Terrier, né le 20 et baptisé à Sainte-Croix d'Aixe le 24 décembre 1730, garde du roi, chevalier de l'ordre royal et militaire de Saint-Louis, fit partie de l'assemblée des trois ordres de la province du Limousin, pour la rédaction des cahiers en 1789, décéda au Terrier, paroisse de Vicq, le 6 pluviôse an III. Il avait épousé Dˡˡᵉ Antoinette de Foucauld, fille de Martial de Foucauld, écuyer, Sʳ de Champs, paroisse de Savagnac, diocèse de Périgueux, dont : 1° Jehan, baptisé à Saint-Martin de Vicq le 5 août 1753; 2° Louis, qui suit; 3° Martial-André, baptisé à Saint-Michel-des-Lions le 4 août 1758, garde du roi, compagnie Villeroy, épousa, en 1790, Marie-Thérèse de Grandchamp, fille de Léonard de Grandchamp, président de l'élection de Tulle, dont Antoinette, baptisée le 12 octobre 1791.

VIII. — Louis des Coustures, Sʳ du Terrier, né au Mas-Vergne, près Limoges, le 28, et baptisé à Saint-Michel-des-Lions le 30 novembre 1756, épousa, le 5 pluviôse an IV, Anne Lafarge, fille de Jehan Lafarge et de Dˡˡᵉ Marguerite Chatard, dont : 1° Jacques-Louis, qui suit; 2° Thérèse, née le 7 prairial, qui épousa René Blanchon; 3° Marie, née le jour complémentaire an XII; 4° Guillaume, né en fructidor an XIII; 5° Marie-Joséphine, née le 18 novembre 1807; 6 Edouard, né le 8 mars 1810.

IX. — Jacques Louis des Coustures du Terrier, né le 27 pluviôse an V, garde du corps du roi à la restauration, épousa, le août 1813, Marie-Geneviève Herraud de Lépine, fille de François Herraud de Lépine, de la ville de Felletin, dont : 1° Marie, baptisée le 26 mai 1814; 2° François-Isidore, né le 18 août 1815; 3° Jeanne-Marie-Lavinie, née le 29 juin 1818.

COUTURIER (p. 455), Sgʳ de Fournoué et des Forges, province de la Marche.

Armes : *d'azur à un chevron d'or surmonté d'une étoile de même, et accompagné de trois branches de laurier aussi d'or, posées deux en chef et l'autre à la pointe de l'écu au chef de gueules; soutenu d'une fasce d'or en forme de devise, et chargé d'une croisette de même, ancrée et posée au premier canton.*

Les titres produits devant le juge d'armes de France justifient, pour cette famille, une possesion de noblesse incontestable depuis 1515, et établissent les degrés suivants :

I. — Antoine Couturier, Sgr de Fournouë et des Forges, et demoiselle Suzanne de La Celle, sa femme, eurent pour fils :

II. — Antoine, Sgr de Fournouë et des Forges, conseiller-procureur du roi en la sénéchaussée de la Marche; il naquit le 11 avril 1515, fut baptisé le jour suivant dans la paroisse de Saint-Pierre du bourg d'Anzême, diocèse de Limoges, et épousa, par contrat du 15 mai, demoiselle Anne de Chabannes, fille de noble Charles, écuyer, Sgr de Nouzerolles, etc., et de demoiselle Marie de La Roche-Aymon, sa femme. Ils vivaient encore le 21 juin 1589, et de leur mariage naquit, le 12 juin 1552 :

III. — Annet, écuyer, Sgr de Fournouë et des Forges, conseiller-procureur du roi en la sénéchaussée de la Marche par provision du 19 janvier 1591, et dont le mariage fut accordé, par contrat du 21 juin 1589, avec demoiselle Philippine Clareau, fille de Jean (1), conseiller du roi, prévôt, châtelain royal de la ville de Guéret, et de demoiselle Marie Renould, sa femme. Leurs enfants furent : 1º Antoine, qui suit; 2º Jeanne; 3º Anne, donatrices chacune de la somme de 12,000 livres, le 4 février 1630.

IV. — Antoine, écuyer Sgr de Fournouë, de la Prugne, de Saint-Fiel et autres lieux, conseiller, procureur du roi en la sénéchaussée de la Marche, pourvu en 1631, fut baptisé (2) le 12 janvier 1592, et épousa, par contrat du 4 février 1630, demoiselle Jeanne Martin, fille de Jean, écuyer Sgr de Sagnevielle et autres lieux, et de demoiselle Jeanne Varillas, sa femme; il fut en même temps institué héritier de ses père et mère, à la charge de payer la somme de 12,000 livres à chacune de ses deux sœurs, Jeanne et Anne Couturier. Un mémoire domestique porte que, « par une délibération de la ville de Guéret du 12 mars 1634, il fut député à Paris pour solliciter au conseil l'établissement d'un siége présidial en la ville de Guéret, et que, par ses soins et son crédit, il intervint un édit du mois de janvier 1635, qui ordonna l'établissement de ce siége présidial ». Le même mémoire ajoute que, « à son retour, il fut harangué et reçu avec toutes sortes de marques de distinction », et que, par un acte authentique qui est dans les archives de la ville de Guéret, il est dit que « on ne pouvait lui marquer trop de reconnaissance du service qu'il avait rendu à la

---

(1) Ce Jean Clareau était fils de Philippe, ancien châtelain de la ville de Guéret, lequel est compris au nombre des hommes illustres du diocèse de Limoges dans le livre du théologal de Saint-Junien, où, p. 54, il est fait mention de lui en ces termes : « Philippus Clareau, jurisprudentia celebris, castellanus Garactensis mathematicis, disciplinis egregie cultus, floruit sub Francisco primo, cujus opera nondum edita habentur, apud dominum Varillas, senatorem Garactensem et alios. »

(2) Il fut tenu sur les fonts de baptême par Antoine Clareau, écuyer, son oncle maternel, et par Anne Nesmond, femme de François Couturier, sa tante paternelle.

patrie et de la manière noble et distinguée avec laquelle il s'y était porté n'ayant voulu aucun remboursement des frais considérables qu'il avait faits pendant un séjour de plus d'un an à Paris pour l'établissement de ce siége ». Du mariage d'Antoine et de Jeanne Martin sont issus : 1° Joseph, qui suit; 2° Pierre, écuyer, destiné à l'Eglise, vivant le 5 juillet 1659.

V. — Joseph, écuyer, S^{gr} du Fournouë, de La Prugne, de Soumande, du Mas, de Verrière, d'Ardillat, de Roumeille, du Mouchetard et autres lieux, conseiller, procureur du roi en la sénéchaussée de la Marche, pourvu en 1666, et lieutenant en la prévôté et châtellenie royale de la ville de Guéret, né le 1er décembre 1638, fut baptisé le même jour, ayant eu pour parrain Joseph Martin, écuyer, S^{gr} de Boisgenest, et pour marraine demoiselle Françoise Couturier. Il épousa, par contrat du 5 juillet 1659, demoiselle Louise Baronnet, fille de Jean, écuyer, S^{gr} de Genouillac, et de demoiselle Marguerite Malardier, sa veuve. Il est qualifié conseiller d'honneur au siége présidial de Guéret dans des lettres patentes du 9 avril 1699, qui autorisent le don de 12 à 1,500 livres de rente qu'il fit pour contribuer à l'établissement en la ville de Guéret d'un petit séminaire de jeunes gens destinés à l'état ecclésiastique, sous l'autorité de l'évêque de Limoges et la conduite des religieux barnabites de la ville de Guéret, et mourut le 1er septembre 1719. De la dite Louise Baronnet il eut, entre autres enfants : 1° Abdon-René, qui suit; 2° Gabrielle, qui était, le 15 décembre 1724, veuve de Louis-Antoine de Madot, écuyer, S^{gr} de Bourdicaud, conseiller du roi, lieutenant-général en la sénéchaussée et siége présidial de Guéret, frère aîné de François Madot, évêque et comte de Châlons-sur-Saône; 3° Marguerite, vivante le 5 septembre 1688; elle mourut sans alliance.

VI. — Abdon-René, écuyer, S^{gr} de Fournouë, des Forges, de Verrière, d'Ardillat, de Roumeille et de Soumande, conseiller, procureur du roi en la sénéchaussée de la Marche, pourvu au mois de mars 1690, et lieutenant en la prévôté et châtellenie royale de Guéret, né le 30 octobre 1668, fut baptisé le jour suivant, et tenu sur les fonts de baptême par René Couturier, écuyer, S^{gr} des Forges, et par demoiselle Marie Couturier. Il épousa, par contrat du 5 septembre 1688, demoiselle Éléonore Garreau, fille de Jean, écuyer, S^{gr} d'Hautefaix, et de demoiselle Jacqueline Robichon, sa femme, et, nonobstant la démission qu'il avait faite de son office de procureur de Sa Majesté, il fut nommé, par arrêt du conseil d'État du 18 octobre 1723, pour, en l'absence du Sr de Bernage de Saint-Maurice, intendant de la généralité de Montauban, informer des émotions arrivées dans la ville de Tulle les 15 et 17 septembre de la même année. Éléonore Garreau décéda le 20 août 1720, et Abdon-René mourut le 28 février 1752, laissant pour enfants : 1° Jean-Alexandre Couturier de Fournouë, docteur en théologie, prieur commendataire de Guéret, archiprêtre d'Anzèmes, et ci-devant official de l'évêque de Limoges, né le dernier jour du mois d'août 1690; — 2° Alexis-Pierre, qui suit; — 3° Joseph, docteur en théologie, né le 13 septembre 1701; il fut nommé prieur de Nouziers en 1733, abbé-commendataire de l'abbaye royale de Pébrac, diocèse de Saint-Flour, le 12 juillet 1734, puis chanoine et comte de Brioude le 16 mai 1735, et grand-vicaire de l'évêque du Mans le 17 mars 1743, après avoir été auparavant de celui de Limoges; — 4° Gabriel-René, écuyer, né 1er mars 1703 et baptisé le 4 du même mois (1) ; — 5° Alexandre-Charles, prêtre, docteur en théologie, curé de la ville d'Ahun, et promoteur de l'évêché de Limoges, né le 4 novembre 1706 ; — 6° Antoine, écuyer, ci-devant trésorier de la gendarmerie de France ; il naquit le 23 juillet 1709, et de son mariage, accordé, par contrat du 15 janvier 1730, avec demoiselle Marie-Jacqueline Huart, fille de Nicolas-Robert, ancien avocat au parlement, chancelier du duché de Bouillon et conseiller du conseil de S. A. S. monseigneur le prince de Condé, et de demoiselle Marie-Elisabeth Triboulet, sa femme, sont issus : A. — Nicolas, écuyer, né le 3 juillet 1730 ; B. — Élisabeth, née le 9 mars 1751 et morte le 16 juillet 1752 ; — 7° Armand-Louis, chanoine régulier de la congrégation de France, prieur de Château-Renard, diocèse de Sens, frère jumeau d'Antoine, né le même jour 23 juillet 1709 ; — 8° Maurice-Pardoux, prêtre, docteur en théologie, curé de Mazeirat, diocèse de Limoges, né le 19 mai 1712 ; — 9° Gabrielle, religieuse bénédictine à Montargis, vivant en 1753 ; — 10° Marguerite, femme de François Lejeune, S^{gr} de Fressanges, prévôt châtelain royal de la ville de Guéret, née le 4 octobre 1698 ; — 11° Françoise, religieuse bénédictine à Montargis, née le 3 juillet 1704 ; — 12° Marie-Anne, religieuse augustine à Guéret, né le 4 juin 1714.

VII. — Alexis-Pierre Couturier de Fournouë, écuyer, S^{gr} de Soumande, des Forges, de La Prage, de Fournouë et autres lieux, conseiller, procureur du roi en la sénéchaussée de la Marche, pourvu au mois de janvier 1723, naquit le 27 février 1697, et fut tenu sur les fonts de baptême, le jour suivant, par Pierre Couturier, docteur en théologie, prieur-commendataire de Chansanglard, et par dame Gabrielle Robichon, femme de noble Antoine de Boutigniergues, S^{gr} de Theil, conseiller honoraire en la sénéchaussée et siége présidial de la Marche. Il épousa, par contrat (2) du 15 décembre 1724, demoiselle Marie-Anne Tournyol de Saint-Léger, fille d'Olivier, écuyer, S^{gr} de Saint-Léger de Chamredon, de Maufanges et autres lieux, conseiller du roi au siége présidial et sénéchaussée de la Marche, et de feu demoiselle Antoinette Bouchet, sa femme. Dont : 1° Antoine-Olivier-François, qui suit ; 2° Joseph, né le 18 octobre 1740 ; 3° Marguerite, vivante en 1740.

VIII. — Antoine-Olivier-François Couturier de Fournouë, écuyer, né le 24 février 1726.

Cette généalogie, dressée par d'Hozier, est imprimée, in-f° de 8 pages. — (P. DE CESSAC.)

COUX (p. 455). — Des Coutures attribuait à Léonard du n° II le testament du 2 septembre 1611 portant légat à Bertrand, Jean et Gabrielle, ses enfants, et instituant autre Léonard. Nadaud l'attribue à Léonard du n° III bis, et, pour cela, il est obligé de rayer le nom de Léonard, institué aussi, d'après des Coutures. — (ROY DE PIERREFITTE.)

---

(1) Il fut tenu sur les fonts de baptême par dame Anne Couturier, épouse de maître François Midre, seigneur de Saint-Sulpice et des Châtres, conseiller du roi, doyen des conseillers au présidial de la Marche.

(2) A ce contrat furent présents Jean-Joseph Couturier, écuyer, seigneur de Lachapelle, conseiller du roi au siége présidial et sénéchaussée de la Marche ; Jean Couturier, écuyer, seigneur de Saint-Fiel ; autre Jean Couturier, écuyer, seigneur du Brueil, etc.

CRAMAUD (p. 457.) — Gérald Cramaud était consul de Saint-Junien en 1270. (ARBELLOT, *Chron. de Maleu.*) Jeanne de Cramaud épousa, le 9 octobre 1434, Humbert dè Bony de La Vergne. (Généal. de Bony.) Le cardinal de Cramaud est *un des hommes les plus distingués qu'ait produits le Limousin,* dit M. l'abbé Texier dans son *Manuel d'épigraphie.* M. l'abbé Auber, chanoine à Poitiers, a donné sur cette grande personnalité tous les détails désirables dans les *Mémoires de la Société des Antiquaires de l'Ouest,* année 1840, p. 249. Voici sa biographie, écrite par M. Auguste Du Boys, dans *la Biographie des Hommes illustres du Limousin* :

« Simond de Cramaud, fils de Pierre de Cramaud, damoiseau, et de Marthe de Sardène, de Solignac, naquit au château de Cramaud, dans la paroisse de Biennac, près de Rochechouart, vers le milieu du xive siècle. Simon de Cramaud eut deux frères : Pierre et Aymery. Ce dernier, dit-on, mourut fort jeune, et Pierre, qui devait être son aîné, se distingua, en 1356, à la bataille de Poitiers, où il portait, en qualité d'enseigne, la bannière du seigneur de Rochechouart, son suzerain ; il eut le bonheur d'échapper aux désastres de cette fameuse journée. Destiné, dès sa jeunesse, à l'état ecclésiastique, Simon entra dans l'abbaye des bénédictins de Saint-Lucien-de-Beauvais, où son écu se voyait encore à la fin du siècle dernier. Il n'y resta pas longtemps, et dut à l'appui du seigneur de Cramaud, son frère, et à ses hautes qualités personnelles, d'arriver rapidement à une haute position. Il se recommandait surtout par son éloquence et sa pénétration : aussi fut-il en quelque sorte surchargé de dignités ecclésiastiques. Il était licencié ès-lois dès 1369. Il obtint d'abord le titre de maître des requêtes à la cour de Charles VI (21 décembre 1380) ; fut nommé chancelier de Jean le Camus, duc de Berri et comte de Poitiers, et fut pourvu de l'évêché d'Agen le 16 juin 1382. En 1383, il fut envoyé en ambassade à Avignon auprès du pape Clément VII ; il fut nommé, en 1383, évêque de Poitiers et administrateur de l'évêché de Béziers ; en 1387, chancelier du duc de Berri ; en 1391, chanoine de Saint-Martin de Tours, évêque d'Avignon, patriarche d'Alexandrie et administrateur de Carcassonne ; en 1394, 1398 et 1408, il fut élu président des conciles ou grandes assemblées du clergé.

» En 1394, il fut encore nommé conseiller du roi ; en 1396, il fut envoyé en ambassade en Espagne, et y obtint un grand succès. Disgracié, en 1400, par la jalousie des courtisans, il retourna administrer son évêché. En 1402 il fonda un psallette dans l'église cathédrale de Poitiers. Il rentra en grâce en 1404. En 1407, il fut mis à la tête de l'ambassade envoyée vers Benoît XIII, qui s'était réfugié à Marseille en se sauvant d'Avignon. Simond de Cramaud montra beaucoup de prudence et de fermeté dans cette affaire. Le 10 juillet 1409, il fut promu à l'archevêché de Reims, et assista au concile de Rome en 1410. Le 1er juillet 1412, le pape Jean XXIII le revêtit de la pourpre romaine, sous le titre de *Saint-Laurent in Lucina.* Ce fut en 1418 qu'il rentra à l'église de Poitiers, ce qui le fit nommer le *cardinal de Poitiers,* en souvenir du siège qu'il avait occupé dans cette ville.

» On prétend même que, en 1419, il joignit à ces prélatures la modeste cure de Bessines, qu'on décora dès ce moment du titre d'archiprêtré, mais qu'il y renonça la même année ou l'année suivante. On sait, en outre, qu'il exerça la plus grande influence sur tout ce qui se fit en France pour extirper le schisme qui désolait l'église catholique.

» Simon de Cramaud fit son testament le 5 des ides de mars 1421. Il avait doté, en 1402, la cathédrale de Poitiers, et, en 1406, l'église de Biennac, où reposaient ses ancêtres, de plusieurs fondations, qu'il confirma ou augmenta dans l'acte de ses dernières volontés. Il mourut en 1422, selon M. l'abbé Auber; en 1426, selon quelques historiens, d'après un portrait sur bois représentant le cardinal, et au bas duquel on lit : *Simon de Cramaudo, cardinalis episcopus pictaviensis, obiit 1426*; enfin, en 1429, selon d'autres écrivains, et entre autres Estiennot, Nadaud, du Tems, le *Gallia christiana*. Il fut inhumé dans la cathédrale de Poitiers, sous un arceau, derrière le chœur, dans un tombeau en marbre qu'il s'était fait ériger, et sur lequel on grava, en beaux caractères gothiques, l'épitaphe suivante :

Simon sanctæ Romanæ ecclesiæ et sancti Laurentii in Lucina presbyter cardinalis episcopus Pictavensis jacet in hoc sepulchro cujus ymago de alabastro est super tumulum marmoreum posita et statua cardinalis in proximo pilari prædicto sepulchro contiguo erecta. Qui dùm fuit promotus Romæ ad cardinalatum erat archiepiscopus Re-
[mensis et pro sustentatione sui status fuit etiam sibi datus episcopatus Pictavensis, cujus etiam ante per multos annos fuerat episcopus, et fundavit in ista ecclesia unam præbendam, cum grosso qua-
[draginta librarum pro nutrimento unius magistri et sex puerorum in musica instruendorum ad faciendum divinum servitium. Item quia Clemens quintus ante divisionem episcopatus
[pictavensis ordinaverat in..... quod episcopus solveret supra emolumenta sigilli quinquaginta libras
[capitulo pro quotidianis distributionis pro qua solutione percipiet divisionem Malleacensis et Lucianensis ecclesia-
[rum episcopi non modicum gravamentum occasione cujus oriebantur multæ lites ad quarum coadunationem procuravit capitulum
[istum (1).

» Outre les discours remarquables qu'il prononça en diverses occasions, et dont l'extrait se trouve dans les historiens ecclésiastiques, le cardinal Simon de Cramaud composa un *Traité de l'élection de Barthélemy de Prignano*, sous le nom *d'Urbain VI*, manuscrit de la bibliothèque de Saint-Victor, à Paris, et dont M. de Sponde fait mention.

» Il prononça une harangue en faveur de l'université de Paris; elle se trouve dans un manuscrit in-fol., chez les frères mineurs de la place Royale, intitulé : *Schisme arrivé en l'église l'an 1378, et qui dura jusqu'en 1428*, M. Godefroy l'avait vue, et en cite une partie (*Hist. de Charles VI*, p. 616).

» Simon de Cramaud avait fait un *Dictionnaire pour les dominicains de*

---

(1) Les dernières lignes de cette inscription, c'est-à-dire les mots écrits en lettres italiques, ne se trouvent que dans le manuscrit de Nadaud. Voici ce que ce savant écrivain limousin dit à ce sujet : « Je transcrivis, en 1767, une partie de cette épitaphe, n'ayant pas le temps de ramasser le reste ; le tout fort difficile à lire. » Nous regrettons vivement que Nadaud n'ait pas pu achever de déchiffrer ce document, si fidèlement commencé à transcrire (le copiste a conservé les abréviations et même la mauvaise ortographe), et qui devait se terminer par la date de la mort de Cramaud, date que Nadaud n'a pas dû négliger, et qu'il a prise probablement là puisqu'il ne fait aucune observation sur l'époque de cette mort, arrivée, selon lui, en 1429.

Poitiers en deux grands volumes, et une *Constitution touchant la formule de l'absolution sacramentelle (1420).* »

CREVANT (p. 458), porte : *écartelé d'argent et d'azur.*

CROS DE CALIMAFORT (JEAN DE), professeur de droit canon ; installé évêque de Limoges le 26 octobre 1348 ; fait cardinal-prêtre du titre des SS. Nérée et Achillée, grand-pénitencier de l'Église romaine : défenseur des privilèges des frères prêcheurs, transféré à l'évêché de Préneste ou Palestrine en 1377, pendant qu'il était à Rome, où il avait accompagné Grégoire XI ; la même année, nommé prieur de Saint-Sauveur de Valenciennes, au diocèse de Cambrai ; prieur aussi, pendant deux ans, de Saint-Pourçain, au diocèse de Clermont ; légat de l'anti-pape en France, en 1379 ; mort enfin le 22 novembre 1383, à Avignon, où il se trouvait auprès de l'antipape Clément VII, et où on l'inhuma, dans la chapelle de Notre-Dame-des-Dons, dans l'église métropole, avait pour armes : *d'azur à trois pans de muraille, crénelés d'argent, et maçonnés de sable ; au chef de gueules.* Nadaud possédait le sceau de cet évêque : on y voyait gravées les armes susdites, mais sans indication des émaux, et avec la date 1356.

Ces quelques lignes n'empêcheront pas de lire avec intérêt les notes consacrées par l'abbé Vitrac à nos trois cardinaux de Cros, et publiées dans la *Biographie des hommes illustres du Limousin* (T. I, p. 164-165). — (ROY DE PIERREFITTE.)

« Pierre de Cros naquit à Crose, près la source de la Creuse, diocèse de Limoges. Il fit ses études à Paris, se distingua par son application et ses succès dans la fameuse université de cette ville, et sut perfectionner son éloquence naturelle. Son affabilité le rendit infiniment aimable, et sa prudence assurait ses succès dans la conduite des affaires.

» Devenu docteur en théologie, il fut fait proviseur de Sorbonne et doyen de l'église de Paris. En 1343, Clément VI, dont il était le cousin germain, lui donna l'évêché de Senlis, et le transféra six ans après à celui d'Auxerre. Il n'occupa ce dernier siège que pendant un an, et fut toujours proviseur de Sorbonne.

» Quoique parent du souverain-pontife, il ne dut pourtant son élévation qu'à son mérite, et fut lui-même l'artisan de sa fortune. Ses vertus l'appelaient au sacré-collège : Clément VI lui rendit justice, et le fit cardinal de Saint-Martin-aux-Monts, le 17 décembre 1350.

» Innocent VI le commit, en 1356, pour l'examen de la grande dispute qui s'était élevée entre Richard Fitzrand, archevêque d'Armach, et les religieux mendiants. De Cros mourut de la peste à Avignon, le 23 septembre 1361, et fut enterré dans l'église des frères prêcheurs. Pour armoiries, il portait : *d'azur à trois pans de muraille, crénelés d'argent, maçonnés de sable, au chef de gueules.* (V. MORÉRI, *Dict. hist.;* FRISON, *Gall. purp.:* FLEURY, *Hist. eccl.; Gall. christ. vet.; Hist. des evêques d'Auxerre;* BALUZE, T. I.)

» Nous connaissons de cette famille, fertile en hommes de mérite : 1º Jean de Cros, cousin au troisième degré de Grégoire XI. Clément VI l'avait fait évêque de Limoges en 1348. Grégoire XI le revêtit de la pourpre romaine le 6 juin 1371. Son titre fut celui de saint Nérée ; mais on ne le connaissait communément que sous le nom de cardinal de Limoges. Berthier (*Hist. de l'Église gallicane,* T. XIV, p. 162) assure que « sa probité et ses bonnes mœurs ne furent point équivoques. On en convenait dans les deux parties qui divisèrent l'église après la mort de Grégoire XI ». Le continuateur de Nangis ajoute que « le cardinal de Limoges était brave, homme d'autorité, de science, témoigné d'être prud'homme de tous ceux qui le connaissaient ». — Jean de Cros, qui avait été fait évêque de Palestrine, mourut le 20 novembre 1838 ; 2° Pierre de Cros, frère du précédent. Cet illustre Limousin prit l'habit et fit des vœux monastiques à Saint-Martial de Limoges en 1351, et devint abbé de Tournay, et, dix ans après, évêque de Saint-Papoul, en 1370. On le transféra à l'archevêché d'Arles. L'office de camérier de l'Eglise romaine lui fut donné. Grégoire XI transféra le saint-siège d'Avignon à Rome : Pierre de Cros le suivit dans cette ville, assista à sa mort, et recueillit son dernier soupir. Après l'élection d'Urbain VI, l'archevêque d'Arles se joignit aux treize cardinaux qui se retirèrent à Fondi, et élurent Clément VI. Le cardinal de Limoges, son frère, étant mort, Pierre remplit sa place. Par sa procuration, il fut fait cardinal du titre de Saint-Nérée ; on le nommait communément le cardinal d'Arles, car il en fut archevêque jusqu'à sa mort. Voici son épitaphe telle qu'elle se lisait dans l'église de Saint-Martial :

» Hic jacet beatæ memoriæ reverendissimus in Christo pater dominus Petrus de Croso, oriundus de Calimaforti, lemovicensis diœcesis, decretorum doctor, qui primo fuit monachus Sancti Martialis, lemovicensis ordinis Sancti Benedicti, et inde præpositus de Rossaco dicti ordinis et diœcesis, postmodum cellarius ecclesia Tutellensis, post prior de Volta ordinis Cluniac., Sancti Flori diœcesis, post episcopus Sancti Papuli, postmodum archiepiscopus Bituricensis et camerarius domini papæ Gregorii XI. Et deinde archiepiscopus Arelatensis, et fuit assumptus in titulum sanctorum Nerei et Achillei presbyter cardinalis lemovicensis, qui hic suam elegit sepulturam. Orate Deum pro eo ».

CULENC (p. 461). — L'illustre famille de Culant, à laquelle appartenaient Gauthier, Gaucelin et Guichard, possédait, en Limousin, la seigneurie du Chalard. Elle est originaire du Berry. — (Vicomte DE MAUSSABRÉ.)

CURSAY (p. 461), Sr de Saint-Marry, paroisse du dit lieu, élection d'Angoulême, porte : *d'azur à un cœur d'or soutenu d'un croissant d'argent en pointe.*

I. — Baud de Cursay épousa Louise de Montléon. Il fit, le 3 juin 1544, une transaction avec Isabeau de Frondebœuf, au sujet d'une donation faite par la dite de Frondebœuf à la dite de Montléon.

II. — Jean épousa, par contrat du 6 septembre 1578, Françoise Gentil.

III. — Pierre épousa, par contrat du 22 juin 1607, Jeanne-Renée de Jousserau, dont il eut : 1° Charles, qui épousa, par contrat du 20 avril 1641, Elisabeth de Champelon ; 2° François, qui suit.

IV. — François épousa, par contrat du 5 décembre 1632, Marguerite Jay.

V. — Pierre, institué par le testament de ses père et mère du 7 avril 1655. — (DES COUTURES.) Aujourd'hui cette famille est éteinte.

LISTE

Des Gentilshommes de la généralité de Limoges qui ont fait preuve de noblesse en 1666.

(Les noms de ceux qui ont fait leurs preuves devant un autre intendant que d'Aguesseau sont suivis du nom de cet intendant (1).

Aigron, sieur de Lafont, demeurant à Angoulême, élection d'Angoulême.
De L'Aigle, sieur de Laurencie, paroisse de Saint-Circ, élection de Saintes.
Allogny (François de), sieur de Bonneval, paroisse d'Escurat, élection de Saintes, maintenu par M. Pellot.
Amadon, sieur de La Colombette, paroisse de Saint-Chamans, élection de Tulle.
Saint-Amand, sieur de L'Hommé, paroisse de Rainville, élection de Saintes.
Ancelin, sieur de La Morinière, paroisse de Saint-Symphorien de Broue, élection de Saintes, ayant maison de ville à Saint-Jean-d'Angely.
Angely, sieur de La Salle, paroisse de Lonne, élection d'Angoulême.
Angoulême (d'), sieur de Curat, paroisse de Curat, élection de Saintes.
Arnaud, sieur de La Chalonie, paroisse de L'Houmeau, élection d'Angoulême.
Arnaud (René), sieur de Luchat, paroisse de Luchat, élection de Saintes, avait fait ses preuves en 1598.
Arnoul, sieur de La Salles, paroisse de Rouffignac, élection de Saintes.
Arnoul, sieur de Vignoles et de Neüil, ou Nueil paroisse de Darces, élection de Saintes.
Aubert, sieur de Bardon, paroisse d'Augeat, élection de Saint-Jean-d'Angely.
Auboux (Louis), sieur d'Esteveny et de La Maison-Rouge, paroisse de Blanzac, élection de Limoges, maintenu par M. d'Herbigny.
Aubusson, sieur de Castelnovel, paroisse de Varetz, élection de Brive.
Audebert, sieur de La Vigerie, paroisse de Saint-Georges-de-Cubiliac, élection de Saintes.

---

(1) Dans son manuscrit, Nadaud ayant noté, d'après des Coutures, par deux signes dont celui-ci donne l'explication, les gentilshommes dont les preuves furent trouvées suffisantes ou non en 1598, dans ma copie j'ai traduit ces signes. Nadaud marque aussi très exactement par l'emploi d'encre rouge ce qu'il a copié de des Coutures, et par conséquent il indique ainsi les familles qui ont fait preuve de noblesse en 1666. Il était important de distinguer aussi ces familles ; *c'est même justice* pour celles d'entre elles dont il a été dit que, en 1598, leurs preuves n'avaient pas paru suffisantes. La présente liste réparera mon oubli, et donnera satisfaction aux justes susceptibilités qu'il aurait pu éveiller.

AUDENARD, sieur de Saveuze et de Férussat, paroisse de Freyssinet, élection de Limoges.

AUDIER, sieur de Fontgrenon, paroisse de Cercleix, élection d'Angoulême.

AUDOUARD, sieur de La Domanerie paroisse de Frontenay, élection de Saint-Jean-d'Angely.

AULAIRE (SAINTE-), sieur du dit lieu, paroisse de La Porcherie, élection de Limoges.

AULAIRE (SAINTE-), sieur de La Dixmerie, paroisse de Louzac, élection de Saintes.

AUTHEFORT, sieur de Saint-Chamans, paroisse de Saint-Chamans, élection de Tulle.

AUTIER, sieur de La Bastide et autres lieux, paroisse de Coussac, élection de Limoges.

AVRIL, sieur de Saint-Martin, demeurant à Angoulême, élection d'Angoulême.

BADIFFE, sieur du Maine, paroisse de Saint-Georges-des-Couteaux, élection de Saintes.

BALLUE, sieur du Puy et de Bélair, paroisse de Saint-Quentin, élection d'Angoulême.

BALUE, sieurs de Mongodier et de Courjat, demeurant à Angoulême.

BAR (DE), sieur de La Chapelle-Saint-Géral, paroisse de La Chapelle-Saint-Géral, élection de Tulle.

BARBARIN, sieurs du Cluseau, du Monteil et de Masrasseau, paroisse de Confolens, élection d'Angoulême.

BARBARIN, sieur de Vessac, paroisse de Rignat, élection de Saintes.

BARBEZIÈRES, sieur de Villesion et autres lieux, paroisse de Nanclars et de Marcillac, élections de Cognac et d'Angoulême.

BARBOT, demeurant à Angoulême.

BARDONIN, sieur de Sommeville et autres lieux, paroisses de Sommeville et de Montigné, élection de Saint-Jean-d'Angely.

BARREAU, demeurant à Angoulême.

BARTHE, sieur de Grangeneuve, paroisse de Valence, élection d'Angoulême.

BARTHOUMÉ, sieur des Conches, paroisse de Saint-Jean, élection d'Angoulême.

BARTHOUMÉ, sieur du Château, paroisse de Courcelles, élection d'Angoulême.

BASTIDE (LA), sieur de Montplaisir, paroisse de Vaulry, élection d'Angoulême.

BATUT (DU), sieur de La Pérouse, paroisse de Turenne, élection de Brive.

BAUDOIN, sieur de Fleurat, paroisse de Nersat, élection d'Angoulême.

BAY (DE), sieur du Chazeau, paroisse de Saint-Désir, élection de Bourganeuf.

BAYNAC, sieur de Lhommade, paroisse de Chasnier, élection de Saintes.

BAZIN, sieur de Puyfaucon, paroisse de Rilhac-Lastours, élection de Limoges.

BAZIN, sieur de Fieflinay, demeurant à Saint-Jean-d'Angely.

BAZIN, sieur de La Barodière, demeurant à Saint-Jean-d'Angely.

BEAUCHAMPS, sieur de Bussac et autres lieux, paroisse de Bussac et de Charbonnières, etc., diverses élections.

Beauchamps, sieur de Guynebourg, paroisse de Londigné, élection d'Angoulême.

Beaucorps, sieur de La Grange et autres lieux, paroisse de Saint-Crespin, élection de Saint-Jean-d'Angely.

Beaume (La), sieur de Foursat, paroisse de Masseré, élection de Tulle.

Beaumont, sieur de Gibaud et de Condeom, paroisse de Marignac et de Cange, élections de Saintes et de Cognac.

Beaumont, sieur des Bechaudières, paroisse d'Arnaud, élection de Saintes.

Beaupoil, sieur de Mareuil, paroisse de Mareuil, élection de Saintes.

Beauvoir, sieur du dit lieu, paroisse de Sainte-Marie de Châteauneuf, élection de Limoges.

Bechet, sieur de Biarge, paroisse de Saint-Fresne, élection de Saint-Jean-d'Angely.

Bechillon, sieur du Laux, paroisse de Balam, élection de Saint-Jean-d'Angely.

Belleville, sieur de Cambourg, paroisse de Salaignat, élection de Saintes.

Bérenger, (Nicolas), sieur de ...., élection de Saint-Jean-d'Angely, avait fait ses preuves en 1598.

Berionaud, sieur de La Brousse, paroisse de Cognac, élection de Cognac.

Bermondet (Pierre), sieur de La Quintaine, paroisse de Panazol, élection de Limoges, avait fait ses preuves en 1598.

Bernard, demeurant à Angoulême, élection d'Angoulême.

Berthelot, sieur de La Baronnie, paroisse de Condeom, élection de Saintes.

Bertin, sieur du Burg, paroisse de Saint-Cire-la-Roche, élection de Brive.

Bertrand, sieur de Saint-Vaulry, paroisse de Saint-Vaulry, élection de Limoges.

Bertrand, sieur de Goursas, paroisse de Chasseneuil, élection d'Angoulême.

Bertrand, sieur de Romefort, paroisse de Saint-Front, élection d'Angoulême.

Birot, sieur de La Charrière, paroisse de Montignat, élection de Cognac.

Blanchard, sieur de Champagnac, paroisse de Château-Chervix, élection de Limoges.

Blereau, sieur de Grasseveau, paroisse de Saint-Hilaire-la-Treille, élection de Limoges.

Blois (de), sieur de Sendre, paroisse de Gemonzac, élection de Saintes.

Blois (du), sieur de Saint-Mandé, paroisse de Colonges, élection de Saint-Jean-d'Angely.

Boismorin, sieur de Chazelles, paroisse de Chierzat, élection de Saintes.

Boisse, sieur d'Eyjeaux, paroisse d'Eyjeaux, élection de Limoges.

Boisseuil, sieur du dit lieu, paroisse de Boisseuil, élection de Brive.

Boissière, sieur de Labinaud, paroisse de Broues, élection d'Angoulême.

Boisson, sieur de Bassac, paroisse de Roule, élection d'Angoulême.

Bonnet (Gabriel), sieur de La Breuille, paroisse de Châteauneuf, élection de Limoges, avait fait ses preuves en 1598.

Bonnetie, sieur de Champagnac, paroisse de Nexon, élection de Limoges.

Bonnevin, sieur de Jussac, paroisse de Saint-Martin-d'Arry, élection de Saintes.

Bonniot, sieur des Essarts, paroisse de Courpignat, élection de Saintes.

Bony, sieur de La Vergne, paroisse de Saint-Priest, élection de Limoges.
Borde (La), sieur du dit lieu, paroisse d'Ussel, élection de Tulle.
Bordes (des), sieur du Maine-du-Puy, paroisse de Garat, élection d'Angoulême.
Bort (de), sieur de Pierrefitte, paroisse de Sarrou, élection de Tulle.
Boslinard, sieur du dit lieu, paroisse de Rancon, élection de Limoges.
Bostvigier, (Christophe de) *alias* Faure, sieur de Puyfaucher, paroisse de Saint-Paul, élection de Limoges, avait fait ses preuves en 1598.
Botuier, sieur de Pallier, paroisse d'Anjat, élection de Brive.
Bouchard, sieur des Plassons, paroisse de Bors, élection de Saint-Jean-d'Angely.
Bouex (Olivier de), sieur de Richemont, paroisse de Salaignac, élection de Limoges, avait fait ses preuves en 1598.
Boulet (du), sieur de Coudre, paroisse de Saint-Césaire, élection de Saintes.
Bouquet, sieur de Boismorin, paroisse de Villefaignan, élection d'Angoulême.
Bourgeois, sieur de Joffrenie, paroisse de Bussière-Galant, élection de Limoges.
Bouschaud, sieur de La Fosse, paroisse de Courcelles, élection d'Angoulême.
Bouscheron d'Ambrugeac (du), paroisse d'Ambrugeac, élection de Tulle.
Bousquet (du), sieur de Saint-Pardoux, paroisse de Saint-Pardoux, élection de Brive.
Boussac, sieur du dit lieu, demeurant à Tulle, élection de Tulle.
Boussac, sieur de Blanges, paroisse de Bar, élection de Tulle.
Bouyer, sieur de La Gorce, paroisse de Condat, élection de Limoges.
Bouyer, sieur de Neuclas, paroisse de Jarnac-Charente, élection de Cognac.
Brachet, sieur du Maslaurent, paroisse de Seillac, élection de Tulle.
Brachet (Guy), sieur de Peruse, paroisse de Champroy, élection de Bourganeuf, avait fait ses preuves en 1598.
Brandes (des), sieur du Petit-Rouilhac, élection d'Angoulême.
Bresmond, sieur d'Ars, paroisse d'Ars, élection de Saintes.
Brethon (Le), sieur des Marais, paroisse de Solignones, élection de Saintes.
Brethon (Le), sieur d'Aumont, paroisse de Grezac, élection de Saintes.
Bretinaud, sieur de Saint-Surin, paroisse de Saint-Surin, élection de Saintes.
Brettes (de), sieur du Cros, paroisse de Cieux, élection de Limoges.
Breuil (du), sieur de Beaulieu, paroisse de Chenat, élection de Saintes.
Breuil (du), sieur des Foureaux, paroisse de Plassat, élection de Saintes.
Breuil (du), sieur de Théon, paroisse de Melchay, élection de Saintes.
Breuille (La), sieur des Pousses, paroisse de Nexon, élection de Limoges.
Breuille (La), sieur de Saron, paroisse de Saint-Amand, élection de Bourganeuf.
Brian, sieur de Goué, paroisse de Mansle, élection de Saintes.
Briand, sieur de La Chaussée, demeurant à Angoulême, élection d'Angoulême.
Brie, sieur du Bosfranc, paroisse de Lageyrat, élection de Limoges.
Brissaud, sieur de Chapelas, élection d'Angoulême.

BROSSE (François DE LA), sieur de La Mothe, paroisse de Tourette, élection de Tulle, avait fait ses preuves en 1598.
BRUCHARD, sieur de Montmady, paroisse de Saint-Paul, élection de Limoges.
BUATIER, sieur de La Guérinierre, paroisse de Chantillac, élection d'Angoulême.
BUISSON (DU), sieur de La Roque, élection de Saintes.
BUREAU, sieur de Lermont, paroisse de Tenac, élection de Saintes.
BURG (DU), sieur de La Morelie, paroisse du Temple-d'Ayen, élection de Brive.
BUSSON, sieur de Coaffard, paroisse d'Orioles, élection de Cognac.
BUXIERRE (LA), sieur du dit lieu, paroisse d'Arnac, élection de Limoges.
CAILLÈRES, sieur de Clérac, paroisse de Clérac, élection de Saintes.
CALAIS, sieur de La Tournerie, paroisse de Saint-Laurent-de-la-Barrière, élection de Saint-Jean-d'Angely.
CALVIMONT (Jean DE), sieur de Saint-Martial, paroisse de ....., élection de Brive, maintenu par M. Pellot.
CAMAIN, sieur de La Prade, paroisse de Maignac, élection d'Angoulême.
CAMPET, sieur de Seaugeon, paroisse de Semussat, élection de Saintes.
CARBONNIÈRES, sieur de Saint-Brice, paroisse de Saint-Brice, élection de Limoges.
CARBONNIÈRES, sieur de La Chapelle-Biron, paroisse de Salon, élection de de Limoges.
CASTELLO, sieur de Tesson, paroisse de Coisvert, élection de Saint-Jean-d'Angely.
CERETANY, sieur du Breuil, paroisse d'Arles, élection de Saintes.
CERIS, sieur du Château-Couvert, paroisse de Migron, élection de Saint-Jean-d'Angely.
CERZÉ, sieur de Parfoucaud, paroisse de Coulonges, élection de Cognac.
CHAMBOURAND, sieur de Droux, paroisse de Droux, élection de Limoges.
CHAMPELON, sieur du dit lieu, paroisse de Valence, élection d'Angoulême.
CHAMPROY (Louis), sieur de Langle, paroisse de Saint-Amand, élection de Bourganeuf, avait fait ses preuves en 1598.
CHAMPS (DES), sieur de Beaupré, paroisse de Saint-Front, élection d'Angoulême.
CHAMPS (DES), sieur de Cheyroux, paroisse de Lazeyrat, élection de Limoges.
CHAPELLE, sieur de Jumillac, paroisse de Saint-Jean, élection de Limoges.
CHAPITEAU, sieur de Reymondias, paroisse de Meyssac, élection d'Angoulême.
CHARDEBŒUF, sieur d'Estruchat, paroisse de Maignac, élection de Limoges.
CHARDEBEUF, sieur de La Grandroche, paroisse de Maignac, élection de Limoges.
CHASTAIGNER, sieur de L'Isleau, paroisse de Retz, élection de Saint-Jean-d'Angely.
CHASTENET, sieur du Liége, paroisse de Saint-Hilaire-le-Château, élection de Bourganeuf.
CHATEAUNEUF, sieur de Chantoizeau, paroisse d'Amure, élection de Saint-Jean-d'Angely.
CHATEAUNEUF, sieur de Forgemont, paroisse de Cherves, élection d'Angoulême.

CHATEAUNEUF, sieur du Breuil, paroisse de Cherves, élection d'Angoulême.
CHATEAUNEUF, sieur du Chalard, paroisse de Peyrat, élection de Bourganeuf.
CHAUFEPIED, sieur des Croizettes, paroisse de Frontenay, élection de Saint-Jean-d'Angely.
CHAUVERON, sieur de Jurgniat, paroisse de Jurgniat, élection de Limoges.
CHAUVET, sieur de Fredaigue, paroisse de Nantiat, élection de Limoges.
CHAUVET, sieur de Villate, paroisse de Saint-Junien-des-Combes, élection de Limoges.
CHEMIN (Jean-Marc DU), sieur de........., élection de Saintes avait fait ses preuves en 1598.
CHESNE (DU), sieur du Chatenet, paroisse du Chatenet, élection de Saintes, avait fait ses preuves en 1598.
CHESNEAU, sieur de La Rousselière, paroisse de Dussaud, élection de Saint-Jean-d'Angely.
CHESNEL, sieur de Château-Chesnel, paroisse de Chervé, élection de Cognac.
CHEVALLIER, sieur de Villemorin, paroisse de Villemorin, élection de Saint-Jean-d'Angely.
CHEVAILLIER, sieur de La Cour, élection de Saint-Jean-d'Angely.
CHEVRAUD, sieur de La Valade, demeurant à Angoulême, élection d'Angoulême.
CHEVREUIL, sieur de Romefort, paroisse de Mons, élection de Saint-Jean-d'Angely.
CHEVREUIL, sieur de Lascoux, paroisse de Saint-Vincent, élection d'Angoulême.
CHEVREUSE, sieur des Vallons, paroisse d'Escuras, élection d'Angoulême.
CHIEVRES, sieur de Saint-Martin, paroisse de Narsillac, élection de Saintes.
CHILLOU (DE), sieur des Fontenelles, demeurant à Angoulême.
CHIOCHE, sieur de La Vigerie, paroisse d'Arnac, élection de Limoges.
CHIRON, sieur de La Betoulle, paroisse de Saint-Barbant, élection de Limoges.
CHOULY, sieur de Permangle et autres lieux, paroisses de Dournazac et Jourgniat, élection de Limoges.
CHRESTIEN, sieur de Langlade, paroisse de Meux, élection de Saintes.
CIRAT (Jean), sieur de Saint-Fort........, élection de Saintes, avait fait ses preuves en 1598.
CIVADIER, sieur du Breuil, demeurant à Cognac.
CLADIER (DU), sieur de Lestang, paroisse de Rieu-Martin, élection de Saintes.
CLAIGNON (Gustave, alias Gaston), sieur du Pescher, paroisse de Besnat, élection de Brive, maintenu par M. Pellot.
CLAVIÈRE (Annet DE), sieur des Hugues, paroisse de......, élection de Brive, maintenu par M. de Fortia.
CLERÉ (DU), sieur d'Arnat, paroisse de Saint-Barbant, élection de Limoges.
CLOU (DU), sieur de Bosmorand, paroisse d'Orioles, élection de Saintes.
CLOU (DU), sieur de Soumaignac, paroisse de Peyrat, élection de Bourganeuf.
CLOU (Jean DU), sieur de Fianac, paroisse de Rancon, élection de Limoges, maintenu par M. Barentin.

Colly (Jacques de), sieur de Peyrat, paroisse de Moustiers, élection de Tulle, avait fait ses preuves en 1598.

Combaud (François), sieur de La Combaudière, paroisse de N.-D. d'Oléron, élection de Saintes, avait fait ses preuves en 1598.

Combarel, sieur de Gibanel, paroisse d'Armissac, élection de Tulle.

Combor (Antoine de), sieur Danval, paroisse de Chamberet, élection de Tulle, avait fait ses preuves en 1598.

Combres (des), paroisse d'Aubeterre, élection d'Angoulême.

Compaing (Michel), sieur de La Clevalerie, paroisse de Muron, élection de Saint-Jean-d'Angely, maintenu par M. Barentin.

Comte, sieur de Bessat, paroisse de Saint-Augustin, élection de Brive.

Coral, sieur du Mazet, paroisse de Saint-Maurice-las-Broussas, élection de Limoges.

Corbiers, sieur du dit lieu, paroisse de Corbiers, élection de Limoges.

Cordouan (Adrien de), sieur de La Motte, paroisse de Charras, élection d'Angoulême, maintenu par M. Chamillard, à Caen.

Cordouan (Jacques de), curé de Charras, élection d'Angoulême, maintenu par M. Chamillard, à Caen.

Corgnol, sieur de Tesse, paroisse d'Esbron, élection d'Angoulême.

Corlieu (Pierre de), sieur de Lassat, paroisse de Champagne, élection d'Angoulême, avait fait ses preuves en 1598.

Cornu (de), sieur de La Chapoulie, paroisse de Queyssac, élection de Brive.

Cosnac, sieur du dit lieu, paroisse de Cosnac, élection de Brive.

Couhé, sieur de Lestang, paroisse de Mézières, élection de Limoges.

Couhe (de), sieur de La Touche, paroisse de Sèvres, élection d'Angoulême.

Couraud, sieur de Dirat, paroisse de Poulignat, élection de Saintes.

Couraudier, sieur du Vignaud, paroisse de Montgomard, élection d'Angoulême.

Coustin, sieur du Masnadaud, paroisse de Pageas, élection de Limoges.

Crespin, sieur de La Chabosselaye, paroisse de Tezat, élection de Saintes.

Croizant, sieur des Rivières, paroisse des Rivières, élection d'Angoulême.

Croizar (de), sieur de La Roche-Croizat, paroisse de Riparsat, élection de Cognac.

Cugnac, sieur de Chaussade, paroisse de Puirigaud, élection d'Angoulême.

Cumont, sieur du Taillant, paroisse de Viroles, élection de Saintes.

Cursay, sieur de Saint-Marry, paroisse de Saint-Marry, élection d'Angoulême.

Nota. — Voir, à la fin de l'ouvrage, la liste des gentilshommes qui ont voté aux états généraux de 1789.

TABLE.

	Pages.
Introduction.	1
Notices biographiques sur Joseph Nadaud et Martial Legros	5

A

	Pages.
ABBADIE	1
ABBON	1
ABBURBURY	1
ABON	1
ABZAC	2, 462
ACRA	2
ADEMERIUS	2
AFFORLA	2
AGE (DE L')	2, 475
AGES (DES)	2, 475
AGUESSEAU, voir DAGUESSEAU	
AGUMONT	90
AHUN	476
AIDIE	22, 476
AIGLE	24
AIGRON	24
AIGUA, voir SAINT-MARTIAL	
AIGUEPERSE, voir ALESME	
AITS	24
AIXE	478
AJAIN	25
AJASSON	25, 479
ALASSAC	25, 480
ALAYRAC	27
ALBANI	25
ALBERT, voir AUBERT	
ALBIAR (D')	480
ALBUSSAC	26
ALÈGRE	26
ALESME	26, 480
ALLASSAC	25, 480
ALLOIS	484
ALLOUVEAU	485

	Pages.
ALMOYN OU ALMOY	27
ALOGNY	27
AMADON	28
AMALVINI	28
AMARGNY	35
AMARZIT	28
AMBLARD	30
AMBRUJEAC	30
AMELIN	30, 487
ANCELIN	31, 487
ANCHÉ	31
ANDALAY	31, 487
ANDRÉ	32, 487
ANDRIEU	32, 487
ANGELY	32
ANGLARD	33, 489
ANGOULÊME	34, 490
ANJAC	34
ANTICHAMP, voir BEAUMONT	
ANZÈME	491
ARAQUI	34
ARCHAMBAUD	34, 491
ARCHE	35, 491
ARCHIAC	35
ARCQUIGNY	35
ARDANT	36, 492
ARDONNEAU	37
ARFEUILLE	37, 496
ARGENCE, voir DARGENCE	
ARGENTAT	38, 497
ARGENTRÉ (DU PLESSIS D')	497, 499
ARIVAT	38
ARMAGI	38
ARMAGNY	35, 500
ARMATI	38

ARNALDUS. 38
ARNAUD. 38, 39, 500, 504
ARNOCLU. 40
ARNOUL. 39
ASNIÈRES. 40
ASSI. 42
ASSIS. 42
ASTIER (DE SAINT-). 504
AUBANI. 25
AUBEPIERRE. 504
AUBEROCHE. 43, 505
AUBERT. 43, 505
AUBERY. 43
AUBETERRE. 43
AUBOIN. 43
AUBON. 1
AUBOUX. 43
AUBUSSON. 44, 86, 511, 515
AUDACAR ou ADOACER. 517
AUDEBERT. 86, 87, 517
AUDENARD ou AUDEBARD. 88, 520
AUDIER. 88, 520
AUDOUARD. 90
AUGMONT. 90
AULAIRE, voir BEAUPOIL. . . . .
AULNAC. 90
AULNIX, voir DAULNIX. . . . .
AUMONT. 90, 521
AUMOMERIE. 90
AURIL. 91
AVRIL. 91
AUROC. 91, 521
AUTEFORT. 91, 522
AUTICHAMP. 552
AUTIER. 93, 523
AUZANCES. 95, 527
AVINIONIS. 95
AVRIL. 91
AYCELIN. 96, 529
AYMERI. 96
AYQUENI. 96

B

BACCONNAILLE (LA). 96
BACHÈLERIE. 97, 529
BADEFOL ou BADEFOU. 97
BADIFFE. 529

BADISTE. 97, 529
BAIGNAC. 97, 530
BAILH. 97
BAILHOT. 98
BAILLOT. 98
BALANGIS. 98
BALLUE. 99, 531
BALUE. 531
BALY. 99
BANAIAS. 531
BANCEIS. 99
BANDY, voir AUROC. . . . .
BANZAC. 531
BAR. 99, 531
BARBANÇOIS. 102, 532
BARBARIN. 103, 532
BARBE. 103
BARBERIE, voir SUIROT. . . . .
BARBEZIÈRES. 103, 533
BARBIER. 104
BARRIÈRES. 104
BARBOT. 106, 534
BARBOU. 104, 535
BARDE. 106, 538
BARDET. 538
BARDON. 107
BARDONIN. 107, 539
BARDOULAT. 108
BARREAU. 108, 539
BARRI. 108, 539
BARRIAC. 110, 540
BARRIO. 108
BARTHE. 110, 540
BARTHOUMÉ. 110, 540
BARTHY. 111
BARTON DE MONTBAS. 111, 540
BASTIDE. 132, 546, 550
BATUT. 132
BAUD. 133
BAUDOIN. 133
BAUME. 134
BAY. 135
BAYLE. 156
BAYNAC. 136, 550
BAZIN. 136, 137
BAZINAUT. 138
BEAUBREUIL. 138
BEAUCHAMP. 138

TABLE.

	Pages.
Beaucorps	139
Beaudeduit	140
Beaufort	140, 141
Beaufranchet	141, 550
Beaulieu	141
Beaumont	141, 142, 552
Beaune	142
Beaupoil de Saint-Aulaire	144, 552
Beaupoil	165
Beaupuy	165
Beausoleil	165
Beauvais	165
Beauvoire	166
Bechade	166
Béchameil	167
Béchet	168
Bechillon	169
Begougne de Juniac	557
Bellac	559
Bellay	559
Belleville	169
Belmondie	170
Benac	170
Benayes	170
Bénévent	560
Benoit	170, 560
Béon	177, 561
Beraud	178
Berchenin	178
Berenger	179
Berger	179
Berionaud	179
Bermondet	179, 561
Bernard	179, 567
Berneuil	180
Bersolis	180
Berteaud	568
Berthelot	180
Bertin	180
Berton	181
Bertrand	181, 569, 570
Berwick	182
Bessat	182
Besse, voir Labesse	571
Besson	182
Betoulat	182, 573
Betz	182
Beuh	182
Beuil	573
Beynette	182
Beyssarie	183
Beytour	183
Biard	183
Biars	183
Bidonis	183
Biée	183
Biencour	184, 573

	Pages.
Bigardel	184
Bigeardel	184
Bignol	185
Biochen	185
Birot	185
Bize	185
Blanchard	185, 186
Blanchardie, voir Fraisseix.	
Blanchefort	187, 575
Blanchet	191
Blanchier	191
Blanzaguet	192
Bléreau	192
Blom	192
Blondeau	193
Bloys	194
Bochard	195
Bochiac	195
Bodayer	195
Bouery	195
Bœuf	195
Boffi	195
Boisforent	195
Boisleve	195
Boismorin	195
Boisse	196, 576
Boisseuil	199
Boissière	200, 576
Boisson	200
Boisvert	201
Bolfin	201
Bon	201
Bondazeau	201, 220
Bondt	201
Bonnac	201
Bonne	201
Bonnefont	201
Bonneguise	201
Bonnesaigne	576
Bonnet	201
Bonnetie	202
Bonneval	202, 576
Bonnevin	215
Bonnin	587
Bonniot	216
Bony	216, 587
Bordes	219
Borgognonibus	590
Borie	219
Born	219
Bornazeau	201, 220
Bort	220, 592
Boschen	221
Bosonandi	221
Bostlinard	222, 594
Bostvigier	222
Bothier	222

T. I.

	Pages.		Pages.
Botinand	595	Brillac	245, 624
Botinelli	222	Brissaud	245
Bouchard	222	Brive	245, 624
Bouchaud	223, 595	Brochant	245
Boucheron	224	Brosse	246, 624
Bouchiac, voir Plaisant.		Brossequin	253
Bouchier	225	Broulhac	254
Boudelli	225	Bruchard	255, 624
Boudet	225	Brucia	256
Bouex	225, 598	Brugière	256, 628
Boulet	225	Bruhet	256
Bouquet	225, 598	Brun	256
Bourbon	225, 228, 598	Brunet	256
Bourdeau	228, 598	Bruni	257
Bourdeilles	602	Buatier	271
Bourdelie	228	Buchard	271
Bourdicaud	228	Bugeaud	629
Bourg	602	Buissas	630
Bourganeuf	603	Buisson	271
Bourgeois	228	Bujaleuf	272
Bourgoin	229	Bureau	272
Bournazeau	229	Burg	272
Bouschaud	230	Burguet	273, 632
Bousquet	230, 603	Buschère	273
Boussac	231, 232, 606	Busson	273
Boutinon	233	Buxièrre	273
Bouyer	233		
Boxo	234	## C	
Boyer	234, 606		
Boyol	234	Caillebot	274
Boyron	234	Caillou	274
Brachet	234, 607	Caillères	274
Bradde	237, 607	Calais	275
Branda ou Brandia	238	Calignon	275
Brandes	238	Calvimont	275
Brandis	238	Camain	276
Brandon	238, 608	Campanis	277
Brandusier	239	Campet	277
Brassac	239	Campis	278
Brassard	239	Campniac	278
Braybans	239	Capelle	278
Bré	239, 608	Carbon	279
Bregére	240	Carbonel	633
Bresmond	240, 608	Carbonnières	279, 636
Brettes	240, 618	Cardel	279
Bretinaud	241	Carroy	279
Breton	241	Cars	279, 638
Breuil	241, 242, 243, 620	Cartaud	310, 642
Breviges	243	Castello	310
Brevo	243	Castelnaud	310
Briand	243, 244	Casturat	310
Brich	244	Cellier	310
Bridiers	244, 622	Ceretany	310
Bridieu	244, 623	Ceris	311, 643
Brie	244	Cerisé	311
Briffaud	245	Ceron	311
Brigueil	245	Certain	311, 643

	Pages.
Cerzé	311, 643
Ceuleco, voir Culenc.	
Chabannes	311, 644, 652
Chabanois, Chabanais	341
Chabot	341, 652
Chabrignac	341
Chadaud	341
Chadurie	341
Chalas	654
Chalus	342
Chalucet	342
Chamayrac	342
Chamberet	342
Chambery	342
Chambdes	342
Chambo	343
Chambon	343, 655
Chamborand, Chambourand	344, 656
Champagnac	347
Champalima	348
Champeix	348
Champelon	348
Champiers	349
Champnetery	350
Champniac	350
Champniers	350
Champroy	350
Champs (des)	350
Chanac	352, 674
Chanarebière	355
Chandenier	356
Chantard	356
Chantarelli	356
Chantellot	356
Chantois	356
Chapchat	357
Chapelle de Jumilhac	357, 675
Chapiteau	361, 676
Chapolat	362
Chapolier	362
Chapt	362, 676
Chardebœuf	363, 677
Chardon, Chardron	366, 677
Chareyron	366
Chargerius	366
Chargnac	367
Charieras	367
Charles	367
Charlonnière	367
Charpin	678
Charron	367
Chasaud	367
Chassaignolle	368
Chassaing	368
Chassarel	368
Chasseneuil	368
Chastaignac	368, 678

	Pages.
Chastaigner	369
Chastanier	369
Chastanzeau	369
Chastel	678
Chastenet	369, 679
Chastenet de Puysegur	372
Chastillon	372
Chat	362, 372
Chatard	374
Chateau	374
Chateaubodeau	374, 680
Chateauneuf	374, 680
Chateauponsac	680
Chateaurenaud	376
Chateauroy	376
Chateauvert	376
Chatel	376
Chatelus	376
Chatti	376, 681
Chauffepied	376
Chaufour	377
Chaumarez	377, 686
Chaume	377
Chaunac	377
Chaussecourte	377, 687
Chautard	378
Chauveau	379
Chauveron	379, 690
Chauvet	379
Chaux	381
Chavaille ou Chevaille	381, 692
Chaverivière	382
Chazaux	382
Chazeron	382
Chemin	383
Chenerailles	693
Chenet	383
Cher	693
Chesne	384
Chesneau	384, 694
Chesnel	384, 694
Chevalier	384
Chevraud	385
Chevredent	385
Chevreuil	385
Chevreuse	386, 694
Cheyrade	386
Chezeault	386
Chiera	386
Chievres	386
Chillou	387
Chioche	388
Chirac	388
Chiron	388
Chizadour	389
Chizaud	389
Chopy	389

	Pages.		Pages.
Chorllon	389, 695	Corgnol	431
Chouly	389, 695, 698	Corlieu	431
Chouviac	389	Cornil	432
Chouvel	389	Cornu ou Corn	432, 709
Chouveyron	389	Cornudet	710
Chrestien	389, 698	Corrèze ou Courrèze	433, 712
Cion	389	Cors	433, 712
Cirant	389	Cosnac	433, 712
Cirat	389	Cospiac	445
Civadier	390	Cossac ou Coussac	445
Cladier	390	Cosse ou Cossis	445
Claix	390	Cotet ou Couchet	445, 728
Clary	390	Couci	446
Clavières	390	Couderc	446, 729
Cleaud	390	Couderie	447
Clédat	391	Coudray	447
Clerc	391, 699	Cougnac	447
Cléré	699	Couhé	447, 730
Clermont	699	Couillaud	447, 731
Clou	391, 699	Coullomb	393, 447
Cluzeau	392	Coulx	447, 455
Cluzel	392, 700	Couraud	447, 731
Cluy	392, 701	Couraudin	448
Cluys	703	Courcillas	449
Cocha	393	Courgeat	449, 739
Coetlosquet	703	Courlay	449
Cognac	393	Courrieu	449
Colomb	393, 447	Courtaud ou Cultar ou Curtal	449
Colonges	393	Courtille	450, 731
Columpbi	393	Cousin	450
Coly	394	Couslet ou Cousset	450
Combarel	394, 704	Coussac	450
Combaud	397	Coustin	450, 736
Combes	397	Coustures, Coutures	455, 740
Combli	397	Couturier	455, 751
Combor	397	Coux	447, 455, 754
Comborn	397, 706	Cozet	457
Combraille	414	Craigne	457
Combralho	418	Cramaud	457, 755
Combrouse	418	Crapeteau	457
Commerc	418	Crespin	457
Compaing	418	Creuzenet ou Crezeunet	458
Compnhac	418	Crevant	458, 757
Compreignac	418	Croisant ou Crosant	458
Comte	419, 708	Croizat	460
Conan	419	Cros	460, 757
Confolens	424	Crosello	460
Conros	424	Crugi	460
Constant	424, 708	Cugnac	460
Coral ou Coralli	424, 708	Culenc ou Culeuco	461, 758
Corbefy	427	Cultar ou Curtal	461
Corbier	427, 709	Cumont	461
Cordaud	431	Cursol	461
Cordouan	431	Curzay	461, 758
Corgeat	431	Cussy	461

Limoges, imprimerie vᵉ H. Ducourtieux, rue des Arènes, 7.

www.ingramcontent.com/pod-product-compliance
Lightning Source LLC
Chambersburg PA
CBHW052035290426
44111CB00011B/1509